中华人民共和国地方志丛书

陇川县志

（1978—2005）

陇川县史志编纂委员会 编

方志出版社

图书在版编目（CIP）数据

陇川县志．1978—2005／陇川县史志编纂委员会编．
--北京：方志出版社，2018.8
ISBN 978-7-5144-3229-9

Ⅰ．①陇…　Ⅱ．①陇…　Ⅲ．①陇川县—地方志—
1978—2005　Ⅳ．①K297.44

中国版本图书馆CIP数据核字（2018）第204879号

陇川县志（1978—2005）

编　　者：陇川县史志编纂委员会
责任编辑：张　颢
出 版 人：冀祥德
出 版 者：方志出版社
　　　　　地址　北京市朝阳区潘家园东里9号（国家方志馆4层）
　　　　　邮编　100021
　　　　　网址　http://www.fzph.org
发　　行：方志出版社图书经销中心
　　　　　电话　（010）67110500
经　　销：各地新华书店
印　　刷：昆明鹰达印刷有限公司
开　　本：889×1194　1/16
印　　张：66.5
字　　数：1736千
版　　次：2018年8月第1版　2018年8月第1次印刷
印　　数：0001～2000册
ISBN　978-7-5144-3229-9　　定价：368.00元

陇川县史志编纂委员会

（2014.12—2018.12）

编委委员

总　顾　问　李正环　李林山

顾　　　问　冯祖懿　陈绍昌

主任委员　郑洪云

副主任委员　寸待纯　常枝旺

委　　　员　张树保　滕　杉　杨旺保　张　波　白珊珊

杨海莲　排有明　廖晓腊　普　丽　左　伟

李正庄　尹兴洲　赵吉兴　张志平　彭权武

杨顺东　闫　有　张德胜　杨荣青　李焕兰

濮大敌　赵家济　张麻三　丁云春　管能清

委员单位

县委　县人大常委会　县人民政府　县政协　县纪委　县委组织部

县委宣传部　县委政法委　县委统战部（县民宗局）　县人武部

县史志办　县委党校　县国家保密局　县财政局　县统计局

县文体广电旅游局　县卫计局　县教育局　县外事办　县档案局

县农业局　县发改局

《陇川县志（1978—2005）》编审人员

编纂人员

主　　编　李正庄

副 主 编　王云芳

总　　纂　尚炳有

分　　纂　尚炳有　刀晓阮　杨健生　杨恩成　张亚萍　李正庄

文字编辑　李正庄　王云芳　郑海霞　麦云鸾　文　芳　线　丹

图片编辑　李正庄　麦云鸾　王悦露　桂金再

编　　务　王悦露　李维芳　岳太明　李德伟

特邀人员

特邀专家

温益群　车光杰　杨进才　孙稚泳　张建章

特邀审稿

邱世集　李志明　彭勒准　毛勒端　林德钰　李绍福

杨恩跃　鲁大良　杨明信　戴成柱　张洪芬

审查验收

初　审

初审机构　各撰稿责任单位

初审人员　各撰稿单位负责人及撰稿员

复　审

复审机构　陇川县史志编纂委员会

复审人员　李林山　郑洪云　寸待纯　常枝旺　崔学舟　邱世集　杨恩跃
林德钰　蒋际恩　杨进才　孙稚泳　李正庄　尚炳有　刀晓阮
杨恩成　张　波　张正春　帕安彰　常华庭　杨　超　李　浩
余　强　段茂昌　宋　健　陈　健　秦方乾　李自得　杨加亮
段庆忠　李焕兰　杨恩胜　施强海　排木果　杨世荣　张志平
曹佳云　彭权武　闫　瑾　赵红琴　杨从良　郑加兴　张春明
罗永卫　张海斌　黄宗邦　丁恒清　陈绍荣　刘永然　王立新
张麻三　濮大敞　许有信　周　山　杨学安　桂金再

终　审

终审机构　德宏州史志编纂委员会办公室

终审人员　王　伟　杨星明　张保和

批　准

陇川县人民政府

资料提供人员

（以姓氏笔画排名）

图片提供

张志平　张亚萍　杨永明　胡　炜　桂金再　戴成柱　各撰稿单位

撰稿人员

刀兴科　刀晓阮　万瑞国　马宝焕　孔晓飞　尹仁惠　尹正能　尹绍宇

尹茂昌　尹常山　尹菊艳　方陶伟　木　俊　王　琳　王云芳　王昌省

王翥光　冯晓岁　叶春芬　宁　敏　甘晋涛　白　霖　白里旺　白陇生

石忠文　刘　婕　刘光涛　许有权　许有信　邢安因　闫水林　闫信地

余加朝　况云辉　吴建雄　宋　健　宋有洲　张　勇　张小龙　张仁锦

张开航　张水满　张正春　张伍生　张庆香　张志祥　张宜兰　张林松

张受娇　张春海　张洪芬　张家平　张海云　张益朝　张崇廷　李　刚

李　丽　李双会　李东元　李加贤　李正庄　李正明　李永明　李建江

李梅英　杨　霞　杨东宝　杨加亮　杨亚娟　杨佩钦　杨坤燕　杨林记

杨波丽　杨茂龙　杨恩成　杨继磊　杨维九　沈丽群　沙买新　沙明孝

陆　芹　陈　浩　陈明东　陈绍荣　周　山　周美芳　尚炳有　岳太仙

岳太明　岳永福　岳麻孔　线　丹　罗川燕　罗焕兰　郑　宾　姜　波

段其宗　段茂发　胡左书　胡致超　赵义荷　赵正龙　赵早乱　徐天福

朗庆新　桂盈萍　秦立德　郭彩范　高　萍　排昆先　曹　杰　曹根新

彭　育　彭乔和　彭考明　景玉强　童丽秋　葛影剑　董干翁　董炮三

韩春云　鲁大良　赖天祺　雷永普　熊顺宝　管能芬　薛洪川　濮丽娟

序一

中共陇川县委书记　李林山
陇川县人民政府县长　郑洪云

“郡之有志，犹国之有史”，地方志是五千年华夏文明的重要文化基因，是中华文化传承接续的重要载体。作为记载一个地区自然、政治、经济、社会、文化等各方面历史与现状的综合性著述，被史家称之为“博物之书”“一方之书”“国史之羽翼”，在中华文化中独树一帜。中国历代，地方志在辅政资治、国史取裁、弘宣风教上曾经发挥了重要功能，在当代，方志因其特有的民族性、地域性、包容性、资料性、权威性以及“官修”等特点，其“存史、资政、教化”的功能价值愈加突显。

陇川有着悠久的历史，据学者考证，汉晋时期南方丝绸之路蜀身毒道的滇缅印永昌道分西陆路和南水陆路，陇川是南水陆路的必经要道，而南水陆路因天然优势而被更多的商贾选择。元明以降，关于西南边疆的大事件如三征麓川、大金沙江筑坛盟誓、八关九隘、乾隆征缅、滇西抗战等等都与陇川有过密切联系，但因地处边疆、文化落后，留存下来的历史资料或历史文献极为稀少，可以说是“有史无志”，这给开展地方历史研究带来了诸多遗憾。1985年，按照中央统一部署，县委、县政府组建陇川县志编纂委员会及其工作机构，启动了《陇川县志》的修编。第一部《陇川县志》上溯两汉、横陈百业，较系统的记述了陇川县境有史记载以来至中华人民共和国成立后30多年的历史与现状，到2006年成书出版，虽历经“二十年磨一剑”的艰难与曲折，但却第一次填补了陇川史无旧志的空白。

中国历代修志形成了“官修”的传统，2006年，国务院颁布《地方志工作条例》，规定社会主义时期地方志每20年左右编修一次，使修志工作进入依法治志的新阶段。在完成第一轮县志编修后，经过一段时间的准备，县史志编纂委员会于2015年2月全面启动了《陇川县志（1978—2005）》的修编工作，经过编委会以及全体编纂人员的共同努力和辛苦工作，历经4年时间，值此改革开放40周年之际，第二部陇川县志即将公开出版，这是全县地方志工作的又一重要成果，也是我县社会主义精神文明建设和文化事业战线上取得的重要成绩，实为可喜可贺。

新编《陇川县志》是一部社会主义新时期方志成果，时间断限为1978年至2005年，是陇川改革开放以来28年间的县情实录，志书资料翔实、门类齐全、特色鲜明，专设“中国目瑙纵歌之乡”“口岸”“农垦”3个特色篇章以及“县城迁移”“麻栗坝水库”“7・5洪灾”等专记，既全面反映了这一时期全县各行各业的发展变迁，又突出展现了陇川边疆民族特色和全县重大历史事件，参与编纂的同志立足于人民群众是历史主人翁的精神，坚持历史唯物主义的观点、立场和方法，坚持秉笔直书、述而不论，体现了社会主义新方志既尊重传统、又突出地方特色的鲜明特点，这正是需要我们大力发扬的优良传统。

2018年是我国改革开放40周年，在党的领导下，历经40年改革开放春风的沐浴，陇川呈现民族团结、政通人和、百业并举、边防稳固的大好局面，特别是党的十八大召开以来，全县人民享受到了更多实惠，是历史上最好最快的发展时期，全面建成小康社会即将成为现实。文化自信是习近平新时代中国特色社会主义思想的重要内容，方志文化作为中华民族优秀传统文化的重要组成部分，也应该在边疆地区老树开新花，为深入挖掘边疆民族文化，为振兴陇川、建设陇川、发展陇川发挥它独有的作用与价值。

让我们以史鉴今、以史明志，不断开创陇川更加美好的未来！

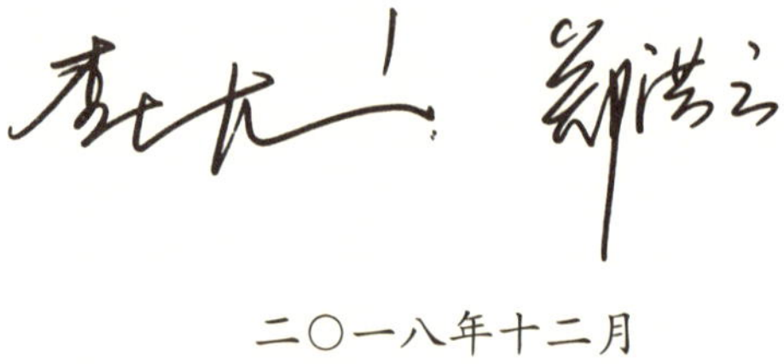

二〇一八年十二月

序二

大美陇川赋

大美陇川，地占阳和之厚；福地洞天，位属西南之端。风俗淳，物产阜，荟萃南北之精华；美政畅，产业兴，博采远近之奇观。天宝云集，星斗参章凤之龙光；物华形胜，江河绕沃野之膏田。八方称中外之名城，四面围叠翠之山峦。接缅甸而连昆明，为国家之锁钥；枕哀牢以出南宛，成胜地而天然。数族融合，堪为模范；民生安晏，允推标杆。户撒宝刀，显武德而煊赫；目瑙纵歌，彰文脉之绵延。高黎贡山，续崇岳之余峤；章凤口岸，为边境之雄关。遥襟甫畅，看陇川之翼展；逸兴遄飞，乐中国之梦圆。

会其春日之阳和；草木之葱茏。溯龙江而掬水；登山峦以临空。见城寨之壮丽；喜市井之繁荣。万树参天，千山竞秀；两坝横亘，三江卧虹。温泉出水，若华清之凝脂；翠竹摇曳，如昭君之沐风。潺潺而入南宛，常歇孔雀；寂寂以滋人间，媲美腾冲。金凤奇山，立柱擎天，如削鬼斧；皇阁古寺，飞檐挽日，颇近神工。汉传佛寺，播大乘佛法之圣地；藏经名楼，陈大藏箴言之正宗。访如来之古迹，玉兔佛塔，庄严久在；拜观音之圣容，章凤禅语，灵气已通。入层峦之远，则山幽而泉净，鸟兽和鸣；探江湖之深，有鱼浮而龙潜，光影杂融。览云烟于谷壑，感先人之远见；识珍禽于大野，叹造化之奇功。章凤雨来，芭蕉滴露；夕阳睡晚，古寺鸣钟。江河玉带之漂碧；朝霞沃野之披彤。听山歌而闻对答，有群峰之应和；携知己而鼓琴瑟，盟鸥鹭而从容。炊烟袅袅，多吊脚之竹楼；欢歌阵阵，皆民族之弟兄。阿昌银饰，如雕龙心，能夺之以天趣；景颇织锦，若裁云霞，可佩之以仙踪。走遍滇缅，逍遥尽在脚下；心栖陇川，自在归入胸中。云散月明，惜吾生豫游也有涯；天容山色，乐陇川大美之无穷。

目瑙纵歌，响遏流云之远大；景颇佳节，舞动河岳之苍茫。万人狂欢，娱丰年之喜庆；一舞共乐，沐治世之风光。载歌载舞，祭木代之勋略；且吟且唱，壮军旅之锋芒。以辞以姿，属宾礼之有例；为乐为祝，颂寿考之无疆。风承上古，世泽绵绵，敦睦而勖勉；名动神州，淳风习习，醉人以徜徉。新谷初成，尊长者于官家；祭典尝新，会秋日之骄阳。感神祇之恩赐；赠精灵以共尝。祭天公与地母，窝罗大节；明慎终而追远，族名阿昌。太牢以备，祖宗之德是显；正乐和鸣，人伦之义乃彰。阔时之节，兴歌舞之鼎沸；傈僳之族，奏丝竹以铿锵！刀山火海，传义勇于四邑；刀梯劲弓，称彪悍于九乡。火把照彻，千古砥砺民族之勇烈；美酒初醉，一寨总多少女之红妆。泼水以消灾，为佳节之庆礼；洒身以祈福，盛傣家与德昂。水滋陇川，为清凉之世界；水泼周身，成欢乐之海洋。节如云集，歌舞不绝于四季；乐似星聚，诗意层出于千行。城为西南之明珠，光辉永耀；节属民俗之经典，源远流长。浸润新潮，继前代之余芳；再毓灵秀，树后世之维纲！

夫陇川之大美，福地之宏猷。非止于民风节俗之淳朴；河岳位属之两极；更有其农业高科之璀璨，文教医疗之一流。学宫鼎盛，弦歌礼仪之风，如在邹鲁；直道纵横，车水马龙之势，若驾青虬。民乐其所安，敦睦而友善；客得其所娱，尽兴以遨游。百业俱兴，四方捷传；九乡同庆，万代诒谋。垂范边城，令名播于滇缅；圆梦今朝，雄心永照春秋。三宝一绝，誉冠乾坤；万紫千红，春满陇州。

赋陇川以心，列正韵而传世；歌福地以情，携春潮而惊雷。运十八大之精髓，踵武以继；同十八万人之梦想，放胆而追。趁中华猛进之大势，诗成意兴；张陇川腾飞之长帆，风鼓浪随！诗曰：

大美西南说陇川，山光云影总欣然。
温泉流水明心日，目瑙长歌永乐天。
户撒宝刀归壮士，皇阁古寺悟玄禅。
此间多少含情事，句已千行意未完！

凡 例

一、《陇川县志（1978—2005）》是陇川县第二部地方志书，是2005年版《陇川县志》的续志，时间断限为1978年至2005年（部分内容适当上溯或下延），主要记载上述28年间陇川县自然、政治、经济、文化、社会等方面的历史发展进程，也是根据中华人民共和国国务院《地方志工作条例》《云南省地方志工作规定》等规定编修的一部社会主义新时期县志。

二、本志坚持以马列主义、毛泽东思想、邓小平理论、“三个代表”重要思想、科学发展观和习近平新时代中国特色社会主义思想为指导，坚持辩证唯物主义和历史唯物主义立场、方法、观点，力求实事求是、客观、真实记录陇川改革开放以来经济社会发展取得的阶段成就，展现各行各业发展历程，以达“存史、资政、教化”之目的。

三、本志继承和发扬中国传统的修志方法，以述、记、志、传、图、表、录等体裁，采用编、章、节、目体谋篇布局，以节和目为基本编写单元（部分章节设条目，用【 】标识），结合中国社会主义政治特色以及自然科学、社会科学等分类特点，横分门类、纵述历史，力求字斟句酌、秉笔直书、述而不论。全书设专志23编，是志书的核心内容，图志、概述、大事记置于专志之前，人物、附录殿后。

四、为彰显陇川地方特色和重大历史事件，本志书专设“中国目瑙纵歌之乡”“口岸”“农垦”3个特色编。

五、本志入志人物坚持“生不立传”原则，将志书出版前已故的有突出贡献或有影响的人物立传记述。对在世的有突出贡献或有影响的人物以人物简介记述。以人物表的形式，尽量全面收录断限内受到省部级以上表彰、高级专业技术人员以及烈士名录。

六、本志基础资料主要由县级各承编单位、各乡镇提供，部分资料由编纂人员查阅收集档案、文献、论文、报刊文章或采访、口述资料等，一般均不注明出处。统计资料一般使用统计部门法定数据及业务部门数据。表格内无法核实或不易累计的数据用空格表示。本志提及的“单产”指每公顷。

七、本志采用全彩色印刷，设置专题图志，置于目录之后、概述之前。全书图志部分共收录图片230幅；专志部分共收录图片441幅。提供者、摄影者在卷首集中署名。

八、本志书行文规范，一律采用语体文记述。文字、标点符号、数字用法以《国家通用语言文字法》（2001）、《出版物汉字使用管理规定》（1992）、《标点符号用法》（2011）、《出版物数字用法》（2011）为标准，同时执行中国地方志指导小组制定的《地方志书质量规定》。

九、本志书涉及的部门、单位和其他称谓，首次出现时使用全称，之后使用简称。

十、本志设置中、英文目录，英文目录翻译至编、章、节。志末附主题分析索引，以便读者查阅。

十一、志书具有众手成书的特点，参与本志编纂、撰稿、审稿、审查验收人员以及提供资料、提供图片的个人，因限于排版等要求，根据个人承担的工作任务，一般在卷首集中署名，正文中不再单独署名，对特别鸣谢的单位或个人在编纂始末中专门提及。

目 录

概 述

大事记

第一编　政区

第二编　自然地理

第三编　中国目瑙纵歌之乡——陇川

第四编　人口　民族　宗教

第五编　中国共产党地方组织

第六编　地方人民代表大会

第七编　地方人民政府

第八编 地方人民政协

第九编　社会团体

第十编　政法　国防

第十一编　经济管理与监督

第十二编　财政　税收　金融

第十三编 农业 林业 水利

第十四编　农垦

第十五编　工业　乡镇企业

第十六编 商贸 旅游

第十七编　口岸　外事

第十八编 交通 邮政 通信

第十九编 城乡建设 环境保护

第二十编　教育　科技

第二十一编　文化　体育

第二十二编 医疗 卫生

第二十三编　社会民生

人 物

附 录

主题索引

Table of Contents

Overview

Chronicle of Events

Part I Administrative Division

Part II Nature and Geology

Part III Longchuan, the Hometown of Munao Dance and Song Festival in China

Part IV Population & Ethnic Groups & Religion

Part V Local Organization of the Communist Party of China

Part VI Local People's Congress

Part VII Local People's Government

Part VIII Local People's Political Consultative Conference

Part IX Social Organization

Part X Political Law & National Defense

Part XI Economical Management and Supervision

Part XII Public Finance & Taxation & Finance

Part XIII Agriculture & Forestry & Water Conservation

Part XIV Agricultural Reclamation

Part XV Industry & Town and Township Enterprise

Part XVI Commerce & Tourism

Part XVII Port & Foreign Affairs

Part XVIII Transportation & Postal Service & Communication

Part XIX Urban and Rural Construction & Environmental Protection

Part XX Education & Science and Technology

Part XXI Culture & Sports

Part XXII Medical Treatment and Health

Part XXIII Social People's Livelihood

Characters

Appendix

Index

图志·历史回眸

1985年2月17日，中共中央总书记胡耀邦视察陇川，在章凤与县领导座谈、合影

2004年7月3日，中共中央政治局常委、全国人大常委会委员长吴邦国到陇川视察禁毒工作

1987年2月，陇川老领导李洪通、张登祥等回陇川参加座谈期间到农田参观

20世纪70年代，在章凤公社开展文艺下乡活动

20世纪70年代，在章凤广山开展图书下乡活动

1987年4月，为景罕广姆主持伍维第亚举行“拖罗摆”

20世纪90年代，户撒阿昌族举行和尚“拖罗摆”

20世纪90年代，各民族喜爱的“吊秋”

1980年创作的《景颇女儿之声》

城子老傣戏队《朗推罕》剧照

业余傣剧队在表演

1998年，景坎（罕）糖厂职工运动会

20世纪80年代，群众收听广播节目

阿昌族妇女搓线

20世纪90年代，学生团体平安保险兑现现场

做好人好事

军民一家亲

20世纪90年代初，群众为户撒小学捐款

学生放学

少先队活动

1985年，县科技大会和科协成立大会

1994年，税务人员开展税法宣传活动

原城子气象监测站

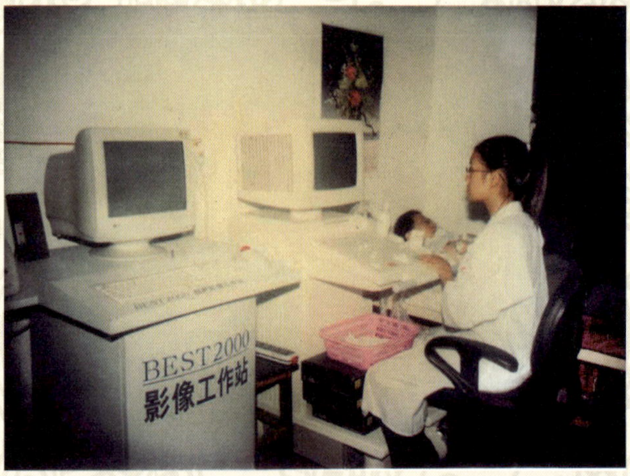

2001年，陇川县人民医院购置的彩色B超诊断仪

2003年9月25日，麻栗坝水库开工建设

2004年“7·5”洪灾抗洪救灾现场

2004年“7·5”洪灾抗洪现场

位于城子镇的原县政府大楼

20世纪70年代建设中的麻栗坝大桥

修建于清朝时期的倒淌河石拱桥，2004年7月5日洪灾中被毁

1993年4月，陇川县首届民族艺术节暨章八公路通车典礼

1999年7月，勐约龙江裕安吊桥

20世纪80年代的曼彦公路

1992年2月，清平马鞍山至王子树公路建设，群众投工投劳场景

1997年，清平赵家寨公路建设，沿线群众投工投劳场面

图志·人文地理

广山风光

云南景颇园

龙安新马温泉

南宛湖（麻栗坝水库）风光

龙江风光

章凤森林公园

景颇族目瑙纵歌广场

傣族泼水广场

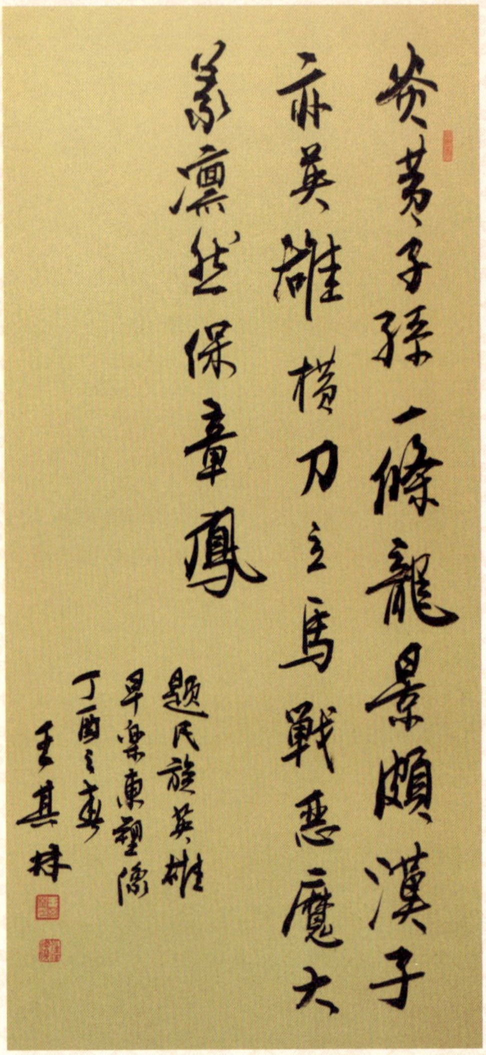

民族英雄早乐东雕像

户撒地方头水库风光

20世纪80年代的户撒皇阁寺

皇阁寺全景

勐约帮中大石头

户宛温泉

王子树邦角山官衙门

陇川宣抚司署旧址正堂

省级文物保护单位——户撒曼捧老奘房

景罕广姆玉兔佛塔

景罕玉兔洞

护国三川一览

国家一级保护动物菲氏叶猴

国家一级保护动物蜂猴

国家二级保护动物巨松鼠

国家二级保护动物燕隼

国家二级保护动物穿山甲

国家二级保护植物桫椤

国家二级保护植物火桐

国家二级保护植物滇桐

国家二级保护植物翠柏

国家二级保护植物鹿角蕨

野生茶树

图志·民族风情

景颇族

盛大的万人目瑙纵歌

景颇银泡舞

景颇水酒敬亲人

景颇织锦

景颇族服饰

景颇族祭祀活动

景颇绿叶宴

景颇族新人过草桥

景颇绿叶宴

傣族

傣族泼水节

傣族泼水节采花

泼洒吉祥水

傣族象脚鼓

傣族“嘎伴光”

傣族服饰

傣族丢包

傣族丢包

傣族民间剪纸

德昂族

德昂族龙阳舞

德昂族龙阳节

德昂族水鼓

德昂族服饰

德昂族祭祀活动

阿昌族阿露窝罗节

阿昌族

谈笑中的阿昌老爹

阿昌族织布

阿昌族民族服饰

阿昌族象脚鼓舞

阿昌族祭谷魂

傈僳族

傈僳族阔时节

1979年，傈僳族阔时节

傈僳族“上刀山”

傈僳族“下火海”

傈僳族待客

傈僳族妇女绕毛线

傈僳族弓弩

傈僳族服饰

陇川新县城

图志·边陲新貌

新县城局部

新县城夜景

新县城局部

同心路环岛

卫国路

陇川县党政综合大楼

国税大楼

教科文卫大楼

陇川县第一小学

陇川县民族中学

陇川县第一中学

陇川县人民医院

民营仁和医院

县中医馆

陇川县第一家三星级酒店——泰达大酒店

佳佳乐大酒店

县城新居民小区

勐约栋移民新村

阿昌族寨门

现代景颇族民房

景罕镇约岛坝村民小组文化活动室

瑞陇高速公路

省道233线户撒段

户撒隧道

章凤至陇把公路

麻栗坝水库城子渡槽

麻栗坝水库

龙江水电站

户撒河一级电站

110千伏章凤变电站工作间

景坎（罕）糖厂生产车间

景坎（罕）糖厂外景

安琪酵母厂生产车间

安琪酵母厂外景

德宏正信实业股份有限公司生产车间一角

云山云水饮料厂生产车间一角

甸川集团章凤制药厂

硅冶炼

图志·名特产品

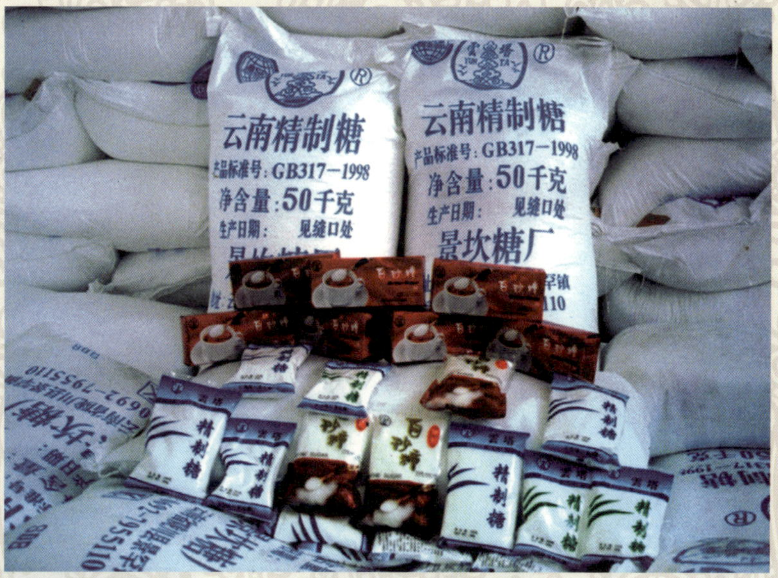

精制白糖

甘 蔗

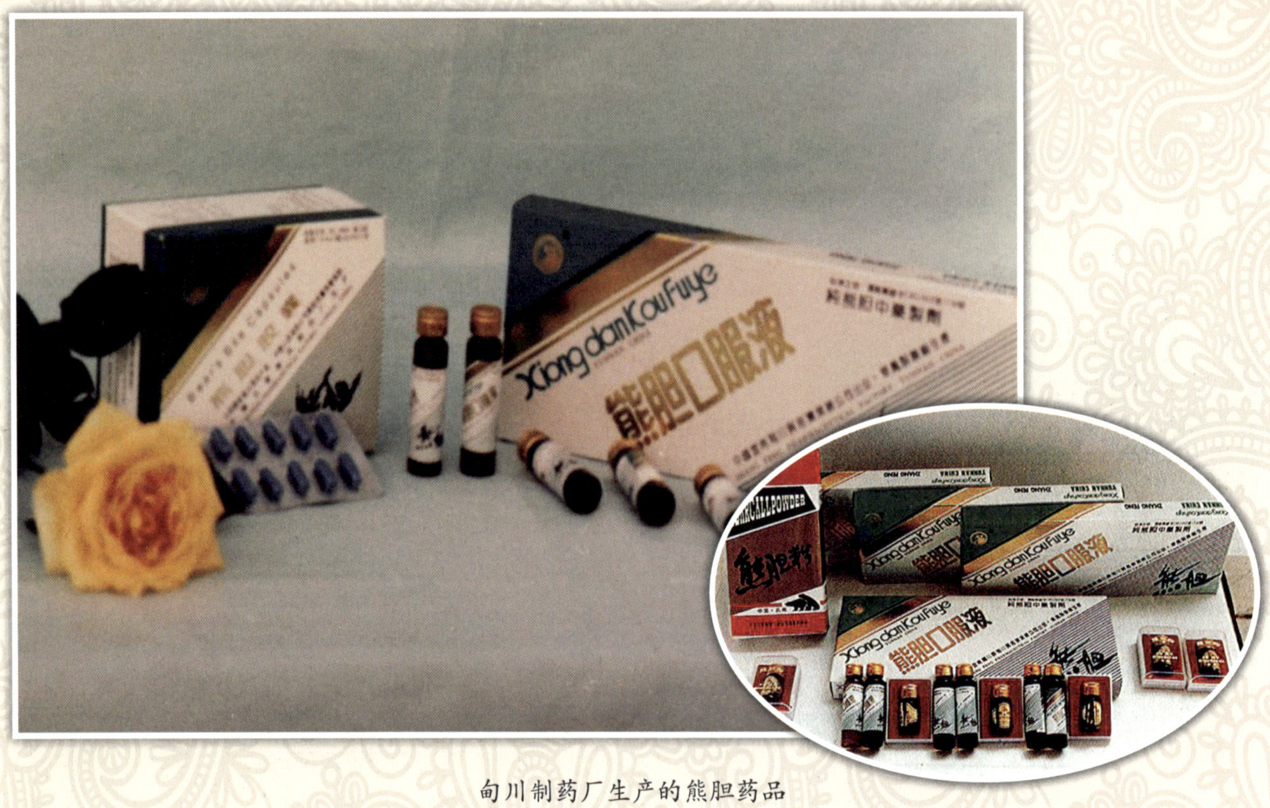

甸川制药厂生产的熊胆药品

麻竹

麻竹制品

茶园

茶叶

晒烟丝

烤烟

优质水稻

油茶果

精制茶油

橘　子

陇川大枇杷

户撒猕猴桃

户撒米线

小锅米酒

火烧猪

过手米线制作

户撒过手米线

户撒刀锻造

2004年，陇川县打造的“天下第一刀”（长6米，重2吨）在德宏建州50周年庆典巡礼

加工银首饰

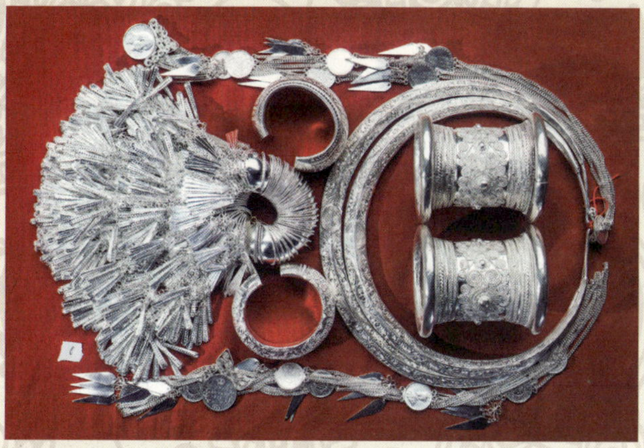

户撒银饰

户撒银饰

图志·人民生活

景颇族舂碓

砍甘蔗

赶 集

章凤农贸市场开业

插　秧

传统收割

传统打谷子

“桂林2号”收割机

现代机械收割

簸　米

剥玉米

挑　水

喜迎通水

茶余饭后

祥　和

民间傣拳

交警执勤

便民服务

田野骑行

作业辅导

庆祝六一儿童节

县一幼小朋友在玩游戏

陇川县第二小学学生诵读三字经

小小鼓号手

全县职工运动会

20世纪90年代，城子镇中心小学开展课外兴趣小组活动

足球运动

图志·荣誉成就

奖状·奖牌·证书

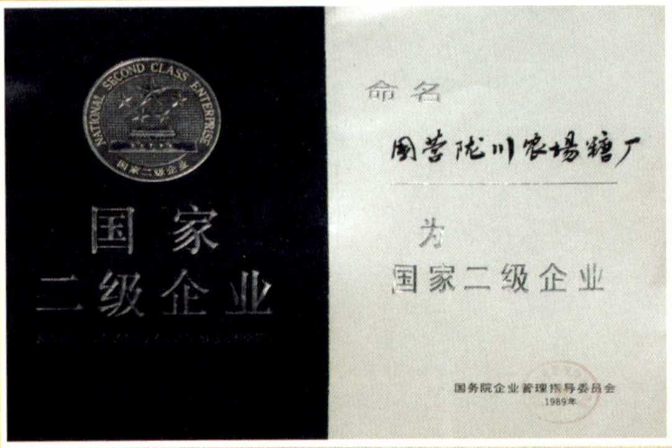

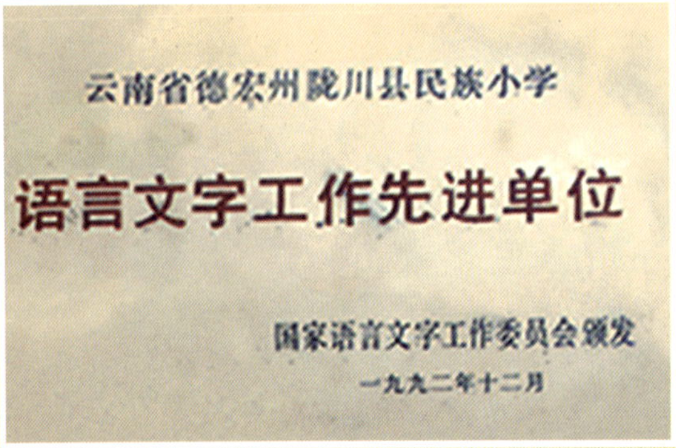

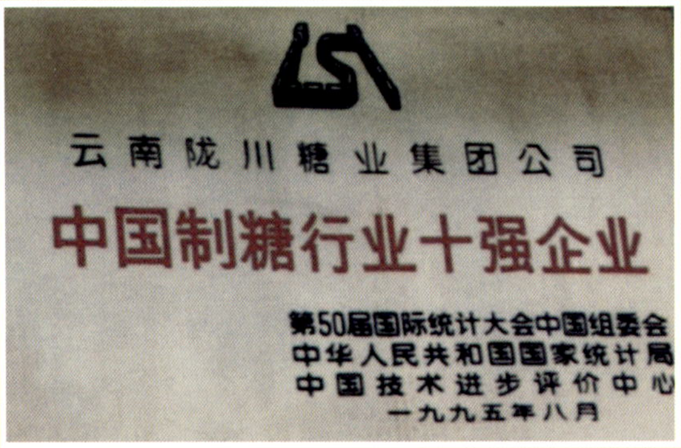

首届中国国际食品博览会
证 书
CERTIFICATE
云南陇川糖厂
云兰牌一级白砂糖
荣获首届中国国际食品博览会
金 奖
Being honoured Gold Medal of 1st China Int'l Food Exhibition.
1995年12月26日

文明单位
中共云南省委员会
云南省人民政府

文明单位
CIVILIZED UNIT
中国云南省委
云南省人民政府
一九九九年

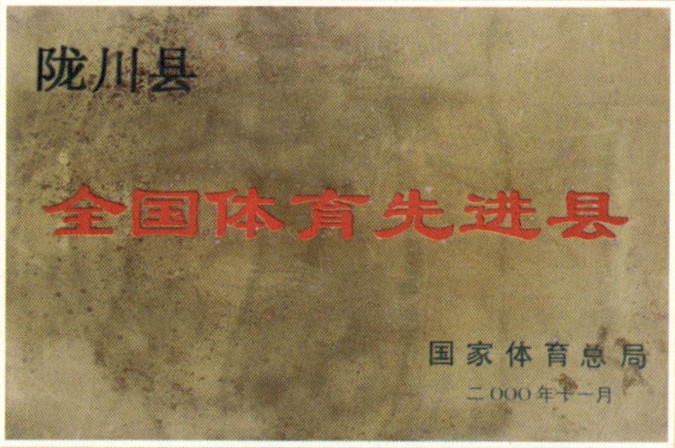
陇川县
全国体育先进县
国家体育总局
二000年十一月

证 书
授予 陇川县第二小学少先队大队
全国红领巾手拉手助残先进集体称号
二OO三年五月九日

文明单位
CIVILIZED UNIT
中共云南省委
云南省人民政府
二OO三年十二月

文明单位
CIVILIZED UNIT
中共云南省委
Yunnan Provincial Committee of CPC
云南省人民政府
The People's Government of Yunnan Province
二OO三年十二月
December.2003

全国优秀青少年体育俱乐部
国家体育总局
二OO五年十月

图志·续志记

2015年2月27日，《陇川县志（1978—2005）》编修启动会

2015年2月27日，陇川县2015年党史、县志业务知识培训会

2017年8月5日，《陇川县志（1978—2005）》专家审稿座谈会

2017年9月1日，《陇川县志（1978—2005）》专家审稿座谈会（昆明）

2018年12月2日，《陇川县志（1978—2005）》评审会

2018年12月2日，《陇川县志（1978—2005）》评审会合影
（前排左起：杨恩成、张亚萍、刀晓阮、杨恩跃、郑洪云、王伟、李林山、邱世集、林德钰、常枝旺、左伟、李正庄、杨健生）

《陇川县志（1978—2005）》全体编纂人员
（前排左起：杨恩成、尚炳有、李正庄、刀晓阮、杨健生、张亚萍）

概　述

LONG CHUAN XIAN ZHI

LONG CHUAN XIAN ZHI

LONG CHUAN XIAN ZHI

在祖国西南边陲，镶嵌着一颗璀璨的明珠——陇川。陇川素有“山围蔗海，水绕名川”的美称。陇川，傣语称“勐宛”，意为“太阳照耀充沛的地方”。她（它）是中国滇西通往东南亚、南亚次大陆的重要门户，古“南方丝路”的通道之一，自古称其为西南“藩篱”，具有“热区、中缅陆地口岸、云南第一蔗糖强县、旅游胜地”发展优势和“一寨锁两国，三山两坝青”的边境地理特色，是闻名遐迩的“中国目瑙纵歌之乡”。1978年改革开放以来，这个昔日贫穷落后的边陲之地，逐步成为民族团结、边境稳定、经济发展、社会进步的边塞县。

一

陇川县位于云南省西部，德宏傣族景颇族自治州西南。地跨北纬24° 08′ 05″～24° 39′ 78″，东经97° 39′ 46″～98° 17′ 17″之间，东临芒市，南接瑞丽市，西与缅甸毗邻，西北与盈江、梁河两县接壤，国境线长50.899千米。县政府驻章凤镇，是国家二类口岸，距州府芒市130千米，距省会昆明市799千米，距缅甸八莫市92千米。腾（冲）瑞（丽）二级公路、瑞（丽）陇（川）高速公路穿过县城，章（凤）遮（放）二级公路通达芒市，章（凤）八（莫）公路连接中缅，交通便捷。

全境为高黎贡山余脉纵贯，从北向南延伸，形成“三山两坝、一河谷”地貌，东北高峻，西南低平，海拔780～2618.8米，属南亚热带季风湿润气候，雨量充沛，光照充足，热量丰富，四季不明显，干湿季分明。年均气温18.4℃，最高气温35.6℃，最低气温-0.9℃。年均降雨量1601.8毫米，年均无霜期292天，年均日照时数2293.8小时，年均风速1.2米/秒，相对湿度79%。冬无严寒，夏无酷暑，花开四季，果结终年。

全县国土总面积1931平方千米，由山区、半山区和坝区组成，东西宽63.7千米，南北长58千米，其中山区半山区占74.03%，坝区占25.97%。陇川坝属云南省较大的坝子。2005年，有耕地2.67万公顷，农村人均耕地0.20公顷。有林业用地面积12.12万公顷，其中公益林面积3.77万公顷。森林活立木蓄积量916.69万立方米，其中天然林活立木蓄积量为886.59万立方米，飞播林活立木蓄积量为170万立方米，森林覆盖率61.3%，比1993年（44.4%）提高16.9个百分点。

2005年，全县辖4镇5乡，1个国营农场，3个社区居民委员会，68个村民委员会，723个村（居）民小组。总户数4.66万户，总人口17.38万人，其中男8.93万人，女8.45万人，男女性别比为105（以女性为100）。非农业人口3.85万人，占全县总人口的22.15%；农业人口13.53万人，占77.85%。常住少数民族22个，人口9.6万人，占全县总人口的55.24%。汉族7.78万人，占44.76%。少数民族中，景颇族4.6万人，占全县总人口的26.46%；傣族2.91万人，占16.74%；傈僳族4603人，占2.65%；阿昌族1.3万人，占7.47%；德昂族1098人，占0.63%；其他少数民族2187人，占1.25%。出生率16.29‰，自然增长率8.01‰，人口密度89.9人/平方千米。

陇川县自然资源丰富，土地肥沃，生态环境良好，是德宏州粮蔗主产区之一。植物种类繁多，素有“动植物王国”美称。全境有南宛河、户撒河、龙川江3大水系，78条支流，从北向南汇入伊洛瓦底江，总长752.85千米，水能蕴藏量为32.5万千瓦。全境土壤划分为6个土类、11个亚类、23个土属、42个土种，以黄红壤为主，占全县土地总面积的95.4%。植被以南中亚热带半湿性、湿性季风常绿阔叶林及草地为主。其中天然植被有48种，人工植被有43种。全境共有7个级别的田地，18.60万公顷。其中1～4级田地占总面积的15.12%，5级地占76.71%，6级8级地占8.18%。现有野生动物4大类107种。已发现的矿产有稀土、煤、铝、铁、铌、硅等，其中稀土和煤的储量较大，已探明的煤储量为355.5万吨。

全境自然灾害主要有洪涝、泥石流、暴风、冰雹、霜冻等，年时有发生，给农业生产带来危害，其中2004年“7·5”洪灾是历史罕见的泥石流灾害，直接经济损失2.18亿元（详见第二编第三章专记）。

二

陇川县历史悠久，早在新石器时代，县境“一江两河”流域就有人类活动，繁衍生息，南宛河是孕育陇川灿烂文化的母亲河。东汉后陇川地先后属永昌郡古哀牢县、永昌节度、大理金齿。南朝刘宋元嘉二十七年（450）前，傣族先民就在南宛河两岸建村立寨，开垦农田，发展生产，建立勐宛政权。南宋绍兴三十年（1160）勐卯麓川思氏部酋兴起，于南宋绍定六年（1233）兼并勐宛，建立麓川王朝政权。元至元十三年（1276）立麓川路。至顺元年（1330），置麓川军民总管府。至正十五年（1355）置麓川平缅宣慰使司。明正统九年（1444），撤麓川平缅宣慰使司，立陇川宣抚司，辖今陇川、瑞丽、遮放及缅属高丽等地区。清沿明制，瑞丽、遮放脱离陇川宣抚司，高丽划入缅境。民国时期，土流并存。民国元年（1912）设弹压委员，划入户撒、腊撒两长官司地。民国5年（1916）改设行政委员，户撒划归干崖（盈江）、腊撒划归瑞丽。民国21年（1932）改设陇川设治局，隶属云南第一殖边督办。1951年12月21日，成立陇川县各民族联合政府，隶属保山专区管辖。1958年10月并瑞丽，称瑞丽县。1959年10月，恢复陇川县制，户撒、腊撒及梁河县的邦角文化站划入陇川县。1956年，全县设3个区4个文化站。1969年，区、站改设人民公社。1984年，全县改设10区1镇68个乡。1988年，全县改设4镇8乡69个村公所。2005年，全县改设4镇5乡68个村民委员会、3个居委会及1个国营农场4个分场。

三

1978年，中共十一届三中全会，确立了以经济建设为中心，实行“改革、开放、搞活”的方针，开始一系列改革。

改革首先是从农村经济体制开始的。1980年，陇川县在农村推行家庭联产承包责任制，农民承包土地，自主经营，充分调动了生产积极性，农业生产迅速发展起来。2005年，全县粮食总产达到6.66万吨，农业人口人均有粮392千克，比1978年同比增长14.26倍和9.93倍。粮食丰益，同时也促进了第三产业和畜牧业的大发展，展现出五谷丰登，六畜兴旺的盛世。农业兴、天下富，这是一次解放生产力的大变革，功在当代，利在千秋，农民喜笑颜开，人称这次改革是“第二次土地革命”。以农村经营体制改革为先导的改革，推动了全县经济社会的发展，各个领域的改革相继推进。

教育教学改革。1978年后，开始进行教育教学改革：（1）办学体制改革，实行县、乡、村三级办学分级管理体制。（2）调整学校布局，集中办学方向，坚持“宜并则并，需增则增”的原则。（3）实行校长负责制、教职工聘任制、教育教学目标奖惩制的“三制”“五制”改革。（4）人事管理制度改革。（5）继续发展民办教育。经过多次整合，一批办得较好的民办小学巩固下来。（6）发展职业教育。1984年，在曼胆原农业中学开办职业高中1所，1988年在广等原民族耕读中学开办职业初中1所。（7）教学改革与实验。全面推行素质教育。（8）根据省州有关分离企业办社会职能的有关文件要求，撤销陇川农场中学。2006年初，将农场办小学全部移交地方管理。经过改革，提高了教育教学质量，从20世纪90年代起，陇川县一批批来自贫困山区的学生，开始走出山门，步入全国高等学府，为社会主义建设事业作出贡献。

物价体制改革。1979年后，采取计划价格和市场调节相结合的管理政策，实行国家定价、国家指导价和市场调节价3种形式，并允许一些商品实行双轨制，原由政府调配的粮食和农副产品价格已逐步由市场自行调节。至2005年底，除水、电、食盐、卷烟、部分药品和部分农业生产资料由国家定价外（约占10%），其余商品全部由市场调节，真正搞活了市场。

工商企业体制改革。从20世纪80年代开始，逐步打破吃“大锅饭”体制，进行“利改税”和“拨改贷”改革。企业实行厂长（经理）负责制、工人劳动合同制，打破工人固定职工身份。通过出售、转让、破产等形式，实现企业重组和产权变更，私营经济成分逐渐增加，势如破竹，如雨后春笋，搞活了市场。

财政管理体制改革。1980～1984年，采取“划分收支、分级包干”体制；1985～1987年，实行“划分税种、核定收支、分级包干”体制；1988～1993年，实行包干财政制；1994年起实行分税制财政管理体制，将税种统一划分为中央税（国税）和地方税及中央地方共享税。通过改革，使财政工作逐步走向规范化、科学化的管理轨道。1997年，陇川县在全州率先实现收支平衡、无财政赤字县。

山林权属及经营改革。1982～1984年，全县完成“三定”“两山”的划定工作，理顺了山林的权属关系，给农户颁发“两山”证。1999年后，进行森林分类经营改革，将全县森林经营划分为公益林和商品林两类。公益林中又划定出重点公益林面积，有利于国家对生态环境的保护。

行政区划改革。1984年起，先后进行4次改革，废除人民公社建立乡（镇）体制。

职称改革。1981年，全县事业单位有283人首次授予专业技术职称。1987～1988年，全县事业单位全部进行职称改革。1992年后，职称评聘工作走入经常化、制度化轨道。国有企业于1988～1989年进行职称改革。改革后的事业人员，享受职称待遇，充分调动了事业人员的工作积极性。

粮食流通体制和农村税费改革。1985年，全县取消粮食统购统销政策。1993年，实行“粮价、市场、经营”三放开，粮食企业进行改制，保留县粮食局和粮油公司。2002年，贯彻省政府《关于进一步深化粮食流通体制改革的实施意见》，继续坚持搞活“三放开”政策，取消农民合同定购任务，鼓励各类市场主体公开，公平竞争。2003年，开始农村税费改革，按照“减轻、规范、稳定”的方针，减轻农民税费负担，全县减负率达70.46%。2005年后，彻底免除农民承担的农业税，并对种粮者给予适当补贴。

工资制度改革。1985年，建立以职务工资为主的结构工资制度，废止了1956年建立的等级工资制度。事业单位建立不同类型、不同行业和自身特点的分类工资制度，与国家的工资制度脱钩。

城镇住房制度改革。1993年，陇川县开始进行城镇住房制度改革。其一，改革住房建设投资体制，由原来国家或单位统包的投资体制转变为国家、单位、个人三者合理负担的投资体制；其二，改革住房建设、分配、维修、管理体制，由原来单位统包的一体化单位所有制，转变为社会化的体制；其三，改革住房分配制度，由原来的行政手段、福利性质、实物分配的制度转变为以按劳分配为主的货币工资分配体制；其四，建立住房公积金制度；其五，建立规范化的房地产交易市场，逐步实现住房资金投入产出的良性循环，促进房地产业和相关产业的发展。

医疗卫生管理体制改革。（1）医疗主体多样化改革，主要打破独家办医的框框，在发展全民卫生的同时，允许和支持个体开业行医。2005年，全县有个体办医38个，私立医院1所；（2）城镇医药卫生体制改革。主要从医疗卫生机构、经营方式、目标责任制、人事分配制度、社会卫生服务、病人选择医生、药品收支两条线管理、药品集中招标采购等方面进行改革；（3）农村医药卫生体制改革，主要从乡（镇）卫生上划、公开招聘乡镇卫生院长、分配制度、乡村一体化管理、农村卫生“三项建设”等方面进行改革；（4）医疗保障制度改革，主要从公费医疗、农村合作医疗等方面进行改革。通过改革，全县卫生面貌焕然一新。

除上述改革外，还有供销体制改革、党政群机构改革、审判体制改革等，也在不断推进。

四

1978年，中共十一届三中全会后，陇川县委、县政府依据陇川山多坝少的农业县情，不断优化资源配置，合理调整产业结构，抓住科技创新，坚持深化改革，扩大开放，树立“无农不稳，无工不富，无商不活”的战略决策，用活用足国家给予的各种优惠政策，以短养长，以长促短，远富及近富配套，既着眼当前又考虑长远，使陇川经济展现出“一年一个样，三年大变样，五年大跨越”的发展格局。财政收入持续增长，经济实力显著增强。“五五”时期（1976～1980），1980年，全县完成工农业总产值3285.67万元，财政收入297.3万元，农民人均纯收入90元，完成固定资产投资406万元。经过改革，全县经济开始复苏，发展势头良好。“六五”时期（1981～1985），1985年，全县完成社会总产值1.66亿元，工农业总产值1.34亿元，财政收入613.3万元，农民人均纯收入295元，完成固定资产投资1584万元，与1980年同比，工农业总产值、财政收入、农民人均纯收入、固定资产投资分别增长307.91%、106.19%、227.78%、290.15%。“七五”时期（1986～1990），1990年，全县完成国内生产总值2.79亿元，完成工农业总产值2.16亿元，财政收入1815.2万元，农民人均纯收入554元，固定资产投资1647万元，除社会总产值外，其他4项与1985年同比，分别增长61.19%、195.97%、87.8%、3.98%。“八五”时期（1991～1995），1995年，全县完成国民生产总值3.72亿元，比1990年增长33.33%，完成工农业总产值2.78亿元，比1990增长28.7%。财政收入3329.7万元，农民人均纯收入886元，固定资产投资4143万元，与1990年同比，分别增长83.43%、59.93%、151.55%。“九五”时期（1996～2000），2000年，全县完成国内生产总值5.13亿元、工农业总产值

3.43亿元、财政收入5115.2万元，农民人均纯收入998元，固定资产投资1.92亿元，与1995年同比，分别增长37.9%、23.38%、53.62%、12.64%、363.43%。“十五”时期（2001～2005），2005年，全县完成国内生产总值8.19亿元，工农业总产值4.95亿元，财政收入6950万元，农民人均纯收入1275.14元，固定资产投资3.2亿元，与2000年同比，分别增长59.65%、44.31%、35.87%、27.76%、66.67%。增速是建国以来最快的时期。

边境贸易是陇川经济的一大支柱产业，章凤口岸是陇川建设联动型跨国经济的桥梁。1992年，陇川县委、县政府决定修复中断半个多世纪的章（凤）八（莫）公路，弘扬“丝路”精神，面向东南亚，给陇川拓展边贸经济带来新的机遇。1993年，章凤口岸边贸商号增到84家，边贸进出口总额达到3.02亿元，仅关税一项就为财政提供58.46万元的税收，占地方财政总收入的2.4%。之后几年，由于国家调整政策，以及东南亚金融危机和风波的影响，边贸业受到一些冲击，经济下滑。1998年，陇川县城正式下迁章凤，拓展了边贸经济发展的空间。2000年，县委、县政府提出了“以边贸为先导”的发展思路，应对各种困难和挑战，坚持稳中求进，站在新的起点上，坚定不移地全面深化改革，拓宽发展思路，使陇川边贸业进入规范管理、稳步发展的新阶段。2005年，陇川边贸进出口总额达到1.93亿元，接近1989年（1.7亿元）的水平。陇川边贸业的复兴与陇川新县城建设密不可分。章（凤）八（莫）公路成为陇川连接东南亚、南亚次大陆商贸的黄金通道，为陇川边贸经济持续、快速、健康发展夯实了基础。

蔗糖业从无到有，从小到大。1978年前，陇川县仅有一个日处理250吨甘蔗的陇川糖厂（农场糖厂）。1979年，县委、县政府根据陇川农业县情，决定在景罕镇建一个日处理甘蔗500吨的糖厂，坝区部分农户开始受益。但由于糖厂规模小，陇川难于实现县委“坝甜山香”的发展战略。县委、县政府在财力有限的情况下，仍千方百计筹措资金，对糖厂进行技术改进，至2005年，陇川糖厂历经4次扩建，日榨甘蔗量达到2500吨；景坎糖厂经3次扩建，日榨甘蔗量达到5500吨，成为全省规模最大的糖厂。1995年，第50届国际统计年会中国组委会、国家统计局、中国技术评价中心授予景坎糖厂“中国十强企业”称号。1998年，陇川县被省政府列为“国家糖料基地县”。县委、县政府不断调整农业产业结构，大力发展二台坡地甘蔗种植，增加水田甘蔗种植面积。2005年，全县甘蔗种植面积达到1.67万公顷，比1978年（1347公顷）增长12.39倍；产量134.71万吨，比1978年（5.39万吨）增长24.99倍，占全州甘蔗总产量的29.36%。陇川县的章凤镇是全州甘蔗生产最大的镇，2005年，章凤镇甘蔗总产量占全县总产量的23.57%，其他如景罕、陇把、城子3镇甘蔗生产仅次于章凤。2005年，全县制糖业总产值达7848.9万元，占全县工农业总产值的15.86%。制糖业税收2444.62万元，占地方财政收入的35.17%，有几年超过60%。经过28年的发展，陇川蔗糖业一跃成为全县5大支柱产业之一，为陇川的经济发展注入了活力。

农业是陇川的主要产业。1980年，陇川县开始推行家庭联产承包责任制，积极引导广大农民以市场为导向，以科技为手段，以经济效益为目标，优化农业结构，走高产、优质、高效的农业路子，全县粮食连年丰收，登上新台阶，多次受到上级的表彰。1993年，全县粮食总产量6.07万吨，人均粮食达500千克以上。1994年后，陇川县认真贯彻中央提出的“农业增效，农民增收，农村稳定”的总体方针，继续实施“坝甜山香”的战略，坚持“结构调整不动摇，粮食生产不放松”的农业发展方针，在保证粮食稳定增产的基础上，坝区扩大水田甘蔗种植面积，抓好糖、茶、烟骨干产业。山区着力发展麻竹、茶叶、核桃、柠檬、油茶“五棵树”为重点的热带经济作物。大力开发冬季农业，按照“一县一品，一乡一品”产业发展规划，发展枇杷、魔芋、马铃薯、奶水牛等特色产业，紧紧抓住滇西南农业综合开发项目的机遇，积极争取项目资金，加大对农业的投入。2005年，全县农业投资达2393万元，完成农林牧渔业总产值3.6亿元，分别是1978年的24.3倍和17.38倍，农民人均纯收入1275元，是1978年（88元）的14.49倍。全县农机总动力达到1.51亿瓦特，农机耕地面积14213公顷，占全县总耕地面积的53.3%。全年肉、奶、蛋总产量7320吨，比1993年增长1.21倍。

水利建设成绩卓著。陇川县从20世纪50年代开始就致力兴修水利，造福人民。1978～2005年，全县先后完成水利工程326件，完成水利投资4529.84万元。特别令人瞩目的是2002年经国务院批准修建的云南省大型水利工程——麻栗坝水库，总投资5.504亿元，水库建成后能年产生防洪、灌溉、发电、养殖效益1.95亿元，极大地提高了陇川坝的防洪抗灾能力，为今后农业的发展打下坚实基础。

工业生产有新发展。制糖业得到强化，食糖、酒精、发电、金属硅、稀土等主要产业产品大幅度增加，制药、木材加工为主的边贸工业有较大突破。魔芋精粉厂和卓信硅厂投入生产。1978～2005年，陇川坚持以“工业为后盾”的发展方针，工业从小到大，从弱到强，迅速发展，取得了令人瞩目的成就。1978年，全县有工业企业48家，工业总产值473.65万元。1984年后，陇川逐步推行厂长（经理）负责制，通过体制改革，到1993年，全县工业企业发展到53家，完成工业总产值1.58亿元，占全县工农业总产值的49.1%。全县工业生产稳步发展。陇川糖厂、景坎糖厂经过扩建成为全县骨干工业。户撒民族刀具生产销路走出国门。国办、集体办、乡（镇）办工业企业竞相发展，老厂更新改造，新厂不断涌现。制糖、建材、印刷、制药、食品、皮革、制茶、民族家具、粮食加工、民族刀具、工艺品、造纸、矿产开采、民族塑料、饲料加工、陶瓷等各业方兴未艾，经济效益不断提高。至2005年底，全县已完成以景坎糖厂、木材公司等29户国营集体工业企业改制工作。其中绝大部分改制成民营企业。同年，全县完成工业总产值1.35亿元，是1978年的28.50倍，实现工业利润2712.2万元。乡镇企业完成总产值1.57亿元。

交通、能源、通信等基础设施变化显著。1978年前，陇川县主要有盈江至陇川、章凤至城子、城子至王子树、曼东至户撒、陇把至邦外、景罕至陇把等6条县乡公路，总长265千米，平均每平方千米仅有公路0.14千米，且路况等级低，除省道外，普遍没有铺筑路面，桥涵不配套，存在“晴难行，雨不通”的状况。交通处于落后势态，自然优势不能充分发挥出来，严重制约着全县社会经济的发展。1978年后，县委、县政府把修路建桥作为“富民兴县，脱贫致富”的重要措施来抓。至2005年，全县修筑的公路里程已达2519.52千米，每平方千米土地拥有1.3千米，比1979年增长8.3倍。其中省道107.5千米，县道432.87千米，乡道500.43千米，村道369.98千米，专用道1108.98千米，基本实现了省道等级化，县道油路化，乡道弹石化，村道网络化目标，通乡公路80%以上实现柏油路或水泥路，通村公路70%以上达到弹石化程度。

电力建设长足发展。20世纪80年代前，陇川县主要以普及小型水电站为主，先后建成小型水电站29座，总装机容量3967.5千瓦，遍布全县各公社。80年代后，先后建成大中型户撒河一二级电站、马奶河一二三级电站，总装机容量达219万千瓦。1994年，陇川县成为全国第二批200个农村水电站初级电气化县之一。陇川县先后加入州、省电网，完成城网和农网改造，乡（镇）、村通电率100%，户通电率99.8%。

1978年，全县有固定市话用户80户。1988年，全县有固定电话用户792户，其中市话251户，农话541户。1993年，开始安装程控电话BP机寻呼业务，固定电话用户增至854户。1995年，陇川通信全部实现交换程控化、微波传输数字化。2005年，全县发展固定电话17147户、移动电话38270户、互联网用户2250户。

旅游业从无到有，前景看好。陇川县旅游资源丰富，拥有国家级森林公园、民族文化广场、景颇风情园、南宛湖、卫边湖、新马温泉度假村、户撒佛祖花园、龙江飞鱼瀑布、景罕玉兔洞、拉影一寨锁两国等一批旅游景点，优美神奇的边地风光和多姿多彩的民族风情，吸引着国内外众多游客。2002年，县委把民族文化旅游工程作为全县实施5大工程之一来抓，着力打造“中国目瑙纵歌之乡”品牌，同年春节在新县城体育广场举行盛大的景颇目瑙纵歌节，上万国内外贵宾参加庆典。有一位记者感慨地说：“要了解中国景颇文化，世界看德宏，德宏看陇川”。2005年，全县旅游业收入8286万元，接待国内外游客26.62万人次，有旅行社1家、宾馆31家、餐饮饭店76家，经过打造，旅游业从无到有，逐步成为陇川的一大产业。同年，县城章凤被列为云南省旅游小镇。

非公经济发展迅速。1978年以来，县委、县政府认真贯彻省委、省政府《关于大力发展个体私营经济的决定》，采取了一系列扶持措施，认真落实各种优惠政策。同年，全县有个体工商户52户，1994年发展到1737户，从业人员3568人。2005年，个体工商户增到2717户，从业人员4275人，注册资金3952.27万元；私营企业102户，注册资金1.2亿元，从业人员1385人。非公经济上缴税金占地方财政收入的20.68%，非公经济增加值占生产总值比重达50.3%。在改革开放大潮中发展起来的非公经济，很快占据了全县经济总量的半壁江山。

城市建设面貌不断改观。1978年，陇川县城只有一条街，长不过千米，进入20世纪80年代，县政府作了规划，城区自南北扩展，形成主街4条，街巷12条，初具小城镇规模。但由于交通和地理位置的原因，陇川县城建县以来一直处于经济发展的死角，长期与章凤口岸经济中心分离，制约着全县社会经济的发展。1991年，县委、县政府开始酝酿县城迁移的问题，召开五套班子联席会议作出县城迁移至章凤的决定，经过反复论证和争取，于1998年报经国务院批准，将县城迁往章凤口岸。县城规划分近、远期，近期为4.8平方千米，计划投资2亿元，面积是老县城的4倍。1998年，县城迁移章凤口岸后，按照州委提出的“一年一个新气象，三年大变样，十年跨上新台阶”的城市发展布局，在省、州政府的支持下，先后完成2亿多元的市政建设投资，使章凤口岸的交通、通信、供水、住宿、娱乐、美化、绿化、亮化等基础设施面貌焕然一新。至2005年末，新建主街道17条，长2.88万米。建自来水厂1座，日供水能力为1万立方米。建排水管网3.58万米，建入地电缆线7.19万千米。先后建成政府综合办公楼、人民医院、计生服务站、疾控中心、教科文卫大楼、陇川中学、园林小区、档案馆、陇川会堂、图书馆、科技馆、体育馆、公安、检察、法院、农业、林业、水利、城建、财政、审计、气象、国土资源、老年活动中心、广电、国家安全、地税、交通、金融、厂矿等办公楼和住宅区，以及于商贸、居住、购物、娱乐为一体的天成花园、天城商贸城、文苑小区、鼎金小区、森林公园、农贸市场、泰达酒店、兴昌民族购物中心、民族广场、云南景颇园、绿色生态区等市政建设，一座文明卫生“林中有城，城中有林”的绿色生态小城镇，在中缅边境兴起。全城绿化率达25.8%。全县各乡（镇）集镇进行了规划建设。2005年，乡镇集镇建成了文明卫生路。“森林化、园林化、景观化、风情化”的边疆民族特色在城乡建设中更加凸显。陇川新县城正在向宜居城市、生态城市迈进，“爱我陇川”“兴我陇川”已成为全县17万人民的共识。

教育事业稳步发展。2005年，全县小学巩固率达到98.9%，辍学率1.14%。初中入学率97.93%，初中在校生巩固率98.64%，初中辍学率1.68%。高考录取率62.4%。陇一中学生苏畅依娜获得全州高考文科第一名。在陇川县办学史上值得一提的是20世纪60～80年代，陇川县委在全州率先开办为快速培养农村初级民族人才新型的工读学校，成为陇川教育史上的一个亮点。1985年，全县最后一所工读学校（罗朗工读学校）停办，完成了他的历史使命。

文化事业蒸蒸日上。陇川新县城建有文化馆、图书馆、文工团、影剧院、新华书店，成立有书法、绘画、摄影协会，各乡镇均建有文化站（室），至2005年，全县图书馆、文化站藏书已达10万册。2000年7月，陇川县户撒阿昌族乡被文化部命名为“中国民间艺术（民族民间艺术）之乡”。1987年，章凤镇文化站被省文化厅授予“群文工作先进集体”称号，1989年，被文化部和农牧渔业部授予“农村精神文明建设先进单位”。2005年，陇川县“景颇族目瑙纵歌”“阿昌族户撒刀”被省文化厅列入国家第一批非物质文化遗产。全县一批优秀歌舞表演创作节目及书法、绘画、摄影作品荣获国家、省、州奖励。首部《陇川县志》和8部部门志出版，填补了陇川史无志书的空白，《陇川年鉴》相继创刊，全县一批文学艺术作品获奖，繁荣丰富了边疆文化事业。陇川县每年如期举办盛大的目瑙纵歌节、泼水节、阿露窝罗节、阔时节，颇具边疆民族文化特色，对于提升陇川知名度，打造陇川文化旅游品牌，促进经济社会发展，具有重要作用。

卫生事业初具规模。2005年，全县有卫生机构16个，其中县直5个，有病床442张，每万人拥有20张。在职卫生技术人员449人，每万人拥有26人。有村卫生室71个，乡村医生120人，农村医疗覆盖率为100%。有社会办医疗机构50个。计划生育成绩显著。1979年，全县人口出生率为29.3‰，人口自然增长率为20.5‰。2005年，全县人口出生率下降为16.29‰，人口自然增长率下降为8.01‰。农村独生子女领证人数占农业人口的39.66%。疟疾、鼠间鼠疫、艾滋病、伤寒等几种常见传染病得到有效控制。

广播电视遍及城乡。1969年，全县城乡开始建立广播网。1978年后，县广播站除转播省、中央台外，每天开播固定的自办节目，深受群众欢迎。1982年8月1日，邦瓦电视差转台建成，陇川人首次看到电视节目。1991年，城子开通有线模拟信号中央一台、中央七台、云南一台及德宏民族4套电视节目、数字信号4套地方节目。1999年，县广电局迁章凤新县城后，安装一套无线广播发射机。2003年，开播加密数字微波节目45套。2005年，启动电视“村村通工程”。至年底，全县共有电视差转台18座，卫星电视地面接收站60座，系统内外发射总功率为1276千瓦，电视覆盖率为95.05%，有线电视用户2.3万户，“村村通工程”受益8541户，广播覆盖率94.06%。

体育事业亮点频出。1985年，老年体协获州级中国象棋团体第一名。1991年，章凤镇被评为“全国体育特色先进乡镇”。2000年5月，陇川县荣获省级“体育先进县”称号。同年10月11日，荣获“全国体育先进县”及“全国优秀青少年体育俱乐部”荣誉称号。2001～2005年，连续5年被云南省体育局、云南省全民健康指导协调委员会评为“全民健身先进单位”。陇川运动员在国家、省、州体育比赛中多次获奖，其中残疾人运动员王光辉分别于1999年、2000年、2005年荣获省残疾人运动会举重第一名。1993～2004年，县体委在县体育馆先后成功举办四届“甸川杯”、三届“卓信杯”篮球赛。

科技事业硕果累累。改革开放28年来，陇川县科技事业得到长足发展，科技成果不断刷新。2005年，全县有在职自然科技人员2647人，平均每万人拥有156名科技人员。其中，高级职称84人，中级职称1236人，初级职称1325人。1980～2005年，全县共有31项科研项目获县级奖励，120项获州级奖励，26项获省级奖励，1项获国家级奖励。2001年，章凤弄莫村民小组被列为“云南省农村科普富民示范村”；新城社区被列为“云南省精神文明科普示范社区”。全县公民科学素质得到提升。

社会保障体系日臻完善。1978年后，陇川县逐步建立健全了养老保险、失业保险、医疗保险、大病医疗保险、居民最低生活保障等一系列社会保障制度。至2005年，全县参加养老保险3259人，参加医疗保险3591人，工伤保险5019人，生育保险3265人，享受城市低保6635人。劳动监督社会保障工作不断加强，劳动就业条件逐步完善，对维护陇川社会稳定，构建和谐社会，具有重要作用。

人民生活不断改善。1978～2005年，陇川各族人民收入逐年增加，生活水平显著提高，从解决温饱开始，稳步向小康迈进。2005年，城镇职工年平均工资9981元，是1978年的18.5倍；农民人均纯收入1275元，是1978年的14.49倍。全社会消费品零售总额为1.85亿元，城镇居民人均可支配收入7313元，城乡居民储蓄存款余额5.45亿元，城镇人均居住面积29.5平方米，农村人均住房面积17.8平方米。20%的农户建盖了现代住房。移动电话、电脑、彩色电视机和汽车、轿车、摩托车等进入寻常百姓家，大部分村委会建有文化活动室。

五

昔日贫瘠瘴痢区，今日文明卫生县，论千秋功绩，还看今朝。陇川县最大的区位优势是山青水绿，资源丰富，生态良好。1978年改革开放后，陇川县委、县政府根据本县实情，制定了“坝甜山香、两翼胶烟，近攻商边，狠抓中坚，交通先行，教育关键”的发展战略，狠抓产业结构调整，调出了新、特、优、强效益。奋力兴修麻栗坝水利工程，果断迁移县城，建设绿水青山家园。狠抓禁毒防艾和口岸建设，使陇川面貌大改观，一跃成为全省蔗糖大县，并建立了一批发展优势好的产业，如章凤的蔗糖、城子的马铃薯、姐乌的奶水牛、户撒的油菜、清平的麻竹、陇把的枇杷、王子树的茶叶、勐约的柠檬、油茶、核桃等等。在产业发展过程中有过失败，如种植西番莲、砂仁、雪莲果、亚麻等，因生产、加工管理诸多因素，最终没有形成稳固发展的产业。县城迁移改变了陇川县政治中心和经济中心长期分离的状况，迎来边贸活跃，农、工、商快速发展，市场繁荣的新景况。麻栗坝水库是大（二）型水库，修建经历了半个世纪。1958年，县委、县政府就决心在南宛河上游修建一个大型水库以达到治服洪魔、改善陇川农业生产条件、造福子孙后代的目的，终因人力 、财力、技术的原因“三上三下”没有修成。但县委、县政府始终没有放弃过这个愿望，经过几代人艰苦奋斗，终于“十一五”末建成验收。这样一个巨大工程如果没有全县各族群众、干部的恒心和决心，没有国家的支持，是修不成功的。他将在陇川的水利发展史上增添一个亮点。陇川地处祖国西南极地，历史上与境外交流较频繁，给社会治安带来一定影响，一度成为德宏毒品受害的重灾区之一。个别村寨因为吸毒人员多，人口出现负增长，治安混乱，当地群众生活处于贫困边缘。1990年后，县委、县政府痛下决心，狠抓禁毒防艾工作，使全县的社会治安出现安定和谐的大好局面。

回眸28年走过的改革历程，纵观1931平方千米热土，“国家糖料基地县”“黄金口岸”“目瑙纵歌之乡”“生态家园”一幅幅美好的画面，足以让17万陇川人民欢欣鼓舞，引以自豪。但在新的起点上，陇川人清晰地看到自身的不足：经济发展较快，但经济总量偏小；国有企业活力不强，非公经济发展缓慢；经济外向度低，第三产业发展滞后；农业产业化水平低，国民整体素质不高；科技、教育、卫生、文化仍然落后，支撑社会发展各类科技人才短缺；财源增长后劲不足，基础设施建设相对滞后；抗灾能力弱，口岸开发缓慢；扶贫攻坚难度大，“禁毒防艾”形势仍然严峻等。

“长风破浪会有时”“柳暗花明又一村”。陇川的明天，一幅幅跨越新世纪的宏伟蓝图，展现在世人面前。县委、县政府紧紧抓住国家实施“一带一路”新一轮西部大开发和脱贫攻坚战略支持沿边地区开发开放的重大机遇，以全面建设小康社会为目标，努力实施“农业强县，工业富县，边贸兴县，旅游活县”的发展规划，全面实施“可持续发展、科技兴县、绿色经济、城镇化和全方位开放”5大战略，努力培育壮大蔗糖、生物资源开发创新、畜牧、边贸、旅游5大支柱产业，率领全县各族人民，把陇川建设成为通向中印缅经济的走廊、文化交流的窗口，实现历史性的发展和跨越。进一步在更大范围、更深程度扩大开放，面向世界，团结一心，抓准机遇，解放思路，砥砺奋进，不忘初心，誓将改革进行到底，把“目瑙纵歌之乡”的明天打造得更加美好。17万陇川儿女愿与全国人民一道决胜全面小康社会，实现伟大中华民族复兴梦。

大事记

LONG CHUAN XIAN ZHI

LONG CHUAN XIAN ZHI

LONG CHUAN XIAN ZHI

1978年

3月9日　中共陇川县委、县革委通报表扬1977年农业学大寨、工业学大庆的133个先进集体和329名先进个人。

同月　县邮电局安装三路载波电话终端机DT5，一端通达芒市。

4月5日　县革委向州革委上报陇川糖厂计划任务书，请求及早批准陇川新建日榨500吨白糖厂1座。

同月14日　陇川县各公社进行1977年度决算，全县超支6630户，占总农户的43.8%。

同月　县政法党组成立。

同月　经中共德宏州委批准，恢复陇川县委党校。

5月1日　户撒河一级电站竣工投产，总发电量为2000千瓦。

6月13日　县革委决定国家机关、企事业单位、公社、大队在编干部职工一律使用"工作证""家属证"，年满15周岁的学生使用"学生证"。

9月　经中共德宏州委批准建立中共陇川县纪律检查委员会。

10月　根据中共云南省委的决定，陇川县恢复县委书记兼任县人民武装部第一政委和党委第一书记的制度。

12月15～18日　陇川县第七届人民代表大会第一次会议在城子召开。到会代表226人，其中少数民族代表135人。大会选举产生新一届陇川县革命委员会委员35人，主任1人、副主任6人，选举产生出席德宏州第七届革委会代表49人。

同年　痢疾病流行，全县发病5271人，占总人口的4.67%。

同年　中共云南省委、省革委授予陇川糖厂"工业学大庆先进企业"称号。

同年　陇川糖厂进行第二次扩建，新建500吨/日的压榨机组，日处理甘蔗量提高到1000吨。

1979年

1月2日　县委、县人民武装部党委共同研究决定，1月6～21日，对王子树、护国、清平、邦瓦等4个公社民兵的武器全部换为新式武器。

同月15日　县委、县革委召开全县计划生育工作会议，宣传贯彻中共中央文件，提倡一对夫妇生育子女数最好1个最多2个。

同月　县邮电局安装两部电传机，实现发报工作半自动化。

同月　全县冤假错案平反工作基本结束，对全县2000多名干部的档案全部进行清理，撤销含有诬陷和不实之词的材料。同时，为1958年反右派斗争中被错划为"右派分子""地方民族主义分子"的21名干部平反，并安排工作。通过落实政策，给100名干部职工重新安排工作或补办退职退休手续，给一批党员恢复党籍或撤销错误处分。

4月2日　为陇川原副县长排早堵平反昭雪，恢复名誉。

6月1日　城子、章凤两座35千伏变电站竣工，户撒河一级电站开始向县城供电。

7月30日　云南省计委批准建设陇川景坎糖厂，建设规模为日处理甘蔗500吨。

10月　装机容量为235千瓦的广瓦勐约河电站竣工发电。

11月8日　恢复县人民武装委员会，委员由23人组成，县委书记丁老五兼任主任。

同年　农垦部授予国营陇川农场“种子工作先进单位”称号。

同年　农垦部授予国营陇川农场广线分场和陇川糖厂“全国农垦系统先进集体”称号。

1980年

1月10日　农垦部部长高杨一行在云南省农垦总局局长彭名川和德宏州农垦分局局长陈秀贵陪同下抵陇川农场视察工作。

2月8日　根据上级决定，章凤、邦外（陇把）、户撒等3个边境公社为实行边境居民证和边境通行证范围。

同月16日　日全食，17时27分14秒初亏，18时31分36秒食既，18时32分26秒食甚，18时33分15秒生光，19时30分57秒复圆。

同月23～25日　陇川县在城子举行首届景颇族目瑙纵歌盛会，来自全县各公社约2万民众参会。

4月26日　全省农垦系统扭亏增盈现场会在陇川农场召开。农垦部部长吕清、云南省副省长邵凤参加会议并讲话。会议充分肯定陇川农场3年迈出3大步的经验，号召全省垦区农场加强经营管理，迅速实现扭亏增盈。当年，国营陇川农场扭亏转盈，实现盈利88万元。

同月　陇川县公安局政保股股长蒋晓春被授予全国公安战线二级英模称号。

5月15日　县委研究决定在全县农村建立干部岗位责任制，对干部进行考核奖惩。

同月　组建中国人民武装警察部队陇川县边防大队。同年6月，经德宏州武警支队批准，成立中共陇川县边防大队委员会，隶属中共武警德宏州支队委员会，同时接受陇川县公安局党组的领导。

7月13日　连日暴雨，山洪暴发，南宛河决口30处，冲毁塘坝81道，淹没稻田1173公顷，冲毁农田47公顷。

9月下旬　县委召开三级干部会，贯彻中共中央《关于进一步加强和完善农业生产责任制的几个问题》，开始在大场、吕良等9个大队试行包产到户责任制。

同年　贯彻省革委文件，将公费医疗费按标准拨给各系统各单位包干使用。

同年　中央民族歌舞团应邀到陇川农场演出。

同年　全县开放大牲畜交易市场。

同年　陇川县恢复小额边境贸易，“文化大革命”前被中断的边境贸易和章凤建川商行开始恢复贸易，之后逐步扩大贸易规模。

1981年

1月13～18日　陇川县第八届人民代表大会第一次会议在城子召开。到会代表159人，其中少数民族代表90人。大会根据《中华人民共和国地方各级人民代表大会和地方各级人民政府组织法》的规定，选举产生陇川县第八届人民代表大会常务委员会委员19人，主任1人，副主任4人；选举产生陇川县第八届人民政府县长1人、副县长4人。

同月12～15日　中国人民政治协商会议陇川县第六届委员会第一次会议在城子举行。“文化大革命”期间被迫停止工作的县政协重新恢复工作。出席这次会议的委员共101名，其中少数民族委员63人。会议听取和讨论了县革委会主任丁老五代表县革委会作的工作报告，选举产生政协陇川县第六届委员会常务委员会领导机构。政协陇川县第六届委员会常务委员会组成人员25人，主席1人，副主席5人。

同月　在陇川县第八届人民代表大会第一次会议召开期间，正式撤销陇川县革命委员会，恢复陇川县人民政府体制，各级行政机关名称同时改名。

3月8～14日　中共德宏州委落实政策检查验收小组对陇川县落实干部职工政策进行检查验收。对应列为检查验收的171件案子进行逐件验收签字，进一步落实“文化大革命”期间干部职工受到不公平待遇的问题。

同月　县政府在国营陇川农场召开配合饲料养猪现场会，推广配合饲料养猪，当年获云南省三等奖。

4月19～25日　户撒朗光23个村寨食病猪肉中毒144人，经抢救，143人脱险，死亡1人。州、县卫生部门赴现场查明系猪霍乱沙丁氏所致。

同月　县委决定县级政权系统建立党组。县人大常委、县政府、县法院、县检察院相继建立党组，原政法党组同时撤销。

6月　省、州防疫站组成地方性甲状腺肿（简称“地甲病”）调查组抵陇川高寒山区调查502人，其中患地甲病223人，占44.42%；患克丁病19人，占3.78%。在半山区和山脚一带调查466人，其中患地甲病85人，占18.2%；在坝区调查410人，其中患地甲病34人，占8.3%。

8月14日　户撒河电站、县供电公司合并组建陇川县电力公司。

同月18日　县政府下发实施农村人民公社包产到户和包交提留到户责任制试行办法。

9月7日　为维护土地的国有和集体所有制，县政府颁布《关于土地问题的布告》。

10月21～22日　云南省落实知识分子政策检查小组到陇川县进行检查。

同月　省水利厅、省建行联合行文通知，三上三下的麻栗坝水库列入缓建工程。

12月3日　县政府与国营陇川农场投资修建的景罕至陇把公路段完工通车，全长7千米。

同年　陇川农场中学被农垦部授予“全国农垦系统普通教学先进单位”。

同年　陇川县新成立托盘山、岔都、大山、罗家寨、曼亚河、岳家寨、六昆、郑家寨、龙江、广宋、曼晃、曼弄、龙安、邦湾、曼捧、项姐等16个生产大队。

同年　优质水稻“201”品种在全县推广，面积达133公顷。

同年　建成邦瓦电视差转台，陇川人开始收看到电视。

1982年

3月5日　县医院制剂室用白糖试制转化糖注射液代替葡萄糖注射成功，保证了临床用药的需要。次年荣获德宏州科技二等奖。

同月　县委召开三级干部会议，贯彻《全国农村工作纪要》，部署进一步完善家庭联产承包责任制工作，抽调机关干部470人组成工作队，深入各生产队落实政策，逐户签订承包合同，纠正认祖宗田、私分公共积累、大牲畜折价偏低等问题。至1983年，全县全部改为包干到户责任制，并宣布联产承包责任制至少15年不变。

4月　全县开展第二次土壤普查，查清陇川县土壤的种类、元素含量等，为发展农业生产奠定基础。

6月　章凤及边境一带发生鼠间鼠疫，引起各级党委、政府重视。县委、县政府成立除害灭病领导小组领导防治工作。省、州、县共拨专款17万元用于鼠防工作。据统计，7～12月全县共灭鼠12万只，预防注射9.7万人，喷洒灭蚤药349万平方米。

7月1日　全县开展全国第三次人口普查。

同年　县委、县政府全面推开“三定”（稳定山林权、划定自留山、确定林业生产责任制）工作。

1983年

4月7日　国营陇川农场畜牧水产公司奶牛场751号黑白花奶牛，经冻精冷配后，产下异性双胞胎，发育良好。

同月22日　全州劳动致富表彰会在章凤召开，各乡（镇）劳动致富先进代表及州县领导151人参加会议。

7月初　全县连日暴雨，南宛河决堤49处，淹没稻田5667公顷，冲毁耕地1133公顷、沟渠400条、拦河坝103道、桥梁5座和14个涵洞。公路塌方百余处。淹没民房25户，死亡3人，受伤4人，损失粮食266万千克。

同月下旬　县粮油加工厂加工的上等大米，参加云南省商业厅举办的全省米面油质量评比大会，荣获第一名。

10月　在云南省少数民族用品评选会上，户撒刀具厂生产的藏刀被评为优良产品，被国家民委、轻工部评为“民族特需工艺品最优产品”。

11月　县委、县政府召开全县普及小学教育工作三级干部会，学习宣传中央文件精神，制发《陇川县1983～1990年教育发展规划》。

同年　云南省话剧团到章凤公社演出景颇话剧《斯若》，现场观众爆满。

同年　根据中央统一部署，开始进行机构改革，历时3年。改革后，陇川县级工作机构由原来的47个精减为39个，中青年干部的比例有所增加，具有中专（高中）以上学历的干部由原来的25.6%上升到41.2%。

1984年

3月　陇川县进行基层政权体制改革，全县设1镇10个区。

4月6日　为全县第九次普选工作选举日，选民直接选举产生陇川县第九届人民代表大会代表。

5月31日　暴雨，章凤户弄水库水位上涨告急，罗光兴等3人前往排险，傣族青年老黑不幸身亡。

7月21～26日　中国人民政治协商会议陇川县第七届委员会第一次会议在城子镇举行。出席这次会议的委员共110名，其中少数民族72人。大会听取和审议县政协主席孟小寿作的工作报告，听取和讨论代理县长彭勒准作的县人民政府工作报告，选举产生政协陇川县第七届委员会常务委员会委员23人、主席1人、副主席3人。

同月22～26日　陇川县第九届人民代表大会第一次会议在城子镇召开。本届大会代表164人，其中少数民族98人。大会听取和审议政府工作报告、县人大常委会工作报告、关于陇川县1984年经济和社会发展计划的报告、关于陇川县财政1983年决算和1984年预算的报告等报告，选举产生陇川县第九届人民代表大会常务委员17人、主任1人、副主任5人，第九届陇川县人民政府县长1人、副县长5人。

8月　召开全县25年以上教龄的老教师座谈会，并向39名老教师颁发“园丁纪念章”和奖品。

10月18～22日　县科学技术协会暨县先进科技工作者表彰大会在城子镇召开，选举产生科协第一届委员22人，18名科技先进工作者受到表彰。

11月　省邮电管理处为陇川县邮电局颁发企业整顿验收合格证书。

12月3日　县委决定建立县鼠防站。年底中共中央地方病防治领导小组办公室副主任孙玺、沈尔礼同中国流行病学微生物研究所刘云鹏教授等抵陇川视察鼠防工作。内蒙古、新疆、青海、浙江等省区鼠防考察团抵陇川考察。

同年　国营陇川农场在全场进行一次性创办职工家庭农场成功。

同年　全县“三定”“两山”工作结束，划定国有林4.4万公顷、集体林7.47万公顷。7742户社员落实责任山，为原山区下坝生产的23个生产队调换570多公顷山林。

1985年

1月14～15日　县境遭遇寒流，最低气温降至-2.3℃，国营陇川农场甘蔗受冻1367公顷，直接经济损失180万元。

2月5日　县委、县政府决定成立县志编纂委员会及办公室，把党史资料征集和地名工作统一起来，采取一套班子，三块牌子，合署办公。

2月17日　中共中央总书记胡耀邦抵陇川章凤视察。县委、县政府主要领导在汇报到缅甸洋人街要求供电一事时，总书记指示：“只要对人民有利的事，都可以做。洋人街要求供电，只要有能力就供。”

3月11～15日　县委、县政府在县城大礼堂召开全县增百致富动员大会，各级干部1000余人参会。

4月30日　梁河至陇川公路、县城至王子树公路、县城至户撒公路经省、州验收合格通车。

5月　陇川县电力公司与缅甸洋人街利民电力公司达成供电协议，章凤至洋人街的8千米供电线路由陇川县电力公司勘测施工，并于当年8月竣工，总投资12.63万元。9月初正式向缅甸雷基（洋人街）输送照明用电。

5月12日　县委、县政府在云南师范大学召开昆明各大专院校陇川同学“热爱家乡，振兴家乡”

座谈会，与会人员142人。

8月　陇川县修建公路成绩显著，受到省政府的奖励与表彰。

9月10日　县教育系统召开先代会，庆祝中华人民共和国成立以来的第一个教师节。

同月17日　经国务院批准，“崩龙族”正式改名为“德昂族”。

10月30日　德宏州政府作出将全州开放为边境贸易区的决定。县委、县政府本着“平等互利、互通有无”的原则，对边境贸易作出若干具体规定，取消原独家经营的体制，打破边境沿线20千米内为边民互市区的界限，开展边境贸易。同年，章凤口岸被批准为省级口岸。

11月25日　南撒、南洼两界河改道28段，国土演变24.2公顷，其中改入陇川境20段，损失国土16.95公顷。国家投资58.84万元，铺设钢筋石笼81个，长3.11千米，砌石护岸0.586千米。

12月　县农科所培育成功的“滇陇201号”矮杆优质软米种谷在全州推广6667公顷。

同年　中共中央地方病防治领导小组办公室汪诚信副教授抵陇川视察鼠防工作。

同年　陇川县从四川、湖南、广西壮族自治区引进中学教师21名。

1986年

1月　全县2600名党员分3批开展整党工作。

2月4～5日　县委、县政府召开起义投诚人员发证会议，为起义投诚人员颁发证书。

同月中旬　县委、县政府在县委小礼堂召开县城迁移章凤论证会。因与会者多数人持反对意见，迁移建议被否决。

同月22～28日　云南省委宣传部在陇川县城召开沿缅边境地区宣传工作座谈会。出席座谈会的有中宣部及省、州、县各有关领导和工作者83人，其中德宏州参加27人。

3月20日　根据中共云南省委办公厅文件精神，县委决定建立中共陇川县委老干部局，业务归口组织部，负责管理建国前参加革命工作的离休干部。

5月　县电力公司投资5.17万元，安装6台35千伏线路电力通讯载波机和联通瑞丽县35千伏电力通讯，解决系统内的电力通讯问题。

6月7日　县人民医院妇产科为1名60多岁的傣族妇女摘除1个20千克重的卵巢肿瘤。

同月15日　中国人民解放军陇川县人民武装部改归地方建制，称“陇川县人民武装部”（副县级）。从1987年1月1日起，经费由地方拨给，并受县委、县政府和德宏军分区的双重领导。

9月10日　农牧渔业部授予国营陇川农场中学“全国农垦教育先进单位”称号，中心小学党支部书记戴淑萍被授予“全国农垦先进教师”。

10月1日　县政府召开各界人士为“四化”建设服务经验交流表彰大会，154名先进人物受到表彰。

12月17日　凌晨2时许，陇川县景罕镇曼允水库主坝溃坝，冲毁公路桥梁1座。岗相、拥军、胜德3个村的122户群众和广等耕读中学受灾，直接经济损失123.8万元。

1987年

1月22～25日　省、州落实知识分子政策联系领导小组到陇川逐一检查验收落实知识分子政策工作。

4月17～24日　政协陇川县第八届委员会第一次会议在城子举行。出席会议的委员共127名，其中少数民族85人。大会听取和审议县政协工作报告和政府工作报告，选举产生政协陇川县第八届委员会常务委员会委员26人、主席1人、副主席4人。

同月18～24日　陇川县第十届人民代表大会第一次会议在城子召开。大会应到代表163人，其中少数民族代表91人。大会议听取和审议政府工作报告、关于陇川县1986年国民经济执行情况及1987年国民经济和社会发展计划的报告、关于地方财政1986年决算和1987年预算的报告、县人大常委会工作报告等报告，选举产生陇川县第十届人民代表大会常务委员主任1人、副主任4人、委员12人，陇川县第十届人民政府县长1人、副县长4人，县人民法院院长、县人民检察院检察长各1人。

5月20日　全县整党工作结束，正式党员2655人予以登记2566人，占96.65%；缓登和不予登记89人，占3.35%，处分8人，占0.3%。

同日　县委、县政府正式向省政府申报陇川县城由城子镇下迁至章凤的报告。

同月　中国科学院和林业部考察组一行8人，到陇川县考察边疆民族地区林业资源保护及林业发展情况。

6月26日　因上级发现县第十届人民代表大会第一次会议选举出的县政府县长和县人大常委会两名副主任的得票数未超过应到会代表的半数，只超过实到会代表的半数，违反《地方组织法》第十九条规定。德宏州第八届人民代表大会常务委员会第26次会议决定撤销这一选举结果，并于当年7月2日召开的县第十届人大常委会第二次会议任命副县长银恩铭为代理县长。

7月1日　全国进行1%的人口抽样调查，陇川县曼胆乡8个自然村列入调查对象，7月下旬结束。陇川在抽样调查中获全州集体第二名。

同月9日　在芒市召开的建立德宏民族经济开发区全国专家学者论证会上，陇川县常务副县长邱世集在发言中首次提出修复章（凤）八（莫）公路的设想和县城搬迁章凤的动议，引起与会专家、学者的共鸣。

同月27～28日　陇川县第十届人民代表大会第二次会议在城子召开。出席会议代表139人，占代表总数的85.5%。大会对本届代表大会第一次会议不合法选举产生的县长和县人大常委会2名副主任进行补选。

同月　缅方一侧发生枪战，1.04万名难民与伤员涌入陇川县境避难就医。县委、政府投入2.6万元为难民防病治病。

8月5日　陇川糖厂试制成功蔗渣碎粒板，经检测，产品达到部颁标准。

同月19日　县委、县政府研究决定，对涌入县境避难的缅甸边民按《边境管理条例》规定加强管理。

9月6日　暴雨，南宛河两岸群众受灾465户，冲毁沟渠96条，冲毁公路70米、桥梁3座、石坝1道、淹没稻田410公顷，冲毁水稻51公顷，损失粮食55万千克。

同月20日　护国区岳家寨被中共云南省委、省政府授予“省级文明单位”称号。

同月　户撒民族刀具厂生产的藏刀，荣获“第三届全国民族用品优质产品”称号。

12月　全县开始进行区划改革，将原来的区（镇）由派出机构改为乡（镇）基层政权机构，并建立党的基层委员会；将原来的乡改建为村公所或办事处。1988年3月改制工作结束。改革后，全县辖8乡4镇69个村公所。

1988年

1月10日　陇川县经州政府批准，在章凤设立办事处，代表县政府在章凤做好有关部门的协调工作。

同月30日　召开全县经济体制改革工作会议。会议传达全省经济体制改革工作会议精神，总结十一届三中全会以来全县经济体制改革经验，讨论全县经济体制改革的主要任务，开始推进国有企业责、权、利相结合的经营承包制改革工作。

4月12日　拉影贸易区开业，迭撒大桥及章凤至拉影公路通车。

5月28日　成立县统筹管理委员会和社会保险办公室，在全县国营企业中开展固定职工退休费由社会统筹解决的工作。

9月1日　县委决定在全县开展生产力标准问题的学习讨论。

同月5日　根据国务院和省政府《关于抓紧土地利用现状调查》的通知要求，县政府成立县土地详查领导小组，负责指导乡（镇）村调查、定权属及划界工作。

同月17～19日　召开全县先进党支部和优秀共产党员表彰大会，38个基层党支部和151名党员受到表彰。

9月27日　县委、县政府及相关部门领导出席省建厅及省规划院召开的审定章凤镇总体规划会议。

10月14日　县委批准组织部《关于制定干部教育规划和签订“双下”干部学历培训协议书的报告》。

同月　国务院宗教部门负责人到景罕镇景哏寨考察基督教工作。

11月14日　转发《云南省村镇房屋建设（准建证）收费标准和管理费使用的暂行规定》，决定从1989年1月1日起，在全县范围内（含农场）实行村镇房屋建设“准建证”制度。

同月20日　成立县劳动争议仲裁委员会及办公室。

同年　陇川糖厂在首届中国食品博览会上获得铜牌奖，取得省计量二级企业合格证，被评为农业部安全生产先进单位、省先进企业和省农垦总局先进单位。

同年　陇川县引进人工培育黄牛技术，由县兽医站组织实施，共繁殖黄牛95头。

同年　县民族小学在少先队中开展“小主人”活动，由140名各族少先队员组成小记者、通讯、广播、编辑和板报小组。同年，参加首届全国红领巾小记者竞赛荣获最佳奖。次年，获云南省“蜜蜂小队”最佳奖和云南省优秀少先队活动奖。

1989年

1月3日　县五套班子召开联席会议，研究审定《章凤城镇总体规划》和《拉影经济实验区总体规划》。

同月28日　全县试行乡级财政包干方案。

2月3日　成立陇川县矿业资源管理委员会，下设办公室。

同月7日　县计划经济委员会、县委宣传部、县广播电视局共同颁发《关于广播电视开展有偿服务收费标准的暂行规定》，从发文之日起执行。

同月20日　县委批转组织部《关于县管干部职务常规任免报批规范化的意见》。

4月1日　县委、县人大常委会、县政府研究决定在全县开展对机动车辆集资修路工作。

4月23日　省委书记普朝柱视察陇川。在陇川听取县委、县政府的汇报时指示：修建麻栗坝水库很有必要，但怎么修法是个问题，需要研究，修建麻栗坝水库可以这样做：一是争取中央列入计划；二是可以分期施工，按中型水库修建，先搞坝，把搬迁问题解决好，把水关起来，以后有条件逐步解决配套问题。

5月3日　国务院调研组朱嘉明一行到陇川县考察。县委就全县经济社会发展情况及县城迁移至章凤问题作了汇报。

同月20日　根据国务院《地名管理条例》规定，县政府决定在全县重要村镇和街道设置地名标志牌，同时成立领导小组和办公室。

同月　根据清末爱国山官早乐东亲属要求，县政协将早乐东墓迁葬于王子树乡风吹坡上。

6月3日　章凤至景罕二级公路改建完工，全长10千米。

同月8日　县委、县政府批转县检察院、县监察局、县税务局、县工商局《关于建立联合举报站的报告》。

8月1日　县民委转发国家民委、云南省民委《关于恢复和改正民族成分问题的补充通知》。

同月26日　县委组织部、县劳动人事局根据国务院文件精神，联发《关于对国家机关和事业单位中不够退休条件的人员实行退养的意见》。

9月26日　县委、县政府对侦破“8·11”盗抢杀人案件的20名有功人员和2个单位给予表彰奖励。

同月　陇川糖厂被轻工部批准为国家二级企业，成为全州制糖业中第一个被列为国家等级的企业。

11月中旬　县、乡两级人代会和乡级党代会换届选举工作拉开序幕。12月25~27日，召开县、乡两级换届选举工作会议，全面部署和安排县、乡换届选举工作。次年3月16日，选举工作结束，依法选举产生县、乡两级人民代表和乡级党代会代表。

12月12日　县政府批转县国有林权证颁发办公室《关于认真搞好国有林权证颁发工作意见的报告》。

1990年

1月2~4日　县内气温降至-1℃，4万多亩甘蔗遭受严重霜冻。

3月2日　州、县“双文明”（物质文明、精神文明）工作队共计452人正式进驻全县各乡镇，开展“双文明”宣传和建设工作。

同月24日　经县长办公会议研究，同意县文化局《关于将景罕广姆佛塔、户撒皇阁寺和陇川宣抚司司署衙门列为县级文物保护单位的报告》。

4月13日　县政府驻章凤办事处正式办公。

同月14～18日　中国人民政治协商会议陇川县第九届委员会第一次会议在城子举行。出席这次会议的委员共146名。大会听取和审议政协工作报告、提案工作情况报告，并列席县人代会。选举产生政协陇川县第九届委员会常务委员会委员23人、主席1人、副主席3人。

同月20～26日　陇川县第十一届人民代表大会第一次会议在城子召开。本届大会应到会代表169人，其中少数民族代表104人。大会听取和审议县政府工作报告、国民经济和社会发展计划执行情况报告、地方财政工作报告、人大常委会工作报告、法院工作报告和检察院工作报告，选举产生陇川县第十一届人民代表大会常务委员主任1人、副主任3人，第十一届县人民政府县长1人、副县长5人。

同月30日　云南省县乡公路养护会议在陇川召开。陇川县被评为全省公路养护先进单位。

5月5日　原县委政法领导小组改为县委政法委员会，下设办公室。

同月22日　县政府转发国家人事部《关于离休干部健康休养和干部休假问题的通知》。

7月1日　开展第四次全国人口普查，全县总人口比第三次普查增加25798人，增长20.94%。

同月28日　县委、县政府表彰全县第三次蔗糖系统选出的15个先进单位和152名先进工作者。

10月25日　清平乡戒烟所烟民尹某持刀杀伤杀死4人后畏罪潜逃。武装干事邵思国及时组织民兵将罪犯追捕归案。县委、县政府、县人武部为邵思国荣记三等功。

同日　在追捕杀人凶犯尹某的战斗中，清平回环景颇族民兵赵麻成献出生命。县委、县政府、县人武部决定授于赵麻成“民兵英雄”称号。

11月23日　县委、县政府成立清理干部职工违纪违法建私房领导小组及办公室。

12月29～30日　州委、州政府在章凤召开陇川县城搬迁现场办公会议。州委副书记张彭建、何远灿、常务副州长郗承文出席会议。会议统一了县城下迁章凤的思想，要求陇川县将工作重点放在章凤规划与基础设施建设上，逐步创造条件搬迁。

同年　县委、县政府决定将改造低产田列入滇西南农业综合开发项目。至1993年，改造低产田3960公顷，占低产田总数的60%。

同年　章凤及拉影边境贸易发展较快，有商号达34家、个体工商户185家。

1991年

1月26日　德宏州政府召开滇西南农业综合开发会议，陇川县城子、章凤、景罕、姐乌、赛号5个乡镇被列为开发区。

3月5日　县政府决定于4月开展一次全县性的灭鼠活动，为彻底根除鼠害打歼灭战。

同月10日　县委成立县边境工作领导小组，以加强边境工作的统一领导，协调各有关部门的工作。

4月1日　云南省政府、省军区授予陇川县景颇族边防民兵赵麻成“民兵禁毒勇士”称号。

同月12日　在全国农村水电暨第二批农村电气化工作会议上，陇川县被列入全国200个电气化县建设名单。1995年4月23日，通过省级验收。

同月　陇川邮电局报务员杜玲玲在全州举办的长话、电报业务竞赛中获3个单项第一、全能第二；赴省参赛获全能第三名。

5月7日　德宏州第一座有调节功能的水电站——陇川县户撒河二级电站破土动工。电站计划两年建成，将与盈江平原变电站联接，沟通东西电网。

同月15日　成立县禁毒委员会及其办事机构。

同月27日　成立县国防教育领导小组，县委副书记林德钰任组长。

同月　县委召开全县先进党组织和优秀共产党员、优秀党务工作者表彰会议，表彰4个先进党组织、102名优秀共产党员、49名优秀党务工作者。

7月　全省第一轮企业承包工作中陇川县甸川商号荣获全省承包经营先进企业称号。

8月1日　章凤口岸经省政府批准为云南边境地区12个对外开放省级口岸（国家二类）之一。

同月20～23日　全州各县市人民武装部正规化建设现场经验交流暨州委议军（扩大）会在陇川县召开。

同月31日　县政府批转县城建局、县工商局、县公安局《关于陇川县城镇街道管理有关规定的报告》。

10月1～4日　全国千吨以上蔗糖厂第一协作组第19次会议在章凤召开。

同月10日　全县土地详查工作启动，于1993年5月结束。

同月19日　全国32674金牌钻井队赴陇川进行石油勘探，为陇参一井开钻举行隆重的开钻典礼。

同月31日至11月1日　县内连降暴雨，南宛河决堤，数千公顷稻田与谷堆被淹没或冲走。县委、县政府拨出专款4.9万元和大米5万千克救援灾区，同时组织干部群众赴灾区抢险救灾。

11月2～13日　陇川县政府应缅甸联邦八莫地区治安建设委员会的邀请，组团访问八莫，实地考察中缅边境经济贸易发展状况，洽谈修复“章八”公路的问题。

12月10日　陇川县信访局在省委、省人大常委会、省政府召开的全省信访工作表彰会上被评为“云南省信访工作先进集体”。

同年　章凤镇被评为“全国体育特色先进乡（镇）”。

同年　州、县为争取麻栗坝水库复工建设，开展了大量工作。5月18日，州、县领导专题听取麻栗坝水库复工建设可行性研究报告编制情况。州长刀安矩、州委副书记何远灿、副州长濮自发出席会议。8月12日，县政府就复工建设麻栗坝水库对淹没区的有关问题，在水库召开受益乡、镇和农场的党政领导及有关部门负责人参加的专题会议。

1992年

1月　陇川县皮革厂被列为国家劳保用品定点生产企业。

同月30日　一座高12米钢混结构的傈僳族“阔时节”标志塔在陇川邦外落成。

2月16日　陇川县邦湾小学在全国绿化知识普及表彰会上荣获“全国中小学绿化知识普及宣传教

育先进集体”称号并获一等奖。

3月15日　国家教委、国家民委授予陇川县民族小学“全国民族教育先进集体”，授予思庆章、谭友胜、赵家垒、王明宝“全国民族教育先进个人”称号。

4月1日　国务院特区办公室副主任胡光宝到陇川县章凤镇考察，要求陇川县把县城迁移至章凤后视情况适时撤县设市。

同月17日　20时15分，陇川坝突起11级大风，暴雨、冰雹同时降临，景坎糖厂和坝区群众受灾严重，直接经济损失500多万元。县委、县政府组织救灾。县保险公司及时为投保的景坎糖厂赔偿26万元。

同月21日　据德宏广播电台报道：陇川县章凤观音寺珍藏着一部台湾财团法人佛陀教育基金会赠送的佛教经典《中华大藏典》。藏典约重1500千克，是国内唯一的1部兼大乘佛教和小乘佛教于一体的佛教经典。

5月1日　云南省政府授予陇川县安全局局长杨子荣“特级劳动模范”称号。

6月底　陇川县户撒阿昌族乡有13户人家自费安装电话机。

7月4日　中国陇川—缅甸雷基（洋人街）一日游旅游线开通。

同月　县委、县政府决定兴建章凤森林公园。

8月11日　武警章凤边防派出所在中缅边境*号界桩附近查获一起贩毒案，缴获海洛因1.17万克，抓获贩毒犯3名。

同月22日　县委、县政府《关于进一步扩大改革开放加快经济建设的决定》公布实施。

同月24日　《陇川县人民政府关于进一步扩大开放加快经济建设发展的若干优惠政策规定》公布实施。

9月1日　县五套班子召开联席会议，讨论县城迁移问题。

同月3日　农业部组织贵州、四川、海南、深圳、湛江等西南8省市和3个开放城市的土肥专家一行70人，到陇川县章凤镇考察土肥试验项目。

同月10日　中国章凤至缅甸八莫公路开工，全长92千米，工程总投资1400万元。1993年3月底竣工通车，砂石路面。

11月2日　州教育局、少先队德宏州工委授予为抢救落水同学英勇牺牲的陇川县姐乌乡幕（磨）水小学五年级学生毛聪芹“德宏好少年”称号。

12月3日　县委召开县、乡（镇）、村三级干部会，宣传学习邓小平南巡讲话及党的十四大精神。

1993年

3月4日　王子树乡被云南省第十六次民政工作会议评为全优乡。5月，在全国第十次民政工作会议上被评为全国民政工作全优乡。

同月　林业部正式批准陇川县章凤森林公园为国家级森林公园。

同月　全县启动森林资源二类调查工作，对林地面积、森林覆盖率作全面调查。

4月6～8日　陇川县举办首届民族艺术节暨章八公路通车典礼。中方近300辆各种汽车沿新修的章八公路赴八莫，受到缅方沿途群众的欢迎。

同月10日　国营陇川农场酒精库22个酒精罐被雷击起火爆炸。损失酒精162.8吨。事件发生后，县有关部门协调保险公司理赔，共赔偿损失60余万元。

同月14～17日　县政协第十届第一次全体会议在城子召开。本届委员164人，19个界别，选举产生常务委员会委员31人，主席1人，副主席6人。

同月19～24日　陇川县第十二届人民代表大会第一次会议在城子召开。本次大会应到会代表179人，其中少数民族代表98人。大会听取和审议政府工作报告、1992年国民经济和社会发展计划执行情况及1993年国民经济和社会发展计划报告、财政决算和预算报告、县人大常委会工作报告和“两院”工作报告。大会选举产生陇川县第十二届人民代表大会常务委员13人、主任1人、副主任4人，陇川县第十二届人民政府县长1人、副县长5人。

5月17～19日　中国共产党陇川县第七次代表大会在城子召开。本次大会应到会代表257人，实际出席会议代表228名，代表全县245个党支部、3380名党员。大会听取和审议县委工作报告、县纪委工作报告。选举产生中共陇川县委员会委员23名、候补委员4名，中共陇川县纪律检查委员会委员14名。20日，分别选举产生县委和县纪委领导机构。中共陇川县第七届委员会常务委员会由10人组成，其中书记1人、副书记4人。选举纪委常委5人。

同月26日　陇川县委、县政府在昆明震庄宾馆举办章凤口岸开发新闻发布会。

6月10日　启动全县党政机关机构改革。改革后共设县委机构11个，政府机构44个。

6～7月　县公安局共查获贩毒案13件，抓获贩毒犯19名，收缴毒资2266元，缉获海洛因6177.5克。

7月6日　陇川县委、县政府在深圳金碧大酒店举行招商信息发布会。

同月20日　陇川县成立章凤口岸经济开发区建设管理委员会，撤销原县政府驻章凤办事处。

同月30日　县委、县政府在章凤举行县城迁移章凤挂牌仪式。除工作量大、辐射面广、暂时不宜搬迁的部门留守城子外，多数部门迁至章凤办公。

9月14日　陇川县户撒河二级电站竣工。该电站新增装机容量7000千瓦小时。9月27日向陇川送电，9月30日向瑞丽送电，11月13日向盈江方向送电，年供电480万千瓦小时。

同月　陇川电视正式开播《陇川新闻》。

11月15日　16时20分，一辆装有毒品的白色微型货车从陇把至景罕的公路驰来，干警拦车检查，罪犯投出手榴弹反抗。干警躲过弹片后，迅速举枪还击，将2名罪犯击毙，当即从车内查出11795克海洛因和2枚手榴弹。16时40分返回至章凤三象塔，又将4名同案犯抓获。同月24日晚，主犯陈某落网。至此，7名武装贩毒犯终被一网打尽。

12月6日　下午5时20分，陇川县姐乌乡煤矿发生一起重大塌方事故，8名民工被埋，其中4人重伤，4人死亡。

同年　全县粮食流通改革，实行“粮价、市场、经营”三放开。

同年　全县开始进行城镇住房制度改革，主要从投资管理体制、分配制度等方面进行改革，并建立公积金制度和房地产交易市场。

同年　陇川县对县乡两级妇女组织进行换届选举，先后用了近3个月时间选举产生23名执委会委员、1名常委，每个乡镇的妇女干部都列为县妇联委员，全县12个乡镇共选举产生70个执委会委员。在换届选举中，有12个村公所有女性村长、副村长、文书。全县有720个生产合作社，每社充实了妇女组长。

1994年

1月　陇川县王子树乡被省政府列入全省首批贫困山区乡农田水利基本建设试点乡。

同月11日　由陇川民族歌舞团组成的德宏州文艺表演团，参加在昆明举行的全省纪念毛泽东诞辰100周年民间艺术展演活动。该团表演的景颇族舞蹈《洞巴乐舞》荣获一等奖，《竹片裙舞》和傣族舞蹈《婚佐情》获二等奖。

4月19日　省商品粮基地建设工程——陇川县城子镇费岗高稳产农田项目竣工。总投资61万元，投劳6950个。

4月19～20日　以景颇族为主的各族群众1万多人汇集县磨水水库，在水库小山岛上欢度景颇族传统佳节——宽先节。

5月4日　县政府口岸管理办公室成立。

7月14日　县委、县政府成立陇川县拍卖“三荒”工作领导小组。

7月　陇川县章凤镇被省政府评为“双拥先进单位”。

8月3日　县政府批转县水利电力局《关于启用和发放取水许可证的报告》。

同月8日　县委、县政府、县精神文明建设领导小组在陇把镇户岛二村召开授匾大会，为荣获云南省“文明单位”称号的陇把镇户岛二村授匾。

同月18日　陇川县甸川贸易实业总公司电池厂正式投入批量生产。产品销往国内外，成为全州又一个出口创汇企业。

同月23日　县委成立蚕桑工作领导小组及办公室，发展蚕桑种养产业。

同月　陇川县被云南省正式批准为全省第一期干果基地建设县，规模1333公顷，投资80万元。

9月8日　县政府表彰110名优秀教师和教育工作者。

9月14日　县人大召开纪念全国人民代表大会制度建立40周年大会。

10月10日　陇川县陇把镇龙安小学校长国家级先进教师孔艳玲赴京参加全国教师节表彰大会。

同月13日　陇川县卫生局在陇把镇邦外普治村首次发现鼠间鼠疫干菌。

12月12日　中共陇川县委、县政府与中共瑞丽市委、市政府举行友好座谈会。

同年　陇川县户撒阿昌族乡政府被省民委评为“民族团结先进集体”。

同年　彭勒准（景颇族）被补选为第八届全国人民代表大会代表。分别参加1995年、1996年、1997年三次全国人民代表大会。

1995年

2月6日　中共陇川县委为确保“九五”计划及“七七扶贫攻坚计划”完成的要求，按照州委、州政府“关于农村抓党建，奔小康”的部署，组建陇川县第一批农村基层组织建设工作组（村建工作队），分赴各村开展工作。

3月　欧盟专家沃斯先生首次考察陇川水牛业发展状况，为中国—欧盟水牛开发项目申报工作打下基础，列项进入实质性阶段。

4月　陇川县景坎糖厂生产的白砂糖，首次采用国际标准，实现德宏州产品采用国际标准零突破。

6月25日　陇川县麻风病防治工作顺利通过省州检查组验收，成为云南省“基本消灭麻风病”县之一。

7月5日　州委、州政府在陇川召开龙江河谷开发专题研讨会，就如何开发河谷、发展甘蔗生产、引进移民等问题进行分析讨论。

同月29日　凌晨一点多钟，陇川境内发生一起重大交通事故，死亡7人，重伤15人，轻伤32人。

同月　陇川县被云南省政府正式列为第二批实现计划生育“三为主”推广县。

8月28日　陇川县章凤镇芒拉二社傣族农民恩久被评为全国劳动模范。

9月5日　云南省政府扶贫开发领导小组将陇川县王子树、邦瓦两乡列为省扶贫攻坚乡项目。

9月　陇川县章凤制药厂针剂生产线建成，生产的第一批针剂药品正式销往缅甸，填补了德宏无针剂生产线的空白。

10月10日　德宏州科委和省农机局对州与陇川县农机局在章凤镇首次引进的“简易温棚育秧抛秧技术”进行验收。验收结果，亩产488.22千克，比对照增幅达31.2%。

10月24日　全国万里边疆文化长廊建设现场会开至陇川，陇川县获优秀组织奖。

同月　朱镕基副总理到德宏视察，指示要做好陇川麻栗坝水库工程的前期工作。

11月15日　经对外贸易经济合作部批准，成立陇川对外经济贸易公司，获得对外贸易经营权。

12月19～20日　县委、县政府在小礼堂召开先进党组织及文明单位表彰命名大会。35个先进党组织、52名优秀党务工作者、118名优秀党员受到表彰奖励。27个单位被命名为县级文明单位。

同年　陇川县普及小学六年义务教育通过省、州政府验收，实现“普六”义务教育县。

同年　陇川糖厂“云兰”牌一级白砂糖荣获国家金奖，被中国企业形象认定委员会授予“中国企业最佳形象AAA级”奖。厂长彭建国被授予“中国当代企业家”称号。

同年　1994/1995年榨季，全县制糖业总产值突破1亿元。景坎糖厂产糖率、总回收率、优一级品率分别达到10.81%、84.77%、95.21%，被第十届国际统计大会中国组委会、国家统计局、中国技术进步评价中心评为“中国制糖业十强企业”。厂长段开欲被国家统计局和中国技术进步评价中心授予“中国经营管理大师”称号。

1996年

1月1日　根据省、州有关政策精神，陇川县开始对土地自发交易收取土地收益金。

2月5日　中共陇川县委第七届委员会第三次全体扩大会议审议批准《关于制定国民经济和社会发展“九五”计划和2010年远景目标的建议》。建议进一步明确了壮大蔗糖支柱产业的地位，提出了到“九五”期末，国内生产总值达到7亿元，工农业总产值达到7.5亿元，社会消费品零售总额达1.5亿元，农民人均纯收入达到1400元，财政收入达到7000万元。

同月7日　县委、县政府制发《关于进一步组织实施好龙江河谷开发的决定》。

同月　为加快国有（集体）企业改制步伐，县政府批准县工业局对县农具厂17名在册职工做一次性安置处理，支付安置费2.6万元、住宅区各种优惠照顾费4.1万元。17名职工下岗另谋职业。

4月10日　全县正式实施国家《关于土地权属争议处理和权属确定的若干规定》。

5月23日　民政部率省、州民政部门到陇川县就县城迁移至章凤进行现场视察调研。

同月27日　德宏州简易水稻工厂化育秧抛秧技术现场会在陇川县章凤镇召开。陇川县被列为省级推广试点。

6月10日　县委、县人民政府设立陇川县人民政府驻昆办事处。办事处是县委、县政府的派出机构，为正科级单位。

7月2～4日　省政协副主席陈立英带领省政协教科文卫委员会组成的视察组到陇川县调研糖业工作。

同月26日　陇川县勐约乡广瓦村一社景颇族青年民兵石勒干，在制止凶犯杀人过程中壮烈牺牲。

9月3～7日　在全省第二批计划生育“三为主”规划实施工作总结表彰会上，陇川县受到表彰，荣获“计划生育‘三为主’实现单位”。

同月　县税检室对县烟草办公室拉影经营部陈某代开增值税发票25份，从中骗税883.9万元的大案要案进行调查。

11月12日　陇川县赛号乡排涝渠一期开挖工程全线动工。全长14.5千米，挖土方11.2万立方米。总投资499.5万元，排涝改善农田面积913公顷，受益面覆盖全县8个乡镇8600多人。

12月17日　县委、县政府召开机构改革会议。本次机构改革为改革开放以来的第三次改革。改革后设置：党政机构33个，比原来精简43.1%。其中县委机构精简达54.54%，政府机构精简达40.4%。

同年　经云南省卫生厅1996年药品质量抽检，章凤制药厂61个检验批次的合格率达100%。至1996年底，该厂产值突破7000万元，跃入全省制药业前五名。

1997年

1月21日　县检察院仓库内的13支枪和158发子弹被盗，县公安局仅用58小时即破案，并逮捕了罪犯谭永忠。

3月1日　县城搬迁会议在章凤召开，省州有关领导出席会议。会议正式宣布陇川县城将从城子镇迁至章凤镇。

5月31日　陇川县陇把镇户岛办事处户岛二社被列为全省文明村镇示范点。

7月17日　副省长戴光禄到陇川县视察禁毒基地建设、县城现状和章凤经济开发区建设进展情况。

8月2日　武警章凤边防工作站战士尹铭志，在执行缉毒任务中牺牲。6日，县委、县政府为其举行追悼大会。同时，武警德宏边防支队党委作出决定，号召全支队官兵学习尹铭志的英雄事迹。

同月5日　建立拉影边民互市贸易区。年末全县有边境小额贸易经营权的企业45户。其中国营24户，集体和有限责任公司21户。

10月24日　陇川县民族小学正式开办扶持贫困女童班（50人），其经费由香港妇女协会资助。

12月15日　陇川县人民医院通过云南省二级（乙）等医院标准验收。

同月21日　陇川县两个未通车的行政村赵家寨和大场村正式通车。

同年　王子树乡被州、县定为推广小额信贷扶贫试点乡。

同年　陇川县产业结构调整初见成效，财政明显好转，收支分别比上年增18.3%、16.43%。年末收支两抵，结余5万元，实现消赤摘帽目标，受到省州财政部门嘉奖。

同年　陇川电视台与中央电视台记者赴清平乡大场村摄制3个傈僳族孤儿分别被汉、傣、景颇3家收养的事迹，取名为《三个孤儿的故事》，在中央台《民族大家庭》栏目中播出。

同年　陇川县接受第一批东川市易地扶贫转移人口317户851人，安置在勐约乡龙江河谷。

1998年

1月10～13日　政协陇川县第十一届委员会第一次会议在城子召开。141名委员出席会议。大会听取和审议政府工作报告、国民经济和社会发展计划执行情况报告、地方财政预算报告、政协工作报告和政协提案工作报告，选举产生政协陇川县第十一届委员会常务委员会委员13人，其中主席1人、副主席6人。

同月17～23日　陇川县第十三届人民代表大会第一次会议在城子召开。大会听取和审议县人大常委会、县人民政府、县人民法院、县人民检察院工作报告；审查县财政预决算报告、县国民经济及社会发展情况报告；选举陇川县第十三届人大常委会委员13名，第十三届县人民政府县长1名、副县长5名，陇川县出席德宏州第十一届人民代表大会代表42人。

2月16～19日　中国共产党陇川县第八次代表大会在城子召开。大会应到代表280人，代表全县266个党支部、4637名党员。大会听取和审议县委工作报告、县纪委工作报告；选举产生第八届县委委员21人、候补委员4人，县纪律检查委员会委员13名。

同月20日　在中共陇川县第八届委员会第一次全体会议上，选举产生县委常委7人，其中书记1人、副书记2人。

4月13日　景坎糖厂日榨5500吨改扩工程正式投产。至此，德宏州蔗糖“四三”工程中日处理甘蔗3万吨的奋斗目标提前2年实现。

同月29日　国务院批准同意陇川县城从城子镇迁至章凤镇。

5月26日　陇川县第十三届人民代表大会常务委员会第二次会议通过《陇川县新县城总体规划方案》。8月28日，德宏州人民政府批复同意《陇川县新县城总体规划方案》。批复同意陇川新县城总体规划年限近期到2005年，城市人口规划42169人，用地规模4.8平方千米；远期规划年限到2020年，城市人口规划75924人，用地规模为8.36平方千米；远景规划年限到2040年，规划面积为12平方千米。

同月　县政协引进良种大粒葡萄在陇川县内种植获得高产。

6月26日　县委、县政府发出《关于进行土地家庭联产承包合同续签工作的通知》。9月30日，县委、县政府联合下发《关于土地家庭联产承包合同续签工作的补充通知》，对禁止承包土地买卖、同意承包土地转让、超生和抢生人员、农转非和非转农与村公所工作人员、代课教师如何参与合同续签等7个问题作了补充规定。

8月13日　陇川县县城搬迁指挥部成立，指挥部下设办公室、规划科、征地科、拆迁科、工程科，全面领导和组织县城搬迁工作。

同月23日　根据中缅两国《关于中缅边境管理与合作的协定》，章凤口岸与缅甸雷基口岸正式对应开放。

9月10日　县第十三届人大常委会召开第四次会议，专题听取和审议县政府关于新县城（章凤）中心片区详细规划情况报告。经会议讨论，一致同意并作出《陇川县人大常委会关于县人民政府对新县城（章凤）中心片区详细规划报告的审议决定》。

同月14日　云南省政府正式将陇川县列为全省糖料基地县。

同月26日　云南省政府批复陇川新县城建设“详规方案”，同意执行。

同月　陇川县景罕镇试种美国杂交油葵成功。共试种0.28公顷，亩产150千克，产值是油菜的2倍；县农业局果蔬站反季栽培4个甜瓜品种试验示范喜获成功，将逐步推广。

10月12日　陇川县景罕镇曼晃村实施欧盟项目第一头人工授精摩·德杂交水牛实验成功。

同月31日　县委、县政府在县城新址章凤举行开工奠基典礼。

11月10日　德宏州政府决定将陇川县歌舞团升格为德宏州景颇歌舞团。

12月30日　护国、邦瓦两个扶贫攻坚乡1998年度的“村建”通过省、州委的检查验收，并全部达标合格。

1999年

1月　陇川县新县城市政综合办公大楼破土动工，全面拉开新县城建设序幕。

3月5日　根据中共中央办公厅1998年11月发出的《中共中央关于在县级以上党政领导班子、领导干部中深入开展以“讲学习、讲政治、讲正气”为主要内容的党性党风教育的意见》和云南省实施意见，县委成立“三讲”教育领导小组和工作机构，开始就开展“三讲”教育做好宣传准备工作。

5月下旬　中共中央候补委员、德宏州州长管国忠视察陇川建设情况。

6月9～10日　中国西南、西北7省市药品监督协作委员会第七届年会在陇川县召开。78个会员单位负责人及县人大、县政府、县政协、县卫生局领导出席会议。

7月27～29日　经县人大常委会批准，县人民政府开始在全县组织实施初级卫生保健工作，为全县各族干部群众依法享受初级卫生保健提供法律保障。

8月21日　陇川县章凤新农贸市场工程竣工开业。市场占地面积9.1万平方米，设104排，1787个摊位，总投资1337万元，为德宏州规模较大的新型农贸市场。

同月27日　陇川县王子树乡岔都村曼档社发生山体滑坡。到9月2日，全乡共有5个行政村9个合作社发生山体滑坡，受灾涉及人口1243人。

10月　陇川县瑞（丽）章（凤）二级公路动工，全长41.65千米，与章八公路相连，其中陇川境内长13千米（含拉影连线7.63千米），总投资1.05亿元，2001年竣工通车。

11月9日　云南省原省长、全国政协常委和志强到陇川实地考察县城搬迁及建设进展情况。

12月　陇川县章凤镇文化站荣获云南省农民体育协会先进乡镇“亿万农民健身活动”荣誉

称号。

同年　新县城建设进展顺利，年末完成项目建设面积10.93万平方米，路基工程0.53万米，累计完成投资9267.7万元，占计划投资的57.92%。完成工程投资比省定额规定节约6%。

同年　陇川县从广东省引进麻竹苗在赛号乡、勐约乡及国营林场等地建立麻竹试验地4片，总面积33公顷，其中：赛号乡和勐约乡各13.33公顷、国营林场6.34公顷。麻竹的造林成活率达到98%。经多次考察论证后，陇川县将麻竹产业纳入“十五”农业综合调整规划。

同年　国家水规总院到陇川考察，提出重新编制麻栗坝水库项目建议书报国家水利部。县委、县政府召开专题会议研究，与省设计院签订项目建议书设计合同文件。

2000年

2月25～28日　国家水利部水利水电规划计划总院在昆明主持召开《云南省德宏州麻栗坝水库项目建议书》评审会。会后，形成文件向水利部上报项目建议书审查意见。

同月29日　县委组成由8名离退休处级干部和有关人员组成的调研组，到12个乡镇征求乡镇党委书记、乡（镇）长、人大主席和纪委书记对县委开展“三讲”教育活动实施方案的意见；3月1日，调研组在29个县直单位征求“三讲”意见，共计征求意见71人。在征求意见基础上，3月初，县委向州委上报《陇川县县级领导班子和领导干部“三讲”教育实施方案》。

3月10日　全县召开“三讲”教育动员会，157人参会。

4月25日　陇川县三叉河泥石流防治工程竣工验收。

5月21日　“千禧之年‘红河杯’云南省体育精品巡回展示活动”在陇川举行。陇川县赛号乡、章凤镇、户撒乡参加展示活动。

同月　陇川县户撒乡被文化部社会文化图书馆司正式命名为“民间艺术之乡”。

6月23日　省委书记令狐安在德宏州州长管国忠、副书记李增寿陪同下，到陇川视察新县城的规划及建设情况。

同月29日　县委、县政府对木材加工企业（厂）进行清理整顿。依法取缔和关闭违规、出租、转让、挂靠、证照不齐的木材加工经营企业（厂）28户。保留的木材加工企业除县木材公司、福斯特实业有限公司和铁路十四局胶合板厂外，一律迁入拉影地区。

8月15日　根据大中专生毕业分配政策和陇川实际，县委、县政府决定在1999年、2000年毕业的中专（师范）毕业生中进行公开招考，择优录用40名教师补充到6个山区乡教育部门工作。

同月　开始进行村级体制改革，11月结束。改革后，全县69个村公所全部改为村民委员会，并通过公开投票直接选举产生了各村民委员会委员、主任、副主任。

9月6日　陇川县“三五”普法通过州级验收。

同月8日　县级五大机关正式迁入章凤新县城新建的办公大楼办公。新办公大楼投资约1300万元，建筑占地面积3.73公顷，有7个会议室和114间办公室，功能设施齐备。

10月6日　陇川县西部缅甸境内发生5.8级地震，造成陇川部分乡镇房屋、校舍和城市基础设施受损。

同月　陇川县和陇川农场“两基”（基本普及九年义务教育和基本扫除青壮年文盲）工作经省、州政府核查评估，同步达到要求，如期完成“两基”任务。

11月1日　开展第五次全国人口普查。

同月　陇川县荣获“全国体育先进县”称号。

12月6日　县政府在云南省第二次个体私营经济工作会议上被评为全省“1999年度发展个体私营经济工作先进单位”，成为全州获此殊荣的第一家。

同月26日　中科院昆明动物研究所研究员熊江等一行4位青少年科技活动专家，到县二中、县一小、县民小举办“大手拉小手”科技活动传播报告会。

同月27日　县委、县政府决定在全县掀起绿色产业基地建设高潮，创建30万亩（20000公顷）经济林基地。其中建设西南桦速生丰产用材林基地15万亩（10000公顷），建设笋材两用竹商品林基地10万亩（6667公顷），建设以山苍籽、干果、热带水果等为主的商品经济林5万亩（3333公顷）。

同年　陇川县“中欧”水牛开发项目经3年多实施，在水牛改良、人工牧草推广种植以及信贷、技术培训等方面都取得了明显成效。

同年　陇川县推进国有企业改革。年末已改革32户，其中城镇二轻企业12户，国有企业20户，占全县企业改革面的60%。

同年　1999/2000年榨季，陇川县景坎糖厂生产的一级白砂糖，经过全国甘蔗糖业质量监督检验评分，荣获产品质量优秀奖。

2001年

1月16日　县委、县政府成立“三个代表”重要思想学习教育活动工作领导小组及工作机构，指导全县开展“三讲”教育活动。

2月27日至3月4日　县第十三届人民代表大会第四次会议在章凤召开，对县法院院长、县检察院检察长和4名县人大常委会委员进行补选。

同月　《陇川县国民经济和社会发展第十个五年计划》编制完成。

3月2日　《陇川县城镇职工基本医疗保险基本办法》颁布实施。

5月30日　《陇川县退役士兵士官安置管理暂行办法》颁布实施。

10月2日　县委、县政府举行欢迎知青回陇川座谈会。

同月20日　县委、县政府在芒市举行“爱我陇川，兴我陇川”座谈会，向始终关心、重视和支持陇川县经济发展的老前辈、老领导和老同志通报陇川县经济和社会发展情况，征求大家对发展和建设陇川的意见和建议。

同月21～23日　县委、县政府应缅方邀请，组建考察团赴缅甸八莫市进行友好访问和考察。

同月25日　陇川县举行“九九”重阳节暨“十杰”老干部表彰座谈会。

11月5日　省政府《关于对德宏州陇川县麻栗坝水库工程组建项目法人的批复》，同意组建德宏州麻栗坝水库工程管理局，作为项目法人全权负责麻栗坝水库建设管理工作。

同月16日　国家计委农经司水利处处长石波在省、州、县有关负责人陪同下到陇川县实地考察、踏勘麻栗坝水库工程前期准备工作。

同月21日　《德宏团结报》驻陇记者站在县委宣传部挂牌成立。

同月27日　县委、县政府成立“五个一”（一本画册、一首歌、一碟VCD、一台文艺晚会、一套资料书）工程领导小组，实施“五个一”工程。

12月12～13日　省、州验收组赴陇川对新县城开展检查验收。通过实地查看、查阅资料、分组检查、听取审计、质检及监理部门相关意见，原则上通过陇川县搬迁县城建设验收。

同月　全县各乡（镇）党委、人大、政府进行换届选举，顺利选举产生各级领导班子。

同年　陇川县中晟硅业有限责任公司在章凤建成投产，生产规模为12000吨/年，装机规模3×6300千伏安，全县硅产业开始起步。

2002年

1月10日　陇川县麻栗坝水库可行性研究报告咨询评估会在德宏芒市召开。

同月　陇川县梁（河）陇（川）公路弹石路改造工程竣工，经州交通局验收，评定为合格工程并正式交付养护部门管养。

2月6日　县委、县政府召开农网改造工作会议，对农网改造工作进度和存在问题进行安排部署。

同月17日　由李玉森、张晓霞担任制片人的宣传片《阿昌刀》，通过县委、县政府正式审定，后在中央电视台8频道播出。

同日　由云南音像出版社出版的中国第一张景颇族个人MTV专辑《景颇俩姐妹》正式发行。共收录《目瑙纵歌》《母亲山》《你的微笑》《冒浪拉汤》等12首歌曲。

同月25日　陇川县召开实施财源、民族文化旅游、形象、正气、后劲等“五大工程”动员大会，明确“五大工程”具体任务和硬性指标，并将各项工程项目落实到县党政领导和单位及单位负责人。

3月9～10日　由云南省农业厅组织的全省2002年优质油菜生产经验交流会在陇川县召开。

同月14日　县委抽调174名机关干部进驻12个乡（镇）、69个村委会指导开展“三个代表”重要思想学习教育活动。

同月29日　陇川县麻栗坝水库工程建议书第二次提交国家计委主任办公会议，并讨论通过。

4月20日　凌晨2时40分，陇川县发生特大风雹灾害，全县12个乡（镇）不同程度受灾。其中护国、户撒、清平3个乡损失较重。据统计，农作物受灾693公顷，成灾598公顷，绝收167公顷；受灾人口1.26万人，成灾人口1.04万人；房屋倒塌106间，重伤2人，轻伤7人。直接经济损失824万元。

同月30日　国务院第57次常务会正式批准陇川县麻栗坝水库建设工程报告。

5月4日　县委、县政府主持召开阿昌族文化研讨会。州委、州人大有关领导，县五套班子及全州阿昌族文人学者、民间艺人、致富能手共83人参会。

6月3日　县委召开机构改革动员大会，正式启动机构改革工作。至2003年改革结束，县委工作部门由9个减为7个，县政府组成部门、直属工作机构和事业单位由37个减为28个。

同月11日　云南省省长徐荣凯到麻栗坝水库视察，对麻栗坝水库建设给予指导。

7月12日　陇川县2002年国家易地扶贫搬迁试点工程项目可行性报告通过省计委咨询中心专家评审。

8月　陇川县召开“团结干事”思想教育动员大会。

9月23日　陇川县出台《关于进一步扩大开放、招商引资、加快发展若干优惠政策的规定》。

11月18日　陇川县邦瓦乡建制正式撤销。原邦瓦乡所辖4个村委会并入城子镇和勐约乡，撤并后，陇川县共辖11个乡（镇）。

12月18日　新华网陇川专属新闻信息发布频道正式建成并投入使用，涵盖县情概况、民族风情、陇川旅游、名优展台、招商引资、新闻动态等内容。

同月20日　陇川县章凤口岸联检楼及查验设施正式启用。

同年　贯彻省政府《关于进一步深化粮食流通体制改革的实施意见》，继续坚持搞活“三放开”政策，取消农民合同定购任务，鼓励各类市场主体公开，公平竞争，粮食流通改革进一步深化。

同年　陇川县开始着力打造“中国目瑙纵歌之乡”形象品牌，在新县城成功举办“中国·陇川景颇族目瑙纵歌节”。

同年　陇川县开始实施退耕还林工程，当年共实施耕地还林2733公顷。这一政策性项目延至2006年，全县共实施8733公顷。

2003年

1～4月　州文物管理所组织有关部门人员，帮助陇川县进行第六批云南省文物保护单位的申报工作。12月，云南省政府正式将户撒皇阁寺列为第六批云南省文物保护单位。

同月7日　国家口岸办口岸处处长马勇、省口岸办主任何光烈一行7人，在州、县领导的陪同下到章凤口岸进行考察调研。

同月24～27日　中国共产党陇川县第九次代表大会在章凤召开。大会应到代表289人，代表全县283个党支部、5545名党员。大会选举产生县委委员23人、候补委员4人，县委常委9人，其中书记1人、副书记4人。

2月19～24日　政协陇川县第十二届委员会全体会议第一次会议在章凤召开。出席会议委员167名（会后增补3人）。大会主要听取和审议政协工作报告和提案工作报告，协商讨论政府工作报告及其他报告，选举产生政协陇川县第十二届委员会常务委员会委员24人，其中主席1人、副主席4人。

同月20～26日　陇川县第十四届人民代表大会第一次会议在章凤召开。本次大会应到代表160人，实到代表159人，列席148人。大会听取和审议县人大常委会、县人民政府、县人民法院、县人民检察院工作报告，审查县财政预决算报告、县国民经济和社会发展情况报告；选举产生陇川县第十四届人大常委会主任1名、副主任6名、委员8名，第十四届县人民政府县长1人、副县长6人。

同月20日　陇川县举行云南景颇园民族文化广场奠基仪式。云南景颇园民族文化广场占地31公顷，预计投资1000多万元。

同日　陇川县景坎糖厂年产1万吨精制糖生产线通过省级验收。该生产线的建成，填补了云南省无精制糖生产的空白。

同月28日　陇川县政府应缅甸雷基镇边境纪律监察部队长官的请求，派县公安消防大队官兵赴缅，为缅甸村民扑灭一场火灾，受到中缅两国人民的赞誉。

3月15日　陇川县政府成立拉影经济开发领导小组，负责协调处理拉影经济开发相关事宜，提供40公顷左右的土地供投资开发建设。

同月31日　由昆明海关捐资建设的陇川县户撒阿昌族乡“金钥匙希望小学”教学楼签字仪式，在瑞丽海关举行。

4月13日　陇川县景坎糖厂环保设施发生故障，厂方将约300立方米的酒精废醪液及锅炉冲灰水直接排入南宛河，一时造成水域内CODcr严重超标，引起环保部门的关注。

7月27日　县委、县政府召开景坎糖厂企业改制动员大会，正式启动景坎糖厂改制工作。根据《德宏州糖业整合框架协议》，云南英茂糖业公司整体收购景坎糖厂。糖厂职工安置、转型工作由英茂糖业公司按照既定完成。景坎糖厂改制完成，标志着全县国有企业改革基本结束。

8月6日　全县大面积发生水稻病害，经过植保站抽检，白叶枯病发生面积96公顷，发病率最高为78%，最低为2%，平均为32.2%，病情指数为28；稻瘟病发生1200公顷，防治1067公顷。

9月8～11日　陇川县麻栗坝水库工程初步设计报告审查会在昆明白云大酒店举行。省、州、县有关领导和专家参会。

同月17～18日　陇川县麻栗坝水库西低隧洞工程监理标、施工标成功开标，拉开麻栗坝水库工程建设的序幕。

同月17日至10月24日　州驻陇川景颇歌舞团应北京国际旅游节组委会邀请进京展演，获得圆满成功。

同月18～21日　陇川县委、县政府应缅方邀请，组团首次到缅克钦首府密支那进行经贸考察交流活动。

同月25日　陇川县麻栗坝水库导流工程正式宣布开工。

同月22～26日　中国台湾中央研究院民族研究所专家到陇川县对景颇族目瑙纵歌及组织开展情况进行调研。

同月　陇川县第一中学（城子）与陇川县第二中学（章凤）两校合并为新的陇川县第一中学。校址为原陇川县第二中学（章凤）。

10月10日　县党史工作领导小组召开会议，通过《陇川县2003～2005年党史工作规划》。

同月16～19日　由德宏州文体局、州教育局主办的“2003年全州中小学生游泳、举重运动会”在陇川县章凤镇举行。

同月27日　陇川县章凤镇制药厂“金塔”商标、陇川糖厂“云兰”商标被省政府认定为“云南省著名商标”。

11月11～14日　“四海作家滇西采风团”到陇川县采风。该采风团以中国著名作家邓友梅为团长，成员有来自美国、巴西、法国、英国、新西兰、匈牙利、澳大利亚、日本、印度尼西亚、新加坡、菲律宾等国及香港、澳门、台湾等地区的作家66人。

同月21日　陇川县举行全民健身环城跑竞赛活动。县直机关，中央、省、州属驻陇各单位共64个团体，1364人参加活动。

同月28日　德宏州政府在陇川县召开山苍子种植专家论证会。

同月　陇川县下派实践“三个代表”重要思想工作队入村。

同月　云南省政府将陇川县麻竹列为国家二类农业标准示范区，并通过验收。

同年　章凤制药厂固体制剂生产车间GMP改造完成，并通过认证。其产品90%出口缅甸及东南亚各国，成为具有边贸特色的全州最大的医药生产企业。

同年　城子镇芒冒村委会上寨坝妇女之家（学校）家长金木玲荣获全国妇联、国家禁毒委授予的2003年度“不让毒品进我家”活动先进工作者。

同年　开始实行农村税费改革，按照“减轻、规范、稳定”的方针，减轻农民税费负担，全县减负率达69.89%。2005年后，彻底免除农民承担的农业税，并对种粮者给予适当补贴。

2004年

2月13日　陇川县召开“三级联创”（以兴学习、抓组建、树新风、保稳定、谋发展为主要任务）工作队暨农村税费改革试点工作大会。县委决定抽调169名干部，与乡镇抽调的68名干部一起深入农村基层开展“三级联创”推进工作。

同月23～24日　中共陇川县第九届委员会第二次全体（扩大）会议在陇川会堂召开。县委书记宋雨发代表县委作《团结奋进加快发展努力开创陇川工作新局面》的工作报告，副县长杨世彪受代理县长孔勒干委托代表县人民政府作《政府工作报告》，县委副书记、纪委书记王绍昆代表县纪律检查委员会作《2003年度党风廉政建设和反腐败斗争情况通报》。

同月　经与克钦东部专区协商，陇川开辟章凤口岸拉勐与缅甸迈扎央通道。

3月　县政府成立县招商引资局和安全生产监督管理局。

4月12～13日　陇川县发生两起特大风暴自然灾害，全县11个乡（镇）不同程度受灾，其中陇把、户撒、姐乌、章凤等乡镇灾害损失较严重。全县受灾人口2.53万人，成灾人口1.87万人，直接经济损失1316万元。

7月1日　陇川县举行中国共产党成立83周年纪念大会。

同月3日　中共中央政治局常委、全国人大常委会委员长吴邦国到陇川县朋生视察禁毒工作情况，县人大主任许贵荣、县长孔勒干等陪同视察。

同月5日　陇川县发生“7·5”特大洪涝泥石流灾害。从4日20时到5日17时，全县普降暴雨，降雨量达137.7毫米，陇川西部山区258平方千米的区域发生上千处山体滑坡，导致发生特大洪涝泥石流灾害，全县11个乡（镇）1个农场不同程度受灾，18个村寨被淹，120多个村寨局部被淹，受灾群众1010户74228人，成灾人口41634人，因灾死亡16人、受伤7人、失踪3人，因灾致病5733人。损坏房屋13281间、倒塌1616间，农作物受灾面积6505公顷，成灾面积5013公顷，绝收面积875公顷，毁损林地1667公顷，损毁县乡公路15条、桥梁6座、涵洞252道（其中全毁100道）、挡墙236处。全县63所学校受灾，其中18所小学损失严重，损坏校舍3万多平方米，倒塌1000多平方米；损坏农村电网59千米，倒塌电杆80根。通信设施损坏设备6台，电杆400根，线路90千米。直接经济损失超过2亿元。

同月7日　省委副书记、副省长秦光荣率省财政厅、民政厅、水利厅、卫生厅、教育厅、建设厅、农业厅、国土资源厅、省发改委、交通厅、省农垦总局、国土资源部专家组等一行40多人到陇川县察看灾情。

同月8日 民政部、国家防汛办、交通部、卫生部和水利厅、民政厅、卫生厅、水文局、公路局、防汛办、昆医附二院有关领导和专家及州委主要领导一行30多人，到陇川县“7·5”重灾区检查指导工作。

同月14日 陇川县召开“7·5”抢险救灾、重建家园工作会议。县委副书记、县长孔勒干作《广泛动员，齐心协力，同心同德，全力做好抢救救灾和恢复重建工作》的讲话。

同月17日 陇川县毒品重点整治县项目申报领导小组召开第一次专题会议，正式启动毒品整治工作。

8月20日 县委召开《陇川县民族“直过区”经济社会发展研究》课题调研动员会议，由县史志办牵头，扶贫办、民宗局、政研室共同参与。年底结束调研工作。

同月23日 由中央外宣办、国务院新闻办、中央电视台赴陇川县拍摄的大型人文专题记录片“中国少数民族之《目瑙纵歌》——景颇族”在云南陇川景颇园广山村正式开机。

同月28日 国务院国土资源部耕保会同省国土资源厅土地整理中心到陇川县勘查灾毁耕地复垦项目情况。

同月31日 河南洛阳北方企业集团驻昆办事处受公司委托，向遭受“7·5”洪灾的陇川农垦中心小学捐赠校服1500套、书包400个、桌凳50套、雨衣100套。

9月28日 陇川县颁布《麻栗坝水库移民搬迁安置实施意见》。麻栗坝库区淹没涉及4个乡镇、10个村委会、16个村民小组，总人口3031人。

10月10日 “中国目瑙纵歌之乡——陇川”网站正式开通。

10月30日至11月8日 以县长孔勒干为团长的陇川县经贸代表团，对缅甸进行为期10天的考察。

11月19日 云南省红十字会2004年陇川县水灾重建项目签字仪式在陇川举行。协议对光英村50户，215名受灾群众重建民房进行援助，共援建景颇民房50幢，援助资金50万元。

同月26日 县第十四届人大常委会第十三次会议正式任命6名人民陪审员，任期5年。

12月6日 陇川县麻栗坝水库大坝截流成功。

同月27日 陇川至潞西（遮放）二级公路破土动工。该路段全长62千米，预计投资2.2亿元。

同月29日 章（凤）八（莫）公路改建工程开工，公路全长79.47千米，总投资2288万元。2006年12月30日竣工。

同月 31日 为执行好《陇川县清理整治机关企事业单位干部职工及共产党员中吸毒人员暂行规定》，县四套班子22位领导带头检测，结果均无阳性。

同年 陇川县护国乡护国村委会被列为省扶贫重点扶持村，投入省财政专项资金40万元，实施7个扶贫开发项目。

2005年

1月5日 县政府向“7·5”洪灾灾民发放大米100吨、被子2179条、棉毯495条、蚊帐902张、衣服2.38万件（套）等救灾救济物资。

同月6日 陇川县景罕糖业有限公司、陇川糖厂首批获得新10类食品生产许可证。

同月8日　陇川县召开禁毒与防艾工作队进村入户动员大会。州、县领导及州、县工作队员374人参加启动会。

同月12日　陇川县首宗国有土地使用权挂牌出让成功。陇川县富川房地产开发有限公司以71万元的竞标价取得此宗土地使用权。

同月15日　商务部副部长魏建国、商务部科技司司长常晓村、商务部亚洲司副司长陈洲等在省政府副省长邵琪伟、商务厅厅长孙小虹、德宏州州委书记刘一平的陪同下，对陇川禁毒防艾工作进行考察。

同月20日　陇川县“7·5”洪灾灾区民房恢复主体工程全面竣工。易地搬迁建设的112户无房灾民住房全部通过验收并逐步交付灾民。

同月21日　陇川县国土资源局荣获“全国先进集体”称号。

同月24～25日　陇川县37户傈僳族和50户景颇族受灾群众迁入由政府统建的弄贤新村和光英景颇族新村。至此，全县各灾区的2472户受灾群众全部迁入新居。

同月　陇川县举办“首届中国目瑙纵歌形象小姐”大赛。

2月11～14日　陇川县举办目瑙纵歌节盛会。来自美国、泰国、缅甸等国及香港、台湾、北京、广东、昆明、耿马、德宏等地的来宾、游客，与陇川县各族群众共8万余人欢度节日。

同月12日　首届云南省陇川县拳击精英赛在县体育馆开赛。来自曲靖市、大理州、玉溪市、楚雄州、陇川唐氏广告、中国联通陇川分公司的6支代表队参加比赛。

同月13日　“中华民族和平天使”之“景颇族和平天使”（德宏区域）评选揭晓，来自陇川的排南东、包况南分获冠、亚军。

同月20日　中共陇川县委员会第九届五次全委（扩大）会在县城章凤召开。县委书记宋雨发在会上代表县委常委作《树立和落实科学发展观，推进经济社会和谐发展》的报告。

3月1日　陇川县城子镇被省体育局评为省体育特色镇。

同月　上甸县文管所在王子树乡盆都村委会曼档村周围，先后发现马鞍桥山、大蛇腰地、对门山3处新石器文化采集点。采集到一批手制夹砂陶片和群众发现的磨光石斧10余把。初步判断，此次发现的文化采集点为距今2000～3000年的新石器文化遗址。

同月20日　户撒乡遭受罕见的冰雹袭击，冰雹颗粒大的长4.7厘米，宽2.8厘米，厚2.2厘米，致使油菜等作物遭受严重损害，受灾面积达800多公顷，受损率高达40%。

同日　凌晨5时30分，陇川公安边防大队案件侦查队在户撒河一级电站处，对两名驾驶摩托车的男子进行检查时，查获冰毒220袋，共计4279克。

同月22日　中国青基会海外部主任甘东宁、中国青基会防艾办负责人谷岚、云南省青基会宣传筹资部魏魏一行到陇川县考察艾滋病防治工作。

同月25日　“美国妈妈联谊会”驻中国会长张春华女士一行到陇川县实地考察孤儿情况，决定将捐款数额由每人50元增至500元。

同月28～30日　由德宏州体育局、州残联主办，县体育局、县残联承办的德宏州首届残疾人运动会在陇川举行。来自全州各县市的7支代表队57名运动员，参加田径、游泳、举重3个大项24个小项的比赛。

4月11日　县委召开“科技大王”献计献策座谈会。来自7省区8名“科技大王”，县领导、县直机关负责人和科技人员代表共60人参会。

同月24日　获省级劳动模范称号的景坎糖厂厂长周玉生、陇川县林业局麻竹推广站站长许本莲前往昆明接受表彰。

5月6日　在第二十届云南省青少年科技创新大赛上，陇川县一中彭旭光的《蚂蚁蛋的探索和研究》，陇川县民族职业中学邵维将、张云生、韩斌等的《果树高接换种嫁接试验研究报告》科技论文获省级项目三等奖。

同月11日　陇川卫生监督大队被省政府授予全省卫生监督执法先进集体。

同月12日　陇川县城子镇巴达村民小组荣获省2003～2004年度优秀“妇女之家”（妇女学校）荣誉称号。

同月15日　在昆明举行的全省第八届残疾人运动会暨全省第二届特殊奥林匹克运动会上，陇川举重运动员王光辉连续3届蝉联金牌，轮椅击剑小将蔡马拉斯获2枚金牌，举重选手张腊对获1枚金牌。

6月7日　陇川公安局国保大队查获1起邪教“门徒会”活动。抓获在从事邪教活动的嫌疑人6名，对情节严重的3人分别给予行政拘留15天和10天。

同月9日　陇川县公安局破获1起特大入室抢劫金店案，抓获犯罪嫌疑人4名，追回价值10万余元的被盗黄金首饰及玉坠。

同月21～22日　陇川县清平乡发生洪涝灾害，造成73公顷农作物受灾，直接经济损失达58万元。

7月27日　陇川县民族文化广场一期工程顺利通过验收。陇川县民族文化广场集民俗活动、民族文化展示、群众休闲娱乐、爱国主义教育、创旅游品牌功能为一体，兼具城市公园性质。

同月28日　陇川边防大队案件侦查队破获1起贩运毒品案件，查获鸦片27.2千克。

8月21日　著名相声表演艺术家马季和北京市门头沟县领导访问陇川县。

同月26日　陇川县举行中国人民抗日战争暨世界反法西斯战争胜利60周年座谈会。

同月30日　陇川县“7·5”抗洪一周年成就展开始在全县11个乡镇巡回展出。共展出展版28块，7部分内容。

10月1～7日　国庆黄金周期间，陇川县旅游人数创新高，游客达1.7万人次，比上年同期增长56%。

11月7～8日　陇川县赛号乡、姐乌乡举行撤并工作会。

同月28日　陇川县“十五”水电农村电气化建设工作通过省级验收。

12月9日　陇川县委党校工会被中华全国总工会授予“模范职工小家”荣誉称号。

同月16日　麻栗坝水库一期移民工程通过县级验收。移民工程共新建移民安置点8个，搬迁安置303户1479人，建房298户，安置区主要涉及章凤、景罕、姐乌、城子、赛号，为移民调整土地273公顷。

同月26日　陇川县章（凤）陇（把）公路段发生1起微型客车追尾碰撞东风牌货车的特大交通事故，造成5人死亡、1人重伤。

同月28日　在云南农垦集团公司召开的陇川糖厂技改专题会议上，陇川糖厂日榨3000吨技改工程获得批准，整个工程预计投资7000多万元。

同月29日　阿昌族首部音乐电视《阿昌欢歌》在云南卫视播出。

同月30日　中共陇川县第九届委员会第七次全委（扩大）会议在政府会堂召开。会议听取并审议县委书记宋雨发作的《中共陇川县委关于制定陇川县国民经济和社会发展第十一个五年规划的建议》。

同年　经中国绿色食品发展中心审核，陇川糖厂生产的云兰牌白砂糖产品，符合绿色食品标准，被认定为绿色食品A级产品，许可使用绿色食品标志。这是德宏州首家获此殊荣的制糖企业。

同年年末　麻栗坝水库完成西低隧道（导流洞）、35千伏送变电工程建设，完成一期度汛坝体施工、溢洪道工程、西高涵工程。同时，大坝观测设备开始施工。

第一编 政 区

LONG CHUAN XIAN ZHI

第一章　建置区划

陇川县位于祖国西南边陲，是一个具有“边疆、民族、山区”特点的农业县，全县土地总面积1931平方千米，国境线长50.899千米，有耕地2.67万公顷。1978年，中共党的十一届三中全会召开，迎来了改革开放的新时期。陇川县经过区划改革，至1988年，全县辖4镇8乡69个村公所（办事处）和1个农场4个分场。行政管理体制日趋完善。1998年，经国务院批准，陇川县城由城子镇迁往章凤口岸。2001年12月，完成市政建筑面积7.3万平方米，完成职工住宅小区建设面积6.7万平方米，完成绿化面积6万平方米，累计投入资金1.54亿元，经省、州政府验收合格。一座具有民族特色、现代功能的新兴小城，展现在祖国西南边陲。这是陇川历史上的一大壮举。2005年末，全县经过撤并，行政区划保留4镇5乡68个村民委员会723个村民小组及1个农场管委会4个分队。

第一节　区　位

陇川县位于云南省西部，德宏傣族景颇族自治州西南，北纬24°08′～24°39′，东经97°39′～98°17′之间。东邻潞西市，南连瑞丽市，北接梁河、盈江县，西与缅甸毗邻，国境线长50.899千米。县政府驻地章凤是国家二级口岸，距省府昆明779千米，距州府芒市130千米，距缅甸八莫市92千米，距拉影国门7千米。腾（冲）瑞（丽）公路穿过章凤城区。

全县土地总面积1931平方千米。其中山区半山区1429.55平方千米，占74.03%；盆地501.45平方千米，占25.97%。2005年，全县有耕地面积2.78万公顷，农业人口人均耕地面积0.21公顷；森林面积12.12万公顷，森林覆盖率61.3%。

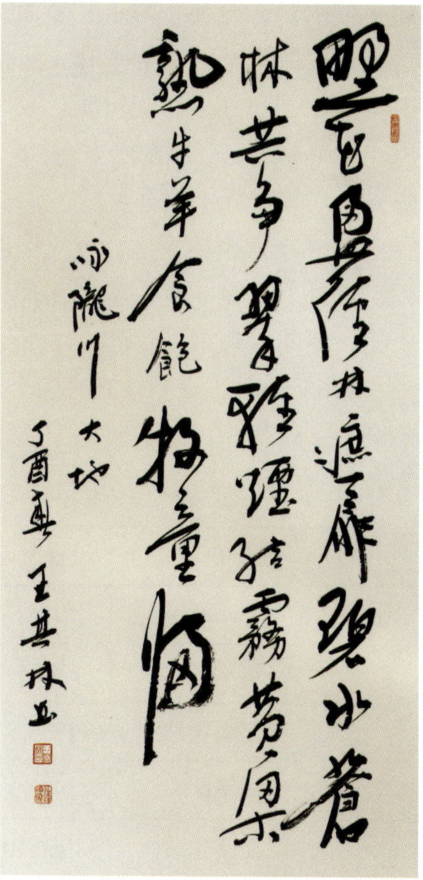

咏陇川大地

第二节　建置沿革

西汉元封二年（前109），汉王朝于云南设郡县制，陇川属益州郡不韦县，东汉属永昌郡哀牢县，唐南诏隶金齿。元至元十三年（1276），置陇川地为麓川路，隶金齿宣抚司。至顺元年（1330）置麓川军民总管。至正十五年（1355），置平缅宣慰使司。明洪武十七年（1384）6月改平缅宣慰使司为平缅军民宣慰使司，同月甲午（18日）后，明朝廷依思伦法使臣之请，将平缅军民宣慰使司改为麓川平缅宣慰司。正统九年

（1444），明王朝革除麓川平缅宣慰司，立陇川宣抚司，面积包含今陇川、瑞丽、遮放及今缅属部分地区。清沿明制。民国初年（1912）改土归流设弹压委员与土司并存，兼领户撒、腊撒二长官司地，隶腾越道。民国5年（1916）改弹压委员为行政委员，隶云南第一殖边督办。民国21年（1932）改置陇川设治局，隶云南省第一殖边督办。民国29年（1940）废殖边督办，隶腾龙边区行政监督。1942年5月至1944年12月，日寇占领德宏。1945年1月光复，先后隶云南省第六区（保山）和第十二区（腾冲）行政督察专员公署。1950年5月陇川和平解放，成立工作委员会。1951年12月，成立陇川县各民族联合政府，隶保山地区行政公署。1953年隶德宏傣族景颇族自治区（1956年区改州）。1958年10月与瑞丽县合并。1959年10月恢复陇川县制，户撒、腊撒、梁河县的邦角划归陇川，隶德宏傣族景颇族自治州至今。

第三节　行政区划

民国时期（1912～1949），陇川始设流官与土司并存，在汉族、景颇族聚居的山区，推行镇保甲制，在傣族聚居的坝区，仍保留鮀、幸制（鮀、幸为土司下属行政机构，鮀相当于村级）。民国28年（1939）清查户口（景颇族不查），全境划为2镇4乡，即文凤镇（今城子镇）、章凤镇、元嘉乡（坝子上段）、享济乡（坝子下段）、兴利乡（东山）、贞固乡（西山）。次年废除，并重新划为2镇2乡，即文凤镇（城子）、章凤镇、清平乡和拉线乡。至1950年4月，下辖王子树、赵家寨、护国、杉木笼、允瓦、幕新、曼面、曼软、章凤、三户单等10保和曼允胜德、景罕宛岗、姐德、弄秀迭撒、拉勐腊宛、曼晃孙帕、曼来、弄贯滇赛、姐冒弄燕、姐罕多晃、南多等11鮀。

新中国建立后，陇川境行政区划经过5次改革。第一次改革（1950.5～1965.5），初设城子、章凤、清平3个区，下辖景咀、户瓦、勐典、邦瓦、岗巴、弄龙、曼面、曼软、曼胆、清平、王子树、陇弄（广等户弄）12个乡。

1956年撤销清平区，成立岗巴、邦瓦、景咀3个文化站，同时设立1镇19个乡。即：城子镇、共帕、广外、垒良、赵家寨、瓦幕、章凤、拉勐、户兰、广等、户弄、磨水、迭撒、弄贯、杉木笼、广岭、罗朗、邦东、撒定、邦外乡。

1965年5月，全县辖3个区4个文化站，37个乡和1个国营陇川农场4个分场。

1950～1965年陇川县行政区划表

表1—1

地区	设立时间	所辖乡、分场
王子树（岗巴）文化站	1956.5	王子树、弄龙、岗巴、罗朗、邦东、邦角、老中山
清平区	1954.11	清平、赵家寨、边河、幸福、杉木笼、邦掌、广岭、新山
邦瓦文化站	1956.5	邦瓦、瓦幕、撒定、广外
城子区	1952.3	城子、姐乌、磨水
广瓦文化站	1956.10	广瓦、广帕、曼面、曼软、拱东
邦外文化站	1957.2	邦外、垒良

续表1—1

地区	设立时间	所辖乡、分场
章风区	1954.5	章凤、弄贯、拉线、迭撒、曼拉、户弄、广等、景罕
国营陇川农场	1955.6	拉线、光相、陇把、丙印

第二次改革（1966～1976），“文化大革命”初期，各级行政机构陷于瘫痪状态。1969年开展人民公社化运动，将区、站改设为人民公社，乡改设为生产大队，社改为生产队，公社、大队先后更名。1971年9月公社、大队恢复原名。国营陇川农场于1970年4月改编为“中国人民解放军云南生产建设兵团第三师第十团”分场，糖厂改为营。1974年10月，撤销生产建设兵团建制，恢复国营陇川农场原名。1973年9月，增设景罕、护国2个人民公社和新寨、曼胆、大场、护国、曼冒、巴达、户岛等7个大队，至1976年末全县辖10个公社、51个大队和1个农场4个分场。

1966～1976年陇川县行政区划表

表1—2

地区	成立或改设时间	所辖大队、分场
王子树（东方红）公社	1969.4	王子树、岗巴、罗朗、邦东、邦角、老中山
清平（卫东）公社	1969.4	清平、赵家寨、广岭、新山、广外、大场弄龙
护国公社	1973.9	护国、杉木笼、边河、幸福、邦掌
邦瓦（向阳）公社	1969.4	邦瓦、曼冒、撒定、瓦幕、巴达
城子（红旗）公社	1969.4	城子、姐乌、磨水、新寨、曼胆
景罕公社	1973.9	景罕、广等、曼面、曼软
广瓦（庆九大）公社	1969.4	广瓦、拱东、广帕
章凤（红卫）公社	1969.4	章凤、户弄、迭撒、曼拉、拉勐、弄贯
邦外（前哨）公社	1969.4	邦外、垒良、户岛
户撒（东风）公社	1969.4	隆光、朗光、潘乐、保平、曼炳、明社、平山
陇川农场（云建三师十团）	1974.10	拉线（一营）、光相（二营）、陇把（三营）、丙印（四营）

第三次改革（1977～1987），社会主义现代化建设时期。1978年，中国共产党第十一届三中全会胜利召开，确立了以经济建设为中心的路线、方针、政策，为适应改革开放的需要，对原来的行政体制作调整。1981年新成立托盘山、盆都、大山、罗家寨、曼亚河、岳家寨、六昆、郑家寨、龙江、广宁、曼晃、曼弄、龙安、邦湾、曼捧、项姐等16个大队。1984年，原人民公社改称区（镇），大队改为乡或办事处，新置姐乌区，至1987年10月，全县辖10区1镇68个乡（办事处）及1个农场4个分场。

1977～1987年陇川县行政区划表

表1—3

地区	成立时间	所辖办事处、乡、分场
城子镇	1984.3	新寨、街道、农村（3个办事处）
王子树区	1984.3	王子树、岗巴、邦东、罗朗、邦角、盆都、托盘山、曼亚河、那邦（9个乡）
清平区	1984.3	清平、赵家寨、广岭、新山、大场、弄龙、广外、郑家寨、六昆（9个乡）
护国区	1984.3	护国、邦掌、幸福、杉木笼、边河、岳家寨（6个乡）
邦瓦区	1984.3	邦瓦、瓦慕、撒定、曼冒、巴达（5个乡）
姐乌区	1984.3	姐乌、磨水、扎多、曼胆（4个乡）
景罕区	1984.3	景罕、广等、曼面、曼软、曼晃（5个乡）
广（共）瓦区	1984.3	广瓦、广帕、广宋、营盘、邦中（5个乡）
章凤区	1984.3	章凤、弄贯、拉勐、户弄、迭撒、曼拉、曼弄（7个乡）
邦外区	1984.3	邦瓦、垒良、户岛、邦湾、龙安（5个乡）
户撒区	1984.3	项姐、保平、曼捧、朗光、潘乐、明社、隆光、曼炳、平山、腊撒（10个乡）
国营陇川农场	1984.3	拉线、光相、陇把、丙印4个分场及陇川糖厂

第四次改革（1988～1998），将原来的区（镇）改建为乡（镇）人民政府行政机构，将原来所辖的乡（办事处）改建为村公所或办事处。新成立赛号、勐约2个乡，撤销广瓦区。至1998年，全县辖4镇8乡69个村公所（办事处）和1个农场四个分场。

1988～1998年陇川县行政区划表

表1—4

地区	成立时间	办事处	村公所	分场（糖厂）
城子镇	1988.3	新寨、街道、农村（3个）		
章凤镇	1988.3	章凤、弄贯、拉勐、户弄、迭撒、曼拉、曼弄（7个）		
景罕镇	1988.3	景罕、广等、曼面、曼软、曼晃（5个）		
陇把镇	1988.3	邦外、垒良、户岛、邦湾、龙安（5个）		
王子树乡	1988.3		王子树、岗巴、邦东、罗朗、盆都、托盘山、曼亚河、那邦、邦角（9个）	

续表1—4

地区	成立时间	办事处	村公所	分场（糖厂）
清平乡	1988.3		清平、赵家寨、广岭、新山、大场、弄龙、广外、郑家寨、六昆（9个）	
护国乡	1988.3		护国、邦掌、幸福、杉木笼、边河、岳家寨（6个）	
邦瓦乡	1988.3		邦瓦、瓦幕、曼冒、巴达（4个）	
姐乌乡	1988.4		姐乌、磨水、扎多（3个）	
赛号乡	1988.4		曼胆、撒定、广帕、广宋（4个）	
勐约乡	1988.4		广瓦、营盘、邦中（3个）	
户撒乡	1988.4		项姐、保平、曼捧、朗光、潘乐、明社、隆光、曼炳、平山、腊撒、户早（11个）	
陇川农场	1988.10			拉线、光相、陇把、丙印

第五次改革（2000.7～2005.12）。2000年7月，全面启动村级体制改革工作，全县69个村公所或办事处，更名为村民委员会，下辖的合作社更名为村民小组，此次改革的主旨是村社干部由聘用制改为选举制，直接选举村委会干部。2002年11月经省政府批准撤销邦瓦乡建制，原4个村委会2个并入城子镇，2个并入勐约乡。2005年11月经省政府批准撤销姐乌、赛号两乡建制，姐乌乡并入城子镇，赛号乡并入景罕镇，新成立3个居委会。全县所辖村委会、村民小组不变。至2005年12月，全县辖68个村民委员会，3个居委会，675个自然村，723个村民小组。

2005年陇川县行政区划表

表1—5

地区	所辖村民委员会、居委会、分场
城子镇	新寨、街道农村、曼冒、巴达、姐乌、磨水、扎多（8个）
章凤镇	章凤、弄贯、拉勐、户弄、迭撒、曼拉、曼弄、老街子、新城（9个）
景罕镇	景罕、广等、曼面、曼软、曼晃、曼胆、撒定、广帕、广宋（9个）
陇把镇	邦外、垒良、户岛、邦湾、龙安（5个）
王子树乡	王子树、岗巴、邦东、罗朗、盆都、托盘山、曼亚河、那邦、邦角（9个）
清平乡	清平、赵家寨、广岭、新山、大场、弄龙、广外、郑家寨、六昆（9个）

续表1—5

地区	所辖村民委员会、居委会、分场
护国乡	护国、邦掌、幸福、杉木笼、边河、岳家寨（6个）
户撒乡	项姐、保平、曼捧、朗光、潘乐、明社、隆光、曼炳、平山、腊撒、户早（11个）
勐约乡	广瓦、营盘、邦中、邦瓦、瓦幕（5个）
陇川农场	拉线、光相、陇把、丙印（4个）

第四节　县　城

一、城子（老县城）

明嘉靖十八年（1539），陇川第七任宣抚使多参于姐伦佬（今城子教场坝）建司衙门，嘉靖二十五年（1546）竣工。清顺治十六年（1659），陇川第十二任宣抚使多绍宁，将土司衙门迁入今城子镇老街子。清道光十四年（1834），第二十二任陇川宣抚使多延候进行扩建，清同治初年被焚毁。后经多慈祥、多忠瑶两位土司在原址重建，至20世纪30年代末才建成解放初期的规模（现今只保存有衙门正厅一间）。民国初年先后设过弹压委员、行政委员机构，均不住城子。民国21年（1932年）改设治局，冬春驻城子司署，夏秋驻杉木笼、菜园。1950年陇川和平解放，县军政工作委员会接管原国民党设治局，仍在司署办公。1954年在今团结路中段建县委、县人委大院，土木结构，1956年竣工使用。20世纪80年代初，县委、县革委及各县直机关用房先后改建成钢混、砖

陇川县老县城城子

混办公楼。

老县城位于陇川坝中部，坐落在邦瓦山麓自东向南走向的凤凰山的小山脊上，年平均气温16.8℃，海拔1498米。东连邦瓦、勐约，南连赛号，西接姐乌，北邻清平、王子树。梁（河）陇（川）公路穿过城区。20世纪80年代前，城子老县城仅有1条长千米的带状型街道。四周由于受地形的限制扩展不开。使用面积不到2平方千米。1986年，县委、县政府对县城作了规划，规划面积为4.6平方千米，需要占用农田200公顷。

老县城虽地处陇川县中部，居于各乡镇的中心地，但存在诸多弱点。其一，交通闭塞，影响信息、物资、资金、人员的流动和周转速度，制约着全县的经济和社会发展。解放30多年来，仅有1条4级公路通往县城，对外交流不畅，许多外地领导和客商只到章凤考察和谈生意，不愿到县城。其二，商品流通不畅，主要是受交通的制约。其三，不是全县经济中心，缺乏经济发展后劲和吸引力，对经济建设不利。由于受地理环境所限，很多客商不愿到县城投资办企业，开发县城。其四，老县城处在面积不大的小山峁上，城建扩展不开，不适应国家改革开放新形势的发展。

二、章凤（新县城）

章凤新县城位于陇川坝尾，坐落在海拔950米的山地上，背靠青山，面向平川。年平均气温18.9℃，属低纬度南亚热带季风气候。东接景罕，南连瑞丽市，北接陇把，西与缅甸毗邻，国境线长16.3千米，县政府驻勐宛路以东，近期规划（至2005年）用地面积4.8平方千米，远期规划（至2020年）面积12.1平方千米，其中中心片区规划用地1.4平方千米。近期规划区东至广山河，西达南宛河，南起造纸厂，北至顿兴；远期规划区东至110千伏变电站，南至南俄列河，西至南宛河，北至章凤桥。

章凤地处腾（冲）瑞（丽）公路与章（凤）八（莫）公路的交汇处，历史以来均是陇川的交通要道，对外开放，发展经济极为有利。章凤属于国家二级口岸，位于滇西开放区中央，南有瑞丽、

新县城章凤

畹町两个国家一级口岸，北有盈江、腾冲、片马3个国家二级口岸，是距缅北重要巷口城市八莫最近的口岸。1993年4月，章（凤）八（莫）公路修复通车以后，引起国内外客商的广泛关注，成为外来投资的热点之一。章凤作为县城驻地，有利于发展中缅边境贸易，有利于发展转口贸易，有利于发展利用丰富的旅游资源。同时，章凤口岸利用章（凤）八（莫）公路和伊洛瓦底江"黄金水道"，将形成"背靠大西南，面向东南亚"的发展态势。县城迁移，边贸的发展和口岸的开发建设，带动了农业生产和第三产业，使章凤成为全县政治、经济、文化、贸易的活动中心。章凤土地宽阔，新县城建设不占用良田，符合国家要求。

专记：陇川县城迁移纪实

一、背景

陇川地处祖国西南边陲，毗邻缅甸联邦，历史上是南方丝绸之路的重要通道。解放初期，陇川县城设在城子镇，城子镇位于陇川坝子上游，解放前是陇川宣抚司司署所在地，改革开放前一直是全县的经济、政治、文化中心。

1978年中共十一届三中全会后，随着改革开放的不断扩大和深化，地处中缅边境一线的陇川，由于特殊的区位条件，从曾经的边疆闭塞之地，变成了开放的前沿。所辖的章凤镇位于陇川坝下游，紧邻缅甸，与缅甸雷基市（又称洋人街）仅一步之隔，是德宏州通往缅北重镇八莫距离最短和最便捷的通商口岸。1988年，经德宏州批准县政府在章凤设立了副县级的办事处。1991年8月章凤口岸升格为国家二类口岸，1993年章凤至缅甸八莫公路开通，章凤在全县对外开放的区位和辐射带动作用更加显现。

在这样的背景下，县内一些领导和有识之士从1985年前后，就开始不断提出将陇川县城搬迁至章凤镇的设想和动议。1986年2月，县委、县政府曾经组织召开过一次座谈会，但限于当时的形势和条件，思想并不能统一。此后，经过10多年反复论证、研究、准备，在多届县委、县政府和社会各界的持续努力下，1998年4月，民政部正式批准同意将陇川县人民政府驻地由城子镇迁至章凤镇，拉开了陇川新县城建设序幕。

讨论新县城规划

二、迁移纪事

20世纪60年代，县委、县政府首次提出陇川县城搬迁至章凤的设想。

1985年2月，中共中央

总书记胡耀邦到陇川视察，县领导向总书记汇报了将县城迁往章凤的构想。

1986年2月中旬，县委、县政府召开县城搬迁章凤的第一次座谈会，因出席会议的多数人持反对意见，没有形成统一思想。

1987年7月，县政府召开章凤土地使用规划会议，初步讨论了章凤土地规划利用问题。

省委领导视察新县城模型

同年12月，县委、县政府邀请省经济研究所专家对县城迁移章凤进行论证，提出较明确的可行性意见。

1988年1月，经德宏州人民政府批准，县人民政府在章凤设立办事处（副县级），代表县政府在章凤做好有关部门的协调工作。

1989年3月，县第十届人大常委会第十二次会议审议批准通过《章凤城镇总体规划方案》。

1991年8月，章凤口岸批准为国家级二类口岸。

1992年起，先后有城建、财政、工商、土地、旅游、税务、安全、工交、商贸、金融等经济管理部门迁至章凤办公。

同年8月25日，县政协第九届八次常委扩大会议正式向县委提交《关于陇川县城搬迁问题的建议案》，对县城迁移提出了较具体的建议意见。

9月1日，县委、县政府组织召开县五套班子联席会议，重点讨论县城迁移问题，统一思想认识。会后，县委、县政府印发《关于县城迁移章凤的“九一”联席会议纪要》，会议正式决策下迁章凤，并提出了搬迁方案和步骤。

1993年4月，中断30多年的章凤至缅甸八莫公路修复通车。

同年7月20日，成立章凤口岸经济开发区建设管理委员会，同时撤销县政府驻章凤办事处，以适应对外开放和经济发展形势。

1998年10月31日，县城新址章凤举行开工奠基典礼

7月30日，县委、县政府

陇川县新县城建设开工典礼

在章凤举行县城搬迁章凤挂牌仪式，除工作量大，辐射面广，暂时不宜搬迁的部门留守城子外，多数部门已下迁章凤办公。

1996年7月4日，县政府正式向州政府上报《关于请求搬迁县城的请示》。7月9日，州政府向省政府转报。

同年9月6日，省建设厅、省民政厅在昆明主持召开“陇川县城迁移章凤可行性论证会”。县委、县政府率团出席会议，并一一解答专家、学者提出的问题，取得圆满成功。会议一致通过了陇川搬迁章凤的决定。

12月31日，省政府向国务院呈报《关于请求陇川县县城从城子镇迁移至章凤镇的请示》报告。搬迁投资总概算为17550万元，完成实际投资约11000万元。

1998年4月29日，民政部正式给省政府批复，同意将陇川县人民政府驻地由城子镇迁至章凤镇。6月9日，省政府正式给德宏州政府批复，同意州政府关于陇川县城搬迁方案。

1999年1月，陇川新县城标志性建筑—陇川市政综合办公大楼破土动工，全面拉开新县城建设序幕。

2002年初，原驻老县城各机关事业单位全面完成搬迁工作。至此，新县城建设完成了第一阶段的目标。

新县城章凤

三、规划建设

总体规划：1998年8月18日，德宏州人民政府批准陇川县新县城总体规划方案。主要发展目标为：短期规划至2005年，城市人口4.2万人，用地规模4.8平方千米；远期规划至2020年，城市人口7.6万人，用地规模8.36平方千米；远景规划至2040年，规划面积12平方千米。

建设成效：2001年12月，由省、州组成的陇川县城迁移验收组对陇川县城迁移项目进行了验收，肯定了新县城建设成绩。此时，新县城已经完成勐宛路、同心路、新城路、园林路、三象路、卫国路、龙凤路、友谊路等市政道路建设，全长1.29千米；完成了体育中心、陇川会堂、科技文化馆、图书馆、县医院、老年活动中心等公共设施建设，完成建筑面积7.3万平方米；完成职工住宅小区建设6.7万平方米；完成市政绿化6万平方米，累计投入资金1.54亿元。

1998～2005年陇川县县城迁移前后经济发展成就对照表

表1—6

主要指标	1998年	2005年	增长额	增长率（%）	年均增长率（%）
国内生产总值（万元）	46367	81923	35556	76.68	9.59
地方财政总收入（万元）	4662	6950	2288	49.08	6.14
三项产业比重	56.6：21.5：21.9	42.1：21.5：36.4			
农业总产值（万元）	38447	51394	12947	33.67	4.2
工业总产值（万元）	33599	42112	8113	25.34	1.0
固定资产投资（万元）	16876	32018	15142	89.73	1.1
口岸进出口总值（万元）	17832	24130	6298	35.32	4.42
社会消费品零售总额（万元）	11878.1	18545	6667	56.13	7.02
城镇居民可支配收入（元）	4133	7313	3180	76.94	9.62
农民人均纯收入（元）	1065	1275	210	19.72	2.47

第二章 乡 镇

1978年以来，全县乡镇区划经过3次改革。1988年，全县辖4镇（城子、景罕、陇把、章凤），8乡（王子树、清平、护国、姐乌、赛号、勐约、邦瓦、户撒）。2002年，邦瓦乡撤并城子镇，部分并入勐约乡。2005年，姐乌乡撤并入城子镇，赛号乡除撤定村并入城子镇外其余撤并入景罕镇。年末，全县保留4镇5乡。其中4个镇在坝区，5个乡属山区或半山区。

第一节　章凤镇

一、地理气候

章凤镇位于陇川坝尾，东接景罕，南连瑞丽市，北接陇把，西与缅甸毗邻，国境线长16.3千米，镇政府驻章凤老街，平均海拔960米，土地总面积146平方千米，属低纬度南亚热带季风气候。冬季多雾，雨量充沛，日照充足，热量丰富。境内植被主要有竹类、杉木、西南桦、水冬瓜、榕树、栎树等。2005年，全镇有耕地面积4384公顷，其中：水田3336公顷，旱地1048公顷，农业人均耕地0.14公顷，林业用地1217.1公顷，活立木总蓄积量20510立方米。

二、区划沿革

1954年，设置章凤区。1969年，改称红卫公社。1984年，恢复区制。1985年，章凤口岸开放，逐渐发展成为全县的经济中心。1988年，改称章凤镇，辖7个办事处，87个自然村，132个合作社。1998年章凤镇成为陇川新县城驻地。

2005年，全镇辖9个村委会，78个自然村，136个村民小组（见第一编第一章建置区划）。

三、人口民族

1978年，全公社3157户，总人口16666人。其中男8197人，女8469人，人口性别比为96.79（以女性为100）。农村户2507户，14941人，农村劳动力6349人。主要居住着傣、景颇、德昂、汉等民族。其中傣族9001人，占54.01%；景颇族987人，占5.92%；德昂族659人，占3.95%；汉族5974人，占35.85%；其他民族45人，占0.27%。

1991年，全镇4961户，总人口23967人。其中男11756人，女12211人，人口性别比为96.27（以女人为100）。农村户4016户，21135人，农村劳动力10570人。有傣族12272人，占51.2%；景颇族1319人，占5.5%；德昂族944人，占3.94%；汉族9267人，占38.67%；其他民族165人，占0.69%。

21世纪初的章凤

2005年，全镇10049户，总人口39010人。其中男19283人，女19727人，人口性别比为97.75（以女人为100）。农村户6262户，27378人，农村劳动力18214人。有傣族16116人，占41.32%；景颇族2940人，占7.54%；德昂族1079人，占2.77%；汉族17712人，占45.4%；其他民族1160人，占2.97%。人口出生率15.2‰，人口自然增长率11.3‰，人口密度267.2人/平方千米。

四、基础设施

【市政设施】　1982年9月，建砖混结构文化站办公用房二层，面积210平方米，投资6.5万元。1983年，建区政府三层砖混结构办公楼，面积432平方米。1984年，建章凤电影院，面积920平方米，投资26万元。1985～2000年，对镇政府办公用房及职工住房进行改造、重建、新建，建筑面积1084平方米，总投资74.5万元。

【农田水利设施】　1980～2005年，修建引水工程芒弄、翁杍、南兰、南多、晃相、屯兴、费顺哈、拉勐、迭撒等9条。蓄水工程有章凤水库。挡水工程有贺闷石坝、姐坎石坝、翁杍石坝、芒拉石坝、南兰石坝、南多石坝、芒丙石坝、弄沙石坝、姐海石坝、姐列石坝、芒护石坝、费拉石坝、拉勐石坝等。上述工程均由县水利部门出资，群众部分集资及投工投劳修建。

章凤三象塔

【交通设施】　1984年，由国家补助群众投工投劳修建芒弄河桥和运蔗道路。1985年，镇党委、政府出台每吨甘蔗扣1元钱的政策兴修蔗区道路。至1987年，在交通部门的支持下，全镇村社公路全部通达。1989～2002年，拉影、拉勐公路通车。

五、优势产业

蔗糖是全镇的主要产业。1983年，开始种蔗，面积654公顷，总产40682吨，单产62.2吨。至2005年，面积达3523公顷，总产286204吨，亩产4.3吨，实现工业入榨262079吨，蔗款收入4065.5万元。产量占全县甘蔗总产量的23.5%。在全州57个种蔗乡镇中位居榜首。1991年10月1～4日，全国千吨以上蔗糖厂第一协作组第十九次会议在章凤召开。1994年，章凤镇被州政府评为“秋蔗种植先进单位”。2005年，全镇交售甘蔗100吨以上农户达50余户，涌现出百亩种植大户李根才、段维赞、邵思德等。章凤甘蔗种植业的发展为全县蔗糖支柱产业的振兴奠定了坚实基础，并致力打造“德宏蔗糖第一镇”品牌。

六、综合经济

1978年，全区农村经济总收入252.79万元，人均纯收入168元。农作物播种总面积2519.53公顷。其中大春粮食播种面积2489.87公顷，总产9990.3吨，单产3945千克；小春播种面积21公顷，总产14吨，单产660千克。

1993年，全镇农村经济总收入2956.87万元，比1978年增长10.69倍。其中农业收入2517.33万元，占总收入的85.1%。人均纯收入889元，比1978年增长4.26倍。粮食总产1665.28万千克，人均736千克。主要经济收入：种植业2056.76万元，其中粮食收入1146.09万元，甘蔗收入600.09万元。其它收入林业14.8万元、牧业373.25万元、副业153.06万元、渔业39.06万元、工业6.32万元、商业44.84 万元、交通运输业246.95万元、服务行业21.83万元。乡镇企业1237个（含个体），从业2675人，总产值4015万元，人均1.5万元。

2005年，全镇经济总收入9360万元，比1993年增长2.17倍，人均纯收入1827元，比1993年增长1.06倍。总支出4400万元。农业总产值8026万元，增加值4959万元。其中种植业6175万元，林业322万元，畜牧业1047万元，渔业353万元。农作物播种面积7646.67公顷，产量5.2万吨。其中甘蔗3520公顷，产量28.53万吨；粮食2953.33公顷，产量1.6万吨；茶叶3.47公顷，产量2.3吨；油料786.67公顷，产量9796吨；水果86.6公顷，产量935吨；其他农作物296.6公顷。牛存栏3387头，猪存栏1.79万头，羊存栏186只。

七、文卫教体

1978年，全公社有文化站1个、电影院1个、广播站2个；村卫生室7个、乡村医生5人；小学19所52个班，在校生1766人，教职工115人。

1993年，全镇有完全中学1所，在校生739人；小学14所，在校生3186人；幼儿园2所，在园生224人。有卫生院2所，卫生室5个，文化室2个，电影院、队各1个。

2005年，全镇有文化站、电影院各1个。卫生院1所， 医务人员130人，病床138张；卫生室9个，乡村医生18人。乡村篮球场9个。中学在校生9693人，教职工214人。小学9所，在校生4502人，教职工266人。新建中心小学教学楼，面积448平方米，投资41万元；建腊宛小学教学楼414.1平方米，投资31.5万元。“海伦教学楼”竣工交付使用。

八、风景名胜

境内建有汉传佛教圣地——章凤观音寺，现存弄彦金鸭子塔、晃相塔、弄秀塔遗址及拉影树包塔、费顺哈古井。建有县属民族文化广场、景颇生态园、国家级森林公园及“一寨锁两国”——拉影边地风情。

九、民族节日

章凤镇属新县城所在地，定期组织全县性的景颇族目瑙纵歌节、傣族泼水节、德昂族龙阳节。傣族村寨每年举行进洼、烧白柴、掸佛、出洼等宗教活动。

第二节　城子镇

一、地理气候

城子镇位于陇川中部，1998年前系县委、县政府所在地。东靠邦瓦乡，南连姐乌、赛号乡，西邻户撒乡，北接清平乡，镇政府原驻团结路2号，1998年后，迁移到老县政府办公大楼。海拔954～1989米。年平均气温16.8℃，属南亚热带季风气候，四季不明显。5～10月为雨季，11月至次年4月为干季。最冷月（1月），平均气温11.3℃；最热月（5月），平均气温23.4℃。极端最高气温

城子镇所在地

35.7℃，极端最低气温-2.9℃。历年无霜期292天。年均日照时数2316小时，年平均相对湿度79%。西南风，历年平均风速1.5米/秒，最大风速30米/秒。全镇土地总面积199.5平方千米。2005年，全镇有耕地面积1321公顷，其中水田833.33公顷、旱地488公顷，人均耕地0.07公顷；林地706.67公顷，森林覆盖率59%，经济林地288.27公顷。

二、区划沿革

1950年前，城子镇属司署和设治局所在地，称文风镇。1952年3月置区，1969年改称红旗公社，1984年改为城子镇。2002年11月，原邦瓦乡巴达、曼冒两个村委会并入城子镇。2005年，姐乌乡撤并入城子镇。

1993年，全镇辖2个农村办事处，1个街道办事处，21个自然村（合作社）。2005年末，全镇辖8个村委会，84个自然村，72个村民小组。

三、人口民族

1978年，全公社1519户，总人口8581人。其中男4200人，女4381人，人口性别比为95.87（以女性为100）。农业人口7875人，非农业人口706人。人口出生率35.3‰，人口自然增长率27.5‰。境内居住着傣、景颇、阿昌、傈僳、德昂、汉等民族。其中傣族2849人，占33.2%；景颇族1800人，占20.98%；阿昌族70人，占0.82%；傈僳族27人，占0.31%；汉族3752人，占43.72%；其他民族83人，占0.97%。

1988年，全镇总人口8807人，比1978年增长2.63%，年均增加23人。

1993年，全镇3456户，总人口1.17万人（含县直机关）。其中男6003人，女5739人，人口性别比为104.6（以女人为100）。农业人口4981人，非农业人口6761人。人口出生率12.27‰，人口自然增长率7.12‰。主要民族有傣族672户，2286人，占19.4%；景颇族558户，1898人，占16.16%；阿昌族74户，253人，占2.15%；汉族2050户，6971人，占57.58%；其他民族102户，334人，占2.84%。人口出生率12.27‰，人口自然增长率7.12‰，人口密度58.7人/平方千米。

2005年，全镇6624户，总人口2.48万人。其中男1.24万人，女1.24万人，人口性别比为100（以女人为100）。农业人口1.59万人，非农业人口8929人。人口出生率8.99‰，人口自然增长率2.65‰，人口密度124.3人/平方千米。有傣族4528人，占18.3%；景颇族8453人，占35.1%；阿昌族279人，占1.1%；傈僳族119人，占0.5%；汉族11075人，占44.7%；其他民族347人，占1.4%。

四、基础设施

城子镇一角

【办公用房】 1985年，建镇政府办公楼，建筑面积1875.95平方米，总投资11.02万元。2005年，经县政府同意将原县政府招待所、镇政府办公楼、住宅楼等土地1.78公顷，房产5668.99平方米，评估价值250万元处置给集强竹叶发展有限公司，原县委办公大楼及招待所划拨给城子镇政府管理使用。

【农田水利】 1978～1982年，全公社架水管6条长4280米，建石坝2座，修机耕路17条长1229米，建排水沟20条长1.63万米。样板田由133.33公顷扩大到466.67公顷。1986年，建红星社饮水工程，管长5千米，投资9.98万元。1998年，建磨水水库，库容316万立方米，灌溉面积154.67公顷。2002年，整修机耕路5.2千米，建桥涵15道、拦河坝1道，完成允晃、麻栗坝人畜饮水工程。17个村民小组打谷场工程竣工。

【交通、通讯】 1992年，投资2.5万元修通上吕良村民小组公路。1999年，全镇各自然村修通公路，交通用地99.31公顷。2002年，5个村民小组文明路竣工。2005年，全镇实现通水、通电、通公路、通电视、通电话，拥有电视机农户3121户，安装固定电话或移动电话2589户。

五、新农村建设

2005年，全镇有曼冒、新寨、磨水、巴达、姐乌等5个村委会，启动新农村建设项目，完成投资240.77万元。

六、优势产业

【甘蔗】 2003年，全镇种植面积达880公顷，工业入榨量5.96万吨，种蔗收入734.15万元，建立1个46.67公顷的甘蔗良种园。2013/2014年榨季，全镇春秋甘蔗种植面积1020公顷，工业入榨20.5万吨，产值8993万元，成为全镇的支柱产业。

【奶水牛】 在县畜牧部门的指导下，城子镇奶水牛养殖从“十五”计划开始，逐渐发展。2005年5月18日，成立奶水牛协会，会员60户。奶水牛年产量已达10吨，初具规模，产品主要销往芒市、腾冲。

【马铃薯】 1978年改革开放以来，城子镇致力发展“一镇一品”，根据自然条件，在充分论证的基础上，发展冬季马铃薯种植，由原来零星分散种植，变成规模化种植。2005年，种植面积已达到401.8公顷，创收575万元，并成立马铃薯协会，保障种植户的合法权益。产品主要销往昆明子弟薯片有限公司。

城子马铃薯

七、综合经济

1980年，全公社农村经济总收入43.5万元。其中农业总收入33.7万元，畜牧业收入0.84万元，其它收入8.96万元。种植业中粮食收入28.8万元，甘蔗收入4.4万元。

1993年，全镇农村经济总收入589.64万元。其中农业收入498.18万元，占经济总收入的81.3%，纯收入872万元。粮食总产量345.77万千克，人均790千克。主要经济收入：种植业365.08万元（含粮食235.48万元，甘蔗66.91万元），林业16.85万元，牧业103.93万元，副业8.12万元，渔业4.2万元，工业15万元，商业4.24万元，交通运输业49.72万元，服务行业22.5万元。乡镇企业401个（含个体），从业593人，总产值505万元，人均8516元。

2005年，全镇经济总收入5432万元，纯收入2436万元，人均纯收入1472元；总支出2823万元。农业总产值7675万元，增加值2609万元。其中种植业5355万元、林业536万元、畜牧业1395万元、渔业389万元。农作物种植总面积4560公顷，总产量6.93万吨。其中甘蔗2333.33公顷，产量6.1万吨；粮食946.67公顷，产量4867吨；茶叶1060公顷，产量143吨；油料193.33公顷，产量3305吨；水果23.13公顷，产量225吨。牛存栏2036头，猪存栏1.19万头，羊存栏1268只。

八、文卫科教体

1978年，全区有小学2所，在校生612人，教师42人。有农科队人员36人，基地9.4公顷。

1993年，全镇有小学6所，在校生1433人；幼儿园1所，在园儿童生181人；私立中学1所，在校生100人；农民技术培训学校1所。另有县属中学1所，在校生1309人；民族小学1所，在校生550人。电影院、电视转播台、中波转播台各1个。县属卫生院、中医院、防疫站、妇幼保健站、计划生育服务站各1所。

2005年，全镇有初中1所，教职工108人，在校生1332人；小学7所，教职工129人，在校生1678人。文化站、电影院、农技站各1个。有篮球场25个，足球场3个。有卫生院1所，病床64张，医务人员44人；村卫生室7个，乡村医生7人。农科站、甘蔗站、烟站各1个，成人技校1所，科技从业人员27人。

九、风景名胜

境内有土司衙门、德昂女王城遗址、风景水库景颇族“能仙节”场地、诸葛营遗址等。

第三节　景罕镇

一、地理气候

景罕镇位于陇川东南部，东接勐约乡，南连章凤镇，西邻陇把镇，北接姐乌乡、赛号乡。省道芒（市）陇（川）公路穿镇而过。镇政府驻景罕街，距县城10千米。境内建有全省最大的景坎白糖厂。土地总面积156平方千米。2005年，有耕地面积4373.33公顷。其中水田2233.33公顷，旱地2140公顷，农业人均耕地0.17公顷。地形以平坝为主，山坝结合，属南亚热带季风气候。海拔948.5～2038米，年平均气温18.9℃，年日照时数2334小时，年均降雨量1544毫米，全年无霜区345天，年均风速1.5米/秒，西南风为主。土壤结构山区为红粘土，坝区为胶泥和沙土。有森林面积0.73万公顷，森林覆盖率45.9%。

二、区划沿革

1950年前，景罕镇属土司辖区，1953年置乡，1957年归章凤区辖，1969年成立庆九大公社，1977年改称共瓦公社，1973年划出景罕、广等、曼面、曼软4个大队，成立景坎公社，1984年改称景罕区。1988年改称景罕镇，下辖景罕、广等、曼面、曼软4个村公所。2005年初，赛号乡除撤定村外

景罕镇所在地

撤并入景罕镇。至此全镇辖9个村委会，100个自然村，120个村民小组。

三、人口民族

1982年，全公社1830户，总人口1.07万人，劳动力3856人。

1993年，全镇3669户，总人口1.6万人。其中男8085人，女7892人，人口性别比102.45（以女性为100），农业人口1.41万人，占88.13%；非农业人口1931人，占12.07%。主要民族有景颇族940户，4046人，占25.32%；傣族845户，3636人，占22.76%；傈僳族20户，89人，占0.56%；德昂族17户，75人，占0.47%；汉族1853户，7972人，占49.9%；其他民族159人，占0.99%。人口自然增长率11.6‰，人口出生率15.81‰，人口密度102.6人/平方千米。

2005年，全镇6297户，总人口2.55万人。其中傣族4776人，占18.76%；景颇族8650人，占33.96%；阿昌族79人，占0.1%；傈僳族127人，占0.49%；德昂族18人，占0.07%；汉族1.16万人，占45.4%；其他民族303人，占1.18%。人口出生率7.16‰，自然增长率1.85‰，人口密度163.5人/平方千米。

四、基础设施

【办公用房】 1984年，建8间砖木结构职工住房。1987年11月，投资12万元建一幢三层砖混结构办公楼，面积649.5平方米。1988～1993年，由职工集资2万元，镇政府补助，建8套砖木结构职工住房，面积640平方米。2001年，投资18万元，建5格124平方米会议室。2006年，投资75万元，建框架结构3层办公楼，面积691.9平方米。

建于1989年的景罕镇办公大楼

【农田水利】 1983～1989年，投资54.8万元，兴建曼弄放水石坝、曼哈河水坝、广母河水坝、近引河桥，灌溉面积536公顷。1993年12月，完成3个村委会平田改土400公顷，修机耕路7条，长7千米。1990年，建允宋沟新社石坝1座，投资5万元。1997年，投资2000万元，建赛号排涝沟12千米。2001年，投资5.5万元，修红光社放水坝1座，灌溉面积14.67公顷。2004年，建罕等放水石坝1座，灌溉面积42公顷，总投资7.5万元。2005年，投资13万元，建弄巴傣排水渠1.2千米、石坝2座。

【蓄水工程】 境内先后建水库4座，分别是曼允水库、海岗水库、广等水库、广姆水库（详见水利章）。

【人畜饮水工程】 1999～2005年，总投资247万元（群众自筹41万元），完成弄缓、广等、拥军、南麻等饮水工程，水管长21.7千米，共683户256人、1009头大牲畜受益。

【交通】 1981～1990年，在上级的支持下修建景（罕）陇（把）、景（罕）城（子）、景（罕）章（凤）3段油路，改变景罕落后的交通状况。同时修建通行政村公路，提前5年实现“九五”村村通公路目标。至2005年，全镇100个村民小组均修通公路。

五、新农村建设

坡坎村是1976年从王子树下迁景罕镇的1个穷村子。1997年，被定为新农村建设示范村。1998年，户户建有沼气池。2003年，被评为州级文明村。全村28户，家家建新房，有机动车30辆，年生产总值64万元，人均纯收入1800元，是景罕镇人均收入最高的村寨。2004年，被评为县级无毒村。同年，争取到“万县千乡”文化工程，投资6万元建村文化活动室。

六、优势产业

2005年，全镇甘蔗种植面积4039.33公顷，总产27.25万吨，仅次于章凤镇。麻竹种植面积680公顷，产198.5吨，产量逐年增加。

七、综合经济

1987年，全区农村经济总收入681.55万元。其中农业收入523.91万元，占76.87%。林业收入32.83万元，牧业收入57.8万元，渔业收入10.65万元，工业收入4.11万元，建筑业收入2.06万元，运输业收入14.29万元，商饮业收入5.55万元，服务业收入2.16万元，其他收入28.19万元。人均纯收入439元。

1993年，全镇农村经济总收入2272.36万元。其中农业总收入1762.98万元，占85.34%，人均纯收入921元。粮食总产818.51万千克，人均583千克。主要经济收入：种植业1278.83万元（含粮食616.27万元，甘蔗518.63万元），林业102.74万元，牧业308.16万元，副业39.04万元，渔业34.21万元，工业2.74万元，商业331.22万元，交通运输业148.57万元，建筑业13.60万元，服务业13.25万元。乡镇企业518个，从业633人，总产值287万元，人均4534元。牛存栏4305头，猪存栏1.04万头，家禽出栏1.38万只。

2005年，全镇农村经济总收入8801万元，人均纯收入1588元。总支出5068万元。农业总产值7977万元，农业增加值3733万元。农业产值中：种植业5879万元，林业543万元，牧业998万元，渔业454万元，其他产值103万元。农作物种植：甘蔗2566.67公顷，产量19.09万吨；粮食1226.67公顷，产量6313吨；茶叶5.33公顷，产量1.1吨；油料242.5公顷，总产2236吨；水果235.53公顷，总产350吨。牛存栏2071头，猪存栏1.01万头，羊存栏1577只。

八、文卫教体

1983年，全区有文化室、电影放映队各1个。卫生院（室）室5所，病床15张，医务人员16人。小学15所，附设幼儿班1个，在校生1650人，幼儿35人。

1993年，有初中1所，在校生463人；小学17所，在校生2129人；幼儿园1所，在园生68人；卫生院、室5所。文化室、电影放映队各1个。有县属农职初中1所，在校生283人。2005年，全镇有初中1所，在校生1094人，教职工89人；小学26所（含赛号），在校生1755人，教职工116人；幼儿园1所，在园生73人。卫生院、室9所，医务人员32人，病床40张。镇、村文化室2个。

九、风景名胜

镇境内建有小乘佛教圣地广姆玉兔佛塔、景罕玉兔洞、灵山寺等，每年接待游客2万余人次。

第四节 陇把镇

一、地理气候

陇把镇位于陇川县西北部，高黎贡山西坡向南延伸地带。地理坐标为北纬24° 11′ 35″，东经97° 5′ 12″。东靠城子镇，南临章凤镇，北连户撒乡，西与缅甸接壤，国境线长30.25千米。镇政府驻陇把街，距县城16千米，腾（冲）瑞（丽）公路穿镇而过。属山坝结合的地形地貌，海拔927～2081.4米。地势北高南低，属南亚热带季风气候，具有四季不明显，干湿季分明的特点。光照充足，热量充沛，年均气温18.9℃，年均日照时数3216小时，无霜期292天，年均降雨量1515毫米。土壤环境质量达到国家标准绿色食品产地环境技术条件。

全镇国土总面积217平方千米，山区占69.44%，坝区占30.56%。2005年，有耕地1100公顷，其中水田512.6公顷，旱地586.2公顷，人均耕地0.14公顷。林地1.12万公顷，森林覆盖率51.6%。辖区有铜壁关自然保护区4500公顷。稀土、硅矿、地热资源丰富。

二、区划沿革

陇把镇古称陇川“蕃篱”，常年驻兵戍边。1957年置邦外文化站，1969年改称前哨公社，1984年设区，1988年改称陇把镇，镇政府由邦外大队迁入陇把街。1993年，全镇辖5个办事处，34个自然村，40个合作社。2005年，辖5个村委会，41个自然村，41个村民小组（见第一编第一章建置区划）。

三、人口民族

1978年，全公社985户，总人口5542人，居住着景颇、傈僳、汉等13种民族。邦外设有傈僳族“阔时节”歌舞场，每两年举行1次庆祝活动。

1993年，全镇5707户，总人口2.1万人。其中男1.05万人，女1.05万人，男女性别比持平。农业人口1.65万人，占78.41%；非农业人口4538人，占21.59%。主要民族有：景颇族853户，3074人，占14.62%；傈僳族180户，651人，占3.1%；傣族30户，109人，占0.52%；汉族4531户，1.68万人，占79.75%；其他民族113户，423人，占2.01%。人口出生率12.51‰，人口自然增长率6.92‰，人口密度96.9人/平方千米。

2005年，全镇5586户，总人口1.88万人，人口出生率15.2‰，人口自然增长率11.3‰，人口密度86.64人/平方千米。

四、基础设施

【小城镇建设】 2000年，陇把镇被列为省重点小城镇建设镇，兴建综合农贸市场和集镇中心道路网改造配套设施建设，投入各类项目资金800万元。2001年，农网改造工程启动。

陇把枇杷

【镇直机关办公用房】 1998年7月，动工兴建镇政府办公楼，面积842平方米，投资79.6万元。2000年3月，竣工使用。

【农田水利】 1991～2001年，全镇完成龙安46.67公顷良田改造和部分村寨水利灌溉和人畜饮水工程。

【交通】 截至2005年底，全镇修建农村公路93.05千米，桥梁15座。其中县道8千米，乡道54.92千米，村道30.13千米；水泥路面14.51千米，沥青路面6.16千米，弹石路面68.98千米，砂石路面3.4千米。

五、优势产业

改革开放以来，陇把镇根据该镇气候环境特点，发展生物特色产业，初步形成以特色经济林、用材林和非木质林为主的特色林产业发展格局。全镇发展生物特产林面积946.41公顷，其中竹子153.62公顷，油茶435.81公顷，核桃201.5公顷，咖啡144.55公顷，坚果9.93公顷。发展用材林、经济林和非木质林产业3160公顷，其中西南桦、旱冬瓜1846.67公顷，杉木840公顷，枇杷220公顷，金桔38公顷，草果215.87公顷。

枇杷于2001年在户岛引种，“十五”计划末已辐射到周边村寨，形成连片种植格局，并成立了枇杷协会。

六、综合经济

1979年，全公社农村经济总收入49.29万元，人均纯收入76.6元。大春作物种植616.27公顷，总产398.82千克；小春作物种植141.27公顷，总产15.27万千克。

1993年，全镇农村经济总收入720.54万元，人均纯收入733元。其中农业总收入611.96万元，占89.1%。粮食总产329.12万千克，人均粮食431千克。主要经济收入：种植业505.26万元（含粮食215.09万元，甘蔗290.17万元），林业33.02万元，牧业73.68万元，副业42.2万元，商业22.08万元，交通运输业44.3万元。

2005年，全镇农村经济总收入2689万元，人均纯收入1420元，总支出1476万元。农业总产值3237万元，增加值1213万元。其中种植业2104万元，林业453万元，畜牧业554万元，渔业70万元。农作物播种面积2253.33公顷，总产量7.74万吨。其中甘蔗1020公顷，总产7.21万吨；粮食720公顷，总产2894吨；茶叶3.33公顷，总产3.7吨；油料234.27公顷，总产2220吨；水果158.13公顷，总产165吨；其他农作物117.6公顷。牛存栏1382头，猪存栏5382头，羊存栏378只。

七、文卫教体

1980年，全公社有卫生院（室）5所。初中1所，教学班4个，在校生140人。小学7所，在校生780人。工读学校1所，在校生60人。

1993年，全镇有初中1所，在校生313人；小学11所，在校生1343人。有卫生院（室）5所，文化室1个，电影放映队2个。

2005年，全镇有初中1所，在校生757人，教职工78人；小学10所，在校生1861人，教职工169人。有卫生院（室）6所，病床3张，乡村医生10人，文化站1个。

八、风景名胜

镇境内有岳贡六墓、邦公目奶学校、雷龙山官排天贵衙门、邦公古道等4处文物遗址。户岛村建有佛教圣地青松寺。集镇边建有风景优美的西湖。龙安开发有温泉度假村。

西湖水库

第五节　清平乡

一、地理气候

清平乡位于陇川县东北部，南宛河上游。东靠王子树乡，南连邦瓦乡与城子镇，西接户撒乡，北邻护国乡。乡政府驻清平街，距县城44.5千米，陇（川）梁（河）公路纵贯全境。国土面积196.7平方千米，平均海拔1603米，森林面积12563公顷，森林覆盖率63.86%。2005年，有耕地面积2106.67公顷。其中水田920公顷，旱地1186.67公顷，人均耕地0.14公顷。

清平乡是山坝为一体的乡，三面环山，有6个行政村为山区、半山区，2个行政村为坝子。南亚热带季风气候，平均气温18.9℃，最热月平均气温23.4℃，最冷月平均气温11.2℃。全年无霜期289天，全年日照时数2373小时，年平均降雨量1753毫米。境内的回还山稀土资源丰富。1978～2005年，先后发生6次大的自然灾害：1982年4～10月，雷电击死黄牛13头，下冰雹致使农作物被毁严重；1986年8月，泥石流，3个村民小组受灾，被迫搬迁；1988年3月，火灾烧毁民房40余户；1994年6月，牛瘟，6头水牛死亡；1997年9月，大场村发生疟疾，7人死亡。

二、区划沿革

1954年11月，置清平区，1956年撤销，所辖王子树、杉木笼、赵家寨3个乡由县人委直接管理，其余乡并入岗巴、邦瓦文化站和城子区。1959年10月，恢复清平区制。1969年4月，改称卫东人民公社。1971年9月，改称清平人民公社。1981年1月，改公社革命委员会为公社管理委员会。1984年3

月，改称清平区。1988年，改称清平乡，辖9个村公所，60个自然村，36个合作社。2005年，辖9个村委会，63个自然村，71个村民小组（见第一编第一章建置区划）。

三、人口民族

1978年，全公社1622户，总人口9976人，居住着景颇、傣、傈僳、汉等民族。

1993年，全乡2487户，总人口1.33万人。其中男6692人，女6574人，人口性别比102（以女性为100）。农业人口1.29万人，占96.87%，非农业人口415人，占3.13%。主要民族有：景颇族1399户7415人，占55.89%；傣族572户，3034人，占22.87%；傈僳族70户，374人，占2.82%；汉族456户，2418人，占18.23%；其他民族10户，25人，占0.18%。人口出生率19.56‰，人口自然增长率11.05‰，人口密度67.44人/平方千米。

2005年，全乡3070户，总人口1.4万人。主要民族有：傣族3186人，景颇族8067人，阿昌族18人，傈僳族431人，德昂族3人，汉族2206人。人口出生率14.99‰，人口自然增长率5.53‰，人口密度70.72人/平方千米。

四、基础设施

【新农村建设】 2005年，启动新农村建设，当年投入建设资金21.84万元，修路1千米，种植黄金梨6.67公顷，建沼气池28口，培训人员2期96人次。

【乡直机关用房】 1978年，建政府办公楼300平方米，土木结构。1986年，新建砖混三层办公楼，面积678平方米，投资13万元。2002年，新建文化综合楼2层砖混，面积200平方米，食堂4间100平方米。

【农田水利】 1978～1993年，全乡兴建引水工程4条，全长19.2千米，灌溉面积389.33公顷。1995～2004年平田改土40公顷。

【交通】 截至2005年，全乡共拥有公路25条，总长145千米。其中梁（河）陇（川）公路清平段长13.5千米，户宛公路清平段长17.5千米，弄龙线全长15.79千米，郑家寨线全长7千米，广外线全长12.62千米，碾子坝线全长2.64千米，赵家寨线全长15.46千米，新山线全长16.12千米。上述公路均在“十五”计划后纳入油路弹石路改建工程。

五、优势产业

全乡以发展绿色麻竹种植业为主，截至2005年，已种下666.67公顷，成为全县种植麻竹面积最多的乡镇，产量逐年增多。产品主要提供给麻竹加工企业，经济效益较好，并决力打造“竹产业第一乡”品牌。

六、综合经济

1983年，全公社经济总收入703.5万元，人均纯收入352元。主要农作物种植：水稻1123.27公顷，产量3228吨；旱谷90.4公顷，产量116吨；玉米93.27公顷，产量51吨；核桃14.73公顷，产量50吨；甘蔗34.8公顷，产量1728吨；油桐13.8公顷，产量1.9吨；茶叶59.4公顷，产量12吨；草果4.13公顷，产量0.58吨，油料38.47公顷，产量14.8吨。

1993年，全乡农村经济总收入806.57万元。其中农业总收入783.82万元，占97.18%，人均纯收入402元。粮食总产623.45万千克，人均粮食485千克。主要经济收入有：种植业545.81万元（其中粮食390.06万元，甘蔗155.75万元），林业38.78万元，牧业143.1万元，副业44.45万元，渔业11.68万元，工业0.06万元，商业5.31万元，交通运输业17.38万元。

麻竹宴

2005年，全乡农村经济总收入2420万元，人均纯收入922元，总支出1206万元。农业总产值4010万元，增加值1214万元。其中种植业2483万元，林业692万元，畜牧业639万元，渔业196万元。主要农作物种植面积2550.6公顷，产量6.3万吨。其中甘蔗980公顷，产量5.36万吨；粮食920公顷，产量2956吨；茶叶183.13公顷，产量114.8吨；油料286.47公顷，产量3434吨；水果181公顷，产量1919吨。牛存栏3217头，猪存栏1.04万头，羊存栏4186只。

七、文卫教体

1983年，有文化站1个，1989年荣获“全省先进文化站”称号。有卫生院室1所，病床30张，医务人员23人。全乡村公所均设有篮球场。有中学1所，在校生208人，教职工9人；小学21所，在校生1736人，教职工71人。

1993年，全乡有初中1所，在校生290人；小学11所，在校生1923人。有卫生院（室）9所，文化室、电影放映队、电视差转台各1个。

2005年，全乡有中学1所，在校生709人，教职工45人；小学13所，在校生1368人，教职工72人。有卫生院（室）10所，医务人员25人，病床18张。有文化站1个。

八、风景名胜

境内建有风景优美的“南宛湖”（原称麻栗坝水库）1个，可供游人观光、垂钓、坐艇游览。

九、民族节日

景颇族目瑙纵歌节集中到朋生举行，傣族泼水节集中到县城举行，村寨组织泼水活动。

第六节　王子树乡

一、地理气候

王子树乡位于陇川东北部山区。东邻梁河县、潞西市，南连邦瓦乡，西邻清平乡，北接护国乡。乡政府驻王子树街，距县城68千米。全乡土地总面积262平方千米。2005年，有耕地面积1400公顷，其中水田531.73公顷，旱地868.27公顷，人均耕地0.13公顷。

王子树乡属高寒山区，海拔850～2095米。1994年，有森林面积1.13万公顷，森林覆盖率45.8%。属南亚热带季风气候区，立体气候突出，雨量充沛。年平均气温15℃，年均降水量1960毫米。土地资源为：一级田地56.67公顷，占2.4%；二级田地333.33公顷，占14.28%；三级田地866.67公顷，占37.14%；四级地166.67公顷，占7.1%；五级地643.33公顷，占27.6%；六级地266.67公顷，占11.42%。2004年7月5日，暴雨突发洪涝灾害，冲毁田地14.7公顷，农作物受灾416.2公顷，灌溉沟渠损毁3.12万米，直接经济损失360.5万元。

二、区划沿革

1953年，置王子树乡，隶属清平区。1956年，成立岗巴文化站，王子树乡由清平划归县人委直属。1959年10月，岗巴文化站迁址王子树，同时改称王子树文化站，原县人委直属的王子树乡及梁河县邦角文化站同时划归王子树文化站。1968年8月，成立王子树区革命委员会。1969年4月，改称东方红公社。1971年9月，改称王子树公社。1981年1月，公社革命委员会改称公社管理委员会。1984年3月，改称区。1988年，改称王子树乡，辖9个行政村。1993年，辖9个村公所，82个自然村，

王子村乡政府所在地

70个合作社。2005年，辖9个村委会，88个自然村，72个村民小组（见第一编第一章建置区划）。

三、人口民族

1978年，全公社2071户，总人口1.1万人。境内居住着景颇族、阿昌族、汉族等主体民族。

1993年，全乡2440户，总人口1.33万人。其中男6646人，女6623人，人口性别比100.3（以女性为100）。农业人口1.29万人，占97.08%；非农业人口387人，占2.92%。主要民族有：景颇族1191户，6431人，占48.47%；汉族1206户，6513人，占49.08%；其他民族39户，215人，占1.6%。人口出生率13.51‰，人口自然增长率7.55‰，人口密度50.6人/平方千米。

2005年，全乡2903户，总人口1.44万人。主要民族有：景颇族1293户，6676人，占46.29%；汉族1520户，7436人，占51.56%；阿昌族29户145人，占1%；其他民族61户，166人，占1.1%。人口出生率5.82‰，人口自然增长率4.72%，人口密度55人/平方千米。

四、基础设施

【办公楼建设】 1980年，建乡政府办公楼，砖混2层，面积1152平方米，投资17.2万元。20世纪80年代后，乡直医院、学校、粮管所、商店、营业所、邮政所、税务所相继建起砖混或砖木结构办公、营业、教学用房，总面积约3600平方米。

【农田水利设施】 1978年，全公社相继修建邦东星火水库、陶金洼水库、曼亚河当腰水库、邦角水库等小型水库，总库容量43万立方米。修建锅脐山大沟，全长14千米。

1984～1988年，建人畜饮水工程，水管长1.24万米，水池17个，受益9个村，225户，1304人。大牲畜受益853头。

1994～1995年，投资40万元，投劳2.8万个，修复饮水工程484米，解决314户人畜饮水困难。

【交通】 1971～1993年，修筑城子经邦瓦、王子树至梁河中营公路，全长78千米。1989～1996年，修筑、改建清平乡马鞍山经俄穷至王子树公路，全长20.135千米。1994年，全乡9个村公所修通公路，全长164千米。至2005年，80%的自然村通公路。

五、优势产业

茶叶、棕树是王子树乡的一大特色产业。1978年以后，王子树公社党委根据“靠山吃山”的思路，致力发展茶叶、棕树经济作物，提出“棕树站岗”“茶叶成林”的口号，号召各生产队合理种植，公社提供种苗。到1980年后，全公社已种植棕树3000多株，大多是农户利用房前房后，园边地角种植，不占用耕地，仅那邦村姓孙的农户1家就种下500余株，5年后年收入达2500余

生态茶园

元。1995年统计，全乡棕包树种植面积达到20公顷，年产值22.5万元。茶叶种植800公顷，总产360吨。2005年，全乡茶叶种植增至1500公顷，总产5148吨，居全县之首。该乡加工的茶叶产品销售州内外。

六、综合经济

1978年，全公社农村经济总收入115.3万元，人均105元。粮食总产397.5万千克，人均粮362千克。

1993年，全乡农村经济总收入741.29万元。其中农业总收入656.77万元，占85.6%，人均纯收入399元。粮食总产394.03万千克，人均有粮306千克。主要经济收入有种植业506.38万元，占经济总收入的66.3%（其中粮食277.41万元，甘蔗56.28万元）。其他收入：林业42.26万元，牧业93.89万元，副业14.24万元，工业63.81万元，商业7.87万元，交通运输业12.82万元。乡镇企业130个，从业人员190人，总产值131万元（其中乡办企业收入79万元），人均6894元。

2005年，全乡经济总收入2791万元，纯收入1272万元，人均纯收入921元，总支出1531万元。农业总产值4578万元，增加值1260万元。农业总产值中种植业3333万元，林业333万元，畜牧业843万元。主要农作物种植：甘蔗3593.33公顷，产量6.5万吨；粮食1333.33公顷，产量4866吨；茶叶1500公顷，产量5148吨；油料336.67公顷，产量3368吨；水果8.2公顷，产量79吨。年末牛存栏5553头，猪存栏1.08万头，羊存栏2534只。

七、文卫教体

1978年，全公社有卫生所（室）8个，医务人员15人。文化站室、电影放映队各1个。小学6所，在校生1004人，教师127人。工读学校2所，在校生100人。

1993年，全乡有初中1所，在校生283人；小学32所，在校生2070人。有文化站1个，文化室、电影院、流动放映队、电视差转台各1个。有卫生院（室）9所。

2005年，全乡有卫生院1所，医务人员38人，病床60张。村卫生室9个，乡村医生13人。

八、风景名胜

全乡境内建有佛教圣地圆通山净慈寺、抗英民族英雄早乐东之墓、省级文物保护单位尚自贵山官衙门、曼线龙江天然石坝、王子树古树遗址等。

九、民族节日

历史上邦角山官曾组织过目瑙纵歌活动。1982年，王子树乡政府也举办过大型目瑙纵歌活动。

第七节　户撒阿昌族乡

一、地理气候

户撒阿昌族乡位于陇川县西北部，独居户撒坝，西北与盈江县毗邻，东接清平乡和姐乌乡，南接陇把镇，西南与缅甸接壤，国境线长4.35千米。乡政府驻户撒街，距县城58千米，腾（冲）

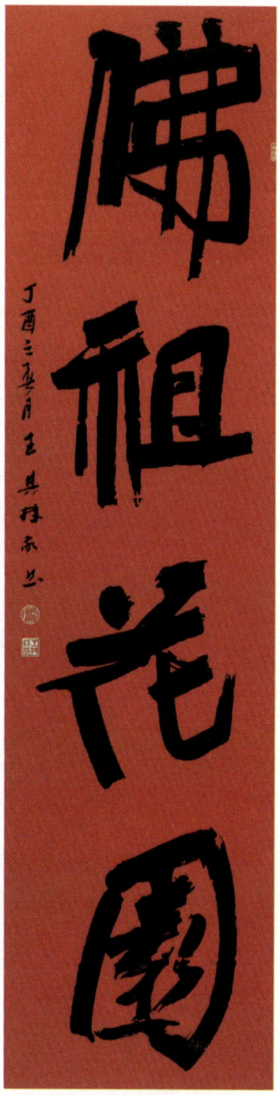

佛祖花园

瑞（丽）公路过境。全乡土地总面积251.9平方千米。其中坝区面积占32.28%。2005年，有耕地3746.67公顷，其中水田2413.33公顷，旱地1333.33公顷，人均耕地0.19公顷。

全乡海拔1380～2138米，南亚热带季风气候，年平均气温16.1℃，年日照时数1965小时，太阳总辐射为每平方千米138～140千卡，年均无霜期278天，年降雨量2053毫米，相对湿度84%。有森林19034公顷（1998年普查数），森林覆盖率48.9%。地下煤储量360万吨，硅石、石灰石资源较为丰富。

二、区划沿革

户撒乡1950年前属户、腊撒二长官司地。1952年4月，成立户撒区，隶盈江县。1958年10月，隶瑞丽县。1959年10月归陇川县辖。1969年4月，改称东风公社。1971年，改称户撒公社。1984年，改称户撒区。1988年，改称户撒阿昌族乡，辖10个村公所。

1993年，全乡辖11个村公所，124个自然村，145个合作社。2005年，辖11个村委会，122个自然村，126个村民小组（见第一编第一章建置区划）。

三、人口民族

1978年，全公社2792户，总人口1.45万人。其中男7214人，女7305人，人口性别比99（以女性为100）。农业人口1.36万人，占93.79%。主要民族人口有阿昌族7683人，傈僳族1364人，景颇族123人，傣族73人，汉族5257人，其他民族19人。

1993年，全乡3995户，总人口2.08万人。其中男1.03万人，女1.05万人，性别比98（以女性为100）。农业人口2.01万人，占96.24%；非农业人口783人，占3.76%。主要民族有：阿昌族2054户，1.07万人，占51.26%；傈僳族391户，2036人，占9.77%；景颇族50户，261人，占1.3%；傣族41户218人，占1.05%；回族35户，185人，占0.89%；汉族1426户，7417人，占35.6%。人口出生率17.83‰，人口自然增长率10.49‰。人口密度82.6人/平方千米。

2005年，全乡5038户，总人口2.26万人。主要民族：阿昌族1.2万人，占52.88%；傈僳族2371人，占10.48%；景颇族418人，占1.84%；傣族385人，占1.7%；汉族7269人，占32.15%。人口出生率17.03‰，人口自然增长率11.83‰，人口密度89.7人/平方千米。

四、新农村建设

2005年，启动新农村建设。邦傲村被列为第一批新农村建设重点示范村。经过4年建设，全村22户实现通水、通路、通电视、通电话，有路灯。完成“一池三改”（沼气池、改厨、改厕、改厩），新建砖木结构住房户占22.7%。

德宏油菜第一乡——户撒

五、基础建设

【办公用房及其他设施】　20世纪80年代前，户撒乡政府、村公所及乡直单位办公用房多为土木结构瓦房。80年代起，在国家的扶持下，投资1000多万元，先后建起乡政府两幢钢混办公大楼及部分村公所、乡直单位办公用房，并改造了原集贸市场，建成民族文化场地等设施。

【农田水利】　20世纪60年代后，全乡修建大小水库10座，灌溉面积440公顷。1997年，修石坝1道，机耕路1条。1999年，清修沟渠20千米，新建排灌工程6项，饮水工程2项，投资12万元。第三、四期农业综合开发，完成中低产田改造40公顷，修挡水石坝9座，总投资95.5万元。

【交通】　1978～1993年，全乡11个村公所全部通公路，里程达57千米。124个社通公路，占91.9%，里程达173千米。“九五”计划期间，完成乡政府至曼东8千米弹石路改建工程，总投资120万元，其中群众捐资50万元。

六、优势产业

【油菜生产】　油菜生产是户撒乡的一大特色产业。户撒乡气候温凉，历年来，冬季农业重点发展油菜种植，全乡种油菜收入上万元的专业户达七八户，初步形成生产、加工一条龙。2005年，全乡油菜种植面积达2260公顷，居全州乡镇之首。

【刀具加工】　刀具加工是户撒乡另一特色产业。户撒刀生产历史悠

户撒刀

久，中华人民共和国建立后，户撒刀的生产、加工、销售纳入乡镇企业管理，产品远销国内外。加工刀具人数达300余人，年均收入1500万元以上，成为户撒经济的一大亮点。2006年，其锻制技术被纳入全国非物质文化遗产名录。

【银器加工】 银器加工也是户撒乡一大特色产业，主要集中在明社村委会李芒呆村民小组。全村从事银器加工的农户达74%。其中农户李成光，全家人都学会银器加工技术，并为户撒刀提供装饰技术，年收入达6万元以上。

户撒银饰

七、综合经济

1978年，全公社农村经济总收入877.9万元，人均618元。粮食总产785.26万千克，人均有粮553千克。农业收入190.9万元。

1993年，全乡农村经济总收入1382.02万元，其中农业收入1179.82万元，占经济总收入的85.37%，人均纯收入608元。粮食总产417.9万千克，人均有粮308千克。主要经济收入有：种植业721.39万元（含粮食收入464.02万元）占47.97%；林业55.36万元，占3.68%；牧业229.06万元，占15.23%；副业171.11万元，占11.38%；渔业2.91万元，占0.17%；工业125.53万元，占8.34%；商业19.11万元，占1.27%；交通运输业57.55万元，占3.83%。有乡镇企业449个，从业634人，总产值515万元，人均8123元。

2005年，全乡农村经济总收入4304万元，纯收入2185万元，人均纯收入966元，总支出2127万元。农业总产值5012万元，增加值2177万元。农业总产值中种植业2842万元，林业882万元，畜牧业1109万元，渔业90万元。主要农作物播种面积6766.67公顷，产量5.86万吨。其中粮食3380公顷，产量1.49万吨；茶叶28.67公顷，产量4吨；油料2253.33公顷，产量3.32万吨，水果46.93公顷，产量500吨；其他农作物1057.74公顷。年末牛存栏4827头，生猪存栏21949头，羊存栏2886只。

八、文卫教体

户撒阿昌族乡民间口头文学丰富多彩，表演艺术、绘画艺术、雕刻艺术具有鲜明的特点，特别是雕刻艺术水平较高，反映在家具、建筑物上。

1993年，全乡有初中1所，在校生302人；小学14所，在校生2506人。卫生院、室11所，个体诊所2个。文化室6个，电影院2座，电影放映队1个，电视差转台1个。

2005年，有中学1所，在校生1270人，教职工38人；小学15所，在校生2670人，教职工121人。有卫生院室12所，医务人员33人，病床20张。有文化站、广播站各1个。

九、风景名胜

境内曾建有“六寺、九塔、四十七奘”和两个古城及一个衙门。其中朗光皇阁寺建于明代，现今已成为佛教圣地。户撒坝被阿昌族称为“佛祖的花园”，每年2～3月油菜花开季节，整个坝子一片金黄色，风景十分秀丽，是赏花旅游的好季节。民族节日主要有阿露窝罗节、会街节、浇花节、吃新米节等。

第八节　护国乡

一、地理气候

护国乡位于陇川县北部山区，南宛河发源地。东北接梁河县，西邻盈江县，南连清平乡与王子树乡。乡政府驻护国街，距县城61千米。全乡土地总面积160平方千米，耕地593.53公顷（2005年数）。其中水田316.8公顷，旱地276.73公顷，人均耕地0.11公顷。陇（川）梁（河）公路穿过集镇。

该乡是典型的山区乡，南亚热带季风气候，海拔1400～2520米。平均气温15.6℃，年均降雨量1650毫米，年日照时数1837.5小时。全年无霜期314天。有森林9533.33公顷，森林覆盖率59.58%。

二、区划沿革

历史上护国分属南甸陇川两司地。明设“隘”，清设“汛地”。1953年，置护国乡，隶清平区。1973年，由清平区划出，设立护国公社。1984年，改称区，辖6个乡，33个合作社。1988年，改称乡。1993年，辖6个村公所，36个自然村，44个合作社。2005年，辖6个村委会，31个自然村，37个村民小组（见第一编第一章建置区划）。

护国乡政府所在地

三、人口民族

1978年，全公社902户，总人口5334人。其中男2606人，女2728人，人口性别比96（以女性为100）。1993年，全乡1304户，总人口6931人。其中男3569人，女3362人。农业人口6719人，非农业人口212人。主要民族有：景颇族314户，1755人，占25.32%；傈僳族92户，488人，占7.04%；汉族884户，4688人，占67.64%。人口出生率19.12‰，人口自然增长率12.75‰，人口密度43.3人/平方千米。

2005年，全乡1449户，总人口6352人。主要民族：景颇族1617人，傈僳族596人，傣族5人，阿昌族1人，汉族4082人。人口出生率3.19‰，人口自然增长率1.01‰，人口密度39.7人/平方千米。

四、新农村建设

2005年，启动新农村建设。岳家寨村委会岳景村民小组、幸福村委会瞿家寨规划为第一批新农村建设示范村。

五、基础建设

【机关办公用房】 2003年，乡政府综合办公楼建成投入使用，建筑面积1346平方米。

【农田水利】 1992年，“三河一条田”工程竣工，清修沟道148条，新建田7.46公顷，总投工7万个。1994年，投资1.58万元，兴建大坪子农用桥。

【交通】 1996年，全乡拥有县乡公路33.5千米，乡村公路79.7千米，村社公路63.5千米，蔗区道16.2千米。1999年，投资0.6万元，投工3890个，维修村公路9条，全长23.2千米。

六、优势产业

护国乡属纯山区乡，建乡以来，乡党委、政府致力发展经济果木，作为山区经济的主要支柱。2005年，全乡种植业品种主要有核桃、油茶等。

七、综合经济

1978年，全公社农作物播种面积946.67公顷，其中粮食866.67公顷，产量204.79万千克，占91.9%。经济作物面积693.33公顷，其中油料552.4公顷，产量264万千克；茶叶123.6公顷，产量20吨；其他经济作物17.33公顷。年末大牲畜存栏3096头，猪存栏2048头，羊存栏2422头。

1993年，全乡农村经济总收入476.34万元。其中农业总收入461.05万元，占96.79%，人均纯收入400元。粮食总产量208.16万千克，人均有粮310千克。主要经济收入：种植业327.98万元，占71.74%（含粮食收入150.35万元）；林业17.11万元，占3.71%；牧业92.42万元，占20.05%；副业23.41万元，占5.08%；渔业0.13万元，占0.03%；交通运输业15.35万元，占3.34%。种植业中，除粮食外，主要有茶叶、烟叶、甘蔗。

2005年，全乡经济总收入1276万元，人均纯收入918元。农业总产值2731万元。其中：种植业1769万元，林业323万元，畜牧业588万元。主要农作物播种面积3647.47公顷。其中：甘蔗2082.33公顷，总产20100吨；粮食470.73公顷，总产2278吨；茶叶834.4公顷，总产1136吨；油料260公顷，总产3705吨。年末，牛存栏1292头，猪存栏4333头，羊存栏3536只。

八、文卫教体

1978年，开办护国中学，在校生45人。1989年，建立乡文化站。

1993年，全乡有初中1所，在校生126人；小学18所，在校生1099人。卫生室6个，文化室、电影放映队和电视差转台各1个。

2005年，全乡有卫生院（室）7所，医务人员10人，病床4张。文化站1个。中学1所，在校生298人，教职工38人；小学8所，在校生535人，教职工31人。

九、风景名胜

境内有杉木笼隘遗址、“三川一览”“避风珠”“夹象石”“三冢坟”等人文景观。

第九节　勐约乡

一、地理气候

勐约乡位于陇川县东南部，东与潞西市相邻，以龙江为界，南与瑞丽市接壤，西与景罕、城子两镇相接，北与王子树乡毗邻。乡政府驻勐约街，距县城36千米。2005年，全乡土地总面积200.15平方千米，有耕地1746.67公顷，其中水田393.33公顷，旱地1353.33公顷，人均耕地0.19公顷。章（凤）遮（放）公路穿过集镇。

璀璨勐约

勐约属纯山区乡，南亚热带季风气候，海拔780～1680米，年均气温20.1℃，年均积温6812.1℃，年均降雨量2000毫米，终年无雪。有森林面积9799.6公顷，森林覆盖率50.1%。境内地形多变，山峦起伏，土壤多样，植被丰富。

二、区划沿革

1956年，置广瓦文化站。1959年，改称庆九大公社。1984年，改称广瓦区，同时划出广帕、广瓦大队归赛号乡辖。1988年，改称勐约乡。1992年，乡政府由广瓦迁营盘村。1993年，辖3个村公所，17个自然村，13个合作社。2005年，辖5个村委会（邦瓦、瓦幕划入），59个自然村，41个村民小组（见第一编第一章建置区划）。

三、人口民族

1978年，全公社963户，总人口5863人。居住着景颇族、汉族等主体民族。

1993年，全乡586户，总人口3057人。其中男1547人，女1510人，人口性别比102（以女性为100）。农业人口2919人，占95.49%；非农业人口138人，占4.51%。主要民族有：景颇族493户，2665人，占83.91%；汉族

勐约乡政府所在地

93户，487人，占15.93%。人口出生率15.79‰，人口自然增长率8.23‰，人口密度25.2人/平方千米。

2005年，全乡1724户，总人口7437人。其中，景颇族5770人，汉族1592人，其他民族75人。人口出生率10.1‰，人口自然增长率5.12‰，人口密度37.2人/平方千米。

四、新农村建设

2002年9月，瓦幕村埋桑小组（纯景颇族）搬迁到龙江水库北岸新建村落，全村95户，421人，搬迁以来，户户住上新房子，人均年纯收入980元，比搬迁前增长66.3%。

五、基础设施

【乡直机关办公用房】 1990～1998年，全乡先后建成乡政府办公楼和住房，面积1000余平方米，总投入12万元。

【农田水利设施】 1993～1999年，先后兴修勐约河东大沟、西大沟水利工程，总长4.2千米，总投资9.72万元，改善灌溉面积60公顷。

【交通】 1985～1999年，全乡先后修通芒洪至拱瓦公路、拱瓦至电站至营盘公路、营盘至邦中公路、邦中至大石头公路、章遮公路、乡文明路、勐约至勐养龙江西线等7条公路，总长87.91千米。其中乡村公路50.91千米，总投资77.86万元。

六、优势产业

1978年改革开放以来，勐约乡党委、政府根据勐约乡山多地广的特点，致力发展经济果木种植。1986～1999年，先后种植八角133.33公顷，茶叶66.67公顷，橡胶1.57公顷，咖啡33.33公顷，但因各种原因，经济效益不突出。2000～2005年，乡党委、政府调整了产业结构，新种植荔枝33.67公顷、柠檬41.53公顷、西南桦713.33公顷、麻竹1306.67公顷、闷帕橘子63.33公顷，总计2159公顷，人均0.3亩。

七、综合经济

1978年，全公社农村经济总收入78.32万元，人均纯收入138元。

1993年，全乡农村经济总收入228.2万元，人均纯收入437元，比1978年增长3.62倍。其中农业总收入218.57万元，占95.8%。粮食总产量120.74千克，人均有粮414千克。主要经济收入有：种植业137.57万元（含粮食94.78万元，甘蔗9.18万元），占64.3%；林业16.57万元，占7.26%；牧业48.89万元，占21.42%；副业15.99万元，占7.01%。

2005年，全乡农村经济总收入1355万元，人均纯收入888元，比1993年增长39.4%。农业总产值2990万元。其中种植业2003万元，林业384万元，畜牧业546万元，渔业4万元。主要农作物种植：甘蔗2273.33公顷，产量5.8万吨；粮食1133.33公顷，产量2378吨；茶叶800公顷，产量59吨；油料274.27公顷，产量2304吨；水果47.27公顷，产量1785吨。年末牛存栏2410头，猪存栏4216头，羊存栏917只。

八、文卫教体

2005年，全乡有中学1所，在校生287人，教职工22人；小学6所，在校生681人，教职工59人。卫生院（室）10所，医务人员18人，病床17张。乡文化站1个，村文化室4个，广播站1个。逢年过节，村寨之间相互开展拔河、篮球、弹弓、顶杆等群众体育活动。

九、风景名胜

境内建有大型龙江水电站库区及风景秀美的大石头村，可供游览。

第十节　邦瓦乡

一、地理气候

邦瓦乡位于陇川县东部山区，东抵龙江与潞西市相邻，南接勐约与赛号乡，西连城子镇，北邻清平与王子树乡。乡政府驻邦瓦街，距县城43千米，城（子）王（子树）公路穿过集镇。全乡土地总面积105.8平方千米。2000年，有耕地1445.94公顷。其中水田510.67公顷，旱地935.27公顷，人均耕地0.2公顷。

全乡地势北高南低，南亚热带季风气候，海拔830～2130米，森林面积8380公顷，森林覆盖率79.2%。属典型暖热中低山偏旱性生态气候区，年均气温18.9℃，全年无霜期312天，年日照时数2500

小时，光热辐射量141千卡/平方厘米，年均降雨日165天。

二、区划沿革

2002年11月18日，陇川县邦瓦乡撤并工作总结大会

1953年，置邦瓦乡，隶城子区。1956年，置邦瓦文化站。1969年，改称向阳公社。1971年，改称邦瓦公社。1984年，改称邦瓦区。1988年，改称乡，辖5个村公所。1993年，辖4个村公所，40个自然村，35个合作社。2002年11月，撤乡建置，其中巴达村委会、曼冒村委会并城子镇，邦瓦村委会、瓦幕村委会并勐约乡（见第一编第一章建置区划）。

三、人口民族

1978年，全公社1006户，总人口6102人。其中男3328人，女2774人，人口性别比120（以女性为100）；农业人口5918人，非农业人口184人。境内居住着景颇、傣、汉等民族。

1993年，全乡1371户，总人口7023人。其中男3540人，女3483人。农业人口6771人，占96.41%；非农人口252人，占3.59%。主要民族有：景颇族1231户，4279人，占89.4%；傣族39户，204人，占2.9%；汉族101户，514人，占7.32%。人口出生率13.99‰，人口自然增长率10.53‰，人口密度66.4人/平方千米。

2002年，全乡1651户，总人口7327人，其中男3583人，女3744人。农业人口7009人，非农业人口318人。人口出生率18.47‰，人口自然增长率13.05‰，人口密度69.3人/平方千米。

四、基础设施

【办公用房】 有乡政府办公住房3幢，大型会议室1间，总面积约600平方米。

【水利工程】 1987年以后，修南棉沟1条，长7千米，支砌涵洞43道。修小沟渠30条，长34.2千米。修小石坝14座、蓄水池44个。修机耕路14条，长18千米。建渡槽、涵、闸等工程91件，基本农田改造166.67公顷，中低产田改造533.33公顷，建拦河坝1道。修背雄团结沟、邦炳沟、勐彪沟、瓦幕沟23.9千米。以上工程总投资956.6万元，建乡直机关、巴达曼蚌社人畜饮水工程，受益人口1200余人。

【交通】 1971～1975年，修建城子经邦瓦至王子树乡公路，全长41.3千米。1985年，修筑邦瓦、巴达、撒定3条乡村公路，全长9千米。1986～1993年修筑曼冒村公路4千米。

五、优势产业

1978年改革开放以来，乡党委、政府根据邦瓦特殊地理条件，发展以经济果木、非木质林和养殖为主的产业。1982～2002年，全乡投资2978万元（自筹1889万元），发展核桃40公顷，茶叶84.13公顷，白花木瓜6000株，橘子28公顷，甘蔗826.67公顷，油料302.6公顷。投资244万元，养牛900头，养羊600只，养鸡5000只。2002年牛存栏2734头，猪存栏3689头，羊存栏1112只。

六、综合经济

1978年，全公社粮食总产量52.43万千克，人均有粮86千克。1982年，全乡经济总收入89.6万元，人均纯收入134元。

1993年，全乡农村经济总收入336.11万元。其中农业收入331.6万元，占98.66%，人均纯收入429元。粮食总产253.03万千克，人均有粮360千克。主要经济收入：种植业239.94万元（其中粮食收入146.95万元，甘蔗收入92.99万元），占69.93%；林业8.94万元，占2.61%；牧业68.75万元，占20.03%；副业13.18万元，占3.84%；交通运输业5.3万元，占1.54%。2000年，全乡经济总收入986.14万元，人均纯收入656元。

七、文卫教体

1993年，全乡有初中1所，在校生205人；小学6所，在校生1133人。卫生院（室）4所，医务人员5人。文化站、电视转播台各1个。

八、风景名胜

境内“仙鹅抱蛋”山建有邦瓦朝阳寺1座。历史上邦瓦山官曾组织过大型目瑙纵歌节活动，陇川解放后景颇族目瑙纵歌活动集中在朋生举行。

第十一节　姐乌乡

一、地理气候

姐乌乡位于陇川县中部地区。北与城子镇毗邻，东接赛号乡，南接陇把、景罕镇，西与户撒乡相连。乡政府驻姐乌街，距县城24千米。全乡土地总面积80.7平方千米，东西最大横跨8千米，南北最大纵距17千米。属坝区乡，南宛河穿流而过。

地形呈高山、丘陵、平坝三台阶。海拔945.6～2081.4米，南亚热带季风气候，年均气温18.7℃，年均降水量1560毫米，全年无霜期292天，年均日照时数2316小时。

2005年，有耕地面积1413.33公顷。其中水田733.33公顷，旱地680公顷，人均耕地0.21公顷，土地利用率89.21%。有森林面积2646.67公顷，森林覆盖率32.8%。

二、区划沿革

1984年，由城子镇划出新寨、磨水、姐乌、曼胆4个大队组成姐乌区。1988年，改称姐乌乡，新寨划归城子镇，曼胆划归赛号乡。1993年，全乡辖3个村公所，25个自然村，27个合作社。2005年，全乡辖3个村委会，35个自然村，30个村民小组。同年11月，撤并城子镇（见第一编第一章建置区划）。

三、人口民族

1988年，全乡1138户，总人口6431人。其中男3228人，女3203人，男女比例相对平衡。农业人口6303人，非农业人口128人。人口出生率35.47‰。主要民族人口有：傣族1148人，占17.85%；景颇族1238人，占19.25%，傈僳族54人，占0.8%；阿昌族268人，占4.4%；汉族3590人，占55.82%；其他民族115人，占1.79%。

1993年，全乡1060户，总人口5389人。其中男2708人，女2681人。农业人口5223人，占96.92%；非农业人口166人，占3.08%。主要民族有傣族318户，1590人，占29.5%；景颇族264户，1323人，占24.55%；汉族469户，2346人，占43.53%。人口出生率17.1‰，人口自然增长率11.34‰，人口密度66.8人/平方千米。

2005年，全乡1314户，总人口6730人。其中男3474人，女3256人。农村人口6505人，非农业人口225人。主要民族人口为：傣族1798人，占26.72%；景颇族1864人，占27.7%；傈僳族28人，占0.4%；阿昌族64人，占1%；汉族2809人，占41.74%。人口出生率5.79‰，人口自然增长率4.32‰，人口密度58.6人/平方千米。

四、基础设施

【办公用房】 2000年，对乡政府及3个村委会办公住房进行修缮；2002年，建乡政府办公大楼，建筑面积187.74平方米，总投资11.26万元。

【农田水利设施】 1998～2001年，投资97.2万元（自筹38万元），改善弄坎、丙印、弄过、民主等4个社的水利基础设施。共修复河堤缺口360米，复垦水田38.88公顷，修机耕路98条，沟渠129条。2000年，投资29万元（集资13万元），解决10个村民小组人畜饮水工程。投资96万元（集资11万元），建成4000米灌溉沟及桥涵13座。

【交通】 2000年，投资150万元，对通城子至陇把弹石路改造；1998～2001年投资150.45万元，新修和改造蔗区道4700米，改造姐乌和丙印街道。

五、优势产业

畜牧业是姐乌乡的一大优势产业，20世纪90年代后，姐乌乡依据自然条件的优势，致力发展畜牧业。至2005年，全乡牛存栏1346头，猪存栏4145头，禽存栏2.23万只。养牛专业户10头以上有4户，养鸭300只以上有10户，养牛示范户17户，重点户2户，养猪示范户60户。通过牛种改良，培育出优良杂交牛113头。其中有8头奶水牛，采取公司+农户的方式，开发水牛肉和水牛奶，畜牧业产业化已初见效益。

六、综合经济

1984年，全区经济总收入245万元，其中：农业总收入200.2万元，占81.71%，人均纯收入350元。粮食总产3639吨，人均有粮489千克。甘蔗576.73公顷，产量2.85万吨。

1993年，全乡经济总收入897.31万元，人均纯收入925元。农业总收入852.83万元，占95.04%。粮食总产370.24万千克，人均有粮709千克。主要经济收入有：种植业712.68万元（其中粮食98.1万元，甘蔗300.72万元），占总收入79.42%；林业13.37万元，占1.49%；牧业101.3万元，占11.29%；渔业9.67万元，占1.08%；工业28.98万元，占3.23%；商业2.78万元，占0.3%；交通运输业28.53万元，占3.18%。乡镇企业245万元，从业人员405人，总产值242万元，人均5975元。

2005年，全乡经济总收入1640万元。其中农业总收入1578.3万元，占96.24%，人均纯收入1468元。粮食总产3903吨，人均有粮580千克。甘蔗266.67公顷，总产7万吨。茶叶70.53公顷，产量52吨。

七、文卫教体

1993年，有小学1所，在校生904人。卫生院（室）3所，文化室、电影放映队各1个。1994年，开办初中1所，在校生112人，教职工8人；小学学前班1班45人。

2005年，有中学1所，教职工34人，在校生368人；小学3所，教职工40人，在校生662人。文化站1个，卫生院（室）5所，病床6张，医务人员8人。

第十二节　赛号乡

一、地理气候

赛号乡位于陇川县中部，东接勐约乡，南连景罕镇，北邻城子镇，西临姐乌乡。省道213穿集镇而过。乡政府驻赛号街，距县城23千米。全乡土地总面积112.5平方千米。2005年，有耕地面积2206.66公顷。其中水田793.33公顷，旱地1413.33公顷，人均耕地0.21公顷。

赛号乡属南亚热带季风气候低热盆坝地区。海拔948.5～2038米。年平均气温18.9℃，年日照时数2334小时，年均降雨量1544毫米，全年无霜期345天。有林地面积5086.67公顷，森林覆盖率45.2%。

二、区划沿革

赛号乡原属城子镇辖。1988年，由原姐乌区划出曼胆，由邦瓦区划出撒定，由广瓦区划出广帕、广宋，共4个村公所组成赛号乡。1993年，全乡辖4个村公所，40个（自然村）合作社。2005年，全乡辖4个村委会，44个自然村，45个村民小组。同年12月，撤并景罕镇（见第一编第一章建置区划）。

三、人口民族

1988年，全乡1162户，总人口6738人。其中男3299人，女3439人，人口性别比95（以女性为100）。有劳力2992人，其中男劳力1519人，女劳力1473人。境内主要居住着景颇、傣、汉等民族。1993年，全乡1310户，总人口7663人。其中男3827人，女3836人。农业人口7391人，占96.45%；非农业人口272人，占3.55%。主要民族有景颇族910户，5281人，占68.92%；傣族87户，507人，占6.62%；汉族310户，1800人，占23.49%。人口出生率16.18‰，人口自然增长率7.83‰。人口密度68.1人/平方千米。

四、基础设施

【乡直机关办公住房】 1990～2000年，先后建职工住房1390.4平方米，乡政府办公楼3层砖混结构510平方米。

【农田水利】 1967～2005年，先后建成拦水石坝5道，总投资81.6万元，其中群众自筹占20%。建水库1座，投资167.9万元，能蓄水33万立方米。投资18万元，完成灌溉工程2项，灌溉面积720公顷。投资485万元（群众自筹100万元），完成人畜饮水工程5项，主管道总长27千米，受益人口5602人，受益大牲畜8310头。投资210万元（自筹60万元），完成赛号排涝工程，渠长5.6千米，排涝面积813.33公顷。

【交通道路】 2000年，投资8.7万元，对乡境道路、桥涵进行修复，新修蔗区道5条，长19千米。投资13.2万元，建桥梁3座。

五、优势产业

赛号乡建乡以后，乡党委、政府根据县委“坝甜山香”的农业产业发展思路，不断调整产业结构，致力发展热区甘蔗支柱产业。1993年，种植32.93公顷，到2002年已发展到2026.67公顷，人均0.24公顷，人均产值仅次于护国乡。

六、综合经济

1988年，全乡经济总收入403.8万元，人均纯收入471元。其中种植业329.37万元，占81.56%；林业13.87万元，占3.43%；牧业31.27万元，占7.74%；副业2.52万元，占0.87%；渔业0.86万元，占0.46%；交通运输业17.53万元，占4.34%；服务业0.01万元，占0.002%；其他7.37万元，占1.82%。

1993年，全乡农村经济总收入820.46万元，人均纯收入759元。农业总收入745.91万元，占经济总收入的90.91%。粮食总产338.25万千克，人均有粮458千克。主要经济收入：种植业581.23万元

（含粮食收入231.49万元，甘蔗收入252.89万元），占70.83%；林业收入27.94万元，占3.41%；牧业收入116.55万元，占14.21%；副业收入18.23万元，占2.22%；渔业收入1.91万元，占0.23%；交通运输业64.15万元，占7.82%。乡镇企业143个，从业人员290人，产值113万元，人均3896元。

朋生目瑙纵歌场大门

2005年，全乡经济总收入1918.5万元，人均纯收入2408元。其中种植业1300.8万元，林业713万元，牧业214.4万元，渔业1.14万元，交通运输业93.2万元，服务业12.1万元，其它68.1万元。农作物播种面积2340公顷。年末大牲畜存栏2455头，猪存栏5461头。

七、文卫教体

1987年，全乡有卫生所1所，医务人员1人。1990年，有小学14所，在校生1050人，教职工62人。1993年，有小学13所，在校生1201人。卫生院（室）4所，文化室、电影放映队各1个。县属农职高中1所，在校生227人。2005年，有小学13所，在校生896人，教职工61人。卫生院（室）5所，医务人员9人。乡文化站1个，村文化室5个。

八、民族节日

陇川解放后，县政府在朋生建有目瑙纵歌场地，每年由赛号乡政府组织全县性的大型目瑙纵歌庆祝活动。

第二编　自然地理

LONG CHUAN XIAN ZHI

LONG CHUAN XIAN ZHI

LONG CHUAN XIAN ZHI

第一章　自然环境

陇川县形似一叶芭蕉叶，自东北向西南延伸，形成“三山两坝一河谷”地貌。地质层有寒武系、上第三系、第四系。其特点是：断陷盆地集中，面积大；河谷阶地分布较广；盆地与小山丘相对集中；山麓洪积扇较多；低山山区分布广海拔低，对陇川发展农业有利。县域属南亚热带季风气候区，雨量充沛，日照充足，四季不明显，干湿季分明，年平均气温18.4℃，年均相对湿度79%。吹西南风，年平均风速1.2米/秒。年平均降水量1601.8毫米。地表水量为77亿立方米，地下水径流总量6.72亿立方米。土壤结构多样，有6个土类，11个亚类，23个土属和42个土种，以赤红壤、红壤为主，分别占全县土地总面积41.7%、28.5%。植被呈垂直带谱状分布，种类繁多。1978年以来，县委、县政府加大了保护自然环境的力度，采取多种措施开发生态农业。发展人工植被，留住青山绿水，使陇川的自然环境变得更加优美。

第一节　地质　地貌

一、地质

据云南省地质局《地质图》和《地质报告书》记载：陇川境内地层有寒武系、上第三系、第四系。

寒武系分布较广，在勐约、邦瓦、王子树、清平、护国、户撒、陇把等乡（镇）境内均有出露。其特点是：变质强烈，构造复杂，分片出露。

上第三系分布于断陷盆地边缘及离新老河床较远的荒原、台地或小山丘，为砂岩、砂砾岩和黏土夹褐煤层。土壤质地稍细，有机质含量中上，易排灌。境内的章凤、景罕、陇把、赛号、姐乌、城子、邦瓦、清平等乡（镇）的坝区及户撒坝的东西山脚、王子树乡界岭坝的边缘，均属上第三

系，是县内稻、蔗主产区。

第四系是新统地层，主要分布在盆地中心，河流两岸的平坦、低凹地带，还有坡积和洪积地段，土壤质地较细，有机质含量中等，一般水位较高，难排易涝，有的形成冷浸湿地。主要集中在陇川坝、户撒坝，约岛坝、龙江河谷、界岭坝均有分布，以河流冲积的砂、砾为主。与上第三系一样，属于县内的稻、蔗主产区。

二、地貌

陇川境内地貌的特征是：（1）断陷盆地集中，面积较大；（2）河谷阶地分布较广；（3）盆地与小山丘相对集中；（4）山麓洪积扇较多；（5）低山山区分布广，海拔低，对陇川发展农业有利。境内山脉均为西南走向，东北高峻，西南低平。北以春花塘、干崖梁子为屏，中有户撒梁子，东有王子树和邦瓦梁子，自东北向西南延伸，形成“三山两坝一河谷”的地貌。户撒坝居西，海拔1380～1500米，面积81.2平方千米；陇川坝居中，海拔930～1050米，面积198.12平方千米；龙江河谷居东南，海拔780～930米，面积6.62平方千米。

第二节　气　候

一、气候特点

陇川属南亚热带季风气候区，热量丰富，因山坝兼容，故“立体气候”突出。春、夏、秋、冬四季不明显，干湿季分明。因印度洋季风和印度半岛北部大陆气流于全境循环交替所致。每年5～10月，因受来自印度洋孟加拉湾西南暖湿气流—印度季风热带海洋气团的控制，形成境内绵绵雨季。

从11月到来年4月，又受来自阿拉伯伊朗高原、印度半岛北部大陆地区流过来的平直偏西气流控制，形成境内干季。

二、气温

陇川历年（1978～2005年）平均气温18.4℃。1978年，平均气温18.7℃。2005年，平均气温19.7℃。最冷月（1月）平均气温11.3℃，最热月（5月）平均气温23.4℃。极端最高气温35.6℃（1990年8月30日），极端最低气温-2.9℃（1983年1月6日）。历年平均无霜期292天，初露日12月11日，终霜日2月22日。历年日平均气温9℃以上的365天，年平均日照数2293.8小时，年均相对湿度79%。吹西南风，历年平均风速1.2米/秒，最大风速30米/秒。

三、降雨

历年平均降雨量1601.8毫米。2005年，降雨量为1289.9毫米。每年5月进入雨季，最早年份提前半月进入雨季，最迟年份为6月进入雨季。一般年份10月下旬雨季结束，最迟年份于11月上旬结束。年均降雨日166天，终年无雪，局部地区偶尔下冰雹。年最多降雨量2198.9毫米（1983年），年最少降雨量1079.3毫米（2003年），月最大降雨量594毫米（2004年7月），24小时最大降雨量280毫米（2004年7月5日），1小时最大降雨量63毫米（1986年9月17日）。

1978～2005年陇川县气象情况统计表（年均数）

表2—1

年份	气温（℃）	风速（米/秒）	日照时数（小时）	雨量（毫米）	平均气温极值及出现时间			
					最高		最低	
1978	18.7	1.2	2607	1620	33.8	5月5日	-1.9	12月20日
1979	19.1	1.3	2584	1581	35.5	5月31日	-2.8	1月12日
1980	18.7	1.1	2589	1636	35.2	5月23日	-0.7	1月17日
1981	18.8	1.0	2290	1670	32.2	6月15日	-1.0	1月19日
1982	18.2	1.0	2252	1579	33.5	5月23日	-1.6	1月28日
1983	18.3	1.1	2411	2198	34.0	5月27日	-2.9	1月6日
1984	18.2	1.1	2401	2041	33.5	4月21日	-0.2	1月20日 2月1日
1985	18.3	1.1	2241	1834	34.0	4月17日	-2.3	1月15日
1986	18.3	1.1	2354.4	1675.4	34.4	6月2日 6月3日	-0.4	1月18日
1987	18.7	1.0	2197.4	1554.6	34.4	5月28日	-0.1	1月4日
1988	18.9	0.9	2227.2	1821.8	34.1	4月8日	-0.8	1月29日
1989	18.4	1.0	2338.1	1355.0	34.4	5月24日	-0.1	1月22日
1990	18.4	1.0	2040.7	1722.8	35.6	8月30日	-1.0	1月2日
1991	18.6	1.0	2135.3	2173.5	32.7	8月20日	-0.8	1月26日

续表2—1

年份	气温（℃）	风速（米/秒）	日照时数（小时）	雨量（毫米）	平均气温极值及出现时间			
					最高		最低	
1992	18.2	1.1	2383.2	1499.3	33.7	5月11日 5月15日	0.0	12月28日
1993	18.3	0.9	2011.7	1574.7	31.8	5月25日 6月23日	0.3	12月28日
1994	18.5	0.9	2550.1	1465.9	33.3	4月30日	−0.3	1月5日
1995	18.7	0.9	2299.8	2022.1	34.1	4月19日 4月25日	−1.0	1月23日
1996	18.6	0.9	2330.5	1532.8	32.9	9月14日	−0.7	1月22日
1997	18.1	1.0	2335.0	1639.8	34.9	5月16日	−2.1	1月19日
1998	18.8	0.7	2254.5	1827.2	33.4	5月15日	−0.2	1月4日
1999	19.2	1.0	2181.3	1793.3	34.4	4月4日	−0.8	12月26日
2000	18.7	1.1	2021.6	1389.5	33.2	4月10日	−0.6	1月6日
2001	19.1	1.1	1994.6	1686.2	33.3	4月25日 5月1日	0.0	1月12日
2002	19.2	1.0	2246.5	1208.2	33.0	4月19日	0.2	12月31日
2003	19.3	1.1	2284.4	1079.3	33.9	5月31日	−0.5	1月21日
2004	19.0	1.0	2211.0	1507.9	33.1	3月27日	0.0	1月29日
2005	19.7	1.0	2301.9	1289.9	34.2	5月30日	0.6	1月22日

第三节　水　文

一、地表水

南宛河

陇川全境有大小河流98条，呈树状排列，以南宛河、户撒河、龙江为主脉，贯穿全县，总长752.85千米，全部自北向南汇入瑞丽江、大盈江，再汇入伊洛瓦底江。地表水量为77亿立方米，最大河流有3条。

【南宛河】　发源于陇川县护国乡边河村委会境内，由北向南纵贯陇川坝，沿途有48条支流汇入，至陇川坝尾流入瑞丽与缅甸境。境内流长65.7千米，径流面积1058.7平方千米，占全县径流面积的56.9%，年产水10.5亿立方米，占境内地表水量的13.6%。旱季最小流量2.04立方米/秒，雨季最大流量为215.5立方米/秒，对陇川农业发展十分有利。但雨季易涝成灾，大量泥沙带入河中，使河床逐年升高，造成河堤缺口，冲毁稻田。

【户撒河】　发源于陇川县户撒乡东北山麓，沿途有17条支流汇入，由北向南纵贯户撒坝，于坝尾向西汇入大盈江。境内流长34.4千米，径流面积250平方千米，占全县总面积13.8%。旱季最小流量0.6～1立方米/秒，雨季最大流量为80～100立方米/秒，年产水2.88亿立方米，占境内地表水量的3.7%，对户撒乡的农业十分有利，雨季偶有洪灾。

【龙江】　又名龙川江，下游称瑞丽江，是过陇川境内的一条河流，也是陇川与潞西市的界河。龙江源于腾冲市北的固东山区，从陇川县王子树乡曼当村入境，再由勐约乡约岛坝尾入潞西市遮放境，沿途有33条支流汇入，过境流长51千米，径流面积6153平方千米，过境水量58亿立方米，占境内地表水总量75.3%，属陇川水量最大的河流。

二、地下水

全县地下水径流总量为6.72亿立方米，径流深361.3毫米，占地表水径流总量的 8.7%，其中:南宛河水系地下水径流量为3.41亿立方米，占地下水总量的50.7%，径流深322.1毫米；户撒河水系地下水径流量为1.16亿立方米，占地下水总量的17.3%，径流深451毫米；龙江水系地下水径流量为2.15亿立方米，占地下水总量的32%，径流深394.2毫米。全境地下水径流深差在100～600毫米之间，东部比西部的深差小，南部比北部的深差小，河谷、坝子比山地的深差小，其分布状况是：坝区主要孔隙水，河流沿岸为富水地层，含水层深度为20～200米，水位深0.3～9.8米；山地主要为基岩裂隙水，多成散状或树枝状沟流分布。

第四节　土壤　植被

一、土壤

根据陇川县1982年4月第二次土壤普查的结果，县境内的土壤共划分为6个土类，11个亚类，23个土属和42个土种。

6个土类为：赤红壤、红壤、黄壤、黄棕壤、草甸土和水稻土。

11个亚类为：赤红壤、黄色赤红壤、粗骨赤红壤、红壤、黄红壤（含部分棕红壤）、黄壤、黄棕壤、淹育型水稻土、草甸土、潴育型水稻土、潜育型水稻土。

23个土属为：潴粒结晶岩类风化物8个属，占全县总面积的63%；砂岩类风化物及冲积母质8个属，占全县总面积的22%；泥质岩类风化物5个属、红壤性水稻土1个属、普通石英质岩类风化物1个属，占全县土地总面积的15%。

42个土种为：油红土、小赤红土、大赤红土、粉红土、赤红土、石英红土、红油砂土、瘦红土、小瘦红土、红土、大黄红土、黄红土、香面土、涩红土、小黄砂土、肥红土、小红土、油黄红土、细红土、大红砂土、红砂土、大红土、小黄泥土、大黄泥土、油黄土、黄砂土、大黄土、黄泥

土、红泥土、末香土田、黄泥田、山砂田、砂泥田、河砂田、黑泥田、青黑泥田、青胶泥田、青砂泥田、青河砂田、灰砂土、高肥土和中肥土。

二、植被

陇川境内植被因受气候和地理的影响呈垂直带谱状分布，种类繁多，主要成3个带状分布。

南中亚热带半湿性、湿性季风常绿阔叶林及草地：主要分布在低热河谷、盆地、山丘及低山半湿润区和温热中山地带，海拔为600～1800米。天然植被主要有白花羊蹄甲、攀枝花、红木、栎类、栲类、楠木类、牛勒巴、秧青、泡火纯、水冬瓜（桤木）、西南桦、樱桃、水锦树、盐肤木、四棱蒲桃、山楂、余甘子、竹类、蕨类、野菜类等50余种。

北亚热带湿性季风常绿阔叶混交林带：主要分布在温暖的中山地带，海拔为1800～2200米。天然植被主要有旱冬瓜、桦树、密花树、楠木类、紫桂、木姜子、香叶树、山杨、白克木、栎类、栲类、山桂、杜鹃类、竹类、棕叶类等35种类。

南温带湿润凉中山带：主要分布在温凉高山地带，海拔在2200米以上。天然植被主要有石竹、油竹、灌刺类、山柳、滇山杨、矮杨梅、刚毛付氏白株、野核桃、常春藤、马缨花、杜鹃、石栎、旱冬瓜、龙胆等23种类。

第二章　自然资源

陇川县土地宽广，人口相对稀少，有一、二级田地0.86万公顷，占全县土地总面积的4.61%，是粮蔗主产区。有五级地14.27万公顷，开发潜力可观。水资源极其丰富，有大河3条，小河95条，年产水量77亿立方米，除能改善农田灌溉外，还可开发水能，建设多级电站。至2005年，尚有97.7%的水能源未开发，潜力较大。矿产以煤、硅石、稀土为主，蕴藏量大，正待有计划开采。生物资源种类多样，有高等植物268科，3159种；有珍稀保护植物48种，其中国家级28种，省级20种，有野生动物27种，鸟类49种，素有“动植物王国”美称。地热资源主要分布在坝区，至2005年，已发现可利用的温泉有8处，多为矿泉，水温25℃～62℃。其中较大的新马温泉已开发为沐浴兼旅游度假景区，其他温泉有待进一步开发。

第一节　土地资源

陇川县土地总面积1931平方千米。其中:山区半山区1429.55平方千米，占74.03%；盆地501.45平方千米，占25.97%。2005年，全县有耕地面积2.8万公顷，森林面积12.12万公顷，森林覆盖率61.3%。

1982年，根据《全国第二次土壤普查暂行技术规程》，对全县土地进行评分定级，共分为8个级，但境内无7级，只有1～6级和8级。

一、一级田地（优等）

全县共有1060公顷，占总面积的0.57%。主要分布在村镇附近及河流沿岸的冲积坝区、台地，还有少数分布在低、中山区条件较好的村寨附近。其主要有砂泥田、青胶泥田、河砂田、红泥田、黑泥田、大黄红土、小赤红土、肥红土等，气候、水利条件较好。如城子镇南宛河两岸，沙泥田种植西瓜、马铃薯，条件得天独厚。

二、二级田地

有7 506.67公顷，占总面积的4.04%。多分布在坝区二水田，缺水蔗地及其他旱地低中山梯田和中上肥力旱地。主要土种有砂泥田等7种，水利条件稍次，但热量充足、肥厚、排灌稍差，有轻微旱涝威胁，耕层厚。耕性、质地稍次，属有机质和其他养份中等、中上等肥力的稻田及旱地，粮油亩产250～400千克，甘蔗亩产3.5～5 吨。

三、三级田地

有19 040公顷，占总面积的10.24%，山坝均匀分布，多属砂多、漏肥、漏水、冷浸、锈水及中低肥力田地。主要土种有小黄泥土等9种，气候、水利、热量、排水、排灌条件较差，有旱涝威胁，一年1～2熟，粮食亩产150～250千克，甘蔗亩产2.5～3.5吨，多属耕层浅，耕性质地结构差，养分低的中下肥力田地。

四、四级田地

有496.47公顷，占总面积的0.27%，多系低海拔地区和山区的“雷响田”、15° 以上的陡坡地、低肥田地及限制因素较少的林、牧（轮歇）荒地。主要土种有红泥田等7种，气候、水利条件很差，旱灾威胁严重。粮食亩产50～150千克，多属耕层浅，耕性差、质地结构差，养分含量低产田。

五、五级地

有14.27万公顷，占总面积的76.71%，主要分布在海拔2000千米以下的中低山地带，属林牧用地的自然土，含全部宜林荒地。土壤类型有赤红壤等4种。其中海拔1400米以下赤红壤、草甸土地带多为南亚热带季风常绿、夏绿阔叶林或混交林，少量人工植被和林间草场荒地。一般土层较厚，坡大，水利条件差，有沟蚀或片蚀发生。目前用于林牧用地，但气候较好，阳光充足，热量可观，若能改善水利条件，多数可种植甘蔗、茶叶和其他经济作物、果木。所以，赤红壤地带是陇川县开发利用潜力最大的土地资源。

六、六级地

有6280公顷，占总面积的3.38%，主要分布在海拔2000米以上的中山地带，全属林牧用地的自然土。其土壤类型为黄壤和黄棕壤，植被及利用现状与五级土地的黄壤地带相同。主要特点是：海拔高，气温低，大林牧地外有光山秃岭，有强度浸蚀，土层浅，石多，绝大多数不宜农用。

七、八级地

有8 926.67公顷，占总面积的4.8%，属自然条件限制或人为活动影响而不能用于农林、牧业的土地，即河流、道路、村庄、住地、沟埂、坟地、坍山、塌方等地。

陇川县土地生产力评级面积表

表2—2

级别	土壤类型	分布利用现状	限制因素	改良措施	面积/亩			占地面积/占全县总面积%
					农村	农场	合计	
Ⅰ	Ⅰ$_2$砂泥、青砂泥、黑泥、红泥田	1100M以下坝区产蔗高肥高产田	基本无	粮肥轮作成间套种，得绿肥和磷肥，合理施用化肥，搞好良种搭配，不断创高产	958	4285	5243	1.24/0.19
	Ⅰ$_2$大黄土、小赤红土、肥土	坝区高产蔗地、（1600～1800M）一年两熟高肥高产地			620	10084	10704	2.54/0.38
Ⅱ	Ⅱ$_2$砂泥、青砂泥、河砂泥、黑泥田	1200M以下粮蔗中肥中产水田及中山梯田	有夹砂过多或旱、浸、涝等1～2项限制因素	改善排灌，改善淤洪，改善放漏、改水为旱，改稻为蔗肥，改粮油为豆、茶，增施肥料，扩大复种	51728	12117	63845	15.14/2.29
	Ⅱ2大赤红土、赤红土、大黄红土、中肥土、高肥土、红油砂土、油砂土	坝区中高产产蔗地及山区中上肥旱地（每年1～2熟）。			27381	21380	48761	11.56/1.75
Ⅲ	Ⅲ2红、黄泥田、末香田、山砂田、青砂田、胶泥田、河砂田、小黄泥田、砂泥田	全县粮、蔗、茶、烟、中下肥力，中低产水田地（少部分每年1～2熟，不分海拔）	有土质、气候、水利等2～3项限制因素，有旱涝等威胁，生产有选择性	深耕改土，防旱保灌，用养结合，同时参照Ⅰ、Ⅱ级田地改良措施	187242		187242	44.39/6.12
					90474	7846	98320	23.37/3.33

续表2—2

级别	土壤类型	分布利用现状	限制因素	改良措施	面积/亩			占地面积/占全县总面积%
					农村	农场	合计	
Ⅳ	Ⅳ1红泥田、砂泥田	全县粮、茶、烟低肥低产“雷响田”陡坡地及各类林、牧荒地	比Ⅲ级田地受限制因素更多，灾情更重，作物选择更强	坝区改水为旱，改粮为蔗、山区改坡为梯，合理开发利用，退耕还林牧	217		217	0.05/0.008
	Ⅳ小黄泥土、粘红土、大黄砂土、涩红土、黄红土				7230		7230	1.71/0.26
Ⅴ	V_2赤红壤、红壤、黄壤、草甸土（均属自然土）	2000M以下山、坝林牧地及类荒地	坡度大，水利条件差，浸蚀大	以养为主，用养结合，合理开发林、牧、农，力求再协调	2126815	13255	2140070	1/76.71
Ⅵ	V_2黄壤、黄棕壤	2000M以上中山区林牧地及光山秃岭	坡陡，天冷，强度浸蚀	以林为主，加强护林，绿化光山秃岭，发展饲草家畜	94181		94181	1/3.38
Ⅶ	Ⅶ2未搞评土归类的非农林牧生产直接利用的其他面积	分布全县的河流、水面、道路、驻地河埂、沼泽、坍山		珍惜国土，合理规划，综合开发利用资源	121141	12773	133914	1/4.799
总合计					26 2 7300	33874	2661174	

第二节　水资源

一、地表水

陇川全境地表水量储量大，为77亿立方米，其中南宛河年产水10.5亿立方米，户撒河年产水2.88亿立方米，龙江过境水量58亿立方米，其他河流产水5.62亿立方米。除供全县水田灌溉外，还利用水能资源进行发电。从1959年开始至2005年，先后建立各型电站29座，总装机容量3967.5千瓦。1979年5月，户撒河建成1000千瓦×2一级电站和3500千瓦×2二级电站各1座，除供本县照明和工农业用电外还向瑞丽和缅甸雷基地区（洋人街、迈扎央）供电。各乡镇原建的小型水电站相继停止运转。

二、地下水

陇川全境地下水径流总量为6.72亿立方米，径流深361.3毫米，占地表水径流总量的8.7%。其中南宛河水系地下水径流量为3.41亿立方米，户撒河水系地下径流量为1.16亿立方米，龙江水系地下水径流量为2.15亿立方米。

第三节 矿产资源

陇川矿产丰富，经初步探明的有稀土、煤、铝、铜、铁、铌、铅、锌、铍、硅石等10多种。稀土主要分布在陇把、清平两个乡（镇），储量丰富，未开采。煤主要分布在户撒、姐乌、赛号、章凤等乡（镇），以户撒最多，已探明的储量达355.5万吨。20世纪70年代后，姐乌、赛号、南多、户撒相继建立小型开采煤场，所生产的煤主要供给糖厂、农具厂和县外用煤。

第四节 生物资源

一、植物

陇川植物种类繁多，森林面积占土地总面积的60.7%。森林覆盖率61.3%。森林总活立木蓄积量为916.69万立方米，年生长总量47.38万立方米，年消耗量23.22万立方米。有高等植物268科，3159种及亚种、变种、变型。竹类有30多个品种。珍稀保护植物国家级28种、省级20种、经济林24种。1978年改革开放后，山区乡村不断调整产业结构，发展特色经济林果木，以茶叶、核桃、西南桦、油茶、麻竹等为主，既保护了植被又增加农户经济收益。

二、野生动物

陇川境内历史上曾有过犀牛、野象、老虎、巨蜥，因随意捕猎，现已绝迹。20世纪80年代仅存的野生动物有水鹿、棕熊、黑熊、金钱豹、云豹、苏门羚（山驴）、豺狼、狐、九节狸、獐、野猪、黄猴、长臂猴、旱坝羊、果子狸（破脸狗）、麂子、刺猬（豪猪）、猞猁、野兔、野猫、鼬、灰猴、水獭、松鼠、竹鼠、穿山甲等27种，90年代后多数野生动物已被国家列入保护动物。

【野禽留鸟类】 有孔雀、白鹭、环颈山、鹧鸪、鹌鹑、乌鸦、楔尾绿鸠、巨翅麦鸡、白鹇（白雉）、猴面鸟、原鸡、山鸽子（斑鸠）、犀鸟、雪鸡、铜鸡、松鸡、猫头鹰、画眉、喜鹊、鹦鹉、铜鸡、松鸡、竹鸡、猫头鹰、画眉、喜鹊、

斑鸠（山鸽子）

鹦鹉、杜鹃、山雀、啄木鸟、点水鸟、麻雀、棉花雀、秧鸡、云单小喜、琼鸟、翠鸟、鹞鹰、戴胜、高丽冠等35种。

【候鸟类】 有大鹰、天鹅、水老鸹（鸬鹚）、黄鸭、斑嘴鸭、野鸭、秃鹫、金雕、布谷、苦鸥、燕子、铁镰鸽（雨燕）、灰鸽、鸽子等14种。

【两栖及水族类】 有蟒、蜥蜴（四脚蛇）、乌梢蛇、水蛇、红脖子蛇、青竹镖、菜花蛇、眼镜蛇、青蛙（田鸡）、蟾蜍、乌龟、变色龙、鲫鱼、鲤鱼、草鱼、罗非鱼、马棕鱼、鲇鱼、江鳅、泥鳅、鲢鱼、黑鱼、尖嘴鱼、虾、螃蟹、甲鱼、田螺、蚌等31种。进入20世纪80年代后，水质环境受到农药化肥污染，野生鱼类减少，转为人工养殖。

第五节　地热资源

一、地热概况

陇川境有温泉8处，多出露于陇川坝中部和坝尾的盆地边缘，呈股状，热水于岩石裂缝或碎石中涌出。水中含氟离子超过饮用水标准，除沐浴治病外，一般不宜饮用。

二、温泉

【户宛温泉】 位于陇川县清平乡西北贺宛村头，广令村委会下，属沉积断陷混合花岗岩类型。泉水从孵石中涌出，水温达60℃，出水量为31.4升/秒，清澈见底，有刺鼻的硫黄味。建有砖木结构房子和多格洗澡间，浴池有大小，水温可调节。该温泉区位优势好，交通方便，有待进行开发。

【新马温泉】 位于陇川县邦外村委会弄安寨东北1.5千米处，水温50℃，属矿泉。当地驻军曾在温泉地修简易房屋和热水池，方便部队战士和群众沐浴。2005年后，开发成沐浴兼旅游度假区。

【国界温泉】 位于陇川县陇把镇吕良寨东南1.5千米的中缅国界河上，矿泉，水温约25℃。每年冬春中缅两国边民到此沐浴。

【曼蚌温泉】 在陇川县陇把镇龙安村委会北6千米处，矿泉，水温约62℃。冬春季节，附近的村民来此沐浴。

【磨水温泉】 位于城子镇磨水村委会东北0.6千米处，水温41℃，出水量每秒约2升。冬春季节，磨水村民常去沐浴。

【栏杆寨温泉】 位于陇川县王子树乡盆都村委会田头寨山脚，水温较低，约30℃。沐浴者多属盆都村委会群众。

【尺巴处温泉】 位于陇川县勐约坝西南勐约河电站以北，水温68℃，出水量每秒约5升。冬季当地民众常到此沐浴。

【老毛河温泉】 位于陇川县王子树乡锅脊山脚毛河南岸，水温约40℃。雨季温泉被洪水淹没，干季出露。冬春时节，当地群众将温泉拓宽，供附近村民和过路者沐浴。

第三章　自然灾害

陇川县境内历年发生的自然灾害主要有旱、涝、风、雹、雷电、低温、霜冻、地震、虫害、瘟疫等10种。其中较严重的是洪涝泥石流灾害，通常发生在7～8月份。洪涝一旦发生，河堤决口，稻田被毁，村寨被淹，畜禽死亡。最大的洪涝灾害是2004年“7.5”洪灾。公路、桥梁、电杆、稻田被毁无数，洪灾造成16人死亡，3人失踪，是陇川有史以来最大的自然灾害。

第一节　旱灾 洪灾

一、旱灾

自1978年至2005年来，仅1979年有旱灾发生。当年旱季降雨仅99毫米，占年均降雨量的6.3%。400公顷水田被晒干，1066.67公顷秧苗被晒枯，393.33公顷玉米被晒死，山区“雷响田”推迟1个多月栽插，全县粮食减产4990吨，是陇川百年未遇的大旱之年。

二、洪灾

陇川每年夏季有15～17天大雨日，暴雨日3～5天，连续降雨日约60天，最大连续降雨量957毫米，占年降雨量的61.3%；24小时最大降雨量183毫米，占年降雨量的11.7%。1980、1983、1984、1986、1987、1988、1990、1991、1992、1998、1999、2001、2004、2005共14年，洪涝灾害较频繁，最严重的是2004年“7·5”洪灾。

肆虐的洪水

专记：2004年“7·5”特大洪涝灾害抗洪救灾纪实

一、概况

2004年7月5日，陇川县境因受滇缅高压外围强气流的影响，普降暴雨，降雨量突破历史最高纪录达137.7毫米，局部地区高达280毫米。贯穿坝区的南宛、户撒2条主河及50多条支流，水位暴涨，河堤多处决口。西部山区258平方千米的区域内发生山体滑坡1000多处，导致全县发生前所未有的特大洪涝泥石流灾害，造成稻田被毁、瓦房及校舍倒塌，水利、交通、电力、通讯等设施多处受损，人民群众生命财产受到重大损失。

二、灾情

被冲毁的农用桥梁

被毁的村庄及农田

全县11个乡（镇）普遍受灾，其中章凤、陇把、户撒、赛号、姐乌5个乡（镇）受灾最严重。全县受灾人口1.6万户7.4万人，因灾死亡16人，受伤7人，失踪3人。共造成经济损失2.18亿元。

【农业】　农作物受灾6505公顷，成灾5013公顷，绝收2518公顷。家畜死亡2714头。经济林果受灾1188公顷。耕地冲毁600公顷。共造成经济损失9700万元。

【交通】　水毁县乡公路15条、乡村公路23条、村社公路103条。路面、路基、桥涵、挡墙多处受损。共造成经济损失3659.7万元。

【水利】　坝区主河南宛河、户撒河共决口128处，长11.32千米。冲毁支流河堤13条，长180千米。农用桥、排灌涵洞、石坝、水塘、人畜饮水工程、排灌沟渠等不同程度受损。共造成经济损失3530万元。

【民房】　民房受损1.33万间，其中倒塌1616间。家庭财产损失严重。共造成经济损失3590万元。

【校舍】　63所学校（教学点）受灾，其中21所小学损失严重。校舍损坏3.41万平方米，倒塌1050平方米，造成经济损失750万元。

【其他】　电力、通信、城镇公共设施、运输车辆及卫生、防疫、乡村基层单位、厂矿、企业等不同程度受损。共造成经济损失570.3万元。

三、党的关怀

陇川县“7·5”洪灾发生后，党中央、国务院、云南省委、省政府及德宏州委、州政府及时派出工作组赴陇川灾区慰问灾民，指导抢险救灾工作。

陇川县委、县政府召开紧急会议，成立陇川县“7·5”抢险救灾指挥中心，县委书记宋雨发任指挥长，下设办公室及8个工作小组开展抢险救灾工作，调动全县军队、武警、公安、民兵、干部职工和各族群众3万余人投入到抢险救灾工作中。

四、抗洪抢险

2004年7月5～7日，县人武部调动民兵1200人次抢筑南宛河决口，运送沙袋1万余袋。县卫计局派出120名医疗、防疫人员组成2个大组、20个小组，赴重灾区开展防治工作。7月9日，全县出动部队、武警、公安、民兵、机关干部职工2000余人，抢筑南宛河拉线段决口河堤。

2004年7月7日，时任省委副书记、省长秦光荣察看灾情

7月5～14日，全县共投入6.78万人次干部职工、群众到重灾区陇把、景罕、户撒3个乡（镇）抢险自救。

7月16日，全县出动部队、武警、民兵、群众560人清理被泥沙、树木堵塞的南撒河，筑堤700米，疏浚300米，及时把水引进已干枯的千亩稻田。

武警官兵抢险救灾

7月19日，县直机关党员干部300余人以及陇川农场、景坎糖厂、章凤、景罕、姐乌3乡（镇）党员干部职工1080人，抢修户岛小河，清理全部河道，加固河堤2.4千米。7月20日后，县抢险救灾指挥中心继续组织干部群众，投入救灾工作。

在整个抢险救灾战斗中，驻陇中国人民解放军指战员、武警官兵、公安干警、民兵、机关共产党员勇于担当各种急、难、险重任务，保护群众生命及财物安全，筑人墙、扛沙袋、堵决口、挡洪流……始终发挥着中流砥柱的作用。

干群一心 抗洪抢险

五、八方支援

陇川县“7·5”洪灾发生后，引起国内外社会的关注。据2004年8月2日统计，县民政部门共收到捐款160.12万元、衣物1.31万件、大米面条86.88吨、棉被2756张、棉毯和棉絮126张、床上用品72套、学习用品1657件、药品242件、日用品639件、食盐2吨、方便面168件、电器8台及其他物品数件。

捐款捐物的单位、个人及中外组织有：国家工作组，省、州党委政府，省、州红十字会，潞西市委市政府、畹町管委会、缅甸克钦邦第二特区东部专区红十字会及第二特区迈扎央管委会、缅北洋人街华侨会、云南英茂集团公司、爱德基金会、香港华懋慈善基金会主席龚如心女士、西双版纳州委副书记马春、内蒙古畜牧厅景文龙女士、昆明博大实业公司杨文杰、DCL电脑昆明代表处顾四海、四川禾嘉君涛昆明分公司廖斌斌、玉溪耀龙集团董事长任树平、云南安瑞机电设备有限公司总经理王政安、芒市个体工商户赵淑芬等。

六、媒体关注

陇川县“7·5”洪灾发生后，新华社、中央电视台、云南电视台、德宏电视台、德宏人民广播电台、《人民日报》《云南日报》《云南政协报》《春城晚报》《都市报》《生活新报》《德宏团结报》等各路记者云集陇川灾区采访，第一时间向全国人民报道陇川军民抗洪抢险事迹。

陇川电视台全天播放灾情新闻。县史志办公室编印《陇川之窗》灾情特刊。县委宣传部制作大型灾情展板，到全县各乡镇展出。县“7·5”抗洪抢险指挥中心昼夜编印灾情简报，报送上级领导及全县机关部门、乡镇及企事业厂矿。

七、重建家园

陇川县“7·5”洪灾发生后，县委、县政府倾全县财力、物力、人力，投入抗洪抢险，恢复生产，重建家园工作。至8月2日统计，全县已完成9项工程：（1）安置灾民886户3126人，转移安置危险地区群众2276户8514人，清理民房淤泥914户1.95万立方米，恢复校舍912平方米，重建1298平方米；（2）发放大米面条81.25吨、被子2006张、衣物5266件、蚊帐709顶、鞋子863双、床上用品40套及药品、饮料、生活用品1136件；（3）投入防汛抗洪人员27万次、救灾资金765.85万元、汽油柴油化肥166吨、竹木4091立方米、编织袋93万只，出动汽车4576辆次，投入抽水机142台；（4）修复水毁工程75处，砌堵决口堤103处9.34千米，疏通河渠588条104.41千米及桥涵283座，修复自来水管18.47千米，清洗水井2149口；（5）修复乡村公路11条165.5千米，清理道路塌方26处40.3立方米，修复路基60.5千米；（6）恢复田地2246.67公顷、其他29.67公顷，新种110.47公顷，清整秧苗452.53公顷，挽回粮食698.6吨，挽回其他财产价值942.6万元；（7）投入医疗卫生费用100.2万元，义务治病6963人次，住院30人，预防服药2.4万人次，水井消毒4.77万口，厕所畜厩消毒9792座，地面喷洒消毒158万平方米；（8）修复输电线路67.27千米；（9）国土整治20.67公顷。

2004年9月至2005年底，全县农业、水利、交通、国土、民政、城建等有关部门，按照县委、县政府重建家园的规划，围绕灾区人民“吃、穿、住、行、医、学”等民生问题展开工作。先后完成：（1）修复受损民房1826户6406间，倒塌民房就地重建483户1449间，易地搬迁建设219户657间，补助民房恢复重建资金782万元；（2）全县47个灾毁土地复垦项目急建工程，已完成工程总量

灾后重建家园

的90%；（3）完成冬季农业种植7813.33公顷，比去年同期增加238公顷，用其弥补2004年因灾受损粮食；（4）水利应急工程全面完工。其中修复农村人畜饮水工程19件，解决7590人饮水问题，修复堤防18处14.01千米，河道疏浚13处13.88千米，修复石坝20道、渠道24处9.91千米，改善灌溉面积1666.67公顷。

八、经验教训

反思2004年“7·5”洪灾，如何防范灾害的重演，任务艰巨。县、乡党委政府及相关职能部门采取了多项应急措施。如每年雨季来临之前组织群众抢修加固河堤、疏浚河道；加强预测预报，摸清地质隐患；早撒预备秧，防患未然；植树造林，营造良好的生态环境，减少水土流失；加快完成麻栗坝水库工程的修建，提高防洪抗灾能力。

第二节　风灾　雹灾

一、风灾

据气象部门记载，1978~2005年，受风灾威胁的年份为1992、1993、1994、1995、2002、2005等年，风速7～11级，狂风所达之处，电杆、牛棚、草屋、树林等大多被刮倒、揭走。较严重的是1992

年4月17日20时15分，雷电交加，暴雨、冰雹齐下，并刮起11级狂风，烟叶、油菜、豆麦被打碎，景坎糖厂铁皮屋面被刮走，直接经济损失500万元。其次是2002年4月3日，大风，最大风速17米/秒，损坏房屋471间，倒塌216间。农作物受灾213公顷，成灾107公顷，直接经济损失1021万元（其中农业损失814万元）。同年4月10日5时，暴风，全县7个村委会受灾，1棵大树被风刮倒，压死民工1人，重伤7人，直接经济损失464万元。

二、雹灾

陇川境几乎年年发生，一般雹粒小，多在0.5厘米以下，对农业生产影响不太严重，且是发生在局部地区。发生时间6～11月份。受灾严重的有1979年10月31日下午，暴雨、冰雹齐下，大者如鹅蛋，章凤、弄贯、广瓦、广帕、广等一带稻谷受灾182.4公顷，损坏稻谷1.5万千克，打死黄牛1头，部分蔬菜、芭蕉被打坏，树枝被打断，雀鸟被打死。1982年4月、10月，清平乡大场村、新山村、广外村发生雹灾。农作物被毁严重。2002年，姐乌乡境遭受冰雹灾害，13.33公顷农田作物受灾，造成经济损失1万元。此外，1993、1994、1995、1996、2002、2004、2005年均发生冰雹灾害，且与暴风、雷电并发，危害较大。

第三节　低温　霜冻

一、低温

县境低温一般出现在8月、9月间。1983年低温在8月中旬；1979、1980、1984、2002年低温出现在9月下旬。低温可造成水稻减产。

二、霜冻

1978～2005年，1月份县内气温低于0℃的有19年，其中低于-1.0℃的有10年，低于-1.5℃的有5年，低于-2℃的有4年，其中霜冻造成灾害的有6年。较严重的是1979年1月4～7日，连续低温，最低气温-2.8℃，全县甘蔗受灾1373.33公顷，占甘蔗种植总面积的32.22%，重灾116.2公顷，减产6740吨。1985年1月15～16日低温，最低气温-2.3℃，全县甘蔗受灾2100公顷。其中各乡（镇）受灾167.47公顷；农场受灾1600公顷，减产2.88万吨。2002年霜冻，姐乌甘蔗受灾366.67公顷，冬玉米受灾13.33公顷，造成经济损失1万元。农场受冻

霜冻

面积840公顷，直接经济损失778.1万元。其他乡镇甘蔗受冻面积813.33公顷，受冻吨位2.01万吨；较微受冻616.53公顷，吨位5.75万吨，经济损失约700万元。

第四节　地　震

陇川全境为高黎贡山余脉纵贯，断裂纵横，由东北向西南延伸，尤其是清平至邦外、腾冲勐连至章凤两个大断裂，北部褶皱强烈，低序次裂较发育，地应力均由西北向东南推挤，为地震埋下了隐患。

一、境内地震

1993年5月13日，发生5.5级地震，裂度7度，震中在陇川西南部，北纬24.3°，东经97.7°，无较大损失。

二、波及本县地震

1978～2005年共有7次。1981年7月7日，盈江苏典发生5.4级地震。1985年9月6日，缅甸密支那发生6.2级地震。1987年9月26日，施甸发生4～5级地震。1988年11月6日，澜沧、耿马发生7.2、7.6级地震。1994年1月11日，缅甸西北部发生6.7级地震。同年7月10日，梁河芒东乡发生4.2级地震。2000年10月6日，中缅边境发生5.8级地震。上述地震除1994年、2000年缅甸发生的2次地震，对陇川造成轻度损坏外，其余地震陇川仅是有感，没有损失（详见科技编第三章）。

第五节　虫　灾

据1982年陇川县《农作物病虫害及仓库害虫普查》，有农作物害虫217种，仓库害虫35种，主要以稻瘿蚊、二化螟、黏虫三类危害最大。稻瘿蚊重点是危害水稻，每年达万亩或十几万亩。二化螟全县范围均有，主要危害早期稻苗，但危害烈度低，属部分地区发生。粘虫属迁飞性害虫，越冬迁入境内，春节前后危害小麦，3～4月迁出，7～8月又迁入，危害甘蔗、水稻、包谷、早稻等农作物。进入20世纪80年代后，推广农业科技，喷施农药，病虫害基本得到控制。

第六节　雷电灾害

1978～2005年，陇川境内发生雷电灾害较严重的有4次。

1982年5月4日，清平公社郑家寨村林梅生产队，雷电击死13头黄牛，直接经济损失约3900元。

1993年4月10日13～15时，陇川农场酒精库因雷击爆炸起火，22个酒精罐受损。其中10个被炸烂，4个炸裂，8个不同程度受损，直接经济损失140万元。

雷电

1995年7月19日，县电力公司附近居民区遭雷击，击坏电视机10台，变压器2台。

2000年10月5日，一农民在农田里干活时被雷电击死。

第七节 瘟 疫

陇川境内曾发生过鼠疫、疟疾、霍乱、伤寒、麻疹、禽流感、非典、甲肝、艾滋病等，改革开放以来，县防疫部门对上述疫病采取措施，加强防治，疫情基本得到控制（详见医疗卫生编第二章）。

第三编　中国目瑙纵歌之乡——陇川

LONG CHUAN XIAN ZHI

LONG CHUAN XIAN ZHI

LONG CHUAN XIAN ZHI

第一章　景颇族与目瑙纵歌

景颇族是中国古老的少数民族。其祖先居住在中国青藏高原。由于战乱和生活多种原因，景颇先民带领部族向西南方向迁徙。经过漫长的岁月，大部分景颇族才落脚于中缅边境。明末清初时期，居住在缅北江心坡地区的景颇族，陆续经盈江、梁河进入陇川山区定居。首先迁徙陇川山区的景颇族是“木然”家族，他们来到今王子树乡的罗朗村，开荒立寨，繁衍生息。之后陇川山区陆续有其他景颇族支系迁入。至2005年底，陇川景颇族总人口为45.987万人，占全国景颇总人口的1/3。景颇族是一个能歌善舞的民族，他们将祖先传承下来的社会发展史以及艰苦卓绝的迁徙路线用宗教祭祀和歌舞的表现形式传颂下来，发展到现代，形成了景颇族独特的民族文化精髓——目瑙纵歌。中国改革开放后，目瑙纵歌得到进一步的传承和发扬。

第一节　景颇族族源及迁徙历史

一、族源和称谓

景颇族是个跨境而居的民族，在缅甸被称为克钦族，在印度阿萨姆被称为新福族，而居于中国的则统称为景颇族，包括景颇、载瓦、浪速、茶山、波拉等各个支系。德宏是中国景颇族的主要聚居地之一，陇川县是中国“景颇族之乡”。

从语言族属、传说及云南各部族的活动及迁徙来看，汉藏语系藏缅语族的各个民族（包括景颇族）与我国古代青藏高原的氐羌部落有密切关系。

夏商之际，有从华北往甘青等地的“西羌”，其游牧足迹遍及西北、西南。秦时，羌人“畏秦之威”，继续南迁，或往西藏，或往今四川西南部。东汉，政局动荡，又有大批羌人南迁，主要前往云南西南部和缅甸北部，这部分羌部落与原居的羌人相汇合，逐渐演变为藏缅语族各民族的祖先，其中包括了景颇族的祖先。而根据景颇族的民间传说，其祖先来自青藏高原某处“木乔省腊崩”，汉意为“天然平顶山”。地理位置以及活动范围的相同说明了景颇族先民与古代氐羌部落的密切联系。

从秦汉以前的“氐羌”到秦汉时期云南境内从氐羌系统分化出来的“叟”“昆明”以及三国、魏晋南北朝时期从“叟”“昆明”部落集团分化出来的“摩沙”，都是各个时期与景颇族先民有密切联系的部落。

唐代，中国史书对景颇族有了正式的记载，南诏阁罗风“北攻州”“西开寻传”“寻传”就是史书对景颇族先民最早的确切的称谓，在唐《蛮书》中，景颇族又被称为“裸形蛮”。

元明时期，景颇族又多称为“峨昌”“峩昌”“蛾昌”等，这是对居于滇西北的载瓦和浪速两个支系的称谓，而澜沧江东部的寻传部落，亦称之为“峨昌”。此外，明代史书中对景颇族的称谓，除“峨昌蛮”“寻传蛮”外，还有“羯些”“遮些”“结些”和“野蛮”“野人”等称呼。“结些”主要指景颇支系，而“野人”主要指载瓦支系。

清朝初年，景颇族主要分布于今德宏境内，他们除了自称“景颇”“载瓦”“浪峨”“喇期”外，清史书仍沿用明代“遮些”“野人”等称谓。因景颇族居住在山头，又称之为“山头人”。这些称呼一直沿用至德宏和平解放前。

德宏和平解放以后，根据本民族广大人民意愿，将景颇族各支系统称为景颇族。

二、迁徙历史

从青藏高原到最后定居德宏，景颇族经历了漫长的迁徙过程。约在一千多年前，景颇族先民就沿着金沙江、怒江和恩梅开江南迁，后来逐步迁徙到云南西部、怒江以西地区，属于汉代的永昌郡管辖，这时的景颇族还处在原始的采集、狩猎阶段。

唐代的“寻传蛮”属南诏的永昌、丽水两节度管辖，元时属金齿宣抚司六路军民总管府管辖。明朝在景颇族聚居的地区设立茶山、里麻两长官司，司地为小江流域至江心坡一带，中央王朝任命景颇族头人早姓和刀姓为长官。这时候，一部分景颇族开始在今德宏境内山区定居。这也正是景颇族南迁德宏最早的时间，约在14世纪末15世纪初，他们已经活动于滇滩关外（今腾冲一带）。

由于景颇族早先居住的恩梅开江流域气候寒冷，“五谷不莳”以及景颇族社会内部频繁的战事仇杀严重影响其社会生产生活，且清代乾隆年间和缅甸雍籍牙王朝发生战争，大批景颇族被清王朝招募运粮而留居德宏境内，所以明末清初景颇族逐步大批定居于德宏境内，他们主要从茶山、里麻两个长官司地迁来，属永昌府和腾越、龙陵两厅管辖，大多定居于平坝傣族土司势力不及的山区，与傈僳、德昂、汉等民族或分寨而居，或混合杂居。

在迁居德宏的过程中，景颇族经历了许多不同的迁徙路线，但总的方向大致从青藏高原的小江、之非河一带沿恩梅开江、怒江向南移。主要路线有：由小江、之非河南下，越过尖高山、狼牙山进入盏西，或经腾冲古永进入盏西；由之非河流域沿恩梅开江到缅甸昔董，再到盏西、盈江，后到陇川、瑞丽和潞西（今芒市）；由缅甸昔董向西南至八莫，再转至陇川、瑞丽、潞西；由江心坡南下越过恩梅开江到盈江，再到潞西。前3条路线主要是载瓦、浪速、茶山支的南迁路线，后1条是景颇支的南迁路线。定居德宏以后，在先进的汉、傣各民族的影响下，景颇族社会进入了一个新的发展时期。山官制社会进一步完善和发展，生产上开始有了犁耕的水田农业，使用铁质大农具，生产力水平达到了封建社会初期的发展阶段。

在南迁过程中，景颇族各个支系由分到合，互相影响，互相渗透。定居德宏后，形成各支系混杂分布的局面，但也有相应的聚居区，主要分布于德宏境内1500～2000米的山区。陇川景颇族主要聚居县境的东北部、北部的王子树、护国、景罕曼面以及西部陇把的邦外、垒良、户撒平山等地。1990年，全县景颇族人口4.2万人，2005年发展到4.6万人。

第二节 目瑙纵歌起源

一、目瑙纵歌起源与景颇族原始信仰

位于广山村的第一届目瑙纵歌纪念碑

"目瑙纵歌"是景颇族具有代表性的文化符号，是中国西南少数民族优秀文化的典型代表之一。它不光具有悠久的历史传统和广泛的群众性，而且集中体现了景颇民族的宗教信仰、早期社会道德观念和歌舞文化艺术，经过上千年的传承，已经成为研究景颇族社会历史、文化艺术、民族学、民俗学以及舞蹈学最好的"活的文化形态"。

关于目瑙纵歌的起源，虽然学者们的观点和侧重点不尽相同，但基本上达成共识，认为它起源于景颇先民原始的"图腾崇拜""万物有灵""巫鬼信仰"等宗教信仰观念。特别是对太阳和鸟的崇拜是景颇族目瑙纵歌文化的直接源头。王伟章先生在《从先羌燧火打牌目瑙纵歌——上古鸟图腾崇拜探秘》认为："今天居住在云贵川的各少数民族，包括景颇族的古老神话传说都证明他们来自青藏高原，目瑙纵歌据说原是遥远太阳宫中生育女神身旁的侍鸟所跳的舞蹈，后被宁贯娃带回人间，太阳神鸟也因此被景颇族尊崇为舞神，他们用舞蹈形式纪念祖先的迁徙壮举。"景颇族民间基本认同3种传说：第一种是天上的目瑙（"占目瑙"）；第二种是鸟类目瑙（"鸟目瑙"）；第三种是人类目瑙（"神京目瑙"）。相传，人类的第一次"目瑙纵歌"约起源于西晋永康元年（300年），流传至今。

二、目瑙纵歌与景颇族创史诗《勒包斋娃》

目瑙纵歌是景颇族创世史诗《勒包斋娃》的特定吟诵场合。《勒包斋娃》被景颇族称为"史经"或"诗经"，是景颇族传统文化中优秀的、重要的组成部分。它经受了人民群众长期实践的检验，从景颇族遥远的原始社会时期一直流传至今，既显示了强大的生命力，也是人们对自然和社会认识的积极成果，是通过世世代代经师们的口头吟诵、传承下来的，是表现在自然神话、洪水神话、英雄神话、族系神话、生产生活神话和宗教神话中的极为宝贵的民族社会文化的口碑和"活化石"。

《勒包斋娃》的吟诵活动与景颇族原始宗教的最大祭典目瑙纵歌同时进行，成为目瑙纵歌中祭祀仪式的最重要内容之一，从中可以窥见处于原始社会一定发展阶段上的景颇族先民，对自然界、民族社群以及人类自身的看法。透过《勒包斋娃》也可看出目瑙纵歌是一种具有明显的祭祀性质，目的在于祈求鬼神的庇佑，祝愿五谷丰登、人畜两旺、战斗胜利、狩猎有获；具有明显的仿生性质，或模仿动物的动作如飞禽翱翔，或模仿动物的嚎叫声如“喔热”等；是人类社会生活的再现，或如狩猎、农耕等生产劳动动作，或如搜寻、迂回、包围、追击、堵截、防卫、放哨等狩猎动作，或如舞刀、耍棍、鸣枪、冲杀、前进、后退等作战动作；是与音乐、绘画以及创世史诗的吟诵紧密地结合在一起，和谐地同步进行的，综合性的民族文化形态。

三、目瑙纵歌与景颇族祭祀活动

目瑙纵歌也是景颇族最盛大的宗教祭祀活动。解放前，景颇族山官、头人举办目瑙，首先，需要举行目瑙的“请神”仪式。参加人员只有山官、斋娃、董萨、瑙双、村寨头人，他们舞动着扇子并跳动着，祭拜“木代神”下凡，请求赐给景颇人跳目瑙的权利和幸福。这一仪式要按照程序规则从庭院慢步跳到里屋，以把太阳神（木代神）请进堂屋供奉。在跳目瑙之前，斋娃、董萨、山官、头人、瑙双等人要在山官家正堂做准备。其程序为：在董萨念辞祝福目瑙顺利举行的同时，先把璃双冠帽“贡都如”很庄重地移交给目瑙主办人（山官），山官接过之后，又要很严肃庄重地交给瑙双。瑙双将“贡都如”戴在头上，在场的人就要同声唱起“哦让咯、让赛咯、作赛咯”。现代的目瑙纵歌节，主办者已不再是山官、头人，但仍然会举行祭祀仪式。

四、目瑙纵歌的种类

随着时代的发展，目瑙纵歌不再是单纯的民间祭祀活动，还充满节日性、娱乐性等功能。目瑙纵歌原本的节日名称是“目瑙纵”。因在景颇族语言里，“纵”已经含有“歌”的意思，如果在“目瑙纵”后面再加上一个“歌”字的话就显得重复啰嗦。但是大家都觉得“目瑙纵”说起来不顺口，于是习惯性地在这个节日名称后面多加了一个“歌”字，后来说的人多了，就变成“目瑙纵歌”。“目”的意思是大神、主神，“瑙纵”是祭祀的动作。现在大部分学者专家都译为“大家一起来跳舞”。

目瑙纵歌授冠仪式

在历史发展中，景颇族为了庆祝各种活动而举行“目瑙”，目瑙也就因不同的场合和举办目的被分为不同的类别。目瑙的种类较多，通常被景颇族熟知并得到传承的有以下几种：

1.“苏目瑙”或称“亭汤目瑙”　。这是最早的目瑙之一，“苏”是富裕，财产多的意思，“苏目瑙”用汉语说就是“财富目瑙”。在景颇族的山官制社会里，山官生活富裕，家庭财产雄厚，为了显示家势，进一步树立自己在百姓中的威望，求“木代神”和祖先保佑家族继续富有强大，让百姓更加服从管理，山官就会举行“苏目瑙”。

2.“贡然目瑙”　。当一个家族或者部落人口太多需要分家时就会举行“贡然目瑙”，主要目的就是表示对祖先和神灵的崇敬，意思就是说明家分根不分，人分心不分，分家后大家仍然是同胞兄弟。

3.“祝目瑙”　。这种目瑙是专为祭祀“木代神”举行的。因为在景颇族的原始宗教中，“木代神”是所有鬼神中排行最大的，他既能赐福百姓也能降祸人们。若是招惹了它，严重的就会送命。但是若好好祭献供奉，就可平安吉祥。以前只有山官头人才能供奉，平民百姓是无权供奉的。

4.“布当目瑙”　。“布当”本意是赢取、胜利或是庆祝胜利的意思。举行这类目瑙活动有两种情况：一是在出征前举行，表示鼓舞士气，祈求战争胜利；二是战胜归来之后举行，表示庆祝战争的胜利，感谢神灵的庇佑。“布当目瑙”后来发展为2种，即“布当目瑙”和“片布当目瑙”。“布当目瑙”是在“拉事”前或是“拉事”后举行的目瑙活动。而“片布当目瑙”则是用在军事战争中的。“片布当”也有2层意思，一是必须胜利，二是通过跳“片布当目瑙”，让敌人错误的判断形势。其显著的特点就是跳的时候只能开一道门，决不能开两道。这是指义无反顾、视死如归，决不后退的意思。

5.“息目瑙”　。“息”及安息、丧事。这是一种祭祀死者的丧葬目瑙。在景颇族社会里，当山官、斋瓦、董萨或者有威望的老人去世时，为了表示哀悼，寄托哀思，歌颂死者生前的好事，就要举行“息目瑙”。举行这种目瑙与其他目瑙形式不同。首先跳这种目瑙的人数不能太多，一般就固定在16人左右，最多只能增加1倍，即32人。但如果事先巫师卜卦算出不限人数的话，其他人也可以参加跳。其次用长刀的方法不同，在“息目瑙”上使用长刀，要故意不停的翻动刀面，但是其他目瑙是不能随意翻动刀面的，只能握着刀。

6.“定栓目瑙”。又称“恩然目瑙”，乔迁新居时候跳的一种目瑙。在过去，这种目瑙也只能是山官、斋瓦、董萨或者有威望的人家才能举行的目瑙。但随着社会的发展，如今不只是山官、斋瓦、董萨或者有威望的人才能举行，家庭富有的人家一样可以举行“定栓目瑙”。

7.“祝木立目瑙”　。这种目瑙是 18 世纪末基督教传入景颇族地区后逐渐形成和发展起来的目瑙，举行“祝木立目瑙”是跟基督教有关的重大庆祝活动。目的是宣传教义、扩大影响。

8.“锐都格本目瑙”　。“锐都格本”的意思就是欠债，此处的债不是指钱，而是人情债，是一种比较纯粹的悼念性质的活动。譬如曾经举行过这类目瑙的老人去世了，就要举行这类目瑙表示感激、追悼之情。

9.“赤师曼目瑙”　。此类目瑙也是在基督教和天主教传入景颇族地区以后才盛行的一种目瑙活动，是庆祝元旦和圣诞节时举行的目瑙。

10.“统肯目瑙”　。“统肯目瑙”是传统民间目瑙的传承与发展，改革开放以后逐步改良、发展和完善而来。20 世纪80年代之前，由于各种原因，景颇族的目瑙纵歌活动大大减少，几乎消失。景颇族社会里懂得这一活动的斋瓦、董萨也相继去世。1978 年，粉碎“江青反革命集团”后，陇川景颇族学者张么弄等人用景颇语写了“改革创新目瑙活动方案”，将所有的目瑙种类统称为“祝荣文蚌统肯目瑙”，简称“统肯目瑙”，并把举行目瑙的时间规定在每年的正月十五、十六两日。改良后的目瑙纵歌活动，也和以前一样有不同的分工和组织，只是取消了一些烦琐的祭祀程序。因此每当五谷丰登、人畜兴旺、庆祝丰收的时候就会举行“统肯目瑙”。为了歌颂共产党的领导，歌颂祖先所创造的灿烂历史文化，每年都会定期举行这样的目瑙纵歌。这种目瑙纵歌既是地区性的节日，又是大众化的传统文化活动。

第二章　目瑙纵歌之乡—陇川

陇川是全国景颇族最多的县，全国14万景颇中有5万居住在陇川。改革开放后，目瑙纵歌这一荟萃景颇族传统文化精髓的文化形式，受到陇川历届县委、县政府的重视，目瑙纵歌在全县经济社会发展进程中得到了继承和发扬，使之由最初单纯的宗教祭祀性仪式发展成为当代中国景颇族最盛大的传统文化节日。2006 年5月，由陇川县人民政府做为申报主体，“景颇族目瑙纵歌”被国务院列入第一批国家非物质文化遗产名录。同年，陇川县被云南省人民政府确定为云南民族民间文化艺术“景颇族目瑙纵歌之乡”。

第一节　目瑙纵歌发展历程

一、作为祭仪的目瑙纵歌

据文献资料和民间口传，陇川一带能够追溯到的目瑙纵歌举办场景的最早历史是20世纪初。从目瑙纵歌呈现出的区别于后来节日的特征来看，这一时期的景颇族目瑙纵歌是作为一种民间祭祀仪式而举办。考察其历史，其特征主要体现在三个方面，第一，举办者主要是山官；第二，举办目的涉及较多的目瑙纵歌类别；第三，景颇族参加在中国或缅甸举办的目瑙纵歌。德宏各县市、乡镇景颇族聚居的地区都会定期不定期举行目瑙纵歌，尤以陇川最为热闹。

20世纪初至50年代前，陇川一带目瑙纵歌主要由山官来举办。1911年，陇川县弄贤山官勒排早山家日子过得殷实，就举行了一次规模不小的目瑙纵歌。从1935年至1956年期间，以“木代神”为内容的陇川景颇族官种（贵族）和寨头（小山官）以及有名望的民主人士在陇川举办过各种形式的目瑙，但由于缺乏记载的原因，只能了解到1935年以后的情况。陇把镇帮外寨岳氏官家在1935年举行过一次以“木代神”为内容的目瑙。1941年邦瓦地区邦瓦早堵举行过一次叫“棚帮增纵”的“目瑙纵歌”。1938至1948年间，陇川王子树乡邦角官家尚自贵和邦掌官家举行过官种目瑙；弄贤、户瓦地区的邦达官家等举行过各种形式与内涵的目瑙纵歌。1947年，邦角山官尚自贵举行跳目瑙，一是为了敬“木代神”，二是为了庆祝尚家“拉事”胜利。尚自贵曾与小陇川（梁河县勐养、芒市一带）发生冲突，最后尚家打赢了，便跳了6天的目瑙来庆祝。解放初期，原在陇川广山寨开办景颇文学校的司拉山举办过两次目瑙，1951年在户瓦寨举行（规模较小），1952年在广山举行。1952年举行的目瑙盛会的规模比较隆重，主办者邀请了瑞丽、潞西、盈江和部分中缅国境线附近的景颇族群众参加。这是解放后陇川首次举办的比较盛大的“目瑙纵歌”活动，标志着景颇地区的解放。1953年，清平乡弄龙寨官家尚早腊举办过以“木代神”为主的目瑙活动。之后清平乡帮拢寨的道拢诺巴也举办过一次以“木代神”为主的目瑙活动。解放后陇川的景颇族官家举办的最后一场目瑙于1956年6月在广瓦地区的石苗董举行，这是官种（山官、头人）的最后目瑙，主办者是石苗董官家小姐勒排南帕。至此，目瑙纵歌只能由山官、头人举办的历史结束了。

20世纪六七十年代，由于历史原因，边疆少数民族服装、语言文字、传统风俗等遭到冲击和破坏，各种文化活动大多停办，陇川景颇族“目瑙纵歌”停办，有关文化活动也很少开展。这一时期，中缅边境地区的景颇族也跨越国界去缅甸参与目瑙纵歌，陇川、瑞丽、耿马等处的景颇族都前往参加。

二、作为民族节日的目瑙纵歌

中共十一届三中全会以后，民族政策逐步落实，一些民族活动开始恢复。景颇族目瑙纵歌恢复之后便从民间祭祀仪式转变成为民族节日，有了固定的节期和组织者。目瑙舞场的布局具有相似性，民众参与程度提高，不但是景颇族的节日，与景颇族杂居在一起的其他民族也参与到欢庆中来。在这一转变过程中，景颇族民间文化学者和各级政府是共同的促进者。另外，“文化大革命”导致的目瑙文化消失，增加了目瑙纵歌恢复的困难，其在现代恢复的实现，一方面源自于民族对传统文化的记忆，另一方面得益于景颇族跨境参加目瑙纵歌的学习和交流。

1978~1979年期间，景颇族文化学者张么弄用景颇文撰写了“改革创新目瑙文化活动方案”。其主要内容为：一是针对专为山官贵族服务的目瑙名称进行改革，统称为“文荣文鲜统肯目瑙”，简称“统肯目瑙”。这样改变是为了符合新时代的发展和社会主义制度及法律的要求。二是确定和固

目瑙纵歌狂欢

定举办的时间，建议每年农历正月15～16日定为景颇族的统肯目瑙节日。三是关于上述两条要求政府写进德宏自治州地方的自治法律、法规，作为法定节日。

除此之外，他还组织队伍成立了目瑙改革创新领导小组，向上级部门申请批准活动方案。1980年，州、县政府批准了张么弄等人的方案。在节日举办之前，缅甸仰光电台用景颇语播放了要在陇川举办这一节日的消息。同年农历正月14~15日，在陇川县县城中学运动场举办了陇川县首次景颇族“祝荣文蚌统肯目瑙”文化盛会，参加活动的共有6万多人，是有史以来陇川县城最热闹的景颇族目瑙盛会，也是十一届三中全会后中国举办的较盛大的“目瑙纵歌舞”活动，标志着民族政策的落实和景颇传统文化的恢复。在陇川县举办第一届目瑙纵歌活动时，陇川县8个乡镇的各族群众，境外腊戍、滚开、木姐、南坎、八莫、曼德勒、密支那以及洋人街等学校的部分景颇族学生都前来参加。德宏州内潞西、瑞丽、盈江、梁河等县的部分干部、群众也前来观光和祝贺。此后，1981年农历正月15～16日，陇川朋生举行了第二届景颇族统肯目瑙文化活动。1982年正月15～18日，朋生舞场举行了历时4天的第三届目瑙文化活动。通过陇川县1980～1982年三届目瑙纵的成功举办，德宏州政府于1983年3月把景颇族的目瑙纵歌文化活动确定为民族节日。1983年，德宏傣族景颇族自治州人民代表大会常委会讨论通过，将“目瑙纵歌”定为德宏州法定民族节日，时间为每年的正月十五、十六日。陇川县派出瑙双、瑙巴对之进行培训指导。1993年陇川县还派出以龚保为领队的瑙双、瑙巴组前往临沧地区耿马县贺派乡景颇新寨培训指导。随着目瑙纵歌活动的相继恢复，德宏州各景颇族聚居地纷纷举办各自的目瑙纵歌节，作为一种展示型的民族文化，各地在举办目瑙纵歌时或多或少地呈现出一种相互竞争的态势，从而进一步加深了各地目瑙纵歌活动的交流和互动，对目瑙纵歌的传承和发展起到了促进作用。

1983～1985年3年，陇川县分散举办传统目瑙纵。自1986年起，县里统一在朋生目瑙纵舞场举行，一直延续至今。2002年2月，陇川县政府成功举行了“中国首届景颇族目瑙纵歌节”，标志着陇川打造“中国目瑙纵歌之乡”的启动。2006年1月31日至2月2日，陇川县在民族文化广场举行盛大的目瑙纵歌节，迎来了来自云南省内和缅甸密支那、迈扎央地区的代表团、祝贺团以及其他中外宾客，共20000多人。这是目瑙纵歌的一个新变化。此后，在陇川一地，每年的目瑙纵歌分别在两个时间、两个地点举办：每年农历正月初三至初五在陇川县章凤镇举办，正月14~16日在朋生村举办，当地群众把这2个目瑙纵歌区分为“政府性”和“民间性”两种形式。

中国云南德宏陇川景颇族目瑙纵歌节组委会新闻发布会

在陇川县委、县政府不遗余力的推动下，2006年5月20日，“目瑙纵歌”经国务院批准列入第一批国家级非物质文化遗产名录，这一少数民族优秀文化在陇川得到了更好的传承和发展。

据不完全统计，到2005年陇川县各地举办“目瑙纵歌节”情况：

1981～2004年，赛号乡朋生村委会前后举行过14次，共计650000人参加；

1997年、2000年，陇把镇先后组织过2次，有46000人参加；

1985年，陇把镇帮外村委会举行过1次，15000人参加；

1999年、2000年，陇把镇龙安村委会先后举行过2次，计34000人参加；

2003年，陇把镇吕良村委会，计20000人参加；同年姐乌乡扎多村委会组织过1次，2000人参加；

2000～2004年，景罕镇罕等村委会组织过4次，先后有20000人参加。

第二节　目瑙纵歌基本文化元素

一、目瑙示栋

目瑙示栋和占本然（景颇语)是举行目瑙纵歌特有的建筑物，也是举行目瑙纵歌活动必不可少的要素之一。目瑙示栋主要以黑、白、红三色为主色，示栋上的图案丰富，色彩鲜艳，具有不可代替的装饰特征和节日的象征作用，是景颇族历史文化的缩影。目瑙示栋一般由6棵示栋柱组成。竖着的示栋柱，位于最外侧、较矮且顶端凹下去的2棵为雌性示栋柱，景颇族称为“栋义”，上面刻有月亮的图案，代表季节交替，同时也是女性的象征；位于中间两棵较高的为雄性示栋柱，景颇族称为“栋拉”。上面绘有太阳的图案，表示万物生长包括人类的生存都离不开太阳，同时也象征景颇族男子英勇强刚。四棵示栋柱上面有两种图案，一种蕨形纹，一种菱形纹，据说是景颇族迁徙的路线图。四棵示栋柱中间还有两把交叉的刀，这两把刀也同样有雌雄之分，顶端较尖的一把为雄性，顶端凹下去的就代表雌性。雌性代表阴，雄性代表阳，阴阳结合，万物相生。这是景颇族先民朴实的哲学思想的萌芽。

目瑙示栋

除了四棵竖着的示栋柱外，还有两棵横梁。上梁代表宇宙天空，上面刻有犀鸟和孔雀的形象，这是景颇族先民早期的鸟崇拜的原始宗教信仰观的体现，也是关于景颇族目瑙起源的说法的体现。示栋牌中间则刻有母性乳房（两个乳房代表人类，四个代表猪，六个代表牛）、孔雀、犀鸟以及其他鸟类的图案；下梁代表大地，上面刻有牛、螃蟹、鱼、猪、鸡等图案。这些图案不仅仅是简单的装饰性图案，这些图案都与景颇族的日常生活息息相关，既是景颇族历史文化的体现又是景颇族对美好生活的向往。

目瑙示栋的两旁设置有两个“占本然”，左边的“占本然”是木代神派来的使者的观摩台；右边的“占本然”是吹奏洞巴乐的吹奏台。整个目瑙场地用“瑙网”围起来。所谓“瑙网”，就是指用木或竹做的围栏绕舞场围成一个圈。在“瑙网”中开有四道门，东门叫“苏真卡”，汉语是财门的意思；西门叫“咋丹布兰”，汉语叫神门，瑙双和瑙巴入场时就从西门入。在“瑙网”各出入口处还设置有各种花卉和芭蕉、甘蔗等果木和五彩缤纷的彩旗。

目瑙示栋柱上的蕨形纹和菱形纹据说都是景颇族先民迁徙的路线。蕨形纹，景颇语叫“依哆”，关于蕨形纹的历史由来，据景颇族民间传说，普遍认为其祖先在迁徙的路途中，没有食物充饥，沿途只有采摘各种果子和蕨菜为食物来维持生命，因此蕨菜对景颇族有重要意义。将其放在示栋上当做路线图是“表示对景颇族先民在远古迁徙时以蕨菜、果子、水等为主要饮食的历史记忆，同时也说明目瑙纵歌产生于采摘时代”。蕨形纹和菱形纹也是目瑙纵歌的舞蹈队形，同时也说明了景颇族在漫长的历史长河中几经迁徙、饱含辛酸。示栋上的其他鸟兽虫鱼的图案，表达了景颇族人民对五谷丰登、人畜兴旺的幸福生活的祈祷与盼望。

目瑙示栋图案的颜色，旧时比较单调，最初可想而知，只是用“火炭”和动物的血来染色，后来发展到用“木谈”（景颇语）。“木谈”有红蓝两种，是景颇族专门用来染衣物的，但时间不长，有的地方早期就会用“阿期”（景颇语），说是用紫胶等多种植物颜料配制而成，现在颜料丰富，随心所用，总之，不论用什么颜色染成，景颇族人心中总是看成真的。

目瑙示栋是景颇族文化的缩影，不仅体现了景颇族的灿烂历史文化，还表达了景颇族人民对生活的美好愿望。

二、服饰与道具

1.瑙双服饰：“瑙双”是目瑙纵歌的开路先锋，主要承担对木代神祭祀象征性的舞蹈的展示及整个目瑙盛会的程序。

瑙双的服饰与任何一个前来参加目瑙纵歌活动的人来说都有区别。“瑙双”头饰是用竹篾编成的，帽子的前面是犀鸟头的形象，后面是孔雀毛，左右两边是野猪獠牙，是景颇族鸟崇拜文化的象征。“瑙双”的服饰一般用红色、黄色或者绿色等绸缎缝制成龙袍。龙袍的前面绣有双龙，在衣服的上半部分还有蕨形纹，袖口有菱形纹等图案，背面绣有凤凰等图案。一般只有举行目瑙纵歌领舞的瑙

双才穿龙袍，是景颇族传统文化的结晶，是与外来文化相互碰撞和相互渗透产生的结果。在目瑙纵歌节这样特殊的节日氛围下，瑙双的服饰不仅仅起到装饰作用，还是权利与地位的象征，能够使瑙双在心理上形成与别人不同的感觉，这样他们自然会表现的比其他人更加庄重与严肃。

2.节日盛装：景颇族人民在参加目瑙盛会时都会穿上节日的盛装，此时，服饰的符号意义就有别于日常生活的意义。

男子服饰：传统景颇族男子服饰着黑色对襟短衣，裤腿短而宽，系织花腰带，黑步绑腿，腿上套藤圈。老年人留长发在头顶上缠成髻，着黑布包头。青年人着白布包头，包头一端缀着用各色毛线剪成的小绒球称为“英雄结”。成年人喜佩长刀、火枪、背筒帕等。现在，除老年人还保持着一些传统饰特点外，年轻人的着装已经同当地的汉族差不多。

女子服饰：传统景颇族女子服饰着黑色平绒对襟或左襟短上衣，下围自织的红筒裙。腰间围黑色藤圈或刻有花纹的竹圈、草圈，胫部着织有图案的护腿和黑色藤圈。妇女喜戴各种银饰，如手上精致银闺、两耳佩戴的银耳环以及围肩的带有银泡的袍衣，颈上上还带一串或数串项珠。景颇族少女留短发，前及额，后及颈。上衣与围裙衔接处系一红色腰带。少女一般不系包头，妇女着高包头。

3.长刀：除了上述的服装道具之外，景颇族跳目瑙时最不可或缺的就是象征权威和阳刚的刀。刀是景颇族文化中很重要的元素之一。景颇族男子成年后都会随身佩戴一把长刀，身佩一把漂亮的长刀是每个景颇族男子的骄傲。据史书记载清代时刀就成为景颇族男子使用的武器。长刀传入后，景颇族不仅接受了这种武器，而且把它作为避邪消灾的武器，作为生产工具、打仗武器、婚嫁礼器、目瑙纵歌上的标志，成为其民族特征的一部分。

三、音乐

目瑙纵歌的音乐主要由打击乐、吹奏乐和伴唱三部分组成，常用的伴奏乐器有牛皮大鼓、大镲、中镲、军鼓、笛子、洞巴、军号、风笛、簧管乐等，乐器的使用件数根据活动的大小而定。而军鼓、风笛、簧管乐等乐器是在基督教传入以后才在景颇族地区流传的。伴奏音乐节奏一般以 2/4 拍为主，也有 4/4 拍和 3/4 拍的节奏型。而伴唱的部分由专门的歌手来完成，演唱部分包括“哦嗦”调和乡音民歌。

洞 巴

“哦嗦”调：是景颇族歌曲里重要的组成部分，可以说景颇族的任何歌曲里都有“哦嗦”调。“哦嗦”是原始阴阳、雌雄对立在原始音乐中的运用，表现了景颇族先民朴素的哲学观。“哦嗦”调中的“哦”是表示各民族的兄弟姐妹齐聚一堂在目瑙场地跳舞；而“嗦”则表示民族平等、和平、互敬互爱、团结进步。

乡音民乐：是目瑙纵歌中不可或缺的音乐组成元素。下面列举《景颇族民乐歌谣诗韵》中的2首景颇民乐：

（一）目瑙之歌

擂响千年鼓铓震寰宇，
东西南北贵客聚陇川；
目瑙哦嗦声传太阳宫，
人间盛世目瑙舞韵在陇川；
各族人民高歌团结和谐赞新生，
哦嗦，哦嗦载盛世。
南北宾朋聚舞场，
共祝目瑙人间乐；
舞起歌落齐欢畅，
人间天堂难分割；
哦嗦，哦嗦喜气扬。
四乡八寨的亲友来，
各族群众同庆目瑙节；
招财进宝各显能，
弘扬文化显神韵；
摇身齐步瑙巴舞，
放喉齐声哦嗦歌。
感谢各方亲友来相庆，
目瑙之乡传统来弘扬；
纵歌之乡文化来传承，
风调雨顺宾客回安路。

（二）迎宾曲

亲爱的同胞兄弟姐妹，
尊敬的朋友和嘉宾；
请到“目瑙廷努”公房神屋来；
迎宾姑娘的笑脸欢迎你的到来，
甜美的迎宾歌声欢迎你的到来，
甜美爽口的水酒欢迎你的到来。
尊敬的父老乡亲，
青年男女儿童；

我们真诚地欢迎你的到来；
你们是目瑙的主人，
你们是纵歌的神采，
你们是目瑙纵歌的希望。
这是你们歇息的地方，
这里的水酒等着你们，
这里的米酒等着你们的到来，
盼着你们的到来，
等着你们的光临，
欢迎你们到陇川目瑙纵歌舞场来。

四、目瑙纵歌的舞蹈形态

目瑙纵歌核心是景颇舞蹈。景颇舞蹈粗犷朴实、刚柔相济，尤其是景颇族的刀舞和银泡舞最为典型。然而目瑙纵歌的舞蹈风格韵律及跳法与景颇族的其他舞蹈不一样。在进行“目瑙纵歌”时，舞蹈队伍由“瑙双组”“瑙巴组”和群众队伍组成。“瑙双”是目瑙纵歌的开路先锋，又是祭祀组，是总领舞者和巫师。“瑙巴”是群众领舞者。跳舞时两者同时入场，同在一个场上跳各自的舞蹈动作。而三组舞队又有各自不同的舞蹈技艺特点。

瑙双闭门舞蹈图形之“送宾客”

1.“瑙双”的舞蹈形态

“瑙双”舞蹈时必须要完成出门舞、开场舞和闭门舞三种。跳出门舞时地点不在舞场而是在“木代房”前，他们以舞蹈语汇来表现目瑙纵歌筹备的劳动、祭祀过程。开场舞则表现建设舞场的全部劳动过程，闭门舞是表现送宾客、收东西、清扫场地等的全部劳动过程。

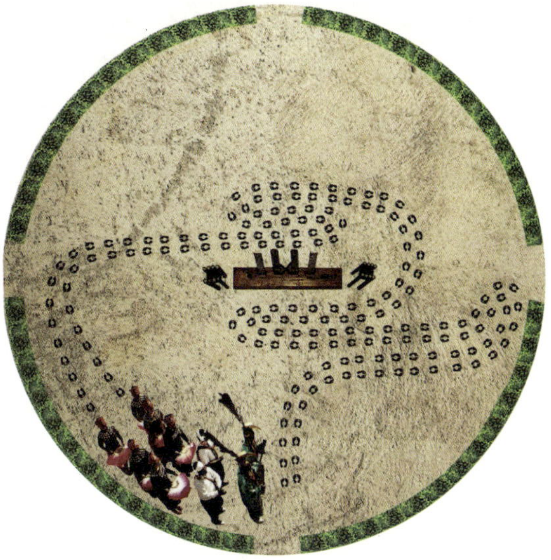

瑙双开场舞蹈图形之“安放天梁”

“瑙双”所表演的舞蹈技艺有严格固定的传统套路和队伍人数（一般8男8女）。服饰也不同于其他舞者，必须是身穿瑙双专用长袍，佩戴“古得磊”（装有犀鸟头，顶插孔雀羽的头饰）。跳舞时不带领其他群众，独成一体。

景颇族认为，“瑙双”是王者至尊，所以舞步都是前行的，只有在做叩拜动作时才有后退步。舞时脚步与鼓点、或音乐、或歌声的音律相吻合，呈现出景颇族特有的舞韵风格。在轻快的舞步中又不失景颇男人的庄重、严肃以及刚劲。

2.“瑙巴”的舞蹈形态

“瑙巴”属群众舞队的领舞者，“瑙巴”的舞步、舞姿灵活多变，有侧身、旁走、直走、曲身、对拜、跨步、摆臂、摆臀等跳法。

“瑙巴”领舞者熟练掌握传统套路图形种类：其图形以“格顺木记”（蕨形）、“森国”（波浪式曲线形）、“格旺”（菱形）为主调。其他图形是以前3种为基础的变形图。舞时要熟练清楚两行舞队何时并行；何时分开而行；何时何地做拜首舞姿和拜几次；就像绘画师一样带领成千上万人在舞场中跳出各式各样的图形；用舞步和舞姿感染舞队人员的兴趣，并让上万余人的舞队秩序井然。

3.群众舞队的舞蹈形态

目瑙纵歌舞是在“瑙双”“瑙巴”的领舞下景颇族男、女、老、少、均可参与的舞蹈。群众舞队除了舞蹈时要按领舞者的路线，脚要以领舞吻合外。上身的舞蹈动作可以千变万化，千姿百态。舞者也可以使用不同的各种道具，例如：景颇男子可挥舞长刀，可手持长枪、长矛等。景颇女人或用手帕、或用扇子、背箩、花朵、舂棒等。使用的器具也可根据舞队方阵的需求来制作。

跳目瑙纵歌舞时舞场里，不同的舞队踏着相同的节奏，不同的舞姿在舞场中秩序井然的来回穿梭，男人手中的长刀和妇女身上的银泡交相辉映，璀璨夺目。礼乐齐鸣、歌声、笙管、大鼓、铓锣、金声玉振，欢声雷动，舞蹈气势恢弘、雄壮优美。因此，目瑙纵歌舞有“天堂之舞”“万人之舞”的美称。

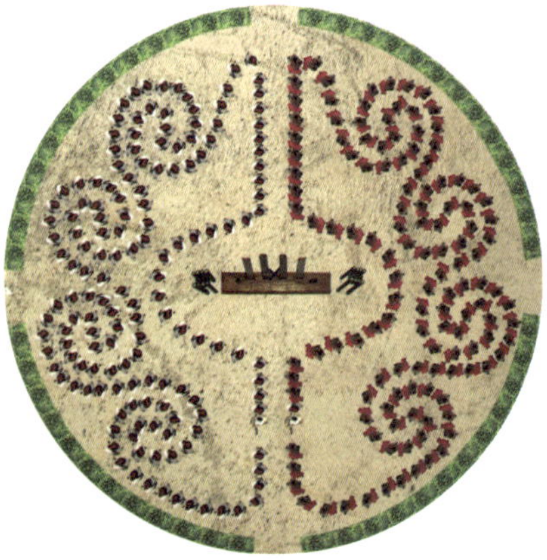
瑙巴舞蹈图形之“格顺木记”（蕨形）

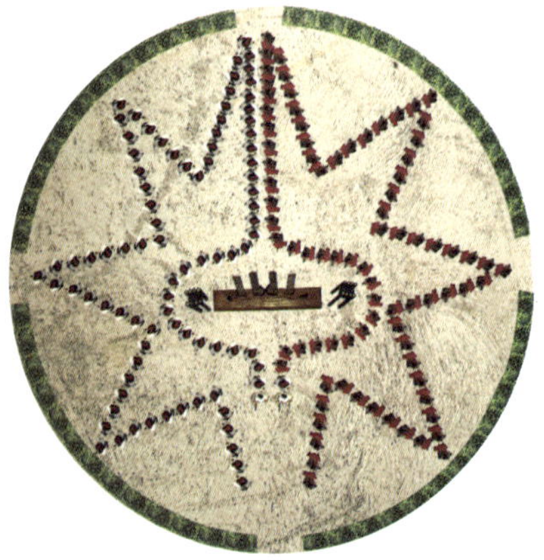
瑙巴舞蹈图形之“森国”
（波浪式曲线图形）

瑙巴舞蹈图形之“格旺”
（菱形）

第三章　目瑙纵歌传承与发展

随着时代的进步、社会的发展、人民生活水平的提高，作为景颇族传统祭祀活动的目瑙纵歌也由最初的宗教祭祀活动发展成如今的节日娱乐活动。德宏各地目瑙纵歌在保持基本形式、内容不变和代表性的民族文化元素不变的基础上，得到了更好的传承与发扬，更加深入人民群众。

第一节　传承保护

一、目瑙纵歌大众化

陇川县景颇族的“目瑙纵歌”已成为全民性的舞蹈，有景颇族的地方就有“目瑙纵歌”，景颇族小孩会走路就会跳“目瑙纵歌”，现在已是全县人民一起跳，就连到陇川的外地人也在同陇川人民一起跳。其舞蹈动作简单易学，舞蹈主要靠长辈言传身教，年轻人耳濡目染，代代相传，有特定的传人。“目瑙纵歌”在陇川县有广泛的群众基础，特别是在景颇族聚居的村寨，在节庆时都不分男女老少集中到村寨的广场尽情狂欢。

1980年后，陇川县每年都要组织较大规模的目瑙纵歌节，全县所有乡（镇）都参与，同时还请有威望的、懂得行进路线的“瑙双”“瑙巴”对后辈进行培训，使之传承下去，各乡（镇）、村的目瑙场地、目瑙示栋保存完好，骨干队伍主要分布在城镇机关及各乡镇。现在陇川县每个乡镇随时都可以组织人数不等的目瑙纵歌，每年县里都在组织上万人的目瑙纵歌狂欢活动。

陇川县曾多次组织以目瑙纵歌为代表的文艺节目参加国内及国外不同级别的文艺演出活动。到新加坡参加“五洲风情艺术节”，当时在新加坡访问的朱镕基总理还接见了演出人员；曾到缅甸进

万人齐聚庆目瑙

行了多次演出活动，国内分别到北京、天津、上海、石家庄、杭州、昆明、海南、湖南及台湾、香港等地进行过演出。2002年到云南电视台参加“迎十六大电视文艺晚会”，在国内多次受到党和国家领导人的接见；2003 年在中央电视台西部频道参加拍摄“西部魅力”春节联欢晚会。

二、传承人

经过多年的培育、培养，陇川组建的景颇文化工作团得到发展壮大，在民间也经培养了一大批不同等级的目瑙纵歌传承人，其主要的代表人物有：

1. 赵保忠：第二批国家级非物质文化遗产项目代表性传承人。
2. 岳麻通：第三批国家级非物质文化遗产项目代表性传承人。
3. 朗增荣：第四批省级非物质文化遗产项目代表性传承人。
4. 岳卫东：第一批州级非物质文化遗产项目代表性传承人。
5. 尚德光：第二批州级非物质文化遗产项目代表性传承人。
6. 何勒崩：第二批州级非物质文化遗产项目代表性传承人。
7. 祁新民：第二批州级非物质文化遗产项目代表性传承人。
8. 排干退：第二批州级非物质文化遗产项目代表性传承人。
9. 董勒段：第二批州级非物质文化遗产项目代表性传承人。
10. 张么弄：州级非物质文化遗产项目代表性传承人。
11. 排麻约：州级非物质文化遗产项目代表性传承人。
12. 李勒卷：县级非物质文化遗产项目代表性传承人。
13. 格任弄兰：县级非物质文化遗产项目代表性传承人。
14. 何麻干：县级非物质文化遗产项目代表性传承人。
15. 排老五：县级非物质文化遗产项目代表性传承人。
16. 王麻诺：县级非物质文化遗产项目代表性传承人。
17. 岳扎糯：县级非物质文化遗产项目代表性传承人。

第二节　融合发展

祭师

一、祭祀仪式

在景颇族社会里，长期存在着原始宗教祭祀活动。但是，随着时代的发展，文化的变迁，景颇族的民间祭祀也在逐渐简化。最初的目瑙纵歌，只有山官家才能举行，而且要准备复杂的祭祀程序。仅仅祭祀活动就要持续几天几夜。自 1978 年以后，目瑙纵歌活动中便脱去了封建迷信及鬼神的外衣，变成了纯粹的娱乐文化活动，祭祀的仪式过程也不再如此复杂。去掉烦琐的唱史诗过程，改为简单的念诵祭献词；减少牲畜的宰杀；取消一些烦琐的仪式过程等。如今的目瑙纵歌祭祀仪式，只是保留了最基本的内容，一些烦琐的程序已经取消，大大节省了时间、资金等。

二、器乐道具

景颇族能歌善舞，有各种各样因地取材的乐器，主要分为打击类和吹奏类2大类。打击乐器有木鼓（象脚鼓）、铓、镲，还有一种叫“增疆”的大鼓，是目瑙纵歌必不可少的伴奏乐器之一。吹奏类的乐器就很多，大多用竹子制成。比如洞巴、筚漫、筚浪、筚荪、土良、勒荣、竹口弦、古竹笛等传统乐器。解放前，边境地区的景颇族器乐还受到西方乐器影响，引进了风笛（景颇族称“巴扎”）、军鼓、簧管乐等西式器乐，在许多场合伴奏形式也采用录制好的音乐，现场伴奏只是一种形式。现在，景颇音乐、器乐不断向多元化发展。

三、服饰

随着社会的不断发展变化，景颇族在与各种外来文化的碰撞与整合，在保留基本图案的基础上，其服饰也改变了传统的元素，加入了很多现代流行元素。以每年的选美比赛中选手们穿着的融合多种元素在一起的舞台化服装最为典型。变化后的服装不仅形式比传统的服装更加多样化，而且更具舞台性和观赏性。这是与外界文化共生互动的结果，与现在流行元素相结合的产物。

现代景颇服饰

第三节　目瑙纵歌影响力

陇川是全国景颇族聚居人口最多的县，被誉为中国目瑙纵歌之乡。云南景颇园是一个以景颇族文化体验为主的综合旅游区，以保护和发展景颇族文化为理念，以了解景颇族文化和体验景颇族生活为主题，集民族文化展示、民俗活动、休闲娱乐、特色餐饮、旅游观光为一体。广山距陇川县城章凤2千米，由2个纯景颇族村寨组成，这里地势起伏、植被丰富、民风纯朴、民居散落、环境优美。1995年以来，在政府和旅游部门的支持下，已进行了初步开发，新建了部分旅游设施和文化设

银泡舞

施，组建了一支民间景颇乐队和民间歌舞表演队，开展了民族村寨游、目瑙纵歌狂欢游、民俗生活体验游等旅游活动。成为集中展示景颇族文化的重要窗口。陇川县广山景颇寨是一个典型的旅游开发村寨，被辟为以景颇族传统文化为特色的乡村旅游项目。在这个旅游项目中，景颇舞蹈（特别是目瑙纵歌）由于观赏性和参与性较强，已经成为一个主要的旅游内容，因此只要有游客的到来，他们都会上演"目瑙纵歌"，目的是为了向外界展示本民族的民族风情和民族文化。

目瑙纵歌堪称世界上最大型的民族舞蹈，也是中缅边民互娱共乐的重要交流形式，对中缅边交关系和双边景颇族群众的族群认同起到了良好的作用。陇川目瑙纵歌在中国旅交会、中国舞蹈节等国家级大型活动中多次博得大奖，借助目瑙纵歌的推广，许多其他类型的景颇歌舞，经提炼推介走出云南，走向世界，为当地的经济社会发展做出贡献。

第四编 人口 民族 宗教

LONG CHUAN XIAN ZHI

LONG CHUAN XIAN ZHI

LONG CHUAN XIAN ZHI

第一章　人　口

陇川县地处祖国边陲，人口比较稀少，中华人民共和国建立时才有5万余人口。1978年，发展到11.29万人，2005年，全县总人口为4.66万户，17.38万人。其中男8.93万人，女8.45人；农业人口13.53万人，非农业人口3.85万人。总人口比1978年增长53.94%。人口分布情况是：山区、半山区土地面积大，但人口稀疏，居住分散，自然村落小，人口密度低；坝区土地面积小，但人口相对稠密，自然村落大。2005年，山区、半山区人口为6.49万人，坝区为10.89万人，是山区的1.68倍。人口出生率10.64‰，死亡率5.6‰；人口迁入率1.01%，迁出率1.02%；少数民族人口占总人口的54.66%，汉族人口占45.34%；60岁以上人口比重为5.82%。大学、高中文化程度人口及从事第三产业人口比重增长较快。

第一节　人口状况

1978年，全县2.32万户，总人口11.29万人。其中男5.55万人，女5.74万人；农村人口10.58万人，城镇人口7100人；农业人口9.95万人，非农业人口1.34万人。全县人口密度58.5人/平方千米。

2005年，全县4.66万户，总人口17.38万人。其中男8.93万人，女8.45万人；农业人口13.53万人，占77.91%；非农业人口3.85万人，占22.15%。人口密度89.9人/平方千米。

具体情况见表：

1978～1993年陇川县人口总数及构成统计表

表4—1　　　　单位：户、万人

年份	总户数	总人口	总人口中					
			男	女	农村人口	城镇人口	农业人口	非农业人口
1978	23209	112887	55522	57365	105800	7100	99488	13399
1979	23194	114853	56385	58468	107700	7200	101323	13530
1980	24059	117697	57831	59866	110200	7400	103622	14075
1981	21442	120654	59470	61470	113000	7500	106656	13988
1982	22536	123527	60820	62707	110200	13300	110206	13321

续表4—1

年份	总户数	总人口	总人口中					
			男	女	农村人口	城镇人口	农业人口	非农业人口
1983	23155	125957	62040	63917	112100	13900	112088	13869
1984	23790	129481	64257	65224	112000	17500	113977	15504
1985	25013	131653	65379	66274	114500	17200	116315	15338
1986	26188	134806	67180	67626	117000	17800	118993	15813
1987	27748	137629	68481	69148	119600	18000	121698	15931
1988	27704	140160	69687	70473	114500	25700	123635	16525
1989	28606	143179	71471	71708	117289	25900	126423	16756
1990	29796	146226	73017	73209	119146	27100	129080	17146
1991	31034	148038	74015	74023	122800	25200	120140	17610
1992	31800	149412	74699	74713	123000	26400	122977	17601
1993	32926	151253	75749	75504	123422	27831	123447	18311

1994～2005年陇川县人口总数及构成统计表

表4—2　　　　单位：户、人

年份	总户数	总人口	其中：			
			男	女	农业人口	非农业人口
1994	34332	153164	76670	76494	134011	19159
1995	35351	154846	77680	77166	134147	20699
1996	36070	156690	78625	78065	134297	22393
1997	37100	158683	79716	78967	135492	23191
1998	38000	160580	80553	80027	137092	23488
1999	38100	162755	81732	81023	131850	30905
2000	38600	165430	83199	82231	134200	31186
2001	39800	167300	84100	83200	135500	31800

续表4—2

年份	总户数	总人口	其中：			
			男	女	农业人口	非农业人口
2002	40900	168635	84635	84000	136249	32386
2003	41300	170149	85400	84749	136784	33365
2004	42000	171700	86400	85300	138000	33700
2005	46611	173852	89325	84527	135350	38502

陇川县第三～五次人口普查及增长情况统计表

表4—3 单位：人、%

地区别	普查数			五普与四普人口比较		平均增长速度百分比%
	1982年三普	1990年四普	2000年五普	增加人口	增长百分比	
章凤镇	18628	24340	40740	16400	67.38	5.29
城子镇	9717	11855	11192	–663	–5.59	–0.57
景罕镇	12003	15386	18588	3202	20.81	1.19
陇把镇	6855	8353	16030	7677	91.91	6.74
清平乡	11256	13029	13142	113	0.87	0.09
王子树乡	11564	13389	13161	–228	–1.70	–0.17
户撒乡	16919	20175	21715	1540	7.63	0.74
护国乡	5861	6817	6259	–558	–8.19	0.85
勐约乡	2586	3100	4587	1487	47.97	4
邦瓦乡	5826	6939	7138	199	2.87	0.28
姐乌乡	4066	5126	8900	3774	73.62	5.67
赛号乡	5813	7447	8554	1107	14.87	1.40
陇川农场	12088	13020				
总计	123178	148976	170006	21030	14.11	1.33

陇川县若干年份人口密度统计表

表4—4　　单位：万人、人/平方千米

年份	总人口	人口密度	年份	总人口	人口密度
1978	11.29	58.5	1993	15.13	78.4
1981	12.06	62.5	1997	15.87	82.2
1985	13.16	68.2	2001	16.73	88.6
1990	14.62	75.7	2005	17.38	89.9

2005年陇川县各乡镇人口密度统计表

表4—5　　单位：万人、人/平方千米

乡（镇）名称	总人口	人口密度	乡（镇）名称	总人口	人口密度
章凤镇	3.90	267.2	王子树乡	1.44	55
城子镇	2.48	124.3	户撒乡	2.26	89.7
景罕镇	2.55	163.5	护国乡	0.64	39.7
陇把镇	1.88	86.64	勐约乡	0.74	37.2
清平乡	1.40	70.7			
王子树乡	1.44	56.3	赛号乡	无统计	

第二节　人口分布

陇川县坝区有6个乡（镇）占土地总面积的23.28%，人口分布相对稠密；山区、半山区6个乡，占土地总面积的76.73%，人口稀疏，居住分散。坝区以傣族、德昂族、汉族为主体，山区以景颇族、阿昌族、傈僳族为主体。

一、城镇人口

主要分布在县城和各乡（镇）集镇。1978年为0.71万人，占总人口的6.29%；1982年为1.33万人，占总人口的10.77%；1993年为2.78万人，占总人口的18.38%；2005年为3.85万人，占总人口的22.15%，比1978年增长4.42倍。

二、农村人口

主要分布在全县各乡镇的村委会。1978年为10.58万人，占总人口的93.7%；1982年为11.02万人，占总人口的89.2%；1993年为12.34万人，占总人口的81.59%；2005年为13.54万人，占总人口的77.88%，比1978年增长27.88%。

三、山坝区人口

按农业区划统计，1982年，山区、半山区为4.12万人，坝区7.41万人，坝区比山区多3.29万人。1990年，山区、半山区为7.23万人，占全县总人口的49.45%；坝区7.39万人，占总人口的50.55%。2005年，山区、半山区为6.49万人，坝区10.8万人，比山区多4.2万人。

四、乡镇人口

1992年，城子镇为1.13万人，占总人口的7.56%；章凤镇2.45万人，占总人口的16.4%；陇把镇8203人，占总人口的5.49%，景罕镇1.56万人，占总人口的10.41%；清平乡1.33万人，占总人口的8.92%；王子树乡1.34万人，占总人口的8.95%；护国乡6873人，占总人口的4.6%；邦瓦乡7009人，占总人口的4.69%；户撒乡1.99万人，占总人口的13.3%；姐乌乡5355人，占总人口的3.58%；勐约乡3088人，占总人口的2.06%；赛号乡7496人，占总人口的5%。2005年城子镇2.48万人，占总人口的14.35%；章凤镇3.9万人，占总人口的22.57%，景罕镇 2.55万人，占总人口的14.26%，陇把镇1.88万人，占总人口的10.82%；清平乡1.4万人，占总人口的8%；户撒乡2.26万人，占总人口的13%；护国乡6352人，占总人口的3.64%；勐约乡7437人，占总人口的4.28%；王子树乡1.44万人，占总人口的8.3%。

第三节　人口变化

一、人口变动

1978年，全县出生3661人，死亡905人，迁入3384人，迁出3270人。2005年，全县出生1835人，其中男949人，女886人；死亡967人，其中男551人，女416人。年内省内迁入1614人，迁出省内1575人，省外迁入133人，迁出省外147人。

1979～2005年陇川县若干年人口变动情况统计表

表4—6　　　　单位：人

年份	迁入	迁出	年份	迁入	迁出
1979	3209	3582	1992	1381	1767
1980	2902	2468	1994	1207	1245
1982	2283	2253	1996	1699	1708
1984	2477	2080	1998	1536	1540

续表4—6

年份	迁入	迁出	年份	迁入	迁出
1986	3154	2792	2000	2045	2711
1988	2437	2594	2002	1602	1627
1990	2085	2258	2005	1747	1720

1985年陇川县各乡镇常住地迁移情况统计表

表4—7　　单位：人

现住地	合计	本省其它县市				省外				其它
		小计	由街道迁入	由镇迁入	由乡迁入	小计	由街道迁入	由镇迁入	由乡迁入	
总计	4184	3149	209	316	2624	935	45	181	709	100
章凤镇	909	601	33	48	520	293	10	112	171	15
城子镇	776	584	68	140	376	154	11	40	103	38
景罕镇	461	408	65	34	309	37	13		24	16
陇把镇	296	225	4	10	211	70	4	12	54	1
清平乡	55	36	4	6	26	11		1	10	8
王子树乡	71	63		5	58	8			8	
户撒乡	79	55	1	4	50	22		4	18	2
护国乡	65	64	2	4	58	1		1		
勐约乡	57	41	1	5	35					16
邦瓦乡	75	68		5	63	5		1	4	2
姐乌乡	81	71		5	66	10			10	
赛号乡	129	116	1	3	112	11			11	2
陇川农场	1130	817	30	47	140	313	7	10	296	

注：1985年7月统计数据。

二、人口增长

陇川县人口增长总的趋势是：5种世居少数民族人口增长明显，全县总人口量增长从20世纪90年代开始减缓，出生率、死亡率、自然增长率均比1978年前低。1978年，全县出生3661人，出生率32.9‰；死亡905人，死亡率8.1‰。年均人口11.14万人，自然增长率24.7‰。2005年，出生率比1978年下降16.61‰；自然增长率比1978年下降16.69‰。总人口为17.38万人，比1978年增加6.09万人，年均增长1.61%，占全州总人口的15.1%。

2000年，第五次人口普查，6周岁以下人口为1.72万人，比1990年第四次人口普查结果2.34万人，减少0.62万人，年递减3.6%。1990年，第四次人口普查比1982年第三次人口普查数增加3328人，年递增2%。

1978～2005年陇川县若干年人口变动情况统计表

表4—8　　单位：人、‰

年份	出生		死亡		年均人口数	自然增长率
	人口数	出生率	人口数	死亡率		
1978	3661	32.9	905	8.1	112887	24.7
1980	3262	28.1	889	7.6	116275	20.4
1982	3641	29.8	1220	10.0	122091	16.9
1984	4003	30.2	1117	8.4	132764	21.7
1986	3990	28.9	1026	7.4	138137	32.3
1988	3737	26.2	1132	7.9	142609	18.8
1990	3521	23.7	1022	6.9	148570	17.3
1992	2441	16.4	1025	9.6	150370	9.5
1994	2486	15.57	1088	6.74	152208	8.83
1996	2397	15.5	990	6.36	155768	9.08
1998	2385	19.0	1096	6.87	159652	8.07
2000	2459	14.99	1017	6.20	166554	8.79
2002	2002	17.02	1173	6.88	166824	4.88
2004	2773	16.37	1115	6.58	171453	5.27
2005	2832	16.29	1440	8.28	173852	8.01

2005年陇川县各乡镇人口出生、死亡增长率统计表

表4—9　　单位：‰

地区	出生率	死亡率	自然增长率
章凤镇	15.2	3.9	11.3
城子镇	8.99	5.1	2.65
景罕镇	7.16	4.6	1.85
陇把镇	7.46	13.5	–5.97
清平乡	14.99	9.5	5.53
王子树乡	5.82	1.1	4.72
户撒乡	17.03	5.2	11.83
护国乡	3.91	2.9	1.01
勐约乡	10.01	4.9	5.12

第三次至第五次人口普查陇川县主要民族人口比重、增长速度统计表

表4—10　　单位：人、%

民族	三普（1982年）人口数	四普（1990年）人口数	五普（2000年）人口数	比重（%）			年均增长速度
				1982年	1990年	2000年	
汉族	57729	65067	78473	46.92	43.68	46.16	1.49
景颇族	32901	42209	43522	26.71	28.33	25.60	3.16
傣族	18635	23792	27390	15.13	15.97	16.11	3.10
阿昌族	8732	11009	12221	7.09	7.39	7.19	2.94
傈僳族	2799	3734	4541	2.27	2.51	2.67	3.67
德昂族	757	980	1171	0.61	0.66	0.69	3.28
白族	667	960	1150	0.54	0.64	0.67	4.66
回族	347	419	583	0.28	0.28	0.34	2.38

第四节　人口结构

一、民族结构

陇川县居住着汉、景颇、傣、阿昌、傈僳、德昂等29种民族。其中傣、景颇、德昂、傈僳、阿昌为世居民族。1978年，少数民族人口5.78万人，占总人口的51.2%。2000年，第五次人口普查，全县总人口17万人，其中景颇族4.35万人，占总人口的25.6%；傣族2.74万人，占总人口的16.11%；阿昌族1.23万人，占总人口的7.19%；傈僳族0.45万人，占总人口的2.67%；德昂族0.12万人，占总人口的0.69%；汉族7.85万人，占总人口的46.16%；其他民族0.27万人，占总人口的1.58%。2005年，少数民族人口占全县总人口的55.12%，比1978年增3.47个百分点。从第五次人口普查情况看，增长速度较快的是白族，其次是傈僳族。

1978～2005年陇川县若干年主要民族人口结构统计表

表4—11　　单位：人、%

年份	汉族		景颇族		傣族		阿昌族		傈僳族		德昂族	
	人口	占%	人口	占%	人口	占%	人口	占%	人口	占%	人口	占%
1978	55054	48.77	29220	25.88	16890	14.96	7898	7.0	2376	2.1	721	0.64
1980	56938	50.44	30983	26.32	17351	14.74	8240	7.0	2528	2.15	725	0.62
1982	59540	48.20	32345	26.18	18068	14.63	8801	7.12	2751	2.23	789	0.64
1984	61503	47.50	34492	26.64	19543	15.09	9124	7.03	2762	2.13	840	0.65
1986	63453	47.07	36096	26.78	20596	15.28	9567	7.10	3003	2.23	891	0.66
1988	64828	46.25	37799	26.97	21984	15.68	10123	7.22	3198	2.28	921	0.70
1992	66769	44.69	41363	27.68	23830	15.96	11223	7.51	3755	2.51	1047	0.70
1994	68707	44.86	42000	27.42	24571	16.04	11444	7.47	3930	2.75	1055	0.69
1996	70284	44.85	42498	27.12	25616	16.34	11793	7.21	3944	2.52	1084	0.69
1998	72262	45.0	43007	26.78	26436	16.46	12034	7.49	4110	2.56	1101	0.69
2002	76534	45.38	44556	26.42	27809	16.49	12462	7.39	4310	2.56	1101	0.65
2005	77955	44.88	45987	26.47	29055	16.74	12965	7.48	4603	2.65	1098	0.63

从1978～2005年全县主要民族所占比重看，总的比重变化不明显。其中汉族所占比重略有下降，其他民族所占比重略有上升。

2005年陇川县各乡（镇）民族分布统计表

表4—12　　单位：人

地区	总人口	汉族	景颇族	傣族	阿昌族	傈僳族	德昂族	其他民族
总计	172838	76940	45769	29143	13000	4598	1101	2187
章凤镇	39007	17712	2940	16116	411	113	1079	636
城子镇	24801	11075	8453	4528	279	119	0	347
景罕镇	25464	11561	8650	4776	79	127	18	253
陇把镇	18784	14007	3178	159	111	775	0	554
清平乡	13962	2206	8067	3186	18	431	3	51
王子树乡	14423	7436	6676	14	145	58	0	94
户撒乡	22608	7269	418	358	11955	2371	1	236
护国乡	6352	4082	1617	5	1	596	0	51
勐约乡	7437	1592	5770	1	1	8	0	65

注：姐乌、赛号人口统计在并入乡镇内，陇川农场人口不在统计数内。

二、性别和年龄结构

从1978～2005年人口统计看，女略多于男，年平均为60764人。最高年份1979年，女比男多2083人，最低年份1991年，女比男多8人。从1993年开始，男比女多，最高年2005年，男比女多1510人。最低年1994年男比女多176人。基本特征是20世纪80年代起，女性比例逐年下降至90年代初。从90年代中期起至2005年，男性逐年比女性多。从年龄段状况看，1990年“四普”时，0～19岁，男性比女性多，比1982年“三普”时上升1个年龄段。30～39岁男女性别基本持平。40岁以上，则女性渐多于男性，2000年“五普”情况基本同“四普”。

陇川县第四～五次人口普查性别构成和性别比例统计表

表4—13　　单位：人、%

地区	“四普”（1990年）						“五普”（2000年）					
	总人口	男		女		性别比例	总人口	男		女		性别比例
		人数	比重	人数	比重			人数	比重	人数	比重	
全县	148976	75034	50.37	73942	49.63	101.5	170006	87233	51.31	82773	48.69	105.39

续表4—13

地区	"四普"（1990年）						"五普"（2000年）					
	总人口	男		女		性别比例	总人口	男		女		性别比例
		人数	比重	人数	比重			人数	比重	人数	比重	
章凤镇	24340	12251	53.33	12089	49.67	101.34	40740	20833	51.14	19907	48.86	104.65
城子镇	11855	6166	52.01	5689	47.99	108.38	11192	5694	50.89	5498	49.12	103.56
景罕镇	15386	7789	50.62	7597	49.38	102.33	18588	9430	50.73	9158	49.27	102.97
陇把镇	8353	4299	51.47	4054	48.53	105.99	16030	8200	51.15	7830	48.85	104.73
清平乡	13029	6518	50.03	6511	49.97	100.11	13142	6794	51.70	6348	48.30	107.03
王子树乡	13389	6643	49.62	6746	50.38	98.47	13161	6879	52.27	6282	47.73	109.50
户撒乡	20175	9943	49.28	10232	50.72	97.18	21715	10953	50.44	10762	49.56	101.77
护国乡	6817	3494	51.25	3328	48.75	105.15	6259	3321	53.06	2938	46.94	113.04
勐约乡	3100	1545	49.84	1555	50.16	99.36	4587	2442	53.24	2145	46.76	113.85
邦瓦乡	6939	3487	50.25	3452	49.75	101.01	7138	3730	52.26	3408	47.74	109.45
姐乌乡	5126	2576	50.25	2550	49.75	101.01	8900	4571	51.36	4329	48.64	105.59
赛号乡	7447	3723	49.99	3724	50.01	99.97	8554	4386	51.27	4168	48.73	105.23
陇川农场	13020	6600	50.69	6420	49.31	102.8						

1990年陇川县第四次人口普查年龄构成分析统计表

表4—14　　单位：人、%

地区	总人口	0～14岁所占比重	15～59岁所占比重	60岁以上所占比重	年龄中位数（岁）	社会负担总数	少年负担总数
合计	148976	36.37	57.81	5.82	21.05	72.98	62.92
章凤镇	24340	35.8	58.3	5.9	21.51	71.5	61.4
城子镇	11855	28.46	66.41	8.13	23.84	50.58	42.86
景罕镇	15386	36.63	58.16	5.21	20.95	71.95	63
陇把镇	8353	38.43	56.41	5.16	19.66	77.27	68.12
清平乡	13029	39.75	54.52	5.73	19.45	83.4	72

续表4—14

地区	总人口	0～14岁所占比重	15～59岁所占比重	60岁以上所占比重	年龄中位数（岁）	社会负担总数	少年负担总数
王子树乡	13389	41.1	53.07	5.83	18.71	88.42	77.44
户撒乡	20175	39.7	53.85	6.45	20.11	85.68	73.71
护国乡	6817	40.12	54.19	5.69	19.07	84.54	74.04
勐约乡	3100	40.13	54.45	5.42	19.15	83.65	73.7
邦瓦乡	6939	39.95	55.18	4.87	18.93	81.22	72.39
姐乌乡	5126	39	55.2	5.8	19.56	57.19	70.06
赛号乡	7447	38.62	55.78	5.6	19.65	83.65	73.7
陇川农场	13020	22.5	70.13	7.35	20.26	42.59	32.11

陇川县第四～五次人口普查年龄性别与比重统计表

表4—15　　单位：人、%

年龄组	1990年						2000年					
	总人口			比重			总人口			比重		
	合计	男	女	合计	男	女	合计	男	女	合计	男	女
累计	148976	75030	73946	100	50.36	49.64	170006	87233	82773	100	51.32	48.69
0～4岁	20089	10268	9821	13.49	13.68	13.28	14391	7489	6902	8.46	4.41	4.06
5～9岁	17313	8762	8551	11.62	11.68	11.56	14777	7634	7143	8.69	4.49	4.20
10～14岁	16781	8498	8283	11.26	11.32	11.2	20047	10342	9705	11.79	6.08	5.71
15～19岁	16793	8582	8211	11.27	11.44	11.1	15904	8432	7472	9.35	4.96	4.4
20～24岁	16329	8399	7930	10.96	11.19	10.72	15833	8387	7446	9.31	4.93	4.38
25～29岁	13112	6843	6269	8.8	9.12	8.47	17151	9011	8140	10.09	5.30	4.79
30～34岁	10643	5321	5322	7.14	7.09	7.2	16617	8614	8003	9.77	5.07	4.71

续表4—15

年龄组	1990年						2000年					
	总人口			比重			总人口			比重		
	合计	男	女	合计	男	女	合计	男	女	合计	男	女
35～39岁	7341	3732	3609	4.93	4.97	4.88	13467	7081	6386	7.92	4.17	3.76
40～44岁	6475	3222	3253	4.35	4.29	4.4	10598	5361	5237	6.23	3.15	3.08
45～49岁	5764	2780	2984	3.86	3.7	4.04	7174	3631	3543	4.22	2.14	2.08
50～54岁	5353	2639	2714	3.59	3.52	3.66	6198	3022	3176	3.65	1.78	1.87
55～59岁	4313	2165	2148	2.9	2.89	2.9	5209	2495	2714	3.06	1.47	1.60
60～64岁	3267	1618	1649	2.19	2.16	2.23	4679	2220	2459	2.75	1.31	1.45
65～69岁	2443	1137	1306	1.64	1.52	1.77	3255	1548	1707	1.91	0.91	1
70～74岁	1479	579	900	0.99	0.72	1.22	2361	1089	1272	1.39	0.64	0.75
75～79岁	805	285	520	0.54	0.38	0.7	1374	576	798	0.81	0.34	0.47
80～84岁	413	115	298	0.28	0.15	0.4	626	199	427	0.37	0.12	0.25
85～89岁	195	66	129	0.13	0.09	0.17	241	78	163	0.14	0.05	0.1
90～94岁	44	14	30	0.03	0.02	0.04	73	19	54	0.04	0.01	0.03
95～99岁	21	9	12	0.01	0.01	0.01	24	5	19	0.01	0	0.01
100岁以上	3		3	0.004		0.004	7		7	0	0	0

三、文化结构

根据第三、四、五次人口普查数据显示，2000年同1982年文化结构状况比较，每万人中大学文化程度由16人上升到102人，上升率537.5%；高中文化程度由239人上升到358人，上升率49.79%；初中文化程度由896人，上升上2028人，上升率126.34%；小学文化程度由2519人，上升为4466人，上升率77.29%；文盲、半文盲人数占总人口的比例，由47.04%下降为9.11%。

陇川县第三～五次人口普查文化人口结构比较统计表

表4—16

文化程度	"三普"（1982年）		"四普"（1990年）		"五普"（2000年）	
	人口	万分比	人口	万分比	人口	万分比
大学	200	16.24	576	38.66	1733	101.94
高中	2941	238.76	4481	300.79	6081	357.69
初中	11031	895.53	17860	1198.5	34485	2028.46
小学	31044	2518.63	51940	3486.47	75931	4466.37
中专	1000	81.18	1679	122.7	4090	240.58
文盲、半文盲	25940	2105.9	48472	3253.67	30468	1792.17

1990年陇川县第四次人口普查各地区文化程度统计表

表4—17　　单位：人、%

地区	大学		中专		高中		初中		小学		文盲半文盲	
	人数	占比	人数	占比	人数	占比	人数	占比	人数	占比	人数	占比
总计	576	0.38	1679	1.13	4481	3.01	17860	11.99	51904	34.84	48472	32.54
章凤镇	86	0.35	208	0.85	621	2.55	2649	10.88	7599	31.22	9130	37.51
城子镇	250	2.11	677	5.71	1061	83.95	2470	20.84	3846	32.44	2104	17.75
景罕镇	29	0.19	138	0.9	404	2.62	1779	11.56	5810	37.76	4751	30.88
陇把镇	13	0.15	66	0.79	233	2.79	1076	12.88	3579	42.85	2053	24.58
清平乡	10	0.08	76	0.28	129	0.99	831	4.38	4896	37.58	4940	37.92
王子树乡	7	0.05	79	0.59	147	1.1	945	7.06	4851	36.23	4988	37.25
户撒乡	20	0.1	83	0.41	219	1.09	1396	6.92	6863	33.89	7947	39.39
护国乡	3	0.04	37	0.54	76	1.11	503	7.38	2540	37.26	2539	37.25
勐约乡	9	0.29	31	1	47	1.52	342	11.03	1212	39.1	931	30.02
邦瓦乡	4	0.06	39	0.56	68	0.98	504	7.26	2677	38.56	2445	35.24
姐乌乡	1	0.02	22	0.43	60	1.17	481	9.38	1920	37.46	1772	34.57
赛号乡	13	0.17	43	0.58	104	1.4	719	9.65	2905	39.01	2408	32.34
陇川农场	131	1.01	180	1.38	1312	10.08	4165	31.99	3231	24.82	2464	18.92

2000年陇川县第五次人口普查各类人口文化程度统计表

表4—18　　单位：人

类别	合计	大学		中专	高中	初中	小学	文盲、半文盲
		本科	专科					
总计	9981	11	162	339	501	2389	4557	2022
各类专业技术人员	465	7	82	226	87	46	17	
国家机关党群组织企事业单位负责人	101	1	30	29	12	25	4	
办事人员和有关人员	161	0	37	41	30	37	14	2
商业服务业人员	499	1	7	18	71	235	136	31
农林牧渔水利生产人员	8201	0	0	15	177	1748	4291	1970
生产运输工人及有关人员	551	2	6	10	123	297	95	18
不分类的其他从业人员	3				1	1	0	1

四、职业结构

1990年第四次人口普查，全县实际在业人口（15岁以上）7.53万人，占总人口的50.54%。其中妇女3.53万人，占在业总人口的46.93%。在业人口按年龄属性类型分：青年（15～24岁）2.65万人，占35.2%；壮年（25～49岁）4.15万人，占55.12%；中老年（50～59岁）5920人，占7.83%；老年（60年以上）1379人，占1.85%。按行业部类分：农业人员占63.9%，工业人员占17.65%，建筑业人员占1.3%，交通运输、邮电人员占2.79%，房地产管理、公用事业、居民服务和咨询服务人员占0.22%，商业、饮食业、物资、供销、仓储人员占5.79%，卫生、体育和社会福利事业人员占2.68%，教育、文化艺术和广播电视事业人员占2.39%，科研和信息技术人员占0.01%，金融、保险业人员占0.37%，党政机关及社会团体人员占2.9%。按职业类分：各类专业技术人员占4.68%，国家机关党群组织、企事业单位负责人占1.34%，办事人员及有关人员占1.83%，商业工作人员占1.73%，服务性工作人员占1.22%，农、林、牧、渔劳动者占83.95%，生产工人、运输工人和有关人员占5.25%。

1989年陇川县各种职业男女人口数比较统计

表4—19　　单位：人、%

职业	合计	男	%	女	%
总计	75290	39953	53.07	35337	46.93
各类专业技术人员	3527	1864	52.85	1663	47.15
国家机关党群组织、企事业单位负责人	1009	931	92.27	78	7.73

续表4—19

职业	合计	男	%	女	%
办事人员和有关人员	1367	1124	82.22	243	17.78
商业工作人员	1303	493	37.84	810	62.16
服务工作人员	918	267	29.08	651	70.92
农、林、牧、渔劳动者	63203	32416	51.29	30787	48.71
生产运输工人和有关人员	3963	2858	72.12	1105	27.88

2000年陇川县各种行业男、女人口数比较统计表

表4—20　　单位：人、%

职业	合计	男	%	女	%
总计	9981	5228	52.38	4753	47.62
农林牧渔业	8194	4261	52	3933	48
采掘业	12	9	75	3	25
制造业	385	220	57.14	165	42.86
电力、煤气、自来水生产供应	41	25	60.98	16	39.02
建筑业	102	86	84.31	16	15.69
地质勘查水利管理业	5	3	60	2	40
交通运输仓储邮电通信业	117	102	87.18	15	12.82
批发和零售贸易餐饮业	364	139	38.19	225	61.81
金融保险业	30	17	56.67	13	42.33
房地产业	1	1	100	0	0
社会服务业	93	39	41.94	54	58.06
卫生体育和社会福利业	103	41	39.81	62	60.2
教育文艺广播电视电影业	238	109	45.80	129	54.22
科学研究综合技术服务业	3	2	66.67	1	33.33
国家政党机关和社会团体	261	158	60.54	103	39.46
其它行业	32	16	50	16	50

第二章　人口控制

20世纪50年代前，陇川仅有5万余人，人烟稀少，人口密度每平方千米不到26人。中华人民共和国建立后，人口迅增。70年代，人口生育进入高峰期。为使人口增长与经济和社会发展相适应，与资源和生态环境相协调，县委、县政府根据国务院关于“提倡晚婚和计划生育”的指示精神，开展人口控制和实施工作。1974年，成立县计划生育领导小组。1985年，正式设立县计划生育委员会，依法管理计生工作。各乡镇相继成立计划生育办公室。90年代前，对少数民族计划生育政策有所放宽。90年代后，各民族生育要求基本统一，群众对计划生育的认识有所提高，违反计划生育政策的事只在农村局部地区偶有发生。

第一节　机　构

一、县计划生育局

1974年，陇川县成立计划生育办公室，1984年初，并入卫生局，改为计划生育股。1985年1月，成立陇川县人民政府计划生育委员会，简称“计生委”，2002年5月30日，更名为人口和计划生育局，内设办公室、计财股、法规股、宣传股、流动人口管理办公室。

二、基层机构

1974年1月，县计划生育办公室成立后，各公社相应成立计划生育领导小组。1979年11月，全县10个公社设立计划生育办公室，配备专职干部各1名，在公社计划生育领导小组的指导下开展工作。至1985年，全县69个大队均设1名半脱产的计划生育宣传员，月补助现金25元，由县财政拨款。1990年，乡镇计划生育专职干部增加到17名，每个乡镇至少有1名。2002年5月，每个村民小组配备1名计划生育信息员，全县共配备781人，人月补助10元，全县计生专职干部（含计生局）95人。

第二节　生育宣传

1978年前，县计生办在“五七”工厂开展计划生育宣传试点，计划生育节育率比试点前提高41个百分点，取得初步成功。

1979年1月，县委、县革命委员会召开计划生育工作会议，宣传贯彻中共中央提出的“一对夫妇生育子女数最好一个，最多两个”的政策规定。会后发出《做好陇川县计划生育工作的意见》的通知。要求县直各单位发挥职能部门作用，配合计生、卫生单位，掀起计划生育宣传活动高潮。

县计生工作人员入村宣传政策

通过1年宣传，全县人口自然增长率由1972年前的32.4‰降为20.52‰。女性晚婚人数253人，占女性初婚人数的42.8%。计划生育人数1152人，占总出生人数的34.56%。有2582人采取节育措施。在1980年12月5日州政府召开的全州计划生育表彰会上，陇川县有4个公社，24个大队，15个企事业单位受到表彰。

1982年春，由计生办、司法、民政、妇联、共青团等部门组成计划生育宣传队，分赴全县10个公社，通过召开会议、座谈会、走访、张贴标语、放映电影、发放宣传画等形式，宣传国家的计划生育方针、政策，开展“计生宣传月”活动。

1983年，云南省计划生育巡回展出组，到陇川县城展出计划生育图片、标本等7天，约1万人观看展出。

1985年，全县对《德宏州计划生育若干问题实施细则》进行宣传。护国区政府由区乡长17名计划生育干部组成的宣传组，分两组赴全区6个乡43个社开展为期半月的宣传活动，放电影2场，发放避孕药具475盒，全区1200人受到教育。护国幸福乡，当年出生率下降9.08‰，多胎率下降9.58‰，节育率提高30.52%，由计划生育“老大难”乡，变成“全国计划生育先进单位”。

1986年，县计生委组织医务技术人员到山区开展“宣传到家，避孕到家、妇幼保健到家”服务活动。年终全县人口出生率比上年下降1.6‰，节育率提高5.46‰，人口自然增长率比州下达的指标数额下降1.7‰。户撒区多胎率比上年下降57%，节育率提高11.3%，“三术”（结扎、放环、取环）率提高5.4%。

1990年元月，全面推行计划生育责任制。县、乡、村各级领导相互签订责任合同书。1993年，全县出生婴儿2410人，比控制数少590人；出生率15.92‰，比上年下降0.94个千分点；历年独生子女领证人数达1401人。此后，县、乡村普遍开设婚育知识学校和教学点，计划生育技术人员定期到上属学校和教学点开展计划生育基础知识教育。建立以宣传教育为主、避孕节育为主、经常性工作为主的学前型管理机制。

2002年9月1日，正式实施《中华人民共和国人口与计划生育法》及新修订的《云南省计划生育条例》。通过宣传月、纪念日、赶集日出动宣传车，集中人力开展宣传。

2005年，开始推行计划生育村民自治，通过《计划生育村民自治章程》成立村民代表小组，与育龄妇女签订“计划生育村民自治协议”，形成村民自我管理。

1979～2005年陇川县择年人口控制、比较统计表

表4—21

项 目	年 份				比 较		
	1979	1990	1998	2005	1990比1979	1998比1990	2005年比1998
人口出生率（‰）	29.27	23.07	15.5	16.29	–6.2	–7.59	+0.79
人口自然增长率（‰）	20.52	16.10	9.5	8.01	–4.42	–6.60	–1.49
人口死亡率（‰）	8.75	6.97	6	8.28	–1.78	–0.97	+0.28
女性晚婚数（人）	253	365			+112		
独生子女人数（人）	67	490			+423		
计划生育率%	34.56	80.73			+46.17		

1979～2005年陇川县择年人口控制状况统计表

表4—22　　单位：人、‰

年份	晚婚			独生		计生		计划外出生	
	女性初婚人数	晚人数	晚婚率	独生子女数	领证率	计划生育人数	计划生育率	计划外生育数	计划外生育率
1979	590	253	43.88	67	2.3	1152	34.56	2181	65.44
1981	844	348	41.2	192	6.2	2195	70.06	938	29.94
1983	814	346	42.51	516	15.87	2117	62.84	1252	37.16
1985	838	314	37.47	251	1.17	2574	73.61	923	26.39
1987	1078	435	40.35	391	1.69	2626	72.18	1012	27.82
1989	1063	429	40.36	440	1.72	2922	79.62	748	20.38
1991	1102	521	47.28	1019	3.84	2656	86.15	427	13.85
1993	1069	652	60.99	1401	5.19	2038	84.56	372	15.42
1995	1121	511	45.58	253	0.93	1921	90.36	205	9.64
1997	1198	599	50	91	0.31	2106	92.65	167	7.35
1999	1136	617	54.31	158	0.51	1839	77.5	534	22.5
2001	1139	539	47.32	75	0.22	1924	82.19	417	17.81
2003	1062	400	37.66	20	0.05	1628	88.62	209	11.38
2005	1117	343	30.71	1236	3.44	1643	96.93	52	3.07

1979～2005年陇川县择年人口控制生育基本情况统计表

表4—23

年份	总人口	出生率（‰）	依法生育（%）	死亡率（‰）	自然增长率（‰）	综合避孕率（%）	优先节育率（%）	绝育率%
1979	114853	29.27	34.56	8.75	20.52	14.78	4.22	1.68
1981	120654	26.29	43.18	9.35	16.94	56.30	5.37	2.16
1983	125957	26.88	62.84	8.10	18.87	66.75	25.5	5.21
1985	131653	26.8	73.14	8.42	18.38	46.56	30.4	13.06
1987	137629	28.17	72.18	7.00	21.16	61.18	29.43	12.62
1989	143179	26.77	79.62	8.05	18.72	59.62	35.88	13.67
1991	148038	21.58	86.15	7.96	14.46	68.83	55.85	16.88
1993	151253	16.73	84.56	7.03	9.70	77.65	70.95	16.46
1995	154846	14.53	90.36	6.73	7.76	80.38	73.88	12.45
1997	158683	14.47	92.65	5.46	9.01	83.49	77.4	11.77
1999	162755	14.66	77.5	6.24	8.42	84.73	78.19	10.25
2001	167300	20	62.5	5.96	12	66.13	63.17	12.63
2003	170149	18	88.6	7.48	10.05	85.7	79.14	7.89
2005	173852	16.29	95.63	8.28	8.01	87.59	78.82	6.92

2000年陇川县分年龄、孩次生育状况统计表

表4—24　　单位：人、‰

年龄别	育龄妇女人数	出生数	生育率	第一孩		第二孩		第三孩	
				出生数	生育率	出生数	生育率	出生数	出生率
15～19岁	710	26	36.62	24	33.8	2	2.82	0	0
20～24岁	717	106	147.84	77	107.39	28	39.05	1	1.39
25～29岁	803	97	120.8	48	59.78	35	43.59	14	17.43
30～34岁	839	40	47.68	7	8.34	23	27.41	10	11.92
35～39岁	675	9	13.33	1	1.48	5	7.41	3	4.44

续表4—24

年龄别	育龄妇女人数	出生数	生育率	第一孩		第二孩		第三孩	
				出生数	生育率	出生数	生育率	出生数	出生率
40～44岁	485	1	2.06	0	0	0	0	1	2.06
45～49岁	361	0	0	0	0	0	0	0	0
总计	4590	279	60.78	157	34.2	93	20.26	29	6.32

第三节　生育政策

一、生育

1979年前规定：城镇居民、机关、企事业单位、农场及农村汉族地区一对夫妇最多生两个孩子，生育间隔期3年以上，严控生3胎。1982年后规定：汉族干部职工、城镇居民，一对夫妇只准生育1个孩子，有特殊情况的可酌情安排生二胎；当地少数民族干部、职工、城镇居民，放宽1个，有特殊情况经批准，可安排生三胎；农村汉族最多生2个。当地少数民族群众，指标不下达到人，生育孩子数控制在3个为宜。进入20世纪90年代后，各民族生育要求基本统一，唯生育间隔期有别。

二、奖励

【晚婚】　1990年规定：农村女23周岁、男25周岁以上，城镇女24周岁、男28周岁以上结婚视为晚婚，除正常婚假外，干部职工加25天鼓励假，假期按出勤对待。农民由乡政府规定。

【晚育】　1984年规定：女24周岁生育第一胎为晚育，干部职工延长产假15天，产假期间领取独生子女证的再增加15天，假期按出勤对待。农民由乡政府规定。

【独生子女】　1990年规定：所属独生子女，每月奖励10元，一次性奖励资金为200元，同时在入托、入园、入学、招工、招干、住房、宅基地分配等方面优先照顾。

2003年7月，对农业人口独生子女实行“奖、优、免、补”政策。

【无子女】　1980年规定：终身无子女者，干部、职工可享受100%退休金待遇；农村五保户，除照顾粮食外，每月补助现金3～5元。

【节育】　1984年规定：做节育手术者凭医生证明给予休假。干部职工工资照发，不影响出勤、评奖；农民半年内可免予公益劳动，并给予节育手术营养补助。1990年规定为男扎30元，女扎50元，放环5元。

三、病残儿童鉴定

1982年后，由县计生局、县卫生局、县医院、县妇幼保健院、县计生服务站技术人员组成医学鉴定组，对城镇非农业户口因一孩病残，申请生育二孩，进行医学鉴定。

四、计划生育政策执行情况

1979年，国家颁布计划生育有关法律、法规及奖惩政策以后，县计生委执行省、州制定的奖惩政策。一方面抓宣传教育，落实政策；另一方面抓检查执行情况，对违反计划生育政策的个人毫不留情，从严惩处。

第四节　技术服务

一、技术力量

1979年前，全县计划生育技术服务主要由县医院、县妇幼保健站承担。

1980年起，县医院、县妇幼保健站、章凤中心医院、陇川农场医院及各乡级卫生院均可承担各种计划生育手术任务。

1980年1月，县计划生育技术服务站成立，有中、初级技术服务人员4名。至2005年，县计生服务站有技术服务人员12人。其中主治医师1人，医师11人，承担着全县80%以上的计生服务手术。全县有9个乡（镇）设立计生服务所，有技术服务人员27人。

二、技术指导

1978～1984年，全县计生节育坚持以用药为主，普及使用避孕针剂、药片和避孕套。

1985～1987年，节育采取以“放环为主，结扎跟上”的方针，放环妇女年均达1001人。

1988年后，计划生育进入依法实施时期，节育采取“一放、二扎”的方针，即要求已婚妇女有一个孩子的放环，有两个孩子的结扎。仅1981～1993年，结扎、放环人数累计达2.2万人，年均1696人。2001年10月，国家正式实施《计划生育服务条例》，避孕方法，育龄妇女可知情选择。

2005年，全县已婚育龄妇女，采取长效避孕措施2.84万人，避孕率78.82%；采取针药具避孕措施3158人，避孕率为8.78%。农业人口独生子女家庭累计领证1978户，占农业人口的39.66%。

三、药具管理

避孕药具主要包括宫内节育器、各种口服及注射避孕药、阴道药具和避孕套4类。

药具的管理经历了3次重大改革：1978年前，药具采取廉价销售的办法； 1979～2000年，全县实行免费供应避孕药，并组织送货上门；2001年10月后，向农村实行计划生育的育龄夫妇免费提供避孕节育技术服务。

1988年县计生服务站成立后，设1名专职药具管理员负责全县的计划编报、药具领取、保管和发放工作。乡（镇）由计生专干和村宣传员负责。

四、服务状况

1979年，全县共施行节育手术1216例，综合节育率达14.26%。其中输卵管结扎231例，放环350例，取环56例。县妇幼保健站为812对已婚夫妇进行了计划生育技术指导。

1980年，全县采取绝育、节育措施总人数6566人，其中当年进行技术服务1973人。综合节育率由上年的14.62%提高到46.5%。1981～1990年，全县接受计划生育技术服务总人数达8.66万人，年均0.87万人，为1979年的7.2倍。综合节育率达63.29%，比1980年提高16.79%。1995年，全县综合避孕率80.38%，优选节育率73.88%，绝育率12.45%。2005年，通过“三为主”（以宣传为主、避孕为主、经常性工作为主）的服务，全县综合避孕率达87.59%，比1995年增7.21%，优选节育率78.82%，比1995年增4.94%； 绝育率6.92%，比1995年少5.53%。1997年，县计生服务站经省验收，在全州率先争到了“达标站”。

五、优生优育

主要通过卫生部门对出生婴儿采取新法接生，计划免疫和儿童保健措施，对新婚夫妇进行婚前体检，婚后指导，开办新法接生培训班，至2005年，已培训新法接生员400余名。县、乡、村三级妇幼保健网基本形成，托儿所、幼儿园、学前班在城镇已配套，部分村委会小学已开办学前班。

第五节　流动人口计生管理

1991年5月，省政府发布《云南省流动人口计划生育管理规定》。计生、公安、工商等部门，在县政府的领导下，分工负责，互相配合，共同做好流动人口计划生育管理工作。

1995年9月18日，陇川县计生委成立流动人口稽查队，负责全县流动人口的清理整顿工作。

1999年1月，国务院颁布《流动人口计划生育管理办法》。2002年，县政府成立“流动人口计划生育综合管理办公室”。负责对流动人口的信息采集、登记建档，办理婚育证明、技术服务、奖励优惠、统计上报、返回注销等工作。

第三章　民　族

陇川县居住有29种民族，其中世居民族有傣族、景颇族、阿昌族、德昂族、傈僳族、汉族等。2005年，全县总人口为17.38万人，其中少数民族人口9.59万人，占55.5%。各民族的宗教信仰、生活习俗都有所不同。改革开放后，县民宗局在贯彻落实《中华人民共和国民族区域自治法》的工作中，加强民族事务管理，服务民族经济，使全县展现出民族团结和睦，人民生活日益改善的新局面。

第一节　民族构成

陇川县是一个多民族聚居的边境县，居住着傣、景颇、阿昌、傈僳、德昂、白、回、汉等29种民族。有常住少数民族22种，其中傣、景颇、阿昌、德昂、傈僳5种民族为陇川县世居少数民族。

1978年，全县少数民族人口5.78万人，占全县总人口（11.29万人）的51.20%。其中傣族1.69万人，景颇族2.92万人，阿昌族7898人，德昂族721人，傈僳族2376人，其他少数民族700人。

1993年，全县少数民族总人口8.34万人，占全县总人口（15.13万人）的65.11%。其中傣族2.42万人，景颇族4.16万人，阿昌族1.13万人，德昂族1077人，傈僳族3840人，其他少数民族1387人。

2005年，全县少数民族总人口为9.58万人，占全县总人口（17.38万人）的55.12%。其中傣族2.91万人，景颇族4.6万人，阿昌族1.3万人，德昂族1098人，傈僳族4603人，其他少数民族2000人。

第二节　主体民族

一、傣族

傣族男女青年

傣族是陇川县主要世居少数民族，是开发陇川县较早的民族。主要分布在坝区的章凤镇、景罕镇、城子镇、陇把镇、姐乌乡、赛号乡、清平乡。傣族有自己的语言文字。语言属汉藏语系壮侗语族壮傣语支的德宏方言，即傣那方言；文字为德宏傣文，是由缅文字母变化而来的。中华人民共和国建立后，国家重新创造了德宏新傣文。傣族文化历史悠久，男女老少能歌善舞，奘房佛寺遍布全县，尤以拳术、舞蹈见长。陇川傣族精通农耕，是最早种植水稻的民族之一。主食大米，喜饮酒，好酸辣，常以“撒苤”、火烧猪肉、蚂蚁蛋、米酒等传统佳肴待客。男子有文身习俗，实行一夫一妻制，恋爱自由。傣族服饰以青和白为主色，简洁、美观，色调调和。男子多着对襟布纽短上衣，青白大口长裤。女子随着年龄大小装束各异，多着青白色大襟上衣、筒裙。陇川傣族喜近水建寨，居干栏式竹楼或土木结构的草屋。改革开放以后，傣族群众主要建盖砖木结构瓦屋和钢筋混凝土楼房。传统节日有“泼水节”“进洼”“出洼”“摆广母”“摆扫撒”。

傣族信仰南传上座部佛教（小乘佛教），使用傣历。其文化、节日与宗教信仰有着密切关系。泼水节是傣族、德昂族的重大节日，傣历6月17～19日（以农历清明节后第7天计），一般欢庆3～5

天，属佛教节日，也称浴佛节或佛诞节。1980年，经州人大常委会批准，将泼水节正式定为傣族民间传统节日。节日固定在阳历4月12～14日举行。届时傣族男女老少穿上民族盛装，欢聚到广场举行浴佛节和互相泼水祝福。晚上唱傣戏、跳嘎秧舞、放孔明灯或烟花，其他民族也围观或参与庆祝，整个城乡都沉浸在水花飞舞、歌声连片的节日里。

二、景颇族

景颇姑娘

景颇族是陇川县的主体民族之一。景颇族有自己的语言和文字，通用的是19世纪末采用拉丁字母形成的拼音文字。20世纪60年代，州民语委曾创造载瓦文，但推广不开。80年代，再次推广使用。陇川景颇族主要居住在山区的王子树、护国、邦瓦、勐约、清平等乡，坝区亦有少量居住。房屋建筑多为竹木结构的两层长形茅屋，迁居坝区的景颇族，有的也建盖起砖木结构瓦屋或钢筋结构楼房。景颇族信仰原始宗教，部分群众信仰基督教和天主教。男女老少能歌善舞，热情好客，喜酒，尤以祭祀、欢庆性大型集体舞“目瑙纵歌”（又称万人舞）著名。实行一夫一妻制，男女青年社交自由，民风豪爽骁勇，服饰鲜明。男子喜背银把长刀、红毛线筒帕；妇女喜饰银泡和自织的多色毛筒裙。主食大米，喜酸辣，常以各种舂筒菜“绿叶宴”和特制水酒待客。改革开放后，陇川县景颇族生产、生活有较大改善，逐步走向脱贫致富道路，部分农户购买了拖拉机、汽车，发展交通运输业；部分农户进入城镇经商、办企业，生活逐步走向小康道。

“目瑙纵歌节”是景颇族盛大的民族传统节日，在每年农历正月15日举行，为期3～5天，是一个追溯自己民族起源、驱恶扬善、预祝吉祥、庆祝丰收的大型歌舞会。中华人民共和国建立后，县政府在赛号乡的朋生建立了标志性舞场。每到节日，人们从四面八方赶来，汇聚到朋生舞场，尽情欢庆，场面宏大，热闹非凡。1983年，州人大常委会发文，确定“目瑙纵歌节”为景颇族的民族传统节日。新县城迁移章凤后，县委、县政府在民族广场建立了目瑙纵歌舞场。每两年春节后举行一次大型目瑙纵歌盛会。有来自县内外的各族群众、新闻媒体、景颇族贵宾几万人参加（见第三编中国目瑙纵歌之乡—陇川）。

三、阿昌族

阿昌族男女青年

阿昌族是陇川的世居民族，属全国人口较少民族之一。主要分布在户撒乡，城子镇新寨有少量阿昌族居住。阿昌族有自己的语言，属汉藏语系藏缅语族彝语支，无文字，因受小乘佛教的影响，男子自幼进奘寺当和尚念经习傣文。1950年后，主要学习汉文。阿昌族主食大米，喜饮酒。“过手米线”是阿昌族的特色佳肴。喜依山傍水而居，汉式穿斗楼房或土木结构平房。寨子多建有围墙寨门。服饰鲜明，中老年男子穿青黑色对襟上衣。妇女重饰物，喜银首饰。男子爱在胸前别一朵红线编织的菊花；女子喜欢在头上插一朵鲜花。阿昌族实行一夫一妻制，恋爱自由，实行土葬，全民信仰小乘佛教。历史上户撒曾建有6寺、9塔、37奘。其中皇阁报恩寺较有名气，每年迎来不少游人观仰。主要节日有“阿露窝罗节”“会街”“火把节”（见第二十一编第一章文化）。

1978年改革开放后，在党和国家的扶持下，阿昌族发展传统民族手工业和种植业，所打制的户撒刀具和加工的银器远销国内外。户撒坝油菜生产居全州第一，因风光秀丽、奘塔林立被世人称为“佛祖的花园”。

四、德昂族

德昂族少女

德昂族是陇川较早的世居民族，1986年前称崩龙族。主要分布在章凤镇户弄村委会的姐坎、弄么、费顺哈、费岗、费德、费弄、允故、弄转、上雨、曼棒、章凤营盘、南多及景罕镇景哏寨。德昂族没有本民族文字，语言属南亚语系孟高棉语族的佤崩支系。语言借用部分傣语和其他语言词汇，通用傣语，也能讲景颇语，信仰南传上座部佛教，许多风俗、节日与傣族相同。主要节日有“龙阳节”“泼水节”“进洼”“出洼”等。德昂族实行一夫一妻制，土葬。妇女多穿藏青色或黑色对襟短上衣，男子有纹身习俗。德昂族主食大米。传统禁忌有不杀生、不养猪、鸡、鸭、鹅、不饮酒、不偷盗等。德昂族以农耕为主。水稻、茶叶种植历史悠久，尤其擅长种茶，被誉为“陇川山区的古老茶农”。德昂族是开发陇川较早的民族，现今留下的“德昂石板路”“德昂女王宫遗址”“千总帅旗”都印证了德昂族在建设陇川、保卫边防的历史上所作出的贡献。

五、傈僳族

傈僳族

傈僳族是陇川的世居民族，约在公元1821～1891年间，迁徙到陇川大场定居。主要分布在护国乡的边河、黄连河、椿木洼；清平乡的大场、赵家寨；户撒乡的赖结山、城子山、满来山、平山中寨、小岛寨、老翁、公江及陇把镇的弄贤；勐约乡的当过。傈僳族有自己的语言，属汉藏语系藏缅语族彝语支。文字有老、新傈僳文之分。新傈僳文是1950年后，国家帮助创造的，与汉语拼音方案相对应。傈僳族一般使用汉文。傈僳族是一个能歌善舞的民族，大多信仰原始宗教。20世纪30年代，基督教传入陇川，信教人数增多。至90年代，傈僳族信仰基督教的人数已达60%左右。傈僳族主食大米、玉米，喜好打猎，实行一夫一妻制，人死后进行土葬。傈僳服饰鲜明而有特色，长衣、围腰过膝，以5色布块拼缀而成。包头巾绣有各色图案，尾系塑料珠、银泡。胸有数只项锁垂挂，多为玛瑙、琥珀或银器串成。小腿有白布黑边脚套。男子着装藏青黑短衣对襟、大裆裤，上衣外加前短后长的白色褂。傈僳族住房一般为土竹木结构草顶或瓦房。中华人民共和国建立后，党和政府号召傈僳族下坝开荒种田，发展生产。邦外的傈僳族大多搬迁到陇把的弄贤，逐步建盖起砖木结构瓦屋房。一部分人购买了拖拉机、汽车，不少青年人买了摩托车、轿车。

傈僳族的民族文化较丰富，有许多民族口头传说故事，乐器以三弦、四弦、月琴、琵琶、口弦为主，喜跳三弦舞。民族节日主要有“阔时节”，每年正月初一至初二举行。阔时节又称“抗歌”节，意即新年歌舞节。1983年4月9日，州第八届人大常委会第一次会议将每年正月初九定为傈僳族“阔时节”，节日2天。场址建在陇把镇弄贤村。届时全县的傈僳族从四面八方云聚到弄贤，陇把镇的村民及县政府的各个部门被邀请参加庆祝大会，一同观看傈僳族表演的歌舞以及“上刀杆下火海”、打靶等活动，场面壮观。

六、汉族

汉族是陇川的主要民族之一，约占总人口的二分之一，遍及全县各地。明、清时期，随着边疆屯田的兴起，腾冲、梁河、龙陵等县的部分汉族，为逃避战乱，陆续迁入陇川山区以种罂粟为生，或充当屯民落户到山寨。中华人民共和国建立后，国家为开发边疆，在陇把、章凤等地建立国营农场，大批汉族转业军人、支边青年、垦荒队员来到农场，担负起一手拿枪、一手拿锄建设保卫边疆的重担。另外部分汉族干部、教师、技术人员、医务工作者、各行业职工，从省内外调入陇川工作。1978年改革开放后，国内大量汉族到陇川市场开店经商、开办企业。汉族通用汉语，属汉藏语系，使用汉文，部分汉族懂傣语和景颇语。部分村寨的汉族信仰汉传佛教。主要节日有春节、清明节、端午节、中秋节。

第三节　民族事务

一、机构

1988年前，民族事务工作由县政府办公室兼管。1988年5月24日，成立陇川县民族事务委员会（简称“县民委”）隶属陇川县人民政府。1997年3月14日，机构改革，撤销县民委，设陇川县民族宗教事务局（简称“县民宗局”），隶属县政府，原县委统战部宗教事务科并入县民宗局。至2005年，全局有干部职工9人。内设办公室、宗教股、经济建设股、文教法规股。各乡镇有分管民族宗教工作的领导和兼职民宗助理员。

二、民族事务管理

【政策宣传教育】　针对陇川是多民族聚居的边疆县，在民族政策宣传中以县委党校、中小学为阵地，以民族节日如目瑙纵歌节、泼水节、阿露窝罗节等为载体，以各民族团体和宗教爱国组织为纽带，利用广播、电视、报刊、互联网等新闻媒体，悬挂标语，散发材料，播放专题片，召开座谈会或表彰会，开展知识竞赛等各种形式宣传中央关于民族工作的各项方针政策。学习宣传《中华人民共和国民族区域自治法》《云南省实施（中华人民共和国民族区域自治法）办法》等法律法规、《德宏傣族景颇族自治州条例》。在宣传中做到层层落实，人人知晓。

2005年，对乡（镇）、农场分管民族宗教事务工作的领导、民宗助理员、村委会主任及社区负责人280余人次进行《民族区域自治法》《宗教事务条例》等法规培训；对全县各单位、乡（镇）38岁以下的少数民族干部进行党史、国史、少数民族文化保护与传承、预防职务犯罪专题培训；在全县中、小学开设《民族常识》《民族政策常识》《中华大家庭》等课程。每年坚持开展“民族团结月”活动。

【落实民族政策】　1978～1992年，陇川县加强民族宗教统战工作。对在“大跃进”“文化大革命”期间受冲击和迫害的39名民族宗教上层人士落实政策和待遇；对被扣发工资和固定补助的少数民族上层人士进行补发；对被抄家的进行财产退赔；对死者进行抚恤；对部分党外人士的生活补助费予以增加；对2户年老体弱、生活困难的民族上层人士遗孀、遗属、子女在建房时给予一定补助，并帮助协调1户购买宅基地4万元，帮助协调2户购买土地0.8公顷。

【经济扶持】　1978年后，随着党的民族宗教政策的逐步落实，国家加大对边疆少数民族地区资金的支持力度，使陇川少数民族群众的生产生活得到改善。2005年，户撒阿昌族乡保平、朗光、潘乐、隆光、芒捧、明社、户早、项姐、腊撒、曼炳等10个村委会被列入国家《扶持人口较少民族发展规划（2005～2010年）》扶持范围。同年，保平村委会得到国家扶持整村推进项目资金108万元。其中基础设施建设资金26万元，产业发展资金67万元，人畜饮水资金11万元，科技文化建设资金4万元。

【教育扶持】　2000年，云南省委、省政府印发《云南省边境沿线行政村以下小学生免费教育试行办法》。当年，省政府下拨陇川县“三免费”（课本费、文具费、杂费）274万元。资金由县民宗局、县教育局、县财政局3个部门协同管理，以民宗局为主。2000～2004年，在实施“三免费”教育过程中，全县有3个边境乡（镇）、8个村委会、16个校点1.13万人次学生受益。2005年，陇川县贯彻省教育厅、省财政厅《云南省农村义务教育落实贫困家庭学生“两免一补”工作实施意见》，推进陇川县基础教育发展。同年起，享受“两免一补”（免书本费、免杂费、补助寄宿生生活费）政策的范围扩大到边境沿线的初中生。“两免一补”资金的管理以教育局为主，民宗局、财政局予以配合。所扶持的初中生中，少数民族生约占60%，以傣族、景颇族、阿昌族为主体。

【民族成分确定工作】　1990年后，陇川县民族宗教管理部门贯彻《国家民委、国务院第四次人口普查领导小组、公安部关于中国公民确定民族成分的规定》，开展民族成分确定工作，并依据《关于中国公民确定民族成分的规定》，先后为312名群众进行民族成分更改确定。

第四章　宗　教

陇川历史上各族群众普遍信仰原始宗教，外来宗教传入陇川后，傣族、阿昌族、德昂族信仰南传上座部佛教；景颇族、傈僳族信仰基督教和天主教；回族信仰伊斯兰教；汉族信仰汉传佛教。但原始宗教的习俗仍然存在。1978年后，通过贯彻落实民族宗教政策，宗教活动逐步恢复。至2005年底，全县有依法登记的宗教活动场所182个，宗教教职人员112人，信仰群众6.53万人，占全县总人口的35%。

第一节　宗教信仰

一、原始宗教

陇川傣族崇拜屋神、寨神、勐神、树神、水神、山神；景颇族祭官庙、祭谷魂、祭病鬼；阿昌族祭“招先”（寨神）、祭“版清”（太阳神）；德昂族主要崇拜“色勐”（寨神）；汉族崇拜祖宗和鬼魂，清明节祭祖坟，每年农历7月半祭亡灵。

珍藏在章凤观音寺内的大藏经

二、汉传佛教

汉传佛教亦称大乘佛教，明、清

奘寺与佛塔

时期，汉族大量涌入陇川落籍，大乘佛教也随之传入陇川。1993年统计，全县共建寺庙13座，信徒8218人，主要是汉族及少部分其他民族，占佛教信徒总人口的19.7%，主要分布在章凤、景罕、城子、邦瓦、清平、护国、陇把、户撒、王子树等9个乡（镇），有神职人员58人，占佛教总神职人员的20%。主要寺庙有章凤观音寺、景罕灵山寺、陇把青松寺、户撒皇阁寺、王子树圆通净慈寺等。其中户撒皇阁寺是道教与佛教合一的寺庙。2005年，全县依法登记的寺庙有13座，教职人员35人（比丘2人、比丘尼23人、沙弥尼10人），信徒1.36万人。

三、南传上座部佛教

南传上座部佛教亦称小乘佛教，传入陇川的时间较早，影响深远，可追溯到佛历1580年（1036年）满支（德昂族）在曼弄塑造佛像3尊、大象1头开始，陇川傣族、德昂族、阿昌族全民信仰南传上座部佛教。据1993年登记，全县有小乘佛教奘寺122座，信徒3.36万人，占全县总人口的21.7%。2005年，全县有小乘佛教奘寺127座，教职人员47人，信教徒4.52万人，占全县总人口的24%。主要分布在章凤、景罕、赛号、姐乌、城子、清平、户撒等7个乡（镇），大的村寨几乎每寨都建有1座奘寺，寺内供奉着佛像。教派分埂满（缅派）、摆奘、埂润、朵列4个支派，教徒分别占总信教徒的37.9%、29.6%、19.3%和13.2%。有神职人员185人。佛经主要有《阿含经》《缘起经》，以信奉释迦牟尼为主教。出名的佛事活动有景罕玉兔佛塔摆。

四、伊斯兰教

伊斯兰教传入陇川较早，明万历年间（1573～1620），云南巡抚陈用宾于“三宣”（陇川宣抚司、南甸宣抚司、干崖宣抚司）边地筑“八关九隘”，置陇把守备，屯田御缅，内地回民随之涌入，伊斯兰教传入陇川。后来边境形势缓解，屯军内调，回民随之迁出。清咸丰年间

（1851～1861），驻杉木笼回兵响应起义，后被镇压。起义失败后，一部分回兵流入户撒老马寨定居，继续保持回民习俗，信奉伊斯兰教。1993年统计，陇川有信教徒275人，1名主持。建有清真寺1所。2005年，全县伊斯兰教信徒发展到454人。伊斯兰教主要经典为《古兰经》，信“安拉”。

五、天主教

天主教于20世纪40年代传入陇川，最早于吕良乡芒崩寨设立教堂，教务活动由赵约英和一位教师负责。1993年统计，有教堂3座、信徒623人、礼拜长4人。主要分布在陇把、景罕、城子、清平等4个乡（镇）。信徒中景颇族占97.4%。2005年，全县依法登记的天主教活动场所有3所，教职人员认定备案的有14人（传道员13人，神父1人），天主教信徒1003人。天主教信奉天主耶稣基督，尊玛利亚为天主之母。天主教的节日有“占礼”。在每年春分节第一次月圆后的第一个节日为耶稣基督复活占礼。复活后的40天为耶稣升天占礼，第50天为圣神降临占礼，12月25日为耶稣圣诞，8月15日为圣母升天。

六、基督教

基督教传入陇川较晚。1923～1937年间，由缅甸八莫教会的美籍牧师珊陆、诺逊和瑞典籍牧师安士普传入，主要分布于章凤、景罕、城子、邦瓦、清平、护国、陇把、户撒、姐乌、勐约等10个乡（镇）的景颇族、傈僳族聚居区。1993年统计，全县有教堂25座，有基督教信徒3554人。其中景颇族1038人，占29.2%；傈僳族2392人，占67.3%；汉族124人，占3.5%。有神职人员34人，其中牧师1人，长老3人；礼拜长27人，传导长3人。2005年，全县依法登记的基督教堂有38所、基督教“三自”爱国会1个、基督教协会1个，基督教培训中心1个。教职人员16人，信徒4984人。

陇把镇弄贤教堂

陇川县基督教培训中心

第二节　宗教事务管理

陇川基督教会

1978年后，陇川县民族宗教事务管理部门贯彻中国共产党的民族宗教政策，尊重各民族享有宗教信仰自由的权力，加强宗教事务管理，支持和保护正常的宗教活动，打击邪教活动，维护边疆稳定，促进经济社会发展。1980年，成立陇川县基督教培训中心，教师8人。1983年，成立陇川县佛教协会、陇川县基督教"三自"爱国会和基督教协会，按照有关政策，将宗教活动纳入正常的管理轨道。从20世纪80年代起，县民宗局每年对宗教界人士进行宗教理论培训6场以上，并建立基督教章风培训点，有教员7人。1997年，对全县奘寺、教会依法进行登记，并制订防火、防盗措施。

2005年，依法对全县182所宗教活动场所进行年检，合格率达100%。依法打击非法传教活动，依法取缔宗教非法聚会2起。组织宗教界有关人士参加州佛教协会举办的僧侣培训班学习。支持宗教界参与禁毒防艾工作。每年10月，"民族团结月"活动期间，邀请宗教界代表人士参加座谈会，宣讲国家宗教政策。

第五编　中国共产党地方组织

LONG CHUAN XIAN ZHI

LONG CHUAN XIAN ZHI

LONG CHUAN XIAN ZHI

第一章　中国共产党陇川县委员会

1950年5月6日，中国人民解放军第二野战军第4兵团第14军41师121团2营1100多人顺利进驻陇川城，受到陇川土司的欢迎，陇川宣告和平解放。从此，中国共产党人在这片边陲热土落地生根，发展壮大，团结和带领边疆各族人民开启社会主义革命、建设、改革的征程，谱写了一首首创业史诗。

中共十一届三中全会后，中共陇川县委通过拨乱反正、恢复实事求是的思想路线，坚持“两个中心、一个基本点”，将工作重心转移到经济建设和改善民生上来，实现了全县政治、经济、社会、文化、生态各个方面的转变和发展。2005年，全县生产总值突破10亿元，财政收入首次达到1亿元。

第一节　机构设置

一、沿革

1950年5月6日，中国人民解放军和平进驻陇川，陇川宣告解放。中国人民解放军保山边防司令部暨保山专员公署陇川代表团代表中国共产党开始在陇川开展工作。1950年11月，陇川军政代表团改称云南省保山专员公署陇川工作团，隶属中共保山地委和中共畹瑞陇临时工委领导。

1951年12月，陇川县党的领导机构改为中国共产党陇川县工作委员会（简称“县委”），隶属中共保山地委。1956年1月，改为中国共产党陇川县委员会，隶属中共德宏州委。

1958年10月至1959年10月，瑞丽、陇川两县合并成瑞丽县，成立中国共产党员瑞丽县委员会，陇川由瑞丽县委领导。1959年10月，恢复中国共产党陇川县委员会，隶属中共德宏州委领导。

1966年5月，“文化大革命”开始，随着运动的深入，县委领导机关陷入瘫痪。1967年3月至1968年12月，成立中国人民解放军陇川县军事管制委员会，行使党政职权，陇川县委撤销。

1968年12月至1971年7月，成立陇川县革命委员会，全面取代县委工作。期间，1969年12月，成立中共陇川县革命委员会核心领导小组，隶属保山地委领导。

1971年7月起，恢复中共陇川县委员会，与县革委一套班子，两块牌子，党政不分。1974年1月后，县委与县革委逐步分开办公。

1976年“文化大革命”结束，中共陇川县委全面恢复工作。从1980年到2005年，中共陇川县委员会先后召开7次党员代表大会。

第三届县委领导任职情况表（1980.10–1985.01）

表5—1

职务	姓名	民族	学历	籍贯	任职时间
书记	丁老五	景颇族	小学	云南陇川	1980.10～1983.07
书记	吴大缙	汉族	高中	云南保山	1983.12～1985.01，接任
副书记					1980.10～1983.12
副书记	祁勒乔	景颇族	初中	云南陇川	1980.10～1983.11
副书记	方克让	傣族	大专	云南芒市	1980.10～1983.12
副书记	彭二相	汉族	小学	河北	1982.1～1983.12，增补
副书记	谭老五	景颇族		云南陇川	1982.1～1983.12，增补
副书记（常委）	彭勒准	景颇族	中专	云南陇川	1983.12～1985.01，增补（1980.10～1985.01）
副书记	赵积凡	白族	高中	云南丽江	1983.12～1984.11，增补
副书记	金玉龙	傣族	专科	云南陇川	1983.12～1985.01，增补
副书记（常委）	郑加才	汉族	高中	云南龙陵	1984.11～1985.01，增补（1980.10～1985.01）
副书记	刀永胜	景颇族	专科	云南陇川	1984.11～1985.01，增补
常委	吴宗连	汉族		河南方城	1980.10～1982.01
常委	银恩铭	阿昌族	专科	云南陇川	1980.10～1983.12
常委	何本性	汉族	高中	云南开远	1982.10～1983.12，增补
常委	李光杰	汉族			1983.12～1984.06，增补
常委	李桂忠	白族	专科	云南大理	1983.12～1985.01，增补
常委	方晓焕（女）	傣族	专科	云南陇川	1983.12～1985.01，增补
常委	马福德	汉族	高中	云南昆明	1984.3～1985.01，增补
常委	丁文清	景颇族	专科	云南陇川	1984.11～1985.01，增补

第四届县委领导任职情况表（1985.01–1988.02）

表5—2

职务	姓名	民族	学历	籍贯	任职时间
书记	吴大缙	汉族	高中	云南保山	1985.01 ~ 1988.02
副书记	彭勒准	景颇族	中专	云南陇川	1985.01 ~ 1988.02
副书记	金玉龙	傣族	专科	云南陇川	1985.01 ~ 1988.02
副书记	刀永胜	景颇族	专科	云南陇川	1985.01 ~ 1987.03
副书记	余祖尧	汉族	专科	云南梁河	1985.10 ~ 1988.02，增补
副书记	李志明	景颇族	专科	云南陇川	1987.03 ~ 1988.02，增补
常委	李桂忠	白族	专科	云南大理	1985.01 ~ 1987.06
常委	方晓焕（女）	傣族	专科	云南陇川	1985.01 ~ 1988.02
常委	丁文清	景颇族	专科	云南陇川	1985.01 ~ 1988.02
常委	马福德	汉族	高中	云南昆明	1985.01 ~ 1986.06
常委	白万昌	哈尼族	专科	云南墨江	1986.09 ~ 1988.02，增补

第五届县委领导任职情况表（1988.02 ~ 1991.04）

表5—3

职务	姓名	民族	学历	籍贯	任职时间
书记	李志明	景颇族	专科	云南陇川	1988.02 ~ 1991.04
副书记	林德钰	汉族	中专	云南保山	1988.02 ~ 1991.04
副书记	金玉龙	傣族	专科	云南陇川	1988.02 ~ 1991.04
副书记	彭勒准	景颇族	中专	云南陇川	1988.02 ~ 1991.04
副书记	余祖尧	汉族	专科	云南梁河	1988.02 ~ 1991.04
常委	雷翁团	阿昌族	专科	云南陇川	1988.02 ~ 1991.04
常委	彭铁元	汉族	专科	湖南祁东	1988.02 ~ 1991.04
常委	方晓焕（女）	傣族	专科	云南陇川	1988.02 ~ 1991.04
常委	郭强	汉族	中专	云南保山	1988.02 ~ 1991.04

第六届县委领导任职情况表（1991.04～1993.05）

表5—4

职务	姓名	民族	学历	籍贯	任职时间
书记	李志明	景颇族	专科	云南陇川	1991.04～1993.03
副书记	林德钰	汉族	中专	云南保山	1991.04～1993.03
副书记	彭勒准	景颇族	中专	云南陇川	1991.04～1993.05
副书记	岳晓天	傣族	专科	云南陇川	1991.04～1993.03
副书记	王希庆	汉族	专科	山东	1993.03～1993.05，增补
常委	雷翁团	阿昌族	专科	云南陇川	1991.04～1993.05
常委	贺连美	傈僳	专科	云南丽江	1991.04～1993.05
常委	金玉龙	傣族	专科	云南陇川	1991.04～1993.05
常委	白万昌	哈尼族	专科	云南墨江	1991.11～1993.05，增补

第七届县委领导任职情况表（1993.05～1998.02）

表5—5

职务	姓名	民族	学历	籍贯	任职时间
书记	邱世集	汉族	本科	广西	1993.05～1996.09
书记	马　春	回族	本科	河南	1996.09～1998.02，接任
副书记	彭勒准	景颇族	中专	云南陇川	1993.05～1995.06
副书记	雷翁团	阿昌族	专科	云南陇川	1993.05～1996.09
副书记	雷才国	傣族	专科	云南盈江	1993.05～1997.12
副书记	王希庆	汉族	专科	山东	1993.05～1993.08
副书记	排利国	景颇族		云南陇川	1994.10～1997.12，增补
副书记	毛勒端	景颇族	本科	云南陇川	1995.06～1998.02，增补
副书记	赵安留	阿昌族	专科	云南梁河	1996.08～1998.02，增补
常委	白万昌	哈尼族	专科	云南墨江	1993.05～1998.02
常委	王二软	傣族	中专	云南陇川	1993.05～1998.02
常委	王华鼎	汉族	初中	云南保山	1993.05～1998.01
常委	张保健	汉族	专科	山西	1993.05～1998.01
常委	杨建宏	汉族	专科	云南大理	1993.05～1997.04

续表5—5

职务	姓名	民族	学历	籍贯	任职时间
常委	板岩过	傣族	本科	云南陇川	1994.10～1998.02，增补
常委	祁　弄	景颇族	中专	云南陇川	1997.11～1998.02，增补

第八届县委领导任职情况表（1998.02～2003.01）

表5—6

职务	姓名	民族	学历	籍贯	任职时间
书记	马春	回族	本科	河南	1998.2～2001.8
书记	柳五三	白族	本科	云南大理	2001.8~2003.1，接任
副书记	毛勒端	景颇族	本科	云南陇川	1998.2～2003.1
副书记	王二软	傣族	中专	云南陇川	1998.2～2001.10
副书记	板岩过	傣族	本科	云南陇川	2001.10~2003.1，增补 1998.2~2003.1
副书记（常委）	杨跃国	汉族	本科	云南陇川	1998.2～2003.1，增补（1998.2～2003.1）
副书记	刘贵华	汉族			1998.6～2000.12，增补
副书记	许贵荣	傣族	本科	云南盈江	2002.11~2003.1，增补
常委	彭武俊	景颇族	专科	云南陇川	1998.12～2003.1，增补
常委	祁弄	景颇族	中专	云南陇川	1998.2～2000.7
常委	刀忠明	景颇族	中专	云南陇川	1998.2～1998.6
常委	刘德荣	汉族	专科	四川	1998.4～2001.10，增补
常委	尹以稳	汉族	本科	云南梁河	2000.7～2002.12，增补
常委	向兴友	汉族			1998.12～2000.11，增补
常委	向传贵	汉族		贵州毕节	2000.11～2003.1，增补
常委	王绍昆	汉族			2001.10～2003.1，增补
常委	孔勒干	景颇族	研究生	云南瑞丽	2001.12～2003.1，增补
常委	刀承祎	傣族	本科	云南盈江	2002.5～2003.1，增补
常委	黄德明	汉族		云南瑞丽	2002.3～2003.1，增补

第九届县委领导任职情况表（2003.01～2006.06）

表5—7

职务	姓名	民族	学历	籍贯	任职时间
书记	柳五三	白族	本科	云南大理	2003.01～2003.06
书记	宋雨发	汉族	研究生	云南盈江	2003.06~2006.05，接任
副书记	毛勒端	景颇族	本科	云南陇川	2003.01～2003.04
副书记	许贵荣	傣族	本科		2003.01～2004.03
副书记	杨跃国	汉族	本科	云南陇川	2003.01～2003.05
副书记	王绍昆	汉族			2003.01～2006.05
副书记（常委）	孔勒干	景颇族	研究生	云南瑞丽	2003.06~2006.05，增补（2003.01~2006.05）
副书记（常委）	刀承祎	傣族	本科	云南盈江	2004.02~2005.09，增补（2003.01~2006.05）
副书记（常委）	岳麻空	景颇族	本科	云南陇川	2003.06~2006.05（2003.01～2006.05）
常委	向传贵	汉族		贵州毕节	2003.01～2003.06
常委	许毅刚	汉族			2003.01～2006.05
常委	刘桢梅（女）	白族	本科	云南大理	2003.01～2003.06
常委	黄德明	汉族		云南瑞丽	2003.01～2004.05
常委	梁耀昌	阿昌族		云南梁河	2004.02～2006.06，增补
常委	徐成周	汉族		贵州	2003.06～2004.03，增补
常委	党宽利	汉族		陕西富平	2004.09～2005.12，增补
常委	王根顺	汉族	研究生	云南盈江	2004.02～2006.05，增补
常委	排正有	景颇族	本科	云南盈江	2006.5～，增补

二、工作机构

1974年1月，中共陇川县委员会恢复工作职能后，设置11个工作机构。1984年12月农村工作部撤销。1985年新增设党史政研室，至2005年有工作机构10个。

【县委办公室】　1952年6月设置工委秘书室。1955年5月改称工委办公室（一度称秘书科）。1956年1月，改称县委办公室。1958年10月并入瑞丽县委办公室，1959年10月恢复陇川县委办公室。1967年3月，实行军事管制，办公室自然消失。1974年1月恢复县委办公室。1984年12月增设机要科，归县委办公室。

【组织部】　1974年1月"文化大革命"后期恢复县委组织部。1986年3月，增设县委老干部局，归口组织部。

【宣传部】　1956年4月，设置县委宣传部。"文化大革命"后期恢复县委宣传部。

【统战部】　1974年1月，恢复县委统战部至今。

【农村工作部】　1956年5月，设置县委生产合作部（亦称互助合作部）。1959年，改称陇川县委农村工作部。"文化大革命"期间自然消失。1984年1月，机构改革重设县委农村工作部，同年12月撤销。

【党校】　1962年设置县委党校，"文化大革命"期间终止。1978年4月，重新组建县委党校。

【党史征研室】　1985年2月15日成立，1993年6月10日与县志办合并，隶属政府系列。

【政法委员会】　1984年1月，设置县委政法委员会（简称政法委）。1985年后机构不变。

【县直机关党委】　1982年10月，设置县委直属机关党委会（简称县直机关党委）。2002年11月，并入县委组织部。

【机要科、保密局】　1984年12月，设置机要科（二级科）归属县委办公室。1990年2月20日，成立陇川县国家保密工作局（二级局）。

【老干部局】　1986年3月，设置老干部局，业务归口县委组织部，负责管理建国前参加工作的离休干部。

【政策研究室】　1988年12月，设置县委政策研究室，取代农村工作部的职能。1989年8月，成立山区工作委员会，下设山区办公室，挂靠县委政研室。

第二节　党员代表大会

一、第三次党代会（1980.10～1985.1）

中国共产党陇川县第三次代表大会，于1980年10月14~18日在陇川县城召开。本次大会共选出代表258人（少数民族121人），实际出席会议代表218人，占应到会代表数的84.4%，代表全县141个党支部、2380名党员。列席代表34人。大会的主要议程：(1)听取并通过县委工作报告和县委纪委工作报告；(2)选举中共陇川县第三届委员会机构和县委纪律检查委员会领导机构；(3)选举陇川县出席德宏州首次党代表大会代表。

县委书记丁老五代表上届县委向大会作题为《加强团结，奋发图强，为加速陇川的现代化建设而努力》的工作报告。大会经过讨论，通过这个报告。大会经过民主选举，产生了中共陇川县第三届委员会，选出县委委员23人，候补委员6人；选出中共陇川县委纪律检查委员会委员7人。选举丁老五、吴大缙、金相保等50人为陇川县出席德宏州首次党员代表大会代表。大会闭幕后，于10月19日上午举行中共陇川县第三届委员会第一次全体会议。全会选举产生了中共陇川县委领导机构，选出县委常委9人，其中书记1人、副书记3人。

二、第四次党代会（1985.1～1987.10）

中国共产党陇川县第四次代表大会，于1985年1月4~8日在陇川县城召开，共选出大会代表270人。其中少数民族党员代表124名（景颇族66人、傣族30人、阿昌族10人、傈僳族5人、其他少数民族13人），占代表总数的45.9%；妇女党员代表23名，占8.5%；领导干部党员代表57人，占21.1%。经过代表资格审查委员会审查，取消代表资格3名，其余267名的代表资格有效。实际出席会议代表219名，占应到会代表的81.1%。代表全县183个党支部，2582名党员。54名党员干部列席大会。大会主要议程：（1）听取并审议通过县委工作报告和县纪委工作报告；（2）选举产生中共陇川县第四届委员会和县纪律检查委员会。

大会讨论通过县委书记吴大缙代表上届县委作的《坚持改革，团结奋斗，为更好地开创陇川县社会主义现代化建设的新局面而努力》的工作报告。采用差额选举的办法，选出中共陇川县第四届委员会委员23名，候补委员6名；选出中共陇川县纪律检查委员会委员13名。1月9日，中共陇川县第四届委员会第一次全体会议和中共陇川县纪律检查委员会第一次全体会议分别选举产生县委和县纪委的领导机构。中共陇川县第四届委员会常务委员会由8人（书记1人、副书记3人、常委4人）组成。其中少数民族6人，大学（含专科）文化程度的4人，平均年龄41.1岁。

三、第五次党代会（1988.2～1991.4）

中国共产党陇川县第五次代表大会，于1988年2月2日至6日在县城召开。应到会代表275人，实到会代表231人，占代表总数的83.6%。在275名代表中，少数民族党员代表148人，占代表总数的53.8%；妇女党员代表47人，占代表总数的17.1%；具有大专以上文化程度的党员代表46人，占代表总数的16.7%。

县委书记李志明代表第四届委员会作《坚持党的基本路线，加强党风建设，为完成十三大提出的各项任务而奋斗》的工作报告。大会根据《中国共产党党章》和《中国共产党地方组织选举工作条例》规定，在充分酝酿讨论的基础上，用无记名投票和差额选举的方式，选举产生中国共产党陇川县第五届委员会委员27人和候补委员6人；选举产生中国共产党陇川县纪律检查委员会。中共陇川县第五届委员会常务委员会由9人（书记1人，副书记4人，常委4人）组成。

四、第六次党代会（1991.4～1993.5）

中国共产党陇川县第六次代表大会，于1991年4月23日至26日在陇川县城召开。共选出大会代表250人，其中少数民族党员代表128名，占代表总数的51.2%；妇女党员代表35名，占14%；领导干部党员代表143人，占57.2%。经过代表资格审查委员会审查，250名代表资格有效。实际出席会议代表215名，占应到会代表的86%，代表全县233个党支部，3142名党员。81名党员和4位非党领导列席大会。大会主要议程：（1）听取并审议通过县委工作报告和县纪委工作报告；（2）选举产生中共陇川县第六届委员会和县纪律检查委员会。

大会讨论通过县委书记李志明代表上届县委向大会作《统一思想，同心协力，为进一步开创陇川县各项工作新局面而努力奋斗》的工作报告。大会采用差额选举的办法，选出中共陇川县第六届委员会委员23名、候补委员4名；选出中共陇川县纪律检查委员会13名。4月26日，中共陇川县第六届委员会第一次全体会议和中共陇川县纪律检查委员会第一次全体会议分别选举产生了县委和县纪委的领导机构。中共陇川县第六届委员会常务委员会由7人（书记1人、副书记3人、常委3人）组成。其中少数民族6人，大学（含专科）文化程度的4人，平均年龄46.5岁。

五、第七次党代会（1993.5～1998.2）

中国共产党陇川县第七次代表大会，于1993年5月17日至19日在陇川县城召开。共选出大会代表257人，其中少数民族党员代表130名，占代表总数的50.5%；妇女党员代表32名，占12%；领导干部党员代表133人，占52%。经过代表资格审查委员会审查，257名代表资格有效。实际出席会议代表228名，占应到会代表的88.7%，代表全县245个党支部，3380名党员。县属部委办局的98名党员负责人和5位非党处级领导列席大会。大会主要议程：（1）听取并审议通过县委工作报告和县纪委工作报告；（2）选举产生中共陇川县第七届委员会和县纪律检查委员会。

大会讨论通过县委书记邱世集代表上届县委向大会作《解放思想，更新观念，转变作风，真抓实干，为陇川的经济发展和社会进步而努力奋斗》的工作报告，选出中共陇川县第七届委员会委员24名、候补委员4名；选出中共陇川县纪律检查委员会委员14名。5月20日，中共陇川县第七届委员会第一次全体会议和中共陇川县纪律检查委员会第一次全体会议分别选举产生了县委和县纪委的领导机构。中共陇川县第七届委员会常务委员会由10人（书记1人、副书记4人、常委5人）组成。其中少数民族6人，大学（含专科）文化程度的7人，平均年龄46.6岁，与上届持平。

六、第八次党代会（1998.2～2003.1）

中国共产党陇川县第八次代表大会于1998年2月16日至19日在陇川县城召开。共选出大会代表280人，其中少数民族党员代表141名（景颇族68人、傣族42人、阿昌族14人、傈僳族5人、其他少数民族12人），占代表总数的50%；妇女党员代表56名，占20%；领导干部党员代表158人，占56.4%。经过代表资格审查委员会审查，280名代表资格有效。实际出席会议代表258名，占应到

中共陇川县第八届委员会第三次全委（扩大）会议

会代表的92.14%。代表全县266个党支部、4637名党员。县属部委办局的68名党员负责人和7位非党处级领导列席大会。大会主要议程：（1）听取并审议通过县委工作报告和县纪委工作报告；（2）选举产生中共陇川县第八届委员会和县纪律检查委员会。

县委书记马春代表上届县委向大会作题为《高举邓小平理论伟大旗帜，同心同德，艰苦创业，为陇川经济振兴和社会全面进步而努力奋斗》的工作报告。大会经过认真讨论，通过这个报告。大会采用差额选举办法，选出中共陇川县第八届委员会委员21名、候补委员4名；选出中共陇川县纪律检查委员会委员13名。2月20日，中共陇川县第八届委员会第一次全体会议和中共陇川县纪律检查委员会第一次全体会议分别选举产生了县委和县纪委的领导机构。中共陇川县第八届委员会常务委员会由7人（书记1人、副书记2人、常委4人）组成，其中少数民族6人，大学（含专科）文化程度的4人，平均年龄37.42岁。

七、第九次党代会（2003.1～2006.6）

中国共产党陇川县第九次代表大会于2003年1月24日至27日在陇川新县城章凤大会堂召开。共选出大会代表289人。其中少数民族党员代表153名，占代表总数的52.94%；妇女党员代表51名，占17.65%；领导干部党员代表190人，占65.75%。经过代表资格审查委员会审查，289名代表资格有效。实际出席会议代表274名，占应到会代表的94.81%。代表全县283个党支部，5545名党员。县属部委办局88名党员负责人和10位县处级非党领导列席大会。大会主要议程：（1）听取并审议通过县委工作报告和县纪委工作报告；（2）选举产生中共陇川县第六届委员会和县纪律检查委员会。

大会讨论通过县委书记柳五三代表上届县委向大会作《认真实践“三个代表”，全面加强党的建设，为把陇川经济社会发展推上新台阶而努力奋斗》的工作报告。大会采用差额选举的办法，从28名候选人中选出中共陇川县第九届委员会委员23名、候补委员4名，从21名候选人中选出中共陇川县纪律检查委员会委员19名。1月26日，中共陇川县第九届委员会第一次全体会议和中共陇川县纪律检查委员会第一次全体会议分别选举产生了县委和县纪委的领导机构。中共陇川县第九届委员会常务委员由11人（书记1人、副书记4人、常委6人）组成，其中少数民族7人，大学（含专科）文化程度11人，平均年龄36.25岁。

第三节　执政实践

一、重大决策

1979年9月，县委落实冤假错案。陇川县应复查落实案件280人，落实处理277人，未处理3人。其中非正常死亡52人，落实处理51人；打伤致残167人，全部落实处理完；审查复查61人，落实处理59人。县委要求对农村中的抄家财物和机关中的罚没退赃清理、退赔、上缴等问题，要抓紧落实党的政策。

1981年8月18日，县委、县政府公布实施农村人民公社包产到户和包交提留到户责任制试行办法。包产到户责任制由生产队直接按户承包生产任务。承包者直接对产量（产值）负责。

1982年5月12日，为大力改良猪种，发展生猪生产，县委、县政府作出《鼓励农村社队和机关单位饲养良种公猪的规定》。

1983年7月，县委作出陇川县划定自留山落实责任工作安排意见。对集体的宜林荒山、疏林地和灌木林地，凡是便于农户经营的都可以划为自留山，数量不限。自留山一经划定，由县政府发给自留山使用证，长期不变，山权属集体所有。集体所有的成材林、中幼林、水源林、防护林、风景林以及不适宜划给社员作自留山的疏林、灌木林和宜林荒山都应作为责任山。责任山实行“三权”归队，“两分”到户（即林权归队，木材采伐权、出售权归队，管户、分户收益分成）。

1987年1月2日，县委、县政府联发《关于开展率兵致富、以劳养武活动的意见》。意见总体规划为：在“七五”计划期间搞试点，逐步推广，打好基础，“八五”计划期间实现基本自给。5月15日，县委、县政府联发《关于深入开展增产节约、增收节支的安排意见》。抓好工农业生产、税收和市场的管理，压缩财政公务开支。5月18日　针对怕负责任、办事拖拉、推诿扯皮、生活作风腐化等问题，县委制定了《关于严密纪律改进工作作风，提高办事效率的意见》。要求机关工作人员做到9个必须，7个不准。同年，县委、县政府正式向云南省人民政府申报陇川县城由城子镇下迁至章凤区的报告。

1988年2月28日，县委下发了《关于当前吸毒情况及今后戒吸工作意见》。《意见》指出：陇川县出现长期贩毒、吸毒的恶劣情况，给社会带来危害，严重影响各族人民的身心健康，干扰了改革开放和经济建设的顺利进行。《意见》对县域开展禁毒斗争提出5点要求，并作下一步工作部署。8月10日，县委、县政府联发《关于加强廉政建设的若干规定》。文件对领导干部配偶子女经商、建私房、民主决策、依法公开办事、“双增双节”运动、人事回避制度、车辆管理、严控外出参观考察等12个事项出台相关规定。11月12日，按照省委、省政府发出的《关于在全省开展扫除贩毒等“六害”统一行动的通知》要求，县委、县政府联发《关于在全县开展扫除贩毒等“六害”统一行动的部署意见》。部署决定全县扫“六害”统一行动从11月底开始至1990年3月结束。

1992年5月10日，县委、县政府决定修建章（凤）八（莫）公路。7月，县委、县政府决定筹建章凤森林公园。

1993年3月，县委、县政府启动全县森林资源二类调查工作，委托省林业规划院实施。

1994年7月14日，县委、县政府成立陇川县拍卖“三荒”工作领导小组，加强对“三荒”拍卖工作的领导。

1998年7月22日，县委及县城搬迁工作领导小组召开会议，专题研究和部署县城搬迁工作。参会人员有县委书记马春、县长毛勒端、县委副书记王二软、副县长杨跃国、王建江、刘正华、闫生赞、饶晓兆及人大、政协相关领导和部分成员单位领导共16人。会议分别听取了副县长闫生赞代表城建考察团对到红河州元阳县、思茅地区镇沅县新县城的考察情况汇报及县城建局局长杨恩奖就新县城搬迁工作进展情况的汇报。9月30日，县委、县政府联合下发《关于土地家庭联产承包合同续签工作的补充通知》，通知对禁止承包土地买卖、同意承包土地转让、超生和抢生人员、农转非和非转农与村公所工作人员、代课教师如何参与合同续签等7个问题作了补充规定。

2000年6月29日，县委、县政府决定对全县木材加工企业（厂）进行清理整顿。依法取缔和关闭违规、出租、转让、挂靠、证照不齐的木材加工经营企业（厂）28户。保留的木材加工企业除县木材公司、福斯特实业有限公司和铁路十四局胶合板厂外，一律迁入拉影地区。12月27日，县委、县政府下发《关于创建30万亩林竹产业基地的决定》。在全县掀起绿色产业基地建设高潮，创建2万公

陇川县实施“五大工程”动员大会

顷竹林基地，其中建设西南桦速生丰产用材林基地1万公顷，建设笋材两用竹商品林基地6667公顷，建设以山苍籽、干果、热带水果等商品经济林333公顷。

2002年2月，县委决定实施“五大工程”，即财源工程、民族文化旅游工程、形象工程、正气工程、后劲工程，明确具体任务和硬性指标，并将各工程项目落实到县党政领导和单位及单位责任人。3月14日，县委决定抽调全县174名机关干部进驻12个乡（镇）、69个村委会指导开展“三学”活动。

2003年4月20日，县委、县政府决定将4月20日至5月25日定为陇川县预防非典型肺炎和甲型肝炎疫情的警戒期。在警戒期内，要求各级各部门要把防治非典型肺炎和甲型肝炎的感染和扩散、保护全县各族人民的身体健康和生命安全作为首要任务，采取10条措施，防止非典型肺炎和甲型肝炎的感染和扩散。

2004年10月10日，县委决定正式开通“中国目瑙纵歌之乡——陇川”网站。11月4日，县委、县政府决定重修章（凤）八（莫）公路，将其改建为四级弹石路面；与缅甸联邦建设部签署章（凤）八（莫）公路改建合作项目协议；设立章（凤）八（莫）公路建设指挥部，县长孔勒干为指挥长，副县长雷天四为副指挥长。

2005年7月18日，县委、县政府联发《关于开展创建‘平安陇川’活动的实施意见》。决定通过3至5年的努力，使全县90%以上的乡镇和单位都达到创建标准。

二、重要会议

1981年8月，中共陇川县委召开“三干会”，传达贯彻中共德宏州委文件，吴大缙同志代表县委作《关于加强和完善责任制》的报告。报告列举了“文化大革命”中，由于在指导思想上犯的“左”倾错误，给农业生产带来灾难性的破坏，以及加强和完善农业生产责任制的重要性，提出加强和完善责任制是当前农村的一项中心任务，强调实行何种生产责任制，由群众民主选择，任何人不得包办代替，上面不搞一刀切，下面不搞顺风倒。会上交流了岗巴、弄贯的试点经验，印发了6种责任制形式简介，供讨论参考。

1984年2月15日，县委、县政府在陇川县城举行陇川县志编纂委员会成立大会。县五套班子有关领导、编委会委员、县直各部门及各区镇领导参加会议，州史志办及各县志办相关领导出席会议。

1985年3月7日，县委召开扩大会议，传达贯彻中共德宏州委扩大会议精神，具体研究落实胡耀邦总书记视察德宏，开展“增百致富”大讨论，促进经济发展的问题。3月11~15日，县委在县城大礼堂召开全县“增百致富”动员大会，参加会议的有县直各部门、各单位的干部、职工，全县11个区（镇）和乡、社干部1000多人。会议传达了胡耀邦总书记视察云南、德宏、陇川时的重要讲话精神，同时贯彻县委扩大会议精神，部署在全县广大农村开展“增百致富”大讨论的具体任务。

1987年8月3～6日，县委召开扩大会议。出席会议的有县委正副书记、县委常委，县四套班子所有领导，县直机关、部委办局负责人，乡（镇）党委书记、乡长，武警大队政委、队长，中央、省、州驻陇办事处、企事业单位负责人共159人。县委书记李志明作了关于深入学习贯彻党的十三届四中全会精神意见的讲话。大会同时分组讨论县长彭勒准作的《关于全县经济工作的总结和部署意见》，副县长邱世集作的《关于全县四查两清、边贸工作的总结和安排意见》，纪委书记普永新作的《惩治腐败现象，搞好廉政建设》报告。

1992年9月1日，县委书记李志明主持召开县委、县人大、县政府、县政协、县纪委五套班子联席会议，专题讨论县城搬迁章凤的问题。与会同志就县城搬迁问题展开了讨论，一致同意县城搬迁章凤。会议形成了中共陇川县委、陇川县人民政府《关于县城搬迁章凤的“九·一”联席会议纪要》。会议决定，县城搬迁要按照“一次规划，分步实施”的原则进行。通过各种渠道向上争取资金，加快章凤的建设，成熟一家搬一家，力争用5～10年时间基本完成搬迁任务。

1993年9月12日至13日，县委组织召开全县副科以上领导工作会议，研究部署反走私、反毒品斗争和反腐败等重点工作。

1994年1月16日，县委召开全县三级干部会议。县委书记邱世集在会上作题为《掌握理论、振奋精神、加快改革、加快发展》的报告及学习《邓小平文选》第三卷的辅导报告。7月 25～27日，县委在章凤召开政治工作会议，县直各部委办局，各乡镇领导参加会议。会议首先听取各单位关于党建、党员教育、政治思想教育、社会治安综合治理和农村经济工作的汇报。县委书记邱世集就抓好党的建设，加强和改善党的领导及加快两个文明建设作了具体部署。

1996年2月5日，县委召开第七届委员会第三次全委扩大会议，审议批准陇川县《关于制定国民经济和社会发展“九五”计划和2010年远景目标的建议》。

1999年9月17日，县委召开五套班子联席会议，对瑞（丽）章（凤）路开工建设前期筹备工作、加快推进新县城搬迁工作、财税及增资兑现、社会养老保险、大中专毕业生分配及景坎糖厂扩产等问题进行研究和部署。

2000年4月2日，县委、县政府召开党政联席会议，专题针对林业、干部职工吸毒、拖欠公务费医药费、老年人活动中心、给

阿昌族文化研讨会

领导送红包、领导干部使用公车管理、手机费用管理、边贸和口岸开发、"三象路"改造以及整改方案进行讨论。5月10日，县委召开会议专题研究党政机关干部职工吸食毒品的问题。

2001年10月18日，县委召开会议研究决定引资建设1座6000吨金属硅的3×6300KVQ（千伏电量）精冶硅厂，预计投入1800万元。

2002年1月30日至2月1日，县委召开第八届五次全体（扩大）会议。推荐陇川党政后备干部。5月4日，陇川县委、县政府主持召开阿昌族文化研讨会。来自全州各地的阿昌同胞欢聚一堂，共同清理挖掘阿昌传统文化，交流探讨阿昌文化的发展方向。

2003年3月5日，县委组织召开拉影经济开发专题会议，研究成立拉影经济开发领导小组。4月15日，县委、县政府召开会议专题研究云南景颇园建设规划设计方案。6月30日，县委、县政府召开深化国有企业改革工作会议，全县各乡（镇），县直各有关单位，中央、省、州驻陇各单位以及陇川县15户需改未改国有企业法人代表参加了会议。会议全面总结了1998年以来，陇川县在国有企业改革工作中所取得的成绩、经验和存在的问题，客观地分析了当前陇川县各国有企业所存在的问题，以及深化国有企业改革所面临的艰巨任务和巨大潜力。会议明确了陇川县国有企业改革的指导思想、基本原则、改革范围、改革目标任务及企业改革操作方案。8月6日，县委组织召开五套班子联席会议，专题研究了开工建设民族文化广场和资金筹措事宜。

2004年7月14日，县委、县政府召开"7·5"抢险救灾、重建家园工作会议。县长孔勒干作《广泛动员，齐心协力，同心同德，全力做好抢险救灾和恢复重建工作》的讲话。

2005年11月7～8日，县委、县政府召开赛号乡、姐乌乡撤并工作大会。

三、重大事件

1978年，陇川糖厂进行第二次扩建，新建一列500吨/日的压榨机组，将日处理甘蔗量规模提高到了1000吨。同年，被云南省委、省革委会授予"工业学大庆先进企业"称号。

1979年1月，全县冤假错案平反工作基本结束,对全县2000多人干部的档案全部进行了清理，撤出了含有诬陷和不实之词的材料。与此同时，为1958年反右派斗争中被错划为"右派分子""地方民族主义分子"的21名干部作了改正，安排适当工作，还复查处理"文化大革命"前的一批历史错案，并为一大批受株连的人消除影响。经过落实政策，给100人干部职工重新安排工作或补办退职退休手续；给一批党员恢复党籍或撤销错误处分。同年3月24日，水电部正式批准麻栗坝水库项目进入正式设计。7月30日，省计委发文批准建设陇川景坎糖厂。

1981年，县委、县政府全面铺开“三定”（稳定山林权、划定自留山、确定林业生产责任制）工作。1983年3月，划定“自留山、责任山”。1984年底，“三定”“两山”工作基本结束。同年,陇川县户撒刀具厂生产的藏刀被国家民委、轻工部评为“民族特需工艺品最优产品”。

1985年2月16～18日,中共中央总书记胡耀邦，在国家民委副主任伍精华、云南省委第一书记安平生和省长普朝柱等领导的陪同下，到德宏视察。17日，胡耀邦总书记一行抵达陇川章凤。当时，县委书记吴大缙因公外出，县委副书记、县长彭勒准受县委书记吴大缙委托，率在岗的县委、县人大、县政府、县政协四班子领导以及有关部门领导同志，从县城（城子）赶到章凤迎接胡耀邦总书记一行的到来。在章凤区政府三楼会议室，胡耀邦同志与陇川各级领导见了面。彭勒准代表县委向胡耀邦总书记汇报了陇川的工作情况。在了解情况后，胡耀邦指出：“中央有了好的路线、好的方针政策，你们要从自己的实际出发，要研究贯彻中央的改革开放政策，开展好‘增百致富’，把边疆的经济搞上去，增加各族群众的家庭收入，年年改善群众生活……”当汇报到缅甸洋人街要求供电一事时，总书记指示，“只要对人民有利的事，我们都可以做。洋人街要求供电，只要有能力，就可以做”。

1988年4月23日，省委书记普朝柱视察陇川。在陇川听取县委、县政府的汇报时指示：修建麻栗坝水库很有必要，但怎么修法是个问题，需要研究，修建麻栗坝水库可以这样做：一是争取中央列入计划，二是也可以分期施工，按中型修建，先搞坝，把搬迁问题解决好，把水关起来，以后有条件逐步解决配套问题。

1993年4月6～8日，县委、县政府在章凤口岸举办陇川县首届民族艺术节暨章凤至八莫公路通车典礼盛会，并在章凤镇电影院举行陇川县章凤口岸新闻发布会，千余名来宾、友好人士及全县副科级以上领导参加会议。县委书记李志明主持新闻发布会，县委副书记、常务副县长邱世集向与会人员全面介绍陇川经济发展的趋势和章凤经济开发区、拉影边境经济贸易开发试验区的发展规划、近期态势、优惠政策及章（凤）八（莫）公路通车的重要意义。4月7日清晨，中缅双方于章（凤）八（莫）公路起点拉影和雷基的中缅两

1993年4月，举行陇川县章凤边境口岸新闻发布会

国交界口举行通车剪彩仪式，县长彭勒准在章（凤）八（莫）公路通车典礼大会上作重要讲话。300余辆汽车组成的汽车“彩带”满载着中缅两国人民的友谊，缓缓驶向八莫，开创陇川对外开放的新局面。

1998年4月29日，经国务院批准，民政部批复，同意陇川县政府驻地由城子镇迁移至章凤镇。省政府决定迁移补助资金为1.2亿元。9月14日，省政府批复同意陇川县列为糖料基地县。同年，陇川从广东引进麻竹试种成功，在赛号乡、勐约乡及国营林场等地共建设麻竹试验地3块，总面积33.33公顷。其中赛号乡13.33公顷、勐约乡13.33公顷、国营林场6.67公顷。麻竹造林成活率达到98%。

1999年，陇川县委、县政府决定将麻竹纳入“十五”农业综合调整规划加以发展培育。2000年，推广种植麻竹133.33公顷，共计投入农业发展资金107.8万元。

2000年6月23日，云南省委书记令狐安在德宏州州长管国忠、副书记李增寿的陪同下，视察陇川新县城的规划及建设情况。之后，省委决定给陇川县增拨迁移资金1000万元。9月8日，县委、县政府在章凤新县城举行新建的办公大楼挂牌仪式。全县县级5大机关正式迁入新建的办公大楼办公。新办公大楼投资约1300万元，建筑占地面积37.33万平方米，拥有7个会议室和114间办公室。

2001年12月12~13日，省、州陇川县城搬迁验收组赴陇川对新县城开展检查验收。通过实地查看、查阅资料、分组验收检查，听取审计、质检、监理部门相关意见，在13日的验收会议上，签字验收，并指出：陇川县城搬迁的决策是正确的，搬迁效果是好的。整个搬迁工作严格按照新县城总体规划实施，尤其是1.4平方千米的中心片区，经过几年建设，已基本能满足陇川县最基本的社会经济发展需要。

2002年4月30日，经国务院第57次常务会议批准陇川县麻栗坝水库建设工程立项。麻栗坝水库是一项以灌溉、防洪为主，发电、水产养殖、旅游等综合利用的大（二）型水利枢纽工程。水库坝高34.5米，坝轴线长约1000米，总库容1.07亿立方米，坝后电站装机容量2000千瓦。灌区布置东干渠、西低干渠、西高干渠3条干渠，总长112千米，受益耕地面积16 546.67公顷，设计灌溉面积15 120公顷。工程设计总投资（可研报告）为5亿多元。

2003年2月20日，陇川县举行云南景颇园民族文化广场奠基仪式。云南景颇园民族文化广场占地308 668平方米，预计投资1000多万元，建设项目主要包括景颇族目瑙纵歌场，傣族、德昂族泼水节场，各个民族共用的大型节日活动广场、民族传统体育竞技场、民族博物

馆及相应的附属设施等。同日，陇川景坎糖厂年产1万吨精制糖生产线通过省级验收。该生产线的建成，填补了云南省无精制糖生产的空白。7月18日，陇川县景坎糖厂通过《陇川县景坎糖厂改制为“云南陇川景罕糖业有限责任公司”实施方案》，决定对企业进行改制。解除与职工的劳动合同关系、终止国有企业职工身份，并以企业净资产对职工给予部分补偿，再改制组建以职工持股和职工个人为股东的有限责任公司。7月27日，景坎糖厂改制工作正式启动。改制后的陇川景罕糖厂，根据《德宏州糖业整合框架协议》，将为英茂公司收购，参与组建英茂德宏糖业有限公司。

2004年7月3日，中共中央政治局常委、全国人大常委会委员长吴邦国视察陇川县赛号乡朋生村。吴邦国强调，毒品严重危害人民群众的身心健康，阻碍经济发展，影响社会稳定。各地区、各有关部门要以对党对人民高度负责精神，加大禁毒工作力度。一要采取强有力的措施，打击各种毒品犯罪，堵住毒品的源头；二要加强宣传教育，防止滋生新的吸毒人员；三要做好现有吸毒人员的收治工作。同年7月4日20时至5日17时，陇川县普降暴雨，降雨量达137.7毫升，陇川西部山区258平方千米的区域发生上千处山体滑坡，导致特大洪涝泥石流灾害。全县11个乡镇1个农场不同程度受灾，18个村寨被淹，120多个村寨局部被淹。受灾群众1010户7.42万人，占全县总人口的43.7%；成灾人口4.16万人，占全县总人口的24.5%；因灾死亡16人，受伤7人，失踪3人；因灾致病5733人。农田、林业、水利、交通、电力、民房等，直接经济损失合计2.18亿元，其中农业直接经济损失9100万元。7月7日，省委副书记、副省长秦光荣及省政府沈副秘书长率领省财政厅、民政厅、水利厅、卫生厅、教育厅、建设厅、农业厅、国土资源厅、省发改委、交通厅、省农垦总局、国土资源部专家组等一行40多人到达陇川重灾区察看灾情。并到受灾最严重的章凤拉线村、滇赛村和陇把中心小学慰问灾民。同年12月 31日，为带头执行好《陇川县清理整治机关企事业单位干部职工及共产党员中吸毒人员暂行规定》，县4套班子22位领导通过检测，结果均无阳性。

2005年1月20日，陇川县“7・5”洪灾灾区民房恢复主体工程全面竣工，百户灾民喜迁新居。易地搬迁建设的112户无房灾民住房全部竣工通过验收并逐步交付灾民手中。全县修复民房总计1826户，6406间民房，就地重建倒塌民房483户，1449间，易地搬迁建设民房163户，489间，下拨的546.05万元民房恢复建设补助资金如期兑现给灾民。6月，共新建移民安置点8个（章凤、景罕、姐乌、城子、赛号5个乡镇），搬迁303户1479人，建房298户，为移民调整土地273.02万平方米。同年7月27日，陇川县民族文化广场一期工程顺利通过验收。同年11月赛号乡、姐乌乡撤并。12月16日，陇川县麻栗坝水库一期移民工程顺利通过县级验收。

第四节　党务工作

一、秘书工作

县委秘书工作由县委办公室负责。1978～2005年，县委办公室开展的主要工作有：制发文件、会议记录、收发文件、材料、电报，起草领导讲话，撰写专题报告，收集、整理、上报信息，编撰《今日陇川》《信息专报》；对县委安排布置的主要工作进行督查；管理全县信访接待、保密、机要、后勤保障、关心下一代等工作。总体要求是做好“三个服务”，即：为上级领导服务、为同级部门服务、为下级机关服务。

二、保密工作

【宣传教育】　陇川县保密委员会自1982年成立以来，组织全县各级各部门学习贯彻上级下发的有关保密工作文件，开展保密宣传教育，增强保密意识。1989～2005年，结合“二五”“三五”“四五”普法，县保密局开展《中华人民共和国保密法》《保密法实施办法》等法规的宣传教育活动。1990年，“二五”普法期间，保密局购买、编印下发学习材料400册，办培训班4期，培训207人。播放保密教育录像片49场次，张贴宣传标语20条。1997～1998年，组织举办两期“三五”保密普法骨干培训班，共165人次。发放《现行保密法规汇编》410本、《边境窃密纪实》60本，翻印发放《保密法规》250本。2003年，县保密局以《中华人民共和国保密法》颁布实施15周年为契机，在县城主要街道悬挂《中华人民共和国保密法》宣传横幅。分管保密工作的县委领导在有线台作电视讲话，组织全县77家单位的涉密人员参加保密法规知识测试，举行纪念《中华人民共和国保密法》颁布15周年座谈会。2004年，县保密局组织全县处级领导干部、“五办”主任共32人，观看保密形势教育片《筑牢保密防线》。2005年，县保密局组织全县副科以上领导及涉密人员共271人（其中县处级领导5人、副科级以上103人，一般干部163人）观看保密形势教育片《刘兵、龙向京窃密案》。

【执法检查】　依照国家《保密法》有关规定，对书店、书摊、废品收购点泄密刊物的检查；参与史志办审稿，确保地方志书不出现泄密问题；做好每年高考、中考和有关部门业务上岗证考试的试卷保密工作；对打字复印点开展年度检查，并复核换发《备案证》。1992年，国家保密局对全国范围内的保密系统进行综合工作考评，授予陇川县保密局“全国保密工作先进集体”称号。

2001年，县保密局与安全局组成联合检查组对全县9家废纸收购摊点和10家营业性打字复印店开展保密检查，并宣传有关政策法规。2002年，县保密局对全县印刷复印行业进行综合检查，对其中21家营业性场所进行备案，核发《备案证》。2003年，县保密局组织保密法规考试，全县有77个单位227人参考。10月份对全县19家打字复印店进行涉密安全检查，对发现问题的经营店要求进行整改。2005年，贯彻《关于在全州党政机关开展保密工作大检查的通知》精神，在相关单位自检自查的基础上，对31个保密要害部门进行重点检查，并对章凤、陇把、城子3镇共22个废旧收购点进行检查。组织14名重要涉密人员参加州保密局等单位举办的计算机网络安全保密知识培训班。先后派20人次参与中考、高考、党校考试、统计员从业资格考试的试卷接送、保管。

三、督查工作

1978年以来，县委督查工作主要负责中央、国务院和省、市政府主要文件、纪要、会议决定事项以及县委重要部署、县委领导重要批示落实情况的检查督促工作。督查县委为民办实事项目实施。负责督查目标管理单位年度目标任务，并协助做好年度目标管理和考核工作。负责县委领导开展督查活动的服务和组织协调工作。2002年“三定方案”明确信访督查室为县委办内设机构。2007年10月，县委办信访督查室升格为副科级机构，并更名为县委督查室。

四、信访工作（见第七编第四章第二节）

第二章　纪检监察

“文化大革命”期间，全县实行军管，党的纪检机构停止工作。1978年9月，恢复中共陇川县委纪律检查委员会机构。1983年12月，县纪委升格为副县级机构。1988年3月，恢复陇川县监察局。1991年6月，全县各乡镇设立纪律检查委员会。1993年7月16日，县纪委、县监察局合署办公。2003年5月，县纪委向县直机关派驻纪检组。至2005年，县纪委监察机关共有在职人员21人，派驻县直机关单位纪检组28个。

第一节 工作机构

1985年6月，县纪委设办公室、纪律检查科和案件审理科。1986年9月，增设经济检查科。1987年6月，撤销经济检查科，增设来信来访科。1988年，内设机构科改室。1991年6月，增设教育室。1993年7月16日，县纪委、县监察局合署办公后，工作机构调整为7个室，即：办公室、教育研究室、信访室、执法检查室、案件审理室、纪检监察一室、纪检监察二室。1997年，再次调整内设机构为：办公室、监察综合室、教育研究室（后为宣传教育室）、执法监察室、信访室、纪检监察室、案件审理室。

1978～2005年陇川县纪律检查委员会书记、副书记名录表

表5—8

职 务	姓名	民 族	任职时间
副书记	邵国华	汉族	1978.9～1979.10
副书记	林树昌	汉族	1979.10～1985.12
书记	吴大缙	汉族	1980.10～1983.12
书记	普永新	景颇族	1983.12～1991.4
副书记	岳晓天	傣族	1985.12～1990.7
副书记	贺连美	傈僳族	1988.2～1991.4
书记		傈僳族	1991.5～1993.5

续表5—8

职务	姓名	民族	任职时间
副书记	李干志	景颇族	1991.7～1993.5
副书记	何 波	汉族	1992.1～1993.1
书记	王华鼎	汉族	1993.5～1998.1
副书记	李俊涛	傣族	1993.5～1998.1
副书记	孔金保	景颇族	1993.9～2001.9
副书记	李 友	纳西族	1995.2～1997.5
书记	刘德荣	汉族	1998.2～2001.10
副书记	多守辉	傣族	1998.2～2001.8
副书记	高建民	汉族	1998.2～1998.12
书记	王绍昆	汉族	2001.11～2005.12
副书记	蒋朝德	汉族	1999.3～2005.12
副书记	李益民	白族	2001.10～2003.3
副书记	王立东	景颇族	2003.3～2005.12
副书记	尹银胜	白族	2005.11～2005.12

第二节 党风廉政建设

1978～1980年，根据上级纪委的要求和县委的部署，配合县委组织部、宣传部对党员领导干部进行《关于党内政治生活的若干准则》和新党章修改草案宣传教育。以《准则》和新《党章》修改草案为主要教材，在县委党校先后举办3期培训，受训201人。

1981～1984年，党风党纪宣传教育以加强教育，维护党的政治纪律为重点，在全县开展反对各种不正之风斗争，制止大操大办婚礼的不正之风，制止生产资料乱涨价和向建设单位乱摊派费用的歪风，开展财经制度检查，刹建房分房中的不正之风，消除精神污染。开展打击经济领域里的严重犯罪活动和制止乱砍滥伐森林的违法行为。经济领域立案60件，涉及119人（党员21人），退缴赃款、赃物8.97万元，给予党纪、政纪处分8人，判刑13人，批评教育98人。制止乱砍滥伐、木材投机倒把立案办结48件，涉及63人（党员2人），收缴罚金2.64万元，开除党籍2人，捕判12人，拘留2

人，传审2人，罚款47人。

1985～1987年，党风党纪宣传教育方面以建立完善党内监督制度，加强党性教育为主，结合整党，就不同时期在党内外发生的倾向和问题，逐个清理和纠正，查处乱发实物、奖金发放过宽、数额过大、建房分房超标准、党政干部经商办企业、双职工养猪和婚事大操大办等行业不正之风。

1988～1990年，协同有关部门采用多种形式，在全县进行形势教育和坚持四项基本原则，反对资产阶级自由化教育，坚定理想信念。同时，协助县委对每年的党员培训和党员评处工作。培训基层党委领导和纪检干部160多人次，培训党员6800多人次。

1991～1992年，鉴于全县社会上赌风严重，少数党员和个别领导干部参与赌博现象，制定《严禁共产党员参与赌博活动的规定》，制止拉影地区的行赌之风。同时，对全县3265名党员进行党的纪律和条规内容学习，征订各类教育材料1703份。对建私房的172户进行清理，收回超占面积2.9万平方米，拆除建筑物0.16万平方米，按政策规定收取土地管理费和使用费6.68万元，收回产权5户，查处违纪出租11户，收回租金5040元，罚款6682.23元。解决群众反映较为强烈的农转非、土地收缴和民族成分更改问题。全县共清收农转非土地113.06万平方米，农村“三款”（公积金、公益金、管理费）回收94.72万元。

1993～1997年，坚持“预防为主、教育为主、注重治本”的宗旨，协助县委抓好党风廉政建设，抓好领导干部1年两次的领导班子民主生活会。在县广播电视台相继播放《贿赂忧思录》《警钟长鸣》《爱祭》《阎建宏蜕变的反思》等电教录像片。1996年，开展《党纪政纪条规手册》学习教育、测试工作。1997年，抓《党内条规选编》学习教育工作，抓好党纪政纪刊物的征订工作，共征订各类刊物2175份。

1998～2002年，重点抓好7项工作，开展党性党风党纪学习活动。（1）组织征订《党性党风党纪教育读本》《镜鉴思语》《党风廉政教育集锦》等学习材料。（2）开展县级领导学习《胡长清、成克杰等重大案件警示教育读本》的活动，学习《中国共产党纪律处分条例》和《行政监察法》，提高党员干部的思想认识。（3）成立陇川县警示教育领导小组，组织县级领导和各部委办局领导观看《胡长清案件警示录》，在县电视台播放《远离毒品》《胡长清案件警示录》《责任的呼唤》《被钱和色推向深渊的市长》《汪洋湖先进事迹报告会》《宠妻纵子谋家财的悲剧》《公仆本色》《厦门特大走私案》《权与钱》和《失职渎职大透视》等电视教育片。（4）落实党风廉政建设责任制。成立陇川县党风廉政建设责任制领导小组，制定《陇川县党风廉政建设责任书》。2001年，评选出优秀单位10个、良好单位56个、合格单位2个。2002年，党风廉政建设责任形成制度。组织征订各类纪检监察刊物1435份。（5）组织开展 “党风廉政教育月”活动，重点抓好“三项教育”（形势和政策教育、正反典型教育、党纪政纪条规教育）。（6）抓好一年一度的领导班子民主生活会。

2003年，开展领导干部任前廉政教育，围绕《预防职务犯罪》《严格遵守财经法规，促进机关廉政建设》《经济责任审计势在必行》等内容，对当年新任科级领导干部进行任前廉政培训，共培训新任副科以上领导干部110人，并向县委组织部递交《廉政勤政保证书》。分期对各乡镇、县直部门党员干部进行《党政领导干部选拔任用工作条例》的培训，受培训干部达1671人。开展正面典型教育和反面警示教育，组织全县11个乡（镇）党委、县直机关党委、党总支、276个党支部的2300多名党员干部收看中央电视台“新闻调查”栏目播出的电视专题片《一心为民的好书记—郑培民》。28名县处级领导干部、253名副科级以上实职领导干部撰写学习心得体会。对县、乡299名科级实职领导干部进行培训，写学习心得体会文章284篇。组织全县党员干部参加省纪委举办的“云南省反腐倡廉知识竞赛”，收回答卷188份，回收率90.38%。组织宣传贯彻执行省政府《八条禁令》和州委、州政府《十条禁令》，并发放2个《禁令》小卡片4800张和在县电视台进行专题讲话。实施纪委负责人同下级党政负责人谈话制度，对存在因工作作风不实或工作目标落实不到位等问题而对整个领导班子或个人进行有针对性谈话57人次。对违反省州两个《禁令》的9名干部职工在全县进行通报批评，其中4名党员给予党内警告处分。对全县237名副科以上实职领导干部建立廉政档案。实施乡镇和县直部门党政领导班子述职述廉制度。同年5月，县纪委向16个县直机关（政府职能部门）派驻纪检组。做好党风廉政建设和反腐败工作信息的采集报道，建立和完善“大宣教”工作格局。据不完全统计，县纪委监察局撰写纪检监察简报信息31期，在《云南纪检监察》杂志报道工作动态信息1篇，省纪委《宣教动态》转发工作信息2篇，《德宏团结报》采用稿件10篇，县广电局采用新闻稿16篇。

2004年，组织全县270名副科级以上党员干部参加两个《条例》的培训，征订培训学习教材400册，并在县广播电视台进行播出，宣传面达100%。与组织部门共同开展清理党员干部、国家工作人员吸食毒品、赌博的摸底调查活动。加强对村两委班子任前廉政教育，推进基层组织廉政建设。

2005年，以保持共产党员先进性学习教育活动为契机，县委办和县纪委联合举办陇川县反腐倡廉形势政策宣传报告会，县级领导和县直各部、委、办、局，直属单位的党员领导干部共530人参加学习。严格执行领导干部廉洁自律的有关规定。解决人民群众反映强烈的热点问题，对婚丧嫁娶、乔迁新居乱请客之风进行重点整治，并取得明显效果。加大对领导干部任前廉政建设教育培训工作力度。县纪委监察局、组织部、宣传部3部门联合举办1期领导干部廉政知识培训，对因工作需要新提拔或岗位调整的96名科级干部进行廉政知识教育培训。加强对国家工作人员行为规范教育，及时通报省州查处违反“八条禁令”的案件情况和关于处理违反“八条禁令”的相关规定，警示和教育全县国家工作人员要严格遵守两个《禁令》。

第三节　案件查处

1978～1980年，县纪委共受理案件9件，办结6件，受理群众来信来访27件。其中属于申诉案件17件（“文化大革命”前4件，“文化大革命”后13件），属控告信件10件。

1981～1987年，县纪委共受理来信来访249件次。查处违纪党员159人。其中给予开除党籍24人，留党察看10人，党内严重警告10人，党内警告处分15人，劝退处理75人，批评教育25人。

1988～1990年，县纪委受理来信来访89件次。查处违纪案件75件，74名党员受到党纪处分。在受处分的人员中，一般党员71人，乡科级党员干部3人。在1989～1990年党员评处中，对长期不过组织生活、不缴纳党费、意志衰退、经教育仍无转变的61名党员进行劝退或除名；对在预备期间，经考察不符合党员条件的12名预备党员取消预备党员资格。

1991～1992年，县纪委共受理来信来访69件次。查处党员违纪案件40件42人。其中县纪委立案查处21件23人；基层纪委立案查处19件19人。在受处分的人员中，科局级干部4人，一般党员干部17人，党员19人，免予处分2人，受理复查案件3件3人。对反映失实的26名干部澄清事实。两年来，通过查处违纪案件，全县纪检机关为企业、经济部门挽回经济损失8.29万元，帮助协调解决资金20余万元。

1993～1997年，县纪委监察局共受理来信来访、电话举报275件次。其中，来信231件，来访37件次，电话举报7件，办结率100%。为16名党员领导干部澄清了事实。5年来，县纪检监察机关对违反党纪、政纪的党员、干部立案165件，办结161件，处理159人。查出万元以上大案18件，涉及科局级领导干部要案29件，共挽回经济损失265.6万元。党纪处分75人。其中党内警告24人，严重警告21人，留党察看11人，开除党籍19人；政纪处分84人。其中行政警告17人，记过7人，记大过24人，降级6人，撤职2人，开除留用察看15人，开除公职13人。

1998～2002年，县纪委监察局受理来信来访371件次。对违反党纪政纪党员干部共立案82件，撤销案件1件，审结78件，结案率95.12%。共处理79人，涉及科局级领导干部17人，挽回经济损失171.16万余元。受党纪处分69人。其中党内警告8人，严重警告9人，留党察看13人，撤销党内职务2人，开除党籍37人；受政纪处分37人。其中行政警告5人，记过6人，记大过6人，降级6人，开除留用1人，撤职7人，开除公职6人。为反映失实的22名同志给予澄清，批评教育42人，充分发挥纪检监察机关的保护职能。

2003年，县纪委监察局共受理来信来访、电话举报70件次。审结党纪案件15件15人，给予党纪处分14人。其中，党内警告5人，党内严重警告2人，留党察看1人，开除党籍6人，撤销案件免予处分1人。受理政纪案件7件7人，给予行政处分7人。其中记过1人，撤职3人，开除公职3人。受理申诉案件2件，经复议维持原处分决定1件，通过说清其错误事实后自愿撤回申诉1件。全年乡镇自办案件7件，受党纪处分7人。其中开除党籍5人，党内警告1人，通报批评1人。

2004年，全年自查自办案件6件。其中开除党籍5人，留党察看1人。

2005年，县纪委监察局共受理群众来信来访、电话举报38件次，受理信访案件16件，审理各类案件11件，审结9件。其中党纪案件5件，开除党籍4人，党内严重警告处分1人。政纪案件4件，开除公职1人，行政警告3人。为国家挽回经济损失26.07万元。

第四节　执法监察

陇川县监察局于1988年1月开始筹建，1988年3月17日正式挂牌成立。1989年6月，在全县12个乡（镇）、景坎糖厂、7个县直机关单位成立20个监察室，共配备专（兼）职监察员83人。全县聘请特邀监察员14人。1992年，全局共有干部职工12人。

1988～1992年，县监察局共收到来信123件，接待来访23人次，其中自办和协办60件，其他转相关部门处理。5年来，共查处各类案件94件，结案92件。其中自办案件41件，协办案件33件，批复6件，恢复公职12件。申诉2件，移送司法机关7件。涉及人员198人，其中乡科级4人，股所级36人，一般干部66人，职工92人。49人受到行政处分。其中开除公职18人（其中判刑后办理开除公职12人），开除公职留用察看13人，行政记大过11人，行政记过5人，行政警告2人。免予行政处分149人。5年来共查处违纪金额43.43万元，挽回经济损失34.46万元。进行《中华人民共和国土地管理法》《中华人民共和国统计法》《中华人民共和国经济合同法》《中华人民共和国会计法》《中华人民共和国森林法》四查两情等以及中央省州有关文件的贯彻执行情况，进行监督检查，在人事、劳动、招工、晋级以及招生、大中专毕业分配等工件进行监督检查。1988年7月22日，由县纪委、县监察局、县公交局组成工作组对县农机厂遗留问题进行清查，追回部分单位、个人欠款及处理设备资金共计16.48万元，归还银行贷款14.52万元，余款1.95万元解决该厂退休人员生活费，使县农机厂长期遗留的问题得到妥善解决。

1993～1997年，县监察局共开展执法监察50项，其中1993年5项，1994年13项，1995年11项，1996年11项，1997年10项。

1998～2002年，共开展行政执法监察31项，其中1998年重点对领导干部公款配置移动电话、公款安装住宅电话、清理检查预算外资金、执行扶贫工作纪律和专项资金管理使用、干部拖欠公款等5项开展专项执法监察。共收回违纪违规资金11.26万元。1999年，对工程项目“双合同”、巩固中小学校乱收费的清理成果、粮食流通体制改革情况、巩固清理党政机关通讯工具成果、扶贫资金管理使用等5项专项执法检查。同年，结合县城下迁章风建筑行业热点问题，重点以对有形建筑市场的监督、检查为主。对50万元以上的工程项目，全面推行招投标制度，强化廉政“双合同”。2000年，重点对建筑行业的监督检查、国债资金使用管理情况、“四项资金”（国有企业下岗职工生活保障资金、失业保险基金、基本养老保险和城市居民最低生活保障金）、贯彻落实粮改政策措施、拖欠农村合作基金、民政专项资金使用情况、德宏州政府关于《公布取消第一批行政事业性收费项目及规范有关收费项目标准》的执行情况、安全生产、木材市场等9项进行专项执法监察。共收回各种违纪违规资金27.48万元。2001年，开展6项执法监察：（1）继续监督检查粮改政策的贯彻执行；（2）继续对中小学收费情况开展检查；（3）继续加强对工程招投标的监督检查；（4）继续对“四项资金”使用进行检查；（5）对公共场所消防安全的检查；（6）清理单位和部门超面积、超标准装潢。共收回各种违纪违规资金52.97万元。执法监察工作重点是以清理单位和部门超面积、超标准装潢住宅为主。对群众反映强烈的10个财政供给单位的职工住房房改情况进行清理检查，涉及205户，面积2.44万平方米，通过清理，有6个单位不同程度存在违反房改政策的行为，对拖欠的房改款及其它违规资金进行追缴，同时对违规单位进行通报批评。2002年，开展6项专项执法监察工作：（1）对建设部门行政性收费资金管理进行检查；（2）继续对扶贫资金使用进行检查；（3）对中小学校收费情况进行跟踪检查；（4）继续对国债资金使用情况进行检查；（5）配合建设行政主管部门进一步规范和理顺建筑市场秩序；（6）加强工程招投标工作。

5年来，对医药购销中的不正之风，公路收费混乱现象，减轻农民负担等19项行风建设工作进行纠正，共收回各种违规资金31.98万元。

2003年，县监察局开展执法监察共5项，查出违规收费项目19项，涉及违规资金226.35万元，纠正返回资金36.02元，收缴上交财政资金25.45万元，其余167.47万元作不收缴处理，提出整改建议10条。

2004年，县监察局开展执法监察14项，治理全县部分乱收费行为，共查出违规行为7件，违规金额16.22万元，收缴上交国库13.6万元，取消擅自设立收费项目6项，提出整改建议2条。开展清理和整治着装工作，查出16个部门未经国务院批准擅自统一着装，涉及325人，涉及资金48万元。收缴14个单位的帽徽、臂章、肩章、大盖帽等制式标志347套。对县财政供养的52个行政事业单位副科级以上领导干部拖欠公款情况进行清理，共清理查处14个单位67人领导干部拖欠公款42.08万元。通过清查整治，当年收回18.43万元，对未能即刻归还的采取单位限期和订立计划的方式分阶段还款。开展对土地市场的治理整顿、中小学校乱收费、医疗药品购销活动执法监察。对农网改造工程“回头看”整改工作，非公有制挂牌保护，企业进行督查检查。加强有形建筑市场的监督管理；配合相关部门对专项资金的使用情况和“7.5”洪灾救灾资金、物品的使用情况进行全程监督检查。继续抓好金融信贷违规问题整治工作。对党政机关及事业单位用公款为个人购买商业保险及全县财务管理制度执行情况的监督检查。

2005年，开展对医疗保险基金管理使用及工作纪律执行情况执法监察，对城建环保部门专项资金管理使用及工作纪律执行情况执法监察，清理领导干部拖欠公款执法监察，教育收费执法监察，行政许可法贯彻执行情况监督检查，全县整治违法排污企业保障群众健康环保的专项行动，开展有形建筑市场的执法监察，清理纠正国家机关工作人员和国有企业负责人投资入股煤矿行为的执法监察，非公有制企业挂牌保护企业的监督检查等共9项。

第三章　组织工作

1974年1月，恢复中共陇川县委组织部机构设置。1997年6月机构改革后，县委组织部内设机构4个，即办公室、干部科、组织（电教）科、工委办公室，核定行政编制13名，工勤编制1名，设部长1名，副部长3名，工委书记（兼）副书记1名。2002年11月内设机构7个，即办公室、干部股、干部教育股、组织股（电教股）、干部监督股、机关工委办公室、老干部局，核定行政编制14名，工勤编制2名，设部长1名，副部长2名，老干部局局长1名，副局长1名。

第一节　组织建设

一、党组织及党员发展

1978年，全县有党员1805名，其中正式党员1745名，预备党员60名；男1562名，女243名；汉族747名，少数民族1058名。同年，全县有党委12个，党支部89个。

20世纪80年代，县委在发展党员方面坚持“积极、慎重”的方针，加强党员队伍建设。

1991年后，县委按照“坚持标准、保证质量、改善结构、慎重发展”的方针，发展党员不搞降低标准和突击发展，做到成熟一个发展一个。2000年，全县有党员4882名，其中35岁以下年轻党员占31.23%，36～59岁党员占52.85%，60岁以上党员占15.91%。

2005年，县委按照新党章要求发展党员。全县有党员5717名。按年龄分：35岁以下党员1622人，占28.37%；36～59岁党员3006人，占52.58%；60岁以上党员1089人，占19.05%。按学历分：研究生党员1名，占0.02%；本科党员255名，占4.46%；专科党员1070名，占18.72%；中专党员770名，占13.47%；高中党员406名，占7.1%；初中及其以下党员3215名，占56.24。同年，全县有党委16

个、工委1个、党组10个、党总支11个、党支部231个。

1978～2005年陇川县党组织及党员发展情况统计表

表5—9　　单位：个、人

年份	党委数	党总支数	党支部数	党员数	其中				
					正式党员	预备党员	男	女	少数民族党员
1978	12		89	1805	1745	60	1562	243	1058
1979	12	15	141	2380	2188	192	2062	318	1232
1980	12	13	141	2420	2299	121	2101	319	1243
1981	12	10	158	2497	2395	102	2180	317	1285
1983	13	12	171	2522	2465	57	2206	316	1258
1984	14	11	183	2582	2488	94	2244	338	1289
1985	14	13	199	2715	2542	173	2362	353	1338
1986	15	13	206	2808	2655	153	2439	369	1373
1987	15	14	225	3027	2728	299	2626	401	1518
1988	16	15	225	3087	2929	158	2675	412	1548
1993	16	9	245	3380	3226	154	2908	472	1649
1994	16	10	250	3530	3345	185	3004	526	1748
1995	16	14	256	4030	3470	560	3435	595	2048
1996	15	12	272	4359	3860	499	3694	665	2207
1997	17	12	266	4637	4268	369	3883	754	2340
2000	17	25	295	4882	4654	228	4019	863	2518
2001	17	25	298	5098	4840	258	4171	927	2581
2002	16	26	288	5342	5054	288	4357	985	2741
2003	16	26	283	5545	5198	347	4500	1045	2867
2004	15	15	252	5560	5249	311	4505	1055	2846
2005	16	11	231	5717	5465	252	4609	1108	2872

二、机关党组织

1982年10月，成立中共陇川县直属机关党委。1996年7月，改设为中共陇川县直机关工委。2002年11月起，县直机关工委并入县委组织部。

1982年底，县直机关党委下辖23个党支部。1992年，县直机关党委下辖12个党总支，直属支部23个，分支部76个，党员842名。1995年，县直机关党委共有党员728名，其中，妇女党员136名，少数民族党员228名。从1989年开始，县直机关工委每年都举办入党积极分子培训班1~5期。

三、农村基层党组织

1979年，陇川县对农村党组织进行全面整顿，重新恢复建立农村党的各级组织机构。1986～1987年，开展整党工作，纯洁农村党的组织。1990年，在全县农村基层党组织推行党员目标管理，建立党员联系卡制度。1991年开始，每年秋季举行农村党员培训。1995～2000年，分2期在全县开展以党支部为核心的农村基层组织建设工作。6年中，州、县、乡共抽调党员干部300多人到基层党组织开展工作。“村建”（农村基层党组织建设）工作中，共举办党员培训班89期，培训党员4000余人次。召开群众大会1000多次，为群众办实事1100余件，扶持资金400余万元。村建工作队结合实际，先后指导、帮助农村党组织建立“农民党员丧事补助”“党员目标管理”“农村财务管理”等制度，成立农村党员互助基金会，使农村基层党组织的凝聚力和战斗力明显提高。

2001~2005年，以开展“云岭先锋”工程及“团结干事”“保持共产党员先进性”重要思想学习教育为载体，不断加强农村基层党组织的思想建设、队伍建设、制度建设和作风建设，使农村基层党组织和广大共产党员在社会主义新农村建设中发挥堡垒作用、先锋模范作用。

第二节　党员教育

1978～1991年，县委组织全县党员和干部学习十一届三中全会精神及十二、十三大政治报告，开展1986～1987年整党工作。1992～1999年，组织全县各级党组织和党员，学习邓小平南方谈话和十四、十五大精神。1999～2000年，县委开展以“讲政治、讲学习、讲正气”为主要内容的党性党风教育。

2001～2005年，陇川县以开展“三个代表”（代表先进生产力的发展要求、代表先进文化的前进方向、代表最广大人民的根本利益）重要思想、“云岭先锋”工程、“团结干事”“保先”（保持共产党员先进性）重要思想学习教育为载体，不断加强农村基层党组织的思想、队伍、制度和作风建设，使农村基层党组织和共产党员在社会主义新农村建设中发挥战斗堡垒作用和先锋模范作用。2004年，县委下派由县直机关抽调的169名领导干部和乡镇选派的68名干部组成实施“云岭先锋”工程工作队，开展“云岭先锋”工程工作。2005年，县委开展两批保持共产党员先进性教育活动。

第三节　干部队伍管理

一、干部配备与任用

1978年12月，全县有科级领导干部122名。其中男114人，占93.34%；女8人，占6.56%。少数民族59人，占48.36%。中共党员116人，占95.68%；非中共党员6人，占4.92%。

党的十一届三中全会后，陇川县坚持干部“四化”（年轻化、知识化、革命化、科学化）方针和德才兼备的原则，走群众路线，拓宽知人渠道，加强领导班子和干部队伍建设。至1995年底，全县有科级领导干部248人。其中男231人，占93.15%；女17人，占6.85%。少数民族141人，占56.85%。中共党员213人，占85.89%；非中共党员35人，占14.11%。按学历分：大学6人，占2.42%；大专55人，占22.18%；中专85人，占34.27%；高中45人，占18.15%；初中及以下学历57人，占22.98%。按年龄分：30岁及以下21人，占8.47%；31至35岁55人，占22.18%；36至40岁44人，占17.74%；41至45岁42人，占16.94%；46至50岁34人，占13.71%；51至55岁37人，占14.92%；56岁以上15人，占6%。

1995年后，陇川县贯彻执行《党政领导干部选拔任用工作暂行条例》《党政领导干部选拔任用工作条例》等法律规章，按照党管干部和“德才兼备、注重实绩”的原则以及“四化”方针的要求选拔任用干部。干部选拔任用工作迈入科学化、民主化、法制化轨道，为优秀人才脱颖而出、健康成长、施展才华创造条件。至2005年末，全县有科级领导干部300人，其中女干部43人（正科级10人，副科级33人），占总数的14.33%。全县9个乡（镇），有3个乡（镇）领导班子中配有女干部，56个县直部门领导班子中有25个部门配有女干部各1名。全县非中共党员科级领导干部33人，占总数的11%，其中正科级5人，副科级28人。全县9个乡（镇）有6个乡（镇）领导班子中配有非中共党员干部，56个县直部门领导班子中有16个部门配有非中共党员干部各1名。全县干部中有少数民族科级领导干部139人，占46.33%，其中傣族41人，景颇族58人，阿昌族15人，傈僳族5人，德昂族3人，其他少数民族17人。9个乡镇领导班子中均配有少数民族干部，56个县直部门领导班子中有42个部门配有少数民族干部42人。全县科级领导干部中，大学学历82人，占27.33%；大专学历167人，占55.67%；中专（高中）学历50人，占16.67%；初中及以下学历1人。全县科级领导干部中30岁及以下28人，占总数的9.33%；31至35岁65人，占总数的21.67%；36至40岁93人，占总数的31%；41至45岁94人，占总数的31.33%；46至50岁17人，占总数的5.67%；51岁以上3人，占总数的1%。9个乡（镇）领导班子中有8个乡（镇）配有1名以上30岁及以下的年轻干部，56个县直部门中有10个部门配有1名以上30岁以下的年轻干部。

二、干部教育

1978年以来，县委一直重视党员干部教育，并将其作为事关全县工作大局的战略性和基础性工作来抓，多渠道、多层次、多形式地开展干部教育工作，培养了一批批德才兼备的党员领导干部。1987年，县委组织部配合有关部门，动员现职干部到省州党校学习，并以县委党校为教学基地，坚持每年培训农村支部书记和区镇党务工作者，开办各类培训班10期，参学人数达530余人次。同时开办正规化教育，经考核有236人取得合格证。1992～1993年，组织和选送干部参加考前文化补习和大中专学历培训。开办初中文化补习班2期、中专考前文化补习班2期、中专脱产函授4期，共培训217人。选送干部到省、州参加大专学历培训32人。1997～1998年，县组织部与党校及有关部门配合，把有一定培养前途、有基层工作经验的干部选送到各大中专学校深造，共选送257人参加各类干部学历班学习。抓好各类短期培训班，提高干部理论素质。选送21人到省委组织部干部培训中心、省州党校、州民干校参加培训。县委组织部联合县委宣传部、县委党校举办各类短期培训班8期，培训人数600人次。2000～2002年，在抓好省、州、县党校培训的同时，做好函授学习教育，经统一考试，954人被录取，其中本科294人，专科652人，中专8人。2003年后，加大干部教育工作力度，大规模培训干部。至2005年，举办干部任用条例、“三个代表”重要思想、十六大精神理论、党内“两个条例”、行政许可法、公务员计算机、教师晋级、新任村干部、政法干部、机关入党积极分子、妇女干部、卫生人员等98个培训班。培训干部1.31万人次，选送212人参加省州举办的各种培训。

2003年，陇川县举办“三个代表”重要思想暨十六大理论骨干培训班

三、后备干部队伍建设

1992年以来，陇川县后备干部队伍建设得到加强。1999年，按照干部“四化”方针和德才兼备的原则，在全县范围内，推荐选拔优秀中青年干部，共有256人被列为乡科级后备干部。2000～2001年，将全县大专以上学历，年龄在35岁以下的各类优秀干部，纳入平时跟踪、考察范围，全面把握选拔任用时所需人才的真实情况，调整充实乡科级后备干部队伍。2004年，县委组织部按照《党政领导干部选拔任用条例》规定，在全县公开选拔乡科级后备干部，共有114人被考察确定为乡科级后备干部。一批政治素质高、业务能力强的中青年干部进入后备干部队伍，县委组织部对后备干部建立档案，定期考察，有进有出，实行动态管理。

第四节　干部监督

2001年4月，县委组织部成立干部监督科，配备专职工作人员，建立健全离任经济审计、干部监督信息网络、举报电话查处、函询回复、部长接待日、领导干部任前公示等制度，设立了监督专线举报信箱、干部监督联络员和干部特邀社会监督员队伍，共聘任监督员19人。2002年11月，干部监督科更名为干部监督股。2001～2005年，组织部按照上级有关规定，对拟提拔使用的242名干部进行任前公示。向县纪委、检察院、信访局以及上级协管单位发出征求意见函349份。委托县审计局对16名岗位调整的正职领导进行离任审计。共接到群众来信来访117件，全部都作了调查核实和答复。对171人进行诫勉谈话。

第四章　宣传工作

1956年4月，设置中共陇川县委宣传部。2002年11月，宣传部内设办公室（含外宣办）、理论干部科、精神文明建设办公室3个科室。2005年，县委宣传部共有编制10人和一正两副领导职数。

1978年，中共党的理论宣传工作走上正轨后，县委宣传部按照县委的部署和要求，主动抓好全县干部队伍理论学习，加强对外宣传，提高陇川知名度。组织全县干部群众学先进，树典型，创建文明单位，使全县的精神文明建设不断改观。此外，县委宣传部在抓好对外宣传的同时，注重抓好通讯员队伍建设工作，每年撰稿不少于2000篇。仅2005年，全县通讯员就向新闻媒体、报刊撰写新闻稿件达1328篇，其中县级1137篇、州级186篇、省级5篇。

第一节　干部理论学习

1978～1990年，县委宣传部组织全县党员、干部及群众，学习中共十一届三中全会精神、中央《关于建国以来若干历史问题的决议》《关于经济体制改革的决定》及十二大、十三大政治报告等文件和材料，开展真理标准、生产力标准大讨论和整党工作。1990年，根据中央提出稳定压倒一切的中心任务，学习贯彻十三届四中全会精神、邓小平在军以上干部的重要讲话、江泽民总书记在国庆40周年庆祝大会上的重要讲话。县委宣传部结合实际，编写了《如何做合格的共产党员》和《当前形势教育宣传提纲》两本教材。1991年，全县各级干部以江泽民在庆祝建党70周年大会上的讲话为指导思想，订购党史党建理论书籍1866本。1992～1993年，重点学习邓小平南巡重要讲话和党的十四大精神，学习苏联、东欧演变教训。1994～1996年，全县党员干部和群众学习《邓小平文选》和《建设有中国特色社会主义理论学习纲要》，开展向领导干部的楷模——孔繁森同志学习活动。1997～1999年,学习党的十五大精神，在全县县级领导干部中开展以“讲学习、讲政治、讲正气”为主要内容的党性党风教育。2001年，在广大党员干部中开展学习和实践“三个代表”重要思想教育活动。2002～2005年，进行党的十六大精神学习和“三个代表”重要思想的学习。

第二节　对外宣传

一、外宣工作

1978～1989年，陇川县对外宣传主要以宣传国内的大好形势和中缅友好为主题，重点宣传中央《加快农业发展若干问题的决定》（草案）、《关于建国以来若干历史问题的决议》《邓小平文选》真理标准讨论、农村家庭联产承包责任制、坚持四项基本原则等。

1990～1999年，陇川对外宣传工作结合边疆实际，贯彻《中共中央关于加强、改进对外宣传工作的通知》，成立对外宣传领导小组，与上级媒体合作举办通讯员培训，扩大陇川县的对外宣传工作，加大全县政治、经济、文化等方面的宣传报道，创造良好的国际舆论环境和良好的国际形象，提高陇川县的知名度，为陇川县走向东南亚，走向世界的战略服务。制作《陇川欢迎您》《陇川县投资指南》等宣传品，宣传陇川改革开放取得的成就。借助“章八”公路通车庆典宣传陇川对外开放政策和经贸合作项目。把章凤口

1995年10月下旬，全国边疆文化长廊建设现场会在德宏召开期间，在章凤考察联欢

2004年10月24日，海峡两岸记者西南边疆行联合采访团

岸作为“陇川的窗口”，让国内外的各界人士认识了解这块得天独厚、正待开发的“黄金口岸”，从而揭开陇川开放、发展的序幕。1995年，编辑出版、发行“黄金口岸——章凤”宣传小册子4000册。

2000～2005年，加大宣传西部大开发战略，协作中央、省、州新闻单位，制作播出142条反映全县各族人民艰苦创业、勇于实践、团结奋进的精神风貌和先进事迹的新闻，对宣传陇川、扩大陇川知名度起到作用。借助新县城建设，重点宣传陇川文明进步形象，让世界更好地了解陇川，为陇川的改革开放铺路架桥。2002年《德宏团结报》驻陇记者站落成，对2002年中国云南德宏陇川县目瑙纵歌节、泼水节、阿露窝罗节3大民族节日做了大量的宣传报道。2004年，配合中央、省、州各新闻媒体深入全县“7·5”洪灾灾区进行采访，撰写新闻报道。打造“中国目瑙纵歌之乡——陇川”品牌，借助“五一”“十一”黄金周在广山举办目瑙纵歌活动，编印《中国目瑙纵歌之乡——陇川》宣传画册，接待中央、省、州媒体到陇川拍摄专题电视片《中国少数民族之景颇族——目瑙纵歌》。2005年，开办“德宏之窗——陇川版”信息网站和《中国陇川网》。春节期间，陇川县在新县城章凤体育广场成功举办大型目瑙纵歌盛会，为节目做了大量的宣传工作。

2001年，以反映阿昌族历史故事为主题的电视剧在陇川开机

二、新闻工作

自20世纪70年代以来，县委宣传部致力抓全县通讯员队伍建设工作，除县委宣传部专人撰稿外，机关和各公社相应推荐一批通讯员，负责宣传报道工作。宣传部每年对通讯员进行业务培训1～2次。1987年，县委宣传部召开全县新闻总结会，表彰优秀通讯员。当年向各报社、广播电台发稿3335篇。其中县广播站收稿1000

篇、州电台收稿1435篇、州团结报收稿900篇。1988年后，要求每年撰稿4000篇，并将撰稿任务下达到各单位。90年代后，县委宣传部出台新闻奖励办法，对省级以上的新闻报道实行双稿制，一些单位对通讯员也实行双稿制，全县宣传报道工作进一步得到加强。1993～1999年，被县级以上报刊、电台、电视台采用的新闻宣传报道稿件达1.4万余篇，年均2000篇。其中1994～1996年，有县级5064篇、州级2034篇、省级11篇、国家级1篇。并协助国家级、省级报刊杂志社采访陇川专题报道28篇。2003年，结合宣传党的十六大精神，全县通讯员及记者站仅在团结报社投稿就达1700篇，采用1300篇。2004年，“7・5”洪灾发生后，各级新闻记者深入灾区撰写采访报道稿156篇。中央到县级各新闻媒体先后报道播出230条次。2005年，以“贴近实际、贴近生活、贴近群众”为根本要求，进一步加强和改进新闻宣传报道工作。当年全县向县级以上电台、报刊撰写新闻稿件1328篇。其中县级1137篇、州级186篇、省级5篇。1978～2005年，共发布新闻宣传报道3万余篇。

第三节　精神文明建设

1989～1990年，通过组织各族干部群众学习先进事迹，举办革命历史歌咏比赛等活动，活跃群众的精神文化生活。1991年开始，根据德宏州精神文明建设领导小组制定的《文明村镇的基本条件》和《文明单位的基本条件》，开展文明村镇和文明单位的创建活动，推动陇川县“两个文明”建设。1992～1993年，“双文明”工作队成立并开始进村入户，宣传在纪念建党70周年大会上受表彰的优秀共产党员模范人物和事迹，抓职业道德、社会公德、社会主义法制和纪律教育，培养“四有”（有理想、有道德、有文化、有纪律）人才，通过“党、政、军、民、学共建”“区乡共建”“双拥共建”，以及开展“文明单位竞赛”等形式，把“五爱”（爱祖国、爱人民、爱劳动、爱科学、爱社会主义）教育和精神文明建设和各项任务落实到机关、工厂、学校、街道。1994年，创造以“五爱”为标准，以“四有”为目标，以“三德”（诚德、孝德、爱德）为内容的健康向上、道德风气良好的社会环境。1996年，举办周恩来总理到德宏四十周年纪念活动、红军长征胜利60周年系列纪念活动、第二届中学生篮球运动会和首届师生书画展，丰富群众的精神文化生活。2000～2001年，陇川县结合新县城建设，围绕提高公民素质和城乡文明工程，举办“爱我陇川，兴我陇川”演讲比赛、环保知识竞赛；举办“反对邪教，崇尚文明”大型图片展。出台《陇川县十星级文明户评选管理办法》，开展科技、卫生、文化“三下乡”活动，增强群众的文明意识。2002～2003年，贯彻落实中央颁发的《公民道德建设实施纲要》，重点组织开展好第一个“公民道德宣传日”活动，宣传“爱国守法、明礼诚信、团结友善、勤俭自强、敬业奉献”20字公民基本道德规范，不断推动“三讲一树”（讲文明、讲卫生、讲科学、树新风）活动进社区、进农村、进单位、进家庭，通过一言一行，一点一滴增强文明生活意识。2004～2005年，开展以“弘扬伟大民族精神、全面建设小康社会”为主题的教育活动和以诚信建设为重点，开展“人人参与，共铸诚信”为主题的“诚信陇川2004”大行动。

第五章　政法工作

1984年4月，陇川县委政法委员会成立（简称县政法委）。1988年10月，政法委改为政法领导小组，下设办公室于县委办公室。1990年6月，恢复县委政法委，设书记1人（由县委副书记兼任），副书记2人，编制7人。1984～2005年，政法委向县委和上级上报专题报告20份，对20多件有争议的案件组织公、检、法部门统一行动，召开公捕、公判大会24次。

第一节　综治维稳与平安创建

陇川县2000年度综治工作总结表彰大会

1984年，县政法委贯彻落实《党中央、国务院关于加强社会治安综合治理的决议》《云南省社会治安综合治理管理条例》等文件精神，加强对执法工作和社会治安综合治理工作的领导，发挥各级各部门的职能作用，推行社会治安综合治理领导责任制，开展打击各类违法犯罪活动和农村社会治安整治工作，处理各种紧急治安事件，化解社会矛盾，保障陇川政治和社会的稳定，促进全县改革开放和社会经济发展的顺利进行。

1978～2005年，12个乡（镇）（2005年为9个乡镇）、农场、15个治安片段共创建安全文明小区21个，安全单位42个。截至2005年，陇川县共建立治保委员会112个（内部单位33个），专职治保主任18人，兼职治保主任94人，治保员999人；治保小组637个，治保小组成员1121人。共建立9个乡（镇）、71个村（居）级人民调解委员会，794个人民调解组。乡、村、组3级人民调解员1022人。

2003年3月，成立县见义勇为基金协会，设在县社会治安综合治理委员会办公室。同年，共收到社会各界人士、各成员见义勇为捐款资金15万元。1990～2005年，涌现出清平乡青年民兵赵麻成、勐约乡村民石勒丁、陇把镇村民王龚胖、赛号乡村民董弄央、户撒乡村民赵兴银等14个“见义勇为个人”。

第二节　禁毒防艾

2004年12月，陇川县禁毒防艾领导小组成立，办公室设在县政法委。工作人员从政法委、公安、人事、科技、卫生、司法等部门抽调10人组成。政法委专职副书记兼任办公室主任。

2005年1月8日，县委、县政府在陇川会堂召开全县禁毒和防治艾滋病工作队进村入社动员大会

2005年1月，县委、县政府下发《关于组织工作队进村入社开展禁毒和防治艾滋病工作的决定》，对220名工作队员和9个乡镇党委书记、政法副书记进行培训。州、县工作队员进村入社开展工作。协助县委、县政府对全县76个单位，1588人机关干部开展尿检。协调进村入社工作队和公安机关联合开展禁毒防艾专项行动408次，出动人员6506人次，抓获零星贩毒人员和吸毒人员，并缴获毒品。通过县戒毒农场、各乡（镇）戒毒所、村办戒毒班、立保自戒“四个层面”的收戒，全县收戒吸毒人员。29名县级领导和87名科级负责人分别到116个村小组指导和配合当地党委、政府、村（居）委会、工作队员开展收戒、立保自戒、帮教、帮扶、关爱等工作。

同年，县政法委协调组建陇川县群防群治联防队，共20人。开展打击零星贩毒和维护社会治安工作，共抓获违法犯罪嫌疑人425人，捣毁零星贩毒窝点，缴获其毒品，收缴手枪8支，子弹8发，火药枪5支。

第六章　统一战线

1954年5月，成立陇川县委统一战线工作部（简称统战部）。“文化大革命”期间，统战工作停止，机构名存实亡。1974年1月，县委统战部恢复工作。同年4月成立陇川县委对台工作领导小组。1982年12月，成立陇川县政府台湾事务办公室，与统战部合署办公，实行两块牌子一套班子。1988年5月24日，建立陇川县民族事务委员会，办公室设在统战部。1992年，成立陇川县工商业联合会，由一名统战部副部长兼任第一届主任。2005年末，统战部下设办公室、对台办公室、党外干部股、

2005年5月，全县统战工作会议

民族宗教股、工商经济联络股，定编6人，设部长1人，副部长1人。

第一节　民族宗教工作

1988年5月24日，建立陇川县民族事务委员会，开展民族事务工作。

1978 ~1990年，陇川县加强民族宗教统战工作，对在历次政治运动和“文化大革命”期间受迫害的佛教协会、教职人员、民族上层人士39人落实政策和待遇。1982年1月12日，召集佛教代表人士53人开座谈会，讨论制定《陇川县佛教活动守则》，成立陇川县佛教协会筹备组。同年10月19~22日，召开佛教界代表会，成立陇川县佛教协会，会址设景罕广姆佛塔院内。1982年10月19~22日，召开陇川县基督教三自爱国委员会筹备会。同年11月23日，召开陇川县基督教第一次代表会议，成立陇川县基督教三自爱国委员会，会址设章凤镇广山寨 。1988年，成立天主教三自爱国委员会。1993年，建户撒老马寨清真寺1所，成为全州第一所清真寺。

1978年来，统战部共举办10余期宗教理论培训班，落实民族宗教上层人士的政治待遇，化解矛盾。1990~2005年，全县先后有67人次宗教界人士担任陇川县政协委员职务。2005年末，陇川县有民族上层人士 78人，民族上层人士遗孀 8人。

第二节　对台工作

1978年，成立陇川县对台工作领导小组。1982年12月，成立陇川县政府台湾事务办公室。1984年，对全县台胞50人、台属158户及港澳亲属、侨属进行登记造册。1986年12月，为原国民党起义投诚人员18人举行发证仪式，并按国家政策作妥善安置。1986年9月，召开全县第一次台属座谈会。1991年后，对台工作的主要任务是接待台胞台属，协助台胞办理回乡定居手续，协调处理涉台事务，召开台胞台属座谈会，开展对台招商引资工作，服务台胞台商。2005年末，陇川有台属120户 732人，涉台婚姻6户。

第三节　非公经济人士工作

1978～2005年，县统战部贯彻“团结、帮助、引导、教育”的方针，促进非公有制经济的发展。通过春节慰问、召开座谈会、走访调研、组织考察等形式，加强与非公经济人士的交流和联系，了解他们的生产经营情况，为他们排忧解难。做好非公经济人士的政治工作，推荐他们进入人大和政协参政议政。至2005年，陇川县非公经济代表人士担任县政协委员90人次，担任州政协委员28人次。

1991年8月2日，县对台工作领导小组在县委常委会议室召开台胞座谈会

第四节　党外人士工作

一、非党干部工作

1978～2000年，县统战部共推荐副处级党外干部15人。2005年底，陇川县有机关、事业单位干部职工3713人，其中党外干部职工1905人，占全县干部职工总数的51.3%。有副处、正科、副科党外领导干部33人，其中副处级2人，正科级5人，副科级26人。

二、政协委员推荐工作

1986年陇川县第七届政协

会议，至2005年陇川县第十二届政协会议，县统战部共推荐县政协委员878 人。其中第七届政协委员110名，第八届127名，第九届147名，第十 届170名，第十一届157名，第十二届167名。1978～2005年，共推荐省、州政协委员77人，其中省政协委员1 人，州政协委员76人。

第七章　其他党务

中共党的十一届三中全会后，陇川县委加强了老干部管理、党校教育、党的政策研究、党史征研等工作的领导与管理。1986年3月26日，成立中共陇川县委老干部局。老干局按照国家有关政策，真抓实干，落实离休老干部8项政治待遇，建立老干部活动中心，开办老年大学，以此为平台，开展文体活动，让老干部安度晚年。县委党校抓全县干部培训、学历教育作出成绩。县政研室抓政策调研，撰写多项调研报告，为县委、县政府提供决策。党史征研工作至2005年，完成《中共陇川县党史资料第一、二辑》的编纂工作，以及《陇川情怀》《陇川县“直过区”调研资料汇编》《今日陇川》《创业之路》等一批地情党史资料的汇编任务。

第一节　老干部工作

一、老干部管理

1980～1986年，离休干部由县委组织部管理。1986年3月26日，成立中共陇川县委老干部局，负责管理和服务离休干部。对全县的副科级以上退休干部实行“以单位为主，组织、人事、民政、老干等部门共同协作的分级管理办法”。即：各级退休人员仍以退休干部原单位管理为主，人事劳动局主要负责一般干部和退休工人的管理。县委老干部局配合有关部门在做好离休干部管理服务工作的同时，将县委组织部管理的副科级以上退休干部纳入管理，并根据情况逐渐将一般退休干部纳入管理范围。同时，按照省、州组织部的安排，负责联系、组织、管理州管副处级以上退休干部的理论学习、文件传阅、定期走访、参加重要会议、健康体检、

2001年底，陇川县委老干部局建成

工农业生产考察、领导联系同级退休干部制度等工作。

1982年，全县有离休干部66人（含陇川农场45人）。至2005年，全县仍健在的离休老干部有36人。2002年12月，全县有副科级以上退休老干部308人（不含农场）。至2005年，全县有副科级以上退休老干部349人。

1998年5月，成立县老干部工作领导小组，对全县老干部工作实行目标管理。县委组织部和县委老干局定期不定期检查督促各单位老干部工作，实行量化考核打分。各单位每年10月进行一次全面自检自查和总结，写出书面材料报县委组织部和县委老干局。1999年，全县目标管理检查结果：优秀单位5个，良好单位4个。2000～2001年，优秀单位7个。2002～2003年，优秀单位8个。

二、政治待遇

从1988年开始，落实离休老干部8项政治待遇：（1）落实老干部阅读文件制度。配发一套中央、省、州、县文件给老干部局，供离退休老干部阅读学习。（2）落实政治理论学习制度。制订学习制度，规定每月15日为陇川驻芒市地区的老干部集中学习日。每月17日为驻陇川县城（城子）的老干部集中学习日，每月21日为驻章凤地区的老干部集中学习日。（3）落实书报订阅制度，为离休老干部及离退休党支部，订送一份报刊。（4）落实参加重要会议制度。安排离退休老干部代表参加每年召开的县党代会、人代会和政协会议。（5）落实情况通报制度。每年春节召开离退休老干部座谈会，县4套班子领导、老干部工作领导小组成员单位、离休及县处级老干部参加。向老干部通报全县经济社会发展情况，听取老干部意见建议。（6）落实参观考察制度。每年组织离退休老干部就地就近参观考察工农业生产和重大建设项目情况。（7）落实在职领导联系同级老干部制度。县处级在职领导分别联系离休老干部和同级退休老干部，平时加强联系、接触、沟通、了解情况、听取意见。（8）落实走访慰问制度，确保老干部逢年过节有人访，生病住院有人看，生活困难有人管。

三、生活待遇

1998年，县老干局贯彻省有关文件精神，结合陇川实际，提出贯彻执行和具体落实陇川老干部生活待遇的意见，其主要内容是：对离休干部解决好特殊困难；足额发放离休费、就地疗养费、特需费和各种补贴；不拖欠医疗费；2～3年组织1次离休干部和副科级以上退休干部健康体检；妥善做好易地安置工作；2～3年看望1次易地安置到省外的老干部，创造条件让老干部参加有益身心健康的文娱体育活动。

县老干局组织老干部体检

县委老干局以县老年大学和老干部活动中心为平台，组织离退休老干部开展各类文体活动，先后建歌舞厅1个（兼会议、演出等功能）、乒乓球室1个、台球室1个、棋牌室2个、室内健身房1间，有球台2台、球桌2张、麻将桌椅8套及各种健身器械12套。建室外健身场地1个，有各种健身器械8套；建室外门球场2个、地掷球场2个、简易气排球场1个。

四、老干部活动中心

陇川县老干部活动中心于2000年12月20日开工建设，2002年2月10日竣工，占地4393.36平方米，总投资158万元（省委老干部局拨付投资30万元），建筑面积1500平方米，其中主体大楼860平方米，内设有县委老干局办公室、会议室、阅览室、财务档案室、诗书画展室、歌舞厅、健身室、乒乓球活动室、台球活动室、棋牌活动室等。室外设有门球场、地掷球场、气排球场，另有门卫室、车库等。活动中心配备工作人员2名。

老干部活动中心建成后，组织离退休老干部开展各种文体活动，制订活动制度或公约，经全体成员讨论通过自觉执行，保证各活动团体有序有规开展活动。各活动团体除平时天天有活动外，还按本团体规定的时间或重大节日举行比赛。2005年，竞技麻将比赛12场次，参赛人员484人次；门球比赛15场次，参赛人员415人次；桥牌比赛4场次，参赛人员52人次；台球比赛2场次，参赛人员30人次；地掷球比赛2场次，参赛人员36人次；气排球比赛2场次，参赛人员60人次；乒乓球比赛3场次，参赛人员84人次；象棋比赛2场次，参赛人员24人次。以上合计各种项目比赛42场次，参赛人员1149人次。平时到老干部活动中心参加各种活动项目的人员，每年约有4万余人次。

2005年10月，在芒市举行的德宏州第六届老年人运动会上，陇川县老年活动组获得气排球单项第一名、象棋单项第一名、太极剑操表演第三名、乒乓球单项第三名、竞技麻将单项第四名、篾弹弓单项第二名。

第二节　党校教育

一、干部培训

1978～1981年，共培训干部8期，学员366人次。学习内容主要是中宣部、中组部《关于加强干部教育工作的意见》、辩证唯物主义的思想路线、党在新时期的思想路线和政治路线、《关于建国以来党的若干历史问题的决议》及民族政策的基本知识。培训对象主要是公社、大队干部。

1982～1987年，举办培训21期，参训学员1210人次。学习内容为党的十二大精神、《邓小平文选》《整党决定》《政治经济学》、坚持四项基本原则、反对资产阶级自由化。培训对象主要是机关、事业单位负责人。

1988～1991年，开展培训25期，学员1518人次。学习内容主要是党的十三大精神、“三基本”教育（党的基本知识、党的基本路线、马克思主义基本理论）。培训对象主要是乡科级干部和基层党组织负责人。

1992～1999年，办班29期，培训学员3207人次。学习内容主要是：《邓小平文选》、党的十四大、十五大精神、党务工作、社会市场经济理论、社会主义初级阶段、“三讲”教育、乡村干部理论。培训对象主要是副科级以上领导和农村基层干部。

2000～2005年，按照《中共中央关于面向21世纪加强和改进党校工作的决定》精神，举办培训班32期，培训学员4895人次。学习内容主要是“三个代表”重要思想、全面建设小康社会、党的十六大、十六届三中、四中全会精神及计算机知识。

二、学历教育

1990年，开办初中文化培训班，开设数学、语文、政治、地理、历史5门课程，至1994年，共培训学员64人。1991年9月至2005年9月，开办中专函授（学制3年）、脱产班（学制2年）共13个，开设行政、经济、乡村经济3种管理专业，毕业323人。

1995年，始办大专班。1998～2005年，县党校与省、州党校、省州广播电视大学、云南大学管理学院联办学制3年的党校大专、本科学历教育、电大大专学历教育、国办大专学历教育函授班，共毕业744人，其中本科208人，党校大专309人，电大大专164人，国办大专63人。

第三节　政策研究

一、机构

1982年，县革委设立县农村工作办公室（简称县农办），负责政策研究工作。1990年，县农办改称县委政策研究室（简称“政研室”）。1997年，加挂农村工作部牌子，形成一套人马两块牌子的构架。2002年6月，撤销农村工作部，保留县委政策研究工作机构，加挂县委农村工作领导小组办公室牌子。

二、政策调研

1990～2005年，县委政研室（农工部）围绕国企改革、农村土地延包、农村税费改革、禁毒防艾、社会治安、教育、卫生等问题开展调研，向县委、县政府提出相关政策和措施建议。编纂《陇川经济社会发展问题研究》《陇川景颇文化》，创办《陇川调研》《农村动态》期刊，撰写20多篇调查报告，供县委、县政府决策。

三、调研报告选介

《关于陇川县做强魔芋产业可行性研究报告》。《报告》分析：陇川具有天时地利的条件，便利的交通和充足的劳动力资源，为魔芋产业的发展提供了广阔的空间。《报告》建议：（1）切实解决好产业开发资金问题。按企业自筹20%，向银行贷款30%，向省、州申报立项扶持50%。（2）政府要加大力度，切实解决好种源问题。（3）做强魔芋产业，政府必须加大对农业产业化的支持力度。制定和出台魔芋种植、管理、收购、加工等一系列优惠扶持政策，使种植户放心、放胆、放手地种植魔芋，使魔芋产业真正成为农村经济发展的新亮点，农民增收的新支撑。（4）积极扶持培育龙头加工企业。龙头加工企业要强化加工技术和设备新改造，不断开发新产品，提高产品质量，降低生产成本，打造绿色品牌，实施订单农业。（5）产业主管部门要超前实施好产业开发基础性工作，加快魔芋良种繁育基地建设，为实施万亩红魔芋基地建设提供优良品种奠定坚实的基础。（6）尽快协调好陇川魔芋精粉厂与农业银行，本着盘活存量资产，理清产权关系，加快改制步伐，利于招商引资，使龙头加工企业能有较为宽松的债权债务环境，争取省、州更大的支持，更好地承担陇川魔芋产业的开发任务。（7）切实加强领导，充分发挥产业开发领导小组的作用，加大实施魔芋产业宣传、组织发动、资源规划、年度开发进程设计等工作。切实帮助产业主管部门解决好在基地建设中出现的困难和问题。

《新时期陇川县农村贫困人口现状标准问题调研报告》。《报告》分析了陇川县农村贫困人口现状：全县按照省扶贫开发办《关于做好新时期我省农村贫困人口现状问题调研的通知》文件要求，由县政研室、县扶贫办、县统计局组成课题组，结合陇川实际，调研了勐约乡共瓦村、护国帮掌村中的11个村民小组，每个村民小组抽样调查贫困户5户，合计调查55户，进一步掌握农村贫困人口现状，对重新确定好贫困人口标准问题，开展好新时期扶贫开发工作，促进贫困地区经济、社会的协调发展都具有重要意义。根据2003统计，陇川县共有农村贫困人口61691人，占全县总人口170149人的36.3%，占全县农村人口134213人的46%。《报告》建议：（1）加大经济产业扶持，发展经济项目的资金投入占项目总投资的70%以上，以增强群众的自我发展能力。（2）抓好贫困示范项目建立，积极建立示范村、示范户，用典型引路，以点带面，全面推进。（3）扩大特困民族乡实施范围，不因其总人口在10万人以上或以内而一刀切，应根据该乡镇人均收入情况，少数民族占总人口比例，少数民族贫困人口占贫困人口的比例、占少数民族总人口的比例来确定。对贫困程度较深、少数民族较多的乡镇给予优先考虑。

《关于毒品对陇川县少数民族危害研究对策建议、报告》。《报告》分析了毒品对陇川少数民族的危害：陇川作为全州、全省乃至全国的毒品重灾区，面临毒品危害和吸毒人员屡禁不止的严峻形势，当前和今后禁毒戒吸工作任务十分艰巨。为进一步核查、核实辖区内的吸毒人员情况，经过各乡镇、县直各部门的认真排查、检查、核实，准确地掌握了全县现有吸毒人员人数。普查结果：一是吸食、注射海洛因人员比2003年上升72.16%。二是吸毒人员向低龄化发展。与去年相比，17岁以下的上升92.3%，18～26岁的上升35.57%，26～35岁的上升64.9%。三是国家机关干部职工吸毒回升。四是吸毒人员向高文化人群发展，与去年相比上升89.26%。五是少数民族吸毒的以景颇族蔓延较快，与去年相比上升60.9%。从上述统计情况看，吸毒问题已不是简单的社会治安问题，而是关系到一个民族生死攸关的政治问题。因此，举全社会之力，依靠各方力量，有效遏制毒品蔓延已刻不容缓。《报告》建议请求省、中央帮助解决的有关事项：（1）请求将景颇族列入特少民族范围给予扶持。（2）请求将陇川列为全国毒品重点整治县，从人力、物力、财力上给予帮助。（3）请求省、中央对陇川戒毒康复农场扩建给予立项扶持。

《关于陇川县麻竹产业发展情况调研报告》。《报告》分析了陇川县麻竹产业发展现况：1999年，县林业局在赛号乡石猫洞引种120亩麻竹试种成功。2000年，在南田林场和章凤建立实验示范基地。2001年，开始在全县推广种植。至2003年，全县发展麻竹3.2万亩（退耕还林19350亩，竹藤项目12650亩），投产4000余亩，年产鲜笋3000余吨（含山黄竹笋），实现农业收入210万元；建设麻竹苗圃200余亩，其中固定苗圃基地71亩，年培育麻竹种苗120余万株；建成麻竹种植加工培训基地1个，不定期地为种植户进行种植采笋、加工等技术培训，累计召开现场培训会50余次，培训竹农6000余人次，发放各种技术资料2万份。全县麻竹产业涉及11个乡镇，31个村委会，116个村民小组，5420户，产业布局零星分散。《报告》指出：2000年，县委、县政府作出《关于创建30万亩林竹产业基地的决定》，提出发展目标、政策和措施；2003年3月，县委、县政府两办联发《关于成立麻竹产业开发领导小组的通知》；2004年2月，县委第21次常委会议决定成立《陇川县竹产业技术推广站》；2004年4月22至23日，县委政策研究室、县林业局主要领导和竹笋经销商深入景罕镇、城子镇、清平乡、护国乡等乡镇对麻竹种植、竹笋加工销售情况进行调研。报告建议：（1）国家对退耕还林任务的调整，严重影响到全县今后麻竹产业的发展，已调动起来的竹农积极性受挫，面对新情况、新问题：一是建议县委、县政府尽快成立农村竹产业协会，研究竹子的管理、产品加工和销售问题。二是及时召开营林生产专题会议，研究对策，布置2004年的营林生产，确保2004年任务的完成。（2）建议县委、县政府将农村竹产业建设列为陇川县“云岭先锋”工程的一项主要工作任务来抓，落实造林地块，组织实施2万亩的竹子基地。（3）加强领导，发挥麻竹产业领导小组的作用。适时研究和帮助竹农解决产前、产后存在的困难和问题，让竹农放心、放胆、放手地发展麻竹产业，解决好“三农”问题，多渠道增加农民收入。同时，要按照“多产、少取、放活”方针，帮助龙头企业申报项目，争取上级列项扶持，使龙头企业发挥“龙头”作用，形成诚信为本、操守为重的良好发展氛围。（4）建议县政府责成林业部门尽快组建竹产业技术推广站班子，配齐人员，积极开展工作。做到开发一个产业，让群众掌握一项技术，巩固一项成果，致富一方农民。（5）生态防护竹林的实施，由县林业部门负责提供竹苗和种植技术指导，水利部门负责规划，河堤两岸涉及乡镇负责组织实施；生态长廊的实施，由林业部门负责竹苗和种植，城建部门负责规划和种后管理，交通部门积极配合实施。（6）每年由县政府从财政预算中安排一定资金作为麻竹产业基地建设规划设计、宣传发动及检查验收等费用。

《关于陇川县做强薯蓣产业可行性研究报告》。《报告》分析了薯蓣产业发展的形势：2003年，全县共种植薯蓣362.5亩，产鲜薯蓣464吨，实现农业产值69万元。加工鲜薯蓣210吨，产皂素1.3吨，实现工业产值40万元，上缴税收8万元。做强薯蓣产业，一是有利于农民增加收入、企业增效和财政增长；二是有利于促进土地资源的合理开发利用和环境保护；三是有利于社会稳定和解决就业再就业。做强薯蓣产业，符合产业开发方向。《报告》建议：（1）切实解决好薯蓣产业开发资金问题，按企业自筹20%，向银行贷款30%，向州、省申报立项扶持50%。（2）做大做强薯蓣产业，把薯蓣产业作为发展特色农业，提高农业效益，农民增收的亮点来培育，必须制定出台陇川县发展薯蓣产业的配套扶持政策。让农民放心、放胆、放手的发展薯蓣产业。（3）产业主管部门和相关乡镇要转变工作作风，通力合作，做好宣传、组织发动、土地规划、年度开发进度等可操作性强的各项基础性工作，为全面启动薯蓣基地建设提供强有力的服务保障。（4）积极扶持龙头加工企业。强化加工技术和设备更新改造，发展深加工，提高附加值，降低生产成本，提高企业经济效益，实施好订单农业，使加工企业真正发挥好“龙头”的作用。（5）产业主管部门要加快薯蓣良种繁良基地建设，切实解决种源问题，为薯蓣商品基地建设提供优质、高产、高效的良种打下坚实的基础。（6）切实加强领导，调整充实薯蓣产业开发领导小组，抓住机遇，乘势而上，为薯蓣产业建设的实施提供强有力的组织保障。

第四节　党史征研

一、党史书籍编纂

【中共陇川县党史第一辑】　陇川县党史工作起步于1985年秋。1992年，编纂《中共陇川县党史资料第一辑》，1993年2月出版发行，共20万字，印1500册。该书主要收录了陇川解放至1956年间

中共陇川县党史资料一、二辑

的重要党史资料，其中包括大事记、专题回忆录和重要文献等内容。

【中共陇川县党史资料第二辑】 1993年，在已经出版第一辑党史资料的基础上，进行第二辑党史资料的收集整理工作。1994年完成《中共陇川县党史资料》（第二辑）的初稿，2001年7月，《中共陇川县党史资料（第二辑）（1957～1966）》出版发行。该书计10万字，共印300册。主要收录1957～1966年党在陇川开展活动的情况，记录了在开始全面建设社会主义的十年中，党在边疆的战斗历程。

二、其他党史资料征集

2004年8月，县史志办到王子树乡岗巴村开展直过区调研

1997年，完成州党史征研室征编的《德宏农业化史料》陇川史料的征集。2001年，完成《中共陇川县委“三讲”教育大事记》。2002年，完成《创业之路》(与政协办合编)一书的组稿收稿任务。同年2月，完成《今日陇川》编纂出版工作，计40万字，印数1000册。2003年底，完成《陇川情怀》（一、二册）编辑出版发行。《陇川情怀》（一）431册；《陇川情怀》（二）444册。主要收集整理陇川解放以来中共陇川县委第一任县委书记至第八届县委书记的部分讲话。2005年，完成9万字的《陇川县“直过区”调研资料汇编》资料收集出版工作。

第六编　地方人民代表大会

LONG CHUAN XIAN ZHI

LONG CHUAN XIAN ZHI

LONG CHUAN XIAN ZHI

第一章　陇川县人民代表大会

1978年，终止12年之久的县人民代表大会恢复工作，并于12月中旬召开第七届人民代表大会。1978～1992年，县人民代表大会为3年一届；1993年后，改为5年一届，届次顺延。历次人民代表大会听取并审议县政府工作报告、国民经济和社会发展计划报告（草案）、县法院和县检察院工作报告。选举产生新一届人民代表大会常务委员会主任、副主任、委员；选举县政府县长、副县长、县法院院长、县检察院检察长及出席德宏州人民代表大会代表。县人民代表大会每年召开一次全体代表会议。1981～2005年12月（第八届至第十四届），共召开县人大常委会议156次，听取和审议“一府两院”工作报告484次。其中审议工作报告205个，听取报告220个，讨论工作事项59个，作出审议决议62个、决定51个，提出审议意见77个。召开任免干部会议108次，任免国家机关公务员811人次，组织人大代表和县人大机关人员调查、视察68次。

第一节　代表选举

根据《中华人民共和国全国人民代表大会和地方各级人民代表大会选举法》的有关规定，陇川县人民代表大会代表由选民直接选举产生。选举县、乡人大代表之前由选举工作领导小组进行选民登记，在选民资格确认后于选举日前20天公布，之后，提出代表候选人。选举之日，召开选举大会，设投票站、流动票箱，无记名投票进行差额选举。

一、选举程序

全县设立选举机构，召开选举工作会议。各乡镇及选区成立选举工作领导小组，领导并组织选举工作。县级各单位，中央、省、州驻陇川单位及部队，由县选举委员会统一划分选区。选举人对代表候选人可以投赞成票、反对票，或另选他人，也可以弃权。获参选选民过半数选票者，报县人大常委会代表资格审查委员会审查认定后，颁发代表当选

2004年，县人代会上投票选举出席州人大代表

证。部队代表由部队选举产生。

二、代表选举结果

各选区按照县选举委员会确选的代表名额，选出出席县级人代会的代表。各民族、妇女、党员代表均占一定比例。

陇川县第七至十四届人大代表选举情况统计表

表6—1　　单位：人、%

届次	代表总数	其中																	
		汉族		景颇族		傣族		阿昌族		傈僳族		德昂族		其他民族		党员		妇女	
		人数	比重	人数	比重	人数	比重	人数	比重	人数	比重	人数	比重	人数	比重	人数	比重	人数	比重
第七届	245	110	44.9	60	24.5	37	15.1	18	7.3	9	3.7	3	1.2	8	3.3	144	58.7	55	22.5
第八届	159	69	43.4	42	26.4	28	17.6	10	6.3	4	2.5	2	1.3	4	2.5	111	69.8	24	15.1
第九届	164	66	40.2	44	6.83	29	17.68	2	7.32	6	3.66	2	1.22	6	2.3	100	66.7	40	24.4
第十届	163	72	44.2	41	25.2	24	14.7	9	5.5	5	3.1	2	1.2	10	6.1	91	55.8	30	18.4
第十一届	169	65	38.5	45	26.6	37	21.9	12	7.1	3	1.7	1	0.6	6	3.6	128	75.7	30	17.8
第十二届	179	75	41.8	42	23.4	33	18.4	13	7.6	6	3.4	2	1.1	8	4.3	114	64	36	20
第十三届	159	62	39	41	25.8	29	18.2	15	9.4	4	2.5	1	0.6	7	4.5	110	69.2	34	21.4
第十四届	160	62	38.8	46	28.8	29	18.1	13	8.1	4	2.5	2	1.2	4	2.5	109	60.5	32	20

第二节　县人民代表大会

1978～2005年，全县共召开27次县人民代表大会。第七至九届任期3年，第十至十四届任期5年。历届第一次会议议程：（1）成立大会主席团；（2）听取、审议并通过“一府两院”（县政府、县法院、县检察院）工作报告、国民经济计划执行情况和社会发展计划报告、县财政预决算报告、县人大常委会工作报告；（3）讨论并对上述工作报告作出决议；（4）选举产生人大常委会委员、主任及副主任，县长、副县长、法

大会场景

院院长、检察院检察长；（5）选举产生出席州人代会代表；（6）收集代表在会议期所提的议案、建议、批评和意见。

历届第二次、第三次或第四次、第五次会议议程：（1）组成大会主席团；（2）听取并审议通过“一府两院”工作报告、上年国民经济和社会发展计划执行情况及本年国民经济和社会发展计划报告、地方财政预决算报告、县人大常委会工作报告；（3）会议对上述工作报告进行讨论并作出决议；（4）收集大会代表所提出的议案、建议、批评和意见。

大会场景

历届代表大会除正常完成各项例行议程外，第八届第二次会议还讨论通过陇川县关于贯彻执行新颁布的《中华人民共和国森林法》具体规定；第九届第三次会议补选黄英为德宏州第八届人民代表大会代表，增选赵忠文为陇川县第九届人大常委会委员；第十届第二次会议补选县长1人、人大常委会副主任2人；第十一届第二次会议听取讨论县长彭勒准作的《关于制定陇川县国民经济和社会发展十年规划和“八五”计划的建议（草案）报告》；第十二届第四次会议听取并审议通过代理县长毛勒端作的《关于国民经济和社会发展“九五”计划和2010年远景目标报告》；第十三届第四次会议补选产生县第十三届人大常委会委员4人、县法院院长1人、县检察院检察长1人；第十四届第二次会议选举产生县第十四届人大常委会委员1人、主任1人以及县长1人。

陇川县第七至十四届人民代表大会召开情况统计表

表6—2　　　　单位：人、%、件

届别	会议召开时间	会议召开地点	代表人数	出席人数	比重	特邀列人数	收到提（议）案件数	收到建议、批评和意见
第七届一次	1978年12月15～18日	城子公社	245	226	92.2	20		
第八届一次	1981年1月13～17日	城子公社	165	122	76.7	29	127	
第八届二次	1982年2月23～27日	城子公社	163	99	62.3	23	136	
第八届三次	1983年4月11～16日	城子公社	161	135	82.3	34	132	
第九届一次	1984年7月22～26日	城子镇	164	140	85.4	50	25	67
第九届二次	1985年5月21～24日	城子镇	164	105	64	46	45	73
第九届三次	1986年4月8～12日	城子镇	164	163	99.4	73	9	67
第十届一次	1987年4月18～23日	城子镇	163	140	86	72	14	125

续表6—2

届别	会议召开时间	会议召开地点	代表人数	出席人数	比重	特邀列人数	收到提（议）案件数	收到建议、批评和意见
第十届二次	1987年7月27～28日	城子镇	163	139	85.3	15		
第十届三次	1988年1月25～29日	城子镇	163	126	77.3	102	32	31
第十届四次	1989年4月17～20日	城子镇	157	142	90.4	26	10	21
第十一届一次	1990年4月20～26日	城子镇	169	147	87	93	44	50
第十一届二次	1991年3月26～29日	城子镇	167	141	84.4	97	14	13
第十一届三次	1992年4月21～24日	城子镇	161	132	82		22	22
第十二届一次	1993年4月19～24日	城子镇	179	163	91	102	35	14
第十二届二次	1994年4月26～29日	城子镇	177	152	85.8	121	1	42
第十二届三次	1995年4月26～29日	城子镇	172	141	82	126	3	59
第十二届四次	1996年4月22～26日	城子镇	171	142	83	127	3	41
第十二届五次	1997年4月22～25日	城子镇	167	141	84.4	99	1	51
第十三届一次	1998年1月17～23日	城子镇	159	154	97.2	131	2	80
第十三届二次	1999年2月3～5日	章凤镇	156	131	84	148	2	59
第十三届三次	2000年3月11～14日	章凤镇	156	122	78	152	2	54
第十三届四次	2001年2月27日～3月4日	章凤镇	149	128	85.9	166	2	70
第十三届五次	2002年2月2～6日	章凤镇	144	121	84	162	2	84
第十四届一次	2003年2月20～26日	章凤镇	160	159	99.4	148	2	176
第十四届二次	2004年3月1～4日	章凤镇	158	152	96.2	137	2	104
第十四届三次	2005年3月9～12日	章凤镇	156	145	93	162	1	146

注：第八届（含第八届）以前称提案，第八届之后称议案

第二章　县人大常务委员会

1981年1月13～18日，陇川县第八届人民代表大会第一次会议在城子召开。根据《中华人民共和国宪法》第96条“县级以上的地方各级代表大会设立常务委员会”的规定，本次大会依法选举产生陇川县人大常委会，任期与本级人民代表大会相同，成为人民代表大会闭会期间的常设工作机构，人民代表大会制度作为社会主义根本政治制度在陇川得以确立，为此后人大工作的发展奠定了组织基础。

第一节　工作机构

1981年，县人民代表大会设立常务委员会。委员会设主任1人、副主任3～6人，常委会委员8～14人。县人大常委会机关内设办公室、法制科、财政经济科、教科文卫和民族侨务科。

1986年3月，县人大常委会内设机关除办公室外，其他科改称为“工作委员会”。

1994年，增设选举联络工作委员会。2003年3月4日，增设农业环境资源工作委员会。2005年底，县人大常务委员会设办公室、选举联络工作委员会、教科文卫工作委员会、民族侨务工作委员会、法制工作委员会、财经工作委员会、农业环境资源工作委员会。

1980～2005年陇川县人大常委会各届任职情况一览表

表6—3

届次	职务	姓名	民族	籍贯	任职时间
第八届人大常委会	主任	祁勒乔	景颇族	陇川县	1981.1～1984.6
	副主任	孟小寿	傣族	陇川县	1981.1～1984.6
		邹开先	汉族	大姚县	1981.1～1984.6
		李桂英（女）	景颇族	盈江县	1981.1～1984.6
		张顺忠	汉族	施甸县	1981.1～1984.6
第九届人大常委会	主任	方克让	傣族	芒市	1984.7～1987.4
	副主任	李桂英（女）	景颇族	盈江县	1984.7～1987.4
		赵元礼	汉族	保山市	1984.7～1987.4
		金板相（女）	德昂族	陇川县	1984.7～1987.4
		线小田	傣族	陇川县	1984.7～1987.4
		排早盾	景颇族	陇川县	1984.7～1987.4

续表6—3

届次	职务	姓名	民族	籍贯	任职时间
第十届人大常委会	主任	方克让	傣族	芒市	1987.4 ~ 1990.4
	副主任	丁文清	景颇族	陇川县	1987.4 ~ 1990.4
		邓承忠	彝族	昭通市	1987.4 ~ 1990.4
		李桂英（女）	景颇族	盈江县	1987.4 ~ 1990.4
		排早盾	景颇族	陇川县	1987.4 ~ 1990.4
第十一届人大常委会	主任	金玉龙	傣族	陇川县	1990.4 ~ 1993.4
	副主任	丁文清	景颇族	陇川县	1990.4 ~ 1993.4
		鲁大良	汉族	昌宁县	1990.4 ~ 1993.4
		郭强	汉族	保山市	1990.4 ~ 1993.4
第十二届人大常委会	主任	岳晓天	傣族	陇川县	1993.4 ~ 1998.4
	副主任	郭强	汉族	保山市	1993.4 ~ 1998.4
		段从兴	汉族	施甸县	1993.4 ~ 1998.4
		尚德清	景颇族	陇川县	1993.4 ~ 1998.4
		李绍福	汉族	腾冲市	1993.4 ~ 1998.4
第十三届人大常委会	主任	岳晓天	傣族	陇川县	1998.4 ~ 2003.2
	副主任	排利国	景颇族	陇川县	1998.4 ~ 2003.2
		王华鼎	汉族	保山市	1998.4 ~ 2003.2
		张保健	汉族	山西省	1998.4 ~ 2003.2
		杨小行	傣族	陇川县	1998.4 ~ 2003.2
		杨恩跃	汉族	陇川县	1998.4 ~ 2003.2
第十四届人大常委会	主任	板岩过	傣族	陇川县	2003.2 ~ 2003.7
		许贵荣	傣族	盈江县	2004.3 ~ 2008.1
	代理主任	杨小行	傣族	陇川县	2003.7 ~ 2004.3
	副主任	杨杏（女）	汉族	梁河县	2003.2 ~ 2004.2
		杨小行	傣族	陇川县	2003.2 ~ 2008.1
		李维献	阿昌族	陇川县	2003.2 ~ 2008.1
		张保健	汉族	山西省	2003.2 ~ 2008.1
		何勒崩	景颇族	陇川县	2003.2 ~ 2008.1
		翟元章	汉族	河南省	2003.2 ~ 2008.1

第二节　常委会议

陇川县第七届常委会依据法律赋予的职权范围召开会议，依法行使监督权，逐渐向规范和完善方面发展。

第八届人大常委会召开会议16次，审议工作报告11个，听取工作报告8个，讨论工作事项11项，作出审议决议5个，干部任免6次13人次。

第九届人大常委会召开会议18次，审议工作报告22个，听取工作报告8个，讨论工作事项7项，作出审议决议9个、决定5个，提出审议意见1个，干部任免9次88人次。

第十届人大常委会召开会议14次，审议议题13个，作出审议决议12个、决定1个，听取工作报告2个，讨论事项1项，干部任免13次145人次。

第十一届人大常委会召开会议18次，审议工作报告22个，听取工作报告7个，讨论工作事项1项，作出审议决议17个、决定5个，干部任免12次104人次。

第十二届人大常委会召开会议34次，审议工作报告40个，听取工作报告69个，讨论工作事项15项，作出审议决议6个、决定12个，提出审议意见22个，干部任免27次180人次。

第十三届人大常委会召开会议36次，审议工作报告56个，听取工作报告70个，讨论工作事项12项，作出审议决议8个、决定19个，提出审议意见27个，干部任免24次110人次。

第十四届人大常委会召开会议35次，审议工作报告60个，听取工作报告81个，讨论工作事项25项，作出审议决议18个、决定12个，提出审议意见53个，干部任免28次206人次。

第三节　代表工作

一、代表联络

从县第八届人大开始，在县直机关和10个人民公社建立代表小组11个。在全县10个区1个镇建立11个中心联系组。1988年区镇改乡镇后，在县直机关和各乡镇建立县、乡（镇）人大代表小组13个。2005年，全县有人大代表小组13个。

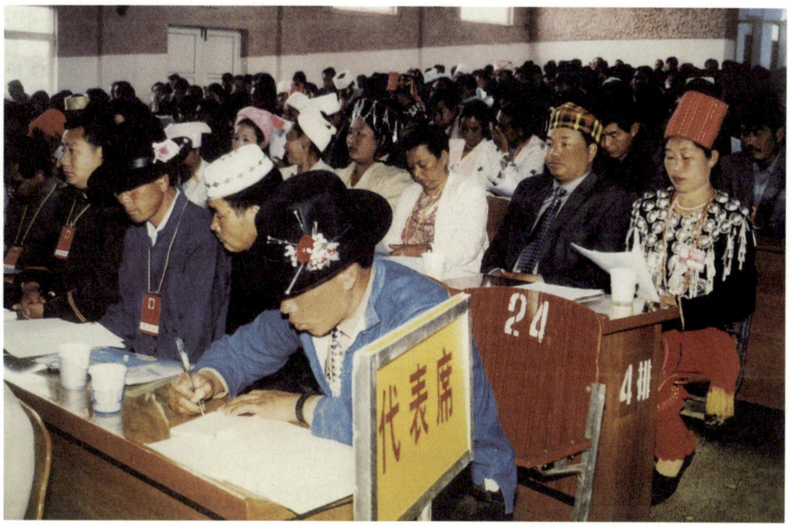

代表参会

2004年，县人大常委会设立人大代表接待室，制定《代表接待日制度》《代表活动制度》《选民评议人大代表制度》《人大代表列席县人大常委会议制度》等规章，加强人大机关与人大代表的联系，保证人大代表依法履行职权，充分发挥代表在闭会期间的作用。

二、代表培训

1998年8月14日，培训陇川县出席州人大会代表、县人大代表共20人。同年10月30～31日，培训县、乡干部、县级人大代表200人。2004年12月24日，培训县级人大代表、人大干部、人民陪审员65人。2005年3月25日，召开部分县级人大代表、乡（镇）人大主席、机关党外人士、县人大老领导座谈暨培训会，到会42人。

三、代表视察、调查

1981～2005年，组织县级人大代表视察、调研68次，撰写调查、视察和执法检查报告205篇。

1996～2005年，组织州、县人大代表就乡（镇）扶贫点、移民安置、甘蔗基地、城乡建设、文化教育、边贸口岸、行政执法、县城迁移等内容开展44项专题视察调查，针对存在的问题提出意见、建议，决定重大事项7件。

第四节　监　督

一、工作监督

1981～2005年12月，听取和审议县政府、县检察院、县法院工作报告484个，作出决议、决定113个，作出审议意见77个。

二、干部述职评议

2004年9月至2005年9月，县人大常委会对县人民代表大会及其常委会选举任命的干部进行述职评议。县人大常委会述职评议小组作出报告，采取无记名投票测评。全县共有11名干部进行述职评议。其中副县级2人，科级9人。评议结果为优秀2人，称职9人。

第五节　议案、建议、批评和意见

1978～2005年，县人大共召开人民代表大会27次，每次会议参会代表提出议案、建议、批评和意见达100件以上。27次代表大会共提出议案237件，意见、建议和批评1809件。

【第八届人民代表大会】　1981年1月至1984年1月，历时3年零6个月。召开人民代表大会会议3次，提出提案384件。

【第九届人民代表大会】　1984年7月至1987年4月，历时2年零9个月。召开人民代表大会会议3次，提出议案79件，建议、批评和意见183件。

【第十届人民代表大会】　1987年4月至1990年4月，历时3年。召开人民代表大会会议4次，提出议案56件，建议、批评和意见177件。

【第十一届人民代表大会】　1990年4月至1993年4月，历时3年。召开人民代表大会会议3次，提出议案80件，建议、批评和意见85件。

【第十二届人民代表大会】　1993年4月至1998年1月，任期4年零9个月。召开人民代表大会会议5次，提出议案43件，建议、批评和意见207件。除议案办理完毕外，建议、批评和意见的办理情况是：已解决或基本解决的78件，占37.7%。正在解决或列入计划解决的68件，占32.9%。暂不能解决的61件，占29.4%。

【第十三届人民代表大会】　1998年1月至2003年2月，历时5年。召开人民代表大会会议5次，提出议案10件，建议、批评和意见347件。除议案办理完毕外，建议、批评和意见的办理情况是：已解决或基本解决的77件，占22.2%。正在解决或列入计划解决的137件，占39.5%。暂不能解决的133件，占38.3%。

【第十四届人民代表大会】　2003年2月至2008年7月，历时5年。至2005年召开人民代表大会会议3次，提出议案5件，建议、批评和意见426件。除议案办理完毕外，建议、批评和意见的办理情况是：已解决或基本解决的77件，占18.1%。正在解决或列入计划解决的222件，占52.1%。暂不能解决的127件，占29.8%。

第六节　人事任免

县人大常委会每届任期期间，依据法律赋予的职权范围履行全县人事任免工作。第七届（1978～1981年）至第八届（1981～1984年）共进行人事任免9次19人次。第九届（1984～1987年）至十一届（1990～1993年）进行人事任免34次337人次。第十二届（1993～1998年）至十四届（2003～2008年）共进行人事任免79次496人次。

第三章　乡（镇）人民代表大会

1999年以前，全县乡（镇）人民代表大会的任期为3年一届。每届一次会议均听取上届乡（镇）人大主席团工作报告，人民政府工作报告，选举产生新一届乡（镇）人民政府新的领导班子及乡（镇）人大主席。1978～1999年，乡（镇）人民代表大会共召开七届乡镇人民代表大会，完成换届选举工作。1999年1月后，乡（镇）人民代表大会任期改为5年一届，至2006年已完成两届换届选举工作。

第一节　代表选举

乡（镇）人大代表的选举与县人大代表选举同步进行。

代表实行普选，县内年满18周岁的公民，除依法剥夺政治权利的人员外，均享有选举权和被选举权。每次选举均成立选举委员会，按选举法规定，选举乡（镇）人民代表大会的代表。乡、镇人民代表大会代表的选举，历届均采用直接选举方式，采用等额选举或差额选举办法。由本乡（镇）选民直接选出。

1978年，陇川县各公社召开第七届公社社员大会和乡（镇）人民代表大会。随着中共十一届三中全会精神的贯彻执行，人民代表大会制度逐渐完善。

1981年1月后，陇川县10个公社相继召开人民代表大会，改公社革命委员会为公社管理委员会。选举产生公社管理委员会主任10人，副主任25人，委员47人。公社管理委员会履行基层政府职责，结束公社革命委员会政社合一的历史。

1984年4月，全县进行区乡体制改革。将原来的10个公社改称10个区公所，为县人民政府的派出机构，党政分开。将大队改称乡公所，为农村基层政权机构。当年全县65个乡和1个区级镇都进行换届选举，共选举出人大代表1937人，乡、镇长65人，副乡、镇长65人。其中女副乡长21人。

1987年，乡、镇人民代表及乡、镇领导进行换届选举，共选出乡、镇人大代表1605人，其中妇女25人，当地少数民族104人。

1988年，区划改革，原来的区镇改为乡或镇，原来的乡改为村公所或办事处。1990年初，陇川县乡、镇人民代表大会任期届满。全县8乡4镇共选出乡、镇级人大代表633人。

1993年4月，全县8乡4镇人民代表大会换届选举。共选出人大代表627人。

1996年4月，全县8乡4镇共选出人大代表591人。

1999年1月，全县8乡4镇共选出人大代表353人（城子镇代表人数缺）。本届乡、镇人民代表大会任期5年，召开5次人民代表大会。

2002年1月15～17日，陇川县8乡4镇完成乡、镇人民代表大会代表换届工作任务。本届任期5年，召开5次人民代表大会。

第二节　乡（镇）人大主席团

1990年初，陇川县乡、镇人民代表大会选出乡、镇人大主席12人，正、副乡（镇）长41人。其中女副乡长1人。

1993年4月，全县12个乡、镇人民代表大会产生人大主席12人，选举产生正、副乡（镇）长40人。其中女副乡（镇）长2人。

1995年，根据《中华人民共和国地方各级人民代表大会和地方各级人民政府组织法》的规定，乡（镇）人大常务主席改称乡（镇）人大主席团主席，各乡（镇）均设有专职人大主席团主席1名。

1996年4月，全县12个乡、镇选出人大主席11人、副主席1人，正、副乡（镇）长41人。其中女副乡（镇）长5人。

1999年1月，全县12个乡、镇选出人大主席7人、副主席1人，正、副乡（镇）长37人。

2002年1月15～17日，陇川县12个乡、镇人民代表大会选举出人大代表345人，人大主席7人、副主席1人，正、副乡（镇）长28人。

第七编　地方人民政府

LONG CHUAN XIAN ZHI

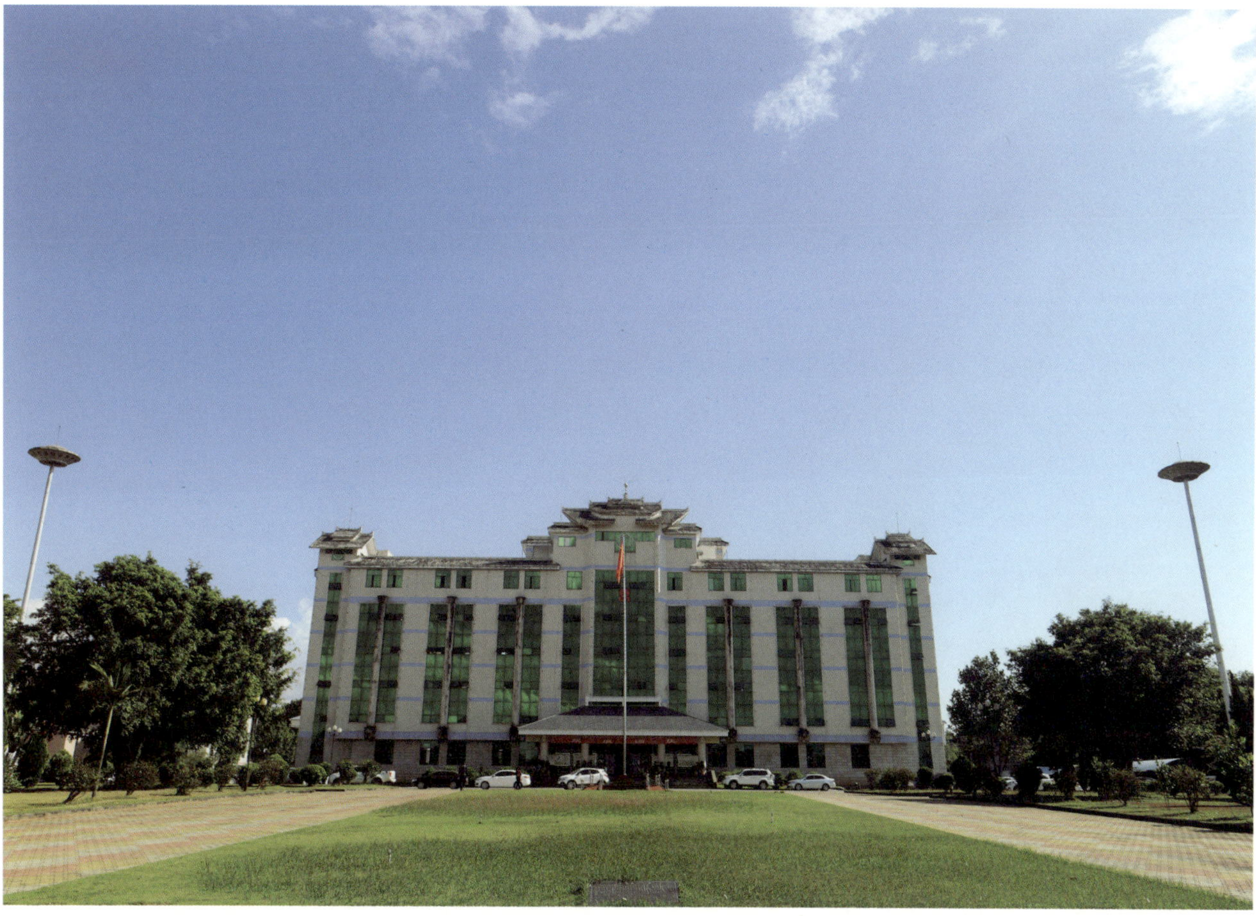

第一章　行政机构

1981年1月，撤销陇川县革命委员会，恢复陇川县人民政府体制，各级行政机关名称同时更名。至2005年，县政府历经8次换届选举。24年间，县政府工作机构进行过6次改革调整，历经农村经营、粮食流通、工商企业、行政区划及教育、山林林权、物价、税收、工资职称等多种体制改革。麻栗坝水库修建、县城迁移、产业结构调整、禁毒防艾、扶贫攻坚、口岸开发等工作取得成效。人民生活普遍改善。

第一节　陇川县人民政府

1978~1981年1月，陇川县政府工作由县革命委员会取代，县革委主任、副主任由中共德宏州委组织部任免。

1981年1月13~18日，在县第八届人民代表大会第一次会议上，根据《中华人民共和国地方各级人民代表大会和地方各级人民政府组织法》的规定，将陇川县革命委员会改为陇川县人民政府。

陇川县第八届至十一届政府每届任期3年，第十二届至十四届政府每届任期5年。

1978~1981年陇川县革命委员会领导任职一览表

表7—1

职　务	姓　名	性别	民　族	籍　贯	文化程度	任职起止时间
主　任	丁老五	男	景颇族	陇川县	小学	1978.12~1981.1
副主任	吴大缙	男	汉　族	保山市	高中	1978.12~1981.1
副主任	何自忠	男	景颇族	陇川县	高中	1978.12~1980.8
副主任	郑加才	男	汉　族	腾冲市	高中	1978.12~1981.1
副主任	孟小寿	男	傣　族	陇川县	小学	1978.12~1981.1
副主任	杨树才	男	汉　族	山西省	小学	1978.12~1981.1
副主任	普永新	男	景颇族	陇川县	初中	1978.12~1981.1

1981～2005年陇川县第八～十四届人民政府县长、副县长任职情况表

表7—2

届次	职　务	姓　名	性别	民族	学历	籍　贯	任职起止时间
第八届	县　长	方克让	男	傣族	专科	芒市	1981.1～1983.12
	副县长	郑加才	男	汉族	高中	龙陵县	1981.1～1983.12
	副县长	赵元礼	男	汉族	高小	保山市	1981.1～1983.12
	副县长	普永新	男	景颇族	初中	陇川县	1981.1～1983.12
	副县长	李　仁	男	汉族	初中	保山市	1981.1～1983.12
	代县长	彭勒准	男	景颇族	中专	陇川县	1983.12～1984.7
	副县长	郑加才	男	汉族	高中	龙陵县	1983.12～1984.7
	副县长	银恩铭	男	阿昌族	专科	陇川县	1983.12～1984.7
	副县长	鲁大良	男	汉族	本科	昌宁县	1983.12～1984.7
	副县长	冯少华	男	汉族	专科	保山市	1983.12～1984.7（省派）
	副县长	龚敬政	男	傣族	本科	梁河县	1983.12～1984.7
第九届	县　长	彭勒准	男	景颇族	中专	陇川县	1984.7～1987.4
	副县长	郑加才	男	汉族	高中	腾冲市	1984.7～1987.4
	副县长	银恩铭	男	阿昌族	专科	陇川县	1984.7～1987.4
	副县长	鲁大良	男	汉族	本科	昌宁县	1984.7～1987.4
	副县长	龚敬政	男	傣族	本科	梁河县	1984.7～1987.4
	副县长	冯少华	男	汉族	专科	保山市	1984.7～1985.11（省派）
	副县长	邱世集	男	汉族	本科	广西自治区	1984.1～1987.4
第十届	县　长	彭勒准	男	景颇族	中专	陇川县	1987.4～1990.4
	副县长	银恩铭	男	阿昌族	专科	陇川县	1987.4～1990.4
	副县长	鲁大良	男	汉族	本科	昌宁县	1987.4～1990.4
	副县长	邱世集	男	汉族	本科	广西自治区	1987.4～1990.4
	副县长	龚敬政	男	傣族	本科	梁河县	1987.4～1990.4
	副县长	陈　柿	男	汉族	本科	昆明市	1989.5～1990.4（省派）
	副县长	蒋际恩	男	汉族	初中	保山市	1989.1～1990.4

续表7—2

届次	职　务	姓　名	性别	民族	学历	籍　贯	任职起止时间
第十一届	县　长	彭勒准	男	景颇族	中专	陇川县	1990.4 ~ 1993.4
	副县长	邱世集	男	汉族	本科	广西自治区	1990.4 ~ 1993.4
	副县长	龚敬政	男	傣族	本科	梁河县	1990.4 ~ 1993.4
	副县长	蒋际恩	男	汉族	初中	保山市	1990.4 ~ 1993.4
	副县长	李绍福	男	汉族	专科	腾冲市	1990.4 ~ 1993.4
	副县长	陈　柿	男	汉族	本科	昆明市	1990.4 ~ 1993.4（省派）
	副县长	王二软	男	傣族	初中	陇川县	1991.11 ~ 1993.4
	副县长	周边生	男	汉族	大科	昆明市	1991.3 ~ 1993.4（省派）
	副县长	贺学文	男	汉族	大科	四川	1991.11 ~ 1993.4
	副县长	樊宗茂	男	汉族	初中	陇川县	1992.1 ~ 1993.4
	副县长	余祖尧	男	汉族		梁河县	1991.3 ~ 1992.1
第十二届	县　长	彭勒准	男	景颇族	中专	陇川县	1993.4 ~ 1996.4
	副县长	王二软	男	傣族	初中	陇川县	1993.4 ~ 1998.1
	副县长	樊宗茂	男	汉族	初中	陇川县	1993.4 ~ 1998.4
	副县长	蒋际恩	男	汉族	初中	保山市	1993.4 ~ 1998.1
	副县长	贺连美	男	傈僳族	专科	丽江市	1993.4 ~ 1997.5
	副县长	杨跃国	男	汉族	本科	陇川县	1993.4 ~ 1998.1
	副县长	周边生	男	汉族	专科	昆明市	1993.4 ~ 1995.7（省派）
	副县长	杨健宏	男				1997.5 ~ 1998.1
	副县长	朱永平	男	汉族			1996.5 ~ 1997.1
	副县长	苏富银	男	汉族	本科	四川	1993.4 ~ 1998.4
	副县长	罗冬宁	男	汉族			1993.4 ~ 1997.5
	副县长	饶晓兆	男	汉族			1997.7 ~ 1998.1
	县　长	毛勒端	男	景颇族	本科	陇川县	1996.4 ~ 1998.1，接任

续表7—2

届次	职　务	姓　名	性别	民族	学历	籍　贯	任职起止时间
第十三届	县　长	毛勒端	男	景颇族	本科	陇川县	1998.1 ~ 2003.2
	副县长	闫生赞	男	汉族	本科	梁河县	1998.1 ~ 2001.11
	副县长	刘振华	男	汉族	专科	陇川县	1998.1 ~ 1999.11
	副县长	杨跃国	男	汉族	本科	陇川县	1998.1 ~ 2001.4
	副县长	管国芳	女	傣族	研究生	陇川县	1998.1 ~ 2003.2
	副县长	王建江	男	汉族		施甸县	1998.1 ~ 2002.11
	副县长	赵兴倬	男	阿昌族	研究生	梁河县	1998.1 ~ 2003.1
	副县长	杨世彪	男	汉族	本科	梁河县	2001.4 ~ 2003.2
	副县长	刘梅	女	汉族			2002.5 ~ 2003.2
	副县长	饶晓兆	男	汉族			1998.1 ~ 1999.7
	副县长	朱永平	男	汉族			1999.7 ~ 2003.2
第十四届	县　长	毛勒端	男	景颇族	本科	陇川县	2003.2 ~ 2003.6
	副县长	於会荣	男	汉族			2003.2 ~ 2008.1
	副县长	雷天四	男	阿昌族	本科	陇川县	2003.2 ~ 2008.1
	副县长	管国芳	女	傣族	研究生	陇川县	2003.2 ~ 2004.6
	副县长	杨　杏	女	汉族	本科	梁河县	2004.2 ~ 2008.1
	副县长	多守辉	男	傣族	本科	陇川县	2003.11 ~ 2008.1
	副县长	张天明	男	汉族			2003.11 ~ 2006.11
	副县长	杨世彪	男	汉族	本科	梁河县	2003.2 ~ 2006.9
	副县长	刘　梅	女	汉族			2003.2 ~ 2004.7
	副县长	孔勒干	男	景颇族	研究生	瑞丽市	2003.2 ~ 2003.6
	代理县长	孔勒干	男	景颇族	研究生	瑞丽市	2003.6 ~ 2004.3
	县　长	孔勒干	男	景颇族	研究生	瑞丽市	2004.3 ~ 2007.12，接任

第二节　政府工作机构改革

1978年，县革委会设有32个工作机构。即6个办公室：政府办、农办、外办、计生办、地震办、财办；4个委员会：科委、计委、编委、体委；3个科：人事科、统计科、司法科；19个局：公安局、民政局、工交局、手管局（手工业管理局）、商业局、财政局、税务局、粮食局、外贸局、物资局、农业局、林业局、水利局、农机局、社队企业局、教育局、文化局、卫生局、工商行政管理局。

1983年11月，进行第一轮机构改革，县政府设23个机构（见本编第三章编制人事）。

1991年4月，进行第二轮机构改革，新成立旅游局等5个部门与相关单位合署办公（见本编第三章编制人事）。

1993年6月，进行第三次机构改革，县政府下设44个工作机构（见本编第三章编制人事）。

1996年12月，全县进行第四轮机构改革，县政府设工作机构28个（见本编第三章编制人事）。

2002年，进行第五轮机构改革，经此次调整，县政府工作部门减为22个（见本编第三章编制人事）。

2005年5月，进行第六轮机构改革，调整后，县政府工作部门设置24个，议事协调机构的办事机构1个（见本编第三章编制人事）。

第三节　行政工作机构

一、县政府办公室

1981年1月，恢复成立陇川县人民政府办公室。1996年，县信访办和县地震办公室并入县政府办保留牌子。1997年7月，成立陇川县人民政府接待处，隶属县政府办管理。2000年6月，组建县政府机关事务管理中心，属县政府办管理。2002年5月，县外事办公室并入县政府办管理。2005年，县政府办内设6个股室、1个办事处、1个中心。即：外事办公室、拉影拉勐办事处、秘书股、信息股、行政股、财务股、地震股、网络管理中心（见本编第四章政务管理）。

二、县发展和改革局

1981年1月，县计划委员会改称陇川县人民政府计划委员会。1984年，改为计划经济委员会。内设秘书、计划、基建、生产、财贸、物价、职工教育调研等科室，归口管理农业区划、安全生产、蔗糖、预算外资金计划领导办公室、县物价检查所。1997年7月，撤销县计经委，组建县计划委员会。2002年11月，县计划委员会更名为县发展计划局。县物价局、县粮食局并入县发展计划局（保留县粮食局牌子）。2005年4月，县发展计划局改称为陇川县发展和改革局。人员编制27名（含县粮食局9名）。

三、县经济局

1978年前，全县社队企业由县城乡集体企业局管理。1984年1月，机构改革，成立陇川县集体手工业联社。是年6月，改为陇川县城乡集体企业管理局。1988年6月，撤销县城乡集体企业管理局，改设陇川县二轻工业局。1994年，撤销二轻局，组建工业局。1996年11月，撤销工业局，改设陇川县经济贸易委员会，内设综合业务科、矿产资源管理科、工交企业管理科、商贸外经管理科、会统计财科、审计监察科、行政办公室、经济体制改革办公室。2002年5月，经济贸易委员会更名为陇川县经济贸易局。2005年6月，撤销县经济贸易局，组建陇川县经济局。内设办公室、工业股、经济运行股、中小企业股、技术进步与创新股、综合股、乡镇企业股。

四、县教育局

1982年3月，文化、教育职能分开，设教育局。1984年3月，县体委与教育局合并，称教体局。1988年10月，体育与教育职能分开，设教育局。1996年12月，县教育局更名为县教育委员会。2002年5月，陇川县教育委员会更名为陇川县教育局。至2005年机构不变。

五、县民族宗教事务局

1988年前，民族事务工作由县政府办公室兼管，宗教工作由县委统战部主管。1988年5月24日，成立陇川县民族事务委员会。1997年3月14日，撤销民委机构，设陇川县民族宗教事务局。至2005年机构不变。

六、县公安局

1978年 6 月15日，成立陇川县公安局。2002年11月，县公安局内设机构27个，即指挥中心（更名）、戒毒劳动康复农场（下辖两个戒毒所）、看守所（保留治安拘留所牌子）、政治办、纪委、警务督察队、国保大队、刑警大队、治安大队、禁毒大队、经侦大队、行政科、法制科、外管科、机要通信科、110报警服务台和11个派出所。2003年3月，新建陇川县人民政府康复农场，下设碗岗一分场、城子（老看守所）二分场。2005年3月30日，县禁毒办公室下设在县公安局，属公安专项编制（见第十编第一章公安）。

七、县监察局

1988年3月，恢复陇川县监察局。1993年7月至2005年，县纪委、县监察局合署办公。

八、县民政局

1978~1991年，民政、侨务职能合并，设民政侨务局。1991年，侨务民政分离，民政单独设置。同年4月，县老龄委员会办公室归民政局管理，残疾人联合会从民政分开，分别办公。同年12月，地名办公室划归民政局管理。1992年，优抚安置科从县政府分离并入民政局。1993年7月，地名办公室挂靠县民政局。 2005年，县民政局有干部职工22人，内设综合办公室、救灾救济股、优抚安置股、社会事务和社会福利股、民间组织管理股、基层政权和社区建设股、区划地名股、城乡居民最低生活保障股、老龄工作委员会办公室、有奖募捐办公室、儿童救助安置指导中心等11个股室。各乡（镇）有民政助理员18人。

九、县司法局

1981年7月，成立陇川县司法科。1984年1月，改称司法局，内设办公室、法制宣传教育科、基层法律事务工作科。1994年1月，成立章凤司法所。1996年9月，成立陇把镇司法所。1998年10月，全县12个乡（镇）均建立司法所。2005年，县司法局内设机构有办公室、法制宣传教育管理股、公证律师管理股、基础管理股、法律援助中心，派出机构有9个乡（镇）司法所。

十、县财政局

1981年1月，陇川县人民委员会财政局改称陇川县人民政府财政局。2005年，县财政局内设办公室、综合股、预算股、科教文股、经济建设股、农业股、社会保障股、会计股、企业股、监督检查股、会计审核中心、行政政法股、农村综合改革办公室、市场服务中心，下设章凤、城子、景罕、陇把、清平、户撒、护国、勐约、王子树9个乡镇财政所。

十一、县人事劳动局和社会保障局

1981年1月，恢复陇川县人民政府人事科。1984年，县计委劳动工资股分出与县人事科合并，成立县劳动人事局。1990年8月，县劳动人事局分设，成立人事局和劳动局。1996年1月，人事、劳动两局合并恢复县人事劳动局机构。2002年1月，县人事劳动局更名为县人事劳动和社会保障局。2005年，县人事劳动和社会保障局内设办公室（加挂军转办公室牌子）、公务员管理股、工资福利仲裁股、专业技术管理股、劳动法律监察股、编制办公室、就业办、医保办、社保办、基金监督股、人才交流服务中心等12个股室。

十二、县建设和环境保护局

1978~1984年，陇川县城的建设工作由县城建设办公室管理。1984年，撤销县城建设办公室，成立陇川县人民政府城乡建设环境保护局（简称“城建环保局”）。1997年，城建环保局内设办公室、财务科、环境保护管理科、抗震防灾办公室、城市监察大队、建筑工程管理科，定编9人。1998年，城建环保局内增设房地产评估事务所，定编3人。2002年，县城建环保局改称陇川县建设和环境保护局，内设办公室、建筑工程管理股（招投标办公室）、建筑股（村镇建设、园林建设、抗震防灾、人民防空）、房地产管理股（房改办）、环境保护股、城市监察大队。人员定编9人。2003年，设立县环境监察大队，与环境保护股合署办公。2005年，县建设和环境保护局有股室、站、队、所、办14个，在职人员90人。

十三、县交通局

1978年，设立县工交局管理工业和交通事业。1993年7月，工交分开，单设“陇川县人民政府交通局”，有干部职工16人。至2005年，全局有干部职工59人，局机关内设办公室、计统财务室、基本建设股、路政管理股、海事局，下辖公路桥梁勘测设计队、地方公路管理段。

十四、县农业局

1978年前，称陇川县革命委员农林局（含水利）。1978年7月，水利局分设。1979年，林业局分设，原农林局改称农业局，有干部职工88人。1986年初，农机局撤并农业局。1989年7月，农机局分置。1990年，农业局改称农牧局。1997年，分置畜牧局，农牧局改称农业局。2000年后，茶技站、农经站并入农业局。2002年，畜牧局、农机局又并入农业局。2004年，畜牧局分出。至2005年，农业局下设7个行政股室，即：局办公室、区划办公室、糖业管理办公室、种植业管理股、农机管理股、科教信息管理股、农业综合执法股。

十五、县林业局

1979年1月8日，县林业站改制，成立陇川县林业局。下设户撒、陇把、景罕、清平、城子5个林管所及邦瓦、护国、王子树、共瓦、章凤5个林业站，1个国营林场，1个木材收购站。2001年1月，成立林政稽查队。2004年2月，陇川县竹产业开发技术推广站成立。2005年5月，陇川县竹产业开发办公室成立，挂靠县林业局。同年8月，姐乌、赛号林业站撤并。是年，县林业局编制额为148人，下辖二级单位25个。

十六、县水利局

1978年，县农林局划出水工队，成立陇川县水利局。1984年2月机构改革，县电力公司与水利局合并，成立县水利电力局。1997年，水利电力局改称水利水电局。1998年原工程管理股改为工程管理站，成立水土保持执法站及水政监察大队。2002年5月，县水利水电局更名为陇川县水利局。2005年3月，撤销水利局原机务队、水泥品预制厂、水库留守处等事业单位，成立南宛河灌区、海岗水库、曼允水库、章风水库、磨水水库、地方头水库等7个管理所，全局有干部职工72人。

十七、县商务局

1978年前，已恢复商业局建制。1992年4月，商业局改制为国营商业集团总公司。1996年，县国营商业集体总公司进行所有制改革，结束原有体制。1999年，县委、县政府成立以县直各有关部门组成的陇川县发展个体私营经济领导小组，办公室设在县经贸委。2002年，经贸委更名为经济贸易局。2005年5月，撤销县经济贸易局组建县商务局。

十八、县科学技术局

1978年7月，陇川县科学技术委员会（简称“县科委”）成立。2002年，县科委更名为陇川县人民政府科学技术局（简称“县科技局”），为政府直属的事业局。2005年6月，县科技局与县科协合署办公，实行两块牌子一套人马。

十九、县卫生局

1978年前已成立县卫生局。2005年12月，县卫生局有7个股室，干部职工16人。下属事业单位有县人民医院、疾控中心、卫生监督大队、妇幼保健院、章凤社区卫生服务中心及8个乡镇卫生院。挂靠卫生局单位有县防艾办、爱国卫生委员会办公室、红十字会办公室、新型农村合作医疗管理办公室。

二十、县人口和计划生育局

1978年，陇川县成立计划生育领导小组。1984年初，计划生育办公室并入卫生局，改为计划生育股。1985年1月，成立陇川县人民政府计划生育委员会（简称“计生委”）。2002年5月30日，更名为人口和计划生育局，内设办公室、计财股、法规股、宣传股、流动人口管理办公室。

二十一、县审计局

1984年1月，成立陇川县审计局，内设审计股、财政金融审计股、办公室、章凤审计办事处。1991年，成立企业审计股，事业审计股。至2005年机构不变。

二十二、县统计局

1981年，陇川县统计工作开始恢复，1982年，设立县统计科。1984年3月，成立陇川县人民政府统计局。2005年，县统计局内设农业统计科、工交财贸统计科、综合统计科、法规统计科、办公室、普查办公室、农产品抽样调查队、10个乡镇统计站。

二十三、县国土资源局

1984年前，土地工作先后由县政府建设科、县计委、县民政局代管。1984年，县政府设立城乡建设环境保护局，局内设土地管理股，具体负责协调、处理土地方面的业务工作。1987年11月，成立陇川县人民政府土地管理局。1988年 3月，与城乡建设环保局分设。1987年，在全县12个乡（镇）和国营陇川农场，设12名兼职或专职土地管理员。1992年12月，在城子、陇把、景罕、章凤4个镇建立土地管理所。1993年3月，成立国营陇川农场土地管理分局。1994年7月，全县12个乡（镇）均建立土地管理所。2002年，陇川县土地局改称陇川县国土资源局。2005年，县国土资源局内设办公室、土地利用规划股、地籍管理股、法规监察股（执法监察大队）、耕地保护与土地整理中心、地质环境和矿产资源管理股、纪检监察室。

二十四、县文化体育局

1980年前，全县文化事业由县文教局管理。1982年3月，教育、文化职能分开，设县文化局。1984年，县文化局与广播电视局合并称文化广播局，1988年10月，广播电视与文化分开，重建文化局。1996年11月，与县体育运动委员会合并成立文化体育局。内设机关办公室、社会文化管理委员会、文化市场稽查队、体育事业办公室、农村电影放映办。下辖民族歌舞团、文化馆、图书馆、文物管理所、新华书店、民族少体校、拉影文化中心及各乡镇文化站。至2005年机构不变。

二十五、县安全生产监督管理局

1979年，县劳动局内设劳动安全保护股，负责劳动保护与安全生产管理工作。1989年，成立陇川县安全生产委员会（简称“县安委”）。办公室设在县劳动人事局，成员单位有县劳动人事局、县计委、县总工会。1999年10月20日，县政府将县劳动人事局承担的安全生产综合管理职能划归县经贸委承担，成员单位有16个部门。2004年，成立陇川县安全生产监督管理局（简称“县安监局”），属正科级单位，挂靠县经贸局。2005年，县安监局内设办公室、安全监管股，煤矿与非煤矿监管股。

二十六、县信访局

1978～1989年，陇川县分别设立县委办公室信访室和县政府办公室信访室。1989年5月，设立县委、县政府信访科。1990年，信访科改为县委、县政府信访局。1993年6月，信访局更名为县委办公室、县政府办公室信访科。2001年，改称县委、县政府信访办公室。至2005年机构不变。

二十七、县乡镇企业局

1978年前，成立陇川县社队企业管理局。1984年4月，县社队企业局与县二轻局合并，称陇川县城乡集体企业管理局。1988年6月，改称陇川县乡镇企业管理局。行政编制5人，事业编制6人，内设人事秘书、生产、会统等股室，在编11人。2002年，县乡镇企业局并入县经济局，改设乡镇企业股。

二十八、县物价局

1978年前，县综合物价工作划归县计经委管理，商业、粮食、供销主要部门设立物价股，管理各自系统物价。1984年，县计经委成立物价检查所。1990年7月，成立陇川县物价局。1993年6月，县工商局、县物价局、县技术监督局合并，称县工商物价技术监督局。1996年7月，县物价局从县工商物价技术监督局分离，并入县计经委。1997年7月，政府机构改革，县计经委改为县计委，县物价局随之并入，在县计委加挂物价局牌子。2002年11月，县物价局并入县发改局，物价管理职能由县发改局承担，内设物价股、价格监督检查所。

二十九、县旅游事业管理局

1991年4月，成立陇川县旅游局，与县经济协作办合署办公。1992年9月，旅游局与县经协办分开，独立办公。同年，组建章凤旅行社。1998年，先后设立局直属企业章凤、兴安、甸川、三叶、荣华旅行社。2002年，县旅游局内设办公室、规划发展股、行业管理股3个职能股室。至2005年机构不变。

三十、县扶贫开发办公室

1986年4月，县政府成立多种经营办公室，扶持农业发展经济。下设陇川县茶叶技术推广站。1989年1月，陇川县热作技术推广站成立，归属多种经营办公室。1990年8月，把原属县委在1989年组建的山区工作委员会办公室，划归政府系列与多经办合并办公，实行两块牌子，一套班子。1993年，成立县扶贫办公室，办公室设在山区办。同年7月，又增挂热区开发办的牌子，变成一套班子，（山区办、多经办、热区办、扶贫办）。1996年7月，组建陇川县扶贫开发领导小组，下设扶贫办公室。11月，山区办撤销，办公室人员并入扶贫办。1997年，成立由相关部门组成的小额信贷领导小组。2000年6月20日，茶叶技术推广站划归县农业局。2005年3月撤销热作站，增设小额信贷股，有工作人员14人，原3个股室不变。

三十一、县档案局

1988年6月，成立陇川县档案局，属于政府二级局。1989年1月，档案馆正式由县政府管理。1990年11月，县政府将局、馆合一，实行“两块牌子，一套班子”。档案局局长兼任档案馆馆长。2005年，核定县档案局机构占用事业编制7名。工作人员管理仍按2002年“三定”方案执行。

三十二、县畜牧局

1989年前，陇川县仅有1个畜牧兽医站，隶属县农业局。1997年5月，县畜牧局成立。2003年6月，县畜牧局撤并县农业局，保留工作机构和牌子。2004年2月，农、牧局分设，畜牧局确立为县正科级单位。2005年1月，畜牧局确立为县人民政府直属事业单位，有干部职工75人。有乡（镇）属事业单位（畜牧兽医站）10个，在职人员27人。

三十三、县供销合作联社

1985年1月1日，国合分营恢复供销合作社。1990年，县供销合作社改为供销联社社务管理委员会。至2005年机构不变。

第四节　区、乡（镇）机构

1978年，全县有10个公社及1个国营农场。1984年公社改区（镇），全县辖10区1镇。1988年区（镇）改乡（镇），至2005年，全县辖5乡4镇1个农场4个分场（见第一编第一章建置区划）。

第二章　政府行政

县人民政府行政施政工作，主要以政府全会、政府常务会、县长办公会、专题会议、督查调研等形式，就贯彻落实上级党委政府重要决策、重要会议精神以及事关全局的重大事项、重点工作、重要活动等进行安排部署，同时辅以督查督促措施，保证政令的施行。

第一节　重要行政会议

一、全体会议

县政府全体会议由政府组成人员出席，必要时由政府办通知有关乡（镇）和有关非政府组成部门的负责人列席会议。全体会议一般由县长或常务副县长主持召开。一般情况下，政府全体会议每年举行1次，特殊情况下可以提前或延期召开。全体会议的议题主要是研究和决定县政府工作中的重大决策、重大事项，制定发展目标等。

陇川县第十四届人民政府第二次全体会议

1978年改革开放后至2005年，陇川

县景坎糖厂筹建与扩建、农业产业结构调整及甘蔗下田、南宛河与国界河治理、章八公路修复、章遮公路修建及梁陇公路改造、麻栗坝水库修建、赛号排涝渠开挖、章凤口岸开发、拉勐与迈扎央通道开通、云南景颇园与民族文化广场建设、森林公园与农贸市场建设、教育实现“普六”“普九”、发展私营经济、国有企业改革、抗洪抗震救灾、发展绿色产业、农业经济体制及税费改革、能源建设及城网农网改造、五年计划及县城长远规划的编制、县城迁移章凤等重大决策，一般都要经过县委、县政府全体会议讨论研究，安排部署，付诸实施。

二、政府常务会议

县政府常务会议由县长、副县长、办公室主任组成。会议由县长或县长委托常务副县长召集和主持。必要时，由县委、县政府确定与议题有关科局负责人列席会议。议题一般由县政府办公室主任根据县长或常务副县长的指示确定会议内容，会后，根据会议讨论的决定事项形成会议纪要并印发。

常务会议的主要议题：传达贯彻党中央、国务院、省州党委和政府及县委的重要指示、决定和命令；讨论和通过提请县人民代表大会及其常委会审议的报告和议案，研究执行县人代会及其常委会的决定；讨论和审定向省、州党委和政府的重要请示、报告；讨论各乡（镇）、各工作部门请示县政府决定的重要事项；准备县政府全体会议的议题；分析形势、通报重要情况；讨论县政府工作中的其他重要问题。

历年常务会议讨论决定的重要事项有：

1981年1月20日，召开县政府第一次政府常务会议。学习《中华人民共和国地方各级人民政府组织法》，听取新一届县政府各部、委、办、局负责人对县政府的工作意见和建议，为政府制定工作计划提供重要依据。

1987年11月24日，县政府常务会议讨论研究1988年经济发展设想，提出“8个1”奋斗目标：实现工农业总产值1亿元，粮食产量0.55亿千克，烤烟1万担，香茅666.7公顷，修建公路100千米，国合购销1亿元，财政收入1000万元，全民所有制工商企业税利1000万元。会议研究了农业生产问题。

2003年8月14日，县政府常务会议决定除特殊情况外，从即日起暂停一切人事调动，凡人事调动须提交政府常务会议讨论并报县委常委会决定，严控财政供养人员增加。今后政府领导用车的保险费、养路费由政府承担，燃油费和修理费实行核定基数制，超基数部份由使用车辆领导负责筹措解决。

同年9月4日，县政府常务会议讨论通过《陇川县人民政府工作规则》。

同年11月20日，县政府常务会议讨论研究乡镇卫生院划归县卫生局、民政低保县级匹配资金等议题。

同年11月27日，县政府常务会议讨论县水利局水管厂退休职工补增退休工资、组建麻栗坝水库移民安置办公室等议题。

2004年2月2日，县政府常务会议决定：“三会”（县委九届二次会议、县政协十二届二次会议、县人大十四届二次会议）分别于2004年2月23～24日、2月25～27日、3月1～4日召开；成立陇川县信访局、陇川县安全生产监督管理局、陇川县竹产业技术推广站、陇川县招商引资局；规范畜牧局管理，畜牧局局长兼任农业局副局长，水产养殖业不纳入畜牧局管理，直属农业局管理；县教师进修学校纳入县管单位管理，校长副校长由县委政府考查任免；成立拉影、拉勐经济开发领导小组，办公地点设在拉影办事处。

同年3月6日，召开常务会议，研究向州委、州政府、省有关部门专题汇报县城迁移缺口资金、毒品危害等问题，讨论章凤弄门三队土地征用安置的问题。

同年3月24日，召开县政府常务会，讨论研究决定：县政府接受缅甸克钦邦和发委的邀请，于3月24～28日组团赴缅甸密支那就章凤至八莫公路建设有关事宜进行谈判。决定“五一”黄金周在广山景颇生态园开展迎宾、文艺表演和景颇目瑙纵歌节活动。研究请求省政府按国家重点贫困县政策对陇川进行扶持和申报省级重点贫困县，研究县政府制定的《陇川县人民政府工作规则》具体实施问题。

同年4月8日，召开常务会议，研究国有企业分离社会职能、职业高级中学（芒旦）和县职业初级中学（广等）合并搬迁及选址、成立城市监察中队、关于调整县人民政府纠风领导小组等议题。

同年8月3日，县政府召开常务会议，通报陇川县“7·5”特大洪涝泥石流灾害受灾情况，研究如何恢复生产、重建家园。会议原则同意《中共陇川县委、县人民政府关于把畜牧产业发展成为国民经济产业的意见（征求意见稿）》《关于对2004年医学院校优秀毕业生到乡镇卫生院工作的分配请示》。

同年8月26日，县政府召开常务会议，研究推进“农业强县、工业富县、边贸兴县、旅游活县战略实施，壮大陇川县域经济”问题。研究同意《关于麻栗坝水库工程移民搬迁安置实施意见》《关于麻栗坝水库库区搬迁移民实物、安置区土地征用及施工临时占地补偿标准的通知》。

同年10月13日，县政府召开常务会议，研究“7·5”灾区民房重建问题。

2005年，召开常务会议，讨论研究乡财政体制管理改革、开发建设南宛河水资源、组建县投资开发公司、麻栗坝水源林保护、各项资金及领导干部经济责任制审计等问题。组织学习宣传《陇川县人民政府工作规则》《政府工作报告》《陇川县爱国卫生管理条例》《中共陇川县委、陇川县人民政府关于加快非公有制经济发展的若干规定》《陇川县麻栗坝水库水源林保护管理办法》等地方法规。

三、县长办公会议

县长办公会议由县长、分管工作的副县长和办公室主任组成，必要时政府办分管副主任参会。根据会议内容和议题，由办公室通知相关部门和相关乡（镇）负责人列席。

县长办公会议主要议题是研究处理县政府日常工作中的重要问题，提出解决办法；通报政府近期工作情况、主要任务和安排近期工作等有关事宜；讨论决定各乡（镇）政府和县属各工作部门有关呈报给县政府的重要请示、报告和请求事项等问题；协调和处理县政府与有关部门的重要工作。

提交县长办公会议讨论的问题，由分管副县长确定。会议讨论决定事项，由政府办公室编写纪要，会议主持人签字。其议定事项的执行，由政府办负责督查督办。

择年县长办公会讨论决定的重要事项：

1983年12月29日，召开县长办公会议，研究决定投入水利专项资金40万元，用于南宛河治理10

万元，修建磨水水库15万元，兴建小型水利10万元、沟渠5万元。

1984年2月9日，召开县长办公会议，讨论研究1984年度重大建设项目。

1986年5月22日，召开县长办公会议，讨论研究资金安排、政府机关作风制度建设、医药费管理、全县区长会议、教育教学改革等议题。会议决定 6月3日召开全县区长会议，区长会议将宣传贯彻“七五”规划，安排部署年度粮食生产工作。

同年10月3日，会议研究各项工作经费安排使用、户撒阿昌族会街节筹备、甘蔗收种管等问题。

1987年2月5日，县长办公会研究决定3月下旬召开全县三级干部会。

同年3月23日，召开县长办公会议，专题研究章凤举办泼水节问题。

同年7月9日，县长办公会决定7月11～12日召开全县乡镇长会议。会议对上海医疗队援陇、1989年度公路修建项目、烤烟种植、监狱监视器安装、山区村卫生员待遇、多经办工作等问题展开讨论研究。

1990年3月24日，经县长办公室会议研究，同意县文化局《关于将景罕广姆佛塔、户撒皇阁寺和陇川宣抚司衙门列为县级文物保护单位的报告》。

1991年8月31日，经县长办公会研究，同意县城建局、县工商局、县公安局《关于陇川县城镇街道管理有关规定的报告》。

1994年9月8日，经县长办公会议研究，决定在教师节期间表彰全县110名优秀教师和教育工作者。

1999年初，经县长办公会议研究，同意县林业局从广东引进麻竹苗在赛号、勐约及国营林场建立麻竹试验基地，总面积500亩。

2001年初，县林业局实施退耕还林工程计划，经县长办公会议研究，同意到2006年，全县共实施13.1万亩，年均2.18万亩。

2004年6月18日，经县长办公会议研究决定，表彰2003年度项目申报工作先进单位。

四、政府专题会议

政府专题会议是县长、常务副县长或分管副县长对解决某一事项专门召开的会议，一般由县政府办公室根据研究事项的急缓安排会议日期和议程。专题会议由县政府常务会议组成人员或办公室副主任召集和主持。根据会议内容通知政府有关部门和乡（镇）领导参加。专题会议开会时间，可根据工作需要确定。专题会议研究处理县政府日常工作中具体业务问题，即听取有关工作情况汇报或通报有关工作情况；部署近期某项工作；研究处理各乡（镇）或政府工作部门向县政府专题请示的问题；协调有关部门需要解决的问题；研究处理部门工作中具体的业务问题。

专题会议的组织工作由县政府办公室负责。会议纪要由主持人签发。专题会议决定的事项，由县政府办公室督查督办。

择年重大专题会议：

1985年3月14～15日，召开政府工作会议，专题讨论研究如何实现胡耀邦总书记来陇川提出增百致富的问题，会议对增百致富第一阶段工作作了安排。

1992年5月4日，县政府召开县直各部门负责人会议，专题协调研究修复章（凤）八（莫）公路相关问题。

1994年8月11～12日，县政府召开陇川县农村初级电气化工作会议，会议传达学习国务院、水电部、省州关于农村初级电气化县及达标验收的有关文件，各乡镇汇报交流1990年以来电气化建设的成绩、经验、存在问题及下步工作目标任务。会议作《加快建设步伐，迎接达标验收》的工作报告。县人大及县直单位部分领导发言。会议要求全县人民同心同德，从组织领导、人力、物力、财力、技术措施上提供保障，使全县农村初级电气化县建设稳步推进。

1994年12月20日，召开全县安全生产工作紧急会议，会议传达国务院办公厅和云南省政府的明传电报通知精神，通报1994年全县交通肇事情况，研究提出加强安全生产的3条措施。

1996年8月1日，县政府在景坎糖厂砍运榨指挥部召开分析研讨会。会议听取关于当前甘蔗生产和上年甘蔗生产总结情况，就糖厂财务、深化改革、扩建、加快甘蔗发展步伐等有关问题进行讨论。

同年12月26日，县政府在赛号排涝工程指挥部召开施工现场办公会议。会议通过参观工程和听取汇报，提出下一步工作的中心任务。会议决定加快速度，按质按量完成赛号排涝工程。

2002年2月6日，县委、县政府召开农网改造专题会议，对农网改造工作进度和存在问题，进行安排部署。

2004年7月17日，县政府召开毒品整治专题会议，组织公安、武警、民兵联防，重点打击贩毒吸毒人员。

2005年初，县政府召开“7·5”洪灾救灾物资发放专题会议，研究救灾物资如何发放的问题。此次发放的救灾物资是大米100吨、被子2179床、棉毯495条、蚊帐902笼、衣服2.38万件（套）。县政府强调，这些救灾物资一定要发放到受灾较严重的灾民手中。

第二节　重大决策

一、修复章（凤）八（莫）公路

章八公路，于20世纪60年代中断。1992年3月3日，县政府（之前已和缅方签订协议）决定修复章八公路，并成立陇川县章凤口岸开发协调领导小组。1993年3月底，公路正式通车（详见交通章）。

二、县城迁移

1986～1991年，陇川县通过各方努力，县城迁移章凤镇形成共识。1991年9月1日，县委、县政府召开会议，形成《关于县城搬迁章凤的“九·一”联席会议纪要》。1996年7月，县政府向德宏州政府正式上报《关于请求搬迁县城的请示报告》。1998年4月29日，国务院正式批准陇川县城下迁章凤（详见专记“县城迁移记略”）。

三、糖厂扩建，增加甘蔗种植面积

景坎糖厂始建于1980年，设计能力500吨（日处理）。1983年，第一次扩建成日处理甘蔗2 000吨的规模，甘蔗种植面积增为6 666.67公顷。随着社会主义市场经济的不断发展，县政府进行产业结构调整，确立蔗糖作为陇川县的支柱产业。1995年10月19日，县政府决定糖厂扩建成日处理甘蔗5 500吨的生产线，甘蔗种植由6 666.67公顷发展到16 666.67公顷。

1998年4月13日，景坎糖厂日处理5500吨改扩工程投产仪式

四、建设章凤国家森林公园

1992年12月，县政府向德宏州人民政府林业局上报《关于申报章凤国家森林公园的可行性报告》。1993年，林业部批准建设陇川县“章凤国家森林公园”。此后，县政府正式作出《关于建设章凤国家森林公园的决定》。经过10多年的建设，占地66.67公顷的章凤国家森林公园建成，并更名为“陇川森林公园”。

五、整合教育资源

2001年6月6日，陇川农场中学收归陇川县教育局管理。2003年7月，县政府决定将陇川县第一中学高中部迁至章凤与陇川第二中学合并，更名为陇川县第一中学，城子镇原陇川县第一中学更名为陇川县第二中学。2005年8月，县政府决定将陇川农场中学与陇川县陇把中学合并改建为“陇川县第三中学”，校址沿用陇川农场中学原址。经过撤并后，学校布局趋于合理。

第三节　重要活动

1977年，县委、县革委在全县开展农业学大寨、工业学大庆活动，调动工人、农民的生产积极性。1978年3月9日，县委、县革委在城子大会堂召开表彰会，通报表扬农业学大寨、工业大庆先进集体133个，先进个人329名。

1980年2月23～25日，县委、县革委在城子举行首届景颇族“目瑙纵歌”盛会，来自县内外约2万宾客民众参会。

1981年，县政府在全县开展推广种植“201”优质水稻品种活动，组织农业部门深入全县乡村，做宣传动员工作。同年3月，县政府在国营陇川农场召开推广配合饲料养猪现场会。

1982年6月，陇川边境一带发生鼠间鼠疫，县委、县政府及时成立除害灭病领导小组，研究疫情，商讨防治措施，并拨出专款，号召全县紧急动员起来，开展灭鼠活动。至年末统计，全县共灭鼠12万只。

1985年，全县农村开展“增百致富”活动。同年3月11～15日，县委、县政府在城子大会堂召开全县“增百致富”动员大会，1000余名各级干部参会。会后抽调400余名县直机关干部，分赴全县农村，指导开展“增百致富”活动。

1988年1月10日，县政府在章凤口岸设立办事处，代表县政府在章凤做好有关部门的协调工作，为县城迁移章凤打基础。

1990年3月2日，县政府组建州、县双文明（物质文明、精神文明）工作队452人，正式进驻全县各乡镇，开展“双文明”宣传和建设活动，推动全县社会经济发展。

1991年11月2日，县政府应缅甸联邦八莫地区治安建设委员会的邀请，组团访问八莫，就边境经济贸易发展进行考察。常务副县长邱世集为团长，副县长王二软为副团长，相关单位负责人为成员，一行共13人，于同年11月13日结束访问，乘车取道南坎回陇。

1993年4月6～8日，县委、县政府在章凤体育中心举行首届陇川县民族艺术节暨章八公路通车典礼庆祝活动。中方近300辆各种汽车沿新修的章八公路赴八莫，受到缅方沿途群众的欢迎。同年5月26日，县委、县政府在昆明举办章凤口岸开发新闻发布会。同年7月6日，县委、县政府在深圳金碧大酒店举行招商信息发布会。通过上述活动，促使章凤口岸复苏，次年，章凤口岸商号发展到45家。

1998年4月29日，国务院正式批准陇川县城从城子镇迁至章凤镇。县委、县政府召开会议，安排机关工作人员下迁章凤办公，讨论通过《陇川县新县城总体规划方案》。同年8月13日，成立陇川县搬迁指挥部，负责新县城市政建设工作。同年10月31日，县委、县政府在县城新址章凤举行开工奠基典礼，新县城建设拉开序幕。

1999年8月21日，位于三象北路的章凤新农贸市场建成。县政府在市场门口举行开业典礼。新农贸市场占地面积9.1万平方米，设104排1787个摊位，总投资1337万元，是德宏州规模最大的新型农贸市场。

2000年末，县委、县政府决定在全县（重点是山区乡）掀起绿色产业基地建设高潮，创建2万公顷经济林基地。其中建设西南桦速生丰产用材林基地1万公顷，建设笋材两用竹商品林基地0.67万公顷，建设以山苍子、干果、热带水果等为主的商品经济林0.33万公顷。具体工作由林业部门负责。同年，县政府推进国有企业改革工作，取得成效，年末已完成改革32户，占全县企业改革面的60%。

2001年10月20日，县委、县政府在州府芒市举行“爱我陇川，兴我陇川”老干部座谈会，向他们通报陇川县经济社会发展情况，征求老干部对发展和建设陇川的意见、建议。

2002年5月4日，县委、县政府主持召开阿昌族文化研讨会。州委、州人大有关领导，县五套班子及州阿昌族文人学者、民间艺人、致富能手共83人参会。

2003年9月18～21日，陇川县委、县政府应缅方邀请，首次组团到缅克钦邦首府密支那进行经贸考察交流活动，受到缅方的热情接待。

2004年7月4～5日，陇川县发生历史罕见的“7・5”洪涝泥石流灾害。县委、县政府率领全县各族人民，投入抢险救灾、重建家园活动。

同年10月30日至11月8日，以县长孔勒干为团长的陇川经贸代表团，对缅甸进行为期10天的考察活动。

2005年1月8日，县政府在综合办公楼会议室召开禁毒防艾工作队进村入户动员大会。州、县领导及州县工作队员374人参加启动会。

第三章 编制人事

1981年1月，陇川县人民政府人事科恢复，同年8月成立陇川县编制委员会，作为县人民政府主管从事工资、机构编制、考核的组成部门。此后，全县机构编制、人事工资等经过多轮改革，到2006年《中华人民共和国公务员法》的出台，人事编制管理工作不断迈向规范化、科学化。

第一节 机构编制

一、县级机构改革

1978～2005年，全县党政群进行过6次机构改革。

1983年前，陇川县党群系统设：县委办公室、组织部、宣传部、统战部、纪律检查委员会、县直机关党委、共青团县委、县妇联、县总工会、县农会、县委党校。政府系统设：6个办公室（政府办、农办、外办、计生办、地震办、财办），4个委员会（科委、计委、编委、体委），3个科（人事科、统计科、司法科），19个局（公安局、民政局、工交局、手管局、商业局、财政局、税务局、粮食局、外贸局、物资局、农业局、林业局、水利局、农机局、社队企业局、教育局、文化局、卫生局、工商行政管理局）。此外，还有县人大常委会办公室、县政协办公室、县人民检察院、县人民法院4个机构。1983年11月，全县进行第一次机构改革，新增农村工作部、政法委员会、老干部管理办公室、民族事务委员会、审计局、城乡建设环境保护局。编委并入劳动人事科，统计科并入计经委，农机局、社队企业局并入农业局，手管局并入工交局。撤销县农林办公室、县财粮贸办公室、县农会。县体委与文化局合署办公，计划生育办公室与卫生局合署办公。县外贸局、县物资局改为企业单位，地震办、县委党校（含民干校）改为事业单位。

改革后陇川县委会设县委办公室、组织部、宣传部、统战部、农村工作部、政法委员会、老干部管理办公室7个机构。县政府设政府办公室、外事办公室、计划经济委员会、科学技术委员会、民族事务委员会、劳动人事科、司法科、公安局、民政侨务局、工业交通局、农业局、水电局、林业局、商业局、财政局、税务局、粮食局、工商行政管理局、教育局、卫生局、文化局、审计局、城乡建设环境保护局23个机构。县委机构减少4个，政府机构减少9个。

县委纪律检查委员会、县直属机关党委会、县人大办公室、县政协办公室、县人民检察院、县人民法院、共青团县委、县妇联、县总工会等不列入党政机构。

1991年4月，进行第二次机构改革，对全县以下部分局级机构设置进行调整。成立县旅游局，与县经济协作办合署办公，实行两块牌子1套班子。成立县侨务办公室与县侨联合署办公，实行两块牌子一套班子。成立县医药管理局，与商业局合署办公，实行两块牌子1套班子。成立陇川县宗教科，与县委统战部合署办公，实行两块牌子1套班子。成立陇川县残疾人联合会办公室。成立中共陇川县委党史征集研究室。

1993年6月，进行第三次机构改革，对全县党政机关、事业单位进行调整设置。调整后县委机构设置：宣传部、统战部、直属机关党委、组织部、县委办公室、政法委、县工会、县妇联、团县委、党校、侨联（含侨办）。县委政研室、机要局（二级局）、保密局并入县委办公室。县委老干部局并入县委组织部。县委党史办并入县政府史志办，称县委、县政府史志办公室，归属政府系列。政府机构设置44个：民政局、民委、文化局、广播电视局、财政局（含三检办）、边贸局、档案局（二级局）、残联、史志办、审计局、山区办、教育局、旅游局、县编委、乡镇企业局、卫生局、安全局、县供销社、计生委、水利电力局（含水征办）、外事办、林业局、烟草办、城建局（含房改办）、土地局、统计局、监察局、科委、科协、人事局、劳动局、粮食局、农机局、农业局、体委、司法局、检察院、法院、公安局。撤销工交局、二轻局，重组工业局、交通局。县地震办、信访局并入政府办公室。县物价局、技术监督局并入工商局（称“工商物价监督局”），撤销商业局、外贸局、物资局、蔗糖局、医药管理局，转为经济实体公司，其行政职能划归计经委。县体改办并入计经委。这次机构改革，共撤销7个部门，合并10个部门，重组2个部门。

1996年12月，全县进行第四次县直党、政、群机构改革，设置党政工作部门33个。县委设县委办公室、组织部、宣传部、统战部、政法委员会。县政府设县政府办公室、计划委员会、经济贸易委员会、教育委员会、科学技术委员会、财政局（加挂国有资产管理局牌子）、人事劳动局、监察局、公安局、国家安全局、司法局、民政局、民族宗教事务局、交通局、农业局、林业局、水利水电局、文化体育局、卫生局、计划生育委员会、审计局、统计局、工商行政管理局、土地管理局、城乡建设环境保护局、地方税务局、对外贸易经济合作局（加挂口岸办牌子）、外事办公室。老干局归组织部管理，保密局归县委办管理，技术监督局归经贸委管理。县政府授权承担一定行政职能的直属事业机构5个：农机局、旅游局、乡镇企业管理局、粮食局、广播电视局。行政部门管理的事业机构2个：档案局、接待处。属政府序列，具有行政职能的县委、县政府议事协调机构的常设办事机构1个：陇川县扶贫开发领导小组办公室。县直群团机构7个：总工会、共青团、妇联、工商联、侨联、残联、科协。监察局与县纪委机关合署办公，一个机构两块牌子。县直机关党委并入组织部，并改为直属机关工作委员会，同时挂机关党委的牌子，其职能除履行工作委员会的职能外，承担原直属机关党委的职能。县委政策研究室并入县委办公室，作为内设机构。县委机要局并入县委办公室作内设机构，专业机要人员队伍稳定不变。撤销外贸局、边贸管理局，组建对外贸易经济合作局。撤销人事局、劳动局，组建人事劳动局。撤销文化局、体委，组建文化体育局，保留体委牌子。撤销民族事务委员会，组建民族宗教事务局，其职能承担原民委的职能外，将县委统战部原承担的宗教管理业务交县民族宗教事务局承担。撤销计划经济委员会、经济协作办，组建经济贸易委员会和计划委员会，经济体制改革办公室并入经济贸易委员会、保留牌子。撤销工业局，其行政职能交经济贸易委员会承担。物价局并计划委员会，保留牌子。撤销信访办，地震办并入县政府办公室作为内设机构。党史办与县志办合并为县志办，档案馆与档案局合并，侨联与侨办合署办公，科协与科委合署办公。供销社退出政府系列，物资局、商业局转为企业单位，其行政职能交经济贸易委员会承担。城乡集体企业管理局转为事业单位，并更名为乡镇企业管理局。县房改办并入县城建局（保留其牌子）。教育局更名为教育委员会，水利电力局更名为水利水电局，农牧局更名为农业局。

1997年11月，进行第五次机构改革，县委政策研究室归口县委办公室管理，保留县委政策研究室牌子，加挂县委农村工作部牌子，实行两块牌子，双重职能，1个班子和1套人马的组织形式。

2002年，对县委工作机构作如下调整：保密、机要工作由县委办公室承担，保留县委保密委员会办公室（县国家保密局）牌子。县老干局、县直机关工委归组织部并保留牌子。撤销农村工作部组建政策研究室、社会治安综合治理委员会办公室。禁毒委员会办公室与政法委员会合署办公。县精神文明建设委员会办公室设在县委宣传部并加挂牌子。县委党校、史志办公室属县委直属事业单位。经上述调整，县委设置7个工作部门：纪律检查委员会、县委办公室 、组织部、宣传部、统战部、政法委员会、政策研究室。

县政府机构作如下调整：计划委员会更名为发展计划局。物价局、粮食局并入发展计划局，保留粮食局牌子。经贸委更名为经济贸易局，乡镇企业局并入经济贸易局，保留牌子。保留财政局，不再保留国有资产管理局，其职能并入财政局。水利水电局更名为水利局。城乡建设环境保护局更名为建设和环境保护局，房改办职能并入。保留交通局、农业局、林业局、对外贸易经济合作局。口岸办公室、拉影办事处并入对外贸易经济合作局，保留拉影办事处牌子。教育委员会更名为教育局。科学技术委员会更名为科学技术局，转为承担政府行政职能的事业单位，与科协合署办公。不再保留农机局、畜牧局、烟草办，其职能交由农业局承担。计划生育委员会更名为计划生育局。人事劳动局组建为人事劳动和社会保障局。民政局承担的农村养老保险职能划入人事劳动和社会保障局。土地局改为国土资源局，原计划委员会承担的国土整治和原经贸委承担的矿产资源管理的有关职能及城乡建设环境保护局承担的测绘管理职能交由国土资源局承担。不再保留外事办公室和侨务办公室，其职能并入政府办公室，挂外事侨务办公室牌子。侨联与外事侨务办合署办公。保留县政府办公室、民族宗教事务局、公安局、监察局、民政局、司法局、文化体育局、卫生局、审计局、统计局。保留机构编制委员会办公室，为机构编制委员会的常设办事机构，既是县委的工作部门，又是政府的工作部门，与人事劳动和社会保障局合署办公。保留扶贫开发领导小组办公室，为扶贫开发领导小组的常设办事机构。人民防空工作由建设和环境保护局承担。

经2002年调整，县政府设置工作部门22个：政府办公室 、发展计划局、经济贸易局、民族宗教事务局、教育局、公安局、监察局（不计政府机构个数）、民政局、司法局、财政局、人事劳动和社会保障局、国土资源局、建设和环境保护局、交通局、农业局、林业局、水利局、对外贸易经济合作局、文化体育局、卫生局、计划生育局、审计局、统计局。设议事协调办事机构1个：扶贫办。

科学技术局、旅游局、广播电视局为承担政府行政职能的事业单位。接待处、机关事务管理中心为县委、政府的办事机构。档案局与档案馆1个机构两块牌子，为政府直属事业单位。供销社维持原有管理体制。

2005年5月，进行第六次机构改革。政府机构的设置又作调整：将县财政局的国有资产监管职能交由州国有资产管理委员会承担。将县发展计划局改组为县发展和改革局。组建县经济局（加挂县乡镇企业局牌子）。撤销县经济贸易局组建县商务局，撤销县对外贸易经济合作局，组建县安全生产监督管理局。将县科学技术局列为政府工作部门。将县计划生育局更名为县人口和计划生育局。经过调整后，陇川县政府工作设置24个部门，议事协调机构的办事机构1个：政府办公室、发展和改革局、经济局、教育局、民族宗教事务局、公安局、监察局、民政局、司法局、财政局、人事劳动局和社会保障局、建设和环境保护局、交通局、农业局、林业局、水利局、商务局、科学技术局、卫生局、人口和计划生育局、审计局、统计局、国土资源局、文化体育局、安全生产监督管理局。其中，监察局与纪委机关合署办公，列入政府工作部门序列，不计入政府机构个数。县政府办公室下设法制局（副科级）。经济局加挂县乡镇企业局牌子。外事工作职能由政府办公室承担，在县政府办公室加挂县外事办公室牌子。侨务办公室与归国华侨联合会合署办公，实行两块牌子、1套班子。机构编制委员会办公室为机构编制委员会的常设办事机构，既是县委的工作部门，又是政府的工作部门，与人事劳动和社会保障局合署办公。扶贫开发办公室，为扶贫开发领导小组的常设办事机构。

二、乡镇机构改革

1984年，根据中央、省、州关于实现政社分开，设区建乡，建立乡人民政府的指示精神，对人民公社体制进行了改革，设立区乡建制，共设10个区1个镇，辖67个乡（办事处）。

1987年，根据中央关于加强农村基层政权建设和省、州关于改革区乡体制的有关精神，把原来的区改为乡或镇，成为基层政权组织，共设4个镇8个乡， 4个镇辖20个办事处，8个乡辖49个村公所（见历届改革目）。

1997年，为进一步理顺县与乡镇之间的关系，明确县乡的职责权限，进行乡镇机构改革，根据中央和省的分类标准，全县12个乡（镇）中，二类乡镇10个：城子镇、景罕镇、陇把镇、章凤镇、户撒乡、护国乡、清平乡、王子树乡、邦瓦乡、赛号乡；三类乡（镇）2个：姐乌乡、勐约乡。镇属办事处20个，乡属村公所49个。各乡镇党委、人大、政府设书记1名、副书记1名、人大主席1名、乡（镇）长1名，副乡（镇）长2至3名、纪委书记1名。各乡（镇）机关设置3～5个综合办公室，章凤镇设党政、农林水、财经、文教卫生4个综合办公室和乡村建设办公室；景罕镇、王子树乡、户撒乡设党政、财经、文教卫生、农林水4个综合办公室；清平乡设党委办公室、乡政府办公室、文教卫生、农林水综合办公室；赛号乡、邦瓦乡、勐约乡、护国乡设党政、财经、文教卫生3个综合办公室；姐乌乡设党委、乡政府2个办公室和财经综合办公室；城子镇设党政、财贸卫生、农林水3个综合办公室；陇把镇设党委、镇政府、文教卫生3个办公室。

2002年，按照转变乡镇政府职能要求，把基层政权工作重心逐步转到行政管理和发展公益事业上。撤销邦瓦乡，共设11个乡镇。即：王子树乡、勐约乡、清平乡、陇把镇、景罕镇、姐乌乡、户撒乡、护国乡、城子镇、章凤镇、赛号乡。各乡（镇）党委设党委书记、副书记3名（纪委书记由副书记兼）；人大设主席（书记兼），设专职副主席1名（户撒乡设人大主席、副主席2名）；政府设乡长、副乡长4名。乡镇机关设2个综合性办公室，即党政办公室、综合事务办公室。乡镇事业单位实行综合设置，每个乡镇设置2个综合服务中心，即文化服务中心、农业服务中心。

2005年，为转变乡镇政府职能，规范乡镇政府的工作职责和事权范围，陇川县撤销赛号乡、姐乌乡2个建制，以行政村为单位并入城子镇、景罕镇，撤并后陇川县设置9个乡镇：一类乡镇1个（景罕镇），二类乡镇7个（清平乡、护国乡、章凤镇、城子镇、陇把镇、户撒乡、王子树乡），三类乡镇1个（勐约乡）。各乡镇设党委书记1名、副书记1名（兼纪委书记）；人大主席1名；乡（镇）长1名（兼党委副书记），副乡（镇）长2名（景罕镇设副镇长3名）；武装部长1名；科技副乡镇长1名，政法副书记不占乡镇科级领导职数。各乡镇机关均设2个办公室，即综合办公室、经济和社会事务办公室。乡镇事业单位撤销农技站、农机站、农经站、水利站、文化站、环卫站，组建三个“中心”，即“农村经济服务中心”“宣传文化服务中心”“村建环卫服务中心”，为乡镇直属事业单位。乡镇计生服务站、林业站、畜牧兽医实行县级管理体制。以乡镇为单位设立公安派出所、司法所、劳动和社会保障所、财政所、国土资源管理所，实行县乡两级共管，以县为主的管理体制。

三、编制管理

1981年，为精减国家机关，整顿人员编制，提高工作效率，州委、州革委重新核定陇川县行政编制总数和县级机关使用企事业编制控制数共690人，其中行政编制575人，企事业编制115人。

1988年，进行撤区建乡（镇）体制改革。1991年，州委核定给陇川县人员编制指数为550人。1992年，实有581人，超编31人。为解决超编问题，县编委将人员编制和控制数总额一次性分等核定到各乡镇。

2002年，机构改革精简人员编制。县级党政机关编制由349人各减为300名，政府直属事业单位由115名减为99名，政法系统编制由338名减为325名，乡镇行政编制由311名减为280名，工勤人员编制由70名增为93名。

2005年，州编委将各县市事业编制上收，由州编委实行总量控制。共核定陇川县县直事业单位编制987名（党政群机关占用事业编制362个），中小学教职工编制1416名。

第二节　人事制度改革

中华人民共和国建立后，陇川县干部来源主要有省、州调派、军转干部、转业战士和退伍官兵安置、大中专毕业生分配、从工人中录取用干部、社会吸收等渠道。

1978～1998年，按照国家有关政策规定，全县的大中专毕业生全部分配工作。

1999年，县人事劳动局成立人才交流服务中心，加强对人才市场的管理工作。每年对新增的大中专毕业生，从报到之日起，实行人才登记制度，建立毕业生信息资源库，为用人单位推荐毕业生，为用人单位和毕业生提供双向选择的机会。人才服务中心及时办理人事代理，人事调动等手续。

1999～2005年，对计划内的师范专科毕业生和本科毕业生实行分配政策，其他大中专毕业生不再实行包分配政策，而是通过报名、笔试、体检等环节竞争就业。从2004年起，陇川县实行签订云南省事业单位聘用合同书制度，到2005年，共签订事业单位聘用合同2579份。

第三节　干部管理

1978～2005年，全县机关干部主要由3部分组成，即行政机关干部、事业单位干部、企业单位干部。据1993年统计，全县有行政机关干部997人，事业单位干部1958人，企业单位干部373名。2005年全县干部总数为3695人。

2004年11月，成立公务员管理机构。2005年，全县开始全面推行公务员管制制度。当年全县共有公务员1043名，其中，参照公务员管理工作人员304人。

一、干部任免

1979年后，县委办公室、组织部、宣传部、政府办公室、计经委、财办、公安局、检察院的正副职和区委、区政府的正职由州委组织部任免、副职由县委组织部任免。1984年后，各委办局正职由县人大常委会任免、副职和党群系统及各乡（镇）的正副职由县委组织部任免。股所级干部由各主管部门直接任免、报组织部、人事部门备案。

二、干部调配

1978年后，除组织决定调动外，个人申请调动者，经单位同意，由组织、人事部门发调函，经双方同意即为调动。1984年后，国家提倡人才交流，干部调动较为频繁，多系具有大专学历或专业技术人才。州、县虽有人才调动的具体规定，但始终难于控制人才外流，据1981～1995年统计，从外地调入陇川的有150余人，从陇川调出外地的有580余人，是调入的3.86倍。进入21世纪以后，人才的调动相对趋于稳定。

三、军转干部安置

1978～1995年，全县共安置军转干部67人，其中，安置到行政单位42人，事业单位8人，企业单位17人。

1996～1999年，国家对军转干部的安置，实行计划安置和一次性领取退役金的复员制度。选择计划安置的军转干部，由地方党委、政府安排工作；选择一次性领取退役金退伍的军转干部，由民政部门按照退伍复员士兵管理。4年中全县共安置军转干部22人，其中，事业单位20人，企业2人。

2000～2005年，国家对军转干部的安置，实行计划安置和自主择业相结合的制度。选择自主择业的军转干部，由部队发给自主择业补助金，国家财政核发自主择业工资，当地人事部门负责管理，按月发放。6年间，陇川县共安置党政机关军转干部5人，接收管理企业改制下岗的军转企业干部14人，军转自主择业干部4人。

四、干部培训

1978年后，仍坚持分批将各级领导干部送省委党校、省民院学习培训。各部门的专业骨干，多送专业学校学习，大量的基层干部由县民干校和县委党校分批分期进行培训。

1984年，中央提出在三五年内，凡年龄在45岁以下的在职干部，文化程度在初中以下的，要求提高到高中以上文化程度，全县各部门选送住校脱产学习的干部达200多人。1991～1999年，县委党校培训360多人。在职干部参加函大，电大、高、中专成人学习的越来越多。至2005年，参加学习的在职干部达640多人，有108人取得大专学历，85人取得中专学历。部分党、政干部参加本科、研究生函授学习。

五、干部考核与奖励

1978年后，对干部的考核逐步由政治审查转为干部的政绩与业绩考核，一般干部由县委组织部考核；部委办局领导任职前后都按组织程序分别进行考核。

对犯有各种错误，违反党纪、政纪的干部按"惩前毖后，治病救人""处理从宽，教育从严"的原则，分情节轻重和态度好坏进行处理。

20世纪90年代后，对干部的考核进行改革，对岗前任职领导干部进行媒体公示，广泛征求群众意见，对在职领导干部年终进行问责考核，各部委办局领导干部要求年终写出述职报告，送交县委组织部审核，县人大每年都对部分领导干部进行述职评议。一般干部年终都要和领导干部一起进行量化考核，评出优秀、称职、不称职3个等次。不称职者要求限期整改。对干部的奖励有两个方面：一是每年坚持评选先进工作者、先进生产者、优秀党员等，县政府和各系统召开先进表彰会。二是对评为省部级以上先进工作者、劳模增调工资，对连续2年以上考核评为优秀的干部增调一级工资。

1981～2005年陇川县若干年份干部情况统计表

表7—3

单位：人

年份	干部总数	职务			政治状况			文化					年龄				
		县处级	科局级	一般干部	党员	团员	群众	本科以上	大专	中专	高中	初中及以下	25岁以下	26～35	36～45	46～55	56岁以上
1981	2453	12	153	2288	785	350	1318		153	699	265	1336	634	679	730	379	31
1984	2788	19	150	2619	716	595	1477		182	915	392	1299	787	776	654	525	46
1986	2874	21	163	2690	879	426	1569		210	1004	376	1284	751	775	661	618	69
1988	3001	21	257	2723	856	527	1618		297	1204	424	1078	874	864	636	631	73
1990	3328	22	282	3024	944	725	1659		444	1334	448	1102	806	1158	704	550	110
1993	3299	26	318	2955	937	802	1560	68	450	1489	417	875	891	1177	702	427	102
1995	3510	28	411	3071	947	926	1637	80	512	1676	496	746	1081	1220	761	387	61
1997	4020	50	383	3587	1128	706	2186	90	579	2114	458	779	1839	733	839	502	107
1999	3412	13	310	3089	954			84	619	1959	386	364	1433	716	838	339	86
2000	3408	10	276	3122	911			96	720	1941	350	301	1327	814	912	311	44
2001	3795	32	440	3323	1257			159	1020	2048	313	255	1410	931	1053	344	57
2002	3762	31	408	3323	1259			193	1131	1975	288	175	1207	1084	1088	346	37
2003	3638	31	433	3174	1118			222	1312	1803	301		1347	950	1048	278	15
2004	3571	36	351	3184	1350			350	1557	1408	256		1384	752	1100	320	15
2005	3695	36	355	3304	1505			442	1955	1075	223		1467	714	1123	377	14

注：2004～2005年含研究生1人

第四节　专业技术人员管理

1981年，陇川县开始进行专业技术职称评定工作，当年评定283人，占全县专业技术人员总数（1537人）的18.4%。其中中级3人、助理级36人、员级244人。涉及农业、卫生、工程、会计4个行业。

1987年7月，陇川县进行职称改革，全县有159个事业单位参加职改工作，占事业单位总数（164个）的96.95%，涉及教育、工程、经济、农业、会计、统计、卫生、体育、播音、图书资料、档案、艺术、新闻等14个专业技术职务，共评审认定专业技术职务1465人（含1983年前获职称经复审合格数）。其中高级9人，中级265人，助理级559人，员级641人。1988年6月，全县职改结束，聘任（任命）1415人，占专业技术职务总数（1465人）的96.58%。无任职资格人数为390人。

1992年1月，开展专业技术职务评聘复查、指标清理、设岗定责及履职考核"四级"基础工作。全县有专业技术人员2147人，其中高级职称10人，中级职称229人，助理级职称647人，员级职称1075人，未定职称186人。

1994年，全县有专业技术人员2616人。其中高级职称20人，中级职称372人，助理级职称920人，员级职称942人，未定职称362人。在评定的职称人员中，事业单位有高级职称17人、中级职称353人、助理级职称755人、员级职称775人；企业单位有高级职称3人、中级职称19人、助理级职称165人、员级职称167人。

2002年后，全县专业技术职务工作开始从指标管理向结构化管理转变。全县有专业技术人员2346人，其中高级职称34人、中级职称602人、员级职称1680人、未定职称48人。

2005年，全县有专业技术人员2697人。其中副高职称58人、中级职称845人、助理级职称1737人、员级职称及以下57人。从文化程度上分：研究生学历1人、本科生132人、专科学历724人、中专学历1714人、高中及以下学历127人。从年龄上分：35岁以下1771人、36～45岁705人、46～55岁217人、55岁以上4人。

第五节　工资福利

一、工资制度改革

1978～2005年，国家机关、事业单位的工资制度先后经历了两次重大改革。1985年，国家行政机关和事业单位建立以职务工资为主的结构工资制，即基础工资、职务工资、工龄工资3部分，按11类工资区制定工资标准，废止1956年建立的等级工资制。中小学教师和护士的工资标准比行政机关的工资标准高10%，每月有3～10元的教、护龄津贴。公安干警工资标准比行政机关高15%。国营企业干部职工实行等级工资制，按全国统一标准执行。改革时，将其标准由原来的40元调整为90元。1997年基础工资由90元调整为110元，1999年调整为180元，2001年调整为230元。级别工资由每人每月85～720元调整为115～1165元。2003年机关行政人员职务工资标准由100～850

元提高到130～1150元，其他各职务工资档次相应提高。当年同时调整事业单位工作人员工资构成中的固定部分。

1993年10月，国家对工资制度进行第二次改革，机关工作人员实行以职务和级别工资为主的职级工资制。事业单位建立不同类型、不同行业和自身特点的分类工资制度，与国家机关的工资制度脱钩。

工资的发放也进行了改革。1978～2000年，干部职工的工资由财政按月统一拨到各单位，再由财会人员发放到个人。2001年以后，干部职工的工资直接由商业银行代发，为工资的发放提供安全保障。

二、工资与福利

1978年，全县有干部职工3541人，年发放工资199.31万元，人年平均工资562.86元。1985年，全县机关和事业单位有职工2920人，工资套改后月增资36613元，人均月增19元。1999年，有职工4885人，人年平均工资7912.9元。2005年，有职工4807人，人年平均工资1.57万元，与1978年同比，人年平均工资增长26.96倍。

1978年，全县机关事业单位干部职工均享受公费医疗、休假、遗属抚恤、困难生活补助、离退休补助等福利待遇。1993年后，干部职工享受房改或建房补贴待遇。2000年后，公费医疗改成定额补助，以医疗卡形式发放到个人。

1999～2005年全县职工工资情况统计表

表7—4

年度	年末职工数	年平均人数	年工资总额（万元）	年平均工资（元）
1999	4885	4881	3862.3	7912.9
2000	4700	4663	4489	9626.8
2001	4664	4666	5244.7	11240.2
2002	4629	4525	5487.7	12127.5
2003	4668	4668	6342.5	13587.2
2004	4720	4720	6428.8	13620.3
2005	4807	4742	8439.2	15736.8

第四章　政务管理

1978年后，县政府的政务管理工作经过改革，先后恢复了县人民政府办公室、县委县政府信访办公室等职能机构。1988年6月，成立县档案局（局馆合一）。政府办公室主要负责文件收文，会议纪要，撰写工作报告，起草领导讲话，制发县政府文件，上报信息，督查、行政执法监督等工作；县信访办负责接待群众来信来访。1978～2005年，年均来信73.21件，来访489.29次；县档案局做好档案的整理、抢救、利用、收藏等工作。2005年县档案局共有馆藏全宗114个，案卷1.99万卷。

第一节　政府办公室工作

1981年1月，恢复成立陇川县人民政府办公室，简称“政府办”。1991年5月，政府办设置4个科：秘书一科、秘书二科、行政后勤科、法制督办科。行政编制26人，事业编制24人。1996年，县信访办和县地震办公室并入县政府办保留牌子。1997年7月，县政府办内设7个科室：秘书一科、秘书二科、行政科、法治督办科、财务后勤科、信访科、地震办公室。行政编制24人，事业编制9人。同时，成立陇川县人民政府接待处，隶属县政府办管理。2000年6月，组建县政府机关事务管理中心，行政管理属县政府办。2001年9月，原秘书一科、秘书二科合并为秘书科。2002年5月，县外事办公室并入县政府办管理。同年11月，县政府办内设秘书股、信息股、法制监察股、信访股、行政股、财务股、地震股、外事办公室8个股室。行政编制25人。2005年6月，县政府办内设6个股室、1个办事处、1个中心。即：外事办公室、拉影拉勐办事处、秘书股、信息股、行政股、财务股、地震股、网络管理中心。行政编制25人，事业编制3人，工勤编制8人。

1981～2005年，县政府办开展的主要工作有：收发文件，会议纪要，撰写工作报告，起草领导讲话，上报信息，布置工作，进行督察，加强行政执法监督，做好接待群众来信来访工作及推进电子政务和网络建设等。

陇川县政府系统办公室主任会

第二节　信访工作

一、机构

1978～1989年，陇川县信访工作分别由县委办公室信访室和县政府办公室信访室办理。1989年5月，设立县委、县政府信访科。1990年，信访科改为县委、县政府信访局，设局长1人，副局长1人，编制4人。1993年6月，信访局更名为县委办公室、县政府办公室信访科，设科长1人。2001～2004年，改称县委、县政府信访办公室，设主任1人。

二、信访案件办理

1978～2005年，信访局共受理上级交办和群众来信来访共1.57万件次，其中来信2050件，来访1.37万次，办结率95%。年均来信73.21件，来访489.29次。

2001年，县信访局获全州信访工作目标管理三等奖。2002年，获二等奖。同年被云南省委、省政府办公厅、省人事厅、省信访局评为信访工作优秀集体。

第三节　档案管理

一、机构

1988年6月，成立陇川县档案局，属于政府二级局，编制3人（不含档案馆编制）。

1989年1月，档案馆正式由县政府管理。

1990年11月，县政府将档案局、馆合一，实行“两块牌子，一套班子”。其工作性质、职能、办公地点、经费来源不变。既是县委的机构，又是政府的机构，归属政府主管。档案局局长兼任档案馆馆长。

1997年7月，县档案局（馆）机关设置3个职能科室。即：办公室、档案业务指导科、馆内档案管理科，人员编制8人。

2005年，核定县档案局机构占用事业编制7名。工作人员管理仍按2002年“三定”方案执行。

二、档案培训

1980年，全县共有档案干部66人。其中专职干部10人，兼职56人。受省级培训1人，州级培训5人，县级培训58人。

1983年8月16日至20日，县档案局（馆）举办1期档案业务培训班，培训内容有《资料与档案之分》《档案与理论技术学》《文书学》《关于文书档案保管期限的规定》等。1984～1986年，全县3年培训62个单位200多人次，掌握鉴定、立卷、装订等档案基础知识。

1987年，举办档案业务培训班1期培训30多人，选派4名区级干部（秘书）到外地培训，组织机关档案人员前往畹町参观学习。

1990年5月7～19日，贯彻《中华人民共和国档案法》和机关档案上等级的规定，举办档案业务短训班1期，参训的有7个乡（镇）38个单位共46人。主要学习文件的收发、传阅、管理及档案的分类、鉴定、装订、排列上架。

1997年3月31日至4月4日，举办档案业务基础知识培训班，参加培训52人。授课内容从档案的起源、职能作用、管理、立卷归档、保密、开发利用等方面进行讲授。同年，选派12名机关档案专（兼）职人员到省、州参加业务档案培训。

1999年5月15～20日，举办档案基础知识培训班，县直机关等28名档案员参加培训。培训主要内容：有文书立卷归档及档案管理。

2000年，举办为期5天的乡（镇）档案员培训班，有8个乡（镇）18人参加。

2002年4月1～3日，在县政府会议室举办档案基础知识培训班，有72个单位的81名专（兼）职档案员参加培训。

2003年5月中旬，全县有81个单位的92名专（兼）职档案员报名参加上岗资格证考试，均获得合格证书。下旬，县档案局安排全县32名专（兼）职档案员参加省档案局举办的现行公开文件培训。6名专（兼）职档案员参加全省档案上岗证和有关档案专业知识的培训。

至2005年，陇川县档案局（馆）先后充实档案专业人才13人。

三、档案整理与抢救

1981年4月21～22日，陇川县召开单位秘书、收发、档案人员会议，贯彻中央和国务院有关文件精神，对档案工作进行恢复、整顿、检查。全县53个基层单位，有50个单位对1980年前的文件材料进行清理，有42个单位清理结束。如县商业局固定2人清理1951～1979年的文件材料，建立卷宗291卷。其中永久123卷，长期111卷，定期57卷。销毁5000多份无需归档的文件材料。同年，开展科技档案试点工作，历时82天，帮助县水利局清仓归库、分类、鉴别，并收集工程图纸73件及其他资料文件。县农业局建立27个科技、文书档案，收集各种文件538份。

1984～1990年，对全县在机构改革中撤销的单位（农办、农机局、农会、财办）的档案材料作如下处理：原农会的档案移交档案馆保存，原农办的档案移交农村工作部接管使用，原农机局的档案由农业局代管，原财办的档案由计经委代管。社队企业局与手管局合并，其档案材料由新成立的单位分别统管。1986年，对20世纪50年代的部分重要档案进行全面整理、鉴定、装订，填写各种目录，共整理556卷（册），其中档案501卷、资料55册。对个别字迹扩散严重的档案，采取手抄写、复印等办法抢救。至1986年10月，全县立档案卷6429卷，其中永久性259卷、定期性2170卷，达到销毁的2399册，已销毁994册。1988年，接收档案工作的重点为乡（镇），接收主要范围为1951～1985年前的档案。全年共接收3镇6乡的9个全宗、1553卷。其间，帮助县工交局整理1951～1987年文书档案190卷，抄写整理原陇川土司秘书杨绍臣写的21卷“陇川史料”。

1991年，整理不合格档案842卷，抢救褪变重要档案40卷1578页。抄写卷内目录912页，编制检索工具3本。

1999年，分别对县委、县人大字迹褪变的60卷档案进行手工填写。

2000年，完成机关档案目标管理升级达标档案著录243条。人工填写抢救档案21卷603张。

2003年，全县开展到期档案业务指导的单位有29个，整理各类档案8043卷（件），接收21个单位2079卷（册）档案进馆。

2004年，对11个单位进行档案业务指导，帮助整理各类档案226卷（件），其中拉线边防工作站经县档案目标管理考评小组考评验收，达省一级标准。对14个国有破产改制企业档案进行收集整理，共整理各类档案2108卷。

2005年，开展到期档案移交接收进馆工作，到期档案移交进馆单位18个，共接收文书2206卷，其中永久953卷，长期1253卷。

四、档案利用

1982年，档案利用790人次、1007卷。年内，王子树地富折价入社付清款、邦外公社与农场土地纠纷、王子树与粱河山林土地纠纷、农水部门荒地资源、农科所试种水稻等问题，经查阅馆存档案得到解决。

1984年，档案利用311人次、342卷。利用范围：打击经济犯罪和刑事犯罪活动、编纂县志、地名普查。

1985～2005年，档案利用人次1.07万人次，查阅案卷3.56万卷次，年均1979.5卷。利用范围：编纂县志、制订规划、学术研究、工作查考、经济建设、民族成分、土地及山林纠纷等。其中县志编修查阅达1万多卷次，占总查阅档案数的30%。

五、档案收藏

1990年底，全县馆藏文书档案43个全宗7463卷（其中中华人民共和国成立前档案全宗1个，21卷），总长111.9米。有科技档案底图38张，录音、录像2盒，照片100张，图书资料1443册。

1993年，县档案馆馆藏全宗41个、案卷9420卷，其中文书档案6367卷，资料1422册，刑事案卷1631卷。

1995年底，县档案馆藏41个全宗8239卷、印章26枚、建国前档案1个全宗21卷、民国档案21件、资料1422册。

至2005年，陇川县档案馆有全宗114个，案卷19896卷，案卷排架长289.44米。代管档案1816卷、照片档案204张、底图315张。

第八编　地方人民政协

LONG CHUAN XIAN ZHI

LONG CHUAN XIAN ZHI

LONG CHUAN XIAN ZHI

第一章　政协陇川县委员会

1981年1月1日，政协陇川县委员会（简称县政协）恢复职能。政协工作逐步走向制度化、规范化、程序化轨道。至2005年，县政协历经7届（第六届至第十二届），前4届任期3年，后3届任期5年。共召开政协全会25次，政协常务委员会65次。在履行政治协商、民主监督、参政议政、列席县委、县政府召开的重要会议、开展调研视察、民主评议、对外交往、反映民情、办理提案、文史编研等方面作出成绩。1992～2005年受到省、州表彰的先进集体10个，先进个人20人。

第一节　委员构成

第六届委员会有委员102人、13个界别。其中中国共产党2人，机关团体25人，文教卫生12人，农民11人，科技10人，复退军人及烈属3人，离退休干部3人，工商1人，侨属1人，宗教界6人，民族上层20人，起义投诚人员1人，其他7人。

第七届委员会有委员110人、15个界别。其中中国共产党2人，机关团体17人，文教卫生11人，科技4人，文艺2人，工商3人，离退休2人，起义投诚人员2人，农民13人，农垦2人，宗教界9人，归侨、侨属2人，烈属及退伍军人2人，民族上层19人，特邀20人。

第八届委员会有委员127人、13个界别。其中中国共产党5人，机关团体9人，科技5人，文教卫生17人，工商企业（含财贸、工交）12人，退伍军人及烈属3人，农民（含农垦）19人，宗教界8人，港澳台属、侨胞7人，民族上层16人，离退休3人，起义投诚人员2人，特邀21人。

第九届委员会有委员146人、15个界别。其中中国共产党5人，共青团2人，妇联4人，工会（含工交）4人，工商10人，文化艺术3人，科学技术4人，农林（含农垦）7人，教育10人，医药卫生6人，少数民族32人，归侨、侨眷3人，港澳台亲属8人，宗教界9人，特邀39人。

第十届委员会有委员164人、19个界别。其中中国共产党3人，共青团3人，工会7人，妇联5人，科协、科委3人，侨联2人，工商联5人，少数民族32人，归侨、侨眷6人，港澳台亲属9人，教育12人，体育1人，科技5人，医药卫生5人，经济15人，农林34人，文化艺术3人，宗教界7人，特邀7人。

第十一届委员会有委员157人、13个界别。其中中国共产党5人，少数民族12人，宗教7人，侨务7人，教文广电20人，医药卫生计生5人，科技13人，工商企业个私13人，农林水气18人，交通环保3人，经济管理29人，工青妇8人，其他17人。

第十二届委员会有委员167人（会后增补3人）、13个界别。其中中共党员21人，工会5人，共青团1人，妇女联合会3人，工商联4人，残联1人，少数民族11人，宗教11人，归侨侨眷7人，科教文卫40人，农林水电15人，经济33人，特邀15人。

第六届、第七届委员会工作机构均由副主席和常委兼任。每个工作组6～8人。第八届至第十二届委员会由一名副主席分管专门委员会工作，每个专门委员会1～2人。

第二节　政协全体委员会议

一、第六届全体会议（1981.12～1984.7）

1981年1月12～15日，政协第六届陇川县委员会第一次会议在陇川城子区（下称城子）召开。本届委员102人。会议听取和审议县政协主席吴大缙作的常委会工作报告，全体委员列席陇川县第八届人民代表大会第一次会议，听取和讨论县长方克让作的政府工作报告。会议选举产生政协陇川县第六届委员会常务委员会组成人员25人，其中主席1人、副主席5人、常委19人。1982年1月，会议增补1名副主席。

第六届第二、第三次会议分别于1982年2月23～27日、1983年4月11～16日在城子召开。会议听取和审议县政协常委会工作报告，听取和讨论县政府工作报告。补充选举常委组成人员，圆满完成各项议程。

二、第七届全体会议（1984.7～1987.4）

1984年7月21～26日，政协第七届陇川县委员会第一次会议在城子召开。本届委员110人，主席团15人。大会听取和审议县政协主席孟小寿作的常委会工作报告。全体委员列席陇川县第九届人民代表大会第一次会议，听取和讨论代理县长彭勒准作的政府工作报告。通过会议决议，选举产生政协陇川县第七届委员会常务委员会组成人员23人，其中主席1人、副主席3人、常委19人。

1985年5月20～24日，第七届第二次会议在城子召开。会议听取和审议县政协常委会工作报告。大会共收到委员提案16件，各种批评建议20件。处理来信来访28件。

1986年4月7～13日，第七届第三次会议在城子召开。会议听取和审议县政协主席孟小寿作的常委会工作报告、议案处理情况报告。全体委员列席县人民代表大会，协商讨论县政府、法院、检察院等工作报告和国民经济情况、年度财政决算报告。

三、第八届全体会议（1987.4～1990.4）

1987年4月17～24日，政协第八届陇川县委员会第一次会议在城子召开。本届委员127人，会议主席团17人。会议听取县政协主席线小田作的常委会工作报告、县长彭勒准作的政府工作报告。全体委员列席县人民代表会议，选举产生政协陇川县第八届委员会常务委员会组成人员26人，其中主席1人、副主席4人、常委21人。

1988年4月21～24日，第八届第二次会议在城子召开。会议听取和讨论县政府工作报告、国民经济和计划报告、地方财政预决算报告。听取和审议县政协主席线小田作的常委会工作报告、提案办理工作报告。

1989年4月9～13日，第八届第三次会议在城子召开。会议听取和审议县政协主席线小田作的政协常委会工作报告、提案工作报告。听取县政府工作报告、国民经济和计划报告、财政预算报告。会议传达省、州统战政协工作会议精神。

四、第九届全体会议（1990.4～1993.4）

1990年4月14～18日，政协第九届陇川县委员会第一次会议在城子召开。本届委员146人。会议听取和审议县政协主席线小田作的常委会工作报告、提案工作情况报告。听取和协商讨论县政府向十届人大提交的工作报告（含财政决算和预算报告）。选举产生政协陇川县第九届委员会常务委员会组成人员23人，其中主席1人、副主席3人、常委19人。

1991年3月22～25日，第九届第二次会议在城子召开。圆满完成各项议程。

1992年4月16～19日，第九届第三次会议在城子召开。参会人员204人。会议学习中央、省、州关于加强人民政协工作、坚持和完善中国共产党领导的多党合作和政治协商制度的有关精神。圆满完成其他议程。

五、第十届全体会议（1993.4～1998.1）

1993年4月14～17日，政协第十届陇川县委员会第一次会议在城子召开。本届委员164人。会议选举产生政协陇川县第十届委员会常务委员会组成人员31人，其中主席1人、副主席6人、常委27人。圆满完成其他议程。

1994年4月19～22日，第十届第二次会议在城子召开。到会委员160人，参会人员241人。会议学习传达全国政协八届二次会议、省政协七届二次会议精神及《中国人民政治协商会议章程（修订）》。完成其他议程。

1995年4月17～20日，第十届第三次会议在城子召开。出席本次会议267人。完成全部议程。

1996年3月26～28日，第十届第四次会议在城子召开。到会委员131人，参加人员242人。会议圆满完成全部议程，表彰政协系统先进工作者。

1997年4月17～19日，第十届第五次会议在城子召开。本届委员、州政协陇川委员、县直各部委办局负责人、联络组长参加会议。

六、第十一届全体会议（1998.1～2003.2）

1998年1月10～13日，政协第十一届陇川县委员会第一次会议在新县城章凤召开。本届委员157人。大会听取协商县政府工作报告、国民经济和社会发展计划执行情况报告、财政决算预算报告。审议通过常委会工作报告及提案工作报告。选举产生政协陇川县十一届委员会常务委员会组成人员13人，其中主席1人、副主席6人、常委6人。收到委员提案46件，批评意见建议27件。

1999年1月30～2月1日，第十一届第二次会议在县城章凤召开。到会委员114人。大会共收到委员提案53件，批评建议24件。完成各项预定议程。

2000年3月7～9日，第十一届第三次会议在县城章凤召开。参加会议共311人，到会委员141人。圆满完成各项议程。

2001年2月21～23日，第十一届第四次会议在县城章凤召开。出席会议委员162人，参会307人。本次会议收到委员提案35件，表彰政协系统先进工作者，完成其他议程。

2002年2月2～5日，第十一届第五次会议在县城章凤召开。会议收到委员提案46件，意见建议23件。

七、第十二届全体会议（2003.2～2008.1）

2003年2月19～24日，政协第十二届陇川县委员会第一次会议在县城章凤召开。本届委员167人。会议选举产生政协第十二届委员会常务委员会组成人员24人，其中主席1人，副主席4人，常委19人。完成各项议程。

2004年2月24～27日，第十二届第二次会议在县城章凤召开。会议协商讨论县政府、县法院、县检察院和经济社会发展计划、财政工作报告。

2005年3月3～7日，第十二届第三次会议在县城章凤召开。会议协商讨论县政府工作、经济和社会发展计划、财政预算和法院、检察院工作报告，表彰优秀提案者和提案承办单位，收到委员提案63件，立案61件。

2005年3月召开的县政协会议会场

1981～2005政协陇川县委员会领导任职一览表

表8-1

届别	职务	姓名	民族	籍贯	文化程度	任职时间	备注
第六届（1981.1～1984.7）	主　席	吴大缙	汉族	保山市	初中	1981.1～1984.7	县委书记兼
	副主席	穆光荣	阿昌族	陇川县	小学	1981.1～1984.7	
	副主席	线小田	傣族	陇川县	小学	1981.1～1987.7	
	副主席	朱子才	汉族	安徽省	初中	1981.1～1987.7	
	副主席	程树桐	汉族	河南省	小学	1981.1～1987.7	
	副主席	排早盾	景颇族	陇川县	识景颇文	1981.1～1987.7	
	副主席	多忠廉	傣族	陇川县	小学	1981.1～1987.7	终身副主席
第七届（1984.7～1987.4）	主　席	孟小寿	汉族	陇川县	小学	1984.7～1987.4	
	副主席	张顺忠	汉族	施甸县		1984.7～1987.4	
	副主席	多忠廉	傣族	陇川县	小学	1984.7～1987.4	
	副主席	尚扎旺	景颇族	陇川县	祥云	1984.7～1987.4	女，终身副主席
第八届（1987.4～1990.4）	主　席	线小田	傣族	陇川县	小学	1987.4～1990.4	
	副主席	邹开先	汉族	祥云县	专科	1987.4～1990.4	
	副主席	胡茄笙	汉族	腾冲市	大学	1987.4～1990.4	兼职
	副主席	多忠廉	傣族	陇川县	小学	1987.4～1990.4	兼职
	副主席	尚扎旺	景颇族	陇川县	文盲	1987.4～1990.4	女
第九届（1990.4～1993.4）	主　席	线小田	傣族	陇川县	小学	1990.4～1993.4	
	副主席	邹开先	汉族	祥云县	专科	1990.4～1993.4	
	副主席	排早盾	景颇族	陇川县	识景颇文	1990.4～1993.4	
	副主席	尚扎旺	景颇族	陇川县	文盲	1990.4～1993.4	女
第十届（1993.4～1998.1）	主　席	林德钰	汉族	保山市	中专	1993.4～1998.1	
	副主席	谭有胜	景颇族	陇川县	中专	1993.4～1998.1	
	副主席	刀晓阮	傣族	陇川县	专科	1993.4～1998.1	
	副主席	李从天	汉族	广东省	高中	1993.4～1998.1	
	副主席	杨兴旺	汉族	龙陵县	小学	1993.4～1998.1	兼职
	副主席	金有德	汉族	陇川县	中专	1993.4～1998.1	兼职
	副主席	排早盾	景颇族	陇川县	识景颇文	1993.4～1998.1	

续表8—1

届别	职　务	姓　名	民族	籍　贯	文化程度	任职时间	备注
第十一届（1998.1～2003.2）	主　席	蒋际恩	汉族	保山市	初中	1998.1～2003.2	
	副主席	雷才国	傣族	盈江县	专科	1998.1～2003.2	
	副主席	刀晓阮	傣族	陇川县	专科	1998.1～2003.2	
	副主席	李干志	景颇族	陇川县	专科	1998.1～2003.2	
	副主席	彭武俊	景颇族	陇川县	专科	1998.1～2003.2	
	副主席	谭木坤	景颇族	陇川县	专科	1998.1～2003.2	女，兼职
	副主席	翟元章	汉族	河南省	专科	1998.1～2003.2	兼职
第十二届（2003.2～）	主　席	尹以稳	汉族	梁河县	大学	2003.2～2005.12	
	副主席	刀晓阮	傣族	陇川县	专科	2003.2～	
	副主席	谭木坤	景颇族	陇川县	专科	2003.2～	女
	副主席	们发忠	阿昌族	陇川县	专科	2003.2～	
	副主席	何干桑	景颇族	陇川县	中专	2003.2～	

第三节　常务委员会议

第六至第七届政协常务委员会议（下称常委会议）共召开8次，主要学习统战知识、明确政协工作任务。决定建立县政协机关、各区（镇）、农场政协委员学习组。

第八届共召开10次常委会议，会议主要学习《政协章程》，通报县政协各工作组的工作，审议常委工作总结，讨论《章风镇总体规划》，研究政协专门委员会等。

第九届共召开9次常委会议，主要研究走访委员、委员提案工作，讨论陇川县“八五”规划，《陇川县城搬迁章风镇的建议案》等。

第十届共召开10次常委会议，会议协商讨论政府工作报告，听取县城迁移相关情况通报，作出县城迁移问题的建议案等。

第十一届共召开16次常委会议，会议进一步明确新时期人民政协工作，任免各乡（镇）、农场政协联络组组长，审议调查、视察报告及建议案，听取县政府部门工作调查报告，表彰政协提案办理先进单位、提案工作先进集体和先进个人。

第十二届共召开12次常委会议，会议公布政协领导分工和各专委联系的部门，审议《政协陇川县委员会关于政治协商、民主监督、参政议政的规定》，评议政府部门工作，协商陇川县国民经济第十一个五年规划（草案），确定政协调研、视察课题。

第四节　工作机构

1981年1月，政协陇川县委员会恢复工作，内设工作机构4个：办公室、文史资料工作组、民族上层工作组、宗教工作组，编制9人。

1984年7月，政协陇川县第七届委员会对内设工作机构进行调整，设办公室、经济工作组、教科文卫工作组、文史资料工作组。

1987年4月，政协陇川县第八届委员会再次对内设工作机构进行调整，设办公室、经济建设专门委员会、民族宗教专门委员会、学习联络专门委员会、文史资料专门委员会、教科文卫专门委员会、提案专门委员会8个专委。

1993年4月，政协陇川县第十届委员会再次对内设工作机构进行调整，设办公室、民族宗教专门委员会、经济侨务专门委员会、文史资料专门委员会、社会提案法制专门委员会、教科文卫专门委员会6个专委。一直到2005年，政协内设工作机构未变。

第二章　政治协商

政治协商是县政协委员会的主要职能。1981年，县政协委员会恢复职能后，坚持改革，服务大局，在履行民主监督、参政议政、列席县委、县政府召开的重要会议、开展调研视察、民主评议、对外交往、反映民情、办理提案、文史编研等方面作出成绩。至2005年共开展调研27次，办复政协委员会提案1491件，编纂出版《陇川县文史资料选辑》8辑。

第一节　协商工作

一、参政议政

1981年恢复陇川县政协工作后，县政协把政治协商工作放在首位。同年2月，县政协针对落实民族宗教政策、统战政策、纠正错划右派、恢复民族上层人士生活补贴及退还占用民族上层人士住房等方面的问题提出意见、建议，协同有关部门逐步逐项落实政策。同时，利用全会、常务委员会、专题会等方式，对县法院、县检察院、县直各部门的工作进行监督、评议。

1984年后，县政协遵照《政协章程》规定，针对人民群众普遍关心的热点、难点问题进行协商。召开县政协常务委员会议时，邀请县委、县政府领导或部门负责人通报情况，进行面对面协商，对陇川“八五”计划（草案）、糖业生产、边境贸易、口岸建设、侨务工作等提出意见、建议。

1992年5月，召开会议征求干部、群众对县城迁移章凤及新县城总体规划的意见、建议。

同时，对县城迁移章凤重大问题形成建议案，被县委、县政府采纳。

1993年后，协商制度进一步完善。县政协对社会治安综合治理及工商、教育、卫生、文化市场整顿等重大问题进行讨论研究，为职能部门推进各项工作提供依据。对增加群众收入、龙江河谷开发、烤烟生产、科技扶贫、利用荒山栽种甘蔗经济作物等问题，进行专题协商，促进陇川县社会经济发展。

1998年后，县政协对社会民生问题进行专题协商。如：甘蔗品种调整，开发大粒葡萄、毛叶枣、大枇杷、柠檬产业种植和硅厂建设等问题作讨论协商，相关意见、建议列入县政府发展计划。对“普及九年义务教育”、扫除青壮年文盲及高中扩建等重要问题的协商意见被采纳实施。

2003年后，县政协注重多层次、多角度、多形式的协商。对农业产业结构调整、绿色产业发展、退耕还林、生态环境保护、教育改革、非公有制经济发展、边贸发展、公路建设、移民搬迁、国企改革、下岗职工基本生活保障和再就业工程及执法部门工作开展情况进行协商。

历届县政协，通过全会、常务委员会、常委（扩大）会、主席会议履行政治协商、民主监督、参政议政职能。主席列席县委常委会，副主席列席县政府常务会议和有关会议，各专委负责人参加对口联系部门会议。县政协领导和专委负责人参与陇川县重大事务的讨论和决策，提出协商意见。各乡镇和农场政协联络委对乡镇农场工作进行协商，初步做到“协商于决策之前”。

二、民主监督

落实政策维护安定团结。县政协恢复工作后，及时向县委请示有关落实民族上层人士和起义人员政策的具体问题。针对封建迷信活动，县政协与县委统战部、民宗局深入寺观和教堂宣传党的民族宗教政策。1994～2000年，县政协依靠各族各界政协委员维护安定团结局面，调解各种民族纠纷。此外，利用中秋节、春节等节日，组织召开各族各界人士座谈会和海外华侨联谊会，通过各种会议联络感情，增进友谊，凝聚人心，维护社会安定团结。2000年后，县政协协助宗教部门加强监督工作，开展揭批邪教“法轮功”宣传活动，使信教群众对邪教的防范意识有明显增强。

列席会议。1984年以来，陇川县委召开常委会议时，县政协主席列席会议，参与全县有关重大方针、重大政务及重大人事调整的决策。2003年后，乡（镇）党委、村党支部在研究当地有关重要问题实施时，请当地的县政协委员参加会议。县政协各专门委员会除通过联系协调、对口协商形式履行民主监督、参政议政职能外，还参加政府各部门召开的重要会议。政协委员在协商讨论有关重要事务时，直接进行监督，提出意见和建议，供领导、部门负责人决策。

反映社情民意。历届县政协对社会上群众反映较大的问题，均组织政协委员和机关工作人员进行调查，听取群众意见，形成意见和建议向县委、县政府反映。每届县政协受理和处理委员和群众的来信来访100多件（次），无论所反映的事件大小，均组织人员调查核实，向县委、县政府和有关部门反映，协助解决一些具体问题，使矛盾得到化解。

开展民主评议。县政协建立以来，利用全会、常务委员会、专题会等方式，对县法院、县检察院、县直各部门的工作进行监督、评议。特别是政协第十二届委员会加大了民主评议工作的力度，落实政协的制度化、规范化、程序化进程。

第二节　视察调研

县政协恢复工作后，主要配合县委、县政府围绕落实民族上层人士、宗教界人士的政策开展调查活动。自1990年后，县政协调查活动形成制度化，针对全县经济社会发展的重大问题开展调查研究工作，为县委、县政府决策提供依据。

1987～2005年7月，县政协共组织开展调查、视察27次。主要内容：春耕生产、旅游景点建设、县城迁移、糖业生产、群众缺粮、科技工作、技术人才交流、吸毒戒毒、农贸市场建设、林业问题、宗教调解、发展私营经济、“普九”工作、沼气建设、茶叶生产、产业结构调整、退耕还林、麻竹种植、移民安置、畜牧产业等，提出意见、建议，供县委、县政府决策。

第三节　委员提案

一、提案组织

提案专门委员会，按照《提案工作条例》《提案工作规划》要求，抓好提案组织工作。委员提案内容涉及全县政治、经济、文化和社会生活各个领域。

第七届县政协收到委员提案5件，批评意见、建议8件。

第八届县政协收到委员提案106件，办复91件，办复率达85.85%；批评意见建议52件，56人，涉及单位25个。

第九届县政协收到委员提案109件，立案100件，批评建议30件。内容涉及教育、科技、文化、卫生、水利、农业、城建环保、社会治安、政府工作等方面。

第十届县政协收到委员提案265件，批评意见、建议333件。提案涉及经济、政治、社会事业等30个方面内容。

第十一届县政协收到委员提案325件，立案316件，办复307件，办复率97.15%。经济建设170件，占52.31%；教育、科技、文化、卫生、体育62件，占19.07%；党群、政法、民族宗教、社会工作93件，占28.61%。

第十二届县政协第一次全会收到委员提案122件，立案119件。内容涉及经济建设、教科文卫体、党群、政法、统战、人事劳动、民族宗教等方面，办复率达98%。第二次全会收到委员提案78件，立案78件。内容涉及交通、水利、农业、林业、财贸、城建、环保、国土资源、扶贫、教育、文化、卫生、体育、党群、政法、民族宗教、社会工作等方面，办复率达98%。第三次全会收到委员提案63件，提出提案委员99人，立案61件。内容涉及经济建设、教育文化、党群、政法、民族宗教等方面。

二、提案办理

1981年后，提案专门委员会与有关单位密切联系，不断研究催办提案，并将办理情况和结果及时答复委员。历次全体委员会议，由1名副县长向大会作上一次全会以来的《政协提案办理工作情况报告》，并提交政协委员审议。政协提案工作逐步趋向程序化和规范化。

1990年后，各提案承办单位主要领导亲自抓落实，建立健全以领导为主的承办机制，对遇到的问题进行协调指导，在整体工作中保证提案办理的进度和质量。

1998年后，提案工作实现件件有交代，事事有答复，委员满意率上升。

2001年后，委员提出的提案进入县委、县政府的“决策圈”。其中《请政府尽快落实实施新县城公墓地址》《关于对政府小区干部职工住房进行房改核算的建议》《关于重视梁陇公路的建设》等提案被县委、县政府采纳。

第四节 联谊活动

1995年6月，县政协牵头成立陇川县海外联谊会。联谊会履行职能，宣传华侨政策和有关对外经济政策，吸引华侨来陇川投资经商办企业。对边境管理、设卡收费等方面存在的问题及时向县委、县政府及有关部门反映，使问题得到解决。

1995年6月，陇川县海外联谊会成立

1997年6月19日，县政协海外联谊会迎香港回归祖国座谈会在章凤举行

1999年12月26日，县海外联谊会在章凤召开迎澳门回归座谈会

1995年后，县政协利用每年的中秋、春节走访缅甸华侨会、华侨佛经学校。召开境内外各界人士茶话会、“迎香港回归祖国”和“澳门回归祖国”座谈会，与省内、州内政协互动交往，促进政协陇川县委员会工作的发展。

1998～2004年，县政协引进项目种植大粒葡萄3公顷、青枣34.27公顷、枇杷198.13公顷、柠檬611.69公顷，引进资金建硅厂1个，企业每年创税200万元。引进澳大利亚扶持资金8万元，爱德基金项目31.5万元。

第五节　文史资料编纂

1989年，设立文史资料专门委员会。同年召开文史资料工作座谈会，聘请资料员60人 。1992年，加大文史资料收集、整理工作力度，走访“三亲”（亲历、亲闻、亲见）者，请其提供或撰写文史资料，与县史志办共同编辑《陇川县文史资料选辑》。

1993～2003年，编辑出版《陇川县文史资料选辑》共8辑（其中，第四辑为傣文版），145.1万字，每辑印数1000～2000本，均用统一书号出版、发行。

县政协召开《政协志》编纂会议

2003年6月，编纂《陇川县政协志》，印数1000册，25万字。

2004年，挖掘、整理陇川傣族古歌《秀拐》《四季颂歌》共3万字，印制260册，赠傣族群众阅读。

2005年7月，受县委、县政府委托，收集、编辑《麻栗坝水库建设历程》，印数1000册，26.5万字，用统一书号出版、发行。

1989～2005年，为《云南政协通志》撰稿，采用1.5万字；为《德宏政协志》供稿，采用4.5万字；为州政协出版的《中国景颇族山官》提供21篇资料文稿，采用8万字。

第九编　社会团体

LONG CHUAN XIAN ZHI

LONG CHUAN XIAN ZHI

LONG CHUAN XIAN ZHI

第一章　工　会

1978年后，陇川县总工会带领全县职工，恢复和发展县域经济，维护职工合法权益，提高职工的思想觉悟和文化技术水平，改善和丰富职工的物质文化生活，推动全县社会经济发展。2005年，全县有工会会员1.01万人，内设办公室、组织股、财务股、经审办、女工委、帮扶中心，有职工7人。

第一节　组织建设

1978年前，全县有基层工会组织15个。

1987年，基层工会发展到75个，263个工会小组。

1990年，有基层工会77个（含10个车间工会），204个工会小组。

至2005年，全县有基层工会组织86个，会员1.01万人，其中包括新组建社区工会3个，新组建企业工会3个，会员92人。

第二节　职工代表大会

1978～2005年，陇川县共召开5届职工代表大会，完成县总工会的换届选举工作。

一、第四届职工代表大会

1980年4月5～8日，县第四届职代会在城子县政府礼堂召开。出席大会职工代表300人，特邀代表70人。大会听取和审议县总工会第三届委员会工作报告，选举产生县总工会第四届委员会委员23人，其中工会主席1人，副主席2人，委员20人。牛林书当选县总工会主席。

二、第五届职工代表大会

1985年7月5～8日，县第五届职代会在城子县政府礼堂召开。出席大会职工代表329人，特邀代表24人，列席人员15人。大会听取和审议第四届委员会工作报告，选举产生县总工会第五届委员会委员27人，其中工会主席1人，副主席1人，委员25人。管有周当选县总工会主席。

三、第六届职工代表大会

1988年12月8～10日，县第六届职代会在城子县政府礼堂召开，出席大会职工代表190人，特邀代表25人。大会听取和审议第五届委员会工作报告和财务工作报告，选举产生陇川县总工会第六届委员会委员21人，其中工会主席1人，副主席2人，委员18人。管有周当选县总工会主席。

四、第七届职工代表大会

1993年12月16~18日，县第七届职代会在城子县政府礼堂召开，出席大会职工代表165人。大会听取和审议第六届委员会工作报告，选举产生陇川县总工会第七届委员会委员17人，其中工会主席1人，副主席1人，委员15人。赵国富当选县总工会主席。

五、第八届职工代表大会

2001年12月26~28日，县第八届职代会在新县城章凤召开，出席大会职工代表149人。大会听取和审议第七届委员会工作报告和财务工作报告，选举产生陇川县总工会第八届委员会委员19人，其中工会主席1人，副主席1人，委员17人。杨保国当选县总工会主席。

第三节　工会活动

一、经费收缴

1979年开始，县工会对工会经费进行自我管理。1981年，结余经费1.64万元。

1985年，对经费收支进行改革，实行上解的经费核定上解。

1994~2005年，对工会经费的上解办法再次进行改革，由原来的按核定指标上解改为按实际收入的比例逐月上解，从而减轻经费上解压力。

县总工会经费开支由政府财会人员按行政、事业单位职工工资总额的2%划拨给基层工会，基层工会提留所划拨经费的40%后，上缴县总工会。县总工会提留所收缴经费总额的37.5%后，其余上缴州总工会。

上级工会补助和政府补助的经费主要用于工人俱乐部、职工宿舍修缮等开支。县总工会收缴提留的经费，主要用于县总工会的工资福利、办公、学习、差旅费、报刊订阅及全县工会活动开展、召开会议、奖励基层工会等开支。2005年，经费收支结余47.46万元。

二、职工帮扶

1988年前，开展职工疗养工作，疗养人员由基层工会安排，县工会负责请示、协调、组织等，疗养经费财政负责40%，单位负责60%。

20世纪90年代起，重点开展“送温暖”活动，帮助困难职工排忧解难。2004年，县总工会启动职工医疗互助工作，第一期参加医疗互助单位23个885人，收取互助金6.37万元，为住院职工40人次报销2.1万元。

2005年，县总工会在春节期间，走访看望和慰问困难职工家庭、劳模及基层工会职工共600多人，发放慰问金4万多元。开展“寒窗助学”活动1次，帮助困难职工家庭子女上学5人，帮扶受灾职工2人，救助生活困难职工2人，医疗救助2人，共发放帮扶救助金1.62万元。同年，开展第二期职工医疗互助活动单位77个4651人，收取互助金31.64万元，为住院职工143人次报销9.87万元。

三、职工教育

1978年后，县总工会多次组织职工参加各级工会举办的学习培训班，全县工会工作人员及职工的业务素质、思想素质得到不同程度的提高。此外，县直各基层工会不定期组织工会会员到县内外参观、学习，增长知识，在本单位召开职工运动会。

2002年，陇川县总工会举办基层工会干部培训班，参训的有基层工会、11个乡（镇）工会联合会、中央直属系统工会的工会主席、财务人员共118人。

2005年4月23日，县总工会举办首期基层工会经济审计干部培训班，参加培训的有县总工会经济审计全体委员、基层工会经济审计主任和经济审计员共65人。同年，分两批培训下岗失业职工106人。先后有15名职工参加云南省总工会开办的规范岗位培训，7人参加劳动仲裁培训，6人参加工会主席法人资格培训，12人参加厂务公开、集体合同培训，16人参加工资协商培训。

县总工会组织全县职工开展文体活动

四、文体活动

1981～1998年，县总工会创建职工俱乐部，组织职工开展象棋、扑克、麻将、乒乓球、舞蹈、剑术等文体活动。

1998～2005年，县城迁移章凤后，县总工会未重建职工俱乐部，职工的文体活动主要由各基层工会自行开展。其间，教育系统工会组织庆祝教师节职工文娱活动；县人民医院工会组织开展冬季体育运动会和防治艾滋病宣传日文艺演出；县委党校、景坎糖厂、县财贸系统组织开展广播体操、拔河、跳绳、扑克、羽毛球、野外郊游、文艺晚会等活动。全县性的活动则由县总工会与县文体广电旅游局等部门联合举办，开展“五一”“五四”排球联赛，“十一”卓信杯国庆篮球联赛等活动。

第二章 共产主义青年团

1978年后，中国共产主义青年团陇川县委员会教育、引导全县青年发挥团员模范作用，推动全县物质文明、精神文明建设，坚持民主集中制，抓好团的基层组织建设，服务基层，增强基层活力，为全县经济社会发展培养建设人才。2005年，全县有共青团员7345人、少先队员1.69万人。

第一节 组织建设

1985年，全县有13个团总支，183个团支部，3039名团员。其中少数民族团员1066人，占35.08%。

1990～1993年，全县12个乡（镇）和直属机关成立14个基层团委，221个支部，3544名团员。

1994～1997年，全县有16个基层团委，54个团总支，246个团支部，5797名团员，占全县青年总数的15.3%。少数民族团员2437名，占总团员数的42.04%。

1999年，全县有164名团干部参加省、州、县级培训，2512名团员青年参加乡（镇）级培训。全年共发展新团员1121人。

2001年，有基层团委25个，团总支90个，团支部414个，发展新团员1606人。

2005年，全县有团委20个，团总支92个，团支部347个，团员7345名。

第二节 共青团代表大会

一、共青团陇川县第四届代表大会

1979年12月25～27日，共青团陇川县第四届代表大会在县城召开。出席会议代表301人。选举产生陇川县第四届团县委委员21人，其中常委7人、书记1人、副书记2人，李志明当选团县委书记。

二、共青团陇川县第五届代表大会

1984年12月25～27日，共青团陇川县第五届代表大会在县城召开。出席会议代表310人。选举产生共青团陇川县第五届委员会委员21人，其中常委7人、书记1人、副书记2人，方晓焕当选团县委书记。

三、共青团陇川县第六届代表大会

1988年3月22～24日，共青团陇川县第六届代表大会在县城召开。实到会代表194人，占应出席会议代表310人的62.6%，列席1人，特邀6人。大会审议和通过共青团陇川县第五届委员会工作报告。选举产生陇川县第六届团县委委员21人，其中常委7人，书记、副书记各1人，方晓焕当选团县委书记。

四、共青团陇川县第七届代表大会

1991年10月29～31日，共青团陇川县第七届代表大会在县城召开。实到会代表143人，占应出席会议代表181人的79%。大会审议和通过共青团陇川县第六届委员会工作报告。选举产生陇川县第七届团县委委员21人，其中常委7人，书记1人，副书记2人，李河川当选团县委书记。

五、共青团陇川县第八届代表大会

1997年4月1～2日，共青团陇川县第八届代表大会在县城召开。实到会代表138人，占应出席会议代表150人的92%，列席10人，特邀11人。大会审议通过共青团陇川县第七届委员会工作报告。选举产生陇川县第八届团县委委员21人，其中常委9人，书记、副书记各1人，韩启祥当选团县委书记。

六、共青团陇川县第九届代表大会

2002年6月28～30日，共青团陇川县第九届代表大会在陇川新县城召开。选举产生陇川县第九届团县委委员21人，其中常委9人，书记、副书记各1人，排建军当选团县委书记。

第三节　组织活动

一、"青年文明号"创建活动

1999年，团县委开始实施"青年文明号"工程，并在年底考核省级"青年文明号"1家，州级"青年文明号"19家，县级"青年文明号"25家。同年，新命名州级"青年文明号"2家、县级"青年文明号"22家。

2000年，通过组织"青年志愿者"开展文化、科技、卫生"三下乡"活动，创建"青年文明号"集体8个、"青年文明村寨"2个。在厂矿企业中开展青年创新、创效活动及"青年文明号生产线""青年岗位能手"和"青年文明号活动"等系列活动。

二、青年科技人才培养

1985年，开办以团员、青年为主的乡村夜校20所。1988年，举办缝纫、科学养猪培训班2期，培训120人。1989年，开办服装剪裁培训班9期，培训学员240人。

1997年，团县委组织23人乡镇（村办事处）的团干部参加由团州委举办的农村实用技术培训班学习新技术。截至2000年底，全县各级团委共举办县、乡（镇）级实用技术培训班14期，参训680人。参加省级实用技术培训1人。农村团组织以农业产业结构调整和培植农村新型产业为契机，创办17个"独立自办型""入股参与型"的青年股份合作体，推进共青团农业科技示范园建设。

三、希望工程

1989年，由团中央等部门发起希望工程，团县委结合陇川实际，报经县委、县政府同意，于

1994年6月1日（希望工程宣传日）举行希望工程义演，拉开陇川县希望工程的序幕，即日成立希望工程基金会。1995年，陇川县希望工程项目之一的“爱心储蓄”款达到5万多元，居全州第二位。

1990年，团县委开展“亚运”集资活动，向全县团员发出倡议书。全县共为“亚运”集资1万元。

1997年，成立青年志愿者协会并开展相关的敬老爱老、为残疾人奉献爱心等活动。截至1999年，全县团组织共争取各级救助贫困失学少年儿童106名，其中小学生102名、中学生3名、大学生1名。

四、青年绿色希望工程

1991年，全县各级团组织为群众做好事200余次，参加人数1000人次。全年植树6500余株，种植面积2.87公顷。全年有4万多团员、青年投入兴修农田水利活动。1995年，团县委组织县直机关184名团员开展植树造林活动，植树1.33公顷3000株。1997年，组织开展“做文明青年，树时代新风”活动，绿化美化“三象”景点，栽种花草82平方米。1999年，开展“保护母亲河”活动，217名团员到南宛河畔种植金竹、凤尾竹100多株。2000年，在章凤电影院举行“绿色希望工程”募捐义演晚会，现场共捐款1.07万元。全年筹集绿色希望工程资金1.71万元，启动保护“母亲河”工程，植树4.5万株。

团县委率领县直机关共青团员营造百亩“绿色青年林”基地

五、志愿者行动

1985年，陇一中团委响应团县委“做一件具有群众性的好事”的号召，为老干部住宅区修公路200余米，并铺上砂石。

1990年3月，团县委组织县直机关团员400余名，少先队员200余名开展学雷锋活动，打扫街道、广场、打扫公厕、排阴沟、铲杂草、修桥铺路。

1997年，成立青年志愿者协会并开展相关的敬老爱老、为残疾人奉献爱心等活动。

1999年，组织青年志愿者开展文化、科技、卫生“三下乡”活动，共有来自12个单位的106名志愿者参加，受益人次1万余人。

2000年，团县委组织全县各单位的60名志愿者分别到清平乡、赛号乡开展文化、科技、卫生“三下乡”活动，受益群众近万人次。

2001年，团县委联合7个县直单位的47名志愿者到章凤农贸市场开展“崇尚科学、反对邪教、珍爱生命、拒绝毒品”宣传服务活动，受益群众达1万余人。

2002年，团县委联合10个单位的50余名志愿者到景罕镇开展文化、科技、卫生“三下乡”活动，向群众讲授种养殖、卫生保健、防疫、法律、禁毒等知识，受益群众达5000余人次。

2005年，依托项目，组织48名志愿者开展艾滋病宣传活动，覆盖4个乡镇，2个社区，7个村寨，1所中学，受益群众达12000余人。全年累计组织志愿者500余人次，提供志愿服务1000余小时。4月，被评为2005年“德宏州青年志愿者工作先进集体”。

六、少年先锋队（简称“少先队”）工作

（一）组织机构

1990年以前，全县的少先队工作均由团县委和基层团委负责。各中、小学建立有少先队大队、中队、小队。由团县委任命辅导员，组织领导少先队开展活动。

1990年10月，成立少先队陇川县工作委员会（简称“少工委”），于团县委设于少工委办公室。当年全县12所中学、188所小学建有少先队组织174所，占学校总数的92%。有少先队员9712人，占在校少年儿童总数的54.3%。有大队辅导员34人，中队辅导员262人。

1992年，全县193所小学有少先队员909名。同年“六一”儿童节，少工委表彰先进集体13个，优秀少先队员21名，优秀辅导员20名。

2002年，全县有7～14周岁少年儿童2.09万人，少先队员1.97万元，入队率94.17%。全年共有24名优秀少先队员加入共青团组织。

2005年，全县有7～14周岁在校少年儿童1.79万人，少先队员1.69万人，入队率93.93%。

（二）少先队活动

1984年后，开展“国土杯”“学赖宁”“雏鹰争章”“红领巾救灾”等活动。

1988年，开展“在我入队前”等活动，全县各小学成立兴趣小组开展课外活动。

1990年，共有35名少先队员荣获省少工委授予的“学赖宁奖章”，2名队员荣获全国级“学赖宁奖章”，2名队员分别荣获“云南好少年勤学奖章”和“云南好儿童助人奖”。1个大队荣获全国“学赖宁，做党的好孩子”活动大队称号，1个大队荣获“云南省红旗大队”称号。

1991年10月，县民族小学教师罗禹，代表全州少先队辅导员到北京参加少代会。城子一小教师岳品杰被授予省级学赖宁“优秀辅导者”。民族小学教师刘杰被授予全国级学赖宁“优秀辅导者”和“最佳辅导者”。

1994年，2名少先队辅导员被评为州“十佳青年”，10名学生被评为德宏州首届“十佳少先队员”。章凤中心小学少先队被省少工委授予“云南省红旗大队”称号。

1997年，县少工委采取以点带面，把雏鹰达标争章手册分散辐射到各乡镇。同年，弄门小学大队荣获“全国红旗大队”称号，景罕中心小学荣获“省雏鹰大队”称号，弄门小学李莹荣获省级“雏鹰”奖章。

1999年，城子一小荣获省“雏鹰大队”称号。

2002年5月13日，团县委、县教委、县人武部、县民族二小联合成立德宏州第一所“陇川县少年军校”。同年7月15日至8月21日，举办2期培训班。

2003年5月，全国少工委、中国残联授予陇川县第二小学少先队大队“全国红领巾手拉手助残先进集体”荣誉称号。

2004年，县少工委授予72名少先队员三星级雏鹰奖章，23名队员荣获2004年度德宏州“三星级雏鹰奖章队员”称号。

2005年，选送5名乡级总辅导员和1名大队辅导员参加省级少年培训中心少先队辅导员培训。全县有82名优秀少先队员经组织推荐加入中国共产党青年团组织。

第三章　妇女联合会

1978年后，陇川县妇女联合会捍卫妇女权益、促进男女平等，维护少年儿童权益。团结动员全县各族各界妇女，在建设陇川社会主义事业中发挥作用。

第一节　组织建设

1953年11月，成立陇川县妇女联合会（简称“县妇联”）设委员、常委、主任、副主任。机构组成人员由会议选举产生，乡（镇）、村也有相应的妇女组织，有1名妇女主任。

1984年，全县66个乡（大队）配备44名妇女专职干部。

1988年，区改乡（镇），每个乡镇配备1名妇女主任，村公所配备1名妇女组长，合作社配备1名妇女小组长。

1993年，全县12个村公所配备女性村长、副村长、文书。全县720个生产合作社，均配有妇女组长。县妇联主任、副主任改称主席、副主席。

2004年，县妇联第八届执委会配备执行委员21名、常委9名，各乡镇、村均配备相应的妇女干部。

第二节　妇女代表大会

一、陇川县第三届妇女代表大会

1979年9月7～9日，陇川县第三届妇女代表大会在县城召开，到会代表329人，特邀5人，其中少数民族代表301人，占91%。大会听取和审议县妇联第二届执行委员会工作报告，选举产生陇川县妇女联合会第三届执行委员会委员31人（含主任1人，副主任2人），钟燕华当选妇联主任。会议表彰“三八”红旗集体9个，“三八”红旗手13人。

二、陇川县第四届妇女代表大会

1984年12月21～23日，陇川县第四届妇女代表大会在县城召开，出席会议代表311人。大会听取和审议县妇联第三届执行委员会工作报告，选举产生陇川县妇女联合会第四届执行委员会委员23人，常委7人，钟燕华当选妇联主任。

三、陇川县第五届妇女代表大会

1988年3月26～27日，陇川县第五届妇女代表大会在县城召开。出席会议代表336人，其中少数民族代表216人，占64.3%。大会听取和审议县妇联第四届执行委员会工作报告，选举产生陇川县妇女联合会第五届执行委员会委员23人，常委9人，钟燕华当选妇联主任。会议表彰12个“三八”红旗集体，185名“三八”红旗手，150个“五好家庭”，34个专业重点户。

四、陇川县第六届妇女代表大会

1993年5月，陇川县第六届妇女代表大会在县城召开，出席会议代表285人。大会听取和审议县妇联第五届执行委员会工作报告，选举产生陇川县妇女联合会第六届执行委员会委员23人，常委11人，谭少林当选妇联主任。

陇川县妇联第七届二次执委扩大会

五、陇川县第七届妇女代表大会

1998年1月，陇川县第七届妇女代表大会在新县城章凤召开，参会代表233人。大会听取和审议县妇联第六届执行委员会工作报告，选举产生陇川县妇女联合会第七届执行委员会委员21人，常委11人，孔艳玲当选妇联主任。

六、陇川县第八届妇女代表大会

2004年9月24～25日，陇川县第八届妇女代表大会在新县城章凤召开，出席会议代表208人。大会听取和审议县妇联第七届执行委员会工作报告，选举产生陇川县妇女联合会第八届执行委员会委员21人，常委9人，许玲聪当选妇联主任。

第三节　主要活动

一、妇女、儿童合法权益维护

1984年，县妇联到10个区20个乡进行维护妇女儿童合法权益宣传。

1987～1988年，县妇联配合卫生部门在全县开展妇女“两病”（子宫脱垂、尿屡病）调查治疗。查出患宫脱病132人，尿屡病19人。通过治疗，治愈率达97.9%。全县有3名妇女干部被提拔到县五套班子重要岗位，2名被任命为委、办局领导，548名妇女在区级干部中任职，发挥妇女在“双文明”建设中的骨干作用。

1992年，县妇联学习宣传《中华人民共和国未成年人保护法》《中华人民共和国妇女权益保障法》，订购700册赠送基层妇女组织。

1993年，县妇联配合县卫生部门，为县直机关1301位妇女进行体检。

1995～1999年，县妇联配合县卫生局，对机关、乡村妇女进行妇科病普查5882人次。为200人贫困儿童寻找资助者，共收社会捐款6万元。

二、“双学双比”“巾帼建功”“五好家庭”活动

20世纪90年代，县妇联组织全县各级妇女开展 “双学双比（学文化、学技术，比成绩、比贡献）”和“巾帼建功”活动。

1991年，举办面食制作培训8期169人，种植业3期62人，养殖业1期190人，缝纫班1期28人。在双学双比活动中，有13人被评为全州女能手，1人受省级表彰。

1992年，全县妇女参与“双学双比”活动1.88万人。举办扫盲班15期4.82万人，其中妇女2.54万人，占52.7%。脱盲 2145人，妇女占43%。当年，被州协调小组评为先进女能人13人，个人先进2人，先进协调单位2个；被全国、省妇联各表彰1人。

1993～1999年，全县建立2个“妇女之家”。县妇联举办各种实用技术、法律知识等培训385期，参训妇女12990人次。受州级表彰先进女能手25人，“三八”红旗手2人，协调单位先进个人4名。受县表彰集体3个，先进个人2名，女标兵22人，五好家庭3个，好妻子、好丈夫8人。受省级表彰女能手1人。

2000～2005年，县妇联举办各种实用技术培训班149期，参学妇女4967人次。建立妇女之家29个，申报省级妇女之家4个、州级12个。

三、扶贫帮扶

1999年，县妇联采取多种方法开展“帮贫结对子”活动，全年结对41对。

2000年，县妇联将州妇联支持的5万元发到25户农村贫困妇女手中。多方筹措资金6.5万元与50户妇女结对，有15户脱贫。

2001年，县妇联根据贫困妇女选择的发展项目、贷款申请，采取层层把关的方式，将10万元循环资金发放给姐乌、陇把、赛号等6个乡（镇）96位妇女家庭，帮助发展种植、养殖、加工业。

2002年5月21日，成立陇川县女领导干部联谊会。

2004年，全县争取投入妇女发展资金9万元，其中5万元用于少小民族妇女发展生产。

2005年，全县投入妇女专项扶贫资金9万元。其中“救世军”妇女发展资金4万元，省妇联下拨的少小民族妇女发展资金5万元。

四、少儿工作

1991～2000年，实施《中华人民共和国九十年代儿童发展纲要》，完成监测工作。24项总指标中的21项达到省、州要求。

2001年，完成《陇川县妇女、儿童发展规划（2001～2010）》的编制工作。

第四章　残疾人联合会

1989年5月4日，陇川县残疾人联合会（简称“县残联”）成立后，维护残疾人合法权益，听取残疾人意见，反映残疾人需求，开展和促进残疾人康复、教育、扶贫、劳动就业、维权、文化体育、社会保障和残疾预防等事业，全县残疾人生活环境和权益保障全面提升。1990年，陇把镇政府和陇川农场被评为“扶残助残先进单位”，受到省政府和省民政厅表彰。王子树乡大坪子村杨明被省政府评为“残疾人之友”。户撒乡腊撒村聋哑人康老干被省政府授予“模范残疾人”称号。1993年9月10日，陇川县残联获州残联“基层残疾人组织建设”一等奖。1996年5月，云南省政府残疾人工作协调委员会，授予“陇川县‘八五’期间残疾人工作先进县”荣誉称号。1997年5月，云南省政府残疾人工作委员会授予赵崇保“自强模范”称号。

第一节　组织建设

1989年5月4日，陇川县残疾人联合会成立。此后，逐步在乡（镇）建立残联组织，在村建立残疾人协会，乡（镇）残联和村残协会全部配备专职委员。

1991年，县残联升为正科级单位，编制4人。同年4月，建立陇川县残疾人综合服务部。

2000年，陇川县残疾人综合服务中心在章凤动工。2002年竣工投入使用，占地面积1664平方米，建筑面积548 平方米，总投资76万元。

2002年，县残联设理事长室、副理事长室、综合办公室（宣传文体、劳动就业所、维权、康复）。有工作人员3人，其中理事长1人，股室1人，工勤1人。

2005年，县残联定编6人，参照公务员管理。

第二节　残联代表大会

一、县残联第一届代表大会

1989年5月15日，县残联第一届代表大会在老县城城子镇召开。选举产生名誉主席1人，名誉副主席5人，主席1人，副主席10人，委员61人。蒋际恩任名誉主席，岳长寿当选残联主席。

二、县残联第二届代表大会

1992年4月，县残联第二届代表大会在老县城召开。选举产生名誉主席1人，名誉副主席5人，主席1人，副主席10人，委员60人。

三、县残联第三届代表大会

2000年5月，县残联第三届代表大会在新县城章凤召开。选举产生名誉主席1人，名誉副主席5人，主席1人，副主席10人，委员50人。

四、县残联第四届代表大会

2003年4月28日至5月1日，县残联第四届代表大会在章凤召开，参加会议代表128人。根据《中国残疾人联合会章程》规定，大会提名产生主席1人，副主席10人，理事长1人，副理事长1人，理事2人。雷天四当选残联主席。

第三节　权益保障

一、康复

1991年，开展残疾人普查。全县有残疾人8972人，其中肢体残疾3016人，视力残疾618人，听力语言残疾2043人，智力残疾1313人，精神残疾346人，综合残疾1636人。

1992年8月，陇川县残疾人康复按摩医疗所开业，12月康乐公司成立。

1993年，全县白内障切除复明127例、99人；儿麻矫正手术康复438例、203人；聋儿语言训练康复6人；盲人盲文训练康复2人；精神病收治康复59例次、27人；智力残儿训练康复301例次、41人；视力低残助视康复132副次、117人；听力残疾助听康复103副次、58人；儿麻预防服药2次、6.66万人，预防率100%；碘缺乏病预防服碘油丸1.36万人，1次服碘率27.8%。

2001～2005年，完成白内障复明术102例，送省、州培训聋儿及家长25人次，送州特效培训5人。免费配发助听器8台，安装假肢9人，矫形器1人，低视力患者配发助视器7人，发放轮椅4辆。

二、教育

1993年末，全县残疾儿童入学随班就读681人，入学率98.6%；中专、技校、职高就读80人，录取率100%；高等院校就读7人，录取率100%；非学历职业培训378人，培训率4.16%。

2001～2005年，智力残疾人儿童随班就读80人，德宏州特殊教育学校就学聋儿10人。

三、就业

1993年，城镇残疾人中分散就业112人，就业率10.56%；个体劳动就业137人，就业率12.91%。两项就业249人，占城镇残疾人的23.47%。农村残疾人中，农业生产就业1618人，占20.17%；个体劳务就业188人，占2.34%。两项就业1806人，占农村残疾人的22.51%。同年，办福利实体4个，其中贸易型企业1个，服务性实体1个，其他2个。

2001～2005年，分散安排残疾人就业25人次，集中到福利企业就业64人次，从事个体经济120人次。征收残疾人就业保障金16万元，开展贫困残疾人实用技术培训79人次、盲人按摩培训2人。

四、权益维护

1989~1993年，发放残疾人证书7839本；残疾人平等参政议政187次，49人。

1990～1993年，县残联共接收残疾人及亲属来访1.32万人次，年均来访3300人次；接收残疾人及上级转信访件4.4万件，年均1.1万件；处理就业信访4634件108人；处理就学信访3109件97人，落实3109件81人；处理信贷5.34万件次，年均1.33万件次；处理纠纷信访件2991件次，落实2991件次；处理康复信访件38件次，落实38件次；

2001～2005年，处理来信来访1500件，办理残疾人证1200本，5名残疾人得到法律援助，累计发放残疾人法律援助卡150张。

五、社会保障

2001～2005年，完成残疾人安居工程43户。900户残疾人家庭，1800名残疾人，纳入最低社会保障。慰问贫困残疾人43人次，慰问金4360元。残疾蔗农扶贫贴息贷款200户，受益群众800多人。

第四节　活动开展

一、助残活动

1989年后，历年节日期间，对残疾人开展慰问活动。逢荒遇灾，首先救济残疾人。残疾人在就业、上学等方面给予政策照顾和扶持，从事个体经营的，其税收、管理费等全免，残疾学生免缴杂费。

1990年，县民政局将有奖募捐留成4万余元，全部转给县残联，支持残疾人事业。同年，开展助残日活动。至1993年，共收爱心款1.87万元，衣服10套，作文本500本。救济电击烧残儿童1名，支付现金0.7万元、大米800千克、油毛毯25卷；特困残疾人救济3户8人，支付现金400元；特困残疾人康复救济126户126人，支付现金15万元；扶持残疾人生活自救318户1806人，支付资金6.79万元，扶持化肥籽种折币0.86万元。当年回收扶持资金2.79万元。

二、其他活动

1989～1993年，县残联宣传发放上级残疾人工作精神、政策、法律、活动材料1024份、1.23万张，印发各种宣传材料1.94万张，张贴标语4855条，订阅赠送残疾人刊物报纸5种、3.1万本，报道投稿103份、11.31万字，广播宣传18次、5个内容，放影108次837场、372个内容，观影4922人，电视播放1198次、4033小时、8个内容。残疾人参加省级残运会1人1次，获赛跑第二名。

2001～2005年，县残联选送8名运动员参加云南省第八届残疾人运动会，获得金牌3枚；选送10名运动员参加德宏州第一届残运会，获得金牌13枚，团体总分第二名。发放《云南省残疾人优待规定》7000册。

第五章　归国华侨联合会

1978年后，陇川县归国华侨联合会依法维护归侨、侨眷的合法权益，调动归侨侨眷的积极性，关注侨界群众生活，加强同海外华侨侨团的联系，发挥归侨侨眷参政议政的作用，归侨侨眷工作服务质量全面改善。2005年，陇川县共有侨务工作对象1.74万人。其中归侨2174人、侨眷3760人、华侨1.04万人、华人804人、中国港澳台同胞159人、眷属107人。归侨、侨眷分别居住全县乡镇及农场。陇川籍的华侨、华人旅居在美国、新加坡、印度、日本、泰国，绝大多数旅居在缅甸。其中少数民族占70%，汉族占30%。

第一节　组织建设

1974年1月，成立陇川县革委会民政侨务局。1976年10月改称陇川县人民政府民政侨务局，设局长1人，办事员2人。

1988年12月，成立陇川县归国华侨联合会筹备组。1989年5月，召开陇川县第一次归侨侨眷代表大会，出席大会正式代表102人，特邀代表65人。大会选举产生陇川县第一届侨联委员21人，常委9人，主席1人，副主席2人，秘书长1人。1991年4月，侨务与民政恢复侨务办公室，与县归国华侨联合会合署办公，核编6人，实有4人。

2002年9月，县侨办并入县外事办，成立外事侨务办公室。

2005年3月，县侨办从外事侨务办分设独立，与县侨联合署办公。

第二节　权益保障

一、宣传教育

1989～2005年，陇川县侨联学习宣传《中华人民共和国归国华侨联合会章程》《中华人民共和国归侨侨眷权益保护法》，组织“侨法宣传日”活动，通过县电视台连续播出《归侨、侨眷权益保护法》，组织专场电影晚会、春节茶话会，向群众发送宣传资料3200本。多形式地开展海外联谊工作，利用“目瑙纵歌节”“泼水节”等民族节日交朋友。做好侨胞捐赠公益事业的引导、管理和服务工作，宣传祖国大好形势和家乡的变化发展，为侨属办实事。

二、政策扶持

1981～1992年，县侨联、侨办为华侨落实私房52户，面积9466平方米，补助现金10.57万元。为归侨复查纠正冤假错案6人。1991～2005年，县侨联、侨办做好归侨侨眷身份认定、祖产咨询、出入境规定、待遇落实等工作。此外，先后为6名“三侨子女”出具加分证明，争取把贫困归侨侨眷扶贫工作纳入政府扶贫规划，为300余名华侨子女依法办理“三证”（居留证、务工证、用工证）。推介15个招商项目。为入境避难侨民提供合法、安全保障。

三、爱心帮扶

1998～2005年，县侨联看望慰问归侨、侨眷、南侨机工400人次，发放慰问款物8.22万元。争取到“美国妈妈联谊会”的爱心帮助，共捐助陇川县孤儿和贫困学生70人，捐助资金3.5万元，为城子镇中心校捐赠价值4万余元多媒体及学习用品。争取到马来西亚《星洲日报》爱心助学项目，为陇川县10人贫困优秀高中生发放助学金7000元。争取到澳大利亚侨商陈沙立先生的“救护生命万里行（西南片区）”侨爱工程项目，为城子镇卫生院购一辆价值10余万元救护车。争取侨胞韩永茂先生捐资30万元，援建王子树乡九年一贯制中学教学楼。争取香港爱国佛教基金会—懿生堂民生项目，为勐约乡卫生院捐募善款30万元修建住院楼。

四、权益维护

2000～2005年，县侨联接待归侨、侨眷、华侨、华人，来访团组28批，360人次。受理涉侨来信来访15件次、电话咨询86件次，均给予解答办理。

第三节　联谊交流

一、联谊活动

1989年后，陇川县侨联多形式地开展海外联谊工作，利用“目瑙纵歌节”“泼水节”等民族节日交朋友。以增进乡情、亲情和友情为重点，多渠道、多层次、多形式开展海外联谊工作，不忘老朋友，广交新朋友，深交好朋友。依靠和发挥老一辈华侨作用，对中青年华侨保持经常性联络。春节、中秋节、民族节日举办茶话会，畅谈祖国建设成就，为边疆建设出谋划策。此外，配合少数民族传统节日举办联谊晚会。2005年，旅居缅甸的陇川籍华侨、华人1.6万人。

2005年10月18日，陇川县华侨侨领座谈会

二、文化交流

“十五”至“十二五”期间，县侨联举办4期华文教师培训班，来自缅甸曼德勒、腊戍、贵楷、东枝、洋人街等5省市的48所侨校的200人华文教师参加培训。参训教师对国内教学模式、教学方

法、教学理念认识提升。与曼德勒华侨会、八莫华侨会、洋人街华侨会达成文化交流，先后选派退休教师5人到缅甸华侨学校任教。协调艺术团赴缅甸进行文化艺术交流。

第六章　工商业联合会

1992年县工商业联合会成立后，引导会员参加陇川经济建设，推动县域市场经济发展和企业文化建设；代表并维护会员合法权益，反映会员的意见、要求和建议，引导会员参加“光彩事业”，为会员提供各种服务，帮助会员提高经营管理能力，组织会员举办和参加各种内外展销会、交易会，增进与其他区域或国家工商经济界人士的联系和友谊。全县非公经济组织建设逐渐完善。

第一节　组织建设

1992年2月，成立陇川县工商业联合会，编制4人，设会长1人，副会长1人，办事员2人。

1999年12月，景罕镇成立景罕分会。

2001 年，工商联内设综合办公室、会员股，事业编制5人。

2002年7月，成立章凤分会。

2003年10月，成立拉影木材行业商会。同月31日，成立拉影边境贸易木材加工业商会。

2005年，县工商联有干部职工7人，其中会长1人，副会长1人，主任科员2人，职工2人。同年，全县有会员206人。

第二节　会员代表大会

一、县工商联第一届会员代表大会

1992年10月6～7日，县工商联第一届会员代表大会在城子召开，应到会代表32人，实到28人。大会听取和讨论通过陇川县工商会筹备工作报告；选举产生执行委员13人，主任委员1人、副主任委员12人。1993年9月1日，经县委研究同意设主任委员1人、副主任委员2人。

二、县工商联第二届会员代表大会

2002年6月6～7日，县工商联第二届会员代表大会在章凤召开。本届代表69人，其中男53人，女16人；个体工商户36人，国营、集体和私营企业21人，机关部门12人；中共党员18人，非党51人。大会听取和审议县工商联第一届执委会工作报告，选举产生县工商联第二届执行委员会委员。县工商联第二届第一次执委会选举产生常委13人，选举产生会长1名、副会长2名，秘书长由1

名副会长兼任。

第三节　主要工作

一、会员权益维护

1992～2005年，县工商联向非公有制经济人士宣传工商联的章程和性质、地位、作用、职能等。重视来信来访工作，为会员搞好服务，教育会员遵纪守法、讲诚信，维护会员的合法权益。鼓励工商界的人大代表、政协委员参政议政、建言献策。为企业排忧解难、办实事，维护其正当权利。配合相关单位和部门开展调查研究15次，协调关系15次，为企业调解经济纠纷18件。

2005年，帮助1人在境外调解房产纠纷，为其挽回经济损失8万元。

二、非公有制经济发展

1999年，全县注册个体工商户2242户，比1998年3220户减少978户；注册资金4078.4万元，比1998年4964.65万元减886.25万元；从业人员4675人，比1998年7566人减少2891人；创利税774.7万元，比1998年744.6万元增加30.1万元。2001年，全县有个体工商户3030户，从业人员4711人，注册资金4940万元，分别比1999年增长35.15%、0.8%、21%。2005年，注册个体工商户2717户，从业人员4275人，注册资金4113.5万元，与2001年同比，3项指标略减。同年，为会员办理小额贴息贷款32万元，帮助16户会员（下岗职工）解决资金困难。

三、光彩事业

1992年，县工商联合会成立后，坚持开展理想信念教育活动，引导全县非公经济人士“致富思源，富而思进”。1999年后，全县会员每年向陇川县目瑙纵歌节捐款3.6万元。从2001年起，县工商联组织开展“民心工程”，每个会员党员每月捐资5元，资助1名农村贫困中学生念完高中。2003年5月，护国乡发现“甲肝”疫情，县工商联向会员倡议“献一份爱心”，于当月28日向护国乡中小学捐款0.89万元，捐物折币4270元。2004年，陇川县发生“7・5”洪灾，县工商联第一时间号召全县非公有经济人士，向灾区捐款捐物共计60余万元。

第七章　红十字会

1994年陇川县红十字会成立后，坚持“抓重点、干实事、见效果”的原则，以“献爱心、乐助学”为主题，进行备灾、救灾及人道主义救助；开展应急救护和防病知识的宣传、普及、培训；推动无偿献血、遗体器官捐献工作和红十字志愿服务活动、红十字青少年活动、募捐活动；增加与其他国际组织的交流与合作。

第一节　组织建设

1994年3月，陇川县红十字会成立。机构挂靠县卫生局，没有专职工作人员，会长由副县长兼任。

2005年3月，县红十字会核定事业编制2人（参公管理），负责红十字会日常工作。

视察灾情

第二节　会员代表大会

陇川县红十字会自1994年成立至2005年，共召开3届会员代表大会，其中第一届、第二届代表会在老县城城子召开，第三届会议代表大会于2001年10月在新县城章凤召开。大会按程序完成理事会换届选举工作，选出会长1名，名誉会长1名，名誉副会长2名，副会长7名，常务副会长1名，秘书长1名。

第三节　主要业务

一、“献爱心”救助活动

1994~2005年，累计发放救助款和救助物资12余万元。争取助学资金9万余元，帮助200多名贫困学生解决学习困难。其间，2004年陇川县发生“7.5”洪灾，县红十字会募集救灾款15.46万元及部分物资。2005年3月，县红十字会联合香港乐施会，为王子树乡托盘山小学重建教学楼1栋，修建旗台、篮球场、沼气池各1个，投入资金30.4万元。

二、艾滋病宣传教育

1994年后，县红十字会每年都与相关部门联合开展防治艾滋病宣传教育活动。通过发放宣传材料、张贴大幅标语、电视宣传等方式，倡导健康群众洁身自爱、关爱艾滋病感染者。至2005年，共开展防艾宣传10次，受教群众5万人次，发放宣传单4万余张、宣传册2000多本。

第八章　科学技术协会

1984年陇川县科学技术协会成立后，团结和带领全县科技工作者，以经济建设为中心，坚持科学技术是第一生产力的思想，实施科教兴陇、人才强陇战略。促进全县科技的普及推广及科技人才的成长提高。

第一节　科协组织

1984年10月，陇川县科学技术协会（简称“县科协”）成立，当时由8个自然科学方面的专业学会（协会）组成，有会员470人。县科协成立后，组织不断发展壮大并向基层延伸。1985年10月至1989年5月，全县12个乡（镇）成立科协组织，科协主席由乡（镇）分管领导兼任，副主席和秘书长由科技干事担任。20世纪90年代，又有县会计学会、县计划生育协会加入。

2005年，县科协由9个县级学会（协会）、12个乡（镇）级科协和1个农技协会组成。

第二节　会员代表大会

一、县科协第一届代表大会

1984年10月18～22日，县科协第一届代表大会在城子召开。应到会代表300人，实到代表261人。会议围绕全县工业、农业、医药、教育事业开展献计献策，提出书面建议4条。大会讨论通过《陇川县科学技术协会章程》；选举产生县科协第一届委员会委员22人。县科协第一届第一次全委会选举产生常务委员9人，主席1人、副主席2人、秘书长1人。

二、县科协第二届代表大会

1989年8月11～13日，县科协第二届代表大会在城子召开。应到会代表127人，实到代表127人。大会听取和审议县科协第一届委员会工作报告，围绕全县经济发展提出书面建议。选举产生县科协第二届委员会委员17人，常务委员9人，其中主席1人、副主席1人、秘书长1人。

三、县科协第三届代表大会

1993年2月16～17日，县科协第三届代表大会在城子召开。应到会代表79人，实到代表52人。大会听取和审议县科协第二届委员会工作报告，围绕全县经济发展提出书面建议4条。选举产生县科协第三届委员会委员18人，常务委员9人，其中主席1人、副主席2人、秘书长1人。

四、县科协第四届代表大会

1998年8月11～13日，县科协第四届代表大会在城子召开。应到会代表56人，实到代表51人。大会听取和审议县科协第三届委员会工作报告，围绕全县科技工作提出书面建议5条。选举产生县科协第四届委员会委员15人，常务委员7人，其中主席1人、副主席1人、秘书长1人。

五、县科协第五届代表大会

2003年9月2日，县科协第五届代表大会在章凤召开。应到会代表57人，实到代表52人。大会听取和审议县科协第四届委员会工作报告，围绕全县经济社会发展提出书面建议3条。选举产生县科协第五届委员会委员15人，常务委员7人，其中主席1人、副主席2人、秘书长1人。

第三节　学会　协会

一、学会

【畜牧兽医学会】　1982年建立，有会员38人。至2005年，学会有会员67人。学会在畜禽良种繁育、推广及疾病防治、技术培训等方面做了大量工作。

【农学会　】　1984年成立，有会员41人。至2005年，学会有会员51人。学会在“两杂”（杂交水稻、杂交玉米）等良种推广、合理施肥、病虫测报与防治及农业实用技术培训等方面做了大量工作。

【糖业学会】　1984年成立，有会员16人。至2005年，学会有会员34人。学会在甘蔗良种引进、推广、丰产栽培、技术培训、咨询服务，特别是田蔗栽培技术及旱地蔗秋植技术方面做了大量工作。

【茶叶学会】　1984年4月成立，有会员38人。至2005年，学会有会员15人。学会在密植速生丰产技术及老茶园改造等方面做了大量工作。

【医药卫生学会】　1984年9月成立，有会员106人。至2005年，学会有会员15人。学会在宣传卫生防疫知识、开展各类疾病防治等方面，取得成效。

【林学会】　1984年9月成立，有会员22人。至2005年，学会有会员25人。学会在森林资源普查、林业区划、发展经济林木等方面做了大量工作。

【水利水电学会】　1984年9月成立，有会员36人。至2005年，学会有会员36人。学会在全县农田水利、防洪排涝工程和水电工程中，开展技术服务，为陇川水利化、电气化做出贡献。

【青少年科技辅导员学会】　1984年9月成立，有会员24人。至2005年，学会有会员21人。学会对青少年进行“德、智、体、美、劳”全面施教中，加强对青少年科普活动的辅导，青少年科普活动取得成绩。

【农业会计学会】　1987年8月成立，有会员58人。至2005年，学会有会员65人。学会在对农业实行倾斜优惠投入，为农业经费科学管理等方面，做了贡献。

【傣学学会】　2004年4月成立，至2005年，有会员25人，学会对陇川县傣族文化的探讨发掘作出成绩。

二、协会

【计划生育协会】　1992年12月成立，有理事长1人，常务理事15人，理事53人，会员91人。至2005年，协会有会员29人。计生协会成立后，全县各乡（镇）及陇川农场相继建立基层协会。协会在广泛宣传、教育、组织和引导育龄妇女开展自我教育、提高计划生育自觉性等方面做出成效。

【集邮协会】　1997年11月成立，协会组织集邮爱好者开展集邮日、集邮交换等活动。

【见义勇为基金协会】　2003年6月成立，协会与县委宣传部、县政法委联合开展表彰慰问见义勇为模范活动，发动全县人民向楷模学习。

【篮球协会】　2004年6月成立，协会组织篮球爱好者开展或参与各级各类篮球赛事和活动。

【城子镇马铃薯协会】　2004年8月成立，协会组织种植户开展马铃薯栽培技术培训，引进先进技术、优良品种，完善全县马铃薯选种、种植、销售为一体的产业链。

【陇把枇杷协会】　2005年6月成立后，协会定期组织全县会员开展枇杷种植技术培训。

【南宛书画摄影协会】　2005年7月成立后，协会组织全县书画、摄影爱好者开展各级各类书画摄影采风、研讨、座谈、会展、比赛等活动。

第四节　科普工作

一、农村技术人才培训

【乡土人才培训】　1978～2005年，县科协配合县科委，开展乡土人才培训1967期，年均70期，受训13.73万人，年均4900人次。1997年后，坚持开办“科普之窗”电视专栏，传播实用技术，全县所有乡镇、村、组收看覆盖率100%。

【农业技术函授】　1990年8月，设立“农函大”陇川辅导站，各乡（镇）随之设立农函大辅导分站。至2005年，共招收农函大学员3380名，开设12个专业32个教学班。

【科普活动】　1978～2005年，县科协配合县科委在全县开展主要科普活动有8项（见科技志）。

二、科普网站

21世纪初，利用政府信息公开网、德宏科技网县（市）专栏、“三农通”及各涉科部门专业网站等网络媒体开展“科普+远教”咨询服务。

第九章　关心下一代工作委员会

2003年，陇川县关心下一代工作委员会成立后，协助和配合党、政有关部门为青少年、儿童健康成长办实事、做好事；配合政法机关、工会、共青团、妇联、教育等部门，开展对青少年的普法活动，贯彻执行《中华人民共和国未成年人保护法》，保护全县未成年人的合法权益，教育挽救失足青少年，推进全县关心下一代事业的发展。

第一节　组织建设

2003年11月，陇川县关心下一代工作委员会（简称“县关工委”）成立，由县委1名副书记、县政府1名副县长分管工作，设主任1人，执行主任1人。县级领导、退休老干部和县直相关部门负责人共19人组成关工委班子，聘请11位县级离退休老干部组成顾问组。下设思想道德教育委员会、科教文卫委员会、法制帮教委员会、筹集发展基金委员会。各委员会领导班子及成员由相关部门负责人及退休老干部组成，下设办公室为关工委常设办事机构，归口县委办管理，设秘书长兼办公室主任1人。

2004年9月，调配1人为专职工作人员。同年，全县11个乡（镇）及县教育局成立相应的关工委组织，71个村（居）委会成立关工小组，有人员648人。

2005年3月，县编办核定关工委事业编制2名。

第二节 主要工作

一、调查研究

2003年，加强对基层组织的工作联系。组织人员深入学校、乡村、社区，采用座谈、走访、问卷等形式，对当前青少年中存在的突出问题，召开专题会议，探讨解决问题的方法和途径。2005年5月，县关工委联合县教育局关工委深入景颇族、傣族、阿昌族聚居的4个乡镇所辖的4所完全小学，对学生辍学情况进行专题调查，编写《陇川县民族地区农村小学生辍学情况调研报告》。同年7月，开展未成年人吸毒问题专题调研；10月，对全县孤儿及救助情况进行统计调查。

二、教育活动

【思想道德教育】 县关工委和各级组织贯彻落实中共中央、国务院《关于进一步加强和改进未成年人思想道德建设的若干意见》，根据未成年人特点和需要，采取多种形式开展思想道德及理想信念教育活动。

2005年，是中国抗日战争胜利60周年。县关工委联合县教育局关工委组织全县中、小学生开展系列纪念活动。邀请“五老”（老党员、老专家、老教师、老战士、老模范）到校开展专题报告76场，受教育师生1.46万人。组织观看历史影片20场，观看人数达2.18万人次。组织“不忘抗战历史、弘扬爱国精神”演讲比赛，推选3名学生参加全州总决赛，1人获二等奖，1人获三等奖。协助州委宣传部、州关工委“纪念抗日战争胜利60周年”书画巡回展在陇川的展出工作，组织2700多人次观看展览。

【禁毒防艾教育】 2005年，关工委各级组织配合相关职能部门，围绕“整治毒品，参与禁毒”“珍爱生命，拒绝毒品”主题，开展禁毒防艾宣传活动。利用节假日，组织各级各类学校开展知识竞赛、演讲比赛、征文及主题画展。深入村寨、学校播放《白色瘟疫》《直击艾滋》等禁毒防艾宣教片。组织学生参观戒毒所，开展警示教育。

【家庭教育】 2005年12月，邀请云南省家庭教育协会老师到中、小学及幼儿园开展家庭教育知识讲座7场，受教育家长、学生3000人次。

第十编　政法　国防

LONG CHUAN XIAN ZHI

LONG CHUAN XIAN ZHI

LONG CHUAN XIAN ZHI

第一章　公　安

1978年后，陇川县公安部门加强自身组织建设和基础业务建设，在全县范围打击各种刑事犯罪活动，保持对严重刑事犯罪的高压态势，维护全县社会政治稳定、经济发展、民族团结，捍卫国家法律尊严。

第一节　法制建设

中共十一届三中全会后，加强对民警的法律培训，开展公安执法检查。

20世纪80年代，刑侦、政保、内保、治安等部门协同审核公安机关内部案件。

1991年11月，县公安局成立法制科，负责案件审核及行政复议及应诉工作。

1992年，县公安局成立执法执纪领导小组，开展执法执纪检查。

1997年，全县办理行政复议4件，进行诉讼代理1件。

2005年，开展“规范执法行为，促进执法公正”专项整改活动。同年11月24～27日，德宏州公安局执法质量考评组对陇川县公安局2005年度执法办案情况进行检查，抽查各类案件140件，无违法现象。

陇川县公安局搬迁仪式庆典

第二节　打击刑事犯罪

一、侦查破案

20世纪80年代，全县发案率呈上升趋势。1982年，共发生刑事案件105件，其中杀人6件、伤害3件、投毒1件、预谋爆炸1件、强奸8件、盗窃57件、诈骗5件、烟毒22件、破坏生产2件。与1981年60件相比，发案率上升75%。重大案件发生19件，与1981年5件相比，上升3.6倍。损失财物折款达2.93万元。破获各类刑事案件93件，其中杀人6件、伤害3件、投毒1件、爆炸1件、强奸8件、诈骗5件、盗窃45件、烟毒22件、破坏生产2件。破案率为88.6%，比1981年的81.6%提高7%。重大案件破案率为100%，比1981年的80%相比提高20%。同时还破获年前积案2起，各种治安案件112件，挽回物资损失折款1.72万元，缴获鸦片×千克、收音机9部、自行车5部、手表17只、手扶拖拉机1部及其轮胎2只、耕牛8头、马3匹、马车1部、银子1.5千克、大米1050千克、粮票3400千克，另有皮箱、尼龙蚊帐、衣服等赃物。通过破案，查获各种犯罪分子123名，其中逮捕49名，拘留34名，送劳教2名，教育放回38名。

1990年，全县共发生刑事案件339件（盗窃314件、杀人5、伤害4、抢劫5、强奸8、诈骗1、抢夺2），破获172件。其中重大案件61件（杀人4件、抢劫4件、强奸3件、盗窃50件），查获盗窃团伙3个11人，强奸团伙1个8人，抢劫团伙1个12人，走私团伙3个13人。同年1月20日，章凤叠撒曼彦发生一起特大轮奸案，刑警队与章凤派出所协同作战，3天破案，抓获8名案犯。6月14日，刑警队在章凤拉影抓获1名重大嫌疑人，系县计经委干部，吸毒，经连夜突审，破获该犯曾先后4次盗窃县木材公司、县外贸局7000余元的重大案件。年内，分别在城子、章凤召开公捕公判会5次，公处、公判罪犯203名，其中执行死刑3人，有期徒刑31人，劳动教养25人，逮捕136人，收审6人，治安处罚2人。其中，6月25日召开陇川县历史上最大的一次公处、公判会，公捕、公判罪犯100名，公开销毁鸦片×千克、海洛因×克、罂粟壳×千克。

1999年，根据公安部制定《刑事案件管辖分工规定》和省公安厅制定《云南省公安机关刑事案件内部管理分工规定》，公安机关对114种案件实行管辖，刑事案件数量重新攀升。

1978～2005年，全县共立刑事案件5053起，破案2984起。破案率最高为1988年93.4%，最低为2003年36.2%。破案率年均69.38%。

1978～2005年陇川县历年刑事案件发破统计表

表10—1　　单位：件、%

年度	立案数	破案数	全年案件破案率	重大案件	重大案件破案率
1978	45	38	84.4		100
1979	26			6	
1980	32	28	87.5	4	100
1981	60	58	81.6	2	80

续表10—1

年度	立案数	破案数	全年案件破案率	重大案件	重大案件破案率
1982	105	93	88.6	19	100
1983	93	85	91.4	8	
1984	50	32	64	8	80
1985	50	39	78	11	82
1986	51	34	66.7	10	50
1987	73	56	76.7	30	83.3
1988	76	71	93.4	44	70.4
1989	88	73	83	36	80.6
1990	339	172	50.7	61	62
1991	361	191	53	70	
1992	162	110	67.9	51	74.5
1993	184	128	70	65	61.5
1994	162	124	70.5	90	74.4
1995	138	106	76.8	84	70.2
1996	103	81	78.6	76	73
1997	98	70	71.4	71	63.4
1998	124	97	78.2	78	73
1999	157	112	71.3	115	66.1
2000	310	173	55.8	237	53.2
2001	526	208	39.5	340	36.2
2002	472	186	39.4	382	36.9
2003	326	118	36.2	225	30.2
2004	402	226	56.2		
2005	440	275	62.5		

二、“严打”斗争

1983年8月，党中央作出《严厉打击刑事犯罪分子的决定》。县公安局根据上级公安机关安排部署，在全县范围内开展“严打”斗争。

“严打”中，重大犯罪团伙一直被列为打击重点，国营陇川农场丙印分场以王某明、王某昌、曾某刚为首的2个流氓团伙27人，长期四处行窃，经常寻衅闹事，甚至持刀威胁民警，阻挠查案。1983年，第一个战役中2个团伙被一网打尽。1986年，共抓获重大流氓团伙1个，重大盗窃团伙2个，重大烟毒团伙2个。8月11日，县公安局在景罕区曼晃乡平山查获一起流氓团伙，共14人，8名收审，6名就地审查。12月11～12日，户撒派出所、陇川农场派出所配合州公安处、县公安局破获两个重大盗窃集团，抓获罪犯11名。

在“严打”中，涌现出一批功臣模范和先进集体。先后有1个集体荣立一等功，3个集体荣立三等功；荣立一等功1人，二等功1人，三等功28人。有29名优秀干警加入中国共产党，9名干警加入共青团。至1988年，刑事案件破案率达到93.4%，在几年内破案率达到最高。

1989～1991年，县公安局开展“严打”， 截至1989年12月底，全县抓获“六害”分子（赌博、卖淫、拐卖人口、传播淫秽物品、贩毒、嫖娼）134人，其中贩毒×人，吸毒×人，传播淫秽物品2人，拐卖妇女儿童7人，赌博42人。至1990年6月18日，共破获各种刑事案件18起，抓获犯罪分子20名，捣毁犯罪团伙2个，成员8名（包括缅籍边民跨境盗窃耕牛团伙1个，成员4名）。追回赃款、赃物价值5000多元，缴获大烟×千克、海洛因×克。

1996年，作为开展“严打”的巩固和延续，以“严打”为动力，明确重点，分片包干，责任到人，将打现行、破积案、挖团伙、强戒毒、扫毒品、严管理、打防并进作为指导思想。在“严打”期间相继破获一批案件，清理整顿废旧物品收购行业，整治一些社会治安复杂场所，遏制刑事案件上升势头。全年共立刑事案件103件，破81件，破案率78.6% 。7月25日，刑警二队、农场派出所破获一起重大抢劫案，抓获嫌犯5人。

1997年，省公安厅召开“冬季严打破案战役行动”电话会议，县公安局党委成立“九七冬季严打”破案战役领导小组。1～10月，全县共立刑事案件86件，破57件。

2004年8月7日至10月7日，开展为期2个月的“严打整治”专项行动，成立 “严打整治”专项行动领导小组。全县立刑事案件402件，破226件。

三、专项行动

【打击偷盗自行车专项治理】 1989年，县公安局开展打击偷盗自行车专项治理。抓获盗窃自行车团伙3个、20人，缴获被盗自行车28辆。同年3月16日，农场派出所破获一盗自行车团伙案。该团伙先后在城子、章凤、清平盗窃自行车51辆，破案后追回11辆。

【打击流窜犯罪分子专项斗争】 1997年，县公安局刑警大队、城子派出所抓获陕西1名重大流窜在逃犯，破获案件6起。同年4月9日，县公安局刑警大队、城子派出所干警在清理城子二旅社311房间时抓获1名重大流窜盗窃案犯，当场缴获金戒指2枚，金耳环1对，牛奶、罐头等赃物及赃款人民币100余元，总价值1500余元。经审查，该犯供认4月2～8日分别在章凤税务分局家属区、县政府开发委办公室及粮食局工业公司家属区、城子镇贺姐村等处盗窃作案的犯罪事实。

【打击盗窃摩托车专项行动】 2002～2005年，针对社会涉及面广、群众反映强烈的治安问题，县公安局组织人力开展打击盗窃摩托车专项行动。其间，经过周密组织将布控追踪多日并藏匿在境外的一重大嫌疑人在入境后抓获；破获在章凤、景罕、城子、陇把盗窃摩托车的8人犯罪团伙；破获一犯罪团伙，抓获犯罪嫌疑人4名，查证落实盗窃摩托车案件25件，涉案全额达10余万元人民币。

【打击整治抢劫、杀人、伤害等突出犯罪专项行动】　2003年，县公安局根据省公安厅7月3日关于在全省开展“打击整治抢劫、抢夺、杀人、伤害等突出犯罪专项行动”电视电话会议精神，结合陇川县实际，安排部署打击抢劫抢夺杀人伤害等突出犯罪专项行动。县公安局成立打击抢劫、抢夺、杀人、伤害等突出犯罪专项行动领导小组，组长由段光跃局长担任，副组长由张明副局长担任，成员由相关部门负责人组成。领导小组下设办公室，设在县公安局刑警大队。专项行动中，抓获一批“两抢”犯罪嫌疑人，破获一批伤害、杀人案件。

第三节　打击经济犯罪

一、案件侦破

1982年，县公安局对县纪委转交的9起经济案件进行查证处理，查处滥伐盗卖木材案1起，追缴非法所得赃款500元。1997年后，陇川县内保部门全面担负起“五类经济案件”的侦办、组织、协调和管理工作。

2001年，县公安机关受理经济案件13起。

2002年，共受理经济案件12起，立案5起，破5起。抓获犯罪嫌疑人12人，查获假币14450元。清理整顿个体工商户287家，企业24家，摩托车销售点17家。查获过期饮料、劣质酒427瓶，专供出口香烟102条，勒令不符合卫生标准的糕点厂停产停业2家，捣毁取缔非法生产销售毒鼠药窝点1个，缴获制作鼠药封口机1台，防毒面具1副及剧毒鼠药30千克，当初予以销毁；收缴不合格摩托车头盔4顶，取缔不合格医疗诊所2家。同年，破获伪钞案件3起，缴获99红版百元伪钞131张，抓获涉案人员5名。

2003年，防“非典”（非典型肺炎）疫情期间，开展打击制售假冒伪劣“非典”药品、医疗器械、防护用品的违法犯罪专项整治行动，受理经济案件7起。同年5月，破获非法持有、出售假美钞案件，抓获犯罪嫌疑人5名，涉案金额50余万元。

2005年，破获走私案件6起，其中烟卷1500余条，涉案金额8.9万元；酒17件，涉案金额5680元；黄金1038克，烟叶190包，金额7800元；轮胎20条，涉案金额1万元，抓获涉案人员3人。

二、专项行动

【打击制贩假币专项行动】　2000～2002年，县公安局联合有关部门在全县开展打击制贩假币犯罪行动，破获制贩假币案3起，缴获百元面额假人民币114张1.14万元。2003年，破获一起非法持有出售假美元案，该案主犯涉嫌大理州一起诈骗案，涉及金额50余万元。

【打击涉税违法犯罪专项治理】　2002年9月20日，县公安局、县国税局和县地税局在县地税局召开联席会议。会议对打击涉税犯罪专项治理工作作了具体安排。成立打击涉税违法犯罪专项治理协调、领导小组，组长由县公安局副局长尚老五担任，副组长由县国税局副局长唐勇、县地税局副局长李建方担任。

【打击走私犯罪专项行动】 2005年2月28日，县公安局经侦大队与县烟草专卖局出动警力7人，于县木材检查站设卡检查，在1辆驶往瑞丽方向的金杯海狮车内查获外烟30件，抓获涉案人员3名。同年4月4日，县公安局禁毒大队打零中队于县木材检查站设卡检查时，在1辆从瑞丽驶向章凤方向的红色夏利出租车乘客背的绿色挎包内查获涉嫌走私的缅金、泰金1038克。5月，户撒乡腊撒边防站在路查时，查获一起走私卷烟、酒案件，查获外烟75条，价值4050元；查获走私酒17件，价值5680元。5月24日，县公安局禁毒大队一中队在320国道岔畹町路口处，从1辆卡车货箱内查获非法走私卷烟10件，合计人民币3980元。10月10日，县公安局经侦大队在章凤镇卫国北路李家农机经营部附近设卡检查时，从瑞丽方向驶来的1辆货车上查获价值7800元的初烤烟叶190包。10月15日，县公安局经侦大队在章凤镇卫国路一农机配件经营部1辆小货车内查获走私入境的拖拉机轮胎20条，价值1万余元。

【打击非法传销活动】 2005年10月30日，章凤边防派出所接到报告：有人在章凤镇大拇指超市3楼内进行非法传销活动。章凤边防派出所迅速组织民警赶往大拇指超市进行核查，当场抓获1名正在进行非法传销活动的人员，其传销的保健品“如沛”一套（瓶装口服药丸），已被借出。另一套化妆品，被依法没收。同日上午8时，县公安局与工商部门对此事进行调查取证后得知，其上线是1名大学生，在陇川发展4名下线人员。

第四节　治安管理

一、户籍管理

1978年，县公安局根据省厅部署要求，对“四类分子”（地、富、反、坏）进行清理登记，纠正错定成分、错戴帽子人员。为城镇被遣送、疏散至农村的人员落实政策，重新恢复其城镇户口。

1979年1月，根据中共中央下发的《关于地主、富农摘帽问题和地富子女成分问题的决定》，为部分被群众评议通过的“四类分子”摘帽。1981年，逐步落实户口接管工作。1983年，对剩余的“四类分子”经群众评定全部予以摘掉“帽子”，恢复其公民权。

1984年，建立健全管理制度，填发流动人口登记证（卡）或暂住证。

1985年，根据《中华人民共和国居民身份证条例》，全县实行居民身份证制度，为年满16周岁居住在中华人民共和国境内的中国公民颁发居民身份证。至1986年末，共制作居民身份证6.2万份，发放3.2万份。至1988年，4年共批准农转非259户299人。

1990年，县公安局对城镇户口分段定人进行管理，按居住地划分，每个户籍警管理500～700户。全年清理登记流动人口2931人，办理暂住证1935份。

1991年，全县共有人口14.89万人，全年办理迁移1181份、颁发身份证4135份、临时身份证977份。

1994年，章凤派出所开始实行农村户口城市化门牌制度。

2001年，章凤边防派出所对流动人口管理改静态管理为动态管理。全年共清查流动人口3000余人，其中务工人员占68%，外省人员占55%。办理暂住证826份，遣返“三无”（无户口、无正当经济来源、无固定住所）人员57人。

2002年，根据上级文件通知要求，县公安局开展对军人居民身份证编制工作。

2004年1月1日，全国启动换发“二代证”工作，县公安局开展户口核对业务。

二、禁赌禁娼

1978年后，针对改革开放后出现的卖淫嫖娼、赌博等现象，县公安局依据国家有关法律法规对其严厉查处。

1983年，查处卖淫嫖宿案件9起。开展禁赌刹风宣传活动，依法逮捕一批以营利为目的、聚众赌博或以赌博为业的赌头赌棍。

1984年，查处卖淫嫖宿案件7起。

1988年，开展禁赌专项治理，全年查获赌博违法人员291名，其中团伙32个、成员196人，罚款1.6万元。

1989年，查获赌博违法人员138人、团伙31个，抓获传播淫秽物品人员2名。

1990~1993年，开展“除六害”专项斗争，集中打击赌博活动。查禁赌博团伙158个，惩处赌徒493人。

1994～1997年，在境内查处卖淫嫖娼案件133起300余人，查缴淫秽物品7件。

1995～1997年，查处赌博案件57件，抓获赌博人员100余人。

2000年，查获赌博20起57人，取缔赌摊13家，没收赌具75副。清查旅店、娱乐场所297家1441人，查获卖淫嫖娼案10起24人，介绍卖淫嫖娼1起1人。

2004~2005年，开展治理边境赌博专项行动，查获涉赌案件53起，查处违法犯罪人员88人，抓获州公安局督办涉赌人员1名，解救因赌博被扣押中国公民34人，没收赌资及非法所得165万元，查扣赌资9万元。

三、特种行业管理

1978年后，对旅店、印铸刻字等行业建立特行管理制度。

1979年，根据国家工商行政管理总局、公安部、供销合作总社等7个单位联发的《关于特种行业企业进行登记管理的通知》，对旅店等特种行业进行登记、整顿。

1983年，旅馆业开始登记发证工作。

1985年，不再将印刷业列入特种行业管理。

1986～1991年，全县有特种行业81个、旅店（社）291个。根据省政府下发文件，将印刷业重新列入特种行业管理，根据相关法律法规对其进行管理。针对酒吧行业治安凸现问题，制定《关于酒吧的管理规定》。

1993年，酒吧行业的社会管理无明确主管部门，由工商、公安配合管理。1996年，县公安局清理整顿酒吧、按摩厅等公共娱乐场所227家。

2001年，开展“严打”斗争，清理各类场所313家，其中旅社招待所88家、公共娱乐场所26家，清理检查各类人员1793人。

2002年，清理整治宾馆、旅店65家。

2003～2005年，全县共有旅店业73家，美容美发厅44家，洗头按摩厅12家，歌舞厅10家，卡拉OK厅48家，录像厅9家，电影院2家，电子游戏室8家，网吧6家，废旧金属收购点14家，旧机动车交易中心1家，印刷业2家，打字复印店14家，刻字业5家，洗脚屋5家，车辆修理业90家。2005年，出动警力144人次，车辆22辆次，检查部位133家，其中宾馆15家、医院4家、糖厂2家、金融单位7家、歌舞厅8家、烟花爆竹厂1家、烟花爆竹销售点65家、石场33家，检查中查找到火灾隐患51处，责令当场整改37处，责令限期改正14处，填发消防部门《责令限期改正通知书》13份。全年办理准刻证91份，爆炸物品准购证39份，爆炸物品运输证1份，特种行业许可证2份。收缴民用枪162枝（火药枪147枝、猎枪4枝、气枪7枝、小口径枪1枝、制式猎枪2枝、制式手枪1枝）、其他枪支1枝；子弹14发，雷管18枚，导火线3.7米，炸药1千克。

四、危险物品管理

1980年，根据枪支管理有关规定，基本弄清“文化大革命”期间封存的枪支底数，严格办理猎枪准买证。全年清查核对长短枪142枝，办理猎枪准购证45份152枝。审核办理销售、使用炸药4854千克、雷管1.24万枚、导火索6690米。

1981年，收缴黑枪5枝。

1985年，对枪支进行清理登记，收缴超配枪27枝，登记猎枪、火药枪3785枝，发证1506份。

1986年，非军事系统的各类枪支全部登记核实完毕，建立专用、公用枪支登记卡1275份，发放持枪证340本，配合技侦部门完成375枝枪弹痕迹建档工作。登记民用猎枪320枝，发证71本。

1989年，开展“三品”（易燃品、易爆品、危险品）收缴工作，收缴各类枪弹224发，管制刀具29把，各种枪支30枝（其中军用枪16枝），炸药40.4千克，雷管604枚，火线37米，手榴弹16枚。

1993年，成立县清理收缴枪支领导小组，开展收缴枪支专项行动，收管枪支108枝。同年，先后清理52家烟花爆竹销售点，加强对油库、酒精库等易燃易爆物品仓库的安全检查，发出隐患通知书2份，及时整改26处隐患点。

1995年，实施易燃易爆物品管理办证、销售制度，定期开展安全检查和相关培训。

1999年，与全县配枪单位签订枪支管理责任书，收缴子弹8发、民用枪支88枝、其他枪支3枝。

2002年，召开全县规范爆炸物品培训会，与45家采石场、硅石场、生基石场等行业业主签订爆炸物品治安责任保证书。

2005年，开展枪支及危险物品管理，收缴民用枪支162枝、子弹14发、炸药1千克、雷管18枚、导火索3.7米，销毁历年收缴的民用枪支481枝。

五、治安案件查处

1979年，贯彻执行《中华人民共和国治安管理处罚条例》，召开整顿社会治安、打击犯罪分子大会，处理一批违法犯罪分子。

1983～1985年，开展“严打”斗争，查处治安案件600余起。

1987～2002年，查处各类治安案件6700余起。

2005年，受理治安案件1682件，查处1663件1760人，查处率98.9%。同年6月，依法查处省道腾瑞线K221千米处非法设卡抢客事件。

第五节 安全保卫

一、打击特务破坏活动

1978年，县公安局开展专项境外调研，政保部门摸清境外敌特站组和特工情况，发现敌特线索32件、敌特军部营长1名。全年共发生政治案件5起，破4起。查处新线索8件。清理老线索439件，掌握敌特情报2441起，粉碎敌特阴谋破坏388起。同时，开展政治攻势，分化瓦解敌人，6名特务分子先后投诚自首。同年7月15日，陇川、盈江、梁河、潞西4县分别在45个地点发现台湾空飘反动传单，先后收缴165袋，重约850千克。

1981年，全县共发生政治案件7起，悉数破获。1983年，“心战”破坏突出，县公安局成立反“心战”领导小组，开展反敌特“心战”破坏活动。先后发现空飘气球3起，收缴反动传单60多种计6万多份。

20世纪90年代后，县公安机关、国保部门加强对境外敌对势力渗透破坏活动的打击力度，以情报信息为中心，开展侦调和防保工作，获取一批有价值的情报。

二、取缔邪教及非法宗教

【取缔邪教“法轮功”】 1998年3月，邪教“法轮功”由昆明赵某等10人传入陇川县，在城子、章凤、户撒设练功点。1999年7月27日，根据中央取缔“法轮功”邪教组织的精神和省、州公安机关的统一部署，陇川县公安局收缴有关修炼“法轮功”的书籍240本、录像带40盘、录音带94盒、VCD影碟9片、其他宣传品158份和练功布标4幅。

2001年，县公安局从全县126名原“法轮功”习练人员中摸排出56名重点人员，由习练人员的亲属、单位领导、乡镇派出所民警集中对原习练人员再进行教育，谈心，实行“三帮一”的帮教工作，防止“法轮功”邪教组织活动在境内死灰复燃。11月20日，在章凤成功举办“反邪教‘法轮功’”大型图片展1次，收到良好效果。

【取缔门徒会】 由陕西耀县农民季三保发起成立，1985年开始曲解《圣经》，自编歪理邪说进行传播。2005年6月6日，景罕南麻村排某邀约3人到她家聚会，并于第二天发展到她家帮忙做劳动的2人，在家中秘密传播“门徒会”非法宗教。6月7日，陇川县公安局国保大队接群众举报后，景罕镇罕等村委会南麻村一村民与景罕派出所民警一起赶往南麻村，当场查获正在进行邪教活动的6名嫌疑人。经讯问，4人对进行邪教聚会和非法传教供认不讳。县公安局给予其中之一行政拘留15天、2人行政拘留10天的决定，对另3人作出具结悔过、写出保证书、教育放回的决定。同时，景罕派出所、罕等村社干及联络员以此次事件为教育题材，在罕等村委会开展宣传教育活动。

三、内部保卫

1978年12月，全县县直机关各大局均建立保卫组织并配齐保卫人员。农村社队普遍配有治保委员。

1979年8月13～18日，县公安局召开县直机关治保人员培训会，有10个治保会，11个治保小组，共61人参加。1980年，全县机关企事业单位内部共发生各种案件19起，破获13起，打击处理在机关内部违法犯罪人员19名。同时，查处治安案件36起。

1981年，全县内部（包括农场）共发生各种案件21起，通过侦查破案，破获19起，占发案总数的90%。拘捕8名，劳动教养4名。

1983年，全县共有32个单位建立治安保卫责任制，占应建立单位43个的74.3%。1990年，以内保、治安、消防为主开展6次全县性安全检查。重点检查金融系统、油库及商业网点，共检查435个单位，482个要害部位，查处隐患350起。1994年，共检查内部单位123个，查处隐患28起，及时整改23起，限期整改5起。

1999年，县公安局撤销内保科，内保工作业务分别划归新成立的经济犯罪侦查大队、治安管理大队、国内安全保卫大队。县公安局与重点单位、要害部门签订治安保卫责任书，为维护内部单位稳定，促进全县经济、文化的健康发展提供良好的内部治安环境。

四、综治维稳

1978年，开办第一期违法青少年学习班，有11人参加学习。

20世纪80年代，县公安局多次开展有针对性的打击盗抢机车专项治理活动，打击一批盗抢分子。对个别地区盗抢、赌博现象严重的，县公安机关协同当地派出所开展专项治理。1982年8月，县公安局召开全县内部治安保卫工作会议，推行安全责任制，全面落实综合治理措施。全县67个乡，有15个乡的103个自然村推行治安承包。全县11个区镇中，有5个乡、28个自然村，23个区直单位全部落实不同形式的治安承包和保卫措施。1983年，陇川县公安局加强对青少年的教育挽救工作，经摸底排查，全县有违法青少年395人，年内纳入帮教324人。通过11个帮教小组65名帮教人员和259名个别帮教人员的帮教，改好131人，停止活动187人，有违法活动77人。1984年，陇川县公安局在县直、厂（场）矿、学校等有关单位落实岗位安全责任制。至年底，有41个单位建立岗位安全责任制。同年，在建立健全、完善村规民约、居民公约的同时，对治保组织进行改革。1984～1993年，县直属单位、乡、镇分别向公安部门签订承包合同，促使发案率得到有效控制和减少。

1985年，成立陇川县社会治安综合治理委员会，乡、镇成立综合治理小组，党委或政府有1名领导负责分管此项工作。同时，成立陇川县公安局综合治理领导小组，并制定4条具体措施。（1）抓宣传教育。在群众中进行多层次、形式多样的法律知识教育。政法机关结合召开公判会、公处大会、举办图片展览，利用电影、广播、黑板报、宣传栏等进行法制宣传。1988年，宣传239次，受教育8.9万多人次，占全县人口的一半。（2）进行普法教育。在1987年对干部职工进行普法教育的基础上，1988年继续在农村深入开展普法工作。（3）各部门齐抓共管。县委、县政府多次召开各单位负责人会议、治安形势报告会，由政法部门介绍治安情况，要求各部门配合政法机关搞好社会治安综合治理。同时，组织商业、供销、粮食等重点单位开展安全大检查，发现不安全隐患，立即进行整改。（4）抓治安承包责任制。1984年，在景罕镇开展治安承包制试点后，在全县范围内逐年推广。

1986～1991年，全县有违法青少年2476人，纳入帮教2063人，转好535人，停止活动593人。1987年，全县77个县直单位、12个场直单位全部签订治安承包合同，区直、乡级244个单位签订合同。同年，各派出所和区、乡调解组织、区司法助理员密切配合，共调解民间纠纷和各种治安问题90件、446人次。1990年，共调解民间纠纷27起。其中土地1起、山林1起、婚姻2起、其他23起。

1993年，全县有违法青少年1425人。其中职工172人，在校学生84人，待业483人，其他686人。

公安机关配合工会、共青团、妇联、机关、学校等有关部门，举办违法人员学习班，转好114人，停止违法活动74人，帮助安置就业16人。

1994年，先后组建拉影、景罕、章凤3个治安联防队。1998年，违法青少年纳入帮教对象232人。1999年，陇川县开展“进百家门，熟百家情，认百家人”的百家活动，推行“发案少，秩序好，群众满意”为标准深入和推进派出所改革。全年创建安全文明小区12个，安全文明村寨52个，安全文明单位40个。至2001年，3年创安活动创建安全小区50个，安全村寨118个，安全文明单位118个。

2002年1月，县公安局进一步落实社会治安综合治理各项措施，根据《金融机构营业场所、金库安全防护暂行规定》的要求，同年6月24～26日，县公安局治安大队对全县的31个金融网点进行为期3天的安全防护检查。发现治安隐患26处，当场整改12处，限期整改14处。

2005年，开展创建“平安陇川”活动，制定“规范执法行为，促进执法公正”整改方案并组织实施。加强治保组织和群防群治队伍建设，发挥进村入社工作队、治保会、内部单位等各方力量的作用，开展多种形式的治安巡逻、邻里守望互助活动，构建专群结合、警民联防社区治安防控网络，社区安全防范能力得到增强。同年，县公安局协助各级党委、政府妥善处理因人民内部矛盾引发的各种纠纷44起，没有因处置不当而扩大事态的情况发生。

五、安全警卫

1980年2月23～25日，在陇川中学（老城子）体育运动广场举办“文化大革命”后的第一次景颇族“目瑙纵歌”盛会。县公安局共抽出干警60多人组成8个小组，投入保卫工作。

1985年2月 16日，中共中央总书记胡耀邦、国家民族事务委员会副主任伍精华、中共云南省委书记安平生、省长普朝柱等领导到德宏视察。途经陇川时，陇川县公安局抽调干警参加保卫工作，确保党和国家领导人在陇川视察期间的安全。

1987年，中共十三大召开，县公安局全警投入安保工作。安保期间，破获一起隐藏较深、作案多起的7人盗窃团伙，缴获一批赃物。

1993年4月6日，陇川县在章凤举行“陇川县首届民族艺术节暨章（凤）八（莫）公路通车典礼”。节庆期间，县公安局抽调警力保卫道路交通及会场安全。每年召开全县“两会”及重大节庆期间，县公安局均抽调干警开展保卫工作。

2004年6月10～11日，省委主要领导就禁毒和艾滋病防治等工作到陇川县进行考察调研，县公安局按“属地管辖” 原则，共抽调警力85人负责警卫工作。

2005年3月2～12日，陇川县人大十四届三次会议和陇川县政协十二届三次会议在章凤召开。县公安局成立“两会”安全保卫领导小组，抽调警力73人，出动警车14辆，确保两会安全。

第六节　禁　毒

一、毒品查缉

1978年，县公安局堵卡查缉大烟770次，堵卡人数3563人，查获大烟犯×人，破获走私贩毒案8

件，缴获大烟×千克。

1983年，县公安局取缔烟馆16个。同年，全县共查获烟毒案件398件、烟毒犯×名，缴获大烟×千克、海洛因×克。1985～1990年，县公安局查破贩毒案件1000余件。

20世纪90年代，面对日趋复杂的毒潮侵害形势，陇川县公安禁毒部门采取“打零星”、蹲点守候、主动出击、“端窝点”的专门工作方案进行打击。1994年9月22日14时10分，县公安局禁毒大队立案侦查的“94.9.10”特大预谋贩毒案，在保山市邮电招待所破获。抓获罪犯2名，缴获压缩状海洛因10件，收缴毒资16.18万元。

1995年，德宏州公安处在陇川县召开全州“1.14”禁毒大会，随后，在全州范围内开展代号为“山地行动”的扫毒联合行动，并将“山地行动”列为全州1995年一季度公安工作的一项主要工作。陇川县“山地行动”打响后，县公安局全面出击，3月5日，抓获毒贩×名。3月21日，县缉毒队在章凤姐坝寨堵卡，查获1起贩毒案，缴获海洛因×克，抓获毒贩1名，击毙1名。1997年，县公安局专门成立打击零星毒贩的专业队伍，全年共查破贩毒案件175起。

1997～2000年，县公安局共查破涉毒案件1538起，缴获海洛因×克、卡苦×克、冰毒×克、鸦片×克、盐酸麻黄碱片×克。

2003年1月19日，县公安局禁毒大队在大理金利酒店破获一起贩毒大案，当场抓获4名犯罪嫌疑人，缴获贩毒赃款70万元，海洛因×千克。

2005年，县公安局共查破毒品违法犯罪案件427起，抓获毒品违法犯罪嫌疑人475名，缴获毒品×克，同比分别上升181%、51.3%和22.6%，3项指标均创历史新高。

二、禁毒戒吸

1978年，实行“对外开放、对内搞活”政策后，境外毒品流入增多，县公安局成立“三禁”办公室，卫生、民政等部门配合，以人民公社举办“学习班”的形式，组织瘾民戒吸。当年，开办戒烟班共31期，戒断烟民263人。

1982～1993年，全县办戒毒班144期，参加戒毒人数7811人次，挽救了多数失足青少年。

1984年10月，县政府决定成立陇川县麻栗坝戒毒所，戒毒场所租借麻栗坝水库房屋。

1986年，陇川县重点收戒吸食（注射）海洛因瘾民52人。

1993年起，陇川县公安局坚持4个层次的戒毒体系，发动和依靠群众，以县戒毒所为主，坚持开展戒毒斗争。当年强制入所1183人次，其中吸食海洛因的905人次，吸食鸦片的278人次。

1997年，陇川县吸毒人员从1987年的5183人降至3368人。

2001年，陇川县新建和重建6个乡（镇）戒毒所，通过“四个

县公安局销毁毒品现场

层次”的戒断，全县1个县级强制戒毒所、10个乡（镇）戒毒所和21个村级短期戒毒班，共收戒毒人员2184人。

2005年3月，县委、县政府和州公安局对2005年禁毒劳动教养工作任务作出部署。县公安局成立禁毒劳动教养办公室。

三、替代种植

1978年后，陇川县公安局抓好禁制、禁种铲除工作，开展境外毒情调研，协同相关部门，开展境外替代种植工作。20世纪90年代初期，在境外开展甘蔗替代种植1533.33公顷，涉及境外村寨20余个；无偿提供魔芋种子、肥料，指派技术员出境示范种植3.33公顷，种植麻竹200公顷；以优惠价格提供经济林木种苗及种植技术，帮助境外山区农民种植西南桦200余公顷。

四、禁毒法制宣传

1978年后，县公安局根据相关法律法规对贩毒分子实施处罚，举行公判会、座谈会等，加深群众远离毒品的意识。由贩毒分子现身说法，讲述毒品危害。此外，采取举办毒品展览，发放毒品宣传图片，编写书刊，开展文艺演出等形式对广大人民群众开展禁毒宣传。在宣传过程中，采取集中宣传和经常性宣传相结合，正面教育与反面教育相结合的方法，以学校、青少年和流动人口为重点，抓毒品预防教育和宣传。20世纪80～90年代期间，县公安局为扩大禁毒宣传范围，增加人民群众对毒品犯罪的认识，一度开展公判会，由群众参与对贩毒分子的惩罚决定。1995年3～6月，县公安局与检察、法院等有关部门配合，共召开禁毒现场会6次，公捕公判会4次。

2001年，城子派出所4名片区民警与城子镇科委、教委、妇联、成技校联合组成禁毒与安全教育宣传组，在城子地区广泛开展禁毒宣传。

2005年2月23日，陇川县公安局禁毒大队、戒毒农场与禁毒防艾办共19人，到赛号乡朋生目瑙纵歌场，利用载瓦语、景颇语、傣语和汉语为群众开展毒品和艾滋病预防教育，共展出禁毒展板30块、艾滋病防治图片4块，发放禁毒、预防艾滋病宣传单和宣传手册8种5000余份，受教育群众8000余人。

第七节　案件预审

一、预审

1978年，公安预审机关职能恢复。

1980～1984年，共预审受理案犯618人。1984年，按照公安部决定，原属刑侦部门管理的收容审查所交预审部门管理。

1990～1996年，共受理各类案件1569件2077人。

1998年，实行“侦审合一”改革，预审业务交由刑侦部门承担，县公安局预审科撤销。

二、复查平反冤假错案

1979年，启动复查平反冤假错案工作，重点清理“文化大革命”期间被拘留处理的反革命和刑事案件。共清理案犯档案131卷191件，其中反革命案件73件（含三类案件在内）、刑事案件118件。给予平反恢复政治名誉12人，占总数的6.3%；属部分错、部分纠正7人，占3.7%；维持原处理决定172人，占90%。

三、看守

1979年，陇川看守所建成，各项收押、管教制度和工作人员管理制度相继建立。其间，组织轻刑事犯养猪种菜、清扫监室、洗晒衣被，保障刑犯生活质量和监所环境卫生。

1982年，配备专职医生，按季节给犯人服药。对犯人开展政策、法制教育。配合预审起诉和审判工作，管教犯人认罪伏法。

1984年5月，建立景罕拘役所，对判刑期较短的罪犯，送该所管教。

1987年，澜沧、耿马地区发生地震，波及陇川，监所多处出现裂痕，危及安全。1988~1991年，在城子镇征地0.63公顷重建看守所，监室总建筑面积1020平方米，关押规模200人。

2003年，县政府同意看守所迁至章凤，新看守所建设破土动工。

第八节　出入境管理

一、出入境监管

20世纪80年代，边境一线敌特分子间断性对陇川境内进行破坏活动，边境管理较为混乱。1984年，边防派出所共堵获各种违法人员276人，其中贩毒×人、盗窃8人、流窜7人、在逃犯4人、诈骗1人、强奸2人、走私1人、越境1人。查获烟毒案件108起，缴获鸦片×千克、海洛因×克、人民币2739元、缅币9261盾及收音机、自行车、手表等物资。

1985年，出入境登记14.83万人次，办理探亲访友手续67人次、回归手续7户23人、初入国境填卡登记22人、缅甸边民及华侨留宿境内1147人，管理车辆非法出境2次、3辆，管理非法出境人员45人次。

1986年，根据《中华人民共和国外国人入境出境管理办法》《中华人民共和国公民出境入境管理办法》，陇川县制定本县边防管理措施。全年办理出入登记15.69万人次、探亲访友手续85份、回归手续1份、补入国境填卡登记106人，管理境外机动车入境208车次、非法出境汽车3辆、拖拉机36辆，管理非法出入境人员165人次，查获烟毒案471起，缴获鸦片×千克。

1993年，管理出入境人员67.49万人次。其中，缅方边民15.88万人次，中方边民13.03万人次，其他身份38.58万人次。管理出入境交通工具1.89万辆次，派出武警巡逻执勤1722组6 461人次，办理出入境证994份。

1998年，按上级公安机关通知，县级公安机关及授权的派出所停止办理“中华人民共和国云南省中缅边境地区出入境通行证”，移交边防部门办理。1998～2000年，全县共办理“境外边民临时居留证”1902份，“外国人出入境证”582份，“入境通行证”6233人次。

2002年2月1日起，启用新版“云南省中缅边境地区境外边民临时居留证”，旧版证件同时作废。2004年4月1日起，启用新版“中华人民共和国入境通行证”。按公安部《关于进一步加强中越、中老、中缅边境地区出入境通行证管理工作的通知》要求，统一、规范边境旅游和边境贸易人员持用证件问题。2001～2005年，共办理“境外边民临时居留证”3582份，“外国人出入境证”596份，“出入境通行证”6233人次。

二、边民管理

1978年，每天入境人数达500人左右，全年查获各种违法人员337人，其中走私贩毒×人，冒名顶替、涂改证件12人，偷盗13人，无证流窜175人。

1980年，由县区公安机关给公社居民签发边境通行证，防止外地人员冒充边民出入国境。

1982年，对外商在集市摆摊设点影响市容的情况进行清理整顿，堵截各种人员1242人，其中通缉在案1人，贩毒分子×名，走私22名，特嫌1名，盗窃26名，缴获现金1.22万元、粮票4142.5千克、凶器4件、手表43只、鸦片×千克。

边民出入境道口

1985年3月20日起，停止使用边境通行证。

1986年8月，边境口岸启用新的境外边民出入境证，边民入境直接到边防管理部门申办。

1990年，共办理境外边民出入境证908份，签发有效签证5647份。

1997～2005年，办理申请护照927人次，往来港澳通行证77人次，前往港澳通行证9人次，往来台湾通行证27人次。

第九节　消防安全管理

一、消防组织

“文化大革命”后期，公安机关建制恢复后，部分义务消防队（组）陆续重建。1982年，成立2支群众义务消防队，队员38人。国营陇川农场根据各分场的具体情况，组织50个义务消防队，共有队员424人。

1988年3月，建立消防中队，归州消防大队和县公安局领导，协助重点单位培训组建19个义务消防队。

1994年2月18日，县公安局消防科改为陇川县公安局消防大队（武警陇川消防大队）。

1998年，县消防中队升格为大队。

二、消防监管

1979年，贯彻落实《中华人民共和国森林法（试行）》，全县开展森林法规宣传，利用会议、广播、放电影等形式对群众进行“四防”（防火、防盗、防事故、防汛）宣传。

20世纪80年代，坚持每年2～3次防火安全检查，整改火险隐患，多次组织干警、武警扑灭火灾。其间，1984年将历年警示案例、《消防条例》，制成景、傣、汉录音带在全县播放宣传。同年，开展防火安全检查，抽查48次513个单位。1986年，采取电影、广播、专栏、图片展览等多种形式开展“四防”和法制宣传16次，受教面5.1万人次。1987年，全县落实安全承包责任制。1988年，宣传发放《消防法规》和各种宣传材料，确定重点消防单位88个、要害部位222个，购置安装消防设备，定期开展消防检查，全年发现火险隐患81起、整改51起。

20世纪90年代，加强内部防范机制，建立“人防、物防、技防”3道防范网络，对查出的隐患限期整改或依法处理。1990年，在消防重点单位建立防火档案、责任制，组织开展消防培训和安全抽查，贯彻落实国务院《消防保卫重点单位十项标准》。1992年，对全县新建、改建、扩建及外来投资的建筑工程项目进行建筑设计防火审核。1993年，推行《防火安全责任保证书》签订和交纳保证金工作。

2003年，开展“五月宣传月”活动，组织县直各单位、中小学校、消防重点单位观看故事片《人命关天》。

2005年9月，州检查工作组到陇川县就火灾隐患、消防设施状况、人员紧急疏散通道情况和消防车通道情况等重点内容进行全面检查，各项工作达到检查组要求。

三、重大火灾事故

1987年，清平乡渔塘寨发生火灾，受灾14户。

1997年，出警125次，扑救火灾9起，挽回经济损失35万元。

2003年2月28日，距章凤镇8千米处的缅甸雷基镇发生火灾，出动消防车2辆、指挥车1辆、警力11人应邀出境灭火，5幢民房烧塌。

2005年，发生火灾事故12起，受伤1人，直接经济损失16.49万元。与2004年相比，火灾起数（6起）上升100%，直接经济损失上升81%。同年4月28日，陇川县章凤镇“霹雳火”的高厅发生火灾，无人员伤亡，直接经济损失4.73万元。

1978～2005年陇川县火灾事故统计表

表10—2

年度	火灾起数（起）	死亡人数（人）	受伤人数（人）	损失折款（万元）	烧毁粮食（千克）	备注
1978	18			1.72		
1979						
1980	23	0		5.49		

续表10—2

年度	火灾起数（起）	死亡人数（人）	受伤人数（人）	损失折款（万元）	烧毁粮食（千克）	备注
1981	18			4.7		
1982	25			2.1	7980	1～11月
1983	8					1～5月
1984	8	2		1.24	1750	
1985	11	0		1.21	780	
1986	5			3.07	23450	
1987	4	0	0	12.2	17405	
1988	14	1	0	8.16	158435	
1989	8	2		2.55	1580	
1990	6	2	5	5.51		
1991	5	1		1.92		
1992	8	1	0	10.65		
1993	5	3	1	64.97		
1994	11	1		2.52		
1995	5	2		2		
1996	3	0		7.80		
1997	13	1		20.28		
1998	14	1	0	9.7		
1999	7	0	0	20		
2000	10	0	0	15.95		
2001	6	0	0	4.6		1～6月
2002	4	0	0	4		
2004	6		0	13.37		
2005	12		1	16.49		

第十节　交通安全管理

一、道路管理

1982年，成立陇川县交通监理站，在辖区内进行交通安全宣传教育，取缔路障、惩治违章；勘查交通事故现场，处理交通事故。1988年8月，交通监理站改称交警队，划归公安建制。

1990年9月，县交警大队在全县范围内开展“整顿道路、交通、市场”行动，对集镇摊点、车辆进行清理，取缔违章建筑28处、流动摊点128个、堆积物30平方米；上路查验车辆3455辆，查处违章车辆737辆，清除路障65处，取缔违章占道256个，吊扣驾驶证14本，拘留违章驾驶员14人，报捕1人。

1991年，县交警大队开展“拖拉机专项治理整顿”“私营小客车专项治理整顿”“摩托车专项治理整顿”3个专项治理行动，全面整顿交通秩序。

1992年，上路查车验证7118辆次，取缔违章车辆3467辆次，清除路障68处、500余米。

1993年底至1996年，开展向山东济南交警学习活动，启用“122”交通事故报警电话，印制警民联系卡，密切警民关系。在城子、章凤、陇把、景罕集镇规划停车地点，施画交通标线。

1997年，出动警力执勤57次，查车验证1600人次，纠正违章848人次，教育794人次，清理违章占道摊点12个、路障6处；在县城区重点路段设置13块禁停标志。

2000年，开展“创建平安大道”“保畅通工程”专项治理活动。

2001年，开展“严厉打击无牌无证车辆专项行动”2次战役，出动86个工作组，上路309天，巡逻7326人次，行程7202千米，查验车辆38271辆，处理违章31123辆次、28322人次，查获被盗车辆18辆。

2002年，查验车辆38274辆，处理违章31123辆次、28322人次。

2005年，开展专项整治工作，重点对城区内噪音大的车辆、施工作业单位、占道经营、客运秩序、夜间飙车进行治理，共出动警力174人次、车40辆次。

二、车辆管理

1979年7月1日起，限制农用拖拉机上公路搞专业运输，同时颁发农用拖拉机田间作业驾驶证。

1987年8月，全县公路交通统一归公安部门管理，成立陇川县公安交警大队，负责全县机动车辆总检审、审核机动车牌证、考核驾驶员技能。

1988年，全县有机动车辆2156辆。

1990年，全县有非机动车2936辆，自行车数量不断增多。

1992年，全县有各种机动车辆2835辆。

1995～2000年，全县有机动车辆1.24万辆，比1980年增长1.5倍。涨幅最大的摩托车增长近10倍。

2001年，开展无牌无证车辆专项治理行动。查处未完税、欠税营运车辆63辆，追缴入库税款4.9万元，罚款2.7万元。

2004年，登记在册机动车保有量19643辆。2005年，登记在册机动车保有量23204辆。

三、驾驶员管理

1978年，申请学习机动车驾驶人员必须年满18周岁，具备机动车驾驶员的身体条件、懂得交通规则、经工作单位同意备函介绍，与持有驾驶执照且有一定经验的教练人签订“师徒合同”（正副本），填写机动车驾驶员考试异动登记表，向车辆管理机关申领学习驾驶证，方可学驾。

交警执勤

1989年，学习宣传《中华人民共和国道路交通管理条例》，清理整顿机动车驾驶员队伍。

1990年，由交通警察部门负责组织实施检审工作。全县辖区有各类驾驶员2088人。其中手扶拖拉机驾驶员1139名，检审1105人；二、三轮摩托车驾驶员367人，检审327人；轮式拖拉机驾驶员582人，检审545人。对刑事犯4人、吸毒人员14人吊销驾驶证。

2003年，组织驾驶员培训18期、938人，从源头上整治无牌无证驾驶违章行为。

2004年，登记在册驾驶员2673人。2005年，登记在册驾驶员22980人。

四、事故查处

20世纪90年代，宣传、贯彻落实《中华人民共和国道路交通管理条例》，发放交通管理宣传材料，坚持进行路检、路查，严肃处理交通肇事案件。1996～2000年，开展“保畅通、防事故、整秩序”交通管理工作，制定完善规章制度，推行承诺和“五快一严”（出现场快、勘验现场快、撤除现场快、责任认定快、调查处理快、处理事故责任严）。

2005年12月26日晚，陇川县章凤至陇把线K7+100M处发生一起重大交通事故，5人死亡，1人重伤。事故于28日查处完毕。

1982～2005年陇川县交通事故统计表

表10—3

年度	发生起数（起）	死亡人数（人）	受伤人数（人）	经济损失（万元）	备注
1982	25	2	28		
1983	6	2	9		
1984	16	0	18	1.26	
1985	21	2	17	1.2	
1986	17	1	10	0.6	
1987	27	3	21	2.5	
1988	31	2	33	3.2	
1989	35	3	19	7.4	
1990	41	4	43	9.6	
1991	28	3	25	2.6	
1992	24	10	27	15.74	
1993	16	3	16	7	
1994	102	8	73	17.24	
1995	148	18	96	19.16	
1996	123	7	65	13.99	
1997	111	6	56		
1998	49	13	3		
1999	41	9	6		
2001	102	11	86	8.38	
2002	38	3	13	2.47	1～6月
2003	35	16	14	4.61	
2004	13	14	14	4.92	
2005	66	23	36	15.12	

第二章　检　察

1978年后，陇川县人民检察院遵从民主法治的精神，以“强化法律监督，维护公平正义”为主旨，按照“加大工作力度，提高执法水平和办案质量”的要求，履行检察职能，加强队伍建设，依法打击刑事、职务等各种犯罪，为维护全县政治稳定、经济发展和社会进步作出贡献。于2002年、2004年、2005年分别被云南省检察院评为“人民满意检察院”“先进检察院”“全省先进监所检察室”。

第一节　检察机关

1979年，重建陇川县检察院。

1980年2月，县检察院设刑事检察一科、刑事检察二科、法纪检察科、经济检察科、办公室等机构。

1981年4月，刑事检察一科与二科合并为刑事检察科，办理审查批捕、起诉、出庭支持公诉及监所检察等工作。

1985年，设监所检察科。

1988年12月，机构调整，侦诉工作分开，改设侦查监督科，兼办理控告、申诉检察工作；撤销监所检察科，其业务由侦查监督科承担。

1989年8月，增设举报站。

1991年8月，恢复监所检察科，增设人事政工科。

1994年4月，成立民事、行政诉讼审判监督科。同年8月，成立反贪污贿赂工作局。

1998年12月，反贪局内设侦察科、综合协调科、犯罪预防科3个科室。

1999年9月，成立检察委员会办公室。

2000年10月，成立法警大队。

2005年3月，增设人民监督员办公室。至年底，设有政工科、纪检组、办公室、侦查监督科、公诉科、民事行政检察科、控告申诉检察科、监所科、驻看守所检察室、反贪局（下设侦查科、综合协调指导科、职务犯罪预防科）、反渎职侵权检察科、人民监督员办公室12个机构。

第二节　审查批捕

1979年，县检察院设立刑事检察科，恢复审查批捕业务。当年受理案件16件16人，批捕14件14人，不予批捕2件2人。

1980年，开始实施《中华人民共和国刑法》《中华人民共和国刑事诉讼法》。全年受理案件17

件21人，批准逮捕16件20人，不予逮捕1件1人。

1981～1982年，检察机关贯彻“从重从快、严厉打击”的方针，对危害国家安全和严重危害社会秩序的犯罪分子依法进行打击，两年共受理案件120件177人，批准逮捕119件158人，不批准逮捕1件1人，纠正漏捕3人。

1980～2005年，共受理审查批捕3099件4321人，其中批准逮捕2640件4089人，不予逮捕56件156人，建议侦查机关撤案7人，侦查机关自行撤案14人，移送州院审查8人，其他处理47人。

1979～1992年陇川县审查批准逮捕统计表

表10—4

	受理		批准逮捕		不批准逮捕		退侦		纠正漏捕	纠正漏诉	检察院自行补查	
	件	人	件	人	件	人	件	人	人	人	件	人
1979	16	16	14	14	2	2						
1980	17	21	16	20	1	1						
1981	57	80	56	79	1	1			3			
1982	63	79	63	79								
1983	149	198	146	193	2	2			1			
1984	125	175	117	159	3	3	3	15	2	2		
1985	64	90	57	83	5	5	1	1		1	3	3
1986	61	82	57	77	3	4			5	2		
1987	73	116	68	101	2	7	1	4				
1988	80	99	74	94	3	3		2				
1989	128	170	108	148	4	9			1		10	12
1990	150	214	155	211	2	11			4	1	11	21
1991	218	259	205	244	3	4	5	5	2	2	13	13
1992	119	169	113	159		3	6	9	3	2	19	25

1993～2005年陇川县审查批准逮捕统计表

表10—5

年度	受理		批准逮捕		不批准逮捕	
	件	人	件	人	件	人
1993	95	127	90	121	1	2
1994	94	139	93	142	1	1
1995	211	241	203	231	2	2
1996	72	98	66	87		1

续表10—5

年度	受理		批准逮捕		不批准逮捕	
	件	人	件	人	件	人
1997	81	110	79	103	1	1
1998	119	146	108	132	5	7
1999	118	156	111	145	6	9
2000	158	231		206		25
2001	154	263	147	242	4	18
2002	178	284		263		14
2003	157	236	155	228	2	8
2004	191	323	190	313	1	10
2005	151	234	149	229	2	5

第三节　审查起诉

1979年，县检察院恢复审查公诉工作，当年受理案件15件16人，决定向县法院起诉13件14人，免诉1件1人。1980～2005年，共受理移送审查起诉、免诉案件2871件4153人。决定起诉2062件2759人，决定免予起诉82件145人，决定不起诉53件95人，移送单位撤案22件31人，中止审查1人，移送其他检察机关598件1051人。

1979～2005年陇川县审查起诉统计表

表10—6

年度	受理		上年积存		决定起诉		决定免诉		不起诉		退回补充侦查		移送单位撤回	
	件	人	件	人	件	人	件	人	件	人	件	人	件	人
1979	15	16			13	14	1	1						
1980	17	20	1	1	12	14	3	3					1	1
1981	51	65			44	53		1						
1982	60	79	1	1	57	71	2	15	1	1				
1983	133	188			118	157	3	3						
1984	109	141	12	28	83	109	9	12					2	3
1985	66	87	14	15	55	64	6	17	1	1				
1986	51	72	4	5	44	54		2			1	1	1	1

续表10—6

年度	受理		上年积存		决定起诉		决定免诉		不起诉		退回补充侦查		移送单位撤回	
	件	人	件	人	件	人	件	人	件	人	件	人	件	人
1987	68	116	2	7	56	91	3	9		1				
1988	83	108	6	9	59	76	7	10		1				
1989	103	143	6	7	79	108	6	8			1	1		
1990	152	214	6	8	115	147	10	11			2	2	1	1
1991	193	248	10	21	145	177	5	7		1	1	1		
1992	135	186	14	17	93	121	4	8	1	1	2	3		
1993	101	138	16	21	73	96	2	4			4	5		
1994	105	157			64	84	6	11			1	2		
1995	123	155	9	10	87	107	2	3		1				
1996	84	121	8	9	58	77	10	16		2				
1997	88	121			57	75				1	1	2	5	6
1998	109	134	3	3	83	93	4	5			2	2	2	3
1999	118	157	4	11	92	120				2	2	2	5	8
2000	151	216	3	3	104	144				3	8	10	2	3
2001	157	259	10	16	108	151				5	1	12		
2002	191	347	9	21	113	174				8	3	4		
2003	194	304			95	129				12	13	26	2	2
2004	206	336			83	136				7	10	13		
2005	162	255			85	131				9	17	28	1	3

第四节　反贪污贿赂检察

1979年7月，根据《中华人民共和国刑事诉讼法》规定，县检察机关直接受理22种贪污贿赂案件。1988年12月，县检察院设立税务检察室专司其职。1994年8月，成立反贪污贿赂工作局。

1980～2005年，共受理经济案件304件。立案侦查167件196人，其中贪污68件78人，挪用公款40件45人，行贿受贿27件28人，盗伐滥伐森林10件14人，玩忽职守2件2人，责任事故1件1人，偷税抗税7件7人， 诈骗2件3人，投机倒把3件3人，伪证1件1人，其他6件14人。通过办案，为国家和集体挽回经济损失896万余元。

表10—7

1993～2005年陇川县反贪污贿赂工作情况统计表

年度	受理	立案		贪污		挪用公款		偷税	骗税	投机倒把	受贿		行贿		偷税抗税		虚开代开倒卖增值税发票		其他		办结		移送起诉		不起诉		提请免予起诉		撤销案件		转公安办理		未结		挽回损失（万元）
	件	件	人	件	人	件	人	件	件	件	件	人	件	人	件	人	件	人	件	人	件	人	件	人	件	人	件	人	件	人	件	人	件	人	
1993	10	6	8	1	1	3	5				1	1	1	1		1					2	4	1	1											7.7
1994	34	14	15	4	4	4	4				6	7			3				4		11	12	4	4			2	3	5	5					54
1995	11	11	15	3		1																													180
1996	23	11	16	3		1		3	3	2							4	7	2	3			4	5			1	1							472.9
1997	13	6	7	3	4	3	3																2	2	3				2						14
1998	14	7	9	6	8	1	1														4	6	1	1			1	1	2	2	2	2			11
1999	13	7	7	6	6	1	1																1	1	2	2							4	4	64
2000	10	8	9	6	7	2	2														5	6	3	4					1	1	1	1			9
2001	11	8	9	2	3	2	2				3	3	1	1									4	4					1	1			2	2	21
2002	13	12	13	2	3	2	2				7	7	1	1									2	2	2	2							4	5	25
2003	6	6	6	4	5	3	3				1	1	1	1															1	1			1	1	11.09
2004	3	3	3	0	0	2	2																										2		6
2005	5	3	3	2	2	2	2																										1		20.7
合计	166	102	120	42	43	27	27	3	3	2	18	19	4	4	3	1	4	7	6	3	22	28	22	24	7	4	4	5	12	10	3	3	14	12	896.39

第五节　渎职侵权检察

1980～2005年，共受理法纪、渎职侵权案126件，立案查处21件33人。其中非法拘禁5件11人，玩忽职守3件3人，诬告陷害1件1人，责任事故1件2人，重婚2件4人，虐待被监管人1件1人，刑讯逼供2件2人，滥用职权1件1人，体罚虐待1件2人，非法转让土地使用权1件1人，减刑假释暂予监外执行1件1人，其他2件4人。

第六节　监所检察

1985年7月，县检察院设立监所检察科。

1988年12月，组织机构调整，监所检察科撤销，监所检察工作归属侦查监督科，指定专人兼管。

1991年，恢复设置监所检察科，坚持“一案一审查”制度和人犯法制、纪律、前途教育。加强防范措施，防止人犯行凶、自杀、闹事、脱逃，掌握人犯动态，打击牢头狱霸。

1985～2005年，审核判决书、裁定书、拘留证、逮捕证4103份，移送州院4件8人，建议公安撤案7件7人，退回侦察3件4人，追捕漏犯1人，监督立案1件2人，出具书面意见书9件，口头建议10人，纠正减刑假释暂予监外执行1件1人。

第七节　控告申诉检察

1979年，重建县检察院后，群众信访工作由办公室工作人员兼管，院领导参加接待和亲自审理。

1983年，来信来访控告、申诉检察工作由法纪检察科兼管，科内指定专人负责办理。

1989年8月，建立“四机关”（县检察院、县监察局、县移民局、县工商局）联合举报站，具体分转工作，由本院控告、申诉检察部门管理。法纪检察与控申检察仍合为一科。固定专人，分工审理。

1993～1996年，受理群众信访60件，其中1993年13件、1994年15件、1995年22件、1996年10件。1997～2005年，共受理群众信访272件，其中：1997年15件、1998年25件、1999年38件、2000年42件、2001年41件、2002年43件、2003年18件、2004年22件、2005年28件，办结率100%。

1979～2005年，受理来信、来访、检举、控告及申诉965件，经审查后及时作归口分流。

第八节　民事行政案件检察

1994年4月，成立民事、行政诉讼审判监督科。1994～2005年，受理民事行政申诉案件52件，经审查依法立案20件，向上级检察院建议提请抗诉4件、提请抗诉3件，提出再审检察建议2件。

第九节　人民监督工作

根据最高检察院统一部署，县检察院从2004年10月开展人民监督员试点工作，通过民主推荐、考察，检察长颁证，选任5位人民监督员。2005年，县检察院人民监督员办公室受理公诉部门拟作不起诉决定的自侦案件1件。

第三章　审　判

1978年后，陇川县人民法院（简称“县法院”）履行宪法和法律赋予的职责，发挥“打击敌人，惩治犯罪，保护人民，服务四化”的审判职能与机制，全面开展刑事、民事、经济、行政各项审判工作。

第一节　审判机关

1978年，在原有11名干警的基础上，配设法院院长1人，副院长1人，下设刑事审判庭（简称“刑庭”）、民事审判庭（简称“民庭”）、司法行政办公室（简称“办公室”）。

陇川县法院司法警察大队成立仪式

2005年，县法院机关内设11个机构3个派出法庭：办公室、政工科、纪检监察室（简称“监察室”）、刑庭、民一庭、民二庭、行政审判庭（简称“行政庭”）、审判监督庭（简称“审监庭”）、立案庭、执行庭（后为执行局）、司法警察大队（简称“法警大队”）、城子法庭、陇把法庭和清平法庭。人员编制47人，实有人员45人。

法院大楼

第二节　审判体制改革

1978年，起诉到人民法院的各类案件由传统的刑事、民事案件，发展到经济、行政等案件。县法院按照最高人民法院颁布的《一五改革纲要》精神对审判体制进行改革。

2000年，县法院成立立案庭、审监庭，进行“立审分离”“审执分离”“审判管理流程”改革。设置人民法庭，撤销部分派出法庭，将执行庭改为执行局。

2004年，制定《陇川法院关于招考聘任制司法警察的实施方案》，面向社会公开招聘3名地方事业编制的聘任制司法警察。

2005年，全县共设立3个基层法庭，对外聘请16名督导员。

第三节　告诉申诉与审判监督

一、告诉申诉

1978年，县法院没有设立专门的信访结构，主要由办公室内勤负责处理信件和接待来访工作。

1985年8月，县法院设立信访接待室，配备专干，负责查阅来信和接待来访人员，各庭室正式取消对来信来访的办理工作。

1985～1988年，县法院共接待信访群众2702人次，处理群众来信1556件。

1989～1999年，处理告诉、申诉和非诉讼来信来访1427件次，其中告诉276件次，申诉756次，非诉讼来信来访395件次。接群众来信来访2100件次，解答法律问题1615人次。

2000年2月，告申庭设立立案工作室。

2000-2005年，立案2266件，接待来访8197人次，处理来信438件，送达各类文书1.58万件。

表10—8

2000~2005年陇川县法院受理案件统计表

单位：件、人次、件

时间	立案	发出支付令	接待来访	处理来信	送达各类文书
2000	378		563	64	2400
2001	392	27	896	67	2400
2002	331		790	104	2732
2003	399	33	2863	112	2809
2004	354	4	1599	56	2357
2005	412	21	1486	35	3121
合计	2266	85	8197	438	15819

二、审判监督

1979年2月至1980年2月，由审判监督庭对“文化大革命”期间判处的反革命案件59件，普通刑事案件103件，以及“文化大革命”前判处的申诉案件23件进行复查。平反“反革命”案件7件，改判10件，维持原判42件。一般刑事案中，平反1件，改判4件，维持原判98件。

1983年，对国民党起义投诚人员7件案件进行复查，平反纠正原国民党起义投诚人员案件3件3人。

1986年，对“大跃进”“文化大革命”时期存在的反革命政治案件进行全面复查。经过清理，改判32人，宣告无罪5人，澄清多年的历史遗留问题。

1988年前，县法院没有固定的审判监督机构。同年8月，成立告诉申诉审判庭。2000年，撤销告诉申诉审判庭，成立立案庭和审监庭。当年受理申诉17件，立案6件，审结6件，驳回申诉6件。

第四节 刑事审判

1978~1979年，受理特务、叛国投敌、投机倒把、强奸、流氓、打砸抢等各类刑事案件53件。

1983~1985年，遵照中共中央《关于严厉打击刑事犯罪活动的决定》《关于严惩严重危害社会治安的犯罪分子的决定》，案件审判实行“从重从快”“一网打尽”的方针，重点打击杀人、强奸、抢劫、流氓集团、重大盗窃、投毒、爆炸等7个方面的犯罪分子。3年受理各类刑事案件273件396人，其中判处10年以上有期徒刑的18人，10年以下有期徒刑378人，免予刑事处罚或作其他处理17人。

20世纪90年代后，盗窃案、毒品案件、贪污案件连续上升，毒品案和盗窃案仍是打击重点。

1978~2005年，县法院共受理刑事案件2378件，其中毒品案件878件，占36.92%；盗窃案件715件，占30.06%；抢劫案件115件，占4.84%；伤害案105件，占4.42%；强奸、奸淫幼女案件115件，占4.84%；其余各类刑事案件450件，占18.92%。

1978～2005年陇川县法院刑事案件统计表

表10—9　　单位：件

年份	总数	结案	旧存	毒品	杀人	伤害	玩忽职守	强奸	轮奸	抢劫	盗窃	赌博	贪污	挪用公款	受贿	诈骗	重婚	滥伐	流氓	投机倒把	其他
1978	29	25		2	2			1	3											7	14
1979	28	24	4	1	2			6	2	2						1				4	10
1980	28	27	4	2	1	3	1	7			1	1				1	2	1	3	1	4
1981	52	50	1	24	1	1		11	2		5						2	1			5
1982	54	54	2	29	3	2		7			8	1	2			2					
1983	150	132	0	44	1	6		5		1	30	5				4	2	9	6	2	35
1984	109	109	18	59		5		3	2		20		1			5	1	1	3		9
1985	74	68	0	48		1		4			14		1				4				2
1986	52	49	6	28	1	1	1	4		1	8						3	1			4
1987	67	60	3	13	2	2		4			34		5			1	1		1		4
1988	73	66	7	12		1		3			46		3			3	1	1			3
1989	91	85	7	35	1	2		2		2	40		2			2	2				3
1990	123	114	6	27	1	4		4			66		5	1		2	4		1	3	5
1991	165	164	9	97		3	1	8		5	33		3	1	1	1	2	2	1	3	4
1992	98	96	1	52	1	1		7			26		3								8

续表10—9

年份	总数	结案	旧存	毒品	杀人	伤害	玩忽职守	强奸	轮奸	抢劫	盗窃	赌博	贪污	挪用公款	受贿	诈骗	重婚	滥伐	流氓	投机倒把	其他
1993	82	81	2	23		2		5		7	33		4								8
1994	78	78	1	32	1	6		3		4	26		1								5
1995	90	89	0	33		1		5		6	25					1					19
1996	68	68	1	17		4		4		9	24		3	1							6
1997	51	48	0	24		2		2		3	16			1							3
1998	100	97	3	50		12				5	21		2			1		1			8
1999	98	98	3	49		3		2		6	28						1	1			8
2000	100	100	0	37		2				12	36							1			12
2001	113	111	0	21		10		1		17	43			2		1		4			14
2002	121	119	2	38		9				14	46					1		1			12
2003	105	105	2	24		8		4		9	37		2			1		5			15
2004	88	73	0	29		5		1		4	23		4					1			21
2005	91	91	15	28	1	9		3		13	26			1		1					9
合计	2378	2281	97	878	18	105	3	106	9	120	715	7	41	7	1	28	25	30	15	20	250

第五节　民商案件审判

20世纪70年代末，县法院受理的民事案件中，婚姻家庭、经济赔偿、经济纠纷案件居于所有案件的前三位。

20世纪80年代，县法院以《中华人民共和国民事诉讼法（试行）》《中华人民共和国民法通则》《中华人民共和国经济合同法》为依据审判各类民商案件。1981年5月，县法院建立经济庭。1983年，县法院设立经济调解中心。

1978～2005年，共审结民商事案件6142件。其中离婚2864件，赡养、抚养、扶养三养案件93件，其他案件3185件；共受理债务纠纷1087件，占同期民事案件总数的21.33%，发出支付令237件，其中购销合同案226件。

1978～2005年陇川县法院民商事一审收案分类统计表

表10—10　　单位：件

时间	其他婚姻家庭	离婚	赡养	抚养	扶养	债务	侵权	房屋	宅基地	山林	赔偿	继承	土地	经济纠纷	劳动报酬	其他	支付令	旧存	合计
1978		51		2						2						11			66
1979		50	1	1	3	1	6	2	3		17		1	1		24		3	110
1980	11	45	7	1				2		1	2		1	3		12		4	85
1981	1	61	4	3				3	1	2	7	1				10			93
1982	2	50	1	1		1		2	3	1	17		1	1		16		5	96
1983		65	2					3	1	4	29	1				32		12	137
1984		115	6	3		7		2	1		23		1	4		14		19	176
1985		99	1	1	1	20		2		1	20		1			11		6	157
1986		100	4			9				1	12	2	3	39		7		10	177
1987		113	1	1	1	13			9	1	11	1	2	16	2	17		13	188
1988	4	134		3		24	1	2	6	4	15	1	3	14	2	2		12	215
1989		117	1	2		7		2	3	2	13	3		38	2	17		10	207
1990	6	110	2			43	1				16	3	2	31	3	10		7	227
1991	3	121	2	1	2	23	1	1		1	15		1	20	5	9		4	205
1992		137	1			19		3			16	2		16	3			3	197
1993	3	163	3	1		47	2	3	1		21	1		106	2	6		18	359
1994	9	141				93	3	2			30	2		139		20		99	439

续表10—10

时间	其他婚姻家庭	离婚	赡养	抚养	扶养	债务	侵权	房屋	宅基地	山林	赔偿	继承	土地	经济纠纷	劳动报酬	其他	支付令	旧存	合计
1995	13	187				93	1	6			51	3		69		12		36	435
1996	2	185				100					38			102		13	20	2	460
1997	5	184	1	2		42	1				30	2	3	103	7	26	16	40	422
1998	1	138	1	1		67	5				14			38	2	55	20	57	342
1999	11	139		5		87	3				27	1		21		6		10	300
2000	17	160		6	1	67	2	1	1		42	6	3	48	7	21		30	382
2001	2	91		8		30					29			32	6	104		38	302
2002	22	97	1	2	2	51	17	2			28			42	2	9	6	38	281
2003														21				27	172
2004																		5	194
2005																		33	270

1978～2005年陇川县法院民商事一审案件结案统计表

表10—11

单位：件

年份	结案数	结案方式						
		调解	判决	裁定			移送	其他
				驳回	撤诉	终结		
1978	63							
1979	106	98	3					5
1980	85	84	1					
1981	88	74						
1982	85	43	8					
1983	118	104	4		3	3	4	
1984	166							
1985	142	100	17		15		7	3
1986	178	139	13		17	2	6	1
1987	176	148	11		10	4	2	1

续表10—11

年份	结案数	结案方式						
		调解	判决	裁定			移送	其他
				驳回	撤诉	终结		
1988	205	145	24		24	6	5	1
1989	200							
1990	223							
1991	202	126	36					40
1992	179	96	53		14			16
1993	260	178	47	2	26	6	1	
1994	403	256	106				2	裁定39
1995	423	170	162		4			裁定87
1996	424	161	212		3			48
1997	365	150	84					裁定46件 其他85件
1998	332	139	114	2			9	68
1999	270	91	94	5	29		8	43
2000	343	95	177	5	60		1	5
2001	264							
2002	254	55	146	8	30	2		13
2003	167							
2004	177							
2005	244	68			55			
合计	6142							

第六节　行政案件审判

1990年10月，县法院根据《中华人民共和国行政诉讼法》成立行政庭，当年受理各种行政纠纷案件5件，均审结，结案率100%。

1990~2005年，共审结行政案件33件。其中林业行政案件4件，医药卫生行政案件5件，工商行政案件1件，土地行政案件5件，行政非诉案件5件，交通行政案件3件，国家赔偿2件，行政侵权2件，技术监督行政案件1件，其他5件。

第七节　案件执行

1989年7月，设立县法院执行庭，负责各类生效法律文书的执行。当年收案30件，结案15件，结案率50%。至2005年，共收案2398件，结案1522件，年均结案率60.29%。

2000～2005年，送达各类文书1.58万件。

1989～2005年陇川县法院执行收结案统计表

表10—12

年份	收案数（件）	旧存（件）	结案数（件）	结案率（%）	申请标的（件）	结案标的额（万元）	备注
1989	30		15	50		26.6	
1990	222	11	138	62.16		17.46	
1991	42		24	57.14	42.9	37.55	
1992	33		15	45.45			
1993	49		26	53.06			
1994	72	16	31	43.6		69.6	
1995	112				562	137	
1996	139		40	28.78			
1997	205		119	58.05	2399.21		
1998	391	198	235	60.1	4354		
1999	305	146	219	71.8	3692		
2000	210		174	82.85	17.46	423.03	
2001	179		152	84.92	3571.1	338.49	
2002	149	27	122	81.88	626.99	564.45	
2003	109		87	79.82	723.04	651.81	
2004	74		61	82.43	239.8	218.24	清理旧存38件
2005	77	13	64	82.89	187.45	164.61	

第四章　司　法

1981年，成立陇川县司法局科，发挥司法行政职能作用，依靠国家五年普法契机，开展法制宣传教育、人民调解、法律服务与法律援助、公证业务等工作，为提高全县各族群众的法律意识，调处社会矛盾，构建和谐社会作出贡献。2001年，被云南省普法办公室评为云南省“三五”普法先进单位。至2005年，县司法局共调解纠纷1.14万件，各类公证2856件，相继完成“一五”至“四五”普法工作。

第一节　司法行政机关

1981年7月，成立陇川县司法科。1981～1993年，全县每个乡镇配备1～2名司法助理员，负责乡镇的司法工作。

1984年1月，司法科改称陇川县司法局，内设办公室、法制宣传教育科、基层法律事务工作科。

1994年1月，成立章凤司法所，为股所级事业单位，人员编制4人。1996年9月，成立陇把镇司法所。

1997年9月，县司法局设置办公室、政治工作科、法制宣传科、基层法律服务调解科、公证律师管理科。设局长1名，副局长2名，正副科长5名，公证处公证员3名，乡镇司法助理员12名，工勤事业编制1名。

1998年10月，全县12个乡（镇）均建立司法所。

2005年，县司法局设置办公室、法制宣传教育管理股、公证律师管理股、基础管理股、法律援助中心。年末有干部职工40人，其中乡（镇）划转干部16名。

第二节　人民调解

1981年7月，陇川县司法科分管调解工作。在原有基础上，对全县47个生产大队调解组织、809名调解员进行调整和培训。景坎糖厂、县建筑工程队2个企业单位设立调解委员会，有调解员7人。

1982年，护国公社、城子公社的10个生产大队建立调解委员会，生产队设调解小组，有调解员108人。至此，全县共有调解委员会59个，调解员924人。

1983年，勐约、景罕两个公社未建调解委员会的8个大队相继建立调解委员会，生产队设调解小组，有调解员130人。县林业局林场、县商业局、县“五七”综合加工厂等3个单位建立调解委员会，有调解员12人。是年，全县共有农村调解委员会67个，企业单位调解委员会5个，共有调解员1066人。

1984年，对调解人员作调整充实。农村有调解委员会62个，调解员1683人；企业有调解委员会1个，调解员3人。

1986年，调整部分调解员，建立健全相应的规章制度。全县有调解委员会65个，调解员886人。

1988年，继续对各类调解组织进行整顿，全县共有村公所（办事处）调解委员会66个，调解员892名；居民调解委员会1个，调解员6人；企业单位调解委员会2个，调解员9人。

1995年，全县有调解委员会69个，245个调解小组，调解员712人，基本上做到村公所有调解委，自然村有调解小组，社有调解员。

1997年，全县调解民间纠纷724件，调解成功694件，成功率达93.5%。

2001年，全县调处各类纠纷375件，调处成功345件，成功率91%，其中防止“民转刑”案件6起，防止非正常死亡2起2人，从一般刑事转为民事3起16人。

2003年，根据最高人民法院、司法部《关于进一步加强新时期人民调解工作》精神，经县政府批准，全县12个乡（镇）成立乡级人民调解委员会。

1984～2005年陇川县人民调解组织调解统计表

表10—13

1984～2005年	调解纠纷数	调解成功数	调解成功率	防止民间纠纷引起自杀		防止民间纠纷转化为刑事案		制止群体性械斗	防止群体性上访	
	起	起	%	件	人	件	人	件	件	人
合计	11413	10484	91.9	129	209	60	224	54	40	344

第三节　律师事务

1985年4月，成立陇川县律师事务处，有专职律师2名，聘用律师1名。

1985~1987年，律师工作除刑事辩护外，担任常年法律顾问，开展民事、经济、行政案件代理，非诉讼代理，代写法律文书，解答法律咨询等法律服务。

1985～1993年，陇川律师先后担任153家常年法律顾问，其中跨县的有梁河锡矿厂、瑞丽卫生检疫局等单位。同时，接待和处理大量群众来信来访，解答有关法律询问。在开展普法活动中，为各种普法培训班承担授课任务，培训普法骨干，解释疑难法律问题，指导乡（镇）法律服务所开展工作。

1994年12月，在章凤设立经济律师事务所，有专职律师1名，聘用律师3名。

1996年，陇川律师事务所改称云南宝励律师事务所，章凤经济律师事务所改称云南章鸿律师事务所。全县2个律师事务所，拥有律师工作人员10人，其中有3人取得律师资格。

1997年，新招聘律师工作人员2人，从局机关抽调到律师所1人。2名律师事务所主任律师参加省律师业务培训班，5名律师工作者参加州律师培训班，3名律师参加法律专业函授学习。当年有6名律师取得承担刑事辩护资格。

1998年，2名律师事务所主任律师参加省律师业务培训班。

2000年，新招录1名律师，2名律师事务所主任律师参加省律师业务培训班。

2001年，云南宝励律师事务所主任在中央党校函授法律专业本科学习取得本科毕业证书。

2005年，新招录1名律师，2名律师事务所主任律师参加云南省律师业务培训班。

表10—14

1985～2005年全县律师业务统计表

1985～2005年	担任刑事辩护	代理民事诉讼	代理行政诉讼	办理非诉讼事务	代写法律文书	办理法律援助案件	担任法律顾问	解答法律询问	避免和挽回经济损失
	件	件	件	件	份	件	家	人次	万元
合计	457	1836	132	878	1811	148	最多时达24家	4872	2365

第四节　公证事务

1985年4月，陇川县公证处成立，公证工作以办理经济合同公证为重点。同年8月，县政府批准公证处《关于经济合同实行公证的若干问题的报告》，规定经济合同标的额在3万元以上，合同签订后须经公证机关公证方有效。

1996年，县政府发文《关于成立陇川县人民政府“建设工程招投标”领导小组的通知》。全县公证机关共办理各类公证事项89件，制止不法经济活动13件，涉及金额29万元，为国家集体及公民个人避免和挽回经济损失100多万元。公证处在章凤、陇把等地设立公证工作站，便于当地群众直接办理公证。

1997年，召开全县公证工作会议，各乡（镇）、县直机关34个部委办局领导参会，贯彻执行《云南省公证工作条例》。

2005年，受理各类公证192件，出证192件。民事类公证154件，其中解除收养1件、继承权3件、亲属关系2件、房屋买卖6件、房屋租赁2件、遗赠抚养协议1件、委托书5件、其他民事协议134件。经济类公证36件，其中贷款合同1件、招投标14件、建筑工程承包12件、农林牧副渔业承包3件、土地使用权出让转让6件，为集体和个人挽回经济损失2650多万元，涉及金额约5000多万元。全年共收取公证费2.27万元，接待来访62人次。

表10—15

1985～2005年全县公证处各项工作统计表

1985～2005年	所开展工作各项数据							
	经济事务公证	民事权利公证	涉台涉外公证	其他类	涉及金额	解答法律询问	避免和挽回经济损失	备注
	件	件	件	件	万元	人次	万元	
合计	1692	987	99	78	55753	684	6194	

第五节　法律服务专线与法律援助

1997年3月，成立陇川县法律服务中心。

1999年11月，县政府成立“148”法律服务协调工作领导小组和办公室，办公室设在县司法局，工作人员由司法局内部抽调。

2001年4月，设立陇川县政源法律服务所、陇川县法律援助中心（和“148”一个办公室一套人马两块牌子）。

2002年，全县启用法律服务专用电话统一短号码“12348”。

2005年6月，成立9个乡（镇）法律援助工作站（设在乡镇法律服务所）。

2001～2005年底，148法律服务专线共解答来电咨询250次，接待来访250次350人。县法律援助中心共办理刑事指定辩护案件106件（其中陇川县法院受理的45件，德宏州中级人民法院受理的61件），受理民事法律援助申请69件，给予援助50人，办理刑事指定辩护援助69件。

第六节　基层法律服务

20世纪90年代，全县有章凤、城子、景罕、陇把、姐乌、赛号、清平、户撒8个法律服务所。同年，在章凤拉影设立法律服务部。

1997年5月，根据州司法局《关于一九九七年度我州基层法律服务工作者已注册执业人员的通知》，县司法局1个县级法律服务中心7人，8个基层法律服务所18人注册执业。县司法局贯彻“巩固、提高、完善、发展”的八字方针，深入全县12个乡（镇），对基层司法行政工作进行调查研究，批准成立王子树、护国、邦瓦、勐约4乡法律服务所。各乡镇法律服务所普遍开展法律有偿服务。

2000年，全县12个乡级法律服务所，担任乡（镇）企业法律顾问7家。

1994～2005年陇川县基层法律服务所各项工作统计表

表10—16

1994～2005年	所开展工作各项数据								
	代理诉讼事务	代理非诉讼事务	代写法律文书	协办公证	办理见证	办理法律援助案件	担任法律顾问	调解纠纷	解答法律询问
	件	件	份	件	件	件	家	起	人次
合计	259	237	636	664	269	144	7	2898	8292

第七节　普法宣传教育

1984年1月，县司法局设法制宣传教育科开展法制宣传教育工作。

1986年2月，成立陇川县普法领导小组和普法办公室，制定《陇川县关于在全体公民中普及法律常识教育工作的安排意见》，对普法的方法步骤、验收标准、组织领导等作具体规定。

1986～1990年，第一个五年普法工作启动（简称“一五普法”）。1986年4月，确定在邦瓦乡撒定村、户撒乡潘乐村、姐乌乡姐乌村3个村公所为农村普法试点单位。普法教育采取培训、召开会议、发放宣传品、开设法制课等形式，从党政机关入手，按先城镇后农村的步骤逐步展开。5年培训乡村普法辅导员1020人，受教群众8.74万人。1990年11月，全县表彰42个农村普法先进集体、141名先进个人，并向普法合格的乡（镇）、村公所（办事处）颁发普法合格证。

1991～1995年，实施“二五普法”，各乡（镇）和县直机关各单位成立相应的普法工作领导小组，开展普法工作。全县共有普法对象12.89万人，接受普法教育10.48万人，占应普法人数的81%。其中各类干部普法4632人，占干部应普法的96%；职工普法8675人，占职工应普法的92.5%；农民普法5.31万人，占农民应普法的78%。全县有1.26万名城镇居民参加普法学习，有101所中小学开设法律常识课，受教学生总数达2.3万名。12个乡（镇），99个单位，1个国营农场学完规定的普法内容。其中有12个乡（镇）、94个单位、1个国营农场达到合格标准。1995年10月，全县表彰“二五”普法10个先进集体，49名先进工作者。

1996～2000年，全县实施“三五普法”。1997年，县司法局聘请13名普法教员担任全县“三五”普法教学工作。全县16.06万人中，有普法对象11.3万人，其中县处级干部28人、乡科级干部248人、一般干部4672人、个体工商户4000人、待业青年及其他人员1858人、农民7.12万人、中小学生1.6万人，占全县应普法人数的87%。2000年末，全县表彰10个普法先进集体和49名先进个人。

2001～2005年，实施“四五普法”。全县接受法制宣传教育14.98万人次，占应接受普法教育的99%。其中县处级干部40人，占应普法数的100%；乡科级干部351人，占应普法数的100%；农民13万人，占应普法数的86.8%；个体工商户2700人，占应普法数的100%；流动人口2454人，占应普法数的85.2%；其他5801人，占应普法数的89%。全县128所小学、15所中学、24所完小聘请了法制副校长，有128所中小学开设法律常识和思想品德课，学校普法教育面100%。

第五章　国　防

中华人民共和国建立后，为巩固国防，保护人民生命财产，建立陇川县中国人民解放军人民武装部，属地方军事领导机构，隶属德宏军分区领导。1986年6月至1996年3月，县人民武装部改归地方建制，在地方党委和军分区党委的双重的领导下负责国防动员、兵员征集、民兵组织建设等工作。1996年4月后，恢复军队建制，隶属德宏军分区领导。1978年改革开放以来，县人民武装部，在国家军事方针的正确指引下，为地方的社会经济建设作出贡献，多次受到云南省委、省政府、省军区的表彰。2005年1月，县人民武装部被省军区评为“信息化建设先进单位”。

第一节　军事机构

一、人民武装部

1978年12月，中共云南省委下发《关于加强民兵工作领导的决定》，恢复县委书记兼任县人民武装部第一政委和党委书记的惯例。

1986年6月15日，根据中共中央、国务院、中央军委《关于县（市）人民武装部改归地方建制的规定的通知》，中国人民解放军陇川县人民武装部奉命改归地方建制，称“陇川县人民武装部”，属副县级单位，设军事科、政工科、办公室。从1987年1月1日起，经费由地方供给，工作任务与职能不变。同年11月，恢复成立陇川县人民武装委员会，由县党政主要领导和相关部门负责人组成，并由县政府主要领导兼任主任。

1996年4月1日，陇川县人武部奉命改归军队建制，恢复“中国人民解放军陇川县人民武装部”名称，属正团级，隶属德宏军分区领导，工作任务不变。

2005年末，人员编制增为22人，内设军事、政工、后勤3个科室，处理日常事务，下辖9个乡（镇）、2个企业和1个农场武装部。

1978～2005年陇川县人武部历任政委、部长一览表

表10—17

姓　名	入伍时间	入党时间	职务	籍贯	任职时间
吴乃昌	1947.6	1948.3	部长	河北	1974.4～1978.2
谭老五	1953.8	1955.5	部长	云南陇川	1978.05～1983.04（景颇族）
吴宗连	1947.10	1950.3	政治委员	河南方城	1978.11～1981.8
马福德	1961.8	1961.8	政治委员	云南昆明	1983.6～1985.12
何明湖	1960.3		部长	云南保山	1983.6～1986.4
彭铁元	1968.4	1971.7	政治委员	湖南祁东	1986.6～1998.9
白万昌	1968.4	1969.7	部长	云南墨江	1986.6～1998.8
杨德贵	1976.12	1978.12	部长	四川峨眉	1998.8～2000.12
向兴友	1976.12	1978.10	政治委员	四川长宁	1998.3～2000.4
向传贵	1978.10	1984.9	政治委员	贵州毕节	2000.4～2003.3
杨航深	1980.9	1984.4	部长	云南龙陵	2000.12～2001.12
刘秩东	1979.10	1981.5	部长	湖南衡阳	2001.12～2002.3
黄德明	1980.9	1984.4	部长	云南瑞丽	2002.3～2005.4
徐成周	1981.10	1985.6	政治委员	贵州	2003.3～2003.8
党宽利	1984.10	1989.6	政治委员	陕西富平	2004.5～2005.12

二、驻军（消防武警）

【云南省军区边防7团1营】 1979年6月7日，云南省军区独立第9团改称云南省边防第7团，团部驻遮放。1营营部及1连驻陇川章凤，2连驻城子，属德宏军分区边防7团机动部队。1978年抽调14名干部、战士到中越边境扩充参战部队，年底除留守干部战士外，其余人员全部调中越边境参加自卫还击战。3连驻户撒，4连驻昔马。1984年5月云南省军区边防7团调离，由中国人民武装警察部队陇川县边防大队接防。

【中国人民解放军××部队×分队】 该分队组建于2003年7月，驻陇川章凤镇，隶属云南省军区边防第12团。主要担负中缅边境43～52号界桩，共计36.3千米的边境防务任务，维护国家主权和领土完整。2003～2004年，抓获非法出入境人员240余人，打击各种违法犯罪活动。其间，1人荣立二等功，7人荣立三等功，40人受到上级嘉奖。连队两次被评为先进连队，荣立集体三等功一次、“管装爱装（管理、爱护武器装备）先进单位”两次。

【中国人民解放军××部队×分队】 2004年12月，根据党中央和中央军委的有关指示精神，中国人民解放军原××部队×分队奉命调往德宏军分区，编制为××部队×分队进驻陇川，在户撒建立营地，负责守卫陇川边防。隶属云南省军区边防第12团。

【陇川县人民边防武装警察中队】 1980年1月，德宏州成立人民边防武装警察支队，陇川县人民边防武警中队隶属德宏州人民边防武装警察支队。1983年1月，根据公安部指示精神，德宏州人民边防武装警察支队改称中国人民武装警察部队德宏州支队，陇川县人民边防武警中队隶属武警德宏州支队，担负任务不变。1986年4月，根据云南省公安厅《关于改善或调整云南省公安边防体制的请示报告》，省、地、县三级边防管理部门均实行一个机构两块牌子，不另设机构，不升格。1988年9月，武警德宏州公安处边防局实行一个机构两块牌子的领导体制，陇川县中队由边防局代管。1993年1月，根据中国人民武装警察部队及司令部命令和云南省委办公厅有关文件精神，重新成立武警德宏州支队，陇川县中队从此改变隶属关系，隶属武警德宏支队领导。工作重点转移到以内卫执勤和处置突发事件任务上来。2003～2005年，有2人荣立二等功，14人荣立三等功。

【陇川县公安边防大队】 1980年1月，组建中国人民武装警察部队陇川县边防大队，又称陇川县公安局边防科，隶属德宏州武警支队。1989年，该队由正营级单位升格为副团职单位。组建后下辖3个营级边防工作站和3个营级边防派出所，管辖长50.899千米边境线和16棵界桩。2002年3月，章凤边防工作站改称章凤边境检查站，实行独立管理。2003年5月，腊撒工作站撤销。原属边防大队管理的国界线和界桩任务交由驻陇边防部队管理。2005年3月，由于边境管理和缉枪缉毒斗争的需要，经上级批准，成立陇川县边防大队案件侦查队，属正营职建制单位。1980年后，陇川县公安边防大队多次受到上级党委、政府和公安部门的表彰。先后被公安部荣记缉枪缉毒一等功一次，被公安部边防局评为全国公安边防缉枪缉毒先进集体、无事故先进单位，被云南省政府评为反走私先进集体，被云南省边防总队记集体嘉奖一次，多次被评为安全无事故单位，有3个单位5次荣立集体三等功。官兵中先后有1人被评为全国优秀人民警察，16人荣立一等功，18人荣立二等功，47人荣立三等功，86人被上级嘉奖。

【陇川县公安消防大队】 1983年1月1日，县公安局消防股改编为陇川县人民武装警察部队，归属云南省消防总队建制，行政上隶属州消防大队和县公安局领导。1988年3月，组建陇川县公安消防中队，仍归属消防大队和县公安局领导。1994年8月，根据云南省有关文件精神，原县公安消防中队改制为陇川县公安消防大队，级别为正营建制，下辖一个中队，有官兵17人。2005年，相继开展重点场所专项整治及火灾隐患排查、整改专项活动，出动人员210人次，组成6个检查组，检查135个单位，出动车辆105辆次，发现火灾隐患及违法行为145起，采取责令限期改正、延期整改、复查、罚款、审核、验收等措施。

县消防警扑救大货车火灾现场

【德宏州公安边防支队武警章凤机动二中队】　1983年1月，组建中国人民武装警察部队章凤机动二中队，隶属武警德宏州支队领导，主要担负陇川地区边境一线处置突发事件及维护边境地区社会治安稳定等任务。1985年8月，由直属武警德宏州支队划归武警陇川县边防大队领导。1995年，武警部队划分为边防、消防、警卫（内卫）3家，原武警章凤机动二中队划归德宏州公安边防支队陇川县边防大队领导。1998年，改称德宏州边防支队机动大队二中队，隶属德宏州边防支队机动大队领导，担负任务不变。

1983年以来，查获贩毒案件10起，缴获毒品3万余克；查获贩枪案2起，缴获枪支3支。先后4次荣立集体三等功，多次被评为先进单位、先进党支部、先进团支部。中队2002、2003年连续两年被公安部边防局评为“基层建设标兵单位”，连续2年被共青团中央、公安部联合命名为国家级“青年文明号”。32名干部、战士荣立三等功，1人荣立二等功，200余名战士被评为“优秀战士”，30余名干部被表彰为优秀基层干部。2004年，中队司务长何继武被省、州党委政府表彰为云南省和德宏州“见义勇为先进个人”。

章凤机动二中队授牌仪式

【武警章凤架线队（德宏州支队架线队）】　1983年8月，组建武警章凤架线队，隶属武警德宏州支队领导，承担架设和维护陆军移交的通讯线路。1987年10月，由武警德宏州支队划归武警陇川县边防大队领导，驻章凤镇。1988年5月，撤销其编制，人员分流到章凤机动二中队和盈江机动三中队。

三、陇川县边防大队所属站、所

【武警章凤边境工作站】　1978年4月16日，组建章凤边境工作站，隶属德宏州公安边防科领导，干部实行现役制，战士属义务兵役制，为营级站。1980年元月1日起，章凤边境工作站归德宏州人民边防武装警察支队建制领导，担负任务不变。同年5月，划归武警陇川县边防大队领导。1983年1月，章凤边防工作站改称中国人民武装警察部队章凤边防工作站，归德宏州支队领导。2002年3

月，章凤边境工作站升格为副团职建制单位，改称为章凤边境检查站，隶属德宏州边防支队领导。章凤边境检查站建站先后有16名干部分别走上师团级领导岗位，30名官兵分别荣立一、二、三等功，涌现出缉毒英雄、革命烈士尹铭志等先进典型人物。1998～2005年，章凤站两次荣立集体三等功，连续2年被云南省边防总队评为“基层建设先进单位”，连续5年被共青团德宏州委、州公安局评为“青年文明号”单位，多次受到上级和地方党委政府的表彰。

【拉线边防工作站】 1983年1月1日，德宏军分区边防7团1营4连移交武警德宏州支队，同年改编为中国人民武装警察部队邦外边防工作站。1984年10月，邦外工作站升格为营级站，隶属武警德宏州支队领导，驻邦外西马。1988年10月，撤销邦外边防工作站，同时组建拉线工作站。1992年，武警部队划分为边防、消防、警卫（内卫）3家，拉线边防工作站划归德宏边防支队陇川边防大队领导。2003年9月，拉线边防工作站部分防务任务移交中国人民解放军×部队×分队。

【腊撒边防工作站】 1983年1月，德宏军分区边防7团一营3连，移交武警德宏支队，同时改编为中国人民武装警察部队腊撒边防工作站，归武警德宏支队领导。1986年7月，腊撒边防工作站归德宏州公安边防局建制领导。同月腊撒边防工作站由连级站晋升为营级站。1995年，腊撒边防工作站划归德宏边防支队陇川边防大队领导。

【章凤边防派出所】 原为陇川县公安局章凤派出所，1980年1月改称章凤边防派出所，隶属德宏州人民边防武装警察支队陇川大队。1983年1月，归武警德宏州支队领导。1986年7月，武警章凤边防派出所归德宏州公安处边防局领导。1992年，章凤边防派出所划归德宏边防支队陇川边防大队。

【陇把边防派出所】 1980年1月，陇川县公安局弄巴派出所改称弄巴边防派出所，归武警建制，隶属于德宏州人民边防武装警察支队陇川大队。1983年1月，弄巴边防派出所改称中国人民武装警察部队弄巴边防派出所，归武警德宏州支队建制领导。1986年7月，武警弄巴边防派出所归德宏州公安处边防领导。1995年，弄巴边防派出所划归德宏州边防支队陇川边防大队。2003年4月更名为“陇把边防派出所”。

【户撒边防派出所】 1980年1月1日，户撒边防派出所由原陇川县公安局户撒派出所改称，归武警建制，隶属于德宏州人民边防武装警察支队陇川大队，驻户撒乡芒东街。1983年1月，户撒边防派出所改称中国人民武装警察部队户撒边防派出所，归武警德宏州支队建制领导。1986年7月，武警户撒边防派出所归德宏州公安处边防局建制领导。1986～1988年，户撒边防派出所为现役与治安民警共存。1989年，所里非现役民警分出组建治安派出所，现役人员所在派出所改名为芒东边防派出所，2002年又更名为户撒边防派出所，隶属陇川县边防大队领导。

第二节 兵员征集

一、兵役登记

按照《兵役法》规定，年满18周岁的中国男性公民都应该进行兵役登记。登记时间为当年的9月30日前。县人武部征兵办公室，坚持每年做好兵役登记工作，掌握当年年满18周岁的男性公民政治思想素质、身体健康状况及文化程度，确定哪些人为当年的预征对象，为征兵工作做好准备，确保征兵质量。

二、征兵工作

1999年，征兵工作会议会场

1963年，全县开始征兵，但只征民族兵。1978～2000年，只征男性义务兵。2001、2004年，各征集1名女兵。

1979年，全县征义务兵77名。1980～2005年，全县共征义务兵874名，年均33名，其中1980～1990年征兵较多，年均39名；1991～2005年年均23人。

义务兵征集工作，一般每年进行1次，少数年份征集2次，在春、冬季或夏、冬季进行，个别年份未征集。每次征兵前，利用电视、广播、专栏、公告等形式宣传贯彻《中华人民共和国兵役法》，严把应征青年体格检查、政审、复检关，同时做好起运准备和兵员优抚安置工作。政审过程注重"三个结合"（即征兵政审与平时考察相结合、县级政审与基层初审相结合、内外调查与横向联审相结合），弄清"四个情况"（即现实表现情况、思想品德情况、社会交往情况、违法乱纪情况），填写《征兵政审责任卡》，堵住政审中的"说情风"。体检过程实行村把病史调查关、乡把目测初检关、县把终检关的程序。对应征对象学历证书在政审调查时前往学校进行核对，弄清学历来源。各乡（镇）按照《征兵命令》中规定的年龄，实行应征青年以户口簿为准。定兵工作实行集体定兵制度。

2003～2005年，全县共悬挂横幅150余条，张贴征兵公告500余张、大小标语5000余条，制作宣传板报50余期，利用广播宣传80余次，散发征兵公告传单2万余份。

第三节　民兵预备役

1981年，按照"减少数量，提高质量，抓好重点，打好基础"的方针，对全县民兵组织进行全面调整。

1986年，县人武部落实原七团二连的营房作为民兵训练基地，制作钢架床250张，购买军用被褥250套，各乡（镇）、农场民兵集中到县民兵训练基地进行正规化军事训练。

1988年，全县民兵编为13个营，75个连，117个排，503个班。同年，陇川县完成2次民兵演习任务。完成兵员快速动员与集结、组编与教育、临战训练与开进、移交部队等演习内容；对民兵进行队列、半自动步枪一二练习实弹射击、手榴弹实弹投掷练习、爆破、"三哨"勤务和单兵进攻战术、工兵地雷埋排、野战筑城等训练。

1990年，城子镇、景坎糖厂根据县武委会要求，各组建立1个民兵应急分队。优先录取政治可靠、军事素质好、初中以上文化的年轻退伍军人。民兵队长和指导员由县人武部军事科、政工科科长兼任。

1992年起，按照"精干、可靠、管用"的原则和坚持"控制数量，提高质量，抓好重点，打好基础"的16字方针，逐年进行整组，各有所侧重点。1991年，专业技术分队组建1个高机连，4个工兵连，1个通信连，并在一线乡（镇）组建4个应急分队。

军事训练

1995年，注重从乡、村、社干部和退伍军人、老民兵中吸收选配民兵干部，抓好组织调整、政治审查、实装点验、战备演练等工作。整组结束，全县民兵分布在678个社。在考核14项内容中，取得8优6良的好成绩。当年，按照总部颁发的《民兵军事训练若干规定》和军分区下达的训练任务，对全县85%的民兵进行单兵防御、单兵进攻、投弹、射击等科目训练，从实战的需要出发进行游击战战术训练。

1996年，围绕打赢现代技术特别是高科技条件下局部战争目标，在提高民兵训练质量上下功夫，把民兵应急分队，专业技术分队和民兵干部的训练作为重点。成立科技兴训领导小组，向民兵传授农业科技知识，使每个民兵掌握1～2门农业科学实用技术。组织民兵参加重点工程建设，参观“青年民兵之家”、以劳养武基地。

1998年，陇川县人武部的民兵军事训练，经德宏军分区司令部年终考核验收，连续12年训练成绩优秀。

1999年，根据省军区“关于深化全省民兵工作调整改革的通知”精神，对全县民兵工作进行调整改革，按照主要方向、重要城镇、战略重点地区、边防一线、经济发达地区多编的原则编组。章凤镇组建1个应急连，边沿一线陇把、户撒、农场各组建1个应急排。实行“五个统一”（统一组织编制，统一组建范围，统一编组方法，统一教育训练，统一武器装备），在一线乡（镇）组建民兵信息分队，县设“站”，乡（镇）设“组”，村设“员”。民兵专业技术分队组建通信、侦察、工兵、交通、人防、军械修理、医疗救护等分队，原高机连不再编入技术分队。

2000年，民兵整组于6月1日开始至8月31日结束。按照上级整组原则，重点将转业军人、准备入伍的适龄青年、基干民兵、专业对口人员、对边境一线熟悉的适龄青年编入相对应的基干民兵组织、民兵应急分队、民兵专业技术分队、对口专业技术分队、民兵通讯队。全县各民兵营，有办公室、民兵队旗、门牌标志、战斗方案、种类职责、工作资料。

2001年后，根据遂行任务的需要，突出在应急分队中抓维稳、救灾、执勤等应急科目的训练。农村民兵突出在基干民兵中抓规范性训练，采取县集中乡分散相结合的方法。按照陆军《军事训练与考核大纲》的要求，以队列、体能训练为基础，以边防巡逻、设伏、堵卡、单兵战术、战场救护、道桥抢修、汽车运输等训练为主开展民兵集训。

2003年，民兵整组整编为13个营，6个应急民兵连，188个排，535个班。调整的特点是压缩基干民兵，压缩率为65.7%，压缩后编入普通民兵。

2004年，全县民兵整组工作，突出城市民兵、边防民兵、基干民兵，注重组织领导、宣传发动、掌握底细、形成合力4个工作环节，搞好5个结合（与参建参治相结合，与做好民兵政治思想教育相结合，与维护边境稳定相结合，与进一步落实党管武装相结合，与提高民兵科技素质相结合）。民兵总数与2003年保持不变。

2005年，分期分片对民兵干部、基干民兵、应急民兵、专业技术兵、对口专业技术兵进行重点军事训练，同时对全县普通民兵进行一般军事训练指导。民兵训练期间，组织章凤镇应急民兵对陇川边境界桩进行巡逻。

第四节　国防教育

1985年后，按照《中华人民共和国兵役法》规定，驻陇部队开始帮助驻地学校进行军事训练工作。训练期间，以宣传军事知识、国防知识为主，开展基本军事生活体验。

1999年10月，陇川县人民政府组织召开国防后备力量建设工作会议

1990年后，全县所有中学把爱国主义教育列入学校的教育计划，每年在不同的年级中开展7～15天的军训。军训进行基本的军事生活体验和国防知识教育，渗透爱国主义、革命英雄主义和革命传统教育。国防教育办公室常年派出专人到中小学校开办国防教育讲座，与附近学校建立联系，定期不定期到学校宣传国防知识。全县在部分乡（镇）把国防教育列入干部政治学习、党员轮训计划中，不定期地在党政机关开展“军事日”活动。机关领导干部在军事日活动中，接受军事训练和国防教育。

1993年9月，根据成都军区政治部《关于与地方广播电视大学联合开办（国防军事教育专业）大专学历教育的通知》，全县有8名学员通过3年系统学习，完成规定学科，取得《国防军事教育》文秘电大大专学历毕业证书。

1995年，陇川县国防教育办公室在各中小学进行国防知识宣传教育试点工作，开设国防教育课，协调宣传、文化、工会、共青团、妇联等部门形成合力，有组织、有计划地抓好教育系统的国防教育。从当年起，陇川县每年投入国防教育经费1万元。

1997年，陇川县国防教育办公室把国防教育与党管武装制度和党校干部培训结合起来，重点宣传军队在新形势下的地位和作用，增强干部国防意识，为民兵预备役建设创造条件。

2003年10月，国防教育潜力调查统计，全县有新闻出版人员10人、印刷厂2个、广播电台1个、电视台1个、国防教育基地8个。

2005年，全县有8所学校组织学生军训，4000多名学生接受军训和国防教育。同年，陇川县把国防法规的学习作为后备干部教育的重要内容，规定凡学制超过1个月的培训班，都要开展为期1周的军训，军训内容包括当代军事知识和国防知识讲座、队列和战术训练、实弹射击、参观部队等4项。

同年，调动有关部门认购国防教育宣传牌，陇川“国防教育双拥一条街”按期落成。县国防教育办公室结合第五个国防教育日，在全县范围宣传《中华人民共和国国防教育法》。

第五节　拥政爱民

一、抢险救灾

1993年，赛号乡民兵出动42人，扑灭山火1公顷，为国家挽回经济损失100多万元。

2001年5月14日，组织民兵1000人次，投入南宛河抗洪抢险，奋战7天，修复加固被毁河堤。

2002年，县人武部组织民兵扑灭森林火灾2起，为国家挽回经济损失70多万元。

2004年7月5日，陇川发生特大洪涝泥石流灾害，县人武部启动“抢险救灾方案”，组织12个应急分队2000人次分赴重灾区，排除重大险情5次，解救被困群众800余户2000余人，打捞罹难尸体3具，搬土200余车，加固河堤500米。7月底，全县累计出动战士、民兵8130余人次，车辆200余台次，解救被困群众和学生980人，救出牲畜531头，抢运粮食200吨，打捞尸体4具，拆除倒塌房屋50间，清理淤泥1万立方米，疏通河道1万米，清理水沟3万米，新修排水沟460米，修复公路7000米，扛沙袋堵筑堤10万袋，搬运土方6000车，封堵决口4000米。

2004～2005年，陇把镇出动民兵120人，3次参与扑灭森林火灾，挽救山林47公顷，为国家挽回经济损失700多万元。

2005年，出动民兵35人护林防火，挽救房屋1间、甘蔗地0.13公顷、森林10公顷。

二、维护社会治安

1978年改革开放后，户撒乡武装部长张恩发等协助公安收缴贩毒人员鸦片×千克，海洛因×克，抓获吸毒人员×人。

赛号乡出动民兵998人次，配合公安破案8起，缴获海洛因×克，鸦片×克，抓获吸毒人员×人。

20世纪90年代后，各乡（镇）结合实际，组建103个护村、护林、护厂队，配合全县开展严打整治斗争，遏制各种民族纠纷及械斗发生。其间，陇川糖厂民兵护厂队，开展取缔附近设赌摊点行动。至2005年，景罕镇出动民兵3398人次，配合公安缉枪缉毒，缴获半自动步枪1枝。

1990～2004年，城子镇组织出动民兵960人次，配合公安缴获各种枪支413枝、缴获海洛因×克、鸦片×克。

1998～2002年，王子树乡出动民兵795人次，协助公安完成缉枪缉毒任务。

1999～2004年，勐约乡出动民兵730余人次，缴获海洛因×千克、鸦片×克。

2002～2004年，清平乡出动民兵400余人，协助公安缴获各种枪支13支，抓获吸毒人员×余人，缴获海洛因×克、鸦片×克。

2002～2003年，全县民兵收集各种信息168条，抓获贩毒团伙12起，贩毒人员×人，缴获海洛因×克、卡苦丝原料×克、鸦片×克，收缴吸毒工具×件，端掉吸毒窝点4个，强制送戒毒所戒毒657名。配合公安铲除黑社会组织1个，配合武警设点布控和进行巡逻800多人次，制止各种非法越境事件14起。

2002～2005年，陇把镇出动民兵1384人次，协助公安管教吸毒人员，缴获海洛因×克、鸦片×克，抓获吸毒人员×人。

2003～2004年，护国乡出动民兵500人次，配合公安缴获鸦片×克、海洛因×克。

2004年6月，姐乌乡出动民兵7人，配合公安缴获鸦片×克。

2005年2月20日，章凤镇出动民兵100人，参与目瑙纵歌节的安全保卫工作。当年出动民兵67人次，配合公安、交警开展夜间飙车整治活动。5月13～14日，出动民兵63人参与国境线界桩（长17千米）巡逻活动。6～10月，出动民兵131人抓获吸毒人员×人。

第十一编　经济管理与监督

LONG CHUAN XIAN ZHI

第一章　县域经济

1978年后，陇川县坚持以经济建设为中心，不断深化各个领域的改革，发展边贸经济，调整产业结构，优化投资环境，建立以蔗糖业为主的经济骨干产业，健全社会主义市场经济体系，加强经济综合管理，保障陇川县经济社会的发展。2005年，全县国内生产总值（当年价）达8.19亿元，比1984年（1.04亿元）增长687.5%；工农业总产值4.55亿元（当年价），比1978年（0.05亿元）增长91倍；财政收入6947万元，比1978年（272.99万元）增长25.45倍。农民人均纯收入突破千元关。

第一节　计划编制与执行

一、计划编制

【年度计划编制】　每年的年度计划由上年的10月开始编制，11月交县政府常务会讨论，在次年2月或3月召开的县人民代表大会上通过后正式实施。每年11月向县人大常委会报告本年1～9月全县国民经济和社会发展情况，第二年初向县人民代表大会报告上年国民经济和社会发展计划执行情况和本年计划。

【中长期计划编制】　中长期计划主要以编制全县五年计划为主。1976～2005年，编制了“五五”“六五”“七五”“八五”“九五”“十五”共6个中长期计划。在执行过程中，所编制的各时期指标，基本能实现，特别是关乎国计民生大的几项指标，如社会总产值、工农业总产值、国民生产总值、国民收入、财政收入等，均比前一个计划期末有所增长。

新县城同心路十字路口

【专项规划】　1978～2005年，主要编制《陇川县1982～1985年不发达地区发展规划》《新县城章凤镇总体规划》《旅游发展总体规划》《竹产业发展总体规划》《章凤东南片区2.89平方千米控制性详规》《拉影片区2.8平方千米控制性详规》《“兴边富民工程”3年发展规划》等重点专项规划。

1999~2005年陇川县争取各级资金情况统计表

表11—1　　单位：万元

年度	项目个数	资金总额	中央资金	省级资金	其他资金
1999	19	1633	350	1283	0
2000	10	459	10	416	33
2001	20	984	80	884	20
2002	19	1873	717	597	559
2003	17	1444	717	546	181
2004	25	2548	351	512	1685
2005	22	8815.3	6280	2001.6	533.7
合计	132	17758.3	8505	6239.6	3013.7

二、计划执行

“五五”时期（1976~1980），粉碎江青反革命集团，“文化大革命”宣告结束，经过拨乱反正，落实生产责任制，发展生产力，经济复苏，发展势头良好。1980年，全县工农业总产值3285.67万元，比1975年的1803.8万元，增长82.15%。

“六五”时期（1981~1985），全县农村建立家庭联产承包责任制，企业推行责、权、利相结合的经营承包责任制。1985年，全县工农业总产值增加到1.34亿元，比1980年增长307.83%，全县财政收入增加到613.3万元，增长106.19%，年递增长15.6%。

“七五”时期（1986~1990），继续完善经营承包责任制，扩大对内对外开放，全县国民经济持续发展，粮食连续6年增产增收。1990年，全县国民生产总值增加到2.79亿元，比1985年增长68.07%；工农业总产值增加到2.16亿元，比1985年增长61.19%；财政收入增加到1815.2万元，增长195.97%；乡镇企业总产值增加到2313.66万元，比1985年增长1154.87万元。

“八五”时期（1991~1995），落实县委、县政府“坝甜山香，两翼胶烟，狠抓中间，进攻商边，交通先行，教育关键”发展战略，全县经济发展较快。1995年，全县国民生产总值达3.72亿元，比1990年增加0.93亿元，增长33.33%；工农业总产值2.78亿元，比1990年增加0.62亿元，增长28.7%。

“九五”时期（1996~2000），全县加大产业结构调整，贯彻落实“农业兴县、工业强县、边贸富县、旅游活县”发展方针，全县经济持续发展。2000年，全县国内生产总值5.13亿元，比1995年的3.72亿元增加1.41亿元，增长37.9%。

“十五”时期（2001~2005），全县调整协调产业结构，加大蔗糖、烟草发展力度，强化易地开发、扶贫攻坚，战胜2004年的“7·5”洪灾，确保全县经济发展。2005年，全县生产总值8.19亿元，比2000年的5.13亿元增加3.06亿元，增长59.73%；农业总产值3.6亿元，比2000年增长52.54%；财政收入6950万元，比2000年增长35.87%。

2000～2005年陇川县国内生产总值统计表

表11—2　　单位：万元

类别 \ 年度		2000	2001	2002	2003	2004	2005
国内生产总值		51286	52741	51019	54150	63614	81923
第一产业（农业）		23998	22746	23916	26346	27348	36006
第二产业	合计	15725	15037	11008	10278	16140	16885
	工业	10763	10697	6791	6850	13500	13498
	建筑业	4962	4340	4217	3428	2640	3387
第三产业	合计	11563	14958	16095	17526	20126	29032
	交通运输仓储业	2497	3123	3339	3865	1840	2071
	金融保险业	533	550	574	106	1320	2710
	房地产业	806	843	877	946	986	2094
	社会服务业	396	414	460	587	329	717
	批发零售业	1884	2081	2275	2518	2141	2744
	其他	5447	7947	8570	9504	13510	18696

第二节　经济结构

一、所有制结构

1978年中共十一届三中全会召开前，全县农业经济只有单一的集体经济，城镇商业、饮食业、交通运输业、工矿企业全部为全民所有制，只有少量街道服务行业和手工业为集体所有制。1978年后，开始经济体制改革，逐步建立起多种所有制经济结构。坚持国家、集体和个体一齐上的方针，改革农村原有的农业体制，建立起家庭联产承包责任制；改革工农业产品原封闭分配购销形式；提倡发展城乡集体和个体工商业，允许工业自销和农民短途贩运，开放城乡集市贸易，建立小商品批发市场和农副产品交易市场，恢复供销合作，发展乡镇企业。1991年，全县全民所有工商企业258户，集体所有工商企业202户，个体所有工商企业1086户。3种所有制工商企业分别占全县工商企业的16.69%、13.06%、70.25%。

1993年，全县社会总产值为4.5亿元。其中全民产值占93.02%，集体产值占3.67%，个体产值占3.31%。

1997年，全县开始经济体制改革。2004年，国有工业、商贸业企业改制完成。改制后国民所有制经济成分所占比重比改制前下降，集体所有制和个体所有制经济成分所占比重上升。

2005年，全县工业总产值1.35亿元，其中国有工业产值0.46亿元，占34.17%；集体企业工业产值（含有限股份制）0.59亿元，占43.74%；私营企业工业产值（含个体）0.3万元，占22.09%。

二、产业结构

【第一产业】 第一产业为农业、林业、畜牧业、渔业。陇川历史上是以农业为主体的县。1978年后，县委、县政府结合县情，不断调整农业产业结构，在保证粮食自足有余的基础上发展其他绿色产业，使农业经济结构日趋合理，有利于农业经济的发展。从社会总产值比重来看，20世纪80年代前，农业总产结构约占社会总产值的60～70%。改革开放后，经过产业结构调整，农业总产值比重保持在50%左右。2005年，全县完成农业总产值2.46亿元、林业总产值4263万元、畜牧业总产值5301万元、渔业总产值1466万元、农林牧渔服务业总产值334万元，第一产业产值占国民生产总值的43.96%。

【第二产业】 第二产业包括工业、建筑业。陇川县第二产业起步较晚。1993年，全县有工业企业51个，工业总产值1.58亿元。建筑企业15个，产值1223万元。2005年，全县工业企业增加到532户，工业总产值1.35亿元（当年价）。建筑企业经过改制调整为6个，产值3387万元。第二产业产值占国内生产总值的20.61%。

【第三产业】 第三产业包括交通运输、仓储及邮政业、信息传输和计算机服务业、批发零售业、房地产业、金融保险业、社会服务业、农林牧渔服务业。陇川县第三产业发展较弱，只有邮政、金融保险、商贸餐饮等行业起步早一点。1978年前，第三产业占国内生产总值比重不到15%。改革开放后，第三产业发展速度加快。1993年，第三产业占国内生产总值比重31.7%，2005年提高到35.44%。

陇川县择年产业结构统计表（当年价）

表11—3　　单位：万元、%

类别＼年份		1990		1995		2000		2005	
		总值	比重	总值	比重	总值	比重	总值	比重
国内生产总值		27888		37240		51286		81923	
其中	第一产业	13648	48.94	17645	47.38	23570	45.96	36006	43.95
	第二产业	9617	34.48	11229	30.15	15725	30.66	16885	20.61
	第三产业	4623	16.58	8366	22.47	11991	23.38	29032	35.44

三、商品流通与消费结构

【商品流通结构】　1980年后，全县随着经济体制改革的深化，商品流通形成多种购销渠道、多种经营方式、多种经济成分的流通体制。商业企业可以直接向生产厂方进货。工业部门在完成任务后，允许直接进入市场销售，根据市场供需变化调整价格。随着市场经济体系的确立，商品生产增多，促进了商品流通，特别是私营商业的发展，使商品流通更加活跃，跨行业、跨地域经营，打破长期以来形成的行业界线。

【商品消费结构】　1980年，全县主要商品物资均实行计划生产与供应，供需矛盾突出，主要生活消费品长期实行凭证凭票供应。经济体制改革后，随着市场经济的建立，商品增多，各类商品物资的价格实行市场调节，供应渠道敞开，促进了人民群众的消费水平。1981～1993年，全县社会商品消费零售总额为7.64亿元，年均6365万元。2005年，全县社会消费品零售总额1.85亿元。其中批发零售贸易占86.28%，餐饮业占9.02%，其他占4.69%。按经济类型分：国有占6.07%，集体占0.78%，个体占50.69%，其他占42.46%。

陇川县择年社会消费品结构统计表

表11—4　　　　单位：万元、%

指标＼年份		1985		1990		1995		2000		2005	
		总额	比重	总额	比重	总额	比重	总额	比重	总额	比重
消费品零售总额		6383		6158		11110		12931		18545	
按行业分	批发零售贸易业	6011	94.17	4555	73.97	4634	39.93	6540	50.34	16001	86.28
	餐饮业	115	1.8	294	4.77	315	2.83	662	5.1	1674	9.02
	其他	257	4.03	1309	21.26	6121	55.09	5879	45.25	870	4.69
按经济类型分	国有经济	2592	40.6	2360	38.32	3431	30.88	1183	9.11	1125	6.07
	集体及股份合作经济	1401	21.95	1199	19.47	402	3.62	538	4.14	145	0.78
	个私经济	887	13.9	996	16.17	1989	17.85	3990	30.71	9401	50.69
	其他经济	1503	23.55	1603	26.03	5288	47.6	7280	56.04	7874	42.46

四、固定资产投资结构

1971～1980年，全县完成固定资产投资2200.29万元，年均220万元，其中全民基本建设投资占91.4%，主要用于交通、能源、水利设施建设。

1978年后，随着改革开放不断深入，以社会主义经济建设为中心，全县的重要建设项目和重点工程日益增多，固定资产投资规模逐年扩大，推动了全县国民经济和社会发展。

1981～1990年，全县完成固定资产投资1.18亿元，年均1178万元，比前10年增长435.45%。20世纪90年代后，随着章凤口岸开发、产业结构调整、县城迁移，农业、交通、水利基础设施投入增大，固定资产投资速度加快，特别是章凤新县城建设，1998～2005年完成投资1.1亿元。1991～2005年，全县固定资产投资19.93亿元（不含1999年、2001年）。

陇川县择年社会固定资产投资结构统计表

表11—5 单位：万元、%

指 标	1985年		1990年		1995年		2000年		2005年	
	投资额	比重	投资额	比重	投资额	比重	投资额	比重	投资额	比重
基本建设	1055	66.6	489	29.69	2695	65.05	16519	86.11	25520	79.71
更新改造			145	8.8	159	3.84	453	2.36	783	2.44
房地产开发										
城镇工矿区及私人建房	9	0.57	328	19.91	382	9.22	458	2.39	1241	3.88
农村非农户和集体	41	2.59	21	1.28	75	1.81	123	0.64	507	1.58
农村私人建房	320	20.2	420	25.51	632	15.25	802	4.18	2731	8.53
其他投资	159	10.04	244	14.81	200	4.83	827	4.32	1236	3.86
全年累计完成投资	1584		1647		4143		19182		32018	

第三节 重点项目建设

从1975年第5个五年计划开始，至“十五”末2005年止，陇川县立项的重点建设项目共33个，年均投资约1.17亿元，是建县以来投资速度较快的时期（见下表）。

1980～2005年全县重点建设项目一览表

表11—6

计划时间	立项数	建设项目
“五五”时期	1	建户撒河一级电站，装机容量1×2000千瓦
“六五”时期	1	景坎糖厂扩建：架输电线路100千米、通讯线路30千米，建厂房11.62万平方米，增加机器设备1290台（件）
“七五”时期	11	修县乡公路287.5千米、乡村公路137千米，建柏油路20千米，景坎糖厂扩建，梁陇公路、精制茶厂、华凤造纸厂、章凤皮革厂、玉雕厂、编织袋厂及一批乡镇企业建成投产
“八五”时期	11	滇西南农业综合开发，商品粮基地、海岗水库、甸川制药厂和电池厂、福斯特木业公司、户撒河二级电站、改善章凤口岸基础设施等建设，陇川糖厂和户撒河一级电站改造，7250线程控电话安装工程，修复“章八”公路
“九五”时期	8	县城迁移、景坎糖厂改扩建、国家商品楼基地建设、赛号排涝大沟建设、“章遮”公路和“瑞章”公路建设、邮政电信程控设施建设、硅冶炼厂建设
“十五”时期	3	麻栗坝水库建设、章凤民族文化广场建设、勐宛路等19条城镇道路建设

第二章　物价管理

1983年前，县综合物价工作由县计经委管理，商业、粮食、供销主要部门设立物价股，管理各自系统物价。1984年，在县计经委成立物价检查所，配专职人员3人。1990年7月，整合县计经委等部门物价管理职能，成立陇川县物价局。1993年6月，县工商局、县物价局、县技术监督局合并，称县工商物价技术监督局。1996年7月，县物价局从县工商物价技术监督局分离，并入县计经委。1997年7月，政府机构改革，县计经委改为县计委，县物价局随之并入，在县计委加挂物价局牌子。2002年11月，县物价局并入县发改局，物价管理职能由县发改局承担，内设物价股、价格监督检查所。

第一节　价格改革

1979～1991年，改革计划价格体制，调整和放开部分农产品和工业品价格，逐步理顺价格体系。1983～1990年，实行划分价区定价政策，农副产品价格放开。1986年，按行政区修改为3个价区。1990年后，价区划分被取消。

1990年，调整制定化肥、食糖、种子等10个品种销售价格。

1998年，实施《中华人民共和国价格法》《收费许可证管理办法》。

2000年，制定部分宾馆、招待所收费及章凤、陇把农贸市场摊位和屠宰收费规定，下达8个收费项目，40个收费标准。

2001年后，逐步完善社会主义市场价格体制，继续完善价格调控体系，把政府调控与市场调节有机结合，发挥价格信号引导资源配置作用。

2005年，制定调整杂交水稻、杂交玉米种子和常规稻（滇陇201）种子的全县统一综合销售价格。审定护国、王子树、清平农贸市场摊位及屠宰场收费标准。

第二节　收费管理

1978～1989年，全县的收费管理职能由县计经委物价股负责，集贸市场收费按省、州规定标准交由县工商局执行。

1990年后，县物价局负责全县的收费管理工作。1991年，开始在全县核发行政事业性收费许可证、经营服务性收费许可证，执收单位持证亮证收费。

1991～2005年，开展行政事业性收费许可证、经营服务性收费许可证审验工作。其间，2000年审验行政事业性收费许可证正本107个、副本237个、收费项目348项、收费标准1240个、收费金额1810万元，年审率100%。审验经营服务性收费许可证正本51个，收费项目266项，收费标准336个，金额1987万元，年审率100%。

2005年，开展经营服务性收费许可证审验工作，审验正本28个，副本46个，收费项目118项，收费标准321个，金额9685.43万元，年审率100%。新办经营服务性收费许可证5户，办理收费项目22项，收费标准43个，注销1户。

第三节　价格监督检查

1982年，全县组织物价检查2次，检查出提价商品25个、库存提价金额5438元；降价品种347个、库存降价金额4.18万元。

1984年，开展全县物价税收财务检查，按照《中华人民共和国价格法》《行政处罚规定》依法处理。将违价所得金额依法退还消费者（用户），无法退还的依法收缴县财政。

1986～2005年，对自行提高或变相提高销售价格、自行设立收费项目等现象进行查处。共查处价格违法案件75起，违价金额达111.26万元。其中10万元以上案件2起，万元以上案件18起，千元以上案件26起，千元以下案件29起。

第四节　价格认证

1998年8月，陇川县按照国家计委关于《价格事务所工作管理暂行办法》精神，成立陇川县价格事务所。2003年2月，更名为“陇川县价格认证中心”。

1998～2005年，县价格认证中心以国家和省的法律法规为依据，按照合法、客观、公正、科学的原则，开展物品价值评估和鉴定工作。共办理价格认证业务582件，鉴定价值976.02万元。其中刑事案件465件，鉴定价值463.15万元；其他案件117件，鉴定价值512.87万元。

1998～2005陇川县价格认证中心价格认证统计表

表11—7　　单位：万元

类别 年份	鉴定总数		刑事案件		其他案件	
	件数	案值	件数	案值	件数	案值
1998	48	55.08	33	26.8	15	28.28
1999	74	104.36	56	73.66	18	30.7
2000	65	237.12	51	37.34	14	199.78
2001	86	147.2	64	44.58	22	102.62
2002	98	96.54	81	44.78	17	51.76
2003	79	122.84	64	71.57	15	51.27
2004	65	104.24	58	94.47	7	9.77
2005	67	108.64	58	69.95	9	38.69
合计	582	976.02	465	463.15	117	512.87

第三章　统　计

1978年后，陇川县统计机构逐步健全。1982年，设立县统计科。1990年，成立县统计局。改革开放以来，县统计局贯彻《统计法》等法律法规，发挥统计调查、统计信息和统计执法功能，依法开展常规专业统计、经常性抽样调查、全国性周期普查、非常规抽样调查等专业工作，为县委、县政府及社会各界提供客观、准确、翔实的统计信息资料。强化统计监督，及时监测全县经济运行状况。坚持依法治统，严格统计执法，查处统计违法行为，为经济建设服务，多次获得上级表彰。

第一节　统计管理

1978年后，执行统计制度，按时填报各种统计报表，形成统计数据和统计分析报告，为县委、县政府以及各级各部门参考使用。编辑《陇川统计》《信息简报》《统计年鉴》《统计公报》。

1991年，县统计局召开全县各企业统计会议

1984年，《中华人民共和国国家统计法》颁布实施，县统计局在开展《统计法》宣传的同时，加强统计执法检查工作。

1987年、1989年，县统计局开展两次统计执法检查。

1991年9月，成立由县统计局、县司法局、县监察局3部门5人组成统计检查室，召开专门会议，配发统计检查证，在全县开展统计执法检查工作。

1994年，县统计局在全县范围内组织开展统计执法执行情况检查，对1993年以来的统计违法行为进行检查，通报批评7户10起，查处20户40起，处罚金额3200元。

1998年，县城搬迁，工业和流通企业经营不景气，统计报表出现迟报现象，县统计局根据《中华人民共和国统计法》相关条款，对12起迟报的单位和个人进行处罚，处罚金额3000元。以此形成一年一检查，两年一大查的统计执法常规检查制度。

第二节　统计调查

一、农产量抽样调查

1982年，陇川县统计科首次在景罕公社组织农产量抽样调查，通过抽样调查推算出水稻产量与实际数误差不到百分之二。调查实行随机抽样，根据实地收割结果推算全镇的水稻产量计算出误差系数，再根据抽样公社情况及误差系数推算出全县的水稻产量。

二、城乡住户调查

1985年，开展全县农村住户调查，调查对象29户。1989年，县统计局对调查点和调查户进行调整，确立调查户15户，分布在5个乡镇，12个行政村，每年每户补助50元。2002年为50户，2004年增至60户，每户补200元。

1989年，开展陇川县城市住户调查，调查对象最初为20户，每户每年补助调查费60元，尔后补助费适当调整。1999年起，调查户增至30户，调查补助费提高到每户250元，调查覆盖范围扩大，样本取样具有代表性。

三、居民消费价格指数调查

1990~2005年，居民消费价格指数（CPI）调查内容涵盖全县城乡居民生活消费的食品、烟酒及用品、衣着、家庭设备用品及维修服务、医疗保健和个人用品、交通和通信、娱乐教育文化用品及服务、居住等8大类商品与服务价格。县统计局开展的一次性调查只负责调查工作的组织实施，调查结果由上级部门汇总、分析和发布。

1997年，县各部门领导到统计咨询平台咨询有关数据

表11—8

1990～2005年陇川县消费品价格指数调查统计表

年份	消费品价格指数	年份	消费品价格指数
1990	96.76	1998	98.5
1991	100.19	1999	97.2
1992	104.5	2000	98.3
1993	111.98	2001	99.2
1994	119.5	2002	98.7
1995	115	2003	102.4
1996	109.8	2004	103.5
1997	103	2005	101.7

四、投入产出调查

1987年，陇川县开始组织实施全国投入产出调查。调查对象是全县的重点法人单位、涉及除农、林、牧、渔业外的所有国民经济行业，对国民经济各部门的投入结构、投资结构、库存结构、城乡居民和社会消费结构、进出口结构等情况进行重点调查。调查了解法人单位的成本费用构成和利润、投资项目的投资构成等。投入产出调查每5年进行1次。1987年、1992年、1997年、2002年，分别进行4次调查。

五、1%人口抽样调查

1987年7月1日，陇川县组织实施首次1%人口抽样调查。1995年10月1日，组织开展第二次1%人口抽样调查。2005年11月1日，组织开展第三次1%人口抽样调查。

第三节　普　查

一、人口普查

1982年，开展第三次全国人口普查。陇川县总人口12.31万人，其中男性6.08万人，女性6.23万人，汉族有5.78万人，傣族有1.86万人，景颇族有3.29万人，阿昌族0.87万人，傈僳族0.28万人，其他民族0.23万人。

1990年，开展第四次全国人口普查。陇川县总人口14.9万人，其中男性7.5万人，女性7.39万人，汉族6.5万人，景颇族4.22万人，傣族2.38万人，阿昌族1.1万人，傈僳族为0.37万人，德昂族0.098万人，其他民族为0.22万人。

2000年，开展第五次全国人口普查。陇川县总人口17万人，其中男性8.72万人，女性8.28万人，

州、县领导深入村寨检查农普工作

汉族7.85万人，景颇族4.35万人，傣族2.74万人，阿昌族1.22万人，傈僳族0.45万人，德昂族0.12万人，其他少数民族0.27万人。

二、工业普查

1985年末，开展第二次全国工业普查。全县共有工业企业法人单位25个，从业人员2080人。其中全民所有制工业企业13个，集体所有制工业企业12个。工业总产值2201.4万元。

1995年末，开展第三次全国工业普查。全县共有1316个工业企业单位，从业人员6356人。其中乡及乡以上工业企业51个，从业人员3441人；村办工业企业16个，从业人员134人；个体工业1249个，从业人员2781人。全县工业企业实现工业总产值3.24亿元。

三、第三产业普查

1993年，陇川县组织实施第一次第三产业普查。普查年度为1991年和1992年。普查结果：

1991年末，全县共有第三产业企业单位185个，从业人员2616人；第三产事业行政单位567个，从业人员5199人；第三产业个体户1092户，从业人员1743人。第三产业实现增加值5182.2万元，其中劳动者报酬2884.2万元、生产税净额570.4万元，固定资产折旧1189.1万元，营业盈余538.5万元。

1992年末，全县共有第三产业企业单位215个，从业人员3056人；第三产事业行政单位576个，从业人员5259人；第三产业个体户990户，从业人员1770人。第三产业实现增加值6404.3万元，其中劳动者报酬3661.9万元，生产税净额598.8万元，固定资产折旧1239.1万元，营业盈余904.5万元。

四、农业普查

【第一次全国农业普查】 普查时点标准是1996年12月31日，时期标准是1996年1月1日至12月31日。普查登记日期为1997年1月1日起，在1个月的时间内完成38个调查项目、687个指标的入户登记。普查结果：1996年，全县从事生产经营活动的农村住户数为2.57万户。其中农业户为2.4万户、非农业户为1682户、纯农业户为2.2万户、兼业户为3776户、收入来源以种植业为主的有2.46万户。全县有非农村住户类生产经营单位420个、非农乡镇企业总数为41个。其中乡镇办24个，村办4个，联户办3个，户办10个。平均每个企业从业人员数为14.02人。

五、基本单位普查

【第一次全国基本单位普查】 普查时点为1996年12月31日，普查资料调查年度为1996年。经过普查：1996年末，全县共有法人单位389个，产业活动单位689个。其中企业法人单位177个，事业法人单位70个，社会团体法人单位6个，机关法人单位65个，其他法人单位71个，生产经营性产业活动单位312个，非生产性产业活动单位377个。

【第二次全国基本单位普查】　普查的标准时点为2001年12月31日。普查资料的调查年度为2001年。普查结果：2001年末，全县共有法人单位504个，产业活动单位930个。504个法人单位中，企业法人单位202个、事业法人单位145个，社会团体法人单位8个，机关法人单位77个，其他法人单位72个。930个产业活动单位中，农林牧渔业93个，制造业85个，批发和零售贸易、餐饮业177个，社会服务业63个，国家机关、党政机关和社会团体226个，教育、文化、艺术及电影广播电视业127个。

六、经济普查

【第一次全国经济普查】　普查的标准时点为2004年12月31日，普查时期为2004年度，普查登记日期为2005年1月1日起。普查结果：2004年末，全县共有从事第二、三产业的法人单位386个，其中企业法人单位112个，机关、事业法人单位180个，社会团体法人单位16个，其他法人单位78个。产业活动单位693个，其中第二产业56个，第三产业615个。个体经营户3813户，其中第二产业470户，第三产业3343户。2004年末，全县第二、三产业的就业人数为1.54万人。其中第二产业就业人员3635人，第三产业就业人员1.18万人。单位就业人员8832人，个体经营人员6560人。2004年末，全县第二、三产业112个企业法人单位实收资本总额为1.93亿元。其中由国家投入的资本0.31亿元，集体投入的资本0.13亿元。在单位就业人员中，制造业1981人，建筑业厂212人，公共管理和社会组织2430人，教育2192人，零售业67人。

2004年陇川县各乡镇经营户普查分布表

表11—9　　单位：个、户

乡镇名称	法人单位	产业活动单位	个体经营户
章凤镇	217	383	1775
城子镇	32	43	420
陇把镇	28	48	389
景罕镇	18	33	413
户撒乡	21	42	281
清平乡	15	33	188
护国乡	12	24	44
王子树乡	15	29	70
姐乌乡	8	18	98
赛号乡	10	19	74
勐约乡	10	21	61
全县	386	693	3813

第四章　土地管理

1984年前，土地管理工作先后由县政府建设科、县计委、民政局负责。1984年，成立城乡建设环境保护局，内设土地管理股，具体负责协调、处理土地方面的业务工作。1988年 3月，成立县土地局。2002年，县土地局改称县国土资源局，负责全县土地规划利用、地籍管理、土地执法、耕地保护、地质环境和矿产资源管理等。土地管理逐步规范和加强，逐步走向在保护中开发、在开发中保护的总体要求。

第一节　土地资源管理

一、土地调查

【土地资源详查】　1997年，陇川县开展国土资源及农业普查，通过逐家逐户进行土地登记和国土资源调查形成报告。全县山区、半山区国土面积1429.55平方千米，占全县总面积的76.72%；坝区433.9平方千米，占全县总面积的23.28%。全县实有农业耕地面积2.4万公顷，其中水田1.3万公顷，旱地1.1万公顷，占全县土地面积的14.05%。园地面积2 187公顷，占全县土地总面积的1.13%。林地面积12.12万公顷，占62.77%。居民用地3360公顷，占1.74%。其他农用地面积1.99万公顷，占10.29%。交通用地面积440公顷，占0.23%。水利设施用地面积1333.33公顷，占0.69%。其他用地1.76万公顷，占9.1%。

至2005年，全县有耕地面积2.71万公顷，其中水田面积1.37万公顷，旱地1.34万公顷。全县土地总体利用率92.9%。

【地类变更调查】　1996年3月，进驻龙江河谷，对所属王子树、邦瓦、勐约3个乡的地段进行地类变更调查试点，历时16天。同年8月8日，在全县铺开，外业投入工时400个，内业投入工时300个，耗资1万元，于10月底完成全县地类变更调查任务。

1997年6月，举办第二期地类变更调查培训

二、土地利用总体规划

2000年，实施《陇川县土地利用总体规划（1997～2010年）》，对耕地保有量、基本农田保护面积、建设占用耕地量等主要规划指标实行逐级控制，同时建立县、乡

（镇）两级规划体系和新增建设用地预审制度。

1997～2005年，陇川县建设用地面积由4294.12公顷增到5500.03公顷（土地变更调查数），净增1205.91公顷，未突破全县1997～2010年新增建设用地的规划目标。单位建设用地二三产业增加值，从4.01万元/公顷增加到8.35万元/公顷，净增1.1倍，土地利用效益提高。全县累计整理复垦和开发补充耕地3306.35公顷。实现生态退耕1082.21公顷，增加林地面积1331.67公顷。

三、土地统计

1987年前，全县土地统计仅限于农业耕地和征用土地统计，耕地由县统计局负责，分总计、水田、旱地3项。统计时分别按大春粮食面积、小春粮食面积及经济作物面积统计。征用土地的统计则由负责征用土地的部门进行，先后有县计经委、县民政局、县城建局等部门进行统计。

1987年后，根据国家统计局和国家土地局共同制定的《土地统计报表制度》，土地统计实行“双轨制”，即由统计部门和土地管理部门分别进行。

1992年，土地部门实行全国统一的5种报表。即《土地利用分类面积》《耕地面积变化情况》《各类建设用地当年增加面积》《城镇建设用地当年增加面积》《土地利用分类》。从1992年后按土地利用调查成果逐年上报统计报表。归档形式采用电子计算机录入存档。

1996年8月下旬，建立全县乡镇初始土地统计台账。按行政区域分解数据图斑成果、成图资料2万余个，历时1个多月，投工120个，耗资8000元。

1997年，全县开展农业普查，普查结果（见土地利用数据）录入电子计算机。

1998年10月中旬至11月中旬，在土地变更的基础上，花费400余个工时，耗资5000多元，建立各乡镇台账。

1999年，全县开展完善城子、景罕2个镇的土地统计台账工作，共计宗地1209宗，微机建账447宗。

2000年，全县开展西部大开发土地资源调查评价工作，评价结果录入统计数据库。

2003年，全县开展土地利用更新调查工作，按照《全国土地分类》体系，全面清查县域土地利用现状，更新基础图件，汇总、统计各类土地数据，建立调查数据库及管理信息系统。

2005年，全县开展土地更新调查工作，利用新土地分类对外业、内业面积进行量算、数据汇总。

四、土地执法

1986年11月，成立陇川县清理非农业用地领导小组。1987年3月至1989年10月，在全县全面开展清理农业用地工作。其间，1982年3月至1987年2月，共有非农业建设占用地2370件，用地总面积156.68万平方米。清查出违法用地717件，占清查总件数的28%；面积89.45万平方米，占总用地面积的57.09%。至1989年10月，全县累计处理215件，占应查处的30%。收回超标准土地48.48万平方米，补交罚款7638.40元，收取土地使用费1.4亿元、土地管理费6.96亿元。同年11月，县土地管理局在县城、章凤、景罕3镇开展干部、职工违法占地建私房查处。对1983年11月以来已批准的130户，征地面积3.19万平方米建房户进行核查，查出已划而尚未动工建盖的有58户，面积1.7万平方米。

1990年4月，成立清查违法用地、违法建设领导小组，全面清理从1983年以来干部职工在农村建房用地及农民建房用地。1990年11月至1991年6月，在章凤、城子2镇开展干部职工违纪违法占地建私房清查，共查174户，占地总面积7.29万平方米。清查结果：超占户82户，面积4813.41平方米，多处占房3户，出售转让5户，在公用地内建房2户。对超占的82户划出超占土地面积2.9万平方米；拆除部分建筑物35户，面积1573.15平方米；产权收归公有5户，面积1451.29平方米；违纪出租7户，面积1400平方米。收回租金5040元，罚款6682.23元，收取土地管理费6.68万元。

1992年9月14日至10月20日，全县开展土地隐形市场调查清理整顿试点工作。共清查62宗地，涉及192个单位和个人，其中出租房屋和直接出租地96户，面积9235.16平方米，年租金22.55万元；转让房屋带土地95户，面积500平方米，转让金5万元；以土地入股1户，面积45.82平方米，年租金4万元。合计交易金额31万元。

1994年4月20日至5月20日，对章凤、拉影开发区自行买卖、转让、出租、抵押土地的自发交易行为进行全面清理整顿。清理章凤开发区超占户33户，超占面积6242平方米，收取补办手续费5305元；清理街面房屋出租488户，出租面积1.14万平方米，月租租金5.72万元。配合陇把镇清理超占户12户，超占面积988平方米，收取补办手续费3401元。清理拉影开发区90户，占地面积36.38万平方米。同年，全县发生违法占地29户，面积1.48万平方米。其中未批就建房27户，买卖土地、认祖宗地2户。

1995年，对城子、景罕、陇把、章凤4镇土地隐形市场清理整顿。清理109个出租单位，57户出租户，面积1.42万平方米，月租金8.41万元。清理砖瓦场33个，面积5.83万平方米；禁止使用18个、复耕3万平方米、批准使用15个（面积2.83万平方米），查处违法用地结案率100%。同年，全县发生违法占地18起，面积7313.37平方米。

1996年，查处违法用地7起，面积7020平方米。审批砖瓦场25个，面积4.17万平方米。整顿土地自发交易市场，收取土地收益金1万余元。违法用地率比上年下降72%。

1998年，清查补办国家建设用地1宗3.73万平方米。

1999年，立案查处违法炒卖土地案件11起，涉及土地面积9000平方米，罚款3960元，收取补交出让金4.09万元。

清理农田树枝

2001年8月16日，根据省、州政府关于整顿和规范土地市场秩序工作的安排和部署，清理非法占地9宗，面积2740平方米；违法转让15宗，面积2.26万平方米；划拨用地改变使用条件44宗，面积1.31万平方米；少批多占3宗，面积406.67平方米；批而未用闲置土地89宗，面积27.38万平方米。同年，依法查处土地违法案件14起（其中立案查处2起），涉及土地面积1.65万平方米，结案率100%。

2002年，全县依法查处土地违法案件17起，涉及土地面积7820平方米，制止越界开采矿产资源案件1起。

2003年3~10月，对全县土地市场秩序进行重点整治，全县清理各类违法用地47宗、面积29.23万平方米。其中改变土地用途4宗，4866.7平方米；不批就占8宗，4.69万平方米；非法转让12宗，7013.37平方米；少批多占1宗，393.34平方米；批而未用22宗（其中在拉影的有18宗），23.31万平方米。在清理的47宗违法用地中，查处39宗，28.92万平方米；未处理8宗，3046.68平方米，违法用地查处率83%。清理划拨土地用于房屋出租440宗，4.8万平方米。其中房屋出租补办出让手续43宗，9833.38平方米。清理龙凤路、卫国路用地62宗，1.62万平方米；办理出让用地手续48宗，1.09万平方米。共收取费用97.85万元，其中收取出让金90.94万元，收益金4.81万元，罚款2.1万元。

2004年，对11个乡（镇）土地市场清理整顿进行摸底调查，收缴各种费用75.67万元。清理闲置土地230宗，面积27.56万平方米。办理闲置用地延期手续92宗，3.18万平方米，收缴闲置费5.47万元。办理延期手续68宗，4.05万平方米。无地主户和不办理用地户70宗，20.33万平方米（单位10宗，14.81万平方米，个人60宗，5.52万平方米）。办理划拨用地变为出让用地50宗，面积3.81万平方米，收取土地出让金55.72万元。收缴土地收益金5.13万元。对全县加油站用地进行全面清理，以出让方式办理10宗，1.52万平方米。查处12起违法买卖土地案件，涉及面积6946.7平方米，收缴罚没款9.35万元，结案率100%。制止9起违法占地行为，面积3460平方米。

2005年，清理城镇存量建设用地85宗，面积38.48万平方米，纳入储备2.34万平方米；清理“以租代征”用地3宗，12.61万平方米；检查勘查区块5个、采石场22个、采砂场17个。同年，查处各类土地违法案件18起，面积1.01万平方米。

五、土地纠纷调解

1988～1997年，全县来信来访2788件次，其中来信347件、来访2441人次，主要反映山林土地纠纷及机关、企事业单位及个人违法违章占地的行为等。县土地局对所有来信来访件进行调查和处理。

1997年，群众来信来访34件次。其中属毁坏土地资源（建砖瓦窑）2件，权属争议13件，咨询建议19件。局领导阅办8件，办公室办理26件，结案率100%。

1998年，接待群众来信来访43次，其中来信13件，县人大转交复议案件答复5件。1998～2001年，调解处理山林土地纠纷108件，立案17起，争议面积151.27公顷。

1999年，接收来信7件，接待来访19次68人。

2001年，受理群众来信来访97件，政协委员提案2件，办结率100%。

2002，受理群众来信来访46件，政协委员提案1件，办结率100%。

2004年，受理来信来访13件（其中来信3件、人访10件），有效调处上章凤组李某某家0.08公顷土地争执越级上访案件。当年调处山林土地纠纷88起，涉及面积25.42公顷。其中山林纠纷5起，面积12.67公顷；水田争执10起，面积3.7公顷；宅基地纠纷14起，面积3 400平方米；其他纠纷29起，面积8.61公顷。

2005年，接待群众来信来访16件（其中来信6件、人访10件），办理代表议案6件，办结率98%。当年调处山林土地纠纷77起，群众满意率98.5%。

第二节　建设用地管理

一、城镇房地产普查

1985年9～12月，根据《关于开展全国城镇房屋普查的通知》，对县城全民单位、集体单位、居民、农民及景坎糖厂的房地产进行全面普查登记。普查全民单位79个，1481户，4499人；集体单位15个，213户，798人；私产543户，2747人。全县城镇土地使用面积2.26平方千米，建筑面积0.36平方千米，住宅使用面积0.12平方千米，实际住人面积5.64万平方米。居住面积5.37万平方米，人均6.67平方米。缺房户、不便户、拥挤户合计396户，占总户数的17.70%。

二、城镇村庄地籍调查

1993年9月至1996年7月，根据《城镇地籍调查规程》《云南省城镇地籍调查实施细则》《城镇村庄地籍调查方案》，开展城镇地籍申报、登记、测量工作。聘请省测绘一大队1039队协助，完成城子镇、景罕镇、陇把镇地籍调查。

1993年9月17至12月20日，完成城子镇调查测图任务。投工2274个，耗资1.32万元，调查面积2.8平方千米。划分为3个片，33个街坊，912宗地。调查中调解土地纠纷33起，埋设控制桩和界址桩213棵。测图施测一级光电测距导线17.2千米42个点，二级光电测距导线6.1千米43个点，1∶500地籍图3.1平方千米。

1995年2月21日至3月11日，调查完成景罕镇技术测绘任务。调查面积1.31平方千米，分4片、9个街坊、302宗地、800个界址点，埋设权属界桩40棵，投工200个，耗资0.8万元。

1996年4月12日至7月3日，完成陇把镇调查测图任务。投工520个，耗资0.3万元。内业成图以当年10月底结束，投工200个，耗资0.5万元。地籍调查面积为1.3平方千米，分5大片，16个街坊，86宗地（其中农场41宗，地方45宗）。埋设一级导线桩水泥柱22棵，二级导线钢锭45棵，引导测量支点100余个。同时，对陇把镇户岛办事处开展农村地籍调查试点，调查200宗地，面积0.12平方千米。

三、土地登记申报

1985年12月，县城（今城子镇）房地产普查后，县土地局给私产发（换）临时房产证500本。

1988年9月，县土地局根据省土地管理局《关于全省开展城镇国有土地使用权申报工作的请示》，在城子、章凤两镇规划区范围内，开展国有土地使用权申报，1989年底基本完成。申报总数为1443个单位（户），1566宗地，面积2509.14万平方米。其中单位188个，287宗地，面积247.73万平方米；居民435户，445宗地，面积14.4万平方米；农民820户，837宗地，面积17.41万平方米。

四、土地使用证办理

1987～1989年，在清理非农业用地中，全县核发土地使用证144户。

1993年，开展城镇地籍调查后，在城子、章凤两镇发放土地使用证536本。其中单位106本，面积89.53万平方米，个人430本，面积15.05万平方米。另外配合房改发证705本。

1995年，为城子镇发证1691宗，为景罕镇发证200宗。

1996年，城子镇发证。国有325宗，集体532宗，发证率95%；景罕发证270宗，发证率85%；陇把镇发证86宗，发证率100%。

1997年，发证75宗，面积50.75万平方米，发证率87.2%。其中农场36宗，面积42.33万平方米；地方39宗，面积8.42万平方米。

1998年，全县办理国有土地出让41宗，面积1.91万平方米；划拨土地90宗，面积12.46万平方米，主要用于陇川县城搬迁建设。清查补办国家建设用地1宗3.73万平方米。审批农村宅基地137户，面积3.17万平方米，清理补办20户，面积2133.34平方米。

1999年，完成城镇土地登记发证1926宗，独立工矿登记发证10宗。

2001年，全县完成613宗土地进行使用权登记发证。其中国有453宗（房改发证67宗），集体147宗，农村发证13宗。陇川县房改数为2557宗，应发证数为2287宗，270宗因手续未完善未办理房改发证（县城搬迁新城、园林小区单元楼住户）。完成章凤镇2个村民委员会集体土地所有权登记发证工作共92宗，面积3868.8公顷。

2002年，完成国有土地使用权发证683宗（其中房改房142宗），集体土地使用权发证185宗，集体土地所有权发证107宗，完善土地其他项权证登记292宗。

2004年，全县发放国有土地使用权证书701宗，办理其他项权证270宗，集体土地使用权发证1200宗，完成集体土地所有权发证1个乡7宗。全县房改总数为1996宗，完成1987宗，发证率99%。

2005年，全县累计发放土地使用权证书3402宗，其中国有土地使用权证844宗，占24.81%；集体土地使用权证2335宗，占68.64%；其他项土地权证223宗，占6.55%。

第三节　土地开发利用

一、农垦

1997年末，国营陇川农场已开发利用土地3829公顷，人均0.3公顷。其中耕地2993.33公顷，林地102公顷，茶园73.33公顷，果园29.8公顷，橡胶园2.67公顷，水面175.93公顷，其他用地452公顷。2005年末，全场有土地5733.33公顷。已开发利用5160公顷，占土地总面积的90%，未开发利用573.33公顷，占山地总面积的10%。

二、滇西南农业用地综合开发

1990年，国家和省、州农业综合开发领导小组立项，陇川县被列为滇西南农业综合开发县。县政府制订开发计划，成立领导小组和开发办公室。开发项目包括改造中低产田、兴建水利工程、开荒、造林、改良草场等。资金由国家农业发展基金、农业专业贷款、地方财政拨款、群众集资4部分组成，开发分3期完成。

1990～1992年，一期项目开发区域为章凤、景罕、城子、赛号、姐乌5个乡（镇）。总投资1904万元，改造低产田5066.67公顷，开荒800公顷，造林3000公顷，植造农田防护林3733.33公顷，改良草场21.33公顷，发展牲畜0.2万头（只），水产养殖171.07公顷。

1993～1995年，二期项目开发区域除上述5乡镇外，增加户撒乡。项目以继续改造中低产田，推广农、林、水科技，增强农业发展后劲为主要内容。总投资1821万元。

1996年，三期项目实施开发清平邦冷山、吕坐山，景罕曼软山，章凤吕门、曼弄低丘荒山造林，共完成226.67公顷，占计划的100%。完成冬玉米种植360公顷、小麦样板种植1060公顷、中低产田改造1133.33公顷，重点实施赛号排涝渠工程。当年实际投资251.2万元，占计划数的67%。

三、土地复垦开发

1998～1999年，县土地局组织开展复垦耕地127.94公顷。其中开发耕地58.27公顷，主要种植甘蔗、水稻；复垦耕地26.67公顷，主要是赛号排涝大沟水淹田的复种及城子南宛河道两侧，投资507.55万元。2年全县耕地净增面积144.54公顷。

1996年8月，首次国有土地使用权拍卖会

2000年，完成清平乡广岭村土地开发复垦（占补平衡）项目，建设规模68.1公顷，新增耕地22.83公顷，投资总额25.08万元。

2001年，对清平乡16.65公顷荒坡地、滩涂地进行开发复垦，增加有效耕地面积153.85公顷。整治南宛河西岸土地，建设规模994公顷，投资914万元，工程建设期2年。2002年1月～6月，南宛河西岸土地整理工作启动，完成投资835.69万元。建成干、排水利工程12.96千米，其中支砌田道9条5.04千米，支砌渠和支砌排水沟20条7.92千米。改河道1条，建渡槽3座、桥涵27座。完成土地平整275公顷，新增耕地56.07公顷。

实施土地整治后的户撒田园风光

2004年，陇把、户撒、城子3个灾毁土地复垦工程，投资6147万元，建设规模1415.2公顷。2005年，陇把、户撒、城子3个灾毁土地复垦工程，列入国家重点项目急建工程，累计完成投资1644.75万元，占总项目的26.76%。清淤、平整复垦水毁地497.32公顷，其中清淤93.47万立方米，土地平整368.52公顷。建成水石坝22道、桥涵5座。将整理南宛河土地项目中未完成的建设内容，作为续建工程，列为省级补助项目，投资415万元，完成土地平整446公顷，支砌排水沟10条12.3千米，修灌溉沟渠11条1.2千米。

四、章凤口岸开发

1988年，章凤口岸初始总体规划开发面积为6.32平方千米，其中章凤5.12平方千米，拉影1.2平方千米。同年，县政府在章凤口岸设立办事机构，组建陇川县房地产开发公司及城镇规划领导小组，负责统一征地，进行规划，分步实施开发工作。1992年，章凤被省政府批准为省级口岸（国家二类口岸），县政府建立章凤边境经济开发区和拉影边境经济贸易实验区（详见口岸编）。

五、龙江河谷开发

1988年1月28日至2月10日，县区划办组成调查组，对龙江河谷进行初步踏勘。1996年2月7日，陇川县将开发龙江河谷纳入“九五”计划，作出《中共陇川县委、陇川县人民政府关于进一步组织实施好龙江河谷开发的决定》。1996年3月2～29日，县勘测组经踏勘、测量、绘图，标出龙江河谷国有、集体（村、社）四至界线、辖区名称、山凹标志物等；绘制1:10000比例尺《蔗区规划图》《陇川县龙江河谷蔗区开发规划总图》，编制分步实施方案。龙江河谷长约44.5千米，宽约2.5千米，成狭长形，有适宜种植甘蔗的无林地、非林地及部分劣质林地面积10726.67公顷。其中国有4800公顷，占总面积的44.75%；集体5926.67公顷，占总面积的55.25%。具体分为：王子树乡4026.67公顷，其中国有1800公顷，集体2226.67公顷；邦瓦乡2600公顷，其中国有700公顷，集体1900公顷；勐约乡4100公顷，其中国有2300公顷，集体1800公顷。以上土地可开发利用面积为6433.33公顷，占总面积的60%，除去已利用面积2100公顷，实际未开发4333.33公顷。

开发中的龙江河谷筑路

龙江河谷开发指挥部

龙江河谷开发利用土地，由昆明裕安钢铁股份有限公司龙江糖业公司与县“三荒”开发办公室办理土地租赁手续，期限为20年（1995～2014年）。租金为前10年每亩每年5元，后10年每亩每年10元，分两期支付。国有土地资金，由县“三荒”（荒山、荒地、荒坡）开发办公室收取后，上缴县财政作为“三荒”开发基金。集体土地租金由村、社收取，作为发展集体经济事业费。

1995～1997年，龙江河谷共开荒种植甘蔗1020.13公顷、总产量6.56万吨，咖啡基地34公顷，水果基地10.13公顷，杉木基地133.33公顷。开发涉及3个乡56个社3006户，引进社会劳力342户608人。修筑龙江西线公路，北至梁河勐养乡，南至陇川勐约乡，贯通章遮路和路盈路，全长53千米（新建39千米，改造14千米）。一期工程于1997年11月28日开工，1998年5月竣工，总投资1456万元。

第四节 矿产资源管理

一、矿产资源

陇川县已发现的矿产主要有稀土、铅、锌、铜、铁、铌、钽、铍、煤、硅石等10种，已经探明的储量有稀土1.18万吨，煤356万吨。正在勘查的矿种有铀矿、金矿、铌钽矿3个矿种、4个区块。

陇川县矿产资源具有4个特点：（1）矿种少，规模小。全县已发现的矿种仅有10余种，已开采的煤和稀土，均为小型矿床或矿点；（2）矿产勘查程度低。全县已开采的矿种除煤外，其他均未作过科学勘探，储量不清；（3）矿产开发利用程度低。全县已开采的矿种除硅石外，深加工产品少。据统计，2000年，全县有矿山22个，从业人员1181人，产值549.26万元，占工业总产值的1.52%；⑷矿产虽少，但资源潜力大。全县已开采的煤、稀土、硅石、矿泉水及地热等矿产，与全州其他县市相比，属优势矿产，开采潜力大。

二、采矿权管理

1995年起，开征矿产资源补偿费，至2005年，累计收取开征费41.28万元，年均4.13万元。

1996年，全县共有采矿场点72个，当年新增29个、年检到期换证31个、补办手续7个。

1997年，有矿山企业（包括硅石场、煤厂、砖瓦厂、石场、捞砂场等）119户，办理采矿许可证115户。

1999年，核发开采办证101户。

2002年，全县持有采矿许可证企业23户，对一些零星开采的砖瓦黏土、砂石等个体企业，考虑该类企业属季节性开采，采矿周期短、规模小、产量低的特点，按“纳入管理、不发证”的要求处理。

2003～2005年，全县核发开采证23户。其中采石场17个，硅石厂3个，砖瓦厂3个。至2005年底，国家颁发的勘查许可证共4个，其中部级2个、省级2个。全县共有采矿权设置7个（上级备案的）。其中稀土矿1个，硅石矿2个，黏土矿1个，建筑用石矿3个。其他季节性开采临时矿点79个。

1995～2005年陇川县开征矿产资源补偿费统计表

表11—10　　单位：万元

年份	矿产资源补偿费	年份	矿产资源补偿费
1995	1.53	2001	5.50
1996	3.43	2002	3.00
1997	6.44	2003	2.02
1998	5.73	2004	3.00
1999	4.00	2005	2.63
2000	4.00		

第五节　地质灾害防治

一、灾害状况

2004年7月4～5日，陇川境连下暴雨，西北部山区多处山体滑坡，造成历史罕见的洪涝泥石流灾害，引起县委、县政府的重视，责成县国土资源局加强地质灾害防治工作。

2005年，县国土资源局与省地质环境监测站首次完成陇川县地质灾害隐患普查与区划工作。全县共发现地质灾害隐患点115个，其中滑坡54个，泥石流37个，不稳定斜坡24处。编制完成《云南省陇川县地质灾害调查与区划报告》，上报省、州政府。

二、灾害分布与特征

以王子树、护国两乡为主的北部山区、半山区，滑坡和不稳定斜坡发育相对集中，以中部邦棍尖山和西北部户撒外围山区、半山区滑坡、泥石流分布相对集中，其他乡镇地址灾害分布相对较少。其空间分布具有“点多面广，相对集中”的特点。地址灾害均发生在每年的主汛期5～10月。

三、灾害诱发因素

陇川县地处低纬度山原地区，山地面积广，海拔温差大，地质结构多为花岗岩和片麻岩，在亚热带的气候条件下，易风化成不稳定的岩土体，为滑坡、泥石流的形成和发展提供了条件。加之陇川地区干湿季分明，雨季降雨集中、人类工程活动、人为影响生态植被等因素，促进地质灾害发生。

四、 防治范围

经排查陇川县的王子树乡、护国乡、陇把镇的南洼河至邦棍河流域、户撒乡的坪山至保平村为地质灾害重点防治区。主要威胁村民宅房、耕地、农田水利设施及道路设施。此外，陇把至户撒公路沿线、景罕至遮放公路沿线、清平至护国公路沿线也是地质灾害防治的重点范围。

五、防治措施

陇川县根据国家颁布的《地质灾害防治条例》，从2005年开始，坚持“三为主”（预防为主、预测为主、灾前避让为主）、“四结合”（防治结合、专兼结合、单项治理与综合治理结合、重点建设规划与地质灾害防治规划相结合）的原则，加大对地质灾害的治理力度。（1）编制年度乡镇地质灾害防治方案，从县至村推行责任制。（2）完善群测群防网络体系建设，由县、乡、村三级管理机构和群测群防点以及相关信息沟通渠道组成。（3）做好地质环境保护宣传和执法检查工作。（4）健全各种规章制度、抓督促落实。（5）一旦有地质灾害发生，要协调配合，组织抢救，最大限度地减少地质灾害造成的经济损失。（6）县、乡（镇）人民政府分级建立地质灾害预防专项资金，扩大地质灾害治理范围。（7）县、乡两级政府在每年5月中旬要编制完成年度地质灾害防治工作方案和突发性地质灾害应急预案。

六、易地搬迁规划

2005年开始，县政府结合国家扶贫攻坚规划着手制定陇川县地质灾害点易地搬迁规划。计划于2016年、2017年、2018年分期分批完成搬迁64个村民小组，1952户，6999人。

第五章　工商行政管理

陇川县工商局办公楼

1978年中共十一届三中全会后，全县工商工作以维护社会主义市场经济秩序为中心，重点打击投机倒把和走私贩私活动，每年查处的投机及走私违法案件约在300件以上。1985～1992年，随着国家“对内搞活、对外开放”政策的实施，投机违法案件有所减少。1992～1999年，经济检查的重点转向反不正当竞争，大力查处假冒伪劣商品。1999年后，全国工商实行省以下垂直管理，工商部门建立起适应社会主义市场经济发展的工商行政管理新体制，重点整顿和规范市场经济秩序。至2005年，全县登记注册工商企业231户，有私营企业98户、从业人员1653人，注册资金1.2亿元。县工商局先后成立保护消费权益委员会及个体工商业劳动者联合会。

第一节　管理体制

1978年10月，县工商局有工作人员12人，1979年增至15人。1974～1991年，先后建立城子、章凤、陇把、景罕、清平、户撒、拉影7个基层工商所。

1992年末，县工商局从城子镇搬迁到章凤镇，与章凤工商所合署办公。

1999年4月，召开体制改革交接大会，工商局上划为省属单位

陇川工商局老办公楼

1993年3月，工商、物价、技术监督3部门合并办公，统称陇川县工商物价技术监督局。全局工作人员104人。

1996年6月，工商、物价、技术监督3家分别设立机构。

1999年4月，县工商局上划为省属单位，有干部职工106人，内设办公财务室、法制纪检科、企业登记管理科、个体市场登记管理科、经济检查合同管理科、商标广告管理科、市场服务中心、机关服务中心。下设章凤、陇把、景罕、城子、户撒、拉影6个工商所。

2002年3月，撤销拉影所并入章凤工商所，精减2个内部机构。同年5月，章凤、陇把工商所升格为分局。

2005年，县工商局有干部职工82人，下辖2个分局、3个工商所，负责监管全县5个较大的集贸市场。

第二节　市场监管

一、市场建设

（一）集市建设

中共十一届三中全会后，各级政府把培育、建设市场列入重要工作日程。从1984年起，投入相应的财力，对全县的主要集贸市场进行改建，结合交通建设规划，将一些集市的土路面改建成卫生文明路（水泥路），如王子树、清平、户撒、朗光、赛号等集市。1988年，县工商局投资51万元，对城子农贸市场进行改建，建街棚1810平方米，当年商品成交额达2458.8万元，比上年同期增加205.89万元。工商部门按照“搞活、管好、服务”三项原则，收取市场管理费和交易费，用于市场建设，安排有专人打扫卫生，主要市场设有公平秤，建有钢架货棚和少量肉案桌、挂肉钩。

陇川县集市设置简况统计表

表11—11　　单位：平方米、人、万元

集市名称	设置时间	占地面积	集市面貌	上市人数	街天成交额	空街成交数
城子街	1881年	4000	土路面、以路为市	12000	12	4
章凤街	清代中期	8000	土路面、以路为市	15000	7.53	2.7
朗光街	清末	4000	土路面、以路为市	1500	0.15	
户撒街	清末	11000	土路面、以路为市	3000	0.90	
芒东街	清末	8000	以路为市	3000	0.90	
王子树街	1920年	500	土路面、以路为市	2000	0.80	
清平街	1921年	6000	土路面、以路为市	3000	1.00	
景罕街	1934年	26000	土路面、以路为市	6000	1.987	

续表11—11

集市名称	设置时间	占地面积	集市面貌	上市人数	街天成交额	空街成交数
邦角街	1954年	1000	土路面、以路为市	400	0.15	
陇把街	1955年	10500	土路面、以路为市	10000	4.786	
南赛街	1980年	1200	土路面、以路为市	700	0.15	
弄安街	1980年	1000	土路面、以路为市	400	0.12	
丙寅街	1980年	2500	土路面、以路为市	2000	0.80	
邦瓦街	1980年	2000	土路面、以路为市	200	0.15	
广瓦街	1980年	2500	土路面、以路为市	700	0.20	
护国街	1980年	900	土路面、以路为市	500	0.15	
平山街	1980年	300	无设施	100	0.10	
垒良街	1980年恢复	400	无设施	300	0.15	
广等街	1982年	400	土路面、以路为市	300	0.15	
邦社街	1984年	400	无设施	500	0.15	
户弄街	1987年	400	无设施	200	0.10	
拉影街	1987年恢复	2500	土路面、以路为市	600	0.03	

1984～1993年陇川县主要农贸市场建设情况

表11—12　　单位：平方米、万元

名称	建设面积	结构	公平秤	投入经费		建设时间
				财政	市管费	
城子	7274	钢架铁皮顶	7	5.00	33.00	1984年、1993年
章凤	500	砖柱铁皮顶	1	8.00	2.00	1987年
景罕	730	钢架铁皮顶	1	11.2	1.60	1988年
拉影	1080	砖柱铁皮顶	1	50.00	8.00	1988年
章凤	320	普通	1	16.5	2.00	1988年

20世纪90年代，随着改革开放的深化，“建设一个市场、带动一片产业、富裕一方群众”已成为政府和社会的广泛共识。陇川县工商行政管理局，开始探索新的发展路子，经过调查、研究、讨论，提出新的发展思路：立足坝区，辐射山区，巩固和完善原有市场，突出中心，重点建设好章凤地区的各类市场，建立龙头市场，建成章凤地区“一农二专三早晚”和商住两用生活日用市场。坚持“管而不死、活而不乱”的方针，加强对市场的培育、引导和规范，对全县市场统筹规划，引导和培育建设，并分别实行划行归市，为促进城乡经济发展服务。这期间，先后对城子农贸市场、景罕农贸市场、陇把农贸市场进行了扩建和完善。1991年，县工商行政管理局出资1万元，将拉影市场

内的55格街棚搬迁到公路两旁，投资2万元制作小型房式肉案街棚41个。户撒乡党委筹资3万元，工商行政管理局补助2000元，建成长253米、宽22米的农贸市场。陇川农场筹资5.76万元，在陇把市场盖起街棚48格，面积6624平方米。景罕在县政府的领导下，开展创文明集市评查工作。城子、章凤、陇把、拉影、户撒5个市场被评为县级文明市场。并于9月20在拉影市场挂起“中缅街”牌子。章凤综合农贸市场、同心路日用品消费市场、户撒农贸市场、清平农贸市场等一批新型市场建成并投入使用。其中，章凤综合农贸市场是滇西南最大的综合农贸市场，1999年8月21日建成投入使用，总占地面积达43290平方米（65亩）。其中：商住房150套，10318平方米；半封闭综合商场75间，4700平方米；敞开式街棚12753平方米（街棚中建肉摊位216个，1098平方米；鱼禽摊位216个，1098平方米；蔬菜摊位484个，1464平方米；服装摊位288个，1756.8平方米，粮食类摊位200个，1683.6平方米）；露天摊位1000个，2000平方米；停车场1个，6000平方米，可停300辆机动车；牲畜市场1个，1500平方米。并配备了配套管理服务机构及安全消防设施，是一个规模较大，集多功能一体化的综合防治性集贸市场。总投资1336万元。2001年被省工商行政管理局评为“文明市场”，2003～2004年，被州工商行政管理局评为“全州诚信市场”。

第一代工商制服

第二代工商制服

2001年市场办管脱钩前，全县有城乡集贸市场30个，其中县专业市场2个（城子和章凤农贸市场），乡（镇）级集贸市场28个。全县各类市场拥有简易设施面积4.22万平方米。陇川县工商部门代表政府管理的市场有章凤、陇把、姐乌、景罕、城子、户撒、清平、护国、王子树、赛号、拉线、拉影、邦瓦、勐约等22个城乡集贸市场，年成交额为7097.4万元，年上市人数为749.5万人，在引导培育市场建设及改造、修补、完善中，陇川县工商行政管理局先后投入各项建设资金122.91万元。

2001年12月，根据国务院有关文件精神，县委、县政府确立“政府牵头，统一规划，多方兴办，工商部门监督管理”和“谁投资、谁受益”的原则，鼓励企业个体开办市场。陇川县工商行政管理局完成了市场办管脱钩工作。2005年后，同心路小农贸市场、天成商贸城、兴昌民族风情购物中心相继建成开业。上述3个市场均属企业个体开办市场。城子、景罕、陇把、户撒等一批城乡市场，转入供销社或个体户承包投资建设，收益归承包者。

1982～1985年陇川县市场成交额统计表

表11—13　　单位：万元

年份	成交额	增长率%	上市主要品种占的百分率						
			粮食	油脂	肉禽蛋	工业品	蔬菜	干果	其他
1982	293.46	150	0.63	0.8	34.7	3.2	15.9	4.7	34.07
1983	672	113.65	0.8	7.6	35.9	3.3	17.2	5.3	29.9
1984	1374	104.46	35	4.4	27.89	5.21	9.61	3.52	43.02
1985	1656	20.52	6.38	49.6	41.15	6.64	9.39	6.48	24.64

（二）商贸城建设

【陇川县天成商贸城】 陇川县天成商贸城位于陇川县章凤镇勐宛路北段、县大会堂和广场旁边，是全县人气较为旺盛的中心地段，由缅甸金源国际贸易进出口公司于2005年10月动工兴建，2006年12月竣工。整个商贸城占地1.89万平方米，建筑和商住面积为1.5万平方米，共有160套，245格铺面，分上下两层，停车位80个，总投资为2800万元。天成商贸城的建成，方便了群众消费，促进了县域经济发展。

【陇川县兴昌民族风情购物商场】 陇川县兴昌民族风情购物商场坐落在同心路和勐宛路交叉口陇川县政府大楼一侧，2008年，由德宏州兴昌房地产开发有限公司投资兴建。整个商场占地1.35万平方米，建筑面积为14.54万平方米，总投资2500万元，总体为三层，共有61套，122格铺面。商场内设有商住楼、民族小吃、停车场、民族雕塑及其他配套设施。工程总体设计新颖、适用，布置美观，具有浓郁的民族文化特色，是综合旅游、商贸、购物、休闲、娱乐、家居为一体的多功能商场。

（三）市场登记与年度检验

陇川县工商行政管理局市场登记与年度检验工作起步较晚，重点根据《商品交易市场年度检验办法》进行登记和检验。截至2008年6月，全县登记在册的市场有章凤、陇把、景罕、城子、户撒5个市场。

二、市场费收取

1984年，根据国务院《城乡集市贸易管理办法》规定，县工商局开始向进入城子集市交易的商品收取市场费。工业品、大牲畜按交易额的1%收取，其他商品按交易额2%收取。所收费用用于市场建设和工商部门经费开支。1985～1990年，年收费在7万～12万元，1991～1993年，年收费在20万～30万元，1995～2000年，年收费在38万～50万元，2001～2005年，年收费在55万～65万元。

三、动物市场监管

20世纪90年代末，县工商局成立市场动物疫病防治领导小组，实行一日一报制和双休日值班制，加强对辖区商场、超市、集贸市场的检查，发现疫区国家、地区进口或走私进入市场的禽类产品及不合格猪肉，一律扣交检验检疫部门做检疫处理。取缔无证照经营禽类产品、牲畜产品、肉类产品的违法行为。联合检验检疫部门对禽类产品经营户、摊点进行抽查，加强对上市肉禽产品检查，对未经检疫的禽产品一律不准上市。

四、市场经济检查

1978年后，县工商局为维护市场经济秩序，依法开展市场经济检查。

1979年，重点打击投机倒把、走私活动，查处案件145件，罚没款1.32万元。

1980年，查获投机倒把、走私物品15大类。其中鸦片85千克、手表122只、录音机1台、计算器1台、录音带11盒、尼龙布124.7米、尼龙蚊帐40个、尼龙制品1988件、白银95两，银圆256枚、大牲畜25头、国产棉布960米、手巾和浴巾1348块、毛线衣22件、麝香1包。查处大案5起。

1981～1982年，查获走私物品28大类，价值约50万元。其中鸦片67.25千克，粮食3.37吨，大牲畜142头。查处大案17起。

1985年，县工商局在巡查中，共检验秤13次，1391杆，合格率达84.2%。

1988年，县工商局上市检查衡器和查处假冒伪劣商品共86人（次），验秤1783杆，没收不合格秤159杆。

1989年，查处假冒伪劣案件53件，没收不合格衡器100余杆，查处投机倒把案件3件。

1990年，检查度量器3000余人（次），没收不合格杆秤24杆。

1993年，县政府成立“打假保优”领导小组。

1995年5～8月，查处各种假冒伪劣商品4627瓶（袋）。

1998年，出动252人，查处各类市场违法违纪经营案件102件。

2000年，检查国营、集体企业57户、个体私营企业1000余户。收缴黄色书刊141本、盗版影碟光盘562张、工业用盐1000千克、冒牌铜芯线120米、假冒春城香烟30条、劣质月饼1138个、不合格计量器具86杆（台）。

2002年，从亮照经营等环节着手，规范主体行为，巡查出动2452人（次）、车辆435台（次），对全县12个市场个体工商户7156户，企业和私营企业1632户，进行清理检查，共查处无照经营79户，罚没2.3万元，收缴过期食品、饮料、酒类22145包（瓶），一次性塑料餐具9325个，不合格秤75杆，各种物品价值合计5.42万元，清理占道经营535户，清除违章设置广告59块。

2004年，检查市场12个、经营主体432户。取缔4户无证照食品加工窝点，端掉1个自来水勾兑假酒窝点，查封成品假酒6000千克、原材料1500千克、病生猪肉1500千克。

2005年，县工商局配合公安、文化部门开展“扫黄打非”工作，没收非法出版物15本，查处擅自从事互联网经营活动的经营户3户。

五、市场预警

2003年，全国“非典”期间，县工商局在全县各类市场建立市场预警制，开展“警戒行动”。发放宣传单1000余份，向广大经营者宣传防治“非典”方法措施。开展各类集贸市场清理整治，落实市场环境卫生、安全保卫和消防措施。对全县从事饮食的240余户经营者，进行防治“非典”、甲肝疾病宣传工作和环境卫生督查工作；制定《预防“非典”紧急通知》，关闭娱乐场所97户；对全县个体诊所、医疗单位、药品经营单位进行专项检查，与47户药品经营、医疗门店签订《责任书》。共出动人员5127人（次）、车辆1273辆次，检查经营主体1.19万户次。收缴各类过期变质食品349.49千克、饮料300包（瓶）、各类过期失效药品6155瓶（支、盒）、假劣卫生口罩22个、野生动物肉制品30多千克，查处各类案件12起。同年，陇川部分地区发生牲畜口蹄疫，通过开展“警戒行动”，疫情得到控制。

2005年，发生高致病禽流感。县工商局在全县各类市场、各大超市建立市场预警，稳定市场，维护消费安全。采取10项措施：（1）摸底调查，建立禽类及制品经营户登记台账；（2）对市场进行检查，对禽类经营户造册登记；（3）与禽类经营户签订《责任书》共49份；（4）在市场挂电话牌，公布投诉举报电话；（5）要求禽类经营户在市场挂牌经营；（6）在禽类经营户种建立市场防控联络员；（7）与县畜牧局联合开展市场消毒，一天一次；（8）检查全县禽类养殖场情况；（9）与“红盾维护权联络终点”保持联系，随时掌握疫情动态；（10）关闭拉影、拉线两个边境禽类交易市场。

六、专业市场管理

【粮食市场监管】 1978年后，全县工商部门坚持查处走私行为。1981年1月，县工商局查处章凤供销社综合厂走私绿豆4900千克，价值2940元，作没收处理。同年8月5日，查处建川商行向外地走私黄豆3292千克，作没收处理。10月26日，查获城关粮管所将瑞丽调给陇川供应的黄豆5550千克，走私给省供销社，罚款10%。1982年1月，查获陇川农场倒卖大米4000千克给昆明吴井大队米线厂，作没收处理，罚款648元。1993年，粮食市场全面放开，国务院出台《粮食收购条例》，县工商局加大对粮食市场的监管力度，全年共查处非法收购粮食案件9件，没收非法收购粮食3.3万千克。1999年，根据省、州《关于进一步深化粮食流通体制改革意见通知》精神，进一步巩固粮食市场监管成果。出台文件制定市场准入制度，派出100余人到乡镇、粮食经营场所、粮库、粮站调查摸底，逐一造册登记，实行执法督查制，加强对粮食市场监管。2001年，以粮食、棉花、成品油等重要商品市场为重点进行治理，对全县粮食收储企业、粮食固定收购点进行检查，抓住粮食购销、运销两个环节，打击私商粮贩走村串户收购农民余粮行为。4月22日，查获1起非法倒卖走私粮食案，694袋34吨稻谷作没收处理。 2002～2005年，贯彻落实党中央、国务院、云南省委、省政府关于农业和粮食生产工作的方针政策和具体措施，维护农资市场和粮食市场稳定，强化市场监管措施。

【屠宰市场监管】 1995年前，全县尚未建立屠宰厂，屠宰检疫主要依靠畜牧部门进行检疫。（见第十三编畜牧业章）

【汽车配件市场监管】 2005年以前，陇川汽车配件尚未形成大的市场，经营者不到10户，县工商局对汽车配件的市场监管主要结合其他市场监管进行。

七、市场专项治理

【农资市场专项治理】 1995～1998年，县工商局多次组织开展全县农资市场检查，严厉打击假冒伪劣农资产品坑农害农行为。1999年，开展“红盾护农”活动，“3·15服务到农家”送法下乡活动，现场解答群众咨询，接受消费者投诉，发放宣传单、便民手册。对乡镇农资市场进行专项整顿检查，采取集中整治与日常巡查相结合的办法，对化肥、农药、种子等市场清理整顿，对无证经营、证件不全者予以取缔，对经营户清理登记，要求出具销售发票和产品“合格证”。2002年，县工商局与全县农资生产经营户签订《责任书》。2003年，继续推行责任制，与全县57家农资生产经营户和主管部门签订《陇川县工商局监管与企业自律责任书》，开展对农资市场的专项整治，检查经营门店50户，收缴过期农资产品549.23千克、过期饲料80千克、无生产日期或保质期的蔬菜种子96袋，价值约5万余元。对7户违法违规农资经营者进行查处，取缔2个无证经营农资化肥点。在全县各个社区和行政村建立消费者投诉站和“12315”申诉联络站。

农资市场检查

2004年6月，陇把工商分局开创农资监管新模式，在村委会建立农资打假联络员制度，为“三农”服务。同月21日，推行“党员示范经营门店”，与59户农资经营单位签订《2004年责任书》，对10户农资生产经营门店授予“云岭先锋工程党员示范门店”。

【商品展销监管】 从1995年起，对进驻陇川各乡镇的以昆明螺蛳湾市场为主的商品展销团进行监管，主要采取流动巡查的方式，对展销场所的消防安全隐患、以次充真、以假乱真行为进行严厉打击，对不符合要求的坚决不予登记展销资格。

第三节　企业登记管理

1978年10月，县工商局内设工商企业登记股，配备工作人员2人。

1980年，经普查全县有工商企业58户。其中全民所有制11户，集体所有制46户。全民所有制中：机械工业1户，建材工业1户，食品工业7户，缝纫及皮革2户。集体企业中：电力工业7户，煤炭工业1户，机械工业9户，建材工业11户，食品工业7户，缝纫及皮革7户，其他工业4户。普查登记结束后，县工商局为各企业换发营业执照、建立经济户口、工商企业档案及卡片。

1982年，全县有登记注册工商企业91户，比1980年增加33户。注册资金3749.22万元，比1980年增加1359.6万元。其中全民所有制企业52户，注册资金3569.87万元；集体所有制企业39户，注册资金1799.35万元。全民企业中：工业11户，注册资金2133.3万元；运输业4户，注册资金116.87万元；商业30户，注册资金1200.1万元；外来企业2户，注册资金30.7万元；服务业1户，注册资金17.7万元；饮食业4户，注册资金71.2万元。集体企业中：工业25户，注册资金110.1万元；建筑业1户，注册资金22.35万元；商业4户，注册资金37.7万元；饮食业6户，注册资金6.7万元；服务业3户，注册资金2.5万元。

1983年，全县登记注册工商企业101户，分支机构213个，从业人员4239人，注册资金3892.9万元，总营业额10947.9万元，分别比1982年增长10.1%、2.4%、12%、3.8%、18.9%。当年盈利企业47个，盈利额729.5万元；亏损企业12个，亏损额21.7万元。

1985年，全县共有登记注册独立核算工商企业122户，分支机构284个。其中全民所有制企业57户，分支机构119个，从业人员2824人，固定资产净值3030万元，流动资金599万元。集体所有制企业当年新登记注册的工商企业31户，分支机构102个。

1995年，全县登记注册工商企业达934户，其中企业法人317户，营业性企业617户，注册资金5.42亿元，分别比1991年增长102%、261%。

2000年末，全县依法登记注册工商企业435户，注册资金2.66亿元。其中国有企业251户，注册资金2.13亿元；集体企业13户，注册资金3752万元；股份合作制企业9户，注册资金275万元；有限责任公司38户，注册资金1341万元。

2005年，全县登记注册工商企业231户，比1980年增173户，增长298.28%。

第四节　经济合同管理

从1983年1月起，根据《中华人民共和国经济合同法》，县工商部门对全县签订的各类经济合同进行鉴证与备案，当年鉴证经济合同16份，合同金额2597.2万元，纳入备案管理13份。

1984年，全县纳入备案管理合同51份，金额3282万元，其中租赁合同7份、购销合同27份、建筑合同17份。鉴证合同41份，金额2607万元，其中鉴证工矿产品、农副产品购销合同、经济承包合同共10份，金额2257万元；建筑合同25份，资金186万元；加工承揽合同3份，资金118万元；供电合同1份，资金37.7万元；运输合同1份，资金5.5万元；造林合同1份，资金2.8万元。

1984～1993年，县工商局经济合同仲裁委员会受理经济合同纠纷案件18起，争议金额282.5万元。作调解处理8起，争议金额142.5万元；确认无效合同3起，金额39.7万元；申诉方不出庭放弃申诉1起，金额1.62万元；作一般说服解决6起，金额98.68万元。

1986～1988年，县工商局共处理违反《中华人民共和国经济合同法》规定的合同案件6起，其中4起作出书面裁决。

1989年，县工商局重点检查5份经济合同，涉及金额198万元无问题。

1990年，检查经济合同29份，1份被确认为无效合同，1份属违法合同。

1991年，经济合同纳入备案管理55份，其中租赁合同12份、购销合同9份、建筑合同34份。鉴证合同55份，金额665.4万元，其中建筑合同36份，金额317万元；租赁合同2份，金额0.8万元；承揽合同1份，金额0.6万元；其他合同16份，金额347万元。至2000年，检查经济合同143份，其中无效合同

4份，金额152万元；违法合同2份，金额187.4万元。对违法合同按照有关规定进行处理。

1994~2000年，县仲裁委受理经济合同纠纷案8起。调解处理5起，金额101.79万元；确认为无效合同1起，金额38.41万元；作一般说服解决2起，金额27.4万元。

1997年，全县鉴证经济合同17份，鉴证金额3052.86万元，其中鉴证企业承包合同1份，金额1.5万元；鉴证工矿产品开采合同1份，金额25万元；鉴证景坎糖厂扩建建筑安装工程承包合同1份，金额2500万元；鉴证其他合同14份，金额526.36万元。

2000年，经济合同纳入备案管理20份，其中租赁合同3份，购销合同7份，建筑合同10份，鉴证经济合同10份，金额734.08万元。

2001年后，经济合同鉴证与备案工作转由司法部门进行。

第五节 商标管理

1994年，县工商局成立商标广告管理科，配备专、兼职商标监管执法人员1名。陇川县最早的注册商标申请是国营陇川农场光相分场罐头厂的“胞波”商标。

1991年，全县经工商行政管理机关核准商标注册6个。其中陇川糖厂3个，陇川农场产品公司2个，酒厂1个。

1995~1999年，全县共办理商标注册76个，登记对象为35户企业、41个个体工商户。

2002年，经过整顿，全县共有注册商标17个，比1999年减少6个，比2001年增加2个。

2004年，全县新申报注册商标5个。

2005年，全县纳入监管的商标共32个。其中陇川糖厂的“云兰牌”“云湖牌”，甸川工贸集团的“金塔牌”获云南省著名商标称号。

第六节 广告管理

1994年，全县有1户广告经营者登记办理营业执照。

1995年，广告监管实行广告发布事前审批制度，保障发布广告的合法性。

1999年，全县登记注册的广告经营户增加到7户。其中广告制作经营户6户、广告发布单位1户，注册资金58万元，人员28人。

2000年，县工商局对广告市场开展专项整治，对1999年10月31日前领有“广告经营许可证”的7户进行年检，其中盈利6户，亏损1户。开展广告经营单位申报资格培训及考试工作，共申报5人，分别参加省、州广告专业技术资格考试。全年共检查广告发布单位39户，收缴各类违法广告、小报2.5万余份，制止和取缔各种广告违法行为15起，其中立案查处7起，罚没0.85万元。

2001年，全县登记注册广告经营户8户，其中广告制作经营户7户、广告发布单位1户，注册资金66万元，从业人员32人。采取市场巡视措施对广告业进行日常监管，发现问题及时整治。

2002年，开展“误导、打虚假”广告市场专项治理工作，检查涉及广告业的企业和个体工商户

437户，收缴各种不合格广告标牌75块，印刷品小报375份。全年共监测媒体广告45条。

2003年，对4户广告经营户进行年检，共查处违法广告案件8起，罚没金额3630元。拆除违法违章户外广告牌匾48个、布标78条，收缴违法印刷广告1000余份，规范临时路牌广告80个，清除街头“牛皮癣”广告100份。

2005年，全县共有广告经营户7户，注册资金81万元，从业人员45人。全年共监测媒体广告47条，检查经营户128户，检查广告832条，清理收缴不规范路牌广告61个，拆除户外广告90幅。

第七节　消费者权益保护

1994年11月1日，陇川县保护消费者权益委员会成立。至1997年，消委会共受理消费者投诉、举报的侵权案件41件，年均10.25件，结案率100%，为消费者挽回经济损失5万余元。其中：电器案16件，药品案4件，拖拉机、冰箱案3件，食品案8件，其他案件10件。

1998年“3·15”期间，公开销毁假劣商品

1998年3月15日，开通“7100315”维权投诉专用电话。在全县开展“百城万店无假货”和“消费者满意市场”活动。当年受理消费者投诉案件12件，比1997年上升50%。其中家用电器案3件，日用百货案2件，服务承诺不实案2件，食品卫生案1件，假酒案1件，饮料变质案1件，邮购服务案1件，其他案件1件。接待来人来访和消费者咨询59人（次），做到件件有落实，事事有交待，结案率100%。

1999～2002年，全县受理消费者投诉案件90件，年均受理22.5件。其中电器案19件，日用品类17件，食品11件，社会服务案17件，农资产品案7件，医疗案4件，其他案件15件。接受消费者来信来访、咨询240人（次），结案率100%，为消费者挽回经济损失18.36万元。

2003～2005年，全县受理消费者投诉案件101件，为消费者挽回经济损失15.09万元，接待来访咨询消费者326人（次）。

第八节　非公有制经济管理

一、个体劳动者协会

1983年4月15日，陇川县个体工商业劳动者协会联合会成立。至2003年9月，建立5个基层协会分会。2005年，县工商局设立个私协会办公室，把协会工作纳入议事日程。继续开展以“诚信经商”

为主题的活动，营造“户户讲道德，店店无假货”的经营气氛。

二、个体私营经济登记注册与监管

（一）个体私营经济登记注册

1981年，全县有52户个体工商户向工商部门登记领取营业执照。其中手工业9户，商业20户，饮食业18户，修理业5户。

1985年，全县个体工商1485户，从业人员1629人。其中城镇1048户，1150人；农村437户，479人；当地少数民族149户。

1994年，全县有个体工商1737户，从业人员3568人，注册资金582.3万元。

2001年后，对新注册登记的个体工商户免收6个月规费，允许先经营后发照，放宽名称变更限制激励个私经济发展。

2005年，落实“再就业民心工程”，为下岗人员提供法律、政策和信息咨询，开辟下岗职工专用窗口登记。对持有“再就业优惠证”的下岗失业人员，办理证照手续和管理费全免。当年注册登记个体工商户2639户，注册资金3952.7万元，从业人员4155人，分别是1978年的50.75倍、79.05倍、50.6倍。其中办理残疾个体工商户营业执照83户，登记在册复员军人、转业军人、大中专毕业生5户，免收注册登记费、管理费8.5万元。

1995～2005年陇川县个体工商户登记统计表

表11—14　　　　单位：户、万元、人

年份	户数	注册资金	从业人员	按行业分					
				农林牧渔业	采掘业	交通运输业	商贸餐饮业	社会服务业	其他
1995	2598	751.96	3840	2	258	272	1522	456	88
1996	2275	2048	5301	4	377	229	1229	351	85
1997	2685	2270.6	5733	5	395	256	1412	465	152
1998	3220	2686.6	6950	8	746	236	1597	525	108
1999	2222	1336.8	3875	10	312	203	1226	399	72
2000	2438	4187.7	4208	3	408	181	1255	480	111
2001	2612	1940	3711	9	568	158	1359	338	180
2002	2205	1937.2	3367	12	429	196	1235	288	45
2003	2574	2130.1	3958	16	568	179	1389	323	99

续表11—14

年份	户数	注册资金	从业人员	按行业分					
				农林牧渔业	采掘业	交通运输业	商贸餐饮业	社会服务业	其他
2004	1515	1685.2	7546	18	621	189	539	131	17
2005	2639	3952.7	4155	21	615	172	1412	321	98

（二）个体私营经济监管

1978年后，国家开始经济体制改革，个体私营经济得到恢复和发展。

1982年，全县对40户个体工商户进行普查登记换证，为36户个体工商户办理外出推销、服务手续。对外地来陇川推销服务的138个工匠艺人，办理临时许可手续。结合换照对城子、章凤、陇把61户个体工商户进行整顿。

1985年，健全个体劳协组织，成立5个分会，充分发挥个体劳协组织的管理作用。

1988年，县工商局开展换照工作，重新建立5本各种台账。

1989～1990年，县工商局指导扶持城乡专业个体工商户向生产加工型和私营企业发展，对270户个体工商户进行检查，查处无照经营12户，未换证45户，超经营范围9户，不亮照经营30户。组织个体工商户学习国家法律法规，开展守法经营检查和评选先进活动，打击欺诈勒索违法行为，建立健全统计档案，实行制度化管理。

1991年，县工商局对个体工商户开展验照、审核、优质经营等工作。扶持山区少数民族个体工商户发展，放长验照贴花时间，放宽经营范围，少收或减半收取个体管理费。对服务质量好的挂红牌，服务质量差的挂黄牌。当年经过评选，全县有19个个体户挂上。

1995年，成立陇川县个私经营发展管理工作领导小组，召开全县个私经营暨个体劳协第五届代表大会，制定《关于陇川县个体私营经济发展和管理工作意见》。推行“交费卡”制度，开展无照经营治理及专项整治个体发廊、美容店、酒吧等特种行业工作。

1996～1999年，县工商局按照省、州政府《关于发展个体经济的若干规定》，提高验照率，组织个体工商户参与全州举办的“店店无假货，户户讲道德”的参赛活动，授予16户个体户“先进门店”称号。全年监管举办商品展销会15次，参展个体工商户297户。

2002年，县工商局简化办事程序和办事手续，公开办事指南、办事程序及有关收费项目标准，方便登记注册。

2005年，县工商局继续落实“再就业民心工程”，鼓励事业人员自主创业。以章凤工商分局为试点，全面推行个体工商户分层分类管理模式，建立分层分类管理各类台账、注销台账、开业登记台账、停业台账及各种优惠政策类减免台账。当年章凤分局管辖范围新开业登记注册个体工商户232户，变更登记53户，注销125户。全县个体工商户验照率提高到98.3%。

三、私营企业登记注册与监管

（一）私营企业登记注册

1988年，全县向工商部门申请登记的私营企业仅有1户，注册资金4.8万元。

1995年，全县登记注册私营企业20户，从业人员233人，注册资金327万元。

1996年，全县私营企业发展到42户，从业人员324人，注册资金455.25万元。比1995年分别增长110%、39.1%和39.2%。

1998年，省、州、县先后出台《关于大力发展个体私营经济的决定》《关于大力发展个体私营经济的实施意见》《关于大力发展个体私营经济的实施方案》，执行扶持发展、规范管理、简化手续、放宽政策的方针。当年新发展私营企业37户，完成州工商局下达的发展指标115%。

2005年，全县共有私营企业98户，注册资金1.2亿元，从业人员1653人。

1994～2005年陇川县私营企业登记注册统计表

表11—15　　　　单位：户、人、万元

年份	户数	从业人员	注册资金	年份	户数	从业人员	注册资金
1994	2	23	18.7	2000	56	446	1151.8
1995	20	233	327	2001	55	442	1192
1996	42	324	455.25	2002	73	690	3846.4
1997	51	413	1210.7	2003	117	1066	5216.4
1998	74	610	2278.1	2004	84	1057	9537
1999	86	800	2741.6	2005	98	1653	12000

（二）私营企业监管

县工商局根据国家的《企业年度检验办法》，对全县私营企业开展年度检验，加强监管，逐年提高年检率。对未参加年检的企业实行限期补检，对连续两年不参加年检的私营企业，依法进行吊销其“营业执照”，对不符合登记条件的企业，暂停登记，督促、责令改变经营性质的企业及时办理变更手续。

1998年，私营企业应参加年检数51户，实际参加年检37户，年检率为72.5%。至2005年，年检率提高到91.9%。

1996～1999年，县工商局对个私企业的服务和管理实行“先放开，后规范，放而有度，活而有序，管而有法”的原则，为私营经济发展服务。

2000～2005年，执行三级审核把关制，对专项审批和前置审批进行审查。对新开业的私营企业，坚持回访制度，继续对私营企业提供优惠政策。为下岗失业人员从事个体经营设立服务窗口，开辟“绿色通道”，鼓励下岗人员再就业，对下岗失业人员再就业提供优惠政策。

1999～2005年陇川县私营企业年检统计表

表11—16　　　　单位：户、%

年份	应检数	实检数	年检率	注销数	年份	应检数	实检数	年检率	注销数
1999	72	71	98.5	1	2003	70	68	89.8	2
2000	86	74	86.2	0	2004	84	79	90.2	5
2001	54	52	91.6	2	2005	102	98	91.9	4
2002	73	59	92.6	4					

第六章　食品与药品监督

2001年12月20日，成立德宏州药品监督管理局陇川分局，负责全县药品监督管理工作。2005年3月29日在原陇川分局的基础上，组建陇川县食品药品监督管理局，全县食品药品的监管走向法制管理的轨道。之前，全县的食品监管工作只要由卫生部门负责，药品监管工作由县药检所负责。监管部门每年定期或不定期对全县的食品药品经营生产单位和个人进行检查，核发经营生产许可证，对违规经营生产假冒伪劣、过期食品药品者进行严处，对没收的假冒伪劣、过期食品药品当众销毁，保障人民群众的健康。2005年，县、乡、村三级食品安全监管网络覆盖率达100%。对药品开展专项整治7次，罚款1.48万元。

2005年3月29日，陇川县食品药品监督管理局挂牌现场

第一节　管理体制

1978年7月，成立陇川县药检所，隶属陇川县卫生局。

1991年5月，县药检所从老县城搬迁至章凤，6月更名为云南省陇川县药品检验所。

2001年12月，县药检所从陇川县卫生局分离，归口德宏州药品监督管理局，挂牌成立德宏州药品监督管理局陇川分局，属正科级行政单位，编制7人。内设办公室、业务股（加挂稽查队牌子）。

2002年，药检职能并入县食品药品监督局，监管职能逐步规范。

2005年3月，在原德宏州药品监督管理局陇川分局的基础上，组建陇川县食品药品监督管理局，加挂陇川县人民政府食品安全委员会办公室牌子，正科级建制，为德宏州食品药品监督管理局直属机构。行政编制10人，勤杂1人。内设办公室、业务股、食品安全综合协调办公室。

2001年12月20日，德宏州药品监督管理局陇川分局挂牌仪式

第二节　食品安全监督

1978年，对全县食品厂、私人作坊生产的糕点、饮料、酱菜、罐头、冰棒、牛奶、餐馆、饭店的食品及餐具进行细菌检查，合格者发卫生许可证。至1985年，检验各种样品151份，合格率31.32%。

1981年4月，户撒区的朗光、姐来等21个村寨144人沙门氏菌感染，1人死亡。

1982年4月，城子13人因食隔日猪肉或误食病猪肉引起沙门氏菌中毒。县工商、卫生等部门组织人力对猪肉市场进行整顿，减少中毒事件发生。

1983年，成立陇川县食品卫生领导小组，加强《中华人民共和国食品卫生法》的宣传和食品卫生的监督管理。县卫生局药检所采取广播、电视、图片展览等，在集市播放录音，到中小学开展讲座，集中饮食行业从业人员加强学习。要求饮食行业制定食品卫生制度，对不执行《中华人民共和国食品卫生法》的，责令停业、停产、销毁产品和处予罚金。同年，有1国营冰室和1私人冰室因冰棒细菌指数严重超标，被停业3天进行整改。

陇川县食品药品监督管理局老办公楼

1984年，全县停业整顿食堂1户。

1986年，全县检验的饮食摊点合格率为10.1%，销毁国营和个体经营的变质酒类1.24万瓶、罐头285个、糖果糕点22千克。

1988年，全县检验的饮食摊点合格率上升为47.88%。其中冰棒、汽水等饮料摊点的餐具卫生合格率由原来的9.4%上升到50%。对133户食品专业户和9个食品加工厂进行3～5次检查，14户被责令销毁变质食品和停业整顿。

1989～1990年，县卫生局检验各种样品462件，合格率为71.4%。

1991年后，县卫生局加大对食品卫生的监督力度，全县的食品及餐具的卫生合格率逐步达到国家食品卫生标准。

2002年，县卫生局对经营食品的商铺进行检查清理，收缴过期食品、饮料、酒类2.21万包（瓶）、一次性塑料餐具9325个。

2003～2004年，工商、卫生部门加大对食品经营生产市场的监督管理，完善各种规章管理制度。

2005年，县政府成立食品安全委员会（简称“食安委”），成员单位有食药监、工商、农业、畜牧、卫生、质监等18个部门。推行食品安全目标管理责任制，县、乡镇、村（社区）层层签订《食品安全目标责任制》。在乡镇聘请乡级食品安全协管员14名，在村委会（社区）聘请村级信息员76名，每月补助100元。县、乡、村三级食品安全监管网络覆盖率100%。利用重大节假日，组织开展食品安全专项整治活动，以城乡接合部、农贸市场、超市、屠宰场、学校周边、农村为重点，对辖区内的食品生产、经营单位进行检查。

第三节　药品监督管理

1978年后，县药品监督管理部门坚持开展法律法规宣传教育，贯彻落实《中华人民共和国药品管理法》《药品管理法实施条例》《医疗器械监督管理条例》，依法核准，规范药械生产经营行为。

1980年前，陇川县仅有1个国营医药公司，属商业部门管理。市场上，只有零星小商贩卖点中草药。农村群众需要用药，须到当地医院诊所，请医生开单购药。

1989年，全县共立案查处药品违法案件6起，罚款666元，没收假劣药品价值2万余元。其中查处重大假劣药品案件1起，没收假药二盐酸奎宁2.08万盒。检查个体诊所7个，没收假药人参、朱

2003年12月25日，在陇川县政府会议室召开实施放心药宣传启动会及签名仪式

砂、羚羊角、二盐酸奎宁等，当众销毁。

1990年，全县共立案查处违法案件8件，罚没款1.01万元。其中查处重大无证经营药品案件1起，罚款8155.74元。之后，国有医药商业经过改制，私营医药商业逐步增多。

1992年，全县开展药品监督检查126次，查处伪劣药、假天麻、假红参、假虫草等38种，不合格一次性输液器3057付。

1994年，全县进行4次检查，检查药品使用单位71家，药品经营单位8家。取消无证行医售药6家，没收销毁52种过期霉变药品，价值6586.5元。查处16种假劣药品，价值8960元。

1997年，全县有医药公司1户，医药品用户46户。其中属医疗事业单位及其分设门诊21户，个体门诊24户，个体零售点1户。查出2户无证经营，3户一证多点经营，以及个别医院、门诊使用过期药品，并按有关规定进行整治处理。同时，结合全县药品销售情况，制定了药品进购管理办法，严禁县外从事药品经营的单位、药厂、个体等业户，未经县医药管理部门批准，不得向县内医药用品户推销药品，更不得以行医为名违法推销药。至1998年，监督检查409次，查处假药案件3件，没收“快克胶囊”等假劣药品73种，价值2万元；查处过期霉变药品31种，价值3459.90元；取缔无证行医户8家、非法经营药品户1家，没收药品价值4010元；查处抽验不合格药品7批次，查处率达100%。

2004年4月22日，在罕等村卫生室监督检查

至2005年，医药主管部门根据国家、省、州政策及有关精神，大力发展全县医药网点建设。同时，每年根据安排，由县经贸委牵头，组织财政、工商、税务、技术监督、公安、卫生等部门加强对医药市场的整顿工作，严厉清查医药回扣、打击假冒伪劣药品和过期药品，规范医药市场秩序。

1999～2000年，开展监督检查449次，查处假氟哌酸案1件，价值6034.71元，过期霉变药品13件，罚款750元。查处假蛇酒案1件，价值4000元。查处抽验不合格药品15批次，价值1038元，不合格药品查处率达100%。

2000年，全县辖区范围内设置22个医药网点（经营户），州医药管理局在陇川县设置8个，共计30个。其中国有12个，集体3个，个体网点15个。

2001年6月，县药品市场管理协调领导小组，开展对医药市场整顿工作，共清理检查67户个体诊所、药店和医院。其中个体诊所41户、企业13户、私营企业1户和12户事业单位（医院、乡村卫生所），并对清查出来的问题，按照有关规定进行处理。2003年6月，由县委督查科牵头，组织审计、经贸对县医药公司1999年改制后的账务进行清查，对违纪违规问题进行了处理。9～10月，分两个阶段对全县医药市场进行整顿，以章凤、城子、拉影、景罕、陇把等集镇为重点，清查医疗机构14家、个体诊所53家、药品经营单位12家。查处无证行医2家，没收医疗企业和药品价值2000元；查处过期霉变质药品276种，价值7万余元。11月13日，集中销毁价值12万元的没收药品及医疗器械。

2002年，组织开展医院制剂流入市场专项检查、医疗机构购用药行为规范专项检查及一次性医疗器械专项检查行动。立案查处药品医疗器械违法案件11件，当场处罚12件，没收违法所得6.48万元，罚款1.28万元。

2003年，“非典”（非典型肺炎）期间，陇川县成立防治“非典”市场监管执法领导小组，对全县集贸市场、重点企业及防护服、口罩、消毒剂、清热解毒类药品进行检查。开展专项整治行动11次，日常监督检查197次，监督检查涉药单位1763家次，集贸市场22个。查处违法案件20件，没收违法所得2764.48元，罚款1.97万元。取缔无证经营药品6家，没收药品2013种、医疗器械8176具，销毁药械价值16.32万元。

2004年7月5日，陇川发生特大泥石流洪涝灾害。县药监分局组织业务骨干深入陇把、姐乌等灾区开展药品监督检查，发动和组织全县药品生产经营企业向灾区捐赠药品56种，价值1.01万元。同年，开展专项整治11次、日常监督检查80次，检查药品生产经营使用单位845家次，查处违法案件19件，没收假劣药品310种、违法所得113.2元，罚款3785元。

2005年，开展专项整治7次、日常监督检查205次。检查药械生产经营使用单位948家次，查处违法案件17件，涉案物品价值2.39万元，没收违法所得2356元，罚款1.48万元。同年，全县有私营生产企业及零售药店20户，年销售药品1000余万元，盈利400多万元。

第七章　质量技术监督

1987年3月，陇川县标准计量局成立，经过改革，于1999年10月更名为陇川县质量技术监督局。1978～2005年，县质监局依法对全县持有计量的单位和部门进行检查检定，组织代码证办理，发放企业生产许可证，推进市场准入，监督标准化执行，对特种设备进行安全监督管理。至2005年，全县计量检定单位达106个，组织机构代码年检396家，完成全县5类食品的4家企业生产许可证换证工作，建立63家企业质量普查建档工作，对全县27家用或销售特种设备进行重点抽查，为维护市场经济秩序，保障安全生产，发挥了重要作用。

第一节　管理体制

1987年3月，成立陇川县标准计量局，编制5人。

1991年6月，改称陇川县技术监督局。

1993年6月，县物价局、技术监督局并入县工商局，称工商物价监督局。

1991年6月，陇川县标准计量局改为陇川县质量技术监督局

1996年，县技术监督业务及人员从工商行政管理局分出，归口县经济贸易委员会管理。

1999年10月13日，县技术监督局归德宏州技术监督局垂直管理，更名为陇川县质量技术监督局（简称县质监局），将县劳动部门特种设备和安全监察职能及人员编制并入县质量技术监督局。内设办公室、综合管理业务股、稽查队。行政编制7名。

1999年10月13日，县人民政府向州质监局移交陇川县质量技术监督局

第二节　计量管理

1987～2005年，县质监局根据国家《中华人民共和国计量法》第九条规定，对全县内的农场、粮食、商业、卫生、供销、交通、边贸、乡镇企业、邮电、农机、物资、糖厂用于贸易结算的各类衡器、医疗卫生血压计，竹木直尺、量提、进行强制检定，受检单位有106个，共检定各类衡器438台、血压计75台，合格率93.24%。

县标准计量局成立后，每年甘蔗榨季和民族节日期间，对辖区内的两个糖厂及章凤、景罕、陇把、城子4个农贸市场用于贸易结算的计量器具进行不通知、不定期的检查。至2005年共检查各类计量器具2222台（件），查出不合格器具220台（件），合格率90.1%。

2005年，全县有5家企业取得计量验收和定级升级。其中景坎糖厂达到一级计量合格标准，陇川糖厂达到二级计量合格标准，陇川农场制服厂、县商业局酒厂、县甸川电池厂3家企业达到三级计量合格标准。

第三节　标准化监督

1987年以来，县质监局组织协调对国家标准、行业标准、地方标准的宣传贯彻并实施监督，帮助和指导企业制定、修订企业标准，消灭无标准生产要求，协调和倡导企业标准化和农业标准化工作。

2003年11月，国家将陇川县麻竹列为国家二类农业标准化示范区，并通过验收。

2005年，全县种植麻竹4733.33公顷。同年，被列入云南省第四批农业标准化示范县，建成麻竹苗圃13.33公顷、麻竹种植加工培训基地1个，召开现场培训会180多次，培训竹农1.6万多人次，发放各种技术资料4万多份。协助完成云南省地方标准《德宏州麻竹种植加工综合标准》的制定、初稿、论证修订和批准工作。对28家企业的42个产品执行标准进行年度审查，实施标准备案5家，纳入消灭无标准企业7家。

第四节 组织代码证办理

1994年，陇川县开始办理组织机构代码证。年末，全县共颁发代码证书576户。其中党政机关78户，企业法人227户，企业非法人82户，事业法人151户，事业非法人35户，社会团体3户。是年，陇川县建立州内首家统一代码标识制度，受到州政府奖励（配给微机一套）。县质监局日常代码办证提供全程服务。

2005年，全县组织机构代码共年检396家，新办证61家，换证42家，变更29家。

第五节 质量管理

一、企业生产许可证管理

2001年，县质监局为陇川户撒隆光精米厂、陇把宏昌酱醋厂做好生产许可证的前期准备申报工作。

2005年，完成对陇川县小麦粉、大米、食用植物油、酱油、食醋等5类食品的4家企业的生产许可证换证工作。

二、推进市场准入

2003年，将关系人民群众生命健康安全的小麦粉、大米、食用植物油、酱油、食醋、肉制品、乳制品、饮料、调味品、冷冻饮品、方便面、饼干、罐头、速冻面米食品、膨化食品等15类食品纳入质量安全市场准入证工作范围。至2005年12月，完成辖区内从事15类食品生产加工企业的清理，共有28家食品加工企业未取证。

三、建立质量档案

1999～2005年，县质监局累计完成全县63家企业的质量普查建档工作。其中国有企业3家、集体企业2家、股份合作企业2家、有限责任公司13家、股份有限公司2家、私营企业6家、个件工商户35家。涉及11个行业。

2005年10月28日，陇川县质量管理工作通过州质量管理领导小组考核验收。

四、专项整治

2004年，县质监局对县内34家经销门市和1家生产企业销售的35批次农资化肥进行专项抽查。抽查17个品牌、22个品种，其中烧结砖、水泥砖21个样，白酒24个样，农机配件8个样，0号柴油12个样，农网改造附件5个样，镀锌钢卷7个样，钢筋混凝土输水管2个样，水泥管6个样。

第六节 特种设备安全管理

县内特种设备主要有锅炉、压力容器、压力通道、电梯、起重机械、防爆器材、游乐场所设施

特种设备安全检查

等，县质监局协助参与特种设备事故调查、操作人员的资格培训和考核换、发证，组织实施质量技术监督宣传、培训、信息等工作，建立12365的投诉举报热线电话。

2000～2005年，县质监局对县内27家自用或销售特种设备进行重点抽查，抽查锅炉29台、电梯8台、压力容器24台、液化气钢瓶350只、起重机械6台、氧气瓶267只、乙炔气瓶102只，未发现质量问题。组织企业参加州局举办的电梯、司炉工、起重机械3期培训班，共40人。根据《关于开展云南省气瓶、压力管道普查整治工作的通知》，普查使用气瓶单位33家、气瓶销售单位11家，普查登记气瓶1468只、无缝气瓶471只、焊接气瓶2只、溶解乙炔气瓶70只，普查登记压力管道28条，长311.5米。

第八章　安全生产监督管理

1989年，成立陇川县安全生产委员会（简称“安委会”），负责全县劳动保护与安全生产管理工作。之前全县的安全生产管理工作由劳动部门负责。2004年，成立陇川县安全生产监督管理局，加强对全县各生产企业的监管，每年定期开展“安全生产月”“安全生产周”的宣传教育活动，降低安全事故率。1989～2005年，全县没有发生重大安全生产事故。

第一节　管理体制

1979年，县劳动局内设劳动安全保护股，负责劳动保护与安全生产管理工作。

1988年，全县安全生产监督工作主要由县劳动安全生产股负责。

1989年，成立陇川县安全生产委员会（简称“县安委”）。办公室设在县劳动人事局，成员单位有县劳动人事局、县计委、县总工会。

1993年，县安委成员单位有：县劳动人事局、县总工会、县计委、县工商局、县经贸委、王子树乡、章凤镇、姐乌乡、赛号乡、陇把镇、户撒乡、县企业局。

1999年10月20日，县政府将县劳动人事局承担的安全生产综合管理职能划归县经贸委承担，成员单位有16个部门。

2004年，成立陇川县安全生产监督管理局（简称县安监局），属正科级单位，挂靠县经贸局。

2005年，县安监局核定编制6人，内设办公室、安全监管股，煤矿与非煤矿监管股。

第二节　安全生产教育

1980～1997年，全县开展“安全生产月”“安全生产周”活动。

1998～2005年，每年开展一次“安全生产月”宣传教育活动，组织县国土、安监、工会、公安、交警、消防、广电、交通、城建、旅游、农业、质监、工商、水利、林业、供电、运输、出租等各行业人员学习安全生产知识。7年共宣传国家有关法律法规16部，发放各类安全生产宣传资料6.6万份，播放安全生产相关宣传警示和电影150场次，展出安全生产相关图片展板18场次，悬挂安全生产公益宣传布标158幅。

安全生产检查

第三节　安全生产管理

20世纪80年代前，全县无专职机构管理安全生产工作，仅由分管劳动的财办和工作部门每年作一、二次安全生产方面的宣传，没有具体措施。1985年，国家将5月定为“安全生产月”，劳动管理部门在开展活动的同时，加强安全生产的宣传与检查力度。1987年，县劳动局配备劳动保护专职干部1人。1989年，成立县安全生产委员会，办公室设在县劳动人事局。安委会根据《劳动法》进行管理。

20世纪80～90年代，全县曾发生过几起重大安全生产事故及多起一般事故。1981年后，景坎糖厂发生过1起重大伤亡事故和2起一般事故。姐乌煤厂发生过煤矿倒塌压死2人重大事故。章风某砖瓦场窑顶倒塌，发生压死2人重大事故。陇把公路发生重大交通事故等。

2004年，成立陇川县安全生产监督管理局，依据国家有关法律法规加大安全生产管理力度，贯彻“安全第一，预防为止”的方针，坚持“安全为了生产，生产必须安全”的指导思想，履行职责，严格执法和监管，对发生的安全事故，妥善处理。要求各生产单位，建立健全安全生产的各项规章制度，对生产单位的领导实行问责制。

2005年，全县发生各类事故18次，死亡13人、伤9人，直接经济损失15.2万元。其中发生交通事故12次，死亡13人，伤8人，经济损失1.38万元；火灾发生5次，经济损失12.77万元；生产事故发生1次，伤1人，经济损失1.05万元。安全事故率除交通事故外，其他事故率均比20世纪80年代、90年代有所下降。

第九章　审计监督

1984年1月，成立陇川县审计局，内设审计股、财政金融审计股、办公室、章凤审计办事处，核定编制7人。1991年，成立企业审计股，事业审计股。至2005年，有审计人员14人，完成各项审计384项，发现有问题资金0.87亿元，均按照国家有关政策进行处理。

第一节　政府审计

1983年，县财政局监督股对陇川县籽种公司立案审计，对收入不记账，支出无单据及开白条抵账等行为进行处理。同年，对干部职工私购进口货“四机一表”全面清查处理，共补缴进口税款20万元。

1984年，县审计局对边境建设事业费及发展资金进行审计，配合有关部门对县农业局1起经济案件做调查落实。

1985年，县审计局对全县51个行政事业单位开展专项审计，补缴奖金税4.3万元。对林业、粮食、工交、医药等7个事业单位进行财务收支经济效益和成本管理审计，发现有问题资金13.8万元，收缴财政9.1万元。同时对县财政局擅自拨款购买专控商品的违纪资金进行调查处理。

1986年，县审计局对工商局、外贸公司、电影公司、公路养护段、交管站5个单位进行专项审计，查出有问题资金19.9万元，收缴入库7.2万元。同年开展审计对象调查，全县共审计117个单位，其中工业企业11个，非工业企业22个，行政事业单位84个。

1987年，县审计局首次对景坎糖厂1986年以来的财务收支和86/87榨季的经济效益进行审计。全年完成审计项目5个，查出各种违纪资金95.14万元，上缴财政9.5万元，收缴入库8.7万元。

1988～1990年，县审计局共完成审计项目31个，审计资金总额1.33亿元，查出有问题资金203.8万元，其中收缴入库19.2万元，调账处理63.5万元，免于处理115.4万元，由州审计局统一收缴5.7万元。

1991～1996年，县审计局共完成审计项目60项。其中工商企业专项审计23项，金融部门专项审计10项，行政事业单位11项，其他建设事业16项。审计查出违纪违规金额1169.89万元，收缴财政42.82万元，其他资金免处和调整账务。

1997～1999年，县审计局完成审计项目28项，审计查出违规金额5385.95万元，收入不实50.33万元，成本不实38.63万元，虚列利润10.5万元，挤占成本虚列支出2.97万元，挤占挪用16.5万元。审计处理处罚86.18万元，指明要求纠正金额4798.58万元，上交财政12.09万元，应归还原渠道资金25.12万元。向司法机关移送案件1件，移送监察部门处理1件。

2000年，完成审计项目10项，审计项目金额1.2亿元，审计查出违规金额299万元，审计处理处罚23万元，指明要求纠正金额276万元，应追回侵占挪用资金76万元。开展对财政、地税预算执行情况审计，查出违规资金44万元，应归还原渠道资金40万元。对县林业局、县计生局领导离任审计，查出违规资金155万元。

2001～2004年，完成审计项目54项，审计查出违规资金1023万元，上缴财政53万元，纠正金额305万元。对县社保办2001年企业养老保险基金进行审计，调查延伸至县财政局、地税局、土地局、粮食局、景坎糖厂、木材公司、联社等7个单位、企业，审计专项资金460万元。审计查出管理不规范金额58万元，归还原渠道资金116万元，应自行纠正资金59万元。审计处理处罚143万元，移送司法机关案件1件1人，移送纪检监察部门1件1人，1人受到党纪政纪处分。

2005年，完成审计项目22项。其中预算执行审计2项、行政事业审计2项、专项资金审计7项、经济责任审计8项、外资运用审计1项、审计调查2项。审计查出违规金额447万元，管理不规范金额329万元，上交财政3万元，调账处理178万元，应归还原渠道资金6万元，应自行纠正资金250万元。全年查出经济案件2件，移送纪检监察部门2件2人，建议有关部门处理案件1件1人，涉及金额19万元。同年4月，县委、县政府出台《加强审计工作的实施意见》，对党政机关部门领导、乡镇领导干部任期经济责任进行审计。

第二节　社会审计

1991年1月，成立陇川县审计事务所。同年5月，云南省审计厅正式批复陇川县审计事务所的性质为全民所有制，事业人员编制3人。

2000年1月，陇川县审计事务所与陇川县会计事务所合并，成立陇川县振兴会计事务所，开展社会审计工作。由于各种原因，振兴会计事务所无法开展正常工作，不久解散。

第十章　招商引资

2003年1月，成立招商引资办公室。同年4月，成立招商引资领导小组，同时撤销陇川县招商引资办公室机构。2004年1月，成立招商引资局，内设办公室、业务股、项目股，编制5 人，参照公务员管理。县招商引资局成立后，相继参与“目瑙纵歌”活动、昆交会、边交会、广交会等，引进资金、技术、人才，开展“18”生物工程，开展农、林产品加工、生物制药、矿产品开采等项目的招商引资活动，全县经济技术协作进一步加强。

第一节　招商合作

1983年，全县开展横向经济技术协作，至1989年共引进技术人员144人次，引进协作项目126项、资金1410万元，新增产值2180万元，新增利税2180万元，安排就业239人。

1985年，县委、县政府成立陇川县人民政府经济协作办公室，派出干部和组织企业人员到外地考察、学习，开展省内外经济协作业务洽谈，与广东、上海、河南、北京、广西、浙江、四川、贵州、山东等地建立协作关系。当年引进技术建成陇川县精制茶厂。

陇川县外贸集团总公司驻瑞丽办事处

1988年，引进四川空心砖生产线及福建省地毯锦砖生产技术，年产值28.1万元，利润2.96万元。引进昆明五华区和四川邛崃县资金人才及上海设备技术，建起章凤制革厂、城子果脯和罐头食品厂。引进河南安阳市玉雕厂技术、人才资金，创建陇川县珠宝玉石公司，从事玉石雕刻和黄金首饰加工，年创税利8万元。引进山东技术，建成日产8万块砖的轮窑厂1座。

1989年12月，引进资金技术建设塑料编织袋厂。

1991年，与昆明五华区联营建厂，投资830万元兴建华凤造纸厂，年生产能力1800吨。

1992年，章凤被命名为国家省级口岸。县委、县政府抓住机遇，宣传口岸优势，外引内联，加强横向经济技术联系。

1993年，引进资金7000万元。同年，陇川县14个部门提出64项经济技术协作意向项目，其中户撒河二级电站建成投入运营，章凤制药厂、陇湘火炮厂建成投产。

1994年，引进资金及德宏州食品总厂技术，兴办章凤饮料厂。引进加工技术建成陇川县花岗板材厂和王子树香芝茶厂。

1995年，引进技术建成陇川县冠华科龙硅冶炼厂。

1997年，引进云南省楚雄银通实业发展有限公司购买兼并陇川县福斯特实业有限公司，注册“福斯特”商标。同年，从大理引进白魔芋良种，创建陇川县魔芋精粉厂。

2001年，引进陇川县中晟硅业有限责任公司建厂。同年，通过组织企业参加天津名特优新产品展销会、昆交会、西部合作和投资贸易洽谈，宣传推出“云南景颇风情园”“粮贸大酒店”“魔芋精粉厂扩建”“傣皇酒厂扩建”“章凤至遮放公路建设”“民族风味一条街”“三星级酒店”“边贸商城”“硅石冶炼”“塑料编织袋厂拍卖”等11个项目。

2003年4月，县委、县政府制定投资优惠政策，吸引商家到陇川投资开发，通过昆交会、州庆50周年活动达成土地、口岸开发意向协议资金近3亿元。同年4月，引进亚麻生产加工项目1个，项目协议投资450万元，投入资金790万元。至2005年，招商引资11个项目，协议投资2.21亿元，实际到位资金7005万元。

2004年，引进水电站建设项目、泰达三星级宾馆项目、正兴生化有限公司黄姜皂素项目，完成项目投资4.84亿元。同年6月，与昆明柳志强合作，协议资金197万元。

2005年2月，引进麻竹加工项目，协议投资1000万元，完成投资950万元。4月，签订采集铁砂矿协议书，协议投资250万元，完成实际投资2120万元。5月，签订珠芽魔芋种植、加工项目协议，协议投资1000万元。6月，签订中医医疗中心项目投资协议书，协议投资100万元，实际投入资金220万元。7月，签订稀土开发协议书，协议总投资5000万元，完成投资7853万元。8月，签订投资开发建设陇川县边贸商城协议书，项目协议投资2000万元。9月，签订投资开发建设南掌河流域水电站项目，项目协议投资3000万元，完成投资2540万元。

第二节　招商政策

一、税收政策

（一）新办的非公有制企业（以下简称非公企业）具备条件的，自企业生产经营之日起，免征企业所得税3年。

（二）符合农业产业化国家重点龙头企业的，暂免征收企业所得税。

（三）确定为农业产业省级重点龙头企业的，自确定之日起，暂免征收企业所得税。

（四）非公有制初次兼并或收购国有、集体企业，自完成法律程序，实现产权转移之日起，其生产经营所得，以兼并或收购前一年的经营所得额为基数，新增部分免征企业所得税3年。

（五）凡同时符合企业注册资本金中省外投资比例占50%以上和投资额在500万元以上两个条件的新办企业，自生产经营之日起，前三年免征企业所得税，后两年减半征收企业所得税。以上两个条件中只符合一个条件的新办非公企业，自生产经营之日起，免征企业所得税2年。

（六）新办非公企业、农业产业化重点龙头企业、兼并收购企业、省外投资企业等，享受免（或减半）征收所得税期满后，其主营业务项目符合《当年国家重点鼓励的产业、产品和技术目录》的，可在云南省西部大开发税收优惠政策执行期内，享受减免15%的税率征收企业所得税的照顾。

二、土地使用政策

外来投资商应以出让方式取得土地使用权，并一次性支付征地补偿费和上交省州的相关费用。投资额在100万～1000万元人民币或年缴纳增值税10万～100万元人民币的项目，本县应收取的土地出让金可在签订合同之日起5年内分期支付；投资额在1000万元（含1000万元）人民币以上或年缴纳增值税100万元（含100万元）人民币以上的项目，由政府先行提供项目用地，本县应收取的土地出让金由企业自投产之日起5年内以其缴纳税款中地方财政所得部分折抵，期满不足的，用地企业应补足出让金。实行税款折抵出让金的，不再享受税收优惠政策。

三、其他政策

（一）外来投资企业所需水、电、气、通讯等设施，优先安排，并与非外来投资企业实行同一收费标准；对项目、企业办理前期的行政性收费，属县级收取的部分（除工本费外）予以免交；对投资商及引进的专业技术人员，在子女就学、医疗卫生等方面予以与当地居民同等待遇。

（二）凡是在陇川县投资的企业具有条件的，均可凭工商营业执照等相关手续到政府有关职能部门登记获得对外贸易经营权和对外经济技术合作经营权。

（三）对来陇川投资企业的检查，实行登记备案制度，由县政府法制办公室负责登记备案，对投资额在1000万元以上人民币的企业由政府颁发“重点企业”牌匾，实行挂牌保护，未经政府批准，任何单位和个人不得随意到企业检查、处罚。

（四）服务方面，对到陇川县投资的外来客商，在工商注册、税务登记、城建规划、土地、供水、供电、消防等方面实行“一条龙”服务，由招商局负责牵头协调相关部门，在10个工作日间办完相关手续。

（五）对引进的重大项目，由县委、县政府专题研究，一事一议，给予特殊优惠。

第十二编　财政　税收　金融

LONG CHUAN XIAN ZHI

第一章 财 政

中共十一届三中全会后，陇川县推进财政各项改革，依托章凤口岸优势，发展边境贸易；根据县情调整产业结构，打造糖业大县，内引外联，培植财源，经济收入增长。2005年，全县地方财政一般预算收入6950万元，比1978年（273万元）增长24.46倍；地方财政一般预算支出1.97亿元，是1978年（469万元）的41.98倍。

财政局办公楼

第一节 财政收支

一、财政收入

【工商各税收入】 工商各税收入包括增值税、营业税、企业所得税、个人所得税、资源税、固定资产投资方向调节税、城市维护建设税、房产税、印花税、城镇土地使用税、土地增值税、车船使用牌照税、屠宰税及其他收入。

1976～2005年陇川县工商各税收入统计表

表12—1 单位：万元

经济规划期	工商各税收入	占财政总收入%
“五五”（1976～1980）	1025	84
“六五”（1981～1985）	2233	73
“七五”（1986～1990）	6049	49
“八五”（1991～1995）	10403.67	85.96
“九五”（1996～2000）	6951.84	29.61
“十五”（2001～2005）	9724.04	32.03

【农业税收入】 农业税收入包括农业税、耕地占用税、农业特产税、契税。

1976～2005年陇川县农业税收入统计表

表12—2　　单位：万元、%

经济规划期	农业四税收入	占财政总收入
“五五”（1976～1980）	162	13
“六五”（1981～1985）	242	8
“七五”（1986～1990）	312	7
“八五”（1991～1995）	688.3	5.7
“九五”（1996～2000）	2383.96	10.15
“十五”（2001～2005）	4137.81	13.63

【非税收入】 非税收入包括行政事业性收费收入、政府性基金收入、罚没收入、国有资产经营收入、国有资源有偿使用收入、专项收入、其他非税收入。

陇川县非税收入统计表

表12—3　　单位：万元

序号	项目	年份	收入
一	行政事业性收费收入	1996～1997年	2793（含罚没收入）
		2004～2005年	199.5
二	政府性基金收入	1998～2005年	1215
三	罚没收入	1998～2005年	2818.4
四	国有资产经营收益	2004年	178
五	专项收入	1996～2000年	276
		2001～2005年	405
六	其他非税收入	2001～2005年	48
合计			7932.9

【上划各税收入】 上划各税收入包括上划增值税收入、上划消费税收入、上划企业所得税收入、上划个人所得税收入、上划耕地占用税收入。

2000～2005年全县上划各税收入统计表

表12—4　　单位：万元

年份	合计	上划增值税	上划消费税	上划企业所得税	上划耕地占用税
2000	2109	2047	62		
2001	2345	2255	90		
2002	2425	2225	134	58	8
2003	2106	1894	138	74	
2004	2535	2271	165	99	
2005	3706	2979	146	581	
合计	15226	13671	735	812	8

【中央及省财政补助收入】 中央、省财政补助收入包括原体制补助收入、财力性转移支付补助收入、专项转移支付收入、结算补助收入。

2000～2005年陇川县中央、省财政补助收入统计表

表12—5 单位：万元

类别＼年度		2000	2001	2002	2003	2004	2005
中央、省财政补助收入小计		6606	9194	11580	11848	17178	17635
一、两税返还		1607	1661	1644	1337	1680	1823
二、所得税定额返还				115	112	112	112
三、财力性转移支付收入		3339	5028	5572	6418	9500	10222
	其中：1.原体制补助收入	2497	2497	2497	2497	2497	2497
	2.一般性转移支付补助			150	244	755	1104
	3.民族地区转移支付		171	92	92	140	140
	4.结算补助收入	110	10	15	10	976	978
	5.转移支付补助	732	682				
	6.其他转移支付补助		1668	2818	3775	5132	5503
四、专项转移支付收入		1660	2505	4229	3781	5886	5478

1978～2005年陇川县地方财政年度总收入统计表

表12—6 单位：万元

年度	总收入	年度	总收入
1978	273	1992	1761.1
1979	276	1993	2434
1980	297.3	1994	2760
1981	292	1995	3329.7
1982	561	1996	5115
1983	563	1997	4360
1984	636	1998	4662
1985	613.3	1999	4224
1986	756	2000	5115.2
1987	934	2001	5780
1988	1651.7	2002	5884
1989	2106.5	2003	6038
1990	1815.2	2004	5711
1991	1818.2	2005	6950

二、财政支出

陇川县1978～2005财政支出范围有：基本建设和其他专项支出，文化科技事业费支出，“三农”（农业、农村、农民）支出，社会保障支出，行政政法和部门事业费支出，上解支出。

1978～2005年陇川县择年基本建设和其他专项支出统计表

表12—7　　单位：万元

年份	基本建设支出	企业挖潜改造资金支出	城市维护支出	政策性补贴支出	专项支出	其他支出	小计
1978		59.3					59.3
1980		26.1					26.1
1982	5.2	2					7.2
1984	3	44					47
1986	31.5	24.4					55.9
1988	49.9	70					119.9
1990		18					18
1992		8					8
1994		1					1
1996		1	50	54	74	72	251
1998			63	146	131	610	950
2000		3	150	78	150	447	828
2002	692		126	109	134	459	1520
2003	124	1	93	100	120	200	638
2005	1299	257	117	100	141	44	1958
1978～2005年基本建设和其他专项总支出10342.7万元							

1978～2005年陇川县择年文化科技事业支出统计表

表12—8　　单位：万元

项目/年份	文教卫生费	科学事业费	文体广电事业费	科技三项费	小计
1978	126.8	0.3			127.1
1980	169.2	0.4			169.6
1984	346	5.9			351.9
1988	643.6	3			646.6
1990	830.1	4			834.1
1992	1009	5			1014

续表12—8

年份＼项目	文教卫生费	科学事业费	文体广电事业费	科技三项费	小计
1994	1567	7			1574
1996	2184	7			2191
1998	2541	11	215		2767
2000	2912	8	270		3190
2002	3954	15	476	17	4462
2003	4423	5	440	17	4885
2004	4955	9	589	24	5577
2005	5329	7	670	6	6012
1978～2005年文化科技卫生合计总支出50071万元					

1978～2005年陇川县择年“三农”支出统计表

表12—9

单位：万元

年份＼项目	农业支出	农林水气支出	支援不发达地区支出	农业综合开发	小计
1978	24.8	22.3			47.1
1980	19.6	37			56.6
1984	155.8	59.5			215.3
1988	189	76.8			265.8
1990	189.5	98.7	43.1		331.3
1994	286	437	22		745
1998	35	643	128	130	936
2000	100	722	186	147	1155
2001	15	861	205	82	1163
2002	424	955	72	742	2193
2003	1951	690	78		2719
2004	1686	1016	230		2932
2005	1769	627	77		2473
1978～2005年“三农”总支出23287万元					

1978～2005年陇川县择年社会保障支出统计表

表12—10 单位：万元

项目 年份	医疗卫生费支出	抚恤和社会福利救济费支出	行政事业单位离退支出	社会保障补助支出	小计
1978		10.4	106		116.4
1984		28.5	223		251.5
1986		24.6	300		324.6
1988		48.7	574		622.7
1990		103.7	467		570.7
1992		162	613		775
1994		104	866		970
1996	537	65			602
1998	672	114	786	5	1577
2000	737	608	1097	72	2514
2001	946	436	1457	99	2938
2002	869	609	1579	113	3170
2003	991	733	1944	93	3761
2004	1027	1789	2476	126	5418
2005	1229	863	2492	83	4667
1978～2005年社会保障总支出36503.3万元					

1978～2005年陇川县择年行政政法部门事业费支出统计表

表12—11 单位：万元

项目 年份	国防支出	行政事业费支出	外交外事支出	武警部队支出	公检法司支出	工业交通部门支出	流通部门事业费	税务和其他部门支出	小计
1978		106							106
1984		223							223
1988		574							574
1990		467							467
1992		613							613
1994		866							866
1996		1285		6	445	166	3		1905
1998	11	1204	7	18	459	155		358	2212
2000	10	1597	1	61	505	13	12	157	2356
2001	10	1971	6	46	735	399	7	150	3324
2002	16	2324	8	42	978	227		167	3762
2003	21	2369	10	53	1128	117	44	293	4035
2004	54	2989	4	35	1187	150	2	263	4684
2005	19	3443		96	1679	240	9	322	5808
1978～2005年行政、政法和部门事业费总支出39311万元									

第二节　财政体制改革

一、中央对地方的财政管理改革

1989年，州财政局领导与县财政局全体财税干部着装合影

【分税制改革】　1994年1月1日起，国家将税种统一划分为中央税、地方税和中央与地方共享税，建立中央和地方两套税收体系，分设中央和地方两套税务机构分别进行征管。中央的固定税收和收入有：关税、海关代征的消费税和增值税、消费税等7种。地方的固定税收和收入有：营业税、地方企业所得税和利润、个人所得税等17种。中央与地方共享税有：增值税（中央75%，地方25%）、资源税（海洋石油资源税归中央，其他归地方）、证券交易税（中央和地方各50%）。

【中央对地方税收返还基数的确定】　基数以1993年为基期，使用当年收入决算数，按照税制改革方案收入在各税种之间相互转换后的测算数进行各级税收划分，并将地方净上划中央的税收，全额返还地方，以此作为中央对地方的税收返还基数。

【农村税费改革】　2003年，开始农村税费改革。（1）取消乡统筹费；（2）取消部分规定性收费；（3）取消屠宰税；（4）取消义务工；（5）调整农业税政策；（6）调整农业特产税政策，从2005年起国家不再征收农业特产税和农业税；（7）改革村提留征收和使用办法；（8）建立村内筹资酬劳"一事一议"制度。

二、地方财政管理制度改革

【"收支两条线"改革】　1999年，陇川县政府制定《陇川县预算外资金征收使用管理暂行规定实施办法》，于当年开始对县直单位的预算外资金收缴管理方式实行"收支两条线"管理。采用"收缴分离"为主，委托执收部门征收为辅的征收方式。预算外资金收入管理制度改革的主要内容是：财政部门设立预算外财政资金专户，取消主管部门和执收单位设立的收入过渡性账户，实行收支两条线管理。预算外资金收入上缴同级财政专户，支出由同级财政部门按预算外资金收支计划，从财政专户中拨付。

【社会保障制度改革】　2002年，县财政局设立社会保障股，专门负责社会保障资金管理。陇川的社会保障工作，着重从养老、医疗、特困群众生活救助、下岗职工再就业等方面进行改革。

【零基预算改革】　陇川县于2000年起开展零基预算改革。具体的预算编制要求：在编制年度财政预算时，对各项财政支出均不以上年预算为基数，一切从零开始，按正常经费和专项经费两部分重新核定。正常经费按人员定额核定，做到该保留的保留，应取消的取消，确需增加的增加。实施零基预算后要基本上达到以下目标：一是使"吃饭"和"办事"经费彻底分开，提高预算分配透明度；二是适应市场经济的要求，优化支出结构，改革财政资金有增无减的状况，将资金用于急需项目，提高资金的使用效益；三是提高预算分配的科学性，解决各单位苦乐不均问题；四是使预算管理逐步走向规范化和明细化预算分配管理。

【工资统发制度改革】 从2001年1月起，对工资薪金的发放由传统的财政拨付单位，再由单位向个人发放现金的方式，改革为由财政通过商业银行直接向个人发放。工资发放形式的转变既保证干部职工的合法权益和资金运行安全，又有效地降低财政及各单位工作人员的工作强度。

【“乡财县管”改革】 2005年9月开始，县政府在保证乡（镇）资金所有权、使用权和财务审批权不变前提下，按照“财权和事权相统一”的原则，调整原有的体制框架，打破长期以来由乡（镇）自主核算的分散管理模式所形成的财权分配格局。对乡（镇）财政的预算编制和会计核算方式同时进行改革，把乡（镇）作为县财政的一级预算管理，单位、乡（镇）财政收支全部纳入县级统一管理，采取“收入整体上划、支出分类管理”的办法。在乡（镇）“财权”不变情况下，实行“预算编制、账户统筹、集中支付、采购统办、票据统管”的预算管理方式，由县级财政部门直接管理乡（镇）财政收支。

【政府债务管理改革】 20世纪80年代起，县政府有时在地方财力困难情况下，通过向上级财政、金融部门借贷、融资，加大对地方经济支柱产业和基础设施建设的投入，促进经济发展。为防范风险，全县的政府债务纳入财政预算的日常工作，并按省财政的要求全面完善政府性债务清理统计工作，将其纳入系统软件管理，从政府债务的举借、归还、利息、担保及债务手续等方面进行全面清理核实，确保本县政府性债务的准确和完整，为政府今后债务决策提供真实的依据。

1978～2005年陇川县地方财政年度总支出统计表

表12—12 单位：万元

年度	总支出	年度	总支出
1978	469	1992	3597
1979	508.09	1993	4023
1980	514.2	1994	3952
1981	689.1	1995	5168
1982	833	1996	10734
1983	844	1997	6837
1984	1147.5	1998	8371
1985	1168.8	1999	7718
1986	1347	2000	9808
1987	1550	2001	12715
1988	2452	2002	14765
1989	2801.2	2003	15028
1990	2707.8	2004	18882
1991	3273.9	2005	19689

第三节 财政资金管理

一、预算管理

1978年，实行“调整、改革、整顿、提高”的经济方针，财政逐年好转。

从1980年起，实行“划分收支、分级包干”的预算管理体制，以上年财政收支预算执行数为基础计算核定，结余按比例上交，不足用工商税按比例留用。

从1985年起，根据中央“划分税种，核定收支，分级包干”的财政体制，陇川县属收入小于支出的地区，实行定额补助，每年的补助款按规定比例递增，收入增长部分除烤烟、卷烟、酒产品税另有专项上解规定外全部留用，定额补助款按10%递增。

二、行政事业财务管理

1980年，对行政事业单位实行全面包干的办法，贯彻执行“预算包干，结余留用，超支自理”的原则，由过去只包干人员工资和一般工杂费，扩大为人头经费、购置费、修缮费等全面包干。对全县各个行政事业单位（一级预算会计单位），根据不同的工作任务核定标准，采取全年指标一次下达，逐月拨款的办法。拨款对公务费扣减20%，年终调剂。1999年，县政府制定《陇川县预算外征收使用管理暂行规定实施办法》，2005年，制定《陇川县非税收入收缴管理实施暂行办法》，对非税收入的管理从单纯的财政专户管理，分步骤的将政府性基金和部分行政事业性收入纳入预算管理体系中，逐渐形成分类、分项管理的新方式，进一步完善非税收入管理制度，为加强非税收入管理提供了系统、有效的制度保障。

三、企业财务管理

1985年，全县国营企业实行第二步利改税，企业合法留利，逐步由单纯的生产型向生产经营性转变，实现产、供、销一条龙。

1988年，实行“上交利润基数包干超收分成”的企业承包方案，促使企业改善生产经营管理方式。1988~1990年，全县第一轮承包企业3年承包基数合计1326.3万元，实际完成合计1612.7万元，合计超额完成21.6%。

陇川县国有工业企业择年财务状况统计表

表12—13

单位：万元

项目 年份	资产总额	负债总额	总产值（1990年不变）	销售收入	净利润	实际上缴税款
1998年末	18869	18939	9954	10078	-3083	1273
2002年末	31379	33958	13425	9855	-2054	631
净增	12510	15019	3471	-223	-1029	-642

四、农业财务管理

陇川县是农业县，财政每年拨入相当数量资金扶持农业发展。各主管部门向财政部门上报用款计划，财政根据预算安排，按计划和工程进行拨款。项目完成，实地验收合格使用。

1979年，陇川县开始实施农业周转金扶持，对扶持项目实行资金有偿使用。

1985年起，对农业、林业的一些项目进行扶持。

自1987年起，农业采取运用银行信贷资金，财政贴付利息，有偿使用等扶持方式。

五、社会集团购买力控制与管理

1980年，除新办单位和个别单位特殊情况外，一般不再审批专控商品，修旧利废，节约代用，严格控制非生产性支出。

1984年，根据国家计委、财政部、国家控办等部门《关于改革控制社会集团购买力管理办法的通知》及云南省的具体补充，放宽集团购买力指标的控制。执行结果，口子开得过大，集团购买力急剧上升。

从1987年起，重新实行购买力指标控制，并将专控商品增至19种。

1989年，根据国务院《关于从严控制社会集团购买力的决定》要求，从当年起，均要在上年支出的基础上压缩20%。

对县以上的单位和200人以上的乡镇企业，实行按计划管理的直接控制。县以下及200人以下的乡镇企业、城市街道企业实行间接控制。专项控制商品由19种增至29种，第一次将名烟、名酒纳入专项控制商品的管理。此办法沿用至1990年。

六、国债推销和管理

从1981年起，对单位和个人发行国库券，一直到1989年。将原来的单位、团体等对公发行的国债转为特种国债。

同年，为抑制通货膨胀，调节经济生活，发行特殊历史时期的保值公债。1990～1993年，人民银行发行国债201.6万元。1994～2005年，国债发行由各商业银行直接上划其总行，不再通过人民银行逐级上划。

七、会计管理

1992年2月，成立中华会计函授站陇川分站。至1994年，招收学员3个班60人。

1995年，92级27名学员均获中等专业文凭。至2005年，全县财务会计共取得初级职称247人，中级职称48人，高级职称3人。

1997年，对全县83名未持证在岗人员进行会计上岗培训，同时对1995年前颁发的会计证进行年检，共检审408本（人）。

八、监督检查

1996年10月30日至1997年1月10日，全县组织104名业务骨干，组成32个检查组，以重点抽查为主，单位自查自纠为辅，治理虚报套取、私存侵占、截留挪用等财政资金管理混乱问题。抽查484户，违纪160户，违纪金额174.2万元，查处金额46.12万元。

1996年，全县有212户企业、事业、行政核算单位进行自查，违纪违法16户，查处违纪金额289.9

万元。此后，在全县范围内开展3次清查预算资金工作。

1998年，全县的预算外资金收入上缴财政专户存储的仅有55%，仍有45%的预算外资金游离于“收支两条线”管理之外被坐支和挪用。同年11月1日至12月31日，开展重点抽查及收交入库工作。对清理出的预算外资金按30%、20%、10%的比例统筹纳入财政专户，其余70%、80%、90%返还单位使用。

第四节　农村税收与改革

一、农业税减免

1979年起，在全县实行起征点以下减免。具体规定是以分配收入水平为标准，收入起征点为边一线公社收入70元，边二线公社60元。吃粮起征点为山区450千克，坝区500千克。对起征点以下的社队全部实行减免。

从1981年起，继续对起征点以下的社队实行减免。减免税的起征点：山区生产队为70元，坝区生产队为68元，起征点以下实行减免，一定4年不变。1984年停止实行后，一些贫困村社仍有困难，即从1985年起，对贫困乡实行一定5年减免，1989年到期。1990年，复征条件尚未成熟，再顺延1年实行减免。

财政农税干部

二、农业税征收

1985年前，征收农业税，随着粮食局征购粮价的变动而变动。

1985年后，改为按粮食“倒二八”比例价折征代金（“倒二八”意为原粮价20%，超购价80%），折征代金对解决经济能力能够负担，但交纳实物有困难的单位和个人纳税，也是一种农税管理方法。

1979年陇川县农业税减免情况统计表

表12—14　　单位：千克（原粮）

名称	队数	农业税负担	起征下免税		当年灾减免		穷困队减免		名税合计	
			队数	免征数	队数	免征数	队数	免征数	队数	免征数
山区	250	377525.5	76	90062	27	38688.5	39	54979	142	183710
坝区	276	1167925	46	123190	2	3400	17	42700	65	1693290
合计	526	22545450.5	122	213252	29	42068.5	56	97679	207	353000

第五节　国有资产管理

一、国有企业清产核资

1995年3月，全县组织18个主管部门、56户国有企业的516名专职人员参与国有企业清产核资小组，按照“见物就点、是账就清、不留死角、不打埋伏、不重不漏”的原则，分别对56户国有企业的资产进行清查登记。全县56户国有企业的规模为小型企业，在编职工为1525人，退休职工276人，拥有土地面积7899.58万平方米。

二、行政事业单位清产核资

1993年4月17日至7月13日，组织56个核算单位，抽调784人组成清产核资工作小组，开展“清门户、晰现情，摸清家底、明确国资存量，核实非经营性资产转为经营性资产，查清国有资产价值的构成，完善制度、做好监督”5项工作。清查登记结果：行政事业单位账外资产769.4万元，闲置资产44.9万元，待报损固定资产价值285.8万元。

第二章　税　务

1983年，全县财税正式分设。县税务机关按照国家税收政策法令，健全征管制度，培植税源，服务社会，确保各项税收及时、足额入库。致力宣传贯彻国家的税收政策、法令，同偷税漏税违反税收法令的行为作斗争。1978年，全县税收总收入223.8万元。2005年，增为4484.17万元，比1978年增长19.03倍。税务工作多次受到上级表彰，2005年，县国税局被省国税局授予第十一批“文明单位”称号。

第一节　税务体制改革

一、国税机构改革

1978年，隶属县财政局，设置税政股，具体管理基层8个征收单位（城子、景罕、章凤、陇把、户撒、清平、王子树、邦瓦税务所）的税务工作。在职税务人员34人。

1983年1月1日，财税分设，陇川县税务局独立办公。内设办公室、税一股、税二股、征管股、会计股、政工股、监察股、稽查队，原8个基层征收单位不变。1989年7月，另设税检室（县检察院派出单位），有税务人员73人。

1994年6月28日，国、地税分设后，陇川县国税局原内设8个股室队沿用不变，下设5个基层征收单位：城关、章凤2个税务分局、景罕、陇把、拉影3个税务所。清平、王子树、邦瓦税务所，划归地税局。有税务人员66人。

2005年末，国税局在职54人。

二、地税机构改革

1978年，县财政局设税政股。

1983年，改设陇川县税务局。

1994年6月，单独设立陇川县地方税务局（简称“地税局”），内设办公室、计会股、征管股、税政股。基层征收单位设有户撒、陇把、章凤、景罕、城关、清平、王子树、邦瓦8个税务所和1个稽查队，共有工作人员35人。同年7月，城关、章凤2个税务所改设为税务分局。

1996年10月，地税局稽查队改建为稽查分局。

1998年3月23日，农业税征管职能、机构、人员、经费从陇川县财政局建制划转到陇川县地方税务局，划转工作人员35人。县地税局增设农税股，全局有工作人员74人。

2002年1月，县地税局设编61人，实有66人。设立办公室、税政股、农税管理股、征收管理股、计划统计股、人事教育股及5个分局2个所。

2004年，增设规费管理股。

2005年，县地税局实行机构改革，在章凤设立一分局、二分局，征收和管理分离。撤销农税管理股及一所、二所，将一所（清平）的征管职能划转给三分局（景罕），将二所（户撒）的征管职能划转四分局（陇把），增设政策法规股。至此，全局设为8个股室、5个分局，有工作人员60人。

第二节　国税征管

一、税制改革

1978年，陇川仅征收2种税（工商税、屠宰税），其中工商税收入221.8万元，占总收入99%。中共十一届三中全会后，国家对税收制度作了一系列改革调整，经2次利改税后，由国家企业上缴利润改为征收企业所得税，把工商税划为产品税、增值税、消费税、营业税，并相继开征、停征一些税费。

1983年，征收“两金”（能源交通建设基金、预算调节基金），税率10%。

1984年1月，开征企业所得税。6月，开征奖金税（超规定发奖征收30%～300%）。10月，开征产品税和营业税。全县产品税征收28个税目，税率3%～25%；营业税征收10个税目，税率3%～10%。

1985年1月，开征城市建设维护税（按税款基数征1%、5%），经州政府批准停征屠宰税。

1986年7月，开征教育附加费3%。同年10月，在城子开征房产税，税率12%。

1988年10月，开征印花税，税率0.3%、0.5%、1%、3%、5%。

1989年10月，在章凤、景罕、陇把开征房产税，税率12%。

1990年1月，全面开征增值税、消费税。

1999年7月，开征个人存款利息所得税。

2005年1月，开征车辆购置税。至年末，国税局征收的税种有：增值税、消费税、企业所得税、个人存款利息所得税、金融保险营业税、车辆购置税。

二、征收税种

【增值税】 1990年1月1日，开征增值税，对生产销售货物、加工、修理劳务收入计征，税率为一般纳税人0%（出口货物）、13%、17%，小规模纳税人4%、6%。税目20多个，收入比重较大，约占95%以上，是陇川县主税种。1994～2005年，共征收入库5.39亿元，年均4491.04万元。

【消费税】 1990年1月，开征消费税。全国14个税目，税率5%～45%。陇川只征收酒类、鞭炮、金银首饰3个税目，按从价定率、从量定额2种方式征收。税源主要是景坎、陇把2个糖厂生产的酒精。1994～2005年，共征收入库1.13亿元，年均938.02万元。

【企业所得税】 1984年1月开征，将纳税企业划为大中型和小型分别征收，大中型实行基本税率33%，另有27%、18%两档优惠照顾政策；小型按8级超额累进税率计征，税率7%～50%。1994～2005年，共征收入库210.59万元，年均17.55万元。

【个人存款利息所得税】 1999年7月1日开征利息所得税，税率为20%，对个人银行利息所得计征。1999～2005年间，共征收入库686.95万元，年均98.14万元。

【营业税（金融保险）】 1984年1月开征营业税，税率3%。国、地税分设后，仍由国税征管。税源在金融、保险系统中。1994～2005年，共征收入库306.88万元，年均25.57万元。

【车辆购置税】 2005年1月1日，开征车辆购置税，税率为10%。当年共征收入库224.40万元，占收入总额5%。

三、税收收入

税收收入按可比口径统计，1978～1995年中，1978年、1993年分别为223.8万元、2500.3万元，18年中，呈现出14增4减，平均年增长68%。1995～2005年，国税收入1995年、2005年分别为2476.59万元、4484.17万元。11年中，呈现出8增3减，平均年增长8%。

1978～1993年陇川县税收收入完成情况统计表

表12—15　　单位：万元

年度	合计	工商税	能源交通建设基金	企业所得税	营业税	屠宰税	城市建设维护税	备注
1978	223.8	221.8			37.8	2.0		
1979	254.3	253.1			43.9	2.3		
1980	255.3	252.4			49.2	2.8		
1981	361.5	354.4			84.1	3.1		交易税0.3
1982	431.1	417.4			108.9	3.7		交易税0.6
1983	408.7	380.7	31.1	57.9	76.3	2.5		交易税2.7
1984	660.6	542.1	35.4	78.3	105.9	3.3		交易税0.4
1985	613.3	494.8	36.0	69.6	169.2		4.8	
1986	723.3	638.0	39.8	32.1	213.0		8.9	
1987	946.9	774.1	33.2	64.0	320.7		12.5	房产税6.7
1988	1654.4	1329.1	54.0	192.3	750.6		18.3	房产税8.1
1989	2104.7	1665.7	85.1	366.7	930.6		20.2	房产税8.9
1990	1714.5	1494.0	92.3	70.7	942.1		65.5	房产税39.1
1991	1720.6	1665.8	65.5	47.8	864.1		81.93	市场和零星税199.73
1992	1731.4	651.35	65.43	84.1	863.7		0.75	房产40.6，土地19.8，车船2
1993	2500.3	611.9	0	94.5	378.7		19.5	房产4.2，土地9.5
合计	16304.7	11746.65	537.83	1158	5938.8	19.7	232.38	

1994～2005年陇川县国家税收收入完成情况表

表12—16　　单位：万元

年度	合计	增值税	消费税	企业所得税	营业税	个人存款利息所得税	"两金"	备注
1994	2033.79	2012.29	191.75	0			0.8	糖税1007.22
1995	2476.59	2364.48	745.24	17.39			7.0	糖税1531.28
1996	2508.83	23813.83	799.93	37.12			2.7	
1997	2794.98	2708.24	803.73	6.37				
1998	2876.25	2698.71	854.13	1.69	90.43			
1999	2130.76	1990.75	515.98	2.90	85.15	0.36		
2000	2944.07	2747.31	622.33	2.00	60.00	71.00		
2001	3270.2	3006.90	903.25	3.10	48.72	121.16		
2002	3238.03	2970.79	1338.03	0.66	18.58	114.20		
2003	2818.55	2556.83	1376.45	0.36	4.00	119.72		糖税1508
2004	3333.36	3043.39	1649.00	0	0	125.07		糖税1925
2005	4484.17	3978.93	1456.43	139.00	0	135.44		车购税224.04
合计	34909.58	33462.45	11256.12	208.13	306.88	686.95	10.5	

1994～2005年陇川县景坎、陇川糖厂三税征收情况统计表

表12—17　　单位：万元

年度	白糖增值税	酒精消费税	所得税	合　计	备　　注
1994	730.55	23.28	61.56	815.39	其中：景坎480.37
1995	2019.64	78.64	120.00	2218.28	1245.56
1996	1739.82	69.79	112.09	1921.70	1407.18
1997	1810.34	67.05		1877.39	1154.02
1998	1186.33	54.78		1241.11	719.63
1999	1115.63	108.04		1223.67	879.23
2000	2116.3	84.54		2200.84	1533.95
2001	2249.78	82.54		2332.32	1746.39
2002	1693.55	76.49		1770.04	1082.74
2003	1234.35	131.42		1365.77	1174.54
2004	1780.85	154.99	572.75	2508.59	2043.06
2005	1827.25	140.01	477.36	2444.62	1547.52
合计	19504.39	1071.57	1343.76	21919.72	15014.19

说明：1978年、1992年、1993年分别征糖税153.3万元、575.68万元、114.16万元。

1978～1993年陇川县主要税目税额表

表12—18

单位：万元

年度	白酒	酒精	白糖	电力	金属产品	建材	茶叶	烟丝	原木	商业零售	交通运输	建筑安装	金融保险	饮食服务	临时经营
1978	4.0	6.5	153.3	0.3	0	0.9	7.5	0.7	2.3	29.1	1.3			5.0	4.7
1979	10.1	0.9	174.7	0.2	0	0.7	6.8	2.7	2.6	34.1	1.7			5.2	5.5
1980	15.6	1.1	165.7	0.3	0	0.3	8.8	0.8	3.3	42.2	2.1			3.7	4.0
1981	16.7	2.4	226.8	0.8	0	0.4	9.9	0.9	2.8	62.8	2.6			4.1	20.3
1982	13.4	2.6	258.2	1.6	0	0.8	14.2	1.0	2.3	65.6	3.5	2.1		4.4	39.4
1983	13.9	2.2	256.2	1.8	0	1.0	13.4	1.5	3.1	63.4	4.2	2.5		5.4	16.3
1984	11.6	5.7	411.1	2.4	0	2.5	9.8	1.1	3.3	74.8	6.6	7.7		6.3	14.8
1985	4.7	3.5	283.9	2.6	5.0	2.3	14.7	1.0	5.8	127.6	5.2	11.6		5.0	36.6
1986	3.5	4.2	368.9	2.7	24.8	1.5	12.3	0.9	1.1	147.9	6.8	16.6	10.5	4.6	50.7
1987	2.6	7.9	390.4	3.4	16.8	1.7	19.2	1.0	2.9	199.1	8.2	11.5	17.1	4.9	129.8
1988	3.8	8.1	504.6	4.4	0.6	3.5	29.3	1.0	5.5	489.5	11.8	15.9	28.6	8.3	282.3
1989	4.8	24.1	664.4	4.5	7.1	4.6	16.2	1.6	5.8	666.6	14.9	28.3	43.9	15.6	271.8
1990	6.9	27.9	459.7	4.4	0	5.1	24.8	1.2	5.4	667.1	16.3	63.5	52.3	20.9	262.7
1993	0	35.7	579.0	5.7		4.8	45.5		7.3	66.1	7.6	53.4	37.9	19.5	212.9

1994～2005年陇川县主要税目税额表

表12—19

单位：万元

年度	酒精	白糖	金属硅	非金建材	电机制品	其他制造	矿业	电力、水	批发零售	其他茶、木	药品	造纸	进口货物	滞纳罚款
1994	42.59	1007.2	8.7	8.8	12.2	9.7	0	5.7	987.2	104.7	0	0.8	0	4.5
1995	63.6	1499.6		4.9				12.1	642.0	37.1			36.4	0.7
1999	41.1	871.9	25.2	5.9	0	电池 52.6	0	75.6	535.2	46.3	323.2	0.6	144.9	4.53
2002	176.1	1784.6	65.2	21	加工 46.3	253.3	4.9	112.8	425.8	47.75	0	0	84.8	23.6
2004	160.1	1838.3	48.3	4.6	12.8	118.7	5.3	381.2	514.8		83.3	0	94.8	7.7
2005	74.7	1558.4	14.9	51.1	4.1	123.9	15	305.8	327.8	10.9	50.6	4.6	100.8	0.7

说明：1995年，征收能源基金2.7万元、调节基金4.3万元，海关代征36.2万元。

三、征收管理

日常税收征管主要以税务登记、纳税鉴定、业务辅导、企业查账、个体核定、纳税检查、税款申报、征解制度、贯彻执行税收政策和征管法等进行管理。采取分片分户，定人定责，分工协作，委托代征代扣，按日（次）、月、季等方式加强征管。

1989年7月，推行征收、管理、检查相关规定。县局领导与股室、基层挂钩，股室与基层单位挂钩，层层分解落实任务，加大征管质量、工作考核力度。对纳税登记、申报、入库、检查、处罚、核准、结案实行7率考核；对征管资料等各种管理台账进行严格考核。

1995年，将税收任务分解落实到5个基层征收单位，制定收入考核制度，按月考核、按季督促检查落实，执行欠税加收滞纳金制度；将基层分为2个管理层次，即领导岗位、征收管理务实操作管理岗位，将工作项目、管理范围、岗位职责，详细明确到人。考核项目为各种登记台账、征管原始资料、欠税加收滞纳金、偷漏税比例、临时性中心工作。

1997年，贯彻落实云南省国税“深化税收改革实施意见”和德宏州国税局实施方案，在新旧征管模式过渡期内，开展日常征管检查和年终清缴工作。

1998年，深化征管改革，推进两个转移，以纳税申报和优化服务为基础，以计算机网络为依托，采取集中征收、重点稽查的征管模式，实现公平、文明、高效的治税环境。

2000年，建立办税服务厅和计算机服务网络，集中征管，提高效率，优化服务。

2002年，按照上级“依法治税、从严治队、科技加管理”的要求，加强征管。

2003年，完善各项征管基础和资料归档工作，启用“IC”卡申报纳税管理，加强出口货物“免、抵、退”税管理，审核企业申报表和登记台账。推行“一窗式”管理，执行新的起征点，使认证、报税系统的数据共享，提高工作效率和征管质量服务。

2004年，对个体小规模纳税人进行核定征收，做好调查评议、税额调整工作。进行一般纳税人年检，贯彻执行税收优惠政策。为出口“免、抵、退”税企业办理退税15万元。对有进出口经营权的企业，建立逐级审批制和免税收入台账。做好商贸企业的清理、评估、检查。

2005年，将任务分解落实到基层分局，并签订完成目标考核责任书，完善考核奖惩办法。继续实行局领导、各科股室挂钩基层分局的方法，协助征收管理工作。对重点税源实行重点管控，按月、季分析收入增减变化情况，定期核准税款入库。加大税务稽查力度，抓涉税违法案件的查处工作。对享受税收优惠政策的企业，办理减免所得税。

陇川县国家税务局到景颇山调查税源

1978～2005年陇川县若干年份税务登记统计表

表12—20 单位：户

年度	总户	全民	集体	个体	备注
1978	50	35	15		
1988	543	88	78	377	
1990	671	104	56	511	
1993	823	146	75	602	
1994	574	90	53	431	其中：一般纳税人102，小规模纳税人472
1996	700	117	79	496	另有股份制3、外贸1、私营户5
1997	674				其中：一般纳税人113，小规模纳税人561
1998	680			587	其中：一般37，小规模纳税人673（企业86、个体587）
1999	928	73	40	781	另股份9、有限责任14、私营户7、其他4
2000	1174	14	6	1052	另股份9、有限1、私营1。其中：一般30、小规模1144
2004	1323	26	16	1227	另股份8、有限12、私营等34。其中：一般34、小规模1289
2005	1452	31	21	1345	另股份11、私营等44。其中：一般34、小规模1418（个体达起征点144），企业138

四、税法宣传

1992年起，每年4月“税法宣传月”，均开展形式多样的税法宣传。

1995年，联合地税开展税法宣传。电视播放专题宣传8条，张贴宣传画25幅、标语40余条，以增强税法透明度。

1997年5月，举办有地方5套班子领导、10万元以上纳税大户和纳税先进代表参加的“税法知识讲座”，表彰6户先进企业和18户纳税大户。组织42人，出动9辆摩托车、6辆小汽车，分别到交通沿线6个乡镇集贸市场开展税法宣传活动，横挂11幅大标语，设立2个税法知识咨询点。基层各分局（所）设办黑板报、宣传栏，促进全民纳税意识和纳税人遵章纳税自觉性。

1998年，全县悬挂横幅标语15条，利用广播在4个主要集市宣传税法知识，现场发放税法宣传单2000余份。召开县委政府领导、企业负责人、财会人员和个体户参加的座谈交流暨表彰会5次。

1999年，全县悬挂横幅标语40条，电视播放标语口号25次120条，设立税收知识宣传咨询台，发放宣传材料5000份。

2001年，宣传主题为“税收与公民”和新修订的《中华人民共和国税收征管法》，按照“强化征管、堵塞漏洞、清缴欠税、惩治腐败”16字方针开展宣传活动。悬挂横幅43条，电视台播放宣传标语300条/次，发放宣传单1200份，组织召开“纳税信誉一类企业、文明纳税户”表彰会，表彰陇川糖厂、景坎糖厂、甸川公司、烟草公司、电力公司等企业。

2003年，宣传主题为“依法诚信纳税、共建小康社会”。成立由县长任组长，宣传部、司法局、广电局、国税局、地税局主要领导为副组长的领导小组，由成员单位联合举办陇川首届“税法知识竞赛”，邀请重点纳税大户、纳税人参赛。

1995年，税法知识宣传

2005年，在章凤主要地段横挂标语20条、热气球7个。制作、发放税收咨询服务卡100张。设立税收咨询台，召开纳税人座谈会。组织开展为期5天的企业纳税辅导，16户企业、28位财务人员参加辅导会。

五、优惠政策

1998年，做好一般纳税人年检5项工作，共清理一般纳税人84户中进项抵扣金额427万元。

2001年7月1日起，正式运行“金税工程”。全年为5户一般纳税人申报6期，为68户取得增值税发票抵扣认证623份，税额1846万元。

2003年，加强出口货物“免、抵、退”管理，审核企业申报表和登记台账，按期办理“免、抵、退”税199万元。

2004年，进行一般纳税人年检，贯彻执行税收优惠政策，按政策规定减免卓信企业所得税122万元。为出口“免、抵、退”税企业办理退税15万元。

2005年，对享受税收优惠政策企业，减免所得税129.5万元。为进出口企业办理“免、抵、退”税184.75万元。为3户福利企业先征后退办理退税110多万元。

六、国家税务稽查

1994年，共调查核实边贸企业64户，检查纳税人41户，查补入库税款27.16万元。其中报关单2272份，有问题10户，占检查面的22%。

1995～1996年，共查办120户，查补入库税款109.22万元（补税99万元，滞纳金8.36万元，罚款1.86万元），结案入库10户。为集中征管、重点稽查提供经验。

国家税务稽查

1997年，加强队伍建设，按"四懂五会"（懂政策、懂流程、懂财会、懂电脑，会讲、会写、会办理业务、会查账看表、会操作电脑）的要求培训税务人员，提高稽查队伍业务素质，由单一专项改变为全面综合的稽查方式，建立协税护税网络、协税情报机制。

1998～2001年，共重点稽查纳税人517户，查补税款239.37万元。重点开展对家用电器、建材销售等行业的专项检查。

2002年，共查办纳税人74户，有问题59户，查补入库税款合计107.03万元（补税82.67万元，罚款5.68万元，滞纳金18.68万元）。稽查面企业20.19%、个体3.9%。主要开展对摩托车、成品油、木材、砖瓦建材销售等行业的专项检查。

2003～2005年，共查办纳税人122户，查补入库税款157.63万元。有问题40户，公告违章案件17起。重点对木材销售、虚开代开增值税发票等专项检查。

七、国家税务检察

1994年，共受理 7件9人，其中偷税3件4人，出口退税款1件1人，其他3件4人，追缴偷漏税15万余元。

1995年，受理14件，立案查处9件14人，查补收入246万元，查补入库税款202.22万元。为上年同期的15.5倍。

1996年，惩治涉税经济案件的犯罪行为，维护税收正常秩序。共受理8件12人，立案3件3人，查出涉税金额985万元，收缴入库387.53万元，查扣丰田车1辆（价约30万元），挽回国家经济损失417.53万元，查补入库税款74.03万元。其中县税检室侦破县烟草办公室拉影经营部陈某代开增值发票25份，从中骗税883.9万元大案。

1997年，县国税局搬迁章凤办公，国家税务检察室撤销。

第三节　地方税收征管

一、征收税种

1994年，县地税局分设后，征收的税费共有12税1附加。1997年7月，开征文化事业建设费和旅游宣传促销费。

1998年开征口岸建设费。3月，农税部门划归地税后，增加农业税、农业特产税、契税、耕地占用税。2000年1月起，暂停征收固定资产投资方向调节税。2003年8月起，停征屠宰税。2004年7月起，代征水资源费。2005年起，停征农业税、农业特产税，开征地方教育附加。

【营业税】　1985年1月1日开征，有税目11个，税率3%～10%。1994～2005年，共征收入库7448万元，年均620.67万元。

【企业所得税】　1984年，开征国营企业、边贸企业和个人。企业和其他取得收入的组织，分为居民企业和非居民企业，基本税率33%。1994～2005年，共征收入库1483万元，年均123.58万元。

【个人所得税】　1984年6月开征，使用5%～45%的9级超额累进税率。包括：（1）个体工商户的生产经营所得税（含个人独资企业和合伙企业的生产经营所得）；（2）企事业单位的承包经营承租经营的所得；（3）劳务报酬所得，税率为20%；（4）稿酬所得，税率为20%；（5）特许权使用费所得，税率为20%。1994～2005年，共征收入库1255万元，年均104.58万元。

地税局税务专管员正在组织征收税款

【资源税】 国家开征的资源税目有7种。陇川县矿产资源少，开征的税目只有黏土、建筑用沙、硅石、温泉等。1994～2005年，共征收41万元，年均3.42万元。

【城市维护建设税】 1985年1月开征。纳税人所在地为市区的，税率为7%；纳税人所在地为县域或镇的，税率为5%；纳税人所在地不在市区、县域或镇的税率为1%。1994～2005年，共征收入库1762万元，年均146.83万元。

【城镇土地使用税】 1987年1月1日开征，在建制镇、县城开征。税率按使用面积0.2～0.3元/平方米征收。1994～2005年，共征收入库558万元，年均46.5万元。

【房产税】 1987年1月1日，开征城子镇。1989年10月1日，开征章凤、陇把、景罕3镇。各税房屋扣除原值30%计征，税率为1.2%；按照房产租金收入征税的，税率12%。1994～2005年，共征收入库1320万元，年均110万元。

【车船税】 1973年停征，1987年复征。载客汽车的年税额为每辆60～660元，载货汽车的年税额为按自重每吨16～120元，三轮汽车、低速货车的年税额为按自重每吨24～120元，摩托车的年税额为每吨36～180元，船舶的年税额为每净吨3～6元，车辆的具体适用税额由省级政府在规定的税额幅度内确定。1994～2005年，共征收入库116万元，年均9.67万元。

【印花税】 1985年10月1日开征。税率有5档（1‰、3‰、5‰、0.3‰、0.5‰）。1994～2005年，共征收入库143万元，年均11.92万元。

【土地增值税】 1994年1月1日开征。2001年4月1日至2005年12月30日停征。使用30%、40%、50%、60%的4级超额累进税率。

【教育费附加】 1986年7月1日开征。以实际缴纳增值税、消费税、营业税的单位和个人为征税依据，费率3%。1994～2005年，共征收入库1007万元，年均83.9万元。

【地方教育附加】 陇川县2005年7月1日开征，费率1%。2005年7～12月，共征收入库23万元。

【文化事业建设费】 1998年1月1日开征，费率3%。1998～2005年，共征收入库8万元，年均0.67万元。

【耕地占用税】 1987年4月开征，以占用耕地建房或从事非农业建设的单位和个人为纳税义务人，按以乡镇为单位明确的适用税额征收。1994～2005年，共征收入库77万元，年均6.42万元。

【契税】 1997年10月开征，税率3%。从1999年8月1日起，个人购买自用普通住宅，减半征收契税。1997～2005年，共征收入库187万元，年均15.58万元。

【城市房地产税】 国家于1994年1月1日开征，2009年1月1日废止。税率按照房产计税价值征

1998年4月，农税工作会议

税的为1.2%；按照房产租金收入征税的，税率为12%。陇川县没有开征此税种。

【旅游宣传促销费】　国家于1998年1月开征，税率5%。陇川县没有开征此税种。

【在滇电力企业水资源费】　2004年1月1日开征，根据电力企业的总装机量，按取水来源情况分类确定征收标准。2004～2005年，共征收入库24万元，年均12万元。

【屠宰税】　征税范围一般限于猪、骡、马、驴、羊、牛6种牲畜，实行从量定额征收。1994～1998年7月，税率为猪、牛每头5元，马、驴、骡每头3元，羊每只1元。1999～2003年7月，税率改为猪、牛、马、驴、骡每头10元，羊每只3元。2003年8月起，屠宰税停止征收。1994～2003年，共征收入库325万元，年均32.5万元。

【固定资产投资方向调节税】　1991年4月开征，取代建筑税。计税依据为固定资产投资项目实际完成的投资额，实行差别比例税率，规定为0%、5%、10%、15%、30%共5个档次。2000年1月暂停征收。1994～2000年，共征收入库284万元，年均35.5万元。

【农业税】　2003年农业税税率为5%，并随正税征收15%的地方附加。2004年农业税税率下调1个百分点，为4%，并随正税征收15%的地方附加。2005年取消农业税。2003～2004年，共征收入库956万元，年均478万元。

【农业特产税】　1994年4月开征，主要征税产品为甘蔗，税率为11%，征税范围还有西瓜、菠萝、芒果、原木、茶叶等。2005年取消农业特产税。1994～2004年，共征收入库6093万元，年均609万元。

上述各种地方税收1994～2005年共征收入库31801万元，年均2650万元，其中2003年征收入库4652万元。主要工作：（1）推行餐饮业有奖定额发票制度；（2）加强地代开货运发票和委托代开货运发票中介机构的监管；（3）强化车船使用税、资源税、契税等地方税种的源泉控制和代扣代缴工作；（4）落实税收任务，打击偷税漏税等不法行为。

二、征收管理

【税务登记】1994年，县地税局分设后，开展全县的征管户数调查，建立征管户籍资料。1995年、1999年、2006年分别开展3次统一核发税务登记，彻底摸清全县征管底子，为确保税收任务完成奠定基础。

【凭证管理】　2002年，按照国家有关规定设置账簿，对采用计算机、会计电算化系统的纳税人，要求在使用前将相关软件、使用说明书及有关资料报送税务机关备案。督促扣缴义务人自扣缴义务发生之日起10日内，按照代扣、代收税种，分别设置代扣代缴、代收代缴税款账簿。监督纳税人的账簿、记账凭证、报表、完税凭证、发票以及其他有关资料要保存10年，以备查询。

【发票管理】县地税局主要对发票的计划、印制、调拨、发售，以及内部领、用、存、核销和

陇川县地方税务局协助企业核税

纳税人使用、代开、代管监开、缴纳、流失等进行管理和稽核，对违法、违章行为进行处理。1997年，进行交通运输发票的换版工作，逐步理顺各类发票的管理和使用。2003年，开始推行饮食业有奖定额发票。同年11月，对货运发票进行征管改革，将货运发票统一收归县地税局管理。2004年8月，对县内从事饮食、旅店业的纳税人推广使用定额发票。2011年1月，正式启用新版发票。

【纳税服务】1994～2005年，县地税局将涉税业务办理过程中的程序、方法、内容、权益等向社会公开，建立服务承诺、社会监督和受理督办机制。从公开办税、综合服务、监督机制等方面向社会各界做出承诺，全面规范执法主体。通过加快税务信息化建设，构建纳税服务信息化平台，降低税收成本，为纳税人提供优质服务。依照“以纳税人为中心”“始于纳税人需求，终于纳税人满意”的理念，提高服务质量。

【征管措施】1994～2005年，县地税局按照应征管的各种税费，坚持“税费并重，税费同征同管同查”的原则，定期开展税费清查。以“信息管税”工作理念为指导，将征管基础资料日常管理和数据质量相结合。查找税收管理薄弱环节，查缺补漏，挖潜增效。对清册、台账等征管资料，实行“一户两档”管理。做好各项税费考核、创建工作。实行信息比对制度，对信息比对中应参保的单位，主动告知并及时将情况反馈给社保经办单位。每月征期结束后，将缴费户缴费、欠费情况及时反馈社保部门。遵照“杜绝新欠，追缴陈欠”的原则，开展税源巡查和宣传教育工作，了解纳税户生产经营状况，掌握企业生产经营动态增减变化，各项税费及时、足额、安全入库。

三、税收优惠

1994～2005年，县地税局共减免地方各税127.4万元，其中营业税65.21万元、企业所得税0.79万元、个人所得税 8.74 万元、城市维护建设税2.25万元、房产税13.76万元、城镇土地使用税9.98万元、其他税收 26.67 万元。

四、地税稽查

1994年以来，县地税局按照“执法有依据、操作有规矩、权利有制度、过程有监控、责任有追究”的依法稽查机制，查办各类税收违法活动。做好税案曝光，结合当地实际情况，有重点、有针对性地开展专项检查和专项整治活动，堵塞税收漏洞。抓发票整治，开展对“卖方市场”的细致清查，严处“买方市场”。抓好其他检查，制定年度检查计划。规范举报流程，对举报案件查处过程进行跟踪管理，维护举报人合法权益，为举报人保密。做好对协查案件的监控、分析工作，对协查案件进展情况进行跟踪和监控，协查案件及时、准确回复。

1994～2005年，查补各项税费783.36万元。

1994～2005年陇川县地税局稽查情况统计表

表12—21　　单位：件、万元

年份	查处案件数	查补税费数额
1994		17
1995	16	44.74
1996		11.98
1997	20	46
1998		139.6
1999		87
2000	53	39.68
2001	90	90.2
2002	138	70.6
2003	85	132.73
2004	26	59.68
2005	31	44.73

第三章　金融　保险

1978年，实行改革开放后，全县金融行业逐步走向新的发展道路。1993年，全县金融机构发展到14个营业网点（含信用社、邮政储蓄），比1978年前增加了11家。2005年，全县金融机构各项存款余额7.97亿元，各项贷款余额3.88亿元，比1978年（654.3万元、1068万元）分别增长121.8倍、36.33倍。

第一节　金融监管

1978～2003年，县内金融机构由县人民银行监督管理。2003年12月，德宏银监分局陇川办事处从中国人民银行陇川县支行分设，全面负责金融保险行业监督管理。

一、中国人民银行陇川县支行

（一）机构

1976年2月，陇川县财政金融分设，成立中国人民银行陇川县支行，隶属德宏州分行管理。1985年，从中国人民银行陇川县支行分设成立工商银行陇川县支行。1986年，中国人民银行开始行使中央银行职能，陇川支行也随之转变职能。

中国银行陇川县支行

1990年，中国人民银行陇川县支行下设办公室、人事秘书股、金管股、计划股、会计国库股、发行股、稽核股、保卫股。有干部职工20人。

2003年12月15日，德宏银监分局陇川办事处从中国人民银行陇川县支行分设。

2005年，中国人民银行陇川县支行被中国人民银行成都分行确定为小县（市）级支行，对外设两块牌子：中国人民银行陇川县支行、中华人民共和国金库陇川县支库。下设办公室、基础业务股、综合业务股。

1997年5月，中国人民银行陇川支行在章凤的办公大楼竣工落成

（二）货币发行与流通

1978年，使用的人民币是1962年4月20日以后发行的第三套人民币，到2000年7月1日停止流通。1987年4月25日，国务院颁布发行第四套人民币，中国人民银行自1987年4月27日起，陆续发行第四套人民币。1999年10月1日，根据国务院第268号令，中国人民银行陆续发行第五套人民币，采取“一次公布，分次发行”的方式执行上级规定。

中国人民银行陇川县支行贯彻执行发行基金“适当集中，合理摆布，灵活调拨”的原则，按照“保证总量，调整结构，合理搭配，提高质量”的要求，组织发行基金调拨供应工作。

1985～2005年陇川县现金投放回笼统计表

表12—22

单位：万元

项目 年度	累计现金收入	累计现金支出	现金投放回笼
1985	5784	5400	-384
1986	5758	5931	173
1987	7673	8255	582
1988	11732	12695	963
1989	11499	13386	1887
1990	11989	15776	3787
1991	13826	19985	6159
1992	20899	28147	7248
1993	33975	45277	11302
1994	33319	43301	9982
1995	48015	59554	11539
1996	57095	69394	12299
1997	69174	82733	13559
1998	95941	110187	14246
1999	118221	133866	15645
2000	124231	136980	12749
2001	141720	153039	11319
2002	162065	177221	15156
2003	196739	209979	13240
2004	269462	279164	9702
2005	259268	281319	22051

（三）利率调整

中国人民银行陇川县支行按照总行规定要求，将各时期利率调整情况转发到辖区各级金融机构，按照国家规定对利率手段的运用贯彻执行，通过调整利率水平与改革利率管理体系，使利率成为经济调节的重要杠杆。至2005年，人民银行对金融机构的存贷款利率调整了20次。其中1980年、1985年、1989年、1993年调整2次以上。

（四）信贷业务

1984年1月1日，中国人民银行陇川县支行对专业银行发放计划内贷款和临时贷款。计划内贷款月利率为3.9‰，临时贷款月利率为4.2‰，逾期贷款按日息万分之三收利息。1987年1月1日，人民银行根据资金来源，按期限分为年度性贷款、季节性贷款、日拆性贷款。1994年，陇川辖区内各专业银行相继开办再贴现资金，对商业票据开办贴现、再贴现业务。2000年，按贷款期限划分，中央银行贷款有20天、3个月、6个月和1年4个档次。2001年9月10日，规范人民银行对农村信用社再贷款业务。同年1月1日起，对国有独资商业银行、农业发展银行再贷款利率按5.32%年利率执行，农村信用社再贷款执行基准利率。2005年12月末，向陇川县农村信用联社发放支农再贷款1700万元。

1978～1990年陇川县金融机构各项贷款余额统计表

表12—23　　　　单位：万元

年度	贷款合计	工业贷款	物资部贷款	集体工业贷款	粮食贷款	商业贷款	供销合作贷款	农机公司贷款	其他商业贷款	农业贷款	预购定金	外贸
1978	880.5	12.3			120.2	506.4			35	198.5	8.1	
1979	799.6	10.5			28.6	466.4			12	270.8	11.3	
1982	1754.7	467.1	3.9	5.7	244.4	283.3	311.6		15.5	352.4	68.8	2
1983	2301.2	1110.7	14.9	26.8	225.1	462.5	266.1	15.2	43.1	561	78.7	2
1984	5892.5	3132.6	26.5	49.7	259.6	587.1	325.4	14.1	55.7	1267.4	174.4	
1985	5847.1	3493	102.6	77.2	313.6	832	436.3	54.8	182.1	1618	146.7	47
1986	8812.5	4048.9			414.3	1065.7	690.1		390.1	1465.6		97
1987	9750.8	4040.3			683.9	1340.6	734.4		843.7	1694.8		80
1988	9942.9	3763.5			903.2	1378.9	674.6	1156.5	1632.4		117.4	
1989	10832.9	3928			1318	1272.4	653.9		1256.5	1662.3		378.7
1990	13619.8	4371.2			1831.8	978.3	1218.2		1989.4	2139		633.7

1991～2005年陇川县金融机构各项贷款余额统计表

表12—24　　单位：万元

类别/年份	贷款总额	短期贷款					中长期限贷款
		短期贷款合计	工业贷款	商业贷款	农业贷款	私营及个体贷款	
1991	17703.9	12372.3	2565.6	9233.9	2672.6	607	2659
1992	27317	18666	5075	12839	499.5	77.7	3222
1993	29251	20722	5561	14444	1011	60	3373
1994	33685	26725	6355	13427	3098	132	6840
1995	35237	27977	6565	15467	2674	62	6938
1996	36747	30896	7034	19760	2618	109	5676
1997	41825	33014	6834	21850	2807	141	8576
1998	45685	34337	7799	20774	3543	260	8835
1999	45283	32670	7413	18616	3764	120	9957
2000	32021	22612	751	12349	4292	478	8122
2001	37041	22788	90	12578	8387	813	14253
2002	40808	22966	565	10682	5818	1818	5385
2003	43419	23847	15	11482	7117	1952	19572
2004	39562	23225	15	7627	10647	1663	16337
2005	38834	23133	15	6236	11283	889	15701

（五）存款准备金监测

1984～2005年，存款准备金率进行8次调整。1984年，按存款种类核定存款准备金比率。1985年，针对上一年存款准备金率偏高的情况，改变按存款种类核定存款准备金率的做法，一律调整为10%。1987年，人行陇川支行又将存款准备金率从原来的10%调高至12%。1988年，陇川县支行把存款准备金率再次调高到13%，执行10年。1998年3月31日，存款准备金率由13%调到8%。1999年11月21日，将城市、农村信用社存款准备金率由8%下调到6%。2003年9月21日，陇川县支行继续执行中央银行的货币政策，调控信贷货币总量，将商业银行存款准备金率由6%调高到7%，而城市信用社、农村信用社仍执行6%的存款准备金率。2004年4月25日，再次由7%上调至7.5%，以控信贷扩张。

1978～2005年陇川县金融机构各项存款余额统计表

表12—25　　单位：万元

年份	存款总额	企业存款	财政存款	机关团体存款	储蓄存款	农业存款	其他存款
1978	654.3	215.1	45.1	80.7	132.7	118.7	62
1979	617.9	147.1	23.3	93.3	145	54.2	155
1980	1215.5	268.4	55.6	133.2	202.5	143.5	412.3
1981	1833.3	453.3	29.5	153.3	309.4	111.8	776
1982	1899.8	364.1	47.8	131.9	467.4	105	783.6
1983	2222.6	591.2	63.2	212.1	558.9	75.2	722
1984	3079.6	672.8	56.7	242	761.4	48.6	1298.1
1985	2802.1	539.3	36.1	127	890.1	86.9	1122.7
1986	3181.6	1455.7	79.1	11.9	1252.5	138.4	244
1987	3831.7	1277.5	60.4	209.1	1814.9	119.5	350.3
1988	5024.3	2022.3	98	224.4	2248.9	165.6	265.1
1989	5243.6	1870.2	113.8	315.5	2439.3	279.9	224.9
1990	7456.5	2529.3	246.1	196.6	3519.8	450.1	514.6
1991	8495.6	32.75	–536.4	238.3	4678.3	315	525.1
1992	14537	5653.4	78.3	361.8	6431.7	1414.8	597
1993	14019.5	3721	107.5	321	8040	1049	779
1994	17327	3897	558	577	11874	421	0
1995	21447	5298	–1036	394	16308	538	10
1996	26526	6214			19787	519	6
1997	32919	7907	491	392	23839	290	
1998	35370	5279	159		27208	1672	1052
1999	40139	7473	76	1129	28431	2755	275
2000	47658	8770	631	674	33388	3532	663
2001	50818	9380	531	519	35748	4147	493
2002	55048	10962	822	682	38105	4320	157
2003	58546	10419	556	653	43920	2534	464
2004	69416	15074	1085	801	49392	2776	288
2005	79682	9151	804	10579	54487	4422	239

（六）金融统计

中国人民银行陇川支行组织、领导、监督管理和协调陇川辖区金融统计工作，内设综合股负责金融统计业务，按月收集、整理、汇总陇川辖区金融机构现金收支、存贷款等相关数据。每月按时编制《陇川县金融汇总表》等各种报表，为各行业发展提供信息服务。

（七）经理国库

1986年，中国人民银行陇川县支行正式分设，开始办理金库业务，支行国库贯彻国家公布的中央金库实施细则，配合财政局收纳国家预算收入。按照财政、税收的规定和限制以及国库制度规定的缴款方法办理税收缴库，对预算科目进行清分，并履行职责。

1987～2005年陇川县代理国家金库收支年度表

表12—26 单位：万元

类别 年度	总收入			总支出	
	中央	地方	合计	地方	合计
1987	306	955	1261	1931	1931
1988	393	1721	2114	2800	2800
1989	93	2340	2433	2841	2841
1990	76	2119	2195	3263	3263
1991	75	2228	2303	3636	3636
1992	40	2153	2193	4016	4016
1993	111	5204	5315	5039	5039
1994	1653	255	1908	4649	4649
1995	2481	1723	4204	6016	6016
1996	2556	1858	4414	6161	6161
1997	2781	2103	4884	7593	7593
1998	3130	2978	6108	8713	8713
1999	2295	3005	5300	7583	7583
2000	2826	3395	6221	10694	10694
2001	2688	12153	14841	11903	11903
2002	2702	3724	6426	14228	14228
2003	2245	4262	6507	15667	15667
2004	2816	3377	6193	19858	19858
2005	4184	4140	8324	27222	27222

（八）电子化建设

1995年，中国人民银行陇川县支行配备计算机12台，运用于会计、国库、发行、稽核等综合业务。1998年，派员参加国库系统上机联网及中央银行核算系统改版学习，开展会计检查、加强内控管理。2001年，运行办公自动化和电子联行业务等两套新的业务系统，完成信贷登记咨询、信贷统计、国库业务、货币发行等系统的升级工作。2005年，实现网络升级改造，完成会计集中核算、大额支付、发行等业务系统的安装和维护工作。

（九）反假币

1986～2005年，开展反假人民币的宣传、教育、咨询活动，举办银行专业人员培训班，做好柜面防假反假工作，配合公安机关破获假币案，抓获犯罪嫌疑人，维护正常货币秩序。1991～2005年，共收缴假币56.85万元，配合公安机关破获假币案件14起。

2005年5月24日，县支行召开反假货币联席会议

二、中国银行业监督管委会陇川监管办事处

（一）机构

中国银行业监督管理委员会德宏监管分局陇川办事处（简称“陇川银监办”），于2003年12月，从中国人民银行陇川县支行分设，隶属德宏银监分局派驻陇川属地监管。属科级别，事业单位参公管理。内设主任1名、副主任1名，监管人员2名，独立行使对辖区内银行业金融机构的市场准入或退出、金融机构高级管理人员任职资格的审查核准及其业务经营活动进行监督管理，依法保护存款人和其他客户的合法权益，促进银行业合法、稳健经营，维护公众对辖区内各银行业信心。

（二）现场检查

2004年，共投入24人次、206个现场检查日。遵守廉政监督卡，自觉接受被监督单位的监督。全年发出《廉政监管卡》14份，收回14份，没有发现吃、拿、卡、要、报等现象发生和收受被监管单位及他人礼品、礼金、有价证券等行为。参加分局组织的关于对部分行业贷款情况的检查和对农村信用社非信贷资产占比情况的现场检查。配合分局监管二科和农村信用联社开展对辖区内农村信用社安保和防范设施落实整改情况的检查、农村信用分社执行内控制度的检查。冬、春甘蔗入榨期间对农村信用社蔗农收贷、收息执行制度进行检查。完成对陇川邮政储蓄机构内控执行情况检查。参加分局组织的对农行德宏州分行营业部全面稽核检查。完成对农行陇川支行内控制度执行情况的专项检查任务。

（三）对高管人员任职审查

2004～2005年，完成对陇川农场信用社5名高管人员任职资格的初审意见。对适用核准农行陇川支行1名高管人员任职资格进行初审意见。初次完成陇川农村信用社高管人员竞聘演讲上岗用人激励机制。

（四）金融改革

2005年，推进农村信用社改革试点工作。（1）按照省的《改革试点实施方案》推进改革试点工作顺利进行；（2）督促指导辖区内农村信用社的增资扩股工作，确保增资扩股规范有序进行；（3）继续做好专项央行票据置换的资料准备和申请工作，顺利申请央行票据的发行，对不良资产进行置换。

继续抓好中小金融机构的监管，维护银行业体系的稳定。（1）重点把辖区内高风险农村信用社，作为监管工作的重中之重，在全面摸底调查和找准风险点基础上，按照“一社一策”的监管思路实行差别化管理和持续化监管；（2）通过汇报，得到当地党委、政府及相关职能部门的支持，推进陇川农村信用社深化改革。

（五）现场监管

2005年，共投入84个现场检查工作日。（1）完成对辖区内邮政储蓄机构内控执行情况的后续检查及各项安防措施落实整改的检查；（2）参加州分局主办的由省局抽查相关支行（陇川支行）的部分贷款分类情况贷款偏高度的检查；（3）完成对辖区内国有（股份）商业银行、农行的防范操作风险和案件防范专项治理工作的全面核查；（4）完成农村信用社各项安全防范及内控制度的检查工作。

（六）非现场监管

2004～2005年，重点对农村信用社进行监管数据采集，按季进行汇总和分析，了解农村信用社的经营情况和风险状况，提高非现场监管工作的时效性和针对性。加大对国有（股份）商业银行不良贷款增减变化监测力度，做到按月分析不良贷款增减成因，了解和掌握辖区内银行业不良资产风险状况，做好风险防范预警工作；密切关注国有商业（股份）银行人力资源改革和经营机构网点调整、撤并工作，起到站岗放哨的职能作用。关注农业发展银行政策性业务封闭运作经营性情况和邮政储蓄机构在经营管理中潜在的风险状况。

（七）行政审批事项

2004～2005年，按照相关金融法律法规、程序行使行政许可事项的审批，完善审批手续，严把金融机构的准入、退出关。对陇川县农村信用社户撒芒东分社撤并到户撒信用社进行初审。

第二节　银行业

一、中国农业银行陇川县支行

（一）机构

1980年1月1日，恢复农行陇川县支行。1985年推行“统一计划、分级管理、实借实存、自主经营”管理体制，先后设立：信贷股、会计股、计划统计股、审计稽核股、信用合作股、监察股、人事股、办公室、思想政治办公室、保卫股、外资股、县支行工会。对外营业机构有：支行营业室、户撒、丙印、拉线、弄门、章凤、景罕、陇把、广瓦、城子、帮瓦、王子树、清平12个营业所。1993年末，全行有职工115人。

1996年，撤销农行陇川县支行的信用合作股，成立陇川县农村信用合作联社，完成中国农业银行陇川县支行与农业发展银行陇川县支行的分设工作。当年末，组建成立陇川县支行党总支，下设章凤联合党支部、陇把联合党支部、城子营业所党支部，归属农行德宏州分行党委管辖。

2005年末，农行陇川县支行内设财会部、客户部（含风险资产经营管理部）、信贷管理部、保卫部、办公室。对外营业机构：支行营业室、章凤分理处、勐宛路分理处、景罕营业所、陇把营业所、城子营业所。共有在职职工68人，退休21人，党员38名。

农业银行大楼

（二）存贷业务

【存款业务】　1985年，支行开展企业整顿工作。1988年，实行支行、营业所逐级经营承包。1994年，实行全天营业，用优质服务促业务增长。1995年，开办活期储蓄通存通兑业务。1997年，实施“存款月月争先奖”，保存款任务完成。

至2005年末，农行陇川县支行各项存款5.35亿元。其中单位活期存款7062万元，单位定期存款1053万元；个人活期存款2.2亿元，个人定期存款1.7亿元；农业存款950万元，其他存款5385万元。各项存款市场占有率为67.82%。

【贷款业务】　1980年后，根据不同时期的信贷政策进行贷款风险管理，执行“先评级、后授信，先授信，后用信”评级授信管理原则，至2005年，全县有评级企业58户。1997年后，对农村项目产业、惠农政策项目、农民办企继续扶持。至2005年，农行陇川县支行各项贷款2.13亿元。其中工业贷款55万元，商业贷款1148万元，农网及小水电贷款825万元，建筑业贷款5862万元，农业贷款8280万元，个人贷款3664万元，其他贷款1475万元。2005年，实行《资产质量风险预警提示函》制度，预警43户。2003～2005年，新增不良贷款率由原来的4.23%下降到1.34%。2005年，累计发放贷款1.53亿元，累计回收贷款1.68亿元。

1980～2005年农行陇川县支行存、贷款统计表

表12—27　　　　单位：万元

年份＼项目	县支行	
	存款余额	贷款余额
1980	485.3	317.9
1981	927.6	394.7
1982	936.7	445.5
1983	1074.2	697.7
1984	1303.3	1722.2
1985	1192	2803.4
1986	1797.8	3459.9
1987	2154.9	4275.6
1988	2649.7	4522.8
1989	2798.8	5106.2
1990	4026	6202.7
1991	4686.4	6892
1992	6230.8	9691.1
1993	6718	9302
1994	6768	9526
1995	9122	9157
1996	9698	10107
1997	11368	10307
1998	13622	10948
1999	16163	17152
2000	24109	17515
2001	31965	14889
2002	32940	18942
2003	38201	26671
2004	46166	22951
2005	53493	21309

（三）中间业务

【银行卡】 1996年，先后发行“金穗信用卡”“金穗万事顺卡”“金穗储蓄卡”“金穗借记卡”“金穗贷记卡”等银行卡品种。建立完善柜台、ATM、POS、电话银行、网上银行等系列用卡渠道。至2005年，卡业务收入133万元。

【代理业务】 在国税系统推广POS收缴税款服务，发放金穗万事顺纳税专用卡。1999年，办理代收县法院诉讼费、县财政部分工资转存、财政预算外收入；代收移动、联通、电信的话费业务及代理烟草系统卷烟返销结算等业务。2000年，推广财政工资统发业务，以卡引存，以存吸贷。2002年，经农行云南省分行授权，陇川县支行办理保险兼业代理许可证，2005年末，代理保险费242.14万元，代理保险手续费收入6.8万元。

【电子银行】 2003年，开办网上银行业务。2005年，开展德宏州卷烟返销网银结算，为烟草公司构建以卷烟零售户（个体工商户）为子公司，各县烟草公司为母公司的卷烟返销结算体系。开通网上代收业务，将集团企业模式改为网上代收模式。同年，开通网上基金业务，网银个人注册客户通过网络进行基金申购、赎回等业务。2005年，网上银行个人客户交易额2.54亿元，企业客户交易3479万元。

（四）信息化建设

【网络建设】 1995年，农行陇川县支行电子化建设进入联网应用的发展时期，先后在3个网点采用专线频带MODEM同城网络，实现全州26个网点同城范围联机储蓄通存通兑，初步形成业务网络。1998年末，完成与农行云南省分行的联网，扩大储蓄通存通兑的区域，形成以网点为节点、支行为支中心、分行为分中心自下而上的分层树形网络结构。2000年，陇川县支行对营业网点与中心一对一的多路复用MODEM的联网方式进行改造，采用网点用路由器联网取代多路复用器联网，提高网络的稳定性和可靠性，解决多路复用设备难于维护的问题。同年，对支行的64Kbps的数据专线扩容到2Mbps。2004年，与县广电合作建设从州分行网络中心至陇川的2Mbps的数据专线作为备份线路，实现业务数据流走电信数据专线，办公数据流走广电数据专线。2005年，与电信部门合作对网点的64Kbps数据专线扩容到2Mbps，解决因网络传输速度慢影响业务处理的问题。

【电子联行建设】 1995年，陇川县支行推广青岛版COBOL储蓄业务系统和成都版COBOL对公业务系统，全辖区营业机构使用计算机处理柜面业务。1996年4月，开通电子联行系统，辖属支行营业室开办全国电子联行业务。同年9月，开通省辖电子联行。1999年10月，陇川县支行营业机构全部实现微机处理柜面业务。1999年，对业务系统进行升级换代，至2000年，将全部营业机构的基于COBOL的储蓄业务和对公业务系统更换为基于Sybase数据库的业务系统。2002年10月，云南省分行实施数据集中一期工程，将二级分行的对公业务数据上收省分行。陇川县支行对公业务开始使用农业银行综合业务系统。2003年4月，实施数据集中二期工程，储蓄和信用卡业务数据上收省分行，陇川县支行各营业机构实现柜面业务会计报表统一核算。

【信贷管理系统建设】 1998年10月，陇川县支行开始建设办公应用系统，建成与省分行相连的LotusNotes电子邮件系统，用于内部信息的传递和沟通。1998年，开始使用统计系统，推广使用CMS信贷管理系统。2000年，信贷管理系统升级。2001年，推广使用电子邮件传递公文介质。

二、邮政储蓄

1988年7月7日，陇川县邮电局开办邮政储蓄业务。当年存款余额为12万元。1998年，存款余额2112.38万元、营业收入69.28万元。1999年，存款余额1757.67万元，营业收入57.88万元。2002年度，存款余额2840.84万元，营业收入66.13万元。2003年8月1日起，人民银行调整对邮政储蓄的政策，陇川邮政局开发培育个人资金结算、绿卡联名卡、邮政金融代字类等新业务。2004年9月24日，统一版本工程成功切换上线，5个邮政储蓄网点通过新旧系统交替，并于当天正式对外营业。至2005年，邮政储蓄存款余额4675.7万元，当年营业收入87.16万元。

三、陇川县农村信用合作联社

（一）机构网点

1984年10月，陇川县农村信用合作联社（简称县联社）成立，与农行陇川县支行合署办公，由县支行的信用合作股管理。

农村信用社大楼

1989年7月25日，举行首届社员代表大会，选举产生县联社管委会（理事会）。

1990年10月，迁入城子团结路独立办公，下设计划信贷股，稽核股、财务会计股。

1993年10月17日，联社营业部开业，由单一的管理型转为经营管理型。

1996年5月28日，搬迁新县城章凤镇商业大道中段。同年12月10日，陇川县农村信用合作联社与农行陇川县支行脱离行政隶属关系，承担起独立经营职能。

1998年10月15日，县联社举行第二届社员代表大会，选举产生理事会、监事会。内设信贷股、会计股、审计稽核股、保卫股、办公室、计算机室、监察室。

2005年11月，“四股三室”改设为综合部、财会统计部、信贷部、业务发展部、风险资产部、审计监察部、科技信息部、安全保卫部。下辖营业部1个、乡镇信用社10个、信用分社7个。全系统共有在编员工82人。

（二）经营体制

1984年，全县信用社进行第一次清股、分红，向全体社员分发股金红利0.85万元，吸纳股金7万元，年末股金总额达12万元。

1987年11月至1988年3月，全县信用社进行第二次清股、分红和扩股工作，向社员分发股金红利1.2万元，同时新扩股金2万元。1988年末，股金总额达14万元。

1988年，取消农行对信用社的亏损补贴，独立经营、自负盈亏，利润与所得挂钩，按照“以存定贷，多存多贷、自求平衡和比例管理”原则实行存贷挂钩。改革后，信用社内部效益和资金活化程度提高，

从1996年起，完善承包经营模式，提高内部效益，增强支农实力，各项存款攀升。

2003年6月，按照国务院的“明晰产权关系、强化约束机制、增强服务功能、国家适当支持，地方政府负责”的总体要求，对信用社管理体制和产权制度进行改革，农村信用社放开农民、农村工商户、各类经济组织入股渠道。

2005年3月，云南省农村信用社联合社正式成立，陇川县农村信用合作联社和所辖信用社重新清产核资，增资扩股，按一级法人模式进行改革。同年9月1日，获准认购央行专项票据1000万元。同年，信用社进行清产核资、增资扩股，将增资扩股由农户延伸到个体工商户和私营业主，当年信用社股本金余额达1905万元，是1984年股本金总额的158.75倍。

（三）存贷业务

【存款业务】 1986～1996年，全县信用社年均组织生产基金存款3258万元。1996年后，先后推出电话预约储蓄存款、定时定点上门储蓄存款、追踪服务收储打工人员收入储蓄存款、支农爱民储蓄存款等。同年，对公存款业务逐步开展。1998年，设立“生产基金专项存款”专用存单，实行“专项存储、专户管理、钱物结合、定向使用”制度；对生产基金存款实行优惠利率；实行“存贷挂钩”办法，对存储生产基金的农户优先给予贷款扶持。自2001年起，开展上门服务和代理业务，发展大户和黄金客户，存款逐年提升；采取挂横幅、刷标语、办黑板报、写慰问信、打电话、发短信及在广播、电视、报纸上开辟宣传栏等形式开展宣传，在内部推行储蓄存款工作责任制，推出绩效挂钩存款、全员资格存款等规定。2005年，县联社吸收各项存款8506万元。

【信贷业务】 1980～1983年，信用社采取“春放秋收冬不贷”的传统模式，年均累计发放贷款170万元。1984年，全县信用社累计发放各项贷款300万元，比1983年增长38.93%，其中向专业户、重点户、个体工商户发放贷款222多万元。1986～1995年，年均累计发放各项贷款5681万元，比1984年增长283.95%。其间，1991年开展“联保”贷款，全县共组建联保小组330个，参加联保户数1649户，累计发放贷款480多万元。1996起，年均累计信贷投量达5535.7万元，累计清收盘活不良贷款1100万元；县联社先后向县法院提起诉讼53户（人）。

2001年，推行贷款证，通过年审、评级、核贷等程序，发证8056户，占总农户的60%以上；向种植、养殖大户和农产品加工大户、农用运输户投放贷款800多万元。同年，采取小额农贷方式，保证基础农业的资金需求，至2005年，全县信用社年均累放小额农贷1.03亿元。2003年，推广信用评级，评出信用组35个、信用农户2648户，占农户总数的40%。同年，全县采取联保方式投放贷款1000多万元。2004～2005年，全县信用社收回不良信贷款1258万元。2005年，小额农贷采取“一次核定、随用随贷、余额控制、周转使用”的办法，择优提高授信档次和授信额度。为民营企业提供信贷、信息、结算等服务，向12个民营经济实体发放贷款3500多万元。

1980～2005年陇川县联社存贷业务统计表

表12—28

单位：万元

年份	存款余额	贷款余额
1980	152.84	73.77
1981	164.67	94.48
1982	194.59	149.23
1983	228.31	244.33
1984	214.85	541.94
1985	187.65	630.50
1986	237.55	559.59
1987	342.74	738.87
1988	448.84	691.40
1989	440.10	643.34
1990	652.48	786.87
1991	765.69	880.17
1992	1139.34	996.79
1993	1866.76	1193.33
1994	1850.66	1192.16
1995	3131.71	2484.80
1996	3444.95	2447.71
1997	4959.74	3617.11
1998	5686.19	4127.42
1999	6870.87	4649.22
2000	9403.35	5829.14
2001	8445	8065
2002	9699.61	8951.34
2003	8729.22	8817.68
2004	8624.58	9797.00
2005	19916.94	12435.24

（四）信息化建设

1997～2005年，信用社“窗口”服务得到健全与规范，储蓄业务办公及联行业务实现“电子化”，县联社先后投入2000多万元进行网络硬件建设。

1998年7月，全县开通第一批省辖电子汇兑业务，客户资金24小时内到账使用。

2004年6月，全县开通存款“一本通”。

2005年6月1日，云南省农村信用社综合业务系统正式运行，实现信合网点全省通存通兑。同年12月8日，云南信合银联卡（金碧卡）正式发行，城区和集镇信用社全部开通省辖电子联行业务。

四、中国农业发展银行陇川县支行

1996年11月16日，中国农业发展银行陇川县支行成立，按照国务院和人民银行批准办理的业务范围，承担国家政策性贷款业务，并负责财政支农资金的监督拨付。

1998年6月1日至2001年7月7日，执行国家粮食流通体制改革“三项政策、一项改革”，对保护价收购资金实行“封闭管理”，收1斤粮，发放1斤粮的贷款；对非保护价粮食按照“购得进、销得出、有效益”和“以销定贷、以效定贷”的原则搞好资金供应工作。其间，1998年，农发行县支行发放粮食收购贷款1350万元，保证国家粮食安全。同年5月25日，根据省分行会议精神，将农业综合开发贷款2733万元，划转到农行陇川县支行，其中林业治沙贷款70万元，农业综合开发1021万元，人行县支行划转1642万元。

1999年，继续实行“敞开收购、顺价销售、封闭运行”三项政策，实现当前收购资金足额供应，完成各项贷款任务。

2000年，围绕“一个中心、两大目标、三个统一、四个提高”开展为农服务工作。档案工作达到省C2级标准。建盖职工住房和综合办公楼，2002年办公楼搬迁。

2003年，对贷款风险进行全面清查，通过省分行“规范化管理”达标验收。

2004～2005年，根据国务院第57次常务会议要求，做好粮棉油收购、储备、调销贷款的供应和封闭管理，调整业务范围，增加对粮棉油产业化龙头企业的支持，扩大中间业务。企业粮改后，农发行一类贷款继续按照封闭管理方式运作，并贷有政府指令性贷款，如粮棉油储备贷款、政府调控贷款；另一类在国家制定的政策框架内，按商业性原则掌握的贷款。两类贷款实行分类管理、分开核算、分别考核。同年，加强安全保卫工作，换装防暴枪，签定寄库协议转嫁和缓释安全风险，实现连续安全运营。

2005年，对陇把糖业、甸川工贸集团开展保险代理业务，综合业务会计应用系统上线，连续10年实现安全无事故，被县委、县政府授予“党风廉政建设优秀单位”。

1994～2005年农发行陇川支行业务统计表

表12—29 单位：万元

年份	各项贷款	各项存款	各项收入	各项支出	盈余	中间业务收入	收购值	库存值
1994	3560							
1995	5160							
1996	6723						5819	4089
1997	10454	218	557	588.53	-31.53		8042	5981
1998	7210		609	902.30	-293.30		5470	4773
1999	7127.6	334	446.7	594.9	-148.2		1238	
2000	6889	375	431	472	-41		1102	343
2001	6897	245	467	386.2	80.8		836	791
2002	5305	321	327.2	365.3	-38.1		354	2002
2003	5057	220	279	341	-62		1426	1070
2004	4260	1035	243	322	-79		624	624
2005	5088	1284	254	462	-209	0.23	702	241

五、其他金融机构

（一）中国工商银行陇川县支行

1984年12月，中国工商银行陇川支行成立，设工商银行营业室、城关储蓄所、景坎糖厂分理处、振兴路分理处、章凤办事处。1993年，有职工56人。2000年9月，根据上级有关文件精神，中国工商银行陇川县支行撤销，余下业务由县农行代行办理。

（二）中国人民建设银行陇川县支行

1979年5月，中国人民建设银行陇川县支行成立。1993年底行设会计股（包括支行营业厅）、拨款贷款股、建设股、章凤分理处。2001年9月，根据上级有关文件精神，中国人民建设银行陇川县支行撤销，余下业务转由县农行负责办理。

（三）中国银行陇川县支行

1989年7月，中国银行陇川县支行成立，属外汇专业银行。1990年，于章凤今三象路新建办公楼。1993年末，有职工25人，设办公室（包括保卫）、计划信贷股、会计出纳股。2005年10月，根据上级有关文件精

建行办公楼一角

神，中国银行陇川县支行被撤销，余下业务转由县农村信用社办理。

第三节 保险业

一、人保财险陇川县支公司

（一）机构

1983年，中国人民银行陇川县支行信贷股开始代办保险业务。1985年12月27日，成立中国人民保险公司陇川支公司。1986年，陇川县保险公司升格为县科级。1993年，引入内部竞争机制，扩大业务承保面。

人保财险陇川支公司办公大楼落成

（二）保险业务

1984～1985年，保险公司开办团体人身及意外伤害保险附加医疗费保险业务。

1986年，陇川糖厂的全部净资产获得投保，景坎糖厂的热电车间、酒精车间的固定资产投保成功。

1988年初，县政府发文要求在陇川的国营企业、事业单位、集体企业、联营企业必须参保。凡发生保险责任范围内的灾害和意外损失，一律由保险公司赔偿，财政不再拨款核销。同年3月，县保险公司与县供销合作联社联文对系统参加保险作了补充通知。

1989年，陇川县支公司通过对景坎糖厂的挖潜，当年保费增加2万多元。

1990年，陇川市场疲软，企业亏损扩大，保险业发展严峻，县政府在财政较为困难的情况下，仍将各行政事业单位的财产办了续保。

1995年，两个糖厂的财险获得承保。县保险支公司继续优化险种结构，巩固挖潜汽车、企财、简身、学生平安保险等老险种，拓展养老险。

1996年，按新颁布实施的《中华人民共和国保险法》规定“同一保险人不得同时兼营财产保险业务和人身保险业务”，中国人民保险公司陇川县支公司分设为“中保财产保险有限公司陇川县支公司”和“中保人寿保险有限公司陇川县支公司”，财产保险和人身保险业务于同年3月划转完毕，并正式分业各自独立经营新的业务。

1997年，针对企业财险地震责任被剔除的影响，着力宣传多年来其他自然灾害获大量赔款的实例，稳住客户市场。

1999年，中保财产保险公司恢复国际认可的“PICC”人民保险品牌。县保险支公司借助大环境优势，减员增效，竞聘上岗。当年迁移章凤镇办公。

2000年，在确保糖厂不脱保的前提下挖潜，并在收取保险费方面采取协议方式分期收取。

2003年，根据国家保监会的相关精神，恢复多元化混业经营，陇川支公司重新开办人身意外险和责任险业务。

2004年4月12～14日，公司赔付暴风受灾保户17万元。同年8月16日，赔付“7·5”洪灾受灾投保企业236.13万元、家财险赔款11.4万元、人身赔款9万元，累计保险赔款金额达256.53万元。

2005年，向市场推出个人意外险、团体意外险、学生平安保险等险种。

（三）案件理赔

1986～1990年，州支公司规定下列限额内，县支公司可以直接定损理赔，凡属超权限、通融赔付、拒赔案件，都要上报审批。期间，典型赔案是陇川景坎糖厂发生锅炉爆管事故，赔付3.95万元。

户撒河电站保险赔款兑现会

1988年8月4日，农行陇川县支行的日产万利特旅行车在昆明双龙旅行社附近被盗，查无结果，陇川支公司及时赔付8万元。同年，陇川糖厂锅炉爆炸，现场查勘定损赔付2.1万元；景坎糖厂职工违反电焊操作规程引起火灾，公司核损赔付3.56万元；县商业局医药公司68.2千克三七被盗，成本价1.98万元，现场勘查定损赔偿。

1989年，陇川振风商号被盗，查勘赔付1.53万元。

1992年4月17日晚，陇川县发生40年未遇的十一级风灾、雹灾，查勘定损后，赔付景坎糖厂10万元。

1993年4月10日，全州境内发生暴风、雷电、冰雹灾害，陇川12个乡镇、44个村公所、2530户人家受灾，合计损失624.7万元，人保财险陇川支公司共赔付120余万元。其中陇川农场酒精库被雷击引起爆炸损，赔付59.89万元。

1994年1月27日，陇川县景坎糖厂一号锅炉发生故障爆管，陇川支公司赔偿8.84万元。当年赔付参保车辆肇事353起134.78万元，遭受意外伤害赔付255名6万余元。

1995年7月22日上午，户撒河电站1千瓦发电机爆炸，赔付修缮费13.6万元。

1996年6月5日，陇川糖业集团一辆东风牌大货车在广西发生肇事后，确定各付责任，陇川县保险支公司承担30%次要责任，赔付金额8.9万元。7月17～19日，陇川县境内发生大暴雨，户撒河电站山体滑坡，沟渠受到破坏，陇川支公司一次性赔付20.29万元。12月18日，景坎糖厂试机压榨车间250千瓦电机严重损坏，经勘查定损赔付15.4万元。

1997年2月1日，甸川股份有限公司电池厂发生灾情，陇川支公司赔付16万元。6月27日，户撒河电站遭洪灾，陇川支公司赔付18万元。

1998年7月8日，户撒河电站因连降暴雨，发生泥石流山体滑坡，冲毁一、二级电站沟渠，陇川支公司赔付40多万元。全年共处理理赔案399起，总赔付121.3万元。

1999年，陇川支公司承保的云N01105号南京东风大货车在保山地段与车相碰出险，县保险公司派员前往参加查勘定损，经交警裁决无责任。

1992年“4·17”风暴灾害赔款兑现会

2003年3月24日，景坎糖厂酒精车间废糖蜜发酵罐出现异常突然爆炸，1名工人当场遇难，大罐报废，连带其他损失，保险公司赔付16.85万元。

2005年8月19日，陇川县卓信硅业有限责任公司云N19931号华泰特拉卡吉普车，行至昆明市志强路程光摩托车公司大门口相撞，使该公司的消防设施和波罗车严重受损，车上1人受伤，经交警部门认定，卓信硅业有限公司驾驶员聂某负全责。陇川支公司赔款兑付19.52万元给保户。

1988～2005年人保财险陇川支公司保费及赔款统计表

表12—30　　单位：万元

年份	保费	增长率	赔款	简单赔付率	赔案件数
1988	50.64	47.27%	32.77	64.72%	235
1989	80.69	55.4%	19.34	23%	230
1990	125.32	55.3%	46.1	36.80%	305
1991	156.26	24.69%	47.14	30%	
1992	213.90	36%	127.47	60%	572
1993	359.32	67.99%	252.80	57.00%	543
1994	488.80	36.1%	182.00	37.2%	788
1995	636.80	30%	178.40	28%	873

续表12—30

年份	保费	增长率	赔款	简单赔付率	赔案件数
1996	441.10	18.03%	199.13	45.13%	463
1997	515.90	16.9%	241.20	46.70%	557
1998	580.04	12.5%	282	16.90%	716
1999	606.50	4.5%	304.10	50.10%	853
2000	648.51	6.9%	433.05	42.38%	827
2001	680.19	4.89%	283.31	41.65%	679
2002	702.62	3.3%	354.44	50.40%	862
2003	762.8	8.6%	332.4	43.60%	1091
2004	885	16%	715.8	80.80%	1362
2005	902.7	1.90%	455.2	50.40%	1264

二、人寿保险陇川县支公司

（一）机构

1986年3月，中国人寿保险股份有限公司陇川县支公司成立。1996年4月，设为“中保人寿保险有限公司陇川县支公司”。1999年，更名为“中国人寿保险公司陇川县公司”。1997年3月，引入保险营销体制，招聘营销员35人。1997年6月24日，成立陇把营销服务部、城子营销服务部，为乡镇、农村提供保险服务。2003年变更为“中国人寿保险（集团）公司陇川县支公司”。

2005年，管理工作人员增至5人。

（二）保险业务

1986年3月至1996年3月，经营业务有人寿保险、财产保险、学生平安保险、车辆保险、人身意外伤害保险、健康保险、医疗保险。

1996年4月至2004年7月，主要经营业务有：人寿保险、学生平安保险、人身意外伤害保险、健康保险、医疗保险、分红保险、大病保险。1996年，业务销售收入150万元。

2005年，主要经营业务有人寿保险、学生平安保险、人身意外伤害保险、健康保险、人身意外伤害保险、医疗保险、分红保险、大病保险、年金保险。全年业务总收入2000万元。

1996～2005年人寿保险陇川县支公司业务统计表

表12—31　　　　单位：万元

年份	保费	保险金额	赔付金额
1996	150	1000	20
1997	260	2000	50
1998	380	3200	86
1999	500	5000	110
2000	650	8000	120
2001	760	9500	100
2002	1020	10000	130
2003	1300	12000	150
2004	1650	15000	185
2005	2010	20000	200

第十三编 农业 林业 水利

LONG CHUAN XIAN ZHI

LONG CHUAN XIAN ZHI

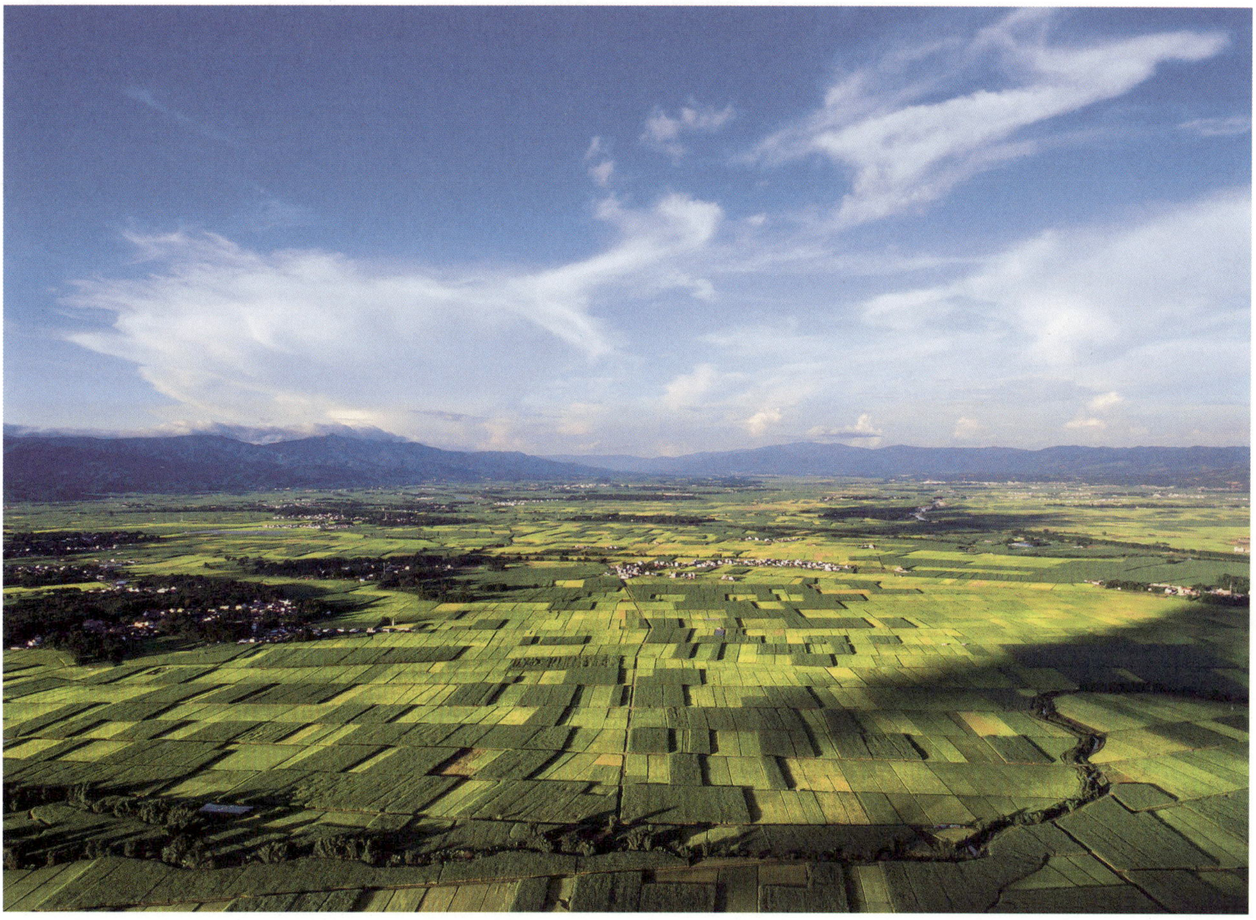

LONG CHUAN XIAN ZHI

第一章　农村经济体制改革

中共十一届三中全会后，陇川县开始农村经济体制改革，从根本上解决农业经济发展缓慢的问题。1981年6月，全县开始推行农村家庭联产承包责任制，签订承包合同，土地全部承包到户。农民有了自己的承包土地，充分发挥出生产积极性，农业生产得到迅速发展。2003年6月，完成农村税费改革。2005年1月1日起，全县免征农业税及除烟叶外的农林特产税，进一步减轻农民负担，使农民得到休养生息。2005年，全县农民人均纯收入达到1275.14元，与1978年（88元）同比增长14.49倍。多数农民建盖了新房，购买汽车、拖拉机和高档家用电器，生活发生巨大变化。

第一节　土地使用制度改革

一、落实农村经济政策

推行包工包产。1978年后，农村经济开始复苏，生产体制逐渐打破“大锅饭”的形式，劳动管理恢复小段包工制，允许多种责任制形式并存。当时主要有：三包一奖、联产计酬到组、五定小包工、统两头包中间、包交提留到组、包产到户、包交提留到户等7种。初始，县革委规定后两种形式只能在耕地分散、经济落后的个别生产队实行，一个生产队内允许多种责任制存在。1981年统计，全县包干到组有26个生产队，包产到户有4个生产队，包干到户有12个生产队，实行散工1个生产队，小段包工517个生产队，联产计酬到组151个生产队。

改进口粮分配。20世纪70年代后，农村口粮分配由“三七开”“四六开”改为按工分分粮加照顾的办法。体现多劳多得的原则，激发农民的生产积极性。

调整生产队规模。1981年，全县根据自然村的实情，把原来的612个生产队调整为728个生产队，有利于生产。

放宽政策。1980年9月，县委发出《关于继续落实人民公社生产责任制和社员小自由政策的几点意见》，提出有条件的生产队可增加给社员一点饲料地；允许社员私养牲畜；社员家房前屋后的果木、竹林永远归社员所有；山区可按规定划给社员3亩以内的自留地；集体牛可实行公有私养或折价出售给社员。1981年全县自留大牲畜达到1.6万头，猪存栏比1978年翻了1倍。

调减粮食征购任务。1980年，开始调减国家对农村的粮食征购数，从1978年的1027吨下调为895吨，下调率为14.75%。并根据实情，对受灾的生产队和农户，适当减免农业税（公粮）。

二、建立家庭联产承包责任制

1981年6月，县委开始在山区王子树、岗巴两个大队，坝区章凤弄贯大队、城子巷姐生产队进行落实生产责任制的试点工作。8月上旬，县委召开三级干部会，作《关于加强和完善责任制》的

农村土地确权培训

报告。9月，县委发出《关于落实生产责任制应注意问题的通知》《关于实行包干到户责任制若干问题的意见》，对取得的试点经验作了推广。

1982年3月，县委组织470人的工作队到农村帮助生产队落实土地承包责任制工作，签订承包合同，制订乡规民约。在前段工作中，户撤公社问题比较突出，认祖宗田的有37个生产队，按工分把积累分掉的有57个生产队，大牲畜折价偏低的有15个生产队。在县委工作队的帮助下，纠正了上述错误。到6月统计，全县有490个生产队签订承包合同，有661个生产队实行包干到户，占91.2%，有31个生产队小段包工，11个生产队联产到队，8个生产队包产到户，7个生产队专业承包到组户，未建立任何责任制的有1个生产队，实行其他责任制形式的有64个生产队。

1983年，全县725个生产队，全部推行包干到户责任制。1984年，县委下发《关于进一步完善农村联产承包责任制的意见》，提出土地承包期延长15年以上。1997年，县委根据中央办公厅、国务院办公厅文件精神，规定全县土地承包期从1998年起再延长30年，并向农户颁发土地承包合同书和土地承包经营权证书，加强对土地承包合同的规范化管理，坚持承包土地“大稳定、小调整”的原则，对农转非、军转干、全迁出户、户口自然消失户的承包土地，由集体收回分别发包。对于城市建设，公路建设、农田水利建设和发展乡镇企业等占用的农户承包土地以及水灾等毁坏无法恢复的承包土地，由此导致人地矛盾突出的困难户，有条件的，可视情况酌情解决。建立承包土地使用权流转制度，允许承包方在承包期内，对承包土地依法转包、互换、入股，其合法权益受法律保护。

2005年，县委、县政府根据省人大常委会颁布的《云南省农业承包合同条例》及农业部发布的《农村土地承包经营权流转管理办法》，加强对全县联产承包责任制的后期监督管理工作，对土地承包运转中的新情况进行调查研究，跟踪土地流转演变，调解土地承包纠纷，进行农民管理监督跟踪，不断总结完善农民承包土地的经营管理办法。

第二节　农村税费改革

一、农业税改革

2001年，县委根据省有关税费改革的文件精神，开始实施农村税费改革试点工作，成立农村税费改革工作领导小组及办公室，从有关部门抽调22名骨干人员组成专职办公室，具体指导基础税费改革工作。各乡（镇）也相应成立领导小组，抽调5～7人组成办公室。

2003年6月，国务院正式批复云南省税改方案。8月，全县税改试点工作全面铺开。9月，编制上报《陇川县税费改革试点方案》。12月24日，州税改领导小组批复同意陇川县税改方案。至2004年3月，全县农业税正税及附加任务全面落实到户，实现改革目标。此次税改共落实计税面积17453.33公顷，落实农业税及附加240.87万元，人均14.42元。减负总额达580.13万元，人均减负43.62元，减负率70.66%。

2005年1月1日起，全县免征农业税及除烟叶外的农林特产税，当年全县共免征农业税192.69万元，人均减负14.28元。

二、减轻农民负担

取消统筹、提留及“两工”规定。从2005年起，取消乡统筹、村提留及劳动积累工、义务工规定，推行新的一事一议财政奖补制度，鼓励村民参与一事一议筹劳筹资和公益事业建设。

争取转移支付。从2005年起，上级政府决定每年给陇川县农村综合改革转移支付补助资金754万元。

降低行政运行成本。按照上级有关文件精神，全县撤并3个乡。改革后的乡（镇）机构设置“两室”（行政事务综合办公室、经济和社会事务办公室）、“三个事业中心”（农村经济服务中心、宣传文化服务中心、村建环卫服务中心）。于2005年5月，开始实行“乡财县管乡用”新机制，规范财务管理，制止和化解乡村债务。

第二章　种植业

陇川县属边疆农业县，土地资源丰富，但历史上耕作粗放，农田基础设施差，抗灾能力弱，农业生产长期徘徊在低水平。中共十一届三中全会以后，随着农村家庭联产承包责任制的推行，惠农扶农政策的落实，农业产业结构进一步优化，初步实现了规模化、区域化的生产格局。农业机械化发展迅速，2005年机械总动力达到1.51亿瓦特，农技推广和农业基础设施得到加强，农业生产力得到提高，农业生产快速发展，农民收入大幅度提高。全县粮食产量由1978年5.06万吨，增加到2005年的6.85万吨；农业总产值由1978年的1858万元增加到2005年的3.6亿元，增长17.95倍；农民人均纯收入从1978年的88元增加到2005年的1275元，增长14.49倍。

第一节　耕　地

一、耕地与劳力

（一）耕地

中华人民共和国建立后，陇川县的耕地增长有两次飞跃，一次是20世纪60～70年代末，政府号召大力开荒发展生产，建立国营陇川农场。1978年，全县耕地由建国初的8933.33公顷发展到1.81万公顷，增长1.03倍；第二次飞跃是80～90年代末，由发展蔗糖生产启动，大力开垦坝缘台地，全县耕地由1980年的1.86万公顷，迅速增加到1998年的2.44万公顷，增长30.86%。到2005年，通过10几年开垦复垦，全县耕地扩大到2.67万公顷左右（水田、旱地各占一半左右）。

陇川坝耕地

（二）劳力

1978年，全县有农村劳动力3.52万人。1990年，全县有农村劳动力4.95万人。1996年，全县有农村劳动力6.28万人。2005年，全县有农村劳动力8.27万人，占全县总人口的47.58%。

1978～2005年陇川县若干年份农村劳力与耕地情况统计表

表13—1　　　　单位：人、公顷

年份	农村劳力总数	农村耕地	其中		年份	农村劳力总数	农村耕地	其中	
			水田	旱地				水田	旱地
1978	35204	18093.33	12508.53	5584.8	1996	62800	23178.34	11990.47	11187.87
1980	38219	18620.2	12336.67	6283.53	1997	67845	20769.21	11114.67	9654.54
1982	43494	20095.66	12914.93	7180.73	1998	68333	21294.4	11182.4	10112
1984	44651	20619.4	12917.47	7701.93	1999	79647	21586.46	11326.53	10259.93
1986	47262	21813.4	12720.8	9092.6	2000	71590	22090.47	11341.4	10749.07
1990	49520	22443.6	12676.8	9766.8	2001	79813	23057.4	11352.13	11705.27
1991	56755	22837.4	12514.87	10322.53	2002	81515	23868.53	11417	12451.53
1992	54704	22686.8	12213.33	10473.47	2003	80439	24251	12411.8	11839.2
1993	57805	22372	12118	10254	2004	82146	26411	12956	13455
1994	57462	22547.8	12385.8	10162	2005	82720	27129	13767	13362
1995	62474	23241.6	12203.47	11038.13					

二、土壤普查

1982年4月至1986年4月，全县开展第二次土壤普查，基本摸清了全县可耕地土壤属性、常量元素状况等。普查结果显示：

全县土壤成因于花岗岩和片麻岩发育的硅铝质风化物，主要有6个土类，11个亚类，23个土属，42个土种。无石灰岩基质，因此土壤普遍偏酸，范围IIH4.5～6.5，无碱性土。耕作土含磷量均在0.16%左右，速磷量在10.15IITTM左右。含钾量均在1.5%以上，多数在2%以上。耕作土有机质一般在4.16%左右。自然土除少数强烈地段外，一般在5%以上。由于陇川年降雨量相对大而集中，对土壤冲刷和对土壤渗漏结果，氮素肥力表现不足。全县耕作土含氮量平均为0.21%，（范围0.1%～0.3%），速氮量平均为195.95IIILM（范围65IIM～180IIM）。

陇川县第二次土壤普查土类表层理化性状统计表（一）

表13—2

土类	地区	土种	剖面号	土层深（千米）	颜色	质地	结构	IIH	有机质（%）
水稻土	章凤	潴育型河砂田	V3-105	18	青灰	砂壤	块状	5.5	2.28
水稻土	户撒	潜育型青砂泥田	VII6-179	20	青灰	轻壤	块状	4.6	8.36
赤红壤	景罕	黏红土	III1-55					5.1	3.04
赤红壤	邦外	自然土	V14-127	23	棕	轻壤	块状	4.9	5.39
赤红壤	清平	瘦红土	V1115-109	23	淡红	轻壤	块状	5.2	3.98
赤红壤	广瓦	油红土	IV_2-23	34	暗棕	轻壤	小块	5.2	3.48
红壤	景罕	涩红土	III1-28	17	暗棕	轻壤	块状	5.8	4.89
红壤	户撒	自然土	V117-256	12	黄棕	轻壤	小块	5.5	8.81
黄壤	王子树	大黄砂土	X6-126	23	灰棕	重壤	小块	5.7	3.5
黄壤	护国	自然土	IX_2-44	20	棕灰	中壤	小块	4.9	11.38
黄棕壤	护国	风吹坡自然土	$1X_2$-48	10	灰黑	中壤	块状	5.0	14.5
草甸土	章凤	自然土	V补-1	30	灰黄	轻壤	块状	5	14.69

陇川县第二次土壤普查土类表层理化性状统计表（二）

表13—3

土类	地区	土种	剖面号	含量（%）			速度（PPM）		
				N	P	K	N	P	N
水稻土	章凤	潴育型河砂田	V3–105	0.17	0.11	2.95	99	3	100
水稻土	户撒	潜育型青砂泥田	VII6–179	0.36	0.196	2.25	227.8	14.7	192
赤红壤	景罕	粘红土	III1–55	0.15	0.13	1.95	119	13	95
赤红壤	邦外	自然土	V14–127	0.266	0.064	3.7	140	8	230
赤红壤	清平	瘦红土	V1115–109	0.195	0.11	2.5	153.4	2	270
赤红壤	广瓦	油红土	IV_2–23	0.189	0.35	2.48	105.5	32	320
红壤	景罕	涩红土	III–28	0.264	0.13	1.9	230.8	10	115
红壤	户撒	自然土	V117–256	0.413	0.216	1.5	282	13	230
黄壤	王子树	大黄砂土	X6–126	0.17	0.224	1.15	127	13	300
黄壤	护国	自然土	IX_2–44	0.545	0.184	3.05	375	10	100
黄棕壤	护国	风吹坡自然土	$1X_2$–48	0.7	0.26	2.3	463	34	230
草甸土	章凤	自然土	V补–1	0.24	0.12	0.95	171	8	170

三、农田基本建设

1978年春，全县掀起农田基本建设高潮，动工改土治水项目194个，总投工量69.75万个；完成土石方125.11万立方米；开挖排灌沟渠214条，总长157千米；修筑田间机耕路107条，全长123千米；改成条田（长方形田块）488公顷，坡改梯田、台地20.4公顷；新造田、地49.93公顷；治理河流12条，全长13.36千米；维修并扩建一批水利工程。当年粮食总产5万吨，比上年增加1万吨，增长25%。

1980年，在全县山区乡建成梯地275.27公顷。

1989年冬，在姐乌乡按照统一规划，集中连片的原则实施以机械操作为主的条田（长方形田块）样板建设，共修长1千米、宽300米的条田4块，合计面积100.8公顷。修建田间机耕路5条，各长1千米、宽5米。开挖排灌沟渠14条，各长720米、宽2米、深1.5米。支砌涵洞4道、排灌渡槽16道、机耕路桥1座、分水闸1道、乡村公路桥涵2道。合计完成支砌石方775立方米，开挖土方7.71万立方米，平田改土土方8.56万立方米，共投入1.02万个工日。其中当地群众投劳939个工日，外地副业工投入2250个工日。样板工程于1990年投入生产，实现当年丰产增收。

1981～1990年，完成修建水浇地1万多公顷。

1992年7月11日，县委、县政府以建设8666.67公顷高稳产农田为中心，全面发动群众掀起以商品粮基地为重点的农田基本建设。1993年，陇川县获省政府“农田水利基本建设”先进单位奖。

1994～1995年，以景罕高稳产农田建设为中心，以邦瓦乡巴达村为重点，在全县开展条田建设，投资543.6万元。建成条田（长方形田块）533.33公顷；修建机耕路23条，总长27.1千米；修建沟渠32条，总长41千米；移动土方43.6万立方米，投工19.3万个。

1996年，景罕高稳产农田建设扫尾阶段投资40万元（群众自筹27万元），投工8.4万个，建成条田400公顷，整修沟渠23条，总长26.4千米，修机耕路11条，长16.6千米。

1997～1998年，投资542.9万元（州级180万元，县级290万元，群众自筹72.9万元），投工54.9万个。完成以赛号排涝工程为重点的农田基本建设，建成条田1666.67公顷；修整沟渠24条，长45.5千米；修田间机耕路29条，长30.6千米；改造旱地400公顷；建田间沟渠20条，长31千米；建蓄水池12个。

1999～2005年，农田基本建设完成中低产田、冷浸田改造14400公顷，瘦薄田改造3960公顷，土壤改良8980公顷，完成姐乌排涝沟、赛号排涝沟工程，排涝面积达1700公顷。新修田间机耕路98.5千米，开挖疏竣渠道42千米，改造河道2.99千米，建晒谷场9.45万平方米。

四、耕地保护

1990年后，通过规模化农业综合开发项目的实施，全县农田基本建设、水利基础设施建设得到改善，对耕地的保护效果显著。农田建设面积占全县耕地总面积的五分之二，同时配套建设水利设施，农艺措施及产业化经营，形成一个完整的农业产业链，促进农业生产发展。

通过农田综合治理建设，水稻单产由1991年前5913千克，提高到1997年的6396千克，增幅平均达783千克，增14.2%。油菜单产由1380千克增加到2148.75千克，每公顷783.75千克。

通过对土壤培肥，增施有机肥，种植绿肥，推广秸杆还田等配套农艺措施，提高土壤有机质的含量。1998年，对项目区的农田测定，有机质含量由建设前的2%～3.5%提高到2.5%～3.8%，含氮量从126PPM提高到132PPM，含磷量由34PPM提高到38PPM，含钾量由210PPM提高到215PPM。冷浸田地下水降低30～50厘米，土壤潜育程度降低。通过修沟路改善农田运输灌溉条件，提高机械化作业力及排涝能力，加快农业机械操作速度，为播种和栽插提早1～2节令，从而提高劳动效率。项目建设区内灌排由原来的25天提高到8天，播种速度比原来提高15～30天，农机作业率比1991年前提高65%。

第二节　农作物

陇川县地处南亚热带气候区，自然条件优越，农作物品种繁多。其中粮食作物品种主要有水稻、玉米、小麦、豆类（黄豆、豌豆、蚕豆、饭豆、绿豆）、薯类（洋芋、甘薯）；经济作物品种主要有茶叶、棉花、花生、油菜、小葵子、亚麻、蔬菜、烟、果类（菠萝、芒果、菠萝蜜、木瓜、石榴、缅桃、芭蕉、香蕉、橘、梨、山楂、桃、李、荔枝、枳、橙、西番莲、西瓜、草莓、枇杷）、枫茅、油桐、八角、甘蔗等；药材类114科，314种。

一、主要粮食作物

（一）水稻

1978年，稻谷总产突破4.8万吨。1979～1989年，全县实行产业结构调整，甘蔗下田，粮食播种面积逐年减少，稻谷产量略有起降。1990～2005年，加大冬季小春复种措施，确保粮食产量稳步增长。2005年，稻谷播种面积1.53万公顷，总产6.85万吨，比1978年增长42.7%，粮食单产由1978年的2931千克，逐年提高，至2005年，达到4455千克，比1978年增长52%。

稻谷

（二）小麦

1978年，全县小麦种植1006.67公顷，总产130.26吨，平均单产1290千克。1987年，小麦种植面积2420公顷，总产5655吨，平均单产2340千克，创历史最好水平。此后，全县进行产业种植调整，农户逐渐引种油菜、甘蔗、烟草等经济效益高的作物，小麦种植面积逐渐减少。至2005年，小麦种植面积仅有73公顷，主要有护国、王子树、户撒3个山区乡种植。

玉米

（三）玉米

玉米是山区主要旱粮作物，坝区农田少量种植，1989年，播种1266.67公顷，其中杂交玉米406.67公顷，总产1776吨。1993年，玉米总产3745吨。2005年，玉米种植面积3740公顷，总产1.56万吨，单产4170千克。

（四）马铃薯

20世纪90年代前，马铃薯主要在山区种植，分布零散，大多作为蔬菜提供。1998年，在冬季农业开发中，县农技推广中心与城子镇政府从会泽引入马铃薯“中甸红”，在城子镇试种，获得成功。当年种植18.4公顷，平均单产23.4吨。以后，马铃薯作为陇川县冬季农业开发的新起点，在章凤、景罕、赛号、姐乌等乡镇不断发展壮大。至2005年，全县种植面积达733.33公顷，平均单产21.75吨，市场

马铃薯

销路前景看好。推广种植的主要品种更新为“合作—88”“大西洋”。

茶苗基地

二、主要经济作物

（一）茶叶

种茶是陇川县的一大经济作物产业，历史悠久。1978年，全县有茶叶面积489.13公顷，总产量97.6吨。种植的茶叶品种达20余个。1983年，中国茶科所和省茶科所在陇把镇吕梁发现观音山红芽茶。2002年，在景罕镇曼面山发现柳叶茶，均为传统名茶种。20世纪70年代后，县里从省内大量引进无性茶种，主要有云抗10号、云抗12号、云抗17号、云抗22号、云抗48号、雪芽100号、长叶白毫、短节白毫、矮丰、云魂、73-11、75-1、76-38、76-52、8-7、10-2、云选1号、佛香4号、紫娟等品种。其中云抗10号推广66.67公顷。

2005年，全县茶叶种植面积1573.33公顷，比1978年增长3倍多。产茶893.2吨，比1978年增长9.2倍。有茶叶加工机械230台，基本实现半机械化，年加工能力达1500吨。茶叶单产也由1978年的199.5千克提高到598.5千克。山区王子树生产的茶叶，品质优良，被誉为“云雾茶”，小有名气。

（二）油菜

20世纪60年代初，山区乡村开始试种油菜，获得成功。1978年，油菜下田复种也获得成功。1981年，推广种植面积40公顷，平均单产352.5千克。以后种植面积逐年扩大，1989年，播种406.67公顷，总产447.1吨，平均单产547.5千克。1996年，播种4153.33公顷，总产3759.3吨，平均单产905.55千克。2005年，播种4846.67公顷，总产6607吨，平均单产1363.2千克，创历史最高水平。油菜

油菜

主产区户撒乡，油菜产量跃居全州59个乡（镇）之首。

（三）甘蔗

甘蔗

甘蔗种植是陇川的龙头农业产业。20世纪70年代前，仅有小面积种植，零星加工红砂糖。80年代初，全县相继建成机制白糖厂2座。为满足糖厂所需原料，县里调整产业结构，大力发展农田甘蔗种植，单产比山地高。1982年，种植面积2133.33公顷，总产22.17吨。1990年，种植面积6373.33公顷，总产33.93万吨，平均单产53.25吨。2005年，全县甘蔗种植面积达1.74万公顷，是1990年的2.73倍；总产121.4万吨，是1990年的3倍；单产69.75吨，是1990年的1.31倍。

（四）水果

【西瓜】 1984年，引种试验成功。1990年，开始推广，但种植农户少，品种单一，面积小，产量低。1995年后，种植面积逐年扩大。至2005年，面积达193.33公顷，总产4024吨，单产20.81吨。品种有新澄、京欣一号、皖杂一号、西农八号。西瓜产品除供应本县市场外，大量销往外地。

【枇杷】 2001～2002年10月，陇把镇及陇川农场从福建福清市引进大粒优良枇杷种苗，试种成功品种有“解放钟”“早钟六号”。2005年，陇把镇农户连片种植200公顷，农场职工种植14.13公顷，景罕镇、城子镇有部分农户大面积种植。

枇杷

（五）蔬菜

1978年前，全县蔬菜生产靠农户在自留地上生产，量小，品种单调，产量低，自产自销。20世纪80年代，农村进行土地体制改革。农民承包土地后，有了自主权，每年除粮食生产外，根据土壤、气候、生产技术等条件，适量发展蔬菜生产，供应市场。90年代后，外县蔬菜种植户涌入陇川城区附近租地发展蔬菜种植，满足市场需求。县委、县政府开展“菜篮子”工程，开发冬季农业扶持菜农推广科技种植、引进优良蔬种，使全县的蔬菜种植产量由80年代初的年产约1000余吨上升到2004年的10738.6吨，产品由几十种增加到上百种。生产品种主要有青白菜类、菜花、茄子、韭菜、葱、豆类、薯类、瓜类、食用菌类、野菜类等。

大棚琉菜

2005年，全县蔬菜种植973.33公顷，单产11.05吨，总产10758吨。

（六）其他经济作物

【草果】　1988年，种植面积168.2公顷，总产72.3吨，单产0.43吨。2005年，种植面积发展到1826.67公顷，总产2679吨，单产1.47吨。王子树、户撒两乡是全县的草果主产区。

【八角】　1985年，县乡镇企业局从文山引进生产技术。1986年，定植1333.33公顷，成活1066.67公顷。2005年，产量达16.6吨。

【烟叶】　20世纪80年代前，户撒乡是烟叶的主产区，年栽种面积133公顷左右，加工生产的烟丝远销县内外。1987年，烤烟试种成功，之后在陇川县坝区推广。1992年，种植面积达484.13公顷，总产474吨。1993年，面积增到980公顷，总产885.4吨。以后的年份种植面积徘徊在133～266公顷之间。

1979～2005年全县主要农作物生产情况统计表

表13—4　　单位：公顷、吨、百千克

年份	稻谷		小麦		油菜		茶叶		烟叶		甘蔗	
	面积	产量	面积	产量	面积	产量	面积	产量	面积	产量	面积	产量
1978	13206.67	48156.4	1006.67	715.2	293.33	51.6			166.67	81.95		
1979	13333.33	42960	3860	2045	203.47	522	741.67	780	180	861	1837	66315
1980	12533.33	43320	4286.67	2395	357.8	1121	636.2	1012.5	173.33	571.5	2407.33	95477
1981	13275.27	45353	2329.67	1435	309.33	1108	712.07	1076	157.73	642	3304.4	157661
1982	13645.2	46627	960.07	911	548.53	2071	786.6	1213	166.2	582	3831.27	221741
1983	14064.13	45030	361.8	3392	361.8	3392	989.2	1535	176.53	558	4077.2	228456
1984	13715.27	42766	1862.73	1911	413.6	2723	1000.47	1701	171.2	633	4340	245610
1985	12963.87	43740	1856.13	2790	315.07	1716	1104.67	2248	174.87	798	6103.07	281845
1986	12315.33	43201	1707.13	3146	329.8	2035	1008.93	2274	201.6	801	5397	311016

续表13—4

年份	稻谷		小麦		油菜		茶叶		烟叶		甘蔗	
	面积	产量	面积	产量	面积	产量	面积	产量	面积	产量	面积	产量
1987	12372.93	50216	2417.6	5657	339.27	3201	1390.33	3872	189.87	748	5843.73	330659
1988	12688.13	52499	2230.73	4356	456.93	5687	1736.67	4610	254.47	955	5564	312958
1989	12727.73	54910	3933.93	5286	405.53	4471	1991.4	4040	226.13	944	5729.6	335210
1990	12420.33	57424	3105.87	6035	739.47	8687	1887.93	4720	157.07	667	6370.67	399349
1991	12034.07	59005	2656.67	5530	1581.07	15446	1890.07	5340	173.87	693	7617.47	452095
1992	11604.13	59359	2229.6	5070	1273.4	16408	1621.07	6772	484.13	4740	7587.67	488176
1993	11548	53889	1878	4204	1667	16144	1980	7792	981	8854	6288	380164
1994	11948.47	59494	2018.4	3815	1774.73	16793	1760.4	8324	464.93	5003	6693.8	421597
1995	11696.4	59539	1391.73	2978	3624.4	41063	1869.73	7224	280.2	2663	7150.2	437048
1996	10936.53	60414	1626.87	3973	4151.53	37593	1744.27	7607	133.07	1096	8341.07	556589
1997	10575.07	58664	2012.4	5644	2436.47	2906.4	1875.6	729.4	160.87	211.3	10326.13	692456
1998	9554.87	47952	1645.33	4554	2850.13	3163.4	1804.67	770.3	68.27	55.2	12799.13	808557
1999	9693.53	45552	1422.6	3231	4366.6	5435.1	1706.33	751.3	18.07	17.7	13443.47	786069
2000	10207.27	53909	1207.33	2555	5801.53	6678.3	1514.73	824.1	9.67	8.7	14107.13	831560
2001	9782.27	49810	1070.2	2022	5255.27	6467.6	1553.8	727.8	13.33	12.6	14418.6	842477
2002	7782.13	38655	873	1626	4052.07	4910.1	1646.4	679.1	18.67	19.2	17206.4	1130298
2003	7179.27	32815	501.27	760	4527.47	5806.9	1603.33	691.6			17476.67	1294502
2004	7587.93	27046	303.67	484	4698.87	5853.4	1118.67	575.2	27.47	23.9	18374.27	1213405
2005	9276.8	47581	244.47	451	5024.27	6522.2	1572.8	893.2	45.4	38.2	17385.2	1348000

说明：稻谷、甘蔗产量单位为吨、其他为百千克。

第三节　农业技术

一、耕作制度

陇川县属人均耕地较多的边陲县，20世纪80年代前，农民的栽种的作物品种较单一，耕作制度基本沿袭传统方式。山区实行轮歇式一年一熟，种植玉米大多采用刀耕火种，不施肥。坝区种植稻谷，一年一熟，不施肥，夏种冬闲。80年代后，农业部门推广科学种植，开发冬季农业，固定耕地种植面积，引导和鼓励施化肥，变一熟为两熟或多熟。部分农户采取套种、间种、轮种方法，采用大棚、地膜技术，增加耕地产值。由于改变了传统的耕作制度，在耕地保持基本不变的情况下，全县的粮食生产稳步增长，完成“菜篮子”工程。1978年，粮食总产4492吨，2005年达到68534吨，同比增长15.26倍。

二、耕作条件

陇川县地处云南西南部亚热带地区，年平均气温在18℃以上，光照充沛，雨量适中，多种栽培植物有广泛的适应性，无大的自然灾害，稻谷一年可栽培两季，山区以经济作物和小春为主。冬季霜期短，为开发冬季农业创造了有利条件。全县可耕作土地占全县土地总面积的87.3%，生产潜力大。陇川坝、户撒坝大部分土壤属南宛河、户撒河冲积层肥土，是稻、蔗、油菜的主产区。1978年后，县委、县政府采取一系列发展农业生产的措施，改善农业环境，加快农业机械化进程，至2005年，全县新修引水排灌工程4000余件，大小水库33个，坝塘68个，治理以南宛河为主的水患河10多条，平田改土2000余公顷，建立样板基地、样板田、高稳产农田333.33公顷，特别兴修大型麻栗坝水库，为陇川坝发展稻蔗生产、开发冬季农业提供了条件。

三、改进耕作方法

培育壮秧。1970年后，县农科部门开始抓培育壮秧，改革老式育苗方法，推广秧田施肥，分畦理沟，平整畦面，精选种子，进行清水、泥水选种，扩大秧田面积，稀播或旱播，浅水育苗，防治病虫害。20世纪80年代后，育苗基本能按照系统的新式规程操作。

合理密植。1980年前，全县各地种植的稻谷多为高秆老品种，一般株行距为40厘米左右。每公顷栽插不足15万丛。20世纪80年代后，随着高产耐肥矮秆品种的推广，合理密植已普遍被农户接受，一般每公顷栽27万～24.5万丛，比老式移栽方法增加2倍量，产量随之提高。

抓节令。根据陇川地区气候的特点，雨季来临一般是5月中旬或下旬。20世纪60年代，县委、县政府曾提出“大战红五月”的号召，提早栽插节令，但不切实际。80年代后，农户一般都能在6月内完成栽插。特别是80年代末，开发冬季农业后，小春复种指数连年增加，促使大春水稻种植节令提前，形成4～10月开展大春生产，11月至来年4月开发冬季农业生产的格局。

加强田间管理。20世纪80年代前，县政府每年派若干工作组到全县农村督促指导粮食生产，要求田平泥化，增施农家肥、绿肥，秧薅2～3道。80年代以后，拖拉机下田作业增加，旋耕耙被普遍采用，基本做到田平泥化，同时推行浅水管理，增施化肥，采取化学除草，防治病虫害等措施，逐步走向现代农业的轨道。

四、良种推广

【常规水稻】　陇川县传统的水稻品种多为高秆品种，产量低，成熟期易倒伏，抗病力弱。1973年，县农场试验站从省农科院引进“矮中籼”试种成功，该品种中秆中熟，苗秆刚健粗壮，适应性强，不拣田，平均增产幅度在20%以上，很快被农户接受；1976年，全县推广种植333.33公顷；1979年，达3666.67公顷。1978年，县农科所王应荣从本省水稻协作组“毫木细【1】IP24”杂交后代籽种中选育成功软米良种“201”；1981年，推广种植133.33公顷；1982年，发展到1333.33公顷；

1985年，达4833.33公顷；之后此品种在全县广泛种植。1980年，在陇川县户撒坝推广县农科员李润武从腾冲引进试种成功的白秆“红根细”1633.33公顷，占户撒坝水稻面积的68%，平均单产3000千克以上，比当地传统品种增产10%～20%。1982年，州、县样板田工作组引进“京国92号”在户撒坝推广，平均单产4891.5千克，最高单产达8250千克，与同等肥力条件下的“红根细”“矮中籼”相比增产幅度较大，很快成为户撒坝和山区稻谷的当家品种。1986年，上述3个品种在全县种植面积达9646.67公顷，占全县稻田面积的84.14%。

【杂交稻】 1977年，县良种场试种杂交稻“南优2号”0.054公顷，实收389千克，折单产7203.75千克；1978年，县农科所在城子贺姐社借田制种；1979年，在清平区制种1.37公顷，每公顷平均收获杂交稻种子309.15千克，其中“汕优2号”制种0.22公顷，产176.5千克。1980年，在全县农村推广种植杂交稻20公顷，由于当年引进的文山杂交稻种严重混杂和带病，造成减产。同年，县籽种公司组织制种1.81公顷，其中“南优2号”0.53公顷，单产177千克，“汕优2号”1.28公顷，实收0.48公顷，单产153千克。由于群众吃了文山杂交稻种的亏，失去信心，此后3年停止推广，只有农场继续种植。1984年，全县再度推广种植，又由于秋季低温多雨，光照不足，穗茎受稻温病危害，200多公顷杂交稻，增产效果不显著，但农场大面积发展杂交稻获得高产的事实为各族群众所亲见。县政府制定了杂交稻推广任务奖、高产攻关奖，扶持发展杂交稻。县农业部门在总结以往经验教训的基础上，选定“汕优6号”为主要推广品种。1986年，杂交稻推广273.33公顷，平均单产6300千克。1987年，推广2000公顷，平均单产6270千克。1989年，推广5666.67公顷，均获得成功。全县实现连续3年突破历史最高产粮水平。由于坚持推广以杂交稻为主的良种，全县的粮食产量登上新台阶，1998年，全县水稻种植面积9533.33公顷，单产4695千克，总产4.8万吨。2005年，种植面积虽然比1998年减少266.67公顷，但产量仍与1998年持平。

【杂交玉米】 1977年，县农科所组织社队农科员在勐约坝进行玉米制种，由于杂交组合选不准，基础耕作和管理跟不上，良种良法不配套，连同各地小面积试验栽种的均未达到预期增产效果，延至1985年又开始推广。1988年，县籽种公司在姐乌乡试种玉米“京杂6号”成功，推广1.51公顷，平均单产1182千克，比1978年玉米单产753千克提高57%。其中0.07公顷，单产高达3599.25千克。同年在撒定坝进行杂交玉米纸袋育苗定向移栽0.23公顷，平均单产6344.25千克。1989年，县政府从政策上大力扶持杂交玉米推广，补贴籽种，每公顷22.5千克，山区全补，坝区半补；把玉米提到主粮地位，按平对平、议对议的价格向粮食部门兑换大米。设立杂交玉米推广奖，推动杂交玉米的发展。当年全县种植杂交玉米409.87公顷，平均单产2389.5千克。杂交玉米种植面积占全县玉米总面积的32%，产量占55%。此后在各乡（镇）都开始制种工作。2005年，全县杂交玉米的推广面积达到3900公顷。推广的品种主要有保玉7号、海禾2号、丹玉13号、掖单2号、会单4号、中单2号、京杂2号。

五、农业技术推广示范

【建立农业科技网络】 1978年前，县、公社、大队、生产队均建立“四级”农科网络。1983年，农村经营体制改革后，四级农科网解体，形成“县农技推广中心—乡（镇）农技站—农技辅导员—科技户”构成的农技推广体系。1989年完善了农技推广体系。县农技推广中心下辖植保站、土肥站、果蔬站、种子站、农技试验基地及12个乡（镇）农技站，有农技干部42人，工人14人。2005

年，撤销经作站、果蔬站，人员和业务并入农技推广中心。

【鼓励科技应用】 1984年，县农业局制定“科技成果奖励标准及办法”，鼓励农科人员多作贡献。同年，县政府出台《1985年小春生产奖励办法的规定》，对采用科学种田卓见成效者给予奖励。1986年春，县政府组织农业样板指挥部，各乡（镇）和村公所相应建立领导小组，形成统一的指挥系统，把各级领导、农技人员及粮食、供销、物资等各有关部门联为一体，责、权、利结合，共同为“科技兴农”出力。农科人员杨亚清在城子镇派岗生产队，与农户段小明签订《杂交稻丰产栽培技术承包合同》。承包面积0.4公顷，采用“汕优63”品种，定单产指标为6000千克。秋后实收单产达6750千克，该农户按合同将超产部分兑现给杨亚清作为奖励。

1988年，全县开展学习丘北经验，对农户实行低偿配套服务。县政府划拨给农技部门微肥（微量元素肥料）调控指标掌握使用，农技部门组织购进部分化肥及农药，对中心样板实行配套服务，收取每公顷7.5～15元的服务费。1989年，县政府采取超基数增产奖、两杂任务推广奖、样板增产奖、技术攻关奖、粮食交售大户奖、专项课体推广奖等措施，对促进全县的农业生产起到相应作用。

【开展农业技术培训】 1980年前，全县技术培训多采取召开现场会的形式，每会必有现场，宣传面广，生动有说服力，农民易接受，效果明显，但经费投入大。20世纪80年代后，开展长训、短训，由农技部门负责，每期解决一个内容。各乡镇建立农业技术学校，配合科技部门定期不定期对当地农户进行科技培训，收效较好。工作开展较好的城子镇农技校，在县农业科技部门的配合下，在新寨建立科技培训基地，每年对全镇农民开展科技培训不少于6次。1994年，农业部提出实施“绿色证书工程”意见。1998年，全县通过整合农民教育培训资源，形成以农业部门为主、科协农函大、教委“3+1”班，农职中和涉农岗位培训为辅的农民再教育体系，开设水稻、玉米、马铃薯、蔬菜、姬松茸、茶叶、甘蔗、奶水牛、家禽养殖，拖拉机驾驶等专业培训班。1999～2005年，全县共培训学员1707人，获绿色证书1568人，投入办学经费48万元。建立8个村民小组“绿色证书”示范村。2001年，陇川县被国家列为“跨世纪青年农民科技培训工程”实施县。至2004年，中央、省、州、县共投入资金55.7万元，开设种植、养殖业为主6个专业、17个实用技术培训班。聘请中职以上授课教师17名，编写6类17门乡土教材3426册，购置实用技术VCD光碟25盒，培训“跨世纪青年”3080人。2004年后，此工程改为“新型农民科技培训项目工程”。

【推广双季稻】 1978年前，全县推广双季稻种植，第一季每公顷产7586.25千克，第二季每公顷产3997.5千克，合计每公顷产11583.75千克。因双季稻种植投工量高，7月冒雨抢收，抛撒损失大，晚稻栽插又和大春争畜力、劳力，增产效果不理想，1979年起不再推行。

【推广再生稻】 1984年，陇川农场开始留养再生稻，集中管理，获得一定收成。1988年，全县农村留养再生稻333.33公顷，因管理不善，实收面积很小。1989年，县政府明确提出3条要求，（1）9月底以前收割光的杂交稻可留再生稻；（2）每公顷再生稻供应150千克尿素作追肥；（3）政府对留养再生稻的农户，每公顷补助15元，并对推广再生稻的科技人员给予奖励。同年，全县留养再生稻106.8公顷，实收55.2公顷，平均单产1425千克。以后的年份，县政府不再强调推广，由农户根据实情生产再生稻。

【农膜应用推广】 1986年，县里首次引入农膜技术，应用于西瓜栽培。1987年，在清平、护国、王子树山区乡推广地膜盖玉米151户，面积11.48公顷，平均单产比常规种植增36.8%。在户撒推广农膜拱棚育秧203户，12.13公顷。秋后产量比常规育秧者增27.2%。此后，地膜技术大量用于甘蔗、马铃薯、西瓜、草莓、蔬菜。特别是冬季农业开发农膜被广泛应用。

【玉米纸袋育苗定向移栽】 1987年，县农业部门派员到祥云县学习此项技术。1988年，采用纸袋育苗定向移栽技术，在撒定坝试种0.23公顷，平均单产6345千克，比常规栽培增产141.7%。

【增产菌推广】 1989年，县里首次将增产菌用于水稻4866.67公顷，县政府投入专项资金4.35万元。试验结果，平均单产4260千克，比上年增产3.3%。以后在坝区4个乡镇做同田对比试验，也得到和上述相似的结果。同时安排增产菌播种、移栽期蘸秧根、分蘖期喷施、孕穗期喷施等内容的小区对比实验，增产7.88%。1990年，全县开始大面积推广，小春施用增产菌666.67公顷，大春6680公顷，均收到相应的效果。

【水稻新技术引进推广】 1978～1992年，在全县先后推广水稻湿润育秧技术，水稻旱育稀植技术、水稻规范化栽培技术。

【玉米新技术推广】 1985～1996年，在全县先后推广玉米单行条播技术、玉米宽窄行条播技术、冬玉米种植技术。

【亚麻种植推广】 2004年，县里以锦源亚麻有限公司为龙头企业，以"公司+基地+农户"的形式，推广种植亚麻，当年种植226.67公顷，平均单产亚麻茎秆4500千克，亚麻籽150千克。推广的品种有"黑亚10号"和"啊丽亚娜"。2005年，全县种植506.67公顷。

【油菜育苗移栽技术推广】 1999年，县农科部门在户撒乡项姐村委会开展双低油菜育苗移栽实验示范，种植1.33公顷，平均单产235千克。2000年，大面积推广种植。2005年，全县共种植1000公顷，平均单产213千克。品种主要有"花油5号""花油7号"。

【魔芋推广种植】 1997年，县农科部门从省外引进白魔芋品种，在户撒芒东水田种植13.33公顷，在邦瓦乡山地种植33.33公顷，获得成功。以后其他乡镇也开始种植，至2000年，全县已发展种植73.33公顷。但由于白魔芋对环境气候要求高，在陇川县不宜大面积发展。2001年，县农科部门又引种红魔芋品种试验种植，获得成功。2005年，发展到80公顷，平均单产19500千克，产种芋1050千克。

魔芋种植

【柠檬推广种植】 20世纪90年代初，县农科部门从外地引进柠檬苗，在龙江河谷建成苗圃基地，进行繁育成功。接着在陇把、姐乌、城子和勐约等乡（镇）种植68.67公顷，品种为鲜食种“小莱檬”。2002～2005年，全县有7个乡（镇）与红瑞柠檬开发公司签订种植合同，共种植柠檬602.6公顷。

【薯蓣推广种植】 2002年，县农科部门在赛号乡引种薯蓣获得成功。2003年，与正兴生化有限公司签订合同，引进小花盾叶和质叶种植，当年推广24.37公顷。2004年，种植22公顷。2005年后，由于薯蓣市场价格下滑，农民的经济效益不高，停止种植。

【农作物秸杆机械粉碎还田推广】 20世纪90年代后，农作物秸杆得到广泛运用，其中一项是农作物秸杆通过机械粉碎还田，加深熟化耕作层，平衡耕地养分动态。1999～2005年，全县共粉碎还田3300公顷，平衡施肥846.67公顷。

六、施肥

【农家肥】 1980年以前，全县农作物栽培普遍施用农家肥，主要为禽畜粪。之后，农家肥仅在种植果蔬时小范围施用。

【绿肥】 20世纪70～80年代，全县开始推广使用绿肥，有饭豆树、金光菊、苕子、草木樨、紫云英等，其中较有成效的是紫云英。1978年，县农科所试生产紫云英根瘤茎种83.5千克，经生产试验结瘤良好。当年种植紫云英、苕子类绿肥面积793.33公顷。1980年后，冬季种植绿肥面积均保持在133.33公顷左右。1983年，试播种葵子作大春压青绿肥，取得较好效果。

【腐肥】 1978年，陇川农场用尿素发酵生产腐肥，施于甘蔗成功。1980年，县农科所在城子公社贺姐社举办“百亩腐肥丰产试验田”，平均每公顷产5250千克，比上年增产52%。腐肥的制作配方是：尿素20千克、钙镁磷100千克、草煤880千克～1000千克，用量为每公顷3750千克。1985年后，由于腐肥生产成本高，逐停止使用。

【化肥】 20世纪70年代，全县开始推广使用化肥，但用量不大。1982年，全县化肥用量上升到1.14万吨，其中磷肥7851吨，钾肥269吨，复合肥38吨，氮肥3195吨。1987年，实行“粮肥、粮贷”挂钩政策，化肥用量达1.19万吨。1990年后，化肥逐渐取代农家肥，用量逐年增多。2005年，化肥施用量达5.31万吨，其中复合肥2.15万吨，氮肥1.81万吨，磷肥1.19万吨，钾肥1613吨，微肥（微量元素肥料）18吨，成为施用化肥的高峰期。

七、植物保护

【病虫（草）害种类】 1982年，县农业部门根据《农作物病虫害及仓库害虫普查》资料，共采集病虫标本2087号，鉴定出病虫害38种，害虫77种，仓库害虫35种，昆虫天敌25种。

水稻病虫害：全县年危害666.7公顷以上的有稻瘟病、叶鞘腐败病、恶苗病、稻曲病。害虫有稻瘿蚊、二化螟、三化螟、大螟、三点螟、纵卷叶蛾、大稻缘蝽、稻螟蛉虫、灰飞虫、多种叶蝉、黄肩缘蝽、中华稻蝗、食损金花虫、粘虫等。

玉米病虫害：全县年危害666.7公顷以上的有大斑病。害虫有玉米螟。

小麦病害：年危害66.7公顷以上的有条锈病、叶锈病。

烟叶病害：全县年危害66.7公顷以上的有黑胫病、炭疽病、白粉病。

油菜病害：全县年危害6.7公顷以上的有白粉病、白锈病。

甘薯害虫：全县年危害66.7公顷以上的有甘薯小象甲。

豆类害虫：全县年危害66.7公顷以上的有豆类螟、黑线金龟甲、阔胸金龟甲。

甘蔗害虫：全县年危害666.7公顷以上的有棉蚜。

常见蔬菜害虫：全县有蚜虫、粉蝶、瓜守、地老虎等。

主要害草种类：全县有水蜈蚣、荷连豆、狗牙根、紫茎泽兰、珍珠茅、般禾稻、鸭跖草等。

主要天敌种类：全县有蜘蛛类、蛙类、寄生蜂、寄生蝇、蜻蜓、瓢虫蜻象、蠼慢、白僵菌等。

【病虫害防治】 1980年后，县农科部门对病虫害开展测报工作。主要针对粮食作物的“三病”（稻瘟病、白叶枯病、稻曲病）、“三虫”（螟虫、稻飞虱、稻瘿蚊）进行预测预报。在章凤、城子、户撒、清平分别设置监测点，发现疫情，及时通报相关地区，采取紧急防治措施。防治方法以化学防治为主。兼用生物防治、物理防治等方法。1990年后，经过产业结构调整，种植的作物品种较为单一，区域连片，种植时间集中，在病虫害的防治上采取“五个统一”（统一布置，统一供给药物、统一剂量、统一时间、统一方法），效果较好。2004年起，县植保站开展省间调运植物检疫业务，防止病虫害从外地传入。2005年，县农作物区域测报站开始动工建设。

喷洒农药

【化学除草】 1973年，全县开始推广化学除草。1990年后，农田、旱地普遍采用化学除草方法。除草剂的品种有：除草链、敌草隆、扑草净、五氯酚钠、二甲四氯等。用除草链、五氯酚纳、二甲四氯三种混合施用，作用更好，杀草效果达90%以上。

第四节　农机用具

20世纪70年代，全县农业生产工具主要为传统的手工生产工具。1970年后逐步引进现代机械生产工具，至2005年，全县坝区已基本实现农业机械化，山区达到半机械化程度。

一、传统生产工具

耕作工具有木犁、耙（手耙、脚耙）、锄、锸、镰、砍刀、长刀；运输工具有牛马驮具、牛马车。加工工具有木臼、水碓、脚碓、石磨以及少量水碾、砻磨、朗筛、木楔式油榨、米线榨以及连介、石滚等。

传统生产工具——景颇族舂米

机械收获甘蔗

二、现代农业机械

1978年，县革委召开农业先进代表大会，将112台手扶拖拉机奖给增产较大的生产队。当年全县共有大中型拖拉机122台，手扶拖拉机298台。

1983年，农村完成联产承包责任制后，全县拥有手扶拖拉机618台，大中型拖拉机166台，加工机械539台，农用汽车36辆。

1988年，引进桂林二号稻麦联合收割机1台。1989年增至7台，2005年发展到93台。坝区稻麦逐步实现全部机收。

1990年，全县拥有各类农业机械3000余台，集体占0.2%，个体农户占99.8%。

2000年初，全县有大中型拖拉机277台1182万瓦，小型拖拉机1348台1195万瓦，耕整机16台5.88万瓦。大中小型拖拉机配套农具875部，其中机引犁179部、旋耕机628部、耙68部，机械总动力合计2404万瓦。排灌机械有19台33万瓦，其中柴油机17台30万瓦、电动机2台3万瓦。有联合收割机6台、机动收割机（割晒机）1台、机动脱粒机113台、农用水泵5部、喷灌机械5套。有饲料粉碎机195台、加工站589个，动力631万瓦。有加工机械703台，其中碾米机557台、磨面机39台、榨油机5台、淀粉加工机102台。有农用载重汽车12辆90万瓦、农用运输车（3吨以下）16辆42万瓦、小四轮翻斗车12辆20万瓦。有拖斗车1565辆、喷雾器1万余台、专用推土机16台。机械作业量：年机耕7660公顷，机耙5066.67公顷，水稻机收23.33公顷，小麦机收432.4公顷，机械植保10公顷，机械脱粒粮食量15.42万吨，农业运输121.98万吨。

2000～2004年，县里加强对农机管理、农机新技术推广、拖拉机驾驶员和农机操作手培训、农机安全监理等工作，全县农业机械化得到较快发展，大功率拖拉机、收割机引进投入农田作业，农机作业面积逐年增加。

2005年，全县农业机械总动力1.51亿瓦特，总值9552.5万元。其中拖拉机总数6581台，其他机械1.04万台。有乡村农机人员9226人。全年县农机部门共检修农机7204台，组织农机投入农业生产5138

台，完成农机作业量3.57万公顷，比1990年增加2.7万公顷，增长3.13倍。比2000年增加1.43万公顷，增长66.8%。完成农机运输1521.66万吨、机械加工农副产品12.5万吨，实现农机业产值3243.95万元。组织大功率654型、704型、724型拖拉机27台，配套机具27部下田作业。选派农机操作手54人，到大理弥渡开展农机跨区作业，完成耕耙面积312.95公顷，为农机户增加收入25.7万元。

三、农机监理

20世纪80年代，全县拖拉机暴增，违章现象不断出现，驾驶员有的不办理登记手续就下田作业，有的不经检审就在公路上行驶，因而每年都有拖拉机事故发生。1984年，县农机安全监理站成立，负责拖拉机的监理工作。

1998年1月，国家出台《农用拖拉机及驾驶员安全监理规定》。

1999年云南省人大常委会审议通过《云南省农业机械安全监督管理条例》。县监理部门利用街天，深入各乡（镇）集镇、村寨，开展田间、场院、道路路检路查，取缔、纠正违章活动，清理整治无牌无证拖拉机，宣传农机监理有关法律法规。出动宣传检查车18辆次、宣传员96人次，检验各类拖拉机1300台，查处无牌无证49台、无证驾驶99人次、违章437台，当场处罚3300元，补办年检手续27台。

2002～2005年，县农机监理站出动车54辆288人（次），检查各类农用拖拉机2502台（次），其中无牌无证49台，无证驾驶员99人（次）纠正违章437台，核发牌照落户80台，补办年检手续27台，当场处罚3300元。

第五节　农业产业化

1990～2005年，配合农业综合开发项目的实施，各乡镇对农业产业化经营进行了许多探索和尝试，先后建优质米加工厂1座，日加工稻谷80吨；建配合饲料加工厂1座，年产全价配合饲料950吨，颗粒饲料50吨，蛋白浓缩饲料100吨；建成三圃田3.73公顷、优质原种稻谷基地8公顷、优质良种繁育基地186.67公顷；建成良种田间晒场6个，面积4260平方米；建成优质稻科技示范村田间晒场112个，面积5.85万平方米。建成优质稻商品粮生产基地4800公顷及部分田间沟渠、涵洞、机耕路。建设麻竹苗圃基地51公顷，推广种植麻竹1906.67公顷。完成南田营林区甜龙竹造林133.33公顷。完成西南桦速生丰产用材林基地建设106.67公顷。完成产业化水牛肉加工项目，建50吨冷车库1座，扶持23户养殖示范户，养水牛575头。完成牛冻精改良1560头。完成低产茶园改造133.33公顷，新植无公害有机茶园180公顷，茶园生产机械化科技试验示范13.33公顷，改造扩建厂房1160平方米，购置茶叶加工检测设备52台（套），新修茶园道路10千米，建茶园灌溉管道2.5千米，培训茶农1200人次。

1994年，城子镇高产稳产农田建设项目

第六节　农村集体经济管理

1963年5月，成立陇川县农村财会辅导队。1988年，改为县农村经济经营管理站，负责农村合作经济经营管理与指导。

一、计划管理

1978年后，国家从价格、农副产品收购、计划等方面调整农业政策。1983年，全县农村实行家庭联产承包责任制后，农户执行“国家计划指导为主，市场调节为辅”的方针，根据市场需求出发，因地制宜制订生产、经营计划。

二、劳动管理

1982年前，全县劳动定额采取“五定小包工”“评工记分”“大寨工分”等形式。1983年起，实行家庭联产承包责任制的劳动管理办法，把合作社耕地让农户分摊承包。合作社积累由国家下达任务，集体提留由承包农户负责完成，机械农具合理折价，卖给社员，3年还清，充分体现国家、集体、个人三者利益关系。

三、财务管理

1982年前，陇川县对集体经济坚持每年执行预算结算制度、开支审批制度、现金管理制度、财务公开制度、各项基金管理制度、财务清理制度、财务档案制度。体现勤俭经营，民主理财原则。实行家庭联产承包责任制后，财务管理主要体现在公共积累、集体资金的管理上。1985年，全县组建农村专业会计队伍，进一步规范农村财会工作。

四、物资管理

全县各生产队的粮食及各种产品物资、农机具及其他固定财产，实行分类登记，过称盘点验收，妥善保管。不论自产品或是购入物资，出入库都有手续，定期进行检查盘点，防止损坏遗失。非正常损失，一经查明原因，追究责任，严肃处理。

五、收益分配

1978年，农村收益分配采取“以队为基础，按人口和工分不同比例分配的方式进行”。

1982年起，推行联产承包到户，农民生产的粮食和经济收入，除完成国家的公粮、合同定购粮和集体提留任务外，其余部分按国家保护价收购。

2003年，实行农村税费改革，减免农业税、集体提留和统筹款，农民的收益全部由自己支配。

2005年后，逐步取消村提留，乡统筹款，开始推行“一事一议”制度。

【粮食分配】　1978年，全县农村粮食总产44920吨。交售国家1027吨，占总产的22.86%；集体提留565吨，占总产的12.58%；社员分配38243吨，占85.1%，人均口粮299千克。1982年，全县农村逐步实行联产承包责任制。1991年，全县粮食总产70289吨，交售国家9348吨，占总产的13.3%；集体提留179吨，占0.25%；农民留粮（含口粮）60762吨，占86.46%，人均粮食413千克。2005年，粮食总产66615.4吨。农民生产留粮13214.8吨，占19.84%。农民口粮53400.6吨，占80.16%，比1978年增82.99%。

1992～2005年全县农村粮食分配统计表

表13—5　　单位：吨、千克

年份	粮食分配总量	交售国家粮食	其中公粮	农民生产留粮	农民口粮	人均粮食
1992	66098.2	9202.6	1525.8	4956.7	51938.9	426
1993	60722.3	8831.7	1523.1	5235.8	46654.8	379
1994	67314.1	8961.5	1550.8	7841	50511.6	407
1995	65705.3	8115.2	1526.1	6413.8	51176.3	409
1996	68853.4	7996.1	1763.3	6439.1	54418.2	433
1997	70964	7840.9	1605.8	8211.7	54911.4	432
1998	59357	7322.8	1546.7	6515.1	45519.1	336
1999	55850	7421.7	1533.7	4267.7	44160.6	343
2000	64017	8204.1	1546.3	5031.5	50781.4	386
2001	60600	7940	1690	4780	47880	363
2002	49710	2730	1490	4960	42020	315
2003	46062	1985	1816	2942	41135	308
2004	40180	2060	1960	3190	34930	259
2005	66615.4			13214.8	53400.6	392

【收入分配】　1978年，全县农村经济总收入1172万元，总费用230万元，净收入945万元。其中：上缴国家税金29万元，占净收入的3.07%；集体提留132万元，占净收入的13.97%；农民所得784万元，占82.96%，人均纯收入88元。推行生产责任制后，国家又上调了粮食收购价格。1985年，全县农村经济总收入4312万元。1990年，全县农村经济总收入1.02亿元。1996年，全县农村经济总收入2.01亿元，总费用7864.9万元，占总收入的39.17%；净收入1.29亿元，其中国家税金243万元，占净收入的1.88%，提留和统筹款196万元，占净收入的1.52%，农民所得1.25亿元，占净收入的96.9%；人均纯收入995元。2005年，农村经济总收入3.84亿元，比1996年增长1.91倍。人均纯收入1275元，比1996年增长28.14%。

1995～2005年陇川县农村经济收益分配统计表

表13—6　　　　单位：万元、元

年份	总收入	总费用	净收入	国家税金	集体提留	农民所得	人均
1995	17825	6230	11595	245	92	11258	886
1996	20080	7864.9	12939	243	196	12500	995
1997	23371	9277	14094	377	94	13623	1063
1998	23074	8837	14237	386	111	13740	1065
1999	20694	8837	11857	354	101	11402	881
2000	25332	11588	13744	431	103	13210	998
2001	25451	11628	13823	293	201	13329	1010
2002	26890	12428	14462	291	115	14056	1060
2003	29054	13879	15175	207	44	14924	1120
2004	30978	15115	15863	176		15677	1163
2005	38432.95	20074.6	18358.35			18358.35	1275

第三章　畜牧业

1997年前，陇川县仅有1个畜牧兽医站，隶属县农业局。1997年5月，县畜牧局成立，有干部职工12人。2003年6月，县畜牧局撤并县农业局，保留工作机构和牌子。2004年2月，农、牧局分设，畜牧局确立为正科级单位。2005年1月，畜牧局确立为县人民政府直属事业单位，有干部职工75人，有乡（镇）属事业单位（畜牧兽医站）10个。陇川县畜牧业按照中共十一届三中全会确定的改革发展方针，开放生畜交易市场，建立畜牧样板和示范基地，普及畜牧科技，推广配合饲料，改良畜禽品种，开发牧草种植及水牛产业化，稳步推进全县养殖业发展。2005年，全县畜牧业总产值达7721万元，比1978年272万元增长27.39倍，接近全省的发展水平。2005年末，全县猪存栏11.3万头、产肉0.6万吨，大牲畜存栏4.86万头，家禽存栏29.24万只。其中猪和家禽存栏比1978年分别增长42.17%、91.53%。

第一节　畜禽饲养

一、畜类

（一）猪

陇川历史上饲养的猪主要有小耳朵猪和大耳朵猪。小耳朵猪属华南型，早熟易肥、腹脂率高、肉质细嫩、产仔率不高，境内大多数乡（镇）有分布，肥猪体重在50～80千克之间。大耳朵猪属西南型保山猪品系，脂肉兼用型，适应性强，耐粗饲，繁殖力强，平均体重118.4千克。引进品种有巴夏克、杜洛克、上海白等，主要特点为体型大、瘦肉多、生长快，群众及专业猪场普遍饲养。

中共十八大代表张润湘兴办的养猪厂

20世纪80年代前，猪一般由农户分散饲养，每户3～10头不等。

1988～1990年，陇川县启动商品猪基地建设，总投资18.06万元，将城子、陇把、章凤3镇和国营陇川农场列为养猪基地，实行科学养猪，“种、料、管、防”一起抓。1990年，基地生猪存栏9913头，出栏肉猪6000头，出栏率60%。

1992～1998年，投资30万元，分别将章凤、城子、景罕列为科学养猪综合示范区。1998年年末生猪存栏2.47万头，出栏肉猪1.53万头，出栏率61%，比全县平均出栏率高15.5个百分点。推广猪瘟免疫程序2.39万头，猪疫病死率控制在1%以下；推广猪种改良2196窝，其中人工授精1149窝，良种覆盖率达63.8%；猪圈改造2088户，4206间，3.54万平方米；举办科学养猪技术培训5期，195人次。

县畜牧局采取多种措施，在全县扶持发展养猪专业户。1993年，姐乌弄坎村养猪户张云明，饲养规模400头，当年生猪存栏达167头，出售肉猪360头，仔猪36头，养猪收入87.26万元。1994年，专业户李坤兰年存栏肉猪960头，养猪收入230.4万元。1999年，国营农场丙印分场杨兴良养猪厂实行产、销一体化，当年出售仔猪1300头，肉猪出栏400头，生猪存栏649头，养猪收入54万元。2001年初，城子镇贺姐村养猪户刘金文，建猪场1.3万平方米，饲养规模300头，建标准猪舍912平方米，饲料地0.7公顷，当年生猪存栏150头，出栏肉猪150头，年养猪收入12.5万元。2005年，全县养猪业分别比1978年增长1.12倍、3.02倍、0.85倍、3.77倍。

1978～2005年陇川县择年养猪生产统计表

表13—7　　单位：头、吨、%

年份	年末存栏	年末出栏	出栏率	产肉量
1978	53276	15687	31.3	1254.96
1980	64983	20990	36.4	1679.2
1983	69631	21263	32.5	1701.04

续表13—7

年份	年末存栏	年末出栏	出栏率	产肉量
1985	73365	24600	34.5	1968
1987	86127	31000	40.3	2480
1990	95875	32266	34.2	2484
1992	87814	32855	35.5	2464
1995	95107	41351	45.0	34087
1997	93852	43621	45.6	35106
2000	90361	47969	52.1	5812
2002	88255	44857	51.2	3587.5
2005	112956	63028	57.8	5987.5

（二）牛

陇川县本地品种主要有水牛、黄牛。引进品种主要有黑白花荷兰奶牛、摩拉和尼里水牛、西门达尔及安格斯短角牛。引进品种BMY（云岭）牛冻精与本地水、黄牛杂交改良后，培育出杂交水奶牛和肉用型黄牛。2005年，全县累计产杂交水牛3860头，产杂交黄牛2160头。

境内水牛系亚洲沼泽型地方品种，属役用型，是县内农业的主要生产资料。水牛全身毛色多为深灰色或浅灰色，皮肤呈青灰色，有少量白毛水牛分布，皮肤呈粉红色并有黑色素斑块。1978～1982年，全县水牛归集体饲养，固定专业放牧人员，枯草季节（干冬）牛入厩后加喂稻草，青草期则隔几天喂1次盐。1982年统计，全县水牛存栏数约2.3万头。1983年，农村实行联产承包责任制后，水牛折价给农户，提高农户的饲养积极性。至1991年，水牛存栏上升为4.33万头，比1982年增加2万头，是历史上存栏最多的年份。1992年后，随着农业机械化的提高，加之放牧草场有限，水牛的存栏量逐年减少，至

欧盟水牛

2005年末，全县水牛存栏仅有1.96万头。

境内黄牛属西南黄牛类，也是农业生产的主要生产资料，除役用外，也做肉用。此外，陇川县还饲养一种华南役用型的高峰黄牛，历史上用来拉牛车和驮运。20世纪90年代后，向肉用型发展。

1981年，全县农村经济体制改革后，原生产队饲养的黄牛全部折价出售给农户。1983～1991年，全县黄牛存栏数基本徘徊在2万头左右。1992年后，由于运输车辆增加，黄牛驮运减少，虽然市场需黄牛肉量增加，价格相对上涨，但由于有大量缅甸牛的流入，本地养牛经济效益仍然不高，发展缓慢。2004年后，陇川县出台一些扶持养牛大户的政策，加快养牛业发展速度，至2005年，全县黄牛存栏数达1.02万头。黄牛肉类远远不能满足全县市场需求，多数还依赖缅甸进口。

（三）马、骡、驴

陇川历史上饲养的马属西南山地类型，体小，矫健有力，适于山地驮运。县畜牧兽医站、国营农场及部分农村社队先后引进关中驴、云南改良驴与当地马配种，繁殖大量骡驹。马骡成为陇川历史上的主要交通运输工具。20世纪80年代前，由于交通运输的需求，全县马、骡、驴存栏数一直保持在5000匹左右。80年代后，随着公路交通和机动车的发展，全县的马骡数量迅速减少。90年代，仅有山区农村饲养有少量马骡，就近驮运物品。至2005年，全县马、骡、驴存栏量还有845匹，分布在部分山区。

（四）羊

分山羊和绵羊两类。陇川县饲养的山羊属龙陵山羊地方类群，适宜养殖在亚热带雨林地带，皮、肉兼用。主要分布于护国、王子树、户撒、清平、邦瓦等山区。毛色有黄、棕、黑、花等色，以黄山羊为主体，其体型特点是毛质粗糙。公羊颈粗而直，下有肉垂，下颌有“胡子”，头部鼻梁隆起，额头短宽；母羊头部清秀，颈直而细。公母羊头部均有角，体质结实，蹄质坚硬，行动敏捷。成年公羊平均体高61厘米，体长61.5厘米，胸围70厘米。母羊身高次于公羊，年繁殖1～2胎。山羊适于放牧饲养，食料以树叶为主。2005年，部分山区陆续引进波尔山羊和奶羊饲养，但因适应性差，发展缓慢。

山羊

1978～1996年，陇川县山绵羊养殖一直徘徊在4000～8000只之间。1997年后，县畜牧局在护国乡山区建立养羊综合示范区，投入资金扶持养羊业。2005年，全县山绵羊存栏数达1.78万只，羊的售价从5元至6.4元/千克提高到9元至10元/千克。

1978–2005年全县择年牲畜存（出）栏情况统计表

表13—8 单位：头、匹、只

年份	存栏				出栏	
	水牛	黄牛	马骡驴	山绵羊	黄牛	水牛
1978	21239	21161	5387	8668	1889	
1980	21976	21977	4734	8406	2270	
1985	27243	22776	6070	4391	1832	
1990	28323	18645	4107	3815	2860	
1992	26.34	16777	3386	4169	3182	
1995	25617	16172	1371	6766	3797	
1997	25078	15569	1893	10555	3252	
2000	19204	10092	1631	12585	5912	
2002	16902	7552	1063	14998	2091	3295
2005	19755	10176	845	17801	2646	3146

二、禽类

（一）品种

【鸡】 陇川历史上饲养的鸡有大种鸡和小种鸡。大种鸡属肉用型，主要分布在气候寒冷，多雨潮湿、放牧条件好的山区，特点是体型大，肉多，气香味甜，受市场青睐。2005年调查，王子树地区尚有大种鸡存栏2697只，占鸡总存栏数的6.6%。一般成年公鸡体重为2.5千克左右，成年母鸡体重为1.9～2千克。

小种鸡，又叫茶花鸡，陇川饲养的按地区分有两种。坝区傣族饲养的体型灵活，好动，产蛋率高；山区景颇族饲养的体型小、肉紧，喜栖房梁屋檐。小种鸡经过多年的选种繁育形成具有地方特色的品种。2005年调查，全县茶花鸡存栏为25.3万只，占总存栏数的98.6%。成年公鸡平均体重2.41千克，成年母鸡平均体重1.5千克，年平均产蛋180枚。

鸡

20世纪80年代后，陇川饲养的鸡除原有的地方品种外，已大量引进外地优良品种，有来航鸡、白洛克、西赛斯、澳洲黑、罗斯鸡、爱维茵鸡、狄高肉鸡、伊沙蛋鸡、罗曼蛋鸡、海兰灰蛋鸡、广西大发肉鸡、昆明武农I系肉鸡、上海华青肉鸡、芦花鸡、云凤鸡、白凤乌鸡及德宏原鸡、德宏斗鸡。

【鸭】 陇川县饲养的麻鸭，历史悠久，主要分布在坝区，属兼用型品种，体型中等。公鸭羽色有黑、白、灰3种；母鸭有麻、灰、黑、白、花数种，以麻色较多。成年公鸭平均体重2.38千克，成年母鸭平均体重1.76千克，年均产蛋120枚，产蛋率中等，蛋平均重78.7克。2005年统计，麻鸭存栏3.68万只，占总鸭存栏数的67.2%。

1992年，陇川县开始引进北京鸭350只饲养。2005年，引进樱桃谷鸭9537只，经饲养24日龄，体重达2.5千克，增重快。

全县民间还饲养有名叫旱鸭的瘤头鸭（番鸭），广大农村均有分布。2005年调查，陇川县旱鸭存栏1.79万只，占鸭总存栏数的32.8%。旱鸭肉质细嫩，体质强健，抗病力和觅食力强，习性喜水，但能旱养，适宜放牧饲养，是良好的肉用型品种。成年公鸭平均体重3.33千克，成年母鸭平均体重1.96千克，年产蛋约70枚，重量70～80克。

【鹅】 陇川鹅是中国鹅的地方品种类群，分布于大部分乡（镇），其中坝区饲养较多，据2005年调查，全县鹅存栏2349只。

陇川鹅毛色分雁、白、花3色，头部及背部有少量咖啡色。3色中雁色、白色为多。雁色鹅的喙、冠为黑色，跖、蹼为橘黄色，虹彩为黄褐色，喙根有一道灰白色，头顶及颈上部至脖根呈咖啡色，背部、扇羽、羽翼灰褐色，镶有灰白色边，鳞片状排列，颈的腹面和两侧为灰白色，毛连至腹部。白、花鹅的喙、冠、跖、蹼都是黄色，虹彩灰兰色。雁色鹅体型比白、花色鹅大，公鹅头冠大，颈粗长，体高大；母鹅头冠小，颈细短，体型次于公鹅。无论哪种鹅的皮肤都是白色。成年公鹅平均体重4.94克。成年母鹅平均体重4千克，年产蛋3次约28～36枚，蛋重150克，蛋壳白色。历史上群众养鹅除有经济价值外，还有报警作用。夜里，若有小偷进家行窃，首先会惊动鹅，发出报警信号。

（二）饲养方法

陇川县养禽业以饲养鸡、鸭、鹅为主。

20世纪80年代前，养鸡均属农户分散养殖，不成规模。1984年，市场需求量增加，县畜牧局从外地大量引进优良鸡种，供应养殖户。2001年，全县实施养禽示范村建设，实行科学饲养，提高鸡存栏率、出肉率，涌现出一批养鸡专业户和重点户。至2005年，全县有饲养规模上万只养鸡场2个、饲养规模500～2000只的养鸡重点户5户。县畜牧部门共推广优良品种肉鸡4.39万只、蛋鸡0.42万只、土杂鸡5.21万只。另外，还有少量养鸡户自繁或引进小鸡供应市场。

养鸭主要分布在境内坝区、河谷区、水稻主产区，1户饲养约30～50只，山区也有少量饲养，以旱鸭为主。1992年，县畜牧局从外地引进北京鸭苗550只，供专业户饲养，由于缺乏经验，成活率不到60%。1994年，一农户在县畜牧部门的技术指导下，利用北京鸭母鸭与四川天府肉鸭混养，繁殖出新一代北京鸭，收到良好效益，年出栏肉鸭5000只，获利1.5万元。2002年，县畜牧局投资1.5万元在章凤镇的弄模、南东、弄秀建立3个养鸭示范村，以点带面，科学饲养，促进养鸭业发展。2005年，县畜牧局与县科技局联手，投资4.5万元，从江西引进肉用型樱桃谷鸭6500只，供示范村饲养获得成功。养鸭收入18.2万元，饲养24日龄，个体重达3.5千克。之后，县畜牧局又从湖南引进蛋用型番鸭900只，提供给示范村饲养，年均每只产蛋220枚，实现养鸭收入10.4万元。

陇川县鹅的养殖比较分散，户养5～10只不等。养殖户多属南宛河、户撒河流域的村寨群众。2005年，户撒乡老马寨从大西北种鹅场引进四季鹅1000只，分散在35户回民中养殖，获得成功。饲养80日龄，个体重3.5千克，经济效益显著。

2005年全县各乡（镇）家禽存栏、出栏统计表

表13—9　　单位：只

乡（镇）	存栏	出栏	乡（镇）	存栏	出栏
章凤	42464	64321	王子树	22061	40611
景罕	60147	20151	勐约	11285	18997
城子	44949	32698	农场	11465	6398
户撒	46684	43874	赛号	14148	21345
陇把	6655	10193	姐乌	17953	23148
清平	9166	20266	合计	292431	325783
护国	5460	23781			

三、其他动物饲养

【兔】　陇川饲养的兔品种有本地白兔、安哥拉兔、西德长毛兔、法国依拉兔。2005年调查，陇川家兔存栏866只，其中本地白兔808只。

【犬】　陇川历史上饲养有土种犬，颜色有黄、黑、花、白4种。20世纪80年代后，从外引入西德狼犬、昆明犬及一些观赏、伴侣犬，品种有北京犬、沙皮犬、蝴蝶犬及小型犬等。21世纪后，外来犬还在不断增加。

【猫】　陇川饲养的猫为本地猫，豢养历史久，其颜色有黄、黑、白、驳（斑纹）等。20世纪80年代，从外地引进少量波斯猫。

【火鸡】　系引进品种，全县饲养的为青铜火鸡，肉用型。该品种身躯高大，体质强健，生长迅速，肉质丰满，成年公鸡体重15千克，母鸡重9千克。鸡头上有珊瑚状皮瘤，颜色随环境变化，安静时为赤色，激动时变为紫色。

【鸽】　陇川民间饲养的多为白鸽。20世纪80年代后，陇川县养鸽爱好者不断引进信鸽优良品种，每年参与省、州举办的信鸽比赛，偶有获奖者。

【鹌鹑】　20世纪90年代，陇川有少量引入日本蛋用型鹌鹑饲养，年产蛋约340枚，蛋重10克。

【蜂】　多为农户用木桶、木箱饲养。20世纪80年代，陇川县科委推广网箱养蜂，产蜜量提高。21世纪初，陇川县引进意大利蜂，实施网箱养殖，蜂蜜产量比中华蜂提高一倍多。2005年调查，全县有存栏蜂8814群。其中中华蜂8497群，意大利蜂279群，其他类型蜂38群。县里有少量农户开办专业养蜂场，经济效益高。

蜂蛹

【其他动物】　20世纪70年代，县水利局建场引进水鹿2头，饲养12年，发展17头，1985年该场停办。1989年，县林业局在南田国有林场引进黑熊饲养40头。

陇川甸川商号引进黑熊饲养50头。2005年后，有少量农户引进野鸡种、野猪种进行饲养，育肥后向市场销售。

第二节　水产养殖

一、品种

境内河流中淡水鱼类主要有红尾鲤、鲫鱼、癞鼻子鱼、裂腹鱼、四须鲤、墨头鱼、墨腹华鲮、云南广唇鱼、本地胡子鲶（挑手鱼）、泥鳅、舌唇鱼、食蚊鱼、南鳢、沙鳅等。其他水产动物有黄鳝、虾等。

引进鱼类有泰国塘虱鱼、草鱼、青鱼、鲢鱼、鳙鱼、江西红荷包鲤、兴国红鲤、鲮鱼、罗非鱼、团头鲂、禾花鲤、淡水白鲳、美国斑点叉尾鮰、小龙虾、罗氏沼虾、革胡子鲶等，以草鱼、鲢鱼、罗非鱼、胡子鲶为全县范围内广泛养殖鱼种。特点是繁殖快，成活率高，生长期短，成熟早，经济效益好。

二、养殖

（一）池塘喂养

20世纪80年代后，全县开始推广池塘养殖。鱼种有草鱼、罗非鱼、鲤鱼、鲢鱼、埃及塘虱鱼等。除本地部分农户养殖外，湖南渔民涌入饲养较多。渔民承包当地农户池塘，饲喂青草、绿叶、粪便、饲料，饲养6～8个月即可上市。1993年，县水产站示范样板养鱼20.71公顷，平均单产5740.8千克，创高产记录。以后饲养面积逐年扩大，至2005年，已达378.67公顷。

（二）水库饲养

陇川县水库有山谷形和平坝形两类，养鱼条件较好，面积510公顷。1980年，章凤水库鱼苗站鱼苗收入达7.8万元。1987年，陇川农场水库养鱼86.27公顷，产鱼20.85万千克。2005年，全县水库养殖面积173.33公顷，总产99.51吨。

（三）稻田放养

20世纪90年代起，全县开始在南宛河、户撒河两岸较平整的田块放养，山区亦有小面积放养。每年水稻栽插完成后，选取大块稻田，将鱼苗放入，无需喂养，平时保持田水不干，稻谷收获前，即可放水收鱼。放养鱼种以鲫鱼、罗非鱼为主。1997年，陇川县稻田养鱼2000公顷，成效显著，获省农业厅农业科技推广成果三等奖。

稻田养鱼

2000年，县水产站在姐乌乡弄章村实施6.67公顷稻田养鱼工程示范样板，每公顷产鲜鱼1464千克，农户平均每公顷稻田增收6000元。

2001年，县水产站从外地引进罗氏沼虾进行稻田示范养殖，每公顷产390千克。2002年，县水产站参与州农业局实施"稻田养殖名优水产品"（中华绒螯蟹）项目，试验0.67公顷，产蟹8.6千克，初见成效。

2005年，全县稻田养殖面积2033.33公顷，其中稻鱼工程示范样板200.66公顷，单产1236千克，总产248吨。

三、渔业实施项目

20世纪80年代，完成鱼种繁育池建设0.05公顷，繁育良种鱼苗3200万尾，推广稻田养鱼2100公顷，池塘养鱼211公顷，水库养鱼172公顷，网箱养鱼0.07公顷，精养107.33公顷，产鲜鱼169.44万千克。

1990～2005年陇川县水产养殖情况统计表

表13—10　　单位：公顷、吨

年份	养殖面积	产量	年份	养殖面积	产量
1990	273.33	850	1998	356.67	1318
1991	277.33	890	1999	360	1460
1992	279.47	1050	2000	372.27	1550
1993	293.33	1125	2001	379.33	1694
1994	325.4	1300	2002	384.33	1800
1995	333.33	1334	2003	387.33	1920
1996	340.6	1354	2004	389.27	1643
1997	353.33	1352	2005	2510	1876

第三节　畜禽疫病防治

一、传染病

根据1989年《陇川县动物传染病普查》及多年的监测化验，全县发现畜禽动物传染病有41种。其中人畜共患传染病9种，猪传染病9种，牛传染病4种，马传染病3种，羊传染病3种，禽传染病8种，兔传染病2种，犬传染病2种。上述传染病种危害较严重的有：猪瘟、猪肺疫、牛出败、牛气肿疽、口蹄疫、马传染性贫血、鸡瘟、禽霍乱、鸡白痢、狂犬病等。

【人畜共患传染病】　1981年、1982年、1983年、1995年、1997年、2004年，全县共发生牛猪感染口蹄疫1.3万头，死亡378头。1988～1994年，全县共发生11次炭疽疫情，累计感染牲畜98头（匹）、人77名，发病造成死亡牲畜94头（匹）、人3名。其中，1988年4月20日，景罕镇农户养殖的水牛发生炭疽病，死亡2头，感染12人（死亡1人）。结核属慢性传染病，全县时有零星发生。1990年，发现伪狂犬病零星散发疑似病例。1997年，县畜牧部门开展动物布氏杆菌疫病监测，检出阳性牛2头。2000年后，钩端螺旋体病在陇川发生率呈下降趋势。2002年，县畜牧部门在户撒乡发现李氏杆菌病病例。2005年10月，清平乡汤掌村发生狂犬病1次，造成3只狗和3个村民被咬伤，死亡1人。

【猪传染病】 有猪瘟、猪肺疫、猪丹毒、猪支原体肺炎、猪胸膜炎、仔猪茏白痢、仔猪副伤寒、猪传染性肠炎、猪流行性感冒9种，其中危害较大的有4种。1978～1980年，全县每年都有猪瘟发生，死亡率超过50%。1996年后，县畜牧局实行猪瘟免疫程序，至2005年，猪瘟死亡率已下降到3%以下。1980年后，全县猪支原体肺炎疫情呈上升趋势，至1998年，平均每年发病200头以上。1987年、1993两年在陇川4个乡镇流行猪传染性胃肠炎，造成多头仔猪死亡。

【牛传染病】 常见病有牛出败、犊牛副伤寒、牛气肿疽、牛粘膜病4种，危害较大的有牛出败、犊牛副伤寒2种。1980年前，县境发生过多次大的牛出败疫情流行，造成上百头耕牛死亡，以后年份仍有零星疫情发生。

【马传染病】 主要有传染性贫血、气喘病、流行性感冒3种。其中危害较大的是传染性贫血。20世纪60～70年代发生较多，80～90年代初，局部地区仍有零星散发。

【羊传染病】 有羊快疫、羔羊痢疾、羊大肠杆菌病。其中羊大肠杆菌病对养羊业危害较大，感染病菌的羊若不治疗，死亡率较高。全县养羊区连年来都有此疫情发生。

【家禽传染病】 有鸡新城疫、禽霍乱、鸡白痢、鸡马立克氏病、鸡传染性支气管炎、鸡瘟、雏鸭病毒性肝炎、禽大肠杆菌病等8种，其中危害较大的是鸡新城疫和禽霍乱，群众称其为鸡瘟。2003年，王子树乡邦角村发生疫情，鸡死亡360只。2004年，护国乡李家寨发生疫情，一月之内全村590只鸡全部死亡。2001年，景罕镇2户养鸭户，8月从外地购进2000只雏鸭，第5天开始发病，合计死亡900余只。

【兔传染病】 主要有兔巴氏杆菌病、兔大肠杆菌病。20世纪80年代，陇川农场广线养兔场发生一次疫情流行，导致兔场倒闭破产。

【犬传染病】 有犬瘟热、犬细小病毒病。20世纪80年代前，陇川县两病均未发现，80年代后，外来犬种大量引入，两种传染病也随之带入，发病率达30%～40%，每年都有少量犬发病。

【寄生虫病】 1978～2005年期间，陇川县畜禽发生过的寄生虫病共涉及吸虫、绦虫、线虫、棘头虫、昆虫、鞭毛虫、焦虫、绳子虫等3门9纲20种，其中人兽共患寄生虫病7种，畜禽主要寄生虫病13种。20种寄生虫病在全县各养殖畜禽户中均时有发生。1985年后，县畜牧部门每年检测出患有旋毛虫病的猪达50头以上。2001年，在户撒乡保平村芒海寨召开的德宏州烟草现场会上，有21人发生旋毛虫病感染。有的寄生虫病害作用不显著，常被人们忽视，导致该病感染发生率高，如肉孢子虫病，全县每年市场检测统计都在1000头以上。

牲畜免疫防治

二、防治

【传染病防治】 1978年以来，县畜牧部门坚持预防为主，防治结合的方针，建立健全陇川县、乡、村三级防疫机构，开展群防群控群治，实施免检、防堵、捕杀、消毒综合防治的办法。结合陇川疫病的流行情况，对养殖危害较重的口蹄疫、禽流感、猪瘟、猪肺疫、猪蓝耳病、猪丹毒、牛出败、鸡新城疫等实施强制免疫，医务人员定期为养殖户进行疫苗注射，对仔猪副伤寒、气肿疽等实行非强制免疫。对调运进出陇川境的种用畜禽，实行严格检疫，严防县外动物疫情传入或县内疫情向外扩散。在动物疫情易流行发生季节，加强边境通道的设防堵查，防止逃检和偷贩现象发生，严防境外疫情传入。对暴发一类动物疫情疫点，已检测鉴定的相关易感染动物或法规划定的捕杀动物进行捕杀销毁，进行无害化处理。对疫情暴发的疫区，所感染畜及易感染畜的圈舍、饲具、活动场所、交通要道由专门医务人员进行喷洒消毒和设消毒池消毒。对患病死亡畜禽的死亡场地，剖解场地，深埋销毁场地、坑等进行撒投喷洒药物溶解消毒。

1978～2005年陇川县择年禽畜防疫情况统计表

表13—11　　　　单位：头次、只次

疫病/药物/年份	口蹄疫	牛出败	气肿疽	猪瘟	鸡瘟	鸡霍乱
	细胞苗喷雾	氢氧化铝苗	免化杆苗	氢氧化铝苗	I系 II系	氢氧化铝苗
1978		29981	39067	1784	20864	
1980		25574	27901	27981	12811	
1985	21604	21443	46699		23073	
1990	41098	35287	10121	103508	84012	18408
1995	43452	22679	84327	111212	64129	36427
2000	47411	17136	82876	112514	72145	39127
2002	47415	20308	84157	112162	72124	39224
2005	47324	30097	88475	112007	72187	38126

【寄生虫病防治】 1978年以来，县畜牧兽医部门对畜禽采取药物治疗和药物预防性驱虫，对畜禽厩舍进行药物喷洒和粪便生物热驱虫，做好患病器官组织的无害化处理，消灭传播媒介，切断传播途径，提高饲养水平，增强机体抵抗力。

三、检疫

1978～1984年，陇川县畜牧兽医站主要开展活畜禽运输检疫，对县内向外调运的活畜禽进行检疫，严防疫情向外扩散，每年检疫外调活牛400～600头。

1995年前，县里尚未实行定点集中屠宰，畜牧兽医部门卫生检疫主要是对上市交易的猪、牛、羊肉及腌肉进行检疫，先在章凤、城子、景罕、陇把、户撒5个较大的集市开展，以后逐步扩展到各乡镇集市。1995年后，按照国家规定，生猪实行集中屠宰，定点检疫。至2005年，全县有8个乡镇建立屠宰厂，实行定点检疫，其余乡镇全部开展动物食品卫生检疫。是年，全县共检疫猪4.96万头、牛2788头，检疫出病虫害103头。其中猪囊虫36头、旋毛虫15头、黄膘74头、牛肝片虫38头。

1998年11月，陇川县成立动物疫情测报站。开展马传染性贫血检疫净化工作、正向间接血凝试验、单抗Blocking—ELSA试验、禽流感分型血凝抑制试验、猪瘟Ag—ELSA试验、鸡新城疫血凝抑制试验、蓝舌病琼扩、布鲁氏杆菌病虎红平板、伪狂犬乳胶凝集、奶牛结核皮内变态反应。至2002年，家畜布鲁氏杆菌病检疫净化共检血清5318份，其中猪1950份，牛1605份，羊1763份。

2002年后，县畜牧部门安排专人在城郊养殖场及部分农村开展活畜禽产地检疫，经检疫合格的鸡佩带检疫脚环，检疫合格的狗佩发合格证，检疫合格的仔猪或肥猪佩带耳标方可上市销售。对向外调运的皮张、骨头、猪毛、羽毛等畜禽产品，要求要进行消毒检疫后才能向外调运。同年，县动物疫情测报站通过专家组的验收。

2003～2005年，县动物疫情测报站共监测猪701头，牛515头，羊504只，禽1582只，马1518匹。并经州兽医专家组认定达到稳定性控制标准。

第四节　饲草　饲料

一、饲料

1982年，县粮食局在城子镇沙河建立禽畜饲料加工厂，按县畜牧兽医站提供的配方生产，日产8吨鸡、猪混合料及预混料。至1993年，生产加工猪、鸡混合料1.49万吨，年实现利润16.6万元。

1993年，县畜牧兽医站投资12万元，在大新寨养猪厂，建起日生产1吨的小型混合饲料加工厂，当年生产猪饲料229.5吨，鸡、鸭饲料101吨。

1996年，外地知名品牌饲料进入陇川市场。本县生产饲料的厂家因设备落后，资金有限，于2000年前相继停产。

陇川县畜牧兽医站禽畜饲料加工车间

二、饲草

20世纪80年代后，陇川县的饲草除天然牧场外，先后引进栽培并推广的有苦买菜（野莴笋）、王草、紫象草、臂形草、棕籽雀稗、黑籽雀稗、危地马拉草、菊苣、多花黑麦草、苏丹草、柱花草、紫花苜蓿等。90年代，全县推广饲草氨化技术，但效果不佳，不久即停。

2004年，试验推广青贮草料，获得成功。当年制作1126吨，利用率在90%以上。境内青贮草料的原料主要有牧草、蔗梢、稻草、玉米秆等。

【天然牧草】　1983年统计，陇川县有天然草场面积6.2万公顷，饲用植物457种，最常见的19种，有毒植物8种。

【青粗饲料】　分野生和人工栽培两类。野生有青叶花类，如桑树叶、榆树叶、酸杷叶、槐树叶、粗糠树叶、小红茶花等，主要用于喂猪、养牛、养羊；野草野菜类，种类繁多，如荞木酸、猪鼻子菜、香菜、野芹、车前草、臭牡丹、野薄荷、蒲公英、鱼腥草、奶浆草、野白芷、过山龙等；水生类有浮萍、水葫芦、水芹菜等。人工栽培的青饲料主要有块根、块茎、瓜菜类及绿肥类。如红薯、芭蕉芋、马铃薯、芋头、木薯、苕子、箭舌豌豆、南瓜、蔬菜外（脚）叶、玉米、豆类、小麦等。2004年，引进一年生黑麦草作畜禽饲料。2005年，发展到66.67公顷。

第四章　林　业

1979年1月，县林业站改制，成立陇川县林业局。

2001年1月，成立林政稽查队。2002年，县林业局管理机构设行政办公室、资源林政管理股、护林防火指挥部办公室、野生动物管理委员会办公室、绿化委员会办公室、森林公安分局。2004年2月1日，成立陇川县竹产业开发技术推广站。2005年5月23日，陇川县竹产业开发办公室成立，挂靠县林业局。1978至2005年间，陇川林业贯彻落实国家林改政策和《中华人民共和国森林法》等法律法规，开展植树造林，推进退耕还林工程，加强山林保护和林政管理，发展林业，保护生态，完成“两山”（自留山和责任山）、“三定”（稳定山林权属，划定社员自留山、确定林业生产责任制）工作，维护林业经营者权利。2005年末，全县有林业用地11.95万公顷。其中公益林面积3.77万公顷，占林业用地的31.11%。有高等林物268科3159种，有珍稀保护植物48种、珍稀保护动物10种。发展特色林产业基地1.41万公顷。森林蓄积量916.69万立方米，森林覆盖率由1978年前的44.4%提高到61.3%。

第一节　森林资源

一、森林土壤分类

陇川县森林土壤分类表

表13—12

土类	亚类	分布海拔	分布范围	地被物
赤红壤	赤红壤	780～1400米	全县除户撒乡外、其他乡镇均有广泛分布。成土母岩为花岗岩、砂岩	以木荷、栎类、西楠华、紫茎泽兰、蕨类等为主。为半常季雨林和季风常绿阔叶林
	黄色赤红壤	780～1400米	分布同上，差别在湿度比赤红壤亚类高，热量略偏低，存在明显黄化作用	为季节雨林和季风常绿阔叶林
红壤	红壤	1400～1800米	主要分布于景罕镇的曼软村，广帕村及城子、清平、陇把、户撒、王子树等乡镇，成土母岩多为花岗岩、砂岩、页岩	以栎类、栲类、西南华、余甘子、桤木、杜鹃、蕨类、紫茎泽兰等为主。为季风常绿阔叶林和中山湿性常绿阔叶林
	黄红壤	1400～1800米	同上分布，存在明显黄化作用	为季风常绿阔叶林和中山湿性常绿阔叶林
黄壤	黄壤	1800～2200米	主要分布于陇川县护国、清平、王子树等乡镇，成土母岩多为花岗岩、砂岩	以栎类为主的常绿阔叶林。灌木主要有杜鹃、乌饭等
黄棕壤	黄棕壤	2200～2618.8米	主要分布于护国乡西部的幸福、边河，户撒乡西部的曼捧等地，成土母岩多为砂岩、玄武岩	以栎类、桤木为主。灌木主要有杜鹃、乌饭等

二、森林植被类型分布

林地

陇川县植被类型有雨林、季雨林、常绿阔叶林、落叶阔叶林、针叶林、竹林、灌草丛以及人工植被等。按“云南植被区”划分，陇川植被隶属IAi—I滇南、滇西南山间盆地季雨林和半常绿雨林区，IAi—IC滇西南中山宽谷高格麻楝林亚区。原生植被为热带北缘季雨林、半常绿季雨林和落叶季雨林、季风常绿阔叶林等类型。

陇川县森林分布根据海拔不同大致分为4个类型区。

热季性雨林。分布于海拔800（840）米以下的龙江河谷箐沟谷地。

季雨林次生群落。分布于海拔800（840）～1000米之间的龙江河谷箐沟宽谷，保存有以高山榕、羊蹄甲、一担柴等树种。但由于人为活动的长期干扰，仅沿龙江两岸分布有零星断续的次生群落类型，其植物种类组成、残留树种及季相仍能反映出季雨林的特征。

红椿

普文楠

铁力木

嘉赐木

香樟

山龙眼

榧木

多花含笑

合果木

黑心楠

季风常绿阔叶林。分布于全县海拔1000～1800米的地区，以栲属、木荷属、樟属等树种为优势。

中山湿性常绿阔叶林。分布于全县海拔1800～2618.8米的护国、王子树、户撒及陇把镇等乡镇。林内湿润，树上被有苔藓、附生植物。常见乔木种类有石栎属、栲属、青冈属及榕科、木兰科、茶科等，结构复杂，一般乔木层为二层，灌木层明显。箭竹的地段更为显著，草木层发达。

县内的南宛河流域及护国、王子树、户撒等海拔1300～1800米的山地，有一定面积的桤木林和西南桦林分布。

二、森林面积及蓄积量

1987年11月普查，全县有林地8.51万公顷，其中天然林8.31万公顷，占98%；人工林1153.33公顷，占1.4%；其他906.67公顷，占0.6%。

1993年5月《陇川县森林资源二类调查》外业工作结果：全县有林业用地11.95万公顷，森林覆盖率44.4%，活力木总蓄积量896.66万立方米。

1994～2005年，未进行全县森林资源调查，森林面积、森林覆盖率、森林活力木蓄积量数据沿用1993年《陇川县森林资源二类调查》数据。

2005年，全县森林总活立木蓄积量为916.69万立方米，年生长量47.38万立方米，年消耗量23.22万立方米。

第二节　植树造林

一、义务植树

1978年，县委决定除每年3月12日的植树节外，将每年的“五一”“五四”作为全县公民义务植树日，并将其制度化。

1982年4月，陇川县绿化委员会成立。同年5月，县委带领县直机关干部职工上松山义务植树。年末统计，全县参加义务植树人员达1.29万人次，义务植树11.38万株。

1986年，全县义务植树实行责任目标考核制，任务落实到各单位，要求人均义务植树5棵以上，成活率达85%以上。20世纪80～90年代，全县中小学掀起义务植树绿化校园高潮。邦东、大牛寨、巴达3所小学成为省级绿化美化甲级学校。城子一小、邦景小学、弄丙小学绿化受到州级表彰。

1991～2005年，全县义务植树284.53万株，年均18.97万株，成活率60%～85%。

二、采种育苗

1978年，户撒林管所在倒淌河林场建苗圃0.37公顷，年出圃树种苗10万株以上。

1993年，县苗圃园调入绿化树籽种1310.5千克，育苗1.96公顷。同时，个体户开始建立零星的果树苗、杉松苗基地，培育种苗在市场出售。

1994年，县林业局成立营林工作站，负责全县绿化造林、采种育苗工作，配备专职人员8名。

1995年，县营林站调入各种树木种子450千克，自采种子1250千克，完成育苗4.47公顷。从大理州漾濞调入核桃嫁接苗8.3万株，板栗苗0.15万株，完成定植556.67公顷。

1998年10月，县林业局在章凤森林公园旁建立中心苗圃2.73公顷，开始培育西南桦营养袋苗。2003年8月，成立县林木种苗管理站，中心苗圃迁到景罕镇胜德村。

1999～2005年，全县共培育苗木5395.76万株。其中西南桦营养袋苗3003万株、山苍子苗18万株、秃杉苗46万株、麻竹苗377万株、旱冬瓜营养袋苗661万株、拐枣苗5619株、膏桐苗80万株、杉木苗253万株、核桃嫁接苗110万株、油茶嫁接苗592万株、竹子苗242万株、菠萝蜜苗2000株、澳洲坚果苗13万株。

三、人工造林

1978年后，县林业部门对营林建设进行改革，促进天然采伐迹地更新和人工采伐迹地强度更新，推广专业户及联营承包造林。采取基地造林和群众造林相结合的办法，落实“三荒”有偿出让规定，帮助受让单位、个人进行造林规划设计，提供种苗和技术指导。

1979～1998年，全县共完成造林面积2.61万公顷。其中用材林1.84万公顷，占70.4%；经济林5906.67公顷，占22.59%；新炭林1780公顷，占6.81%；防护林53.33公顷，占0.2%。

1999～2005年，重点发展经济林，共完成造林面1.2万公顷。

1999～2005年陇川县经济林造林统计表

表13—13　　单位：公顷

年度	造林面积						
	合计	西南桦	核桃	竹子	山苍子	柠檬	旱冬瓜
1999	1055.33	367.8	0.4	14.13	673		
2000	1058.01	955.67		21.47	80.87		
2001	1326.13	926.13		400			
2002	1969.94	886.67		951	20	112.27	
2003	2482.86	1223.33		969.91		119.62	170
2004	1833.33	980		833.33	20		
2005	2466.66	808.6	39.33	1618.73			

四、封山育林

陇川县四面环山，为提高森林覆盖率，从1995年开始，每年安排一定数量的荒山实施封山育林任务。至2005年，累计完成封山育林1.22万公顷。期间，县政府颁布实施封山育林的奖励政策，在林区主要道口设置封山育林临时标志牌28块。

五、退耕还林

2002年2月，县林业局设立退耕还林领导小组办公室，开始实施退耕还林工程。同年，完成退耕还林2733.33公顷。全县的退耕还林工程重点安排在急需治理的滑坡、地质灾害严重区、生态脆弱地区及潞盈路沿线、南宛河水源区、龙江河谷、乡（镇）政府面山、境内主要交通干道25°以上陡坡耕地及荒山荒地和疏林地。工程由涉及的村委会组建造林小班完成。至2005年，全县完成退耕还林6933.33公顷。兑现粮食补助折款588万元，运费补助180万元，生活补助108万元，种苗补助520万元，涉及农户5471户。

第三节　森林保护

一、护林防火

1978年，县、公社、大队、生产队四级共有护林防火组织331个，专职或兼职护林防火人员889人。同年6月，县革委发布公告，再次明确森林保护区域，将南宛河上段水系流域，水库边及水源林、城镇附近绿化树木、风景林及公路沿途等全部纳入生态林范畴，严禁砍伐。

1982年7月，县林业公安派出所成立，以法治林开始走向正规化。

1985年12月，县护林防火指挥部常设办公室，人员专职，护防工作基本全天候管理。

1986年起，县财政每年拨付专款用于护林防火，陆续购置必要的设备。至1992年，护林防火专项经费累计拨付8.6万元，年均1.23万元。

1989年，全县12个乡（镇）54个有林行政村公所及541个有林自然村，全部建立护林防火领导小组，成员1213人。全县有专职护林员87人，兼职54人。

1990年，由县武装部协助，在全县建起以450名基干民兵为主体的14个快速灭火队。县护林办及森保科配备专车、电台、对讲机和电动风力灭火机等现代化工具。

1993～1994年，全县共发生火情、火警、荒火12次，过火面积29公顷，受灾面积8.23公顷，火案查处6起（收审纵火犯1人，警告4人，经济罚款6人）。2年拨付专款7.26万元，建立快速扑火队26支400人。各村社相继建立防火队54支500人。

1978～1995年，全县共发生火灾104起，其中火警64起，一般森林火灾40起，过火面积1113.33公顷。受害面积153.33公顷，受害率0.1‰，控制率1.47公顷/次。查处火案93起，是1978年以来森林火发生较严重的一年。

1997年，全县共召开各种宣传会议1560场次，受教育面4.2万人次；放映有关电影18场，受教育面500余人次。

1998～1999年，全县共组建扑火队12支318人，其中半专业化快速扑火队2支35人，义务扑火队10支383人。2年仅发生火警12起，查处8起，涉及行为9人，处理3人，拘留2人。

2000年，进一步建立健全扑火队伍，全县12个乡（镇）建立义务扑火队46支，队员920人。县林业局成立两支快速义务扑火队，队员55人。全年仅发生火警4起。护国、清平、勐约、姐乌4乡护林防火工作，受到州森林消防指挥部的表彰，陇川县在全州考评中名列第二。

2002年，县政府拨入防火专项经费14万元，组建季节性半专业扑火队1支33人，组建快速扑火队46支522人。县森林防火指挥部制定森林火灾扑救处置预案，以强化护防工作。

2005年，全县设有半专业和义务扑火队72支1361人，建立边境一线生物隔离带6.7千米。同年，县林业局与各有关单位、护林员签订责任书85份，发放森林防火户主通知书3.6万份、宣传画册100本，悬挂宣传标语180幅，设置标牌26块，张贴布告120份，用汉、景、傣3种语言广播宣传《中华人民共和国森林法》《云南省森林消防条例 》15次，电视媒体宣传5次。年末，全县有森林消防车1辆，有瞭望台、瞭望哨、计算机、望远镜、无线电台、对讲机、风力灭火机、摄像机等设备57台（个）。

1996~2005年，共发生火灾43次，年均4.3次，火灾发生率比1995年降低95.86%。过火面积391.65公顷，年均39.17公顷，过火率比1995年降低96.48%。10年县政府共投入护林防火专项经费55万元。

二、有害生物防治

1993年2月，县林业局成立森林病虫防治检疫站，配备专职人员9名。陇川县林业有害病虫主要有天牛、松毛虫、白蚁、蛴螬、木蠹蛾、笋直锥大象、竹类蛾、蚜虫、蜂类等；有害植物主要有飞机草、紫茎泽兰、薇甘菊；病害主要有煤烟病、麻竹干枯病等。

1994年前，陇川松林大面积发生松毛虫危害，经防治，疫情得到控制。

1995 ~ 1998年，全县检疫进口木材1.36万立方米、药材98吨。检疫国内调运的木材1.13万立方米、药材810.8吨、水果3.5吨。检疫造林苗木247万株，填发各类检疫证4600份。

1999年，景罕双坡23.33公顷松林发生松毛虫危害，县防检站及时采取烟雾喷治，控制疫情。

2000 ~ 2001年，全县共监测思茅松1640公顷、杉木1213.33公顷，苗圃地12个，面积7.33公顷。检疫木材4.29立方米，其中国内0.64万立方米、国外2.26万立方米、外调材4.37万立方米；检疫藤条0.79万吨、药材985.9吨、其他林产品455.24吨。防治思茅松病虫害13.33公顷，签发检疫证书1321份。

2002年，县森防站除加强对林木、国内外木材、林产品、药材等监测外，重点对王子树、清平、陇把等乡（镇）的西南桦进行防治，面积达140公顷。检疫西南桦苗木340万株、麻竹苗80万株、其他苗木31万株，检疫率为96%。

2003年，县森防站发现陇川麻竹感染枯梢病，面积达20% ~ 30%，危害大的已超过50%，造成严重经济损失。县里及时召开会议研究对策，聘请西南林业大学、云南农业大学相关专家到现场诊断，经反复研究试验，防治工作取得进展，麻竹疫情逐步得到控制。

2004 ~ 2005年，县森防站除坚持对陇川县的林木、苗木调运木材、林产品等进行监测外，还开展林业有害生物普查工作。设立标准地31块、卫星定点26个，采取标本26份，调查面积达152.13公顷。2年共签发植物检疫证书9360份。

三、珍稀植物保护

根据陇川森林资源二类调查报告，全县有国家级保护植物28种、省级保护植物20种。其中国家一级有华南苏铁（栽培）、银杏（栽培）2种；国家二级（含三级）有金毛狗、桫椤、水兹、苏铁蕨、翠柏、秃杉（栽培）、海南粗榧、香木莲、大果木莲、红花木莲、假含笑（合果木）、大花八角、水青树、樟、瑞丽山龙眼、殷山龙眼、普洱茶（栽培）、顶果木、红椿、云南土叶树、喜树（栽培）、裂果金花树（栽培）、四角果、云南石梓、篇根薯类26种。省二级（含三级）有鸡血藤、毛尖树、长柄油丹、细毛润楠、沧江新樟、潞西山龙眼、叶萼核果茶、枣叶刺果麻、厚果鸡血藤、澜沧七叶树、茉莉果、岩梧桐等20种。

保护工作：（1）划定自然保护区（见下文）；（2）1999年3月至2001年4月，开展高等植物调查工作，查明全县有高等植物268科，3159种；（3）2004年11 ~ 12月，开展古树名木普查建档工作，县境两坝共有古树（树龄100年以上）415株；（4）划定生态公益林3.83万公顷。

木莲花

水青树

四、自然保护区

1986年9月，陇川县全境划入新设的“铜壁关自然保护区”。

1988年，正式确定陇川县邦外曼线尖山为石栎、硬阔叶自然保护区。保护区位于陇川坝西部，北纬24° 19′～22′，东经97° 41′～45′。东与康马河接邦外，南和吕良为邻，西靠邦千河支流，西北为缅甸境地。属中亚热带类型气候，海拔1200～1981米之间，主干山脉为鸟崩山、尖山、邦千山。总面积3174公顷，其中林地面积3160.1公顷，森林覆盖率97.1%，活力木蓄积61.33万立方米，占全县活力木蓄积的6.7%。有高等植物109科，574种。森林植被以壳斗科的栎、栲类为主，属山地季风常绿混交阔叶群落，高山梁子上散布着一些桤木、杨梅、桦木林带。珍贵树种有红椿、黄心楠、木莲、红椎栗、紫桂箭毒木、木荷、红豆、立曲柳、黄菠萝、大花芍兰、葱臭木、紫檀。

麻栎

21世纪初，经省政府批准，陇川自然保护区面积增至7670.6公顷，辖景罕、勐约、陇把3个镇。设立自然保护区管理分局，下辖陇把、景罕两个管理站，定编12人。

第四节 林产品开发利用

20世纪80年代中期，陇川县仅有1个木材公司加工生产民用材。90年代，除县木材公司外，在章凤拉影建有规模大、设备齐全的木地板成品加工厂3家 。

1992～1993年，全县采伐木材1.32万立方米，进口木材运输5071.5 立方米，办理进口木材经营许可证50份、国内木材经营许可证8份。

1996年底，全县木材加工企业发展到46户，年加工地板条5000立方米，创产值1300万元，创税

160万元。

1997年，县林场与昆明铁路十四局工贸公司合作，在城子镇建立人造板厂，利用木材废料、锯末、刨花等为原料生产刨花板，后因体制变革被停产。

木材公司加工厂一角

2000～2004年，对全县39户木材加工企业进行清理整顿，依法取缔28户，将经营边贸材的8户加工企业迁移拉影集中管理。其间，县委、县政府出台《陇川县木材加工企业（厂）管理办法》《陇川县木材交易市场经营管理办法》《陇川县林政资源管理办法》《陇川县边贸材管理办法》，规范全县木材加工经营秩序。同时，通过多渠道为加工企业寻找客商，拓宽经营路子和杉木资源流转市场，保证林农的经济利益。

2005年，全县有木材加工企业41户，其中木材经营14户，民用材加工2户，竹筷加工7户，机制炭加工1户，低浆加工1户，木制品经营5户，边贸白炭2户，共有职工1000余人。年生产能力合计10万立方米，销售额达8000万元。企业加工的主要林产品有实木地板条、集成家具料。林产品注册商标的有“福斯特”实木地板。

第五节　林政管理

一、林权制度改革

1982～1984年，陇川县开展“三定”“两山”工作，县与县、乡与乡、村与村之间的辖区、管理界限基本得到明确。全县划定国有林4.63万公顷，由县林业局分设的林管所和林业公安派出所具体管理；划定集体林7.49万公顷，分布在全县各山区；划定私有林自留山5700公顷，责任山2.38万公顷。“两山”落实到户，共颁发“两山”证1.46万份。

木材采伐

二、林木采伐管理

1998～1999年，全县依法办理各类商品木材指标1.15万立方米、自用材采伐指标0.17万立方米、商品木炭采伐指标157吨。征收育林基金58.26万元，带征农林特产税62.67万元。

2000～2001年，共办理运输林木采伐许可证546份、外调林产品运输4.5万立方米。

2001年4月，陇川县林业局林政稽查队成立，配备专用车和相应的工作设备。

2003年，县林政部门加强采伐限额管理，共办理商品材

9171.3 立方米、商品木炭1423.5吨、竹类1134.5吨、自用材105.5 立方米。办理县内外木材运输4.81万立方米，竹藤1085.5吨，边贸材3.12 立方米。办理人大、政协议案、提案15件。防治幼林病虫害2.73亩。检疫苗木278.5万株，木材4.94万立方米，竹藤451吨。同年，出动宣传车18次，发放各种宣传单1.4万份、各种技术知识材料0.8万份，电视媒体宣传27次，会议宣传19次，举办林业技术知识培训25期1780人次。

2005年，全县依法办理商品木材2.63万立方米、商品木炭6200吨、低产林改造1718 立方米，办理国内木材运输许可证2.86万立方米、边贸5.86万立方米、竹木藤条运输4643吨。

三、行政执法检查

20世纪80年代前，一般森林案件以教育为主，重大案件依法处理。

1983～1993年，全县共处理森林治安要案434件，林政处罚1207人，罚款25.75万元。

1984～1993年，查处各类森林案件568件，收缴违法木材2645.5 立方米，处理违法人员1989人。其中依法逮捕31人，行政拘留65人，收容审查28人，其他处罚1865人。为国家挽回经济损失 85.38万元。没收黑熊102头，价值15万元。

铜壁关自然保护区陇川片区巡查

20世纪90年代，县内设有城子、户撒、陇把、景罕、清平5个林管所，邦瓦、章凤、护国、王子树、姐乌、城子7个林业站，清平、邦外、拱瓦3个森林派出所及12个木材检查站。

1994～1995年，县林政部门对全县林木伐场、砖瓦厂、石灰窑以木材为生产材料的家具厂（店）、木材加工厂、带锯厂、建筑工地等木材消耗、经营单位（场所）进行全面清理整顿，查处违规单位5个，累计依法查处各类森林案件110起，其中刑事案件 3起、治安案件44起、其他案件63起，教育106人、警告41人、逮捕3人、治安拘留4人、治安罚款17人、林业行政罚款1人，收缴木材1475 立方米，为国家挽回经济损失25.15万元。

1996～2005年，依法查处各类森林案件1973起，年均约200起。其中属刑事案件46起，治安案件81起，林政案件 1846起。按具体性质分：属非法收购、经营、加工木材案件 419起，占21.2%；违法运输木材案件 749起，占38%；盗伐森林案件667起，占33.8%；毁林案件39起，占2%；非法出售野生保护动物产品案46起，占2.3%；其他案件53起，占2.7%。林改处罚2765人次，收缴木材7972.09 立方米，为国家挽回经济损失430.39万元，年均43.04万元。

第六节　特色林产业

“九五”期间，陇川县先后实施农业综合开发1～3期中的干果基地项目、速生丰产林项目和绿色扶贫攻坚项目建设，共完成以核桃、板栗为主的干果基地建设和西南桦、杉木、秃杉速生丰产用材林基地建设8093.33公顷，完成总投资2365.17万元。2001年，引种麻竹试验成功，决定大面积推广种植。2004年，全县种植麻竹3133.33公顷，涉及11个乡（镇），45个村委会，138个村民小组，7825户，成为全省麻竹种植面积最大的基地县。建有苗圃18公顷，年培育麻竹苗120万株、西南桦250万株。建成面积200公顷的采种园1个，年产5000多千克西南桦优质种子。建成麻竹种植初加工培训示范基地1个。2005年底，全县已发展特色林产业基地1.41万公顷。其中麻竹4733.33公顷，西南桦7133.33公顷，柑桔2.92公顷，枇杷67.45公顷，柠檬55.95公顷，板栗16.67公顷，山苍子20公顷，坚果68.91公顷。

第七节　农村能源建设

1995年，县林业局成立农村能源建设办公室，专职负责农村能源建设工程。

1996年，县能源办完成节柴改灶1947户，新建沼气池35户。

1997～1999年，全县新建沼气池78户，完成节柴改灶3458户，安装太阳能热水器520平方米，使用沼气液浸种2.27公顷，推广液化灶140台。

2000～2004年，全县新建沼气池1416口，为国家节约薪柴6549立方米，为农户节约资金196.47万元。完成节柴改灶1636户，为国家节约薪柴3650.3立方米，为农户节约资金109.509万元。安装太阳能热水器804平方米，为国家节约薪柴140.7立方米，为农户节约资金4.221万元。采用沼液浸稻种127.33公顷、菜种54.13公顷、果种12.33公顷。

2005年，县政府成立农村能源工作协调领导小组，加大沼气池、节柴灶的推广建设，通过乡、村、户层层宣传落实。当年全县共推广新建沼气池496口。

第八节　林场建设

一、国营陇川林场

1984年，林场杉木种植面积突破万亩。

1989年，林场引进外资285万元，营造以杉木为主的速生丰产林580公顷。至1990年，已造林8000公顷，保存3600公顷，为国家创造价值1200万元，平均每个职工8万元。

1992年2月，林权核定工作结束，林场有经营面积6613.33公顷，共17片，有职工116人。

2003年，实施陇川林场西南桦、秃杉采种繁育基地建设项目，项目总

陇川县林场沙松

投资313万元。中央、省、州、县投资比例分别为80%、10%、5%、5%。

2005年，全场有职工76人。陇川林场建设集竹种资源收集繁殖基地，主体工程内容包括竹子收集保存区和竹子采节圃等建设，全园共收集引种成活竹种30属350多种。基础工程实行合同包干制，于5月开工建设，7月通过县级验收。

二、其他林场

【倒淌河林场】　1977年，县林业部门在户撒公社倒淌河建林业基地，1988年改建林场，隶属县木材公司管理。1990年，有职工9人，营造思茅松319.2公顷，年产值8.3万元。

【集体林场】　20世纪70年代初，全县以大队、生产队为单位创建集体小林场。1978年，全县有生产队林场39个，大队联营林场11个，管理面积2460公顷，造林保存面积631.53公顷。其中规模稍大的有户岛大队林场、邦外大队卡其联营林场、广等大队林场等。80年代后，集体林场相继停办，大多分给私人承包户管理。

第九节　林业规费征收

一、育林基金征收与解交

陇川县于1987年开始征收育林基金费。根据德宏州委、州政府有关文件精神，由买方用户按集体或林农木材初交价的15%向林业主管部门缴纳。1993年，执行云南省政府文件规定，国有林工企业、林场、木材公司等林业单位，育林基金费按扣除规定的改运费后15%计征。农村集体或林农育林基金费由收购单位按收购后第一次销售收入扣出改运费后的15%缴纳。建房自用材按每立方米20元缴纳，工副业用材按每立方米30元缴纳。1987年，全县共征收育林基金费6.45万元，上解省、州2.6万元。2005年，共征收197.28万元，上缴财政78.91万元。

二、维简费（更新改造资金）收取与解交

陇川县根据国家、省、州文件规定，于1985年开始征收维简费（更新改造资金）。1985～1989年，共征12.38万元，上解省、州3.71万元。1994年，县物价局在物价大检查中，取消了此项收费项目。

三、林政管理费收取

1989年，县林业局根据国家物价局、财政部文件规定，开始向集体林区销售木材者（单位或个人）按每立方米3元收取，同年共收0.75万元。自1996年起停收。

四、森林植被恢复费

县林业部门根据国家有关文件规定，按照不同林地分类征收森林植被恢复费。（1）用材林地、经济林地、薪炭林地、苗圃地，每平方米收取6元。（2）未成林地，每平方米收取4元。（3）防护林和特种用途林地，每平方米收取8元；国家级重点防护林和特种用途林地，每平方米收取10元。（4）疏林地、灌木林地每平方米收取3元。（5）宜林地、采伐迹地、火烧迹地每平方米收取2元。农民按规定标准建房占用林地，在“十五”期间，暂不收取。

第五章 水 利

陇川县境主要河流有南宛河、户撒河和龙江，河流径流总量为77亿立方米，水能理论蕴藏量为32.5万千瓦。1978年后，全县大兴水利，修建了一批拦、蓄、排、引水工程，至2005年，耕地有效灌溉面积达1.27万公顷，其中新增灌溉面积4386.67公顷、改善灌溉面积5586.67公顷、除涝面积2486.67公顷，其他面积200公顷，全县水利化程度逐步提高。

第一节 水利工程

一、蓄水工程

2005年，全县有运行中的大小水库30座、小塘坎62座，总库容5033万立方米。其中：大中型水库1座；中型水库1座，库容1062万立方米；小（一）型8座，库容3112万立方米；小（二）型21座，库容679万立方米；小塘坎62座，库容180万立方米。

（一）大中型水库（见专记：麻栗坝水库修建历程）

（二）中型水库

【芒旦水库】 位于大盈江二级支流户撒芒旦河上，距章凤45千米，控制径流面12.2平方千米，是一座以灌溉为主，兼顾调节户撒河梯级电站枯季水量的中型水库。1994年建成使用，主坝高35.62米，副坝高3.5米，总库容1062万立方米，灌溉面积553.33公顷，属德宏电力股份有限公司管理。

（三）小（一）型水库

【章凤水库】 位于陇川坝尾南宛河东岸，章凤镇东北侧，为小（一）型水库。水库上游积雨面积6平方千米，年均来水量977.5万立方米，总库容量180万立方米，兴利库容151万立方米，输水涵洞长76米，最大出流量1.2万立方米/秒，坝高20米，轴线长180米，顶宽4米，底宽110米，灌溉面积250公顷。1978年前修建，完成土石方15.28万立方米，总用工18.52万个。水库水质洁净，现为县城工业生活用水水源。

【西湖水库】 位于陇把镇西南陇川糖厂旁，腾（冲）陇（川）公路由坝顶经过，为小（一）型水库。坝高12米，坝顶长17.7米，径流面积6.1平方千米，蓄水面积41公顷，库容246万立方米，总投资35万元，1978年前建成。水库四周绿树成荫，草竹葱葱，库旁设有水上饭店。其功能为灌溉、养鱼、游乐、陇川糖厂工业用水等。

【弄贯水库】 位于陇把分场驻地南3.5千米处，为小（一）型水库。1978年前建成，径流面积3平方千米，蓄水面积26.2公顷。三面筑土堤坝，主坝长308米，高16米，东附坝长617米，西附坝长140米，库容203万立方米，池水涵洞最大出流量3.0立方米/秒，渠长3千米。总投资55万元，灌溉面积400公顷。

【红卫水库】 又称丙印水库，位于县城西南丙印分场四队旁，海拔987米，为小（一）型水库。1978年前建成，1980年续建。径流面积22.6平方千米，蓄水面积9.2公顷，整个工程完成土石方25.9万立方米，总投资120.73万元。坝长350米，顶宽5米，坝高20米，库容800万立方米，有效灌溉面积330公顷。

地方头水库

【地方头水库】 位于户撒坝头，海拔1400～1500米之间，为小（一）型水库。1981年建成，属民办公助工程，国家补助30.47万元。径流面积10.3平方千米，年均入水量2284.8立方米，坝顶长667米，顶宽4米，高12米，总库容量333万立方米，灌溉面积430公顷。扩建机耕路桥5座，人行道兼渡槽5道，支砌挡土墙140米，小排灌渡槽17道，后坝护坡5720平方米，种有桐油和蓖麻10多亩，收到较好经济效益。

【曼允水库】 位于景罕镇曼允寨子旁，1980年竣工，为小（一）型水库。完成土方18.57万立方米，石方1.14万立方米，坝高17.16米，径流面积15平方千米，年均入水量1626.9万立方米，库容137万立方米，总投资52.4万元，灌溉面积130公顷。1986年12月17日，水库溃坝失事，造成经济损失123.8万元，1988年3月耗资50万元修复使用。

【磨水水库】 位于县城西二台地，距城子镇6千米，海拔1060米，又称风景水库，为小（一）型水库。水库四周有形似谷堆的八座山丘。库区径流面积1.97平方千米，蓄水量222万立方米。1984年2月破土动工，1990年配套竣工。主坝高28米，顶宽4米；附（1）坝高7米，长32米，顶宽2.5米，用碎石封面；附（2）坝长57米，顶宽2米，用碎石封顶。三面堤坝内坡均用块石护砌，外坡用草皮护坡。主坝采用均质土碾压，输水隧道全长77.5米，最大出流量2.086立方米/秒。灌溉渠长1.5千米，过渠流量2立方米/秒。引水渠长2千米，引水量0.1立方米/秒。整个工程开挖回填土方24.45万立方米，浆砌石方3715立方米，干砌石方2073立方米，钢筋混凝土217立方米，碎石700立方米，河沙1677立方米，耗水泥346吨，石灰32吨，钢材34吨，木材60立方米，投工9.08万个，投资121.01万元，建有水库管理所，固定专人看管。水库除供266.67公顷蔗地、133.33公顷林地灌溉用水外，还供广大干部职工、学生游览。库中没有凉亭，库西林地设有景颇族“宽先节”标

磨水水库

志，每年的节庆期间，人来人往，热闹非凡。

【海岗水库】 位于景罕镇海岗寨后，海拔958米，为小（一）型水库。1990年8月，云南省农业综合开发办公室批准正式列入滇西南农业开发综合计划。设计库容为1404万立方米。工程分期进行，第一期按小一型设计施工，总库容为948万立方米，坝址以上河长13.1千米，积水面积28.2平方千米，年均来水量2702.8万立方米。1990年11月，“三通一平”基本完成。1991年1月主体工程破土动工，1993年5月竣工，坝高24米，总投资678万元，灌溉面积330公顷。

海岗水库

（四）小（二）型水库

全县兴建有小（二）型水库25座，至2005年底实际运行的有21座，分布在部分乡镇及陇川农场，总库容678.5万立方米。其中，农场有7座，库容316.5万立方米。

陇川县小（二）型水库修建情况统计表

表13—14

水库名称	坝高（米）		坝宽	库容（万立方米）		灌溉面积（公顷）		备注
	设计	达到		总库存	兴利库容	设计	达到	
广等水库	10.5	10.5		20	20	47	12	
广母水库	15	15		45	44	60	57	
朋生水库	11	11		35	33.5	49	47	
弄贯水库（一）	4	4		35	30	60	53	
弄贯水库（二）	5	5		30	30	47	40	
曼蚌水库	15	14		20	15	33	33	淤积严重
弄堂水库	11	11		30	28	73	67	
独子洼水库	7	6		30	30	40	30	
老马寨水库	12	12		16	15.4	25	21	病害工程
胜利水库	9	9		30	29	33	33	
南田水库	12	12		65	60	100	93	病害工程
帕董水库	7	7		10	9.4	13	13	

续表13—14

水库名称	坝高（米）		坝宽	库容（万立方米）		灌溉面积（公顷）		备注
	设计	达到		总库存	兴利库容	设计	达到	
老官寨水库	12	12		16	16	21	21	
光相八队水库	12	12		54	52	100	80	
东湖水库	10	10		70	67	73	71	
光相七队水库	14.5	14.5	4.5	60	58	100	87	
陇把六队水库	9	10.5	5	10	9	30.6	27	
陇把十队水库	17.33	17.33	4	42.5	40	115.3	110	
光相四队水库	12	11	4	15	12	47	47	
新山水库	8	8	4	15	14.4	27	23	
广弄水库	12	12		30	25	53	47	

二、引水工程

1978～2005年，全县兴修0.3立方米/秒以上引水工程51座，总长244.5千米，灌溉面积7546.67公顷；兴修0.3立方米/秒以下引水工程2971座，灌溉面积5053.33公顷。引水沟渠总流量19.65立方米/秒。主要引水工程有6座。

引水渠

【章巴沟】　位于陇川坝头，清平西北，南宛河上游，引用南宛河水。1978年前修建，1991年扩建。引水流量0.8立方米/秒，三面砌石，由北向南顺西山脚流淌。清平乡的清平、陆昆、赵家寨、广令以及护国乡的护国村农户受益，灌溉面积166.67公顷，有3～5个专人固定管理。

【光英沟】　位于陇川坝尾西部国境线左侧，1978年前修建11千米，引用中缅界河南洼河水，沿广允山麓蜿蜒而下流入弄安坝。水流量0.5立方米/秒，灌溉面积266.67公顷。1983年完成进水闸1座，冲沙闸6座，配套渡槽14座，支砌水坝2座。共开挖土方5.39万立方米，投工4.79万个，国家扶持投资37.37万元。引水流量达1.5立方米/秒，灌溉面积400公顷，利用大沟借水还水建起小电站1座。设大沟管理所，常年固定专人管理，订有管理条例。

南宛河取水口和引水渠

【景坎沟】 位于陇川坝下游，南宛河东岸，全长17.9千米，枯水季节流量为1.5立方米/秒，沿线有交叉河道9条，70多条大小排灌沟，引南宛河水源。1978年前兴修，完成13千米，当年通水受益。1978年后，县委、县政府决定扩修。1980年1月，州、县水利部门及景坎糖厂先后投资55万元完成配套工程，开挖土方57495立方米，支砌石方4113立方米，钢筋混凝土91.1立方米，投工37万个，建有进水闸1座。涵洞6道，分水闸2座，渡槽2座，建有80平方米的管理所1间，固定5人管理。有景坎、广等、户弄、章凤、曼软、曼面、拱瓦、邦瓦、王子树、清平下坝社及农场部分生产队共118个单位受益，受益农田面积达1980公顷，景坎糖厂榨季用水得到保障。

【丰线沟】 位于陇川坝头南宛河西岸，全长6千米，1978年前修建，1985年9月重修，1986年4月通水，引水流量1立方米/秒。重修时将沿岸2.2千米沟堤扩宽5米，开挖土方3.77立方米，灌溉面积160.67公顷，保障了坝头渴水田的水源。

【弄贯沟】 位于陇川坝尾西部，1978年前建成，全长7千米，引水流量0.5立方米/秒，灌溉面积294.67公顷。常年固定专人管理，维修配套，征收水费，确保农田用水。

【团结渠】 位于城子镇西南丙寅分场二台地，原称姐乌沟，全长6.1千米，1990年底动工兴建，1991年4月中旬竣工通水。工程完成土方3.68万立方米，支砌石方4053立方米，总投工2.82万个，总投资48.54万元，引水流量1.2立方米/秒，灌溉面积588公顷，引红卫水库灌溉，是陇川滇西南农业开发工程之一。主要受益单位为原姐乌乡、丙印分场部份村寨、队、农户。

【拉勐沟】 位于章凤镇拉勐村，渠道全长5.52千米，引水流量1.2立方米/秒，灌溉面积442.67公顷。

【曼允水库干渠】 位于景罕镇罕等村，全长2.8千米，引水流量16.48立方米/秒，灌溉面积160公顷。

【海岗水库干渠】 位于景罕镇景罕村，全长4.5千米，引流量1立方米/秒，灌溉面积330公顷。

【弄贤沟（一）】 位于陇把镇弄贤村，全长3米，引水流量0.8立方米/秒，灌溉面积100公顷。

【户岛沟】 位于陇把镇户岛村，全长3.8千米，引水流量0.8立方米/秒，灌溉面积26.67公顷。

【弄贤沟（二）】 位于陇把镇弄贤村，全长3千米，引水流量0.8立方米/秒，灌溉面积260公顷。

【曼彦沟】 位于章凤镇，全长3.5千米，引水流量0.7立方米/秒，灌溉面积160公顷。

【翁朽沟】 位于章凤镇拉勐村，全长2.9千米，引水流量0.8立方米/秒，灌溉面积186.67公顷。

陇川县0.3～0.5立方米/秒引水工程流量沟渠统计表

表13—15

沟渠名称	全长（千米）	流量（立方米/秒）	受益面积（公顷）	兴建时间
曼弄沟	4	0.4	1.13	1972年
南棉沟	3.6	0.5	106.67	1957年建，1985年改建
拉相沟	4.0	0.5	220	1978年
清平电站沟	3.2	0.4	340	1958年建，1980年扩建
户宛河（一）	4	0.3	100	1964年
清平沟（街子沟）	4	0.4	66.67	
芒旦石坝沟	0.35	0.3	56.67	1988年建
曼洪沟	4.5	0.35	90	1966年
曼棒沟	2.3	0.4	133.33	1988年
吕门沟	3.3	0.4	100	1993年
帮湾沟	3.5	0.5	200	1992年
曼含石坝灌沟	7.7	0.4	53.33	
户兰沟	2.1	0.3	66.67	1973年
曼弄石坝灌沟	2	0.5	26.67	
永卡沟	4.5	0.5	153.33	1990年
帮景沟	2	0.3	13.33	
帮景石坝灌沟	1.5	0.3	16	
小牛寨沟	2.5	0.3	22	
邦东沟	3	0.3	36.67	
小田坝沟	3	0.3	25.53	1989年
弄龙沟	2.5	0.5	40.93	
拱外沟	3	0.4	74.67	

续表13—15

沟渠名称	全长（千米）	流量（立方米/秒）	受益面积（公顷）	兴建时间
尚喊沟	3.5	0.3	80	
磨盘沟	4	0.3	46.67	
南村河沟		0.3	30	
邦瓦团结沟		0.3	34.67	
邦丙沟		0.3	24.67	
勐约沟		0.3	28.67	
帮冷沟		0.3	15.73	1989年
陆昆沟	3.5	0.5	53.33	
曼邦沟	4.5	0.5	48.8	
邦东台沟		0.3	27.33	
三岔洼沟		0.3	26.67	
干麻崩沟		0.3	16	2005年
户姐坎沟		0.3	20	

三、排灌工程

1978年后，全县为解决水患和内涝问题，兴建了上百件排灌工程。其中工程较大的有6件。

【晃相排灌沟】 位于章凤镇，1978年修建，开挖沟渠214条，总长157千米。

【南伞排涝沟】 位于城子镇，1991年建成。起点南伞河尾，终点引水塘，长2千米长，解除冷浸田积水。

【上曼东排涝沟】 1992年建成，开挖3条排涝沟，总长4.3千米，易涝冷浸田改为高稳产农田。

【景罕排灌渠】 1994年，为建设景罕高稳产农田，建成大小排灌24条，投入劳力14.5万个。

【姐乌排涝沟】 1998年修建姐乌排涝沟1条，长1.5千米，排除易涝冷浸田的多年积水。

【赛号排涝工程】 1996年11月开工建设，排涝沟长15千米，宽2米，沟流量为5立方米/秒，是全县工程最大的排涝沟。配套工程376项，工程总投资553.6万元。新增灌溉面积133.33公顷，排涝面积1666.67公顷。

第二节　人畜饮水

一、城镇供水

20世纪80年代前，城镇用水主要依靠自打井引用地下水或靠修建饮水渠来解决。90年代后，城镇非农业人口及企事业单位、机关、学校、消防、卫生及公共场所用水基本用上自来水。1990年，城镇供水及人饮数为5700余人，人日均供水量约80千克，年供水量17立方米。1998年，城镇（含乡集镇）生活年供水量达750万立方米，其中引水工程供水600万立方米。2005年，城镇供水人口为2万余人，年供水量150万立方米，实际处理规模8000立方米。

1986年，县、乡、区三级人畜饮水现场会

1990年陇川县城镇供水情况统计表

表13—16

供水单位	月供水量（吨）	供水人口（人）	水源	年供水量（万立方米）	主管单位	水费（吨/元）	备注
章凤镇	800	8000	章凤水库	10.08	章凤镇	未收	
景罕镇		1100	广母水库	30.37	水利站	0.39	含糖厂及生活用水
陇把镇		300	邦外水库	1.2	陇把镇	未收	
城子镇	1500	600	南伞河	35	城建局	3.5	

二、农场生活用水

陇川农场各生产队生活用水，大多为掘井汲取地下水方式，有专业打井人员，一般井深6～10米，为一井一塔，用电机水泵抽到水塔，再由水管输送到各家各户。

三、农村供水

1978～2005年，水利部门结合全县特殊的地理位置、地形地貌特点，相继投资修建一批自来引水工程，共解决9.14万人、3.89万头大牲畜的饮水问题 。其间，2004年修复“7·5”洪灾中被冲毁的农村人畜饮水工程19项，解决饮水困难人口7590人，工程投资144.75万元，规划任务完成率达100%。

1975～2005年陇川县农村人畜饮水解困情况统计表

表13—17

各计划日期	工程总投资（万元）	完成牧畜引水工程件数（项）	受益情况				受益乡（镇）、农场、林场
			已解决		其中：5年内解决		
			人口（万人）	大牲畜（万头）	人口（万人）	大牲畜（万头）	
“五五”期间（1975～1980）		3	1.02	0.18	0.52	0.10	城子、邦瓦
“六五”期间（1981～1985）		8	1.66	0.48	0.64	0.30	城子、户撒、王子树
“七五”期间（1986～1990）	81.56	14	300	1.38	1.34	0.90	王子树、户撒、护国、城子、陇把、陇川农场
“八五”期间（1991～1995）	172.06	26	5.22	2.10	2.22	0.72	王子树、城子、章凤、陇川农场
“九五”期间（1996～2000）	389.33	44	6.92	3.00	1.70	0.88	城子、景罕、章凤、陇把、王子树、勐约、护国、清平、农场、林场
“十五”期间（2001～2005）	575.59	50	9.14	3.89	2.22	0.89	城子、景罕、章凤、陇把、王子树、勐约、护国、清平、陇川农场

第三节　水土流失治理

一、水土流失

根据1987年《德宏傣族景颇族自治州土壤侵蚀调查报告》，陇川县水土流失面积为740.66平方千米，占径流面积7468.7平方千米的9.92%。

1996年，全县水土总流失面积631.85平方千米，占全县土地总面积的32.71%。

2004年7月5日，暴雨，陇川发生特大洪涝泥石流灾害，西部山区258平方千米区域内发生上千处山体滑坡，造成水土大量流失，9700公顷农田受损。

2004年，根据《云南省卫星遥感调查报告》显示，全县国土面积1873.07平方千米，其中水土流失面积达457.05平方千米，占总面积的24.4%。每年有50万吨左右的泥沙进入县内主河南宛河，20年内致使河床淤高100厘米左右。

2005年，全县水土流失面累计达472.5平方千米，占全县土地总面积的24.5%。

二、水土流失治理

1978～2005年，全县水土流失治理面积114.74平方千米，占流失面积的21%。

【南宛河治理】　南宛河自北向南贯穿陇川坝，是县境最大的河流，沿岸有9333.33公顷农田，靠南宛河水灌溉。1978年前，对南宛河开展4年的治理，改河道23道，长14.47千米，筑堤18.53千米。治理总长33千米，投工26.1万个，投资18.08万元，完成土方70.76万立方米，保护农田面积1886.67公顷。1980～1981年，县政府统一组织对南宛河水患现状勘查，拟订治理方案。1983年，县政府成立陇川县南宛河治理工程指挥部，加快对南宛河的治理速度。共完成加高河堤培土46段，长24.54千米；筑新河提10段，长0.77千米；堆放护堤钢筋竹石笼287个，长1.44千米；支砌引灌涵洞12个，植树2100棵。总投工4.7万个，投资28.02万元（群众自筹1.5万元），保护面积1766.67公顷，减轻洪涝灾害面积3333.33公顷。1993年，南宛河堤加高培厚11.63千米。1994～2005年，县委、县政府对南宛河进行治理，对河堤加高培厚，治理河堤段上至城子大桥，下至章凤迭撒大桥。

【界河治理】　陇川县西与缅甸接壤，其中以河为界的南洼河、金叠河、南撒河共长22.68千米。3条界河因洪水冲刷，河床改道频繁，国土流失严重。1982年调查统计，南撒河改道15段，其中有9段改入陇川境内，南洼河改道13段，有11段改入陇川境内，因两河改道陇川共损失国土面积16.95公顷。1983～1985年，县水利部门在南洼河、南撒河两个地段，筑钢筋石笼坝16道，长170米，打竹梢坝7道，长190米，共投资1.38万元，保护国土面积0.54公顷。1986～2005年，在鑫叠河、南洼河、南撒河易改道地段，筑钢筋石笼138个，总长1466米，共投资100.25万元。

【赛标小河治理】　赛标小河位于景罕镇赛标寨西1千米的山洼中，流域面积1.2平方千米，流失面积0.8平方千米，是一个较典型的流失侵蚀小河。治理前，每年雨季，混浊的流沙向下游冲袭，堵塞公路桥涵，对赛标、五一两个村和农场弄片56户336人的安全及千亩农田造成严重威胁，同时大量泥沙涌入景罕东大沟污染糖厂工业用水，每年需组织人力财力疏浚大沟。1993年1月18日，水利部门开始对该河进行治理施工，同年4月15日竣工。工程总投资8.1万元，新建拦河石坝2道，石方支砌359立方米，开挖回填土方2860立方米，打木桩1200根。

【其他河流治理】　1978年后，县政府在治理主河南宛河道的同时，对曼胆、近允、章隆、南掌、萝卜坝、南伞等中小河流的危险地段同时进行治理。至2005年，新筑河堤19段，长65米；截弯改直10段，长2.27千米；建拦河坝4道、顺水坝15道，保护面积425.87公顷。

【坡改梯田梯地】　1978年后，在全县5个山区公社推广此项工作，共建成梯地275.27公顷。1981～1990年改建水浇地1万公顷，坡改梯地200公顷。

第四节　水政管理

一、水政监督

1988年3月，县水电局组建水政办，配备水政监察员2人，负责查处水事违法案件，加强水资源统一管理，全面实施取水许可制度，依法审批涉水建设项目。至1997年共办理取水许可证42本，征收水资源费80.5万元。

1998年12月，县水政监察大队成立，与局水政资源科合署办公，设专职水政监察员8人，兼职12

人。至2005年，开展《中华人民共和国水法》电视宣传300余次，出宣传栏100余期，刷写永久性和临时性标语2万余条，发放宣传册1万余本。出动人员300余次，查处水事违法案件102起，调处水事纠纷78起，发出“责令停止违法通知书”102份，挽回经济损失约30万元。

2000～2005年，办理取水许可证37本，征收水资源费130万元。

二、水土保持监督

1997年10月，县水利局成立水土保持监督执法站，配备专职监察员4人，乡镇兼职监察员11人。2003年，机构改革，水土保持执法监督站与原水政办合并为水政水保股，工作职能不变。2000～2005年，共征收水土保持设施补偿费及水土流失防治费12万元。

第五节　防汛抗旱

一、防汛查检

1978年后，每年4月雨季来临前，各乡（镇）按照防汛抗旱指挥部部署，开展汛前的水利设施检查，发现问题及时上报。4月上旬组织复查，提出意见，限期整改。检查的重点是水库、电站，制订出防汛计划及应急预案，确保水利工程设施安全度汛。

1999年，新县城的防汛工作由县防汛指挥部负责，下设章凤水管站，对县城汛前开展排水工程检查。

2004年4月，县防汛办编制《陇川县城市防洪预案》，对新县城汛期实施管理。

二、抗洪抢险

1983年7月、1986年7月，暴雨，南宛河洪水泛滥，河堤决口49段、总长4千米，毁农田1133.33公顷、沟渠400多条、拦河坝103道，广允沟段三度滑坡断流，曼允水库溃坝成灾，两次洪灾造成经济损失1000余万元。县政府及时拨付资金，组织人员修筑防洪坝堤，恢复受损水利设施。

1987年9月6日，暴雨，景罕、拱瓦等5个区10个乡12寨465户、2543人受灾，受灾面积409.67公顷，粮食减产52.5吨。县政府组织当地民兵、乡村干部为主的抢险救灾突击队进行抢险排洪，发放赈灾粮0.31万千克、赈灾款1.76万元，开展赖洼社迁寨选址筹备工作。

1991年3月、7月、10月，先后有王子树、清平、章凤等6个乡镇遭受冰雹、水灾，县政府拨款103万元，粮食50吨赈灾。此外灾情较重的还有1993年、1998年、1999年，全县村寨、稻田、电站及水利设施均受到不同程度的损害。

2004年7月4～5日，暴雨，发生历史罕见的特大洪涝泥石流灾害，南宛河、户撒河及支流河堤决口128处、长11.32千米，冲毁支流河堤13条、长180千米，冲毁田间农用桥223座、涵洞436道、排灌沟渠611条、石坝215道、坝塘49座，损毁引水工程28件，水利经济损失3530万元。灾情发生后，县政府启动防汛抗旱预案Ⅲ级响应，对全县125个地质灾害隐患点进行排查，排查出严重隐患点45个，急需搬迁的有11个村民小组517户。

三、抗旱救灾

1978～2005年，全县有4年发生较大的旱灾，分别是1978年、1979年、1987年、1999年，其中1979年、1987年最为严重，农田干裂、玉米苗枯萎，有4个乡镇无法进行栽插。县政府及时组织抗旱救灾，投入29台抽水机、3台运水车，修引水坝134道、水沟12条，49个生产队出动3100人挑水保苗。引水灌溉124.53公顷，拦河堵水灌溉111.33公顷，抗旱保苗39.87公顷，抗旱栽秧55.93公顷。

专记：麻栗坝水库修建历程

麻栗坝位于陇川县坝北。历年来暴雨后，南宛河两岸常决口造成洪涝灾害。中华人民共和国建立后，县委、县政府设想在南宛河上游麻栗坝修建一座大型水库，以防洪排灌，造福全县人民。

1953年，由云南省农业厅水利局第三勘察队开展对南宛河水利情况勘察，报告结论是修筑麻栗坝水库水利枢纽工程较理想，既可防洪抗旱又可解决陇川坝2.67万公顷农田耕地的灌溉问题，是一项利国利民的工程。

1957年7月，县水工队在州水工队技术人员的协同下，对麻栗坝水库进行初步勘测，设计了水库修建方案：坝高36米，坝长1021米，径流面积301平方千米，蓄水量1.29亿立方米，总灌溉2.47万公顷，建1630千瓦电站1座，投资9468万元，投劳840万个。报县领导得到认可。

1958年初，县委、县政府正式决定兴修麻栗坝大型水库，以灌溉为主，兼顾防洪、发电、养殖。10月8日，组建指挥部，仓促上马1200人，搭建工棚，开修道路，赶制牛车、马车、手推车等运输工具，抽劳力备料，打响兴修水库的战斗。

1959年5月，县委、县政府根据州委书记康长征到麻栗坝水库视察后提出的意见作出停建麻栗坝水库工程的决定。1960年，县政府在水库工地建立水文站，开始对水库环境水文进行监测，为日后修建水库打基础。

1966年初，县委决定复修麻栗坝水库工程，提出“一年准备，二年动工，三年受益”，并向保山专署呈报，得到上级同意和支持。后因工程技术性复杂，地质资料不全，各种条件不成熟，迫使水库工程再次下马。

1970年，县革委决定复修麻栗坝水库。同年3月，保山地区水工队对水库进行勘测，省水工队负责地质勘探。7月，上报初步设计方案。10月，全县8个公社、农场及县直单位、分批上马动工，最多时达5300人，采取边勘测边设计、边施工的方法，日夜奋战。

1972年初，省农业局工作组到工地检查，提出相应的意见、建议。同年3月，省设计院4名工程师和100多名技术员抵陇，对水库枢纽工程做水文、地质、地表物勘探，初步拟定水

2003年9月麻栗坝水库西低隆洞开工

2003年麻栗坝水库施工现场

库建设方案与规模。1974年完成设计任务。

1976年11月，水电部规划设计院、省水利局有关领导和工程师到水库视察。

1979年3月24日，水电部正式批准设计方案，但因无国家计委批准文件而列为缓建工程，所有开工的工程全部停工。

1981年，国家建委、财政部、省政府将麻栗坝水库列为缓建工程。

1999年，水电部规划设计总院有关人员到陇川考察，提出重新编制麻栗坝水库项目建议书报国家水利部。县委、县政府召开专题会议研究，与省设计院签订项目建议书设计合同文件。

2002年3月29日，麻栗坝水库工程建议书提交国家计委主任办公会议讨论通过，报国务院第57次常务会议批准通过。国务院审核批准麻栗坝水库工程总投资5.504亿元（中央补助3亿元，省政府补助2.2亿，州、县两级自筹0.304亿元），库容1.08亿立方米，坝高34.5米，坝后电站装机2000千瓦，移民人口2859人，淹没水田522.87公顷。

引水渡槽

2003年9月25日上午，麻栗坝水库举行西低隧洞工程开工典礼，标志着工程的全面启动建设。

2004年12月6日，麻栗坝水库成功截流，开始大坝基础开挖与施工。

2005年底，麻栗坝水库完成西低隧洞（导流洞）、35千伏送变电工程建设，完成一期度汛坝体施工、溢洪道工程、西高涵工程。大坝观测设备开工建设。

2007年4月底，麻栗坝水库大坝正式封顶。2009年12月开始蓄水试运行。2016年5月，麻栗坝水库干渠工程全面完工试通水。整个工程完成总投资90807.62万元。

第十四编　农垦

LONG CHUAN XIAN ZHI

LONG CHUAN XIAN ZHI

LONG CHUAN XIAN ZHI

第一章　建　制

国营陇川农场前身为陇川军垦农场，于1955年5月12日建场，主要以甘蔗种植、蔗糖生产和销售为主产业。1978年后，国营陇川农场顺应改革开放潮流，按照家庭农场化运作，以蔗糖生产为支撑，大力发展农业、工商业、贸易业，全场经济社会进一步发展。2011年7月，国营陇川农场完成改制，划归陇川县管理。

陇川农场驻地

第一节　总　场

一、土地与人口

国营陇川农场位于陇川县坝区中部，距县城章凤15千米。全场土地总面积57.28平方千米（5733.33公顷），其中耕地3666.67公顷，园地186.67公顷，林地273.33公顷，工矿用地340公顷，交通用地280公顷，水域用地413.33公顷，未利用地573.33公顷。

1978年后，来陇川农场插队落户的知青返城，农场人口主要为本场职工及子女和一些外来承包土地作业人员。2005年，全场总人口为1.29万人，其中男0.65万人，女0.64万人，少数民族人口占0.34%。

二、建制沿革

陇川农场前身为陇川军垦农场，于1955年5月12日建场。“文化大革命”初期，改编为云南生产建设兵团第三师第十团，1974年撤销兵团建制。

1980年，改制为云南省国营陇川农场工商联合企业公司，但仍保留“国营陇川农场”建制。下辖拉线、光相、陇把、丙印4个分场。至2005年，建制不变。

三、经营体制改革

（一）家庭农场

1984年，国营陇川农场开始兴办职工家庭农场，建立大农场套小农场的双层经营体制，调动职工的生产积极性，增强企业活力，提高经济效益。同年1月，农场首届职代会通过《关于兴办职工家庭农场的实施办法》；6月，参与兴办职工家庭农场的职工达1956户3535人，占全场总人口的31%。

1995年，农场职代会通过《关于对职工家庭农场实施“两费自理”管理办法意见》，以减轻职工家庭与单位大量承担贷款利息的负担。

2003年12月，农场职代会通过《陇川农场职工家庭农场承包经营实施办法》，实行职工家庭农场第二轮承包，彻底改革农业经营体制。全场职工家庭承包经营实行生产费、生活费、社会保险费“三自理”；土地承包、核算、盈亏和风险“四到户”；实行种植统一规划、产品统一收购、技术措施统一实施、质量标准统一执行、病虫害统一防治、销售统一管理的“六统一”。

（二）自营经济

1984年，农场剩余劳力开始从事第二、第三产业。

至1995年，在业人数达3755人，形成“一业为主，多种经营”模式，经济效益不断提高。

2005年，从业人员达1262人，比1985年（950人）增长32.8%；利润总额386.21万元，比1985年（132.9万元）增长190.6%；人均利润3053元，比1985年（1399元）增长118.2%。

第二节　分　场

陇川农场下辖分场有拉线、光相、陇把、丙印等。

一、拉线分场

拉线分场位于陇川农场西南角，西与缅甸迈扎央接壤，距总场场部8千米。土地总面积1080.66公顷，其中耕地775.81公顷，园地16.64公顷，林地28.4公顷，工矿、交通、水域用地161.48公顷，未利用地98.33公顷。人均耕地0.33公顷，职工平均占有耕地0.91公顷。2005年，全分场有总人口2307人，其中男1169人，女1138人，少数民族46人。分设9个队。

拉线分场经营体制改革前，经济亏损年份多，其原因是经营管理不善，产业结构不合理。1984年，拉线分场推行职工家庭农场体制，经济有了发展，1990年，全场盈利1.3万元，职工生活逐年改善。

2005年，拉线粮食总产1124吨，人均产粮487.2千克，经济总收入481万元，职工年人均收入5818

元，人均住房面积20.25平方米。全场职工有电脑10台、汽车15辆、摩托车475辆、彩电227台、冰箱192台、音响85套、固定电话333部、手机413部、洗衣机131台、电动机40辆。队通场部弹石路、水泥人行道、公厕、篮球场、娱乐室、广播站等设施相继完善。

二、光相分场

光相分场位于陇川农场中部，距场部2千米。全场土地总面积1720.8公顷，其中耕地1131.38公顷，园地5.97公顷，林地65.74公顷，工矿、交通、水域用地346.32公顷，未利用地171.39公顷。人均占有耕地0.44公顷，职工平均占有耕地1.21公顷，居4个分场之首。

全分场下设10个生产队。2005年，总户数848户，总人口2560人。职工人数926人，女职工占47.5%。退离休人员654人，其中离休人员7人。粮食总产492吨，人均产粮208.82千克，经济总收入390.36万元，职工年人均收入4238.43元，人均住房面积14.7平方米。

1984年兴办职工家庭农场以来，光相分场经济提升，相继建成弹石路、宅区水泥路、球场、文化娱乐室等设施。2005年，全分场拥有大型拖拉机31台、小型拖拉机85台、排灌机械28套、小型农业机械设备500多套。机械总动力2963千瓦，其中非公经济机械动力占99.5%。有电脑14台、家用汽车22辆、摩托车568辆、彩电719台、冰箱185台、空调1台、家庭音响79套、固定电话487部、手机550部、洗衣机126台、电动机32台。

三、陇把分场

陇把分场位于陇川农场西北角，场区东边横跨南宛河。全场土地总面积1258公顷，其中耕地730.07公顷，园地103.19公顷，林地45.07公顷，工矿用地107.49公顷，交通用地50.42公顷，水域69.69公顷，未利用地152.43公顷。人均占有耕地0.31公顷，职工平均占有耕地0.82公顷。

陇把分场下辖11个生产队。2005年末，总人口910户2346人。有职工891人，其中女职工占38.9%。退休人员461人，离休1人，少数民族人数占10.4%。

2005年，全分场经济总收入707.12万元，职工年人均收入8500元。有632户、790人承包耕地种植甘蔗，面积713.33公顷，总产量7.12万吨；有78户承包种植枇杷45.12公顷。场区和职工住宅区分别修筑弹石路和水泥路，各生产队修建篮球场，建立“职工之家”。全分场有电脑8台、家庭轿车26辆、摩托车409辆、彩电581台、电冰箱121台、家庭音响214套、固定电话381部、手机441部、洗衣机134台、电动车19辆。

四、丙印分场

丙印分场位于总场东北角，距场部7千米，属陇川农场第二大分场。土地总面积1433.93公顷，其中耕地857.4公顷，园地52.81公顷，林地113.57公顷，工矿、交通水域用地269.3公顷，未利用土地140.85公顷。人均占有耕地0.36公顷，职工平均占有耕地0.9公顷。

分场下辖11个生产队。2005年末，总人口684户2383人，其中职工954人，女性占49.8%。甘蔗种植面积680公顷，产量7.12万吨。职工家庭拥有大型拖拉机37台，小型拖拉机83台，总功率1823千瓦，基本实现耕作、运输机械化。

2005年，全分场生产总值由1978年的63.93万元提高到2005年的1585.1万元，翻了25倍。有州级文明村队1个、县级文明村队2个、10星级文明户60户、平安社区及安全文明生产队5个。职工家庭拥有轿车8辆、电脑4台、摩托车524辆、彩电647台、冰箱112台、家庭音响108套、固定电话219部、手机593部、洗衣机122台、电动车8辆。

第三节　场办企业

一、陇川糖厂

陇川糖厂隶属陇川农场，是德宏州最早建立的机制白糖厂，占地面积13.23万平方米，内设14个车间。2005年，有在职职工367人，离退休职工168人。

建厂后，经过4次扩改。至2005年，平均日榨量为2500吨，是建厂时（570吨）的4.4倍。年生产白糖4万余吨，是投产时（186.65吨）的214倍。工业总产值1.6亿元，比1961年（33.27万元）增长480余倍。全员劳动生产力51.23万元/人，比1961年（940元/人）增长545倍。全厂从投产到2005年，共入榨甘蔗431万吨，产白砂糖51.35万吨，产酒精3.45万吨，上交税金1.27亿元，经营31年盈利1.42亿元。副业队产甘蔗7.29万吨、水稻163.42万千克，煤厂产原煤12.59万吨，制板车间产蔗渣碎粒板1.31万立方米，复合车间产复混肥2.78万吨。

陇川糖厂（陇把）建厂初期

陇川糖厂（陇把）

1988年，陇川糖厂进入“省级先进企业行列”。“云兰”牌白砂糖自1989年连续16年获轻工部“部优产品”，1995年获“中国首届国际食品博览会金奖”，1997～2005年连续三届保持“云南省名牌产品”称号，2005年获“符合绿色食品A级”标准。

二、陇川农场茶叶公司

1988年，陇川农场茶叶公司成立，专营茶叶销售。1993年，农场成立茶厂，取替原茶叶公司，将茶叶的生产、加工、销售融为一体。1997年，公司进行股份制改革，成立陇川县农工商茶叶实业有限责任公司，从业人员131人，有茶园77.4公顷、茶叶初加工厂3个、精制加工厂1个，公司实行家庭农场承包责任制管理。

三、陇川农场供销公司

1981年，陇川农场产品供销公司成立，有职工30人。1987年初，供销公司分立，单独设立产品公司。同年，供销公司和农场车队合并，成立农场供销运输公司，有职工78人。1991年，产品公司倒闭。1997年，公司改制，更名为陇川县供销有限责任公司，每人入股5000元。股份公司成立至2001年，年年有盈利。2001年后，公司改制，原有设备老化，公司经营困难，效益降低。

农场供销公司

四、陇川农场产品公司

1987年初，农场产品经营部由陇川农场产品供销公司分出，与原畜牧水产公司合并成立陇川农场产品公司，有职工78人。1988～1990年，实现利润2.5万元。1991～1997年8月，由于市场经济调控，产品受外来商品冲击，造成亏损，公司宣布倒闭。

五、陇川农场建筑公司

1980年，由农场分散的建筑队组建成陇川农场基建分公司，下设5个综合施工队，1个木工车间，1个钢筋水泥制品车间，1个砖瓦厂，有各种施工动力机械43台。1982年，撤销基建公司，保留1个综合施工队。至1997年，虽经改制，经营仍无起色，只好关闭。1998年3月，由原基建队职工牵头，成立陇川县陇把建筑公司（私营）。公司加强经营管理，引进技术，工程质量、人员技术质量不断提高。

六、陇川农场农具修配厂

1978年前，陇川农场建立农具修配厂。1997年，修配厂进行改制，有工人80人。1997～2001年，共亏损21.65万元。2002～2004年，共盈利4.4万元。后因市场因素，该厂于2005年9月宣布关闭停产。

七、陇川农场皮革厂

1985年5月，陇把分场与昆明皮革厂联办陇把皮革厂，有员工22人。当年加工皮革4.74万平方米，产值115.32万元，除还贷上缴税金外，实现利润4.2万元。

农场皮革厂制衣车间

1990年，制革2.08万张，盈利18.1万元。1991年，与昆明皮革厂签订的合同期满，陇把皮革厂开始试搞成品革生产，引进机器设备，组织工人到四川学习技术。1992年，皮革厂生产各种皮夹克、马甲、皮裙、皮裤、皮手套和皮包等产品。1997年后，该厂因皮革市场疲软，产品无销路，原料进口困难，无法经营而关闭。

八、陇把农场花岗石板材厂

1993年，由陇把分场筹建陇川农场花岗石板材厂，1994年1月投产，有职工17人。生产川花、青岗石、晶花黑、满天星等多种花色品种石材，尤以满天星石材最受顾客欢迎。1996年，农场在大理建厂，当年生产石材4000多平方米，盈利9.6万元。1997年，外地石材进入陇川市场，该厂经营受到冲击，价格下滑，每平方米石材由216元降到123元，造成亏损。至2005年，全厂共亏损53万元。

九、陇把农场砖瓦厂

1986年，农场在陇把分场8队旁建砖瓦厂，有职工60人，年生产红砖100万块。1996年，砖瓦厂进行改制，实行股份制。后因受当地泥土质量制约，于2000年停产。

十、农场汽车队

1985年，农场汽车队有解放牌汽车34辆，40座大客车2辆，油罐车2辆。20世纪90年代，农场出售旧客车，购回1辆东风卧铺大客车拓展客运经营，后因政策禁止农场经营客运业务，又将大客车转卖。1993年，农场进行体制改革，原农场车队被撤消，职工个人开始购买汽车发展运输业。至2005年，全场有私营载货汽车12辆87吨位，有大小客车50辆。全年货运量60.69万吨，客运量9.3万人次，经济总收入325.58万元。

第二章　经济社会

1978年后，国营陇川农场以改革促发展为动力，推动全场工商业、副业、农林牧渔业、建筑业和社会事业的全面发展。至2005年，全场职工平均工资3640元，比1978年增长6.49倍，向国家上缴税金1.7亿元。文化、体育、教育、卫生、科技等事业发展较快。仅1979～1995年，全县科技成果就获省部级奖励10次、州级奖励26次。

第一节　工商业　副业

一、农机

1984年，将原公有的部分农机折价卖给职工，鼓励职工向外购买农业机械、汽车和农副产品加工机械。1993年，全场拥有机械总动力1.14万千瓦。2005年，全场机械总动力增加到2.41万千瓦，是1993年的2.12倍。其中大中型拖拉机114台，8017千瓦；小型手扶拖拉机306台，2691千瓦；机引农具16台，排灌动力54台，553千瓦；农用水泵8台、茶叶加工机60台，243千瓦；载重汽车19辆，1475千瓦。

农场农机修配厂

20世纪80年代前，农场建立农机修配厂，生产为农业服务的小型农机具。之后又建立汽车大修车间，对农场里的汽车、拖拉机进行大修，增加加工零配件设备。90年代，增加钢窗门框制作和安装太阳能热水器、焊接钢屋架等业务，直至2005年修配厂宣布关闭。

二、制革

1985年，农场建立陇把皮革厂，当年投产加工皮革初制产品（兰革）4.74万平方米，产值115.3万元。1992年，投资60万元建成山羊皮服装生产线，生产出20多个花色品种。进入20世纪90年代后期，国内皮革市场疲软，于1997年停产。

三、发电

1978年前，丙印分场建成20千瓦小型发电站1座，1980年停用。

四、建材

主要有砖瓦、水泥砖、马赛克、玻璃纤维等建材生产。20世纪80年代，引进机制砖工艺生产水泥砖（空心砖），各个分场相继建厂生产。1989年，农场修配厂引进技术建立玻璃纤维厂，因设备简陋，达不到预定的质量及产量要求，不久即停产。1993年，引进生产玻瓷马赛克新型装饰材料，1年后因市场销量小停产。1996年，农场机制砖瓦厂投产，年生产100余万块红砖，后因泥土质量关系，于2000年停产。

五、原煤

20世纪80年代初，农场在户撒张坡头建立户撒煤厂，煤区总储量355.5万吨，储藏面积6平方千米。1985年，煤厂工业总产值达3.6万元，被列为《云南省工业普查企业名录》。1993年4月，户撒煤厂移交给户撒乡企业办管理。煤厂自建厂以来共生产原煤12.6万吨。

六、蔗渣碎粒板

1981年，省农垦总局投资180万元，在陇川农场所属糖厂筹建蔗渣碎粒板车间，1987年8月建成投产。至2001年停产，共生产碎粒板1.3万立方米。

七、复混粒肥

1997年6月，农场在所属糖厂筹建复混粒肥车间，生产能力为年产1万吨。1998年7月15日，建成投产，至2005年，共生产复混粒肥1.9万吨。

八、轧钢

1993年初，农场成立陇川攀垦轧钢厂，生产12毫米、16毫米、18毫米圆钢及16毫米、18毫米螺纹钢，当年轧制钢材1500吨。后因多种因素制约，生产不到1年便停产。

九、制糖

2005年，陇川糖厂经4次扩改后生产能力达到3000吨/日（具体内容详见陇川糖厂简介）。

十、食品、农副产品加工

1978年，农场有副食品加工厂1个，主要生产糕点、糖果、酱菜、米酒等副食品。1980年，引进外地生产技术，品种产量倍增，其中水果糖进入缅甸市场。20世纪90年代，增加果脯生产。1992年，该厂完成工业产值76.7万元。进入21世纪，食品加工厂停产关闭。

农场食品加工

1978年，农场有粮油农副产品加工厂1个，主要从事面粉、面条、食用油等加工。1979年，组建畜禽配合饲料生产车间。1980年，生产加工粮、油、饲料37.95万千克，产值135.6万元，亏损51.59万元。1985年，粮油农副产品加工厂开始机制饵丝。20世纪90年代后，随着农场几次产业结构调整，水稻等粮食作物种植面积减少。1996年，加工农副产品0.89万千克，产值53.46万元，亏损68.21万元。由于连年亏损，加工厂于1997年8月关闭。

十一、商业

陇川农场共有陇把街、拉线街、丙印街3个集市进行商品交易。1980年，农场成立商业公司，有职工102人，年销售额达400万元。农场成立商业公司后，所属拉线、光相、陇把、丙印4个分场相继成立商店，经营百货、日杂等商品，满足当地群众生产、生活所需。1985年，成立华福商号，主要开展中缅边境小额进出口贸易。

第二节　农林牧渔业

一、农业

陇川农场农业主要以粮蔗种植为主。1990年后，农场实施产业结构调整，多数农田改种甘蔗。至2005年，全场水稻种植面积减少到391.67公顷，而甘蔗种植面积却由1990年的1567.73公顷增加到2599.4公顷。

陇川农场粮食作物主要有水稻、小麦、玉米和红薯，经过产业结构调整。进入20世纪90年代，小麦、红薯逐步被淘汰。自建场以来，陇川农场先后种植过多种经济作物，经过几十年的摸索总结，几次调整经营方针和产业结构，并结合陇川土壤气候条件，确立以发展甘蔗种植为主的生产经营方针，逐步淘汰部分经济作物生产。

稻谷收购

【水稻】　陇川农场建场以后，随着场区人口增加，种植面积也逐年扩大。1978年，种植水稻1246.53公顷，单产3369千克（单产指每公顷），总产5012.7吨。进入20世纪90年代后，农场进行产业结构调整，由“粮蔗经济”转为“蔗糖经济”，稻田大量用以种植甘蔗，水稻面积逐年减少。至2005年，水稻种植面积已减少到391.67公顷，但在耕作方面，由于引进良种，推广机械化作业，加强病虫害防治，实行科学种植，水稻单产比1978年增长1.9倍。

【小麦】　1978年，种植面积13.87公顷，单产1150.5千克。1983年，种植面积300.2公顷，亩产132.3千克，总产295.6吨。1993年，全场种植面积减为51.13公顷，单产915千克，总产46.5吨。1994年，因调整产业结构，停种。

【玉米】　1986年，农场引进黑龙江杂交玉米试种成功。1987年全场种植31.51公顷，亩产152千克。进入20世纪90年代，农场调整种植业结构，不再大面积种植玉米，只有家庭农场职工在田间地头、园地种植少量杂交玉米，作为禽畜饲料。

【红薯】　1978～1986年，红薯不再作为主粮，种植面积逐年减少。1987年后，农场职工采用夏季机耕开沟，在垄上先种上红薯，待秋季再在沟内种植甘蔗的方式，为养猪、甘蔗播种提供饲料和有机肥。农场淘汰秋播甘蔗后，停止蔗地机耕种植红薯，仅有部分农场职工在自留地有少量种植，作为养猪饲料。

【花生】 1978年，全场种植花生面积158.87公顷，单产1590千克，总产253.95吨。1989年淘汰。

【枫茅】 1978年，全场种植枫茅71.33公顷，单产1.35万千克，总产量97.73万千克，产油6837千克，1980年淘汰。

【咖啡】 1978年前，农场开始引进种植咖啡，面积达221.6公顷，因气候条件不适宜，1979年停种。

【棉花】 1978年前，全场种植棉花面积年均33.33公顷左右，后因耗工多，成本大，技术跟不上停种。

【茶叶】 1988年，全场种植面积达192.6公顷，产干毛茶147.59吨，单产1717.5千克。2005年，种植31.4公顷，产干毛茶106吨，单产3375千克。

【橡胶】 1978年，全场种植橡胶69.93公顷，当年开割2.93公顷。2005年，种植橡胶9.73公顷，产干胶27.6吨，单产干胶2850千克。

【油茶】 1979年，全场种植油茶面积46.6公顷。因气候不符，于1980年淘汰。

【油菜】 1978年，全场种植油菜14.93公顷，单产747.8千克，总产3.7吨。1981年种植40.8公顷，单产28.19千克，总产1.15吨。之后，农场调整产业结构，种植面积逐年减少。

【黄豆】 1978年前引种。1987年，全场种植黄豆2.4公顷，单产1770千克。之后年份种植面积逐年减少。

【姬松茸】 2005年，农场职工自营种植，建菇棚200个，每个菇棚收入可达万元。

【甘蔗】 1978年，种植面积达905.07公顷，单产948万吨，总产4.36万吨。2005年，种植2599.4公顷，单产81吨，总产21.09万吨。面积、亩产、总产量分别比1978年增长2.87倍、1.69倍、4.84倍。

二、林业

农场林业主要利用荒山坡地营造薪炭林、用材林，在道路两旁、村庄周围营造防护林。20世纪80年代，引进杉松推广种植。90年代，部分杉松林地改植甘蔗、枇杷、荔枝、橘子。至2005年，全场经济果木种植面积达182.61公顷。

三、牧业

农场牧业主要发展家畜、家禽养殖。20世纪80年代，农场曾引进20头黑白花奶牛饲养，加工乳制品，因技术落后，奶牛养殖被淘汰。至2005年，全场牛存栏231头，生猪存栏2830头，家禽存栏7408只。

四、渔业

渔业主要利用场区修建的几个小水库、水塘饲养鲤鱼、草鱼、鲢鱼、罗非鱼、武昌鱼、青鱼、沼虾等，年均产鱼30吨左右。至2005年，养殖面积由1980年的199公顷增加到406.05公顷。

1978～2005年陇川农场择年农林牧渔业产值统计表

表14—1　　单位：万元

年份	农林牧渔总产值		农业产值		林业产值		牧业产值		渔业产值	
	不变价	现价	不变价	现价	不变价	现价	不变价	现价	不变价	现价
1978	237.98		227.44		0.68		9.68			
1980	545.11	487.33	425.62	460.81	2.68	2.2	24.6	22.55	1.21	1.77
1982	616.78	598.12	587.51	560.67	5.73	5.08	23.16	31.95	0.38	0.42
1984	635.1	714.51	595.49	610.49	17.87	17.73	20	83.7	1.74	2.84
1985	536.8	681.77	468.26	562.02	26.08	35.35	41.74	82.66	0.72	1.78
1987	796.69	1157.32	730.11	996.49	16.13	16.42	49.53	138.65	0.92	5.76
1989	816.74	1794.11	727.72	1563.26	27.64	29.92	59.76	194.29	1.62	6.64
1990	915.74	2026.91	848.58	1864.26	19.08	24.7	46.5	131.49	1.58	6.46
1992	2698.56	1746.87	2519.7	1781.96	25.17	24.21	139.61	133.45	5.08	7.25
1994	2214.19	2245.42	2044.38	2010.16	26.62	34.11	105.04	148.02	38.15	52.95
1995	3427.6	3855.2	3261.5	3488.5	25.2	35.2	122.5	297.9	18.4	33.6
1997	3285.79	4798.07	3183.18	4557.29	18.55	18.76	71.94	198.47	12.12	23.55
1998	3296.17	4599.53	3205.33	4398.64	17.38	16.01	54.68	147.65	18.78	37.23
1999	3210.02	4073.87	3157.34	4006.16	20.48	22.35	20.17	21.94	12.03	23.42
2000	4202.26	4551.71	4021.05	4361.89	17.26	16.92	154.16	153.88	9.79	19.02
2001	3099.32	3708.91	3014.01	3525.47	19.03	15.49	53.28	143.71	12.4	24.24
2002	3533.28	4078.06	3437.35	3866.62	24.8	27.4	57.09	156.72	14.04	27.32
2003	4197.6	4625.23	4097.4	4405.22	28.28	35.56	59.51	160.08	12.42	24.37
2004	4674.15	5154.31	4661.46	4934.4	50.54	61.13	50.48	135.99	11.67	22.79
2005	3356.1	4118.8	3254.6	3870	22.1	39.2	67.6	186.7	11.8	22.9

第三节　经营效益

一、职工收入

1978年，全场职工工资总额为319.68万元，从业人员6577人，年平均工资 486元。经过28年改革发展，至2005年，职工工资总额达1715.29万元，从业人员4712人，年平均工资3640元，比1978年工资总额增长5.38倍。从业人员减少1865人，人均工资增长6.49倍。

二、上缴税金

1978～2005年，陇川农场向国家共上缴税金1.7亿元，年均608.27万元，全场人均1.32万元。28年中，全部盈利有16年。

1978～2005年陇川农场上缴税金及盈亏统计表

表14—2　　单位：万元

年份	利润总额	税金总额	年份	利润总额	税金总额
1978	-54.15	168.04	1992	-431.37	440.41
1979	-54.36	194.38	1993	199.63	707.34
1980	88.25	196.47	1994	28.08	507.51
1981	240.22	277.32	1995	212.65	1245.23
1982	208.10	312.75	1996	-647.62	755.41
1983	92.40	324.97	1997	-433.3	1107.77
1984	105.32	384.53	1998	-758.65	995.60
1985	-144.63	244.35	1999	-1234.61	705.75
1986	-66.25	267.53	2000	273.08	1204.38
1987	-53.42	293.08	2001	716.08	1092.61
1988	101.97	463.90	2002	-451.7	930.12
1989	23.33	435.25	2003	-625.28	793.31
1990	19.58	408.33	2004	599.24	948.93
1991	32.14	560.94	2005	358.94	1065

第四节　基本建设

一、住房

1980年前，陇川农场职工住房和场内的其他房屋，都是由农场基建队建盖，属土基墙、土抬梁瓦房和部分茅草房。中共十一届三中全会召开后，随着农场经济的发展和职工生活的改善，砖木结构的平房和砖混结构的二层三层楼房，取代了原有土基房、草房。拉线分场的7队，就有不少职工建盖庭院式钢混结构小楼房，成为农场职工住房样板队之一。还有不少职工按照队里的统一规划建盖了框架结构的新楼房。2004年“7·5”洪灾后，农场（含分场）为受灾职工建盖几十幢新住房。21世纪初，农场制订房屋改造规划，决定每年对2～3个生产队进行房屋改造，彻底消除危房。至2005年底统计，全场职工拥有房屋总间数1.76万间，建筑总面积41.64万平方米，平均每户职工拥有建筑面积98.98平方米，人均31.58平方米，为全县中等住房水平。

二、农田水利

1978年前，农场已建成西湖水库，库容量246万立方米，面积54.97公顷，灌溉面积273.33公顷。1982年，丙印分场建成红卫水库，库容量为800万立方米，面积73.33公顷，灌溉面积330公顷。光相分场建成弄贯水库，库容量203万立方米，面积64.35公顷，灌溉面积400公顷。另外，全场还建成一批小型蓄水灌溉工程，如光相分场的特跃水库、7队水库，丙印分场的6队水库，陇把分场的东湖水库、10队水库、6队水库，拉线分场的9队坝塘等。20世纪70年代末至80年代初，随着使用机械化作业程度大幅度提高，农场进行过多次平田改土工程，粮食产量提高，平均亩产达292.115千克。全场基本上实现农田连片，沟渠纵横，达到能抗旱排涝保收的良田化要求。

为完善农田水利配套工程，农场还逐年修建部分输水干渠。至2005年统计，达125.59千米，其中水泥沟渠23.86千米，石砌水渠6.33千米，土渠95.4千米。建电力抽水站16座，可灌溉农田559.33公顷。

三、道路

1981年，陇川农场出资参与修建景罕海岗至陇把分场公路。1982年，农场和陇川县合资修建光相分场3队到邦外区间公路1条，全长5千米。1984年，农场修筑从本场到户岛村公路1条，全长4千米。章凤镇拉勐村修建弄秀石拱桥时，陇川农场拉线分场投资2000元。陇把镇弄安村修建南崩河桥时，拉线分场投资1.5万元。

进入21世纪后，农场先后投资190.5万元修筑光相分场、丙印分场共8个队的弹石路面和两座桥梁。采取3个（农场、分场、职工户）一点的集资渠道，逐年将各生产队住区的道路改造成水泥路面。

四、通讯照明

1991年，农场淘汰使用多年的手摇电话机，安装1台200条线路的程控电话交换机，各分场也先后换成自动交换机。2000年11月，农场程控电话移交县电信局，和县里并网，改善通话状况。据2005年统计，全场职工家庭已安装电话1220部，拥有手机2400部。

20世纪70年代，农场开始普及照明用电，场区家家户户装上电灯。2003年，农场总场的道路和住区，全部安装路灯。糖厂和各分场、生产队也相继增设路灯。

第五节　社会事业

一、文化体育

1987年9月，农场建立电视差转台。1980年，农场投资24万元建起1座拥有1500个座位的电影院。1995年，成立老年体协。2005年，全场职工拥有电视机4058台，建立“职工之家”40余个，修建灯光篮球场4个。

二、教育

1978年，有高中6个班300人、初中29个班1342人。1990年，农场有4所完小，5个教育点，42个教学班，在校生1020人，教职工82人。1996年，农场创办中心幼儿园，投资20余万元，校舍由青工宿舍改造而成，当年有7个班167名幼儿。2005年，全场有小学在校生1089人。

三、医疗卫生

2005年，农场有医疗单位4个，病床100张，医务人员211人，各种医疗设备36台，总价值243.9万元。

四、科技

1978年2月，陇川农场场部成立科技办公室。同年，全场开始推广籼型杂交“南优2号”1.78公顷，实现一季单产超500千克的好收成。1979年，农场建立杂交水稻制种队，生产农场所需杂交水稻种。1981～1983年，农场进行两次土壤普查，查清农场土地资源、土壤性质、肥力情况，为农业发展提供科学依据。1997年8月，农场成立技术推广站。1998年2月，农场成立科技成果评审认定领导小组。2003年1月，农场重新组建甘蔗技术推广站。

知青回访

1978～2005年，全场引进推广的科技项目主要有引种试验繁殖推广新品种，推广蔗叶还田，推广化学除草，大面积推广腐肥于甘蔗生产，实行轮作及间套种植，推广地膜覆盖，酒精废醪液施用，主要栽培技术的改进和发展，工业（糖厂）先进技术引进和运用。

1979～1995年，农场科技成果获省、部级奖励10次。其中国家级2次，省级一等奖2次、二等奖1次、三等奖4次、四等奖1次。1980～1997年，获州级奖励26次。其中一等奖5次，二等奖6次，三等奖14次，四等奖1次。

1997年，全场9个行业（不含政工行业）聘任专业技术职务395人。2005年，全场共聘专业技术职务297人，其中高级职务2人，中级职务 52人，初级职务243人。

第十五编　工业　乡镇企业

LONG CHUAN XIAN ZHI

第一章　工业

1980～2005年，陇川县国营工业、集体工业、乡镇工业等竞相发展。陇把糖厂、景坎糖厂经过扩建，成为全县骨干工业。老厂更新改造，新厂不断涌现。能源、建材业、蔗糖业、开采业等经济效益、社会效益不断提高，国有工业经济、集体工业经济及其他工业经济发展迅速。2005年，全县工业总产值1.35亿元，其中重工业完成0.08亿元，轻工业完成1.27亿元。

第一节　工业体制改革

一、管理机构

1984年1月，机构改革，手工业管理局和社队企业局合并，成立陇川县集体手工业联社。同年6月，改为陇川县城乡集体企业管理局。

1988年6月，撤销县城乡集体企业管理局，改设陇川县二轻工业局。

1994年，撤销二轻局，组建工业局。

1996年11月，撤销工业局，改设陇川县经济贸易委员会。设综合业务科、矿产资源管理科、工交企业管理科、商贸外经管理科、会统计财科、审计监察科、行政办公室、经济体制改革办公室。

2002年5月，经济贸易委员会更名为陇川县经济贸易局。

2005年6月，撤销县经济贸易局，组建陇川县经济局。内设办公室、工业股、经济运行股、中小企业股、技术进步与创新股、综合股、乡镇企业股。

二、管理体制改革

1978年后，全县工业管理体制实行党委集体领导、厂长行政指挥、职工民主管理体制。各工矿企业党支部书记、厂长分设，成立职工代表大会。

1985年1月1日，国营企业改为自主经营，自负盈亏，照章纳税。之后，从扩大计划、财务经营、工资奖惩、民主管理等方面进行改革尝试。

1993年，国家实行利改税，把国营企业上缴的利润改为上缴税金。

1994年10月，进行第二步利改税，从税利并存完全过渡到以利改税。

1995年，县政府开始实施“贷改拨”“借改投”计划。

1996年后，全县工业企业从经营承包、扭亏增盈，逐步向产权制度改革。发展个体私营经济、民营经济，构建多种经营体制并存。

1999年，根据省、州安排，全县部署厂务公开工作。

2000年，成立陇川县厂务公开领导小组，对全县工商企业开始推行厂务公开。

三、经营体制改革

1978年后，全县商品流通经营机制转换，原有手工业、作坊式企业产品被“外来”商品所替代，逐步退出市场。

1986年，农机厂停办。

1988年，五金厂（修配厂）、竹器厂（竹器社）、服装厂（缝纫社）等相继停办。国有、集体工业经营体制也随之发生变化，开始实施“以销定产”，加大工业企业生产技术改造，提升产品档次和质量，增加市场销量。之后全县私营工业、民营工业逐步发展，形成国有工业、集体工业、民营工业共同并存发展的格局。

20世纪80年代，县委、县政府成立经济技术协作办，发展对外经济技术联合协作，引进资金、技术，发挥口岸优势，通过国家扶持、银行贷款和引进等方式筹措资金，发展工业经济，各行各业掀起大办经济实体，相继出现商办、林办、粮办、外贸办等工业企业，主要有煤矿、水电、制糖、刀具、食品加工、茶叶加工等企业。

20世纪90年代，县政府通过国家扶持、银行贷款和发展横向经济合作等方式，多方筹措资金，加强对企业的技术改造。1992年，县印刷厂兴建彩色印刷生产线。1994年后，县章凤皮革厂增加鞣革、分层、喷浆设备及工艺，县城子皮革厂增加制革工艺，县食品厂增加果脯生产，县酒厂引进生产木瓜酒工艺、果酒和饮料生产线。1997年，景坎糖厂实施扩建，由日处理甘蔗2500吨扩建到5500吨，同时建成年产10000吨精制糖生产线。1998年，城子皮革厂、酒厂、造纸厂、食品厂、章凤皮革厂等处于停产、半停产状况。

1993年，县政府成立扭亏增盈工作领导小组及办公室（办公室设在计经委），向主管部门下达扭亏增盈考核指标（包括工业产值、税收、利润等）。主管部门与企业签订目标责任书，实施年度考核奖罚。企业为完成考核目标任务，采取计件、计量和承包等工资与效益挂钩的方式，调动职工积极性，增加企业效益。1994年，县工业局成立扭亏增盈领导小组，在城子印刷厂、城子皮革厂、章凤皮革厂、县建筑公司、县家具厂、县木制品厂等企业实施扭亏增盈考核工作。1996年，考核5户，完成4户。1997年，纳入扭亏增盈考核企业9户，分别为景坎糖厂、县粮油工业公司、县电力公司、城子印刷厂、县木材厂、城子皮革厂、县食品厂、章凤皮革厂及酒厂，考核指标为：产值（按1990不变价）1亿元，销售收入1.51亿元，税金1382.2万元，利润103.6万元（比1996年减亏52.7万元）。当年完成7户，增亏2户。比1996年减亏188万元，争取扭亏增盈资金40万元。

1995年，县政府开始实施“贷改拨”“借改投”计划，清产核资城子印刷厂、章凤皮革厂、华凤纸厂、城子皮革厂4户国有企业，充实国有资本金192万元。其中城子印刷厂61万元，章凤皮革厂27万元，城子皮革厂42万元，华凤纸厂62万元。

2003年，景坎糖厂请求将1570万元财政借款及利息转为国家资本金。

四、产权制度改革

1984年，陇川县国有企业改革经历放权让利、利改税、承包制等不涉及产权制度的改革。1995年，全县开展第一轮国有企业产权制度改革的探索和尝试。首先对县农机厂改革，整体安置解散。1996年，对甸川公司进行股份制改革。1997年11月，由经贸委组织对工业、商业企业开展所有制改革工作调研，形成深化国有企业改革调研材料。1998年开始，县委、县政府成立国有企业改革领导小组“一把手”工程，陇川县拟纳入的地方国有企业改革39户，涉及制糖、粮食、边贸、水电、物资、林业、造纸、皮革以及畅通的流通企业和商办工业，提出“先易后难、重点突破、整体推进”的策略，即面对情况不同的企业，不搞“一刀切”，区别对待，一企一策或一企多策，在操作中力求争取落实“贷改拨”“债转股”政策，通过对优劣两头企业的改组带动中间企业改革。

1998～2000年，全县进行第二轮国有企业改革，贯彻放开放活小企业改革的方针政策，采取“先易后难、重点突破、整体推进”的政策，重心主要放在矛盾较为集中的经贸系统直属国有企业的改制上。1997年，经贸委接管尚未改制的国有企业22户，其中商业企业9户（工业企业4户），工业企业6户（不含二轻企业）、物资企业7户（工业企业1户）。

2003年6月，县委、县政府开展第三轮国企改革，对应改未改和需二次改革的15户企业在2004年12月底完成。当年6月，县委、县政府调整充实深化国企改革领导小组，县15位领导挂钩联系15户企业改革协调工作。

2004年8月，根据县委、县政府批复，将改制后的县医药公司、傣皇酒厂、县五交化公司、城子印刷厂、县珠宝公司、县食品公司、县饮食服务公司、县食品厂、县造纸厂、县建筑公司、县木制品厂、县建材厂、县建川商号、县服装厂、县农副产品经营部、编织袋厂等16户企业移交乡镇管理。将酒厂留置资产土地（3.14万平方米，资产评估结果46.158万元）、三层办公楼一栋（建筑面积342.78平方米，评估5万元），评估合计51.2万元，债务65.8万元，债权5.7万元；食品厂土地4821平方米（评估10.867万元），办公楼厂房建筑面积906平方米（评估14.877万元），评估合计25.48万元，债务68.8万元（工行40万元、农行15万元、财政企业股借款7.5万元等），债权7516元；珠宝公司债务25万元，债权39.297万元等，移交县财政局管理。将移交已改制的13户企业党员57名，移交乡镇党委管理。

五、二轻工业改制

1996年，县工业局属下有城镇集体企业12户（工业企业10户），分别为县缝纫厂、县竹器厂、县陶瓷厂、县民族家具厂、县木制品厂、县建材厂、县户撒刀具厂、县回收公司、县五金厂、县建筑公司及流通企业县工艺品供销公司、县麓川商号。

从1992年开始，对已停厂起死回生无望的企业，实施过渡式产权制度改革。同年，县计经委对县民族服装厂实施整顿，职工一次性领取生活补助与厂方脱离关系。同年2月，县物资回收公司成立，11月兼并县五金厂，对职工进行分流和安置（1996年11月彻底解决）。1994年9月，县陶瓷厂由集体企业转变为私营企业。1996年5月，对竹器厂职工进行一次性安置。

1997年，县经贸委成立后，继续实施对二轻集体企业的改制工作。同年3月，县工艺品供销公司（流通企业）收回承包经营。8月，县物资回收公司改制为私营企业。11月，县户撒民族刀具厂（乡镇企业）划归户撒乡政府管理。同月，县建筑公司由公司员工赵子雄、刘发贵发起，重组为股份合作制企业。

1998年，完成二轻集体企业改革8户，其中工业企业7户。剩余企业按照“先终止，后出售”的程序，采用“竞价出售”和“零价出售”的办法变现资产，安置职工。其间，相继完成剩余4户企业（其中工业企业3户）的改革工作：3月，县民族家具厂整体解散。5月，县木制品厂、县建材厂竞价出售改为私营企业，麓川商号零价出售改制解散。4户企业共安置职工56人，其中退休职工7人，在职职工49人。1998年底，二轻企业局12户城镇集体企业的改制工作基本结束，实现80%的人员自谋职业再就业和隐形就业。

第二节　工业产值

城子印刷厂印刷车间

1978年，全县有工业企业48户，工业总产值473.65万元。建立以制糖业为主的一批骨干工业，私营工业开始起步。

1990年，全县工业企业发展到47户，工业总产值1.02亿元。

1993年，工业企业53户，工业总产值1.58亿元。

1995年，全县工业普查，陇川县全部工业和生产单位1316个，比1985年增加714个。从业人员6356人，全部工业增加值1.01亿元，占国内生产总值的27.25%，比1985年850万元增长10.22倍。其中独立核算工业企业56户，资产总额2.73亿元，负债总额2.48亿元，负债率90.9%。

1997年，全县工业企业109户，其中糖厂2户，工交5户，商办4户，边贸30户，农垦16户，其他部门工业22户。

2002年，全县工业企业达408户。其中轻工业286户，重工业115户，手工业7户。按性质分：国有工业10户，集体工业5户，股份合作制企业2户，股份制企业2户，其他经济类型企业389户。全部工业总产值0.68亿元，其中轻工业5853万元，重工业959万元。

2005年，陇川开始着手工业园区规划工作。

1978～2005年陇川县工业总产值（现价）统计表

表15—1　　　　单位：万元

年份＼指标	工业总产值	按工业经济性质分			按工业类型分	
		国有	集体	其他	重工业	轻工业
1978	473.65	347.50	126.15		422.35	51.30
1979	441.41	313.33	128.08		401.83	39.58
1980	439.56	265.47	174.09		396.95	42.61
1981	1758	1297	181		1712	46

续表15-1

年份＼指标	工业总产值	按工业经济性质分			按工业类型分	
		国有	集体	其他	重工业	轻工业
1982	2544	2360	184		2473	71
1983	3026	2837	189		2936	90
1984	1685	1499	186		1589.9	95.1
1985	2517	2365.87	151.13		2268	249
1986	3741	3410	135	196	3569	172
1987	5152	4941	211		4925	227
1988	8706	8506	200		8444	262
1989	9752	9553	199		9421	331
1990	10243	9547	356	340	9945	301
1991	12685	12020.9	298.4	365.7	12283	402
1992	14263	13548.7	341.9	372.4	13719	544
1993	15758	14659	579	520	14827	931
1994	14723	12711	429	1583	717	14006
1995	24667	21698	721	2048	1127	23540
1996	31503	25845	1360.9	4297	3401	28102
1997	28566	27804	1438	5341	3054	25521
1998	33599	17332	1346	11216	5479	28120
1999	34161	18855	1664	13642	4467	29693
2000	10763	5779	1015	3969	1773	38990
2001	10697	2526	1216	6955	2035	8662
2002	6791	2121	1185	3485	959	5835
2003	6850	2718	681	3451	577	6273
2004	13500				580	12920
2005	13498	7893.1			795	12703

1978～1993年陇川县主要工业产品产量统计表（一）

表15—2

年份	糖果（吨）	发电量（万度）	其中：水电	砖（万块）	瓦（万块）	刀具（万把）	原煤（吨）	木材（立方米）	锯材（立方米）
1978	62.3	279.3	112.3	70.5	154.4	1.24	65.99	5170	1313
1979	58.1	279	122	135.4	160.5	1.08	5572	3405	1828
1980	54	214.2	187	357	907	0.93	6100	4691	
1981	68	291	291	370	847	2.35	1600	4328	
1982	31	568	568	443	358		1500	2912	1459
1983	33	708	708	585	198		5400	6920	4454
1984	29	853.8	600.6	555	278		17559	8632	3610
1985	94	814	702	103	46		10000	9157	
1986	17	1283	760				18900	5400	
1987	214	1656	930	495	54		19000	30000	1191
1988	562	1721	849	663	4550		16800	31395	2745
1989	128	1624	950	509	14		18500	29765	2750
1990	55	1853	1046	700		5.7	12500	9338	1946
1991	104	1744.7	996.7	734.5	9.2		10800	10900	1651
1992	116	1700	982			1.58	10900	4968	4968
1993	277	2275	1041	1583	282	0.51	9800	11460	9496

1978～1993年陇川县主要工业产品产量统计表（二）

表15—3

年份	糕点（吨）	饮料、酒（瓶）	其中白酒（吨）	茶叶（吨）	混合饲料（吨）	编织袋（万条）	机械纸（吨）	皮鞋（万双）
1978	82.5	223.7						
1979	96	187						
1980	119	256		51				
1981	100	366	366	40			26	0.02
1982	116	289	289					0.17

续表15-3

年份	糕点（吨）	饮料、酒（瓶）	其中白酒（吨）	茶叶（吨）	混合饲料（吨）	编织袋（万条）	机械纸（吨）	皮鞋（万双）
1983	151	418	418		108			0.29
1984	117	409	406		855			0.48
1985	135	869	258		1093			0.50
1986	127	281		7	1906			0.63
1987	301	417	392	82	2817			0.68
1988	324	316	261	18	4473			0.90
1989	224	212	81	57	3869		33	0.75
1990	154	384	205	359	2091	2.66	46	0.54
1991	124	218	11	181	1993	2.72		0.54
1992	104	229	62	272	2023		136	1.13
1993	167	168	89	202	2894		639	0.65

1978～1993年陇川县主要工业产品产量统计表（三）

表15—4

年份	皮革（万张）	家具（万件）	酒精（吨）	服装（万件）	食用植物油（吨）
1978		0.24	254.9	9.06	60.6
1979	0.09		330	11.11	62.8
1980	0.20	0.47	380	13.30	62.8
1981	0.59	0.19	76	11.8	30.0
1982	0.31	0.19	407	11.5	61
1983	0.01	0.22	699	11.6	72
1984		0.12	822	8.84	93
1985		0.14	503	7.3	58
1986		0.19	1291	1.72	40
1987	4.08	0.17	2111	1.08	43
1988	4.29	0.90	2133	1.09	198

续表15-4

年份	皮革（万张）	家具（万件）	酒精（吨）	服装（万件）	食用植物油（吨）
1989	3.98	5.29	2441	1.09	54
1990	2.60	0.08	2345	1.40	30
1991	3.89	1.84	2994		144
1992	3.42	0.11	2693	0.2	63
1993	3.37	0.12	3258		107

1994～2005年陇川县主要工业产品产量统计表（一）

表15—5

年份	原煤（吨）	配合饲料（吨）	金属硅（吨）	糖果糕点（吨）	复合肥（吨）	食糖（吨）	酒精（吨）	发电量（万度）	其中水电（万度）	电池（万只）
1994	15200	3300		523	1554	30720	2129	2177	1290	1700
1995	9401	2644		334	1633	48075	3346	2597	1263	3299
1996	10000	1561	556	161	1822	38140	3421	2831	1820	6525
1997	15800	1206		197		55928	5088	2717		3686
1998	15400	800	446	120	3412	57850	4628	3709		4297
1999	10700	614	530	26	3995	79126	7411	4421	2239	4203
2000	13000	997	838	97	2965	84731	8177	3395	927	4547
2001	8150	460	1140	48		61076	5637	1725	9.6	3067
2002	0	189	4532	66		74042	6578	8726	6689	447
2003	0		6076	52		128160	11611	3289	0	204
2004			7011			138668	14409（千升）	3343		104
2005			8909			102185	8617（千升）	2668		138

1994～2005年陇川县主要工业产品产量统计表（二）

表15—6

年份	抗生素胶囊（万粒）	中成药（吨）	木材加工（立方米）	供电量（万度）	精制茶（吨）	自来水（万吨）	饮料酒（吨）	花岗石板材（平方米）	砖（万块）	瓦（万块）
1994			14452	2177	336		175	4918	1667	860
1995			17681	2597	173		306	3077	3312	1354
1996	8030		32056	2831	177		665	4711	1337	501
1997	8639		36102		253			1259	1307	520
1998	5939		33906		192			1814	2108	394
1999	3816		43050		195			1983	492	2526
2000	3562		6328	3394.5	85			1158	720	622
2001	4394	3	15367	1518	84	191	60	2036	681	500
2002	2806	4	15240	1489	34	197	45	1222	642	502
2003	1596	3	12769		41	220		2739	650	280
2004	2319	3			203	230.4				
2005	1902.28	2				236.55				

第三节　工业企业

一、重工业

【户撒煤矿】　又称线董煤矿，位于户撒乡政府西北线董山脚。煤厂储量355.5万吨，面积6平方千米，年产量2000～3000吨，产品为褐煤，主供陇川糖厂和盈江县弄璋糖厂用煤。生产旺季有职工50人。1985年，工业产值3.6万元，固定资产5.2万元，被列为《云南省工业普查企业名录》。2001年9月，根据中央、省、州关于大力整顿乡镇小煤矿有关会议精神和《国务院办公厅关于关闭国有煤矿矿办小井和乡镇煤矿停产整顿的紧急通知》精神，由县政府实施炸封。2002年，检查验收，彻底关闭。

【姐乌煤矿】　又称幕水煤矿，位于原姐乌乡幕水山麓，年生产能力0.6～1万吨煤，属乡办工业，主要生产褐煤。1985年，开工投产，当年工业产值60万元，供应景坎糖厂及各轮窑砖厂。1985年，被列为《云南省工业普查企业名录》。2001年，根据中央、省、州文件精神，于9月13日实施炸封。

【护国电站】　位于护国乡政府西南，海拔1605米，引南宛河头水源。1978年前建成，县工交局指导计划施工，国家投入24万元，自筹6万元。后移交乡镇管理。

【户撒河一级电站】　原称藤子桥电站，位于户撒河下游左岸。1978年前，装机容量2×1000千瓦，占地面积2100平方米，建拦河坝1座、取水冲沙闸1座，开砌渠道2640米，蓄水1000立方米。95平方毫米输电线路15.5千米至章凤变电站；75平方毫米输电线路12.7千米至城子变电站。1978年4月，安装35千伏升压机组，输电线路长47.1千米。1979年5月1日，电站投入生产送电，先后投入资金500万元。

【户撒河二级电站】 位于户撒河一级电站之下，跨入盈江县境内。是德宏州“八五”期间能源重点建设项目之一，采取集资入股形式兴建，装机容量2×3500千瓦，建有芒胆调节水库、二级电站至盈江平原35千伏输电线路。于1993年9月建成使用，正式并网，向瑞丽市、陇川县供电。电站总投资2316.3万元。

【户撒硅冶炼厂】 位于户撒乡腊撒村，1996年6月建成，属乡镇企业。企业吸收资本80万元，电力公司原始投入。2000年，由闫建忠承包，年租金45万元。2001年，承包给聂祎，年承包费45万元。2001年12月31日，电冶厂有职工73人，其中9人属县电力公司，有账面资产1022万元，负债1506万元，资不抵债484万元。2002年停产整顿。

金属硅

【冠华科隆硅冶炼厂】 位于陇川县户撒乡腊撒村，1995年建成，私营企业。总投资551万元，年产工业硅（金属硅）1200吨，隶属乡镇企业管理。1996年1月扩建，主机设备为3200千伏安电冶炉1台，主要生产工业硅。

【卓信硅厂】 位于章凤镇屯兴村旁，2001年建厂，2002年投产。2002年，注册为“陇川县中晟硅业有限责任公司”，注册资金1560万元，主要生产工业硅，生产能力为3×6300千伏安工业硅电炉。2004年，扩容为3×8000千伏安工业硅电炉。年产工业硅9000吨，年产值上亿元。

【云龙稀土开发有限公司】 位于陇川县陇把镇龙安村，2005年建立，是德宏州唯一一家从事稀土矿开采的企业。主要产品为稀土氧化物（REO），矿区面积0.62平方千米，开采方式为露天开采，采矿方法为原地浸矿采矿法，矿山设计生产能力500吨REO/年。

二、轻工业

【通用机械厂】 位于陇川县城子镇，又称农机厂，县属全民企业，占地面积1.95万平方米。主要产品为铸铁件、金属门窗、榨糖机、脚踏打谷机、手扶插秧机、风车、圆钉、扒钉及农用锄头、镰刀等。1985年，机械总能力727千瓦，固定资产74.2万元，年产值260万元。1987年底，企业关门停产。1996年，第一次改制。2003年，彻底解决遗留问题。

【修配厂】 属陇川县城乡集体企业，占地面积9861平方米，职工21人。1985年，企业动力机械总能力98千瓦，固定资产112.9万元，产值（不变价）6.5万元。

【户撒刀具厂】 属乡办集体企业，1979年10月开工生产，占地面积3334平方米，主要生产藏刀、腰刀、长刀等13个品

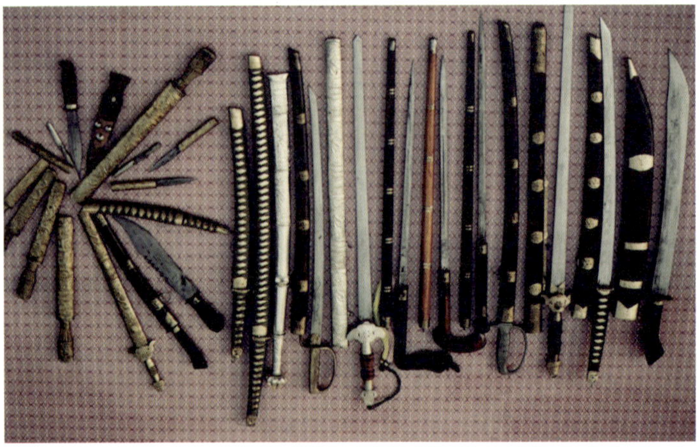
户撒刀

种。生产的刀具远销省内外。1986年，生产销售各类民族刀具3.35万把，产值13万元，利润4.3万元。1997年11月，作为乡镇企业划归户撒乡政府管理。

【珠宝玉石公司】　位于城子团结路，1985年成立，1986年挂牌经营，占地面积2300平方米，固定资产30万元。1989年10月，划归县商业局，成为商办企业。生产加工的玉器产品有花卉、人像、佛像、鸟、兽、炉、瓶等百种，达9000多件，与30多个国内外商家和部门有业务关系。1990年，加工金产品，主要有戒指、耳环、项链等。1994年11月，公司停产关闭。2004年11月，公司改制，实施整体解散。

玉饰

【陇把糖厂】　又称云南省陇川糖厂，位于陇把镇，属于国营陇川农场，占地面积13.23万平方米。始建于1958年，1960年1月投产，建厂规模日处理甘蔗250吨，是云南省9座机制白糖厂之一，主要产品白砂糖、酒精等。1974～2005年，经过多次技术改造，形成日处理甘蔗2500吨规模。（详见农垦编）

【景坎糖厂】　位于陇川县景罕镇，占地面积31万平方米，1981年建成投产（详见本编第四章蔗糖业）。

【县商业局酒厂】　位于陇川县城子镇，1985年兴建，厂区占地面积0.67公顷。1990年，全厂职工29人，酒类年产量300吨，产值40万元。主要产品有米酒、重升酒、糯米香酒、黄酒、汽酒、木瓜酒、汽水、玫瑰饮料、麦啤饮料、小香槟、啤酒、各类果汁药物酒、原汁菠萝酒等。1997年停产。1998年4月，从老酒厂剥离出资产，组建陇川县傣皇酒厂。1999年，企业申请破产，实物、资金、设备、土地（3.4公顷）及1幢三层综合楼抵押给银行。2002年，傣皇酒厂有账面资产138.41万元，负债295.46万元，资产负债率213%，有职工32人（其中退休职工10人）。2004年7月实施整体解散。

【县精制茶厂】　位于城子镇，原属集体企业。1986年，由城子镇创建，有固定资产71万元，职工28人。1992年，转为乡镇企业。主要产品有功夫红茶、红碎茶、绿茶、普洱茶等。年产精制茶200多吨，产值200多万元。1998年，企业改制，有资产547.9万元、负债636.5万元、职工28人、土地1.27公顷及仓库、精制车间、初制车间、职工住房（面积0.9万平方米）和制茶设备15套。企业改制形式是整体解散。

1992年，精制茶厂工人在筛选茶叶

【金泰茶厂】　位于城子镇，民营

企业，1999年建立，其前身为陇川县精制茶厂，占地面积1.27万平方米。建有仓库、精制车间及先进的制茶设备等，是集生产、加工、销售为一体的民营茶叶企业，年生产能力500吨。主要产品有功夫红茶、红碎茶、绿茶、普洱茶等，产品销往省内外。

【纵歌茶厂】 位于城子镇，民营企业，建于1998年，占地面积1450平方米，生产区面积1230平方米，有精制茶设备25台套。年生产精制茶500吨，有职工24人。主要产品有“纵歌”牌青毛茶、炒青茶、烘青茶、普洱茶、竹筒茶、竹杯、野生苦藤茶等58个系列产品。主导产品竹筒茶在2001年第三届中国竹业博览会上被评为金奖产品。

【王子树香芝茶厂】 建于1994年，民营企业，位于陇川县王子树乡集镇，占地面积6080平方米，厂房、库房面积4800平方米，粗制茶所2个2000平方米，制茶机械20台，固定资产252.3万元，员工45人，年生产能力450吨。2002年，注册“香芝”牌商标。2005年，州政府将“香芝”牌商标确定为州重点扶持的34件商标之一。主要产品有“香芝”牌精制磨锅茶、烘青绿茶、晒青绿茶，产品销往本地及州、省内外各地。

【王子树新中山茶厂】 1992年建厂投产，属县乡镇企业，有固定资产70万元，职工20人，连片茶园169.13公顷，茶叶原料基地700公顷。1998年，企业改制为民营企业。主要产品有“王子树”牌 春绿茶、高档中山谷花茶、磨锅茶、烘干青毛茶、晒青茶、红碎茶等，年生产能力300吨，产品销往本地及州、省内外各地。

陇川县王子树新中山茶厂揉茶车间

【姐乌茶厂】 1988年6月创办，属乡镇企业，茶料主要来源于翁掌53.33公顷茶叶基地，有精制茶叶加工一条龙生产机械设备，职工14人。1993年，生产毛茶230吨、精制茶200吨。1998年，改制为民营企业。

【县民族皮革厂】 1978年前，与县印刷厂、食品厂归并为综合厂。1985年1月，从综合厂分出，搬迁到团结路成为独立核算单位，占地面积5209平方米。1986年，迁章风与章风皮革厂合并。1988年1月，从章风皮革厂分出。该厂有职工37人，主要生产牛皮革、牛底革、各式男女皮鞋、皮凉鞋、皮衣、皮箱、劳保手套及各种皮杂件等。至2001年末，城子皮革厂账面资产余额15.1万元，负债余额157.2万元，资不抵债142.12万元。2002年4月，皮革厂宣布破产，9月，移交乡镇管理。

【章风皮革厂】 位于章风镇曼弄村，占地面积1.27万平方米，厂房、生活区面积1729.6平方米。1986年，建成投产。1988年1月，从原城镇皮革厂分出独立，有机械设备24台，固定资产84.75万元，职工59人（临时工29人）。主要生产牛皮修面革，年生产能力4万平方米。1993年，企业年产值709万元，开始生产各式男女皮鞋、皮凉鞋及各种皮件等。1998年，章风皮革厂资产总额539.7万元，负债总额545.3万元，职工19人。1998年11月，县章风皮革厂宣布破产。2002年9月移交乡镇管理。

【陇把皮革厂】 陇把皮革厂位于陇川县陇把镇北，1985年5月创建，隶属国营陇川农场，职工50人，固定资产200万元。主要产品有黄牛蓝湿革、黄牛修面革、黄牛油浸革、黄牛二层修面革以及鞋面革。20世纪90年代，发展生产皮衣、皮鞋、皮革制品等。企业于1997年停厂。

【陇川县造纸厂】　1978年，县造纸厂由城子迁往章凤，投资建盖办公室、车间、职工宿舍，但无力购置设备。1980年，该厂在厂地种植甘蔗2.67公顷，解决职工生活。1981年，17名职工重返城子老造纸厂重操旧业。1986年，章凤造纸厂所在地划归商业局建设勐畹商号。企业一直靠收购竹料、废纸，生产土纸维持经营。其主管部门几易更迭，最终交由县经济局直管。1997～2003年，采取租赁经营。2002年末，全厂共有职工7名，其中6名退休职工，1名在职职工。2003年，县经贸局采取整体出售形式对企业进行改制。

【华凤造纸厂】　位于章凤镇南曼弄村，1988年，与昆明五华区联营建厂，1991年投产，1992年8月改造扩建，占地面积1.53公顷，总投资830万元，职工82人，固定资产700万元。企业主要产品有各种规格的牛皮纸、浆板纸，年生产能力1800吨。1998年4月，县经贸委成立改制领导小组。同年5月，批准出卖华凤造纸厂偿还债务。6月，成立云南双龙纸品工业有限责任公司，为私营企业。2002年9月，该厂移交乡镇管理。

陇川华凤造纸厂

【章凤制药厂】　位于陇川县章凤经济开发区，属甸川工贸（集团）股份有限公司下属企业，1992年建厂，1993年投产，占地面积1.47公顷，职工250人。企业经过几次技术改造和国家GMP认证等，注册资金4094万元，拥有2条小容量注射剂生产线和片剂、胶囊、栓剂生产线。主要产品有熊胆胶囊、扑热息痛片、双氯芬酸注射剂等80多个品种120多个规格。除熊胆系列产品在国内销售外，其他品种规格的药品全部销往缅甸、老挝等国外市场，出口占整个药厂产值的85%，年产值3000万元。

甸川制药厂制剂车间

【正兴生化有限公司】　2004年始建，注册资金340万元，资产总额800万元（固定资产500万元，流动资产300万元），职工28人，当年销售收入28万元，上缴税金3万元。主要发展黄姜种植基地（年产黄姜8～10万吨），生产皂素（500吨/年）。2007年后，由于原料、资金原因，企业退出市场。

【兴盛亚杰木业有限责任公司】　2004年，兴盛亚杰木业有限责任公司由陇川县木材公司（国有企业）改制而成。公司注册资金100万元，有固定资产1600万元，员工106人，林地962公顷，林木蓄积量近8万立方米，设有沙河、户撒倒淌河、拉影3个木材加工厂，年加工木材2万立方米，年销售收入800万元。主要加工板材、地板条等产品。

【福斯特实业有限公司】　1994年，组建成立县福斯特实业有限公司。1997年9月，由云南省楚雄银通实业发展有限公司兼并陇川县福斯特实业有限公司。公司注册资本423万元，私营企业。有职工150人，其中技术人员35人，管理人员13人。公司总资产3200多万元，年生产实木集成材地板12万平方米、集成材2000立方米、实木地板10万平方米，年均上缴税费100万元左右。2002年，公司注册“福斯特”商标。

【县民族印刷厂】 1985年，从县皮革印刷厂分出，占地面积1707平方米，企业固定资产32.3万元，有职工39人、各类印刷机械设备30台及厂房、宿舍各1栋。主要生产办公用笺、信封、各类单据和书刊等，年销售收入95万元。1998年底，有职工48人，账面资产300万元。1999年6月，县民族印刷厂改组为陇川县印刷有限责任公司，后改名为“陇川县彩色印刷有限责任公司”。

【集强林竹产业有限责任公司】 属民营企业，2004年建厂，位于陇川县城子镇，占地面积1.21万平方米，建筑面积3600平方米，有生产设备24台套，注册资金500万元。主要经营竹类产品种植、加工、野菜干制品、蔬菜加工销售等。产品销往北京、四川、上海、山东、昆明等地。年产值上1000万元，员工90人。

【松源竹业有限公司】 属民营企业，位于陇川县城子镇，2005年2月成立，注册资金700万元，占地面积1.78公顷，建筑面积9180平方米，有员工31人。主要从事麻竹资源开发、收购、加工、销售，实行“公司+基地+农户”经营模式。主要生产“保鲜”品系列产品，年产值200多万元。

【叁象粮油有限责任公司】 位于陇川县章凤镇，其前身为赵四精米加工厂，成立于2000年6月，注册资金30万元，员工8人，占地面积2574平方米，建筑面积1900平方米，年销售收入600万元。主要从事粮食收购、加工、批发、零售，采取公司+基地+农户的模式运作。

【阿昌粮油有限公司】 属民营企业，位于陇川县户撒乡芒炳村，建于2004年，注册资金70万元，占地面积8190平方米，有员工14人。主要从事粮油（稻谷、油菜籽）收购、加工、批发、零售等。先后在户撒乡曼炳、保平、项姐等11个行政村建立滇陇201、红根须等稻谷品种和优质油菜籽种植示范基地33.33公顷。拥有日生产能力65吨的精米加工规模，年销售收入3000万元，产值2600万元。

【粮油工业公司】 县粮食局下属独立核算企业，与县饲料公司、粮油议价公司合并而成。主要从事粮油经营及粮油制品加工、饲料加工、种植、养殖、机电修理。2002年，该公司无法维持经营，被迫停厂停业。2004年，改制解散。

【县精米厂】 隶属县粮食局，1993年建立，拥有国家食品许可证。该厂设计生产能力为50～80吨/日，年加工生产总量达4.5万吨。2002年，改制破产重组。

【县商业局食品厂】 位于陇川县城子镇，占地面积6100平方米。与县皮革厂、印刷厂合并统称综合厂，先后归县工交局、县商业局管理。20世纪80年代，皮革、印刷厂先后划出，县综合厂改称县食品厂。1993年，有职工29人。产品有芝麻酥、蛋

陇川县粮油工业公司面粉、面条加工

黄酥、燕窝酥、冰糖蛋糕等62个品种。2002年底，全厂资产总额99万元，资产负债118万元，职工27人，其中退休职工16人。2004年4月，改制解散。

【魔芋精粉厂】　属乡镇企业，是1996年全县“18”生物工程开发项目之一，设计规模为日处理魔芋20吨，年处理量2000吨，产精粉180吨，项目建设总投入500万元。1997年建厂，并从大理引进500吨“金江”白魔芋良种分别在全县各乡镇试种，11月建成投产。1998年，该厂投入资金399万元进行技改扩建。

【饵丝厂】　属乡镇企业，1997年建厂，位于城子镇，注册资金11万元，资产总额200万元，当年实现销售收入40万元，上缴税金2万元，有职工40人。主要从事饵丝生产加工兼养殖业。

【章凤饮料厂】　属乡镇企业，1994年引进资金及德宏州食品总厂技术，由陇川县景颇族自筹部分资金筹办，有固定资产126万元。1996年申请新增西番莲原汁加工生产线。

【民族塑料制品厂】　位于陇川县城子镇，1989年8月筹建，1990年6月挂牌试产，1991年9月完成技术改造工程，同年10月12日第二次投产运行。隶属原商业局与兴安商号合资经营，固定资产200万元，职工76人。主要生产白糖袋、茶袋、化肥袋等，年生产编织袋能力240万个。1996年6月，该厂由于资金缺乏，由四川省丹棱机电公司峨眉山分公司兼并。1997年，资产总额286万元，负债总额602万元，职工31人。1998年4月，宣布破产。

陇川县民族塑料制品厂

【锦源亚麻有限公司】　属乡镇企业，2003年6月投入建设，2004年投产，注册资金66万元，资产总额550万元（固定资产350万元，流动资产200万元），职工39人，年产亚麻150吨。2004年，收购加工亚麻1161吨。该企业由于原料、资金、技术等原因，2007年被迫停产转让。

【姐乌乡轮窑厂】　属乡办集体工业，1985年开工生产，占地面积2万平方米，机械总动力159千瓦，有职工35人，年产砖300万块。1986年，该厂曾与芒市水泥厂联合开发星火项目，利用煤渣制作水泥粉磨砖，共生产1000多吨。1990年，该厂生产机制红砖130万块。后因资金、销路等原因停产。

【章凤建材厂】　属乡镇企业，位于章凤公路旁，20世纪80年代建厂，主要生产空心砖，是全县较早生产空心砖的建材企业之一。就地取沙，运销方便。

【章凤德川砖厂】　属乡镇企业，1991年建厂，先后投资63万元。该厂原属股份制合作企业，由于连续亏损，1998年清产后转为私营企业。

【花岗板材厂】　属陇川农场企业，1994年建成投产，位于陇川县陇把镇，占地面积1万平方米，年设计生产7500平方米板材，总投资240万元。

【县建筑公司】　由原修建社办公室、南伞瓦厂、红砖瓦厂、璋毕河瓦厂等全民所有制企业撤并组建而成，属所有制企业。1996年，有职工109人，其中退休20人。同年底，按照“先终止，后重组”的办法，重组转为陇川县建筑实业公司，属股份合作制企业，由原企业资产变现后安置职工。公司重组后，职工80人，年产值266万元，后发展为恒源建筑公司。

【城子自来水厂】 隶属县城建局，创建于1983年，日供水600平方米。2004年3月，该厂资产总额154.26万元，负债15.31万元，净资产138.91万元，有职工15人，其中在职11人，退休4人。2005年3月，县城建局将城子自来水厂改制。

【章凤自来水厂】 属事业单位企业管理，主管部门为陇川县水利局，始建于1988年。经营项目为自来水、水管器材、建材（钢材、水泥）、太阳能安装及修理，兼营自来水设备安装、修理。1998年，县城迁移至章凤后，该水厂经3次改扩建，日处理水规模由500立方米上升到1万立方米。2001年，该水厂在章凤拉影扩建供水项目。至2003年9月30日，水厂有账面资产1198.33万元，负债430.79万元，资产负债率35.95%。有职工35人，其中正式职工28人，临时工7人。2003年12月，依法改制为云南陇川鹏程自来水有限责任公司，属国有控股的有限责任公司。

三、手工业

【户撒民族刀具厂】 位于户撒乡芒东，原属集体企业，占地面积5000平方米，职工32人，有固定资产28万元。主要生产藏刀、腰刀、蒙古刀、景颇刀、彝族刀、武术剑及各种长短剑、手持刀等30个品种。1983年，分别被州、省评为优质产品。1986年，被国家民委和轻工部批准为民族用品定点生产厂。1987年，被国家轻工部评为部优产品。产品畅销全国各地以及港澳地区，外销缅甸、德国及南美。1997年11月，刀具厂作为乡镇企业划归户撒乡政府管理。

【银器加工村—李曼杲】 位于户撒和腊撒分界处，全村有银器加工户49户，占总农户的72%，专业从事银首饰加工生产的劳力有77人，占总劳动力的36%。该村能加工银花、银簪、帽花、银链、银泡、银扣、耳环、项圈、银镯、银箍、银戒指、银烟盒、银表、腰链、腰铃、大要、银刀壳、银锁、银佛、银铃等20多个品种。所生产加工的银器首饰品远销保山、大理、西双版纳、丽江及四川等地区。1996年，该村银器加工纯收入6.4万元，占全村总收入的34%，业务人员年均纯收入901元，最高的收入5000元。

【县民族家具厂】 1978年前建立，位于陇川县城子镇，占地面积2.36万平方米，有职工30人。主要产品有木制家具、藤编制品。1985年末，全厂动力机械能力92千瓦，工业产值11万元，固定资产6万元。家具厂前身为“五七”工厂，先后属县手管局、县二轻局、县工业局管理。1998年3月，陇川县对民族家具厂改制，实施整体解散。

【县木制品厂】 属原城镇二轻企业，位于陇川县城子镇，从原家具厂、缝纫社分流出来人员，组建县木制品厂，职工6人。主要生产鞋栓磨具等。1998年5月，县木制品厂由集体企业改组为私营企业。

【竹器社】 属原城乡企业局管理，位于陇川县城子镇，1962年11月建厂，主要生产粪箕、竹箩、背箩、竹席等产品。1988年停厂，1996年5月一次性安置。

【户撒瓷厂】 属乡镇企业，位于户撒乡曼炳村，1989年建厂，先后投资85万元，主要生产日用陶瓷、橡胶碗、建筑瓷砖等产品。1994年停产，1995年向人民法院申请依法破产。

【陶瓷厂】 位于陇川县城子镇，原属“五七”工厂的陶瓷车间。主要生产各种陶瓷产品，有大小翁、罐、各式花瓶等。原属县手管局、二轻局、工业局管理。1994年9月，县陶瓷厂由集体所有制企业转变为私营企业。

第四节　工业技术改造

1980年开始，县政府通过国家扶持、银行贷款和经济合作等方式，多方筹措资金，加强对企业的技术改造。

1985～1998年，景坎糖厂通过技术改造扩建两次。1992年，县印刷厂筹资50万元增建彩色印刷生产线。1994年后，县章凤皮革厂筹资增加鞣革、分层、喷浆设备及工艺，城子皮革厂增加制革工艺，县食品厂增加果脯生产，县酒厂引进生产木瓜酒工艺、果酒和饮料生产线。1997年，甸川章凤制药厂申请建设扶持资金，获得省级财政资金500万元。1998年7月，陇川县双龙制品工业有限公司技改，投入资金30万元。同年，城子民族皮革厂技改投资20万元，电力公司搬迁建设技改投资40万元。

2001年7月，章凤水厂拉影供水扩建工程项目，投资700万元。2002年3月，陇川糖厂锅炉技术改造。2002年3月，陇川县魔芋精粉厂"湿法高纯魔芋精粉及葡甘露聚糖复配胶生产"申请技改立项，技改后年生产能力达120吨。同年3月，章凤制药厂GMP厂房及固体剂改造投资1570万元，2004年6月完成。

2003年，卓信硅业有限公司，进行除尘改造，投入资金360万元。同年，魔芋精粉厂扩规（日处理鲜魔20吨到50吨）投资399万元，景坎糖厂对清净、煮炼车间等设备技术改造投资143万元。

2004年，福斯特实业有限公司资源综合利用技改，申请贷款贴息补助133万元。同年，甸川公司章凤制药厂申报GMP技改项目专项补助，获得省级贴息补助资金70万元。

2005年，申报集强林竹、新中山茶厂等4个项目技改贷款贴息资金，其中2个项目获得省级补助资金115万元（集强65万元、新中山50万元）。同年，陇川糖厂申请扩建，由日处理甘蔗1500吨扩建到日处理甘蔗3000吨规模。

第二章　乡镇企业

1980年，全县有138个集体企业，社队企业总收入占全县国民总收入的6.5%。1988年，根据中央《关于开创社队企业新局面的报告》，陇川县正式把县城乡集体企业管理局改为陇川县乡镇企业管理局。全县乡镇企业在国家"积极扶持、合理规划、正确引导、加强管理"方针指引下，随着农村经济体制改革的深化，得到发展。2005年，全县乡镇企业发展到2434户，完成总产值6808万元。

第一节　企业经营

1980年统计：全县10个公社52个大队605个生产队中，有公社、大队办集体企业138个。其中公社办88个，大队办50个，从业人数1205人，总收入213万元。私营农业种植、养殖和手工业、商业共315户，从业人数1800人，总收入89万元。手工业主要有打制民族刀具、锄头、镰刀、砍刀等；工业主要有铸犁头、烧砖瓦、烧石灰、挖煤、碾米、加工饵丝、做米线、榨油等；建筑业主要有城镇建筑工程队和农村建筑队等。

陇川县华凤造纸厂全景

1984年，全县有乡镇企业75个，总收入485万元，年产精制红绿茶500吨、煤1万吨、建材砖158万块、瓦282万块、酿酒89吨。

1993年，有乡镇企业3437个（含个体），转移农村劳动力4837人，总收入6819万元，占全县国民经济总收入（2.51亿元）的31.6%，缴纳税金424万元，占全县财政收入（2434万元）的17.42%，固定资产3389万元。

2005年，有乡镇企业2434户，营业总收入7810万元，总产值6808万元（现价），其中工业总产值2389万元，增加值4492万元，税金297万元。从业人员3769人。

第二节　乡镇企业改革

1998～2000年，根据省、州文件精神，对1998年12月31日以前，在各级工商部门注册为集体性质的乡镇企业，均列入乡镇企业改革范围。全县共有15户乡镇企业列入改革范畴。1998年，对3户进行试点改革。2000年，改革全面完成。

陇川县改革后的乡镇个体私营企业有：章凤综合加工厂、茶叶初制所、县精制茶厂、县姐乌茶厂、县建筑队、县砖瓦窑厂、德川砖厂、户撒朗光电站、护国电站、广瓦电站、清平鱼塘寨电站、章凤甘蔗基地、章凤酱油厂、华泰商号、章凤商号、坪山商号、南畹商号、县魔芋精粉厂、县精米加工厂、县花岗板材厂、县饵丝厂、县锦源亚麻有限公司、县鸣川造纸厂等。

1995～2005年陇川县乡镇企业情况统计表

表15—7　　　　单位：户、万元、人

年度	企业数	总产值	资产原值	营业收入	上缴税金	从业人员
1995	5612	12287	6185	13667	313	10605
1996	7021	18167	7426	19900	969	11636
1997	8014	24153	8949	26220	465	13774
1998	8633	30918	10830	34087	615	15289
1999	9757	37283	11726	41533	736	17279
2000	10954	4925	3654	4801	254	17781
2001						
2002	2174	3624		6703	352	3140
2003	2310	5602		7219	363	3394
2004	2371	5811		7262	268	3547
2005	2434	6808		7810	297	3769

备注：2001年资料遗失。

第三章　电力工业

1978年前，已建成小型水电站28座，装机容量为3726.5千瓦，分布在全县11个公社。20世纪80年代，县委、县政府重视电力的发展，发挥陇川水资源优势，先后投资建成户撒河一级、二级电站，装机容量为9500千瓦，逐渐取代原先建立的小型水电站。2004后，投资建成别乃河、南宛河等一批中小型水电站，装机容量为1.46万千瓦。

第一节　供电体制改革

陇川县电力公司第四届二次职代会合影

1979年5月，户撒河发电厂供电后，下设城子、章凤供电所和外线队，隶属县工交局管理。1981年，发电、供电分家，设发电厂和外线队。1982年1月，组建陇川县电力公司，归属县工交局管理。公司下设会统股（包括供销）、生产技术股、人事秘书股、调度股。直属单位有户撒河电站、星火电站、散含河电站、户撒供电所、章凤供电所（包括火力发电站、章凤降压站）、城子供电所（包括城子降压站），各所、站均配备负责人和管理人员。

1984年2月，电力机构改革，电力公司划归县水利电力局管理。2000年2月，陇川县电力公司以电站、变电站及35千伏以上线路实物资产，作价出资加入云南德宏电力股份有限公司。2002年10月，又将经营的电力资产和债务以增资扩股的方式合并纳入德宏电力股份有限公司，更名为云南德宏电力股份有限公司陇川供电公司。2005年，有在职员工265人。

第二节　电源建设

一、火电

1981年3月，景坎糖厂自备火力发电机1000千瓦；1985年4月，扩建二分厂新装机3000千瓦；

1998年4月，扩建一分厂更换原装机为6000千瓦。

1983年，陇川糖厂（陇把）新建1台B1.5-2 4/3型汽轮机1500千瓦。1989年7月，新增1台B1.5-2 4/3型汽轮机1500千瓦。

二、水电

20世纪70～9 0年代初，陇川县共建成小水电站29座，装机总容量为3726.5千瓦。分布于全县农村。80～90年代，户撒河一级、二级电站建成后，逐步取代原建多数小电站，只有少量电站尚在运行供电。2004～2008年，全县先后新建成南宛河一级电站，装机容量为500千瓦；护国乡电站装机容量为1×1000千瓦；别乃河一级电站，装机容量为2500千瓦；别乃河二级电站装机容量2×4000千瓦；别乃河三级电站，装机容量为3×630千瓦。

【户撒河一级电站】 1978年10月，陇川县户撒河一级电站正式运行发电。1979年5月，架通户撒河电站至县城城子、章凤47.2千米的35千伏线路，章凤、城子变电站竣工后送电。1994年11月，户撒河电站扩建竣工，新增装机容量2500千瓦，总投资850万元。2005年，户撒河一级电站发电量2006.7万千瓦/小时。

1979～2005年户撒河一级电站发电量统计表

表15—8

年度	年发电量（万千瓦/小时）	年度	年发电量（万千瓦/小时）	年度	年发电量（万千瓦/小时）
1979	58.25	1988	735.91	1997	1277
1980	135.21	1989	887.4	1998	2065
1981	252.29	1990	983.36	1999	2215.78
1982	544.59	1991	983.96	2000	2138.01
1983	682.79	1992	896.46	2001	1821.78
1984	585.61	1993	926.07	2002	2414.92
1985	682.48	1994	676.61	2003	1983.55
1986	739.41	1995	1217	2004	1520.63
1987	866.13	1996	1763	2005	2006.7

【户撒河二级电站】　1991年5月，户撒河二级电站破土动工，1993年9月建成发电。（详见工业企业章第三节）

户撒河二级电站

1993～2005年陇川县户撒河二级电站发电量统计表

表15—9

年度	年发电量（万千瓦/小时）	年度	年发电量（万千瓦/小时）	年度	年发电量（万千瓦/小时）
1993	563.08	1998	1589	2003	3915.65
1994	2017.89	1999	1606.78	2004	1527.29
1995	1659	2000	2888.32	2005	3300.5
1996	2117	2001	2645.96		
1997	1354	2002	4247.77		

第三节　电网建设

1979年，陇把总厂、章凤地区的10千伏主干线路建成供电。1980年4月，章凤至景罕12千米10千伏主干线路架通供电。1981年，户撒河电站至户撒乡17千米的10千伏线路架通开始供电。1983～1984年，城子至景罕、城子至邦瓦、城子至清平、户撒至朗光10千伏主干线路架通供电。1985年，全县10千伏线路总长174千米。1987年9月，章凤至缅甸洋人街8.2千米的10千伏线路架通供电。1989年5月，景罕至曼面、曼软12.7千米的10千伏主干线通电。2001年9月，启动农网改造工程。

陇川县农网建设与改造（一期）工程竣工省级验收会议

陇川县一、二期农网建设与改造涉及11个乡镇，38个村委会，213个自然村。一、二期农网建设与改造工程全部通过省级验收达标。

第一期工程：于2001年9月开工，至2002年3月完工。新建35千伏拉影线路10.11千米，投资229万元；新建改造10千伏线路93.28千米，投资305.52万元；新建改造0.4千伏线路177.28千米，投资584.07万元；新建、更换配电变压器136台，投资336.56万元；完成一户一表13252户，投资156.81万元。一期工程投资总计1611.96万元。

第二期工程：2002年7月开工，至2002年10月完工。新建改造10千伏线路138.55千米，投资94.1万元；新建、更换配电变压器83台，投资152.81万元；新建04千伏/0.22千伏线路138.55千米，投资385.24万元；完成一户一表5505户，投资26.48万元。第二期工程投资总计658.63万元。

第四节　农村电气化

一、农村初级电气化

1991年，陇川县被列为全国第二批农村初级电气化县。电力部门结合陇川县实际，制订《陇川县农村初级电气化规划》，报省、州上级部门批准。

1993至1995年6月，新建35千伏户撒变电站1×1000千瓦时，投资101万元。1994年3月至1995年1月，新建35千伏清平变电站1×1000千瓦时，投资97万元；新建城子、清平变电站35千伏线路17千米，章凤至景罕35千伏线路12千米，户撒T接户撒变电站3千米，总投资174万元；新建10千伏线路56千米，新增配电变压器45台，0.4/0.22千伏线路65千米，总投资248万元。全县电网建设总投资620万元，农村初级电气化工程总投资3359.4万元。至2005年，全县通电户达91.78%，人均用电量达205千瓦时，户均生活用电量达230千瓦时，以电代柴占总户数的31.2%。设备完好率98%，电压合格率99%。实现省级验收达标。

二、“十五”农村电气化建设

陇川县“十五”水电农村电气化建设于2001年9月开始至2004年8月结束。2005年9月通过省级验收达标。

工程总投资3937.37万元。新建35千伏护国变1×1000千伏安（前期先上1台），投资339.45万元；新建35千伏拉影变1×3150千伏安，投资166.01万元；改造35千伏陇把变电站，投资146.77万元；新建清平变–护国变35千伏线路，12.5千米，导线LGJ–120，投资225.92万元；新建110千伏章凤变–拉影变35千伏线路10.11千米，导线LGJ–95，投资146.77万元；新建（改造）10千伏线路127.83千米，投资421.58万元；新增（更换）配电变压器230台，1.35万千伏安，投资505.73万元；新建（改造）0.4/0.22千伏线路333.8千米，投资907.9万元；改造一户一表1.93万户，投资192.77万元；完成35千伏清平变电站间隔工程，投资68.74万元；完成电网入地工程10.2千米，箱变9台，投资815.73万元。

通过“十五”农村电气化建设，全县通电户达到97.3%，人均用电量达到966千瓦时，户均生活用电量达到603千瓦时，以电代柴占总户数的41%。设备完好率100%，电压合格率99%。

第四章　蔗糖产业

1978年4月，县委、县政府成立县蔗糖办公室，加大全县蔗糖产业发展，至年末，全县种植甘蔗0.13万公顷，制糖工艺及成品为土法炼制红糖。20世纪80年代，陇川先后建成两座大型机制白糖厂。按照县委、县政府“坝甜山香”发展战略，全县甘蔗生产逐渐由旱地扩大到水田，由坝区发展到山区。1998年9月14日，云南省政府正式将陇川县列为全省糖料基地县。2001年，国家农业部把陇川列为国家优质糖料基地县，加大对陇川蔗糖业的扶持力度。至2005年，全县甘蔗种植面积达1.67万余公顷，产量134.71万吨，甘蔗产值占全县农业产值的70%～80%，两个糖厂上缴税金占全县财政税收的15%～50%。

第一节　制糖企业

一、陇川糖厂

陇川糖厂又称陇把糖厂，位于陇川县陇把镇，厂区占地面积9.75万平方米，始建于1958年，1961年2月投产，是德宏州第一座机制白糖厂（详见农垦编）。

1979～2005年陇川糖厂若干榨季经济指标完成统计表

表15—10

指标名称	单位	79/80榨季	84/85榨季	89/90榨季	94/95榨季	99/00榨季	02/03榨季	05/06榨季
总榨蔗量	吨	40509	116350	100526	116665	198856	233246	244483
平均日榨量	吨	457	1243	1190	1436	1934	1980	1987
白糖产量	吨	4320.7	13598.4	11254	13337	22701	26258	28605
总回收率	%	83.06	86.18	86.88	86.26	85.66	84.34	85.57
产糖率	%	10.69	11.69	11.2	11.43	11.42	11.26	11.70
产品合格率	%	98.69	98.82	100	100	100	99.55	99.76
标煤与蔗比	%	9.56	7.19	5.88	5.72	5.63	6.04	5.91

续表15-10

指标名称	单位	79/80榨季	84/85榨季	89/90榨季	94/95榨季	99/00榨季	02/03榨季	05/06榨季
酒精产量	吨	330	555.61	697.52	809	2356	2337	2005
白糖成本	吨/元	553.51	586.01	1231.16	1539.21	1819.28	1810.50	1821.69
酒精成本	吨/元	585.31	729.18	1037.21	922.62	1830.33	1868.19	2040.56
税金总额	万元	171.77	335.42	342	563.99	513.45	1042.53	705.97
利润总额	万元		217.81	189	458	-906	-209	746
全员生产率	元	11454	26097	22329	62068	116043	170282	154776
工业总产值	万元	480.2	1432.72	1706	3705	6742	7543	8048
安全生产率	%	95.81	96.93	99.51	99.85	100	100	99.10
年末职工数	人	423	523	565	534	494	443	400

二、景坎（罕）糖厂

1979年筹建，1981年投产，日处理甘蔗500吨。1984年，扩建为日处理甘蔗2500吨，固定资产5160万元。1997年，新建日处理甘蔗3000吨生产线1条，企业资产增至2.51亿元。当年达到日处理甘蔗5500吨，日产酒精8000公升，年产精制糖0.6～1万吨，年产复合肥5万吨的生产规模。

甘蔗运输车队

1991年，景坎糖厂获国家二级计量合格证，省级档案管理先进企业。1992年，获国家一级计量合格证。1995年，第五十届国际统计大会中组委会、国家统计局、国家技术进步评价中心授予“中国制糖行业十强企业”称号。

2002年，根据省委省政府关于整合制糖产业，做大做强蔗糖产业的总部署，景坎糖厂改制为有限责任公司，被英茂集团收购重组为英茂德宏糖业公司。同年10月21日，新公司挂牌运营，全厂837名职工中，有834名签订解除劳动关系终止国有身份合同书，其中：续签就业604人，自谋职业132人，离退休（含内退）95人，其他形式安置6人。

1981～2005年景坎（罕）糖厂若干榨季经济指标完成统计表

表15—11

指标名称	单位	81/82榨季	84/85榨季	89/90榨季	94/95榨季	99/00榨季	01/02榨季	05/06榨季
总榨蔗量	吨	54404	61061	217466	245436.67	567785.974	443189.73	812143.11
平均日榨量	吨	597	694	2174	2340.9	4745.549	5262.91	6501.046
白糖产量	吨	5756.53	6296.65	17399	27162.175	57762.825	47764.55	102656.1
总回收率	%	80.35	75.7	81.5	84.74	83.00	85.10	88.50
产糖率	%	10.58	10.31	8.1	11.07	10.17	10.78	12.64

续表15-11

指标名称	单位	81/82榨季	84/85榨季	89/90榨季	94/95榨季	99/00榨季	01/02榨季	05/06榨季
产品合格率	%	98.64	96.78	96.54	97.49	97.85	99.61	100
标煤与蔗比	%	8.36	7.36	6.84	7.37	6.46	6.71	5.67
酒精产量	吨	323.26	498	1478.6	1786.889	5538	4309.975	6203.08
白糖成本	吨/元	1189	718	1632				1880.13
酒精成本	吨/元	675	642	1269				2497.72
税金总额	万元	140	130	352.4	1062	1476.2	1018.2	4599.6
利润总额	万元	33	56	–192	1047	1509.1	–2714.6	13500.6
全员生产率	元			27056				
工业总产值	万元	600	690	1930	10771	16114.9	11845.6	17131.1
安全生产率	%	90.34	97.13	96.54	98.02	99.42	99.42	99.76
年末职工数	人	301	571	680	817	745	763	549

1978～2005年陇川县制糖业上缴税金一览表

表15—12　　单位：万元、%

年度	上缴税金			县财税收入	比重	年度	上缴税金			县财税收入	比重
	合计	其中					合计	其中			
		景坎糖厂	陇川糖厂					景坎糖厂	陇川糖厂		
1978	152	0	152	273	55.7	1992	1298	980	318	1761.1	73.7
1979	172	0	172	276	62.3	1993	1402	827	575	2434	57.6
1980	167	0	167	297.3	56.2	1994	792.18	480.37	311.81	2760	28.7
1981	257	28	229	392	65.6	1995	2218.28	1245.56	972.72	3329.7	66.62
1982	409	140	269	561	72.9	1996	1921.7	1407.18	514.52	5115	37.57
1983	520	238	282	563	92.4	1997	1877.39	1154.02	723.37	4360	43.06
1984	607	272	335	636	95.4	1998	1241.11	719.63	521.48	4662	26.62
1985	309	130	179	613.3	50.4	1999	1223.67	879.22	344.45	4224	28.97
1986	489	292	197	756	64.7	2000	2200.84	1533.95	666.89	5115	43.02
1987	589	342	247	934	63.06	2001	2332.32	1746.39	585.93	5780	40.35
1988	824	502	322	1651.7	49.9	2002	1770.04	1082.72	687.32	5884	30.08
1989	638	296	342	2106.5	30.28	2003	1365.77	1174.54	191.23	6038	22.62
1990	620	352	268	1815.2	34.16	2004	2508.59	2034.06	474.53	5711	43.92
1991	989	534	455	1818.2	54.39	2005	2444.62	1547.52	897.1	6950	35.17

第二节　甘蔗种植

一、种植规划

1978年，陇川甘蔗种植面积1346.67公顷，甘蔗产量5.4万吨。

1985年，甘蔗种植面积发展到6133.33公顷，甘蔗产量28.2万吨，甘蔗收入占农民收入的1/3。

1995年，陇川县委、县政府利用全县土地资源，在原有蔗糖生产的基础上，扩大甘蔗种植面积。

2000年，由于市场原因，白糖滞销，糖厂无法兑现农民甘蔗款，全县甘蔗种植面积下滑到1.13万公顷，产量下滑到73.4万吨，县委、县政府制定措施继续巩固蔗糖产业发展。

2001年，农业部把陇川列为国家优质糖料基地建设县，加大对陇川蔗糖业扶持力度。

2001～2003年，陇川甘蔗生产得到恢复发展，种植面积发展到1.69万公顷，产量达到143.7万吨。

2003年，陇川提出“坚决巩固蔗糖产业，要在稳定甘蔗生产总面积的基础上，扩大水田甘蔗种植面积，适当调减山地甘蔗，加快甘蔗良种推广步伐，扩大吨糖田基地建设规模，使全县甘蔗生产面积稳定在1.73万公顷左右，水田面积达到8000公顷，甘蔗总产达130万吨”。

2005年，陇川县甘蔗面积达1.67万公顷，总产量134.71万吨，比1978年分别增长11.36倍和23.96倍。

1978～2005年陇川县甘蔗种植统计表

表15—13　　单位：公顷、吨、万元

年度	面积	产量	产值	年度	面积	产量	产值
1978	1347.2	53865	9.97	1992	7587.67	488176	4393.6
1979	1837	66315		1993	6288	380164	3801.6
1980	2407.33	95477		1994	6693.8	421597	6661.2
1981	3304.4	157661	682.67	1995	7150.2	437048	6992.8
1982	3831.27	221741	960.13	1996	8341.07	556589	10575
1983	4077.2	228456	989.21	1997	9505.93	669589	13258
1984	4340	245610	1063.5	1998	12340.2	862444	15524
1985	6103.07	281845	1691.1	1999	12496.13	944503	17001
1986	5397	311016	1866.1	2000	11269	733853	10640
1987	5843.73	330659	2248.5	2001	12438.13	920242	13343
1988	5576	312958	2816.6	2002	16452.93	1389080	20141
1989	5729.6	335210	3352.1	2003	16860.47	1437338	20841
1990	6370.67	399349	3993.5	2004	17467.4	1154722	17320
1991	7617.47	452098	3955.9	2005	16692.47	1347076	26478

1978～2005年陇川县甘蔗农业产值及人均收入一览表

表15—14　　　　　　　　　　　　　　　　　　　　　　　单位：万人、元、万元、%

年度	农业人口（万人）	人均甘蔗收入（元）	甘蔗产值（万元）	全县农业产值（万元）	占比%	年度	农业人口（万人）	人均甘蔗收入（元）	甘蔗产值（万元）	全县农业产值（万元）	占比%
1978	9.95	1	9.97	1858.00	0.5	1992	12.30	333	4393.6	17475	25.1
1979	10.13			1835.00		1993	13.34	285	3801.6	16310	23.3
1980	10.36			2846.11		1994	13.4	497	6661.2	18131	36.7
1981	10.65	64	682.67	3524.00	19.4	1995	13.41	522	6992.8	19764	35.4
1982	11.02	87	960.13	4087.00	23.5	1996	13.43	787	10575	21495	49.2
1983	11.21	88	989.21	4240.00	23.3	1997	13.55	978	13258	—	—
1984	11.40	93	1063.5	4447.00	23.9	1998	13.71	1129	15524	20632	75.2
1985	11.63	145	1691.1	4918.00	34.4	1999	13.19	1289	17001	19907	85.4
1986	11.90	157	1866.1	5284.00	35.3	2000	13.42	767	10640	23998	44.34
1987	12.17	185	2248.5	5823.00	38.6	2001	13.55	962	13343	22741	58.67
1988	12.36	228	2816.6	6160.00	45.7	2002	13.62	1451	20141	23916	84.22
1989	12.64	265	3352.1	6180.00	54.2	2003	13.68	1499	20841	28387	73.42
1990	12.91	309	3993.5	15636.00	25.5	2004	13.80	1242	17320	27348	63.33
1991	13.01	303	3955.9	17060.00	23.2	2005	13.53	1892	26478	36006	73.54

二、栽培与管理

20世纪60年代前，陇川县甘蔗栽培主要是旱地春植，播种时间2～4月，因低温干旱的影响，出苗差，管理粗放，产量低。

20世纪70年代后，实行“两改一加强”的栽培制度改革。一改旱地春植改秋植。秋植是在8、9、10月种植，此时气候高温高湿，有利于甘蔗早生快发，出苗齐，分蘖早，成茎率高，避免了旱地春植之短。秋植是旱地高糖高产栽培重要途径。1972年，全县试种1.33公顷秋植甘蔗获得成功，之后年均种植66.7公顷。90年代，突破666.7公顷。2005年，发展到1.67万公顷。二改春植旱地为水田种植为主。春植田蔗利用灌水条件克服旱地缺水之短，只要选择高坝能排能灌水田种蔗都能获高产。1980年，陇川水田种蔗306.67公顷，2003年，达到6246.67公顷，占全县水田总面积1.29万公顷的48.5%。

1987年，县政府把以上两改总结为“秋植上山种地蔗，春植下坝种田蔗”的经验，向全县推广，并加强田间管理，提高种植技术，使蔗糖生产稳步发展。

【良种推广】　1980～1984年间，景坎糖厂蔗区以“71—388”“选蔗3号”“64—24”“76—2”“桂糖5号”“桂糖11号”为主。1985～1990年，引进“云蔗71—998”“农垦76—4”等高产低糖品种。1992年，高产低糖品种占陇川县甘蔗面积的80%，产量占90%以上。同年，建立13.33公顷良种基地，引进扩繁“梁蔗78—85”“78—337”“78—347”共2000多吨，对“陇垦76—4”“云蔗71—998”进行控制，加大其他早中熟良种政策扶持力度。1998年，陇川县被列为省级良种繁育基地，省级投资75万元，建成7公顷良种繁殖园。1999年，良种基地繁育出“新台糖10号”“川糖79—15”“新台糖20号”等品种600多吨，分配到各乡镇扩繁。其他良种“云蔗81—73”“云蔗89—151”“新台糖16号”“新台糖22号”也相继加大扩繁力度。2000年，全县建成良种园233.33公顷。2003年，推广新台糖系列10号、16号、19号、20号、21号、22号、25号及“粤糖86—368”“93—159”“桂糖17号”，其他良种有“陇垦80—27”“赣蔗8号”“德蔗86—1”“86—11”，德宏州甘科所培育的“93—88”“93—102”也列为良种进行推广。

甘蔗种植

【秋甘蔗种植】　1962年3月，陇川农场试验站秋播甘蔗0.2公顷总产55.9吨，每公顷平均产蔗279.45吨，创全州甘蔗单产最高记录。农场良种试验站和州甘蔗科研所，根据多年试验推广甘蔗良种的实践，结合陇川一年干湿两季，春旱严重，缺水灌溉的实际情况，率先提出在旱地秋植的思路，经过试验、论证，终于摸索出一条“旱地秋植蔗奔高产”的新路子。1975年起连续多年，出台秋甘蔗种植扶持政策，发展甘蔗生产种植。

【甘蔗下田】　1984年，县委、县政府出台“种植水田蔗，每公顷补助450元”的扶持政策，鼓励农户用水田种蔗。1985年，春种结束，陇川县田蔗种植800公顷（未含陇川农场）。

【良种单芽种植】　1981年，县甘蔗技术推广站在帮瓦芒崩下寨秋蔗用单芽直播试验，面积2.53公顷，品种“71/388”，采取双行三角对空下种，共用种14.4吨，平均每公顷用种5670千克，每公顷节约用种933千克。次年收甘蔗337.8吨，平均单产达133.35吨，效果好，但在种植与管理中技术要求高，蔗农怕麻烦，推广面积不大。1998年，县委、县政府出台“水田良种单芽种植，每公顷补助机耕费450元”的扶持政策，提高蔗农的生产积极性，推广面积有所扩大。

【梢头苗作种】 1984年，县委、县政府出台“甘蔗梢头作种，每公顷补助64.05元”的扶持政策，鼓励多用甘蔗梢头作种，提高甘蔗的出芽率和产量，全县大力推广。

【蔗叶还田】 陇川农场从70年代末至80年代初，连续几年进行蔗叶还田试验，增产5%～16%。1982年，开始在全县推广，每年267～333公顷，1990年突破667公顷，1995年达到1440公顷，占当年宿根面积90%。蔗叶还田采取隔一行盖一行，松蔸一回。蔗叶压制杂草生长，减少一回松蔸用工。蔗叶还田3年对土壤进行分析测定，有机质增加1%～2%，溶重减降13%，保水能力提高4.9%，甘蔗产量稳定上升。如丙印分场43.33公顷宿根蔗单产只有45吨，推广蔗叶还田后连续保持平均单产90吨。蔗叶还田的经验在全县得到推广，面积逐年加大。

【地膜覆盖】 1983年，县糖办和甘蔗技术推广站在麻栗坝基地进行0.13公顷甘蔗覆盖地膜试验，总结出甘蔗地膜覆盖栽培具有“三保促四高”的优越性，即保水、保温、保肥，甘蔗出苗早出苗率高、分蘖早分蘖率高、生长快成茎率高、成熟早产量高。1984年，县糖办在城子新寨种植3.33公顷示范，其中宿根蔗3.16公顷，春植蔗0.17公顷。1985年，宿根蔗盖膜平均单产80.7吨，比不盖膜（60吨）增加20.7吨，增长88.77%。新植春蔗盖膜单产106.2吨，比不盖膜（52.2吨）增产54吨，增长96.67%。1985年，州政府出台“农民使用地膜，蔗田一公顷补助75元”，县政府出台“甘蔗地膜覆盖，每公顷国家低息扶持300元，有收入后归还”的政策，推广甘蔗地膜覆盖。至1990年，5年累计推广地膜覆盖240公顷，平均每年48公顷，1987年突破66.67公顷达72.8公顷，普遍增产20%以上。1991年后，全县地膜覆盖栽培已形成制度，年年坚持年年扩大，到2001年已推广2133.33公顷，早砍宿根蔗、早播春植蔗地膜覆盖率达90%以上。

【甘蔗间套种】 1984年，县甘蔗技术推广站在城子新寨进行8.33公顷蔗地间种绿肥（小葵子）示范。其中秋植蔗3.3公顷套种小葵子，甘蔗每公顷产达120吨，0.3公顷不套种小葵子每公顷产90吨，相对照每公顷增产30吨，增长33.3%；春植蔗2.7公顷套种小葵子每公顷产82.5吨，对照0.3公顷不套种，甘蔗单产55.5吨，增产27吨，增长48.6%；宿根蔗2公顷套种小葵子，甘蔗单产88.5吨，对照0.3公顷不套种甘蔗单产54.9吨，增产33.6吨，增长61.2%。

三、技术推广

【化学除草】 20世纪80年代，全县开始推广甘蔗化学除草，每年推广面积200多公顷。1987年，县政府出台“甘蔗化学除草，经验收合格有效，每公顷补助7.5元”的扶持政策。1987年，全县推广面积1040公顷，占总面积的24.7%，封草和杀大草相结合。至1989年，景坎蔗区使用面积40%。90年代后，全县使用化学除草面积上升到50%。

【增施有机肥】 随着全县甘蔗种植面积扩大，使用有机肥面积减少，陇川农场把施有机肥作主要措施抓，制定“土壤肥料保证金”的方法，榨季结束按比例留部分资金作抵押，规定新播甘蔗亩施有机肥0.5～1吨，宿根蔗每个劳力0.2~0.33公顷，保证2/3以上甘蔗使用有机肥。20世纪80年代中期，大力推广使用腐肥，后因草煤资源限制而停。

【科学使用化肥】　全县化肥推广使用经历了3个阶段：第一阶段（1970～1979年）单纯的使用氮肥作追肥，开始一次性用尿素，撒在蔗沟内浅施，后来在农科人员指导下，结合培土采取深施，即先施肥后培土。以后发展按苗期、分蘖期、伸长期三次追肥培土；第二阶段（1981～1988年）推广磷肥，氮磷结合。经过土壤普查，陇川土壤普遍缺磷偏酸，在州甘科所指导下蔗地推广磷肥，一般用过磷酸钙作底肥，用普钙配合尿素作追肥，做到不施磷肥不下种。使用面积90%以上。第三阶段（1989～2000年）推广配方施肥。1989年，景坎糖厂复合肥厂建立后，甘蔗用肥就走向配方施肥新阶段，使用面积达100%。

【其他增产与增糖技术】　1984年，全县推广生长素“三十烷醇”6.67公顷。1988～1989年，分别推广“稀土”800公顷、595.47公顷。1989～1990年，分别推广“增产菌”“增糖灵”1000公顷、66.67公顷，还推广过“云大120”，叶面肥、硫肥等，都有一定效果，但没有坚持下来。1988年，县政府出台喷施“农乐稀土”每公顷补助15元，采取免费供应稀土。每公顷奖励推广人员1.5元的扶持政策。1989年，县政府又出台“施用增产菌每公顷补助4.5~22.5元”扶持政策，推广施用“增产菌”，效果好，两项全县推广施用面积666.67余公顷。1990年后，因使用增产菌成本高，停止推广此菌肥。

第三节　产业政策

一、收购价格

1975年，大甘蔗每50千克上等价1.85元，中等1.73元，下等1.60元；草甘蔗上等1.60元，中等1.50元，下等1.40元，等外1.20元。

1983/1984榨季，早中熟高产高糖品种、“桂糖9号”“桂糖3号”“71—545”“78—31”“赣八号”“71—388”“桂糖5号”“56—268”“64—24”“选蔗3号”“桂糖11号”共11个品种定为65元/吨，其他良种60元/吨。

1987/1988榨季，开始试行分品种定价。早熟种“78—31”“桂糖三号”“桂糖九号”“陇选一号”“71—545”“59—264”“71—95”“赣蔗8号”收购价格为62元/吨；中熟种“73—159”“桂糖11号”“56—268”“64—24”“选蔗三号”“云蔗71—388”“71—489”“70—611”收购价格为59元/吨；晚熟种和混杂种“71—998”“59—115”“海蔗4号”“台134”“76—2”“65—225”“65—314”等定为57元/吨。

1989/1990榨季，甘蔗收购价格100元/吨，开榨到4月底不分品种执行一个收购价，从5月1日开始在100元的基础上每超过1天累加1%。

1994/1995榨季，一类品种收购价格140元/吨，品种有“赣蔗8号”“农垦6号”“云蔗71—388”；二类品种收购价格130元/吨，品种有“陇垦80—27”“78—337”“川糖11”“桂糖11”“桂3号”“桂5号”“桂9号”“59—115”“78—347”；三类品种收购价格125元/吨，品种有早中熟品种；四类品种收购价格110元/吨，品种有“选蔗3号”“桂12”“71—998”其他晚熟、混杂品种；五类品种议价收购，品种有“76—4”。

2003/2004榨季，一类品种收购价格155元/吨，二类品种收购价格145元/吨，三类品种收购价格130元/吨，四类品种收购价格90元/吨，禁种品种收购价格80元/吨。

2005/2006榨季，优新良种收购价格195元/吨，品种有“新台糖20号”“粤糖93—159”“德育93—88”“CP65—357”；一类良种收购价格185元/吨，品种有“新台糖10号、16号、19号、21号、22号、25号”“粤蔗86—368”“川糖79—15”“德育93—94”“盈育91—59”“闽糖90—1022”“粤糖83—88”“82—882”“69—421”“梁蔗97—18”“云引10号、16号”“桂糖11号”；二类品种收购价格175元/吨，品种有“粤蔗79—177”“83—257”“59—115”“赣蔗8号”“瑞引29号”“德育86—1”“86—11”“云蔗89—151”“桂糖17号”“农垦80—27”“云瑞95—148”“大禹一号”“梁育95—1019”；三类品种收购价格150元/吨，品种有“梁蔗78—85”“78—337”“78—305”“78—347”“桂糖5号”“选蔗3号”“云蔗64—24”“农垦6号”“福农86—6017”“德育89—10”“86—33”“云福84—FB5”；劣质淘汰品种收购价格100元/吨，品种有“川糖11号”“弯甸75—25”“71—545”“76—16”“桂糖12号”“71—998”“76—4”“弥勒150”。

二、补助政策

1981年，秋甘蔗种植每公顷补助75元，良种每公顷补助150元，自用种1吨补助4元，调剂种统一补助买方每吨8元。

1984年，种植4个早熟种（71—545、78—31、桂糖9号、桂糖3号）每公顷补助225元；种植6个中熟种（桂糖11号、选蔗3号、56—268、71—489、桂糖5号、59—264）每公顷补助75元。新植田蔗1公顷补助450元。户均连片种0.7公顷以上或几户合作连片6.7公顷以上，每公顷补助75元，有劳力户向无劳力户承包转包土地种蔗，每公顷补助150元。新种户每种1公顷秋植蔗，补助120元。种植秋甘蔗每吨蔗种补助3元，补助给买方。凡本县居民向有土地户承包或转包土地种蔗，每公顷补助150元。用甘蔗梢头作种的，每公顷补助64.05元。

1987年，甘蔗地膜覆盖每公顷补助75元。甘蔗化学除草，经验收合格有成效，每公顷补助7.5元。实行甘蔗间套种每公顷补助7.5元。用梢头作种每公顷补助60元（州30元，糖厂30元）。水田轮作每公顷补助30元，旱地轮作每公顷补助15元。取消良种补助，实行调和补助。以运距超过5千米调入以下品种“70—611”“56—268”“78—347”“71—487”“陇选1号”及区内没有的良种（必须经蔗糖局

制糖车间一角

批准）每调1吨补助5元。

1988年，推广地膜覆盖，经验收合格每公顷补助150元，奖励推广人员每公顷15元。推广化学除草，每公顷原则上补助15元，采用降价补助，以区为单位完成化学除草任务每公顷奖励推广人员1.5元。蔗田大套种绿肥每公顷补助15元或降种子价格补助，每公顷奖励推广人员1.5元。喷施农乐“稀土”每公顷补助15元，采取免费供应“稀土”，每公顷奖励推广人员1.5元。运距超过5千米，推广蔗糖局规定的新良种每公顷补助75元，购买蔗糖局繁殖的良种每公顷补助增加75元。每种1公顷秋蔗验收合格，每公顷州补90元，糖厂补贴120元。户均连片种0.7公顷以上或几户合作连片6.7公顷以上，每公顷补助75元，有劳力向无劳力户承包转包土地种蔗每公顷补助150元。

1989年，新植水田蔗每公顷补助225元，新植水田蔗连片2公顷以上，每公顷奖励15元。推广地膜覆盖，每公顷补助150元，奖励推广人员15元。化学除草每公顷补助15元，不补到蔗农，补运杂费。施用稀土每公顷补助4.5元，奖励推广人员每公顷1.5元。间套种每公顷补助15元，由蔗糖局供应品种每公顷补助45元，奖励7.5元。秋甘蔗种植每公顷补助210元（州补90元，糖厂补120元）。运距超过5千米，推广蔗糖局规定的新良种每公顷补助75元。“繁殖80—27”“85—68”“桂糖12号”“弥勒150”“79—86”“79—8”的每吨补助60元（其中：补种款50元，补调运费10元）。开荒种蔗，每公顷补助开荒费150元。户均连片种0.7公顷以上或几户合作连片6.7公顷以上，每公顷补助75元。有劳力向无劳力户承包转包土地种蔗每公顷补助150元。蔗农交售1吨甘蔗（包括春秋全茎作种）奖平价氮肥5千克，普钙10千克，每新种1公顷（包括新扩翻种）供应平价氮肥450千克，普钙750千克，钙镁磷750千克。

1991年，种植1公顷水田蔗补助复合肥15包（40千克），种植1公顷秋甘蔗供应复合肥15包（40千克），良种调运每吨补助5元，扩繁规定的良种78—85、弥勒150、85—68、73—160、川糖11、79—8，每公顷补助675元。地膜覆盖每公顷补助450元。

1995年，1公顷春蔗补助15包复合肥。每种1公顷春植水田蔗供应尿素450千克，旱地供应300千克，入榨1吨甘蔗供应挂钩尿素5千克，价格1200元/吨。县内调运良种每吨补助10元，县外调运良种由公司负责运输费。2月28日以前种植春植水田蔗的农户每公顷补助地膜60千克，3月30日以前种植水田蔗（含前面不要地膜的农户）每公顷补助机耕费300元。每种1公顷秋蔗补助15包复合肥，供应管理肥尿素300千克（尿素价1200元/吨）。

2000年，1公顷甘蔗补助复合肥15包（46元/包），1公顷水田蔗补助现金450元。

2005年，每种1公顷甘蔗，补助复合肥15包（40千克，总养份含量28%）；每种1公顷水田蔗，补助地膜37.5千克。章凤五岔路至城子近引公路沿线两旁2千米范围内，每公顷补助15吨滤泥；对引进优新良种的种蔗户给予直补，标准为水田1500元/公顷，旱地750元/公顷。

第十六编　商贸　旅游

LONG CHUAN XIAN ZHI

LONG CHUAN XIAN ZHI

LONG CHUAN XIAN ZHI

第一章　国有商业

中共十一届三中全会后，陇川县党委政府贯彻改革开放的各项方针政策，依托传统商业网点和小额边境贸易优势，深化国有商贸流通企业改革，调整所有制结构，发展个体经济，加强商业网点建设，改革经济管理制度，实行承包经营和租赁经营，逐步建立现代化企业制度。1978年，全县有独立核算企业16户，全年购销总额2547.5万元，购进1337万元，销售1280万元，上缴利税63.6万元。1985年“国合”分家后，国营商业系统有干部职工336人，11个独立核算单位。年末，国有商业库存商品631.9万元，固定资产253.6万元，流动资金178.2万元。当年完成购销总额3435.7万元，完成利税68.7万元。2004年，国有商业改制结束。

第一节　商业体制改革

1984年，县商业局对所属国有商业部门进行改制，撤销三级批发站，成立民贸公司、五交化公司、医药公司。改制后，县商业局有下属公司9个、综合批发站1个、边民商号1个、中心商店10个。中心商店下属购销店28个、商办工厂2个，有核算单位24个、职工913余人。同年，全县国营总销售额5475万元，纯销售额2302.7万元；库存商品1211万元，国拨流动资金510.3万元，占商品资金的42.14%；利润总额110万元，固定资产579.9万元。

1985年，商业、供销分设。商业局下设公司6个、商号1个、综合批发站1个、商办工厂2个，有核算单位10个、库存商品631.9万元、国拨流动资金178.2万元、固定资产253.4万元。

1986年12月，县委、县政府调整和加强商业局的领导班子，制定3年奋斗目标，即“1987年刹住全县商业工作滑坡趋势，稳定干部职工思想，1988年打好基础，1989年争取全县商业工作翻身。”

1987年1月，县商业局在章风组织国营商业系统联合举办为期2天的“城乡物资交流会”。交流会采取进出口相结合、批发与零售相结合、现货与期货相结合的方式，两天零售食品19万元、批发调拨商品28万元，进出口商品25万元，总成交量72万元。春节在城子联合举办物资交流会，商品销售总额22万元。市场经济竞争的现代商业经营优势开始显现。

1988年1月，根据省政府召开的全省经济体制改革工作会议精神，按照县政府“所有国营企业，都要全面推行承包、租赁经营责任制，经济方面的各项改革，都要围绕这个精神来进行”要求，县商业局制定出3年任期目标责任制。统一向财政局签订合同，确定承包全县国营商业利润基数总额的递增比例。把利润承包基数分解下达到各企业，确定各企业的递增比例，同时下达各企业预计的超基数利润指标和企业法人领导班子集体承包的任期目标。采取各企业完成承包利润基数，完成超基数利润实行奖励制度。建立提取3项风险抵押金制度。实行承包、租赁和商业工业实行生产计件、定额工资制等。

1988～1990年，第一轮承包期3年，共创税利685.4万元，年均创利税228.5万元。其中1988年439

万元，1989年141.5万元，1990年104.9万元。3年超利润承包基数54.73万元，超计划41.47%。人均奖金1987年200元，1988年600元，1989年450元，1990年280元。承包者奖1500元，最高3500元。安排商业职工子女就业30余人，基本实现3年奋斗目标。

1991年，开始第二轮承包，与县政府签订承包合同，承包的利润基数为1991年30万元，1992年35万元，1993年40万元，3年共计105万元。

1992、1993两年，集团总公司行政经费由县财政拨发。1993年底，总公司设13个商业核算单位、4个合资企业，有职工732人，其中商业职工632人。

1994年开始，总公司自行解决行政经费，但仍保留原行政人员的编制及待遇。集团总公司设经理1人，副总经理3人。下设人事政工、边贸、石油、国内贸易、财务会统、信息公关等6个部门，采取二级核算、三级承包的办法。1996年12月，县政府机构改革，商业局转为企业单位，其行政职能交经贸委承担。同年，县国营商业集体总公司进行所有制改革，结束原有体制。

1997年，县商业局以县民贸公司为试点进行经营、价格、分配、用工“四放开”的改革。实行国家指导价与市场调节价并行和百元销售工资含量办法，优化组合，竞争上岗。2月，省商业厅边贸工作组抵达陇川，要求陇川县国营商业加速改革，实施职能转变，逐步把商业局办成经济实体。5月，县政府对《关于商业局改成经济实体——国营商业集团总公司》的报告做出批复，规定该集团总公司为全民所有制性质，实行总经理负责制。要求集团总公司从1992～1994年3年实行税利包死基数及递增的承包办法，即1992年上缴税利104.2万元。1993年递增15%。1994年在1993年基础上递增15%，包死基数及递增幅度，不因任何政策性变化和不可预测因素变更。

1997～2004年，对所属商业企业进行所有制改革。其间，1997年3月，收回陇川县工艺品供销公司（流通企业）承包经营，户撒刀具厂移交户撒乡政府企业办，县工艺品集团公司因资不抵债改为工艺品供销公司。1998年，完成县糖烟酒公司、章凤综合批发站的股份合作制的重组工作；章凤农副产品综合经营部一次性出售给内部职工，改为私营企业；县医药公司依法改组为有限责任公司；对资不抵债的民贸公司实施破产；县食品公司采取国有民营；建川商号整体解散；章凤农副产品经营部改为私营企业。至2004年，国有商贸企业改制工作全部完成。

第二节　商业企业

一、国营商业

【国营贸易总公司】　1988年底，县政府批准商业局在章凤口岸成立陇川县商业局国营贸易总公司，1989年秋，总公司停业。1990年，县商业局向银行贷款200万元，在章凤建盖商业大楼，由副局长王若南出任总经理（法人代表），恢复国营贸易总公司经营。2000年，商业机构改革，国营贸易总公司撤

陇川商业局国营贸易总公司

销，下属企业相继改制。

【章凤综合批发站】　1998年12月，改制重组陇川县章凤综合批发站，为股份合作制企业。2001年11月属地管理原则划转乡镇管理。

【县糖烟酒公司】　1998年9月，陇川县糖烟酒公司改制为股份合作制企业。2001年11月，按属地管理划转乡镇管理。

陇川县糖烟酒公司

【麓川商号】　1985年，成立陇川县麓川商号，系城镇二轻商贸企业，在昆明、瑞丽设有办事处。1998年，资产总额828.5万元，负债总额854.8万元，有职工8人。12月，商号转换为私营企业。

【县石油总公司】　1997年，陇川县石油总公司有职工55人，其中离退休14人，资产总额292万元，负债367万元（银行贷款238万元）。1998年11月，县石油总公司划转中国石油化工集团公司。

石油公司章凤加油站

【县物资公司】　1984年1月，成立陇川县物资公司，下属企业有边贸商号、陇遮水泥厂。1999年9月，县物资公司申请破产。2000年初，整顿领导小组对该公司清产核资，资产总额449.4万元，资产负债1084万元，有职工26人（包括边贸商号5人），其中退休9人。2002年4月，经县政府批准破产。9月移交乡镇管理。

【县边贸商号】　1987年，成立陇川县边贸商号，有职工5人，隶属县物资公司（物资局），主营珠宝玉石、木材、钢材、水泥、香烟、药材、针纺织品和代办进出口业务。1999年9月，企业申请破产。2000年，县整顿领导小组清收债权、安置职工。2001年12月31日（安置职工后），企业账面资产675万元，账面负债803.6万元。2002年4月批准破产。2002年9月，移交乡镇管理。

【县饮食服务公司】　1962年，成立陇川县饮食服务公司，主营饮食、照相、理发、百货经营等。1995年，饮食服务公司的经营方式改革为“国有民营”。至2002年末，企业账面资产71万元，负债35万元；所有者权益36万元，资产负债率49%。有职工38人，其中退休职工25人，在职职工13人。2003年12月，实施整体解散。

【县五交化公司】　1984年，由原三级综合批发站分离出来从事五金交电的经营性公司，后与章凤综合批发站合并。有职工22人，遗属2人，其中退休14人，在职8人。1998年，公司实行承包经营制，无法改变困难局面。2000年3月，公司账面资产80.9万元，负债179.万元，赊欠所有者权益98万元，负债率221.37%。2002年5月，实施整体解散。9月移交乡镇管理。

【县食品公司】 1984年，县食品公司建厂，属原商办企业，主营肉食供应。1996年，实施“国有民营”。2003年末，公司有账面资产41.99万元，负债43.58万元，有职工22人，其中退休职工7人。实有资产为银行存款10万元和待出售的鱼塘0.4公顷，改制成本缺口资金45.22万元。2004年4月，实施整体解散。

【县建川商行】 边境开放后，由原建川商行、勐畹商号、正发商号等边贸企业，联合组成陇川县建川商行。固定资产有土地面积2688平方米，综合贸易大楼1栋，建筑面积2212平方米，沿街面铁皮房4间96平方米，仓库10间314平方米，老办公用房10间311平方米，日产本田轿车1辆，部分玉石毛料和剩余商品及商业宾馆设备等。有职工20人，其中退休2人，固定职工9人，合同制工人9人。1995年底，账面资产495.7万元，负债834.4万元（欠工行贷款利息820.1万元）。1996年12月底停业，全部资产抵偿给银行，作为偿还贷款，固定职工解散自谋职业，合同制职工解除用工合同。2005年6月，职工安置遗留问题彻底解决。

【章凤农副产品综合经营部】 1995年创办，承包人吴有奇，流动资金及房地产由原商业局投入。1998年，有职工4人，其中在职职工1人，县经贸委分流3人，实有资产29万元。1998年9月，改为私营企业。

【县医药公司】 1984年6月成立，从国有商业县三级批发站分离成为独立核算企业，专营中西成药、医疗器械批发零售，并在城子、章凤设有批发零售网点。1996年，全县药品批发零售经营权由县医药公司全权行使，所需药品由县医药公司进购。当年，全县药品需求900万元，县医药公司药品销售300万元，药品销售流失600万元。

陇川县医药公司门市部

1997年，公司搬迁章凤办公，并建盖营业大楼，有职工35人，其中在职职工23人，退休职工12人。1999年1月，公司资产评估361.1万元，其中固定资产91.56万元，无形资产6.45万元，流动资产263.1万元，负债合计327.8万元，实有净资产33.29万元。1999年4月，改制为有限责任公司。6月，县医药公司医药管理行政职能交县经贸委承担。

1998年，县医药公司启动改制，资产评估361.1万元，其中固定资产91.56万元，无形资产6.45万元，流动资产263.1万元，负债合计327.8万元，实有净资产33.29万元。公司有职工35人，其中在职职工23人，退休职工12人。

1999年4月，县医药公司改制为股份制合作企业更名为陇川县医药有限责任公司，建立公司《章程》，成立董事会、监事会和股东会。

2000年，全县辖区范围内设置30个医药网点（经营户），药品销量1000多万元。2001年，全县有零售药店及药品生产企业16户，其中生产企业1户，即甸川章凤制药厂，年产值2000多万元。2003年，公司实施内部经营承包。

【县民族贸易公司】 1952年成立，是全县最早的国有骨干商业企业，主要经营针纺织品、百货、文化体育用品、五金交电等商品的批发、零售业务。1998年7月，县民贸公司改为股份合作制企业。1999年4月底，有职工49人，其中在职19人，离退休30人。公司资产438.67万元（其中流动资产274.56万元，固定资产164.1万元）。1999年4月，公司申请破产。2001年11月，划转乡镇管理。

【甸川商号】 1987年成立，属县外贸企业，在昆明、瑞丽设有办事处。1996年，改制为“甸川工贸（集团）股份有限公司”，后兴办章凤制药厂、电池厂两个企业，药品、电池主要出口缅甸。

【县兴国贸易总公司】 1989年12月成立，隶属陇川县安全局。2002年末，公司账面资产2391万元，负债2369万元，所有者权益22万元，有职工38人，其中固定工3人，合同工27人，临时工8人。2003年，公司由上级主管部门实施改制。

陇川县民贸公司商场

甸川贸易实业公司大楼

【宏川贸易总公司】 1991年5月成立，属县旅游局外经贸企业。2002年末，账面资产1482万元，负债1478万元，所有者权益4万元。有职工10人，其中在职9人，退休1人。2004年，公司整体解散，职工安置按650元/年工龄标准处理。

【益川商号】 1985年1月成立，属县外贸局独立核算企业，主要从事针纺织品、五金交电、日用杂货、化工产品等进出口业务。1992年，外贸局、外贸站、益川商号一次性改为完全自负盈亏经济实体——陇川县外贸集团公司，属县政府直属国有企业。1995年，清产核资，公司资产总计1731万元（益川1386万元），负债总计1779万元（益川1428万元），资产负债率102.77%。1997年初停业。资产主要有土地1.08公顷，砖混结构楼房200平方米，职工住房170平方米，资产总价值约58.7万元，实际变现43万元，有职工24人（退休5人）。2004年，公司整体解散，职工安置按500元/年工龄标准处理。

【兴安商号】 隶属于陇川县公安局，为二重性的边贸企业，2002年末，有账面资产1655万元，负债1735万元，资产负债率104%。有职工9人，因资不抵债，处于停业状态，由4人留守商号看管和处理剩余资产。

【粮源酒店】 1997年成立，属县粮食局下属企业，主要从事酒店经营。1999年底，主营业和副营业分离，成为自主经营、自负盈亏的独立法人企业。企业账面资产1130.9万元，负债1416.6万元，资产负债率125%，职工8人。2004年，酒店通过与债权银行落实，资产先行安置职工，宣布关闭解散。

陇川县国有商业企业改制情况一览表

表16—1　　　　单位：人、万元

指标／企业	主管部门	企业法人	职工人数		资产总额	负债总额	改制成本	改制形式	改制时间
			总数	其中退休					
工艺品公司	经贸委	徐保平	1		17.1	17.9		解散	1998
麓川商号	经贸委	李静婷	8		828.5	854.8		转私营企业	1998.12
回收公司	经贸委	万云昌	2		24	38		改私营企业	1997
石油公司	经贸委	陈忠芹	55	14	292	367		上划中石化	1998.11
食品公司	经贸委	王兴锁	22	7	42	43.6		解散	2004.4
五交化公司	经贸委	刘谦	22	14	80.9	179		解散	2002.5
糖烟酒公司	经贸委							股份合作企业	1998.9
饮食服务公司	经贸委	赵顺芬	38	25	71	35		解散	2003.12
章凤批发站	经贸委	刘汉玉						股份合作企业	1998.12
农副产品经营部	经贸委	吴有奇	4		29			改私营企业	1998.9
物资公司	经贸委	沈德山	26（边贸商号5人）	9	449.4	1084		破产	2002.4
边贸商号	经贸委	沈德山	5		675	803.6		破产	2002.4
建川商号	经贸委		20	2	495.7	834.4		解散	1998～2005
医药公司	经贸委	张红芳	35	12	361	327.8		股份合作公司	1999.4
民贸公司	经贸委	施中锐	49	30	438.7			破产	1999.4

续表16-1

企业＼指标	主管部门	企业法人	职工人数		资产总额	负债总额	改制成本	改制形式	改制时间
			总数	其中退休					
粮源酒店	粮食局	杨绍茂	8		1131	1416.6		解散	2004
兴国贸易公司	外经贸	寸守爱	18		2391	2369		改制	2003
宏川贸易总公司	外经贸	徐松林	10	1	1482	1478	20.7	解散	2004
外贸集团公司（益川商号）	外经贸		24	5	1731（益川1386）	1779（益川1428）		解散	2004
兴安商号	县公安局		9	1	1655	1735		改制未定	
供销系统	供销社		244	88			350.1	解散、重组	2004

二、引资办商业

1984～1993年，县商业局先后派出人员到外地考察、学习技术，在城子发展木瓜、山楂、桃子、竹笋、橘子等果脯和罐头食品生产。引进上海设备和技术，生产出汽水、汽酒。试制出梅桂茄酒、麦乳精、糕点等系列食品。引进上海良种猪繁育成功。引进河南安阳市玉雕厂技术、人才资金，创建“陇川县珠宝玉石公司”。利用“泼水节”民族节日在章凤举行经济技术洽谈会，制定经济技术协作及有利于吸引外资的若干优惠政策。

县商业集团总公司与省糖业烟酒公司合资，在拉影创建环洋有限公司，投资300万元，总公司占20%股份。与广州南贸易公司在城子联办食品饮料厂，总投资400万元，总公司分利占20%。与广东潮市外经贸公司联营办糖果厂，对方投资50万元。与曲靖联办塑料编织袋厂，对方投资90万元，后引进四川省丹棱机电公司峨眉山分公司兼并县塑料编织袋厂。与州石油公司、省石油公司在拉影联办石化商号，总投资160万元。

1998～2005年，通过招商引资引进资金、技术、人才和吸收民间资本，在陇川建设石油成品油加油站25座，发展药品销售网点16个，建设农贸市场7个，建设陇生超市、佳佳乐超市、德胜超市等商品经营连锁店3家。

第三节　商业企业经营

一、商品销售

1978年，供应化肥3385吨、农药89.79吨、农药机械150吨、钢材73吨、生铁25吨。购进白糖3723.2吨，从内地调入猪油205万千克。全县敞开供应猪油，并开始收购牲畜。至1987年，共收购肥猪3.73万头、耕牛1513头。

1978～1993年的16年中，商品年均销售额1924.5万元，商品种类7000个左右。其中1993年，达到2248万元，创历史最高。1983年，非农业人口肉食供应1.39万人，供应数量人均1千克/月。

1979年，章凤中心商店采取分片包干、定点收购的购销方式，对农副产品实行定点收购，对供应交售产品多的农户为其提供紧俏商品送货服务。20世纪80年代前，对供不应求的商品实行发票凭票供应，对供应不足的商品采取批条、分配等办法供应。

20世纪80年代，甘蔗和小春种植面积扩大，化肥农药需求大增，化肥、农药一类的农资购销，采用对口专项供应。1980～1984年，5年销售化肥总量15.29万吨（氮肥3.12万吨）、农药994.51吨（除草剂128.19吨）。

1980年，恢复小额贸易。

1981年，供应户撒刀生产厂家钢材49吨。农机厂、造纸厂、商办酒厂、食品厂等工业产品，执行“计划生产、以销定产”政策。

1983年，调进猪肉7.77万千克，猪油8817千克。

1985年，在城子和章凤举办1次交易会，销售总值101万元。

1987年，县商业局工业日用品购进额为1243万元，许多国外进口日用工业品逐渐被国产货代替。

1988年，购进白糖2.75万吨。支持户撒刀的生产、原材料供应、订货加工及收购销售。

1989年，扩大黄金进口加工首饰制品，当年进口黄金4541.81千克，价值439.8万元。陇川糖厂、景坎糖厂建成后，大宗地方工业产品采购货源，由国营商业提供厂方市场信息，建造仓储设施。同年，“五一”节交易会回笼资金8万元；国庆节交易回笼资金43万元；目瑙纵歌节、“广母摆”两个节日交易回笼资金51万元。

1977～1990年陇川县国营商业主要商品销售统计表（一）

表16—2

年度 品名	计量单位	1977	1978	1979	1980	1981	1982	1983
铁农具	件	36668	31488	38954	79300	112271	39927	53973
化肥	吨	3385	8082	9386	8660	10962	15007	
农药	吨	89.8	117.2	102	173.3	173.2	218.7	
煤油	吨	253.6	274	277.7	280.0	400	286	255.6
汽油	吨	254.1	244.8	287.3	322.3	343.3	360.6	422.1
柴油	吨	518.0	683.1	718.8	823.8	627.0	646.4	685.4
润滑油	吨	25.2	27.6	44.9	39.8	52.7	55.6	41.0
猪肉	吨	206.6	201.2	224.4	261.3	234.4	246.2	361.3
牛肉	千克	3366	2901	2869	2390	11340	7105	4627
家禽	支	6864	6056	3251	2011	953	953	601

续表16-2

品名＼年度	计量单位	1977	1978	1979	1980	1981	1982	1983
鲜蛋	千克	6734	39000	16210	1547	1130	542	4990
食糖	吨	475.6	419.5	321.2	664.7	652.7	405.4	274.1
酒	吨	199.5	280.6	263.7	250.8	299.7	316.8	319.5
茶叶	市担	229	387	1069	414			
卷烟	条	74648	62164	87428	94476	121181	223307	216271

1977～1990年陇川县国营商业主要商品销售统计表（二）

表16—3

品名＼年度	计量单位	1984	1985	1986	1987	1988	1989	1990
铁农具	件	53038						
煤油	吨	240	375.3	303.7	341.8			
汽油	吨	506.6	390.8	424.9	387.5			
柴油	吨	894.0	868	800.5	795.2			
润滑油	吨	48.8	47.6	57.1	42.9			
猪肉	吨	348.2	99.3	113.2	131.4	7.5	106	143.4
牛肉	千克	1269	522	185	830			1020
家禽	支	182						
鲜蛋	千克	1780				2925		
食糖	吨	320.1	321.8	518.4	788.3	2017.0	473.6	83.3
酒	吨	29.2	2.1	12.0	43.3	123.5	90.8	56.0
茶叶	市担							
卷烟	条	233206	127735	307037	388223	439821	493946	445774

二、民族商业经营

金饰

陇川民族众多，各民族对日用品的需求各不相同，陇川国有商业按民族特需购进商品。供应商品分衣着类、装饰品类、日用工业品类、副食品类、杂品类5大类，主要品种有元羽绸、黑皮绒、紫丝绒、元平布、元贡呢、红布、紫布、各类浅府绸、色织花条裙子布、浅红、黑毛绒、丝线、棉纱、金银首饰、串珠、三节电筒、砂儿、钢板锄等。1981年前，银首饰靠户撒地区私人加工供应，有的社员直接到国外购买，导致资金外流。1981年起，国营商业按国家下拨黄金、白银，自行加工金银首饰。1989年，在城子办厂临时加工生产供应。为照顾民族农民，规定本地加工的部分小铁农具实行倒挂价格，亏损部分由县财政补贴。石油、食盐、化肥、农药、农用薄膜等商品在民族地区得到国家补贴。

三、国营服务业

20世纪80年代前期，全县有国营商业饮食服务核算单位16个，7个饮食门市经营各类餐饮和食品加工，有旅社2户床位203个、照相馆1个、理发门市1个、商业门市2个。1981年，职工承包各种经营门市，72名职工完成销售额68.63万元。1990年末，旅社撤销1户，床位减少49个；有饮食摊点25个，比上年减少3个；有其他商业经营7户。

四、农资经营

陇川县商业局自成立以来，利用国有商业优势，扶持农村，发展农副业，培育农村副业产业。1978年起，每年从昆明调入鱼苗20万～30万尾，从保山调入幼鸭2000～3000只，供应农村养殖，覆盖章凤、城子、清平、户撒等乡镇。1983年，收购草果9250千克。1984年，繁育良种仔猪156头。次年，城子饲养场饲养各种优良品种公猪近200头，繁殖仔猪1500头，供应陇川城乡养猪户及瑞丽、潞西、盈江等县。

1978～1993年陇川县国有商业经营统计表

表16—4　　单位：万元、人、户

项目 年份	商品销售总额	利税总额	职工总数	核算企业户数	工资总额
1978	2547.5	63.6	743	16	35.5
1979	2846.5	75.6	797	16	35.5
1980	4494.8	78.2	869	15	40.6
1981	4845.8	117.9	834	15	42.9

续表16-4

项目 年份	商品销售总额	利税总额	职工总数	核算企业户数	工资总额
1982	5347.2	127.2	901	17	44
1983	5493.4	129.1	929	20	47.2
1984	5475.9	110	913	24	55.8
1985	3435.7	68.7	336	11	18.3
1986	3719.3	69.8	288	10	17.6
1987	4901.8	236.7	301	10	18.6
1988	6313	311.4	306	11	25.9
1989	5425	141.5	287	11	23.6
1990	3810.7	104.9	282	12	30.5
1991	5281.6	利润30	632	13	30.8
1992	4310.4	利润35	632	13	44.5
1993	5474.1	利润40	632	13	82.1

1978～2005年陇川县社会消费品零售总额统计表

表16—5　　单位：万元

年份	社会消费品零售总额	年份	社会消费品零售总额
1978	1404	1996	11387
1979	1547	1997	11970
1980	2028	1998	11878
1981	2583	1999	12362
1983	3218	2000	12931
1985	6383	2001	13548
1988	7013	2002	14200
1990	6158	2003	13780
1993	6963	2004	15770
1994	11031	2005	18545
1995	11110		

1978～1993年陇川县国营商业购销调存统计表

表16—6　　　　单位：万元

年度	购进		销售		年末库存
	国内纯购进	商品调入	总销售	纯销售	
1978	628	709	1280	1223	872
1979	700	832	1437	1360	914
1980	1426	1078	2123	1868	988
1981	1271	1202	2316	2212	957
1982	1736	1209	2308	2221	1033
1983	1780	1532	2248	2233	1257
1984	商业与供销分家，资料缺				
1985	1553	1298	1733	1302	883
1986	2297	929	1586	1283	847
1987	3417	1243	2241	1999	974
1988	3735		6087	3071	
1989	2693		5425	2728	
1990	1698			1743	985
1991	3360.	1688	5350	1765	1005
1992	2438	2322	3207	2032	965
1993	1088	2972	4487	1809	912

1978～1987年陇川县地方工业品、农副产品购进统计表

表16—7　　　　单位：万元

类别＼年度	1978	1979	1980	1981	1982	1983	1984	1985	1986	1987
农副产品采购总值	164	195	294	600	383	279	335	341	208	890
地方工业品购进总值	462	504	980	254	1062	1383	1563	931	2089	2527

第二章　供销物资

1985年，国和分营后，县供销联社坚持改革，搞活经济，改进经营方式，增加营业网点，供销合作经济得到发展。当年完成商品资产总额2099万元，盈利112万元。1989年后边贸经济滑坡，供销系统逐年亏损，经营萎缩。1992年，县供销社试点“社有民营”模式，实行“价格双轨制”。1994年，全面推行职工个人承包经营责任制。1998年7月至2002年12月，县财政每年定额补助10万元。2003年1月起，县供销联社全额纳入财政拨款。2005年末，全社固定资产（含库存）288万元，流动资金547万元，完成销售总额5.26亿元。

第一节　供销

一、供销合作体制改革

1985年2月，县供销联社实行政企分开，供销社由官办改为民办，由全民所有制改为集体所有制，农资公司、贸易货栈、土产公司3个县级公司划为县供销合作联合社的直属企业，原9个乡（镇）国营中心商店改为基层供销社，3个食堂改为经营部，500多名商业职工划归供销合作社，完成企业所属性质和干部职工身份性质的改革。其间，先后成立农资公司、贸易货栈、越兴商号、城子食品饮料厂、供销批发站、土产日杂公司、章凤经理部、陇把经理部及各乡镇基层供销社16个独立核算实体。对企业下放权利，按照自愿原则，招商引资、集资，组建公司商号，盘活全社经济，开展边境小额贸易。

1987年开始，县联社下属大部分企业实行竞争上岗、承包经营责任制。推行享有国家政策、法规规定的各项自主权。企业实行自主经营、自负盈亏、自我约束、自我发展。

1991年，将护国供销社、清平供销社、广瓦供销社、土产公司、批发站在章凤设立的分店统一划出组建弄门供销社。同年，广瓦供销社与景罕供销社合并。

1992年，城子供销社合并邦瓦供销社。同年，陇川县供销联社开始在部分基层社进行“社有民营”试点，实行供销社体制、供销社性质、服务宗旨、职工政治待遇“四不变”。承包期内职工按规定参加调资、晋级作为档案工资保留方式的“供销社系统内包干经营责任制”。

1993年，全面推行社有民营机制。全县13个社有民营单位，有承包职工166人。同年完成销售总额3078万元，上交利税53万元。

1994年后，供销社老人、老房子、老债务、老商品“四老”问题突出，经营萎缩。供销社采取“一企一策”的职工补偿方式，进入职工分流改革阶段。

陇川县商业局章凤综合批发站

1999年，陇把供销社投资50多万元建设占地1.9万多平方米的全县第一个规范的乡镇农贸市场，并投入经营，注册成立陇把市场服务有限责任公司。

2000年，县社下属企业越兴商号进入破产程序，次年破产。同年，清平供销社投资30余万元建设清平农贸市场，10月投入运营。

2001年，户撒农贸市场开工建设，投资80多万元，占地1.67公顷，次年投入运营。2001年末，全社共有9个基层社及弄门供销社进入破产程序，邦瓦供销社处于半停产状态，其余7户处于艰难经营状态。

2002年，县委实施“五大工程”改革，供销社改革工作纳入其中。在企业改制中，县供销联社坚持“以人为本，因企制宜，一企一策”的原则，提出《改制方案》《职工安置办法》，经90%以上职工签字同意后上报县供销联社改革领导小组审核。

2003年，解散综合批发站（原贸易货栈）。

2004年1月，土产公司将资产拍卖后安置全体职工。同年，护国供销社投资30多万元建设护国市场，并于当年投入使用。年末，对17户企业实施破产、解散、改制、重组、合并等形式的改革。其中实施破产2户（越兴商号、弄门供销社），解散企业6户（食品饮料厂、土产日杂公司、供销批发站、章凤经营部、陇把经营部、邦瓦供销社），企业改制8户（县农资公司、章凤供销社、陇把供销社、景罕供销社、户撒供销社、清平供销社、护国供销社、王子树供销社）。在建设农贸市场中新组建不需要改制的企业1户（陇把市场服务有限公司）。16户企业改制中，安置职工427人，其中安置在职职工234人，退休职工193人，兑现安置费700多万元。全县剩余社有资产356万元。

2005年，创办综合服务社、农民行业协会。同年9月20日，整合全社资金，投资140万元，成立陇川县景山农资有限公司和沛丰农业生产资料公司，成为供销系统的骨干企业。

陇川县供销社择年资产状况统计表

表16—8　　　　单位：万元

年份	资产总额	固定资产	流动资金	负债总额	所有者权益
1985	1540	789	1103	756	784
1995	3001	959	1833	2001	1000
2005	933	288	547	578	356

二、购销业务

1985年，供销系统完成商品资产总额2099万元，上缴利税38万元，所有者利益获得784万元，当年盈利12万元，负债总额338.5万元。1995年，资产总额3216万元，完成利税51万元，所有者权益1000万元，当年负债134万元。2005年，完成销售总额2630万元，当年上缴利税2万元，盈利3万元。所有者权益356万元。1985～2005年，全社完成销售总额5.26亿元，上交税金692万元，负债总额1095万元。

（一）生活资料（农副产品）收购

1985年，全社农副产品收购总值203万元。主要品种有肥猪、菜牛、家禽、鲜蛋、剑麻、蓖麻、红糖、晒烟、棕皮、蜂蜜、紫胶、桐籽、藤条、牛皮、雨帽、砂仁、桐油果、核桃、茶叶、中药材、干辣子、木耳、干姜片、废铜、废铝、废铅、废钢铁、废塑料等。

1985～1995年，全社共完成农副产品收购总额2395.7万元。收购茶叶1175吨、草果31.5吨、核桃181吨、桐油果209.7吨、棕片189吨、木耳390吨、笋类400吨。拨贷20余万元支持山区农民发展茶叶、草果、砂仁等农副经济作物。10年累计上缴税金394万元，支付利息1017万元，支付工资702.1万元，增加自有流动资金41.5万元。

1989年后，国家逐步取消农副产品统购派购政策，开放市场和价格，多种渠道、多种经营方式并存，供销社农副产品收购逐年下滑。1994年后，逐步停止收购。

1978～1994年陇川县供销社择年农副产品收购情况统计表

表16—9

品种 年份	中药材（元）	棉麻类（元）	木产品类（万元）	蜂蜜（千克）	紫胶（千克）	桐籽（千克）	野生油料（千克）	蓖麻籽（千克）	藤条（千克）	咖啡（千克）	日用杂品（元）	废品类（元）	肥猪（头）	酒（千克）
1978	36471	40296	51.6	1710.5	5173	55636	16872	5032	258.5	3512	15941	12733	6059	300982
1979	107593	22907	46.5	2556	17439.5	28291.5	8415	6299.5	98	3277	34077	13193	5718	226860
1980	1163199	5836	44.2	1028.5	30388	34825.5	33063	9095.5	10616	159193629.5	66006	9323	4779	214756
1981	641456	12616	37.4	65	7568.5	37631	33416	7969.5	33603	8300	25136	8009	3963	250421
1982	141450	14454		153	13350	42300	11150	7200	10800		13648	7609	4586	224961
1983	82021	792	17.8	50	7550	61050	4750	6700			36892	8914	4004	227697
1984	330609	54	13.3	107	7867	21836	22188	15650			33039	38798	1955	203545
1993	9	27		0.5	36	38						14000		
1994	34	34		1								2000		

（二）商品供应

1985～1995年，全社累计销售商品总额2.86亿元。商品类别有：棉布、布鞋、胶鞋、皮鞋、毛巾、袜子、毛线、棉线、丝线、绒线、线毯、背心、汗衫、棉絮、围巾、背腰带、绸缎、化纤、粮食、食用油、鲜肉、自行车、缝纫机、油漆、汽油、盐、酱、醋、茶、笔、墨、纸张、煤油、图钉、铁丝、螺丝、灯泡、收音机、电线、自行车、铁锅、铝锅、搪瓷面盆、电池、手电筒、犁耙、镰刀、马掌、长刀、雨帽、棕衣、化肥、农药等生活日用品和生产资料。其中农资销售总额8031万元，生活日用品销售总额9830万元，销售食盐75045吨、煤油1669吨。

1978～1984年陇川县供销社农业生产用具销售统计表

表16—10

品种 年份	中小农具（件）	其中：铁农具（件）	板锄（把）	长刀（把）	犁头（个）	耕畜（头）
1978	33150	23202	2527	100	16964	239
1979	20017	16356	2813	321	8293	668
1980	31301	25245	1693	4648	12590	999
1981	74917	55557	21261	12852	12483	899

续表16-10

年份＼品种	中小农具（件）	其中：铁农具（件）	板锄（把）	长刀（把）	犁头（个）	耕畜（头）
1982	33508	33508	1723	18529	13256	367
1983	16898	11900	3476	3040	4802	319
1984	52640	26600	2984	4191	17034	45

【生产资料供应】 1978年，全县推广使用磷肥。全社在县城和基层供销社创办“庄稼医院”和农资技术咨询服务部，开辟农资商品供应与农业科技服务相结合的经营模式，为“三农”服务。1985～1995年，销售尿素5.08万吨、普钙7.03万吨、钙镁磷2.93万吨、复合肥2179吨、钾肥1092吨、碳胺1461吨、硝胺232吨、农药706吨、农膜166吨、雨帽6.09万顶、小铁农具30.64万件。

1978～2005年陇川县供销社化肥农药类销售统计表

表16—11

年度＼品种	化肥（吨）	氮肥（吨）	钙镁磷肥（吨）	普钙（吨）	重钙（吨）	钾肥（吨）	国产复合肥（吨）	进口复合肥（吨）	农药（千克）	除草剂（千克）	喷雾中（千克）	农膜（百千克）
1978	7696.6	2355.8	4476.9	841.4				0.3	106.2	11229	215	
1979	9396	2931	3499.4	2822.4				187.9	102.1	13563	91	
1980	6888	1774	2125	2977				11	177.6	28328	319	14067
1981	8419	2339	1478	4606				33	172.7	36893	419	45979
1982	11894	3113	3556	2309				8	218.3	18273	887	15016
1983	19521	8750	5984	4074				51	216.7	16659	429	9764
1984	20119	7935	5735	6206				0	71.7	9427	919	14044
1991	6209		1744	8304	673	186	182	17	40909	20334		26596
1992	29680	12651	12614	7115	608	89	0	155	35772	17698		47
1994	9770		1557	6014	279	0	28		325			111
1995	15476		1197	10079	73	0	0		447			187
1996	12138		835	6745	0	0	13		583百千克			30
1997	12094		892	7229	6	0	23		233			7
1998	15570		662	8806	2	20	67	78	87.5百千克			300
2000	4440			364					601			
2001	20966		1108	9786	16	56	1412		75	27		1
2002	967		34	382	0	0	27		4	1		2

续表16-11

品种/年度	化肥（吨）	氮肥（吨）	钙镁磷肥（吨）	普钙（吨）	重钙（吨）	钾肥（吨）	国产复合肥（吨）	进口复合肥（吨）	农药（千克）	除草剂（千克）	喷雾中（千克）	农膜（百千克）
2003	1896		189	684		3	169		79	15		1
2004	12692								93			
2005	27230		544	13453		150	4294		1537	49548		112028

【食品供应】　1985年，投资55万元，创办陇川食品饮料厂，主要产品除传统糕点、饵丝外，引进生产线，产生菠萝汽酒、重升酒、甘蔗渣酒等产品。同年，全县取消平价肉食供应，放开市场，随行就市，全县供销联社食品供应萎缩。

【日常生活用品供应】　日常生活用品主要包括棉布、钟表、缝纫机、自行车、收录机、电视机、洗衣机、电风扇、电冰箱等。1985年以后，全县日用品市场全面放开，国有、集体、个体、私营经济全面竞争，全县供销联社占有市场份额急剧下降。

（三）进出口贸易（边境小额贸易）

1978年，边境开放，允许具有一定资质的实体开展边境小额贸易。县供销联社于1985年2月，成立联社直属外贸企业越兴商号，该商号注册资金50万元，在畹町、昆明设立办事处。进口商品有大米、花生、豆类，及其他农副产品、珠宝玉石、木材等，出口产品为棉纱、棉布、啤酒等日用百货。当年完成进出口贸易总额1345万元。1990年后，个体经济发展迅猛，市场竞争激烈，县供销联社具有进出口经营权的企业业务逐渐萎缩。2001年，越兴商号负债140.9万元，按法定程序实施破产。

1981～1990年陇川县供销社边境小额贸易进出口额统计表

表16—12　　单位：万元

年份/类别	1981	1982	1983	1984	1985	1986	1988	1989	1990
边境小额贸易总额	1063	614	246	293	1345	1836	11694	17016	18495
其中：进口总额	411	291	123	164	660	829	4692	5308	7232
出口总额	542	323	123	129	685	1007	7002	11708	11263

陇川县供销社择年经营情况表

表16—13

年份	经营总额（万元）	销售日用品（万元）	销售农产品		销售农资				
			总额（万元）	销售农产品（吨）	总额（万元）	尿素（吨）	磷肥（吨）	复合肥（吨）	农药（吨）
1985	2099	1614	133		352				
1995	3117	466	195		2456	5492	560	954	80
2005	3202	50	533	6200	2619	8523	544	4294	154

三、供销网点基础设施建设

1985～1995年，先后投资3700多万元用于自身建设，10年新增固定资产2096.9万元。其中，投资150万元，建盖农资公司大楼，面积1157平方米；投资37.3万元，建盖化肥仓库，面积1521平方米；投资19.9万元，建盖章凤化肥仓库，面积398平方米；投资55万元，新建食品饮料厂，面积1760平方米；投资907万元，建盖综合批发站百货仓库651平方米；投资19.9万元，建盖上属职工住房2273平方米；投资24.2万元，建盖土产公司职工住房636平方米；投资10万元，建盖原章凤门市部350平方米；投资14万元，新建护国供销社营业楼224平方米；投资50万元，与西南林学院联合研制开发“绿宝牌保鲜甜笋”；投资17万元，建盖弄门供销社营业楼788平方米；投资27万元，新建清平供销社营业楼695平方米；投资10万元，建职工住房392平方米；投资17万元，新建户撒供销社营业楼224平方米；投资85万元，新建陇把供销社4层营业楼1475平方米；投资14万元，建街棚1080平方米；投资盈江水泥厂50万元；投资48.6万元，建章凤供销社职工住房1789平方米；投资7.8万元，新建章凤供销社迭撒购销店488平方米；投资7万元，建盖广瓦供销社章凤门市部840平方米；投资20万元，建越兴商号办公楼及仓库990平方米；投资5万元，建邦瓦供销社曼冒购销店仓库、门市部240平方米；投资4万元，新建城子供销社近允购销店140平方米；投资10万元，新建王子树供销社茶厂；投资120万元，在章凤、弄门、拉影购置县联社土地8.67公顷；投资19万元，在拉影（中缅街）建盖联社门市部240平方米；投资33.2万元，新建联社人工湖、亭子间；投资26万元，在人工湖建盖旅馆625平方米；投资16万元，在拉影中路建盖门市部（加油站旁）495平方米；投资23万元，在拉影建盖沿街门市907平方米；投资250万元，在章凤弄门建盖联社综合大楼2047平方米。

1990年，配合县委、县政府“一乡一品”工程开发，开辟茶叶基地，发展茶叶、香茅草种植业。护国供销社新种植茶叶19.2公顷、香茅3.8公顷，套种杉木1.1万棵、酸梅270棵。各个基层供销社在主抓产业的同时还发展多种经济作物。

1993年，护国供销社投资31万元自办茶叶基地53.33公顷，建茶厂1个。

第二节　物资

1978～2005年，陇川县物资、农机经营管理体制经历了合并、分营改制等过程。1978年12月，陇川县物资管理局成立，县农机局农机物资管理站划入。1984年1月，县物资局改设为县物资公司，下设陇湘火炮厂、边贸商号、陇遮水泥厂3个企业。1986年12月，县物资公司又改称县物资局，同时保留物资公司牌子。1996年2月，撤销县物资局，物资公司职能划归经贸委管理。农机经营归口农机局管理。2002年，物资公司及下属企业相继改制为私营企业。1979年，成立县农机公司，隶属县农机局领导，经营农机供应工作。20世纪90年代，经济体制改革，县农机公司改制为私营企业。

一、　物资经营

1987年，成立陇川县边贸商号，隶属县物资公司（物资局）。主要经营珠宝玉石、木材、钢材、水泥、香烟、药材、针纺织品和代办进出口业务。1987年12月30日，签订第一轮承包合同，时限1988～1990年，承包形式为“包死基数，确保上交，超收多留，欠收自补”，1988年进出口总额

400万元，1989年480万元，1990年600万元。同年，边贸商号固定资产35.99万元，固定资金35.42万元，商品资金贷款140万元，流动资产平均占用23.58万元。商号下设昆明办事处、腾冲办事处各1个，车库3个，有职工13人。

1989年，县物资局实行第一轮工资总额与经济效益挂钩，有职工19人。1989～1991年，完成销售额1541万元，上缴利税31.7万元。

陇川县商业局章凤综合批发站——国营拉影商场

1992年，县物资公司实行第二轮工资总额与经济效益挂钩。同年，公司销售额513万元，税利10.5万元。工资总额基数4.6万元，职工19人。

1991年3月，县物资公司在大理市设边贸商号分号。

1993年6月，成立德宏州物资集团公司，陇川县物资公司属下辖分公司。12月，公司下属企业陇湘火炮厂移交县公安局劳动服务公司生产经营。同年，县物资公司与县公安局共同投资新建陇遮水泥厂（潞西县遮放镇），总投资600万元，主营硅酸盐水泥生产销售。1996年企业停产。

1995年12月，县物资公司清产核资评估净资产710.199万元。

1999年，陇湘火炮厂由县公安局劳动服务公司划拨给兴安商号。同年9月，边贸商号申请破产。

2000年，县政府成立整顿领导小组进驻企业清收债权、安置职工。同年物资公司清账资产余额449.38万元，账面负债余额1084.01万元，资不抵债634.63万元。

2002年9月，县物资公司移交乡镇管理。

二、农机经营

1978年，县物资公司销售大中型拖拉机122台，手扶拖拉机298台。1990年，县农机公司累计经营各类农业机械3000余台，农机总值2538万元，净值2093万元。

2000年，农具公司经营的农机有大中型拖拉机、手扶拖拉机、耕整机、配套农具（机引犁、旋耕机、耙）、排灌机械（柴油机、电动机）、联合收割机、机动收割机、机动脱粒机、农用水泵、喷灌机、饲料粉碎机、碾米机、磨面机、榨油机、农用汽车、推土机、喷雾器等20多个系列品种。农业机械原值7101万元，净值5660万元，农机经营总收入5156万元，利润总额1510.57万元。2002年，农机公司改制成私营企业，经营较好的有李家农机公司、王爱农机公司。公司年经营产值10000多万元。

2005年，全县农业机械原值9552.5万元，净值6519.5万元。农机化作业服务组织及农机户7711户，从业人员7996人；农机维修厂及维修点59个，从业人员108人。农机经营总收入3243.95万元，利润总额1585.25万元。

投资17万元，建盖弄门供销社营业楼788平方米。投资37万元，新建清平供销社营业楼695平方米，职工房392平方米。投资17万元，建盖户撒供销社营业楼。投资99万元，新建陇提营业楼1475平方米，街棚1786平方米，新建迭撒购销店488平方米。投资7万元，建盖广瓦供销社章凤门市部840平方米。投资20万元，建越兴商号办公楼及仓库990平方米。投资5万元，建邦瓦供销社曼冒购销店仓库、门市部240平方米。投资4万元，新建城子供销社近允购销店140平方米。投资10万元，新建王子树供销社茶厂。投资120万元，在章凤、弄门、拉影购置县联社土地130亩。投资19万元，在拉影（中缅街）

建盖联社门市部240平方米。投资19万元，新建联社人工湖、亭子间。投资33.2万元，在人工湖建盖旅馆625平方米。投资26万元，在拉影中路建盖门市部（加油站旁）495平方米。投资16万元，在拉影建盖沿街门市907平方米。投资23万元，投资250万元，在章凤弄门建盖联社综合大楼2047平方米。

第三章　私营经济

1978年，中共党的十一届三中全会召开后，确立了改革开放的方针政策，私营（个体）经济作为国有商业不可缺少的补充，得到发展。私营（个体）经济的发展打破了国营商业独占市场的格局，活跃壮大了市场。2005年，全县个体工商户发展到2717户，从业人员4275人；私营企业发展到102户，从业人员1385人。个体私营企业全年上缴税金1437万元，占全县财政总收入的20.68%。

第一节　经济规模

1982年，全县个体民营商业100户，1986年，发展到1033户。个体工商户主要经营各种日用百货、饮食、糖果、水果、工业品、农副产品，价格灵活，吸引顾客。此外，有些私营行商，在各集市流动经营。

20世纪90年代，中共党的十五届四中全会后，国有、集体商业逐步实施所有制改革（产权制度改革），县委、县政府鼓励和引导个体私营经济发展，相继出台一系列个体私营经济发展政策，个体私营经济得到发展。1997年，全县个体私营企业2736户，其中个体2685户，私营51户，从业人员6146人，完成社会消费品零售总额9190万元，占全社会的76.8%；上缴税金564.85万元，占地方财政收入的12.96%。1998年，个体私营企业发展到3294户，社会消费品零售总额9536.7万元，占全县社会消费品零售总额的80.3%；税金744.6万元，占地方财政收入的15.97%。

1999年，县委、县政府贯彻《中共德宏州委、德宏州人民政府关于贯彻〈中共云南省委、云南省人民政府关于大力发展个体私营经济的决定〉的实施意见》。2000年，贯彻执行云南省《关于大力发展个体私营经济的补充规定》。2001年2月，贯彻省、州《关于大力发展个体私营经济的决定的实施细则》。2003年，全县个体工商户3343户，从业人员5364人，营业收入1.29亿元，个体工商户上缴税金1118.7万元；私营企业55户，从业人员1344人，营业收入7081万元，上缴税金21.9万元。全县个体私营企业上缴税金1139.7万元，占地方本级财政收入3813万元的29.9%。

陇川县外来个体私营经济座谈会

2005年，贯彻实施“一法三条例”即《中华人民共和国中小企业促进法》和《云南省个体工商条例》《云南省私营企业条例》《云南省个体工商户和私营企业权益保护条例》。6月，县委、县政府出台《关于加快非公有制经济发展的若干规定》和《关于进一步优化经济发展环境的实施意见》。从政策、土地、税收、资金等方面鼓励引导个体私营经济发展。同时，建立矿管、医药、成品油、食盐、企业减负整治领导小组及办公室，规范个体私营经济市场秩序。2005年底，全县个体工商户2717户，从业人员4275人，注册资金4114万元；私营企业102户，从业人员1385人，注册资金1.32亿元。个体私营企业上缴税金1437万元。

1997～2005年陇川县私营（个体）经济基本情况统计表

表16—14　　　　单位：户、人、万元

年份	个私户数	其中		从业人员	上缴税金	销售收入
		工商户	私营企业			
1997	2736	2685	51	6146	564.8	9190
1998	3294	3220	74	7566	744.6	9536
1999	2328	2242	86	4675	969	
2000	2494	2438	56	4256	821	
2001	3086	3030	56	4178	1346	11101
2002	3176	3103	73	4057	1043	9545
2003	3398	3343	55	6708	1141	19931
2004	2600	2516	84	4973	1071	
2005	2819	2717	102	5660	1437	

第二节　私营（个体）企业

1993年，全县个体工商户928家，从业人员1744人，占有资金367.18万元。其中工业140户、建筑业3户、交通运输业35户、餐饮业110户、服务业50户、商业590户。

2005年底，全县个体私营工商户2819户，从业人员5660人，注册资金1.73亿元，分别比1993年增长181.9%、219.05%、4425%。

一、主要行业

【集市贸易】　1993年末，全县有集市贸易（街子）20处，即芒炳街、腊撒小街、户撒街、朗光街、王子树街、护国街、清平街、邦瓦街、广瓦街、景罕街、广等街、陇把街、拉线街、丙印街、姐乌街、城子街、章凤街、拉影街、户弄街、赛号街。1998～2005年，国家重点扶持建设的农贸市场7个（王子树、清平、城子、陇把、户撒、景罕、章凤），建设面积8.04万平方米，总投资

1799万元。20世纪90年代后期，村级小街逐步建设，相继投入运营的有陇把吕良，章凤弄门、老街子、新城小区，景罕胜德等10个村级小街。集市贸易几乎涵盖各类商品。2005年，全县9个乡（镇）、1个农场私营（个体）企业主要经营的行业有9大类。

赶集

【饮食业】　主要有米线店、回族食馆、傣族食馆、景颇餐厅、麻辣火锅店、鲜鱼馆和各类风味小吃、农家乐，以及糕点店、早点摊、晚点摊、冷饮店等。具有民族特色的有户撒过手米线店、景颇绿叶宴厅、麻竹园等餐馆。

【服务业】　主要有人寿、财产保险，电信、移动、联通通信，汽车租赁，及各类家政、保安、照相馆、婚纱店、理发店、按摩理疗店等。

【宾馆酒店】　有红梅旅社、粮源大酒店（佳佳乐大酒店）、宏川宾馆等10多家和夜总会、歌舞厅等。

【服饰】　全县设有各类服饰门面、专卖店几百户，其中景颇族服饰专卖店遍布城乡集市。经营春夏秋冬各类各色服饰、鞋，经营品牌有李宁、阿迪达斯、派克、啄木鸟、红蜻蜓等上百种，同时，各类金银首饰店也开始落户陇川。

【药品经销】　全县设有药品销售网点30个，分布全县各乡镇。

【加油站】　全县有加油站25个，其中坝区加油站20个（章凤8、拉影2、陇把3、城子3、姐乌1、赛号1、景罕2），山区5个（户撒3、清平1、王子树1个）。

【农副产品】　主要经营有水果、大米、食用油、玉米及农特产品、林竹产品等十几类品种。设有农副产品经营部、茶叶专卖店、农副产品收购站、农产品百货商场等。全县规模以上的农特企业有粮油加工企业4户、竹笋加工企业3户、魔芋精粉厂企业1户、酿酒企业2户、茶叶加工企业5户、农副产品经营部2户、饵丝加工企业1户。

【日用工业品】　主要有食糖、针纺、五金、家电、机电、摩托、农机等几十大类上千个品种。全县设立经销门市部、专卖店100多户。较具规模的生产实体有景坎糖厂、陇川糖厂，经营实体有景山农资公司、陇生家电、佳佳乐超市、德胜超市等。

【汽车摩托车专卖店】　设有各类品牌的二轮摩托、三轮摩托专卖店30余户；设有瑞达汽车专卖店及50多户各类摩托、汽车修理点等。

二、部分企业简介

【陇生超市】　2000年成立，注册资金40万元，资产总额300万元，当年上缴税金7万元，有职工38人，主要经营电视机、冰箱、洗衣机、小家电及副食品和百货等。

【陇川县程伟贸易公司】　2002年成立，注册资金50万元，资产总额135万元，当年上缴税金6.8万元，销售收入168万元，有职工80人。主要经营农副特产品、茶叶、笋片、核桃、药材、调料品等。

【佳佳乐超市】　2002年，于章凤农贸市场内创建小型超市，面积500平方米，注入资金约50万元，经营日用百货、食品等。2003年，投资200多万元在城子镇农贸市场开设第二家分店，两个超市有员工15人。2005年，筹资350万元在章凤农贸市场开设第三家分店，店面占地2500平方米，经营初具规模。2005年后，佳佳乐超市本着“立足陇川，辐射云南”的主导思想，在全省相继开设超市26家。

第四章　粮油经营

1978年后，随着国家经济体制的改革，粮油流通体制经历变革。1993年，县粮食局、各乡镇粮管所改称粮油公司，各分公司沿用30年的粮油票证终止使用。管理体制、经营理念、营销方式均由计划供应变为市场调节。1984年，县粮管所被省政府授予“民族团结模范单位”称号。1990年，县粮食局业务股，获国家商业部购销司“1984～1990年保粮食生产、购销卡片先进单位”称号。2002年4月，全县取消农民合同订购任务，2004年停征公粮。2005年，全县征购（原粮）480万千克，销售粮食283万千克，收入461万元，盈利1.5万元。

第一节　粮食流通体制改革

1979～1984年，县粮食局在粮食征购中，遵照国家统购派购政策，结合实际，先后实行“超产超购”“议购”等政策。

1985年4月起，根据国家政策，取消粮食统购，实行合同定购和市场收购。

1993年4月1日，全县开始执行国家粮食“三放开”政策，即“放开粮价、放开市场、放开经营”，取消城镇居民定量凭购粮本供应粮油。

1998年4月，根据国务院《关于进一步深化粮食流通体制改革的决定》，县粮食局贯彻执行“三项政策、一项改革”，即粮食顺价销售，敞开收购农民余粮，资金封闭运行；加快国有粮食企业改革，实行“四分开、一完善”，即政企分开，中央与地方责任分开，储备与经营分开，新账与旧账分开，完善粮食价格机制。

粮食交易市场

1999年12月，县粮局实行政企分开。

2002年，粮食局下属4户企业改制。同年4月，根据省政府《关于进一步深化粮食流通体制改革的实施意见》，全县放开粮食收购，开放粮食市场，取消农民合同定购任务，鼓励各类市场主体公开、公平竞争。至2005年，4户企业共处置变卖资产筹集资金591.35万元，安置分流职工149人。

第二节　粮油收购与供应

一、粮食征购

【公粮征购】　1979年起，国家对公粮征收政策作了调整。1990年，全县公粮应征数183.66万千克，实征131.41万千克。1993年，应征183.66万千克，实征134.58万千克。至2003年，10年时间，公粮任务均未有较大变动。2004年起，根据国家政策，陇川县停征公粮。

【余粮征购】　1979～1984年，粮食收购仍然执行统购政策，全县征购基数为740万千克。1993年，执行国家粮食“三放开”政策，同时取消农民粮食合同定购任务。1994年1月，粮食实行“三定”（定量、定价、定期）挂牌供应，遏制粮食价格大幅上涨。同时，恢复粮食合同定购政策。1998年，贯彻执行中央“三项政策，一项改革”，调动农民和粮食企业的积极性。2002年4月，粮食市场全面放开，同时取消农民合同定购任务。

1979～2005年陇川县粮食征购统计表

表16—15　　　　单位：万千克（原粮）

年份	数量	年份	数量
1979	919.4	1993	1071.1
1980	1023.6	1994	1322.7
1981	1089.6	1995	1682.7
1982	992.4	1996	1895
1983	1023.3	1997	1543.3
1984	1185.7	1998	1024.5
1985	827	1999	604
1986	1067	2000	1307
1987	870.4	2001	791
1988	1655.3	2002	617
1989	1280.6	2003	591
1990	2378.5	2004	379
1991	1585.7	2005	480
1992	687		

二、粮油供应

1978～1992年，陇川县粮油销售都是按计划供应，城市居民“以人定粮，以工种定标准，按户发证，凭证购粮”。农村返销粮供应需经县、乡、村逐级审核，落实到户，凭证购买。油脂供应也是按计划凭证购买。1993年4月1日起，根据国家政策规定，粮油销售政策改为：除保障军供和武警的平价粮油供应外，其余粮食一律放开，价格随行就市，实行议购议销。在全县范围内停止使用粮票。粮食部门的粮票清理造册登记封存，非农业人口的粮食供应关系材料由粮食部门作档案保存，购粮证由用户自行保管。正常的粮食转移关系由粮食部门按政策规定办理。农村返销粮、救济粮、在押犯人用粮等，只保量、不保价，实行议价供应，取消一切行业的平价用粮供应。

1979～2005年陇川县粮油销售统计表

表16—16　　　　单位：万千克（贸易粮）

项目 年份	大米	油脂	项目 年份	大米	油脂
1979	324.9	3.8	1993	769.1	14.8
1980	403.5	4	1994	735	11
1981	393	5.2	1995	290	7.4
1982	476.8	8	1996	280.5	7
1983	481	8.6	1997	446.1	9.9
1984	600	8.4	1998	347.7	3.5
1985	631	8.8	1999	658	3
1986	653.6	8.3	2000	925	4
1987	463.5	7	2001	234	
1988	617	13	2002	1119	
1989	506.9	8.5	2003	1302	
1990	734	9.5	2004	1779	
1991	387.9	9	2005	201.5	
1992	898.4	11.5			

第三节　粮油加工与经营

一、粮油加工

【大米】　1979年，引进“30型联合碾米机”1套，在章凤粮管所安装投产。1989年，又引进3套“30型”设备，分别安装在城子、景罕、陇把粮管所。该型设备自动化程度高，除尘、除杂设备完善，出米率70%，上等米占90%，总回收率95%。1990～1991年，对城子、章凤加工设备进行技术改造升级，技改后该型设备加工能力达到“50型”标准。期间，还在户撒、清平粮管所各安装1套

“15”型碾米机。1993年，加工大米953.6万千克。2005年停产。

【面条】 1979年，县粮食局始建面条加工车间，购置面条加工机械1套，开始加工生产面条，年生产能力200吨。20世纪90年代停产。

【面粉】 1987年，投资54万元，建成面粉加工车间，年生产700吨。清麦、除尘、制粉、成品包装全部机械化。20世纪90年代停产。

【饵丝】 1985年中期，从州粮油机械厂引进饵丝机1台，生产干、鲜饵丝，年产量100吨。1994年，又在城子沙河建加工车间，年产量200吨。2003年停产。

【油脂】 1985年，为解决油脂供应紧张状况，粮食局引进“35”型榨油设备建成榨油车间，产品出品率由32%升至33.5%，年加工量也有提高，基本上解决了供应紧张问题。2000年停产。

【饲料】 1982年，沙河混合饲料加工厂建成投产，当年生产猪混合饲料6吨，次年生产123吨。1984年，进行扩改，引进机械化生产线1套，建成日产8吨的混合饲料厂，正式生产鸡、猪混合饲料，预混饲料3种。2003年停产。

1979～2004年陇川县主要粮油加工统计表

表16—17　　　　单位：万千克（贸易粮）

年份＼项目	大米	饵丝	油脂	饲料
1979	386		5.5	
1980	347.6		4.2	
1981	396		6	
1982	401.9		6.1	0.6
1983	407		8.7	12.3
1984	341.6		9.3	87
1985	454		6	109.4
1986	404.7	5	4	109.6
1987	587	3	12	239.4
1988	662.8	1	19.9	374
1989	323	4	5.4	282.8
1990	877.6	3.4	3.1	183.4
1991	966	2.7	4.6	168.6
1992	832.9	1	6.3	174.4
1993	953.6	5.8	10.7	295.5
1994	507.2	7.6	10.5	273
1995	751.8	3.7	16.9	357
1996	421.8	4.2	4.8	135

续表16-17

年份＼项目	大米	饵丝	油脂	饲料
1997	320	3.9	4.5	166
1998	259	4.1	4.2	252
1999	136	3.1	5	62
2000	53	2.5		100
2001	26	2		46
2002	19	1		189
2003	30			
2004	41			

二、粮油经营

1979年，粮食系统有固定资产212.4万元，亏损15.1万元。1985年，有固定资产443.3万元，盈利12.4万元。1993年，有固定资产1157.6万元，盈利19.5万元。1993年开始，由于国家粮食市场全面放开，国有粮食企业独家经营的垄断模式被打破，经营效益逐年下滑。1996年后，粮食系统面对激烈的市场竞争，经营陷入更加困难的境地。至1999年末，粮食系统总资产为8662万元，其中固定资产净值2191万元（原值2631万元），流动资产6005万元，总负债9087万元（银行贷款8297万元），负债率达104.9%。

对此，粮食系统进行改革改制和人员分流安置，缓解购销企业的压力。至2005年，购销公司销售粮食283万千克，实现销售收入461万元，盈利1.5万元。

第四节 粮食储备

一、仓库建设

20世纪70年代前，全县有房式简易仓库38幢，面积896平方米，库容1087.5千克。70～80年代，新建基建房式仓库17幢，面积592平方米，库容757.5万千克，占总库容的38.8%，其中平顶仓容183万千克，建筑结构为砖墙、铁门、钢屋架或钢木架，跨度10～12米，瓦屋面为镀锌波型瓦，仓内无柱，檐口高，仓容大，地坪水泥浇磨或塑料薄膜铺设；新建章凤、城子拱型仓库各1幢，面积625平方米，仓容103万千克，占总库容的5.3%，这类仓库密封性能好，仓温低，利于保管。90年

秋粮入库工作动员会

代初，新增基建房式仓库12幢，面积3640平方米，仓容500万千克。21世纪初，粮食收购减少，全县各粮店、粮点，粮储沿用70～90年代所建仓库。

二、粮食储备

20世纪70～80年代，县粮食局储备的粮食主要是供给军队、机关、城镇居民，剩余部分上调州、省。1991年，陇川县粮食局开始承担14800吨省级储备粮保管任务。1992年，承储20586吨。1993年，增加县级储备粮1200吨。2005年，全县储粮2500吨，比1991年减少12300吨。

1991～2005年陇川县粮食储备统计表

表16—18　　单位：万千克

年份	储备总量	其中			
		中央储备	省级储备	州级储备	县级储备
1991	1480		1480		
1992	2058.6	714.3	1294.3	50	
1993	982.4	451.5	119.1	291.8	120
1994	982.4	451.5	119.1	291.8	120
1995	982.4	451.5	119.1	291.8	120
1996	863.3		451.5	291.8	120
1997	755.9		344.1	291.8	120
1998	1178.8		767	235.3	176.5
1999	1060		767	235	58
2000	1060		767	235	58
2005	250			150	100

第五章　烟草贸易

陇川县具有种植烟草的条件和悠久的种烟历史。1987年，德宏州委、州政府作出：“发展烤烟生产，使之逐步形成全州新的经济支柱”的决策。1992年，陇川户撒试种夏烟成功。至1994年，陇川累计建设烤房3053座，烟草产业初具雏形。1998年，国务院下发《紧急通知》后，省、州烟草专卖局贯彻烤烟“双控”政策，全县烤烟种植全部停止。县烟草专卖局依照国家有关烟草专卖的政策法规，实施烟草专卖管理，规范卷烟市场。依法对陇川县烟草市场进行管理和监督，负责对烟草专卖零售许可证的审查、发放和管理，查处涉烟违法案件，整顿和净化卷烟市场环境。2005年，共销售卷烟5159箱，价值4529.4万元，上缴税利225.08万元。

第一节　烟草市场管理

一、经营许可管理

20世纪80年代，全县卷烟业务由陇川县糖烟酒公司经营。此阶段，卷烟经营流通体系尚未规范，市场上无证经营状况较为普遍。

1988年，陇川县成立烤烟生产办公室，负责全县的烤烟生产、收购和销售业务。

1989年，根据德宏州《关于强化专卖、发放烟草专卖许可证的通知》，加强对卷烟经营许可证的管理，严格执行《烟草专卖条例》《烟草专卖条例实施细则》。规定自1990年起，各卷烟零售单位的零售卷烟经营许可证需向州烟草专卖局及其委托的各县（市）糖烟酒公司申报、核发。

1990年初，要求卷烟批发零售户均须持证经营。年内陇川县共办理烟草专卖许可证348户，其中委托批发2户，零售346户。

1992年，烤烟种植规模扩大，收购烤烟活动得到规范，州烟草专卖局批准陇川县烤烟生产办公室办理辖区内烟草收购许可证。

1998年，开展城乡卷烟批发网店建设，对烟草经营网店进行计划压缩和合理布局。

2000年，推行“全面访销、访销分离、专销结合”的“户籍化”管理工作，与卷烟零售户进行面对面接触，提高零售户的守法意识。

2001年，结合“以我为主、归我管理、由我控制”的网建工程，开展城区卷烟配送服务，将贴标销售改为喷码销售，持证经营率提高。

2002年，结合深化“户籍化”管理工程的建设，开展烟草专卖许可证的年检工作，对年检合格的零售户进行重新登记，按照“1户1卡、1户1册、1户1档、1户1证、1户1书”的“5个一”要求，建立卷烟零售户档案。

2003年，根据烟草专卖许可证5年换一新版本的管理要求，开展2003年新版烟草专卖零售许可证的换证工作。

2004年，全县持证经营户463户。

2005年，全县持证经营户480户。其中专营店4户，超市类23户，杂货店135户，农村类317户。

二、市场监管

（一）烤烟专卖市场管理

2000年后，境外缅甸迈扎央等地的烟厂非法从中国购进卷烟生产原料，大量生产低档卷烟并假冒国内畅销卷烟冲击陇川市场，边境走私和非法运输烟草专卖品活动频繁，非法过境烤烟时有查获。2004年，查获初烤烟叶4000千克。2005年，查获初烤烟叶8700千克，卷烟纸612千克。同年8月30日，陇川县烟草专卖稽查大队和陇川县公安经侦大队根据线索，查获非法出口复烤烟叶12吨。

（二）卷烟专卖市场管理

20世纪80年代，陇川县卷烟交易市场秩序混乱，走私烟、假冒卷烟充斥市场情形时有发生。

20世纪90年代，县烟草专卖局按照“口岸堵、路上查、市场管、处罚严”的工作方针，重点开展卷烟市场检查、打击走私卷烟和卷烟制假贩假违法犯罪活动，采用专项打击与长期打击，重点打击与普遍打击，市场打击与关卡打击相结合，在公安、武警、海关、工商等有关部门的配合支持下，采取普遍检查、突击检查与严厉处罚相结合的措施，运用法律、行政、经济手段，从严查处卷烟走私和制售假冒商标、香烟的违法行为。

1991年6月，针对市场上售卖假冒“红塔山”“阿诗玛”“大重九”等违法现象，利用广播、报刊，发布宣传《关于严厉惩处非法制造、销售卷烟商标标识及冒牌卷烟的通告》。

1998年，贯彻执行德宏州《关于治理整顿卷烟交易市场秩序的紧急通知》《关于整顿卷烟交易市场秩序的通告》。

1999年，根据德宏州人民政府《关于加强打击出口倒流卷烟清理整顿卷烟自由批发市场的通告》，成立清理整顿卷烟自由交易市场和打击卷烟走私工作领导小组，全面推进打击卷烟走私、整治整顿卷烟市场工作。

2001年，陇川县烟草专卖局开展市场稽查76次，出动执法人员180人次，查办案件5起，没收走私卷烟、出口倒流卷烟1127条，上交财政罚没款1.65万元。

2002年10月，贯彻执行《德宏州卷烟喷码销售管理办法（试行）》和《关于在全州实行卷烟喷码销售的通知》。

2003年，全县开始进行喷码销售。全年出动执法人员424人次、车辆106车次，查处各类案件9起，查获违法卷烟6件，罚没款0.15万元。同年9月，县烟草专卖局、县工商管理部门共同开展清理整顿工作，共出动人员45人次、车辆10车次，清查无证户111户、持证户397户，查获违法卷烟70包，责令停业整顿8户。

2004年，出动打假打私426人次、车辆70车次，处理案件10起，查获走私卷烟2427条、假烟18.2条、非卖品20盒（24条）；查获初烤烟叶4000千克，罚没款1.62万元。烟草专卖品变价处理款10.9万元。

2005年，打假打私出动371人次、车辆127车次，处理案件33起（含简易案件8起），案值16.76万元，罚没款6500元，没收违法卷烟283.73件、烟叶8700千克、卷烟纸612千克，销毁走私、假冒、低档卷烟249.69件。

第二节　烟草购销

一、烟叶生产

1978年，陇川县在户撒进行烤烟试种项目2年后，由于多种原因，未能坚持种植。

1987～1988年，州政府烟办、州科委在陇川、盈江、潞西、瑞丽县布置多点试种冬春烟50.61公顷，总产539.6担，平均单产0.71担，中上等烟占38.8%，每公顷产值849元。

1992年，州烟办和州农科所在陇川县户撒乡试种夏烤烟获得成功。同年，陇川夏秋烟种植200.7公顷，烟草产业初具雏形。至1994年，陇川县累计建设烤房3053座。

1994～1996年，烤烟种植面积、产量开始下降，随即烟叶生产工作重点转向主攻质量，推广“科技兴烟”，严密组织，有效保证“计划种植”的贯彻落实。

1995～1996年，陇川县种植烤烟866.67公顷，收购1396吨，中上等烟比例61.5%～65%。

1998年，根据国务院下发的《紧急通知》，陇川县停止种植烤烟，达到“双控”目标。

烤烟

二、卷烟销售

1994年2月25日，陇川县烟草专卖局（公司）成立，卷烟购销业务由县糖烟酒公司移交烟草专卖局（公司）。同年销售卷烟1432箱，销售总额452.36万元，实现利税18.5万元。2005年，销售卷烟5159箱，是县局（公司）成立初期销量的3.6倍，完成销售总额4529.4万元，实现利税225.08万元。

1994～2005年陇川县烟草公司卷烟销售统计表

表16—19　　　　单位：箱、万元

年份	销售量	销售额	税利
1994	1432	452.36	18.5
1995	1401	780.89	47.65
1996	1975	1082.13	103.42
1997	2115	1653.47	84.7
1998	2172	1255.08	76.93
1999	1967	1147.4	39.1
2000	3482	1779.46	15.21
2001	3967	2308.07	101.74
2002	3631.8	2109.34	54.03
2003	3227.6	1980.2	108.1
2004	4415.8	3347.12	206.19
2005	5159	4529.4	225.08
合计	34945.2	22424.92	1080.65

第七章 旅游

“中国目瑙纵歌之乡”——陇川，拥有1个国家二级口岸，是古“麓川”神秘之地。境内不仅有秀丽的亚热带自然风光、浓郁的民族风情，还有凸显民族精神的抗战文化、深远的边地历史文化、底蕴浓厚的人文景观。国家非物质文化遗产名录——景颇族目瑙纵歌、阿昌族户撒刀，“一寨锁两国”的独特边地风情，闻名遐迩，享誉海内外。1991年，县委、县政府确立“旅游活县”发展战略，规划开发旅游资源和景点建设，成立陇川县旅游局，先后组建章凤、兴安、甸川、三叶、荣华、攀龙、星洲阳光7家旅行社，在景区景点开发旅游服务设施建设。1998年，开办旅游业务，当年接待游客4.25万人次，旅游收入1460万元。2000年，开始规模接待游客，开通境内一二日游、县外州内中线游、中缅长线游，组团前往国内大中城市及国际旅游等多条旅游线路。1998～2005年，全县累计接待游客129.82万人次，年均16.23万人次，旅游总收入4.06亿元。

第一节 旅游资源

一、资源分类

1998年，县旅游局对全县各乡镇旅游景区景点进行全面普查，将陇川境内旅游资源分为7大类型。

陇川县旅游资源分类表

表16—20

分类编号	类 型	主 要 景 点
A	地文景观类	宝走石、仙鹅抱蛋、石走奇观、孔雀之乡、佛祖花园、三川一览、章凤坝田园风光、邦瓦、吕法山（双坡）、磨水山、边贸口岸、王子树、邦外山、多南山、小松山、“一寨锁两国”——拉影
B	水域风光类	龙江水库、南宛湖、章凤水库、曼旦水库、陇把东西两湖、海岗水库、户撒河、南宛河、户宛温泉、新马温泉、垒良国界河、晃相水库、曼蚌水库、赛号银沙
C	生物景观类	甜坝蔗原、春花唐杜鹃、森林公园、曼线尖山自然森林、动物景观资源、植物景观资源
D	古迹、建筑类	目瑙纵歌场、雷门山景颇历史文化馆、三象塔、曼旦新石器遗址、广姆佛塔、章凤观音寺、陇把青松寺、户撒皇阁寺、帮掌金光寺、沐城遗址、景颇山官故居、古隘石婆坡、德昂女王城遗址、早乐东雕塑、抗战遗址、边塞八关、寄箭山
E	消闲、求知娱乐类	景坎糖厂、国营农场、广山景颇山庄、诸葛营公园、章凤国家级森林公园

续表16-20

分类编号	类　型	主　要　景　点
F	购物餐饮类	过手米线、户撒刀、户撒烟、银袍首饰、珠宝玉石加工、边贸商品、其他风味土特产品（傣味、景颇味饮食等）
G	民族风情类	民族节庆活动（泼水节、目瑙纵歌节、阔时节、阿露窝罗节）、民族舞蹈、民族服饰

陇川县域近50个景点，构成旅游资源基本结构形态，集空间分布，内涵结构，开发条件，形成三片两线的结构布局。三片：（1）章凤片。以章凤、景罕、陇把及南宛河下游地带为片区，田坝蔗原风光，村寨与蔗田有机组合，依托性强，是最具开发条件的片区。（2）户撒片。地方特点突出，风景优美，以民族传统手工艺闻名，具备一定开发条件。（3）邦外片。以曼线尖山为自然保护区为主体，环境条件好，资源丰富，因交通等原因开发有一定难度。两线：（1）南宛河游览线。南宛河上游地带，风景好，景观资源密集，交通便利，是陇川坝主体景观带，开发条件较好。（2）龙江河谷游览线。龙江河谷中营至勐约段，河谷狭窄，景观奇异，基本处于未开发地段，交通条件差。

二、主要景区景点

【云南景颇园】　位于陇川县城章凤，占地228.5公顷，是一个以休闲度假为主的综合旅游区。距国家级口岸城市瑞丽28千米，距“一寨锁两国”——拉影7千米。以展示景颇族文化和体验景颇族生活为主题，集民族文化展示、民俗活动、休闲娱乐、特色餐饮、旅游观光为一体，由广山景颇文化生态村、绿色生态区、民族文化展示区3个功能片区组成。可品尝景颇绿叶宴，观看大型目瑙纵歌表演。2003年8月，云南景颇园经州发改委立项批准建设，项目批复总占地面积260公顷，投资4200万元，按AAAA级景区规划建设。每年接待国内外游客1万余人次。2005年，完成景区主体工程。

广山风光

【户撒佛祖花园】　户撒阿昌族信奉南传上座部佛教，故称户撒为“佛祖的花园”，包含陇川县户撒阿昌族自治乡全境。户撒乡属云贵高原上的小坝子，四面环山，风景秀丽，以烤烟、油菜种植出名，每年油菜花开时节，全坝一片金黄，吸引众多游人到坝子观光游览。海拔1380～1480米，森林覆盖率54%。四季如春，年平均气温16.1℃，年降水量2053毫米。腾（冲）瑞（丽）公路过境，拥有公路里程100多千米，其中省道24千米，环乡柏油马路42千米。国境线长4.35千米。全国近二分之一的阿昌族居住于此。阿昌族定居户撒坝已有1300余年历史，民俗风情保存完好，民族首饰制作精良，地方风味过手米线颇具特色，有省级文物保护单位皇阁寺、明初沐英私庄遗址。地处大盈江风景名胜区和铜壁关自然保护区，生态环境优良。特产户撒刀、户撒银器，远销国内外，深受游人青睐。

户撒佛祖花园

【陇川森林公园】　位于陇川县城中心区，是章凤国家森林公园的一部分，也是云南景颇园旅游景区的绿色生态走廊，森林覆盖率73.2%，面积63.73公顷，由大小两个水库及周边坡地构成，保留有大片自然林地。景点设施有：休闲广场、傣族泼水广场、大象金塔、景颇族目瑙纵歌广场、早乐东民族英雄纪念广场、景观亭、水库湖中桥、游览道路、健身及休闲娱乐设施等。每年农历初三至初五，公历4月12～13日，县委、县政府在民族广场举行大型目瑙纵歌和泼水节活动，场面壮观。

陇川森林公园

【户撒加孔奘寺】　位于户撒乡加孔寨东北，现存建筑始建于明末，重修于清中期，是户撒现存较早、保存较完整的南传上座部佛教寺院之一，是当地阿昌族群众宗教活动的重要场所。占地面积3427.72平方米，建筑面积384.25平方米。现存奘寺由大殿、佛堂、寺门、厢房组成。大殿坐东朝西，面阔（5间）10.8米，进深（6间）14.4米，通高9.85米，为少数民族干栏式3层檐悬山顶建筑。内存经书柜，可供信众听经礼佛。佛堂坐西向东，面阔（5间）8.5米，进深（3间）12.9米，通高9.72米，为3层檐悬山顶，抬梁式结构，内供释迦牟尼像。寺门面阔1间，进深两间（东耳房3格，西耳房5格），均为干栏式

户撒加孔奘寺

单檐悬山顶建筑。门梁板壁均雕饰，门板有凤凰彩绘。大殿东侧有傣文功德石碑1块，记载清光绪年间迎请佛像经过。东厢房内放存有清末年间长1.8米、直径1米的木鼓。受泰国佛寺建筑风格影响，奘寺全部使用挂瓦。该寺在总体布局、功能划分建筑和结构形式具有显著的民族特色和上座部佛教寺院传统特征。

龙安温泉

【龙安温泉】　位于陇把镇西南龙安村，距陇川县城10余千米，毗邻缅甸，地处北纬24°、东经97°，海拔958米，占地面积10余公顷。温泉类型为全州罕见的弱碱地下温泉，富含对人体有益的多种微量元素，对治病、康体、美肤有特殊疗效。常年水温56℃，出水量60立方米 / 分钟。由7个露天森林泡池、1个大泡池、干湿蒸房、露天游泳池、营地帐篷、海景沙滩等硬件构成。建有景颇风味餐厅、游客服务中心、休息厅、10套缅式风格温泉别墅、13套泰国水景水上房、9套泰国田园风景房。其温泉SPA水疗中心、生态农业示范区，是温泉美疗、高端接待、商务洽谈、休闲娱乐、绿色生态旅游、观光农业，住、餐、娱、购于一体的东南亚风情综合服务园区。

户撒皇阁寺

【户撒皇阁寺】　位于陇川县户撒乡东北角金凤山，始建于明代洪武年间（1368～1398），系当时驻户撒南征将领沐英所建。为汉式建筑，由上奘皇阁寺和下奘报恩寺组成。皇阁寺大殿内供奉玉皇大帝泥塑，其神态庄重威严，端坐龙墩之上；两侧分列手执兵器的36星宿，其中有文武朝臣4尊。报恩寺建于皇阁寺西下，大殿供奉由龙凤托着的莲花宝座上的地母泥塑像。报恩寺于民国初年倒毁，1983～1988年动工修复。其建筑式样基本恢复原貌，但塑像却是上座部佛教、大乘佛教与道教的融合。第一殿供释迦牟尼佛，第二殿供观音三姐妹，第三殿供玉皇大帝和王母娘娘金身。佛、道两教至尊融洽相安，共处一寺。

【景罕玉兔佛塔】　始建于明崇祯五年（1632），位于遮（放）陇（川）公路东侧，距景罕镇政府1千米。山脚至塔有220多级石台阶，由1大8小共9座涂金笋状佛塔组成，“文化大革命”被毁。1980年重修，占地约100公顷。传说释迦牟尼转世为玉兔时，曾在这个山丘上出现，故名玉兔塔。该塔历史悠久，是印度、缅甸、泰国佛教所公认的佛光宝地，与缅甸的曼德勒佛塔齐名，为小乘佛教教徒朝拜地。每年傣历4月15日（农历正月十五）开始，当地傣族、德昂族群众及部分缅甸人士前来举行盛大集会，历时3天，俗称“广母（佛塔）摆”（即赕塔集会），游览者数万人。佛塔四周古木参天，林荫蔽日，举目眺望，陇川坝清晰在目，山后的水库清澈如镜，鸟语花香，环境清幽，是陇川县重要旅游景点之一。

景罕佛塔

【陇川宣抚司署】　位于城子镇团结路南段东侧，系陇川土司第二十二世祖多蔚桢于清咸丰年间所建。

陇川宣抚使司始设于明正统九年（1444年）。据清光绪《腾越厅长志》载：“陇川宣抚司始于恭项，续而多氏代之。恭项于取麓川时，首先归附。明正统九年，既平麓川，因以为宣抚，以刀歪孟为同知，刀落曩为副使，陇帚为佥事，皆从贡项之清也。”《陇川行政区地志资料》载述：“陇川宣抚使自多歪闷相传，迤多永安止，共传二十八代”。民国时期，陇川宣抚司辖区，小区划分为10个保，坝区划分为上下11个畹。司署内设门房、账房、管仓、文案、总管、库房、书房、监狱等，并有土司武装1个自卫队，约数百人，枪支300余枝。

陇川宣抚使从三品，属“三宣六慰”之一。其司署布局、格式系仿照清代的藩台、臬台所建，为四进的宫殿式建筑群，规模宏大，气势不凡。但因历史原因，第一、二、三进主院和所有附属建筑均已毁弃，唯有第四进正殿及左右厢房得以保存。第四院落占地约2000平方米，建筑面积608平方米，坐东北朝西南，排列有正殿、两侧厢楼、厅堂等，呈四合院式。正殿建在较高的石砌台基上，面阔5间，宽20.3米，进深3间，长9.6米，抬梁式土木结构，单檐硬山顶式屋顶，筒瓦屋面。檐高4.5米，内檐拱形天花，呈穹隆式。梁、柱间雕梁画栋，枋头作龙凤圆雕，梁垫、雀替部分作透雕，门窗作各种花饰。墙壁绘山水画，格调典雅，富丽堂皇。正殿前后布有走廊，过道铺孔雀、白鹭纹饰浮雕地砖。正中为天井，两侧附厢楼。两厢均为三开间，进深7.2米，面阔15.2米，木结构，重檐硬山顶。厅堂五开间，面阔20.3米，通深7米，抬梁式土木结构，单檐硬山顶，檐高3.8米。2012年6月，陇川宣抚司署被公布为州级文保单位。

土司衙门

【麻栗坝景区】　位于陇川县城北部，距县城30千米。由麻栗坝水库及环库公路构成。1958~2002年，麻栗坝水库"三上三下"。2003年，第4次开工建设。该库库容1.7亿立方米，水域面积7平方千米，水质优良，四周森林密布，环库有户宛天然温泉。

南宛湖风光

【龙江水库景区】　位于陇川县城东北，距县城40千米，与潞西、梁河两县市7个乡镇接壤。由库区及周边森林、园田山水构成。水库库容12亿立方米，水域面积33平方千米。最高水位时，水深130余米。库区山清水秀，风光旖旎；村寨园田，古朴宁静；水质优良，鱼虾肥美。是全州理想的野炊、垂钓景区。

【章凤旅游小镇】　位于陇川坝尾，陇川县新县城驻地，三面环山，一面平川。南与瑞丽市相连，西与缅甸毗邻，国境线长16.3千米。全镇国土面积146平方千米。2005年，总人口3.9万人。

章凤旅游小镇历史悠久。元嘉二十七年（450）傣族先民迁徙"勐宛"（傣语），以章凤为中心建镇立寨。章凤曾是大象繁衍之地，明代，麓川王反叛朝廷，曾以象队多次击败朝廷派来进剿的官兵。明正统九年（1444），朝廷征服麓川后立"陇川宣抚司"，以章凤建王城。清代，缅兵常犯宣抚司境，清政府派重兵驻章凤营盘（今德昂族营盘村）戍边，人丁兴旺，章凤渐成集市。清末、民国时期，章凤古镇成为腾越人入缅贸易的道口，商贾往来繁盛。中华人民共和国建立后，章凤古镇成为陇川县边贸的中心地。1991年，正式批准章凤为省级口岸。1993年，陇川县政府将章凤规划为经济开发区，同缅甸相邻的拉影规划为经济开发实验区，与缅甸雷基（洋人街）口岸相对应。1994年，陇川县政府出资修复中断了半个多世纪的章（凤）八（莫）公路。1998年，国务院正式批准陇川县城从城子迁至章凤。经过建设，章凤古镇成为集民族文化、边境风光、园林生态为一体的现代旅游小镇。

章凤景区主要有民族文化广场、卫边湖、国家级森林公园、商贸城、民族步行街、三象路、龙阳塔、景颇生态园、章凤观音寺、"一寨锁两国"——拉影等景点。民族文化广场分设泼水、目瑙纵歌2场地，泼水节活动场地建有佛塔、龙亭，目瑙纵歌活动场地建有大型目瑙栋标志。森林公园广场雕有抗英民族英雄早乐东塑像。三象塔是章凤古镇的标志物。龙阳塔是德昂族庆祝龙阳节的纪念塔。章凤观音寺为汉传佛教圣地，寺内有1株蜿蜒而古老的镇庙之宝——鸡蛋花树，堪称德宏之最；寺内藏经楼珍藏有台湾财团教育基金会赠送的《中华大藏经》。卫边湖镶嵌于森林公园和民族文化广场之间，映衬出古镇田园山水风光。“一寨锁两国”——拉影是中缅友谊的象征，一街之隔，两国边民互市交往；入缅通道口建有中华人民共和国国门及边防、商检、卫检等设施。

第二节 旅游资源开发

一、景点开发

至2003年，全县开发10个旅游景点。其中目瑙纵歌场、景颇历史文化博物馆、章凤标志三象塔、广山景颇山庄、景罕玉兔佛塔、户撒皇阁寺、拉影国门等，成效明显。2003～2005年，县政府新建占地12公顷的陇川民族文化广场，总投资1298.37万元。2005年春节期间，县委、县政府在民族文化广场举办万人景颇族目瑙纵歌旅游狂欢活动，效益显著。

二、旅游线路开发

县外开辟有4条：陇川—盈江—梁河—芒市—畹町—瑞丽—陇川州内环线游，章凤—瑞丽—木姐—南坎—章凤1日游，章凤—洋人街—八莫—章凤2～3日游及章凤至缅甸仰光沿途观光14日游。同时开通国内各大、中、小城市团队游。代办新加坡、泰国、马来西亚、香港、越南、老挝等国家和地区考察旅游。

县内开辟有：（1）陇川1日游。章凤口岸—陇川森林公园—景颇生态园—户撒佛祖花园—龙安温泉；（2）陇川2日游。章凤口岸—陇川森林公园—景颇生态园—龙江水域—龙安温泉—户撒佛祖花园（1日1晚游芒旦村—新寨村刀王家赏户撒刀—入住福睿大酒店改骑自行车—李曼呆赏银器—朗光米线店—皇阁寺—地方头水库—铅勒千年夫妻树）；（3）陇川1日游。章凤口岸—陇川森林公园—景颇生态园—景罕玉兔佛塔—灵山寺—龙江垂钓。

三、旅游服务设施

住宿。1991年后，陇川县先后建有兴安、新亚、宏川、荣华、鸿运等一批具有接待能力的宾馆、酒店。之后，陆续建成10余家宾馆酒店。至2005年，有宾馆饭店50余家，具有接待规模的有：海川酒店、佳佳乐酒店、新鸿运酒店、鑫源酒店、泰达酒店等。

佳佳乐大酒店

餐饮。1991年后，较著名的餐饮店有新亚宾馆餐饮部、梅地亚餐厅、麻竹园饭店、景颇绿叶宴厅等。当地特色餐饮有火烧猪、撒苤、过手米线、手抓饭、蚂蚁蛋、竹蛆、土蜂蛹、火烧干巴等。

交通。全县有交通客运公司1家，开设陇川至大理、昆明长线旅客运输线路1条；陇川至芒市、保山及陇川至盈江、梁河、腾冲中线运输线路各1条。1991年后，建立两家出租公司，同时开通县内客运线路6条。

娱乐。1992年后，全县有章凤镭射电影院、新亚歌舞厅、荣华歌舞厅、农机歌舞厅、景罕绿橄榄歌舞厅等娱乐设施。2000年后，歌舞厅、茶室、棋牌室、溜冰场等文化娱乐设施进一步完善。著名的有红土地茶坊、鑫源棋牌室、民族广场儿童乐园等。

购物。陇川物产丰富，盛产优质稻米、蔗糖、茶叶、南药、草果、八角、枇杷、柠檬、菠萝蜜、西瓜、楠木、椿木等特产。旅游购物商品以民族民间传统手工艺品、乡村土特品及进口缅泰轻工产品为主。20世纪90年代后期，旅游销售市场开始进口木材家具、工艺美术品及珠宝玉石。当地户撒刀、户撒烟、银袍首饰、少数民族服饰、珠宝玉石加工品、边贸商品、甸川工贸集团生产的熊胆系列制品等名特产品，深受旅客喜爱。

第三节　旅游综合管理

一、旅游宣传

20世纪90年代中后期，县旅游局派出专职人员带领旅游企业，参加省、州政府历年举办的昆交会和边交会。利用每年“春节”“五一”“十一”黄金周和“目瑙纵歌节”“泼水节”活动，进行宣传推介工作。

2002年2月，县委、县政府提出打造“中国目瑙纵歌之乡——陇川”民族文化旅游品牌。2月14～15日，举行首届“春节黄金周”目瑙纵歌节活动，举办《景颇魂－1》大型景颇歌舞文艺公演。10月2～4日，在广山举行首届“十一”黄金周旅游宣传促销活动。随后几年黄金周，相继在广山举办“目瑙纵歌活动”。

2005年1月，举行首届“目瑙纵歌形象小姐大赛”，推选代表参加全州“最美景颇姑娘”系列大赛活动。2月11、12日在县民族文化广场举行第二届“春节黄金周”目瑙纵歌节活动，举办大型景颇歌舞《景颇魂－2》文艺晚会。8月，阿昌族户撒刀、景颇族目瑙纵歌被列为国家非物质文化遗产。同年9月，县城章凤被省政府列为云南旅游小镇。

二、旅游市场整治

1991年，县旅游局完成对全县旅行社、宾馆及定点旅游单位的申报、登记备案工作。

1992~2005年，对旅游行业进行规范管理和业务指导，帮助旅行社培训导游，定期对旅游市场进行整顿，宣传国家有关法律法规，发现问题及时整改。至2005年，全县旅游市场没有发生过乱收费、欺诈游客等违法违规行为。

三、旅行社

20世纪90年代初，全县曾先后组建过章凤、兴安、伺川、三叶、荣华、攀龙6家旅行社。1995年后，由于受口岸经济的影响，6家旅行社相继注销和倒闭。2002年4月，成立星洲阳光旅行社，后因业务量小，于2006年申请注销。

1998~2005年陇川县旅游业发展状况一览表

表16—21　　单位：万人次、万元

年份	旅游人数	旅游收入
1998	4.25	1460
1999	6.48	2091
2000	8.53	2731
2001	15.67	4934
2002	20	6183
2003	23	7269
2004	25	7722
2005	26.62	8286

第十七编　口岸　外事

LONG CHUAN XIAN ZHI

第一章　口岸贸易

20世纪80年代后期，陇川县边境贸易发展迅速，章凤口岸逐步繁荣。1992年，该口岸被国家批准为省级口岸。县委、县政府制定口岸发展规划，将拉影开辟为经济实验区，并投资1400余万元修复中断30多年的“章八”公路。公路开通，有利于扩大中缅边境贸易，并可借此运输线，发展与印巴次大陆及欧非大陆的转口、过境贸易和对东南亚地区的贸易。1998年，缅甸政府将雷基口岸升格为国家级口岸，加速中缅贸易的发展。2002年，缅甸开发克钦部第二特区迈扎央经济开发区，加强与章凤口岸的交流。2005年，陇川县投资3000多万改造“章八”公路，完善拉影、拉勐联检设施，同时加强通关服务管理，当年进出口总额达1.93亿元。

第一节　口岸管理

一、管理机构

1987年11月，陇川县边境贸易办公室成立，隶属县计划经济委员会。1988年1月，县边贸办升格为陇川县边贸局。1992年7月，县边贸局更名为陇川县边境经济贸易管理局。1996年1月，成立陇川县对外贸易经济合作局，行使边贸、大贸、对外经济技术合作等管理、服务职能。同时保留陇川县边境经济贸易管理局的名称，简称“边贸局”，实行两块牌子，一套班子。1996年12月，撤销外贸局、边贸局，组建对外贸易经济合作局。同时，对外贸易合作局加挂口岸办牌子。

1994年，陇川县人民政府口岸管理办公室成立，办公室设在县外事办，属正科级单位。1997年，陇川县人民政府口岸管理委员会成立，下设办公室与原口岸管理办公室合并。2002年5月，县委、县政府决定保留陇川县对外贸易经济合作局，口岸办公室、拉影办事处并入对外贸易经济合作局，保留拉影办事处牌子。内设拉影办事处、综合办公室、口岸管理股、对外贸易股、经济技术合作发展股、外商投资管理股。2004年10月，县政府拉影办事处从县外经贸局划出，同时，成立县政府拉影、拉勐办事处，原县政府驻拉影办事处人员、资产从外经贸局划出。2005年6月7日，组建陇川县商务局，撤销陇川县对外贸易经济合作局,口岸办改成商务局下设的口岸股。

建于20世纪90年代的陇川县边境贸易管理局

二、开发管理

1991年，章凤（拉影）被省政府批准为省级口岸（国家二类口岸）。同年8月24日，县委、县政府研究制定若干优惠政策（共32条）。内容是欢迎国内外客商、国营、集体、私营及个体户到章凤口岸经商办企业，开发新项目，投资规模不受限制，允许带进车辆等生产工具，有关部门负责办理营业执照，放宽企业经营范围，除国家禁止的武器、弹药、毒品、麻醉药品、淫秽音像外，其他物品全部放开，价格放开。在拉影贸易区，允许多国货币流通，人民币、美元、缅币、港元、日元等可同时使用；允许企业一业为主，多种经营；贸易区内的营业税减半征收；进出的商品数额不受限制；林业检疫应尽力方便商号业务，免收检疫费。凡持有海关报关单和检疫证的进口木材，即为合法，允许通行，木材站不得堵截；药检所为商号提供优质服务，药费统一按1%征收；凡到章凤经商办企业的单位和个人，均可向有关部门申办土地使用或转让手续，使用时限70年，每公顷75~120元。土地使用税费及有关税费，享受当地不同时期的优惠政策。雇工及劳动工资由企业自主。口岸设施逐步完善，金融机构齐全，资源丰富，原材料供应充足，市场繁荣，服务周到。1998年，县城迁移至章凤后，通过招商引资、内引外联、外资老板不断涌入章凤口岸，经商办企业，开发新项目，活跃市场。

第二节　口岸建设

一、基础设施建设

陇川县从20世纪80年代初开始开发章凤口岸。1988年，县委、县政府将章凤口岸开辟为章凤边境经济开发区和拉影边境经济贸易实验区，土地使用初步划分为：章凤5.12平方千米，拉影1.2平方千米。1990年后，海关、商检、卫检、开发委、管委会等口岸监管机构逐步建立健全。

1988～1993年，章凤口岸共征用土地329.61公顷，其中荒山、旱地135.95公顷，水田51.61公顷。划拨土地49.57公顷，其中行政划拨5.19公顷，企业生产经营用地24.4公顷，私人住宅用地5.73公顷，市政公共基础设施用地18.73公顷。收取土地转让费3754万元，意向协议引资6.4亿元，实际完成1.5亿元。土地开发总体规划扩大为：章凤经济开发区27平方千米；拉影经济实验区6平方千米。完成环城东路、文化路、金融路和公务员路“四通一平”工程，规划屯兴、公园、市政、纸厂等4个生活小区，测量地形10块，放线100次，测量设计道路3千米，完成开发区1:25000地形地貌沙盘模型12平方米，绘制章凤口岸交

出入境车辆

通旅游边境通道指南图，完成市政生活小区47套建房工程和10套商品房建房工程，完成章凤开发区25平方千米地形测绘以及全口岸54平方千米的总体规划和60公顷的详规。在拉影新开辟7条道路，长6千米；在章凤新辟6条道路，长13千米。完成章凤国家森林公园水利工程，完成章凤中心小学、陇二中、弄门小学的搬迁工作。

1994～1997年，章凤口岸共征用集体土地25.87公顷。其中非耕地13.07公顷，耕地12.8公顷，划拨土地面积9.82公顷。用于综合用地39.47公顷，商业用地21.3公顷，住宅用地3.28公顷，仓储用地0.73公顷，道路用地19.73公顷。

1998年，县城迁移至章凤后，县委、县政府重新规划新县城用地面积为4.8平方千米，道路规划为23条。至2005年，完成建筑面积14.99万平方米，建成道路17条，长2.8万米。

二、口岸房地产开发

1988年10月，陇川县房地产开发公司成立，同年底公司与省机械工业建设公司、省机械研究设计院、省机械设备进出口公司等3家公司联办章凤房地产开发合营公司，负责章凤口岸房地产开发。1991年初，陇川县房地产开发公司和章凤房地产开发合营公司，正式获国家城市综合开发部颁发的四级开发企业资质证书。

至1993年底，该公司建设的项目有60多个，总投资规模为4000多万元，建盖各种房屋8万余平方米，代表政府在章凤与拉影征用开发土地95.47公顷，其中章凤经济开发区26.13公顷（道路占用4.17公顷，转让21.96公顷），拉影经济开发试验区69.34公顷（道路占用14.57公顷，行政划拨2.69公顷，转让41.57公顷，尚未转让10.51公顷）。

三、通道建设

章凤口岸正式通道有拉影通道、拉勐通道。通道口建有边防工作站，负责通道的安全管理。拉影通道于20世纪80年代开通，“章八”公路于1993年4月修复通车。拉勐通道于2004年2月正式开通。

四、商贸建设

20世纪90年代中期，章凤口岸通过内引外联，商号发展到145家。当时的团结大道商铺大厦林立，口岸经济复苏。之后，由于受世界金融风暴的影响及政策调整，口岸经济下滑，至2005年，商号多数改制或关闭（见边贸企业目）。

第三节 对外贸易

1996年，章凤口岸出入境人员1.49万次，出入境车辆6900辆次，进出口货运量1.7亿吨，进出口总值5000万元。2004年，章凤口岸出入境人员51.43万人次，出入境交通工具3.25万辆次,进出口货运量3.23亿吨，进出口总值3.65亿元。2005年，章凤口岸出入境人员50.88万人次，占全州总流量的6.51%；出入境交通工具3.37万辆次，占全州的3.11%，同比上升3.88%；货运量3.65万吨，占全州的3.43%，同比增长13.02%；进出口总值3.55亿元，占全州的5.69%，同比下降11.99%。

一、边境贸易

章凤口岸

1980年，国家正式恢复边境小额贸易。1981年，陇川县恢复建川商行，完成边境贸易进出口总额1052.7万元，创历史最高纪录。至1984年的4年间，进出口贸易总额2.52亿元，实现税利196万元。

1982年，开展打击经济领域严重犯罪活动的斗争，内容包括反走私斗争，县有关单位的一些违章经营、随意扩大小额贸易的现象被列案清理，暂停小额贸易4个月。当年，进口额下降为6073万元。

1985年，全县进出口额1357.73万元。1990年，进出口额1.85亿元，与1985年同比增长1221.43%，年均增长244%。5年累计完成进出口总额5.43亿元。

1992年，陇川县按照自找货源、自找销路、自行谈判、自行平衡、自负盈亏对边贸经营企业实行宏观管理，运用国家对边境贸易实行配额、许可证管理的商品及以文代证管理等优惠政策，采用对从缅甸进口的162种商品免征关税和进口环节税等措施，促进陇川边贸业发展。1993年，边贸创造的利税占陇川县当年财政收入的54.6%。

1996年4月1日，国家调整边贸政策。年内，陇川边贸进口商品税收转移为中央税98.55万元。之后，陇川外贸经济连续4年下滑。进出口额从1996年的3.03亿元，下滑到2000年的1.22亿元，年均下降12%。

1998年11月，国家放宽政策，允许边境小额贸易企业享有对外经济技术经营权及开展与毗邻国家边境地区的承包工程和劳务合作业务；允许边境地区对外经济技术合作企业享有边境小额贸易经营权以及免征进口税和进口环节增值税。陇川边境贸易出现恢复性增长。

2005年，陇川进出口额由2000年的1.22亿元增长到1.93亿元，年均增长10%，结束1996年以来一直下滑的局面。

1985～2005年陇川县边境贸易情况统计表

表17—1　　　　单位：万元

年度	进出口额			边境贸易			一般贸易	关税	海关增值税	进口增值税	税收合计
	总额	进口	出口	总额	进口	出口					
1985	1357.03	660.93	696.1	1357.03	660.93	696.1		52.95			52.95
1986	1372.1	679.84	692.26	1372.1	679.84	692.26		85.14			85.14
1987	4314.36	2404.7	1909.66	4314.36	2404.7	1909.66		193.09			193.09

续表17-1

年度	进出口额			边境贸易			一般贸易	关税	海关增值税	进口增值税	税收合计
	总额	进口	出口	总额	进口	出口					
1988	11693.53	7001.35	4692.18	11693.53	7001.35	4692.18		245.64			245.64
1989	17015.72	11708.15	5307.57	17015.72	11708.15	5307.57		45.44			45.44
1990	18494.65	11263.02	7231.63	18494.65	11263.02	7231.63		40.76			40.76
1991	18813.24	12070.71	6742.53	18813.24	12070.71	6742.53		42.26			42.26
1992	23917.6	8394.97	15522.63	23917.6	8394.97	15522.63		24.13			24.13
1993	30161.35	11711.3	18450.05	30161.35	11711.3	18450.05		58.46			58.46
1994	30882.99	8125.12	22757.87	30882.99	8125.12	22757.87		37.13	89.95	425.04	552.12
1995	35126.24	6203	28923.24	35126.24	6203	28923.24		19.15	4087	411	4517.15
1996	30277.88	3716.16	26561.72	20458.98	3716.16	16742.82	9818.9	46.07	74.9	182.82	303.79
1997	18720.64	4388.35	14332.29	11344.84	4388.35	6956.49	7375.8	50.21	68.83	94	213.04
1998	17832.1	3335.73	14496.37	10785.48	3335.73	7449.75	7046.62	60.79	68.33	86.32	215.44
1999	12135.88	1632.1	10503.78	7416.23	1569.9	5846.33	4650.95	4.37	73.71	96.44	174.52
2000	12224.86	1660.12	10564.74	8552.51	1660.12	6892.39	3557.74	4.89	86.1	117.7	208.69
2001	13011.09	2548.33	10462.76	9806.62	2548.33	7258.29	3204.47	12.12	104.78	63.78	180.68
2002	15005.33	541.28	14464.05	12494.53	541.28	11953.25	2510.8	5.19	31.23	29.21	65.63
2003	16785.12	925.78	15859.34	10935.82	925.78	10010.04	5849.3	5.49	60.38	76.8	142.67
2004	16214.34	1286.04	14928.3	11458.3	1286.04	10172.26	4756.04	20.81	67.79	92	180.6
2005	19314.96	3591.61	15543.35	17612.61	3591.61	14021	1318.91	27.64	167.32	265.3	460.26

二、边民互市

1978年以来，陇川县边民互市进口贸易主要以木炭、薪柴、绿豆、魔芋、桂皮等商品为主。边民互市出口贸易主要以服装、日用百货、餐具、床上用品等商品为主。

1985年，按州政府规定，国外边民可以在陇川边境内所有商店购买商品，边民互市允许超出100元的限额。

1996年6月28日，州政府规定：边境地区边民在陇川边境地区20千米以内，经政府批准的开放地点和指定的集市上，不超过规定金额或数量范围内进行的商品交换活动。每人每天在人民币1000元以下的，免征进口关税和进口环节税；超过人民币1000元不足5000元的，对超出部分按《对入境旅客行旅物品和个人邮递物品征收进口税办法》的规定征税；对超出人民币5000元的按《中华人民共和国海关进口税则》征收进口关税和进口环节税。执行时间至1998年12月31日止。

1998年11月，每人每天放宽价值在人民币3000元内为限。当年陇川边民互市进口总额达250.36万元，出口总额174.51万元；1999年，进口总额68.7万元，出口总额6.5万元。分别比上年下降72.56%、96.27%。2005年，进口总额691.5万元，出口总额9272.01万元，分别比1999年增长9.06倍、1426.2倍。

三、外贸加工

20世纪80年代初，陇川县边贸加工业得到发展，加工生产的产品有名贵中药熊胆系列产品、各种抗菌产品、玉石配件、雕刻产品、电池、实木地板条。1988年2～7月，兴安、勐宛、甸川、章凤、宏茂、南宛、云华、丽侨、建凤、振凤、滇陇等11家商号增加玉石经营项目。同年，云华商号获批黄金经营许可证，兴安商号获批经营黄金加工业务。同年12月，云福商号、滇陇商号、云川商号、景坎商号、振凤商号获得经营木材许可证。1989年3月，兴亚首饰加工厂成立，并获黄金经营许可证。同年11月，桂凤商号开办木材综合加工厂，主要生产加工木材半成品及地板条、包装箱等。1995年，边贸工业产值7032.64万元，较1994年的2582. 77万元增加3倍。1996年，边贸工业产值9590. 33万元，较1995年同期数增长37%。产品销售6362.08万元，较1995年同期增长22%。1997年1～9月，边贸工业生产总值4367. 61万元，较去年同期降低17%；产品销售额3420. 72万元，较去年同期降低46.23%。2005年，边贸工业生产总值9584.77万元，产品销售额9192.64万元。

四、贸易商品

陇川县边境的小额贸易进出口的主要商品有：棉纱、棉毯、卷烟纸、靛精、食盐、火油等。

1978～1979年，每年分批次以货易货换进的品种有：猪肉、猪油、花生、豆类等。

1980～1990年，新增芝麻、大米、胡椒、中药材、豆类、枣仁、攀枝花、棉花、尿素、虎骨、豹骨、鹿角、鹿茸、槟榔、沉香、鸡内金、犀牛角、象皮、象牙、穿山甲、龟壳、虾米、鱼肚、鱼翅、海参、鱿鱼、皮张、硝皮、饵丝、面条、魔芋片、烟草、紫胶、橡胶、锡矿砂、珠宝、玉石、黄金等，经营范围逐步扩大。10年间进口玉石6.51万千克，价值1342.4万元；锡矿砂9.06万千克，价值89.4万元；黄金45.24万克，价值384.61万元。进口的产品主要销往国内大中城市。

五、边贸企业

1985年开始，经营边境贸易的商号不断建立。至1995年末，全县共有边贸商号84家，初具规模的商号有：建川、勐畹、兴安、兴亚、兴华、荣华、甸川、建凤、振凤、南宛、芒弄、艳凤、边贸、麓川、交通、益侨、丽侨、正发、章凤、景坎、糖发、盛鑫、越兴、益川、德福、兴国、工商联、兴边、华福、云华、凤宁、滇陇、宏川、兴茂等，从业人员698人。

【建川商行】 1962年建立，1967年“文化大革命”中被迫关闭，1981年恢复。隶属商业局，1984年前，独家经营对外小额贸易，进出口所有政策允许的商品。口岸全面开放以后，参与边贸竞争。主要出口针纺织品、百货、五金交电、文化用品、中西成药、化工产品、石油；主要进口珠宝玉石、药材、畜、海产品、农副产品。在瑞丽、畹町、盈江、腾冲设有办事处。1985～1990年6年间的经营情况：进出口总额2786.8万元，其中进口1399.24万元，出口1387.56万元。上缴国家关税191.27万元，产品税44.61万元，增值税1.52万元，临时经营税94.21万元，营业税 31.9万元。利润收入46.84万元。

【兴安商号】　1985年建立。内设珠宝玉器、黄金首饰加工。主要出口针纺织品、百货、五金机电；主要进口珠宝玉石、木材、畜、水产品。在昆明、瑞丽设有办事处。

【麓川商号】　1985年建立。主要出口针纺织品、百货、化工原料、五金建材、酒、糖果、罐头；主要进口珠宝玉石、木材、橡胶、烟叶、茶叶、食用油料、畜、海产品、棉麻、水果、豆类。在昆明、瑞丽设有办事处。

荣华商号

【荣华商号】　1985年建立。主要出口针纺织品、五金机电、黄金首饰（内设加工）；主要进口珠宝玉石、木材、水产品、农副产品。在昆明、瑞丽设有办事处。

【勐畹商号】　1985年建立，隶属县商业局的边贸商号。1992年，县商业局改为贸易集团总公司，“勐畹”成为集团成员之一。设两级法人代表。1985~1990年，进出口总额2649.29万元，其中进口总额914.34万元，出口总额1 734.95万元。上缴关税37.65万元，临时经营税48.88万元，营业税41.7万元。1986～1987年，上缴产品税7.95万元，利润-9.75万元。

【甸川商号】　1987年建立。主要出口针纺织品、百货、化工原料、五金机电、香烟、建材；主要进口畜产品、海产品、珠宝玉石、木材、农副产品。在瑞丽、昆明设有办事处。

【兴亚商号】　1988年建立。主要出口针纺织品、五金机电、钢材、建材、化工产品；主要进口珠宝玉石、胶片、木材、农副产品、畜、海产品。该商号在上海、广州、厦门、昆明、勐腊、瑞丽、盈江设有办事处。1992年，进出口总额3102.92万元，进出口总额比上年增长94.77%，实现利润15万元，增长1.16%。

【益川商号】　1988年建立。主要出口针纺织品、百货、五金交电、化工产品、建材；主要进口珠宝玉石、木材、药材、豆类、海产品。在瑞丽设有分号。

兴亚商号

第二章　海关

1978年，随着中国对外开放的不断扩大和章凤口岸边贸的发展，章凤海关的机构和业务发生新的变化：机构从正科级升格为副处级，业务从单一的职能发展到4大职能，队伍从3名干部发展到28名关警员。1980～2005年，章凤海关共征税2795.1万元，查处案件326起，案值1620.58万元。1986年，被海关总署授予“全国海关先进集体”，2002、2005年被云南省精神文明建设指导委员会办公室授予第十、第十一批“云南省文明单位”。

第一节　章凤海关

1980年，章凤海关归属国务院管理，改称“中华人民共和国章凤海关”，为正科级机构，下设秘书、监管及查私股。1985年，监管股改为业务股，查私股改为调查股，其职能不变。1994年6月，章凤海关升格为副处级机构，下设办公室、业务科、调查科，人员定编为23人。2001年1月，章凤海关内设办公室、通关业务科、监管科、调查科，关领导职数为1正2副，人员定编24人。2005年7月，章凤海关撤销调查科，设立稽查科和缉私科。

章凤海关大楼

第二节　海关监管

一、出入境监管

中华人民共和国建立后，边境小额贸易不断发展。在进出口商品中，中缅双方本着“互通有无，调剂缺余，自产自销，自购自用”的原则进行。1967～1979年，小额贸易终止，1980年重新恢复。进口的商品为肉类、食用油脂、生猪、中药材及农副产品。国家统购统销的物资不得在市场上交易，边民带入的统购统销物资，需交国营商业部门收购，海关尚未正式将其纳入监管。1980年，根据省、州有关规定，县委、县政府指定“建川商行”经营小额贸易。从此，边境小额贸易走上正规，海关正式将其纳入监管。当年监督进出口货运量256吨，总值54万元。1985年，县政府遵照省政府规定，本着“平等互利，互通有无”的原则开展边境贸易，取消原独家经营贸易规定，打破边境沿线20千米内为边民互市区的地域限制。各商号本着“自找货源，自找销路，自行判断，自行平衡，自负盈亏”的原则直接与外商进行交易。从此，市场活跃，边贸发展，经济繁荣，海关的监督任务也繁重起来。2005年，章凤海关监督进出口货运量3.65万吨，总值2.43亿元，比1980年分别增长120.66%、449%。

二、打私缉毒

1978～1998年，章凤海关依据1951年国家颁布的《暂行海关法》和1987年颁布的《中华人民共和国海关法》，对构成走私的行政案件和违规案件进行查处，对构成走私罪案件或者涉及毒品的案件移交公安部门处理。20世纪90年代，章凤口岸毒品走私的形式日益严峻，章凤海关及时调整打私策略，加大查私力度，以推进关警融合为动力，始终保持打击走私高压态势，深入开展以打促税、以打促管的反走私综合治理，开展口岸通道巡查工作，应对海关非传统职能的挑战，打击毒品走私犯罪取得新突破。1988年，全年累计查获毒品178.8千克。1994年10月，在保山查获海洛因7.2千克。1997年3月，在畹町查获麻黄素300千克，缴获赃款90万元人民币、运输车1辆，抓获犯罪嫌疑人3人。1999年，在章凤口岸进口的藤条中查获毒品海洛因50千克。1980～2005年，共查处案件326起，案值1620.58万元，其中查获毒品案件58起，查获毒品116.3千克。

三、服务地方经济

为促进对外开放和边贸发展，海关业务实行改革，简化手续。1978～2000年，章凤海关贯彻“从严治关、促进为主”的方针，为发展地方经济服务。1985～1990年，章凤海关减征代征税103.7万元，免征代征税980万元，减免关税3054.7万元。1990～2000年，征收进口环节增值税、关税2039.7万元。2001～2005年，征收进口环节增值税、关税755.3万元。章凤海关履行“依法行政、为国把关、服务经济、促进发展”16字方针，采取4项措施服务地方经济发展：（1）实行通关便捷措施；（2）当好地方发展外贸的参谋助手；（3）发挥统计分析的预警功能；（4）做好减免税审批工作。

章凤海关历年出入境监督统计表

表17—2

年份	货运量（吨）			进出口总值（万元）			征税（万元）	查案（起）	案值（万元）
	总量	进口	出口	总值	进口	出口			
1980	256	218	38	54	41	13	14.9	683	67.6
1981	274	240	34	61	53	8	29.1	455	87.2
1982	261	226	35	58	45	13	20.2	370	92.8

续表17-2

年份	货运量（吨）			进出口总值（万元）			征税（万元）	查案（起）	案值（万元）
	总量	进口	出口	总值	进口	出口			
1983	243	199	44	47	40	7	10.5	512	32.8
1984	251	183	68	52	39	13	17.2	208	15.7
1985	832	732	100	156	126	30	60.5	165	55.8
1986	2005	1725	380	454	334	120	115.2	78	25.8
1987	3560	3216	344	832	671	161	282.5	68	28.9
1988	3340	3100	240	1250	878	372	325.5	62	125.7
1989	3080	2700	380	1540	1108	432	91.6	95	112.8
1990	3809	3329	480	2420	1870	550	77.6	48	15
1991	5230	4707	523	2211	1235	976	73.2	24	19.3
1992	6785	5830	955	1738	397	1341	39	54	110.9
1993	9695	7566	2129	4765	2044	2721	78.3	14	55
1994	4470	3327	1143	3284	1457	1826	123.2	18	233.7
1995	10950	9126	1824	4930	1465	3465	55.9	17	151.2
1996	15832	13060	2772	6706	2417	4289	51.7	8	69.5
1997	18337	13698	4639	5104	1352	3752	73.8	15	210.5
1998	31573	16763	14810	5025	1052	3973	83.8	16	78
1999	32702	24076	8626	20014	3359	16655	185	18	100
2000	43994	35364	8630	22967	2692	20275	231	15	112
2001	18703	13005	5698	14287	1295	12992	145	20	105
2002	26579	17858	8721	23270	1083	22187	113	8	86
2003	43803	29909	13894	38447	1834	36613	166.5	1	2.3
2004	32701	19767	12934	28150	1563	26587	131	18	168.9
2005	36489	27837	8652	24339	2323	22016	199.8	32	103.28

第三章　检验检疫

1978年后，国家实施对外开放，陇川县章凤口岸边境贸易得到发展，动植物检疫、商品检验、卫生检疫3个机构应运而生，检验检疫物品逐渐增多，项目逐年增加，方法日趋完善，监管方式日益成熟。1999年10月，“三检合一”，章凤动植物检疫局、瑞丽商检局陇川办公室、瑞丽国境卫生检疫局章凤办事处3个职能机构合并，组建德宏出入境检验检疫局章凤办事处。1989～2005年，章凤检验检疫部门共检疫动物234批次，动物产品5767.07吨；检疫植物5687批次，植物产品3.95亿吨；检疫出入境人员6.7万人次；检疫进出口商品1.05万批次，货值14.32亿元。成功阻止疫情疫病、有毒有害物质、不合格商品的传入传出，保护人民群众的生命财产安全，保障外贸经济的发展。

第一节　检验检疫机构

章凤动植物检疫局。1985年，瑞丽动植物检疫机构派人进驻章凤口岸，执行动植物检疫工作。1988年8月，经昆明动植物检疫局批复，设置瑞丽动植物检疫局章凤办事处。1989年3月25日，挂牌工作。1992年9月，国家动植物检疫局批复设立章凤动植物检疫局，正处级，隶属昆明局，由于筹建工作，1996年1月才正式挂牌办公。

瑞丽国境卫生检疫局章凤办事处。1989年8月，卫生部批准设立章凤卫生检疫所，正科级，隶属云南卫生厅。1991年1月，加挂中华人民共和国章凤进出口食品卫生监督检验所牌子。1991年10月，国家卫检局批复上划归为国家卫检局领导。1992年5月，国家卫检局批复，改所设立章凤国境卫生检疫局，升格为副处级。1997年4月，国家卫检局批复，章凤国境卫生检疫局划并瑞丽国境卫生检疫局管理，设立瑞丽卫检局章凤办事处。

瑞丽商检局陇川办公室。1994年，云南进出口商品检验局批复，设置瑞丽进出口商品检验局陇川办事处。1995年，云南商检局批准更名为云南商检局陇川办事处。1997年12月，云南商检局批复，再次更名为瑞丽商检局陇川办公室，为正科级，隶属瑞丽商检局。

德宏检验检疫局章凤办事处。1999年10月，经国家出入境检验检疫局批复，由章凤动植物检疫局、瑞丽商检局陇川办公室、瑞丽卫检局章凤办事

章凤检验检疫站办公楼

处，合并组建德宏出入境检验检疫局章凤办事处，副处级，行政人员编制8人。2000年2月，云南出入境检验检疫局批复章凤办事处设置办公室、检验检疫监管科、综合业务科。2002年12月20日，章凤口岸联检楼及查验设施正式启用。2002～2004年，章凤办事处连续3年获得“德宏州外经贸工作优质服务单位”称号。2003年，获“德宏州检验检疫局防治非典型肺炎先进集体”称号。

第二节　动植物检验检疫

一、入境动物检疫

经由章凤口岸入境的动物及产品多由边民互市入境随身带入，其批次和批量均较小。至2005年12月，检疫的动物及产品共234批次，其中动物产品5767.07吨，动物5462只（头、条），动物皮张1.64万张。主要有一般野生动物、爬行动物、水生动物、禽鸟及其他动物产品等6大类，约20个品种，检出有害生物2批次2种。

1989～2005年章凤口岸进境动物检疫统计表

表17—3

年份	动物检疫				
	批次（批）	动物（只）	动物产品（吨）	皮张（张）	有害生物批次（批）
1989	5	5	15	3860	
1990	17	0	9.31	3226	
1991	29	106	11.25	8620	
1992	5	21	2.22	0	
1993	4	22	0.32	210	
1994	26	930	0.17	0	
1995	26	1534	3.70	0	
1996	7	346	44.5	500	1
1997	0	0	0	0	
1998	16	1632	0	0	1
1999	0	0	0	0	
2000	1	11	0	0	
2001	66	840	3619.2	0	
2002	30	15	2008.1	0	

续表17-3

年份	动物检疫				
	批次（批）	动物（只）	动物产品（吨）	皮张（张）	有害生物批次（批）
2003	2	0	53.3	0	
2004	0	0	0	0	
2005	0	0	0	0	
合计	234	5462	5767.07	16416	

二、入境植物及其产品检疫

1989年3月，章凤口岸开始进境动植物检疫工作。入境植物及产品主要有柚木类、楠木类、桦木类、红木类和其他杂木类等8大类近20个品种。规格有原木、地板条半成品及成品、各种家具料和木制品装饰材料等。至2005年年底，共检疫植物产品5687批次，其中木材30.36万立方米，其他植物产品3.95万吨。主要有木材类、藤竹类、植物性油料类、植物油类、粮豆类、棉麻类、中药材类、瓜果类、橡胶及其他农副产品共10大类，近40个品种。在入境的植物产品中，检出各种有害生物278批次，其中一般性有害生物276批次，检疫性有害生物2批次。检出的主要有害生物有：双棘长蠹、对粒材小蠹、双钩异翅长蠹、山天牛属、长小蠹科、吉丁虫科、大竹蠹、谷蠹、大谷蠹、赤拟谷盗、米象、玉米象、土耳其扁谷盗、脊胸露尾甲、圆斑皮蠹、罗望子象等19个科、属、种。

三、动物传染病监控

1999～2005年，章凤办事处监管、处置各类非法入境偶蹄类事件32起，扑杀、退回非法入境活牛44头，劝堵退回境外泔水、垃圾200多次，约30余吨。堵退回境外猪、鸡300多只/头。

四、聘用疫情疫病信息员

章凤办事处结合口岸实际，在边境口岸一线，长年聘请疫情疫病信息员7～10名，为检验检疫服务。至2005年，章凤办事处接报各类信息78条。2003年4月1日和9月22日，根据信息员提供的线索，章凤办事处共堵获非法走私缅甸水牛26头，移交县畜牧局作扑杀处理或经拉影国门退运出境处理。2005年8月接报：陇把镇邦外村一屠宰户非法购入境外牛18头。8月29日，章凤办事处与海关、县畜牧局联合组成监督小组，监督此批黄牛从拉影口岸退运出境，并对运输工具进行消毒处理。

1989～2005年章凤口岸入境植物检疫统计表

表17—4　　　　单位：吨、立方米

年份	批次	植物产品	木材	有害生物批次
1989	21	322.57	830	21
1990	211	2066.78	1730	7
1991	231	1821.01	4100	7

续表17-4

年份	批次	植物产品	木材	有害生物批次
1992	267	2126.55	6780	16
1993	226	248.35	8700	6
1994	327	489.01	10900	12
1995	325	581.60	8970	25
1996	334	1055.50	10800	11
1997	206	681.33	3900	22
1998	512	1654.70	19600	32
1999	306	2290.3	18270	5
2000	1104	4230.37	29310	3
2001	360	4256.21	19209	17
2002	223	3695.37	25971	21
2003	277	4056.52	40258	31
2004	266	4206.90	32883	13
2005	491	5707.50	61392	29

第三节　进出口商品检验

1993～2005年，章凤口岸共检验进出口商品9862批次，货值13.73亿元，其中出口商品4006批次、货值9138.09万美元，出境商品1876批次、货值4591.91万美元。进口商品主要有木材类、竹藤类、粮豆类、中药材类、瓜果类、植物性油类、橡胶、动物产品、皮张等近60种，出口商品主要有纺织品、啤酒、日用品、味精、电池、电器、机电、建材等近40种。

2005年，章凤办事处共检出4批次货证不符的纺织品32.72万米，货值11.36万美元。

1993～2005年章凤口岸进出口商品检验统计表

表17—5

年份	批次	货值（万元）	检验商品种类	
			出口	进口
1993	151	1622.38	纺织品、啤酒、建材等	木材类、竹藤类、粮豆类、中药材类、瓜果类、橡胶、动物产品、皮张等
1994	123	1416.12	纺织品、啤酒、电池、建材等	木材类、竹藤类、粮豆类、中药材类、瓜果类、橡胶、动物产品等

续表17-5

年份	批次	货值（万元）	检验商品种类	
			出口	进口
1995	334	2996.92	纺织品、啤酒、电池、机电、建材等	木材类、竹藤类、粮豆类、中药材类、瓜果类、橡胶、动物产品等
1996	565	5143.74	纺织品、啤酒、电池、电器、机电、建材等	木材类、竹藤类、粮豆类、中药材类、瓜果类、橡胶等
1997	622	6088.88	纺织品、啤酒、建材等	木材类、竹藤类、粮豆类、中药材类、瓜果类、橡胶等
1998	697	8788.13	纺织品、棉纱、啤酒、炸药等	木材类、竹藤类、植物性油类、粮豆类、中药材类、瓜果类、橡胶等
1999	859	10022.15	布匹、棉纱、啤酒、炸药等	木材类、竹藤类、植物性油类、粮豆类、中药材类、瓜果类、橡胶等
2000	932	12116.66	布匹、棉纱、啤酒、炸药等	木材、藤条
2001	1026	15415.27	纺织品、啤酒、电池、机电产品、胶鞋等	木材、藤条、药材等
2002	1608	24113.24	纺织品、啤酒、电池、机电产品、日用品等	木材、藤条、药材等
2003	1160	20163.05	纺织品、啤酒、电池、机电产品、日用品等	木材、藤条、药材等
2004	848	15062.94	纺织品、啤酒、电池、机电产品、日用品等	木材、藤条、药材等
2005	937	14309.42	纺织品、啤酒、味精、电池、机电产品、日用品、建材等	木材、藤条、药材、甘蔗、粮豆等

第四节　国境卫生检疫

一、出入境人员检疫查验

1989年，开始依法对出入境人员实施卫生检疫查验。至2005年12月，共检疫查验18.39万人次。其中“三检合一”前的1989～1999年，章凤国境卫生检疫局检疫查验11.69万人次。1999～2005年，共进行检疫查验、体温检测和健康咨询服务6.7万人次。

出入境人员排队检查

二、交通工具检疫查验

1997年，章凤口岸开始对入境缅籍车辆进行检疫和防疫消毒处理工作。

2003年5月，在章凤口岸迈扎秧通道实施对入境运输工具的检疫防疫消毒处理工作。至2005年12月，共对出入境交通工具依法实施检疫查验10.66万辆次。其中“三检合一”前的1989年至1999年11年，章凤国境卫生检疫局检疫查验3.19万辆次；1999～2005年，对出入境交通工具实施检疫查验共7.47万辆次。

三、旅客携带物检疫

1989～2005年，共对16.39万名出入境旅客的携带物实施卫生检疫。其中原章凤卫生检疫局检疫11.69万名旅客。1999～2005年，检疫4.7万名旅客。

四、传染病监测

【健康体检】 1989～1999年，“三检合一”前，章凤国境卫生检疫局监测与体检8.68万人次，检测出艾滋病、梅毒、乙肝表面抗原阳性、痢疾、麻疹、伤寒、疟疾、脊髓灰质炎和炭疽染病9种，计2.32万例，传染病检出率为26.70%。1999～2005年，对出入境人员实施传染病监测，并开展口岸从业人员、缅甸遣返人员健康体检，检测出传染病5种179例，其中疟疾17例，乙肝32例，梅毒7例，淋病1例。

1990～1998年章凤卫生检疫局传染病监测统计表

表17—6　　单位：例、%

年份	监测人数	检出病种及病例数								合计	检出率
		梅毒	乙肝	痢疾	麻疹	伤寒	疟疾	脊灰	炭疽		
1990	11915	240	459	2998	316	215	1399	24		5651	47.43
1991	73137	1680	3213	2212	1762	1720	6545	192	19	17343	23.71
1992	405	1	17							18	4.44
1993	646	1	25							26	4.02
1994	213		11							11	5.16
1995	224	1	10							11	4.91
1996	166		8							8	4.82
1997	64	1	2							3	4.69
1998	65		3							3	4.62

【预防接种】 1989～1999年，章凤国境卫生检疫局接种784人次。“三检合一”后，此项工作交由德宏出入境检验检疫局开展。

【艾滋病防控】 1989年前，章凤口岸艾滋病防控工作处于重监测，轻宣传教育的状态，而1999年“三检合一”后，则采取监测与宣传教育并重的方式。2000～2005年，章凤办事处以“国际艾滋病日”为契机，对出入境人员、口岸从业人员和边民等采取不同形式的防治知识宣传教育活动。分别在口岸和通道窗口、人群集聚场所、娱乐场所等张贴艾滋病防治知识宣传画700余张，发放艾滋病防治知识宣传册2.5万余册，制作挂式永久性大型宣传广告牌2块，立式永久性宣传广告牌4块，宣传展版2套。

【疫情管理】 根据《中华人民共和国传染病防治法》《德宏出入境检验检疫局疫情报告制度》的规定，德宏检验检疫局章凤办事处对口岸检验检疫情况，实行疫情报告制度。2000～2005年，共报告传染病疫情5种79例。

【卫生处理】 2003～2005年，章凤办事处按照《消毒管理办法》《口岸卫生消毒处理安全操作规程》的规定和要求，对入境车辆、口岸区域环境、饮食服务场所、仓储场地等实施卫生消毒处理，共消毒车辆1.02万辆次，环境场所13万平方米。对进境木材17.92万立方米、藤条2.14万吨实施熏蒸杀虫处理。

五、检验检疫特别管理

【进口商品检查】 2001年6月，章凤办事处与陇川质量技术监督局联合组成专项小组，对陇川销售贮藏冷冻肉的冷库及其冷冻畜禽肉产品进行调查。9月，与陇川质量技术监督局成立打击批发销售国外进口旧服装小组，对陇川批发销售国外旧服装情况进行检查，依法打击处理。2004年，章凤办事处与陇川县质量技术监督局联合开展陇川县重点地区的市场检查行动。对章凤、陇把、景罕3地的市场和冷库进行检查，查获陇把冷库美国鸡肚16件（12千克/件），泰国鸡脚4件5包（12千克/件），山东鸡翅6件（10千克/件），产自宜良全鸭10件（20只/件）。上属食品均无相关单证，依照规定要求立即进行销毁处理。2005年，缅甸的水产品检出霍乱，章凤办事处安排部署，加大流通市场进口水产品的监管，杜绝疫情随水产品传入境内。

【入境动植物仓贮场所监管】 2000～2005年，对章凤办事处对辖区内的口岸周边区域、加工厂、仓库进行监管和场地消杀处理，喷洒消毒面积13余万平方米。

六、植物危险性病虫害监测

【实蝇监测工作】 章凤办事处在口岸周边区域进行布点监测，捕获实蝇主要有5个种类，即：桔小实蝇、瓜实蝇、南瓜实蝇、番石榴实蝇、瘤胫实蝇，尤以橘小实蝇、南瓜实蝇为优势种。2001年，投放19个诱捕器，捕获橘小实蝇、南瓜实蝇、瓜实蝇等1243只。2003年，投放诱捕器17个，捕获实蝇610只，其中橘小实蝇169只，南瓜实蝇390只，瓜实蝇47只，4头待定。2004～2005年,捕获实蝇1207只。

【对入境木材的植物危险性病虫害监测】 1999～2005年，章凤办事处每年均在辖区开展入境木材害虫监测工作，检出主要有害生物：双棘长蠹、对粒材小蠹、双钩异翅长蠹、山天牛属、长小蠹科、吉丁虫科、大竹蠹、谷蠹、大谷蠹、赤拟谷盗、米象、玉米象、土耳其扁谷盗、脊胸露尾甲、圆斑皮蠹、罗望子象等19个科、属、种。对截获疫情的木材进行高温或销毁处理，对存放场地进行杀虫处理，防止疫情的传播和蔓延。

七、卫生检疫管理

【病媒生物监控】 2001年4～6月，章凤办事处在章凤口岸周边区域，对鼠、蚊、蝇、蚤等4种医学媒介生物进行定时、定点调查，并及时将捕获的病媒生物送往德宏局开展相关检验鉴定工作。此次病媒生物监测在拉影口岸共投放鼠笼876只/次、鼠夹900只/次，捕捉鼠117只，获鼠蚤54只，捕家蝇105只、蚊子622只。经鉴定老鼠2种、鼠蚤1种、苍蝇4种、蚊子28种。

【突发卫生事件应急处置】2003年，章凤办事处主要领导加入德宏局“非典”防治领导小组，制定“非典”防治应急预案，在辖区的口岸、通道、货场等地发放SARS宣传资料2500多份，对入境交通工具实施消毒处理5838辆，对入出境人员进行体温监测8625名，对口岸办公环境、货场、服务行业场所进行消毒处理，累计消毒面积3万平方米。2004年，缅甸分批遣返非法出境劳务人员5批163人，检出传染病3种25例。2005年10月10日，从拉影口岸遣返回国12人。

第五节　检验检疫科技

2002年，围绕章凤口岸出口纺织品需求，章凤办事处组建纺织品检验检测实验室，开展检验检疫科技，配备强力仪、拉伸剪切机、烘箱、捻度机、长度分析仪、色牢度仪等19台仪器，价值12万元。加之之前“三检”合并时统筹的各种设备，章凤办事处初步具备开展纺织品检验检测、健康体检、木材监测等实用检测项目条件。在检验检疫实践中，办事处工作人员先后发表《云南芒海和章凤口岸媒介生物本地调查结果分析》《德宏章凤口岸遣返人员传染病监测结果分析》科研论文2篇。为质检总局、云南局、德宏局的科研课题提供客观科学基础数据，发挥参谋决策作用。

第四章　边境外事

1978年，成立陇川县革委会外事科，有工作人员2名。1979年，改称陇川县革委会外事办公室。1981年，改称陇川县人民政府外事办公室。2002年，外事、侨务合并，称陇川县人民政府外事侨务办公室，有工作人员7名。2005年，称陇川县人民政府外事办公室，有工作人员5名。陇川县外事机构自建立以来，遵照国家有关外事管理文件精神，本着“稳定边境、增加往来、增进友谊、促进发展”“站稳立场、冷静观察、韬光养晦、有所作为”“睦邻、富邻、安邻”的外交政策及中央、省州关于边境管理的有关精神，对陇川县辖区内的中缅边境一线的各项外事业务进行管理，做出贡献。

第一节　边务

1978年，县外事办在陇川县边沿一线26个村寨，全部落实外事宣传员，共计44人。1982年8月，在芒市召开的全省边境外事工作经验交流会上，陇川县外事办就边境管理经验做了交流后，将边境外事宣传员更名为边境外事界务员，并在全省中缅边界县市中推广。

1978～2005年，陇川县共处理771件边境涉外案件，年平均发生27.5件。发生最多的是1989年，共处理缅方武装人员非法越境、中方人员非法出境伐木、缅方枪机中方边民、缅边民避难、借道、偷盗、居留及移交人犯等边境涉外案件67起。

第二节　界务

一、界桩

自1960年中缅划界至1984年，陇川县管辖着属中缅边界南段（用“S”符号表示）S38至S52号界桩共15个桩号23棵界桩（不含S38号附桩），长62.299千米。其中小型界桩5棵，中型界桩10棵，大型界桩8棵。

1985年，经中缅边界第一次联合检查后，陇川县段中缅边界增设附桩7棵。

1986年，经陇川县与盈江县调整县界后，将S38号至40号界桩，往陇川方向600米处之间11.4千米的边界线，及两棵界桩调整给盈江县管理。陇川县辖区的中缅边界界桩是从S40至S52号界桩共13个桩号28棵界桩，长50.899千米。

1994年，经中缅边界第二次联合检查后，陇川段中缅边界增设附桩4棵。

20世纪90年代的拉影出入境通道

二、查界护界

1978～2005年间，陇川县对辖区内的中缅边界所属界线界桩、界河、界线走向、界线标志物保持着每年不少于2次的日常巡查维护。重大边界查护如下：

1980年3月28日至4月21日，陇川县根据外交部、公安部、总参谋部的指示，按《中华人民共和国政府和缅甸联邦政府关于两国边界的议定书》组建边境调查组，历经25天对陇川县S38~S52号界桩共15个桩号23棵界桩（不含S38号附桩）、长62.299千米的界线进行内部调查。调查结果：原23棵界桩中有19棵有不同程度损坏。31棵方位物中损坏1棵、失踪1棵。界树仅存50～51号界桩的2棵，以河流为界地段，界河改道较大，共24段，面积23.28公顷，影响界河界线走向。界线两侧5千米范围内，地物均有变化。

1982年，在日常的边界巡查维护中，发现缅边民先后在50~51号界桩间距界线10米范围内建盖瓦房4栋、草房7栋，后经协商，缅方将建筑物进行拆除。

1982年11月5～12日，由章凤边防工作站、驻章凤部队组成的边界调查组对S43~S52号界桩的界桩、界线走向、标志物进行实地踏勘调查。界桩完好，45～46号界桩间界河（南洼河）、51～52号界桩间界河（南洒河）改道严重，河道改入陇川境12段，致使界线走向不明显，难于辨认。

1984年5月5日至6月1日，由县外事、武警边防大队、章凤边防工作站组成的边界调查组，分别对S38~S44号界桩、S44~S49号界桩、界线开展实地调查。受损界桩16棵，界河改道13段，骑线耕种1.01公顷。

1985年11月25日，县政府针对南洒河和南洼河改道28段，河两岸土地演变24.2公顷（其中改入陇川境20段，损失国土16.95公顷）的实际，投资58.84万元，建钢筋石笼护岸坝81个，长3.11千米，砌石护岸0.586千米，保护界河界线走向。

1993年3月4日至4月20日，陇川县组成中缅边界内部调查组，对中缅边界陇川南段，全长50.899千米的国界进行实地内部调查。发现界桩轻微受损11棵，一般受损11棵，方位物被毁1个，界树死亡652株，界河改道15段。

2000年9月14日，县外事办与缅方就拟在中缅边境南段49附2号界桩至51（2）号界桩间骑国界线种植花木（隔离带）进行会晤。中缅双方决定沿49附2号桩至51（2）号界桩间骑国界线计900米一段共同种植花木。2002年11月28日动工至12月10日结束，共种植槟榔树122棵、圆柏树122棵和芦藜9000余株。

2002年，陇川县对辖区内的国界线进行日常踏勘查护4次，重点对S45～46号界桩间

中缅边境界桩

的南洼河、S51～52号界桩间的南洒河两界河进行维护治理，打筑竹梢坝263道，长800米。

2005年7月7日，陇川县对辖区内的国界线进行日常踏勘查护时，发现缅迈扎央县桦桃下寨7户村民，为灌溉其2公顷水田，在埋窝山脚（坐标88220，71900）处，南洼河河道中建长12米、宽1.5米、高1.5米的拦河引水石坝。对此，陇川县及时向缅方通报交涉，要求缅边民拆除违规工程。

三、联检

1985年3月4日至5月25日，陇川县按中缅第一次边界联合检查委员会的要求，由中缅双方共14人（中方9人缅方5人）组成中缅边界第三联合检查组，经83天工作，对陇川县所辖S38至S52号界桩共15个号23棵界桩、长62.299千米的中缅边界界线进行联合检查。检查结果：（1）原址重竖严重受损、毁坏界桩11棵；（2）在界河改道、界树死亡造成界线不易辨认的S46–49号界桩间，增设附桩7棵；（3）测定重竖界桩和增设附桩的地理位置、方位物的方位角和距离；（4）对原20棵方位物进行适当调整；（5）测修议定书附图（1：50000）中英文版2幅、缅英文版3幅。5月2日，结束野外作业，进入室内作业。5月20～25日，在章风镇举行第三联合检查组第二次全体会议。

1993年11月29日至1994年1月31日，根据中华人民共和国和缅甸联邦第二次边界联合检查委员会安排，组成中缅边界第九联合检查组，于11月29日从S37号界桩上界，对S34–52界桩，共19棵桩号43棵界桩进行联检，历时64天。联合检查结果：原址重树1棵为S35(1)号界桩，选址另竖2棵，修复界桩6棵，增设附桩4棵。对上述作业进行检查验收核对，填写界桩登记表，测定界桩与界桩之间的方位物、方位角和距离，调整和设置方位物。最后双方组长在航测照片、界桩登记表和中缅文《联检工作报告》上签字。

四、界河治理维护

陇川县根据上级的布置安排，从1983～1993年底，采取依靠和发动群众的方式，对辖区内的S45–46号界桩间南洼河、S51–52号界桩间的南洒河进行长期维护和治理。（见水利章）

第三节　交往

一、互访、会晤

1978～2005年间，陇川县开展对外友好活动377件（次），年平均13.4件（次）。其中官方往来占80%。开展官方往来最多的是2005年，全年开展会谈会晤和友好往来活动共44次；接待缅政府和地方政府官员21批246人次；组织陪同政府相关部门出境到缅密支那、八莫、雷基、迈扎央考察交流62批4106人次，其中县委、县政府赴缅甸密支那、八莫就经贸、公路、旅游等事宜进行的会晤各1次共42人次；为缅方借道17次191人次；解救因外出被缅军警抓捕的中方边民25人；开展边境禁毒合作会晤7次和边境联合扫毒活动2次。

1988年7月22日，县外事办与缅驻雷基指挥官腊母上尉、翁波上尉、觉梭3人在拉影寨进行会晤。

1989年10月1～8日，缅雷基驻军步29营一行6人从章凤口岸入境到陇川县县城（城子镇）与中方共度国庆节，就维护边境稳定、促进双方合作进行会晤。14日，缅方致函陇川县，请求帮助修复缅雷基至勐冒段公路。

1991年10月12日，陇川县副县长邱世集率政府相关部门7人应缅雷基驻军步308营代营长吞埃少校的口头邀约，在拉影边贸服务部与其一行4人就缅方欲修复章凤至八莫公路事宜进行会谈交流。同年11月2日，应缅八莫前线作战指挥部及八莫地区治安建设委员会联名邀请，和与雷基驻军步47营的多次会晤安排，组成陇川县人民政府边贸友好考察团一行13人，从拉影寨出境。缅方从步47营、236营、237营和99师等部队中派出300余人护送，于4日18时抵达八莫。20时30分，在八莫市政厅举行欢迎仪式暨第一次会谈，并提出修复雷基至勐冒公路望中方给予帮助的愿望。此后就章八公路建设和开通章凤口岸等事项与缅方进行会谈交流。代表团于11月13日9时结束在八莫的访问，于11月14日返回章凤，历时13天。

1992年12月15～17日，缅甸克钦邦八莫地区勐冒镇区治安建设委员会主席吴丁腊缅，率政府各部门、商会、华侨会负责人140人，沿刚修复好的雷八公路到章凤，对公路进行试通车，并在陇川县开展交流活动。

1993年1月15日15时，缅北军区司令梭伦准将率部乘2架军用直升机到雷基视察公路、边境贸易等工作。15时30分，在雷基驻军营地约见陇川县副县长邱世集，双方就修通章（凤）八（莫）砂石公路、边境贸易、陇川与八莫开展旅游等进行会晤交流。同年3月13～16日，陇川县县长彭勒准率县政府代表团一行15人沿修通的章八公路赴八莫，与缅八莫前线作战指挥部指挥官登尼中校、八莫县治安建设委员会主席哥哥尼中校就在4月5日左右双方举办“章八”公路修复竣工典礼、开展贸易和旅游事宜进行会晤协商。

1996年1月17日17时10分，缅八莫边贸管理局局长钦貌多、驻雷基步319营营长觉敏等6人入境到章凤拜会陇川县领导，并就促进双方边境贸易发展等进行会谈。

1998年7月2日，缅甸联邦经济和贸易（商务）部副部长谬丁准将到雷基视察时，在雷基驻军步56营营部与陇川县领导会谈，并就其要开通国家级雷基口岸向中方进行会晤通报。

1998年9月14日，陇川县外事办、口岸办、外经贸局、海关、动植物检验检疫等部门负责人，应邀出境到雷基查验货场会议室，与缅雷基驻军387营长翁觉吴中校、缅商务部驻雷基边贸特派办和相关部门负责人等6人就加快双方贸易、旅游等事宜进行会谈。同年10月11日10时20分，缅甸商务部边贸司边贸管理局局长敏腊昂上校率387营营长昂觉吴一行8人到章凤与县长毛勒端就公路建设、边境贸易等事宜进行会晤交流。

1998年8月，举行发展双边贸易华侨座谈会

1999年5月14～15日，应八莫县和平与发展委员会主席谬岁的邀约，陇川县县长毛勒端率外事、财政、外经贸、交通等部门负责人组成的9人代表团，从章凤口岸中缅边境出境赴八莫，与八莫前线作战指

挥部指挥官丁梭准将、和发委主席谬岁等官员在八莫高尔夫球场俱乐部服务楼就加强公路交通、口岸建设、边境贸易等方面的合作事宜进行会谈交流。

1999年7月16日10时40分，缅雷基边贸特派办主任吴登伟一行入境到章凤，向中方通报缅甸联邦商务部边境贸易司，欲将雷基至八莫公路改扩建为柏油公路的决定。

2003年9月18～21日，县委书记宋雨发、县长孔勒干率外办、外经贸局、交通局等部门负责人一行12人到缅克钦邦首府密支那考察。19日15时，缅北军区司令、克钦邦和发委主席貌貌少将等20名省（邦）级官员在缅北军区司令部接见考察团一行，并举行座谈。就修建雷基至勐冒的弹石公路、开通中缅旅游线路等问题进行磋商。并请求陇川县在农业良种应用、技术推广、科技培训、农业机械应用、养殖业发展以及化肥生产等方面给予支持和帮助。

2004年2月21～24日，县长孔勒干应缅北军区司令、克钦邦和发委主席貌貌岁少将的邀请，率有关部门领导一行9人赴密支那，就雷基至八莫公路改建事宜与缅建设部建设司司长吴内梭奈及外交部、内政部、移民管理总局、律师总署等官员会晤。

2005年4月23日9时，缅北军区孟梅前线作战指挥部指挥官昂尼上校邀约陇川县章八公路指挥部指挥长雷天四、外办主任赵晓权在驻雷基步321营营地就雷基-勐冒弹石公路改扩建工程中存在的问题进行会晤商谈。同年5月24～27日，以县委书记宋雨发为团长，相关部门及企业界人士组成的经贸考察团，赴八莫与县“和发委”主席腊道中校等缅相关部门就建设中的雷基至勐冒公路和开展双方就农业、旅游、贸易、资源开发、能源开发利用等方面加大合作事宜进行会晤交流。考察团向八莫市的2所孤儿学校和1所华语学校各捐赠50万缅币。

二、互帮互助

1983年2月11日15时，缅雷基（洋人街）突发火灾，147户缅边民房屋财产被烧毁。中方边民主动向缅灾民捐款捐物、捐赠建房的竹木。陇川县外事办通过雷基治安建设（恢复法律与秩序）委员会主席和头人向每户灾民赠送油毛毡、棉毯、衣服等救灾物资。

1992年4月5日，缅雷基发生火灾，17户居民住房被烧毁。4月15日，陇川县政府、外事等部门工作人员前往缅雷基对每户灾民进行慰问救济，赠送棉被、热水瓶、面盆、大米、床单、蚊帐、水桶等救灾物资。

2003年2月28日16时，中方接到缅雷基官方的求救电话：屯洪寨发生火灾，请求中方帮助扑救。16时50分，陇川消防大队2辆消防车和15名消防队员赶赴现场，于19时30分将火扑灭。3月3日，县长孔勒干代表陇川县政府率有关部门领导，带着500千克大米、10套床上用品及价值1000元人民币的炊具到雷基市政府对受灾户进行慰问。

2000年5月9日，缅甸联邦国家和平与发展委员会第一秘书长钦纽中将率13名将级官员及随行人员17人，分乘两架直升机达雷基视察。因雷基接待条件有限，应雷基和发委的请求，中方提供三菱越野车2辆、丰田小客车2辆供缅方接待使用。

三、互利合作

1985年5月，陇川县电力公司与缅甸雷基（洋人街）利民电力公司达成供电协议，章凤至雷基的8千米供电线路由陇川县电力公司勘测投资施工，总投资12.63万元，并于当年8月竣工，9月，正式向雷基输送照明用电。

1991年12月26日，八莫地区治安建设委员会就修复雷基至八莫（缅方称："雷八"或"雷勐"）公路委任段保昌等3人为代表，到陇川县与相关部门进行磋商，并致函陇川县县长彭勒准。

1992年1月3～7日，缅八莫地区莫凤建筑股份有限公司董事长段保昌等3人，持缅政府批文等相关文件在章凤与陇川县房地产开发公司经理张富然先后对修复雷基至八莫公路的相关事项进行多次商决，并签订雷八公路修复协议。同年5月10日，陇川县派出工程技术人员、工人、机械设备等正式出境开工作业。

2000年，陇川县政府经与缅雷基市和发委协商同意，由雷基华侨商人开采南洒河缅甸境内段的河沙20万立方米，销售给中方，用于"瑞章"二级公路建设。

2001年1月，陇川县组成以副县长闫生赞为团长的7人代表团，赴缅甸仰光与缅国家建设部丹吞少将就雷八公路改建工程进行会谈交流。3月，组织陇川县勘测人员对缅雷基至八莫75千米的新线公路进行勘测。

同年，经中缅双方协商：陇川县电力开发公司增加对县境外缅方5个村寨180多户的用电供应。陇川县电信局在缅雷基、迈扎央开发区安装250门程控电话。

2001年11月24～30日，应缅克钦邦第二特区东部专区的请求，陇川派出6名水利工程技术人员到八莫的南赛，有偿承建投资总额50万元人民币的引水工程。解决333.33公顷农田的灌溉和800余户3600余人和几千头牲畜的饮水问题。

2002年5月25～31日，克钦邦第二特区东部专区副专员勒排昆弄、秘书长弄夺努干率28名农科人员和乡村长，在县外事办负责人的陪同下，先后参观考察陇川县的麻竹、西南桦种植基地。同年，应缅亚泰公司的请求，陇川县派出150名工程技术人员、工人和机械设备维修已损坏很难通行的雷基至勐冒砂石公路。

2004年11月4日，由陇川县章八公路建设股份公司经理李祥云与缅建设部人民建设司司长吴内梭奈，在缅甸联邦建设部会议厅，签订投资2800万元人民币改建雷基——勐冒公路协议。

四、共庆活动

1988年1月1日13时40分，缅军驻雷基指挥官觉梭伦通过雷基村头人林福安，向县外事办负责人赠送新年贺礼。

1990年1月4日10时，陇川县县长彭勒准率陇川县人民政府代表团一行9人应邀前往雷基参加缅甸联邦独立42周年纪念活动。雷基驻军步29营营地门口，悬挂着用樱花贴合成的"缅中友谊万古长青"的横标，以示欢迎。在庆祝活动期间，缅方还放映丹瑞上将为首的缅甸军事代表团访问中国的电视录像，并设宴款待中方代表团人员。13时15分，步29营营长波曲中校送代表团出境。

1991年10月1日14时，缅雷基驻军步308营代营长吞埃少校一行13人，应邀参加陇川县在章凤举办的国庆42周年庆祝活动。3日，双方在拉影国界线两侧种植友谊树。

1995年1月27日14时30分，缅驻雷基驻军步47营腊刀中校等7人应邀入境，到陇川县城（城子镇）与陇川共度新春佳节，并与陇川县长彭勒准和相关部门领导进行座谈。

1998年1月24日，缅驻雷基47营营长散伦中校率警察局、移民局、海关等部门一行9人应邀参加陇川县春节庆祝活动。同年8月23日9时，应缅方邀请，陇川县祝贺团300余人从章凤口岸拉影S50附2

号界桩旁出境，参加缅甸联邦经济和贸易（商务）部边境贸易司在雷基货场举行的国家级雷基口岸开通庆典活动。

2004年12月29日，中缅双方在雷基举行雷勐弹石公路改建工程开工典礼，约4000人参加典礼仪式。

五、文体交流

1992年8月31日，陇川县组成30人的足球代表队赴雷基参加足球友谊赛。

1993年4月6日，缅方由262人组成的代表团，前来参加在陇川县章凤举行的“陇川县首届民族艺术节暨章（凤）八（莫）公路通车典礼”。上午双方进行会谈，下午参加庆祝会、参观县城市容，晚上缅伊江歌唱团演出文艺节目。4月7日8时，缅方代表团与中方在公路与缅交汇处（章凤口岸拉影至缅甸雷基国界通道）举行章八公路通车典礼仪式。9时30分，由1800人组成的陇川县代表团，随缅方代表团分乘273辆车前往八莫。16时30分，陇川代表团应邀参加缅方在八莫飞机场旁举行的雷基至勐冒公路通车剪彩仪式。后沿章八公路返回章凤。

1994年11月25日至12月2日，应缅政府克钦邦治安建设委员会的邀请，县长彭勒准率15人的陇川团，随德宏州州长刀安炬所率德宏州祝贺团，出境赴密支那参加全缅基本教育学校学生运动会活动。

2001年12月，缅雷基机关足球队到章凤体育运动中心与陇川县机关队开展足球赛。

中缅边境儿童共庆“六一”

六、民间往来

1992年，双方边民出入境人数超过45万人次。到2005年止，平均每天出入境人员达1500人次左右，年均出入境人员50万人次以上。

1983年10月1～3日，由雷基华侨会、雷基华侨学校55人组成华侨代表团，到章凤参加中华人民共和国建国35周年庆典活动。

1985年6月1日，雷基华侨学校师生30余人到章凤文化站与陇川县章凤小学、中学师生进行“六一”儿童节联欢。

1996年3月5日，陇川县组成13人祝贺团出境参加南坎华侨佛经学校教学楼落成典礼活动。

1998年5月14日，应缅亚泰公司邀请，陇川县组成15人祝贺团，从姐告出境参加缅木姐卷烟厂开业庆典活动。

1999年8月27日，缅甸联邦克钦邦第二特区东部专区驻地乌拉崩及附近村寨几百人患病，向中方求救。经请示，县外办负责人带领章凤医院8名医护人员前往救护，151名患者得到及时医治。

2003年，在防治“非典”“甲肝”期间，县红十字会为雷基华侨会提供“甲肝”疫苗800支，为雷基华侨学校提供“非典”消毒药水过氧乙酸5千克。

2004年，陇川县发生“7·5”洪灾。缅迈扎央经委会、雷基华侨会、缅克钦邦第二特区东部专区、雷基市民先后向陇川灾区捐赠大米50吨、人民币22.5万元。

第十八编 交通 邮政 通信

LONG CHUAN XIAN ZHI

LONG CHUAN XIAN ZHI

LONG CHUAN XIAN ZHI

第一章 交通

陇川县从20世纪50年代末开始修筑公路，至70年代末已修建265千米。中共十一届三中全会召开后，县委、县政府把修路建桥作为“富民兴县、脱贫致富”的重要战略措施来抓，组建县工交局，负责全县公路建设。至2005年，全县各级公路通车里程达2519.52千米。公路交通的改善促进了交通运输业及其他行业的发展，为陇川经济建设和社会进步作出贡献。

第一节 公路

一、国际通道

过陇川境国际公路仅有1条，即中国章凤至缅甸八莫公路，简称章八公路。其中雷基至八莫一段于1937年修通毛路，抗战时期中断。

章八公路于1993年3月开工修复，长92.77千米，其中缅境八莫至高丽山脚洗帕河一段早已开通，章凤至拉影一段长9.95千米，也于1990年4月动工修建，1992年3月竣工。修筑任务主要是高丽山路一段，长77.89千米，砂石路面，1993年3月竣工，总投资1400万元。

2004年11月4日，县委、县政府同缅甸联邦政府建设部公共建设司签订协议，将原修建的高丽山路一段改建成弹石路，全长79千米，按中国山岭重丘区四级标准改建。2004年12月开工，2006年底竣工，总投资2288万元。

二、省道及县际公路

【瑞陇公路】 即瑞丽至陇川公路，于1957年修筑，全长156.576千米，陇川负责修建瑞丽城至陇川县城子一段全长63.488千米，四级砂石路面。1985年，对章凤至城子路段按三级路标准拓宽改造，总投资237万元。1988年，按两段施工将章城段铺成柏油路。景罕至城子沙河段，全长13千米，按三级路面标准铺油，1990年4月18日竣工，总投资158.92万元。1991年3月18日至1992年2月28日，新修章凤至景罕段，全长11.07千米，按二级路面标准铺油，总投资496.5万元，自此，陇川县境有了第一条标准的二级公路。

1998年11月10日，改建瑞丽至章凤段为二级油路标准，改建线路长37.57千米（含拉影连线9.21千米），总造价3.8亿元，陇川境总投资1.05亿元，2001年竣工通车。

【腾陇公路】　即腾冲至陇川公路，该公路于20世纪60年代初修通，但等级差。2002年，按二级或三级沥青路标准改建此路，陇川境改建路段全长44.43千米，其中按二级路面标准改建19.13千米，按三级路面标准改建25.3千米，总投资4614.55万元，2003年5月竣工。

2003年5月，腾陇公路建成通车

【梁陇公路】　即梁河经护国乡至陇川公路，全长93.296千米，20世纪60年代初开始施工，陇川境全长59.296千米，按四级砂石路面建设，于1985年春全线通车。1985年底，开始对该路进行改建，至“九五”末完成，陇川段路面三级达9千米，四级达30千米，等外23千米，有石拱桥18座，涵洞184道。2000年12月，梁陇公路被州、县列为弹石路重点改建工程，按四级技术标准施工，长60.5千米，2001年12月10日竣工，实造价938万元。

【章遮公路】　即陇川章凤至潞西遮放公路。1985年开始修筑，全长48千米，陇川境长38千米。1987年春完工，耗资98万元。1993年6月12日，县委、县政府决定新修1条沿章城线从景罕展线，经勐约入遮放户拉，接320国道线的新线，即章遮公路。分4期施工，1998年12月28日通车。1999年，投资316万元，对章遮公路进行改造，分3期施工。2004年，章遮二级油路建设项目被省、州交通部门列入县际公路国债重点建设项目，改建里程为60.52千米，陇川境长42.52千米，同年12月27日开工，2007年12月20日竣工。

三、县乡公路

陇川县从1958年开始公路交通建设，至“九五”末，县乡公路达20条，总长413.219千米。“十五”计划开始后，县乡公路的修建重点是改建，2003～2008年，全县投资2447.93万元，改建县道265.249千米；投资814万元，改造乡道61.005千米。截至2008年，全县改造新修建县乡道432.873千米。其中二级路44.688千米，三级路6.614千米，四级路314.792千米，等外路66.779千米，比“九五”末增加19.654千米。全县12个乡（镇）全部通公路，坝区4个镇实现柏油路化，山区5个乡实现弹石路化，部分路段改建成通乡油路。主要几条县乡道的修建情况如下：

【户撒公路】　1960年始修，从户撒沐城至曼丙接腾陇公路，全长8千米为四级路。1984年，改建老路并延伸到线董煤厂，全长14.742千米，1985年竣工。1999年，户撒公路列为县弹石路改建项目，2000年4月竣工，总投资130万元。

【王子树公路】　北至梁河中营接潞盈路，南经邦瓦至城子顺山脊展线，全长78千米，按四级测设，1971～1993年修建，省、州补助86.5万元，全线分6期施工完成。

【共瓦公路】　从章凤至城子公路19千米处岔口经曼洪寨展线至共瓦，1966～1975年，由共瓦民工开挖，县财政补助1.5万元，属等外路。

【景陇公路】　由景罕海岗至陇把农场，全长8.3千米，县财政补助8万元，农场出资1.2万元，1981～1982年1月修建。1990年，投资60万元对路基进行改建。1993年，由省补助210万元，县自筹96万元，改建成三级油路。

景罕至陇把公路1994年通车，全长7公里

【邦外公路】　为沟通当时的邦外区而修筑的，1982年冬至1983年冬施工，全长4.02千米，四级测设，由农场和县政府共同投资8.5万元修筑。2004年，投资100万元改建成弹石路。

【龙江公路】　为开发龙江热区而修，从邦瓦修至龙江边，全长22.5千米，1984年测量，1985年开通毛路，为等外公路。

【俄穷公路】　也称王子树公路，由清平马鞍山脚展线，经俄穷至王子树乡打靶场，全长20.135千米，州补助82万元。1989年测设，1992年5月1日竣工。2000年，投资393万元，改建成弹石路。

【户撒坪山公路】　由腾陇公路岔口至户撒坪山村，全长13.51千米。坪山村是陇川通往缅甸的一个重要道口，1987年，由当地群众及部队官兵共同修通毛路。1988年，纳入县乡公路建设范畴，总投资21.6万元，按四级路标准修筑，当年建成通车。

【陇把公路】　即由城子至陇把公路，全长19千米，1959年开通。1996年，此路列入省州弹石路改建工程，2000年4月14日竣工，总投资260余万元。

1986年5月，章凤至拉影公路开始建设

【拉影公路】　由弄门至拉影，长7千米，1986年冬开工，1988年春竣工，总投资23.7万元。1988年，投资172万元，铺筑弹石路3.85千米，1991年3月竣工。2000年，此路纳入瑞章二级油路改建工程，2001年竣工交付使用。

【龙江西线公路】　全线南起勐约坝，北至梁河勐养江桥，全长54千米，其中新修40.1千米。1997年11月开工，1999年4月通车。龙江西线公路属省、州“九五”易地扶贫重要工程项目。

四、乡村道路

20世纪80年代后，各村寨开始修筑村与村、村与乡之间的简便公路。至1993年，全县修筑乡村公路37条，总长190.5千米。其中：64

乡村道路

个行政村通公路，占92.75%；574个村民小组通公路，占79.8%。1995年，全县尚有8个行政村不通公路，于1997年，提前3年实现“九五”末村村通公路的目标。

2002年，全县有乡村公路75条。其中乡道60条，长439.62千米；村道15条，长130.69千米，总里程570.31千米。其中四级路221.24千米，等外路349.07千米，有路面70.65千米。总里程中有弹石路面6.96千米，晴雨通车里程257.34千米。有39个行政村通等级公路，30个通等外公路。同时在行政村通公路的基础上，自然村、合作社（村民小组）群众修筑村组公路662.66千米。

2003～2008年，全县改建、重建或新建村道454.869千米，总投资5311.87万元，其中以群众自筹、上级补助的方式改建新建村道55条，计89.654千米，投资1277.6万元。

陇川县专用公路主要有蔗区道、矿区道、林区道、边防道、旅游景点道。据2001年统计，全县共有专用公路1108.981千米，其中蔗区道1063.981千米，其他道路45千米。

第二节　桥梁　渡口

一、公路桥梁

据2001年全国公路普查统计，陇川县境有大、中、小型公路桥梁98座。其中省道有大中型桥6座，长273.76米；小桥6座，长103米。县乡道有大桥2座，长281米；中桥6座，长296米；小桥51座，长715.7米。乡村道有小桥28座，长505米。98座中除裕安桥为半永久性桥外，其余均为永久性桥梁。2002～2005年，新建改建中小桥5座，长293米。

1989年，勐约河公路桥梁建成通车

2001年陇川县公路普查省道大中型桥梁统计表

表18—1　　　　单位：米、万元

桥名	坐落处		全长	跨径		桥型	修建时间	投资	备注
	公路名	河流		孔数	孔径				
章凤桥	腾瑞线	南宛河	71	8	7	梁式	1958～1959	7.22	
喇启桥	腾瑞线	户撒河	30	2	10	石拱	1959～1960	4.62	两次重修
南伞桥	章城线	南伞河	36	2	10	梁式	1971	5.30	原名红旗桥
小河桥	腾瑞线	小河	26	1	20	梁式	1972	7.81	章凤桥副桥
章凤桥	腾瑞线	南宛河	75.2	4	15	梁式	1973～1974	36.4	第二次修
迭撒桥	章八线	南宛河	110.56	5	20	梁式	1987～1988	116.88	

2001年陇川县公路普查省道中小型桥梁统计表

表18—2　　　　单位：米、吨

桥名	坐落点		桥况			桥型	修建时间
	公路线	河流	长	宽	载重		
邦社桥	腾瑞线	腊撒河	20		20	石拱桥	1963
陇把桥	腾瑞线	户岛河	15	7	30	石拱桥	1963
弄晃桥	章城线	弄晃河	20	7	30	石拱桥	1964
光相桥	腾瑞线	邦卡河	15	7	30	石拱桥	1964
景罕桥	章城线	南享河	18	7	30	石拱桥	1965
304桥	腾瑞线	干季河	15	7	30	石拱桥	1969

2001年陇川县公路普查县乡公路桥梁综合统计表

表18—3

路线名称	延米	座数	大桥		中桥		小桥		永久性		半永久性	
			座	米	座	米	座	米	座	米	座	米
户拉至陇把	401	7	2	281	1	46	4	74	6	225	1	176
翁冷至城子	222	13			1	62	12	160	13	222		
勐约至勐养	231.5	10			2	97	8	134.5	10	231.5		
中营至邦外	129.5	6			1	60	5	69.5	6	129.5		
城子至王子树	207.2	16			1	31	15	176.2	16	207.2		
赛号至曼弄	13	1					1	13	1	13		
军民桥至边界	49.5	3					3	49.5	3	49.5		
弄坎至陇把	0	0										
广宋至拱瓦	14	1					1	14	1	14		
邦瓦至埋桑	0	0										
芒东至户撒	25	2					2	25	2	25		
合计	1292.7	59	2	281	6	296	51	715.7	58	1116.7	1	176

2005年陇川县农村公路桥梁统计表

表18—4

分类	单位	合计	县道	乡道	村道
桥量总数	座	116	62	44	10
	米	1778	1034	625	119

续表18-4

分类		单位	合计	县道	乡道	村道
按跨径分	大桥	座	2	2		
		米	281	281		
	中桥	座	11	7	3	1
		米	508	331	157	20
	小桥	座	103	53	41	9
		米	1250	692	468	90
按使用年限分	永久性	座	116	62	44	10
		米	2048	1304	625	119
	半永久性	座				
		米				
	临时性	座				
		米				
危桥		座	6	1	5	
		米	79	7	72	

二、公路涵洞

2001年，全国第二次公路普查，陇川县省管公路有涵洞266道，其中孔径大于40厘米涵洞30道，长255米；县道涵洞1129道，长7598米；县乡道有孔径大于40厘米涵洞2003道，长13480米，均为永久性涵洞；县村道通行政村公路涵洞有孔径大于40厘米涵洞874道，平均每千米有1.53道；县村组公路有涵洞610个，平均每千米0.92道。

2001年陇川县公路普查公路涵洞分布表

表18—5　　　　单位：千米、道

乡（镇）名称	公路里程	涵洞数	乡（镇）名称	公路里程	涵洞数
章凤镇	89.3	76	护国乡	77.69	14
城子镇	14.4	16	勐约乡	36.98	81
景罕镇	50.6	38	邦瓦乡	63.8	52
陇把镇	64	48	姐乌乡	15.2	13
清平乡	35.71	22	赛号乡	20.47	11
王子树乡	91.68	51	陇川农场	44.4	20
户撒乡	58.43	168	合计	662.66	610

三、渡口

（一）航渡河流

【龙川江】　又名龙江，发源于腾冲县固东，途经陇川县王子树、邦瓦、勐约3个乡。雨季水流湍急，难于通航，只能在两岸之间摆渡，干季水位下降，从勐约境上游可放木排、竹排至瑞丽江一带，亦可通行小型机船。1992～2000年，勐约乡企业办购置小型民用柴油机船4艘在邦瓦乡的龙江坝至勐约乡的勐约坝之间航行。

【南宛河】　发源于陇川县护国乡，从北向南贯穿陇川坝子，途经5个乡镇，县境流长65.7千米。该河雨季水量较大，人畜难以穿过。不修公路前，两岸群众交往均靠船筏摆渡。

【户撒河】　发源于户撒坝北山地中，境内流长34千米，中游河段地势平缓，雨季可摆渡和放竹排。

【萝卜坝河】　途经勐养坝尾和王子树乡境界。雨季水量较大，多靠竹筏摆渡。

（二）渡口建设

陇川县历史上过境河流民间渡口主要有24个。2004年8月，经县政府认定的渡口有5个，即勐约乡埋桑坝渡口、王子树乡芒线渡口、城子镇近引渡口、章凤镇多公渡口和南敦渡口。这些渡口来往人员较频繁，实行常年摆渡。

2004年以后，为加强水上航运的安全管理，县交通海事局将渡口改造纳入工程建设计划项目，投资640多万元，对麻栗坝、曼线、埋桑、近引、多公、南敦等渡口进行了改造。

四、古桥梁

【古石桥】　有弄环寨桥、坪山路桥、保平桥、曼东桥。除景罕弄环寨桥外，其余3道均在户撒乡境。其中坪山路桥因2004年“7·5”特大洪灾损毁。

【竹木藤索桥】　有户撒藤子桥、南田竹笆桥、迭撒竹笆桥、界岭竹木桥、罗郎独木桥。20世纪末，竹、木、藤索桥均改建成永久性的水泥桥或石拱桥。

【人马吊桥】　位于原邦瓦乡崩强与潞西市的雷拉过境龙江上。1990年，投资32万元，修建能通行人、畜的钢索吊桥。2008年因下游修龙江电站，水位升高吊桥被拆除。

第三节　公路运输

一、人力车和畜力车运输

1978年统计，全县有马车232辆、牛车94辆、驮牛2231头、驮马423匹。20世纪80年代后，机动车辆不断增加，畜力运输逐年减少。至2005年，牛车、马车彻底消失，畜力驮运仅有山区少量群众还在使用。

1980年陇川县畜力运输装卸运价表

表18—6　　单位：元

运距	马、牛车运输自装自卸每吨千米运价			马、牛驮运自装自卸每吨千米运价		
	好路	差路	坏路	坝区	山区	山区特坏路
1～2千米	1.3	1.35	1.4	1.6	1.68	1.76
3～4千米	1.05	1.1	1.15	1.4	1.48	1.56
5～6千米	0.85	0.9	0.95	1.24	1.32	1.4
7～8千米	0.7	0.75	0.8	1.12	1.2	1.28
9～10千米	0.6	0.65	0.7	1.04	1.12	1.2
10千米以上	0.55	0.6	0.65	1	1.08	1.16

1980年陇川县人力运输自装自卸运价表

表18—7　　单位：元

自装自卸每吨公路运价 运距 / 运力	0.1～0.4千米	0.5～0.8千米	0.9～1.2千米	1.3～1.6千米	1.7～2千米	2千米以上
人力车（手推车）运输	1.75	1.5	1.3	1.15	1.05	1
人工（搬、抬、背、挑）运输	2.25	2	1.8	1.65	1.55	1.5

二、机动车运输

（一）客运

【民间客运】　1978年，全县平均每100户拥有自行车7辆，全县有摩托车15辆。20世纪90年代，全县平均每百户拥有自行车140辆。至2005年，摩托车增至3.2万辆，比1978年增长2128倍。90年代初，章凤地区开始出现载客三轮摩托，至2005年，全县达118辆。“十五”计划开始后，章凤地区载客三轮摩托被取缔，发展城市出租车，至2005年末，出租车达64辆。城镇居民、干部职工、私营业主则逐步购买私人小汽（轿）车。

【汽车客运】　1978年3月1日，芒市汽车运输总站成立，下设客运站配备客车，每日开通芒市至陇川1班。“八五”至“九五”时期，个体小客车、中巴车、出租车纷纷涌向运输市场，全县12个乡镇集市，定期有客车运输。县运输公司、章凤客运站负责跑县外长途。客车除定期定班发往盈江、梁河、腾冲、瑞丽、芒市及各乡镇点外，还直达施甸、保山、昆明。1998年，章凤客运站和县运输公司增设直发昆明的长途卧铺车4辆。经过“九五”“十五”时期的改革和发展，全县客运业基本形成通达乡（镇）、延伸乡村、联通内地的客运交通网络，开通县内外客运线路23条。

1995～2005年陇川县载客汽车、摩托车统计表

表18—8　　　　单位：辆

年份	载客汽车	按型号分		摩托车（含两轮、三轮）
		大型	中小型	
1995	609	20	589	699
1996	624	13	611	947
1997	702	10	692	1682
1998	774	9	765	3056
1999	792	6	786	4121
2000	853	5	848	5460
2001	881	4	877	9332
2002	889	4	885	28943
2003	891	4	887	30149
2004	924	4	920	31054
2005	976	4	972	31935

【票价】　1979年后，县内短途或客车票价由县物价局参照省、州规定的费率，结合公路的等级核准。1988年后，客运票价一律执行省统一规定的费率，并使用省统一规定的客运票证。县乡公路客运班车票价则由县计委、县物价局、县交通运政所共同核准。每位客人千米运价为0.05～0.06元。小孩按全价的30%计算，行包每千克千米运价为0.005元（10千克手提物品免费）。1990～2002年，客运票价又经几次调高。跨县班车每人千米由1988年的0.05元调到0.21元。县内客运班车运价每人千米由1988年的0.05元调到0.3～0.5元。春运期间票价上调15%～25%，执行过5年。市内出租车每程5元，三轮摩托车每程2元，包车按路程远近而定。长途客运价按车的类型又分卧铺车价、普通型车价、舒适型车价。2005年，根据州发改委《关于规范和调整德宏州道路旅客运输价格的通知》精神，对旅客运价进行调整。旅客运价由4部份组成：计程旅客运价、代缴客运附加费、车辆通行费、旅客运输燃油差价。县乡公路客运价，仍由县物价主管部门制定。

2002年陇川县客运站客运班次统计表

表18—9　　　　单位：千米、元

到达站	里程	票价	班次	车型	到达站	里程	票价	班次	车型
昆明	833	185	2	大卧铺	芒市	150	25	10	中客
保山	320	50	1	中卧	龙陵	186	30	1	中客

续表18-9

到达站	里程	票价	班次	车型	到达站	里程	票价	班次	车型
施甸	346	48	2	中巴	梁河	157	25	2	中巴
保山	320	46	3	中客	梁河	123	25	3	中巴
腾冲	203	30	6	中客	王子树	68	15	1	中巴
盈江	111	20	4	中巴	合计			35	

【客运量】 1978年前，全县年平均客运量0.27万～3.69万人之间，旅客周转量稳定在32.65万～82.34万人千米之间。1978～2005年，年平均客运量达144.35万人，年平均旅客周转量达1937.25万人千米。

1978～2005年陇川县全社会客运量统计表

表18—10　　单位：万人、万人千米

年份	客运量	周转量	年份	客运量	周转量
1978	12.37	30.57	1992	35	915
1979	1.76	33.17	1993	65	4730
1980	2.64	34.61	1994	79	3867
1981	8.1	192	1995	82	3280
1982	8.6	202.18	1996	89	3560
1983	11.4	269.57	1997	91.3	3640
1984	17.21	404.36	1998	92.3	4977
1985	19.8	445.1	1999	114	5924
1986	23	510	2000	89.5	3759
1987	29	668	2001	70	9558
1988	17	412	2002	92	5653
1989	32	419	2003	83	6211
1990	37	232	2004	84	6323
1991	48	298	2005	104	7710

（二）货运

【货运工具】 1978年统计，全县有载货汽车101辆、拖拉机572辆。20世纪80年代后，机动车辆不断增加，至2005年，全县有载货汽车635辆。其中大型88辆、小型547辆；有拖拉机5977辆，其中手扶式5582辆。汽车拖拉机分别比1978年增长5.76倍、9.45倍。

1978～2005年陇川县载货汽车、拖拉机择年统计表

表18—11　　　　单位：辆

年份	载货汽车	其中		拖拉机	
		大型	小型	轮式拖拉机	其中：手扶式
1978	101			572	300
1982	82			1127	518
1984	154			1168	739
1986	170			1104	703
1988	233			1311	866
1990	296	159	137	1560	1198
1992	477	225	252	1928	1552
1994	736	268	468	1779	1572
1996	580	185	395	2446	2271
1998	701	265	436	2469	2250
2000	881	272	609	2760	2510
2001	951	276	675	2864	2603
2002	501	15	486	4308	3864
2003	524	15	509	4895	4401
2004	598	79	519	5838	5249
2005	635	88	547	5977	5582

【运价】　1978年，运价根据省物价局通知精神，由县财委依据本县交通道路的情况制定出全县的货运价。

1980年陇川县拖拉机运价表

表18—12　　　　单位：元

轮式大拖拉机运输				手扶拖拉机运输		
运距	物资	每吨千米运价	每吨物资加收基价	运距	每吨千米运价	每吨物资加收基价
1.5千米	一般	0.5	不加收	1～8千米	0.36	0.72
	特价	0.4	不加收	9千米	0.36	0.48
6～25千米	一般	0.2	1.5	10千米	0.36	0.24
	特价	0.16	1.2			
25千米以上	一般	0.2	不加收	10千米以上	0.36	不加收
	特价	0.15	不加收			

1980年陇川县汽车拖拉机运输整车物资装卸搬运费

表18—13　　　　单位：元

整车物资装卸搬运计费标准			每吨物资装卸搬运费（一装或一卸）
仓库、工地、门市部装车、卸车搬运距离20米以内卸车入库堆码高度2米以内	每件毛重200千克以内、桶装易滚动，装卸较易300千克以内	一类：农药、炸药、雷管、石灰、木炭、钢管材、薄板等	1.00
		二类：玻璃、玻璃制品、陶瓷等	0.90
		三类：凡未列入一、二类的划为三类	0.80
	每件毛重200千克以上，桶装易滚动，装卸较易300千克以上为重件	每件毛重500千克以下	3.00
		每件毛重1000千克以下	7.00
		每件毛重1000千克以上	0.80
	自动装卸车		0.80
	扶吊（包括起前的捆扎）		0.80

1981年前，全县汽车、大中型拖拉机短途运输价每吨千米0.32元、0.36元。1982年8月，县计委对短途运价进行调整，将短途运输价分段由7.5千米之差调为2.5千米。

1986年6月，县工交局、县计经委根据第一次公路普查的资料，对全县汽车货运价路线等级进行合理调整。调整后的38条公路运输里程分为一、二、三、特坏4个等级。

1993年后，汽车、拖拉机货运价格全面放开，随行就市，政府不再制定统一价格，运输单位可参考现行各等级运价率和省公路汽车运输燃油价格与货运指导价比价参照表的规定，灵活掌握自主定价。

【货运量】　1978年后，全县货运量平均每年以18.46%的速度递增，2005年比1982年增长19.44倍。

1982～2005年陇川县全社会货运量统计表

表18—14　　　　单位：万吨、万吨/千米

年份	货运量	货物周转量	年份	货运量	货物周转量
1982	6.7	256.16	1994	37	977
1983	7.81	169.1	1995	61	4039
1984	6.85	850	1996	47	3149
1985	10.55	259.6	1997	65	3900
1986	24	391	1998	78	6984
1987	27	701	1999	91	3208
1988	20	354	2000	94	8460

续表18-14

年份	货运量	货物周转量	年份	货运量	货物周转量
1989	20	343	2001	68	7616
1990	16.5	359	2002	96	8640
1991	19	239	2003	150	13500
1992	12	254	2004	158	14220
1993	31	2450	2005	137	13015

陇川县除完成上述每年社会货运量外，还有上万吨甘蔗，从蔗区运进糖厂。1978～2005年，全县完成运蔗量1287.88万吨，年均运蔗46万吨。

三、运输企业

至2005年末，全县有客货运输企业5个，个体运输专业户1215个。国营、集体运输企业如下：

【县马车站】　1959年7月建立，1980年后，马车运输逐渐被汽车代替，马车站的职能也随之消亡。

【章凤汽车站】　省属交通运输企业，1970年后隶属芒市总站，班车发往腾冲、芒市。该站经过30多年的发展已成为陇川地区的客运中心。

【城子汽车站】　1963年建立，省属交通运输企业，负责县城客货运输业务。1978年后隶属芒市总站，客车发往芒市、保山。20世纪90年代中期停业。

【陇把汽车站】　1981年设点，1984年建站，省属交通运输企业，系芒市总站管理，客车发往芒市、保山。20世纪90年代中期撤销。

【景罕汽车站】　1981年5月4日建立，系芒市总站管理，1984年因业务量少被撤销。

【县运输公司】　由陇川汽车队改建，隶属县交通局管理，初期有货车5辆，1988年，货车发展到13辆，新增大客车7辆，有职工33人。初始客车主要发往景罕、章凤、陇把、户撒。1980年，增加陇川至瑞丽班车。1984年，增开王子树、清平2条线路。1992年，完成运输收入80万元，实现利润3万元。2000年初，公司有挂靠客车20辆，开通昆明、保山、腾冲、龙陵、梁河、瑞丽、施甸、芒市8条线路。同年8月，根据省州有关改革文件精神，被云南交通运输集团公司兼并，设立云南省德宏州交通运输集团公司陇川分公司。公司地址在原章凤汽车站。

【陇川农场汽车队】　1962年成立。1993年，该队拥有载货汽车47辆，客货两用车13辆、大小客车6辆。同年组建陇川农场汽车运输公司，后因亏损于1997年撤销。

【景坎糖厂汽车队】　1981年建队，有客车4辆，货车14辆。1992年，车队改兼为运输公司，有汽车25辆。1997年，运输公司因亏损被撤销。

【户撒乡汽车队】　1979年成立，隶属该乡企业办管理。初始有货车6辆，1990年发展到12辆，其中客车2辆。车队因亏损严重于1996年被撤销。1999年，成立户撒乡私车协会，对全乡500多辆私车进行管理。

【腾飞汽车队】　1993年成立，隶属陇川县腾飞实业有限公司管理，集体性质，有汽车14辆。

1995年，车队因该公司资不抵债而撤销。

【陇川县旺达汽车出租有限公司】 1998年11月成立，隶属集体交通运输企业，有出租轿车21辆，职工22人，注册资金50万元。主要在章凤市区跑车，根据顾客需要可包车至县内外。

【陇川县顺新出租有限责任公司】 2004年12月成立，属股份制民营企业。注册资金60万元，有股东17户，出租车31辆，驾驶员40名。

【云南德宏交通运输集团公司陇川分公司】 2000年8月建立，由原章凤客运站、县运输公司兼并组建而成，省属国营企业。有职工91人，长途营运客车35辆，开通9条客运线路，每天发车36个班次。另拥有县内短途客运20辆、城市出租车33辆、教练车20辆、公务车2辆。运输设施有客运宾馆、停车场、运输中心、交通夜市商城及经营修理出租房1.29万平方米，固定资产达700万元。服务中心将150辆私营中巴车、微型客车纳入服务场规范管理。

四、运输服务

1978年前，交通运输服务行业除城子、章凤有几户外，其他地区尚未建立。1978年后，私营服务行业得到发展。至2005年，全县有各类为交通运输服务的企业214个（含国有、集体、私营），其中车辆修理98个，零配件经营30个，加油、保养28个，停车住宿6个，车辆（含摩托车）销售33个，其他19个。这些服务企业主要分布在交通要道口和9个乡（镇）集市。仅新县城章凤就有147个。

第四节　公路管理

全县公路基本分为省管养公路、县管养公路、农场管养公路、乡村管养公路和专用管养公路。养护体制分为专业道班、个体承包、群众自养等形式。至2005年，全县公路养护总里程达2519.52千米。其中省管养公路107.5千米，县管养公路1293.075千米，乡村群众自养公路（含蔗区专用道）1055.124千米，农场和企业自行养护63.821千米。全县有在职专业养护职工26人（不含临时工）季节性群众养护年均达万余人。经过40余年努力，全县好路率省管为81%，地方管为43.3%。其中公路晴雨道路通车率，地方管达49.59%，省管达100%。

一、驿道养护

陇川有史以来驿道均是地方组织民众季节性的义务养护。20世纪80年代初，尚未通公路的山区乡，县政府坚持每年拨付少量经费，帮助困难的地区养护驿道。

二、公路养护

【省管养公路】 1984年5月，经省公路局批准，设立陇川公路管理段，管理2条省道。1条由户撒河电站至章凤广山，长60千米；另1条由章凤经景罕至城子，长28千米。两条路段均为三级下线，有大小桥梁14座，所有桥涵均为永久性。两条公路设道班7个，守桥班1个、修理组1个、副业组1个。1991～2002年，章凤至城子、腾冲至陇川2条公路先后改建成二级、三级沥青路面，实行以承包为主的管养制度。1993年后，推行养护工程计费制度。至此，省管养公路里程达107.5千米，好路率提高到81%。

【地方管养公路】 1978年前，陇川县境除省管养公路外，尚有2000余千米公路是靠自筹资金，上级补助，“以民为主，民办公助”进行维修养护。交通部门设立养护站，在主要公路上建立养护队，有专业道班，民办公助道班、个人承包等形式。20世纪80年代，县公路养护大队设4个道班，分3线养护。一线为“梁陇”公路东西两条，长48千米；二线城子至丙印，长10千米；三线章凤至迭撒，长7千米。养护队先后购买推土机、汽车、翻斗车、手扶拖拉机等12部机械，养护工作基本实现机械化。1986年，地方公路养护里程达694.6千米。其中低等级路面占38.87%，无路面公路占61.13%。养护站采取3种养护形式。（1）以养护队为主体的道班、组，经济承包，定额核算工资制；（2）一部分勤工道班，月底按集体出勤记工评分付酬制；（3）以个人承包，按月查评，定质量评比付酬制。1989年9月，县工交局试推行“民养公助”的办法。以清平乡为试点，养护里程为清平至城子29千米公路。清平乡负责清侧沟，铲路肩、边坡，清理路障，收回被侵占的路产路权，保证路基的宽度标准，雨季进行绿化；工交局负责测量定桩，技术把关，恢复路面，增补接长涵洞和挡墙，补救群众做得不规范的遗留工作，准备绿化种子和树苗，埋设里程碑和标志牌。同年10月，清平乡政府召开会议，研究完成养护任务的方法和措施，安排上马时间。10天投工4860个，完成29千米养护任务。试点成功后，县政府先后召开现场会2次，推动全县“民养公助”养路办法。至1990年春，全县民工建勤养路工日达2.85万个，全县地方公路好路率达54.5%，一跃成为全州养护先进县。为推动“民养公助”的养路办法，县政府从1991年起，正式规定每年1月为全县“修路月”，掀起全民护路高潮。除部分主要公路每年每千米国家给100元的养护补助费外，大部分乡村公路，主要靠发动群众经常养护，做到“自己公路自己修，修好公路自己养，养好公路为人民”，各乡（镇）按时开展“护路周”“爱路月”护路活动。与此同时，县政府在财力困难的情况下仍坚持每年拨付10万元经费支持养护工作。为进一步规范养护管理办法，县交通局于1992年12月制定出台《陇川县关于加强“公路养护和路政管理”的实施办法》。2002年1月10日，制定出台《陇川县地方公路养护管理办法》。2005年，县交通局新招28名临时养护工，组成4个道班，加强对县乡公路的管养。同年，投资174.9万元修复和重建2004年“7·5”洪灾被水毁的公路137.2千米。

公路养护

三、公路绿化

1979年前，县境内省管公路绿化基本完成，种下20余万株铁刀木、云桦、相思树、杉木等，实现行道化。其中绿化最好的路段是章凤至陇把段，专人管理，责任到人。至1982年，植绿化树

1.36万株，成活率98%以上。地方管养公路绿化取得相应成效。1978年，完成人工绿化41千米。1984年，完成绿化132千米，占管养路（242千米）的54.5%。1988年，建成梁（河）陇（川）公路65千米，完成绿化40千米。当年植行道树1.2万株，成活率20%。1989年，地方公路养护队建立苗圃园，培育杉木苗30余万株，定植17万株。1990年，全县养护里程613.7千米，其中绿化416.5千米，占67.87%。同年，养护队定植杉木2.9万株，动员公路沿线群众定植5.77万株杉木苗。全县累计8.67万株，成活率40%。

1991～2000年，养护队（段）坚持植树，年均种植3000～5000株。2001～2005年，年均达8000株。

四、路政管理

1992年12月，陇川县制定《陇川县关于加强公路养护和路政管理的实施办法》。

1998年，县交通部门结合宣传、贯彻《中华人民共和国公路法》《路政管理条例》，对全县侵占路产路权及脏、乱、差现象，进行为期10天的清理整顿，出动宣传车20车（次），行程500余千米，挂横布标语4条，贴标语250条，印发宣传材料800份。取缔在公路上任意挖水沟放水、擅自砍伐行道树、阻塞边沟泡木料，以及利用公路堆粪、晒粮、摆摊等行为，共处理路政案件20起。

1999年，全县查处路政案件28起，索赔产权占用费1.18万元。同年6月，协同土地管理部门完成县境辖区内路产路权界定和土地登记发证工作。

2000～2002年，县路政管理人员共上路巡查380天，出动人员571人次，发放宣传单385份，查处路政案件39起，索赔公路损失赔偿金1.36万元，制作路标牌15块，增设公路界桩32棵。

2003～2005年，县交通部门依据县政府《关于切实维护陇川县境内公路路产路权的通知事项》，坚持定期不定期开展公路巡查，年均出动路政执法人员340人（次）、车辆160辆（次），查处路政案件38起。在电视台播放《深入贯彻〈公路法〉依法维护公路路产路权》的宣传公告，出动执法人员在县主要干道上巡回宣传，发放宣传单700份。当场教育说服制止侵害路产路权行为250起（户）。

五、规费征收

征收项目有公路养路费、公路建设基金、运输管理费、车辆购置附加费4项。所收费用主要用于公路的养护、改造和建设方面，任何有车单位和个人均应照章缴纳。其中畜力车养路费于1964年10月1日开征，1985年9月30日停征。公路建设基金1987年开征，1997年7月停征。1987年7月后,机动车养路费由陇川养征稽查所负责征收。1985年，开征车辆购置附加费，由养征稽查所征收，2001年1月1日起改由县国税局征收。

1991～2005年陇川县运政所规费征收情况统计表

表18—15　　　　单位：万元、%

年份	运输管理费		公路建设基金		拖拉机养路费	
	完成数	占计划	完成数	占计划	完成数	占计划
1991	20.82	208.2	29.81	119.3	19.02	169.9
1992	23.77	198.1	4.08	28.67	26.73	158.4
1993	34.27	263.3	14.23	74.49	45.08	140.9
1994	37.82	199.4	16.47	86.7	42.19	136.1
1995	41.28	189.1	20.16	128.8	44.30	142.9
1996	52.91	151.2	25.03	231.7	58.03	116.7
1997	56.74	162.7			64.24	128.5
1998	103.62	154.6			74.72	149.4
1999	102.80	153.4			74.75	149.5
2000	106.92	157.6			74.93	149.8
2001	113.42	184.3			76.25	152.5
2002	131.96	119			82.14	164
2003	138.17	125			100.4	200
2004	140.53	140			90.65	181
2005	110.36	92			114.07	228

第五节　交通运输管理

一、运政管理

1981年前，陇川运输市场、汽车维修行业、水运、交通规费的征收均由县民运站负责。1982年，民运站改称陇川县交通运输管理站。1990年，交通运输管理站改称陇川县交通运政管理所，隶属县交通局领导，同时成立“县航运监督管理站”两块牌子一套班子。2005年，运政所升格为正科级机构，隶属州交通运政所管理，同时撤销陇川县地方海事处（原称航运监督管理站）。

【运输市场管理】　1990～1992年，县运政所开展为期3年的运输市场整顿。货运市场改变过去蔗糖胀库、化肥告急、食盐急需、厂矿缺煤的困境，达到货运双方、人民群众、党政部门3满意的效果。逐步建立起统一、开放、竞争、有序的客运市场。建立公用型对外开放车站，实行“车进站、站管车、人归点”，达到站不压客、安全运输的目的。1993年后，着重加强对运输市场秩序的监督管理。对现有营运路线采取分流办法，面向农村，增加新的路线；规范运输市场秩序，对所有运输车辆实施统一进站管理；培育和发展县城出租车市场。1998年，查处无证经营3起，串线经营5起，倒客行为2起。2003年，县运政所开展无证经营客运车辆专项整治。出动执法稽查人员222人次，检查车辆563

辆，查处违章车58辆，收缴道路运输证5本。2005年，经县政府批准，取缔章凤地区200辆运营三轮摩托车，批准成立章凤顺新出租车公司。章凤地区营运的出租车增至62辆。

【汽车维修行业管理】 20世纪 80年代末，全县汽车维修企业达25户。1993年后，县运政所成立汽车维修管理领导小组，对汽车维修行业进行管理：⑴结合年度审验，对维修人员进行技术考核；⑵严格审批制度，不合标准的不批；⑶坚持以点带面，以国营带动个体，达到互相监督，公平竞争的目的；⑷加强对维修人员的技能培训。2000年3月，首批汽车维修技能鉴定社会化培训班在陇川举办，66名参培人员均取得相应的资格证书。2001年，开展对汽车维修市场的专项整治，改变无牌照经营、乱要价、乱收费、修理质量低劣等混乱状况。2003～2005年，全县汽车维修企业达88户，运政部门继续加大对汽车维修行业的整治力度。3年共出动稽查人员300余人次，查处违章经营户18户，取缔12户，受理维修纠纷案5起。

【水运管理】 1978～2005年，陇川县水运业不突出，管理工作量不大。运政部门在水运管理中坚持组织、领导、宣传、管理、监督5到位，和渡口所在村寨签订《运输安全责任书》，并深入渡口了解实情，写出书面报告，向上级争取资金，对渡口逐年进行建设改造。

二、交通安全宣传

1964年7月，首届县交通安全委员会成立（简称县交安会），由县公交科、公安局、农场工建科等部门共同组成。2000年以后，县政府成立生产安全委员会，与原交安会合并。

县交安会建立后，重点抓好交通安全宣传教育活动。措施主要有：加强各级党委对交通安全工作的领导；树立驾驶员中的安全生产楷模；建章立制，确保交通运输安全；开展交通安全检查，整顿交通秩序；利用节假日发放宣传资料，出动宣传车；加强路查路检，维护交通秩序；召开交通安全生产经验交流会；在广大驾驶员和修理工中开展“团结、爱车、中速、安全、低耗”的增产节约运动和“比、学、赶、帮、超”的社会主义劳动竞赛，保障安全生产；配合工商部门加强公路和街道市场管理，取缔非法堆积物，清理道路，保障畅通；增设安全标志牌和宣传标语口号。1978年1月1～20日，县境连续发生11起交通事故，县交安会采取紧急措施于1月21日向全县发出通报，于9月29日发布《陇川县交通安全委员会通告》，加大安全宣传力度。

20世纪80年代后，县交安会组织专项治理小组，到主要交通沿线进行循环检查宣传，建立交通事故报警点及交通安全文明示范村、示范学校，并狠抓冬春两季、“五一”“国庆”“春节”和民族节日交通安全宣传，及3月“文明礼貌月”、5月“安全日”、9月“质量活动日”等活动。1980年，交通安全执勤小组全年检查各种车辆1356辆（次），其中“三证”齐全者占85%，无证和违章者占15%。1986年，县交安会在全县开展创建文明公路运输竞赛活动，组织3个巡回宣传检查小组，历时4天，共查机动车159辆（次），取缔违章车44辆（次），制作布告牌5块。当年损失50元以上

交通安全宣传

的交通事故仅发生1起，涌现运输先进单位2个和先进工作者8位。1988年，贯彻《中华人民共和国道路交通管理条例》，县交安会成立宣传办公室，组织人员深入机关、厂矿、学校、农村开展宣传教育活动。1996年起，国家规定每年的4月1～7日为全国交通安全宣传周，具体由县公安交警大队负责组织实施。2003～2005年，交通安全宣传重在治本，狠抓生产源，以交警和运政部门为主，共开展宣传活动3次和综合性检查4次，发放宣传单1200份，制作交通安全警示牌10块。

三、车辆监理

1982年前，车辆监理工作由县民运站负责。1982年，成立陇川县交通监理站。1989年更名为陇川县交通警察大队，负责运输车辆监理工作。

（一）运输车辆监理

1982年以前，在县境从事畜力运输者需持有关部门证照、介绍信到县民运站进行登记造册。马车由县民运站统一制发牌照，每年进行更换1次。1982～1985年，马车的换证工作由县交通监理站（后改称交通警察中队、大队）负责。监理部门每年对汽车和摩托车进行检验、报户（过户）登记、发（换）牌证，对驾驶人员进行培训、考试、考核，做好安全宣传教育，制定安全措施，开展上路、上线安全检查，及时处理交通事故等。对机动车辆进行年检、年审。

交通运政管理所稽查队在执行公务

2001年，县交警大队坚持“严格执法、热情服务”，搞好全县机动车的监理工作。全大队实行业务公开，“阳光作业”，悬挂各种牌示97块，以利群众监督。发放双向测评问卷表2475份，群众满意率98%。上路巡查7326人（次），查验车辆38274辆（次），查处违章车辆31123辆（次），处罚违章人员2.83万人（次），违章罚款30.71万元，深入乡镇、农场核发号牌4169副。

2002～2005年，县交警大队开展创建“平安陇川”“平安畅通县”工作，围绕“降事故、保安全、保畅通”总目标，预防重特大交通事故发生，加强人、车、路整治，使全县的车辆监管工作正常运转。

1985～1993年陇川县交通事故与车辆对比表

表18—16　　　　单位：辆、人、万元

年份	机动车	事故起数	死亡人数	经济损失	车数及事故数比
1985	687	21	2	1.2	32:1
1986	1479	17	1	0.6	87:1
1987	1438	27	3	2.5	53:1
1988	2156	31	2	3.2	69:1
1989	2178	35	3	7.4	62:1

续表18-16

年份	机动车	事故起数	死亡人数	经济损失	车数及事故数比
1990	2277	41	4	9.6	55:1
1991	2737	28	3	2.6	97:1
1992	2835	24	10	15.74	118:1
1993	3701	16	3	7	231:1

【农机监理】 1984年，县农机安全监理站成立，有干部职工11人。监理站主要负责拖拉机的监理工作（见农业章第四节）。

四、车辆检审

1988年统计，参加年检学习的驾驶员达2162人，检审机动车1690辆。2001年，全县应检五小机动车达5523辆，实检5249辆，检验率95%。2003年后，除摩托车外，其它的机动车须到州车管所分批接收检审。2005年，全县共检审机动车1.03万辆。其中客车1685辆，货车247辆，摩托车8392辆，核发驾驶证1616本。

五、交通稽查

1987年，陇川县交通规费征收稽查所成立，主要负责全县各种机动车辆养路费和客货运附加费的征收，以及公路稽查，对欠费机动车辆进行查处，开展相关法律、法规宣传活动。2005年，共征收规费840.78万元。其中养路费549.84万元，客货运附加费290.94万元。

第二章　邮政

1978～1998年，邮政、电信合署办公，县邮电局开展的主要业务有函件、包裹、汇兑、报刊发行、机要通信等。1998年，邮政、电信分设以后，邮政新增特快专递、邮政物流、邮政储蓄等业务，当年完成各项营业收入59.74万元。2005年各项业务收入达102.57万元，比1978年增长71.69%。

第一节　机构

1994年，县邮电局有职工154人，分支局、所、交换点10个。1998年9月，邮政、电信分营，成立陇川县邮政局。局内设综合办公室、经营服务部、综合营业部、储汇营业部、封发投递组、报刊音像部，辖章凤支局、城子分局、陇把支局及景罕、户撒、芒东、清平、王子树、勐约、丙印7个邮政所。实有干部职工95人，其中合同制员工65人，离退休人员30人。

2003年8月，护国邮政代办网点投入运营。

2005年末，全局共有员工94人，其中合同制员工41人，委办人员15人，离退休人员31人（含内退人员7人）。设综合办公室、市场部、物流配送部、综合营业部、储汇营业部、2个城市营业网点、章凤支局、陇把支局、城子分局及景罕、户撒、芒东、王子树、清平、勐约6个邮政所。

位于城子镇的原邮电大楼

第二节　邮政设施

一、邮路

【干线邮路】　1990年，保山至陇川自办邮路开通，全程345千米，为逐日班。具体路线为：保山至瑞丽路邮车当天过龙陵进入芒市邮政局，在芒市境内经风平支局、姐勒邮政所、瑞丽市邮政局，到达陇川县邮政局终点站。每日有一进一出邮车交换邮件，早出晚达。

【县内邮路】　1988年，市内邮路总长45千米，乡村邮路总长109千米。其中汽车邮路2条，长33千米；自行车邮路1条，长16千米；步行邮路3条，长60千米。投递线路总长9734千米。其中自行车路23条，458千米；步行17条，515千米。1998年，全县开通邮路5条：（1）县城——章凤——陇把——城子——景罕；（2）县城——芒东——户撒；（3）县城——清平——王子树；（4）县城——勐约；（5）清平——护国。县内邮路总长187千米。农村投递路线路41条，单程距离883千米，服务12个乡（镇）16万余人。

二、设施

1998年，县邮政局成立时，拥有自行车25辆、三菱越野车1辆、捷达轿车1辆、长安微型车1辆。县邮政局生产楼于1998年开工，1999年9月竣工。建筑面积2200.62平方米，其中4层框架结构邮政综合楼1幢，建筑面积1566.08平方米；框架结构附属楼3层1幢，建筑面积604.54平方米；砖混结构1层1幢30平方米。邮政营业部开始使用电子秤、电动日戳、电子假钞识别机等自动化设备。

至2005年，陇川邮政局实现邮政综合计算机网、邮政储蓄绿卡网“两网互通”，完成邮政储蓄统一版本、电子汇兑、两网互通、电子化支局统一版本、中心局生产作业、邮运指挥调度系统、名址信息系统、业务量管理系统、11185系统等微机管理系统

陇川县邮电局综合数字配线架

的推广应用。2005年，陇川邮政拥有电子汇兑联网点5处，生产用邮运车辆5辆，POS机3台，ATM自动柜员机1台，邮资机1台。

第三节 邮政服务

一、邮政资费

20世纪90年代后，国务院相关部门于1996年、1999年、2004年3次对邮政资费进行调整。县邮政局以市场为导向，拓宽经营领域，突出优势，实现“三进工程”（进社区、商厦、校园）。2005年，完成邮政业务总量238.7万件，是1998年的12.34倍，完成邮政业务总收入229.76万元，是1998年的1.64倍。

二、邮政业务

【函件】 包括信函、明信片、邮简、印刷品、盲人读物、邮送广告等。1978年，函件业务量19.17万件，营业收入3.11万元。1998年，函件业务量17.26万件，营业收入 12.65万元。2005年，函件业务量5.74万件，营业收入达15.21万元。

【包裹】 包括普通包裹、快递包裹、自递包裹等。1993年，包裹营业收入15.08万元。1998年，包裹营业总收入7.6万元。2005年，收寄包件量8783件，营业收入27.65万元。

【汇兑】 包括普通汇款和电报汇款。1978年，办理汇票38.41万张。1998年，办理汇票2.49万张。2001年，开通电子汇兑。2003年，开办回音汇款、礼仪汇款、2小时汇款、实时汇款等新业务。2005年6月，实现“储蓄网络”与“汇兑网络”互通，储蓄与汇兑资金互通使用。全年，国内汇款业务量1.33万张，汇款收入8.32万元。

【报刊发行】 1978年，全县报纸订销38.3万份，杂志5.73万份，报刊收入1.09万元，报刊流转额4.41万元。1998年，全县报纸订销94.66万份，杂志12.11万份，报刊收入17.88万元，报刊流转额72.56万元。邮政独立运营以来，陇川县邮政局在重点抓好《人民日报》《云南日报》《光明日报》《经济日报》《德宏团结报》《参考消息》《瞭望》等党报党刊发行的同时，以读者需求为服务重点，开展以私费订阅、零售、分销为主要内容的营销服务活动。2005年，全县订销报纸94.24万份，杂志10.68万份。报刊收入24.27万元，报刊流转额83.65万元。

【教材发行】 2005年6月7~13日，在云南省教育厅组织的2005年秋季义务教育阶段免费教科书竞争性谈判采购活动及在非免费教材的出版中标单位组织的发行环节单一来源谈判中，云南邮政共获得C标段、D标段、E标段3个年级段免费教科书的发行权以及人教版初中二年级教材（包括九年义务教育教材和新课标教材）的发行权。县邮政局从当年8月起开展教材配送业务。

【集邮】 1985年5月1日，县邮电局在邮政营业部设专人专柜办理集邮业务。1998年，销售邮票9.92万枚，集邮业务收入18.46万元，占邮政总收入的13.19%。1999年8月3日，陇川县集邮协会成立，有会员58人。2005年，陇川县集邮协会有会员72人，销售邮票2.7万枚，集邮业务收入10.63万元，占邮政总收入的 4.64%。

【机要邮件】 1978年，为保证机要文件的投递，县邮电局设兼职机要员1人，办理机要邮件。1988年停办，1993年恢复。1998年，办理机要邮件249件，机要收入1486.70元。在此后的7年中，机要邮件业务量变化不大。陇川县邮政机要通信以保密、安全、准确、迅速传递为方针，健全各项规章制度，责任到人，从未发生过泄密案件。2005年，办理机要邮件217件，业务收入2881元。

【特快专递（EMS）】　1994年，陇川开办邮政特快专递。之后，陇川邮政先后开办国际、国内收件人付费业务、特快专递代收货款业务、特快专递礼仪业务、单证照业务、特快送款等新业务。“思乡月”“五节联送”专项营销活动也逐步深入人心。1998年，特快专递业务量801件，业务收入2.15万元。通过7年发展完善，统一特服专号、邮件跟踪查询网络覆盖全国。截至2005年，特快专递业务量达1.49万件，其中进口量1.11万件、出口量0.38万件，业务收入16.20万元。

三、邮政储蓄

1988年7月7日，县邮电局开办邮政储蓄业务（见金融章）。

四、其他业务

1998年，陇川县邮政局分设后，为减缓资金压力扩大服务面，先后开办过鲜花礼仪、代理保险、音像、图书出租、天潭矿泉水配送、第二代居民身份证配送等业务。

2005年7月，陇川县邮政局成立物流经营部。年底，开办天潭矿泉水配送、烟草配送、邮购商场货运3项业务，以及“雅芳、TCL、迪比特、戴尔、旺旺”等一批全国一体化物流项目。全年陇川邮政物流业务收入10.41万元。

第三章　通信业

1978～1998年，陇川县邮电局独立经营电话、电报、电传等通信业务。1998～2000年，县电信局、县移动分公司、县联通分公司相继分营成立，通信产业逐步市场化。进入21世纪后，通信新兴科技产业发展迅猛，全县通信互联网宽带、移动电话、寻呼（传呼）等业务逐年增长，电报、电传等传统业务逐年减少。2005年，全县总计建设各类通信基站147个，当年通信业务收入达6861.04万元。

电信大楼（章凤）

第一节　电信

一、机构

1978年，陇川县邮电局有员工48人，下设2个支局，10个邮电所，全年总收入14.28万元。1984年，实行党政分开，设教导员（书记）1人，副局长2人，农话管理员2人，乡邮检员2人。1989年，评聘邮电专业技术12人，其中中级职称4人、初级职称8人。1998年9月，邮电分营，成立陇川县电信局。2004年7月，陇川县电信局更名为云南省电信有限公司陇川分公司。2005年，陇川分公司内设综合办公室、市场经营部、运行维护部。分公司下辖陇把电信所、景罕电信所，共有员工65人。

二、电信设施

1989年，开通陇昆长途自动电路，安装自动转报机设备1套。至1990年，全县有无线电台3部、电传打字机1台、电报电路3条。有长话电路19路、长途交换设备容量60门、长途载波端机4部、无线短波发讯机2部。市话交换机总容量300门，市话话机89部；农话交换机总容量530门，农话杆路总长300杆千米，农话明线总长6590千米，农话话机337部。农话中建电路29路，设农话交换点12处。

电话机

1993年，电报电路增至5路，基本实现微波传输。全县长话线路达28条，用户交换机容量1322门。同年4月，章凤镇500门程控电话开通。

1994年，全县程控电话开通，结束了陇川县几十年使用手摇磁石电话的历史。

1997年，先后实施农话“电话村工程”，开通分组交换数据网和互联网。

至2005年底，陇川县电信分公司建设流动市话（小灵通）基站21个，用户“致富通”基站11个。建成以固定电话网、传输网、宽带接入网、高速互联网、本地智能网、无线市话网为框架的多功能、立体化的通讯网络。

三、业务经营

【电报】 1978年，全县电报业务达2.8万份，1988年增加到7.98万份，10年年均递增24.99%。1990年，电报进出口份数达4.52万份。1993年，国际电报累计532份。2005年后，随着电信多样化发展使用，电报逐年减少。

【电话】 1989年，完成长话特快4.72万张，收入5.71万元。1988～1993年，国际电话去话286张，电话回话655张。1993年，全县市话总用户252户，农话总用户达602户。同年，全县邮电业务收入298.53万元。1995年6月，全县开通450兆移动电话，1996年8月，开通900兆“全球通”移动电话，年内发展“全球通”用户298户。2004年3月，开通ETS业务和2005年底开通“致富通”业务。至2005年底，“致富通”用户1260户。电信业务总收入1685.04万元，是1978年的118倍。

【互联网业务】 2001年底，陇川电信开通互联网宽带业务。至2005年，全县拥有电话用户1.7万户，互联网宽带用户2250余户，交换机容量2.2万线。

第二节　移动通信

一、机构

1999年8月，陇川县移动通信营业机构从原陇川电信局分营，成立云南省移动通信公司陇川营业部，隶属德宏移动通信分公司管理，有员工8人。陇川县运营部由营业厅、财务报账及催欠组、基站维护组构成。企业性质属外商投资企业分支机构。

二、业务

1996年，开通双向语音通话业务，包括本区内通话、国内、国际长途电话直拨，国内、国际自动漫游。2002年1月1日，开通IP电话业务（指客户通过中国移动通信IP系统拨打国内长途固定电话和国际长途电话）。此外，开通紧急呼叫、数据、传真、短消息等业务。

三、网络建设

移动通信陇川营业部自成立以来，坚持“标本兼治，打造一流网络”和保持网络建设“适度超前”的原则和要求抓好网络建设。

【通信工程建设】　2003年，陇川县G网三季度工程，新建宏站4个，新建边际站12个，替换基站4个，扩容基站18个，共新增载频162块。

【无线网络建设】　1996～1999年，陇川共建基站10个。至2005年，全县共建基站31个。

【G网工程建设】　2005年，陇川县共有站点42个，拥有小区数126个，载频数326块，归属BSG493、52、53。自然基站40个，其余站点2个，光缆杆路划入四川瑞登公司负责维护。拥有7条互联网专线、10条信用社专线，16个WLAN热点划入铁通公司维护。

1999～2005年陇川移动分公司收入和客户统计表

表18—17　　　　单位：万元、户

年度	业务年收入	移动客户
1999	142	1184
2000	508	4234
2001	1667	13891
2002	1695	14123
2003	2594	21620
2004	3257	27145
2005	3746	34896

第三节　联合通信

一、机构

2000年1月，成立中国联合网络通信集团有限公司陇川分公司，有员工2人，设有自建营业厅开展营业。年内开始有代理点，员工增至3人。至2005年，联通陇川分公司移动网络全面覆盖章凤城区。乡镇公路沿线建立了基站，陇川城区渠道建设初步成型，乡镇渠道开始投入建设。

二、业务

2000年，中国联通陇川分公司主要业务有国信寻呼（传呼），半年后开通移动电话业务130、131号段。

2005年，联通陇川分公司实现主营业务收入1430万元，当年利润320万元，与2000年同期相比增加利润200万元，实现166.7%的正增长。2G移动用户在网3374户，当年新增入网1247户，与2000年同期相比翻了两番。

三、网络建设

至2005年底，全县建成GSM移动通信基站45个。其中陇川县城区建成基站15个，乡镇区建成基站30个，达到基站建设预期计划的70%。当年新建9个，与2000年成立初期相比增加30%。基本实现城乡信号全面覆盖。

从2005年起，对全县所辖45个基站统一进行检修、测试，并对上网速率、通话质量、信号覆盖进行优化与改进。同时，在重大节假日期间，安排相关人员对网络情况进行实时监控，到活动现场进行拨打测试。

第十九编　城乡建设　环境保护

LONG CHUAN XIAN ZHI

LONG CHUAN XIAN ZHI

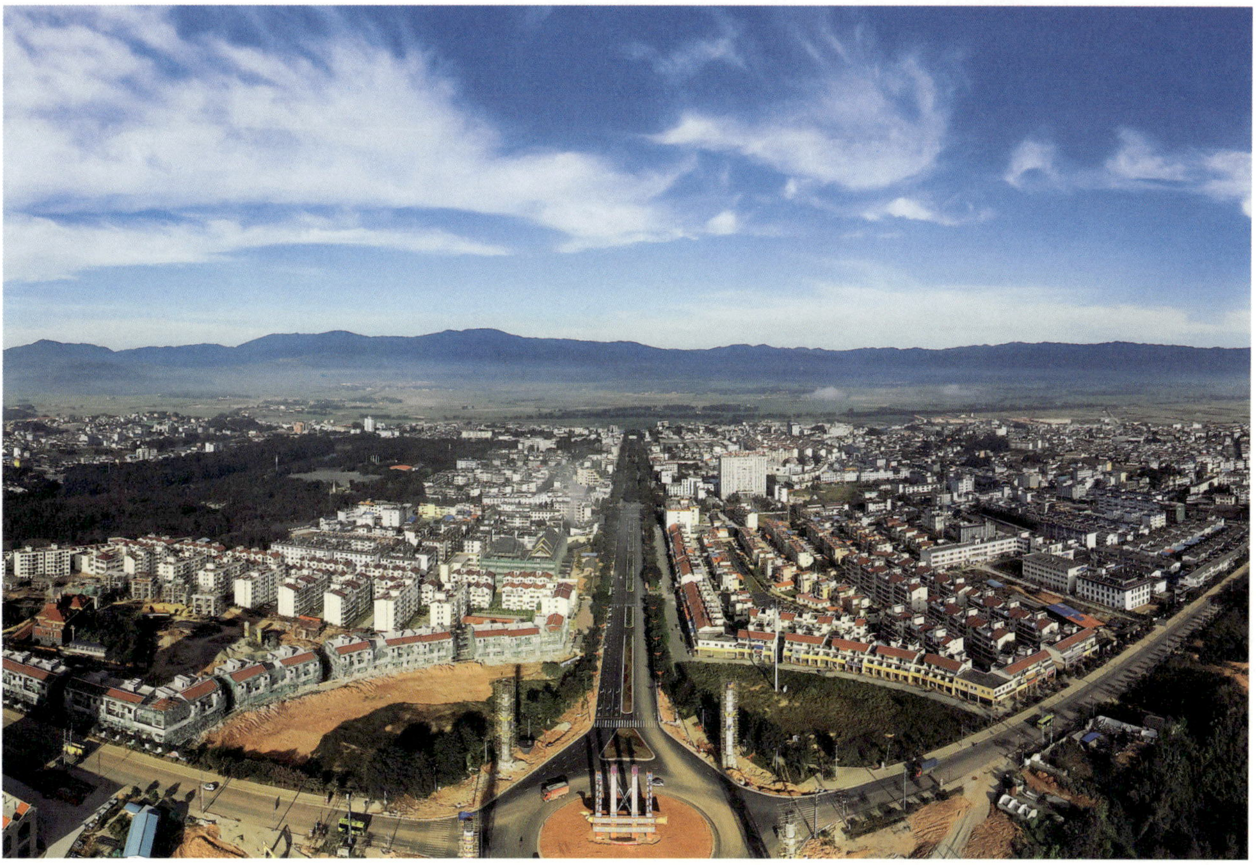

LONG CHUAN XIAN ZHI

第一章　城乡建设

1984年，成立城乡建设与环境保护局，至1994年，完成县城及乡镇集镇规划，并按规划开始建设。1998年，陇川县城正式迁移章凤，同时编制完成章凤新县城总体规划和县域中心片区详规。1999年，开始全面启动新县城市政工程建设。至2005年末，经过7年建设，新县城市政服务功能基本建成。与此同时，集镇和新农村建设也取得新进展。移民搬迁规划逐步实施，村容村貌、集市建设有了较大改观。

第一节　城乡规划

一、县城规划

【老县城（城子）规划】　1986年4月，县政府成立规划领导小组，对县城城区区位的特点、优势、性质、规模进行充分论证分析，提出改造原县城的设想，编写规划方案，绘制县城现状图及近远期规划图、市政工程规划图，并报经州政府批准实施。主要工程有：拓改振兴路，开辟环城路，在南伞河上修建1座蓄水池泄洪闸，加固桥下河堤，兴建松山和水面公园，新建沙河水库及烈士塔、民族中学、第三小学、影剧院、地面卫星接收站、中波转波台、居民新村、干休村等。上属规划至1988年县城迁移时，已完成60%。

【新县城（章凤）总体规划】　1997年，县政府成立陇川县章凤城镇规划领导小组，正式启动新县城总规编制工作，于1998年4月完成编制。5月26日，报经县第十三届人大常委会第二次会议审议通过，并报州政府批复。《总规》分城市性质等8个部分。城市性质：章凤是陇川县政治、经济、文化、贸易的中心和交通枢纽，以农业为基础，发展轻工业、第三产业的边境口岸城市。规划年限：近期1998～2005年，中期2005～2020年，远景2020～2040年。规划范围：以同心路和勐宛路环岛为中心，背向广山，面向南宛河，同时向东、西、南北扩展，东至110千伏变电站，南至南俄列河，西至南宛河，北至章凤大桥。地形图控制面积14.2平方千米，总规控制面积12.1平方千米。城市人口规模及用地规划：近期为4.22万人，4.8平方千米；中期为

7.6万人，8.3平方千米；人均用地110平方米。城市功能和城市用地布局：功能分为行政金融区、商业区、居住区、工业区、边境贸易区、文化娱乐区。用地布局主要遵循以分区为主，合理安排各类用地的原则，建立城区各部分间的合理联系，并对未来发展具有一定的弹性和延续性。专业和道路网规划：主道道路有23条，其中50米宽2条、40米宽3条、30米宽18条。同时对电力、电信、供电、供水、排水做专业规划。环境保护规划：1997年4月，对章凤城的空气质量进行检测，为县城迁移章凤提供大气质量科学依据。并对章凤城饮用水质进行化验，通过4项指标综合平衡，饮用水质达到国家二类标准。对有污染的工业，严格按照规划选址、定点，确保大气质量。对饮用水水源，做好两级保护。在水源300米范围，禁止一切砍伐和有污染活动；在水源1000米范围，做好森林保护，提高饮用水质量。抗震防灾规划：章凤地处祖国西南构造活动带上，地质结构不大稳定，根据省地震区划的划分，陇川县城建设必须按7度地震设防。

【新县城中心片区详细规划】 1998年9月，《新县城中心片区详细规划》由省城乡规划设计研究院、县城建环保局联合编制完成。主要成果如下：规划区位于章凤镇城区南部，距中缅边境拉影7千米，是陇川县城总规所确定的城市中心部分，周边为40米、30米的城市道路，规划范围东起卫国路，南至友谊路，西至三象路，北至龙凤路，面积为1.4平方千米。人口规模5000人，占地1.4平方千米。第一期启动用地为1平方千米，规划性质拟定为：以行政办公为主，辅金融、商贸、文教、卫生、生活居住为一体的综合性多功能新县城中心片区。

二、乡村规划

1986年4月，成立县规划领导小组。1987～1999年，完成章凤、景罕、陇把和户撒3镇1乡总体规划。1990年，完成王子树、邦瓦、清平、姐乌、勐约、赛号6乡总体规划，1993年完成护国乡总体规划。

1988年，完成章凤镇城区57公顷、开发区拉影54公顷的土地详细规划，把章凤城区面积1平方千米调整为5.12平方千米，不久又扩展为25平方千米。整个开发区布局为：城区片、南部工业点和拉影边贸点。城区主要设金融贸易、商业服务、文教、卫生及生活居住区。南部工业点为县工业企业基地，建有造纸厂、皮革厂、变电站、自来水厂及一些商号加工厂。拉影点是陇川对外贸易的主要窗口，整个规划分为居住、商业贸易、行政办公、文化娱乐及工业仓库5个功能区。调整章凤城区规划是为县城迁移作准备。

三、规划管理

1984年以后，全县的城乡建设规划管理工作均由县城乡建设环境保护局负责。城建部门按照《中华人民共和国城乡规划法》中规定的“一书两证”制度管理，对规划实行分级审核制度。“一书”即选址意见书或规划选址意见书，“两证”即用地规划许可证、建设工程规划许可证。选址意见书符合陇川县《城乡总体规划》中的用地性质要求和规定。用地规划许可证的审批按照控制性《详规》的要求，满足使用功能的原则。对公共设施、房地产开发等达到一定限额的项目，先由县规划委员会审查，通过专家评审和项目审核的方式再进行审批。建设规划许可证的审批坚持在符合规划相关要求的同时，注重民族文化、民风民俗和自然景观的保护，强化建筑风格和地方民族特色。1997～2005年，审批建设用地许可证974份，用地面积160公顷；审批建设工程规划许可证755份，建筑面积40.35万平方米。

第二节　县城建设

一、城子老县城建设

【房屋】　20世纪80年代，县政府建成5层钢混框架办公大楼。1993年，县委建成钢混框架结构4层办公大楼。同时，建办公楼和住宅的单位有蔗糖局、财政局、计经委、农牧局、工交局、物资局、林业局、教育局、县工会、县体委、农机局、档案局、广播电视局、二轻局、地震办、城子镇政府、检察院、安全局、土地局、城建局、水电局、交警大队、养护段、税务局、工商局、审计局、交通运政所等。办公楼多为2～4层砖、钢混结构，住宅多为砖木结构平房。

【街道】　1978年前，陇川县城仅有700余米长的带状街道1条。1980年后，城区向南、北、西扩展，形成主街4条，街巷12条，均由县人大命名。并根据城镇规划，逐步实施街、巷路面建设。团结路：看守所至防疫站段，长2500米，宽26米，总面积6.5万平方千米。1980年，拓宽改造。1982年5月，完成铺设沥青路面工程，总投资66万元。1984年，铺设人行道4.2千米。1985年，加排水沟盖板和铺人行道500米，平整人行道2000米，改造部分路基，总投资8万元。振兴路：南伞桥至养护段，全长2610米，宽30米。1985年冬，测量与搬迁控制线内建筑物。1986年，完成路基土方基石铺筑及房屋拆迁补偿任务，投资60万元。1987年，完成路灯、桥涵、排水沟管、路基石等建设，投资78万元。1988年，铺设沥青路面，投资105.6万元。1989年，计划完成人行道混凝土板铺砌及人行道、分车岛绿化工程，预算25.9万元，但后期因资金不足，只完成原计划中的部分工程。建设路：南伞桥至章碧河，长3010米，宽28米，总面积8428平方米。1989年10月，完成南伞桥至工会一线铺设沥青路面工程，长1390米，宽14米，投资29万元。南宛路：邮电局至林场，长2500米，宽24米，总面积6万平方米。1982年，铺设邮电局至民运站一段沥青路，长590米，宽24米。街巷路：1989～1993年，完成邦景街、贺姐巷、贺姐街、碾子巷4条沥青路铺设工程，总长990米，铺设沥青路面面积9040平方米。其余沙河路、棒庄巷、驼弄巷、曼冒巷、庄罕路、老街子、巷棒巷、巷姐路等8条，总长3250米，均为土路面。

城子街道

【排水】　1980年前，县城街道两侧曾修筑简易明沟，排水不畅。1982年，新修明沟1080米，暗沟2400米，涵洞3个（48米），排水口123个。1989年，投资117万元，续修振兴路，建设路排水沟4800米，继续完善电影院巷、农贸市场和干休新村的排水沟。

【公厕】　1985年，政府投资2万元，在团结路修建公厕2座，由环卫站管理。

【文教体基础设施】　20世纪80年代前，县城建有小学2所（含民族小学）、托儿所、幼儿园、广播站、手工业工读学校、文化馆、宣传队、大礼堂各1所。80年代后，新建电视差转台、县一小三层教学楼、水泥球场11个、游泳池2个和老年活动中心1个、县师范学校1所。

【公共服务设施】 1978年后，县城随着城区和主要街道的扩大，所有服务部门在主街面建有营业楼和住宅区。团结路建有供电所、汽车队、农具厂、招待所、二门诊、民贸公司、医药公司及国营食堂、旅社、照相馆、理发店、缝纫铺、皮革厂和土特产门市部；南宛路建有国营一旅社、客运站、民运站、兽医站和气象站；振兴路建有人民医院、妇幼保健站。20世纪80年代，在团结路建起自来水厂、建行、农行、县委小招、政府大招、计生服务站、面粉和面条加工厂、印刷厂、糖烟酒公司、新华书店、农资公司、供销综合商场、中医院；在振兴路建起客运站、保险公司、信用社、人民银行、籽种公司、电力公司等。

【农贸市场】 20世纪80年代前，先后在老街子、港姐村北、照壁村、新街子团结路等地设过集市。1983年，在电影院南面开辟农贸市场1个，建钢架铁皮顶肉食货棚20间，内置卖肉桌；建钢架铁皮顶杂货棚43间。1988年，设公平秤服务台、宣传栏。市场占地面积1174平方米，总投资6万元。1993年，由工商、物资局贷款30万元对原农贸市场进行扩建，建封闭、半封闭式货棚76间，占地面积6100平方米。同时，由城建部门投资81.06万元，铺设市场沥青路和修整排水沟。

【供水】 1968年，县政府投资20万元修建自来水厂1座，可供机关饮用。1982年，县政府投资50万元，于古城诸葛营内重建日产水2000立方米的自来水厂1座，基本解决县城饮水问题。1990年，自来水厂荣获省政府授予的“供水先进单位”称号。

【供电】 1976年前，县城城区先后建过12千瓦小型水电站、75匹马力汽车发动机组、5千瓦小型水电站、40千瓦水电站、360千瓦水电站。1976年5月1日，户撒河2000千瓦水电竣工建成供电，取代原建的微型水电站。

【通讯】 1978年，全县电话通讯总容量达100门，安装电话机80部。1995年，市内电话通讯总容量增至200门，安装电话机405部。1996年，7250门程控电话安装竣工，电话通讯实现自动化。

【干休新村】 随着离退休干部逐年增多，县委、县政府研究决定，在诸葛营地东西两侧，修建干休一村、二村，于振兴路中段修建干休三村。至1993年，已迁居1村6户、二村9户、三村2户。

二、章凤新县城建设

1988年，县委、县政府开始谋划章凤镇的规划建设，为县城迁移打基础。

1998年，县城迁移章凤后，县搬迁指挥部和城建部门，按照陇川县《总规》《中心片区详规》方案开始市政工程建设。

【房屋建设】 1997～2005年，陇川新县城共完成以办公楼、住宅楼为主体的建筑78栋。其中县政府综合办公大楼建筑面积最大，建筑占地面积37333平方米，拥有7个会议室和114间办公室，总投资1300万元，功能设施齐备。

章凤新城路延长线

新县城章凤主要建筑情况统计表

表19—1　　　　单位：平方米、万元

单位名称	建筑面积	建筑结构	层次	投资金额	地理位置	竣工时间
县财政局办公楼	1701	框架	五	130	同心路以南	1997.4
县人行办公楼	1594.05	框架	六	380.8	同心路以南	1997.5
县电信综合办公楼	2801.9	框架	八	472.97	龙凤路以北	1998.12
县邮政综合办公楼	2101.36	框架	四	428.17	同心路以南	1999.12
县国税局住宅区	4240	砖混	四	250	利民南路以东	1999.12
新城小区住宅楼	18712	砖混	四	1014	新城路以北	2000.2
县政府综合办公楼	7056	框架	七	1220	勐宛南路以东	2000.3
园林小区住宅楼	6872.4	砖混	四	328	园林南路以西	2000.5
县经贸委住宅楼	2576	砖混	四	109.8	三象北路以东	2000.5
县图书馆楼	970	框架	四	62	同心路以北	2000.5
县档案馆楼	869.19	框架	三	96	县政府大院内	2000.6
陇川会堂	1128.9	钢筋架	一	130	同心路以北	2000.6
政府食堂、开水房、车库、厕所	1243.79	砖混	二	150	县政府大院内	2000.6
县科技馆楼	836.16	框架	三	65	同心路以北	2000.7
县财政局住宅楼	1000	砖混	四	42.69	龙凤路以北	2000.7
县农行综合楼	2567.9	框架	七	700	三象北路以西	2000.7
县城建局住宅楼	166.76	砖混	四	71.16	城建办公区内	2000.8
章凤医院住宅楼	1034.47	砖混	四	44.17	章凤街路以东	2000.10
陇川会堂公厕	237.09	砖混	二	20	同心路以北	2000.10
县城建环保办公楼	1435	框架	五	186.94	同心路以北	2000.11
县体育馆	3618	框架	一	693.21	三象南路以东	2000.12
文教小区住宅楼	4338	砖混	三、四	240	园林北路以东	2001.2
卫生小区住宅楼	2872	砖混	四	370	利民路以西	2001.3
章凤海关监管楼	257	砖混	七	15	三象北路以西	2001.3
县财险公司住宅楼	150	砖混	二	4.5	龙凤路以北	2001.3
县交警二中队住宅楼	450	砖混	三	18	友谊路以北	2001.4

续表19-1

单位名称	建筑面积	建筑结构	层次	投资金额	地理位置	竣工时间
县疾控中心楼	846.7	框架	四	108.99	泰安路以南	2001.4
县残联办公楼	548	砖混	三	23	利民路以东	2001.4
农业局住宅楼	1660	砖混	四	70	卫国南路以东	2001.5
章凤机动二中队办公楼	1770	砖混	三	80	三象北路以西	2001.5
县兴国公司住宅楼	760	砖混	四	30	勐宛南路以西	2001.5
县老年活动中心楼	859	砖混	三	50	新城路以南	2001.5
县医院门诊楼	4338	框架	五	789.36	龙凤路以南	2001.6
县医院住院部楼	3260.67	砖混	四	578.71	县医院内	2001.6
县医院放射科	228.41	砖混	一	54.11	县医院内	2001.6
县医院食堂、库房、清洗房	742.23	砖混	一	578.71	县医院内	2001.6
县农发行综合楼	1080	框架	五	70	同心路以北	2001.6
县经贸委综合楼	761	框架	四	30	三象北路以东	2001.6
县军休所附楼	319.75	框架	四	16.38	勐宛北路以北	2001.8
县林业局住宅楼	1723.26	砖混	四	80	卫国南路以东	2001.8
县水利局住宅楼	4878	砖混	四、五	160	卫国南路以东	2001.8
县教科文卫办公楼	2311	框架	六	204	卫国南路以东	2001.9
县医院殡仪馆、公厕	243.9	砖混	一	40	县医院内	2001.9
县检察院办公楼	1519	砖混	五	80	同心路以北	2001.9
县边贸局办公楼	730	砖混	三	43	勐宛南路以北	2001.12
县城建局设计室楼	370.72	框、混	三	20	龙凤路以南	2001.12
县国税局综合楼	3070	砖混	五	155.5	同心路以南	2002.1
县农业局综合楼	2300	框架	五	150	三象北路以西	2002.3
县公安局办公楼	2680	框、混	八	160.8	卫国北路以西	2002.4
县质量技术监督局楼	509	砖混	三	30	卫国北路以东	2002.4
县计生委综合楼	1284.08	框架	四	77	卫国南路以东	2002.4
县水利局办公楼	648	砖混	三	36	利民路以东	2002.4
县边贸局住宅楼	290.4	砖混	二	20	泰安路以北	2002.4

续表19-1

单位名称	建筑面积	建筑结构	层次	投资金额	地理位置	竣工时间
县公安局住宅楼	7740	砖混	四	350	卫国南路以东	2002.4
县地税局住宅楼	928	砖混	四	46.2	利民路以西	2002.6
甸川小容量注射剂车间	1243	框架	三	36	老瑞章路以北	2002.7
县法院办公楼	2750	框架	五	344	勐宛南路以西	2002.7
县电力公司综合楼	800	框架	三	48	三象北路以东	2002.7
县公安局住宅楼	607	砖混	四	37	公安局办公区内	2002.9
瑞丽公路段章凤管理段楼	857.21	框架	四	46	三象南路以西	2002.11
章凤自来水厂住宅楼	981.58	砖混	四	36	三象北路以西	2002.12
景颇歌舞团住宅楼	615.85	砖混	四	31	文蚌路以北	2002.12
县党校教学楼	911	框、混	三	60	荣昌路以北	2003.1
县总工会综合楼	560	框架	四	40	陇川会堂旁	2003.4
县广电局办公楼	969.29	砖混	五	91	卫国北路以东	2003.4
县地税局住宅楼	911.6	砖混	四	30	利民路以西	2003.5
县民族中学综合教学楼	2960	框架	四	120	勐宛南路以西	2003.12
县国土资源局办公楼	350	砖混	四	15	卫国北路以东	2004.4
县烟草公司配送楼	2017	框架	三	79.7	三象北路以东	2004.4
县气象局办公楼	362.5	砖混	二	14.5	勐宛南路以西	2004.10
县林业局住宅楼	1218	砖混	四	43.84	卫国南路以东	2004.12
陇川电信分公司住宅楼	5041.7	砖混	三	226.88	电信办公区内	2005.1
县医院传染科大楼	1038	框架	二	80.98	县医院内	2005.1
县人武部军官用转楼	717.45	框、混	三	46	友谊路以南	2005.3
县植保站综合楼	396.5	砖混	三	19.8	三象北路以东	2005.11
县林业局办公楼	2540	框架	五	200	泰安路以南	2005.11
儿童福利院办公楼	606.49	框架	三	45	利民路以东	2005.12
县政府车库、办公东楼	2254.8	框架	四	150	县政府院内	2005.12

【街道】　共有17条，总长2.88万米，道路宽12～50米，道路总面积101.49万平方米。有5条为水泥路面，1条为砂石路面，其余为沥青路面。铺设人行道花砖11.99万平方米，植绿化树1.52万株、绿化花草12.14万株、草坪4.51万平方米，总投资6540.91万元。

至2005年陇川县新县城街道建设基本情况统计表

表19—2

街道名称	街道起止点	长（米）	宽（米）	面积（平方米）	投资（万元）	路况
同心路	三象路口至环城东路口	1894.2	50	94710	1607.11	水泥路
勐宛路	龙凤路口至友谊路口	1148	50	57400	525.88	水泥路
	友谊路口至荣昌路口	605	50	30250	277.14	沥青路
	龙凤路口至章凤街路口	431	30	12930	197.44	沥青路
友谊路	三象路口至环城东路口	1953	40	78120	204.43	沥青路
龙凤路	三象路口至勐宛路口	400	30	12000	156.81	沥青路
	勐宛路口至卫国路口	1051	40	42040	412.01	沥青路
三象路	荣昌路口至五岔路口	3078	30	92340	270.93	沥青路
	五岔路口至县植保站	707	40	28280	62.23	沥青路
荣昌路	卫国路口至迭撒大桥	2315	30	69450	419.22	沥青路
章凤街路	卫国北路口至三象路口	1292	30	38760	56.51	沥青路
新城路	勐宛路口至环城东路口	1490	30	44700	325.89	沥青路
园林北路	新城路口至龙凤路口	708	30	21240	122.87	沥青路
利民路	新城路口至龙凤路口	748	12	8976	150.43	沥青路
卫国路	三象北路口至环城东路口	1060	30	31800	191.95	沥青路
	环城东路口至环城南路口	3360	40	134520	609.0	沥青路
民中西路	同心路口至文蚌路口	623	12	7476	39.63	水泥路
民中南路	勐宛路口至民中西路口	283	12	3396	13.58	水泥路
文蚌路	勐宛路口至三象南路口	545	12	6540	32.50	水泥路
环城东路	卫国北路口至环城南路	4000	40	160000	724.35	沥青路
泰安路	园林南路口至县防艾办	500	30	15000	86.0	砂石路
无名路	五岔路口至稻香路	625	40	25000	55.01	沥青路

【排水】 按照新县城《总规》要求，城区排水采取雨污合流方法，即雨水和生活用水顺排水管流入河内。以同心路为轴，将南、北方向的多数排水管交汇于该路。并在南宛河边环城西路的排水沟上，每300米处设置1个溢流井，将在2020～2040年（远景）规划区期间，在南宛河边设置1座污水处理厂，将净化过的污水再流入河里。2005年止，城区共安装排水管道3.58万米，基本形成排水管网。

至2005年陇川新县城排水管网情况统计表

表19—3

街道名	道长（米）	排水管道（条）		管长（米）
		单排	双排	
同心路	1894.2		2	3788.4
勐宛路	2184		2	4368
友谊路	1953		2	3906
龙凤路	1451	1		1451
三象路	3785		2	7570
新城路	1490		2	2980
章凤街路	1290		2	2584
园林北路	708		2	1416
利民路	748		2	1496
卫国路	2620		2	5240
泰安路	500		2	1000

【照明】　按照新县城《总规》要求，电力部门在城区入地电缆线为7.19千米，400V/220V线路为173.57千米，配置供电变压器178台，总容量5106.6千伏安，解决章凤1.09万户居民用电。在城区共安装路灯1257盏。其中同心路163盏，勐宛路296盏，友谊路88盏，龙凤路62盏，三象路159盏，章凤老街路36盏，新城路186盏，园林北路48盏，利民路34盏，泰安路4盏，卫国路163盏，民中西路4盏，民中南路2盏，文蚌路12盏。

【农贸市场】　位于章凤镇三象北路以西，占地面积43290平方米。1999年动工兴建，2000年投入使用。市场建有钢架铁皮瓦顶大棚9620平方米，固定摊位1600个，露天混凝土摊位7900平方米，临时摊位1200个。县房地产开发公司投资建停车场4000平方米，可停车180辆。建混凝土摩托车、自行车停车场1000平方米，可停车500辆。建牲畜交易场1个，面积3330平方米，可供200头牲畜交易。建商住两用砖混经营房115幢，8740平方米。其中房地产开发公司建20幢1520平方米和社会投资建95幢7220平方米。建大门及2个公厕300平方米。建办公用房1幢300平方米。道路及绿化1.32万平方米。市场建筑总面积5.54万平方米，总投资1336.85万元，其中房地产公司投资181.32万元，其他投资1155.53万元。

章凤农贸市场

【供水】 1988年初，建章凤自来水厂，设计规模为日供水500立方米。2000年初，变更为新县城供水，将供水规模扩大为1万立方米/日。按照县城《总规》要求，铺设勐宛路、同心路、卫国路供水主管，铺设输水管DN300、DN250、DN200、DN100以上主管35千米，覆盖面积3.7平方千米，满足3.5万人生产生活用水。

【垃圾处理】 县城迁移章凤以后，垃圾均是采取自然堆放、焚烧的方式，未采取任何保护措施，污染环境日益严重。2002年，县城建环保部门向县发展计划局上报《关于申请垃圾生态处理厂建议立项的报告》，经县发展计划局研究后，同意在县城南3千米处建1座垃圾处理厂。2004年12月，县政府委托中国市政工程西南设计研究院编制完成《陇川县城市生活垃圾处理工程初步设计说明书》。德宏州发展和改革委员会上报该工程初步设计方案给省发改委，2006年5月24日，省发展和改革委员会批复该厂设计方案。并于12月动工兴建。

【森林公园（云南景颇文化旅游区）】 由云南景颇园、绿色生态区、民族文化广场3大功能区构成。云南景颇园由广山村上、下寨及周围用地构成，环境地域特点较好。民族歌舞广场占地33.2公顷，包含目瑙纵歌广场和泼水节广场、民族文化展示馆、景颇文化走廊、儿童娱乐园场。绿色生态区包含棕园、芭蕉园、竹园、热带果园、婆罗双树园等植物展园。整个文化旅游区总投资4197万元，按照《总规》要求从县城迁移至章凤起，分期实施建设。2005年，云南景颇园、民族文化广场已建成。

三、城市管理

【园林绿化管理】 20世纪80年代前，陇川城镇园林绿化工作无统一规划。1984年，县城建部门设立建设股（绿化办），具体负责城镇的园林绿化管理工作。县城街道的绿化采取“统一领导、统一规划、统一树种、统一标准、统一行动”，由单位“包栽、包活、包管”的方法，在团结路主街两旁先后种下松柏、凤凰、杉松、缅桂、桂圆、圣诞、梧桐等风景树1500株。1998年，县城迁往章凤后，按照《总规》要求，城建部门在主要街道、政府大院、住宅小区、森林公园、民族广场及环岛等种植各种绿化树2.02万棵、绿化草14.80万株、绿化带（草坪）5.56万平方米。

县城绿化

三象路

【街道卫生管理】 1979年，县政府招聘临时清洁工2名，负责原县城团结路清扫任务。1984年，县城设立环境卫生管理站。1985年，在街面建公厕2个、各有蹲位45个。街道实行“清洁、绿化、治安”三包。1986年后，全县各乡镇集镇街道也落实了环卫管理人员，配备清洁工人2～5人，建立健全卫生管理制度。1987年，环卫站投资10.8万元，购置洒水车、垃圾车各1辆，购垃圾桶55只，由单位自费保管，每桶收垃圾清运费0.5元。1988年，环卫站对街道卫生实行收费管理。1993年，环卫工人增至14人，清扫任务实行分段包干，每天清扫1次，管理干部负责检查。城子环卫站共担负6万平方米的街道清扫任务，年均运送垃圾1.54万吨，街面公厕实行收费管理制度。县城迁入章凤以后，环卫站随之迁移。清扫任务增加到102.38万平方米，清扫工人增为72人。设备有各式清运垃圾车11辆，吸粪车1辆，洒水车2辆，推土机、装载机、挖掘机各1辆，日清运垃圾48吨，月清运粪便5吨。2005年后，环卫站引入市场竞争机制，将县城城区和拉影开发区的16条道路面向社会，实行分片分段的内部承包清扫保洁制，并建立健全各项规章制度，核定报酬，绩效挂钩，奖勤罚懒，严格考勤登记制度。为确保清扫质量，环卫站成立检查小组，负责清扫保洁验收。

地税公寓

【市容监管】 20世纪80年代前，城镇市容的管理主要由城建、工商、税务、交警、运政等部门协同监管。城建部门主要负责街道的环境卫生、绿化美化、环境污染等，查处违章建筑行为。工商、税务主要负责市场和街道的经营秩序，查处占道经营、乱涂乱发乱贴商品小广告。交警运政部门主要维护街道交通安全秩序。1986年，成立县城市监察队，后改建为监察大队，具体负责市容市貌的监管工作，查处违章建筑、占道经营，消除各种安全隐患，使城镇市容市貌沿着清洁、美观、安全、有序的轨道运行。2001年，县城建环保局制定了《陇川县城市市容和环境卫生管理办法》，10月10日，经县人大常委会讨论通过，并向全县各乡（镇）政府、县直各机关单位印发、张贴。2005年，监察大队出动车辆240多辆次、执法人员686人次；清理违章占道摊点442户，乱拉乱挂、乱晒衣物172起；查处损坏照明灯1起，广告牌35个；纠正违章占道施工8起；清理乱堆放墓碑石料10户，经营性临街雨篷133户；制止车辆沿途抛撒8起、乱倒垃圾60起。共收取占道费3.87万元。

第三节　乡村建设

一、集镇结构

陇川县按照现代城镇发展情况，结合1993年完成的乡村规划，把全县集镇划分为核心、重点、一般和中心村4级结构。

【核心集镇】 章凤镇属县城所在地，是全县政治、经济、文化、商贸、旅游集散中心，形成以发展加工业、物流、文化等功能为主的，具有边疆民族文化特色的旅游小城镇。

【重点乡镇】 陇把镇是县域内重要工业型城镇，依托良好产业基础、区位条件和资源优势条件发展蔗糖、核桃、油菜、林竹等特色农林产品加工及生物资源深加工等现代产业；景罕镇属县域内重要工贸型城镇，发展优质农特产品种植、特色农林产品加工、生物资源深加工等产业；城子镇属县域中部重要的旅游型生态小城镇，发展特色农产品生产加工、南宛河生态旅游等产业。

【一般乡镇】 户撒乡属以发展特色农产品生产和阿昌族民俗文化旅游为主的特色旅游小集镇；清平乡属以发展特色农产品生产和南宛湖旅游度假为主的综合型集镇；王子树乡属以发展特色农副产品生产为主的服务本区域的综合型集镇；勐约乡属生态观光、龙江水库旅游和交通型集镇；护国乡属以发展特色农产品生产为主的服务本区域的综合型集镇。

【中心村】 全县共有18个，每乡（镇）2个，这些中心村各具特色，临近集镇，具有发展特色生态产品和民族文化旅游的优势。18个中心村分别为：勐约乡营盘村小组、约岛村小组；护国乡边河小组、幸福村李家寨；陇把镇弄贤二队村小组、弄贤三队村小组；户撒乡项姐小组、腊撒新寨小组；章凤镇芒拉村、喊撒村；清平乡广外坝村小组、陆坤村下邦东小组；景罕镇宛岗、弄缓一小组；城子镇弄掌村小组、下麻栗坝；王子树乡弄丙寨、小牛上寨。

约岛村

二、集镇建设

【章凤集镇】 新县城所在地，20世纪80年代属全县对外开放的省级口岸，有国营、集体工商户31户、商号14户、私营工商业163户。1993年，商号增至45户。同年，完成500门程控电话安装和章八公路修复任务。

【景罕集镇】 是德宏州甘蔗科研重要基地，也是全省甘蔗日榨量最大的糖厂之一所在地。1998年前，集镇已建成宽30米长1000米的十字形街道，各种服务设施初具规模。1999年，实施小城镇建设以来，集镇建设规划面积扩大为92.47公顷。至2005年，建成街道路5条，长5530米。其中沥青路面占78%，弹石路面占12.6%，砂石路面占9.4%。道路绿化率23.5%。建有1个农贸市场，占地面积1.82万平方米，有街棚30个，商住房1290平方米，总投资162万元。建有屠宰厂1个，占地面积4536平方米，总投资31万元。建客运站1个，占地面积1959.98平方米，建筑面积330平方米，投资80万元。

老章凤街

【陇把集镇】 是国营陇川农场所在地。1978年以后，集镇交通运输、饮食服务、理发、摄影、建筑修理、对外贸易等产业迅速发展。皮革、食品、木材加工、制糖、花岗岩石板生产等一批中小型骨干企业相继建立，逐步发展成为全县边境工业型集镇。2000年，申报为省级重点小城镇建设项目实施镇。集镇面积规划为1.85平方千米。至2005年，集镇完成扩改建商业路、农贸路。安装路灯，绿化街道，安装地下排水管网，配置环卫垃圾清运车、垃圾桶和环卫工2人。建有农贸市场1个，占地面积1.67万平方米，商住房22户，总投资300万元。建屠宰厂1个，占地面积1333平方米，有职工8人，总投资60万元。建客运站1个，占地面积1963.5平方米，建筑面积247.63平方米，总投资30万元。

【城子集镇】 属老县城所在地，各种服务设施齐备。1998年，新县城迁往章凤后，原县政府及县直机关的办公用房大部分移交给镇直单位管理使用。住宅、商铺出售给外来迁移户和其他乡镇农户。由于城子集镇居于陇川坝中部，是周边六七个乡镇的商贸集散地，赶集天，农副产品、自用商品的交易额仅次于章凤集镇。2000年，新建农贸市场1个，占地面积1.43万平方米。其中街棚建筑面积1.04万平方米，商住房面积3867平方米，总投资230万元。建屠宰场2个（城子集市、姐乌集市）。建客运站1个，占地面积1919.98平方米，建筑面积350.5平方米，投资80万元。

【户撒集镇】 户撒境内开辟有3个集市。其中朗光（穆城）集市最大，也是乡政府所在地。建有大型农贸市场1个，占地面积7337平方米，街棚投资20万元，商住房12户，总投资100万元。2004年，建屠宰厂1个，占地面积1667.5平方米，职工8人，总投资50万元。2005年，建客运站1个，占地面积2002.5平方米，建筑面积247.63平方米，总投资32.35万元。

【王子树集镇】 王子树乡政府所在地。1978年后，乡政府与乡直机关、学校、医院、商店先后建起砖混和砖木结构楼房，带型式街道，县交通部门为该集镇修筑了文明卫生路。“城王”“俄穷”2条公路，从南北纵向交汇于该集镇。其中俄穷公路于2004年纳入弹石路改建工程。集镇建有农贸市场1个，占地面积4669平方米，设街棚4排，面积2800平方米，建商住房40间，面积3350平方米，总投资500万元。设有屠宰场1个、客运站1个，占地面积1859.98平方米，建筑面积359.2平方米，投资50万元。

【清平集镇】 位于王子树山脚，属清平乡政府所在地，土司时期就设有清平集市。1978年后，集镇建设发展很快，乡政府及乡直机关、学校、医院先后建起钢混、砖混楼房及住宅区，丁字型街道。2001年，扩建农贸市场1个，占地1500平方米，总投资26万元。市场旁设有屠宰场1个。建有客运站1个，占地面积1919.98平方米，建筑面积250.58平方米，总投资33.4万元。

【护国集镇】 乡政府所在地，位于护国村山顶上，梁陇公路穿过集镇，设有集市场。1978年后，集镇先后建起砖混、砖木结构的乡政府及乡直机关、学校、医院、车站楼房和住宅区。2004年，建农贸市场1个、屠宰场1个，总占地面积4888.05平方米，总投资50万元。2000年，梁陇公路列为弹石路改建工程。集镇道路全部铺柏油。建有客运站1个，占地面积1999.9平方米，建筑面积265平方米，总投资53.3万元。

【勐约集镇】 是勐约乡政府驻地，属全县较年轻的集镇。1987年，设置勐约乡，随之健全乡直机构，建起砖混、砖木结构办公楼、学校、医院、营业室和职工住宅区。2006年底，龙江水电站枢纽工程启动，原集镇被电站水库淹没，需搬迁到南面山地上重建。根据集镇《总规》要求，新集镇占地12.64万平方米，需进行场地平整、水土保持治理工程，总投资1159.41万元。集镇道路总长2428.36米，宽6～12米水泥路面。排水管网总长2864.51米，总投资496.74万元。乡政府及学校、派出所、邮政所、兽医站、卫生院、林业站、司法所、文化站建设，共计1.21万平方米，总投资2124.37万元。农贸市场工程占地1.33万平方米，设街棚16排、商住房3幢，总投资106万元。建屠宰场1个，面积1999平方米，投资20万元。建客运站1个，占地面积3233.3平方米，建筑面积248平方米，投资58万元。

三、村组建设

【行政村（办事处）】 20世纪80年代，全县设行政村（办事处）68个。2005年，设行政村（办事处）69个。1978年后，各行政村（办事处）驻地相继建起砖混或砖木结构办公用房、商店、信用社、卫生所、完小、粮店，多数行政村设有小集市，5天1集。户撒的曼丙是全县少有的百户大寨（行政村），集市街道建有电影院、旅社、完小、刀具厂、商号、卫生所、粮店、边防站、食馆及数十家个体工商户。1990年，全县有57个行政村（办事处）通电，60个村通公路，并架设了通讯线路，电话通讯总容量达700门。1997年全县69个行政村（办事处）全部通公路。1998～2005年，交通部门完成30个行政村（办事处）弹石路改造工程，所有行政村（办事处）实现通电、通讯、电视化。

【自然村（村民小组）】 1993年，全县有637个自然村，719个合作社（村民小组）。2005年，全县有668个自然村，724个村民小组。20世纪60～80年代，全县多数自然村（村民小组）建有小学、社房、卫生室、仓库、牲畜厩、篮球场、碾米房。农村经济体制改革后，公房（除开会房外）大多出售给农户做农副产品加工场。据统计，1993年，全县有536个合作社通电，占81.74%。有550个合作社通公路，占76.5%。2005年，全县724个村民小组通电率100%，通公路率85%。以偏远的山区王子树乡罗朗村委会为例，该村委会有8个村民小组，属纯景颇族居住区，开办有6所小学，2005年已实现村村通电、通公路。

【民居建设】 景颇族、傈僳族多为杆栏式建筑，草屋、楼居；傣族、德昂族民居一部分为杆栏式建筑，竹木结构、楼居。一部分为土木结构楼房，三面一照，土基围墙；阿昌族与回族、汉族多为土木或砖木结构瓦房。1978年后，随着社会经济的发展，各族民居已向城市化、现代化迈进，一幢幢框架、砖混高层楼房在各村寨相继建起，草屋、竹木结构房逐渐消亡。

第四节 建筑业

一、建筑企业

20世纪80年代前，陇川县仅有1个建筑公司，后改制成建筑社、建筑工程队（集体性质），承担着县城和集镇的土建工程。工人根据工程的大小不固定，60～100人不等。1984年，原工程队经过整组培训，扩建为建筑公司，分3个施工队，有技术工人125人，汽车1辆、大小施工机械112台，固定资产150万元，四级资质。主要负责县城各机关单位的营建工程，年均作业8800平方米，年产值220万元。进入90年代，章凤国家二级口岸需要开发，县内建筑企业及外来建筑企业队伍迅速壮大。

1993年，县内建筑企业发展到12个，外来建筑企业23个，从业人员2000余人。技术资质3～4级，可承包6层以下民用建筑。

1998年后，全县建筑企业经过改革发展、整顿、重组，至2005年，县内有陇川县恒源建筑责任有限公司、陇川县德昌建筑责任有限公司2个；外来常驻陇川的企业有保山市板桥建筑工程责任有限公司、保山市金鸡建筑工程责任有限公司、保山市鹏程建筑工程责任有限公司、保山市建筑工程有限公司4个。其技术资质提高为2～3级，可承包市政工程、民用建筑、水电工程及14层以下楼房建筑。

1998年陇川县建筑企业基本情况统计表

表19—4　　　　单位：人、万元

企业名称	职工数	注册资金	技术资质证	资质经营范围
陇川县恒源建筑责任有限公司	85	680	三级	可承包14层及以下，单跨跨度24米及以下房屋建筑工程；高度70米及以下构筑物；建筑面积6万平方米及以下住宅小区或建筑群体
陇川县德昌建筑责任有限公司	75	2400	二级	可承包水利水电工程施工总承包（叁级）；市政公用工程施工总承包（叁级）；建筑材料，五金销售。

1998年陇川县外来常驻建筑企业基本情况统计表

表19—5　　　　单位：人、万元

企业名称	负责人	职工数	注册资金	技术资质证	资质经营范围
保山市板桥建筑工程责任有限公司	杨连省	220	2381	二级	可承包水利水电工程施工（叁级）；市政公用工程施工总承包（叁级）
保山市金鸡建筑工程责任有限公司	杨汝仁	45	2566	二级	房屋建筑工程施工总承包（贰级）；水利水电工程施工总承包（叁级）；市政公用工程施工总承包（叁级）（限项）
保山市鹏程建筑工程责任有限公司	赵安伦	98	3888	二级	可承包市政公用工程施工（叁级）；混凝土预制构件专业贰级；堤防工程专业承包（叁级）土石方工程专业承包（叁级）；钢结构工程专业承包（叁级）；园林古建筑工程专业承包（叁级）；建筑装修装饰工程专业承包（叁级）；水利水电工程施工总承包（叁级）
保山市建筑工程有限公司	赵加华	120	6160	二级	市政公用施工总承包（叁级）；土石方工程专业承包（叁级）；钢结构工程专业承包（叁级）；建筑基墙工程专业承包（叁级）；建筑装修装饰工程专业承包（叁级）；水利水电工程施工总承包（叁级）；起重—设备安装工程专业施工承包（叁级）

二、建筑市场管理

1984年，县城乡建设环境保护局成立，统筹管理城建环保工作。1986年，该局对县内建筑市场进行清理，取缔无证设计、无照施工或超级施工的企业，制定《陇川县关于全面加强建筑市场的管理措施》《为进一步完善工程质量管理制度的补充规定》，建立健全建筑市场管理制度。

1986年3月，成立陇川县工程招投标领导小组，负责管理招投标事宜。

1988年12月，县政府发出通知，对城镇砖、瓦、沙、石等建材价格进行限制管理，对施工单位按国家规定收取20%的管理费和1%的工程质量保险金。

1998年，县城迁往章凤后，城建、工商部门根据《建筑市场管理规定》《云南省建筑市场管理条例》的要求，结合新县城的建设实际，对陇川的施工企业从事各种房屋建筑、土木工程、设备安装、管线铺设等勘察设计、施工、装饰装修、建设监理、建筑构配件、非标准设备加工生产等发包、承包活动，加强了监管。审核建设工程发包单位、个人的基本条件和承包方的施工资质，对违法行为依法查处。依法核定勘察设计、施工企业的营业执照，调解、仲裁合同纠纷，鉴证建设工程合同。

三、建筑工程设计

20世纪80年代前，陇川县无建筑设计单位，一般建筑由承建单位代设计图纸，大的建筑则到州、省请设计单位设计。1987年8月，县城建环保局设立建筑设计室，统管建筑设计工作，原手工业管理局下属建筑单位设计人员，并归城建设计室，定为丁级资质，自负盈亏，有固定资产14万元，设计能力为混合5层，框架6层的民用建筑。1996年4月，设立编审办公室，负责工程造价编审工作。

1988～1993年，县设计室承担陇川县80%的建筑设计任务。6年共完成设计任务154项，建筑面积8.21万平方米。1994～2005年，县城建设计室共完成设计任务583项，建筑面积23.05万平方米。其中框架结构占46.3%，砖混结构占53.7%。最高年份是2002年，完成建筑设计92项，建筑面积4万平方米。编审室完成全部工程造价审核。

四、建筑工程质量安全监督

1985年前，市政公房建筑施工，由县建行和县城建单位负责质量监督。1985年6月，城建部门设置建筑工程质量监督站，有技术干部2人，全面负责公房建筑施工质量监督。1989年底，质监站在检查清平中学教学楼时，发现有的工程部位产生裂缝，处于危险状况，便及时提出加固方案，对负责施工的清平建筑队给予通报批评。

1985～1993年，质监站共接受工程质量监督项目334个，监督覆盖率为96%，受监总面积24.28万平方米，投资额1.12亿元。其中当年竣工受益工程175个，被评为优良工程4个，良好9个，合格16个，不合格1个。

2001～2005年，质监站共受理监督工程项目116个，建筑面积16.85万平方米，投资额1.21亿元。当年受益竣工监督工程累计170个，建筑面积20.83万平方米，被评为优良工程16个，合格工程154个。

第二章　住房和房地产

1978～1988年，陇川县机关、企事业单位实行计划经济体制下低租金的福利分房制度，住房条件不能满足干部职工的需求。1988～1991年，对机关、企事业单位干部职工实施提租补贴方案，后因全国通货膨胀，方案实施计划随之夭折。1995年7月，根据国务院《关于深化城镇住房制度改革的决定》，对全县国有住房进行收缴出售。1998年后，全面停止住房实物分配，实行住房分配货币化。2003～2005年，重点发展满足当地城镇居民自主需求的中低价位、中小套型普通商品住房。随着住房商品化、产业化的发展，全县城镇居民住房条件日益改善。农村居民以自建房为主，进入21世纪后，村民住房由之前的杈杈房（竹木结构的草顶房）、土坯房逐步改造为砖木、砖混等安全住房。

第一节　住房

一、住房普查

1984年9月1日至12月31日，在县城开展房地产普查、登记和换发证工作。总的居住水平是：全民单位79个，1481户，4499人，人均住房6.93平方米；集体单位15个，213户，798人，人均住房7.39平方米；私产543户，2747人，人均住房6.04平方米；缺房户42户，占13.77%；不便户86户，占28.1%；拥挤户174户，占57.6%，成套住宅无。

二、城镇住房制度改革

1988年6月，成立县住房制度改革领导小组，下设办公室。1992年11月，调整县住房制度改革领导小组。因人事变动，于1994年3月、1998年5月，对领导小组成员进行2次充实调整。1999年8月，为使全县房改新老办法的过渡衔接，县政府对住房制度改革领导小组进行调整，下设办公室和住房公积金管理中心。

1993年11月，县政府出台《陇川县城镇住房制度改革实施方案》。1995年7月，对国有住房进行收缴出售，全县有28个单位出售国有住房，面积2.29万平方米，售房收入195.73万元。1999年8月，县房改领导小组因县城迁移，作出原房改延长到2000年的决定：1995年前，在老县城购买公房的职工，到新县城章凤工作后可退回原购房子，在章凤参加房改，购买1套新住房。至2000年，全县共有136个单位参加房改，出售面积42.21万平方米，回收资金5800万元。

三、住房公积金

1998年5月，陇川县住房公积金管理中心成立，属县政府办事机构，挂靠在县城乡建设环境保护局。至2005年末，全县144个单位、7500人建立住房公积金制度。管理中心向全县干部职工累计发放公积金贷款余额7550.43万元，全县公积金余额为1.12亿元。

2005年10月，县住房公积金管理中心上划德宏州住房公积金管理中心管理，更名为德宏州住房公积金管理中心陇川管理部，业务性质不变。

第二节　房地产

一、房地产开发

1988年10月，县房地产开发公司成立，负责县城、章凤2个城镇的房地产开发及引进资金、制订规划、招标施工、质量监督、房产拍卖和资金使用等。

陇川步行街一角

1989年，成立章凤房地产开发合营公司，由县房地产开发公司与省机械工业建筑公司、省机械研究院、省机械设备进出口公司合营。坚持统一规划，合理布局，综合开发、配套建设的方针，对城子、章凤地区的基本建设实行统征、统建、统管的办法，新建工程执行“一书二证”。至1990年，完成开发任务5100平方米，投资额达314万元，实现税利1.2万元。

1998年，县城迁往章凤后，先后引进县内县外房地产开发企业6家。即：天成房地产开发公司、新苑房地产开发公司、富川房地产开发公司、德宏州姐告兴昌建设有限公司、江西省华晨房地产开发有限公司、西双版纳际通房地产开发有限公司。6家房地产开发公司按照《陇川县城总体规划》的要求，坚持统一规划，合理布局、综合开发、配套建设和“谁投资、谁经营、谁受益”的原则先后成片开发兴昌民族风情购物中心、天成商贸城、同心路农贸市场、绿苑小区、天成花园、鼎金龙辰生态花苑、新文苑小区和陇川民族步行街等项目，开发面积达39.27亿平方米，建筑面积45.39亿平方米，建筑总投资5.33亿元。

天城花园小区

二、房地产权管理

按照国家有关规定，凡是在县城规划区内取得房地产使用权开发和建盖房屋的，必须到县房产部门和县土地管理部门申请登记。办理房屋所有权证书和土地使用权证书。要求申请人在办理房屋所有权登记时，提供7种真实材料：（1）登记申请表；（2）身份证；（3）建设用地使用证；（4）建设工程符合规划证；（5）房屋竣工证；（6）房屋测绘报告；（7）其他必要材料（国有土地使用证、完税证、建筑工程许可证、授权书、被授权人身份证、购销合同、公共维修基金缴纳清单、法人资格及身份证）。如以上申请人提交的登记材料不齐全，不符合法定程序的，不予办理。

1999～2005年，全县共办理房屋产权登记手续5062份，面积78.86万平方米。

第三章　环境保护

陇川县具有丰富多样的动物和森林植被类型，是云南省生物多样性最集中的县市之一。至2005年，全县森林覆盖率61.3%。水环境质量总体良好，城市空气质量满足功能区标准。生物多样性丰富，旅游景观资源独特。根据2002年全国西部生态环境质量调查成果，利用生物年度、植被覆盖度、水网密度、土地退化、污染负荷指数建立的评价指标评价表明，陇川县生态环境质量为优，对可持续性发展具有较强的支撑能力。

第一节　生态环境

一、自然保护地

全县自然保护地总面积为5.43万公顷，占全县国土面积的28.35%。其中铜壁关省级自然保护区面积7670.8公顷，占全县国土面积的3.97%；章凤国家级森林公园，保护面积7000公顷，占全县国土

自然保护地

面积的3.63%；弄怀坝县级集中式饮用水源保护地，面积1830.6公顷，占0.95%；区划界定公益林3.83万公顷（国家级公益林3.32万公顷、省级公益林5160公顷），占全县国土面积的19.8%。

二、水土流失及自然灾害

至2005年，全县水土流失累计总面积为472.5平方千米，占全县土地总面积的24.5%，流失的类型主要有面蚀、沟蚀、河岸淘蚀、山洪泥石流等。全县共有地质灾害隐患点129处，其中滑坡84处、泥石流27条（处）、不稳定斜坡18处，主要分布在王子树和清平2乡。

三、生态系统多样性特征

陇川县海拔高度差异大，地形复杂，兼具低纬、季风和山原地势气候特征，形成四季温差小，干湿季分明，垂直变异突出的亚热带山原季风气候。西南受印度洋暖湿气流的影响，形成西面迎风坡多雨，夏无酷热；东部背风，风雨适中，无寒暑剧变。由于地形复杂，垂直高差大，不同的海拔和气候、温度、湿度差异，形成多样性的生态环境。

第二节　环境监测与执法检查

一、环境监测

陇川县由于技术和设备的原因，长期以来无法对环境进行有效监测。1990年，县环保股在州环境监测站的指导下，对陇川县2个糖厂的“三废”进行监测评价，结果是：景坎老糖厂制糖废水比新厂超标量大。新厂锅炉的废气排放量比老厂高1355kr/hp。

根据《关于城乡环境保护局设置机构及人员编制的通知》要求，1993年，成立县环境监测站，机构为股所级。监测站依据《环境监测管理办法》开展工作。2003年4月30日，成立环境监察大队。2005年8月，完成《陇川县生态示范区建设规划（征求意见稿）》。经过监测，南宛河水质为Ⅲ，符合要求，景坎糖厂、陇川糖厂耗氧量达标，户撒硅厂烟（粉）尘浓度超标64.3倍，卓信硅厂烟（粉）尘浓度超标4.41倍。

二、环境宣传执法

1997年，县城建环保局设置环境保护科，配备工作人员2人。环保科坚持以每年的“6・5”世界环境日为重点，开展环境保护有关法律法规的宣传活动，在街道、市场张贴宣传标语，对污染源进行处理。

2002年6月5日，为纪念第31个“6・5”世界环境日，县委、县政府在县城建环保局会议室召开全县环境保护座谈会，就如何做好新县城“美化、绿化、亮化、净化”工作进行讨论。责令做好“门前三包”工作，做到机关管干部、学校管学生、家长管小孩，上下联动。决定成立小区居民委员会，由离退休干部组成“市容市貌纠查组”，督察县城环境卫生工作。时任县委书记柳五三在座谈会上发表重要讲话。

第三节 污染防治

1990年统计，全县有工业企业16个，每年排放废气1.81亿立方米，废水159吨，尘埃1600吨，二氧化硫20吨，对厂区周边群众生活有影响。县委、县政府责成有关部门对工业“三废”进行综合治理。1991年，景坎糖厂用滤泥、煤蔗渣灰、废硫酸液为主料，生产双混复合肥4000吨。陇川糖厂对原锅炉进行改造，每吨蔗糖节约煤32.2千克，减少二氧化硫排放量80.5%。1993年，该厂利用蔗渣生产纤维板成功。

从1986年开始，全县对新建厂进行环境影响评价，要求厂方必须采取排污措施。1984年，景坎糖厂增加2台35吨炉烟囱及蔗渣库。1989年，华凤造纸厂污染源在刮风情况下，500米内有超标情况。县环保部门要求厂方将废水排放采用地下管道，蒸汽采用管道插入水体排放。要求陇川糖厂增加废水沉淀和污水处理池，全部废水的39.2%排入蔗地，60.8%的流入南宛河。酒精生产废醪液、COD、BOO较高，需新增加沉淀池加石灰调整沉淀后，由管道灌入农田，废渣滤泥生产复合肥。机械噪声污染源需安装消声设备（45t炉水漠除尘器、4台45t炉烟囱、环保工程“液态肥”改造等环保设施）。后来新建的几个硅厂均要求做了排污处理。

1986年，县政府制定《陇川县征收排污费暂行办法》，收费标准：制糖3元/吨；医院病床每张收费0.30～0.50元，山区免费；城镇集市屠宰猪0.3元/头，牛0.5元/头；工业燃煤每燃1吨收费3元；制革加工收费0.15元/张；印染、造纸、卫生防疫行业酌情缴纳。1986～1993年，征收排污费3万元。1996～2005年，共征收排污费145.65万元。2005年，办理企业排污许可证63份。

1998～2005年陇川县工业污染排放情况统计表

表19—6

年份	废水（万吨）	COD（吨）	氨氮（吨）	废气（万立方米）	二氧化硫（吨）	烟粉尘（吨）
1998	188.80	8750.72	47.42	53102	292.08	582.87
1999	265.45	13788.43	71.31	77789	275.75	859.95
2000	284.04	15246.35	78.12	79772	357.37	898.13
2001	203.58	10636.74	54.95	68056	241.55	689.23
2002	245.33	12431.67	65.00	103585	267.31	882.86
2003	425.82	21509.33	108.14	162641	352.69	1598.38
2004	466.17	21635.50	111.88	202984	126.67	1974.08
2005	383.42	21283.16	105.66	196387	253.40	1670.09

注：以上数据按产排污系数计算

第四节　生态保护

一、生态保护规划

1987年，成立陇川县野生动植保护委员会，在邦外建立云南铜壁关自然保护区陇川管理所。1990年8月，县环境保护委员会成立。

2000年，县建设和环境保护局组织人员调查编制《中国西部生态现状调查报告（陇川）》。

2005年8月，县建设和环境保护局组织人员编制完成《陇川县生态示范区建设规划（征求意见稿）》。

二、生态示范区创建

2003年，德宏州被列为全国第八批生态示范区建设试点地区，陇川县被列为生态农业示范县。

2004年4月15日，成立陇川县生态示范区规划编制领导小组，副县长多守辉任组长，县环保局局长陈卫星任副组长，县政府办公室主任李兴庄及县直各部门负责人为成员。2005年10月25日，编制完成《陇川县生态示范区建设规划》，启动全县生态示范区建设。

第二十编　教育　科技

LONG CHUAN XIAN ZHI

LONG CHUAN XIAN ZHI

LONG CHUAN XIAN ZHI

第一章　教育

中共十一届三中全会后，陇川县贯彻党和国家的教育方针和法律法规，改革创新，加大投入，强化各项管理，提高教育质量，为培养新一代建设人才做出贡献。2005年，全县幼儿园发展为10所，入园幼儿975人；小学102所，在校生1.79万人；中学12所，在校生1.63万人。小学巩固率98.86%，初中巩固率98.64%，高考录取率62.4%。

第一节　管理机构

1982年3月，文化教育机构分设，县教育局内设教育股、人事股、秘书股、财会股、业余教育股和教研室。1984年3月，县体委与教育局合并，称教体局。1988年10月，教育、体育机构分设，恢复原来的县教育局，内设机构增加基建股、电教股、民族文编译室。另外设招生办公室、职称改革办公室、教育志编辑办公室和工会招待室等4个临时机构。1990年8月，机构调整为财会室、人事政工股、教育股、电教股、局办公室、招生办公室和教育工会等，其它临时机构合并有关股室。1991年，局内机构调整为：局办公室、计财股、人事政工科、督导室、教育股、电教室、教研室、招生办公室和教育工会。1996年12月，县教育局更名为县教育委员会。2002年，县城迁移至章凤，根据县委、县政府《关于印发〈陇川县机构改革方案〉的通知》精神，5月，陇川县教育委员会更名为陇川县教育局，内设行政办公室、人事股、计划财务股、基础教育股、招生考试办公室、成教职教股、督导室、教研室、电教室。2002年10月，县教育局从教师进修学校迁至新县城教科文卫综合大楼办公。2003年5月，县教育局增设纪检组，原教研室、电教室并入县教师进修学校，更名为陇川县教师进修学校教研室、电教室。2005年1月，增设校园建设办公室。同年10月，陇川县教师进修学校更名为陇川县教育科学研究中心，下设办公室、教研室、电教室、师训办。

第二节　教育教学改革

1978年，全县各中、小学开始恢复校长、教导主任职务，撤销各校“革委会”“革命领导小组”。1979年1月10日，县文教局发出《在中、小学建立健全教学档案的通知》。县文教局教研室正式恢复，并向全县各小学发出《各级主科实行统考制度的通知》。1980年，章凤、曼彦、清平、弄安4所民族小学改为六年制教学。同年，县文教局贯彻中央“调整、改革、整顿、提高”的方针，对全县学校布局作适当的调整，将232所小学调整为183所。中学除陇一中、广等农中、县师范学校外，全县10个公社每社开办1所中学。

城子一小

1981年，根据省教育厅1980年11月颁布的《关于认真办好一批寄宿制民族中、小学的通知》精神，县文教局把城子第二小学改办为全寄宿制民族小学，面向全县招收三年级结业的民族生，当年9月招收民族生2个班100人。年底，章凤、邦外、户撒、护国、景罕、清平6个公社设教研组、配置专职公社教育组教研员。1985年，全县大队以上完全小学普遍开设法制课。1987年，县教育局继续推广电化教学的放像试点工作，自筹资金5.1万元，购置10套电视录像设备，建立户撒、广等、曼胆职中、县一中、城子一小、王子树小学和教师进修学校等7个放像点，建立健全电视仪器档案。1988年11月，陇川县教育系统第一个教育卫星地面电视接收站在章凤中学建成。1990年，根据省、州“提倡发展拼音教学”的教改精神，在保持原“注音识字提前读写”实验规模7个校点、14个“注音识字提前读写”班的基础上，将原来3个“注音识字提前读写”改革班扩为16个班。

1991年3月，教研室抓教改实验，从原有的7个校点16个“注音识字提前读写”班、5个教学实验班，扩大为11个校点39个实验班（新增13个音改班、4个省编教材实验班）。其中“注音识字提前读写”实验有8个校点16个班，共有429名学生。1992年，确立城子镇一小为“注音识字提前读写”实验小学，赛号乡为省级小学教材实验学区，章凤中学、章凤小学为新编九年义务教育教材实验学校。1993年，对教研员进行“九年义务教育大纲”培训，组织学习省教委制定的《教研员职责》，建立教研队伍。教研室推广“异步教学法”“导读式教学法”“愉快教学法”等先进教学方法。1994年，加大对“九年义务教育”教材使用试验的监督管理。1995年，加强调查研究，强化教学管理，提高教学质量。8月，县委召开陇川县教育教学研讨会，做出确保陇川教育事业发展的若干重大决策。陇川县开展“注音识字提前读写”实验、“九年义务教育”教材实验、“省版”教材实验等教改实验已走上正轨。2002年，加大科研力度，以科研促教改。县教育局成立教育科研工作领导小组。2005年，调整学校布局，全县初中由2000年的11所调整为8所，完小由2000年的109所调整为102所，幼儿园由2000年的6所增加到10所。同年，陇川农场中学、陇把中学两校合并为陇川县第三中学；护国中学、姐乌中学与该乡中心小学合办，建成“九年一贯制”学校。

第三节　基础教育

一、学前教育

（一）幼儿园

学前教育

陇川县于1963年正式开办幼儿园。1980年停办。1981年11月，章凤公社创办章凤民办幼儿园，招收3个班，幼儿98人，教师3人，其中2人是回乡知青。1983年，城子幼儿园复办，招收3个班，有幼儿88人。景罕小学附设1个幼儿班，幼儿35人，教师1人。全县3所幼儿园有幼儿237人，教师10人。县教育局年拨经费3494.83元。1985年，邦外小学附设2个幼儿班，有幼儿60人，教师2人（民办教师）。1990年，全县4所幼儿园共14个班，在园幼儿511人，教师21人，其中公办教师17人，民办教师4人。1991年，景坎糖厂开办1所幼儿园。1992年，新增章凤镇边贸幼儿园。1993年，陇把镇户岛幼儿园停办。全县尚有幼儿园5所，17个教学班，在园幼儿533人，教职工35人。1995年，全县幼儿园7所（公办4所），在园幼儿682人。其中少数民族幼儿334人，教职工66人（专职教师54人，保健员1人，其他11人）。1998年，县城迁移至章凤镇。1999年，章凤镇边贸幼儿园更名为“陇川县示范幼儿园”，原县示范幼儿园更名为“城子镇幼儿园”。全县在园幼儿594人。2001年，民办幼儿园幼儿纳入基础教育统计范围。当年全县招收幼儿410人，有31个教学班，在园幼儿715人。幼儿园中有少数民族幼儿269人，其中景颇族103人、傣族115人、阿昌族17人、傈僳族3人、德昂族1人、其他民族28人。

2002年，全县有公办景罕镇幼儿园、章凤镇幼儿园、县示范幼儿园、城子镇幼儿园共4所；民办有章凤镇智雄幼儿园、章凤镇希望幼儿园、章凤镇小精灵幼儿园、陇把镇甜心幼儿园、陇把农场中心幼儿园、景坎糖厂幼儿园、昆明重工业英艺幼儿园共7所。公民办幼儿园共31个幼儿班，在园幼儿743人，教职工93人，其中专任教师63人。按学历分本科1人、专科12人、高中55人、初中以下2人。2004年，昆明重工业英艺幼儿园移交县教育局接管，并入陇川县示范幼儿园。当年9月，县示范幼儿园实行“一园两部”的管理，原英艺幼儿园为一部，原边贸幼儿园为二部。2005年，全县公办幼儿园由3所减为2所，民办幼儿园从7所增加为8所，在园幼儿975人，教学班37个，教职工92人，其中园长10人、专任教师60人、保健员8人、其他14人。

【陇川县示范幼儿园】　1991年，章凤边贸幼儿园建立，有大、中、小3个班，幼儿70人，教师3人。1997年，县城机关单位陆续迁移至章凤镇，边贸幼儿园移交县教育局，更名为“陇川县示范幼儿园”。园址位于今三象路中段。2004年7月，陇川县英艺幼儿园（企业办）移交县教育局合并到陇川县示范幼儿园。英艺幼儿园有大、中、小3个班，幼儿120人，教职工10人。章凤边贸幼儿园、县英艺幼儿园合并县示范幼儿园后，经过扩建，全园占地面积1.03万平方米，校舍建筑面积1303.05平方米，有教职工34人，在园幼儿252人。其中女童123人，占48.8%；少数民族幼儿66人，占27%。幼儿园坚持以“教育为中心，德育为首位”的办学思想，按照《幼儿园工作规程》《幼儿园发音纲要》要求，以科研促教研，以教研促发展，不断改进教育方法，注重教师队伍的培养。采取“走出去，带进来”的方式，先后有20余人，分别到北京、上海、昆明、保山、大理、芒市等地区幼儿园参观学习，把他们先进的教育理念和先进的教育教学管理方式带回陇川。2004年，县示范幼儿园被县政府批准为“县幼儿教育示范园”。同年被省教厅命名为“云南省二级一等幼儿园”。至2005年，全园有20位教师获得县级“优秀教师”称号；有80名幼儿分别获得县级“第三届学生教师优秀书画、摄影、作文评选活动”奖。

（二）学前班

1983年，县教育部门在景罕小学开办第一个学前班，入班幼儿35人，教师1人。1985年，陇把区邦外小学开办2个学前班，有幼儿60人，教师2人。1990年，护国乡、陇把镇开办学前班7个，幼儿215人。1992年，护国乡中心小学、邦外乡中心小学、弄贤小学、城子镇第一小学开办学前班，共有幼儿139人。全县学前班有专职教师4人。1993年，全县共开办7个学前班，幼儿483人，幼儿教师6人。1996年，王子树、清平、邦瓦、姐乌4个乡新开办学前班。2001年，全县有32个学前班，招生744人。2004年，全县有55个学前班，招生1620人。全县11个乡（镇）完全小学内，都设有学前班。

2005年，全县102所小学有66个学前班，招生1943人，其中民语学前班49个，招生1168名，少数民族生占学前生总数的60.11%。

二、小学教育

（一）发展概况

1978年，全县有小学251所，学生1.46万人。是年，小学毕业1310人，小学教职工增至592人。1979～1980年，98名民办教师通过考核转为公办教师，全县民办小学全部转为公办小学。1983年，县委、县政府召开普及小学教育工作会议，号召全党动员、全民动手，开创陇川普及小学教育新局面。同年9月，小学入学率95%。

1988年，全县调整学校布局，将上年的207所小学调整为202所，分2批完成普及初等教育验收（第一批为坝区，第二批为山区）。当年适龄儿童入学率98.1%，巩固率98.9%，毕业率94.4%，12～15周岁普及率97.3%。

1991年，贯彻“整顿、调整、提高”的方针，全县部分小学班级由“五年制”改为“六年制”。是年，全县有小学182所，在校生1.82万人。其中少数民族生1.12万人，占61.43%。适龄儿童学生入学率95.19%，巩固率95.01%，毕业率92.58%，教职工795人。其中少数民族教师287人，占36%；代课教师198人，占24.9%。1993年春季学期开始，全县小学统一实行“六年制”。

1995年，县政府制定《陇川县普及九年义务教育实施办法》。1997年，县政府制定《关于陇川县普及九年义务教育实施办法的补充意见》。县教育局进行撤点并校，当年全县有小学163所，比1991年减少19所。在校生2.27万人，比1991年增加4500人。至2005年，全县小学调整为102所，当年在校生1.77万人。小学入学率99.84%，巩固率98.86%，毕业率88.08%，少数民族生入学率99.42%。

2000年10月，全县经过5年努力，基本普及九年义务教育，工作经省、州政府检查评估，达到要求，如期完成任务。

1991～2005年陇川县小学发展情况统计表

表20—1　　　　　　　　　　　　　　　　单位：所、人、个

年份	学校	招生数	班数	在校生数	毕业生数
1991	182	3801	694	18238	2397
1992	169	4012	715	19463	1621
1993	195	4431	736	19977	2275
1994	177	3788	704	19784	2059
1995	171	4970	731	22181	2013
1996	168	3921	740	22795	2462
1997	163	3879	729	22742	2947
1998	155	3362	718	21753	3071
1999	145	2297	705	21381	2995

续表20-1

年份	学校	招生数	班数	在校生数	毕业生数
2000	141	2313	682	20214	3501
2001	139	3029	685	19279	3986
2002	128	3035	658	18218	3656
2003	115	3007	615	17356	3647
2004	109	3053	604	16758	3345
2005	102	2981	592	17665	2987

（二）课程设置

1978年，按照教育部颁发的教学大纲开设政治、语文、数学、常识、体育、音乐、美术等课。1981年，三、四、五年级恢复自然课，四、五年级恢复历史、地理课，政治课改为思想品德课。

1991年后，增设劳动课。1992年后，凡单一民族生占在校生50%以上的班级，均开设民族文化课，有载瓦文、傣文、景颇文。

小学教育

1997年9月，四至六年级统一开设社会课，取消原四、五年级的地理和历史课。小学每周教学时间为30节，每节40分钟。其中语文每周8～10节，数学每周8～10节，思想品德、自然每周各2节，音乐每周1～2节，劳动每周2节，周会每周1节，社会每周2节。

2002年，根据《云南省义务教育1～9年课程设置及课时安排意见（试行）》，县教育局要求全县1～6年级，根据各校具体情况，有条件的各门课程都开设，没有条件的外语和信息技术暂不开设。全部课程为：品德与生活、品德与社会、科学、语文、数学、外语、体育、音乐、美术、综合实践（信息技术、研究性学习、劳动、社区服务与实践）、地方与学校课程，共11门课。一至二年级每周26课时，三至六年级每周30课时。

2004年，省教育厅将陇川县列入基础教育课程改革县之一。从秋季学期开始，全县84所小学（1～6年级）全部参加新课程改革。

（三）教学

1978年，全县小学统一使用云南省编教材。1980年秋，改用全国统编的全日制教材，贯彻“以教师为主导，以学生为主体，以课堂为中心”的教学原则。

1986年9月，城子一小、县民小各开设1个“注音识字提前读写”实验班。随后又开设“语音改革班”。1988～1990年，在全县6所学校12个班开设“注提”实验班。1991年，在章凤和陇把中心小试行“九年义务教育教材”实验教学，共开设5个班。1993年起，全县所有小学均使用统编“九年义务教育教材”。实行“三制改革”（校长负责制、教职工聘任制、工资结构制）。

少先队活动

1995年，全县小学实行5天新工作制，每周课时为26课时。学年末，全县统一考试，以乡（镇）为单位进行交叉监考，三年级以上交叉排座，以乡（镇）为单位集中阅卷，县教育局分组进行巡查。半寄宿制高小毕业生参加省统测。县民小毕业生夺得全省同类学校第一名。1996年，根据省教委颁布《云南省中小学常规管理暂行规定》《云南省中小学教学常规》，全县各级学校建立起自检自查考核评比制度。城子一小制定《教学管理实施细则》，县民小制定《小学教育教学管理制度》，护国乡中心校制定《小学教育教学管理制度》。县教育局要求：每个教研组每学期至少要组织1次公开课，学校领导每学期听课不少于8节，教师互听课不少于10节，每个教师每学年撰写教学经验文章1～2篇。

1997年，取消小学升学考试。同年10月7～12日，县教育局检查组对全县各乡（镇）教办、中心小学进行教学常规管理年度检查、评估。有5个乡（镇）教办为优秀，7个为良好；12所中心小学，有6所为优秀，5所为良好，1所为及格。

1998年，全面实施素质教育，评比教学领域的各种改革，坚持教学评估。当年全县13所完小，达到90分以上的有11所，占84.62%；80分以上2所，占15.38%。1999年，对小学各科水平进行测试。

2000年，县教委根据省、州文件精神，对全县小学开展“减负”工作，减轻学生过重的学业、心里、经济负担。禁止任何形式的补课活动，禁止学校利用学生成绩对学生进行排名次。2001年3月，县教研室人员分组，分片深入各乡（镇）小学开展“减负工作”，对违反规定的进行批评教育。9月，城镇小学三年级以上开始开设英语课教学。

2003年，县教研室为“新课改”做准备，全县1239名教师参加《走进新课程》培训，8所基层学校开展《以先进的教育思想引导新课程改革》的知识培训，162名教师到瑞丽市参加新课改知识培训。2004年，县教研室组织人员到各乡镇教学一线和教师一起听课、评课300余节，上示范课11节，指导教师上课300余人次。

2005年，全县有4个乡（镇）中心小学开办了九年制教学。同年4月，县教研室举办1～6年级各学科的新课程课堂教学竞赛。6月，组织100名小学数学教师观摩在芒市举行的全省小学数学课堂数学竞赛，组织609名1～6年级各学科教师进行岗前培训。7月，组织35名小学教师到昆明参加云南省小学课堂教学竞赛观摩活动。9月，深入一线学校，进行70节课57人次的新课程课堂教学指导。

（四）教学设备

1984～1988年，教育部门为全县小学配备各类教具、仪器、电教设备52大类，价值4万余元。1989年后，为普及电化教育，为各中心小学重点配备电教设备。20世纪90年代以后，城镇中心小学陆续配备电脑，为教师教学服务。

（五）小学选介

【陇川县民族小学】　陇川县民族小学前身是陇川县城子第二小学（简称县二小），1976年建校。校址位于城子镇，占地面积3.15万平方米，校舍建筑面积4万平方米。建校时有7个教学班，360名学生，教职工13人。1981年，县教育局决定把该校定为县示范性学校，面向全县招收三年级结业的部分少数民族生入学，每学年招2个班，共100人，实行全寄宿制。1983年9月，县二小正式更名为“陇川县民族小学”。同年正式被省政府、省教厅确定为全寄宿制示范性民族小学，成为全省17所民族小学之一。当年有教职工35人，11个教学班，478名学生，其中少数民族生占64%。2005年底，学校设有专用电教室、图书阅览室、少先队活动室、音乐教室、学生食堂、宿舍。每班还配有投影仪、录音机、电脑，校内装有学生用的有线电视系统和卫星接收装置及彩电，配备录摄像设备等。县民小管理制度、教育方法、办学经验等被收录于《中国教育大词典》《全国民族地区改革文萃》等书籍。中国教育电视台、云南电视台、《云南日报》等先后对该校作过专题报道。学生历年的统考成绩均名列全县前茅。

县民小自办学以来，先后在民族班开办“双语双文”教学实验，在普通班开办“注音识字，提前读写”和“语音改革”实验。1984～1990年，共毕业16个民族班，636人，其中6人升入省民族学校初中实验班，185人升入州民族中学，升学率99.5%。

1978～2005年，学生120余篇习作被全国各地报刊登载，学生科技活动多次获得省州比赛前三名。80多名学生被国家、省、州有关单位表彰，25名教师被省表彰，30名教师获州奖励。学校先后获“全国民族教育先进集体”“全国语言文字工作先进单位”“全国红旗队”“云南省教改先进单位”“云南省先进学校”“云南省德育工作先进学校”“云南省电教先进集体”“云南省现代教育技术实验学校”“云南省一级示范小学”“云南省文明单位”“云南省青少年重大计划科技活动先进集体”等称号。1992年，傣族学生方小莱和景颇族学生李勒当被选为省少代会主席团成员，出席省少代会。

【陇川县第一小学】　陇川县第一小学是全县一流的规范化小学。该校始建于1953年，原名陇川县章凤镇中心小学。原坐落在章凤镇老街子南。1998年10月，县城迁移至章凤镇后，该校于1999年更名为“陇川县第一小学”，直属于县教育局。

1979年，原章凤镇中心小学有14个教学班，在校生633人，教职工21人。1990年，教学班增为15个，学生646人，教职工29人，入学率98.5%。同年，为适应章凤口岸改革开放的新形势。经上级批准，将章

原章凤中心小学

凤中心小学原校址以200万元价格出售给省城乡建设开发公司，学校迁入今勐宛路中段新建，1992年8月竣工。新校址占地1.53万平方米，校舍建筑面积3793平方米，建有3栋教学楼，教室30间。1997年，建盖综合办公楼1栋。2003～2004年，建盖多媒体教室兼教师会议室1幢，内有学生微机室2间，微机63台，自然实验室1间，少先队活动室1间，实验仪器保管室2间，教职工办公室14间。教职工办公用品有电脑17台、打印机13台、多功能一体机1台、复印机1台。校内有200米跑道运动场1个、篮球场2个、乒乓球桌6张。

2004年后，学校相继完善了电脑室、多媒体电教室，添置一批先进的教学仪器。各年级组办公室配备电脑和打印机，教学设施逐步现代化。学校图书馆藏书3万多册，年征订报刊10多种，教学参考书、工具书一应俱全。学校划分为教学区、运动区、生活区和办公区，根据各功能区设置文化主题。

县一小经14年努力，教职工从1991年的29人增加到2005年的75人，教学班从1991年的19个增加到2005年的30个，在校生从1991年的641人增加到2005年的1464人。

开学典礼

【城子镇中心小学】　城子镇中心小学创建于民国26年（1937），为省立小学，称文凤镇小学。中华人民共和国建立后，县政府接管该小学，更名为云南省陇川县第一省立小学。1956年，改名为陇川县城子小学。1984年，更名为陇川县城子镇第一小学。县城迁移后，城子第一小学更名为城子镇中心小学。学校坐落在城子镇中心，占地面积1.53万平方米，校舍建筑面积1.04万平方米，一栋3187平方米新建的教学楼和一栋534平方米的“逸夫楼”，共42间教室，设置远程教育室、微机室、实验室、仪器保管室、广播室、图书室、音乐室、美术室和舞蹈室等标准实验设备和音、体、美装备配置，两栋3676平方米的学生公寓，14套教师周转房，一栋能供900人就餐的餐厅。校园主干道两旁建立46块木制文化宣传板，主要以小学生课文的诗词和寓言故事为体裁，以楷书、行书、隶书、草书等木刻书法和诗词图案为表现形式，创建校园文化长廊。学校图书馆藏书3.87万册。

教育教学管理坚持“五落实”，即落实备课，落实授课，落实作业布置和检查，落实辅导，落实测试。构建一二年级课堂教学以参与式教学为主，三四年级课堂教学以自主式教学为主，五六年级课堂教学以“先学后做，当堂训练”为主的教学模式。成立绘画、舞蹈、演讲、军鼓等9个兴趣小组。1996年以来，一直保持“省级文明单位”称号。

2005年，全校共有教学班15个，教职工41名。在校生580人，其中女生276人，男生304人，少数民族生259人，无寄宿学生。

三、中学教育

（一）发展概况

1978年，全县有完中1所（陇川民族中学）、初级中学9所（景罕、王子树、户撒、章凤、清平、邦瓦、护国、拱瓦、邦外），专职教师259人，在校生2703人。1986年，章凤中学增设高中，更名为陇川第二民族中学，当年招收2个高中班，学生100人。

1990年，全县有陇川一中、陇川二中、农场中学3所完中，24个高中班，在校学生1181人。有户撒中学、清平中学、王子树中学、邦外中学、景罕中学、拱瓦中学、护国中学、邦瓦中学及农场办2所初级中学共10所初级中学，92个初中班（含3所完中初中班），在校生4311人。高初中少数民族生2179人，占39.69%。共有专任教师326人，少数民族教师34人，占10.43%。各中学相继建起规模不等的砖混教学楼。其中尤以陇川一中的教学楼、生化实验楼为最大。各类数学设备得到添置。各中学相继建设实验室、电教室，配备了录放像机、照相机、投影仪、幻灯机，还有卫星电视地面接收转发站3个，其他仪器1000多个品种，总价值超过50万元。学校藏书5万余册，价值10余万元。全县中学校舍建筑面积达4.37万平方米，各类设备总价值700多万元。至1993年底，全县高中毕业生2269人、初中毕业生1.06万人，为大专院校输送学生521人，为中等专业学校输送学生1681人。

1994年9月1日，新建姐乌初级中学，2个班，学生112名。是年，原陇川县教师进修学校由民办经营“圆梦中学”向全县招收初中生86名。分初一、初二、初三3个班。1年后停办，原招的学生并入陇川一中。至此，全县有高中9个班（不含农场）在校生354人。初级中学13所，91个班，在校生3899人，教职工623人，代课教师20人。当年毕业高中生206人，初中生1145人。

2000年，全县普及九年义务教育，有普通中学12所182个班，在校生8922名。其中少数民族学生4660人，占52.23%。当年招生3939人，其中高中223人，初中3716人。毕业4463人，其中高中103人，初中1893人。初中毛入学率95.4%，巩固率99.02%。有专任教师707人，其中高中205人，初中502人。

2001年6月，陇川农场中学收归县教委管理。2002年，全县有高中2所，普通初中10所。高中在校生19个班，942人，当年招生405人，毕业134人。初中在校生184个班，9052人，其中女生4364人，占48.21%，少数民族生498人，占5.5%，当年招生2763人，毕业3316人。同年，邦瓦乡建制撤并，邦瓦中学9月停止招生，并搬迁到县政府办公地办学，至2003年 7 月，最后一届学生毕业后停止办学。2001年6月至2003年3月，陇川二中被昆明重工学校接管，改为昆明重工学校陇川分校。

2003年7月，陇川一中高中部正式迁至新县城章凤原陇川二中，组建新的陇川一中，城子原陇川一中更名为陇川县第二中学。全县有初中教学班173个，在校生8594人；高中班22个，在校生1124人。

2005年5月，根据全县教育改革方案，护国中学与护国中心小学合并，姐乌中学与姐乌中心小学合并，办成“九年一贯制学校”。陇把中学和农场中学合并，组建陇川第三中学，直属县教育局管理。同年，民办学校“红河实验学校”向社会招收初一至初三学生。至此，全县有完中1所，在校高中生24个班1159人。当年招生393人，毕业419人。有教职工87人，其中专任教师61人，专任教师中本科以上51人，专科10人。初中12所（含陇川一中初中部、3所九年一贯制学校、红河实验学校）在校生174个班8497人。其中女生4047人，占47.63%；少数民族生4484人，占52.77%。当年招生2631人，毕业2627人。有教职工620人，其中专任教师538人，占86.77%；少数民族教师106人，占19.7%；女教师266人，占49.44%。另外有代课教师19人。

1991～2005年陇川县初中教育发展情况统计表（一）

表20—2 单位：所、个、人

年份	学校	班级	招生数	在校生数	毕业生数
1991	11	92	1554	4461	1117
1992	11	88	1251	4164	1162
1993	11	87	1437	4045	1120
1994	13	91	1578	3899	1145
1995	12	98	1679	4245	937
1996	12	110	1908	4718	1036
1997	12	127	2285	5329	1233
1998	12	141	2390	5830	1315
1999	12	150	2639	6918	1422
2000	12	182	3716	8922	1893
2001	12	182	3216	9402	2434
2002	12	184	2763	9050	2589
2003	11	173	3097	8594	3313
2004	12	181	2886	8610	2645
2005	12	174	2631	8497	2627
合计					25988

1995～2005年陇川县初中教育发展情况统计表（二）

表20—3 单位：%

年份	入学率	学龄人口入学率	巩固率	毕业生升学率
1995	47.4	40.2	96.8	54.6
1996	52.9	43.6	96.5	30.3
1997	57.03	45.08	97.77	54.2
1998	65.8	61.6	97	54.8
1999	80.7	61.6	98.91	36.9
2000	95.4	76.47	99.62	29.9
2001	99.5	67.6	97	16.98
2002	98.09	67.13	97.78	28.34

续表20-3

年份	入学率	学龄人口入学率	巩固率	毕业生升学率
2003	99.31	71.69	97.33	18.31
2004	96.48	77.77	97.38	13.74
2005	97.93	76.51	98.64	17.55

（二）初中

【学制】　1986年，《中华人民共和国义务教育法》颁布，全县推行九年义务教育，实行“六三”学制，即初中3年，小学6年。2005年，姐乌、护国2乡中学与中心小学合并，实行九年一贯制学制。

【课程设置及教材】　1989年，按照国家颁布的初级中学教学计划，全县初中开设思想政治、语文、数学、外语、物理、化学、生物、历史、地理、体育、音乐、美术和劳动技术等13门课程。教材均使用国家人民教育出版社统一出版的初级中学课文。1995年9月至2004年9月，开设科目不变，使用国家人民教育出版社统一出版的九年义务教育三年制初级中学教科书。2002年9月至2005年，使用国家人民教育出版社出版的九年义务教育课程标准实验教科书。开设思想品德、历史、地理、语文、数学、外语、物理、化学、生物、音乐、体育与健康、美术，综合实践信息技术、研究性学习、劳技、社区服务与实践、地方与学校课，共17门课程。每周总课时为34节。各年级略有变动。其中七年级（初一）不上物理化学，八年级（初二）不上化学，九年级（初三）不上地理、生物、社区服务与实践、地方与学校课程5门。

【教学】　1978年，执行《全日制十年制中小学教学计划（试行草案）》和《中学生守则》，全县初中教学工作走入正轨。1982年，各中学先后建立教研组，开展教研活动，改进教学方法。1990年，全县初中毕业生升学率38.9%，考入中专81人。1991年后，各校把教学重点放在提高教学质量上，建立科学的教学质量评估体系，确立公平竞争机制。是年，进行全县初中学业水平统测，初一班级平均30分，初二班级平均28.12分，初三班级中考班平均23.8分。1992年，各校把“两史一情”（近代史、现代史、国情）教育与语文、历史、思品、地理等学科结合起来。县教研室加强对各校的教学指导，组织中学教师参加省、州的课堂教学大赛，多人获奖。1993年，完善教学目标管理，把全县中学划定30分为教学成绩最低分数线，实行绩效与年级奖励、职称评聘挂钩。推行“三制改革”（校长负责制、教职工聘任制、工资结构制），各校制定三制改革方案，全县层层签订“教学目标管理责任书”。当年中考报名1155人，录取511人，录取率44%。其中高中录取164人，职中录取102人，中专录取245人。1995年，实行每周5天工作制后，县教研室提出《目标管理、分类指导》的原则，对初中教师的教学工作进行分类指导、分类评估。选送25名初中教师到州教育学院进修提高。是年，陇川一中初中毕业生233人，考入高中106人，考入中专51人，录取率66%，为历年来之最。1996年，全县有957人报名参加中考，考入高中、中专498人，录取率52%。1997年，全县初中升学率53%。县教委对12所中学（不含农场）进行检查、评估，8所为优秀，1所为良好，3所为及格。县教研室深入各乡镇中学进行课堂教学指导，组织教师撰写教学论文数百篇，培训教师244人，在景罕中学召开实验教学现场会。当年中学物理演示实验开出率89.4%，分组实验开出率90.6%。化学演示实验开出率90.6%，生物演示开出率68%。组织中学语文教师70人到瑞丽市参加“全国中语会单元教学研究中心首届年会暨试验交流会”。是年，县教委对全县14所中学进行检查评估，90分以上有13所，80分以上1所。1999年，全县各中学重点抓素质教育。县教研室抓好中学教师的履职、晋级培训工作，将全县初中分为两类，一类为陇川一中、陇川二中、农场中学、广等中学；二类为各乡镇中学。并规定各类中学科目最低分数控制线，一类为40分，二类为35分。2000年，重点抓“减负”工作，使学生进得来、留得住。同时抓好新教师的岗前培训工作。2001年，县教研室深入各乡镇中学，开展“课堂教学”听课、评课活动，组织各年级学科的教学技能竞赛，推选部分教师参加省、州的课堂教学技能竞赛，组织全县初中教师参加“教师综合素质”培训。同年，丁宇以654分的中考成绩获全州第一名。2003～2005年，为提高教学质量，各中学制定奖勤罚懒措施，组织听课评课活动，开展课改。县教研室加强对教师的培训，开展新课程课堂教学竞赛。2005年，中考报名1109人，录取841人，录取率76%。

（三）高中

【学制】 1978～1982年，高中实行两年学制。1983～2005年，实行三年学制。

【课程设置】 1978～1999年，陇川县高中课程因教材变化、学校教学条件所限，有的课程尚未开齐。2000年后，全县各级中学严格执行国家统一颁布的教学大纲和教学计划，开齐课程，开足课时。并要求一律不得利用双休日、节假日为学生补课。同时州、县教委对教学用书做了规范要求。必修课有：语文、数学、英语、政治、历史、地理、物理、化学、生物、信息技术、通用技术、音乐、体育。高中第二学期文科化学选修《化学与生活》，政治必修完1～4册参加云南省学业水平考试。第三学期语文（文理）必修完5册，选修《中国古代诗歌散文欣赏》，文科化学选修《化学与生活》。第四学期语文（文理）选修《语言文字运用》《中国文化经典研读》《中国小说欣赏》《中外传记作品选读》（四选一）。学期结束参加省学业水平考试。数学（文理科）按要求选修完教材参加省学业水平考试。历史（文科）选修《历史上重大改革回眸》《近代社会的民主思想与实践》《中外历史人物评说》（四选一）。地理（文科），选修《旅游地理》《自然灾害与防治》《环境与保护》（三选一）。化学（理科），选修《化学与技术》《物质结构与性质》《有机化学基础》（三选一）。生物（理科），选修《生物技术实践》《现代生物科技专题》（二选一）。高一至高三，每周总课时44节，要求班主任用班会时间向学生宣讲《健康教育》《禁毒防艾知识》《民族政策常识》《成长新挑战》等相关知识。

1991～2005年陇川县高中教育情况统计表

表20—4 单位：所、个、人

年份	学校	班级数	在校生	招生数	毕业生数
1991	2	16	734	226	228
1992	2	15	673	204	308
1993	2	11	489	131	256

续表20-4

年份	学校	班级数	在校生	招生数	毕业生数
1994	2	9	354	128	206
1995	2	9	337	135	89
1996	2	9	354	132	97
1997	2	9	350	110	99
1998	2	9	337	117	121
1999	2	9	390	153	107
2000	2	11	504	223	103
2001	2	14	657	303	128
2002	2	19	942	405	134
2003	1	22	1124	422	224
2004	1	24	1218	378	285
2005	1	24	1159	393	419

【教学】 1978年后，学校教育教学工作走上正轨，县政府倾力办好高中。1985年，陇川一中147人参加高考，10人考入大学本科，14人考入大学专科，43人考入中专，最高分483分，录取率45.58%。同年，县政府设立奖励基金，对考取大专以上的学生每人奖励300元（200元奖学校，100元奖学生）。1995~1997年，县政府对高中班学业成绩前10名者，每月补助生活费30元。经努力，高中教学质量不断上升，高考录取率由1985的45.58%上升到2005年的62.7%。

陇川县择年高考录取统计表

表20—5　　　　单位：人、%

年份	报考数	录取数	其中			录取率
			本科	专科	其他	
1996		51	3	15	33	
1997	122	58	8	25	25	47.54
1998	149	69	8			46.31
1999	78	58	17			74.4
2003	259	182	87	95		70.7
2005	498	312	179	133		62.7

（四）中学选介

原陇一中教学楼（城子）

【陇川县第一中学】　陇川一中建于1958年，当时称陇川县民族中学。1979年，县教育局将城子一小、二小附设初中班合并到陇川民族中学，有31个教学班。1983年更名为陇川县第一中学。

1984年，新建一栋三层18个教室的教学楼。同年9月，从腾冲招聘14名高中毕业生为代课教师。是年，选派部分教师离职进修。1986年，从省外引进19名教师，其中13名安置在陇川一中。

1980～1990年，学校四周建起高2.5米，长2700米的预制砖外围墙。校内建起400米环形跑道、田径运动场，并迎来德宏州中学生田径运动会第七届（1984）、第八届（1987）在陇川一中召开。

1985年，参加高考147人，考入本科10人，考入专科14人，考入中专43人，最高分483分，升学率为历年之首。1991年高考，女生王明平获全州第二科目组第一名；1995年高考，陆亮同学获全州理科第一名；1997年高考，李维宽同学获全州理科第一名；1998年高考，杨波同学获全州外语类考生第一名；2004年高考，录取人数首次突破200人大关。其中重点本科12人，一般本科81人，专科139人。当年全州高考中，550分以上的学生有7人，陇川一中有3人，占42.95%。2005年，全州普通高考600分以上共14人，其中陇川一中有4人，占28%，当年录取率62.4%。学生苏畅依娜获得全州高考文科第一名。

至2005年，陇川一中教职工获国家级表彰4人，获省级表彰5人，获州级表彰8人。学校荣获各种殊荣8项。其中1992年，被评定为“省级田径传统项目学校”；1994年，被评为“云南省二级一等完中”；1998年，被评为“云南省中小学勤工俭学先进集体”；2002年，被省教厅评为“实验教学普及县先进集体”；2003年，被中共云南省委、省政府评为“文明单位”；2005年，被评定为“国家级（田径）传统项目学校”。同年，被云南省教厅评为“云南省德育工作先进集体”，被全国第九届中学生运动组委会评为贯彻《学校体育工作条例》优秀学校。

2005年，全校共有教学班54个，其中高中班24个，初中班30个。在校学生共2752人，其中高中生1241人；初中生1511人；少数民族生472人。全校共有在职教职工194人，其中高级职称29人，中级职称78人，初级职称71人，其他16人。

原陇二中教学楼（章凤）

【陇川县第二中学】　陇川县第二中学（简称县二中），位于城子镇南郊（解放前称教场坝），学校占地33.33万平方米。前身为陇川县第一中学。2003年5月16日，位于城子镇的原陇川一中更名为陇川县第二中学。

陇二中新大门

2003年6月，县政府同意陇川二中从2004年起，在全县范围内招收优秀学生办乡村班。9月，学校将《陇川县第二中学办学目标、办学思路》和38个岗位职责、52个规章制度印制成书，使学校管理步入规范化、科学化的轨道。学校引进先进的食堂管理软件一卡通，成为当时全州中学中唯一使用电脑管理食堂的一所学校。

2004年10月25日，举行首届青年教师教学大奖赛。12月28日，对口户撒中学的支援工作正式启动。2005年，学校被县政府评为“陇川县对口支援先进集体”。

2005年8月，县政府决定将全县适龄孤儿学生送到陇川二中集中就读（第一批共23名），建立健全孤儿学生救助机制。10月10日，县长孔勒干到陇川二中调研，为该校题词“腾飞”。10月18日，学校被评为“德宏州家庭教育工作先进集体”。

2005年，陇二中有初中教学班28个，在校生1332人，其中男生670人，女生662人，少数民族生770人。有教职工108人。当年初中班毕业生460人，升入普通高中58人。

第四节　职业与成人教育

一、职业教育

1977年，广等农业中学更名为广等民族耕读中学，有3个班，学生140人，教师7人。1980年，开办高中班。1984年，曼胆农中开办高中班，9月招收1个50人的学农专业高中班。1985年，曼胆农中转办成职业技术高级中学。次年9月，招收学农专业班学生53人。1988年，广等耕读学校转办为职业技术初级中学，改名为广等民族职业中学。当年招收2个班102人，开设农学、养殖、食用菌栽培技术课。当年9月曼胆职高增办1个茶叶专业技术班和1个畜牧养殖专业班，共招收学生100人。1989年9月，曼胆职高新招1个木工建筑班和1个植保班，招收学生89人；广等职

陇川县职业高中

中招收2个班100人。1990年，曼胆职高有教职工50人，专任教师29人，在校学生265人。曼胆职高自开办以来至1990年，共为陇川各行各业培养职业技术人才193人。

截至1996年，全县累计招收职业高中班24个，学生998人，毕业617名。在此期间学校还开办烟草专业班、木工班、家庭经营管理专业班、养殖及饲料加工班、蚕桑专业班、体育专业班等。2002年3月，职业高级中学开办生物种植班，与陇川县生物技术有限公司联合种植黄姜4.67公顷。2004年3月，结合陇川县农业开发项目，职业高级中学种植亚麻4.7公顷。

2005年，职业高级中学相继建了语文、数理化、英语、政治、专业、音体美等教研小组，以小组为单位开展各种教研活动。当年在校生299人，教职工39人。

【陇川县职业高级中学】 陇川县职业高级中学的前身是县曼胆农业中学，1984年9月，招收第一个职业高中班，1996年9月，正式命名为陇川县职业高级中学（简称县职高），

1990年，被省教育厅认定为“合格学校”。2002年，被陇川县政府评为“中国云南德宏陇川目瑙纵歌节先进单位”。1984～2005年，学校累计荣获县级（含县级以上）篮、排球比赛奖项17项。2000年以来，每年都有毕业生参加全国高考，平均升学率84.6%。学生顶岗实习、就业率逐年上升，400多名毕业生分布在全国各地学习、就业。其中成为业务骨干和管理骨干的40多人。2005年，开办8个教学班，在校生418人，有教职工40人。教职工在全国各级各类刊物发表论文60篇，获奖10余篇。

建校以来，县职高先后开办农学、体育、教育、现代农艺、计算机、工艺美术、市场营销、电子锡焊、园艺、国土、文秘等专业班65个，以电子电工、现代农艺，珠宝玉石加工与鉴定、汽车应用与维修、装机、挖机短期培训为骨干专业，形成多层次、多形式、多专业的办学格局。

二、工读学校

工读学校又称“耕读学校”。20世纪60年代初，全县开始在民族村寨创办工读学校20所，学制3年，实行半农半读。至1978年，保留3所。1982年春，省委工作队在邦瓦蹲点，创办茶叶职业工读学校1所，后因条件不足，于1983年秋停办。1984年3月，邦外工读学校学生14人和物资并入邦外小学。1985年7月，岗巴工读学校停办，学校变成全日制小学。同年11月，罗朗工读学校由区教育组撤销，13名学生分别安排到其他学校学习。历时29年的工读学校至此结束。

三、师范学校

1976年，创办陇川县师范学校，有教师职工11人。1978年，县文教科拨款5000元，在城子教场坝南端山脚下选定校址，临时搭起3栋简易草片房共14间，解决教室和学生宿舍问题，3月，学校正式迁入。当时有中师一班和二班，学制实行两年制，分别于1978年、1979年毕业。在此期间分别招收三班和四班共计100人，教职工10人，学制改为3年。1980年，上级拨款建盖7栋

原陇川县师范学校

砖木结构和土木结构房62间。同年招生第五班，学生50人。此时在校学生达3个班145人。其中少数民族学生31人，教师职工15人。1981～1985年，举办教师进修班11期，培训小学语文、数学、民族文字等学科及教材教法过关370人。1984年，招收第六班，新生50人，1987年结业，除1名病退外，49人都分配了工作。1988年，招收第七班，共46人。学生主要是具有初中学历的在职教师和部分高中学历的代课教师，于1990年7月毕业分回原校任教。此后，县师范学校改为教师进修学校，定期培训在职小学教师。

四、成人教育

（一）职工“双补”教育

1981年，党中央和国务院颁发《关于加强职工教育的决定》，要求省、州、县成立职工教育管理委员会，下设职教办。国家“五部委”（职工教育委员会、教育部、团中央委员会、总工会、全国妇女联合会）联合发文，决定对“文化大革命”期间毕业学生参加工作的职工进行“双补”（补文化、补技术）。

1982年，县商业局办起商业职工学校，有教职工11人。办学形式：脱产学习，两周到3个月不等。有营业员基础知识、珠算基础知识、统计学基础知识、商业管理学、物价管理、会计知识、语文基础知识、数理化等学习内容。先后举办14期，有380人次参加。1985年，根据国家“五部委”要求，陇川县成立职工教育委员会，下设职教办。同年，由职教办和工会牵头，办起职业高中文化补习班，县直各单位有50人参加补习。1986年，又进行一次职工“双补”，将具有初中程度的355人，编为6个班，辅导语文、数学、历史、地理等科目，合格240人。至1993年，县直各单位先后举办文化补习班186期，参加学习人数4831人。

（二）离职进修

1982年，党校开办语文和数学两科的初中、高中文化补习专业课，到1990年，共培训干部职工2000多人次。1978～1993年，全县先后选送干部职工453批，3034人到外地党校、大专院校、专业学校、进修学校学习，其中1986年，考入大专班11人，中专班6人。1987年，考入大专班33人。1989～1993年，考入大专班633人，中专班698人。1994～2005年，全县先后选送干部职工到外各类学校进修学习　2500余人。

（三）自学考试

自学考试兴于20世纪80年代，1988～2005年，全县共报考2567人，本科毕业6人，专科毕业72人。其中2005年报考237人，本科毕业4人，专科毕业12人。

（四）电大学习

1993年，全县参加电大学习33人，毕业33人。其中省电大商业企业管理专业5人，工业企业管理专业1人，金融专业1人，党政管理专业6人，法律专业19人，生物专业1人，历史专业4人。

（五）函授学习

1980年，陇川县部分中学教师报名参加云南师范大学函授班入学考试，录取中文本科学员7名，数学专业本科学员5名。学制均为5年，除个别转籍到外县外，中文、数学专业分别取得毕业证书5人、2人。

1984～1990年，全国成人统一高校招生入学考试，陇川县在职人员及代课教师分别被云师大、云大、省教育学院、北京师大、省电视师专函授部招收录取本科3人、专科15人。18名学员全部获得毕业证书。

（六）农村扫盲

1984年，建立陇川县业余教育办公室，负责全县扫盲工作。1985年，全县开办扫盲夜校119所，入学3467人，经考核，脱盲243人。1991年，脱盲1410人，有4个乡（镇）和26个村（办事处）成为16～25周岁青壮年无盲乡（镇）、无盲村；有2个乡（镇）和13个村（办事处）成为16～40周岁青壮年无盲乡（镇）、无盲村。扫盲工作隶属县教育局教育股管理，配备专职人员4名。全县各乡（镇）配备扫盲（业教）专干15人，业余扫盲教师157人，专职辅导教员68人，培训夜校教师157人。同年通过普查，16～25岁青少年无盲单位有邦瓦乡、城子镇、陇把镇、姐乌乡;16～40岁青壮年无盲单位有姐乌乡、陇把镇。

1993年，全县扫除文盲1189人，其中汉文脱盲390人，景颇文146人，傣文600人，载瓦文34人，傈僳文19人。脱盲妇女占50.13%。

1995年，全县开办扫盲班202个，入学4003人，共扫除青壮年文盲2111人，农村青壮年人口非文盲率99.14%。

1997年，全县开办扫盲班41个，入学536人，经统一考试，脱盲454人，其中妇女342人，占脱盲人数的75.3%，青壮年文盲率从1995年的0.85%降至1997年的0.75%。

1999年，全县扫除青壮年文盲1720人，其中妇女745人，经省、州验收，陇川县被确定为“基本无文盲县”。

2000年，全县青壮年8.05万人，青壮年文盲总数为420人，文盲率0.52%。全年共扫除文盲270人，开办成人高小19个班，入学305人。全年各乡（镇）共办69个教学班，1380人参加学习。同年10月，基本扫除青壮年工作，经省、州政府考核评估，达验收标准。

2003年，全县青壮年总数为9.99万人，青壮年文盲297人。是年，脱盲112人，其中民文脱盲46人，汉文脱盲66人。开办巩固提高班18个，学员670人，考试及格率98%；开办汉文脱盲班8个，学员179人，脱盲巩固达标108人。

2005年，全县采取堵住新文盲的产生、扫除现有青壮年文盲、提高脱盲人员文化素质的工作方针。开办扫盲班7个，入学137人；开办脱盲巩固提高班5个，入学127人；开办民文脱盲后学汉文脱盲班18个，入学619人；开办成人高小班16个，入学379人；开办农函大班18个，入学827人。

（七）成人文化技术教育

1990年11月，县教育局在城子镇新寨小学建起陇川县第一所乡镇成人文化技术学校，配备4名专职人员。同年，清平乡成人文化技术学校成立。1992年6月，护国乡成人文化技术学校成立。1993年，章凤镇在晃相寨建起陇川县乡镇农民文化技术学校，配备6名专职教职工。1995年7月，勐约乡、赛号乡、邦瓦乡、户撒乡、姐乌乡成人文化技术学校成立。至此，全县12个乡（镇）69个村公所共开办12所成人文化技术学校、69个教学点，办学面100%。12所乡级成人文化技术学校，各配有专干1人，均有教学实验基地。同年，开办成人适用技术培训班87期，参培5334人。1997年7月20日，章凤镇“农函大”辅导分站在章凤镇成技校成立，由县科协挂牌。当年，全县共开展各类成人培训班158期，参培8868人次。1998年12月，章凤镇成人文化技术学校、城子镇成人文化技术学校被云南省教育委员会评为“农村成人教育示范学校”。2001年，开展实用技术培训341期，培训1.27万人次；开办短期培训45个班，参加学习人数达1310人；开办民文脱盲后学习汉文班19个，参加学习305人；开办农函大12个班，参加学习837人。同年，城子镇成人文化技术学校筹资15.4万元，购买20台计算机，用于培训农村回乡初、高中毕业生。2005年，全县共开办农村成人文化技术学校9所，培训教学点71个，全县完成各种培训2.34万人次。

【城子镇成人文化技术学校】　1990年11月30日，城子镇成人文化技术学校在新寨老红糖厂挂牌成立。学校占地3333平方米，建有土木结构教学、办公住宿房300多平方米，生产基地0.13公顷，教职工3人。1995年，增为4人。1998年底，迁至原财政局办公楼办校。学校有教学、办公用房2栋，专职教师2人，聘请县科委、科协、县农业局、兽医站等单位11个技术员为兼职教师。

学校自办校以来，以城子镇新寨办事处部分村为农业技术实验基地，每月至少开办1期全镇农民农业技术培训班，每次受训50～100人。于1995年，在成技校开办小型塑料薄膜厂，生产农膜供农民使用。1996年，开办榨油厂。1997年，种植甘蔗0.13公顷。

1992年3月，获省农村智力开发工作“先进单位”称号，1996年，获国家教育委员会“中华扫盲奖”，1998年12月，经省教委验收，评定为云南省农村成人教育示范学校。

【章凤镇成人文化技术学校】　该校始建于1993年3月，是独立建制学校。1997年7月20日，在本校内成立章凤镇“农函大”辅导分站，由县科协挂牌。1994～2002年，先后被云南省农村智力开发统筹协调领导小组评为“农村智力开发工作先进集体”，被云南省教育委员会评为“农村成人教育示范学校”。

2003年9月，教职工分片挂钩负责，编写实用本地养殖业和种植业的培训授课教案。并在迭撒村委会芒彦奘房，历时5天时间，培训全县傣族民师43人，培训内容为德宏傣文和缅傣文。

第五节　民族教育

1978年，中共党的十一届三中全会以来，各级政府更加重视民族教育。德宏州委、州政府针对全州的民族教育制定了几项特殊措施：（1）在民族中小学开设民文课，实行双语双文教学；（2）建立民族寄宿制中小学；（3）有条件的高中、中专、教育学院开办民族班；（4）大力培养少数民族教师；（5）中学、中专、教育学院继续实行照顾政策，扩大民族生的比例；（6）培养教师实行双语双文教学；（7）在州、县、乡三级教育行政管理机构中配备一定数量的民族干部。

1981年，省教育厅批准陇川县开办全寄宿制的民族小学，将原城子第二小学改办成全寄宿制民族小学，负责面向全县招收三年级结业的少数民族学生和部分高寒山区的汉族学生。当年招收2个班，共100人。以后每年招生数不变，学制为6年（当时其他小学执行五年制）。

1983年，小学从1982年的178所，发展到201所，在校民族生由1982年的6188人增到9445人，占全县小学总人数的55.7%。全县民族小学由108所增到125所。1984年，省政府从支援不发达地区资金中抽出专款作为学生生活补助费，在民族困难地区举办一批半寄宿制小学，要求每个学校有五、六年级（五年制学校应有四、五年级）学生各1个班，每班限额50人，至少30人。结合陇川县实情确定37所，有学生3100人，其中民族生占70%以上。1987年，陇川县小学布点由1986年的211所调为207所，学生由1986年的1.85万人增加到2.06万人，入学率98%。其中民族生由1986年的1.06万人，增加到1.25万人，占

民族班学生在做作业

60.4%。普通中学和职业中学分别有民族生1441人、109人，分别占学生总数的36.3%、43.3%。民族小学有124所，其中全寄宿制民族小学1所，学生288人，半寄宿制小学37所，学生2889人。1988年，全县有各级各类学校219所，其中普通中学10所，职业中学2所，教师进修学校1所，小学202所，幼儿园4所。各类学校在校学生2.5万人。其中民族生1.37万人，占54.8%；民族小学137所。截至1990年底，普通中学有10所（含2所完中），在校学生4489人，其中民族生2134人，占47.5%；职业中学2所，学生500人，其中民族生310人，占62%；全日制小学194所，学生1.8万人，其中民族生1.1万人，占60%；幼儿园4所，在园幼儿712人，其中民族幼儿229人，占32.6%。以民族生为主体的民族小学有135所，其中全寄宿制民族小学1所，有6个民族班，学生300人；半寄宿制小学30所，有学生2732人。同年10月，被评为省、州良好学校5所，被评为省、州勤工俭学典型学校5所。全县各类学校有教职工1618人，在编教师1356人，其中民族教职工380人，占28.02%。

1984年，州政府转发州教育局《关于当地少数民族学生在招干招工及升学考试中给予优待和加考民文的意见报告》，要求对已学习民文的民族学生加考民文，并按该科成绩的30%记入总分。录取民族考生可以放宽3～5个标准分数段录取。后实行定向分配名额制，按民族人口比例分配民族学生名额。

1986年12月，按州政府要求上民族文的民族小学学制为六年。在景颇族小学里，一年级全年上景颇文，二年级开始上汉语，民族文逐年减少，汉文逐年增加，到毕业时确保汉文与普通小学汉语文教学接轨。另外在农村傣族主居区的傣族小学，采取汉语文和傣语文同时开设，二者有机结合，两者兼顾，完成教学大纲所规定的教学任务。1986年，全县120所民族小学中开设“双语双文”教学62所。其中开设傣文的有20所，景颇文（大山）的22所，载瓦文的19所，傈僳文的1所。

1987年1月，县教研室制定《陇川县傣族小学进行“双语双文”教学的试行办法》《陇川县景颇族小学进行“双语双文”教学的试行办法》要求全县各小学贯彻实行。原州政府和州教育局对景颇族小学开设“双语双文”教学的统一要求“一年级全年上民文，二年级开始上汉文，民文课逐年减少，汉文课逐年增多”的方法，与陇川县农村民族小

学生在做实验

学广泛使用六年制教材授课时间产生矛盾，教学任务难以完成。根据德宏州部分地区进行“双语双文”教学的经验结合陇川县的实际情况，经请示有关领导同意，决定陇川县的农村景颇族小学的民语文和汉语文教学同时进行，在教学过程中应注意二者的有机结合，同时完成教学大纲所规定的教学任务。教学时间的具体安排是：景颇文，一年级每周5课时，二年级每周4课时，三年级每周3课时，四、五、六年级每周各2课时。汉语文，一年级每周12课时，二年级每周11课时，三年级每周11课时，四、五、六年级每周各12课时。其他思想品德课、音乐、体育、美术一至六年级每周各1课时。1987年1月，州教研室在瑞丽县举办汉、傣“双语双文”培训班，陇川县抽调17名傣族教师参加学习，随之编译了小学部分年级课本《汉、傣词语注释》手册和《傣语拼音教学法》。7月，抽调7名景颇族教师到省参加民文培训。1987年，县教研室有关负责人员深入部分乡（镇）学校，分别召开座谈会6次，进行指导性评课30余次，举办“双语双文”教学培训班3次，参加培训120余人次。当年全县开办“双语”教学136个教学班，其中，汉傣语教学班39个，汉景语教学班33个，汉载语教学班62个，汉傈僳语教学班2个。开展“双文”教学58个班，其中汉傣文16个班，汉景文教学的31个班，汉载文教学的11个班。1988年，全县“双语”教学发展到141班。1989年，全县培训“双语双文”教师309人次。1990年全县开展“双语双文”教学的有96校，共320个班，学生6122人，其中“双语”班234个，学生5859人；“双文”班86个，学生3263人。

1990年，全县有各级各类学校209所，其中小学194所，仅有12所是单纯的汉族学生的学校。

1991年，陇川县贯彻省第三次民族教育工作会议精神，要求民族小学开展“双语双文”教学工作。全县186所小学，733个班，有2.85万人。其中“双文”教学班88个，学生2633人；“双语”教学班221个，学生5859人。全县有少数民族专任教师313人，懂少数民族语言的教师有161人，分别是：傣文教师50人，景颇文教师58人，载瓦文教师50人，傈僳文教师3人。在对264名双语双文教师进行能力考核中，有198人分别获得一、二、三等奖。

1992年，初中有在校少数民族学生2115人，占41.24%。其中傣族学生508人，景颇族学生1221人，傈僳族学生52人，阿昌族学生218人，德昂族学生14人，其他民族学生102人。小学有在校少数民族学生1.21万人，占59.13%。其中傣族学生2785人，景颇族学生7110人，阿昌族学生1530人，傈僳族学生441人，德昂族学生94人，其他民族学生535人。职业中学有少数民族学生458人，其中傣族学生93人，景颇族学生266人，阿昌族学生48人，傈僳族学生13人，德昂族学生4人，其他民族学生34人。从1992年秋季起，凡单一民族生占在校生的50%以上的，该民族又具有传统语言文字的学校，均开设民文课，纳入教学规范管理，鼓励所有小学教师学习民语，开展双语教学。同年下半年，以办学前班的办法解决开展“双语”的教学。同时请州教研室帮助培训民文教师61人，其中乡教研员10人，傣文教师17人，载瓦文教师25人，景颇文教师9人。接着县教研室派人到邦瓦乡帮助培训载瓦文教师16人。9月，全部学前班都开上双语课。

1996年，州教委针对小学学制由五年制改为六年制后，就如何上民文课进行考察，后作出决定：从1997年起，凡招收民文班，提前1年招生，开办汉文学前班的应转为民文班，开齐课程，上足课时，还决定民文纳入统考科目。当年，全县开设景颇文小学3所，3个班110人；载瓦文小学6所，6个班220人；傣文小学5所，5个班186人。开设学前班学校23所，23个班698人。

1997年11月12～13日，云南省寄宿制、半寄宿制高小工作会议在陇川县召开，全省17所省定全寄宿制高小校长，各地（州、市）教委教育科科长共47人参加会议。同年，全县小学有少数民族在校学生1.46万人，占59.88%，有少数民族适龄儿童1294人，已入学1274人，入学率98.45%。小学有少数民族教职工329人，其中专任教师321人。初中有少数民族在校学生2510人，占43.38%，有少数民族教职工57人，其中，专任教师41人，占71.93%。有半寄宿制学校30所，半寄宿制高小班在校学生数3551人（五、六年级），其中少数民族在校学生2200人，专任教师153人。同年，民族寄宿制和半寄宿制高小班毕业生参加全省统测，陇川县民族小学成绩居全省民族小学第三名。

2000年，全县普通初中有少数民族在校生4660人，教职工91人，其中专任教师76人。小学有少数民族适龄儿童1.02万人，入学1.01万人，入学率99.2%。全县有半寄宿制高小班在校学生4052人，其中少数民族学生2625人，专任教师180人。是年，开办民语文学校24所，26个班，820人，其中景颇文8所，8个班，240人；载瓦文9所，10个班，320人；傣文7所，8个班，260人。开设学前班35所，35个班，980人。陇川县民族小学有10个班，在校学生392人，其中少数民族学生有227人，占学生总数的58%。

2005年，少数民族适龄儿童9569人，入学9514人，入学率99.42%，其中少数民族女适龄儿童4664人，入学4619人，入学率99.03%。开设双语的学校有47所，51个班，1614人，其中傣族学生354人，景颇族学生540人，阿昌族学生104人，傈僳族学生37人，德昂族学生4人，汉族学生596人，其他民族学生12人。开设双文学校14所，17个班，其中傣文5所，6个班286人；景颇文5所，6个班236人；载瓦文4所，5个班188人。共计710人学习少数民族语文。

2005年陇川县各类学校在校民族生统计表

表20—6　　单位：人

类别	合计	傣族	傈僳族	景颇族	阿昌族	德昂族	其他
合计	16762	5140	816	7526	2619	203	461
小学	10239	3208	577	4397	1680	139	238
初中	4484	1265	173	2119	744	39	144
高中	399	117	23	168	60	7	27
幼儿园	1426	512	36	688	122	17	51
特教	47	9		38			
职高	167	29	7	116	13	1	1

第六节　教师队伍

1980年，全县有小学教师709人，中学教师227人。1983年，全县有小学教师750人，中学教师244人，师范教师12人，农职业学校教师18人。1984年，全县有小学206所，在编小学教职工719人，代课教师180人；普通中学10所，有初中教职工156人，高中教师31人；农业技术中学2所，有教职工38人；教师进修学校1所，有教职工15人；耕读小学3所，有教职工9人，代课教师2人；幼儿园1所，教职工10人。在小学专任教师中，有中专学历的318人，初师、初中学历的309人，小学学历的69

人；初中专任教师中，本科及专科以上学历58人，中专学历100人，初中学历2人；普通高中专任教师中，本科及专科以上学历27人，中专学历6人；农业中学有专科及以上学历11人，中专学历10人；耕读小学有中专学历5人，初中学历1人；幼儿园教师，有中专学历10人。

1990年，在编教职工766人，其中专任教师610人，代课教师26人；农职中初级中学1所，高级中学1所，在编教职工50人，其中专任教师29人，代课教师1人；教师进修学校1所，有教职工10人，其中专任教师6人；幼儿园1所，教师18人。当年受国家教委表彰5人。

1992年，全县教育系统有教职工1279人（不含农场），其中专任教师1040人，代课教师223人，当年毕业分配47人。

1995年，全县有教职工1920人，在编教师1564人（在岗1390人，离退休39人，病休27人，脱产进修8人，其他56人，代课教师310人）。与1994年相比，教职工总数增加82人。当年受表彰的优秀教师和先进教育工作者534人，其中：省级表彰1人，州级表彰13人，县级表彰186人，获得教育局质量提高奖334人。与1994年相比，受表彰人数增加124人，其中：省级减少3人，州级增加4人，县级增加76人，获质量提高奖增加47人。

1999年，有教职工1949人，其中在编教职工1627人（在岗1605人、病休19人、脱产进修3人），代课教师248人。当年，受表彰优秀教师和先进工作者77人，其中受州级表彰11人，县级表彰66人。

2003年，全县有在岗教职工1954人，其中小学专任教师1100人，中师以上学历1033人；初中专任教师454人，专科以上学历366人；高中专任教师78人，本科学历50人；职业中学教师24人，专科学历18人，中专及以下6人。教职工中有党员412人，退休79人，受县政府表彰68人。

2005年，全县有中学教职工538人，本科及以上学历126人，专科学历369人，中专学历41人，高中及以下学历2人；小学教职工1121人，本科学历3人，专科学历460人，中专学历615人，高中及以下43人。

第七节　教育经费

1978年后，全县教育经费来源主要有4项：（1）国家拨款。（2）社会筹资。（3）勤工俭学。（4）学杂费收取。1994年，全县教育经费1.42亿元。2000年，全县教育经费3.05亿元。2005年，全县教育经费5.69亿元。其中国家拨款5.06亿元，占88.93%；社会筹资0.24亿元，占4.22%；学杂费收入0.1亿元，占1.76%；其他收入（含勤工俭学收入）0.29亿元，占5.1%。

一、国家拨款

1980年，全县教育经费达111.27万元。1984年，达218.37万元。1990年，达573.9万元。2000年，达2.63亿元。2005年增到5.06亿元。1978～2005年28年间，陇川县由国家拨发的教育经费，平均每年约以20.5%的比例递增，平均每5年翻一番。

二、社会筹资

20世纪60～70年代，全县掀起大办民办小学的热潮。生产队和群众捐资、献工献料建盖学校，解决民办教师报酬及办公费用。1980年，全县群众集资办学（包括工、料折价）折合人民币19.91万元。1987年，群众集资30.75万元，约占当年教育经费的9%。1980～1990年11年间，全县群众集资办学累计金额146.02万元，人均10元。其中现金85.37万元，献房和物折币16.18万元，献工献料折币44.47万元。修建校舍面积2.92万平方米。其中翻修危房1.44万平方米，购置课桌凳4359套。全县学校实现“一无两有”（无危房、有教室、有桌凳）的目标。以后的年份，群众筹资每年以20%的速度递增。1998年，社会筹资506万元。2000年，社会筹资1660万元。2005年，社会筹资2443万元。

三、勤工俭学

1976～1990年的15年间，全县累计勤工俭学126．47万元，总支出102.48万元。其中用于校舍维修21.15万元，其他开支30.08万元，其余多数用于扩大再生产。

1992年，县教育局成立勤工俭学办公室，加强对全县学校勤工俭学工作的领导。当年全县勤工俭学创收28万元。1993年后，全县勤工俭学由单一的养殖种植业向多渠道方向发展。如陇川一中创办边境贸易公司，户撒教委建立木瓜种植基地，护国教办开办砖瓦厂。1997年，全县有校办企业9个，农业基地169个。当年创收79.7万元，生均27元。涌现出一批开展勤工俭学先进典型。1984年，王子树乡邦东小学、大牛寨小学先后被省政府评为勤工俭学先进单位。

2005年，全县创办勤工俭学基地87个，种植板栗、梅子、山苍子、苹果、甘蔗、茶叶、橘子、西南桦、麻竹、生姜等138.93公顷，勤工俭学创收115.54万元，生均44.3元。

四、学杂费收取

1991年，学校根据州、县财政、物价、教育联发的《关于中小学及幼儿园学杂费收费标准和学杂费管理办法的规定通知》收取学杂费。初中每学期收杂费：城镇3元，农村2.5元；小学生每人每学期收杂费：城镇1.5元，农村1元；幼儿园每人每学期收杂费3元；高中每人每学期收学杂费：城镇学费3元，杂费4元；农村学费2元，杂费3元。

1994年，根据县教育局《关于调整陇川县中小学、幼儿园部分教育收费标准的通知》，中小学杂费收费标准为：小学城镇每个学生每学期20元，农村每个学生每学期10～15元；初中城镇每个学生每个学期30元，农村每个学生每个学期20～25元；高中陇川一中、陇川二中每个学生每个学期35元，农场中学35元，职高初中每个学生每个学期收35元，高中每个学生每学期30元；幼儿园城子、章凤地区每学期收杂费、保育费每生每学期收50元，代收费30元，全日制加收保育费60元。乡镇保育费每生每学期20元，杂费10元，代收费20元。

1998年5月，陇川县再次调整教育事业收费标准，根据《中华人民共和国义务教育法》有关规定，接受义务教育的学生免收学费，只交杂费，收费标准：初中，城镇每生每学期收50元，农村每生每学期收30元；城镇小学每生每学期收30元，农村每生每学期15元。借读生收取借读费：初中500元/学年，一般小学350元/学年。当年，全县教育经费比1997年增加1430万元，其中中学杂费收入增加35万元。

2000年，根据云南省“三免”（免学杂费、免教科书费、免学具费）政策，在陇川县的户撒、陇把、章凤3个乡镇范围内13所中小学实施“三免”教育，对象主要是边境一线的学校，享受“三免”教育的学生共2663人。标准为：初中生每生每年250元（书费170元，杂费40元，文具费40元）。小学生每生每年150元（书费100元，杂费30元，文具费20元）。当年，“三免”教育经费达39.99万元。2003年，享受“三免”教育的学校由原来的13所增加到34所，学生达7300人，“三免”教育经费达126.5万元。

2004年，从秋季学期起，在义务教育阶段的中小学实行一贯制。收费标准为：小学1～6年级杂费每生每学期40元，3～6年级上机费每生每学期15元，作业本费每生每学期5元。县城所在地：初中杂费每生每学年60元，上机费每生每学期25元，作业本费10元。农村：小学1～6年级杂费每生每学期15元，3～6年级上机费每生每学期7元，作业本费5元；初中杂费每生每学期30元，上机费每生每学期12元，作业本费10元。初中住宿生收住宿费每生每学期20元。

2005年，根据省教育厅、省财政厅颁布《云南省农村义务教育阶段贫困家庭学生“两免一补”工作实施意见的通知》，从当年春季学期开始，补助标准为：（1）教科书免费，小学35元，初中70元。（2）杂费补助：小学每学年40元/人，初中每学年60元/人。（3）寄宿学生生活补助：小学每学年150元/人，初中每学年250元/人。同年7月，县教育局制定了《陇川县“两免一补”专项资金管理办法》，规范各类各校收费管理工作。

第二章 科学技术

1978年后，陇川县在科普宣传、科技培训、科技引进及应用和科学管理等方面得到较快发展。随着市场经济的确立、繁荣，科技惠农政策不断出台，科技人才得到重视与尊重，科技队伍不断壮大，促进科技创新和发展，增强科技支撑能力。2005年，全县获国家、省、州科技奖励55次，获县级31次。

第一节 科技队伍

一、县乡科技部门

1978年7月，陇川县科学技术委员会（简称县科委）成立。2002年，县科委更名为陇川县人民政府科学技术局（简称县科技局），为政府直属的事业单位。

1986年，全县12个区（镇）配备合同制科技干事12人，人员从初中以上青年中招聘。

1990年7月至1993年10月，12个乡（镇）先后成立乡（镇）科委，有工作人员112人。

1994年，各乡（镇）配备主抓科技管理的专职干部，改称乡（镇）科技助理员，属乡镇科委的专职工作人员，原聘合同制科技干事全部辞退。

2005年6月，县科技局转为政府组成部门，成为科技工作行政主管部门，与县科协合署办公，实行两块牌子一套人马。同年，乡（镇）机构改革，乡（镇）科委与其他乡（镇）职能站所合并组建成立农村经济综合服务中心，内设科技助理员岗位。

二、德宏州甘科所（驻陇川）

1972年5月，德宏州驻陇川棉花作物试验站成立。1975年4月，州棉作试验站改为甘蔗试验站。1980年5月，州甘蔗试验站改为德宏州甘蔗科学研究所，隶属州农业局领导和管理。1984年，州甘科所转属州蔗糖公司主管。1987年，州甘科所隶属州科委（州科技局）和州蔗糖办双重领导。2003年8月，州甘科所增挂德宏州甘蔗科学技术推广站牌子，实行所、站“一套班子，两块牌子”。

州甘科所占地面积15.55公顷，其中科研生产试验用地9.82公顷，办公及生活住宿区用地5.06公顷，小型水库0.67公顷（用于生产灌溉）。2003年，全所有事业编制60人。2005年，有在职职工34人，退休职工15人。其中专业技术人员10人（农艺师8人，助理农艺师2人），管理人员2人，技术工人22人（高级工12人、中级工1人、初级工8人、普工1人）。本科1人、大专16人、中专4人、高中及以下学历13人。

1978～2005年，州驻陇甘科所共获科技成果奖37项，其中省科技进步奖8项，省星火科技奖1项，州科技进步奖22项，州蔗糖系统奖6项。自育种通过省级审定1个，州级审定2个。

三、科技队伍

1978年3月，第一次全国科技大会召开后，人才工作得以恢复。1985年，恢复技术职称认定，全县有各类科技人员2084人。其中自然科技人员435人，社会科技人员1649人。大学专科以上科技人员308人，少数民族科技人员524人。1993年，全县有科技人员4053人，其中自然科技人员2037人。2001年，在职科技人员2442人，其中大学专科以上学历632人，少数民族714人。2005年，全县有在职自然科学类专业技术人员2647人，占总人口的1.54%。其中高级职称84人，中级职称1236人，初级职称1327人。

第二节　科普活动与宣传

一、科普活动

20世纪80年代，县科委在全县组织开展“小发明”“小星火”“生物百科”、风筝比赛、科技幻想绘画等青少年科技创新活动。青少年观察、思考、实践能力和科技创新意识等有所提高。90年代，县科协牵头组织中小学校师生参加青少年科技创新大赛，并选送作品参赛。2002年，承担实施省科协陇川县青少年科技活动中心建设，配备一批青少年活动设施和设备。2005年，承担实施省科技厅陇川县科普长廊建设项目，在章凤和拉影口岸完成科普长廊建设18块140平方米。截至2005年底，获省级表彰的作品有12项。

二、科普宣传

20世纪80～90年代，重点在全县开展崇尚科学、反对迷信、珍惜生命、远离毒品为主题的科普宣传，各乡（镇）建立健全科委和科协组织。1991～1993年，制作科普专栏186期，年均62期。放映科普录像71场，观众达7140人次。送发科技资料2100份，赠送科技图书400册。宣传组织订阅《云南科技报》，年均2000余份。进入21世纪，贯彻落实《云南省科学技术普及条例》，开展科普“四进”

活动，创建云南省精神文明科普示范社区——陇川县新城社区、云南省农村科普富民示范村——章凤镇弄莫村民小组，以“科技活动周”“防震减灾日”“科普日”“知识产权宣传周”“人口日”“土地日”“禁毒日”“消防日”以及民族节日为契机，组织18个科普成员单位以科技图片展览、科教片放映、科技资料发放、技术物资提供和科技咨询服务为主要形式，开展规模性科技、文化、卫生和法律“四下乡”活动38次，受教育群众22.3万人次。2005年4月，陇川协同举办为期5天的“全国百名科技大王、专家”进入德宏科技服务活动，为当地农民带来新技术和新品种335项，涉农企业与各县（市）企业达成技术帮扶和项目合作意向45项。科技宣传除传统的农村科技专栏宣传、电视、新闻、报刊宣传报道外，利用政府信息公开网、德宏科技网县（市）专栏、“三农通”及各涉科部门专业网站等网络媒体开展。同年，县科技局局长兼科协主席毛从祥荣获“2005年全国农村科普工作先进个人”荣誉称号。

第三节　科技培训与管理

一、科技培训

1978～1990年，全县举办各类科技培训1772期，受训10.32万人次。进入20世纪90年代，着重宣传“科学是第一生产力”的思想方针，为农村培训一批实用技术人才。1990年8月，设立“农函大”陇川辅导站和各乡（镇）“农函大”辅导分站。至2005年，共招收农函大学员3380名，开设12个专业32个教学班。1991年，县科委在山区实施杂交玉米示范工程，在王子树、邦瓦、护国等乡举办培训班67期，受训群众达3683人次。举办各种适用技术培训100余期，受训9000余人次。1992～1993年，举办各类科技培训班366期，受训2.8万人次。各乡（镇）采用设班施教、现场培训、以会代训等方式举办适用生产技术培训87期，培训农民9921人次。随着跨世纪青年农民培训，农民绿色阳光技术培训和农村党员、妇女、基层干部素质教育的实施，实现农民人均掌握1门以上适用技术，全县农民素质和技能得到大幅度提升。1997年，全县开办“科普之窗”电视专栏，至2005年，9年制作播出科技节目334期，累计播出时间172小时，传授先进适用技术155项。2002～2005年，县卫生系统组织实施《德宏州2002～2005年人才培训方案》，培训乡村卫生人才3189人。

二、科技管理

1978年以来，县科委贯彻落实国家、省、州、县科技政策的措施和决定，围绕县情、科情，因地制宜营造科技工作环境，搭建工作平台，制订工作计划，执行科技奖励政策，开展项目实施管理。

1996年8月，县委召开科教兴陇战略研讨会，制定《实施科教兴陇战略，促进全县经济发展意见》。2000年，制定《关于加强技术创新、推进科教兴教战略、促进陇川经济社会发展的若干意见》，提出成立科教领导小组、增加科技的投入、实施科技工程、建立科技奖励制度和党政一把手科技进步目标责任制等决定。

2001年，县政府建立科技进步奖励制度，成立陇川县科技进步奖评审委员会。推行乡（镇）党政一把手科技进步目标责任制，向乡（镇）下派科技副乡（镇）长，强化乡（镇）科技管理。同年12月，县委、县政府召开全县科技大会，总结回顾“九五”科技情况，安排部署“十五”科技工作，表彰奖励13名科技先进工作者和6个科技工作先进集体，颁发2001年度县政府科技进步奖励的项目12项。

2002年7月，召开陇川县党政领导抓科技工作情况会议，安排部署今后一段时间全县科技工作，表彰奖励12名抓科技进步目标责任优秀乡（镇）党政一把手。

2004年12月15日，召开陇川县科技奖励大会，表彰奖励2003、2004年度获县政府科技进步奖励项目13项及科技进步目标责任考核为优秀的党政一把手10人。

从1990年开始，组织开展创建云南省科技先进示范乡（镇）达标活动。其中章凤、景罕、城子、陇把4镇通过云南省科技先进乡（镇）达标考核，后参加省级科技工作先进县（市）达标活动，12个乡（镇）配备科技副乡（镇）长，69个行政村配备科技副村长。

第四节　科技应用推广

一、科技引进

1978年以来，陇川县在新品种、新机具、新技术、新医药引入与推广应用等方面做了大量工作。如：2004年，英茂集团陇川景坎糖厂引进英国博鲁班特全自动间歇式变频调速离心分蜜机、澳大利亚生产的真空自动煮糖设备，出糖率上升。在甘蔗、枇杷、麻竹、姬松茸、火龙果等新品种引种栽培及在冻精改良、青贮氨化、新式剖宫产等新技术示范推广和联合收割机、阿克泰、性诱剂、黑光灯等新机具、新药品的引进应用等方面，均取得相应成果。

二、科技项目

（一）农业科技

1978～2005年，陇川县农业科技主要从粮、蔗、病虫害防治等方面进行培育、实验、推广、应用，取得多项成果。

"矮中籼""滇陇201"、杂交稻、杂交玉米、小麦良种推广及生物多样性与病虫害综合生态防治等技术的推广应用，使陇川县粮食总产量增长4成以上，受国务院表彰。

台糖（粤糖）系列、"双高"甘蔗良种扩繁、蔗汁蜜洗、溶解、饱充过滤、脱色、蒸发结晶、分泌及原糖精制等先进制糖新工艺、新设备引进应用，甘蔗旱地秋植、水田冬植、生产机械化、地膜覆盖及甘蔗病虫草鼠害综合防治等先进种植技术的推广应用，甘蔗单产提高到5吨以上，出糖率提高到13.42%以上。

敌鼠钠盐灭鼠，鼠疫源地性质探索，使鼠间鼠疫得到控制。革螨新种发现、疫苗的广泛接种及特效药的应用，使全县疟疾、旋毛虫、肝炎、脊髓灰质炎、麻风病等传染性疾病得到有效治疗和防控，阻断境外传染源传播通道和人畜共患疾病传播途径，降低患病风险。

州驻陇甘科所对台湾稻螟性外激素研究及人工

合成应用，用高效仿生诱芯直接诱捕和防治，每亩蔗田2个诱捕器即可达到理想防治效果，能使防治区甘蔗螟虫害下降35.5%。

（二）工业科技

工业科技进步主要围绕蔗糖生产展开，此外涉及制茶、制药、酿酒等行业。

【蔗糖生产】　县内两座机制白糖厂经过技术改造几经扩产，2005年，生产能力分别达3000吨／日（陇川糖厂）、11000吨／日（景坎糖厂），是云南省最重要的蔗糖生产基地县，成为陇川县的骨干企业。

【制茶】　具备精制能力的主要茶厂有陇川金泰茶厂、陇川纵歌茶厂、王子树新中山茶厂、王子树香芝茶厂。20世纪90年代前，主要以做绿茶、晒青茶为主，产品多以原料出售。进入21世纪，陇川金泰茶厂、陇川纵歌茶厂改为主做普洱茶，工艺技术日趋成熟。

【制药】　章凤制药厂主要生产抗生素和熊胆粉系列产品。1994年，利用该厂饲养的黑熊，引流胆汁为原料开发熊胆粉系列产品，如熊胆口服液、熊胆胶囊、熊胆酒、熊胆干粉等。

【酿酒】　陇川县商业酒厂，1985年建厂，生产的品种有：米酒、重升酒、糯米香酒、黄酒、木瓜酒、果汁酒。1990年，利用当地木瓜资源，经果汁前处理、人工酵母低温发酵、绝氧贮存等工艺技术开发生产出“边泉牌”白花木瓜酒系列，产品一度畅销州内外。

（三）林业科技

20世纪80年代以来，陇川县林业科技方面主要有：林业产品开发与综合利用；麻竹、西南桦、杉木、核桃等经济林木良种苗木繁育；人工生态高效栽培及林业资源开发利用等；林业科技拓宽林产业发展空间，推动全县特优林产品的开发应用。

（四）畜牧、渔业科技

【生猪】　1978年后，引进巴克夏、荣昌、长白、上海白及杜洛克等优良猪种。改良后的生猪瘦肉率、生长速度明显提高。20世纪80年代后，随着猪人工授精、猪瘟免疫接种推广、规模化集中养殖及养猪科技示范户建设，陇川县的养猪业得到发展，科学养猪综合示范初见成效，涌现出一批科学养猪能手和专业养殖场。

【水牛】　县内水牛为沼泽型役用和役肉兼用牛。2000年以来，陇川县引进欧盟水牛、印度摩拉·里尼水牛改良当地水牛取得成效，随着蔗稍青贮氨化及程序化防疫，标准化养殖等产业先进技术的推广应用，促进陇川县水牛养殖产业化的发展。

【渔业】　20世纪70年代，陇川县主要的经济水产品有鲫鱼、鲤鱼、鲶鱼、泥鳅、沙鳅、黄鳝、虾等，多为野生繁殖。80年代后，池塘水库主要喂养草鱼、罗非鱼、埃及塘虱等引进鱼种。90年代后，开始大面积推广稻田养殖。水库饲养鱼种主要以草鱼、鲤鱼、鲫鱼、鲢鱼为主。

（五）卫生科技

【传染病防治】　20世纪70年代，全县卫生科技人员到疫区开展病源筛查分离、疫源防治、易感人群疫苗接种、“爱国卫生运动”“除七害”等工作。至80年代，境内传染病基本得到控制，麻风、天花、鼠疫等病基本绝迹。在鼠疫防治过程中，卫生科技人员采用5‱敌鼠钠盐大面积杀灭黄胸鼠效果明显，鼠间鼠疫点得到控制。

【地方病防治】　主要有脚气病、地方性甲状腺肿大。县防疫部门对查出的病人都给予治疗。20世纪90年代末，地方病已很少发生。

第五节　科研活动

1978年后，全县的科研活动主要遵循自主选课题形式进行。截至1993年，全县开展科研项目16类117项。20世纪90年代后，全县科技事业单位除在各自范围内做好新技术、新品种、新机具、新医药的试验示范和推广服务工作外，围绕经济社会发展，实施一批国家、省科技计划项目：（1）1994年，甸川边贸公司章凤制药厂承担实施国家科技部重大计划熊胆系列产品开发项目；（2）1996年，县科委承担实施云南省科技扶贫示范乡镇建设（陇川县王子树乡），于2000年9月通过验收；（3）1997年，在陇川县实施"干预吸毒、预防艾滋病"项目，于1999年评估验收；（4）1999年，云南省民族大学在陇川县魔芋厂组织实施省科技厅魔芋超细精粉及葡甘聚糖复合胶生产试验研究项目，于2002年初通过验收；（5）2001年，承担实施省科技计划项目陇川县53.33公顷笋材两用示范基地建设，于2006年4月通过验收；（6）2005年承担实施省科技厅陇川县农业科技入户工程示范项目，解决科技转化"最后一千米"瓶颈问题，初步实践和探索科技人员到农村开展科技服务的途径和运行机制。

第六节　科技成果

1979～1990年，陇川县执行自主开展技术成果验收鉴定和申报请奖制度，共鉴定验收申报请奖项目148项，获奖成果80项。其中邦外中学教师朱永德1984年发明的光控自动打铃器获国家发明专利授权。1990年后，技术成果鉴定验收申报权由省科委统管，各单位申报请奖项目均直接向州以上评委申报，2001年，县政府设立陇川县科技进步奖。至2005年，全县获国家、省、州科技奖励共55项，获县奖励31项。

1978～2005年陇川县获国家、省科技奖励成果一览表

表20—7

序号	成果名称	获奖时间	等级	获奖单位或个人
1	尿素制肥在甘蔗上的推广运用	1980	省科技进步三等奖	国营陇川农场
2	甘蔗良种示范推广	1981	省科技进步一等奖	州甘科所、县糖办、甘蔗站、农场等单位 参与
3	优质高产矮秆软米品种繁育推广	1981	省科技进步三等奖	县种子公司、农科所 参与
4	新茶园密植速成高产栽培技术	1981	省科技进步三等奖	陇川县 参与
5	甘蔗高产高糖试验示范	1981	省科技进步三等奖	州甘科所 参与
6	1300亩秋植蔗糖分方法	1982	省科技进步四等奖	甘科所、农场、糖办、甘蔗技术推广站
7	快速测定甘蔗糖分方法	1982	省科技进步三等奖	陇川糖厂 参与
8	光控全自动打铃器	1982	省科技进步四等奖	邦外中学朱永德
9	优质米水稻良种滇陇201的选育推广	1985	省科技进步三等奖	陇川县 参与
10	德宏州杂交稻示范推广	1985	省科技进步三等奖	县农业局 参与

续表20-7

序号	成果名称	获奖时间	等级	获奖单位或个人
11	推广良种，增加复种，全县小麦连续5年获得稳产高产	1985	省科技进步二等奖	县农业局 参与
12	内陆甘蔗有性杂交研究	1988	省科技进步三等奖	州甘科所 参与
13	云南蔗田杂草化除技术研究及推广	1989	省科技进步三等奖	州甘科所 参与
14	推广杂交水稻开发冬季农业获增产	1990	省科技进步三等奖	县农业局 参与
15	杉木育苗试验	1991	国家优质集体活动奖	县民族小学
16	台湾稻螟隆外激素研究及人工合成的应用	1991	省科技进步三等奖	州甘科所
17	8000亩稻田养鱼成效显著	1992	省科技进步三等奖	县水产站
18	青少年搞番茄种子实验	1993	省青少年科技活动奖	民族小学
19	孔雀状况调查	1993	省青少年科技活动奖	民族小学
20	叶面肥推广	1993	省科技进步三等奖	县农技中心
21	陇川县在发展畜牧业商业生产中成绩显著	1993	省畜牧粘丰收三等奖	县兽医站
22	德宏家鼠鼠疫自然疫源地结构、性质、特征的研究	1999	省科技进步三等奖	陇川县防疫站参与
23	万亩山坡旱地甘蔗“三高工程”推广应用	1998	省政府星火科技二等奖	州甘科所、芒市华侨蔗糖公司
24	德宏州推广水稻简易工厂化育秧抛秧获得成功	1998	省政府星火科技三等奖	陇川农机局参与
25	云胆系列产品开发	1999	省政府星火科技一等奖	陇川县章凤制药厂
26	德宏州推广48万亩甘蔗“三高”栽培技术	1999	省政府星火科技一等奖	陇川糖业公司、陇川糖厂参与
27	德宏高等植物调查	2004	省政府科学技术三等奖	陇川县林业局参与

1978～2005年陇川县获州级科技奖励成果一览表

表20—8

序号	成果名称	获奖时间	等级	获奖单位或个人
1	10.3万亩甘蔗平均单产超5吨	1983	州科技进步一等奖	州甘科所、糖办、陇川农场
2	早、中、晚熟甘蔗良种推广14亩	1983	州科技进步一等奖	州甘科所、糖办、陇川农场
3	杉木大面积引起种造林	1983	州科技进步一等奖	陇川国营林场
4	认真进行种子处理，恶苗防治效果显著	1983	州科技进步二等奖	县农业局

续表20-8

序号	成果名称	获奖时间	等级	获奖单位或个人
5	对黏虫稻瘿蚊、二化螟预报防治及时	1983	州科技进步二等奖	县农业局、植保站
6	推广甘蔗三大良种面积2万亩	1983	州科技进步四等奖	甘科所、糖办、甘蔗技术推广站
7	糖榨机自动润滑系统设备的引进运用	1983	州科技进步三等奖	陇川糖厂
8	用蔗糖试制转化糖注射液代替葡萄糖注射液	1983	州科技进步二等奖	县医院杨文彬
9	淤血学说在临床上的运用	1983	州科技进步四等奖	县医院李琼林
10	陇科—Ⅲ型水箱式马蹄灶的研制	1983	州科技进步三等奖	县科委范自文
11	1983年度牲畜五号病的扑灭	1983	州科技进步四等奖	县兽医站 参与
12	推广无害厕所	1984	州科技进步三等奖	县科委、防疫站
13	优质软米良种“滇陇201”的选育	1984	州科技进步一等奖	县农科所王应荣
14	推广优质软米良种“滇陇201”5.2万亩	1984	州科技进步一等奖	县农业局
15	万亩旱地甘蔗高产高糖栽培技术研究	1984	州科技进步二等奖	县蔗糖公司
16	甘蔗地膜覆盖技术的应用	1984	州科技进步四等奖	县科委、县蔗糖公司、甘蔗站
17	瑞丽蔗龟发生规律及综合防治的研究	1985	州科技进步二等奖	州甘科所 参与
18	旱地甘蔗高产高糖栽培技术示范	1985	州科技进步二等奖	甘蔗技术推广站
19	万分之五敌鼠钠盐大面积杀灭黄胸鼠效果显著	1985	州科技进步特等奖	县卫生局、地方病办、防疫站 参与
20	德宏州生活饮用水卫生状况调查与分析	1985	州科技进步二等奖	县防疫站 参与
21	陇川县家鼠鼠疫源地性质的探索	1985	州科技进步三等奖	县防疫站李孝光
22	自毒厉螨中首次分离出鼠疫菌株	1985	州科技进步三等奖	县防疫站茶际林
23	德宏州农作物病虫害普查	1986	州科技进步一等奖	州甘科所 参与
24	蔗螟寄蝇的发现及人工饲养成功	1986	州科技进步一等奖	州甘科所
25	引种试验示范推广“桂糖11号”效果显著	1986	州科技进步二等奖	州甘科所、县蔗糖局 参与
26	蔗田化除试验示范初见成效	1986	州科技进步三等奖	州甘科所、县蔗糖局 参与
27	甘蔗地膜覆盖试验示范	1986	州科技进步三等奖	州甘科所、县蔗糖局 参与
28	陇川县0—7岁儿童死因调查	1986	州科技进步二等奖	县保健站李淑文、王桂华
29	推广良种增加复种，全县粮食增产超两成	1987	州科技进步一等奖	农业局
30	微机在制糖生产中的应用	1987	州科技进步二等奖	景坎糖厂

续表20-8

序号	成果名称	获奖时间	等级	获奖单位或个人
31	推广应用综合农业技术，全州粮食连续9年增产	1988	州科技进步特等奖	县农业局　参与
32	德宏州1987—1988年榨季推广新技术，32万亩甘蔗平均亩产增230公斤	1988	州科技进步一等奖	州甘科所、县蔗糖局　参与
33	杂交水稻新组合“D优63”引进推广成功	1988	州科技进步二等奖	农业局　参与
34	德宏州自然草场资源普查	1988	州科技进步二等奖	兽医站　参与
35	甘蔗高产中高糖、中晚熟良种推广	1988	州科技进步三等奖	州甘科所、县蔗糖局　参与
36	德宏州1988年7岁以下正常傣族儿童体格发育分析	1988	州科技进步三等奖	县妇幼保健站　参与
37	加强农机管理，建立服务体系，促进粮经生产发展	1988	州科技进步三等奖	农业局、农机股参与
38	1989年度推广磷石膏36万亩增产增益显著	1989	州科技进步一等奖	农业局参与
39	推广农业科技增产措施，促进粮食连续5年增产	1989	州科技进步二等奖	县样板田指挥部、农业局农技中心
40	德宏州大面积推广机耕机耙，促进粮食持续丰收	1989	州科技进步二等奖	县农机局　参与
41	小麦品种“980”引种试验示范推广，陇川县推广秋植蔗效益显著	1989	州科技进步三等奖	蔗糖局　农业局参与
42	德宏州农业机械化区划研究	1989	州科技进步三等奖	县农机培训站参与
43	推广轮窑烧砖生产技术生态效益显著	1989	州科技进步一等奖	县企业局参与
44	国内首次从吸毒人员中发现艾滋病毒感染者	1989	州科技进步特等奖	县卫生局章凤国境检疫所参与
45	加强医学科学技术管理，促进边疆卫生事业发展	1989	州科技进步二等奖	县卫生局参与
46	天气预报准确，促进陇川1990年小麦丰收	1991	州科技进步三等奖	气象局
47	磷石膏推广	1991	农业系统一等奖	农技中心
48	1991年全州杂交稻“三病”防治成效显著	1991	州科技进步二等奖	农业局参与
49	德宏州麻风病防治效果显著	1991	州科技进步二等奖	防疫站李志荣
50	陇川县山区5600亩杂交苞谷示范样板灾年夺丰收	1991	州科技进步三等奖	农业局、山区办、科委
51	陇川县万亩甘蔗推广增糖灵效果显著	1991	州科技进步三等奖	糖业局
52	景罕万亩水稻病虫草害系统防除效果显著	1991	州科技进步三等奖	农技站

续表20-8

序号	成果名称	获奖时间	等级	获奖单位或个人
53	蔬菜推广	1991	州科技进步三等奖	农技中心
54	654—2用于输液反应中的观察体会	1991	州科技进步三等奖	县医院
55	骨折自动加压器新方法的临床应用	1991	州科技进步三等奖	县医院
56	陇川糖厂企业管理	1992	州科技进步二等奖	陇川糖厂
57	陇川县发现革螨“一新科二新属”种	1992	州科技进步三等奖	防疫站
58	德宏州小麦良种区域试验及应用	1992	州科技进步三等奖	县农科所参与
59	推广叶面肥23万亩小麦增产效果显著	1992	州科技进步三等奖	县土肥站参与
60	人体旋毛虫96例分析	1992	州科技进步三等奖	县医院
61	桂糖12号引试成功	1992	州科技进步三等奖	糖业局
62	浅谈医院护理工作简介	1992	州科技进步三等奖	县医院
63	全州山区2年推广杂交玉米14.25万亩成效显著	1993	州科技进步二等奖	山区办参与
64	煮糖传递卡—煮糖配料工艺管理新方法	1993	州科技进步三等奖	景坎糖厂二分厂
65	推广猪瘟免疫程序	1993	州科技进步三等奖	县兽医站
66	夏烤烟优质高产配套技术试验示范	1993	州科技进步三等奖	户撒乡政府参与
67	优质稻新种引进示范见成效	1993	州科技进步三等奖	县农技中心
68	杂交苞谷机制钵育苗定向移栽	1993	州农业系统三等奖	县农技中心
69	发展高效农业池塘养殖示范样板获丰收	1993	州农业系统三等奖	县水产站
70	甘蔗新品种选育自育种85/68	1993	州糖业系统三等奖	糖业局
71	粤蔗29/86引试成功	1993	州糖业系统三等奖	糖业局
72	伦理学与基础护理一例复合外伤护理体会	1993	州医学分会三等奖	县医院
73	小麦新品种“德麦四号”选育成功	1996	州科技进步一等奖	陇川县种子公司参与
74	德宏州九五年水稻病虫害草鼠综合防治成效显著	1996	州科技进步二等奖	陇川植保站参与
75	杉木林抚育间伐技术研究	1996	州科技进步二等奖	陇川县林场参与
76	边疆少数民族地区推广仔猪早期培育技术成效显著	1996	州科技进步三等奖	陇川县兽医站参与
77	“八·五”期间百万亩蔗田配方施肥效益显著	1996	州科技进步三等奖	陇川县糖业集团参与

续表20-8

序号	成果名称	获奖时间	等级	获奖单位或个人
78	“八·五”期间百万亩蔗田化学除草效益显著	1996	州科技进步三等奖	陇川县糖业集团参与
79	甘蔗按品种、按糖分分段计价的综合效益	1997	州科技进步三等奖	陇川糖厂
80	推广微型水力发电站山区群众用上电	1997	州科技进步三等奖	陇川县科协
81	万亩甘蔗施用硅肥效益显著	1997	州科技进步三等奖	陇川县甘蔗技术推广站
82	陇川县护国乡科学养羊综示区建设成效显著	1998	州科技进步二等奖	陇川护国乡兽医站、护乡政府、县兽医站、县扶贫办
83	甘蔗新品种新台糖10号引种试验示范成功	1998	州科技进步三等奖	州甘科所
84	发挥优势，扩大开发全州冬季粮豆总产增10.7%	1998	州科技进步三等奖	陇川农业局参与
85	采用综合配套措施，消灭牛肺疫成效显著	1998	州科技进步三等奖	陇川县兽医站参与
86	甘蔗材料89/10自育成功	1998	州科技进步三等奖	州甘科所
87	依靠科技进步，发展甘蔗生产，促进脱贫致富见成效	1998	州科技进步三等奖	清平乡政府、清平甘蔗站、县糖业集团
88	德宏州30万亩稻麦机械收割效益显著	1999	州科技进步三等奖	陇川县农机局参与
89	甘蔗细平象甲发生规律及综合防治研究	1999	州科技进步三等奖	州甘科所主持
90	万亩甘蔗原料基地“三高”栽培技术成果推广应用	1999	州科技进步三等奖	州甘科所参与
91	云蔗81/173引种试验示范成功	2000	州科技进步三等奖	州甘科所
92	德宏州1999年28.6万亩水稻旱育稀植增产、增效	2000	州科技进步二等奖	陇川县农技中心参与
93	德宏州33万亩高稳农田建设成效显著	2000	州科技进步三等奖	县农业局农田建设办参与
94	德宏州陆生野生动物资源调查	2000	州科技进步三等奖	县林业局野保办
95	德宏州西南桦大面积栽培成功	2001	州科技进步一等奖	陇川林业局参与
96	“滇陇201”系列提纯复壮	2001	州科技进步二等奖	陇川县种子公司
97	冬玉米秸秆机械化还田技术示范推广	2001	州科技进步三等奖	陇川县农机推广站参与
98	陇川县麻竹引种栽培试验成功	2001	州科技进步三等奖	陇川县林业局中心苗圃
99	2001年德宏州平衡施肥技术推广	2001	州科技进步三等奖	陇川县土壤肥料工作站参与
100	引进甘蔗组培育苗工厂化生产获得成功	2001	州科技进步三等奖	德宏州甘科所
101	德蔗86-1选育试验示范成功	2001	州科技进步三等奖	德宏州甘科所

续表20-8

序号	成果名称	获奖时间	等级	获奖单位或个人
102	陇川县人工影响天气减灾技术应用	2002	州科技进步三等奖	陇川县气象局
103	电脑甘蔗专家系统	2002	州科技进步三等奖	范新亮参与
104	利用单芽繁殖技术加速甘蔗良种推广效果显著	2002	州科技进步三等奖	德宏州甘蔗科学研究所参与
105	陇川县科学养禽示范村建设成效显著	2002	州科技进步三等奖	陇川县畜牧局，章风镇、景罕镇、赛号乡、护国乡兽医站
106	德宏州高等植物调查	2003	州科技进步一等奖	陇川县林业局参与
107	甘蔗品种新台糖10号在德宏蔗区的推广应用	2003	州科技进步二等奖	德宏州甘科所，陇川县景坎糖厂参与
108	利用广泛优势，开展农科人员学历教育和农民培训	2003	州科技进步二等奖	陇川县农业广播电视学校参与
109	实施碘缺乏病综合防治，实现消除碘缺乏病目标	2003	州科技进步三等奖	陇川县卫生防疫站参与
110	茶树良种无性育苗新技术示范推广效果显著	2003	州科技进步三等奖	陇川县茶技站参与
111	德宏州微耕机引进示范推广	2004	州科技进步三等奖	陇川城子镇农机管理服务站
112	DHCIQ边贸检务软件系统开发和应用	2004	州科技进步三等奖	刘志星参与
113	德宏州农业植物检疫性有害生物疫情普查	2004	州科技进步三等奖	陇川县植保植检站
114	陇川县景罕蔗区8000亩甘蔗良种园建设	2004	州科技进步三等奖	陇川县甘蔗技术推广站
115	中国——欧盟水牛开发项目德宏州项目	2005	州科技进步一等奖	陇川县项目办参与
116	特早熟高糖甘蔗品种德蔗93-88的选育	2005	州科技进步二等奖	德宏州甘蔗研究所参与
117	德宏州二十万亩甘蔗“吨糖田”建设	2005	州科技进步三等奖	陇川县农业局参与
118	陇川县肉牛外销基地建设初见成效	2005	州科技进步三等奖	陇川县畜牧局畜牧改良站
119	加大监测检疫力度、稳定控制布鲁氏菌病	2005	州科技进步三等奖	陇川县兽医防疫站
120	德宏州古树名木普查	2005	州科技进步三等奖	陇川县林业局参与

1978～2005年陇川县获县级科技进步奖成果一览表

表20—9

序号	项目名称	获奖等级	获奖单位	获奖人员	项目简介	获奖年度
1	陇川县高等植物资源调查	一等奖	县林业局 州林业局	瞿生集、赵见明、陈湘东、刘世龙、李藜、刀保辉、杨强、段翊	1999年3月至2001年4月，通过陇川县高等植物资源2年野外调查研究，初步查明陇川高等植物家底，并建立高等植物资源档案1套——陇川高等植物名录和陇川高等植物保护目录，为陇川县保护、开发、利用植物资源提供了科学依据	2001年
2	茶树无性系良种繁育试验示范	二等奖	县茶技站	许有忠、张家尧、李永明、陆朝清、赵育惠、韩立忠	1994年在陇川开展茶树无性系良种繁殖技术试验获成功，随后6年在县内茶区建立了82个示范点和104亩茶树无性系良种园。为陇川县茶叶生产良种化提高了技术保证和种源基础	2001年
3	重抓“学生自主学习”教学方法见成效	二等奖	陇川一中	付成永、张洪铭、杨涛、王德宏、刘晓萌、叶有达	1996年至2001年，实施以学生为主体、教师为主导的“学生自主学习”教学实践，使学生增强了创新意识和实践能力，教学质量得到明显提升	2001年
4	陇川县JKL——2A双铧甘蔗开沟犁的推广应用	二等奖	县农机局	张晓德、唐腊炯、杨越云、许双强、余会荣、孙明	可调式双铧开沟犁适应水田、旱地两种作业，可完成开沟、垄墒、翻耕、碎土等农田耕作工序。4年推广应用证明：每台每天开沟40—50亩，是人工的64倍，每亩节约费用50元，提高了农业耕作机械化水平	2001年
5	新式剖宫产术的应用及改进	二等奖	县医院	杨国林、史欣燕、赵铁娟、刘蓉、刀木果	将剖宫术开口由直刀改为横刀推广应用2年，完成临床病例180例，与传统技术相比，具有步骤简化、手术时间短、创伤小、缝合牢固、止血彻底、愈合快、费用低等优点	2001年
6	陇川县宛岗戒毒所引种巨峰、京亚葡萄示范成功	三等奖	宛岗戒毒所 县政协	崔强穆、王筌、朱继德、蒋际恩、们发忠	2000年引种巨峰葡萄成功，亩产500千克，经济收入可观。初步探索出适宜陇川的葡萄种植技术，可为陇川葡萄规范化种植提供技术支撑	2001年
7	压榨蔗料输送——高位槽改造	三等奖	景坎糖厂一分厂压榨车间	杨国相、龙杰明、石景海、李炳宏、王文向	项目将压榨蔗料输送设备由胶带输送进料改为高位斜槽落料，从而提高进料均匀度，避免了压榨料堵塞停机现象，使压榨安全生产率提高2.08%，压榨抽出率提高0.21%	2001年
8	沼气池直流吊式进出口改造	三等奖	县能源站	杜洪光、杨春满、杨培勇、余云方、李佳济	项目将沼气滑式进出料口改为直流吊式进出料口，使沼气池进料到位集中、发酵充分快速，出料方便快捷，提高了农村沼气使用效率,节约出料劳动成本每口每次150元。技术先进实用，在农村具有推广运用价值	2001年

续表20-9

序号	项目名称	获奖等级	获奖单位	获奖人员	项目简介	获奖年度
9	城子镇推广优质稻“滇瑞460”见成效	三等奖	城子镇县农技推广中心	董绍兴、们发忠、多小伍、曹明生、赵家济	1997年引进“滇瑞460”优质稻试种成功，平均亩产403.4千克,比滇陇201增产43.9千克，增收9.8元。随后4年推广种植242.07公顷,实现总产量1464.7吨，总产值212.4万元	2001年
10	陇川县人工影响天气减灾技术应用	三等奖	县气象局	赵家留、杨清山、王湘波、许建萍	2001年3至5月在县内设立人工影响天气作业点4个，先后实施人工降雨作业8次均获成功。发射增雨弹150发，实现增雨52.1毫米，比邻县增雨25毫米，极大地缓解了县域特大旱情，对陇川县减灾防灾、合理开发利用气候资源、保护生态环境起到了重要作用	2001年
11	4—HG×850×1700榨机油压系统改造	三等奖	景坎糖厂一分厂压榨车间	杨国相、龙杰明、赵永华、石景海、姚茂清	项目实施对油压系统进行精简油路、简化操作等技术改造，使3人分散操作变1人集中操作，有效避免了人为操作故障，并清除了阀件失灵引发的漏油、拌腔、拌缸及停机等事故，有效提高了压榨抽出率和生产安全性	2001年
12	煮炼真空锅等压排水系统改造	三等奖	景罕糖厂一分厂煮炼车间	杨国相、龙杰明、杨光辉、方华、刀春云	项目实施将煮炼真空锅非等压排水系统改造为等压排水系统，有效克服了因汽水排水不畅，水汽分离效果差、串汽、水汽撞击等引发的设备及人员安全隐患，提高了煮炼生产安全率、产糖率和水汽回收率	2001年
13	水稻品种多样化优质抗病混栽技术推广见成效	一等奖	县农业局植保站	刘忠华、李翱、段大华、许会平、杨永俊、孟萍芝、梅庆荣、李光明	2001年引进水稻品种多样化优质抗病混栽技术示范，2年共示范种植480公顷，实现优质稻增产369648千克，增收50.74万元，有效控制了稻瘟病的发生，节约化学防治费3.24万元，投入产出比为1：5.4	2003年
14	胸腔闭式引流细管置入法的创新及临床应用	二等奖	县医院	傅美玲、赵美伟、唐东辉、许元武、段家叶、段世双	改进胸腔积液引流方法,采用闭式细管置入常压引流胸腔积液法治疗病例51例,结果显示:该技术创口小、操作简单、副作用小、病程短、医疗费低、医生劳动强度降低且疗效明显，可减轻病人痛苦	2003年
15	赛号乡依靠科技促进冬季农业开发见成效	三等奖	赛号乡农技站	陈绍昌、许有山、岳麻空、杨小捌、周生有	赛号乡依靠科技开发冬季农业，2002年完成554.8公顷，实现总产值521.95万元，投入产出比1：1.17。项目实施提高了民族聚居地区农业生产水平，优化了产业结构，增加了农民收入，对民族聚居地区依靠科技发展生产作出了典型示范	2003年
16	桶式—谷化孵化法技术孵鸭成效显著	三等奖	章凤镇拉孟弄秀村民	景岩保	1990年至1995年,傣族农民景岩保钻研摸索出一套切合本地实际的桶式—谷化孵化法孵鸭技术。该技术简便易行，就地取材，孵化科学，操作科学，孵化出壳率在80%以上，为推动坝区养鸭业发展起到了积极作用	2003年

续表20-9

序号	项目名称	获奖等级	获奖单位	获奖人员	项目简介	获奖年度
17	户撒乡千亩“双低”油菜示范推广见成效	三等奖	户撒乡农技站	康洪绍、方成清、杨金万、曹金生、樊再荣	1998年引进9个双低油菜新品种品比试验，筛选出HO45新品种并示范推广4年，共推广种植133.53公顷。与当地稀水白对比，亩增产30.3千克，增收70元，投入产出比1：2.3。为大面积推广HO45双低油菜新品种，推动油菜产业发展起了典型引路和科技支撑作用	2003年
18	西南桦二段式双层塑料大棚袋苗培育成效显著	一等奖	县林业局林科所	瞿生集、段桂林、段其宗、刘慧武、宝富泉、闫仙芝、钏永赛、张彩春	1999年至2000年，探索总结出西南桦二段式双层塑料大棚袋苗培育新技术，2001年至2002年应用该技术培育出圃西南桦袋苗420多万株。生产实践证明：该技术苗木成活率92%，出圃率94%，比传统育苗提高出圃率18.2%，提前出圃105天，节约成本0.022元/株	2004年
19	麻竹大面积种植技术推广成功	二等奖	县林业局营林站	瞿生集、许本莲、张　云、郑绍祥、郑用文、李彦秋	2001年以来，认真探索、总结适宜陇川的麻竹种植管理技术，并采取有力措施，强化科技培训和技术服务，推广应用2133.33公顷见成效，为全县6667公顷麻竹产业发展提供了技术支撑	2004年
20	陇川县疟疾流行态势分析	二等奖	县疾控中心	岳太先、赵春松、师　敏、李云、蚌相英、杨　捷	2003年，通过对疟疾基线调查，摸清了地处边境一线的陇川县疟疾流行态势，并针对疟疾防治存在的困难与问题，提出了防治对策，可为政府制定疟疾防治决策提供了科学依据	2004年
21	城子镇双铧犁、四铧犁技术改进及在马铃薯生产中的运用	三等奖	城子镇农机站	郑春华、朵志刚、董绍兴、曹明生、线小金	通过对“双铧犁”“四铧犁”实施改进，并成功推广应用于冬马铃薯生产4年开沟866.67公顷。结果显示：改进后的开沟犁能规范开出马铃薯种植沟，亩节约开沟费用10元，且工作效率是人工的45倍。同时，机械开沟有利于马铃薯块根生长发育，可提高单产25%左右	2004年
22	章凤镇万亩甘蔗"吨糖田"示范成效显著	三等奖	陇川县章凤镇	刀保来、杨恩棉、李根才、排麻糯、郭彩龙	结合“吨糖田”项目实施，在章凤镇推广“良种良法”甘蔗生产733.33公顷。项目实施结果：“吨糖示范田”平均亩产蔗8.48吨，增产1.77吨，亩纯增收入149.5元；田间含糖份超过14.5%，比常规高1.81%，投入产出比1：2.29	2004年
23	护国乡冬季旱地优质油菜育苗移栽见成效	三等奖	护国乡农科站	杨恩传、宋永庆、寸守林、瞿生华、李新照	护国乡推广冬季旱地油菜育苗移栽技术4年，累计完成217.2公顷,平均单产180千克,实现总产值140.74万元，纯收入75.58万元,投入产出比1：1.11。与本地直播油菜比亩增产70.2千克，新增产值66.46万元	2004年
24	玻璃离子粘固剂在前牙桩冠修复的临床应用	三等奖	县医院口腔科	杨海芹、丁秀娥、杨丛鸾、刘俊英、李金兰	将前牙桩冠修复技术中粘接桩钉固位用的粘固剂由磷酸锌水门汀改为玻璃离子，并当年完成73例，结果显示：该技术可美化口腔、节约治疗费用、对口腔的影响明显下降。技术操作简单，可在基层医院进一步推广应用	2004年

续表20-9

序号	项目名称	获奖等级	获奖单位	获奖人员	项目简介	获奖年度
25	胎儿生物物理监测评分的临床应用及价值	三等奖	县医院外产科	史欣燕、闫信芬、段崇琴、彭玲仙、刀木果	利用已有设备，依靠胎儿生物物理监测评分体系2年判定150例。该方法可判断胎儿在宫内的发育情况，及早发现胎儿有无急慢性缺氧等症状，从而为临床处治提供科学依据，对降低新生儿死亡率具有积极的促进作用。技术操作简单，可在基层医院进一步推广应用	2004年
26	陇川县人工种植野生红魔芋高产栽培技术研究获成功	一等奖	县农业局经作站	王永和、尹兴祥、罗本沛、段凤萍、杨保芹、邹高成、胡玲、李斌	1998年以来，结合陇川魔芋产业开发中存在的病害防治技术难题，通过引进野生红魔芋并进行了大量观察、试验与示范，筛选出高抗病魔芋良种—珠芽红魔芋，提出红魔芋不贮藏繁育观点，探索出红魔芋切块快繁、化学+黑膜覆盖除草等技术关键点，为魔芋产业提供了技术支撑	2005年
27	麻竹斜埋覆膜法分蔸育苗技术研究	二等奖	县林业局林木种苗站	瞿生济、段桂林、段其宗、刘慧武、宝福泉、闫仙芝	2002至2004年，采用斜埋覆膜技术培育竹蔸苗142.8万株，与传统育苗技术相比：育苗质量高，苗木健壮，造林成活率保持95%以上；育苗时间短仅90天，至当年造林结束时可提高出圃率21%；育苗成本低，可降低成本1.3元/株。项目实施为麻竹大面积种植提供了优质种源	2005年
28	陇川县麻风病防治效果显著	二等奖	县疾控中心	段启祥、李志荣、董勒弄、张好芬、申安然、叶润华	通过近40年的麻风病化疗与预防宣传，群众提高了麻风病认识，增强了防治意识，陇川麻风病基本消除。从前期的氨苯砜化疗和后期氨苯砜+利福平+氯苯吩嗪联合化疗情况看：麻风病不仅能治愈而且治愈时间由9.85年缩减到2年以内	2005年
29	微波治疗慢性宫颈炎的临床应用效果显著	三等奖	县医院	刘俊英、张恩凤、王国萍、张治琴、杨海芹	1998至2004年，引进国产微波机治宫颈炎技术，治疗各种慢性宫颈炎562例，结果表明：患者手术病痛小、不影响生活工作和劳动，见效快、治愈率高、费用低，可在基层广泛推广应用	2005年
30	西南桦人工纯林造林技术研究及推广应用	三等奖	县林业局营林站	瞿生济、张云、郑绍祥、周兆海、董晓辉	通过6年试验，探索和总结出适宜陇川县西南桦人工纯林营造的种植管理技术和病虫害防治方法，并示范推广4800公顷初见成效，为西南桦产业化发展提供了技术支撑	2005年
31	永久性起搏器植入术治疗心脏停搏	三等奖	县医院	付美玲、姚留昌、蔡乔富、杨莉仙、张华香	利用起搏器对心脏的辅助起搏技术,为两名心脏停搏73秒的病人做了植入手术。术后病人对起搏器的感知与起博功能正常，恢复质量较佳，生活质量明显提高，无复发症状。填补了陇川县该项医疗技术空白	2005年

第三章　气象与防震减灾

改革开放以来，县气象部门以保护人民生命财产安全、促进全县经济和社会发展为目标，致力提高气象科技服务质量和内涵，加强灾害的防御和应急，提高公众的防震减灾意识。坚持开展人工增雨业务，建立防震应急通讯录和震害基础数据库。气象和防震减灾工作在地方社会经济发展中的作用和地位日益凸显，各项工作取得进步。

第一节　气象

一、气象站

陇川县气象站成立于1957年9月，位于今城子镇新寨村委会南，属于国家基本气象观测站。1990年9月，县气象站更名为云南省陇川县气象局，收归省局管理。2001年3月，陇川县气象局加挂陇川县防雷减灾管理办公室、陇川县人民政府人工影响天气办公室2个机构牌子。2005年，全局有在职职工7人，其中工程师4人，助理工程师3人。

陇川气象站为国家一般站，定期负责向省、州气象台拍发小图报任务。观测的项目有：云、能见度、天气现象、气温、湿度、气压、风、降水、日照、蒸发等。

二、气象观测与编报

1987年8月，陇川站使用PC—1500型袖珍计算机编报。

1988年1月，使用PC—1500型计算机进行月报表制作。

2002年1月1日，开始地面测报，对北京时间08时、14时、20时均采用新版《AHDM5.0》软件编发报。报文上传采用因特网传递。地面气象记录月报表采用《AHPM5.0》软件制作，结束人工抄录和计算机地面气象月报表的历史。

2003年11月12日，进行大气监测自动站建设。经调试完毕后，于12月31日20时投入业务试运行工作。

气象监测员

2004年1月1日开始，执行地面气象观测新规范，实行自动站与人工站双轨平行运行第一阶段，观测资料以人工站为准。

2005年1月1日开始，自动站与人工站继续实行平行双轨运行进入第二阶段，观测资料以自动站为准。

三、天气预报

20世纪70年代，天气预报引进数理统计和洞卡预报方法，增加中期（未来5天）、长期（1月～1年）和专题天气预报。1984年4月，陇川站使用传真机接收天气图和单站天气模式指标综合分析制作天气预报。2000年，建成气象卫星数据接收PCVSAT小站。气象预报资料由计算机自动接收，开始利用MICAPS系统对卫星、人工探测、数值预报等资料进行人机交互分析，制作天气预报。2003年，使用德宏州多谱勒天气雷达资料，开展短时临近预报服务。2005年始，由县财政拨款，建设自动雨量站11个和双要素自动雨量站8个，开始对山洪和地质灾害的监测。

四、公众气象服务

从20世纪80年代起，陇川县气象站（局）开始进行管理和制作本行政区域内每天天气预报、森林火险气象等级预报等公众气象预报的发布，发布渠道为广播电视台。

五、决策气象服务

2000年以前，决策气象服务主要是提供给县委、县政府及农业、水利、林业相关职能部门。服务材料开始用手工复写，后来发展为钢板刻印和铅印。2000年后，用计算机、复印机制作。至2005年，决策服务发展为天气预报、气象资料、气候评价的制作与发布，负责行政区域内的气象监测、提供气象灾害的防御措施，并对重大气象灾害作出评估，为各级党委、政府组织防御气象灾害提供决策依据。方式为书面、传真、电话、电子信件、短信等多种形式的服务。

六、防雷电

自2000年以来，陇川县气象局加强防雷减灾工作，由防雷检测发展到计算机系统防雷、电源系统防雷、防雷设计施工、防雷施工监督等。结合全县新县城的建设，从图纸设计、施工监督、竣工验收等各个环节严格把关，规范管理，使80%以上的新建建筑物的防雷装置一次性得到完善。2005年，以防雷为主的气象科技服务较往年成效明显，用防雷气象科技服务收入，解决部分办公经费短缺的问题。

七、人工影响天气

2000年，县政府成立人工降雨防雹领导小组，办公室设在县气象局。2001年2月，县气象局购买车载式火箭发射架和三套JFJ型人工增雨火箭发射架、弹药。同年4月，开展人工影响天气工作，该项目获得2001年陇川县科技进步三等奖和2002年德宏州科技进步三等奖。自开展人工增雨作业以来，先后为陇川县境内扑救森林火灾，增加林间空气湿度，降低森林火险等级，缓解干旱，促进农作物生长，增加水库蓄水库容等方面起到相应作用。

第二节　防震减灾

陇川县的防震抗灾工作始于20世纪80年代末，主要任务是预测地震发生，预测方法是根据上级防震减灾部门的中短期预测意见，结合全州及邻近地区的地震活动和前兆观测资料进行综合分析研究，对陇川地区的地情进行监测、分析、研究，做好地震预防工作。

一、地震监测预报

1976年5月，龙陵、潞西两县大地震后，根据省、州群测群防工作要求，陇川县逐步建立地电、应力、地倾斜、气压、地温、水温等群众测报点，1981年后相继撤销。

【幕水温泉观测点】　1982年1月，在距城子镇5.5千米的南田村委会幕水村民小组的幕水温泉上建立陇川县幕水温泉观测点。观测点位于景罕至清平断裂南偏北1千米，北纬24.21度，东经97.55度，附近有裸露的花岗岩。主要测项是水氡、水温。水氡观测起始值为280埃曼左右，水温36度左右。1986年，改用贝可作为氡值计量单位，正常氡值在800～1000贝可之间。观测仪器型号FD—105射气仪。1994年9月21日，开始进行水质观测，主要测项是碳酸氢根、钙离子、镁离子。1997年因仪器故障停测10年。2002年10月31日，县城迁移停止观测。

【章凤深井观测点】　陇川县章凤观测机井，位于章凤镇综合楼北100米处，地处陇川盆地东北边沿，章凤支断裂上，地理坐标东经97°48′30″，北纬24°11′36″，井孔标高945.43米，井深159.96米，静止水位23.6米。2003年1月，开始水位观测，仪器型号SW40。2003年5月27日，开始水温观测，仪器型号SZW—1A开数字式温度计，观测起始水温23.5度。

二、地震情况

1981年7月7日，盈江苏典发生5.4级地震，震中在北纬25°1′，东经97°9′，陇川有感。

1985年9月6日2时30分，缅甸密支那东部发生6.2级地震，陇川有重感。

1987年9月26日，保山地区施甸县发生4～5级地震，陇川有微感。

1988年11月6日，澜沧—耿马发生7.6级地震，陇川波及受灾。

1994年1月11日，缅甸密支那6.7级地震，震中在北纬25°05′，东经97°19′，震中距陇川125千米，全县震感强烈并受损，损失达1143万元。

2000年10月6日，陇川西部中缅边境5.8级地震，震源深度18千米。震中距陇川5千米，距县城仅20千米，全县震感强烈。陇川县Ⅵ度区范围，主要涉及4个乡镇，24个行政村，315个自然村，1.82万户，7.62万人。其中重伤3人，轻伤12人。造成经济损失4700万元。

三、抗震减灾

（一）灾害防御

【防震减灾宣传】　陇川县的防震减灾宣传原先都是自行组织的，相对较零散。1998年3月，随着《中华人民共和国防震减灾法》的正式施行，陇川县的防震减灾宣传逐步进入有长期规划、年度计划、宣传方案阶段。

【抗震设防】　根据国家标准（GB18306—2001），陇川县抗震设防烈度为8度，设计基本地震加速度值0.20个重力加速度。

（二）地震应急

1988年11月6日，澜沧、耿马强烈地震后，县政府根据省、州抗震救灾指挥部的通知精神，于1989年1月12日，印发《关于成立陇川县抗震救灾指挥部的通知》。1998年11月27日，县政府办公室印发《陇川县破坏性地震应急预案》，于2000、2003年两次修订《陇川县破坏性地震应急预案》。县防震减灾局加强预案管理，督促指导各乡镇、农场和县直相关部门完善修订内部应急预案。为在震时保持通讯畅通，陇川县建立《地震应急通讯录》《震情速报通讯录》。为加强对地震应急日常工作的领导，建立陇川县地震应急领导小组联席会议制度。2003年始，陇川县建立震害基础数据库，每两年进行1次补充与完善工作。

第二十一编 文化 体育

LONG CHUAN XIAN ZHI

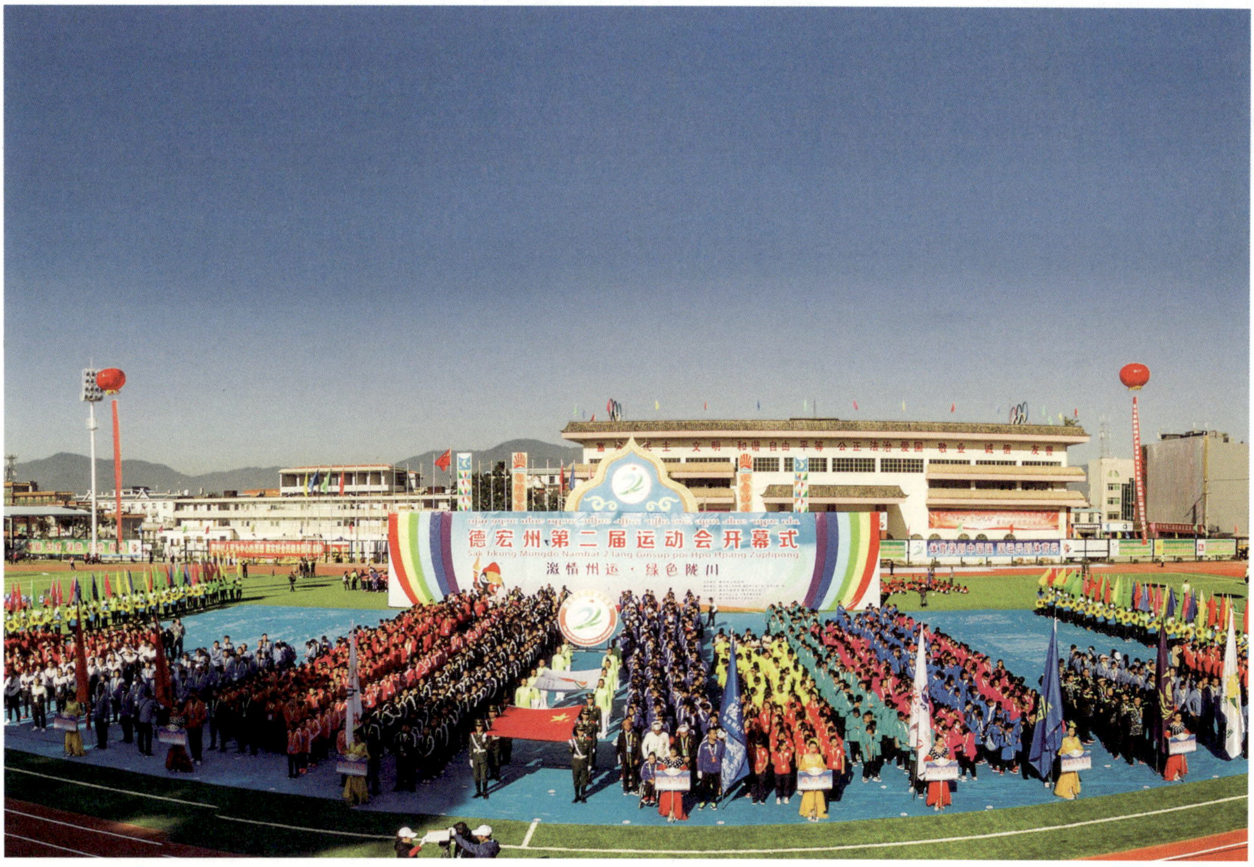

第一章 文化

1978年后，陇川县在挖掘、保护和弘扬少数民族文化、组织和指导群众开展文艺演出活动、扩大中缅文化交流、文物保护、加大文化市场管理力度、维护文化市场正常秩序等方面成绩突出。2000年7月，陇川县户撒乡被国家文化部命名为“中国民间艺术（民族民间艺术）之乡”。2006年，“景颇目瑙纵歌”列入了第一批国家非物质文化遗产名录，同年云南省人民政府命名陇川县为“景颇族目瑙纵歌之乡”。至2005年，全县有文化站10个，文化事业单位4个，农村电影放映队11个。图书馆文化室藏书10万册，图书发行185万册。文化重点保护单位5个，古建筑6处。

第一节 文化事业

一、文化馆

1976～1981年，举办全县美术培训班12期，组织10多件美术作品到省、州参展8次。在本县展出8次，每次50多件作品。

1983～1988年，共完成：（1）在馆内举办嘎秧辅导2次，受训107人；（2）下乡辅导嘎央舞23场次，受训1064人；（3）组织汇演或调演7次，举办美术、摄影培训班5次，受训256人次；（4）聘请州美术、摄影专职人员讲课3次，举办文学创作学习班2次，共培训52人；（5）在户撒、清平、章凤举办民族民间文学讲习班3次，参加94人；（6）创办文艺小报《南宛河》，出版13期，刊载民间文学作品和创作作品；（7）举办美术、摄影、书法展览5期，每期展出作品近100件；（8）举办春节灯谜、游园活动7次，舞会4次；（9）编辑民间文学资料集3期；（10）举办美术培训班12期，参加省、州展出18次，10件作品入选；（11）在县城举办美术展览8次，共展出650件作品。

1995～1999年，制作边疆文化长廊大型图片展135块，展出200张图片。辅导傣族嘎秧舞1000多人次。制作禁毒宣传版面7块。组织辅导40人的方块队参加纪念周总理视察德宏40周年活动演出，获团体第一名。撰写《陇川县文化艺术志》初稿。组织文化、科技培训，开展文艺节目下乡宣传演出活动，收集整理民间文学资料。

2000～2005年，完成“目瑙纵歌”服装设计12种，撰写论文4篇，翻译民间故事132则，举办美术、书法、摄影作品展6场。开展舞蹈创作培训、音乐创编、民族民间文艺普查等工作。傣剧《大雁南飞时》获州剧本编导奖。

二、文化站（室）

1980年12月，陇川县首先在章凤、陇把2个区建立文化站。1982～1990年，先后建立户撒、王子树、景罕、邦瓦、清平、城子、护国、勐约文化站。1994年，新建姐乌、赛号文化站。1990

基层文化站

年以前，乡镇文化站的人员编制、财务、设施归属县级文化主管部门管理，1990~1997年，下划乡（镇）政府统筹管理，1998~2004年，归属县级文化主管部门管理。2005年，再次下划乡（镇）政府统筹管理。“十五”期间，全县基层文化基础设施累计筹集资金3903万元，完成总建筑面积2659.11平方米，建盖率100%。

【章凤镇文化站（室）】 1980年建站，地处边境口岸。占地340平方米，建筑面积180平方米。其中图书阅览室藏书1362册。1983年，投资4万元建盖1层砖木结构文化站房，1985年，建盖2层砖混结构文化站房，内设藏书、阅览、游艺、录像等室及篮球场，藏书5000册。放映录像260余场次，举办书画展2次，长期举行棋牌活动。举办培训活动5次，培训骨干60人。组织业余演出队8支，演员330人，演出34次。1989年，文化站经扩建，面积达336平方米，内设藏书室、成人阅览室（阅览桌10张、共66个座位）、录像放映室（录像放映机1台、22寸彩电2台）、游艺室、可容纳2000余人的看台球场1个等。设备有收录机2台、照相机2部、藏书7000册。征订报纸55种、杂志97种。1988~1989年，共接待读者3.51万人次，外借图书6560册次，放映录像786场，观众达8.5万人次。开放游艺室，观众1.33万人次。1981~1989年，先后被文化部授予“全国农村文化艺术工作先进集体”称号，被省政府授予“文明单位”称号，被省文化厅授予“群文工作先进集体”称号，被文化部和农牧渔业部授予“农村精神文明建设先进单位”称号。1993年，荣获“云南省先进文化站”称号。1996年，被文化部评为一级文化站。2005年，被评为二级文化站。全镇有村、组文化活动室13个，文化户4户。

【景罕镇文化站（室）】 1983年建站，占地面积4320平方米，建筑面积364.7平方米。当年图书阅览室藏书1317册，录像放映室放映录像780场次。游艺室举办书画展3次，举办培训活动3次，培训骨干24人。组织业余演出队12支，演员217人。1989年，站藏书2664册，接待读者1427人次，外借图书632人次，借阅书刊1739册次。1994年，有200平方米的业务用房，藏书1198册（报刊6种、杂志7种），接待读者1237人次，借阅198人次，外借396册次。1996年，被文化部评为二级文化站。1997年，组织开展读者谈心活动6次，并配合县里组织节日演出活动。2001年，有26个业余文艺队，参与文体活动人数1.5万人次，开展文体活动31场次。2002年，全镇组织各类文体活动85场次。2005年，全镇有村社文化活动室26个。

【陇把镇文化站（室）】 原为邦外文化站，1980年建站，占地面积184平方米，建筑面积112平方米，建有图书阅览室、录像放映室各1间。1994年，该站藏书3020册，累计接待读者1009人次，外借1050册次。2002年，全镇累计组织各类文体活动17场次。至2005年，全镇有村、组文化活动室17个、文化户4户。累计放映录像6480场次，出板报216期，举办文艺活动43场次。有业余演出队29支、演员1005人，业余演出195场。在全县农村文艺调演中，该站的2个节目分获二、三等奖。

【城子镇文化站（室）】 1986年建站，占地面积40平方米。有20平方米的图书阅览室1间，藏书375册。1987～2000年，举办书画展5次，文艺活动7次。组织业余演出队13支，演员250人，演出90场次。2001年，有1栋600平方米的综合业务用房。其中阅览室282平方米、借阅室24平方米、乒乓球室80平方米、业务活动室214平方米。站藏书4215册，有5个文艺队，参与文体活动人数6471人次。2002年，全镇组织各类文体活动18场次。2005年，全镇有村、组文化活动室13个。

【清平乡文化站（室）】 1983年5月建站，占地面积630平方米，建筑面积168平方米。图书阅览室藏书2682册，1984～1985年，共有藏书1998册。其中图书1350册、杂志489册、小画书150本。阅览人数6766人次，外借4903人次，阅览图书5882册次。1988～1989年，站藏书增至2753册，征订报刊杂志37种，报纸6种，共接待读者1232人，外借书刊1796人次。收集民族民间音乐9首、民间故事6篇。1985年，在全州农民文艺调演活动中，有5个节目分别获一、二、三等奖。1986年，在全省民间舞蹈、声乐比赛中，《景颇木鼓舞》荣获二等奖。1988年，馆长石永明被中国农民体育协会授予“全国农村体育工作积极分子”称号。1989年，在全县农村文艺调演活动中，有7个节目分别获一、二、三等奖。同年，被省文化厅授予“全省先进文化站”称号，被省体育局授予“云南省体育之乡”称号。1990年，石永明被文化部授予“全国先进文化站站长”称号。2003年，投资23万元，新建占地面积800平方米，建筑面积300平方米的二层砖混多功能业务用房。2005年，清平乡文化站被文化部评为二级文化站。全乡有村、组文化室37个，文化户3户。录像放映1137场次，举办书画展览24次，举办文艺活动269次，开展篮球比赛68场。组织业余演出队51支，演员911人，演出476场。

【户撒乡文化站（室）】 1982年建站。占地面积250平方米，建筑面积160平方米。有图书阅览室40平方米，藏书586册。举办文艺活动11次，组织业余演出队10支，演员161人，演出35场。1983年，站藏书800册。1994年，有120平方米的业务用房，藏书500余册，报刊20余种，阅览1872人次，借阅847人次，外借1323册次，组建5个业余文艺演出队。1997年，组织开展“庆七一 迎回归”大型文艺演出活动，建立自然村图书室2个、家庭图书室1户，上门服务并辅导科技知识20余次。2002年，全乡组织各类文体活动23场次。2005年，全乡有村、组文化活动室14个，文化户1户，建有农村流动书箱点。

【勐约乡文化站（室）】 1990年建站。在乡政府内有1间图书借阅室，藏书280册。举办文艺活动24次，组织业余演出队11支，演员265人，演出64场。1994年，组建业余文艺队3个，演出3场，观众130人。1995年，藏书138册。2002年，全乡组织各类文体活动18场次。2005年，全乡有村、组文化活动室14个。

【护国乡文化站（室）】 1989年建站。在乡政府内有一间20平方米的图书阅览室，藏书365册。举办文艺活动20次，组织业余演出队11支，演员220人，演出69场。2001年，有40平方米的业务用房（图书室），藏书250册。组建业余文艺队7个，参与文艺活动人数140人次，开展篮球比赛10场次。2002年，全乡组织各类文体活动15场次。2005年，全乡有村、组文化活动室9个。

【王子树乡文化站（室）】 1982年建站。1983年，站藏书800册。1990年，在全县农村文艺调演活动中，有5个节目分别获二等奖。1997年，开展送书下乡活动，组织节日演出36场，观众4000人次。2001年，有30平方米的业务用房（图书室），藏书2360册，有12个业余文艺队，参与文体活动人数8000人次，开展篮球比赛2场次。2002年，全乡组织各类文体活动55场次。2005年，全乡有村、组文化活动室1个。有30平方米的图书阅览室，藏书1360册，出黑板报114期，举办文艺活动128次，组织业余演出队10支，演员201人，演出129场。

【姐乌乡文化站（室）】 1994年建站。有26平方米的图书阅览室1间，藏书780册。当年举办书画展2次，文艺活动16次。组织业余演出队5支，演员90人，演出12场。有村、组文化活动室1个，自然村图书室2个。1995年，藏书323册。1997年，由40名组成“叮歌”舞队的精彩表演，受到州县领导的好评。组织40人方块队参加德宏州“纪念周恩来总理到德宏四十周年”文艺演出活动。组队参加县里举办的“目瑙纵歌节”演出。2001年，有35.89平方米的业务用房（图书室），藏书220册，有7个业余文艺队，参与文体活动人数4200人次，开展文体活动154场次。2002年，全乡组织各类文体活动27场次。2005年，姐乌乡撤并城子镇，文化室撤销。

【赛号乡文化站（室）】 1994年建站。有30平方米的图书阅览室1间，藏书203册，举办书画展2次，文艺活动7次，培训活动3次。组织业余演出队3支，演员36人，演出3场。1995年，藏书215册，有村、组文化活动室4个。配合乡政府组织开展“景颇族目瑙纵歌节”，利用“元旦”“五四”举办联欢晚会。2002年，全乡组织各类文体活动71场次。2005年，赛号乡撤并景罕镇，文化站撤销。

【邦瓦乡文化站（室）】 1983年建站，占地面积50平方米。有图书阅览室25平方米，藏书389册，举办书画展2次、文艺活动10次，培训活动2次。组织业余演出队7支，演员115人，演出场次70场，并在农村文艺汇演中多次获奖。深入中小学校宣传法律法规，推广普通话，搜集民族民间文学和民间习俗，配合乡政府开展文化、科技致富宣传等文化下乡活动。1983年，藏书551册。1995年，藏书1600册。2001年，有18平方米的业务用房（图书室），藏书875册。有7个业余文艺队，开展文体活动14场次，参与文体活动人数1340人次，有村、组文化活动室4个。2002年，全乡组织各类文体活动22场次。2003年，邦瓦乡撤并城子镇和勐约乡，文化站撤销。

【拉影文化中心】 拉影文化中心的前身是拉影电影院，位于拉影中心区。1993年，拉影列为经济开发实验区。1994年，拉影文化中心划归陇川县文体局管理。该中心是1995年文化部直接挂钩扶持的“千里边疆文化长廊”建设项目，占地5933平方米，建筑面积806平方米，总投资68万元（含县级配套28万元）。内设电影厅、展厅、娱乐室、阅览室、外借室和办公室。其中展厅由200余幅照片制作成35块版面，以图文并茂方式，向边民展示改革开放以来全县各项工作取得的成绩。至2005年，文化中心已接待边民阅览、娱乐5000余人次。

三、文工团

1989年12月，县文工队更名为陇川县民族歌舞团，全团有28人。1998年11月10日，升格为德宏州景颇歌舞团，隶属陇川县文化体育局领导。

【文艺创作】 1979年后，文工队开始创作《金色的吐良》《银统帕》等景颇族舞蹈，以及《阿昌鼓舞》《德昂姑娘编草片》等。1977～1998年，民族歌舞团创作移植了藏族舞《洗衣歌》和蒙古族舞《草原歌》，创作编导景颇族戏剧《边防线上》《景颇民兵班》、傈僳族舞蹈《三弦舞》、傣族独舞《泉边的孔雀》、阿昌族集体舞《巧遇》等72个节目。

1999～2005年，景颇歌舞团创作《刀舞》《哦嗦》《景颇魂》《龙阳舞》《边关英豪》《欢迎你到目瑙纵歌之乡来》等27个节目及152首舞蹈音乐。其中石勒干（景颇族）创作的声乐曲有：《请你干一杯》《景颇山间小路》《斑色花的美》《走在前面的红筒裙》等44首。集体创作的舞蹈音乐、器乐有：《景颇姑娘选良种》《山寨情歌》《竹楼夜曲》《金鸡舞曲》《鬼神祭》等108首。

【文艺演出】 1979年前，文工队在全县边远地区巡回演出歌舞和花灯70多场次，演员12人。

独舞《金鸡舞》

2005年创作的《文蚌·古乐》

1983年10月，在德宏建州30周年大庆汇演中，陇川县文工队演出景颇集体舞《纵江木鼓舞》、独舞《金鸡舞》、傈僳族集体舞《速巴情》及《阿昌风情》等节目。1986年6月，参加全国少数民族体育文艺表演，到内蒙古、新疆演出。石勒干应邀到北京参加编排《景颇风情舞》。1988年9月，参加云南省首届艺术节演出。1989年7月，参加云南滇西片文艺调演。同年8月，参加全省群文干部在昆明调演。同年9月，何勒久代表云南省参加全国在北京举办调演。1991年7月，参加在昆明举办的民族舞蹈大赛。同年12月7日，代表云南演出团赴广州参加百色博览会，到深圳、珠海等地演出。1992年，应海南省国际椰子节邀请，到三亚演出。1993年4月，随县代表团赴缅甸八莫演出。同年9月，应邀赴新加坡演出，其中景颇族民间舞《洞巴乐舞》获国际荣誉奖。1998年，应中央电视台之邀，参加春节联欢晚会演出，并参加北京国际旅游节、上海国际旅游节的演出活动。2005年8月，赴京在中央电视台12频道展演景颇风情节目。1999年12月至2000年2月，文工团4位演员参加中华少数民族民间技艺展演团赴台湾文化交流演出。2000年4月，参加中国香港云南民族旅游艺术节暨商贸展销演出。

2004年，参加中国澳门第九届缅华泼水节演出。

1982～2005年，开展送戏下乡演出活动近100场。

【获奖节目】 1987年，《景颇民兵班》获全州调演一等奖，《景颇姑娘选粮种》获全州调演二等奖。1989年，《请尝景颇春春菜》《欢乐的景颇山》节目获滇西片群文干部调演优秀节目奖，《节日的文蚌》获滇西片群文干部调演优秀奖、全省调演二等奖。1991年，《德昂姑娘》获全省民族舞蹈调演二等奖，《阿昌风情》获全省民族舞蹈调演荣誉奖，《景颇文蚌乐》获全省民族舞蹈调演三等奖。1992年4月，石勒干在全国“中华百绝博览会”、海南省“国际椰子节”编导演出的《目瑙纵歌》《景颇风情》，分别荣获特别奖和民族文化繁荣奖。1993年12月，在纪念毛泽东诞辰100周年民间艺术展出中《洞巴乐舞》获省级一等奖，《竹庄裙舞》获三等奖。1995年11月，云南省第三届青年演员比赛中《猫人与金鸡》获三等奖。1996年10月，景颇舞蹈《银泡》获云南省民族民间歌舞乐展演二等奖。2000年，民族舞蹈《母亲山》获云南省民族民间歌舞展三等奖。2000年，景颇舞蹈《哦嗽》获云南省民族民间歌舞展演二等奖。

第二节　民族节日

一、傣族传统节日

傣历新年

【傣历新年节】　傣历纪年法创于公元前95年。傣历吸收夏历的优点，结合本民族特点而制定。傣历的回归年长度为29.530583日，双月29日，平均12个月，闰年13个月，采用干支纪日纪年、12生肖法，19年七闰，形成傣历纪年法。从1528年开始，陇川宣抚司署每年都要在城子镇“棒景”摆场，组织傣族群众吃新米迎接新年活动，祈福社会平安、民族团结、五谷登丰，由此成为陇川当地傣族群众的传统节日。中华人民共和国建立后，陇川县傣族每年都要组织傣历新年节庆典活动。届时，成千上万的傣族同胞，身着盛装，从各地、各村寨聚到一起，伴着歌声、掌声、欢笑声、鼓声、鋩镲声和祝福声，以传统的嘎秧舞姿表达对美好生活的祝愿。

【泼水节】　泼水节是陇川傣族、德昂族的传统节日，每年清明节后第7天举行。泼水节的第一天，傣语称“赏建日”意即送旧，青年男女到山上采花，扎“赏建树”（即水树），举行山歌对唱、吹树叶子比赛等活动。水树抬到村寨，众人围唱赛鼓，到奘寺赕佛。第二天举行泼水、丢包、嘎秧（集体舞）、傣棍、傣拳表演、燃放孔明灯等活动。

中华人民共和国建立后，泼水节增添新的时代内容。第一天，在集镇广场用采来的“赏建花”布置龙亭、水龙。第二天，在广场举行泼水仪式。1983年，州人大委员会正式将泼水节定为傣族、德昂族的民族传统节日，固定在每年公历4月12～14日举行。节日历时3天，持续开展乡村泼水、亲友互访、聚会、唱歌、跳舞等活动。

【进洼】　每年傣历8月15日（农历7月中旬），按傣族的信仰和风俗，举行进洼期（通常称“净居斋”，又称“关门节”）。“洼”的意思是静静地坐下来恭听诵读经文。这个节，一直要延续3个月。期间，信徒不能谈情说爱和娶亲，奘寺里的僧侣什么地方都不能去，要在佛寺里诵经拜佛。信徒每月到奘房赕佛3次，即初九、十五、廿三。佛教信徒按不同派别，携带鲜花、纸幡、香烛等到奘房朝拜，听颂经文，接受戒训。头一天，傣语叫“宛批”，“宛”，意为日子；“批”，意为准备，即准备的日子。清早，男女青年相互邀约，成群结对地敲锣打鼓到寨外摘采鲜花，并备好糖果、香烛。傍晚，在象脚鼓、鋩镲伴奏下抱着送往佛寺，去赕拜佛主和分赠拜佛的男女信徒。这个活动叫“榨戛”，意为施功德。这一天晚上，信徒们就在奘房内拜佛诵经，直至深夜。第二天叫“宛行”，意为戒日。下午，有的信徒可以返家，规诫较深者则继续住寺。

【出洼】　进洼3个月后，即为出洼（称开门节）。进洼期间禁忌的活动，这时可以重新开始。

【干朵节】　出洼后，紧接着举行“干朵”。“干朵”，意即忏悔，也就是在进洼的3个月中，每个人都有意无意地做了一些违背佛教戒律的事情，要向佛主乞求宽恕，向佛主忏悔。“干朵”还有丰收的意思，因为出洼之后是秋收季节。参加“干朵”的部分男女老少，倾寨而出，身着盛装，敲锣打鼓，举行仪式后在奘房前载歌载舞，相互对歌祝福。有的村寨还相互设宴请客。晚上，演傣戏。

二、景颇族传统节日

【目瑙纵歌节】 目瑙纵歌是景颇族最为隆重的传统民族节日。景颇支系叫“目瑙”；载瓦、浪峨和勒赤支系叫“纵歌”，统称“目瑙纵歌”，大伙跳舞的意思。目瑙纵歌涵盖歌舞音乐、绘画雕刻、服饰饮食、建筑工艺、宗教礼仪等多种民风民俗。目瑙纵歌起源于景颇族祭祀神的原始宗教歌舞。1980年后，陇川县坚持每年举行大型目瑙纵歌盛会。1983年，德宏州人大常委会将目瑙纵歌正式法定为景颇族的传统节日，每年农历正月十五开始，节期3天。届时万人酣歌狂舞，举世罕见，素有“世界集体舞蹈之最”的美誉。2002年，开始打造“中国目瑙纵歌之乡”品牌，增强民族团结、安定边疆社会、促进经济繁荣。2005年，县委、县政府采取保护措施，加大宣传力度。2006年5月20日，“景颇族目瑙纵歌”成功申报进入国家级第一批非物质文化遗产保护名录。全县有10个固定的目瑙纵歌传承场地。其中县城民族文化广场和目瑙纵歌节发源地——景罕朋生目瑙纵歌场较有代表性（见第三编中国目瑙纵歌之乡）。

【新米节】 新米节又称“尝新节”。据载，过去生活在陇川的傣族、德昂族、阿昌族、景颇族和傈僳族等5种世居少数民族都有尝新米的传统习俗，举行的时间大致相同。民间里，大多以各家为单位举行尝新米活动。20世纪90年代以来，景颇族的尝新米活动继承和发扬得较其他民族好，现已发展为以寨为单位举行，且活动内容越来越充实。

景颇新米节

新米节原是景颇族在秋天谷物成熟时举行的一种原始祭典。尝新时，各村寨的景颇群众齐聚官家，先由老年妇女将收回的稻谷用锅炒，然后由姑娘们用手碓舂出扁米，加入姜蒜，包成若干小包，再由董萨主持祭祀，感谢各种神灵赏赐的丰收。祭毕，董萨还要当场抛丢一些包好的新米和菜，以让各种野鬼分享。仪式结束后，群众才正式尝新。人民公社化后，新米节活动被废止。20世纪80年代初期，一些景颇族村寨恢复曾间断的新米节，通常在农历八、九月间举行。开镰前，主人先割一些新谷背回家，供在“鬼房”里，然后，通知寨里亲友第二天来做客。翌日早饭后，应邀来的妇女帮着主人炒谷子，舂米、舂粑粑，男子下河抓鱼。食品准备好后，先请董萨祷告，求鬼神保佑，风调雨顺，来年丰收。祈祷完毕，先让狗吃饱，然后客人和主人才能用餐。传说谷物是狗历经千辛万苦追到天边，捡回来3粒种子，人间才有了谷种，所以尝新应先感谢狗的功绩。

【能仙节】 能仙节又称“姑娘节”，一般由2个或者周围若干个景颇寨子的男女青年共同协商举行，时间大多在春暖花开时节，地点选择在远离寨子的深山老林或山清水秀的岛屿上。所带食品除粮食、水果、蔬菜外，畜禽要带活的去，到时再宰杀。节日一般举行2天，白天大家吃喝玩乐，对歌赛舞，晚上成双成对谈情说爱，互赠礼品，喜定终身。在居住分散的景颇山寨，是青年男女结识交友，自由恋爱的一大聚会。20世纪90年代后，城子镇政府在幕水风景水库建立了固定的活动场所，每年由新寨村委会主办。届时，周围村寨的景颇男女青年和其他群众欢聚水库，共庆“能仙节”，载歌载舞，热闹非凡。

三、阿昌族传统节日

【阿露窝罗节】 原称阿露节（也叫会街节），是陇川县户撒阿昌族乡较为盛大的传统节日，最早盛行于户撒、腊撒地区。每年的农历九月初十起（约在公历的十月中旬）举行，目的是欢庆丰收。这天，附近村寨的阿昌族男女老少身着盛装，抬着早已编扎好的青龙和白象，敲着象脚鼓、铓锣汇集到事先商定好的场地，举行庆祝活动。活动内容主要是群众性的集体歌舞，伴着鞭炮声和象脚鼓、铓锣的咚咚声，耍着青龙、白象步入舞场，纪念和迎接“个打玛”菩萨（释迦牟尼）的灵魂回到人间降魔除妖，救出受苦受难的人们。

中华人民共和国成立后，“阿露节”由过去单纯的宗教集会成为陇川县阿昌族的民族传统节日，每年农历九月初十，在户撒阿昌族乡政府驻地隆光村举行。届时，陇川县各族群众云集户撒，与阿昌族人民共庆这个民族节日。至今，这个节日已从纪念“个打玛”的宗教仪式转变为共庆农业丰收的活动。但“个打玛”的纪念日和活动地点，民间一直保留并延续下来。1983年4月5日，德宏州第八届人民代表大会第一次会议通过的《关于恢复和建立民族节日的决定》正式确定阿露节为陇川县阿昌族的传统民族节日。1993年5月，经陇川县户撒阿昌族乡和梁河县九保阿昌族乡群众反复协商，将原陇川县户撒阿昌族的阿露节与原梁河县阿昌族的窝罗节合为“阿露窝罗节”，统一法定在每年3月20日举行。1994年后，每年3月20日，户撒阿昌族乡，如期举行庆祝活动。节前1个月，乡里、村寨就准备制作青龙、白象，裁制新装，准备食品和手工艺品。要求每村组建好1个歌舞代表队。届时，邀请省、州、县有关部门领导、新闻媒体及临县阿昌族村寨等贵宾到户撒共度节日。

【火把节】 每年农历六月二十五，阿昌族村寨都要杀猪宰鸡，祭献天公地母，祈祷秧苗茁壮，庄稼丰收。晚上，每家要把用竹篾扎好的火把，由男人点燃，在屋院内四周熏燎，意在驱走邪魔病害，接着家人用簸箕端着酒、祭品到大门口祭祀，并敲簸箕3下以驱邪，然后把火把插在门边。第二天一早，每家出门查看火把的灰烬，如灰烬白而无杂色，便认为当年的庄稼会丰收。

四、德昂族传统节日

【龙阳节（喇定节）】 是德昂族人纪念德昂人迁徙的民族节日，是中华龙文化与德昂族茶文化的融合。德昂族人在春夏交替之际，祭祀“圣父圣母”，体现德昂族扶老爱幼的传统，也表现德昂族山地农耕文化的气息。民国时期，陇川县德昂族人口外流严重，2005年有1101人，人口相对较少，但她是开发陇川较早的世居民族之一。1994年2月，在章凤镇户弄村建成龙阳塔，并邀请四方德昂族宾客300多人到场共庆龙阳节。2002年7月，在营盘德昂民族村投资113.8万元建设“德昂文化园”。至今，德昂族的标志塔——龙阳塔在全世界仅有3座，陇川县章凤镇户弄村1座称为“父塔”。昆明市民族文化村1座，缅甸南坎布滇镇1座称为“母塔”。因缅甸的德昂族来自中国，是龙的传人，故缅甸龙阳塔顶部有1棵用青龙身子围绕的柱子，青龙头顶悬挂着一轮太阳。龙阳塔底座为梯四方形4级，四面记载德昂人的事件和德昂族字母和韵母。龙阳塔的底盘为茶叶和茶花。龙代表圣母；太阳代表圣父；茶代表古老的茶农和文化；茶花代表春暖花开的地方和向往。龙体上部为浅黄色，下部为浅蓝色，代表太阳照耀下的德昂族人希望和平、祥和与美好。

节日于每年农历正月十九举行。届时，德昂族身着民族服装，载歌载舞。在节日广场中央竖1棵龙柱，龙柱脚下用竹、木围成1个大花篮，类似于宗教仪式的泼水树。来自各方的德昂族敲锣打鼓跳着“龙阳舞”，表达对太阳父亲与青龙母亲的敬仰与怀念。“龙阳舞”其性质突出“龙”和“太阳”的本性——善求平和、向上，体现德昂人民的勇敢、善良、机智。活动期间，有拳术、棍术、刀术等民间传统技艺表演。

此节举行3天，在这3天的活动中，德昂族人一方面相互交流着信息，相互问候，传递着往年的收成和来年的发展意向；另一方面，少男少女们寻找着自己的心上人，当男女双方相识后，小伙子就会把自己早已编织好的小花篮送给对方，作为相识和定情物。第三天人们慢慢散去。从此，德昂人开始一年的生产生活，种田的下坝进行劳作，经商的开始出远门。

五、傈僳族传统节日

【阔时节】 生活在陇川县的傈僳族和其他地区的傈僳族一样，相传他们是从太阳出的方向来的，朝着太阳落的方向迁徙，形成当今大分散小聚居的局面。50%的傈僳族人口居住在户撒乡，31%居住在陇把镇和护国乡，19%居住在清平乡和景罕镇。主要传统节日是阔时节，意为“新年节”，是傈僳族一年中最隆重的节日。1983年4月9日，经德宏州第八届人民代表大会第一次会议通过决定为法定节日，每年春节期间(一般在农历正月初九、初十)举行节日活动。阔时节的来历与汉文历史神话故事《后羿射日》相近，都有射日英雄故事情节。后来，人们为感激和缅怀射日英雄，修建纪念塔，把英雄和弩箭雕于上面，作为傈僳族的永久性标志，每年举办1次庆祝活动，永远传下去。其意义概括起来有4点：（1）拜天地祈求保佑；（2）祭祖宗，祈求赐福;（3）求达各玛(三角架)保护，驱赶神鬼;（4）祈求在新的一年里风调雨顺，五谷丰登。

阔时节的主要活动内容包括跳三弦、弹口弦、吹葫芦笙、对歌、跳对歌舞、“都达”（一种游戏）、“跳嘎”（群众性舞：歌唱一年来生产生活的全过程）、下火海、上刀山、过刀梯（陇川一带）、打弹弓等。

【火把节】 火把节是陇川县傈僳族传承的一种民族节日，每年农历六月二十四、二十五举行。节日这天，寨子里格外热闹，人人穿新衣，家家杀猪宰羊，一家人团聚一起，论古道今，喝酒唱歌。晚上，人们点起火把从屋内到屋外，从院内到院外熏烧害虫。老人手持火把，一边上下舞动，一边念：“烧死跳蚤，烧死老鼠，烧死魔鬼，烧死一切害人虫……”然后，又用火把照着果树念“开花吧，结果吧，让人民收获吧！”众人同呼：“开花吧，结果吧，花果满山，谷米满仓”。入夜，火塘通明，人们纵情跳起芦笙舞、三弦舞。长者唱起《火把节调》。这是一首总结傈僳族生产经验的长篇风俗歌。人们整夜沉醉在歌舞中。

第三节 民族民间文艺

一、民间舞蹈

陇川县的民族舞蹈种类较多。每逢民族节日、宗教节日或村寨里有大的活动，都要用歌舞的形

龙凤鼓舞

式进行庆祝。傣族常跳的舞蹈有“戛秧舞”“象脚鼓舞”“孔雀舞”，景颇族有“目瑙纵歌舞”“叮歌”，阿昌族有“窝乐舞”，傈僳族有三弦舞，德昂族有木鼓舞，汉族有“扭秧歌”。1979年，陇川县文工队板销（傣族，女）创作的《孔雀情》双人舞，受傣族群众的欢迎。1981～2005年，县民族歌舞团李永平（傣族）编导的《缅舞》、男女集体舞《新嘎光》、女集体舞《小卜少》，傣族村寨业余演出队在泼水节、傣历新年节表演的《勐宛情》《泼水欢歌》《德昂的春天》《喜迎傣历新年》等节目，深受各族群众的欢迎。

【嘎秧舞】　又称“嘎光”舞，是陇川傣族民间流行最广的传统舞蹈，参加跳舞人数不限，其动作变化多样，男女分成两列纵队舞动并进，可随时挤进，也可随时退出舞队。1984年，经德宏州傣族歌舞团改编，在全州傣族地区普及。

【象脚鼓舞】　象脚鼓舞是陇川傣族、景颇族、阿昌族、德昂族传统的集体舞蹈。不同的民族，跳的象脚鼓舞蹈幅度大小不同。傣族与德昂族跳法相同。景颇族、阿昌族跳法有一定差异，有蹲跳动作，有把象脚鼓往背后翻向前180度靠在肩上，鼓口朝左朝右、朝天朝地、轮转摆动地跳。民族节日节庆时，都以象脚鼓舞开道。

【孔雀舞】　傣族称“嘎洛永”，是陇川傣族流行最早的舞蹈。它模仿孔雀行走、觅食、饮水、洗澡、亮翅、起飞、开屏等动作编成舞蹈。每逢泼水节、傣历新年、赶“摆”（会）时，傣族青年男女都要跳孔雀舞。

【目瑙纵歌】　属陇川景颇族祭祀性舞蹈，后演变成大型群众性舞蹈。每年农历正月十五欢度“目瑙纵歌”节时，在“瑙双”的带领下，踩着“桑比”，和着铓锣声、哦呀声、鼓声的节拍，沿迁徙路线，围绕“目瑙示栋”标志四周边歌边舞。舞者脚步摇摆，男子手持长刀，女子手持手帕或红绸扇，按节拍快慢左右上下摆动。舞步刚劲有力，变换有序，称“万人舞会”。

【窝罗舞】　“窝罗舞”是陇川户撒阿昌族群众传统舞蹈之一。“阿露窝罗”节期间，都要跳窝罗舞。舞蹈以群舞为主，在鼓声、铓锣声伴奏下，男女分成两列跳舞，舞姿有劲而不复杂，参舞群众不限。宗教做“摆”（会）也跳“窝罗”舞。

【木鼓舞】　又叫“嘎奔当”舞，是陇川德昂族传统舞蹈之一。古代在祭天、祭地、祭神、祭谷魂时跳此舞。现代一般在泼水节和重大活动时表演。

【三弦舞】　三弦舞流行于陇川县傈僳族地区，是群众的普及性舞蹈，它不受人数、场地的限制。节日、喜庆时，只要1人弹响三弦琴，众人就随之起舞。三弦舞的动作敏捷连贯，跺脚、提腿有力，高潮时，两人的脚互相碰撞，气氛欢快，热情奔放。

二、民歌

民歌

陇川县各民族民间产生了自己多样的音乐，如民歌乐、舞蹈乐、祭祀乐、戏剧乐、喜庆节日乐等。

20世纪70年代，县文化工作队创作的景颇歌舞《翻身记》以及编导石勒干创作的《请你干一杯》《景颇刀与手帕》等都很有名气。其中《请你干一杯》列为省电视台（景颇语）每周一歌节目。《景颇山间小路》《斑色花的美》《走在前面的红筒裙》等被省州电台录制播放。

县内傣族民歌有《秀拐》（拐婚记）、《拉西昔双》（十二个月叙）、《昌岩寒》（懒汉记）等，1990年，上述民歌收编于《陇川古歌》一书。1981年后，出现傣歌新调，如《欢度泼水节》《赶摆路上》等。

户撒阿昌族民歌有情歌、串门子歌、风俗歌等，内容丰富，音调偏高。男女青年好对歌，节庆时，群体放声歌唱。

章凤镇德昂族民歌音调偏高，风俗歌、情歌、戏曲歌等内容丰富，具有独特的歌调。

陇把镇弄贤傈僳族的民歌朴素感人，曲调丰富。男女青年喜唱情歌、传统歌和随编随唱。节日活动有1个唱，群体接唱的习惯。

山区汉族也喜欢唱民歌，每逢农闲傍晚，男女青年就到小山岗上对唱情歌，歌声悠扬婉转，旁听者无不自乐。民间汉族老人去世，还唱一种“孝歌”。

三、器乐

陇川民间器乐种类很多。傣族演老傣戏用打击乐器，如木鼓、铜钗、锣鼓伴奏；演现代傣戏用铓、钹或音乐集成伴奏。做“摆”（会）用象脚鼓、铓、钹伴奏。一般小活动用葫芦笙、二胡、口弦等管乐器吹拉配合。景颇族活动多用木鼓、象脚鼓、笛子、铓等。阿昌族、德昂族民间活动或宗教节使用的器乐基本和傣族一样。傈僳族民间活动多用三弦、牛角琴等器乐。

傣族器乐音调比较轻柔、平缓动听；景颇族乐调豪放振奋；阿昌族、德昂族乐调朴实活泼；傈僳族乐调则比较欢快热烈，感觉似置身于欢乐的气氛之中。

风笛

土良

葫芦丝

四、戏剧

陇川县地方戏剧主要有古装老傣戏，部分译制汉族戏剧。傣族戏剧有：《孔雀公主》《帕莫鸾》《也焕与岩屯》《召树屯》《相勐》《出洼之夜》《娥并与桑洛》等。译制汉族戏剧有：《陈铁刚》《杨家将》《昭君和番》《陈一中》《三下河东》《三打王英》《甘露寺》《薛仁贵征东》《薛丁山征西》《西游记》和《白蛇传》等。1985年，县民族歌舞团演出的傣戏《三访亲》深受观众欢迎。20世纪90年代后，每逢傣族节日，部分傣族村寨都会演唱传统傣戏。

城子老傣戏队《杨家将》剧照

业余傣剧队在演出

五、文学艺术

【傣族文学】　民间傣族叙事诗《秀拐》以及《纳西十双冷》《秀当边》《秀发》《喊过勐宛》《拉加旺勐宛》等70多部文学作品，在傣族民间广为流传。

1979～2005年，全县傣族文学作品主要有：县文化馆干部多永湘和张亚萍收集、整理创作的傣族长篇故事小说《十二个姑娘的眼睛》、傣剧《大雁南飞时》（作品获得州编导创作二等奖）、傣族民间故事《妇女与织布机》、诗歌《心里话》《喊嘎托》、小品《堕落》、傣族《古词汇》《古谚语》；多永湘、钱宝林翻译的傣族民间叙事长诗《相勐》《金竹阿鸾》（两部约5000行）及整理翻译的《国王选勇》《诗句13条》等9篇（在傣文《勇罕》刊物发表）。撰写《改革开放二十年来傣乡之变化》；傣族干部岳晓天在《德宏傣学研究》《勐宛傣学研究》专刊发表傣文作品9篇。

【景颇族文学】　1978～1979年，编导石勒干创作剧本《景颇民兵班》《山寨情歌》。1993～2004年，县文化馆收集景颇族文学作品45篇，整理景颇族民间故事、诗歌、谚语多篇，翻译景颇族民间故事《景颇族最初入居陇川地带的探索》，撰写《班色香自苦寒来》节目创作史，举办民族文化创作培训班。1987～2000年，《欢乐的景颇山》《目瑙纵歌》《银泡》等15个节目分别获得州省优秀和二、三等奖。县政研室编辑出版《陇川县景颇族风情》。

【德昂族与阿昌族文学】　晓屯（德昂族）撰写《陇川德昂族传统文化点滴》《龙阳节》等。钱宝林、张亚萍翻译《阿昌族民间故事》资料一辑，收录作品34篇，约10万字（并铅印成书）。藤茂芳、宁海留等翻译整理《阿昌族情歌》600余首，先后被德宏团结报“孔雀之乡”栏目连载10期100多首，省刊《山茶》杂志刊载20首，德宏州文联《孔雀》杂志刊载24首，德宏民族出版社出版的《中国阿昌族情歌》收录100多首。《阿昌族民间艺术集》、民间故事《酒的故事》《狮子和野猪》获云南民间文学奖。杨永生整理出版《阿昌族社会历史调查文集》。县政协文史委、县史志办联合编辑出版阿昌族专辑《户撒史话》。刀晓阮、尚秉有编辑出版《陇川县傣族、德昂族、傈僳族民族风情》。

六、书法

傣族书法多用毛笔书写，有鱼头形、豆芽形、流水形等。傣族书法呈现画写并重，多用排笔书写。

1976~1981年间，阿昌族曹相安、景颇族张麻宽（女）、董弄丁等人的作品曾参加过省、州展览。业余书法爱好者的书法作品，也曾在省内外和州上展出过。此外，还有一些民族文化书法家，他们的作品获州、省奖励。

陇川汉文书法有成就者如王开琉、王文彬、杨敬东。2003年，成立陇川南宛书画摄影研习会，举办书法培训班。其中王文彬书法作品在国内外均有影响，本人多次荣获国家金奖。

王文彬书法

七、绘画

现存的古建筑物、奘寺及土司衙门的墙壁、门、天花板上，尚能看到生肖、花卉、鸟兽、山水之类绘画。特别是姐冒寨奘寺（县级文物保护单位）天花板上的古绘画内容较丰富。陇川宣抚司署衙门及户撒皇阁寺的壁画，均能折射出内地文化的影响。

1993~1994年，油画《傣乡情》《酸杷果》《胶林秋色》《时装女》，摄影作品《南宛河晚霞》《牧归》等900多幅，多次被云南省《民族画报》《国际日报》《云南画报》等刊物发表。

1995~2000年，全县组织油画创作86幅，水粉画77幅。2001~2005年，举办绘画摄影培训班5次，组织创作油画62幅，水粉画36幅。举办绘画展2次。2005年，成立陇川南宛书画摄影协会。会员作品多次参加全国性的书画大展，有6名会员的作品登入中国互联网，20人作品登入陇川网。

八、摄影

1978~1988年，县文化馆在全县举办摄影培训班、摄影展览11次。14名摄影爱好者参加德宏州摄影协会。部分摄影作品曾在省、州举办的摄影展览中上展出。

1994年，摄影作品《景颇牧童晚归》，获中国艺术研究院当代艺术大赛二等奖。

1995~2000年，县文化馆在县城组织举办全县摄影作品展2次，展出作品2000余件。

2005年，成立陇川南宛书画摄影协会，会员摄影作品陆续登入陇川网站及中国互联网，受到网民关注。

九、雕塑（刻）

陇川各族都有雕塑作品。傣族的雕塑主要突出在宗教场所、古建筑物。据《拉加旺勐宛》（陇川史书）记载，“三征麓川”后，在景罕曼弄傣族寨有泥雕塑佛像3尊，工艺没有记载。另据傣文《陇川大事记》记载，明万历三十六年（1608）在陇川城子建“初麻立”佛塔。傣族的佛塔多用砖和混泥土雕塑。塔座、塔身雕刻莲花、鸟类、兽类等。塔冠的雕制工艺更加纯熟，勐神雕塑特别。原陇川土司衙门内的墙檐上，有山水、虫草、花卉、鸟兽之类的雕刻内容及壁画。“文化大革命”时期壁画被毁。

【景颇、德昂、傈僳等族的雕塑艺术】　主要表现在：“目瑙纵歌”的目瑙示栋标志刻有景颇族迁徙路线图案。节目场地雕塑能官瓦圣人神像。木代房和其他地方绘、雕相关景颇族崇拜的图案。村寨祭鬼的场所，用长刀刻有记事内容。德昂族的信仰和傣族基本一样，雕塑内容和艺术基本相同。傈僳族的雕塑主要以鸟、兽类、弓等内容为主。

【阿昌族的雕刻艺术】　主要表现在房屋建筑、刀具、银器等方面。建于明洪武年间的户撒皇阁寺厢殿及殿内饰有龙、凤及鸟兽花草图案，气势庄重，精致美观。作品出自户撒阿昌族赖思忠（见传记）。特别是刀具、银器上的雕刻技术，世代相传，一直沿袭到今天。

户撒银饰雕刻

十、剪纸

傣族、德昂族、阿昌族的剪纸工艺较有特色，用于宗教贡品、装饰、祭祀等。在原始宗教祭祀中，多用剪成神兽、吉祥物等作贡品，“进洼”“出洼”佛教节，老人们剪纸装饰奘寺里佛台、佛灯、佛伞等。剪纸制成的贡品有：“扎嫁”（佛幡的一类，三角旗形），“拉散玛”（和尚用的面扇）、风幡等。佛爷圆寂后，用剪纸装饰冥房，火葬奘亭。装饰寨神、寨心场所和神树，多用花、虫、鸟图案的剪纸内容。在丧事中，剪纸装饰丧者的纸房和一些祭祀品。

傣族、阿昌族、德昂族剪纸的表现方法主要是单色和衬色剪纸。形式以方形、圆形、锥状罩形为主，其内容多为鱼、花、鸟、鸡、马、象、兔、狮子、老虎等动物，也有神符、神像、神兽、花瓶等内容。

傣族民间剪纸

第四节 文化交流

1978年后，县委、县政府制定相关政策，支持文化单位选派专业人员到高等院校学习深造，鼓励和支持单位和个人参加国家、省、州组织的演出、书法、绘画、摄影、文学创作等比赛活动。县民族歌舞团多次应邀到州内外各县市及昆明、北京、天津、湖南、上海、内蒙古、新疆、广州、深圳、珠海、海南、杭州、福州等巡回演出；前往缅甸密支那省八莫市及新加坡演出，受到国内外观众欢迎。1994年，“章八”公路通车后，加强中缅文化交流，县侨联曾派出部分退休教师到缅甸华侨学校任教。

中缅学生交流

1998～2005年，协助中央电视台国际频道、中央一台、中央七台、中央十台、云南新华社、云南电视台、云南《人文地理》摄影组及多家报刊杂志、网络等各种传媒，制作影视、撰写新闻报道及学科论文。先后有20余批50多人参与摄影、报道工作。《阿昌族户撒刀锻制技艺》《景颇族目瑙纵歌》入选国家级第一批非物质文化遗产名录后，各种新闻媒体对阿昌族“阿露窝罗节”、阿昌族村寨进行了采访、报道，提高陇川知名度。利用民族传统节目互访、互演，开展形式多样的中缅文化交流活动，为中缅民间文化艺术交流及友好往来提供平台。

第五节 图书

一、图书馆

1982年1月，将文化馆的图书室分离出，正式成立陇川县图书馆。原县文化馆的阅览室、藏书室、书架、阅览桌椅、图书报刊等与图书有关的设备设施全部划归县图书馆。当时有馆舍面积242平方米，藏书2.55万册，工作人员7人。1996年，新建馆舍投入使用，增加建筑面积473平方米，合计715平方米。馆内设有办公室、采编室、资料室、外借室及综合阅览室。1998年，有各类藏书4.64万册。2002年11月，县图书馆搬迁到由云南省文化厅投资65万新建的县城同心路中段新馆。新馆馆舍面积1040平方米，馆内设有：办公室、采编室、外借室、综合阅览室、儿童阅览室、资料（地方文献）室、电子阅览室、视频点播室及少儿培训中心。至2005年，有各类藏书4.85万册。县图书馆被评估定级国家三级图书馆。同年，被省文化厅、人事厅评为“文化工作先进集体”。

【藏书管理】 2003年以前，由于经费不足，图书购置相对较少，经费主要用于每年的报刊订购。2004年开始，每年订购各类报刊200多种，所有藏书都用《中国图书馆分类法》分类，图书排架采用分类号加作者号结合的方法。作者号按《通用汉语著者号码表》取号，著录按《普通图书著录规则》著录。共设有3种目录（分类目录、书名目录、著者目录），共4套，其中读者目录3套、公务目录1套。

【读者服务】 1994～1996年，县图馆开办百花书社进行图书销售，每年为图书馆增加2000元的以文补文收入。至2002年，县图书馆年均接待各类读者1.45万人次，图书外借0.82万册次。2003年，设立培训中心，开展青少年书法及英语培训班。2005年，增加电脑培训班。3年共培训各类中小学生及电脑爱好者600多人。年均接待各类读者2万人次以上，图书外借1.2万册次以上。

【规范化建设】 1994～2005年，陇川县图书馆经历2次馆舍建设及1次馆址搬迁。2003年，建立健全《陇川县图书馆安全管理制度》《陇川县图书馆办公室工作职责》《陇川县图书馆图书、报刊借阅制度》《陇川县图书馆采编室工作职责》《陇川县图书馆图书采编细则》《陇川县图书馆工作人员岗位职责》《陇川县图书馆设备设施管理制度》及《陇川县图书馆电子阅览室管理制度》等职责，规范开放时间。周一至周五：上午9：00～11：30，中午：13：00～17：00，晚上：19：00～21：30。周六至周日：中午13：00～17：00，晚上：19：00～21：30。

2005年，县图书馆先后自筹资金购买40台电脑，组建德宏州公共图书馆系统第一家电子阅览室。9月，县图书馆电子阅览室正式开放接待读者。

【乡镇图书室】 从20世纪80年代开始，县各乡镇文化站，设立规模不等的图书室或阅览室，至2005年，全县9个乡（镇）图书室，建筑面积达740平方米，共藏书2.44万册，图书管理员14人。

2005年陇川县乡（镇）图书室基本情况统计表

表21—1

文化站名称	图书室面积（平方米）	藏书量（册）	图书管理人员（人）
章凤文化站	80	12000	1
城子文化站	90	4000	2
景罕文化站	90	1080	3
陇把文化站	40	2100	1
清平文化站	90	1000	2
护国文化站	90	460	1
王子树文化站	90	400	1
勐约文化站	90	540	2
户撒文化站	80	2800	1

二、新华书店

1963～1985年，省新华书店和地方财政先后拨款8.66万元，为城子和章凤分店建盖门市部、仓库和职工宿舍、伙房等设施，面积888平方米。1991年12月，新华书店陇川支店加入云南新华书店集团有限公司，原事业单位国有身份职工，全部转变为与集团公司签订劳动合同的企业人，建立起市场化运行机制。1996年，陇川新华书店下迁章凤。

【图书经营】　1979年，财权、业务权收归省店，地方财政下拨的流动资金一并收回，后由省店核定下拨0.73万元，不足部门向银行贷款。1983年前，书店利润上缴省店，县店不留利，年终由省店据情下拨奖金。1984年，州店采用先考核后分配的办法，对完成承包项目和实现利润的书店，实行利润分成，保证人均奖金260元，福利费190元和后备基金20元，剩余部分则作为生产发展基金。1986年，州对县实行定额承包，打破大锅饭。1988年又采用上缴利润递增包干的形式，集体承包，把书店的所有权和经营权分开，把责、权、利落实到经营者身上，使企业真正做到自主经营、自负盈亏的自我发展机制，逐渐形成州向省包、县向州包、部门向书店承包的格局。1988～1990年，陇川书店第一轮承包期，完成89.2万元，实现利润2.7万元。

图书馆送书刊到边境口岸拉影

【图书发行】　1978～1990年，主要发行中小学教科书、自学考试书籍、函授教育书籍、农业、边贸、景颇文图书等类别书籍。1978年、1983年、1990年，陇川书店负责人颜学富曾被省新华书店评为“先进工作者”。1991～2000年，图书发行种类扩大到教材、函授教育书籍、经济、法律、农业、边贸、旅游、实用工具书、少儿读物、小说等。建店以来，年均发行图书6.85万册，销售4656册。2000年，实现销售384万元，同比增长9.4%，实现利润20万元。2000年以后，图书发行类别日趋多样，教材、农业、旅游、边贸、法律、实用工具书、少儿读物、公务员考试书籍、珠宝书籍、杂志、音像制品、教辅资料等成为新热点，销量稳步增长。1991～2005年，全县发行图书186万册，实现利润226.5万元，年均15.1万元。

1991～2005年陇川县新华书店经营情况统计表

表21—2　　　　单位：万元、人

年 份	总营业收入	销售	利润	职工人数
1991	5 9.7	109.7	2.8	11
1992	62.7	112.7	2.9	9
1993	75.7	125.7	5.1	9
1994	105	155	3.6	9
1995	152.4	202.4	3.9	9
1996	213	263	6.7	9
1997	263	313	10.1	10
1998	306.5	356.5	17.8	13

续表21-2

年份	总营业收入	销售	利润	职工人数
1999	308.2	351	16.3	14
2000	336.3	384	20.2	15
2001	343.4	393.4	24.1	15
2002	333.4	382	21.4	15
2003	369	432	27.0	15
2004	402.5	472	30.4	15
2005	403.2	482	34.3	15

第六节 电影放映

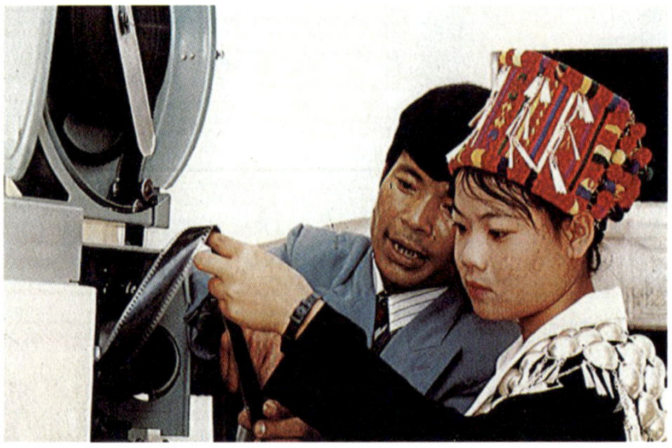
传授电影放映技术

1979年，成立共瓦、邦瓦2个公社国办电影队。1980年，成立陇川县电影发行公司，同年陇把电影院落成开业。1982年，县电影院改为独立核算单位。同年，章凤公社电影院竣工营业。1978～1984年，是电影发行放映的黄金时期，县城周围干部群众看电影的热情高涨，《金姬和银姬的命运》《少林寺》《武当》等影片通宵放映。1985年，县电影公司体制改革，实行经理负责制，公司与电影院合并，撤销共瓦、邦瓦国营电影队。1986年，全县放映8402场，观众311.42万人次，放映收入32.98万元，发行收入14.45万元。放映民族语译制片144场，受到州电影公司的表扬和奖励。1993年9月，户撒区电影院落成营业。10月，县城新电影院落成营业。当年完成4412个工作日，放映电影6230场（其中民族语译制片284场），观众399.31万人次，放映收入23.67万元，发行收入9.51万元。

1993年，全县有放映、管理人员105人，65个（包括农场系统）放映供片单位。其中个体45户、乡办队6个、国营单位4个。全县有48个露天围墙放映场所、农村普及放映点261个。多数放映机使用锡灯、钢灯、氙灯。放映、管理人员有省级培训10人，州级培训28人，县级培训72人。全县共放映7713场，观众213.13万人次，放映收入33.78万元，发行收入14.85万元。放映民族语译制片235场。1997年，县电影公司倒闭，电影放映受到影视冲击，走入低谷。

进入21世纪，国家广电总局、文化部联合在全国推行农村电影放映“2131工程”。2001年9月，陇川县正式启动“2131工程”，组建11个农村电影放映队，专门到各乡（镇）、村、组、学校巡回放映电影。

第七节 文物古迹

一、重点文物保护单位

陇川县文物重点保护单位有5处：（1）景罕玉兔佛塔，1989年7月9日，被德宏州人民政府公布为第一批州级文物保护单位；（2）陇川宣抚司衙门，1990年3月24日，被公布为县级文物保护单位；（3）邦角山官衙署，1993年11月16日，被公布为云南省第四批省级重点文物保护单位；（4）户撒皇阁寺，2003年12月18日，被云南省政府公布为第六批省级文物保护单位；（5）姐冒奘寺，2009年6月，被列为县级文物保护单位。

贝叶经

二、文物收藏

全县收藏可移动文物208件，其中一级文物1件，二级文物2件，三级文物1件，一般文物204件。主要文物有：国家一级文物汉代铜钺，国家二级文物傣族土司家族用的银盒及陇川宣抚司署大印章，国家三级文物象牙雕饰。其他馆藏文物为石锛、石斧、象骨贝叶式傣文经书（12片）等。

【铜斧】 系青铜时代文化遗物，时期为汉代。该钟铜斧为青铜质，长17厘米，宽10厘米，刃部呈较长的斜弧形，近似于不对称（或靴形）。斧身匀薄，质较轻，直銎呈扁状，柄端两侧均有略呈U字型的凹口，刃端上部与銎口之间的部位均有分叉的尖刺，似做钩爪之用。有的銎部和表面有阳线的斜线纹、网格纹。该种铜斧器型稳定，形态一致，采用小件模型铸成。铜斧系陇川群众发现。此类铜斧在缅北一带也有发现。有人认为该种铜斧系古哀牢文化的遗物，属“滇越”“乘象国”时期的文物。现今尚无定论。

【象牙雕饰】 原系陇川宣抚使司多氏土司收藏品，今存县文物管理所。牙雕长58厘米，横截面呈椭圆形，根部直径7厘米，系用亚洲象牙齿为雕刻原料。牙雕采用浅浮雕形式并用各种类纹饰在象牙表面构成上中下3层次：上部雕出两层排列规整、叶片肥厚、叶尖上翘的覆莲瓣，围绕牙身一周组成第一层纹饰；中层一周分别雕有象、雄狮、孔雀图案，均为浅浮雕，并雕有边框，为写实的表现手法；下层一周雕有3道仰莲瓣，组成第3层纹饰图案。此外，位于牙身顶端处又雕有一身着裟丽的印度少女，作舞蹈状，为圆雕。该牙雕整体呈乳黄色，其纹饰图案及表现手法带有南亚艺术风格特色。据传，该牙雕系清末陇川景颇族山官赠送陇川宣抚司多氏土司的礼品。

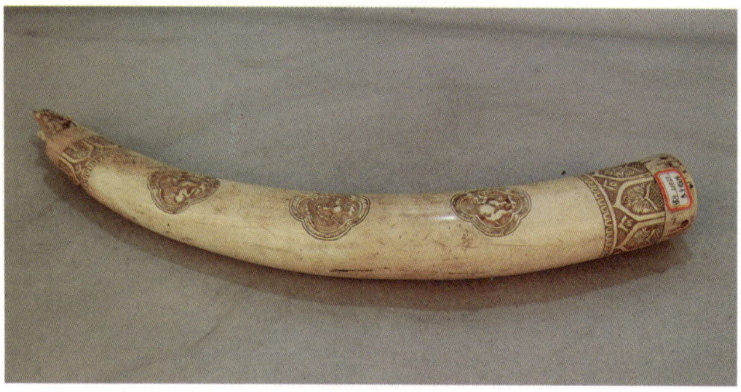

象牙雕饰

【心形雕花银盒】　系近代德宏傣族手工艺品，原为陇川宣抚司多氏土司贵族妇女使用的首饰盒，今存陇川县文物管理所。该银盒系用白银范模铸成，分为上中下3层，平面呈鸡心形，高13.5厘米，最大宽度15.1厘米，最小宽度7厘米。上层顶部有盖，盖顶微隆起，中央立有一麒麟状的瑞兽，为圆雕。两侧及周边布有两条龙首为正面的龙纹。底纹为细密的缠枝文，均为单条阳线浅浮雕。盖扣作数片叶状，每层盒体外壁均作镂孔透雕的缠枝纹，做工精细。除第一层盒体平面呈鸡心状外，第二、第三层盒体均由两侧可向外开合的两个腰果形组成，盒体关合后，又可组成一鸡心形。两层计4个腰果形盒体可向不同的方向开合，又可同时分盛不同的饰物，构思巧妙。

【陇川宣抚司印】　分朝廷颁发的官印和土司自制官印两类。（1）朝廷颁发的官印。系原陇川宣抚史司自清乾隆年间至清朝末年使用的官印，于清乾隆十九年（1754年）十二月由礼部铸印局制造，仪制司颁发。现收藏于陇川县文物管理所。印为黄铜质，正方形，边长8厘米，厚2厘米，杙钮（即圆柱或椭圆形钮），高8.5厘米。印文为刻字，用满汉两种文字镌成。印面右侧汉文：陇川宣抚司印，悬针篆体，阳文，直书；左侧满文，直行，为满文篆书，意与汉文同。（2）陇川土司自制官印及其私章、闲印。官印均为木质，形制规格不一。计有“世袭陇川宣抚司钤记”1枚，长方形，长8.1厘米，宽5.7厘米，印文篆书，阳文，直书两行，行5字；“宣抚使司”印1枚，长方形，边长5厘米，宽3厘米，印文悬针篆体，阳文直书。“云南陇川宣抚使司”印1枚，长方形，长9厘米，宽1.8厘米，无边框，印文隶书，阳文直书。“云南腾冲府陇川宣抚司印”1枚，正方形，边长6.5厘米，印文篆书，阳文直书两行。另有隶属陇川宣抚司的陇川王子树抚夷官印2枚，其中“陇川王子树抚夷署钤记”1枚，长方形，边长8.5厘米，宽5.1厘米，印文篆书，阳文直书两行；“陇川王子树抚夷图记”1枚，长方形，长6.9厘米，宽1.9厘米，印文楷书，阳文直书单行。私章多为象牙制，计有“陇川宣抚使司多永安·靖之”章1枚，“多永安印”1枚,“滇西腾冲孟守义·仁齐印”1枚。

三、文物发掘

2005年12月至2006年3月上旬，由云南省文物考古研究所组织全省的专业技术队伍，对麻栗坝水库建设淹没区所涉及的清平乡新山古塔、牙赛火葬墓地、户宛窑址、户宛小广姆遗址、户宛广姐雷遗址和吕着火葬墓地等处野外考古发掘。发掘面积近2000平方米，清理出土较完整的火葬罐等器皿30余件，并伴有大量的陶片、瓷片等遗物。

【新山古塔】　新山古塔位于陇川县清平乡政府所在地西南约2千米的缓坡台地上，东距陇川至清平公路约500米。地处北纬24° 27′ 578″ 、东经97° 01′ 045″ ，海拔1004～1006米，发掘面积600余平方米。现塔址所在地均为农田，上面大量种植甘蔗。清理前塔基遗存略成馒头状，高出周围耕地约4米余，在土堆中西部长有一大榕树。清理发掘表明，该古塔为一方形的砖塔。塔基平面正方形，四角呈双曲尺形。塔基用方形砖或者楔形砖平铺错缝砌筑，为实心砖塔。塔基自下而上逐级内收，塔身大部分已毁，塔刹不存，残存塔身高4米余，大部分存塔基，高约2～3米。从上部方砖和楔形砖的砌筑方法及结构推测，其上部结构与塔基部分相似，为须弥座形重檐方塔。其建造方式是先平整地面，在正中挖一口大底小的方形地宫，地宫上部铺石板，然后在沙土上建砖塔。 由于该塔历年多次被盗，所存的遗物十分稀少。从该塔坍塌后的堆积中发现有贴金陶佛像头1个、铜佛像1尊、汉白玉佛像1尊以及一些陶珠、琉璃珠、包银铜器、半月形铁器等。从出土遗物特别是佛像分析，该佛塔始建于明朝初期，大约在清代中期废弃，前后延续使用300余年。

铜佛像

【牙塞火葬墓葬】 位于陇川县清平乡牙塞村北，地处城子至清平乡公路的右侧，通往东么寨的小路恰好从墓地边缘穿过。清理前，墓地地表有7座石堆。通过考古发掘，在这些石堆的下面确实有长方形的竖穴土坑墓，一般长2米、宽0.5～0.6米，深0.3～0.5米。没有任何随葬品。只是在墓葬的上面有一些残碎的陶片和瓷片，这些遗物和在陇川南宛河流域出土的火葬墓的陶片相同，应该为同时期的遗存。当地的傣族居民，一直传说这些墓葬是德昂族先民遗留的。估计这些墓葬的时代应为明清时期。相传德昂族先民以摔碗的方式决定埋葬的地点，碗在哪儿摔碎，人就埋葬在哪儿。对于正常死亡的人，挖一个长方形的坑埋葬，没有任何随葬品。而对于非正常死亡的人，则将其火化并用陶罐或者陶壶将骨灰装起来，在背阴的山坡埋葬。

【户宛小广姆祭祀遗址】 小广姆遗址位于清平乡广林村委会户宛寨子的北面，发掘面积约150平方米左右。（广姆，傣语：佛塔的意思）地处北纬24° 26′ 136″ 、东经97° 59′ 258″ ，海拔983米。在考古发掘清理前，当地村民大多数人认为这个地方是一座佛塔，并且说该佛塔下面的沟里在“文革”时期丢弃有大量的铜质和汉白玉的佛像。在该遗址的上面和周围有茂密的竹子和树木。考古发掘清理表明，该遗迹为一个用石头砌成的略成长方形的台子，在台子的正中还砌有一供奉神灵的佛龛。在佛龛外侧的堆积中发现有一枚清代‘道光通宝’货币，另外在该遗迹东面堆积的第一层中发现一带铁箍的镜子。在台地下面的沟内堆积中没有清理出任何遗物和遗迹。当地傣族认为广姆是德昂族的遗留物，专家初步推测该建筑为古代居民祭祀寨神的一个场所，其时代应该为明清时期。

【户宛广姐雷（奘房）建筑基址】 广姐雷遗址位于清平乡广林村委会户宛寨子的村后山上，高出寨子约50～60米，北纬24° 26′ 101″ 、东经97° 58′ 997″ 。该遗址紧邻树林，其西为现代开垦种植的毛竹，地势平坦，遗址上有数棵乔木、灌木和一棚竹子。发掘面积近130平方米。考古发掘表明，该遗迹为一砖室结构的高台建筑。平面略成南北向长方形，长约10米，宽约5米，高约1.5米。房址底垫一厚约0.1～0.2米的含大量红烧土块的硬面，硬面上砌长方形石基。石基内部填充夹砂石的红褐色土，然后在其上砌砖，在内部则平铺地砖。该房屋遗址的上面已经不存，结构不明。在房址的东北角和东南角发现有两块石头，专家认为这可能是进出房屋的台阶。在房址的东南部发现有大量的板瓦、筒瓦以及瓦当和滴水等遗物，综合分析认为该建筑可能是石基砖墙瓦屋顶。用于该建筑的砖有灰砖、褐色砖、灰白色砖等，火候有高有底，多夹细沙，砖大多为长方形板砖，但在房屋的东南角表土层下发现楔形薄砖。此外，在建筑基址东南角附近还发现一大石块，在石块中间有一人工圆穿，穿中残存黄褐色的圆柱形砂石残段，圆穿未穿过底部，推测极可能是烧香用的石座。根据该遗迹的结构及筒瓦、板瓦以及瓦当滴水和石座等遗物分析，该建筑不是一般的民居，应是当地民族用于祭祀的奘房。该建筑初定为明清时期所建。

【户宛窑址】 位于户宛村的东南角，处于麻栗坝至清平公路的西面。距公路直线距离约120米，距南宛河270米。地处北纬24° 25′ 945″ 、东经97° 59′ 147″ ，海拔980～981米。发掘面积300多平方米。考古发掘表明，该窑址为一球状体，在窑体的周边均匀分布有6个烟囱，在窑体的北面有一窑门，供装窑和取出烧制好的成品。在窑体的东面有一火门。窑顶到窑内地面高度为4.4米，窑最大直径为5.7米。底部由方形窑砖横向放置逐层向外排列，窑中部垂直砌3层方形砖，在此基础上用楔形砖纵向排列逐层内收，直至顶部留一直径约50厘米的圆孔。窑底直径达4.4米，在底部中央有一椭圆形火塘，火塘最大直径1米，下有一炉桥，用砖进行分隔，上层用于添加柴火，下层以滤火灰，火塘以东至窑壁形成一略成扇形的窑箅。窑箅周围为砖砌，中间为沙泥的混合物，高于地面80厘米。地面由火塘周围向窑壁方向呈放射状排列，便于搁置砖瓦和其他需要烧制的器物。

从清理发掘情况看，该窑址在建成以后多次经过修整。此种类型的窑址在陇川境内不多见，和现代烧制砖瓦的窑有很大区别。该窑密封性好，结构紧密，十分牢固。唯一的缺陷是空间相对较小。专家初步认定，该窑址的建造年代应该是明清时期。

【吕着火葬墓地】　吕着火葬墓地位于清平乡吕着寨子南部及东南部。由于该处还有大量民居，考古队选择地势比较开阔的3个地方进行发掘，分A、B、C 3区。共布5×5米探方45个，发掘面积达1125平方米。地处北纬24° 25′ 458″ ，东经97° 58′ 735″ ，海拔996米。此次共清理发掘31座火葬墓。从各墓葬的开口层位来看，这些墓葬之间是有早晚差别的。从发掘现场观察，这些墓葬都是在当时的地面挖一坑，在坑底垫一些草木灰或者细沙，有的什么也不垫。然后再将火化后的骨灰以及未完全烧尽的人骨等装入罐或者壶内，并在罐的上面盖一碗或者碟。还在旁边垫一些石头以支撑陶罐。在罐内没有发现任何随葬器物。从出土的火葬墓葬器具来看，主要分为陶质和釉陶质以及瓷质。器类主要有罐、钵、壶、碗和碟等。纹饰主要有绳纹、划纹、压印纹、方格纹等。瓷器主要有青花碗和暗褐色的彩绘瓷碗，从瓷器的造型和纹饰以及色泽来看，这些瓷器主要为当地生产，也有部分青瓷是从外地搬来的。该墓地经村民建房、种植甘蔗和其他农作物，遭到破坏。考古队发掘清理的有些地方，在1～2平方米的范围内有2到3个火葬墓，从现场推测当时该地是一个相当大的火葬墓地，在该墓地附近原来应该有一个人口比较密集的古代村落。

四、遗址

【曼当新石器文化遗址】　位于陇川县王子树乡曼当寨东北约3千米处，面积约6000平方米，出土1件石斧，磨制光滑，呈梯形，宽4.5厘米，长5.5厘米，厚2厘米，有明显的使用痕迹。采集到的陶片为夹砂黑陶、红陶，并有斜线纹饰图。

【景永城遗址】　位于陇川县城子镇东北角，俗称“诸葛营”。1981年，文物普查时发现，1982年，进行复查确认。

据《天启滇志·地理志·永昌府》载：“景永城，在陇川宣抚宅后，砖甃城，楼四座，万历六年（1578）兵备胡心得建。”20世纪80年代初，该城址大部分保存较完整。城址面积16万平方米，除西城墙南端一段，因有一山嵎楔入城内而呈弧形弯曲外，其余城墙基本规整，大致呈长方形。东城墙长560米，南墙长290米，方向135° 。由于人为破坏及自然毁坏严重，原有城墙已尽数无存，保存下来的仅剩用红壤土整筑而成的内墙。在城址内发现数量较多的典型明代城砖，故史料所载该城原为“砖甃城”。其城墙外层砌一道砖质护墙，内层则以壤土夯筑1道厚实的土墙。土墙墙基厚10米，顶厚3米，高2～3米不等。其中，南墙形态保存得较完整。东、北两面城墙中部各设有城门1道，坍塌毁损严重，原制规格已无法测定。城址内发现有建筑遗存和遗迹，素面青砖2种，规格为37×19×10.5厘米，似城墙用砖；33×17×8.5厘米，似房屋类建筑用砖。另有花砖2种，均为阳刻图案，上有花草类纹饰，但多残破，规格难识，经测厚约4.5厘米，应属房屋建筑用砖或地砖之类。城址内原遗有一砖砌长方形水池，长约50米，宽15米，深3米余。北面建有引水道，由城外延至城内，系用长40厘米，直径15厘米的两块筒瓦拼合抹砂浆砌成。此外，城址内还发现过琉璃瓦、瓷器残片和明代铜钱等物。

景永城遗址出土的残砖

景永城址是明王朝军队在德宏边地设置的边防军事设施，也是明正统年间“三征麓川”，平息地方割据势力叛乱之后，明中央王朝加强德宏边疆的统治，大量派驻军队“屯田戍边”的产物，客观上为维护边疆、巩固边防起到了作用。

【芒崩城遗址】 位于陇川县邦瓦乡巴达村以东约3千米的一山顶上。1982年，文物普查期间发现。1997年1月，云南省考古研究所、德宏州文物管理所再次对该城址进行联合勘察。该城所在的山头地势不高，但地理位置重要，正处在陇川坝子与丘陵交界的边缘地带，依托延绵起伏的山峦，面对开阔平坦的坝子。城依山势构建，在山顶及其一侧山脊稍平缓的地带布局。城墙顺山顶的边缘而建，城内地势较平缓，城外四面属较陡峭的坡地，易守难攻。城址略呈方形，面积约5000余平方米。城墙尽毁，但墙基尚存大部，系用石块，卵石砌筑。现存南墙一段墙基，长约96米。宽52厘米，方向320°，高度已不可考。另城址东、南、北3面均见墙基拐角残迹。未发现城墙砖。据勘察，该城城墙应是以石块、卵石砌筑而成，但墙体厚度不大。城址内地面存有较多的建筑遗物，石块、残砖、瓦砾、瓦饰等随处可见。砖瓦灰白色，多含白砂质，残破，规格难识。另有部分浮雕纹饰的花砖。据测，砖的厚度有4厘米、5.5厘米、6.5厘米数种，应为房屋建筑用砖或铺地砖之类。瓦较厚重，规格亦较大。该城所用砖瓦系就地烧制，现今其近旁尚存有1口古窑址，另有古井1口。

据该城址的建筑形式和构筑方法及其所遗存的砖、瓦、瓦饰等判断，该城址应属明代的建筑遗迹；另据该城址的地理位置，建筑规模及其布局看，应不属纯聚居性质的城池类建筑。而应是1座纯军事性质的要塞式的城堡；该城址当地景颇族称“腊仙蹦”，意“德昂族王城”。当地民间传说该城系历史上德昂族的一位王子（或女王）所建的“王城”。其砖瓦、瓦饰，特别是浮雕纹饰花砖等，均系明代汉式风格之物。城堡的修建应与明正统年间“三征麓川”战役明军的大量进驻这一史实有关。据《明实录》《天启滇志》等史料记载，约万历六年、十九年和三十九年时，明朝军队先后在陇川一带修筑城池兵营，以镇边地。因此，该城址应属明军所修筑的军事设施之遗址。

芒崩城遗址出土的残柱础

【近允城遗址】 位于城子镇近允寨西面300米的一山丘上，处在城子至章凤公路

3.5～4.5千米计程碑的东侧，公路即从城址西侧的高坎下通过。1982年，文物普查期间发现。1997年1月，云南省考古研究所、德宏州文物管理所及陇川县文物管理所人员再次勘察。该地位于城子镇东南约5千米丘陵地带。城址呈长方形，面积近100万平方米。其地势东北高，西南低缓，西面则为洼地。城址东、南、北3面尚存有城墙遗迹，西面因开挖公路时被毁，遗迹无存。东墙长约1600米，南墙长近650米，墙体保存较完整处高约5米，基础厚达5米，顶厚3米。城墙外侧尚存有环绕城址的护城壕，虽经数百年风吹雨刷回填严重，但仍清晰可辨。其城墙的构筑系在开挖护城壕时就其土方垒砌整筑而成，故在部分墙基处仍能辨出夯窝点。城墙四周现仍能辨出城门残迹5处，南墙中部设有城门1道，形制里小外大，呈喇叭口状，门洞外侧正前顺城墙方向又砌有1座土墙，形成1座挡墙，行人由土墙两端与城墙之间的通道出入。这种八字外加一横的门形式极具特色，避免大量人群在短时间内涌入城内的可能，能有效地控制城门的区域，具有易守难攻的特点。东墙设有两道城门，靠南侧的城门保存较好，也是里小外大喇叭口状的形制结构。但门洞外侧不设土墙，而砌1条夯实垫高的甬道。其余城门坍塌毁坏严重，形制结构难考。城址内发现有遗迹遗存。城中部北侧有一面积较大建筑物的基础。其东北南另有一人高堆砌的圆形土台，高度与城墙齐平，遗物有印纹陶器残片，应是当时用以防卫的军事设施瞭望台或岗楼类的基址。此外，城内东部尚有一面积较大的水池，系天然或人工掘成，已难辨别。城址内还发现大量建筑遗存，并出土部分遗物。位于东部的坡地上发现大面积的砖瓦堆积和部分石柱础，并出土部分烧焦的稻谷。砖有素面和花砖两类，以素面砖居多。规格有38×22×8厘米、34×16×6厘米、33×16×6厘米、29×15×6厘米、5.35×35×4厘米。前2种显然系常见的明代城砖。花砖分3种：卷草纹饰砖规格为32×18×4.5厘米，花卉纹饰砖规格为31×10×6.5厘米，X纹饰砖正中为阴刻的X图案，两侧刻有3道折角的阴刻凹槽。石柱础，底呈正方形，边宽47厘米，座上有圆形柱板，底径42厘米，面径32厘米，通高17厘米。由大面积的建筑遗存可知，这里曾建有众多的房屋类建筑，甚或建有贮粮食的仓库，表明这里曾是城内主要的居住区并拥有较多人口。此外，城内还出土过部分陶片及少量铜箭簇、铜铃、铜锁等物。陶片为米黄色的泥质印纹陶片，有米字格纹、人字形纹和羽纹等类纹饰。器型为圆底器，似罐、釜类。有关该城址的年代、族属、功用等问题，由于没有确切具体的史料记载，尚无定论，只有民间传说，系德昂族所建。

近允城遗址 采集物——砖

五、古建筑

【户撒皇阁寺】 又叫皇阁报恩寺，位于陇川县户撒乡朗光村以北约1.5千米的金凤山麓。据寺内现存的1块碑文所载，始建于明洪武年间（1368～1398年）。后又于清雍正十一年（1733年）由当地土司、乡人筹款在皇阁寺南端修建了报恩寺，两寺连为一体，故称“皇阁报恩寺”。历史上曾于清乾隆十二年（1747年）、嘉庆十一年（1806年）及光绪十三年（1887年）维修扩建。20世纪90年代，当地乡人又陆续进行过局部修缮。户撒皇阁寺属道教建筑，占地2000平方米，建筑面积约

920平方米，原有3进，现存2进，另1进于民国初年被毁。其布局依山势由下而上排列，开有3道牌楼式天门。一进为报恩寺，大殿3间，宽11.8米，进深10米，抬梁式木结构，单檐歇山顶。两侧建有厢楼，3间开，面宽10米，进深6米，木结构，单檐顶。殿内供有释迦牟尼、观音菩萨等佛像数尊。二进为玉皇殿，进深10米、面宽12米，抬梁式木结构，三层重檐歇山顶。两侧附厢房，木结构，面阔，进深均为3间，宽6米、长11米、单檐歇山顶。大殿内供玉帝金像和王母金身，玉帝像四周用木制雕花镂空透雕神龛为罩，通体鎏金。神龛四面各有一环抱柱体而上的金龙1只，神形兼备，极富动感。龛体上镌有象征福、禄、寿、喜的花、鸟、虫、鱼纹饰。图案均作镂空透雕，鎏金一层，富丽堂皇，熠熠生辉，工艺技术水平较高。寺内尚存有明嘉靖年间所铸的铜钟1口。寺院中建有1座戏台，宽3.5米，深6米，高2.5米，戏台两边的厢房是演员的化妆室及休息室，下层同等面积的屋子是供演员住宿。戏台对面为皇阁寺大殿，下面建有3层梯形太平台，为贵宾席位。长12米，宽8米的长方形天井，是老百姓看戏的地方。

【章凤观音寺】 位于陇川县章凤村委会老寨南侧，属汉传佛寺。始建于清同治十年（1871年），民国14年（1925年）曾经大修。20世纪80年代后，又陆续做过修缮。寺庙占地面积3289.34平方米，建筑面积约1100平方米。由大雄宝殿、念佛堂、厢楼、藏经楼、住房等组成。大殿坐南面北，面阔3间，宽26.85米，进深3间，长11.15米。穿斗式木架结构，设径围0.9米的立柱18棵，单檐悬山顶。佛堂内供奉立式观音像，左右各为文殊、普贤乘青狮、白象像，同时还供有地藏菩萨，瑶池地母和善财、龙女像。佛堂左侧有1厢楼，面阔3间，宽11.5米，进深长6.3米，木结构。现作生活用房。寺院内东侧90年代新建一砖混结构的藏经楼，建筑面积361.4平方米，内收藏有台湾佛教协会赠送的《大藏经》1套。

【景罕玉兔佛塔】 位于陇川县景罕镇东面的土丘顶上。为南传上座部佛教塔，占地面积36.8公顷。据傣文史料《拉加旺勐宛》（陇川史）载，该塔始建于1610年，属玉兔舍利塔。原塔基方形，直径8米，主塔高22米，小塔4座高12米。1920年，扩建主塔和8座小塔。1953年，扩建塔群戴冠。“文化大革命”期间被毁，1981年重建。现存塔基座为正方形，实心砖砌，边长13米，高1.6米。塔基4面设有双坡顶的佛龛，内置佛像。坛台一、二层4个角上各立小塔1座，高3米。主塔高11.6米。塔体为金色。20世纪80年后，在该塔周围又相继修建干栏式结构佛寺、闭关奘寺和僧侣住房，塔前塑释迦牟尼像1尊，奘寺内香火不断。在山门至山脚修筑石阶路，共210级，宽3米长132.9米。该塔系德宏佛教建筑年代最早的上座部佛塔，在德宏乃至缅甸北部享有盛名。每年浴佛节，信教群众都要汇集在此举行为期3天的拜佛活动。

【邦角山官衙署旧址】 位于陇川县王子树乡邦角村内，系原石婆坡隘抚夷，景颇族山官尚自贵于1935年所建，旧称邦角抚夷署。该衙署占地1148平方米，建筑面积约800平方米，整体为土木结构建筑，局部砖石砌筑，坐南向北，由南向北依次排列有正堂、左右厢楼、厅堂。西侧建有库房，厨房和旁院，东北角还建有1座石砌碉堡。正堂面阔5间，宽23米，进深3间，长8米，抬梁式土木结构，单层单顶，板瓦屋面。两进厢楼均为抬梁式木结构一楼一底，单层檐顶。整座建筑四面围墙。碉堡、围墙及建筑墙体上开有众多射孔，以防匪患和仇杀纷争。该衙署的结构布局俨如城堡，兼有要塞功能，独具特色。邦角山官衙署系国内目前保存完整、规模较大的唯一景颇族山官衙署。1996年，县政府拨款维修。1993年11月，被云南省政府公布为第4批云南省文物保护单位。

【陇川宣抚司署】 位于陇川县城子镇团结路西南段东侧，系土司第二十二世祖多蔚桢于清咸丰年间所建。陇川宣抚使从三品，属“三宣六慰”之一。其司署布局、格式也系仿照清代的藩台、臬台所建，为四进的宫殿式建筑群，规模较大，气势不凡。但因历史原因，第一、二、三进主院和所有附属建筑均已毁弃，唯有第四进正殿及左右厢房保存下来。第四进院落占地约2000平方米，建筑面积608平方米，坐东北朝西南，排列有正殿、两侧厢楼、厅堂等，呈四合院式。正殿建在较高的石砌台基上，面阔5间，宽20.3米，进深长9.6米，抬梁式土木结构，单檐硬山顶式屋顶，筒瓦屋面。檐高4.5米。内檐拱形天花，呈穹隆式。梁、柱间雕梁画栋，枋头作龙凤圆雕。大梁部分作透雕。门窗作各种花饰。墙壁绘山水画，格调典雅。正殿前后部有走廊。过道铺孔雀、白鹭纹饰浮雕地砖。正中为天井，两侧附厢楼。两厢均为3开间，进深7.2米，面阔15.2米，木结构，重檐硬房顶。厅堂5开间，面阔20.3米，通深7米，抬梁式土木结构，单檐硬房顶，檐高3.8米。1990年3月，该宣抚司衙署被公布为首批陇川县文物保护单位。

【姐冒奘寺】　位于景罕镇西面0.5千米处。初建于明末，清代维修过，干栏式木构架，重檐歇山瓦屋顶，坐南向北，面阔9.3米，进深9.9米，门窗透雕，天花板绘有龙、鱼、仙鹤、神像和花瓶等油画。建筑面积92平方米，占地面积1362平方米。该奘寺绘画独特，属当地傣族宗教活动场所。

景罕姐冒奘房西北侧局部

【早乐东墓】　原位于陇川王子树乡早氏家族墓地。为土堆坟。因年代久远坟堆不复存在。1989年5月，县政协组织相关人员，将其骨骸迁葬至王子树乡电视接转站旁，并重修新墓。墓为长方形虎座式，坐东北向西南，墓面高2.08米，墓长2.52米，墓首嵌有大理石，刻有文字。早乐东，清道光二年（1822年）出生，陇川景颇族山官。清光绪十年（1884年），在中缅划界中，早乐东抗击英殖民主义者侵占中国国土（陇川边境）有功，成为民族英雄。民国五年（1916）病逝。

早乐东墓

第八节　文化市场管理

1980年前，全县文化事业由县文教局管理。

1982年3月，从教育局分出成立县文化局。

1984年，县文化局与广播电视局合并称“文化广播局”。此后，连年坚持对文化市场进行整顿，依法清理违法违规文化市场经营户。

1987年9月，陇川县文化市场管理委员会（简称文管委）成立，县委、县政府分管领导任组长、副组长，宣传、文化、工商、公安、法院、海关、邮政等相关部门为成员，办公室设在县文化局。

1988年10月，广播电视与文化分开，重建文化局。

1995年2月25日，成立陇川县文化市场稽查队，为股所级，人员编制3人。

1996年11月，与县体育运动委员会合并成立文化体育局。内设机关办公室、社会文化管理委员会、文化市场稽查队、体育事业办公室、农村电影放映办。下辖民族歌舞团、文化馆、图书馆、文物管理所、新华书店、民族少体校、拉影文化中心及各乡镇文化站。

陇川县择年文化市场整治情况统计表

表21—3

时 间	文化市场整治情况
1984～1987年	采取2次行动，查缴一批非法刊物及黄色淫秽书画。对非法进口的4000多盘录音带进行消磁处理，暂扣录像带69盒；清理6处音乐碟销点，扣留312盒；清理个体书摊2户，收缴非法书籍5本；取缔城子、章凤、陇把等地非法录像放映点7户
1989年	暂扣录像带69盒，清理6处音乐碟销售点，扣留312盒；清理个体书摊2户，收缴非法书籍5本
1990年	将历年收缴的非法挂历、盗版淫秽书刊图片等非法出版物进行销毁处理（94种，2594张册）
1993年	清理整顿文化经营场所139户（台球室93户200张台球桌、游戏室21户游戏机173台、歌舞厅11户、卡拉OK厅9户、小书摊3户、电子射击1户17台、碰碰车1户11台）
1995年	清理整顿全县文化经营场所99户，其中歌舞厅12户、镭射厅4户、台球15户、小书摊8户、卡拉OK10户、音像出租（零售）4户、录像放映室28户、打字复印店8户、电子游戏室10户。完成云南省文化市场经营许可证换发工作。发放《云南省文化市场管理条例》140多份，张贴标语300多份。6次检查8户书摊，收缴黄色及盗版书刊150多册，查封个体录像放映点3家，补办无证经营户14户，罚款50元，收缴录像带8盘
1997年	出动检查27次，收缴非法光盘472盘，取缔无证经营户2户
2001年	清查全县文化经营户106户，对卡拉OK进行整治，警告超时经营11户，停业整顿7户，取缔2户，查处无证和补办手续7户，查获非法音像制品108盘，收缴黄色淫秽光盘36盘
2004年	清查全县文化经营户135户（其中音像出租零售39户，录像放映7户，歌舞厅6户，网吧6户，电子游戏室18户，三小印12户，卡拉OK店34户，书报零售4户，台球室7户，印刷厂2户），出动检查车次44车次，人员144人次。查获走私音像制品609盒，暂扣无证经营音像制品2223盘、淫秽光盘93盘、非法图书93册。查处网吧接纳未成年人2户17人，超时经营6户次
2005年	全年出动检查车次65车次，人员145人次。依法收缴非法音像制品7683张（盘）。依法对网吧、电子游戏室违规接纳未成年人和未按规定核实、登记上网消费者16户次，罚款1.6万元。受理举报5起。取缔流动音像摊点17个、图书摊点4个；取缔无证游戏室1户、“黑网吧”3户

第二章　广播电视

1988年10月，陇川县广播电视局成立后，贯彻执行《广播电视管理条例》和有关法律法规，围绕县委、县政府中心工作，发挥宣传喉舌作用，做好新闻宣传、行业管理、技术维护、网络传输覆盖、队伍建设等工作。2003年，安装数字微波发射设备，电视信号覆盖率95%。同时，还配有硬盘播出系统。2005年，开播“中国之声”广播节目。有线电视在网用户达6500户。

广电大楼

第一节　广播

一、有线广播

1979年3月，陇川县广播站由原址县招待所旁迁址团结路棒庄巷5号开展工作至1999年7月。1985年，除转播中央台新闻联播、云南台新闻、德宏台新闻外，还开办陇川新闻。每天早、中、晚播出3次，并分别用汉语、傣语、景颇语播出。本县自办节目有：新闻、政策法规、法律常识、民族团结、国防教育、科技信息、经济发展、致富门路、卫生与健康、天气预报等，还常用广播讲座、实况录音等形式进行广播宣传。不定期的举办专题节目播出，如党代会专题、人代会专题、政协会专题、教师节专题、国庆节专题、“奉献杯”征文、“可爱的陇川”征文等。

全县建立有120多人的通讯员队伍，1985年、1987年举行通讯员培训班，邀请《德宏团结报》《德宏人民广播电视台》专业人员讲解新闻写作常识，当场试写，当场点评。这支通讯员队伍每年提供大量稿件，确保新闻节目准时播出。县广播站每年都举行“新闻茶话会”，表彰鼓励优秀通讯员。

从1985年起，县广播站每年都参加省、州举行的“优秀广播节目”评选工作，每年有2～3件稿件获州级奖。1999年，全县选出汉语、傣语、景颇语等新闻稿件30多篇参评，是全州各县市参与评选节目最多的一家，受州评委的好评。

1999年7月3日，陇川县广播电视局机关正式搬迁新县城章凤办公。至此，老县城通往清平、邦外、章凤的有线广播终止播出。同时，另增设有调频广播播出。

2005年，国家开展“西新工程”项目，章凤转播台安装1套无线广播节目发射机及《中国之声》广播节目，转播功率为1000瓦，广播信号覆盖全县。

二、中波广播

20世纪80年代，群众在收听广播节目

1990年，县广电局投资28万元在县城建成陇川中波台，配备两部1000瓦乙类板调广播发射机、1台柴油发电机和计算机中控系统等设备，架设76米高的发射铁塔。1991年7月1日开播，当年共转播中波2405小时。1993年，开始转播云南台傣语、景颇语节目。转播中央一台节目内容有：千里共良宵、国防时空、新闻和报纸摘要、新闻纵横、全球华语广播网、央广新闻晚高峰、全国新闻联播等。转播云南一台节目内容有：云广早新闻、早间读报、财富早班车、云广新闻、音乐新势力、出行参考、云广金色热线等节目。2000年，共转播中央台1800小时、云南台534小时。同年上划云南省无线电管理处。

第二节 电视

陇川县电视事业起步较晚。1981年，测试选点。1982年8月1日，正式建成邦瓦电视差转台。县城及周边公社群众开始收看电视节目。至2005年，电视事业经历了有线与无线相结合，开路与闭路相结合。“十二五”期间又开发了数字电视。

一、城子卫星地面站

1986年，在城子广播站建成6米卫星电视地面站。同年12月17日，地面站电视信号开通正式转播。

1991年，县广播电视局在“诸葛营”南侧建起面积为200平方米的综合性机房及66米高的自立发射铁塔1座，地面站迁往新址转播，电视信号覆盖整个陇川坝。转播的电视节目有模拟信号中央一台、中央七台、云南一台及德宏民语4套节目，数字信号4套地方节目。转播功率为300瓦，转播总功率达2.4千瓦。每天转播民语时间9～10小时，汉语节目全天转播。

二、章凤广播电视台

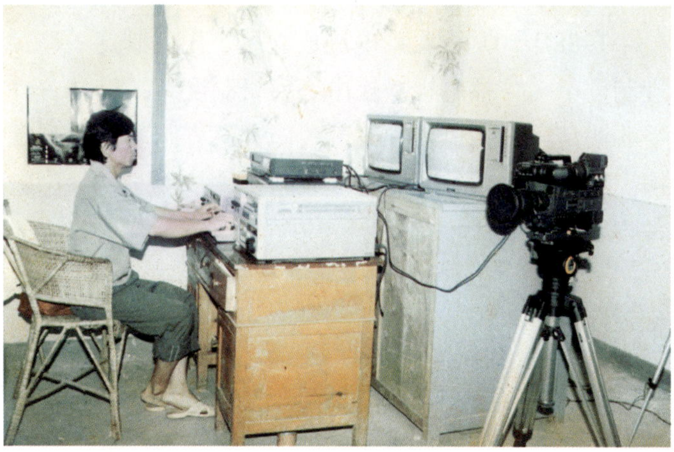

老陇川电视台

1993年，县广播电视局在章凤建起广播电视转播站，机房面积20平方米，转播功率50瓦，总功率150瓦，转播中央一台、云南一台及自办节目，仅能解决章凤镇部分区域群众免费收看电视节目。1999年7月，县广播电视局搬迁章凤办公后，于2000年建盖广播电视综合楼，转播机房面积80平方米。广播电视同步转播。

2003年，广播电视播控中心有数字微波前端中心1个，数字微波发射机1台，发射加密数字微波节目45套，发射功率100瓦，覆盖半径50千米。电视信号覆盖各乡镇，还配备有硬盘播出系统2套。

三、电视新闻宣传

陇川电视台每天按时转播中央电视台新闻联播、晚间新闻、云南台新闻、德宏台新闻。

1989年下半年，开始制作陇川新闻，不定时播出，1993年9月，正式开设“陇川电视新闻”。开初每周1期。其后加大新闻宣传力度，利用汉语、傣语、景颇语、载瓦语4种语言播出，做到天天都有新闻播出。陇川新闻内容有：县委、县人大、县政府、县政协及有关部门重要会议、重要涉外活动以及本县重要新闻、重大科技成果、致富典型、重大节日活动、通知、通告、广告、天气预报等。与县科委开办“科普之窗”栏目，每周1期。开设县党代会、人代会、政协会专题栏目及国庆节、教师节、征兵宣传等栏目。开展重大节日、重要活动、县领导电视讲话宣传。

从1995年起，县广电局每年都参加州级电视优秀节目评选工作。1999年，电视片《神奇的陇川景颇风情》获州级二等奖。

四、电视差转站

为改变陇川县偏远地区收看电视节目难的问题，1985年底，县广播电视部门建户撒、王子树自动差转站各1座，功率3瓦。1990年3月，建清平乡3米站，功率10瓦；建陇川一中3米站，功率10瓦。1991年6月，建护国乡3米站，功率10瓦。

陇川糖厂、景坎糖厂、章凤办事处、兴安商号、甸川商号、凤宁商号、县工商银行自己安装闭路电视。截至1995年底，全县共有电视差转站18座，卫星电视地面站53座。系统内外发射总功率1276千瓦。

五、电视“村村通工程”

2005年底，县广电局启动陇川县“电视村村通工程”，2006年3月，完成建设任务。总投资145万元，涉及8个乡（镇），88个行政村，92个村民小组，8541户，3.83万人。

六、电视管理

1988年10月，县广电局成立后，先后制定《广播电视转播站安全播出管理制度》《节目播出管理制度》《广播电视播控中心值班制度》《转播台计算机安全管理制度》《广播电视信号应急和遭受非法信号插播应对预案》《防灾巡查制度》《日常设备维护工作制度》等，这些制度提高了安全播出和管理实效。当线路、设施发生故障时，县广电局及时派出技术人员到现场维修，确保居民正常收看电视节目。

第三节　广电网络支公司

陇川广电网络支公司，隶属云南广电网络集团有限公司的县级支公司。其前身是陇川县广播电视局有线电视台，2005年2月，随着文化体制改革深入，被整体划入云南广播电视信息传输网络股份有限公司，成为“全省一张网”之一。

2005年7月1日，县广电网络支出开始独立建账，10月9日挂牌运营。主要经营项目有：广播电视信息网络建设、开发、经营管理和维护；宽带综合信息网的建设、开发、经营、管理、维护、接入服务和收费；广播电视节目制作经营；直播卫星设施销售、安装和售后服务维修等相关业务。公司下设4个科室：办公室、市场营销部、运营维护部、陇把工作站。有员工25人（含2名退休人员）。

公司经过发展，有线电视传输信号由传统的模拟信号发展成高清数字电视信号以及互动点播信号；经营业务项目由单一的安装、维护数字电视业务发展到高清、互动、宽带等多项增值业务。2005年12月，有线电视在网用户6500户，创收90万元，固定资产118.15万元，网络传输电视信号节目176套。

第三章　地方志

陇川县历史悠久，从公元450年傣族先民迁徙陇川南宛河畔建镇立村起，至2005年，已有1500余年的历史。在漫长的封建社会时代，由于边疆文化落后，从未修过志书。中华人民共和国建立后，县政协聘请原陇川宣抚司属官杨绍臣撰写陇川文史资料，成稿30万字，因“文化大革命”停手，没有整理出版。1985年，随着改革开放的深化，全国从中央到地方掀起修志高潮，陇川县按照国务院的统一部署，首先成立县史志编纂委员会及办公室，着手第一部县志编修。至2005年，《陇川县志》正式出版发行。从1990年代开始，各个部门也开始修志，先后有商业、教育、人大、糖厂、政协、军事、交通、土地等部门志及多部反映陇川县风土人情、地情书籍和年鉴编辑出版，较好地填补陇川史无志书，地无县情资料的空白。

第一节　修志机构

1985年2月，成立陇川县志编纂委员会及其工作机构——县史志办公室，着手开展县志编纂工作。县志办公室与“党史、地名”三办合一，即“一套班子，三块牌子，合署办公”，称“史志办公室”，行政事业编制，属政府一级局常设机构，实行财政全额拨款，经费纳入地方财政预算。

1992年5月，党史分出。县志和地名仍二合一，称县志办公室。

1993年7月，地名分出挂靠民政。党史、县志再度合并，称陇川县史志编纂委员会办公室（简称“陇川县史志办公室”），核定编制10人，后核减1人。

陇川县史志编纂委员会由主任、副主任、常务委员、委员组成，坚持“党委领导、政府主持、社会参与”的修志体制。主任通常由县政府主要领导担任，副主任由县委、县政府分管领导担任，常务委员、委员由县直相关单位领导组成。

第二节　地方志编纂

一、《陇川县志（元代～1993）》

1985年2月，县志办公室设立后，制定“四定”“五落实”（定人、定时间、定任务、定质量，思想、组织、经费、计划、责任落实）工作措施，发布资料征集公告，要求各部门组建单位编志小组，着手收集资料，上交县志办公室。1986～1987年，县志办工作人员先后到保山、昆明、南京国家档案馆、图书室、有关院校图书馆、历史研究所、社科院等部门查阅有关陇川的史料。1988年，部门提供的资料基本收齐，开始转入编辑阶段。至1993年，已完成30%，但由于编委3次延长下限时间（第一次由1985年延到1987年，第二次由1987年延到1990年，第三次由1990年延到1993年），直到1995年才基本完成县志初稿的编辑任务。1996～2001年，先后送交单位及县五套班子初审、州史志办复审、省史志办终审定稿。2005年12月，正式提交云南民族出版社出版发行。全书共100万字，印数1500册。

《陇川县志（元代～1993）》全书分地理、政治、经济、文化、社会、人物、附录等8大部类，总设7卷52章。主要内容包含概述、凡例、大事记、附录、地理、人口、党群、土流政权、权力机关、行政机关、议政机关、公安、群众团体、法院、检察院、司法、安全、军事、外事、人事劳动、综合经济、农业、林业、农垦、水利、粮油、工业、科技、邮电、企业、交通、金融、城建环保、商业、口岸、财税、教育、史志编修、体育、卫生、广电、文化、侨务残联、山官、民族、宗教、土司、民政、人物录、人物传、附录等内容。

二、部门志、专业志

【陇川县商业志】　《陇川县商业志》于1993年12月公开出版发行，全书25万字，主编段月华。主要记述陇川县有史以来商业发展的历史范围以及国营商业的历史和现状。内容包含机构沿革、职工队伍、购销业务、支援农业、边境贸易、集市、饮食服务业、商办工业、财务管理、物价、计划统计、商业改革等内容。

【陇川县教育志】　1986年3月，召开《陇川县教育志》编纂工作启动会，成立《陇川县教育志》编纂领导小组，郝忠保担任组长，胡启春、张德儒、段继明、瞿向东担任副组长，由杨再一负责编纂，后因杨退休，由张正清接编。2000年12月，印刷出版。全书共45万字，上限到明嘉靖年间（1568年），下限为1990年，个别事件下限略有延长。主要记述陇川县教育行政管理、私塾和义学、幼儿教育、小学教育、中学教育、民族教育、师范教育、耕读教育、职业教育、成人教育、教学研究和电化教育、教师情况、农场教育、经费管理、招生与分配、勤工俭学、体育卫生文娱活动、思想政治教育、党、团、队群众组织等内容。

【陇川县人民代表大会志】 1988年，陇川县人大常委会成立《陇川县人民代表大会志》编纂委员会，由县人大常委会主席岳晓天任主任，郭强、段从兴、李绍福、尚德清、排利国、王华鼎、张保健、杨小行、杨恩跃等人任副主任，由鲁大良担任主编，2001年11月出版，共13.4万字。该书从1950年陇川县第一届各族各界人民代表会议开始至1998年1月召开的陇川县第十三届人民代表大会第一次会议预备会止，记述陇川县自解放以来人民代表大会制度的建立、发展和逐步完善的历史现状与进程。

【景坎糖厂志】 2001年，陇川县景坎糖厂成立《景坎糖厂志》编纂工作领导小组和编纂委员会，王永旗任主任。王永旗、思继春任主编，于2004年1月出版。全书共40万字，上限追溯至有史料记载陇川蔗糖之时，下限至2003年7月。主要记述糖厂作为国有企业的这段历史，包括陇川蔗糖史、建厂、第一次扩建、再次扩建、精制糖厂、生产车间、科技人才与新技术、农务工作、企业管理、党政群组织、生活福利、糖厂对地方的贡献、人物、企业改制等内容。

【陇川县政协志】 2003年5月，第十二届县政协决定编纂出版《陇川县政协志》，同年6月5日，成立编纂委员会并召开编纂启动会。该书由原县政协副主席刀晓阮担任主编，于2007年7月出版发行，共25万字。记述1950年5月6日陇川县和平解放到2005年12月陇川县政协各个时期的工作。

【陇川县军事志】 2004年3月，陇川县人民武装部成立《陇川县军事志》编纂委员会，以宋雨发、孔勒干、杨世庄、李正环为主任，王俊任主编，聘请尚炳有执笔撰写，该书历时4年完成，于2008年10月出版。全书共30万字，全面记述陇川军民自元代以来历经的抗英御缅、三征麓川、抗日战争、清匪反特及边防对敌斗争等重大军事斗争活动，涵盖全县驻军及民兵预备役工作的方方面面，浓缩陇川解放50多年来军队和国防建设的经验与成就。该书主要包含陇川的军事环境、边防、军事组织、民兵建设、兵役、重要战事、人民解放军军队建设、国防动员等内容。

【陇川县交通志】 2002年6月，陇川县交通局启动《陇川县交通志》编纂工作，成立第一届编纂委员会，李本泽任编委会主任，杨德恒、谭永辉任副主任，聘请尚炳有担任主编，执笔编纂。后因其他原因，志稿未能定稿印刷。2009年5月，县交通局再次作出续编《陇川县交通志》的决定，并于2010年4月出版。全书共35万字，上限追溯到秦汉时期，下限为2008年，主要记述陇川县的古道、公路、桥梁、航渡、运输、交通企业、道路养护、交通管理、机构等内容。

【陇川县土地志】 1997年，陇川县土地管理局成立《陇川县土地志》第一届编纂委员会，由局长岳荣光（1998年末调离）、马勒卡（1999年接任）任主任，方小刀、章斌、任祖荣任副主任，聘请尚炳有担任主编。1998年末定稿，交由州土地管理局统一印刷出版。后因人事变动、印刷厂倒闭等原因，致使志书在2011年10月才得以出版面世，共25万字。该书浓缩了陇川县自公元450～1997年长达1500余年的土地变革史实，主要记述陇川县的土地资源、土地制度、地籍管理、土地利用开发与保护、建设用地管理、土地法制建设、土地宣传教育编研、机构管理等内容。

【陇川县地名志】 1987年，县史志办公室完成《陇川县地名志》初稿。1988年，完成部分条目资料补充与修改，对部分地名的民族语作校正，编写汉字索引与附录。为设置地名牌做准备工作。1989年1～4月，撰写县内重要城镇的疆界与地质构成。5～12月，完成90块地名牌的设计制作和安装任务，为出版《陇川县地名志》做准备。1993年7月，地名办划归县民政局，相关工作职能及《陇川县地名志》编纂工作一并划归县民政局。

【陇川农场志】 1987年9月20日，中共国营陇川农场委员会，作出编纂《陇川农场志》的决定，并成立编纂委员会，张洪彩为主任，余杰为副主任。余杰担任主编执笔编写。该书于2012年7

月印刷出版，共95万字，主要记述陇川农场从1955～2010年的机构沿革、经济建设、企业管理、政治工作、文化教育、职工生活等方面的演变情况和屯垦戍边、艰苦创业、深化改革、全面发展的历程，涵盖政治、经济、文化和社会事业等内容。

三、年鉴编纂

1985年11月，《云南年鉴》创刊。陇川县史志办从1986～2005年，共为《云南年鉴》提供陇川县概况20篇幅，约4万字。1992年，《德宏年鉴》创刊，至2005年，共为《德宏年鉴》提供陇川县乡概况14篇幅，约23万字，照片若干。2005年，《云南小康年鉴》创刊，陇川县史志办为《云南小康年鉴》撰写陇川部分，供稿6000多字。

第三节　地情书刊编辑

陇川县先后编辑出版《陇川县文史资料选辑》1～8辑（县政协编）、《陇川情怀》1～2辑、《户撒史话》《陇川县史志资料》1～2辑、《陇川》《欢迎您到陇川来》《今日陇川》《创业之路》《民间故事》《傣族、傈僳族、德昂族文化风情》《阿昌族文化论坛》《南宛河畔地税人》《陇川县直过区调研》《陇川县目瑙纵歌之乡》《陇川新貌》《南宛河之歌》、期刊《陇川之窗》（一）和《抗洪特辑》等地情书籍，达20多种，超过1000多万字，为陇川各族人民及社会了解陇川、研究陇川提供资料。

陇川县编辑的部分地情专刊

1985～2005年，陇川县史志办公室为《云南边境贸易口岸指南》《飞吧云南》《德宏大观》《前进中的云南》《中国企业词典云南卷》《德宏览胜》《云南口岸指南》《陇川县文史资料》《德宏州文史资料》等书供稿约15余万字。

第四章　体　育

1978年，陇川县体委贯彻执行《中华人民共和国体育法》《全民健身纲要》，以满足城乡干部群众体育健身的需求，丰富体育爱好者文化生活为出发点，以增强人民体质、提高全民身体素质为目标，开展群众体育活动，提高竞技体育水平和竞争实力，加快体育场所设施建设，扩大中缅体育交流，为陇川人民的健康作出成绩。2000年5月，省政府授予陇川县“体育先进单位”称号。

同年10～11月，获国家体育总局颁发的“全国体育先进县”“全国优秀青少年俱乐部”荣誉称号。2000～2005年，分别获云南省体育局、云南省全民健康指导协调委员会全民健身先进单位。

第一节 体育设施

据不完全统计，至1978年，全县有水泥地坪篮球场25个，灯光设备篮球场21个，简易土坪篮球场105个，排球场10个，门球场1个。

1979年，在陇川一中修建400米半圆式标准田径场地1个。

1984年，在县城修建50×20米、50×11米简易游泳池各1个。

1991年，章凤建成体育运动中心1个，设有50×20米标准游泳池2个、灯光门球场2个、水泥场地灯光篮球场2个，有照明设备和简易看台，可容纳观众约1万多人。在县城建成1个老年人活动室，设麻将、中国象棋、围棋、扑克等多种娱乐项目，被誉为“老年人之家”。

1996年，全县拥有各类体育运动场234个。其中混凝土篮球场122个，土质篮球场8个，排球场10个，门球场10个，田径场7个，游泳池4个，旱冰场2个。

2001年，新县城的体育馆落成，总建筑面积2880平方米。体育馆内能容纳2800多人。新修建网球场3个，原来的游泳池重新建成25×50米的标准游泳池1个，原田径场重新修建。

第二节 群众体育

1978年，县体委举办第一届“五一”“五四”排球、篮球联赛，至2005年，已举办25届。

1978年后，全县体育事业得到发展，农村以公社、大队为基础，节日期间普遍组织篮球、排球、乒乓球、拔河、田径、游泳等比赛。1981年，举办首届中国象棋联赛；1983年，首次组织以小学生为主体的25米短跑、跳绳、踢毽等项赛，参加人数180人次。1981～2005年，县里举办中国象棋联赛达15届。

1990年，章凤、清平被评为全县体育先进乡镇。1991年，章凤镇被评为全国体育特色先进单位，选派代表到北京参加全国农民体育运动表彰会。

20世纪九十年代初户撒傈僳族族村寨的群众体育活动

1993～1996年，陇川甸川实业有限公司赞助主办“甸川杯”篮球赛，比赛分别在城子和章凤赛区举行。

1999年12月，章凤镇荣获云南省农民体育协会“亿万农民健身活动先进乡镇”称号。

2002～2004年，陇川卓信硅业有限公司支持赞助举办三届“卓信杯”篮球赛。来自全县机关、乡镇、农场、学校30个代表队参赛。

2005年2月12日，首届云南省陇川县拳击精英赛在县体育馆开赛，来自大理州、曲靖市、玉溪市、楚雄州、陇川唐氏广告、中国联通陇川分公司6个代表队参赛。

第三节　老年体育

一、体育活动

1985年8月15日，陇川县老年人体育协会成立，设主席1人，常务副主席兼秘书长1人、副主席 4人，属事业副科级单位，核定事业编制3人，隶属陇川县教体局。基层老年体协组织103个，在册会员5834人。在体协的组织下，老年人每天早晚集中在广场进行练气功、做健身操、跳舞、打羽毛球、练武术、慢跑、打门球等健身活动，到体育活动室打扑克、麻将，下象棋。老年体协各基层分会，经常组织文艺表演、开展联谊活动、送文化下乡、外出观光等活动。每年自编演出文艺节目100多场。2004年，文兴老年协会共演出79场。章凤镇老年体协，坚持每天早晚在电影院场地唱歌跳舞、练功。节假日组织专场文艺节目演出。至2005年共演出100余场。

二、获奖情况

下象棋

1985年，陇川县老年体协在德宏州首届老年人运动会上获得中国象棋团体第一名、男子5000米中长跑个人第三名、男篮第三名。1989年，德宏州第二届老年人运动会上获得门球第二名、桥牌第三名。1997年，在德宏州第四届老年人运动会上获得民族民间篾弹弓个人第一名和第二名，中国象棋团体第二名和个人第三名，乒乓球团体第三名，西瓜球个人第三名、第四名。2001年，第五届德宏州老年人运动会上获得民族民间篾弹弓个人第三名、地掷球第四名。在参加德宏州老年体协成立20周年庆祝活动暨全州第六届老年人运动会上，获男子气排球第一名、篾弹弓团体第二名、男子乒乓球团体第三名、男子双打羽毛球第三名、竞技麻将团体第四名、中国象棋个人第一名，获太极拳剑操集体表演项目优秀组织奖。

第四节　学校体育

1978年，国家教委颁布《中小学体育教学大纲（试行草案）》和青少年《体育锻炼标准》，学校体育开始步入正规化，20世纪80年代起，县财政每年划拨一定经费，有计划的给各校配备一些必需的体育器材和教具。乡（镇）教委及中心校经常举办中小学体育运动会。学校、班级之间也经常开展各类比赛活动。

1979年，结合教育部、国家体委联合颁布的《中小学体育工作暂行规定》，重点中小学有1名领导主管体育，定期开展检查评比，接受上级主管部门的监督。陇川一中、陇川二中、城子一小、县民族小学等校，率先开展这项工作。陇川一中还成立体育教研组，加强教育教学工作的探索。

1990年，国家教委、国家体委颁布实施《学校体育工作条例》，将体育达标列为升学必备的条件。1993年统计，全县初中生达标818人，其中优秀219人，良好303人，及格296人。高中生达标296人，其中优秀61人，良好332人，及格102人。从20世纪90年代开始，全县中学陆续配备专职体育教师。

课外活动是学校体育工作的重要组成部分，内容主要有“三操”（早操、课间操、眼保健操）、游戏、远足，及其他各类体育兴趣小组活动等。无论学校规模大小，均组织不同程度的课外活动，丰富校园生活。

1993年，根据国家教委颁布的《中小学义务教育教学计划》，小学体育课1～2年级每班每周2节，3～6年级每班每周3节。初高中每班每周2节。2002年小学体育课1～4年级每周调整为3节，5～6年级每班每周2节。

1995年，开始实行中考加试体育。陇川县统一选3项，满分为45分，成绩计入中考总分。男生：铅球（3千克）、立定跳远、1000米跑；女生：铅球（3千克）、立定跳远、800米跑。考试时间3月下旬完成。是年，全县参考初中生810人，总分2.87万分，考生人均35.26分。

1996年，按照《国家体育锻炼标准》，县教育局要求各校每年开展1～2次校运动会和各种健康教育活动。据统计，开展活动达标率在70%以上。

1997年，在“普及九年义务教育”验收时，要求全县中小学均要配备体育器材。县直中小学按国家一类标准配备，农村中小学按省级二类标准配备。

1998年，国家教委为保证学生每天有1小时体育活动时间，按照教育规律，组织创编了具有教学性、科学性和时代性的《中小学、幼儿系列广播体操》，5月，在全国各级各类学校推行，并作为检查评估学校体育工作的重要内容之一。陇川县于当年5月初，在全县中小学、幼儿园普及《中小学、幼儿系列广播体操》，各中小学在年终进行班级体操比赛。

1999年，贯彻《学校体育卫生工作条例》，省教育厅制发了检查工作的制度及体育指标。5月26日，省体委对陇川一中、陇川二中、景罕中学、城子一小、县民族小学、章凤中心小学“实施争创体育先进县”工作进行检查验收。

进入21世纪，教育改革不断深化，素质教育全面推进，学校体育工作更加科学规范。体育场地、设施建设速度加快，体育课程改革全面推进，教学质量，体育师资队伍建设得到加强。体育课外活动逐步规范，形势走向多样化。各校坚持开展“三操一活动”，中小学校组建各种课余体育兴趣小组，体育平均达标率为95.5%。陇川一中体育教研组长，2000年被评为全国优秀体育工作者。

课外体操

2001年，中考体育考试满分为30分，全县有947人参考，总分2.17万分，人平22.9分。

2002年，全县学校体育运动场面积为13.34万平方米，有30所学校体育运动场面积达标，16所学校体育器械配备达标。陇川一中被评为省级田径传统项目学校。

课外活动

2003年，推广“全国第二套中小学、幼儿园系列广播体操”。全县中小学坚持开展两课（体育课、课外活动）、两操（早操、课间操）及体育兴趣小组活动。

2004年，贯彻落实中共中央、国务院提出的“学校教育要树立健康第一的指导思想，切实加强学校体育工作”的精神，9月，全县各级各类学校全面实施教育部新颁布的《学生体质健康标准（试行）方案》及《学生体质健康标准（试行方案）实施办法》。小学1～2年级测试项目为身高、体重、坐位体前屈；3～4年级测试身高、体重、50米跑、立定跳远；5～6年级测试身高、体重、肺活量，并加3个选测项目，从台阶测和50米×8往返中选一项，从50米跑和立定跳远中选一项。男生从坐位体前屈和握力中选一项。女生从坐位体前屈、握力和仰卧起坐中选一项。初中以上测验项目为6项。其中身高、体重、肺活量为必测项目。选测项目为3项：从50米跑和立定跳远中选测一项，从台阶试验和1000米（女生800米）中选测一项，从坐位体前屈、握力、仰卧起坐（女生）中选测一项。各个测试项目得分之和为《标准》的最后得分，根据最后得分评定等级。86分以上为优秀，76～85分为良好，60～75分为及格。每学年评定一次成绩并记入《学生体质健康标准登记卡》。学校毕业生年级的等级评定，按毕业生当年的成绩和其他学年平均成绩（各占50%）之和评定。10月，陇川一中被评为国家级田径传统项目学校。

2005年，体育中考停考。8月，经国家体育总局和教育部组织评审、检查，决定命名100所传统学校为国家级体育传统项目学校，陇川一中是被命名的100所学校之一。

第五节　残疾人体育

陇川县没有专门的残疾人体育活动场所。残疾人的体育活动均由县残联组织开展，利用体育公共场所，适时开展活动。并组织残疾人员参加上级组织的残疾人运动会。1999年，残疾人运动员王光辉获云南省第六届残疾人运动会举重第一名。2002年，王光辉获德宏州首届残疾人运动会举重第一名。2005年，王光辉获云南省第八届残疾人运动会举重第一名。

第六节　民族体育

陇川各民族都有习武防身健体的习惯，常见的民间武术有刀、棍、手3类，其招式、招法、套路变换精巧，动作柔中带刚，时慢时快，具有民族特色。

一、刀术

傣族、阿昌族、德昂族多使用柳叶刀和大刀，刀法、套路多种多样。景颇族则擅长使用平头长刀，“三刀半”刀术厉害。其单刀和双刀术的特点是攻防意识较强，速度敏捷，实战性强。现代，景颇族将传统刀术融合于本民族舞蹈之中。

二、棍术

棍术分为单头棍术和双头棍术，单棍可用两头击打对方，而双头棍则用两端交替击打。两种棍的招式、套路特点以攻为主，攻中有防、防中有攻，比较实用。

棍术

三、手拳

以手掌打法为主，手法多变，攻击对方。多盛行“四门拳”和“十字拳”，套路精干、实用。

四、打汤碟

一种传统民俗，每逢过节，景颇族姑娘在绣好的荷包里装硬币或者自己喜爱的物件，用麻线系在竹竿顶或者树枝上，让小伙子们用铜炮枪或弹弓在一定的距离内射击，谁将荷包集中，就可得到信物，由此产生爱慕之情。

五、射弩

历史上，傈僳族男子外出时，都要随身带弩箭，它既可用来打猎，又可用以自卫。过节时，男人们常开展射弩比赛，彰显射弩技能，这已成为傈僳族的传统习俗。

六、打篾弹弓

篾弹弓是各少数民族用以放牧、看守田地、射猎小动物的工具。弹弓全用竹子做成。弹丸用胶泥制作，晾干可用。民间节庆或其他活动时常开展弹弓射击比赛。

七、扭棍

傣族青年常于劳动后闲暇三五成群在寨口或奘寺院场一对一扭棍，若能使扭棍转动者为胜，显示他是寨子里的腕力能人。

八、顶棍

两人用一根竹棍顶在肚上或臂夹互相用力相推，能移步向前者为胜，此活动在村寨里常见。

景颇族顶棍

九、爬杆

爬杆是景颇族男青年喜爱的活动。逢年过节或农闲在集会场所插一根大龙竹，竹子顶端捆一信物，竹身半部涂抹油脂。比赛时爬杆人身带草木灰和稻草，以防滑之用，谁爬到杆顶取下信物，谁就是英雄。

十、“上刀山下火海”

“上刀山下火海”是傈僳族传统活动项目。举办“阔时节”时，在节日场地中间竖一架刀杆，刀杆共36把长刀，由能者用脚踏在锋利的刀口一步一步往上攀爬，一直爬到杆顶，脚板却无损伤。傍晚，举行下“火海”，小伙子们赤脚踏通红的火炭堆，直至火炭灭。

第七节　运动会

1978年后，教育工作走上正轨，全县各中小学每年定期举行冬季运动会。

1980年，陇川县第一中学在校内建起400米跑道的田径运动场。

1984年、1987年，德宏州两届中学运动会，在陇川一中举行。

1982年、1987年和1991年，县体委曾3次选派代表和运动员参加云南省少数民族体育代表团参加在呼和浩特、乌鲁木齐、南宁举行的全国第二、三、四届少数民族体育运动会。

1994年，陇川队赴梁河参加全州中国人民银行系统女子篮球运动会，获女子篮球第四名；赴瑞丽参加滇西片“国门杯”运动会，获女子篮球第一名，乒乓球团体第二名，羽毛球团体第二名，男女篮球第三名。

1995年，陇川队赴瑞丽参加“中银杯”职工运动会，获体育道德风尚奖，被评为精神文明队；赴盈江参加“粮食杯”职工运动会，获男子篮球第一名，女子篮球第三名，男女接力第一名，混合接力第一名；赴芒市参加“糖业杯”职工运动会，获足球第三名，女篮第二名；同年赴芒市参加“水电杯”篮球运动会，获男子第二名，女篮第一名；同年赴瑞丽参加邮电篮球邀请赛，获女篮第一名。

1997年，陇川队赴芒市参加首届“绿色杯”职工运动会，获女子篮球第一名，男篮第三名，男、女射击分别获第一名。

2003年10月16～19日，由德宏州文体局、州教育局主办的“全州中小学学生游泳、举重运动会”在陇川县章凤体育中心举行。

2005年3月28～30日，由德宏州体育局、州残联主办，县体育局、县残联承办的德宏州首届残疾人运动会在陇川县体育中心举行，来自全州各县市的7支代表队57名运动员，参加田径、游泳、举重3个大项24个小项的比赛。同年5月15日，在昆明举行的全省第八届残疾人运动会暨全省第二届特殊奥林匹克运动会上，陇川县运动员王光辉、张腊对、蔡马拉斯分别获得举重、轮椅击剑金牌。

1978～2005年，在陇川县承办州一级运动会13次，举办篮球、田径为主的县级运动会15次，学生队外出参加州以上各类运动会43次，职工队外出参加州以上的体育运动会12次，农民队外出参加州以上举办的运动会8次。

第二十二编 医疗 卫生

LONG CHUAN XIAN ZHI

LONG CHUAN XIAN ZHI

LONG CHUAN XIAN ZHI

第一章　医疗卫生

1978年后，陇川县贯彻党和国家有关医疗卫生的方针政策和法律法规，深化医疗卫生体制改革，加强对各医疗单位的管理和监督，多方筹措资金，加大卫生基础设施建设，强化卫生行业及医务人员医德医风建设，不断改善医疗条件，提高医疗服务质量。至2005年，全县有卫生机构15个，其中县级4个。每万人口拥有医院床位20张，每万人拥有卫生技术人员21人。2005年，县卫生局被省卫生厅评为“云南省鼠疫防治工作先进集体”。2000～2005年，县卫生人员在国家各种刊物上发表医学论文29篇。

第一节　医疗体制改革

一、医疗主体多样化改革

1982年，全省卫生工作会议提出“打破独家办医的框框，继续发展全面卫生机构的同时，允许和支持个体开业行医”。1985年，州卫生局颁发《德宏州医疗卫生单位深化改革的意见》，陇川县贯彻《意见》精神，鼓励私人办医。当年批准个体开业行医2户（2人）。1987年，增至9户（9人）。至1993年，累计办证106个，经过检查整顿，认证换证76个。2000年，全县有个体诊所52个，卫生技术人员52人。2005年，全县有个体诊所39个，卫生技术人员39人；民办医院1个（拉影民办医院），有卫生技术人员5人，病床15张。

二、城镇医疗卫生机构改革

【医药卫生机构改革】　1978年，县卫生局制药厂改为卫生局药品检验所。1979年，药品检验所被撤销，1985年，又恢复建所。1981年5月，县卫生局成立药政股。同年，成立陇川县药品监督办公室与药检所合署办公。1993年，成立医药劳动服务公司。1996年4月，撤销县卫生局系统劳动服务公司药品批发部，药品经营权由县医药公司全权行使。2002年，药品监督管理工作由县卫生局移交到德宏州药品监督管理局陇川分局，原县药检所划归分局管理。

【医疗卫生机构改革】　1989年12月，省政府批准成立中华人民共和国章凤卫生检疫所，负责陇川辖区国境卫生检疫工作。1991年12月，章凤卫生检疫所上划中央卫生部管理。

1989年，陇川县中医院成立。2002年，县城迁移章凤，县中医院撤销，并入县人民医院。

1996年，县卫生局公共卫生监督所成立，挂靠在县防疫站，承担县卫生局交付的卫生监督执法任务，并负责核发各种卫生许可证和健康证。

2003年，推行疾病预防控制体制和卫生监督体制改革，卫生监督执法从县卫生防疫站分离出来，同时撤销县卫生防疫站，成立县疾病预防控制中心和县卫生监督大队，为副科级事业单位。12月，疾控中心和卫生监督大队正式挂牌办公。

【经营方式改革】　20世纪80年代，全县各卫生医疗单位逐步建立起岗位责任制，职工工资与个人工作绩效挂钩，并开展不同形式的承包活动。1983年开始，县人民医院、保健站及章凤、户撒等10个医疗单位推行责任制改革，有3种形式：（1）定岗定责、百分考核，资金浮动，联分计奖；（2）实行五定一奖（定人员、定任务、定服务指标、定收入支出、定卫生材料和管理费用，评比受奖）；（3）任务承包，资金浮动。对农村大队合作医疗站进行改革。清平卫生所实行“六定一统管”（定任务、定经济收入、定财务制度、定工资、定奖惩、定出勤，财务由卫生所统管）的办法，社会、经济效益有所提高。

1993年起，各乡（镇）卫生院均采取以下承包形式：中等程度卫生院（清平、户撒、景罕）以小组承包为主，一般分门诊、住院、防保等小组，制定业务、经济指标和提奖办法，权利下放，自己管理。体制较小的卫生院（赛号、姐乌），任务到个人并与资金挂钩。陇把卫生院将任务一次定到个人，每人给一定量的药品垫本，分3个医疗点，自收自支，自负盈亏，每人年上交450元。王子树、勐约卫生院，实行集体定额增收的集体责任制。个别高寒山区卫生院（护国），实行国有民营，包到个人。在各医疗单位承包经营的同时，全县扩增医疗点（门诊部）14个。县医院、农场职工医院新建制剂室。县医院生产的制剂达40多种，并向社会销售，有的还出口缅甸。国有企事业自办医院、医务室。卫生局开办医药服务部，承包给中医院经营。2000年后，医疗点制剂室、托儿所、小卖部等取消，企事业单位办医剥离，归当地医疗机构整合。医院经济指标逐步取消，管理方式向职能方向转变。试行病人选择医生，推行住院费用公开及住院费用一日清单制，实行药品收支两条线管理。药品进购实行招标采购，卫生局提取局长基金。

【管理体制改革】　20世纪80年代后，医疗卫生管理体制进行改革。（1）推行院（站）长负责制。院（站）长通过民主选举产生。1986年，试行改革的单位建立了职工代表会制度，对单位改革方案及院（站）长的重大决策、财务预算进行审议。1987年，县防疫站实行民主选举站长。2000年后，各乡（镇）卫生院院长实行在全县卫生系统内公开招聘，民主选举产生，县级医疗机构负责人由上级任命。（2）全面推行目标责任制。1995年开始，层层分管领导相互签订《卫生工作目标责任书》，州分管卫生工作的副州长与县分管卫生工作的副县长签订，分管卫生副县长与各乡（镇）政府签订，县卫生局长与直属卫生单位及乡（镇）卫生院签订，把任务指标通过层层签订目标责任书，分解到各医疗卫生单位进行落实，年底进行考核问责，对表现优秀，成绩突出的单位给予表彰奖励。

【人事分配制度改革】　20世纪90年代后，卫生医疗机构干部，实行招聘制，进人供需，双向选择，坚持凡进必考制度。院（站、所）的科、组、室人员允许“自由组阁”，彻底打破干部终身制。2002年开始，县医院人事制度尝试着由院长聘任职工的方式改为院长聘科室主任、护士长，由各科室主任再聘任本科室人员。2003年，县卫生局出台《陇川县卫生事业单位人事制度改革实施意见》，在全县各医疗卫生单位全面推行以聘用制和岗位管理为核心的人事制度改革。专业技术职务结构按比例设置，人员管理实行定编定岗定责，全员分级聘任。院长实行公开招聘，由卫生局局长聘任。二级班子实行民主推荐或竞争聘任上岗，由院长聘任。职工按照专业技术职务结构比例及岗位职数设置实行双向选择，全员聘用，由单位法定代表人与受聘人员签订聘用合同书。院长聘用采取现场量化评分考核，择优录用办法。量化考核采用百分制，步骤分为个人竞聘演讲，职工民意测验，卫生局领导小组征求本院职工意见，最后综合评分，择优聘用。2003～2005年，户撒、清平、姐乌、王子树、景罕、护国、勐约7家卫生院长进行公开招聘。

2002年后，全县医疗卫生机构，为彻底打破"大锅饭"，对分配制度进行全面改革。各医疗卫生单位均建立以岗位工资为主要内容的多种分配制度，按岗定酬，将工资划分为岗位工资、绩效工资两部分。全部工资由基本工资、职务津贴、岗位津贴、全勤津贴、绩效工资和人才津贴构成，实行岗位和人才津贴制度。绩效工资与工作业绩和效益挂钩，津贴与岗位业绩、年度考核挂钩，实行岗位考核制度，考核结果与收入分配挂钩。采取科室内部核算，绩效工资根据产生的效益进行不同程度的提成。

三、农村医疗卫生机构改革

【乡（镇）卫生院体制改革】　2000年，根据《陇川县股科级机构干部管理规定》，乡（镇）卫生院由县卫生局下划乡（镇）政府管理，各乡（镇）卫生院长由乡（镇）政府任命，乡（镇）卫生院的人事、经费、业务权限全部划归乡（镇）政府管理。实行2年后，各乡（镇）医疗卫生工作出现落实不力、政令不通、步调不一的状况，影响卫生事业的发展。2003年11月，县政府批复县卫生局《关于乡（镇）卫生院人事、业务、经费等收归县卫生局管理的请示》，2004年1月开始执行。强调乡（镇）卫生院受乡（镇）党委政府和县卫生局的双重管理。

【乡村一体化管理】　2000年12月，陇川县在户撒乡保平村开展乡村一体化管理试点，实行乡卫生院与村卫生室政务、规章制度、财务、药品"四统"管理。2001年9月，县政府正式颁布《陇川县乡（镇）、村卫生室组织一体化管理实施办法》。当年，乡村一体化管理试点扩大到全县赛号、勐约、户撒3个乡18个村卫生室。2002年，增加城子、王子树、景罕、姐乌4个乡（镇）共计36个村卫生室，其中有25个实施效果较好。2005年，全县共有43个村卫生室实施乡村一体化管理。

四、医疗保障制度改革

【免费医疗】　从1950年起，国家对边疆民族地区的医疗费用实行收、减、免相结合的政策。1978年，减免6303人次，免费金额达2.63万元，人均4.18元。1985年，减免1021人次，免费金额达4.45万元，人均43.62元。1987年，减免551人次，免费金额2.34万元，人均42.43元。

【公费医疗】　1979年前，公费医疗由财政局按全县享受人数和个人年标准拨到卫生局，各单位按实际支出向卫生局报领。执行结果，年年超支，数额大，最高年度超4万元，最低年度超1万元。为减少超支，曾采取审查处方，禁止开大方、人情方，严控转诊、转院，坚持滋补药品自费等措施。但由于药品调价，新药新价、医疗设备增加或其他原因，超支状况有增无减，公费医疗所超部分，财政不予弥补。1980年，执行《云南省公费医疗受理办法》，卫生局按公费医疗按标准每年一次性核发到各单位包干使用，结余归己，超支自负。1980年，享受人数2400人，实际支付7.2万元。1986年，享受人数3195人，实际支付21.96万元。1988年，享受人数3398人，实际支付27.99万元，超支现象基本得到控制。

1996年，为控制不合理用药，减少浪费，云南省颁布《公费劳保医疗用药报销范围》，对公费医疗用药范围作了明确规定，未列入范围的药品一律不得报销。1997年，陇川县为控制公费医疗不合理开支，实行门诊医疗费按人员150元包干到单位，具体管理办法由单位自定。住院费用1万元以内的按工龄不同，个人承担2%～18%不等的比例，住院费超过1万元的，个人承担5%。离休干部、因公负伤、癌症、精神病、麻风病患者门诊住院费实行补报实销。

1997年陇川县干部职工住院费个人承担比例表

表22—1

工龄	0～5年	6～10年	11～15年	16～20年	20～25年	26～30年	31年以上
0.5万元以内个人承担比例	15%	13%	11%	9%	7%	5%	2%
0.5至1万元以内个人承担比例	18%	16%	14%	12%	10%	8%	4%

2001年，县政府出台《陇川县城镇职工基本医疗保险暂行办法》，从元月1日开始，要求凡在县域内所有用人单位及其职工退休人员均参加基本医疗保险，由单位和个人按工资总额缴纳。城镇职工医疗保险由劳动和社会保障部门负责组织实施，卫生部门不再承担公费劳保医疗及医疗保险的管理职责 。职工医疗费用由劳动和社会保障部门实施定点医疗，并按规定比例报销。

实施医保前，全县公费医疗欠费累计58.95万元。其中离休干部欠费21.81万元，干部职工欠费37.14万元。

【农村合作医疗】 1975年，全县65个大队建立合作医疗站， 按年度及社员人数，从集体公积金、公益金中提取资金，一般每年人均2～3元。就诊时只需交挂号费0.05元，即可享受免费治疗。1978年后，各地合作医疗因资金、药品 缺乏，难于维持，不得不恢复自费医疗。

1981年，县卫生局在共瓦公社拱东大队营盘村卫生室开展农村合作医疗试点。参加合作医疗的共有8个生产队，每队捐出2头集体水牛，共计16头，开办合作医疗牛场，由专人放养，生产队评给工分，卖牛的钱供村卫生室购药。社员看病每次只交0.05元费用，这样维持了3～4年，后因意外火灾烧毁牛场而停办。当时共瓦以牧养医的经验得到州、县领导的认可，并在共瓦公社召开现场经验交流会。全县也有部分村卫生室以其他形式举办合作医疗。

2001年，中央、省再次提出举办合作医疗。县政府为推进农村合作医疗制度的进程，批转县卫生局《陇川县农村合作医疗管理办法（试行）的通知》。同年，在户撒乡保平村委会开展农村合作医疗试点，逐步向全县推广。资金筹集以个人缴纳为主，集体扶持和县、乡政府适当补助相结合的办法。即个人筹集年人均10元，乡财政安排人均1元的政府引导资金。合作医疗费85%为医疗资金，10%为防保资金，5%为储备金与管理费。补偿采取“补小不补大，保门诊不保住院”的办法，个人医药费用按比例报销。当年，保平村共有120户527人，参加合作医疗。

2003年，中央颁布新型农村合作医疗政策，县卫生局派人参加省举办的新型农村合作医疗培训班。拟定《陇川县新型农村合作医疗制度实施方案》，上报县政府、州卫生局。同年，全州在潞西、瑞丽两市开展试点，陇川县被列为2007年国家级补助的新型农村合作医疗试点县。

第二节　医疗机构及队伍

一、医疗卫生队伍

【医疗队伍】　1978年，全县拥有卫生技术人员287人，平均每万人拥有卫生技术人员25人。至2005年，全县有卫生机构15个，其中县级4个，有在职卫生技术人员361人（具体各级医疗单位、医疗人员见后面节、目）。平均每万人口拥有医院床位20张，每万人拥有卫生技术人员21人。

卫生下乡

【职称评聘】　1980年，陇川县首次进行卫生专业技术职务评定，93人获得专业职称。1987年，开展第二次卫生专业技术职称评定，在全县263名卫生技术人员中，评定中级职称31人，占11.78%；初级职称203人，占77.18%。在69个卫生行政人员中，评定会计师1人，助理级9人。1992年，开展第三次卫生专业技术职称评聘。评定高级职称2人，中级职称40人，初级职称144人。2000年，组织开展乡村医生职称考试，取得乡村医师职称11人，乡村医生职称14人。2002年，卫生系统职称改革实行合同统一考试，合格及具备相应条件才能聘用。当年21人参加考试，3人取得高级职称，4人取得初级职称。经过2003年、2004年连续考试，至2005年，全县卫生系统有专业技术人员281人，其中副高级职称9人、中级职称82人、初级职称190人。2004年后，实行考聘分开，根据职务结构比例聘任。

【技术培训】　进修学习。20世纪70年代，全县卫生系统先后有25人在德宏州医院、昆明市医院、上海华山医院等12家医疗单位进修学习，时间半年至1年。1981～1988年，全县有47人先后到昆明延安医院、昆华医院、上海市寄生虫研究所、成都第六医院、浙江医学院寄生虫专业等13家医疗单位进修学习，时间1～3年不等。1991年，全县卫生系统外出进修学习103人次，时间半年至3年不等。1999～2005年，全县148名卫生技术人员考取成人医学大专班学习。选送349人次外出进修学习，其中进修半年以上44人。邀请上级专家讲课14次，听课人数达1800人次。在省级以上刊物发表论文46篇，举办学术交流2次，入选交流论文8篇。培养学科带头人7人，引进推广新技术20项。119

名卫技人员参加远程教育培训学习班，115人参加基层卫生人员中专学历教育，65名乡村医生到县人民医院进修学习。

举办培训班。1982年，县卫生局举办2期乡村医生培训班，每期学习3个月，共86人参培，通过考试，35人合格，取得“乡村医生”证书。1988年，县卫生局开办乡村医生业务培训班，34人参培，学制1年。1989年，县卫生局举办第二届乡村医生培训班，共培训乡村医生38人。1990年，县卫生局开办在职乡村医生提高班，招收学员21人，学4个月，获得乡村医生证书。1992年，县卫生局举办第三期乡村医生培训班，培训42名，送州培训75名。1998～2000年，陇川县实施“植根计划”，把中医药知识纳入乡村医生培训内容，参培92人，其中91人取得中医药知识培训合格证，有54人参加中专水平考试。

新技术开发。2000～2005年，县卫生院共有20项医疗新技术开发应用。分别是：乳癌根治术，直肠癌根治术，椎间盘摘除术，膀胱全切术，妇科不孕诊疗，ICU病房，电子结构镜应用，纤支镜应用，总胆红素、直接胆红素测定，凝血因子检查，血法高脂、低脂和载脂蛋白测定，红斑狼疮细胞检查，活检穿刺，动态心电图监护，电子胃镜检查，彩色B超应用，红外线乳腺治疗，口腔畸形矫正术，病理室，脑血栓治疗新技术。

“技术支边”活动。1990年3～6月，根据中央“上海支援全国”的指示，上海市卢湾区卫生局派出医疗队一行3人到陇川县开展“上海技术支边”活动，历时3个月。带教陇川县医院人员5人，举办为期10天的心电图技术普及培训班，培训全县医疗人员30人；为全州心血管内科讲学5天，培训65人，为老干部体检501人，成功抢救心肌梗死患者1例、败血病危重病患1例。

2001年后，国家逐步建立起城市卫生支援农村卫生工作和万名医师支援农村卫生工作制度，州人民医院每年派出几批医疗队到陇川县医院开展对口支援，县级卫生医疗机构下派医疗队到乡镇卫生院进行卫生支援。

二、县级医院

【陇川县人民医院】 1976年，县人民医院在城子镇振兴路7号建盖新院址，建筑面积1618平方米，均为二层水泥平顶房，医务人员61人，病床65张。当年，门诊病人5.78万人次，住院病人1714人次。1979～1984年，增建病房和图书、病案、保管、会议、放射等室及第二门诊药品制剂室5栋，面积1915平方米。1985年，增建制剂室、供应室砖混平房1栋，面积280平方米。药品制剂室分设：药检、蒸馏、分装、洗瓶、原料、消毒等室。设备有塔式蒸馏器、高压灭菌柜、洗瓶机、压盖机、真空泵、恒温箱等。制剂室开始生产输液制剂和口服药液。1987年，建八角康复亭，配置石桌、石凳、石条，为住院患者提供幽静的康复疗养环境。1989年，新建老干科，面积489平方米，设病床20张。1993年，全院职工达113人。住院部分设儿科、外产科、传染科，设病床100张；门诊分设西医、中医针灸、五官、急救、脑电图、超声波诊断、理疗、检验、生化、放射、注射、换药、供应、计划生育指导等室。另有病案、打字、图书、浆洗、沐浴、门卫、托儿所及小卖部等附属设施。

1996年，县医院投资10万元对制剂室进行改建，老干科于同年拆并内科。1997年，通过“二级乙等医院”达标验收。1999年，新增口腔科。设备新增胎心监护仪，电解质分析仪、心电监护仪、麻醉机、呼吸机。全院有卫生技术人员81人，工人及其他人员31人。

2000年，县城迁移章凤，县政府投资1700万元，在龙凤路上段新建县人民医院，占地2公顷，建5层框架门诊大楼和4层住院部大楼，建筑面积1万平方米。医务人员从章凤镇中心卫生院、原县医院和中医院的医务人员中选拔组成。2002年5月10日，县医院正式迁入新址开业。有职工137人，其中专业技术人员115人（副高7人，中级36人，初级72人）。专业技术人员中医疗43人、护理49人、医技11人、药剂9人，其他3人。全院设置办公室、医务科、财务科、总务科、药剂科（含中、西药房）。临床科室设有内儿科、外产科、中医科、口腔科、皮肤科、检验科、放射科、B超心电图室、胃镜室、理疗室、注射室、急救室、碎石室。建立病理科，新增院外一门诊，有病床100张。

2003年，县医院将门卫、食堂及殡仪馆等后勤服务推向社会医院发展，并投入28万元开通医院局域网络。投资25.8万元修建篮球场，建盖出租房。投资33万元，购置呼吸机、床房X光机等设备。至2005年底，全院有正式职工158人，临时工58人，其中专业技术人员135人（副高7人，中级48人，初级80人）内设12个科、室、部，开放病床138张。同年接收门诊7.69万人次，住院0.38万人次。

【陇川县中医院】　1989年，陇川县中医院成立，院址设在城子镇团结路段。设中医科、针灸理疗科，附设西医门诊。1996年，中医院设中医科、中西医结合科、药剂科、护理科、放射科、化验室、后勤及两个医疗点，有职工33名，其中卫生技术人员20名（主治医师4人、医师5人、护师2人、护士3人、护工1人、药剂师1人、药剂士2人、药剂员1人、检验士1人），工勤人员7人。全年，诊疗病患1.48万人次，住院182人次，业务收入37.63万元。1999年，增设保卫科、骨伤科。有在职职工32人、卫生技术人员21人、管理人员1人、工勤人员6人。全年诊疗1.34万人次，业务收入53.46万元。2001年，全院设中医科、西医科、治疗科、放射科、后勤科，有职工29人，其中卫生技术人员17人（副主任医师2人、主治医师3人、医师2人、医士2人、护师1人、护士2人、药剂师1人、药剂士2人、检验士1人，放射1人），后勤人员6人。全年，诊疗9228人次，业务收入32.98万元。2002年，县中医院撤销并入县人民医院。

三、乡（镇）卫生院（所）

【章凤镇中心卫生院】　20世纪70年代，在章凤公社建章凤医院。1979年，扩建砖混结构二层平顶房1栋，面积423平方米，建砖木结构病房1栋，面积168平方米，增设放射室，化验室、中医门诊及中西医药房，有病床40张，卫生技术人员34人，同年改称章凤卫生院。1981年，改名为章凤镇中心卫生院。1988年，有病床51张，卫生医疗人员48人，增设妇产科手术室和外科手术室。门诊部有中医、西医、放射、化验、注射室及口腔科。全院有X光机、万能手术室、四头无影灯、大型麻醉机、心电图机、电冰箱、恒温箱、两用培养箱等现代医疗设备，不仅承担章凤境内群众和境外边民的医疗任务，还能为临近乡（镇）诊治一些内、外、妇科疑难重症。1994年，有职工60人，住院部分为内科、外科、防疫科，住院2287人次，门诊5.03万人次，业务收入132.28万

1985年护士节

元。1997年，章凤口岸医院并入章凤镇中心卫生院。1999年，有职工96人，开放床位55张，设门诊部、住院部、后勤、防疫科、二门诊、三门诊。住院部设内儿科、外产科，设化验室、B超室、X光室、口腔科、计划生育室、西药房、注射室、中医门诊、中药房。同年，门诊5.67万人次，住院2402人次，业务收入305.5万元。2002年，撤销章凤镇中心卫生院，并入县人民医院。

【景罕镇卫生院】 1972年7月，始建陇川县景罕公社卫生所。20世纪80年代，迁址扩建为陇川县景罕区卫生院，有砖混结构门诊大楼2层1栋，面积500平方米，2栋500平方米为住院部和家属生活区，有卫生技术人员8人。2000年后，景罕镇卫生院经过整合，投入资金在景罕街道建盖2栋2层钢混结构门诊和办公楼，购置X光机、化验设备。2003年，迁入新址营业，经过整顿领导班子，建章立制，卫生工作有了起色。2005年，有病床16张，在岗卫生技术人员25人，其中主治医师、主管护师各1人，执业医师（士）6人，执业护师（士）4人，药剂士1人，高级工1人，聘用临时工18人。村委会7个卫生室有乡村医生20人。

【城子镇中心卫生院】 1972年12月，建城子镇卫生所。1978年，改建为城子区卫生院。1981年，建土木结构生活用房1栋4间，面积110平方米。1987年，在原门诊地基上新建混凝土结构平房门诊1栋，4层28间，面积约780平方米。设中西医门诊、中西药房、中西药库、注射室、产房、计划生育指导室、化验室手术室、挂号收费室、财务会计室、会议室，附设太阳能沐浴室等。有中医士1人，西医师1人，西医士3人，护士、检验士、助产士各1人、工勤人员4人。主要设备有两用手提式高压消毒锅、显微镜、一般牙科器械、手术床、四头无影灯、脚踏吸引器、电动吸引器、丙种手术器械箱、结扎器械设备、刮宫包以及取放环包等。1989年，城子镇卫生院撤销，改建为县中医院。2002年，县城迁移至章凤，原县人民医院旧址改建为城子镇中心卫生院。2005年，有在职员工52人，病床13张，设引产科、内儿科、中医科、检验科、门诊室、药剂科、放射科、口腔科、后勤等科室。医疗设备有X光机、口腔治疗台、B超、血液分析仪、尿液分析仪、麻醉机、心电监护等。7个村卫生室有乡村医生7人。

【户撒乡中心卫生院】 1953年3月，户撒区卫生所成立，1973年扩建为户撒公社卫生院。1976年，迁址到巷姐寨下方，新建门诊楼1栋7间，面积256平方米，住院部1栋7间，面积224平方米，建生活用房1栋9间，面积310平方米，均为土木结构瓦房。设西医、中医、牙科、放射室及化验室。有病床14张，卫生技术人员14人。县卫生防疫站在该院内设鼠防科。1987年，卫生院设中西医门诊、中西药房、化验室、放射室、注射室、换药室、产房、消毒室等，病床增为24张。1988年后，增添X光机、多功能外科手术台和化验设备，能解决本地的一般常见病、多发病，能开展一般外科手术、取环、放环、人流等计生手术。1995年，建职工宿舍2栋，面积640平方米。1996～1998年，3年间由于专业技术人员缺乏，投入不足，设备老化，医院发展停滞不前，被迫到街道设门诊。1999年后，卫生院医疗环境有所改善，新建3层砖混门诊综合大楼1栋，面积600平方米，新增B超机、X光机、洗胃机、心电图机各1台及外科常用器械1套。培训专业医务人员，医疗技术水平得到提高，能基本满足当地群众就医需求。2005年，全院有医务人员16人，开设病床20张。全乡11个村卫生室，有乡村医生17人。

【陇把镇卫生院】 1962年5月，邦外文化站卫生所成立。1983年改建为邦外区卫生院。1987年，有卫生人员8人，病床4张，设门诊室、药房、治疗室、消毒室、药库等。主要设备有内科手术器械箱、显微镜、刮宫包、产包、产床、一般医疗器煤蒸馏器、手提式高压消毒锅。当年，门诊

8940人次，业务收入1.11万元。1988年，邦外区改为陇把镇，邦外卫生院搬迁到陇把街，改称陇把镇卫生院。1994年，有卫生人员7人，门诊5300人次。2005年，有医务人员11人，病床3张。5个村卫生室，有乡村医生10人。

【王子树乡卫生院】 1960年，建王子树文化站卫生所。1972年，卫生所扩建为卫生院。1979年，建砖木结构业务用房1栋，面积196平方米。1985～1996年，投资11万元新建2层砖混结构平顶房1栋，面积614平方米，设西医门诊、中医门诊、中西药房、挂号收费室、注射室、观察室、产房、手术室、消毒供应室、放射室、化验室等，有病床17张。主要设备有万能手术台、四头手术无影灯、丙种手术器械箱、两用手提式高压消毒锅、30毫安X光机、显微镜及其他一般化验设备、电动吸引器、牙科及一般器械设备、急救室、胃肠减压器、4种绝育手术器械设备等。

1994年，卫生院计划免疫工作突出，被评为州级先进单位。为方便群众就医，在街道建盖门诊部。1998年，新建两栋砖混结构职工住房，面积约150平方米，业务收入18万元。2004年，王子树卫生院迁街面新建，总面积2535平方米，其中业务用房1011平方米。医疗设备增加B超、心电图、化验等。2005年，卫生院有在职医务人员8人，病床60张，开设门诊、妇产科、影像科、化验室等科室。9个村卫生室有乡村医生13人。

【护国乡卫生院】 1971年10月，护国公社卫生所建立。1977年，改称卫生院，迁址今派出所位置，有砖木结构瓦房3间，面积100平方米，医务人员8人，设门诊、药房、注射室。设备有血压表、听诊器。新建混凝土结构两层病房1栋，面积260平方米。1989年，建两层混凝土平顶房1栋，面积200平方米。1995年，卫生院又迁回原址重建，占地0.1公顷。有土木结构房屋5格2间，3格1间，面积约240平方米，有医务人员3人，设门诊室、药房、注射室、防疫室。2005年，全院占地1.66亩（1107平方米），建筑面积843平方米，医务人员4人，病床4张，新增设备B超、心电图机。6个村卫生室有乡村医生6人。

【勐约乡卫生院】 1980年，建立共瓦公社卫生院，有医务人员5人，病床6张。1981年，建土木结构生活用房1幢5间，面积140平方米。1987年，设西医门诊、西药房、药库、注射室、消毒室、手术室。主要设备有一般眼科、牙科手术器械、丙种手术器械、计生手术器械、产床、四头无影灯、显微镜等。有医务人员7人。当年，门诊1.02万人次，业务收入1.32万元。1988年，共瓦区改为勐约乡。1992年4月，乡卫生院搬迁到勐约营盘街道。2005年，勐约乡卫生院有医务人员7人，病床17张。9个村卫生室有乡村医生11人。

【清平乡卫生院】 1955年，清平区建立卫生所。1975年，改建为卫生院，增设放射室、化验室。1977～1980年，建土木结构瓦房2栋10间，面积300平方米，建生活用房3栋15间，面积450平方米，设病床20张。1985～1986年，在原址建砖混结构3层楼房1栋21间，在原有科室基础上增设计划生育指导室，病床增至30张，有医务人员17人。1985年，获得省文明单位荣誉称号。1988～2001年，由于医务人员缺乏，中医科室停业。2005年，全院有医务人员7人，病床18张。9个村卫生室，有乡村医生18人。

【姐乌乡卫生院】 1986年，姐乌区建立区卫生院，借用乡农技站开展工作，有医务人员2人。1989年，建砖木结构业务用房1栋，面积144平方米，有医务人员5人。2001年，实施农村卫生“三项建设”，增建卫生院业务用房和职工住房2栋，有病床15张。2005年，陇川县撤销姐乌乡建置，乡卫生院随之撤销。

【赛号乡卫生院】 1990年，成立赛号乡卫生院，建砖木结构业务用房、生活用房各1栋，面积2400平方米，有医务人员6人。2001年，实施农村卫生“三项建设”，新建砖混业务用房1栋，面积254平方米。2003年，有医务人员3人。2005年，陇川县撤销赛号乡建置，乡卫生院随之撤销。

【邦瓦乡卫生院】 1956年12月，邦瓦文化站卫生所成立。1980年，卫生所改称卫生院。1983年，卫生院迁址，新建土木结构瓦房3栋28间，面积854平方米。其中门诊用房448平方米、病房196平方米、生活用房210平方米。增设注射室、产房，有病床8张。1987年，有医务人员5人，会计1人。主要设备有手术室、四头无影灯、电动吸引器、计划生育手术器械、丙种手术器械箱、显微镜、一般化验设备、眼科牙科器械。年门诊5780人次，业务收入7812元。2001年，有医务人员6人，会计1人。主要设备有B超、心电图、洗胃机各1台、显微镜2台、丙种刀包2个、自动吸引器1台、脚踏吸引器1台、拔牙器械2套。年门诊1000人次，业务收入0.8万元。2002年，乡卫生院随区划调整被撤销。

【章凤口岸医院】 1993年1月，章凤口岸医院成立，隶属县政府章凤办事处领导，承担政府机构和口岸工作人员的医疗工作。1993年，县政府撤销驻章凤办事处，口岸医院划归县卫生局管理。1995年，有医务人员10人，其中主治医师1人、医士5人、护士2人、财会工勤人员2人。年门诊8634人次，住院39人次。1997年，经县政府批准，章凤口岸医院并入章凤镇中心卫生院。

陇川县章凤口岸医院

【陇川农场医院】 1958年，建立陇川农场职工医院。有病床20张。当年做大小手术39次，收治病人130人。1979年，门诊3.62万人次，住院1511人次，出院1452人次。有病床121张，医务人员209人。其中场部医院100人，分场属49人，生产队60人。20世纪80年代后，随着农垦事业的发展，农场卫生医疗事业也得到充实和提高，增添了先进的医疗设备，先后设立了口腔、眼耳鼻喉、心脑电图和彩色B超等科室。管理部门设立了医务科和护理部。职工医院设立门诊部、内科住院部、外科住院部、药剂科、行政管理科、防疫站等。1991年，农场职工医院门诊3.58万人次，住院2459人次，出院1472人次。1997年、2003年，农场医院被省委、省政府授予“文明单位”称号。2005年，全场医疗机构有病床100张，医务人员211人。主要医疗设备（1万元以上）有：24小时动态心电监护仪、心电监护仪、呼吸麻醉机、全自动血细胞分析仪、彩色超声诊断仪、血凝仪、多参数心电监护仪、供应室消毒柜、电脑心电图机、全自动分析心电图机、胎儿监护仪、灭菌容器净化机、光电BM73心电图监护仪、尿十项、高频电刀、X光机、高频滑轮机、半自动生化仪、铝合金护栏带轮急救车、YC-软组织治疗仪、YC-TV骨质治疗仪、十一项自动尿液分析仪、黑白B超、光量子血保养液、电解质分析仪、血球计数仪、光电十二道心电图机等。

第三节　医疗技术

一、检验检测技术

医疗检测设备

【检验】　20世纪70年代，县医院检验科有工作人员2人，设备有显微镜、离心机、光比色计、蛋白电游仪、水浴箱等。80年代，增加火焰光度计。90年代，增加尿十项分析仪、电解质分析仪、半自动血球计，能开展肝功、肾功、使用蛋白电游法测定胎甲球蛋白、乙肝表面抗原、细菌培养、骨髓细胞分析、电解质检查等。1996年，有工作人员6人，完成血检4716人次，尿、大便检5136人次，生化1425人次。2001年，医院搬迁章风后，检验科先后购置血球计数仪2台、尿液分析仪、半自动生化分析仪、全自动生化分析仪、电解质分析仪、血凝分析仪、血气分析仪各1台。检验科分设检验室、生化免疫室、细菌室、HIV初筛室、输血科。开展临床检验及肝功、肾功、血脂、血凝、电解质检查及血气分析、HIV检测、细菌培养药敏测定、成份输血等业务。2005年，有工作人员8人，检测肝功能和生化8630人次，血常规1.15万人次，尿十项、HCG8727人次，白带、大便常规及其他2900人次，HIV检测2124人次，白检原虫420人次。

【放射检测】　1962年，县医院建反射科，有医师1人，200毫安X机1台，能开展透视、摄片等。70～80年代，增购内江产500毫安X光机1台。2001年，县医院搬迁章风后，新购万通500毫安X机、内江产200毫安X光机及两部床傍X光机，有医师5人，能开展透视、摄片、胆道造影、静脉肾盂造影及逆行肾盂造影等。2005年，影像检查4100人次。

【B超、心电图】　1988年，县医院建心电图室，有绵阳产SX—852扫描诊断仪1台。1990年，购日产ECC—6511型心电图机。1992年，新置日本产阿罗卡630型B型超声波诊断仪。1997年，购日立EVB405型B超机1台。2001年，购日产东芝彩色B超1台。2002年，购国产ECC—120型12导心电图机。2005年，B超检查15628人次，心电图检查3527人次。

【病理检查】　2002年，县医院建病理科，有医师1人，主要设备有生物组织切片机、生物组织冷冻包埋机、病理样品快速处理仪、奥林巴斯显微镜等。能开展常规病理切片、脱落细胞HE染色及妇科涂片快速染色等。同年，开展宫颈刮片46人次，病理检查184人次。2005年，开展病理检查482人次。

二、西医

县内开展西医诊疗主要以县人民医院、乡镇卫生院为主，进行常见病诊疗。个体诊所也用西医治疗常见病。县人民医院开展西医诊疗情况为：

【内儿科】 1979年，开设病床40张，设心血管、消化、肾内、儿科专业组。1996年，开设病床46张，收治病人857人次，病床使用率33.47%。1999年，开设病床45张，收治病人723人次。2001年，开设动态心电图监测、动态血压监测及电子胃镜检查。2002年，开展尿激酶静脉治疗脑梗塞、护血管药物治疗肾衰、心包刺、细管植入治疗胸腹腔积液及腹膜透析等新技术。2003年，开展心电遥测。2004年，开展颅多普勒。2005年，在上级专家的指导下开展安置永久性人工心脏起搏器2例。全科有医护人员24人，其中副主任医师2人，开设病床61张，收治病患1347人次。

【传染科】 20世纪80年代，传染科设置简易传染病房，归内科医务人员兼管。2003年，抗击"非典"后，按卫生部的要求政府投资新建传染科，2005年，竣工使用。全科有医护人员11人，其中医师4人，护士7人。设病床24张，当年收治病人38人次，其中艾滋病并发机会性感染及肝损伤19人、疟疾5人、伤寒4人、肺结核3人、病毒脑炎1人、狂犬病1人、其他感染5人。病床使用率85%。

【外产科】 1979年，县医院组建外产科，开设病床45张，能开展胃大部切除术、胆道手术、骨折固定术、子宫切除术及剖宫产术等。1990年后，能开展肾切除术、前列腺切除术。1996年，开放病床39张，收治住院病人1315人次，病床使用率55.5%。1997年，外产科扩分为外科及妇产科，1999年，又合并为外产科。同年开设病床40张，收治病人388人次，开展手术178台，其中阑尾切除78人次，疝修补术23人次，胆道手术21人次，骨折固定21人次，其他35人次。妇产科开设病床15张，收治病人540人，开展手术138台。2002年，外科率先在全院开展以量化管理，按工作量计分的分配制度改革试点，调动了医生的积极性，取得初步成效。2004年，请昆明专家来陇开展腹腔镜手术68人，人工股骨头置换术1例，新生儿经腹会阴肛门成形术1例。2005年，外产科共有医护人员45人，开设病床61张，开展手术968人次。分外科、妇产科、骨科泌尿、麻醉科5个业务组。外科组能开展胃大部切除、胆道手术、脾切除、腹腔镜胆囊切除；骨科组能进行四肢骨折的内、外固定术；泌尿组能开展肾切除术，肾结石取石术，膀胱镜碎石术、前列腺切除术；妇产科组能开展子宫全切、次全切术、剖宫产术、卵巢囊肿切除术、无痛人流术、光普治疗、微波治疗、输卵管通液等诊疗技术；麻醉组有麻醉机2台，监护仪2台，手术床2张，能开展全麻、硬膜外麻醉、腰麻及神经阻滞麻醉。

【口腔科】 1976年，县医院建口腔科，有牙科综合治疗椅1台，医师1人。经过30年发展，至2005年，有医师2人，综合治疗椅3台，能开展口腔小型手术，能治疗各种牙病、牙固病，能开展活动义齿、固定义齿的修复，能进行简单的正畸治疗。全年收治病人3294人次。

【五官科】 1976年，县医院建五官科，能诊治眼、耳、鼻、喉常见病治疗。1980年后，开展过白内障摘除术。2001年后，新增手术显微镜、裂隙灯、微波治疗仪、角膜屈率计、同视机等设备。曾在上级部门的指导下，进行过白内障摘除晶体重建术。2005年，有医师2人，接治病患2211人次。

【皮肤科】 2002年，县医院建皮肤科，2005年，有医师1人，能开展常见皮肤病、性病的诊治，全年诊治病患580人次。

【药剂科】 20世纪80年代中期，县医院建药剂科，主要管理门诊西药房、中心药房和制剂室。1997年，建立药事委员会与药剂科共同管理医院药品的临床应用。做到麻醉药品专人、专账、专柜保管，生物制剂冷藏保管。2003年，药品实现电脑化管理，建立药品效期报警系统。2005年，建立药品仓存贮卡，成立阴凉库、易串味库、常温库、材料库、中药库，基本实现药品规范化管理。根据国家有关文件规定对药品价格进行降价调整，并向社会公布。制剂室所生产的制剂因达不到国家GMP认证标准，于2000年初撤销。

【输血队】　1984年，县医院输血队成立，以江苏人周连根一家为主，有患者需要输血时，周连根负责召集人员到医院采血，交叉配血成功后，可直接输给患者。由于技术条件限制，输血队于2004年取消。

陇川县人民医院择年医疗情况统计表

表22—2　　　　单位：人、%、万元

年份	门诊人次	住院人次	治愈人次	好转人次	未愈人次	死亡人数	治愈率	好转率	病死率	业务收入
1978	65923	1735	1326	315	64	30	76.42	18.16	1.73	15.67
1979	60437	2284								16.59
1980	44538	3086	2679	328	53	26	86.81	10.62	0.84	15.87
1981	55976	2186	1703	371	88	24	77.9	16.97	1.09	16.82
1982	60834	2252	1717	415	91	29	76.24	18.43	1.29	22.67
1983	68110	2925	2284	527	93	21	78.09	18.02	0.72	31.53
1984	73968	2336	1616	609	87	24	69.18	26.07	1.03	36.46
1985	76263	2110	1431	567	76	18	67.82	26.87	0.85	40.86
1986	63737	2397	1693	626	52	26	70.63	26.12	1.08	37.76
1987	58296	1691	1233	358	77	23	72.92	21.17	1.36	43.32
1993		2292	909	756	627		39.66	32.98		
1996	17226	2203	1560	575	56	12	78.81	26.1	0.54	182.96
1998	21017									223.15
1999	18934	1622	756	719	128	19	46.61	44.33	1.17	305.22
2001	58061	3085								
2002	81456	2637	1532	963	100	42	58.09	36.52	1.59	684.33
2003	79357	2975								880
2004	86471	3435								1010
2005	76942	3755								1116

三、中医与中草药

【中医医疗】　1982年，县医院建中医科，有中医师1人。1984年，发展到5人，能开展常见病、多发病的中医、中药治疗及针灸、电疗工作。1989年，陇川县中医院成立，设中医科、针灸理疗科等，中医医疗得到较大发展。2002年，县中医院并入县人民医院设中医科。同年门诊7925人次，理疗822人次，院外门诊1122人次。2005年，中医门诊7642人次，有中医师4人，药剂员2人，护理员2人，投入资金3.5万元，购置中药熏蒸机1台。

【中草药】 1987年，县卫生局、县农业局区划办公室、县商业局医药公司联合组成陇川县中草药资源普查领导小组，经过半年多普查，查明陇川有中草药340种，按药性和用途分为29类，编写了《陇川县中草药资源普查和区划技术报告》《陇川县中草药资源名录》（详见第一部《陇川县志》）。在长期同疾病斗争的实践中，陇川民间各族群众积累了许多用中草药治病的验方、偏方及祖传单方。中华人民共和国建立后，陇川县农村培养了一大批赤脚医生，除使用西药外，许多赤脚医生掌握了民间常用中草药治病的方法，为群众治病。王子树乡邦角村委会卫生所，20世纪70～80年代，曾聘请滚掌寨民间中草药医生瞿发全到诊所为群众看病，他所用的中药全部是上山找来的中草药，为诊所节约了大量资金。王子树乡盆都村委会曼当寨的董然德（1994年病逝）是一位有名的民间接骨水师，他曾为陇川、梁河地区的骨折患者治愈100多人。陇川县中医师杨则贤，70～80年代，对陇川民间偏方、单方和验方进行收集整理，编写出《民间中草药偏方》1册（详见第一部《陇川县志》）。

第四节　公共卫生

一、爱国卫生运动

1978年9月5日，县爱委会召开电话会议部署任务，组织机关各单位和公社、大队开展爱国卫生运动。据统计，全县参加卫生运动出勤人数达6.57万人次，积肥458万千克，清除垃圾14.5万千克，整修道路351米，疏沟311条，填污水塘305个，水井消毒771口。共瓦、章风、邦瓦3个公社被评为卫生先进公社。

1979～1980年，在春节、元旦、国庆节前夕，开展突击性的爱国卫生运动。1981年，建立周末卫生劳动日后，爱国卫生运动结合“五讲四美”“两个文明建设”来开展。各机关单位、城镇、农村将卫生清扫作为制度固定下来，保持经常化。

1983年，爱国卫生运动向绿化、美化、制度化的目标发展。同年，修整县城街道6100平方米，在道路两旁植树1500株。机关、居民提倡种果树栽花植草，扩大绿化面积。有专职环卫工人打扫街道。村寨订立卫生制度。1986～1987年，机关单位在道路旁，共植树7.66万株。

1987年，陇川县经州爱国卫生运动检查团进行综合卫生检查，被评为卫生流动红旗先进县（第二名）。县爱委会召开全县表彰会，表彰先进单位18个。

1988年，在城子、章凤、户撒成立乡（镇）爱国卫生运动委员会，下属村公所（办事处）也相应设立爱委会。

1990年后，县爱委会坚持在元旦、爱国卫生月、国庆、春节4大节日期间，通过行文通知和电视、媒体宣传，号召城乡机关、群众开展爱国卫生运动。重点抓死角，协调环保、公安、卫生、防疫等部门与造成污染的单位协商调解，把治理污染工作落实到单位和个人。年清理污染区垃圾50余吨，长期脏乱的几条街巷道得到治理。其中巷姐村群众自筹经费2万元修整道路，使村貌得到改观。国庆期间，县爱委会对全年开展爱国卫生运动较好的“文明卫生单位”进行验收。县人武部、县一中、县民小、城子一小总结交流创建“文明卫生单位”的经验。

1993年，调整县爱委会成员单位，爱委会办公室设在县卫生局。

1994～1995年，对城镇和街道路面进行整修填平，清理阴沟脏物，清扫路面，制止乱贴广告、乱画墙面的行为，规范街棚、摊位，动员有条件的单位做好绿化美化工作。

1996年，为迎接全州卫生大检查，县政府召开专题会议，部署工作。全县共有1850人参加卫生运动，清运垃圾120吨，清理脏沟800米，清冲公厕4个，拆除违章街棚12个、临时摆摊草棚8家。

2001年，国庆节期间，全县开展爱国卫生大检查，对县委、县人大、县政府、县财政、章凤镇等42个做得较好的单位进行通报表扬。2002年11月，县政府组织卫生检查团对全县“创建卫生城市”活动进行检查总结，对开展活动好的20多个单位进行表彰。

二、除害防病

1978年后，全县除害防病的重点，是消灭蚊子、苍蝇、跳蚤、虱子、臭虫、老鼠和蟑螂。县爱委会督促有关部门定期喷洒药剂，清理污沟、污水塘，发放毒鼠药。

1982年，陇川县发生鼠间鼠疫疫情，全县开展大规模群众性灭鼠除害运动。1983～1984年，县爱委会组织灭鼠94.94万只。1985年，采用敌鼠钠盐毒鼠，死鼠不再统计。1987～1988年，灭鼠共投放6‰敌鼠钠盐毒谷6.68万千克。由于连续长期坚持除害工作，各种传染病得到有效控制。进入20世纪90年代，全县臭虫基本灭绝，常见病“回归热”已不再发生。

1990年，全县各地鼠间鼠疫多点爆发流行。县政府成立灭鼠指挥部，爱委办人员具体参与和协调灭鼠工作，举办灭鼠学习班2期，培训60人。引进“杀鼠迷”50千克，配置“杀鼠迷毒饵”2.5万千克。7月，分别在城子、章凤、陇把农场、景罕等部分村寨使用“杀鼠迷”灭鼠。1993年，着手研究章凤、城子老疫点鼠间鼠疫流行暴发的主要控制措施。1994～1996年，章凤、城子老疫点，采用磷化锌加奋斗钠与米糠做稀释剂对鼠洞喷粉、再填塞鼠洞处理的办法进行灭鼠灭蚤，效果较好。其中重点进行5个村寨164户，喷鼠洞7560个，除1个自然村发生鼠间鼠疫外，其余均未发生。1999年，全县鼠疫疫点从1990年的26个减少至1个。1997～2000年，为落实国家爱委会、卫生部颁发的《关于禁止使用剧毒急性灭鼠药的通知》，县爱委办协同县卫生、工商、公安、技术监督、农业、供销、防疫等部门组成检查组，对辖区鼠药制作加工点及市场销售进行清理整顿，对市场上没有注册商标的鼠药一律没收。

2004年，开展春、秋两季大面积灭鼠工作，共配置毒谷2.97万千克，投毒灭鼠9626户。经监测，室内鼠密度为3.6%，室外灭效为76.58%。灭蝇灭蚊用奋斗钠喷洒，共喷3.1万个房间，面积为32万平方米。

2005年后，全县年年坚持配置毒谷，发放到老疫区灭鼠，不再发生鼠间鼠疫疫情。

三、创建卫生城市

2004年，陇川县开展创建“卫生县城”工作，经省爱委会评审，授予陇川县“乙级卫生县城”称号。

四、农村改水改厕

1980年，全县推广三坑发酵池无害化厕所9个。1984年，调查2.06万户农户厕所设施情况，其中1327户有私厕，占6.43%；厕所有棚的718户，占54.1%；厕坑不渗不漏有384户，占28.9%。因陇川县城多年来无公厕，集市街道污染严重。1990年，建有40个蹲位的公厕2个，1996年增至4个。

1999年，县政府在章凤镇芒拉和户弄村进行改厕试点工作，推广无害化“卫生棚”1000个。之后又在城子、清平的村寨建设无害化厕所。同时，采取改水措施，对井水加井盖修井栏，对地面水源进行沉淀沙滤等处理，使引水水质达到“农村实施《生活饮水标准》准则”中所规定三级水要求。清洁卫生水普及率达85%以上，其余初保指标达到规划合格标准。至2004年，全县2.91万户农户，已建卫生户厕2.46万个，占84.29%。其中无害化户厕1500个，卫生户厕普及率为84%。全县改水受益人口12.89万人，其中累计自来水受益人口8.56万人，改水普及率为94%。

第五节　卫生监督管理

一、血液管理

【采供血】　1998年前，县医院不设储血和供血库。临床用血都来自家庭成员、亲友互相献血或者有偿献血。有偿供血人员建立供血档案，使用卫生部统一印制供血证，增加艾滋病抗体、丙肝抗体检测项目，检测间隔时间为每3个月1次。首次有偿供血者，必须进行10项指标检测合格。发现有偿供血人员流动献血，至少停采血一轮以上或取消其在本院有偿供血资格。1999年4月，德宏州卫生局对全州供血机构进行规划设置。2001年，陇川县成立中心血库，挂靠在县医院检验科，进行短期少量储血，并指定专人负责，购置储血冰箱；但没有实现血液的统一供应，用血机构仍然自采自供，现采现用。2000年，县人民医院采供血87人次，2.95万毫升；城子中心医院采供血66人次，2.10万毫升；农场医院采供血89人次，2.01万毫升。2002年1～4月，县人民医院采供血44人次，1.44万毫升；城子中心医院采供血30人次，8040毫升；农场医院采供血44人次，1.66万毫升。2004年，全州血液管理实现“三统一”（统一规划设置血站，统一管理采供血，统一管理临床用血），临床用血由州中心血站统一采供血，县医院血库变为储血点，全县各医疗机构临床用血，统一由县医院血库供应，取消输血队员供血。2005年11月，县医院与州中心血站签订供血协议。

【无偿献血】　1998年，《中华人民共和国献血法》颁布实施。2002年，陇川县无偿献血领导小组成立，办公室设在卫生局。2003年10月17日，陇川县开展首次无偿献血活动，卫生系统45名职工及部分县直机关干部献血9800毫升。2004年，全县组织第二次无偿献血活动，共有132人献血2.77万毫升。同年10月，陇川县开展第三次无偿献血活动，机关干部、社会群众、驻陇部队、武警官兵共168人参加献血，献血量达3.37万毫升。2003～2005年，全县参与无偿献血人数达1002人次，献血量23.27万毫升。

二、医疗机构管理

【县、乡医疗机构】 1986年开始，县医院及卫生防疫站开展“文明单位”创建活动，将标准和条例分解到科室。1987年，县人民医院经省卫生厅验收，以831.18分的成绩（县级为750分），成功创建“文明医院”，被省卫生厅授予“文明医院”称号，县卫生局奖励县医院1000元。1989年，卫生部、省卫生厅颁发《医院分级管理》的有关文件，将医院分为1～3个等级。1997年，县医院及陇把卫生院，经州卫生局考评验收被评为云南省二级综合乙等医院。同时对各乡（镇）卫生院开展检查评比，章凤中心卫生院被评为“先进卫生院”，挂流匾；护国、邦瓦、清平3个卫生院工作有起色，给予鼓励奖；陇把卫生院不及格（评分低于300分）按比例扣发全院全年工资。1998年，县卫生局对章凤、户撒、清平、王子树4个一级综合医院进行初评，章凤中心卫生院、户撒中心卫生院基本达标。2001年后，国家对医疗机构实行分类管理，按经营性质划分。政府医疗机构为非盈利性质医疗机构，执行非盈利性政府价格政策；社会资本办医（私营医院），可自由选择经营性质；其他医疗机构划为盈利性医疗机构。

【个体诊所】 1982年后，国家允许和支持个体开业行医。医疗市场曾一度出现临时行医、无证行医等现象。1990年后，县卫生局向个体诊所收取一定的管理费，标准为坝区每年60元，山区30元。云南省于1995年起设立行医保障金制度，收取保障金1万元，在行医中作为违反法规的处罚抵扣和医疗事故赔偿抵押。1998年，取消收取医疗保障金办法。2002年，贯彻省、州《关于大力发展个体私营经济的决定的实施细则》，允许机关事业单位职工选择带薪停职、提前退休、辞职3种方式申请从事个体私营经济。城子中心卫生院1名职工停职带薪开办个体诊所。一时间，卫生医疗机构的部分职工，纷纷提出申请，要求下岗开办个体诊所。鉴于全县卫生技术人员不足的实际，县委、县政府决定卫生系统暂缓执行《细则》，确保卫生技术队伍的稳定。

三、医疗卫生行业监督

（一）综合卫生监督

2003年，县卫生监督大队成立后，开展相关食品卫生法律法规宣传教育和执法监督检查。

2004～2005，共开展卫生法律法规知识宣传活动5场次，发宣传单3940份，电视宣传4期，悬挂横幅宣传标语11条。赶集天设立咨询台，接受群众咨询。同时深入工厂、企业，讲解职业病防治知识、食品卫生和相关法律法规常识。编印培训教材2500套，举办卫生从业人员培训班24期，受训2505人次，发放健康体检和培训合格证1961份，检出职业禁忌人员24人，予以调离。2004年，组织开展“卫监一号、二号、三号”行动，出动监督人员55人次、车辆11辆次，对没有卫生许可证或健康证的39户违法经营户进行行政处罚，没收销毁过期、霉变食品787.75千克，罚款5450元。

2005年，对食品生产经营单位及学校食堂负责人共137人，进行量化分级管理知识培训，以餐饮业、学校食堂为重点，严格审核验收，共有7户餐饮单位审核评定为C级，学校食堂全部评为D级。

2004～2005年，全县累计查处卫生行政案件208起，没有发现认定事实不清、适用法律法规不正确、程序违法、自由裁量不当的案件。所查办案件中，没有行政诉讼案件的发生，也无集体上访或越级上访的情况。

2004～2005年陇川县综合卫生监督检查统计表

表22—3　　单位：人、%、万元

监督内容 / 行业分类	总户数	发放卫生许可证户数	监管卫生许可证（户次）			检查从业人员（人次）				
			监督户次数	有效卫生许可证户次数	持证率（%）	总数	持健康体检证		持卫生知识培训证	
							人数	持证率（%）	人数	持证率（%）
餐馆	300	285	988	967	98	2646	2419	91	2448	93
生产加工业	197	179	569	531	93	2072	1923	93	1948	94
学校集体食堂	104	42	123	115	93	424	388	92	399	94
快餐、早点店	176	151	283	262	93	391	345	88	365	93
副食品批发零售店	613	579	1270	1197	94	1698	1487	88	1574	93
旅店业	39	39	108	103	95	437	401	92	411	94
美容、美发、洗脚、按摩	90	85	264	246	93	540	477	88	508	94
文化娱乐场所	78	59	176	161	91	358	301	84	319	89
合计	1597	1419	3781	3582	93.75	8566	7741	90	7972	93

（二）医疗行业监督

2004年5月，县卫生监督大队查处全县无证非法行医7户（其中从事诊疗活动2户），依法责令停止诊疗活动和警告等行政处分，没收药品价值700余元，缴获游医用于行骗工具两件，没收伪劣药品、保健食品价值1200元。2004～2005年，共出动监督人员348人次，车辆244辆次，检查医疗机构400户次，查处药店2户，个体诊所9户，流动牙医摊点9个。其中未申请办理“医疗机构执行许可证”擅自开展诊疗活动16户，依据《医疗机构管理条例》予以取缔，并没收药品246种、中草药品36袋、医疗器器械39件。实施行政处罚20户，罚金2200元，没收违法所得4670元。2005年6月，县卫生监督大队继续开展医疗市场专项整治。对47户医疗机构负责人进行培训。在自查整改中，抽调监督员94人次，出动车辆72辆次，对全县58个医疗机构进行专项监督检查，不合格

县卫生局向医务人员颁发医疗机构执业许可证

的要求限期整改。同年9月20～22日，州现场执法组对陇川县章凤、陇把两镇医疗机构进行检查，共查27户，实施行政处罚19户。其中警告、责令整改12户，罚款7户，罚金1.25万元。

（三）卫生行政许可

2004～2005年，全县累计办理卫生行证许可1419份，其中公共场所183份，食品卫生许可1236份。

四、医疗事故鉴定

1998年，陇川县成立医疗技术鉴定委员会，依据国家、省颁布《医疗事故处理办法》《医疗损坏事件处理规定》，对几起医疗事故进行技术鉴定并出具鉴定报告。县卫生局根据鉴定结果进行调解处理。2002年，国家出台《医疗事故处理条例》，鉴定改由州执行。

第二章　防疫

陇川县从1957年建立防疫站，开展疟疾、鼠疫、霍乱、天花、伤寒、麻疹、百日咳、旋毛虫病、麻风病、艾滋病等多种传染病的防治。到2005年，在陇川历史上危害较严重的疟疾、鼠疫、旋毛虫病等传染病，已得有效控制。

第一节　防疫机构

陇川县卫生防疫站始建于1957年3月5日，有工作人员9人。1965～1972年，县卫生防疫站经历撤并、恢复建制的过程。1978～1982年，建砖混结构业务用房1栋14间，面积544平方米；建砖混结构生活用房4栋10间，面积896平方米；建砖木结构平房1栋14间，面积544平方米。人员增至36人。分设：疟疾、鼠疫、皮防、卫生、防疫、后勤等7个科室。主要设备有：显微镜4台、恒温箱2个、蒸馏器1个、干燥箱1个、分光度计1台、微型电脉仪1台、光电比色计1台、少儿体检器材1套、汽车1辆、摩托车1辆。

陇川县疾病预防控制中心业务综合楼

1985～1988年，全站人员增至46人，房屋面积扩大为2754平方米。科室分设流行病、寄生虫病、地方病、皮肤病

4个防治科及食品卫生、财务后勤、综合门诊科室。主要设备有显微镜14台、恒温箱8个、电冰箱5个、速冻机2个、解剖镜2台、光电比色计1台、紫外线分析仪1台、酸度计1台、通讯网络1套、车辆7辆。

2001年，县卫生防疫站迁至章凤镇泰安路中段。新建办公区占地面积3310平方米，业务大楼1500平方米，全站人员增至55人。

2003年，县卫生防疫站改称陇川县疾病预防控制中心，副科级单位。内设卫生检验、计划免疫、皮肤性病艾滋病防治、寄生虫病防治、地方病防治、结核病防治及健康教育、防保、办公、财务等10个科室。至2005年，全中心建筑面积达2300平方米。业务科室增设慢性传染病防治科和美沙酮门诊，在职人员60人。检验配置有鼠疫强毒室、艾滋病初筛实验室、疾病镜检室、结核病痰检室、微生物及卫生理化检验室。仪器办公设备有电光显微镜4台、荧光显微镜2台、普通显微镜7台、冰柜6台、冰箱11台、-80℃低温冰箱1台、恒温箱4台、恒温培养箱5台、生化培养箱1台、生物安全柜2个、电子分析天平2台、紫外可见分光度计1台、干燥箱6台、酶标仪和洗板机1套、高速离心机2台及汽车2辆、电脑18台、其他设备5台。

第二节　疾病防治

一、传染病防治

【疟疾】　疟疾俗称“打摆子”“瘴气病”，是陇川县流行历史最长、发病最多、危害最大的传染病。中华人民共和国建立后，在卫生防疫部门的工作下，疫情逐步得到控制。1978年后，县卫生防疫部门在严格监视疫情的前提下，把防治工作的重点放在有疟疾病人的村寨和国境沿线。每年采用消灭传播媒介、及时根治疟疾病人、对境外入境定居人口发放预防药等方法来控制发病人数。1987年，发病人数比1981年下降78.62%。1988～1989年，由于抗疟疾药物紧缺，抗疟经费不足等原因，局部村寨发病率有所上升。全县总的发病率比1987年上升了35个百分点。1990～2005年，疟疾仍然是陇川县的主要传染病，发病率居传染病的首位，发病数共3963例，死亡43例。防治方法依然采用喷洒灭媒、照症病人治疗和休止期根治方法。间日疟、恶性疟均采用氯喹伯喹4日疗法双疗程治疗或8日疗法，但防治措施难于落实到位。

2003年4月以后，实施“全球基金疟疾控制项目”，全县按疟疾正规治疗技术方案要求，开展疟疾综合防治工作。治疗间日疟采用氯喹伯喹8日疗法，恶性疟疾采用青蒿素类单一制剂全程足量治疗，休止期根治采用伯氨喹啉8日疗法。疟疾现症病人超范治疗和休止期根值工作得到全面落实，疫情逐年下降，发病得到有效控制，但由于漏报率降低，疟疾疫情依然较高。2005年，全县发病712例，死亡3例，发病率为41.41/万。

陇川县择年疟疾疫情情况统计表

表22—4

年份	疫情数（人）	发病率（/万）	死亡数（人）	病死率（%）	间日疟数（人）	恶性疟数（人）	米分型数（人）
1978	336	28.0	1	0.30			
1980	320	25.6	5	1.56			
1982	150	11.9	2	1.33			
1984	86	6.8	0	0			
1986	117	9.0	2	1.71			
1988	404	29.4	4	0.99			
1990	330	23.0	1	0.30	203	118	9
1992	520	34.7	7	1.35	247	261	12
1994	475	31.4	5	1.05	148	309	18
1996	224	14.5	7	3.13	136	86	2
1998	253	15.9	0	0	118	122	13
2000	294	18.1	1	0.34	205	85	4
2002	748	45.5	5	0.67			
2005	712	41.5	0	0	554	149	9

【鼠疫】　俗称“痒子病”“黑死病”。1955年前，陇川境内曾发生过多次鼠疫传染病，死亡率极高。1978年，在户撒的1只黄胸鼠上检出鼠疫血凝抗体1份。1982年5～6月，城子、陇把、丙印、章凤街及附近村寨暴发鼠间鼠疫流行，大批家鼠死亡。7月30日，县卫生防疫站从章凤居民送来的5只死鼠中检出1株毒力较强的鼠疫菌，经省流行病研究所鉴定为鼠疫菌家鼠变种（滇闽居民区型）。县卫生防疫站及时采取防鼠措施。当年，共布放笼1616个，捕获鼠193只，总鼠密为11.94%。捕获黄胸鼠165只，鼠密为10.21%。检鼠897份，检出鼠疫菌166株。各类检测384组，阳性71株；毒励刺螨33组，阳性1株；血清702份，阳性3份。1982～2003年，全县共发生疫点120个点，涉及10个乡（镇）1个国营农场，59个村委会，120个自然村，共检出鼠疫菌645株，其中黄胸鼠462株，印鼠客蚤113组，缓慢细蚤47组，毒励刺螨14组。2004年后，开展定点监测和流动监测，没有检出阳性菌株。

20世纪80年代初，在县境发现鼠间鼠疫后，县委、县政府，及时开会研究，商讨防治措施。1980年10月，县除害灭病领导小组成立。同年12月，省、州、县共拨防治专款17

万元。7～12月全县共灭鼠17万只，预防注射9.7万人，占全县总人口的79.3%；喷洒灭蚤349万平方米。1983年，州、县拨专款14.8万元，继续加强灭鼠工作。当年全县共灭鼠17万只，预防注射7.17万人，占全县总人口的56.9%，喷洒灭蚤634万平方米。1984年，中央地方病办公室、中国预防医学中心流行病学微生物研究所、省流行病研究所专家到陇川检查指导鼠防工作。同年，德宏州政府拨款3万元给陇川用于鼠防工作。全县共灭鼠20.2万只，预防注射7.3万人，占全县总人口的57.05%，喷洒灭蚤587万平方米。1985年，省、州拨款4万元给陇川县用于鼠防工作，推广敌鼠钠盐浸泡谷物毒鼠方法。当年共灭鼠8.3万只，使黄胸鼠密度由上年的2%下降为零。预防注射7.8万人，占全县总人口的59.7%，喷洒灭蚤369万平方米。经过防治，鼠疫病终未发生。1986～2005年，县里年年坚持开展群众性的毒鼠灭害工作。

【霍乱】　1950年前，陇川县曾多次发生霍乱。1964年5月，境外暴发霍乱流行。县卫生部门及时组织卫生技术人员48人到边境村寨开展预防，注射霍乱疫苗2.5万人，喷洒药物5个生产大队，建立疫情监视点6个，有效防止霍乱疫情向境内蔓延。1965～1994年，均无病例报告。1995年，在陇把镇吕良村曼崩寨发生小川型霍乱点状暴发流行，共发病11例，死亡2例。由于州、县重视，及时在疫期喷洒药物，注射疫苗，疫情在短期内就得到控制。1996年以后，每年在流行季节，县卫生防疫部门都要在吕良老疫点、边境一线及城镇地区，对居民生活饮用水、生活区污水、医院污水、海产品及腹泻患者大便采样检验检测，均未发现霍乱疫情。

【伤寒】　1952～1960年，全县共发现伤寒病125例，发病最多的是1963年，发病191例，其次是1971年，发病125例。20世纪90年代后，贯彻《中华人民共和国食品卫生法》和开展计划免疫后，发病人数一直控制在低水平。

【天花】　1950年前，县境时有流行，死亡率较高。1950年后，年年坚持接种牛痘，县境不再发现天花病人。1983年，世界卫生组织宣布全球已消灭了天花。群众中不再接种牛痘。

【麻疹】　县内历年都有儿童发病。1966年大流行，全县发病人数3531人，占全县儿童总数的45.3%。1975年，发病1912人，占全县儿童总数的17.9%。20世纪60～70年代，防治麻疹主要采用中草药紫草根煮服、母体血肌注射、胎盘球蛋白注射等方法，效果不佳。1980年后，使用麻疹疫苗，发病率逐年下降，但由于冷链设备有限，有效接种率不高，每隔几年又发生一次流行。如1985年发病822例，1994年发病1544例（主要集中在王子树、景罕两个乡镇）。2005年后，在常规免疫的基础上开展麻疹强化免疫，疫情得到控制。

【痢疾】　痢疾是发病最多的肠道传染病，每年发病人数都在千人以上。1978年，全县发病5271人，占总人口的4.66%。当年县防疫站在县医院及章凤卫生院的配合下，对井水、冷饮和可疑病人的粪便进行肠道细菌培养。在82份培养基中，培养出杨氏痢疾杆菌23份，占培养数的28%；老贺氏菌1份，占1.2%。1981年，陆续进行粪便培养，分离出福氏、老贺氏、宋内氏3个菌球，其中福氏杆菌占71.7%。同年，进行药物敏感试验，结果表明痢疾杆菌对土霉素的敏感性明显下降，对痢疾灵、卡那霉素、庆大霉素较为敏感。1981

年后，随着全县环境卫生、饮水条件的改善和食品卫生监督的加强，痢疾发病率有所下降。1991年，发病535例，占全县总人口的0.36%。1993年，发病236人，占全县总人口的0.15%。1995～2005年，年均发病在200人左右。

【流行性感冒】　属常见病，年年均有发生。1978年，全县发生流行性感冒1.66万人，占全县总人口的14.66%。1980年后，年发病数都在2000人以上。全县各地防治方法主要是采用中草药煮大锅药，群体服用的方式来预防，但收效甚微。至2005年，只是对症治疗，还没有根本的预防措施。

【百日咳】　属常发病，1973年，发病2462人，占全县总人口的2.61%。1980年，发病1718人，占1.46%。随着计划免疫工作的开展，发病逐年下降。1986年，发病13人；1987年，发病47人；1988年，发病13人；1991年，发病7人；1994年，发病1人；1996年，发病2人；1998年，发病22人；2001年，发病2人；2003～2004年各发病1人；2005年，无病例。

【小儿麻痹】　20世纪50～60年代，共发病21人。1973年，使用糖丸疫苗预防后，此病得到基本控制。1974～1979年，共发病9人；1989年发病2人；1990年后没有发现此病，已与全国同步如期实现基本消除脊髓灰质炎目标。

【旋毛虫病】　陇川历史上，部分群众喜食生肉凉拌，易感染旋毛虫病。1983年，章凤区拉勐乡丙乌寨42人患旋毛虫病，经医治无死亡病例。1985年，王子树区邦角乡滚堂寨96人患病，无死亡病例。1987年3月，景罕镇因“赶摆”吃生肉凉拌，100余人感染旋毛虫病，经抢救无死亡病例。1993年3月3日，章凤镇广线村群众举办婚宴，自行杀猪3头，制作火烧肉宴请客人，61人感染旋毛虫病，其中60例出现腓肠肌为主的全身肌肉酸痛，占发病的98.4%。重病例4人，收住农场医院治愈，无死亡病例。2005年4月16日，章凤镇拉相村村民请客吃饭，自行杀猪1头，制作火烧肉和生肉凉拌待客，导致26人感染旋毛虫病，经治疗痊愈。20世纪80年代后，县防疫部门和县兽医站加强上市猪肉的检疫工作，严禁带旋毛虫病猪肉上市。同时定期向群众宣传预防旋毛虫的知识，做好预防工作。2005年后，旋毛虫病已基本得到控制。

【钩虫及其他寄生虫病】　属常见肠道寄生虫病。1979年，在县城机关和学校检查，35.38%的受检人有钩虫病。1981年，全县患钩虫病386例。当年在城子公社新寨大队调查，所采集的142份粪便检样中，确诊钩虫病98例，钩虫病感染率达69.01%。1989年，对城子中心小学、县民小、景罕镇中心小学、章凤镇芒拉小学进行肠道寄生虫病检查，采集粪便2525份，检查出寄生虫1504份，感染率64.7%。主要为钩虫、蛔虫、鞭虫、蛲虫、绦虫5种寄生虫。

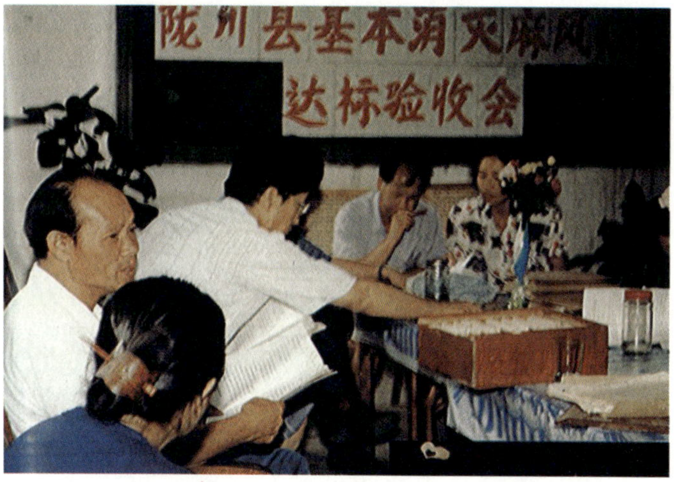

陇川县基本消灭麻风病达标验收会

治疗方法主要采用甲苯咪唑、羟奈嘧啶治疗。寄生虫长期以来感染率高的原因，主要是粪便管理不到位，农村部分村寨没有厕所，城镇许多厕所达不到无害要求。进入20世纪90年代后，农村通过改水、改厕，改善环境卫生，上述寄生虫病发病率下降。

【麻风病】 1966年统计，全县有麻风病人77人，其中男48人，女29人；傣族56人，汉族12人，阿昌族5人，景颇族4人。国家拨款在章凤街南面建造1座麻风病医院，后因病人拒绝入住及其他原因，一直没有收住病人。1985年统计，全县有麻风病感染者74人，治愈13人，接近痊愈10人，各种原因死亡28人，失踪9人，现症病人14人。1993年统计，感染麻风病91人，治愈37人，自愈3人，死亡31人，失踪10人，外迁2人，现症病人还有8人。2005年调查，麻风病在县境已基本绝迹。

【登革热】 2005年，陇川县被列为国家登革热监测点。同年6月，县疾控中心选派两名专业技术人员到厦门参加全国登革热监测技术培训。7月，在景罕、章凤两镇设立两个固定监测点，每月开展1次监测工作。至年末，共检测4次，入户调查400户，阴性户数119户；检测积水型容器2289个，阳性容器170个。其布雷图指数为42.5，房屋指数29.8，容器指数7.4。成蚊密度监测共捕获白纹伊蚊198只，密度为198只/人工小时。8月，采取健康人群血清150份，结果未反馈。通过监测，初步掌握了登革热发病的规律。

【性病】 陇川县流行的性病主要是梅毒。1963年，省卫生防疫站到陇川撒定、广帕2个生产大队进行调查，抽血检验485人，发现梅毒阳性66人，阳性率为13.6%。1959年后，县卫生防疫站炼制“三仙丹”和“将军丸”，对感染梅毒病人进行治疗。1960年后，又采用油质青霉素治疗，疗效较好。随着防病意识的提高和医药卫生事业的发展，梅毒病人逐年减少。2005年调查，梅毒病已基本消灭。

二、地方病防治

【碘缺乏病、克丁病】 1979年，省地方性甲状腺调查组到陇川县章凤区广山寨调查，发病率为22.16%，在户撒区芒海、来细调查，发病率为21.4%。1981年6月，由州、县防疫站组成5人调查组，先后在陇川县护国、城子、景罕的10个寨调查，1378人中，患甲状腺肿大病352人，发病率为25.54%。两次调查发现高寒山区发病率大于半山区，半山区大于坝区，女性大于男性。1987年9月，县防疫站在护国卫生院的配合下，对该区的4个乡14个自然村2850人进行普查，共查2850人。患病率以菜园最高为24.1%，边河、黄莲河最低，患病率为9.2%。其中，女患病率为21.1%，男患病率为13.8%。生理肿大则限于4～39岁之间，Ⅲ、Ⅳ度结节型和混合型以高年龄组为主。总平均患病率为17.5%，肿大率为33.8%。克丁病患者14人，平均患病率为0.57%。其中轻度5人，中度7人，重度2人，均为神经型。1991年11月，县卫生防疫站再次到王子树乡调查，共查22个自然村3987人。其中查小学生2300人，占总数的57.69%，患病150人，患病率为3.76%。男性调查1893人，甲肿患者35人，患病率为1.85%；女性调查2091人，甲肿患者115人，患病率为5.5%。发病情况与年龄成正比，女性高于男性，Ⅰ度69人，Ⅱ度70人，Ⅲ度11人，弥漫型75人，结节型67人，混合型8人。

1996年，县卫生防疫站对户撒乡及城子镇地区的盐库、销售网点、居民户进行监测碘盐46份，均为合格。1999年，对陇川抽检批发盐12批次、销售盐12批次、用户盐4批次均合格。3月，省卫生防疫站地病科在陇川县清平中心小学调查8～10周岁学生42人，用B超法检查学生甲状腺肿大情况及尿样中位数，后送省卫生防疫站分析无反馈。12月，县卫生防疫站在章凤地区补检每个批次盐样，结果无碘盐2份。城子、章凤不合格各1份。2001年1～2季度，对城子各销售点盐库及居民食用盐共检验400份，均合格。3～4季度，对户撒、章凤、景罕、姐乌5个乡镇采集居民食用盐158份，检出不合格碘盐14份。全年共检测盐样558份，合格率为97.49%。

2002年，共检测居民食用盐288份，合格率为89.93%。全县无非碘盐，碘盐覆盖率为100%。2005年，全县共检测居民食用盐299份，合格率为99.65%，碘盐覆盖率100%。历史以来，陇川部分地区水中缺碘，造成患甲肿病患者居高不下，20世纪90年代以前，治疗主要是口服碘油胶丸，90年代后，在食用盐中加入碘，碘缺病患者基本消除。

【脚气病】　陇川历史上此病多发生于傣族妇女，男性也偶有发生。其原因是傣族做饭淘米时间长、次数多，致使米中维生素大量丢失；其次，爱吃酸性菜蔬，新鲜青菜多煮成“酸葩菜”吃，菜中的维生素大部分被破坏；第三，妇女孕产期食油类少，摄入营养不足；第四，反复感染疟疾，引起贫血。1964年，在城子公社姐乌大队调查，31个产妇中，有13人患脚气病，占产妇总数的41.9%。通过服用维生素B_1治疗，收效较好。20世纪90年代后，随着人民生活的提高，此病已减少。

三、艾滋病防治

【疫情发现与传播】　1989年，陇川县从吸毒人群中首次发现艾滋病病毒感染者。1995年发现首例经母婴传播的病毒感染者。传播途径：吸毒者共用注射器感染病毒占75.38%，性传播占11.02%，母婴传播占1.01%，不明原因占12.59%。传播人群中，男女比例为6.25:1。年龄构成15～45岁占93.96%。职业分布以农民为主，占88.42%。文化程度以初中以下人群为主，小学占47.72%，文盲占30.84%，初中占17.0%，高中以上占4.43%。景颇族占49.9%，汉族占28.28%，傣族占16.6%，阿昌族占4.15%，傈僳族占2.03%。

【疫情监测】　1989~至2005年末，全县累计监测各类高危人群和一般人群血清5.53万份。

2004年9～11月，陇川县在全县范围内开展主要针对感染HIV的高危人群调查，共查1.32万人，其中问卷1.26万份，采集血样1.31万份。调查显示，陇川县艾滋病已经从高危人群向一般人群扩散，进入高度流行期。

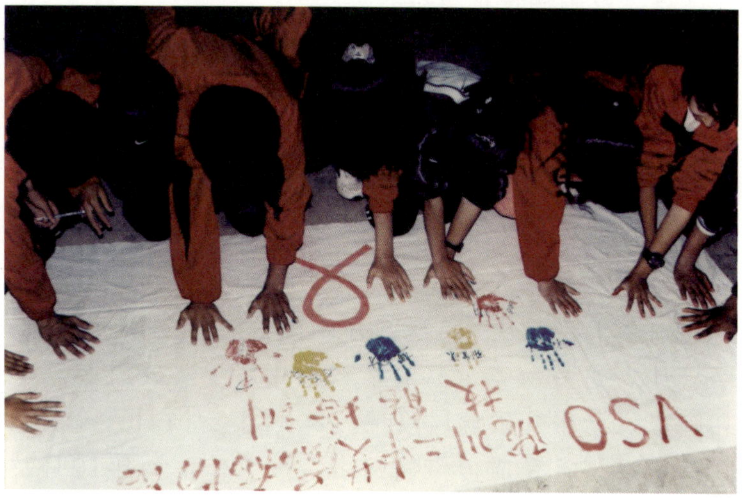

陇川二中艾滋病防治技能培训

2004年12月，县卫生防疫部门在全县开展了两项规模估计调查，为全县开展艾滋病干预提供科学依据。

【防治措施】 20世纪90年代后期，开始开展“干预青少年吸毒预防艾滋病项目研究”和“救世军/陇川社区健康教育项目·同伴教育关怀干预活动”等9个预防艾滋病的项目。

1993年，在县疾控中心建立艾滋病初筛实验室及艾滋病病毒感染者/艾滋病病人个人档案室。2004年，陇川县制定《陇川县推广使用安全套工作方案》，在章凤地区制作2个户外灯箱广告、10个永久性广告和20个喷绘广告，县有线电视台每周3次播放防艾相关知识、公益广告、电视短片。

2005年，县财政共拨付专项防艾经费34万元，购置全自动生化仪。建立防治的长效机制，县CDC开展艾滋病网络直报工作，输送人员到北京等外地进行抗病毒治疗，自愿检测咨询等专业培训，引进高级人才充实防艾队伍。同年，全县共抽调290人组成工作队，到乡镇、村、居委会工作组开展防艾宣传活动，覆盖13万人次。2005年，制定《陇川县高危人群干预计划》和《陇川县娱乐场所管理工作实施方案》，县疾控中心设置了美沙酮维持治疗门诊。实施国家“四免一关怀”政策，进一步扩大免费资源咨询检测面，全年检测孕产妇3096人。建立陇川县抗病毒治疗专家组。

同年，开始开展社区综合防治试点，探索艾滋病综合防治模式，下半年开始把宣传教育、监测、检测告之、随访干预、治疗、关怀救助等艾滋病防治工作延伸到乡村，开展以村卫生室为基础、乡卫生院为依托、县直医院卫生单位技术支撑的农村综合防治工作，在赛号乡的广宋、曼胆等11个村民小组，开展以全民知识宣传、高危人群行为干预、病人治疗、孤儿救助等多部门参与的艾滋病综合防治试点，形成县、乡、村三级联动，综合防治的良好格局。

2004～2005年，开展高危人群干预，共发放安全套16.23万只。

【防艾合作项目】 1992～2005年，陇川县共与国内、国际防艾组织开展防艾合作项目162次。其中流行病学2项，健康教育3项，治疗3项，疫苗1项，综合干预和关怀4项，其他2项。

四、传染病疫情管理

【疫情管理制度】 县卫生防疫站建立以来，固定1名专业人员负责全县日常传染病疫情收集、统计、分析、报告全县法定传染病的管理工作。1978年，卫生部颁布实施《中华人民共和国急性传染病管理条例》，病种分甲、乙两类25种，其中甲类3种，乙类22种。1989年，县里开始逐步建立医院机构的传染病登记报告制度。同年9月1日《中华人民共和国传染病防治法》正式实施，传染病种改为甲、乙、丙三类35种，陇川县有32种。1990年后，传染病管理由卫生防疫站计免科负责。1997年1月，实行新的传染病疫情报告表卡。2001年7月，县卫生防疫站开始试行国际疫情信息报告系统。2002年1月，正式启用疫情网络管理，每月收集全县疫情数据用FTP上报州疾控中心，同时每月以电子邮件形式上报全县麻疹、新生儿破伤风疫情。2004年2月1日，全县县级医疗机构正式启用中国疾病预防控制信息系统，完成传染病网络直报工作。同年12月，县疾控中心制定《陇川县法定传染病报告管理检查及疫情漏报调查方案》，每月编写全县《传染病疫情简报》1期，每季度完成

《传染病季度分析报告》1期，每季度召开1次疫情分析会，重点规范伤寒、甲肝、细菌性痢疾、疟疾、肺结核5种传染病诊断、报告和管理。2005年，通过学习、建章立制，进一步规范传染病疫情及公共卫生突发事件的报告管理工作。

【疫情漏报调查】 20世纪80年代，全县传染疾病漏报现象较突出，直接影响到传染病防治工作的开展。1992年，开展部分医疗机构传染病疫情漏报调查工作记录。2004年，根据《德宏州法定传染病报告管理检查及疫情漏报调查方案》精神，采取多项监督管理措施。⑴实行目标责任制管理；⑵加大投入，建立健全疫情报告网络，实行持证上岗，提高防保人员待遇；⑶县卫生局每年把传染病疫情报告工作纳入卫生综合目标管理考核，州卫生局每半年到县基层进行一次监督检查，形成长效管理机制。通过采取上述措施，疫情漏报现象逐年减少。

1992～2005年陇川县传染病疫情漏报情况统计表

表22—5 单位：件、%

年份	1992	1994	1998	1999	2000	2001	2002	2003	2004	2005
调查数	237	206	389	423	186	8	362	652	302	243
漏报数	38	49	126	170	35	6	52	196	32	20
漏报率	16.03	23.79	32.39	40.19	18.82	75	30.06	30.06	10.6	8.23

1978～2005年全县传染病发病、死亡情况统计表

表22—6 单位：人、/10万

年份	发病数	发病率	死亡	死亡率	病死率	年份	发病数	发病率	死亡	死亡率	病死率
1978	22901	20555.88	4	3.59	0.02	1992	1502	1009.92	9	6.05	0.60
1979	11105	9752.35	11	9.66	0.1	1993	703	467.63	13	8.65	1.85
1980	13689	11772.95	12	10.32	0.09	1994	2256	1482.18	38	24.97	1.68
1981	11089	9304.76	9	7.55	0.08	1995	1066	692.19	19	12.34	1.78
1982	6288	5150.28	10	8.19	0.16	1996	414	265.78	8	5.14	1.93
1983	8515	6826.09	4	3.21	0.05	1997	610	386.84	15	9.51	2.46
1984	8179	6403.90	7	5.49	0.09	1998	568	357.95	10	6.30	1.76
1985	6033	4620.62	10	7.66	0.17	1999	1022	636.44	20	12.45	1.96
1986	5064	3800.96	5	3.75	0.1	2000	513	315.20	7	4.30	1.36
1987	9005	6610.75	9	6.61	0.1	2001	412	249.14	9	5.44	2.18
1988	4242	3054.12	10	7.20	0.24	2002	1013	605.40	26	15.24	2.57
1989	3467	2447.25	14	9.88	0.4	2003	1238	734.40	4	2.37	0.32
1990	1529	1056.65	2	1.38	0.13	2004	1023	601.24	37	21.57	3.62
1991	1113	756.46	6	4.08	0.54	2005	1475	859.11	28	16.31	1.90

第三节　公共卫生管理

一、公共场所卫生监督

1978年后，全县加强对城镇公共场所的卫生监督。

1994年，县卫生防疫部门在陇把、城子两镇，对从事餐饮业的国营、集体、个体46户98人，进行健康检查并发放健康证和经营许可证。1995年，监督范围延伸至景罕镇。1998年12月，县城迁入章凤，章凤地区的公共场所卫生监督管理权收归县卫生局公共卫生监督所。同年，对章凤地区的公共场所经营单位发放卫生许可证，对从业人员进行健康体检及卫生知识宣传。1999年共监督公共场所经营户138户，合格123户，合格率89.1%。

2003年7月，成立陇川县卫生监督大队，以教育培训为先导，开展食品卫生等相关法律法规知识宣传教育和卫生知识培训。

2004～2005年，共开展卫生法律法规知识宣传5场次，发放宣传单3940份，电视媒体宣传4期，在章凤城区街道悬挂横幅标语11条，到集贸市场设立咨询台，讲解职业病防治知识、食品卫生知识及相关法律法规常识。编印培训教材2500份，举办从业人员知识培训班24期，受训2505人次。同时，开展以宾馆、饭店、餐饮业、食品加工业为重点的监督执法行动，共检查3781户次，持有效卫生许可证3582户，持证率94.14%。上岗从业人员8566人，持有效健康体检合格证7741人，持证率90%。持有效卫生知识培训合格证7972人，持证率93%。餐饮用具抽检275份，合格241份，合格率87.6%。没收销毁过期、不合格食品及违禁保健食品2136.02千克。在专项检查整治中，对未进行整改的162户次单位和个人实施行政处罚。其中警告责令改正51户次，罚款75户次，罚金3.3万元。

二、食品卫生监督

1978年前，全县食品卫生监督仅限口头宣传和卫生检查。1978年，县防疫部门启动食品细菌检验工作。1982年，随着《中华人民共和国食品卫生法》的颁布，逐步建立健全各项规章制度。

【食品生产监督】　1978年，对食品厂、私人作坊生产的糕点、饮料、酱菜、罐头、冰棒、牛奶，餐馆、饭店的食品餐具进行细菌检验，合格者发卫生许可证。至1985年，共检验各种样品151份，合格率为31.32%。1986年，检验的饮食摊点餐具合格率为10.1%。1988年，上升为26.19%。1989～1992年，检验各种样品231份，合格率上升为71.4%。1994年，合格率上升为86.4%。1998年，合格率上升为47.88%。

2002年，国务院颁布《关于实施食品放心工程的通知》，县里成立由经贸、卫生、公安、教育、农业、工商、财政、质检等部门组成的领导小组，在县卫生局设立日常事务办公室。2003年，相关职能部门联合开展对节日市场、集贸市场、城乡结合部食品制售企业、学校周边饮食摊点及学校食堂的监督检测管理工作。全年开展卫生监督2070户次，监督覆盖率达100%，合格率达94.78%。

2004年，以“关注农民工的食品安全”为主题，在《中华人民共和国食品安全法》宣传周，县卫生监督大队分别到章凤、陇把、景罕、城子等乡镇农贸市场开展食品卫生宣传活动，悬挂横幅标语4条，张贴宣传画27张，发放宣传材料3000份。2005年，开展对辖区内熟肉制品、乳制品、调味品、饮料等4类食品专项整顿工作，共监督检查上属4类食品生产经营户23户，对4户不符合熟肉制品制作卫生规范的小规模“家庭式”作坊给予警告、限期进行整改的处罚。

【食品市场监督】　1975年6月，驻陇部队32人感染沙门氏菌，防疫部门及时救治，病情得到控制。1981年4月，户撒区的朗光、姐来等21个村寨144人沙门氏菌感染，1人死亡。1982年，县城3人因误食病猪肉而引发感染，防疫部门采取防治结合，加强食品市场的监管力度。1983年，县食品卫生领导小组，加强《中华人民共和国食品卫生法》的宣传和食品卫生的监督管理。采用广播、电视、图片展等形式进行宣传，在集市播放录音，到中小学开展讲座，集中饮食行业从业人员学习等方法进行宣传教育。对不执行《中华人民共和国食品卫生法》的责令停业整顿和处予罚金。1984年，责令1户食堂停业整顿。1986年，销毁变质酒类1.24万瓶、罐头285盒、糖果糕点22千克。1988年，对133户食品专业户和9家食品加工厂（作坊）进行检查，责令14户销毁变质食品和停业整顿。1994年，对全县393个食品生产经营单位进行1694单位户次监督检查，查处违法行为及卫生不达标12户，限期要求整改。2004～2005年，市场食品卫生监督工作具体由县卫生监督大队负责（详见本编第一章第五节）。

三、饮水卫生监督

1978年，县卫生防疫站在县城区及部分乡镇村取水样做水质检验。至1988年，共检验水样189份次。其中感观检验113次，水质清澈，水源周围无污染102份，合格率90.26%；水源周围无污染但感观不好的11份，不合格的占9.74%。理化检验113份次，水质成分符合国家标准的72份次，合格率63.72%。锰、铁含量超标的41份次，不合格的占36.28%。微生物检查182份次，细菌指数在饮水卫生标准范围内的只有9份次，合格率4.9%。细菌指数超过饮水卫生的173份次，不合格指数占95.1%。

1989～1993年，共检验水质84份次。其中感观检验75份次，合格率61.3%，不合格占38.7%；理化检验75份次，合格率57.3%，不合格占42.7%；微生物检验84份，合格率15.5%，不合格占84.5%。全县饮水卫生状况虽然不断得到改善，但许多水源不符合国家饮水卫生标准。饮用河、沟、塘、库等地面水的人口占全县总人口的40.51%，饮用浅水井水、山泉水等地下水的人口占57.5%，饮用深井地下水的人口占1.99%。有的乡（镇）用长水管接引山泉水，部分机关则抽深井水。用龙头供水的人口约占全县总人口的12.3%，用公用桶瓢取水的人口约占19.45%，直接取用沟、河、塘、井水的人口约占68.25%。取水距离远或缺水、少水的人口约占18%。在普查528个饮水源中，30米范围内有畜厩、厕所、废水等污染源的有396个，占水源总数的75.5%，水源周围有3个以上污染源的86个，占水源总数16.3%。

1994年，每月对城子自来水厂进行一次出厂水总大肠菌群、浑浊度、游离余滤、铁等4项指标监测，结果发现大肠菌群超过国家饮用水卫生标准。主要原因是该水厂水源属山泉水引流使用，人为污染较大。当年检验水样30份，合格率13.3%。

1999年，对城子、章凤2个自来水厂分别抽样检验12份，章凤自来水厂合格率41.7%，城子自来水厂合格率为0。2000年以后，卫生监督部门加强对饮用水水质监测，并指导水厂改进设施，至2005年，章凤水厂合格率91.7%，城子水厂合格率仍较低。

第四节　健康卫生教育

一、宣传教育

1978年后，为推进全县爱国卫生运动和各项卫生防疫措施的贯彻落实，以多种形式开展全民健康教育活动。进入21世纪后，全民健康教育活动内容主要有：宣传卫生科普知识，使各族群众逐步改变过去有病求神的落后习俗，逐渐消除不良卫生习惯；宣传防病治病措施，有效控制各种传染病的传播和暴发流行；反映本地区防疫工作情况，交流典型经验；宣传卫生防疫工作中涌现出的好人好事；调查和掌握本县与健康有关的各种信息资料，为提高本县各族群众的健康水平提供确切依据；宣传国家有关卫生法律法规常识，为边疆民族健康工程服务。

1978年，县卫生防疫站开设卫生防疫专栏2个，定期或不定期宣传卫生防疫知识。在机关、街道、社区、农村等人流密集地设置常年宣传橱窗专栏，向社会宣传卫生科普知识。1990年，刊出科普专栏15期，悬挂横幅标语10幅，散发卫生宣传资料5000余份。1991年，刊出科普专栏16期，悬挂巨幅标语15幅。1994年，摄制50多幅卫生宣传照片，刊出专栏及黑板报18期。1998年，发放科普知识传单400份。1999年，以昆明世博会“人与自然”科普展览活动为主题制作宣传展板。2003年，为搞好50周年州庆活动，收集全县卫生防疫方面的照片、图表等资料20份。同年4月，与县医院联合组成宣传组，在街道、乡镇开展“非典”防治知识宣传咨询活动，发放宣传材料1万份。2005年10月，利用电视媒体连续播放艾滋病、结核病防治电视专题片，收到良好效果。

1978年，整理和编印《卫生防疫资料》4期，印发400册。1979年，创办《卫生防疫》小报，每月1期。1982年，更名为《陇川卫生》，同时用汉、傣、景3种文字印刷，不定期刊出。

1978年后，以农村和学校为重点，宣传普及卫生防疫科普知识。1990年，制作预防性传播疾病展板到全县各乡（镇）巡回展出10场次，受教育群众1.5万人次。2004年，配合县委组织部、县科委、县卫生局参加卫生科技下乡服务活动，制作防艾宣传小品向老百姓开展健康教育宣传。2005年，深入学校抓好健康教育课，宣传《学校卫生工作条例》。配合县政府、县卫生局完成“亿万农民健康促进活动”工作任务。

此外，利用节日和卫生宣传日进行专题宣传。每年的“三八”“五一”“六一”节和“世界卫生日”“世界防治麻风病日”“世界防治结核病日”“全国预防接种宣传日”“全国疟疾宣传日”“世界无烟日”“世界狂犬病日”“全国食品卫生宣传日”“世界艾滋病宣传日”和“世界强化免疫日”等活动日，开展专题宣传。2004年5月15日，县疾控中心与检验检疫局、县盐务管理局、云南盐化股份公司联合开展“科学补碘，预防出生缺陷与智力残缺”为主题的第十一届碘缺乏病防治日活动。2005年后，加大防治艾滋病的宣传力度。

二、健康调研

1993~1994年，完成陇川县汉、景颇、傣、阿昌、傈僳、德昂6种主要民族卫生行为调查，培训10名专业技术人员，以乡镇为单位，采取分层随机抽样方法，深入到村寨，分别对6种民族的卫生状况、健康条件、重要健康指标以及健康有关的生活习俗和行为进行调查。两年时间，共调查2个乡（镇）3个村委会、9个自然村的299人，收集到个人卫生行为资料7069份。召开3个知情人座谈会，收集到民族习俗40条。从各级各有关单位收集到有关健康资料62项。从6种民族调查对象村寨拍摄到人群生产、生活、风俗等方面照片资料50余幅。

1995年，完成陇川县6种民族的社区健康教育研究统计分析工作，撰写《陇川县6种民族社区健康教育研究》论文。调研结果显示，全县共有11种病因行为要通过健康教育的理论和实践来解决，来进行干预，同时提出引用信息传播、技术发展和社区开发3大类现代健康教育的行为干预策略。

第三章　妇幼保健

1974年，成立县妇幼保健站，开始贯彻落实国家有关妇女、儿童保健的法律法规和各项方针政策，开展新法接生、妇女病防治、婚前保健、孕产妇管理、儿童健康检查、儿童死亡监测、托幼保健、农村初级卫生保健等工作。2005年，全县新法接生1933人，占当年活产婴儿数的98.42%；孕产妇死亡率为101.38/10万，7周岁以下儿童保健覆盖率56.89%。全县农村初级卫生保健工作取得长足发展。

第一节　保健机构

一、陇川县妇幼保健院

1974年3月，成立陇川县妇幼保健站。1979年，在城子镇振兴路8号新建县妇幼保健站，占地面积4487平方米，建砖混结构工作用房和职工住房（1层平顶）面积761平方米。1988年，有专业技术人员7人，工勤1人，分设妇保组和儿保组开展工作。由于振兴路8号距镇中心较远，妇女儿童患病不方便就诊。1989年9月，与县防疫站借用地皮，筹资6000元，建盖砖木结构多用房51.53平方米，开设街面门诊。

1991年，撤站改为陇川县妇幼保健所。同年，省卫生厅妇幼处拨款6万元，为陇川县妇幼保健所装备工作汽车1辆和部分常规医疗器械。

1996年3月，县妇幼保健所更名为陇川县妇幼保健院。分设妇女保健科、儿童保健科、后勤管理科，设观察床4张，能开展妇女儿童常见多发病的诊治，放、取环，人工流产等工作。

县妇幼保健院开业庆典

1997年，争取到农村卫生“三项建设”（房屋、人员、设备）经费14万元，装备阿罗卡B超1台、近红外线乳腺透析仪1台、复合光治疗仪1台、6511型心电图机1台、双目显微镜1台、721分光光度计1台、血红蛋白仪1台、阴道显微镜1台、胎儿监护仪1台、产床1张、儿童身高坐高体重测量称12台。

2001年，县妇幼保健院随县城迁移到章凤租房营业。2002年，正式迁入原章凤镇中心卫生院用房。占地5350.12平方米，房屋建筑面积2300平方米，其中业务用房1800平方米。保健院分设预防保健科、妇产科、妇女保健科、内科、儿科、儿童保健科、医学检验科、医学影像科，设病床38张，开始收治住院患者。主要开展男女绝育手术、人工流产、大月份引产、放环、取环、剖腹产、子宫肌瘤摘除术、顺产接生、妇女病查治和内科儿科常见病的诊断治疗，成为集教学、实践、科研为一体的综合性妇幼保健机构。

2003年后，县保健院先后购置RY-ZM型麻醉机、3001B型综合手术床、LG009型手术无影灯、JPO-200C型多普勒胎心监护仪、98-A型综合产床、WED-9618型B超机、4000CL型多参数监护仪、CR-2001型微波治疗仪、810型胎儿监护仪、伏利特100A型尿十项诊断仪、420型高频电刀、洗脱两用洗衣机、妊高症筛查仪、360型酶标仪、产后康复治疗仪、新生儿抢救台、8502型婴儿培育箱、病房传呼系统等万元以上医疗设备18台，工作汽车2辆。2005年，全院在职职工34人，其中，医务人员24人，工勤人员10人。

二、基层网点

1981年，全县有9个公社卫生院防保组兼管妇幼保健工作。69个村卫生室，有乡村医生113人，其中女乡医16人，负责本村医疗卫生兼妇幼保健工作。但村卫生室工作条件较差，有的无专用工作房，有的卫生室设在自己家中，既不规范，也无法统一管理。

1991年后，国家卫生政策逐渐向农村倾斜，先后解决了乡（镇）卫生院业务用房及部分村卫生室用房。1999年，为乡级配发妇幼卫生工作统计台账和村卫生室工作台账。

2002年，县妇幼保健院设置教室、桌椅、黑板、电子信息教学培训器材，面向基层，使乡级妇幼专干和乡村医生有了固定的培训基地。2005年，全县11个乡（镇）有妇幼专干13人。14个村卫生室设有分诊点，有乡村医生121人，其中有62人会新法接生。

第二节　妇女保健

一、新法接生

历史上妇女分娩由于受不良习俗的影响，加之医疗条件的制约，儿童出生死亡率较高，民间有“七天风，八天奶，生一千，死八百”“只见娘怀胎，不见儿赶街”的说法。20世纪50年代后，国家提倡新法接生，经过宣传，在城子、章凤、清平建立3个接生站。1965年，培训接生员51人，同年全县出生2617人，新法接生1187人，接生率达45.4%。旧法接生1430人，其中新生儿破伤风感染死亡20人。

1975年2月，根据省卫生厅要求，新法接生做到“一躺三消毒”（躺着生，手、脐带、会阴消毒），并把1979年定为“新法接生突击年”，统一配备产包。

1980年前，实行免费接生，接生员的报酬由集体解决。1980年后，农村实行家庭联产承包责任制，接生员的报酬未能妥善解决。陇川县从实际出发，采取“谁受益、谁出钱”的办法，由产妇、保健站、集体投资“三个一点”的办法对新法接生给予补助。山区每接生1个补助0.5元，坝区每接生1个补助0.3元，每年检查兑现1次。1982年，兑现270元。1984年，兑现707元。

1981年，全县出生2225人，新法接生1408人，占63.28%。农场和县直机关新法接生100%。1983年后，开始设立围产期保健试点，开展以孕产妇系统管理为目标的定期产前检查、科学接生、产后访视等工作。

20世纪90年代前，新法接生除提倡住院分娩外，主要是推广消毒断脐包。妇幼保健工作人员的任务主要是培训接生员、宣传使用消毒断脐包方法、减少旧法接生、提高新法接生率。90年代后，城镇机关、企事业单位开始步入围产保健管理，并逐步向乡直机关单位和有条件的农村推广。新法接生有改进，由原来的消毒断脐包实行“三消毒”接生改进为“四消毒”接生（产包高压消毒、接生者手消毒、产妇会阴消毒、断脐带消毒）及住院分娩。1997年后，普及科学接生，农村接生员使用消毒断脐包接生的不再计入新法接生之内。通过孕期、产期、哺乳期自我保健知识的宣传，住院分娩的人数从1988年的700人增加到2005年的1165人，住院分娩率从1988年的22.43%上升到2005年的59.87%。

1988～2005年陇川县新法接生与住院分娩情况统计表

表22—7　　　　单位：人、%

年份	产妇数	活产婴儿数	新法接生			
			人数	新法接生率	其中：住院分娩人数	住院分娩率
1988	3117	3116	2152	69.04	700	22.43
1989	3191	3189	2247	82.70	764	23.93

续表22—7

年份	产妇数	活产婴儿数	新法接生			
			人数	新法接生率	其中：住院分娩人数	住院分娩率
1990	2953	2936	2433	82.39	803	27.19
1991	2666	2635	1918	71.94	863	32.37
1992	1910	1879	1688	88.37	746	39.06
1993	1969	1932	1097	55.71	926	47.12
1994	1915	1895	1404	73.32	841	43.92
1995	1867	1839	1707	91.43	800	42.85
1996	1975	1963	1717	86.94	715	36.20
1997	2035	2012	1353	66.49	720	35.38
1998	1836	1833	928	50.54	496	27.02
1999	1924	1915	1778	92.41	711	36.95
2000	2176	2176	1972	90.63	789	36.26
2001	2314	2314	2164	93.51	860	37.17
2002	2196	2192	2136	97.41	1093	49.77
2003	1909	1909	1853	90.06	891	46.67
2004	1735	1735	1663	95.85	909	52.39
2005	1946	1946	1933	99.33	1165	59.87

陇川县首次计划免疫妇女两病查治培训班

二、妇女病防治

【妇女两病查治】　20世纪60～80年代，全县进行过3次大规模的免费查治妇女“两病”（子宫脱垂、尿瘘）工作。1961年第一次查治，对户撒、邦瓦、章凤、王子树、国营陇川农场的已婚妇女进行普查，发现“两病”患者169人。1980年第二次普查，口访和经过调查3814人，查出子宫脱垂190人，治疗33人，占发病总数的17%；查出尿瘘21人，治疗6人，占发病总数的29%。1988年，开展第三次普查，共查已婚妇女2.9万人。口访2.83万人，占应访人数的97.59%。可疑患者妇检1458人，检查出子宫脱垂患者193人，治疗73人，其中手术治疗28人，放托36人，其他治疗9人；尿瘘患者19人，治疗12人，其中手术治疗11人，使用集尿器1人。此次调查结果全部造册登记，并对可疑患者再次进行妇检。1990年后，妇女自我保健意识逐步提高，普及了住院分娩和科学接生，妇女“两病”已得到控制，偶尔有散发病例也得到及时治疗。

入户宣传妇女保健知识

【子宫颈癌和乳腺癌普查】　1993年10月至1994年1月，全县对在职已婚妇女1301人进行妇女“两病”普查，未发现子宫脱垂、尿瘘、子宫颈癌和乳腺癌患者。1998年，由县卫生局牵头，县劳动、财政、工会、妇联配合，聘请州妇幼保健院专家，对陇川县在职女职工及工矿企业女职工2166人，进行全面健康体检，查出患有不同程度妇科病1050例，对520例病情较重的患者给予治疗。其中子宫肌瘤22例、乳腺癌1例、乳腺纤维瘤15例，其他482例，未发现妇女“两病”和子宫颈癌患者。

【妇女常见病防治】　1975年，对县城“五七”工厂职工进行妇科病调查64人，查出宫颈炎48人，宫颈息肉1人，卵巢囊肿1人，外阴白斑1人，阴道壁膨出3人。1991～2005年，对全县1.26万例妇女进行检查，查出各种妇科疾病5604例。其中滴虫性阴道炎542例，治疗542例；子宫颈糜烂3518例，治疗3396例；淋病73例，治疗54例；尖锐湿疣132例，治疗132例；乳腺癌3例，治疗2例；尿瘘2例，治疗2例；子宫脱垂5例，治疗1例。

三、婚前保健

陇川县的婚前保健工作起步较晚，从20世纪80年代才开始对婚前男女进行健康体检，开展新婚课堂、婚前教育等，但不能做遗传学诊断。1988～2005年，全县共做婚前医学检查4166人，检查出患有疾病46人。暂缓结婚2人，可以结婚但不能生育1人。2004年后，开展艾滋病病毒自愿咨询检测工作。

卫生人员技术培训

四、孕产妇系统管理

1991年8月，根据州卫生局提出的在全州推行孕产妇系统管理工作要求，陇川县首先在城子镇和赛号乡进行孕产妇系统管理试点，在取得经验后于1993年逐步向有条件的乡镇及机关、企事业单位推广。但由于孕产妇自我保健意识不高，加上农村三级妇幼卫生保健网络底子薄弱，孕产妇系统管理进展缓慢。

1995年，云南省提出消除新生儿破伤风实施方案，县妇幼保健所在县妇联、县卫生防疫站、乡（镇）卫生院等多部门的配合下，共同完成18～35周岁育龄妇女破伤风类毒素预防接种8690人的任务。

2000年后，在降低孕产妇死亡率和消除新生儿破伤风项目（HO-云南湄公河上游地区预防传染性疾病及加强妇幼保健项目）的支持下，在全县范围内开展以妇女为中心、家庭为最佳场所的妇幼保健，包括：⑴孕产期保健知识、妇科疾病知识、性病、艾滋病知识、儿童保健知识等健康教育知识宣传；⑵开展产前保健、安全分娩，产后保健的相关服务；⑶为乡（镇）卫生院培训妇幼专干和乡村医生；⑷为乡（镇）卫生院和乡村医生配备必要的产科设备。

通过采取上述措施，全县的孕产妇系统管理工作得到提高。2001年后，高危孕产妇得到系统的追踪管理。

1991～2005年陇川县孕产妇系统管理统计表

表22—8　　单位：人、%

年份	产妇总数	活产婴儿数	孕产妇保健数	孕产妇保健率	孕产妇系统管理数	孕产妇系统管理率
1991	2966	2635	54	1.82	40	1.34
1992	1991	1879	189	9.49	87	4.37
1993	1969	1932	92	4.67	92	4.67
1994	1915	1895	94	4.91	39	2.04
1995	1867	1839	139	7.45	56	3.00
1996	1975	1963	159	8.05	140	7.09
1997	2035	2012	571	28.06	52	2.56
1998	1836	1833	367	19.99	357	19.44
1999	1924	1915	1454	75.57	942	48.96
2000	2176	2176	1797	82.58	1267	58.23
2001	2314	2314	1818	78.57	1343	58.04
2002	2196	2192	2115	96.31	1429	65.07
2003	1909	1909	1840	96.44	1219	63.86
2004	1735	1735	1667	96.08	1211	69.80

续表22—8

年份	产妇总数	活产婴儿数	孕产妇保健数	孕产妇保健率	孕产妇系统管理数	孕产妇系统管理率
2005	1946	1946	1946	100	1556	79.96

五、孕产妇死亡监测

20世纪80年代，陇川县对农村孕产妇死亡缺乏有效的干预措施，多数农村产妇由于家庭生活贫困，交通不便等因素，长时期不能享受住院分娩服务。

1990年，州妇幼保健站将孕产妇死亡纳入全州监测范围，任务指标下达到县。1991年，任务指标为万分之八以下，之后每年都下达一定的监测指标。县妇幼保健站为实现监测目标，把全县的孕产妇纳入重点管理，动员孕产妇住院分娩。

1999年，德宏州制定孕产妇死亡干预措施，在此基础上，陇川县也制定了降低贫困山区孕产妇死亡干预措施，并成立危重孕产妇、危重儿童抢救小组，把孕产妇死亡率降到最低度。

2000年，陇川县列为国家级降低孕产妇死亡和消除新生儿破伤风项目县。县政府成立项目领导小组，分管副县长任组长，卫生、发改、财政、教育、计生、广电、民政、妇联等单位及县医院、县妇幼保健院为成员单位。办公室设在妇幼保健院内，在项目领导小组的指导下，完成各项指标。

2001年6月起，得到HU-云南湄公河上游地区预防传染性疾病和加强妇幼保健项目的支持。（1）建立健全了县、乡（镇）、村三级妇幼保健卫生网；（2）加强了县、乡（镇）两级妇幼保健人员和乡村医生的业务技术培训；（3）加强了县、乡（镇）、村三级基础设施建设和产科建设；（4）建立健全危急孕产妇抢救小组并建立转诊机制；（5）实行住院分娩限价政策和贫困救助；（6）在全县范围内开展各种形式的健康教育活动，广大孕产妇自我保健知识知晓率逐步得到提高；（7）对孕产妇在系统管理的基础上，进行全面的高危筛查，对筛查出来的高危孕产妇实行追踪管理，使其100%住院分娩。

1990～2005年，全县孕产妇共死亡37人，比1990年前同期相比，死亡率降低了50.66%。死因：产后大流血19人，妊娠高症合并其他疾病11人，难产5人，产褥感染2人。

卫生服务培训

2005年的死亡率为101.83/10万。

第三节 儿童保健

一、儿童健康检查及系统管理

1978年，县妇幼保健站先在县城所在地城子公社开展儿童保健试点，对958个儿童进行健康检查，检查出佝偻病21人，营养不良89人。1979年，为配合全省开展百万儿童健康检查活动，上级下达陇川儿童检查3500人的任务。县妇幼保健站在各公社卫生所的配合下，在县直机关、国营陇川农场及户撒、清平、广瓦、章凤、城子等公社检查儿童4473人。其中对3585人作了全面检查，检查数占上级下达任务的102%。检查结果：健康儿童3266人，占受检查人数的91.16%；患病及兼有缺陷的319人，占受检查的8.9%。

1982年，县妇幼保健站与各区（镇）卫生院签订了《妇幼保健合同》，把儿童健康检查和儿童病治疗作为各区（镇）卫生院的任务之一，儿童健康检查坚持年年进行。同年检查777人。1983年，增加到1000人。1989年，检查658人。其中健康儿童521人，占检查数的79.18%；患佝偻病41人，占6.23%；贫血96人，占14.59%。1990～1993年共检6089人。其中健康儿童3944人，占被检查数的64.77%；患佝偻病996人，占16.36%；贫血1149人，占18.87%。

1991年，州卫生局要求在全州对0～7周岁儿童进行健康系统管理，提出到1995年儿童健康系统管理率要达到10%，2000年达到40%的目标。为此，儿童系统管理被列为县级常规工作。儿童保健从城镇逐步向有条件的乡（镇）和农村扩展。1996年3月1日起，凡在陇川县境出生的中华人民共和国公民，统一由县妇幼保健所发给出生证书。1997年，县妇幼保健院为各乡（镇）卫生院配发了儿童体检设备，至此，全县各乡（镇）卫生院能独立自主开展儿童保健工作。

1988～2005年陇川县择年儿童健康管理系统统计表

表22—9　　单位：人、%

年份	7岁以下儿童保健			3岁以下儿童保健		
	人数	保健人数	保健覆盖率	人数	管理人数	管理率
1988	30800	382	1.24	12572	153	1.22
1990	21326	1118	5.24	12066	361	4.18
1992	19540	1592	8.15	8876	701	7.90
1994	17605	996	5.66	5722	403	7.04
1996	15077	2868	19.02	6153	403	6.55

续表22—9

年份	7岁以下儿童保健			3岁以下儿童保健		
	人数	保健人数	保健覆盖率	人数	管理人数	管理率
1998	12581	3107	24.70	4870	632	12.98
2000	16510	7735	46.85	9527	7534	79.14
2002	17366	10425	60.03	9525	4933	51.79
2004	16556	9732	58.78	9958	4254	42.72
2005	16027	9117	56.89	9045	3660	40.46

二、儿童死亡监测

1986年，县妇幼保健站按照《云南省0～7岁儿童死亡原因调查方案》的要求，抽查章凤、姐乌、共瓦3个气候、海拔不同的区。当年3个区共有0～7岁儿童5101人，死亡87人，死亡数占儿童总数的1.71%。其中婴儿712人，死亡62人。死因分析：死于呼吸系统疾病26人，占46.43%；死于营养不良缺乏病20人，占35.71%；死于消化系统疾病16人，占28.57%。从地区类别分析：坝区、半山区、山区儿童死亡数分别占全县儿童死亡总数的31.17%、31.22%、37.61%，山区明显高于坝区。从族别分析：汉族、傣族、景颇族婴儿死亡数分别占全县婴儿死亡总数的16.85%、21.06%、40.73%，景颇族高于傣族和汉族，傣族高于汉族。儿童死亡的前3位死因是呼吸系统疾病、营养缺乏和消化系统疾病。

1987～1993年，县妇幼保健站对7岁以下儿童死因调查试用监测点进行监测，仍然选取坝区章凤、半山区姐乌、山区共瓦3个不同海拔的地区作为监测点。1990年，对0～6岁儿童死亡原因进行回访调查，调查儿童总数为5409人。其中活产数861人，新生儿死亡29人，死亡率为33.68‰；婴儿死亡57人，死亡率66.20‰；0～4岁儿童死亡85人，死亡率98.71‰；0～6岁儿童死亡89人，死亡率16.45‰。1994年后，实行全县全面监测，并且每年都做漏报调查。2005年，4岁以下儿童死亡率降到17.82‰，婴儿死亡率降到14.26‰。婴儿死亡原因排位是：肺炎→腹泻→早产→新生儿窒息→先天异常→意外→传染病→其他。5岁以下儿童死亡原因排位是肺炎→腹泻→早产→新生儿窒息→意外死亡→营养缺乏性疾病→先天异常→传染病→其他。

妇女儿童健康服务

1994～2005年陇川县5岁以下儿童死亡统计表

表22—10　　　　单位：人、‰

年份	活产婴儿数	5岁以下儿童死亡数					
		婴儿	死亡率	新生儿	死亡率	1～4岁儿童	死亡率
1994	1895	61	32.19	13	6.86	26	13.72
1995	1839	49	26.65	12	6.53	25	13.59
1996	1963	60	30.57	13	6.62	10	5.09
1997	2012	52	25.84	18	8.95	27	13.42
1998	1833	85	46.37	29	15.82	14	7.64
1999	1915	60	31.33	32	16.71	20	10.44
2000	2176	59	27.11	28	12.87	17	7.81
2001	2322	59	25.41	30	12.92	15	6.46
2002	2203	53	24.06	23	10.44	20	9.08
2003	1924	34	26.28	13	6.76	11	5.71
2004	1740	42	24.14	16	9.20	16	9.2
2005	1964	28	14.26	14	7.13	7	3.56

三、托幼保健

20世纪80年代，陇川县共有托儿所、幼儿园4所。其中县商业局有托儿所1所，保育员4人；县食品厂有托儿所1所，保育员1人；县直机关有幼儿园1所，教师3人；章凤镇有幼儿园1所，教师3人。共有入托入园儿童168人，教师（含保育员）12人。2005年全县托儿所、幼儿园发展到15所，其中：章凤镇有11所，城子、景罕、陇把、户撒等乡（镇）各1所，有教师（含保育员）22人，教养员121人，专职医务人员2人，收入园儿童1780人。

县妇幼保健院从1980年开始，按照卫生部颁发的《妇幼卫生工作条例》要求，做好托儿所、幼儿园的卫生保健业务指导工作。定期不定期深入辖区对各托儿所、幼儿园进行卫生保健指导，检查督促，每年定期为幼儿进行健康体检，发现疾病及时治疗，有效避免传染性疾病在托儿所、幼儿园内传播和流行。

第四节　农村卫生保健

一、村级卫生保健机构

陇川县村级卫生医疗保健机构，兴于50年代末。1959年，全县42个乡中有28个办起了民办诊所。1960年，乡民办诊所改称乡卫生室，全县办起了37个卫生室。

1969年，乡卫生室改为大队合作医疗站，卫生员改称大队“赤脚医生”。同年，县防治院下放部分医务人员充实到合作医疗站。全县46个大队都办起了合作医疗站，有“赤脚医生”72人。医疗站药费及医生报酬，有的按全大队人均摊派筹集，有的由医疗站经营中草药，以药养医；有的由医疗站开展畜牧业生产，以副业收入养医；有的实行医药费收费，自负盈亏等。以户弄、共瓦两个大队合作医疗站为例，1971～1973年，3年时间就诊治病人2.66万人次，基本做到小病不出村。全县在开办合作医疗站过程中，由于筹资困难，收入有限，医生报酬难于落实等原因，多数合作医疗站无法巩固和发展。据1974年统计，全县49个合作医疗站中，办得好的有15个，当年停办6个，其余15个处于瘫痪状态。

卫生保健宣传

1982年，农村实行家庭联产承包责任制以后，合作医疗改制，恢复村卫生室名称，全县办起了65个村卫生室，有乡村医生95人，采取多种形式办医。对基础较好的章凤、景罕、户撒、城子、清平、王子树等区的49个乡卫生室，实行医药收费，自负盈亏，县卫生部门帮助巩固和发展；对边远山区的邦外、共瓦、护国等区的16个乡卫生室，实行国家补助，卫生部门扶持的办法；允许一些经考核合格的医生经营私人诊所。1988年，区改乡，乡卫生室随之改称村公所或办事处卫生室，全县69个村公所（办事处）、共有乡村医生109人，每月补助报酬分别为12元、16元、20元。由于种种原因，特别是乡村医生报酬得不到妥善解决，村卫生室一度处于瘫痪或半瘫痪状态。1989年，县政府决定每年安排专款6万元，用于解决村医报酬问题。同年，县卫生局对乡村医生队伍进行调整。全县69个行政村，共配备村医72名，补助费实行任务与经费挂钩。在后来的发展中，有的村卫生室根据工作需要增设医疗点。1999年，全县开办62个村卫生室，11个医疗点，有乡村医生84人、村接生员70人。

2000年，根据实现农村初级卫生保健的需要，每个村卫生室必须配备2名乡村医生（男、女各1名），全县乡村医生数量增至100人（男58人，女42人），其中持乡村医生执业证书83人。农村卫生员（接生员）有154人。同年，按照初级卫生保健合格村卫生室的72项标准要求，对全县67个村卫生室进行考核，有38个村卫生室达到合格标准，合格率56.72%。2002年，有乡医101人，全部取得乡村医生执业证书。

2005年，县卫生局对聘任乡村医生资质、年龄和乡村医生的义务等作出具体规定，进一步规范乡村医生的管理。当年，全县有乡村医生120人，报酬补助从每人每月60元提高到每人每月120元。

二、初级卫生保健

1977年5月，世界卫生组织在第三十届世界卫生大会上提出“2000年人人享有初级卫生保健”的全球健康发展战略目标。省政府于1990年2月颁布《云南省初级卫生保健实施方案》，启动了全省初级卫生保健工作。

1991年，陇川县成立初级卫生保健委员会和办公室，乡（镇）也成立相应的组织机构，村委会成立领导小组，并在护国乡开展初级卫生保健试点。后因资金困难，试点工作没有取得实质性进展。

1996年，县初保委将全县初保工作的重点放在健全三级医疗预防、妇幼、保健网络上，行政村卫生室覆盖率达100%，甲级卫生室占12%。

1998年，陇川县开始全面组织实施初级卫生保健，重新调整初保委，办公室设在县卫生局，制定实施方案，组织各乡（镇）分管领导、卫生院长、防保人员和县直医疗单位负责人进行初级卫生保健知识培训，把13项考核指标落实到基层，并在景罕镇试点，逐步推进。

1999年4月，初保会组织召开全县“初保”工作会议，制定《陇川县初级卫生保健实施方案》，报请县第十三届人大常委会第十一次会议审议通过。全县12个乡（镇）相继成立初保领导机构，制定实施方案和措施，并报请本乡（镇）人大主席团审议通过。至此，县、乡（镇）初保领导机构基本健全，并在本辖区内有组织、有计划、有步骤地实施。1998～1999年，县卫生局共在陇川农场组织初级卫生保健培训班4期。各乡（镇）分管领导、卫生院长、防保人员以及县防疫站、县妇幼保健院业务人员共202人次受训，为下步开展初级保健工作打下基础。

2000年6月，省初保办对陇川县初级卫生保健工作进行考核验收，实地检查5个食品生产经营单位和12座厕所。抽查章凤、户撒、姐乌3个乡（镇）的拉勐、户弄、曼炳、保平、姐乌、扎多6个行政村，对102名小学生和60名居民进行健康知识和健康行为测试考核。最后，评审组进行综合评分，陇川县达到合格标准。

2004年，在巩固初级卫生保健成果的基础上，开展新一轮初保工作，县政府将初保工作纳入国民经济和社会发展计划，制定新一轮初保实施规划（2003～2010年），重点进行初保宣传，改革卫生管理体制，健全卫生服务网络，完善乡村卫生服务一体化管理，为推进新型农村合作医疗打下基础。

三、农村卫生“三项建设”

陇川县农村卫生“三项建设”项目（房屋、设备、人员）于1989年开始实施，至2002年结束。全县共投入“三项建设”危房改造资金464.68万元，其中省级投入282万元，州级投入54.88万元，县级投入31.9万元，乡镇卫生院自筹资金投入95.9万元。完成11个乡（镇）卫生院和县妇幼保健院的危房改造和业务用房新建，改建面积达6952.54平方米。争取到省“三项建设”设备款25.2万元，为原章凤、王子树、清平、邦瓦等4家卫生院配备了部分医疗设备。

健康教育培训

第二十三编　社会民生

LONG CHUAN XIAN ZHI

LONG CHUAN XIAN ZHI

LONG CHUAN XIAN ZHI

第一章　人民生活

1978年后，陇川县在加快经济建设步伐的同时，贯彻落实惠民工程，促就业、保民生，强化社会保障，不断拓宽富民途径。通过28年努力，陇川经济实力增强，人民生活水平大幅提高。至2005年，陇川城镇居民可支配收入达7313元，农民人均纯收入1275元。农村居民人均住房面积17.8平方米，城镇居民人均住房面积29.48平方米。城乡居民人均储蓄存款余额3131.43元。

第一节　城乡居民收入

一、农民收入

1978年，全县粮食总产量5.06万吨，人均生产粮食552千克，农民人均纯收入88元。

1985年，全县粮食总产量4.83万吨，人均生产粮食449千克，农民人均纯收入295元。

1990年，全县粮食总产量6.81万吨，人均生产粮食572千克，农民人均纯收入554元。1990年与1978年同比，全县农民人均纯收入增加466元，增长6.3倍。

2005年， 全县粮食总产量6.67万吨，农业人口人均生产粮食492.17千克。2005年与1990年同比，全县农村居民人均纯收入从554元增加到1275元，增加721元，增长2.3倍。2005年与1978年同比，全县农村居民人均纯收入增加1187元，增长14.49倍。

二、城镇居民收入

1978年，全县在岗职工年均工资收入513元，1985年为871元，1990年为1843元，2005年为1万元。

1990年，职工年均工资比1978年增加1330元，增长2.6倍。2005年，在岗职工年均工资比1991年增加8159元，增长4.4倍。

2005年，全县城镇居民可支配收入从1989年的1247元增加到7313元，增长4.86倍。

丰收

1978～2005年陇川县城乡居民收入一览表

表23—1　　　　单位：元

年份	农村居民人均纯收入	城镇居民人均可支配收入	年份	农村居民人均纯收入	城镇居民人均可支配收入
1978	88		1992	638	1597
1979	83		1993	682	2497
1980	90		1994	776	2552
1981	103		1995	886	3287
1982	148		1996	995	3648
1983	191		1997	1063	3912
1984	206		1998	1065	4133
1985	295		1999	881	4313
1986	314		2000	998	5983
1987	363		2001	1010	6073
1988	481		2002	1060	6367
1989	541	1247	2003	1120	6448
1990	554	1421	2004	1163	6893
1991	688	1555	2005	1275	7313

第二节　消费

一、城镇居民消费

20世纪70年代末80年代初，陇川县城市居民的消费以吃穿为主，属温饱型。食品消费实行票证供给制，粮油凭票购买，温饱问题基本解决。衣着款式单一，颜色单调，布料凭票购买。有少数双职工家庭拥有自行车、手表、缝纫机、收音机等耐用消费品。80年代中后期，随着收入的增加，城市居民的食品消费和衣着消费所占比重下降。食品消费中粮食降低，各类肉、蛋、鱼、奶增加。服装穿着档次明显提高。自行车、手表、缝纫机、收录机、电风扇等耐用消费品基本普及，彩色电视机、电冰箱、洗衣机等中档电器大量进入家庭，少数人购买了摩托车。

90年代前期，彩色电视机、电冰箱、洗衣机等耐用消费品在城市家庭基本普及，摩托车大量增加，少数人开始使用手机和BB机。90年代中后期，随着职工工资大幅提高，摩托车和手机基本普及，少数人开始购买电脑和轿车，同时旅游、教育、文化娱乐等服务性消费逐年增加。

2000～2005年，城镇居民生活消费水平正在向现代化信息网络时代发展。电脑、私人轿车增多。住房、养老、交通、通信、医疗、旅游、教育、文化娱乐、保健食品、绿色食品等高档消费所占比重有较快增长，城镇居民生活消费开始向享受型转变。2005年，陇川县城镇居民人均消费支出4857.56元，比1991年增加3565.9元。其中食品2053.56元，占42.27%；衣着397.14元，占8.17%；家庭设备用品及服务251.77元，占5.18%；医疗保健537.63元，占11.07%；交通与通信600.63元，占12.36%；教育文化娱乐服务604.53元，占12.45%；居住308.70元，占6.36%；杂项商品和服务项目103.54元，占2.13%。

2005年陇川县城镇居民耐用消费品拥有情况统计表

表23—2

品名	单位	每百户拥有量	品名	单位	每百户拥有量
自行车	辆	96.67	中高档乐器	件	6.67
摩托车	辆	73.33	电炊具	个	106.67
洗衣机	台	70	吸尘器	台	6.67
电冰箱	台	66.67	影碟机	台	83.33
彩色电视机	台	113.33	家用电脑	台	10

1990～2005年陇川县城镇居民人均消费支出统计表

表23—3　　单位：元

年份	消费支出	年份	消费支出
1990	1218.72	1999	3994.68
1991	1291.60	2000	4946.76
1992	1428.70	2001	4206.36
1993	2062.21	2002	4197.37
1994	2308.48	2003	4410.49
1995	2809.26	2004	4726.52
1996	3555.79	2005	4857.50
1997	3675.25		

二、农村居民消费

20世纪70年代末80年代初，农村居民的消费以吃穿为主。食品消费中以粮食为主，肉食所占比重较低。穿着陈旧，款式单一，颜色单调，布料凭票购买。有极少数家庭拥有自行车、手表、缝纫机、收音机。80年代中后期，随着家庭联产承包责任制的推行，农民收入增长较快。食品消费中肉食增加，穿着改善。自行车、手表、缝纫机、收录机、黑白电视机等耐用消费品，逐步进入农村家庭。

20世纪90年代，农村调整产业结构，发展甘蔗、茶叶、咖啡、烤烟等热带作物，农民收入逐步增加。彩色电视机、摩托车、电冰箱、洗衣机、机动车等耐用消费品在农村有较快增长。

2001～2005年，手机、摩托车等消费品在农村的普及面扩大，有少数农民购买电脑和轿车。旅游、交通、通信、教育、文化娱乐等服务性消费逐步兴起。2005年，农村居民人均消费支出1330.09元。其中食品739.56元，占55.6%；衣着58.73元，占4.42%；家庭设备用品51.61元，占3.88%；医疗保健78.69元，占5.92%；交通与通信120.63元，占9.07%；教育文化娱乐服务119.51元，占8.99%；居住135.15元，占10.16%；其他商品和服务项目26.21元，占1.97%。

2005年陇川县农村居民每百户耐用消费品统计表

表23—4

大型家具	件	41.7	固定电话	部	20
大型家具	件	41.7	固定电话	部	20
电风扇	台	3.3	电视机	台	75
电冰箱	台	5	其中彩色电视机	台	66.7
自行车	辆	23.3	影碟机	台	50
摩托车	辆	31.7	照相机	台	1.7
电话机	部	23.3	组合音响	架	1.7
手机	部	50	收录机	台	6.7

2002～2005年陇川县农村居民人均消费支出统计表

表23—5　　单位：元

年份	消费支出金额	年份	消费支出金额
2002	1143.89	2004	1267.96
2003	1213.74	2005	1330.09

第三节 居住

一、农村居民住房

20世纪70年代末80年代初，陇川县农村居民住房山区多为篾笆墙、草片顶的干栏式建筑；坝区则多为土基墙，亦有少量砖木结构瓦房和镀锌铁皮房。1980年后，据不完全统计，全县农村建有镀锌铁皮房、砖混结构房、砖木结构瓦房约占总户数的20%，其他均为二层茅草顶干栏式建筑。随着农村家庭联产承包责任制的推行，农民收入增加，住房条件改善。1989年，全县农村人均住房面积15.3平方米。1990年，全县农户中，建有镀锌铁皮房、砖混结构房、砖木结构瓦房约占总户数的50%。1991年后，镀锌铁皮房、砖木结构瓦房、钢筋混凝土房大量增加，篾笆草片房逐步减少。大部分农村住房安装太阳能热水器，房屋内部装修明显改善，有的房屋还设有卫生间。至2005年，农村居民人均住房面积达17.8平方米。

农村居民住房

2002～2005年陇川县农村居民人均住房面积统计表

表23—6　　单位：平方米

年份	人均居住面积	年份	人均居住面积
2002	12.41	2004	15.49
2003	14.18	2005	17.8

二、城镇居民住房

20世纪70年代末、80年代初，陇川城区职工和居民的住房多为砖木结构瓦房，只有少量的钢筋混凝土房。80年代中后期，随着经济的发展，建盖了大量的砖混结构、框架结构住房，砖木结构瓦房逐步减少，并有少量职工建盖私房（老干区）。1991年后，县委、县政府允许个人买地建盖私房，私人住宅建设得到发展。至1992年，城镇居民人均住房面积

城镇居民住房

达18.95平方米。1993～2000年，陇川县进行住房制度改革，出售公有住房1407套，房屋面积为42.21万平方米。其中砖混21.11万平方米，框架16.88万平方米，砖木4.22万平方米。所出售公房和私人建盖的住宅绝大多数房内都设卧室、客厅、卫生间、阳台等，房屋档次高，功能齐全。2005年，城镇居民人均住房面积达29.48平方米，比1992年增长55.57%。

1992～2005年陇川县城镇居民人均住房面积统计表

表23—7　　单位：平方米

年份	人均居住面积	年份	人均居住面积
1992	18.95	1999	30.16
1993	21.08	2000	34.00
1994	20.46	2001	36.09
1995	26.75	2002	26.12
1996	24.91	2003	26.22
1997	26.78	2004	27.80
1998	31.19	2005	29.48

第四节　行具

20世纪70—80年代，自行车成了人们代步的主要工具。1985年后，机动车逐渐取代畜力车。80年代末、90年代初，手扶拖拉机成为农村生产、运输、代步的主要工具。90年代开始，摩托车逐步增加，首先是干部职工使用，随之普及到农村，摩托车逐步取代自行车。进入21世纪，部分家庭开始拥有私人轿车。至2005年，全县坝区100%、山区98%通公路。

第五节　储蓄

1990年，城乡居民人均储蓄存款余额从1978年的22.32元增加到280.37元，增加258.05元，增长11.56倍。2005年，城乡居民人均储蓄存款余额从1991年的361.22元增加到3131.44元，增加2770.22元，增长7.67倍。

1978～2005年陇川县城乡居民人均储蓄存款统计表

表23—8　　单位：元

年份	存款额	年份	存款额
1978	22.32	1992	514.86
1979	17.32	1993	531.39
1980	30.10	1994	775.07
1981	25.48	1995	1053.55
1982	37.81	1996	1262.73
1983	44.37	1997	1495
1984	58.76	1998	1694
1985	68.87	1999	1323.91
1986	103.93	2000	2018.62
1987	149.27	2001	2136.76
1988	183.81	2002	2260.08
1989	195.53	2003	2582.01
1990	280.37	2004	2880.96
1991	361.22	2005	3131.44

第二章　劳动就业

1978年改革开放以后，陇川县逐步建立起适应社会主义市场要求的劳动保障体制和机制，组建县劳动就业服务办公室（劳动服务公司），依据《中华人民共和国劳动合同法》做好劳动就业方面的招工、调配、奖惩、技术培训、信访、劳动合同签证、劳动仲裁、劳动监督等工作。至2005年，城镇下岗失业再就业人员年均达160多人，专业就业人数年平均达90多人。

第一节　就业

1978年起，国家实行面向社会公开招工，择优录取分配到用工单位。至1985年，全民所有制单位共招收固定工1210人，其中城镇845人，农村345人，当地少数民族725人。集体所有制单位招工124人，其中，城镇100人，农村24人，当地少数民族35人。

2005年陇川县下岗失业人员再就业培训

1983年，粮食、邮电部门试行使用合同制工人，到1985年，共招收合同制工人85人。1986年起，全国进行劳动制度改革，停止招用固定工。20世纪90年代以后，陇川边贸业全面发展，集体、私营、股份制企业应运而生。

据2004～2005年统计，陇川县向外地输送农民工达250人次。

1998～2005年陇川县城镇失业、就业情况统计表

表23—9　　单位：人、%

年份	城镇下岗失业人员再就业人数	城镇登记失业率	专业就业人数
1998	60	2	18
1999	47	1.1	18
2000	40	1.3	18
2001	29	1.9	11
2002	34	1.7	
2003	292	3.63	10
2004	546	3.6	217
2005	230	3.9	390

第二节　劳动管理与监督

一、劳动管理

【职工调配】　20世纪80年代前，职工调动不多。1984年以后，县里职工要求调动频

繁，经双方用人单位同意后，由人事劳动部门办理。各类技术学校到陇川招生和毕业生分配，均由县劳动部门办理。

【职工奖惩】　对违纪或犯错误的职工，是党团员的由县委组织部、团委按权限给予处理，一般职工由主管部门报县劳动部门处理。1981～2005年，全县受各类处分的职工达110多人。职工的奖励除按政策规定发放的奖金外，由评选部门给予表彰奖励。

【技术培训】　按照“先培训、后就业”的要求，新招工人均由用工单位培训后才上岗。有的技术岗位，还需送外地培训，经考试合格方能上岗。1988～2005年，全县先后培训1000余人。

【劳动合同签证】　1989年，成立县安全生产委员会，办公室设在劳动人事局内，按照国家颁布的《劳动法》进行合同签证管理。至2005年，累计签证劳动合同6079件，集体合同备案22份。

【信访工作】　1989年，县劳动局根据省、劳动厅有关指示精神，加强对全县劳动系统信访工作的管理，建立健全信访统计报表制度，1990～2005年，县劳动局共接待群众来信来访680人次，内容涉及医疗、工伤等争议、劳动合同纠纷、经济补偿、拖欠农民工工资等问题。县劳动局做好回访答复工作，回复率100%。

【劳动仲裁】　1989年7月，陇川县劳动争议仲裁委员会成立，由县劳动局、总工会、计经委、财政局等部门的负责人组成，下设办公室，配专职干部2人，隶属县劳动局领导。各用工单位相应建立调解委员会或调解小组。1990～2005年，全县受理劳动争议案件13起，其中撤诉1起，调解2起。仲裁10起；结案8起，成功率80%。

二、劳动监督

【安全监管】　1980～1985年，在开展“安全月”活动的同时，县劳动局加强安全生产的宣传与检查力度。1987年，配备劳动保护专职干部1人。1989年，在劳动局内设安全委员会办公室，根据《中华人民共和国劳动法》加强对厂矿、交通等部门安全生产的管理与监察。1990年，县政府开始实行安全生产目标管理责任制度。同年3月，县政府对18个安全生产先进集体和先进个人进行表彰奖励。2002年1月，劳动局设立劳动保障监察大队。1991～2005年，全县举办各类法律、法规宣传30余次，发放各类宣传资料2万余份。安委会每年检查用工单位3次，累计检查用工单位500余家。

【劳动保障执法年审】　2001～2005年的5年中，对752户用人单位进行年审，涉及劳动者1.2万余人次，年审合格率保持在98%以上。对不按时参加劳动执法年审的用工单位，县劳动部门提出意见，限期整改，并要求用人单位完善劳动保障制度。

【劳动保障专项检查工作】　2001～2005年，根据《中华人民共和国劳动法》《劳动保障监察条例》等法律法规的规定和要求，县劳动部门做好日常巡查工作外，开展劳动保障专项检查。（1）同公安、城建、工商、工会等部门联合开展对农民工工资支付专项检查；（2）开展《禁止使用童工规定》情况的专项检查；（3）防范和打击劳动力交易过程中，以职介所或招工为名的各类“黑吃黑”违法犯罪活动；（4）检查厂矿、企业是否有违反《劳动法》的行为。

第三章　社会保障

1987～2005年，全县企业职工参加养老保险年均3000余人，累计支付养老保险金4537.8万元，年均支付266.93万元。2000～2001年，全县职工医疗保险、工伤保险先后启动，至2005年，共有3591人参加医疗保险、5019人参加工伤保险，年均支付医疗保险费52.16万元，支付工伤保险费8.72万元。

第一节　最低生活保障

一、城市低保

1998年11月，县政府印发《陇川县人民政府关于开展城市居民最低生活保障制度实施意见》，全面启动城市低保工作，保障线为月收入低于156元的居民。同年，共有保障对象582户2328人，实际列入保障的有196户，547人。2000年，全县共有城市低保户1836户，发放低保金320万元。2003年，全县有城镇低保对象2232户，5215人，投入保障金419.58万元。2005年，全县有城镇低保对象6635人，发放保障金499万元。

二、农村低保

农村低保保障对象主要是:因病残、年老体弱、丧失劳动能力以及生存条件恶劣等原因造成生活常年困难，共同生活的家庭成员人均纯收入低于陇川县低保标准的农村居民。陇川县的农村低保工作从2005年底着手准备，2006年3月正式启动。

第二节　社会保险

一、养老保险

1987年，陇川县开始办理企业职工养老保险，当年参保职工256人（主要是国有企业的合同制工人），收取养老保险金6.57万元。1995年10月，职工个人开始缴费、建立个人账户。1998年4月，基本养老保险实行全省统筹。同年，陇川县养老保险覆盖面扩大到自收自支的事业单位、集体企业、私营企业、个体户等领域。全县的机关事业单位的工勤人员于1997年开始参加养老保险，2002年停止。2005年，全县参保职工3259人，退休735人，收取养老保险金767.63万元，待遇支付571.67万元，累计结余基金1321.78万元。同年，全县企业退休人员95%实现社会化管理，改变企业退休人员无人管理或管理不到位的状况。

1987～2005年陇川县企业职工养老保险情况统计表

表23—10　　　　单位：人、万元

年份	参保人数	退休人数	基金收缴	支付养老金	基金积累
1987	258		6.57		6.23
1988	2276	260	33.16	20.47	18.34
1989	2549	269	75.74	41.50	46.26
1990	2674	276	95.43	51.27	85.58
1991	2887	310	110.68	60.44	133.96
1992	2933	342	114.69	85.69	159.01
1993	3341	385	125.11	108.27	174.30
1994	3232	388	120.50	119.94	173.87
1995	3264	474	180.10	163.05	178.54
1996	3295	497	146.72	178.74	145.68
1997	3306	533	212.36	194.78	161.75
1998	2068	574	207.09	248.28	117.14
1999	2582	589	201.51	380.48	95.45
2000	3483	594	385.33	314.91	70.42
2001	3651	628	46.06	337.55	288.39
2002	3698	671	506.76	408.11	387.04
2003	3255	696	788.38	420.69	754.72
2004	3230	715	835.55	464.45	1125.82
2005	3259	735	767.63	571.67	1321.78

二、医疗保险

【基本医疗保险】 2000年10月1日，陇川县城镇职工基本医疗保险正式启动，当年全县有2831人参保（全部为机关事业单位职工）。2001年5月开始，医疗保险范围扩大到企业和个体户。年末，全县参保人数为2983人，其中财政拨款单位1723人，农场1217人，企业及个体43人。到2005年末，全县参加基本医疗保险人数达3591人。同年，医疗保险收入134万元，支出72万元，累计积累医保基金313万元。

2000～2005年陇川县城镇职工基本医疗保险收支情况表

表23—11 单位：人、万元

年份	参保人数	基金收入	基金支出	积累
2000	2831	67	24	43
2001	2983	79	47	32
2002	3028	103	51	52
2003	3149	116	56	60
2004	3425	127	63	64
2005	3591	134	72	62
合计	19007	626	313	313

【大病补充医疗保险】 2001年1月，陇川县启动大病补充医疗保险工作，由州医疗保险中心办理医疗费用支付业务。2001～2005年，累计收缴大病补充医疗保险金43.27万元，金额上缴州劳动和社会保障局医疗保险中心，为全县参保患者提供大病医疗保险救助。

【改制企业退休人员一次性缴纳医保费情况】 2000～2005年，陇川县改制企业退休人员一次性缴纳医疗保险共有43人，共缴纳30.1万元（含大病保险单位承担部分）。

【离休干部和部分退休干部医保】 2000年，陇川县管理的离休干部共18人，2005年，仍健在16人。按上级有关规定，离休干部的医疗费实报实销，县财政全额拨款，县医保中心单独到账管理。根据云南省印发的《关于我省建国初期参加革命工作的部分退休干部在生活上给予补贴的意见》的规定，全县有7位老干部从2004年2月起享受医保补贴。2005年，县财政为其个人账户划入资金4652.53元，住院费实行全额报销。至2005年末，共发生住院费用1.78万元。

【医保网络化管理】 2003年7月，全县医保实行网络化管理。县医保中心与县人民医院、农场医院、县妇幼保健院、县计划生育服务站4家实现定点医疗机构电脑联网。另有6家定点医疗机构（含乡镇卫生院）实行手工划账。全县定点零售药店有盛辉药店、东骏大药房章凤连锁店、老百姓大药房、佳佳乐超市门市部、一心堂章凤连锁店等实现与医保中心电脑联网。

三、工伤保险

2001年1月，陇川县工伤保险首次从财政拨款的国家机关、事业单位和人民团体开展起来。2004年5月开始，全县各类企业和自收自支的事业单位相继启动该项工作。至2005年末，全县财政拨款单位有1987人参保，累计基金收入15.3万元，支付15.3万元，有17人申报工伤，均符合条件享受工伤待遇。全县企业和自收自支的事业单位工伤保险从2004年起，实行州级统筹。至2005年末，全县有3032人参保，累计收缴工伤保险基金28.3万元，支付28.3万元。有23人申报工伤，经州医保中心认定，23人均符合条件享受工伤待遇。

四、生育保险

2001年5月，陇川县开始实施生育保险制度。生育保险分为两类：一类是县属财政拨款的国家机关、人民团体、事业单位的在职职工，由财政按上年度职工平均工资的1%，直接划入生育保险基金专户；另一类是企业、自收自支事业单位的在职人员，实行州级统筹，由参保人所在单位按上年度职工平均工资的1%，向经办机构设在税务机关的生育保险基金专户缴纳。至2005年末，全县参加生育保险达3265人，累计收缴基金83万元，累计待遇支出76万元。

2005年8月，在章凤农贸市场宣传失业保险条例

五、失业保险

1992年，陇川县实施失业保险业务。当年收失业保险费12.47万元，支出2.28万元。2000年，收失业保险费1.82万元，支出28.42万元。2005年，收失业保险费51.81万元，支出103.28万元。

第四章　扶贫开发

1993年前，全县扶贫工作主要由县民政部门负责，以救济形式进行扶贫。1993年后，陇川县贯彻《云南省七七扶贫攻坚计划》，以及国家、省、州分别制定的《中国农村扶贫开发纲要（2001～2010年）》，坚持开发式扶贫方针，以山区为重点，以贫困村、组为主战场，以贫困户为主攻对象，改善贫困地区群众的生产生活条件，增加农民收入。1996年，县委、县政府成立扶贫开发领导小组及办公室，坚持自力更生为主，国家帮扶为辅，社会各方面支持为补充原则，采取单位挂钩、工作队进驻的扶贫方法，推进扶贫工作向纵深发展，先后实施整乡整村推进、扶贫安居、异地搬迁、信贷扶贫、安居工程等扶贫项目。

第一节　贫困人口

1996年，按照省政府“人均纯收入560元以下，人均口粮300千克以下为温饱线”的划分标准，认定陇川县贫困人口为3.12万人（不含东川移民）。其中王子树乡4427人，邦瓦乡5137人，清平乡7838人，护国乡3539人，陇把镇671人，勐约乡684人，户撒乡8937人。

2001年，陇川县农村贫困人口为3.14万人，其中王子树乡3416人，陇把镇1518人，户撒乡6691人，护国乡2386人，章凤镇3117人，城子镇920人，赛号乡1291人，姐乌乡709人，清平乡5392人，景罕镇1945人，勐约乡1200人，邦瓦乡2789人。

2003年，全县农村贫困人口为2.75万人，其中王子树乡2955人，陇把镇1058人，户撒乡5477人，护国乡2149人，章凤镇2707人，城子镇2213人，赛号乡1226人，姐乌乡656人，清平乡5028人，景罕镇1635人，勐约乡2428人。

2005年，全县农村贫困人口为：王子树乡6567人，陇把镇4586人，户撒乡1.31万人，护国乡3602人，章凤镇1.02万人，城子镇7391人，清平乡9303人，景罕镇999人，勐约乡5272人。合计6.1万人，占全县总人口的35.42%。其中户撒阿昌族乡贫困人口占全县贫困总人口的21.48%。

第二节　扶贫项目

一、扶贫资金管理办法

“九五”期间，逐步完善扶贫项目、资金和工作队管理办法。1996年，由县政府转发《德宏州人民政府关于转发〈云南省财政扶贫专项资金暂行管理规定〉》《德宏州扶贫项目管理办法》以及《德宏州挂钩扶贫工作队暂行管理办法》等管理性文件，使扶贫开发工作有章可循。

“十五”期间，严格制度，把好资金的使用关。扶贫项目资金不下拨到乡（镇），由县扶贫办统一管理，设立扶贫项目资金专户，实行专户存储，专款专用，资金到项目，管理到项目，核算到项目的制度。

二、扶贫资金投入

1987～1990年，使用县级扶贫资金28.2万元，贴息贷款资金320.38万元。1991～1995年，共投入扶贫资金171.59万元。其中州级159.79万元，县级11.8万元。1996～2000年，投入扶贫专项资金795万元、小额信贷资金393.73万元、挂钩引资资金31万元、部门捐资捐物资金153万元。2001～2005年，共使用项目专项资金1389万元、贴息贷款资金5328万元。

三、扶贫情况

1987～1990年期间，全县扶持农户种植茶叶909.18公顷。其中连片茶园793.33公顷，零星茶园106.11公顷，低产茶园改造9.74公顷。扶持农户种植咖啡25.33公顷。使用贴息贷款320.35万元，兑现贷款贴息28.2万元。1991～1992年，投入扶贫资金115.57万元。其中扶持岗巴、盆都、邦瓦、瓦幕、大场、广外、边河等7个贫困村公所的9个扶贫项目，使用扶贫资金19.58万元，发展茶叶生产政策贴息58.99万元，样板茶园扶持2.4万元，发展零星茶园种肥补助政策兑现11.9万元，幼茶扶管1.5万元，烤烟生产扶贫13.5万元，桉树育苗定植2万元，兑现山区台阶奖5.2万元，救灾补助0.5万元。1993～1995年，共投入扶贫资金24.4万元。其中县级扶贫资金11.8万元。用于种植西番莲226.67公顷、白花木瓜93公顷、柑桔77.13公顷、柠檬22.67公顷，以及建设基础设施和加工业、科技培训等费用。

"九五"期间，陇川县王子树乡、邦瓦乡被列为省级扶贫攻坚乡，每年每乡省扶持50万元，连续5年。护国、清平两乡被列为州级扶贫攻坚乡，每年州扶持资金35万元。其中护国20万元，清平15万元，连扶5年。勐约乡邦中村委会、陇把镇吕良村委会、户撒乡朗光、曼捧村委会为县级扶贫攻坚村，县财政每年扶持3万元，连续5年。全县以4乡4村为重点，以解决贫困人口温饱为目标的"九五"扶贫攻坚在1996年全面展开。1999年开始，省政府开展以贫困自然村为单位的扶贫温饱工作，省政府无偿投入陇川县60万元（其中：1999年30万元，2000年30万元）专项资金，扶持赛号乡南关村、景罕民会村、户撒江蚌村、陇把吕龙村等4个特困自然村，使151户765人在1年内达到基本解决温饱的目标。2001～2004年，全县共建温饱村20个，投入省扶资金235万元，实施扶贫项目70件。

2001年，户撒乡被列为少数民族特困乡扶持对象，争取到综合开发项目资金400万元。实际投入项目资金600.9万元，超出的200.9万元，由群众自筹。当年群众投工投劳1.6万个工日。整个开发项目在2003年全部结束，共实施扶贫开发项目6类12项22件。2003年与2000年相比,该乡人均增产粮食56千克，人均口粮达431千克，人均增收125元，人均纯收入达861元。865元以下的贫困人口由2000年的1.46万人，减少到2003年的1.15万人，有3091人脱贫。

四、专项扶贫

【小额信贷扶贫】 1997年，全州小额信贷扶贫在陇川县王子树乡试点成功以后，全县在山区乡全面开展小额信贷扶贫到户工作。至2000年12月，实际使用小额信贷413.73万元。其中省财政资金320万元，农行资金93.73万元。全县共建工作站6个，建中心187个，建小组1146个，覆盖6个乡29个行政村5294户。2001～2002年，共使用小额信贷911.3万元，其中农行资金911.3万

1985年，扶贫现场会

元。全县建工作站9个，建中心445个，建小组3148个，覆盖9个乡1.46万户。2003～2005年，共使用小额信贷1171.68万元，其中财政资金287.2万元，农行资金884.48万元，受益农户1.87户。

【国家贴息贷款扶贫】 2001～2005年，使用项目贴息扶贫贷款3245万元，扶持企事业5家。分别是县医院、陇川糖厂、陇把水厂、县妇幼保健院、县计生站。

【整村推进（重点村）扶贫】 2002～2003年，实施罗朗、广瓦、幕水、曼软、邦掌、广外6个村的重点建设项目，投入扶贫资金480万元（每村80万元），实施项目60件。2004年，实施护国、撒定、邦中3个村的重点建设项目，投入无偿资金120万元，实施项目20件。2005年，实施7个行政村，18个村民小组的整村推进扶贫开发项目，投入省财政无偿资金270万元，实施项目97件。

【易地搬迁扶贫】 龙江河谷开发安置：从1995年5月全面启动。县委、县政府从有关部门抽调人员，组建龙江河谷开发办公室，配合州开发办公室开展工作，负责陇川片区。1998年，龙江河谷开发办划归县扶贫办管理。龙江河谷易地扶贫开发纳入扶贫工程，实行“项目、资金、责任、效益”四到县。“九五”期间，安置龙江河谷贫困人口407户1000人，安置东川贫困人口1512人，共投入资金2063.5万元。修建蔗区道路272千米，沿江公路53千米，新建龙江大桥、岳岛勐景河桥、埋桑吊桥，新建35千瓦电站1个。至2000年末，龙江河谷开发区陇川片区甘蔗面积达1346.67公顷，咖啡180公顷，柠檬30公顷，经济林果开发初具规模。2000～2001年，省扶贫办、省财政厅下达给陇川县省扶贫资金573.21万元，转移安置跨地州移民220人，县内移民1500人。至2005年，1732名跨地州移民的安置工作完成，共规划出耕地514.73公顷、宅居基地17.27公顷、柴山75.33公顷，全部落实到户，并办理“农村集体土地承包合同书”，将移民纳入属地管理。移民村寨的经济、社会发展纳入全县的统一规划。

县内易地搬迁：“九五”期间，74个社1032户4779人迁移下坝。主要原因是原居住地生活自然环境恶劣，缺乏基本生产生活条件，部分山区群众耕种“远征田”不方便。2002年，实施300人的县内易地扶贫搬迁项目，投入省财政无偿资金150万元。2004年，陇川县“7·5”洪灾发生后，省扶贫办批复陇川县2005年度实施450人的县易地扶贫搬迁项目。分别是景罕镇旧院235人，户撒乡平山中寨215人，投入省财政无偿资金200万元。

【安居工程扶贫】 2002年至2003年4月，完成陇川县第一批边境、山区安居工程项目，共投入省扶持资金78万元，涉及8个行政村233户住房困难户，其中边境安居工程有龙安、迭撒、芒拉、拉勐4个行政村130户。山区安居工程有邦瓦、瓦幕、曼冒、巴达4个行政村103户。2004～2005年，全县完成700户安居房建设，每户补助3000元，共计投入省财政资金210万元。

【教育扶贫】 1997年10月24日，县民族小学正式开办扶持贫困女童班（50人），其经费由香港妇女协会资助。

第三节　社会扶贫

1984年德宏州农村扶贫工作现场会议在陇川县王子树召开

“九五”期间，州、县两级有57个单位，先后派出工作队2326人次，分批分期到挂钩点开展帮扶工作。其中县直有35个部门，深入挂钩点2026人次，部门捐资捐物合计153万元。召开各种会议1210余次，引进资金31万元，开展科技培训600余人次，科技推广59.53公顷，发展经济林果62.93公顷、经济作物58.67。饲养山羊165只，维修校舍5项，帮助儿童15人，道路建设8项，桥涵建设1座，卫生室建设2项，架电21千米，广播电视建设1项，人饮工程5项，晒场建设3项。

“十五”期间，继续实行挂钩扶贫责任制支持扶贫工作，同时发动贫困地区的干部群众，发扬自力更生，艰苦奋斗，生产自救的精神，改进落后的生产方式和陈旧的思想观念，共同脱贫致富奔小康。2002年，共有37个部门向挂钩点捐资捐物41万元，资助贫困学生16人。2004年，县扶贫办调整财政小额信贷资金20万元，发放给副科级以上领导干部帮扶挂钩农户。同年，收到中国扶贫基金会捐赠的物资58件，发放给全县10个乡（镇）的贫困农户和受灾农户。

第五章　民政

中共十一届三中全会后，陇川县坚持“以人为本、为民解困”的工作理念，全面履行民政工作职能，强化社会事务管理，随着改革的深入，农村基层政权建设、社会救助、拥军优属等工作不断发展，社会保障体系建设不断完善，促进了社会事业的健康发展。

第一节　基层政权建设

1988年6月，云南省政府制发《关于陇川县区、乡、镇建制的批复》，县以下设乡（镇）（为一级政府），乡（镇）下设村公所、办事处（为乡级派出机构），村公所下设自然村、寨。1990年2月，县、乡两级民政干部直接参与换届选举工作，在此次换届选举中，充实全县69个行政村的管理人员，对188名村级干部造册登记，建立档案，强化联系和管理。2000年，农村体制改革，实行村民自治，民主管理，将原来的村公所、办事处改为村民委员会或社区居民委员会（为群众自治组织），村委会或居委会下设村民小组或居民小区，到2005年底，全县有5乡4镇，1个农场管委会，68个村委会，3个社区居委会，723个村（居）民小组。（详见政区编）。原大队（小乡）一级离职干部登记共233人，其中符合文件精神45人，每人每月补助18～33元不等。

一、村民委员会

2000年8～11月，陇川县遵照《中华人民共和国村民委员会组织法》进行村级体制改革，把村公所改为村民委员会。全县产生69个村民委员会，设主任1名，副主任1人，委员3～11人。村民委员会为农村群众自治组织，按照“自我管理、自我教育、自我服务”的要求开展工作。

2001～2003年，在农村宣传贯彻《中华人民共和国村民委员会组织法》，逐步建立和完善村务公开等各项村民自治制度。

2004年3～6月，在全县5乡4镇69个村民委员会中，开展第二届村委会领导换届选举工作。第二届村民委员会设党总支（支部）书记1名，村委会主任1名，村委会副主任（兼文书）1名。

二、居民委员会

2003年4～5月，陇川县按照《中华人民共和国城市居民委员会组织法》有关规定，先后在城子镇、章凤镇建立城子、老街子、新城3个社区。各社区先后召开首届社区党员大会和居民代表大会，选举产生首届社区党总支委员会和居民委员会。每个社区居民委员会由5人组成，其中主任1名，副主任1名，委员3名。

2005年12月，根据上级要求，为与全省的社区换届选举同步，陇川县对未满任期的首届社区居民委员会进行换届。城子、老街子、新城3个社区，先后召开社区党员大会和社区居民代表大会，选举产生第二届社区党总支委员会和居民委员会。

第二节　优抚安置

一、优抚

（一）拥军优属

【支前军供】　1979年，对越自卫还击战开始后，县粮局职工加班1200人次，连夜突击加工装运军需大米35吨支援前线。1986年，全县组织以县人大副主任线小田为团长的“两山”慰问团一行10人，携慰问品、慰问信前往“两山”前线看望陇川籍战士。

【优属】　20世纪70～80年代初，县政府对全县农村的军烈属采取定补和临时补助的办法。国庆、春节期间，发放慰问信、慰问金，组织民兵、学生为军烈属家庭做好事。据1970～1980年统计，对农村军烈属共优待1800户次，优待工分245万分，稻谷20.5万千克。1982年后，山区每户军烈属家庭每年优待金90～150元。坝区每户每年120～180元；定补每人每月15元。1985年，对烈士和因公牺牲的军人家属农村每人每月补助生活费25元，城镇每人每月35元；病故失踪的军人家属农村每人每月补助20元，城镇30元。1987年，城乡统筹，每名每年定补：山区150～180元，坝区200～250元。1990年后，义务兵家属每名每年优待：农村400元，城镇300元。择年优待情况是：1984年临时补助613人次，7182元。1993年总补助754人，5037元。2005年，优抚对象756人，其中革命伤残74人，“三属”73人，在乡复员军人369人，带病退伍军人26人，现役军属214人。

【召开表彰会】　1979年，县、公社、大队分别召开对越自卫还击战中立功的16名陇川籍战士表彰慰问庆功大会。

【加强拥军优抚宣传】　1978～2005年，县民政部门坚持利用广播、电视台、出动宣传车、印发宣传资料等形式，弘扬拥军优抚的光荣传统，报道双拥工作中涌现的模范人物及事迹。在全县交通要道口、乡镇驻地和醒目地段，制作、刷写大幅永久性拥军优抚标语2000多幅，并将县城最繁华的新城路建成“双拥一条街”，十字路口灯塔上制作醒目的双拥标语，为全县256户军属全部挂上光荣牌。临街窗户、门店全部设置军烈属、现役军人优先标志，营造军爱民、民拥军、军民鱼水一家亲的社会氛围。将章凤镇拉勐村民委员会新寨五组，树立为省级“爱民固边双拥示范村”。

（二）优待抚恤

【修建烈士墓】　20世纪90年代前，县政府先后出资2.3万元为陇川26位烈士修墓，在全县修造烈士墓地7处，修墓碑11次。

【编制《烈士英名录》】　1988～1992年，县民政局完成陇川《烈士英名录》的编纂工作。名录共收编46人，其中解放初期剿匪牺牲的14人，和平建国时期牺牲的18人，支左援外牺牲的8人，对越自卫还击战牺牲的6人。首部《陇川县志》载入“革命烈士名录”36人。续志《陇川县志》（1978～2005）载入“革命烈士名录”12人。

【抚恤金发放】　县民政局根据国家颁布的《军人抚恤优待条例》《伤残抚恤管理实施办法》开展此项工作。抚恤对象是人民解放军现役军人、军工，党政、公、检、法、司机关工作人员，群众团体工作人员，民主党派人士，参战支前民兵，及临时征用参加建设民工人员，凡牺牲病故者，由民政部门给予一次性抚恤，生活困难者给予国家的长期抚恤。1986年前，抚恤标准作过多次调整，牺牲者由180元调至500元，病故者由130元调至350元。其中对在自卫还击战中牺牲的军人和支前民工，在500元的基础上再增加300元，对荣立二等功以上烈士，其家属抚恤金标准再增发25%。1987年后，抚恤办法作了较大改革，烈士一次性抚恤20个月工资（以排级为最低限度），病故、失踪发10个月工资额，一、二等功臣分别加10个月工资额，三等功臣加发5个月工资额。1979～1993年，全县牺牲、病故抚恤87人次，12.16万元，残疾军人抚恤289人次、2.33万元。

1991～2005年陇川县优抚情况统计表

表23—12　　单位：人、万元

年度	优抚对象（人次）	其中					发放优待金
		革命伤残	三属	在乡复员军人	带病退伍军人	现役军属	
1991	754	78	78	369	28	201	
1992	764	76	78	368	29	213	
1993	745	79	76	365	25	200	
1994	762	80	76	365	26	215	
1995	746	76	75	356	29	210	
1996	742	75	73	356	30	208	
1997	737	77	74	352	31	203	
1998	742	76	74	351	32	209	
1999	742	78	73	349	31	211	
2000	740	77	73	349	32	209	
2001	734	73	72	344	30	215	
2002	730	74	72	343	30	211	
2003	721	73	72	332	30	214	
2004	715	72	72	330	28	213	
2005	717	74	73	330	26	214	

二、安置

【复退军人】　1978年前，实行“哪里来哪里去”的安置原则。1981年，根据上级规定，入伍时户口在农村的仍回农村，入伍时户口在城镇的，由父母所在部门安排工作，入伍时是国家机关、厂矿、企事业单位、集体所有制单位的正式职工，回原单位复工复职。对城镇的复退伍军人安置，县民政局配合劳动人事部门，按照系统分配、部门安置的办法，接收单位不得推辞拒绝。1978～1993年，全县接收安置退役士兵667人，其中安排工作488人，回农村务农179人。1990年，成立陇川县人民政府复员退伍军人安置办公室，城镇的复员退伍军人由县安置办、县公安局负责安置。

1991～1995年，陇川县接收安置退役士兵167人，安排工作17人，回农村务农150人。1996～2000年，接收退役士兵156人，安排工作15人，回农村务农141人。2001年5月30日，《陇川县退役士兵安置管理办法》颁布实施。2001～2005年，全县接收退役士兵193人，安排工作21人，回农村务农172人。

【离退休军人】　1978～1993年，共接收安置9人，支付离退休费16.87万元。离退休军人可享受免费治疗、免费疗养等待遇。1999年，陇川县建立军队离退休干部休养所，有军队离退休干部16名，其中傣族2名、景颇族4名、哈尼族1名、汉族9名、无军籍职2名。军休所所长由民政局局长担任，军休所服务管理人员4人，工资由中央军委后勤部拨发。至2005年，全县有军队离退休人员13名，均纳入干休所管理。

第三节　救灾救济

1978～1990年，全县救济生活困难群众10.21万人（次），发放救济金73.08万元。

1991～1996年，全县救济生活困难群众人4919人（次），发放救济金46.66万元。其中1994年，发放临时救济款10.5万元，救济粮50吨，救助群众1184人（次）。

1997～2000年，全县救济生活困难群众1.47万人（次），发放救济金72.1万元。其中1998年，发放临时救济款11.3万元，救济粮60吨，救助群众2453人（次）。

2001～2005年。按照州民政局救灾救济工作要求，每年夏荒青黄不接之前，大型采购救灾救济粮。陇川县每年临时采购救灾救济粮100吨，棉被1000床。5年共发放临时救济款643.21万元，救济粮500吨，救助群众3.35万人（次）。

大型救灾粮运送车队

2005年6月5日，县政府向2004年“7·5”洪灾受灾地区的农民发放救灾救济物资：大米100吨、被子2179床、棉毯495条、蚊帐902笼、衣服2.3

万件（套）。

1988～2005年陇川县择年救灾情况统计表

表23—13

年 份	灾害种类	受灾面积（公顷）	房屋损坏（间）	家畜或人员伤亡（头、人）	转移安置灾民（人）	发放救济金（万元）
1988	干旱、冰雹、病虫	800				25.66
1989	旱灾、洪涝、风灾	1040.67				13.83
1990	旱灾、洪涝、风灾	1839.07				11.89
1991	洪涝、虫灾	2100	348	伤2头家禽	2140	22.28
1992	风暴、洪涝	1887.33	83	伤2头家禽		4.90
1993	洪涝、风灾	11176	302	伤3人	187	26.97
1995	旱灾、洪涝、风灾	1757.8	141	伤4死1头家禽	463	22.22
1996	干旱、冰雹、病虫	4828.27	59	伤1头家禽	109	21.27
1997	泥石流、洪涝	2054	71			33.18
1998	低温、洪涝、虫灾	1840	181	伤3头家禽		10.50
2000	洪涝、地震、冷冻	2484	982	伤15头家禽	133	56.30
2002	冰雹、洪灾等	1853	367	伤3头家禽		187.67
2003	冰雹、洪灾等	1507	213			84.61
2004	洪灾、冰雹、低温	3666	5760	伤17人	3975	135.79
2005	干旱、洪灾、冰雹	3118	482			135.13

第四节　社会福利与救助

一、五保户、孤儿供养

1978年，全县有五保户572户588人，全部由国家救济，全年发放救济金9080.8元。1993年，全县有五保户293户293人，孤儿40户45人，全部由国家和集体供养，国家每人每年发给460元；集体每人每年供给180元。2005年，在册五保户279户574人，孤儿248户516人，发放救助资金54.5万元。

二、社会救助

【城乡医疗救助】　20世纪60～70年代，对农村患干瘦病、妇女子宫脱出病的病人全部免费治疗。2002年，清平乡六昆村陆傣村小组钱小凹，因腹腔生巨型肿瘤住院治疗，县民政局救助2.6万元。2005年初，县民政局制定实施《陇川县农村特困群众医疗救助暂行办法》，救助对象主要是患大病住院治疗难以交纳医疗费的困难群众。同年救助特困群众46人，支付住院医疗费12.8万元。同年12月，陇川县开始进行城市医疗救助试点工作。

【流浪乞讨人员救助】　1978年后，由于多方面原因，陇川县外来流浪乞讨人员较多。县民政局与公安等部门配合，不定期开展境内流浪乞讨人员清查和救助工作。至1987年，收容遣返盲流人员835人（次），县民政部门给予生活、医药、车旅费补助7676元。2003年，救助各类流浪乞讨人员92人（次）。2005年，救助各类流浪乞讨人员126人（次），支付救助金额1.6万元。

【孤儿救助】　1978年后，陇川县逐步开展孤儿救助工作。1993年，全县有孤儿40名，年内安排落实12名孤儿的生活定期补助和4名孤儿的住房修建。从2001年起，全县孤儿纳入城市居民最低生活保障范围，人均每月补助50元。2003年底，全县有孤儿214人。为加强艾滋病患致孤儿的救助安置工作，民政部下发《关于加强对生活困难的艾滋病患者、患者家属和患者孤儿救助管理工作的通知》。省民政厅以陇川为试点，开展救助安置工作。在县民政局成立陇川县儿童福利救助安置指导中心，在户撒、陇把、景罕、城子4乡（镇）设立儿童福利救助安置指导站。至2005年，县乡儿童福利救助实体尚未健全，无法开展正常的救助工作。

三、社会福利

【敬老院】　1987年，城子镇在县民政局的资助下，办起陇川县第一个乡（镇）敬老院。1988年2月，有16位五保老人住进敬老院。敬老院配备专职管理人员1名。县民政局每年给五保老人拨救济款1万多元。2000年，县城搬迁章凤后，城子敬老院有五保老人12人，县民政局补助每人每月50元。

1992年，福利彩票销售发行现场

【残疾人】　1991年，全县有各类残疾人8972人，其中肢体残疾3016人，视力残疾618人，听力残疾、语言残疾2043人，智力残疾1313人，精神残疾346人，综合残疾1636人。2000～2005年，省、州、县先后投入150多万元，开展“残疾孤儿手术康复明天计划”项目，为全县90多名残疾孤儿进行手术适应症体格检查，给21名患唇腭裂、2名患先天性心脏病、3名患脑瘫、14名肢体残疾等孤儿和贫困儿童联系医疗机构进行手术治疗。

【福利实体】 1984年，县民政局开始兴办县、乡两级福利经济实体，先后举办经济作物种植基地5个，养殖业3个，第三产业2个，从业人员76人。1992年，创收6.5万元。1995年后，县民政局投资30万元，创办陇川县欣晋有限责任公司、陇川县马氏边贸有限责任公司。

【福利彩票】 1988年，陇川县开始销售福利彩票，收入3.1万元。所筹集的社会福利基金主要用于扶残、助残和救困。1995年，销售福利彩票22万元，提留资金3100元。1989～1997年，全县销售福利彩票310万元。1998年，发行销售即开型福利彩票200多万张，筹集福利资金8万元。2002年起，陇川县民政局第一家推出利用民族节日大型活动开展福利彩票销售活动，每年节日后都有15万元的销售量。2005年，陇川县设有电脑福利彩票销售机5台，当年完成福利彩票销售90万元。

第五节 婚姻与收养登记

一、婚姻登记

【境内婚姻登记】 1978～1980年，陇川县继续执行《中华人民共和国婚姻法》，规范婚姻登记。1981～2000年，执行第五届全国人民代表大会常务委员会第三次会议通过的新《中华人民共和国婚姻法》。2001年后，贯彻执行第九届全国人民代表大会常务委员会第二十一次《关于修改<中华人民共和国婚姻法>的决定》。2003年10月1日起，新《婚姻登记条例》颁布实施，规范婚姻登记管理程序，简化婚姻登记手续，取消婚姻登记必须出具“婚姻状况证明书”等证明材料。全县共有民政助理员21名。1985～2003年，在县局、农场管委、各乡镇先后建立14个婚姻登记室。2005年，还保留王子树、护国、户撒及县局4个婚姻登记室。

1984年，全县结婚登记110对，离婚7对。1988～1989年，登证结婚739对，离婚43对。1991～1992年，结婚登记1190对，离婚47对。1994～1995年，登记结婚1433对，离婚46对。1997年，办理结婚登记489对，离婚13对。2000年，结婚登记321对，离婚21对，收养登记6人。2002年，结婚登记538对，离婚37对。2003～2005年，结婚登记1672对，离婚267对。年均结婚418对，离婚67对，离婚率16.02%，与1984年对比，高9.6个百分点。

【境内婚姻登记】 1951年2月陇川和平解放至2005年，边民涉外婚姻从没中断过。婚姻登记由州民政局办理，但多数边民结婚不办理登记手续。

二、收养登记

1991年12月起，按照《中华人民共和国收养法》，陇川县将收养社会弃婴纳入法制化轨道。1997年，县民政局办理收养登记6人。1992～1998年，收养登记相关事务由公安部门处理。1999年起，县民政局开始办理收养登记业务。1999～2005年，办理儿童收养登记82起。其中2005年，办理弃婴收养登记手续24起。

第六节　民间组织管理

1989年10月，国务院颁布实施《社会团体登记管理条例》。1994年，县民政局制发《陇川县社会团体登记管理条例实施细则》，并对全县的社会团体进行清理整顿。2005年年底，全县登记民间组织15个。其中协会12个，民办非企业3个，会员2916名。社会福利企业1家，安排残疾人就业17人。

2004年，全县有民办非企业14家，其中幼儿园4家，青少年足球俱乐部1家，学会9个。

2005年底陇川县民间社会团体统计表

表23—14

登记证字号	单位名称	社会组织统一信用代码	登记时间
陇社证字第00003号	陇川县集邮协会	51533124316353240M	1983.11
陇社证字第00004号	陇川县水利电力协会	51533124519030011N	1984.09
陇社证字第00005号	陇川县计划生育协会	51533124519030003U	1989.06
陇社证字第00006号	陇川县户撒乡芒旦新寨旅游协会	51533124697982314W	1990.11
陇社证字第00007号	陇川县海外联谊会	51533124763884561C	1995.06
陇社证字第00008号	陇川县林业局老年人协会	515331243163872055	1995.10
陇社证字第00009号	陇川县老年人体育协会	51533124589649661L	1995.07
陇社证字第00010号	陇川县女领导干部联谊会	51533124557793239Y	2002.09
陇社证字第00012号	陇川县见义勇为基金协会	51533124316333215J	2003.06
陇社证字第00013号	陇川县红十字会	515331246836648762	2002.04
陇社证字第00014号	陇川县篮球协会	51533124673620730P	2004.06
陇社证字第00016号	陇川县傣学学会	5153312467363629XE	2004.04

续表23—14

登记证字号	单位名称	社会组织统一信用代码	登记时间
陇社证字第00017号	陇川县城子镇马铃薯协会	515331247638936877	2004.08
陇社证字第00018号	陇川县陇把枇杷协会	51533124599301503G	2005.06
陇社证字第00021号	陇川县南宛书画摄影协会	51533124673625769T	2005.07

第七节　殡葬管理

一直以来，群众丧葬沿袭旧礼，均备棺木，摆酒席，宴吊客，惟贫富场面不同。干部职工亡故则实行简葬，即薄棺简礼，开追悼会，就地下葬。散落各乡镇的烈士墓，则由地方协同民政部门维修管理，每年清明节，组织当地干部、中小学生到烈士墓地扫墓。陇川农场，由县里划定公墓区，以集中安埋农垦亡故人员，总面积5.53公顷。其他地区如城子、清平、章凤、户撒、景罕先后规划公墓地。20世纪90年代末，县政府行文将县城松山西坡中段统一规划为公墓区，规定每座墓占地面积为2平方米。成立陇川县公墓管理所，实行专职化殡葬及公墓管理，开始征收坟墓管理费用。2003年底，根据国务院《殡葬管理条例》和《云南省殡葬管理条例》的规定，县民政部门推进殡葬改革，制止乱埋乱葬现象，在章凤镇（东）荒山建设公益性公墓1个，公墓占地18.27公顷，入葬数816冢。

第八节　老龄工作

1987年，陇川县老龄问题委员会成立，下设办公室于县劳动人事局。1991年4月，县老龄委办公室由县人事局划入县民政局，各乡（镇）和村公所（办事处）都设立老龄工作机构。2000年12月，陇川县老龄问题委员会更名为陇川县老龄工作委员会。至2005年，全县各乡镇设有老龄委及办公室，各村委会设有老年协会。

一、老龄人口状况

1982年，全国第三次人口普查，全县50～64岁人口有9963人，占总人口（12.32万人）8.1%。65岁以上人口4573人，占4.36%；其中95～99岁26人，100岁以上3人。

1990年，全国第四次人口普查，全县50　～64岁人口1.29万人，占总人口（14.9万人）8.68%。65岁以上人口5403人，占3. 73%；其中95～99岁44人，100岁以上3人。

2000年，全国第五次人口普查，陇川县50～64岁人口1.61万人，占总人口（17万人）9.46%。65岁以上人口7961人，占4.68%；其中95～99岁24人，100岁以上7人。

2005年，全县60岁以上老人2.13万人，占常住总人口（17.38万人）的12.26%。其中

100岁以上11人。

20世纪90年代，农村困难群众春节慰问

二、老年文体及慰问活动

1978年后，县体委建有老年文体活动室，每年春节期间在县城组织老年人长跑运动比赛及其他文体活动比赛。1996年后，陇川县贯彻执行《中华人民共和国老年人权益保障法》《云南省老年人权益保障条例》等法律法规。以每年的“九九”重阳节为重点，开展敬老宣传教育活动，大力倡导老有所养、老有所医、老有所为、老有所教、老有所学、老有所乐，并对先进典型予以表彰和奖励，各部门每年都开展慰问老人活动。2002年，上级民政部门投资40万元，兴建城子镇老年星光之家。2005年，组织全县老年人欢度敬老节，其中章凤镇老街子社区老年协会组织1000余名老年人开展徒步走县城。县老龄办组织走访8名百岁老人慰问活动。同年7月，组织老年协会、军休人员参加州政府举办的老年文艺表演。体协经常组织会员开展麻将、乒乓球、篮球、门球、太极拳剑、健身操、气功等各种体育活动。多次组织会员参加省、州、市比赛，并取得较好成绩（详见第二十一篇体育章）。

三、落实老年优待证政策

2003年，开始为全县60岁以上老年人办理老年优待证。至2005年，共办理468份。

第九节　地名工作

一、区划

1982年，陇川县开始进行第一次全国地名普查。1985年，成立县地名办公室，与县党史办、县志办合署办公。1989年5月20日，根据国务院《地名管理条例》的规定，陇川县政府决定在全县重要村镇和街道设置地名标志牌，同时成立县地名管理委员会和办公室，并启用地名办公室公章。1993年7月，地名办挂靠县民政局。开始编辑整理陇川县第一次地名普查资料，共登记地名条目1486条。

2002年，命名陇川县城5条道路，17个居民小区。

2003年，命名城区道路21条，设置路牌118块，统计城区居民门牌和单位门牌1.06万个。

二、勘界

陇川县民政部门于1997～2000年进行勘界工作。

全县有国界线一条，长50.899千米。北起户撒乡坪山村，南止章凤镇南多村，有户撒、陇把、章凤3个乡镇的13个村寨与缅甸接壤。有27个村，1187户享受边民补助。全县有县界4条，分别与潞西、瑞丽、盈江、梁河接壤，界线总长237千米；乡镇界线16条，总长663千米，共有界桩142个（包括三交点）。

人 物

LONG CHUAN XIAN ZHI

LONG CHUAN XIAN ZHI

LONG CHUAN XIAN ZHI

一、人物传

（按去逝时间先后排列）

赖思忠

赖思忠（1904～1978），男，小名有贵，阿昌族，户撒乡项姐村田心寨人，光绪三十年（1904年）出生。父亲是个木匠，有一手好技术。赖思忠从小就跟父亲学艺，他喜爱雕刻，经过十几年磨练，逐步成为户撒坝有名的雕刻师。

赖思忠擅长佛像雕塑和在房屋建筑上雕龙刻凤。20世纪20年代曾参与陇川城子奘房、弄秀奘房、盈江哈撒奘房和洋人街奘房的一些雕刻。40年代，参与修复户撒广很、赖结奘房。中华人民共和国建立初期他为隆光大队负责制作水车，抵御天旱。1977年，72岁高龄的赖思忠，应户撒皇阁寺施主的邀请，参加该寺的修复工作，负责雕塑地母、玉皇大帝等神像。1978年7月，赖思忠病逝于皇阁寺，享年74岁。皇阁寺的香客和信徒为了纪念他，专门为他在寺内设了香案，把他自刻的雕像供奉起来，颂扬他为修复皇阁寺建立的功绩。

赖思忠把毕生精力用在了民间雕刻艺术，至今有名的户撒刀刀壳上的一部分雕刻花纹，也来自于他的技艺传承。

岳相昆

岳相昆（1922.2～1987.7），男，景颇族，陇川县景罕镇曼软寨人。为中华人民共和国建立后中国景颇族第一位大学教授，是景颇族世袭望门恩崆氏族的后代。少年时于缅甸读师范，贩过盐。年轻时当过英军军官、美军谍报员、出版商、总编辑。曾任缅甸克钦青年同盟会秘书长、缅甸国际盟军宣传干事、缅甸国防军军官。退役后当过店主老板、牛车夫、司机等。

新中国建立后，岳相昆于1955年调北京中央民族学院任教，成为北京市人大代表、景颇语言专家、副教授。他在文化事业、民族语言方面成绩卓著，编纂有《景汉词典》《汉景词典》《祝词》等，为中国景颇文化做出了重要贡献。

王小波

王小波（1952.5～1997.4），男，汉族，北京人，是我国当代著名学者、小说家。他的代表作品有小说《黄金时代》《白银时代》《青铜时代》《黑铁时代》《万寿寺》、杂文随笔《沉默的大多数》《我的精神家园》等。1969年5月，“文革”开始后，王小波和其他300多名北京知识青年被分配到边疆陇川，安排在陇川农场景罕分场十四队（云南建设兵团3师10团3营2连），“接受贫下中农再教育”，从事收割稻谷、挖沟、放牛等农活。1971年底，王小波因身体原因获得批准提前回城，前后在陇川学习、劳动、生活2年半时间。上世纪90年代，王小波成为自由撰稿人、专业作家，正是在陇川的这段特殊经历，成为他最著名的作品《黄金时代》的写作背景。王小波被誉为中国的乔伊斯兼卡夫卡，他的小说、杂文对当代中国文学有重要影响，至今还有许多王小波文学的追随者。

张登祥

张登祥（1924～2001.11），男，汉族，山西省浮山县人，小学文化，1940年参加工作，1942年加入中国共产党，1945年在“晋冀鲁豫”边区八纵1支队22旅65团服役。1949年3月，他所在部队改称为中国人民解放军第2野战军4兵团14军41师121团，曾任班长、排长、指导员、营副教导员和教导员等职。1950年，到云南起义的新编12军当少校军事代表。1951年元月调陇川县，历任陇川军政代表团团长、陇川县工委书记、陇川各民族行政委员会副主任、陇川各民族联合政府副县长、中共陇川县委书记兼政协陇川县委员会第一至第四届主席，1964年4月，因工作需要调离陇川。

张登祥在陇川工作期间，带领解放军战士和各族群众大力开展清匪肃特，消灭了史庆勋、王树成、龚达政等匪特，至1954年底在全县基本肃清了匪患。他认真学习国家的民族统战政策，团结民族上层排早堵、多永安、司拉山、雷春国等，使他们从对新政府的怀疑、恐惧中转化为信任并积极地投身到为陇川的建设中来。他在建立陇川党的基层组织、和平协商土地改革和建立地方民主政权等工作中作出奉献，使一个在封建土司统治下落后的边疆民族县，得以顺利过渡到共产党领导下的人民当家作主的社会主义新社会。

线小田

线小田（1933.2～2003.3），男，傣族，小学文化，陇川县原赛号乡曼胆寨人，1954年参加工作，1955年加入中国共产党，曾任副区长、区委副书记、书记、县委统战部部长、县贫协副主席、县人大常委会副主任、县政协副主席等职。

线小田出生于贫苦农民家庭，青年时当过长工，对封建土司统治下的旧社会不满。1950年5月，

陇川解放后，他看到党和政府派来的民族工作队是一心为穷人翻身谋利益的队伍，主动向工作队靠拢。他热心帮助工作队做事，带领工作队走村串户和群众交朋友，很快被选为副村长。他组织村里的民兵队，在工作队的指导下维护村寨周围的社会秩序，跟匪特作斗争，表现勇敢。1954年，建立乡（现在的村）人民政权时，他被选为培养对象，派往保山汉庄合作社学习办社经验。返回陇川后，参加土改工作队，经过党和政府的培养锻炼，逐渐成长为一名优秀的少数民族干部。

线小田在县政协工作期间，经常深入农村、机关、厂矿进行调查研究，形成多篇调研报告，供县委、县政府决策。特别是在县城迁移的问题上，他注重了解群众的意见，曾多次到基层召开座谈会并在政协常委（扩大）会议上，作出《关于陇川县城城搬迁问题的建议案》，得到县委、县政府的高度重视，促成县城的顺利迁移。

李如洲

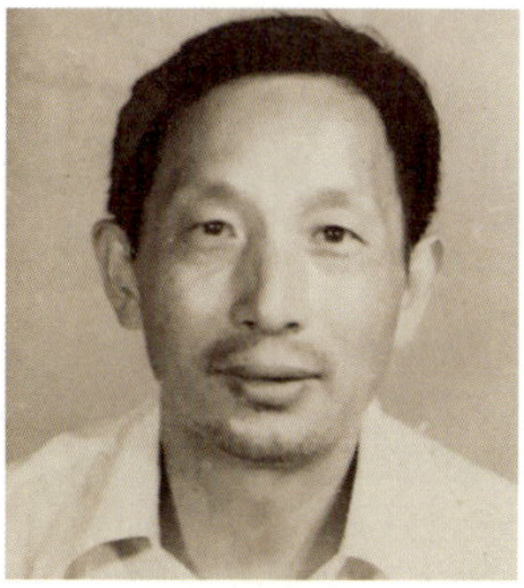

李如洲（1939.9～2005.11.6），男，汉族，中专学历，云南昌宁县人。1958年8月参加工作，1980年2月，加入中国共产党，先后在昌宁县宝丰民办小学、德宏州农校、麻栗坝工读学校、邦瓦中学、县民族耕读学校、章凤中学等任教，曾在陇川人民银行户撒营业所、县人民银行、县革委、教育组办公室工作，任过县民族耕读学校及章凤中学校长、党支部书记等职。他是中共陇川县第四次、第六次代表大会代表；陇川县第九届、第十届人代会代表；政协陇川县第六、第七、第八届委员。在县民族耕读学校工作期间，带领学生开展农业科学实验，成绩显著。1983年，被国家民委、劳动人事部、中国科协授予“全国科技先进工作者”称号。1984年1月，被评为“德宏州科技先进工作者”。1985年，被评为云南省先进教育工作者。1993年，省教育委员会、省人事厅、省中小学幼儿园教师奖励基金会、省教育工会联合授予他“在教书育人岗位辛勤耕耘三十年以上，为人民的教育事业作出贡献”荣誉证书。

尚正红

尚正红（1959.2.1～2005.10.21），男，景颇族，笔名晨宏，大学本科学历，祖籍云南省腾冲县尚家寨。出生于陇川县王子树乡邦角村。1978年10月，考入北京中央民族学院汉语言文学系。1982年7月，毕业后分配到云南民族学院民语系担任景颇族文学教学。1985年9月，考入云南大学文学系助教班现代文学专业，毕业后仍回民族学院执教。

尚正红从上世纪80年代开始写作，1985年5月，加入中国作家协会云南省分会。到1987年在全国各报刊发表诗歌近百篇，30多篇散文、小说和评论研究文章。出版学术专著《景颇族文学概论》、诗集《我从远山来》，执笔参译李向前搜集整理景颇族创世史诗《目瑙斋瓦》，主编《景颇族当代作家作品选》，其论文和诗歌曾被收入全国性重要选本，有论文获云南省“政府奖”。

张国珍

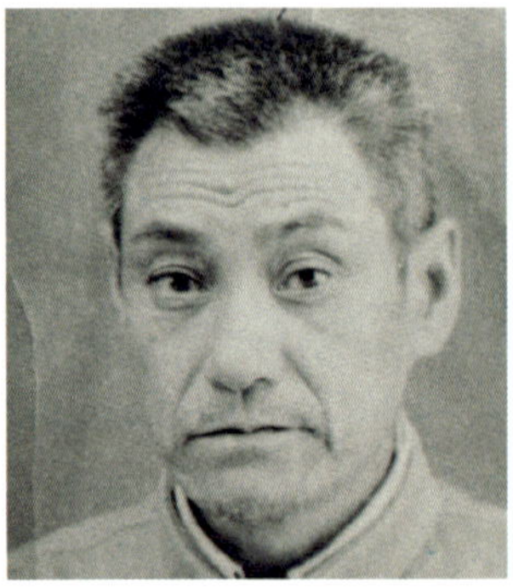

张国珍（1910～2006），男，汉族，黑龙江省安达县人。1931～1935年间，参加东北抗日义勇军，历任战士、班长、排长等职。1948年2月，东北解放战争打响，他投身到解放战争的洪流里，成为一名坚强的解放军战士，历任班长、副排长、副连长等职。在8年抗战和3年解放战争中，他转战南北，经历无数次炮火与硝烟。1949年3月，光荣加入中国共产党，在1950年保山征粮工作时，受到保山军分区及当地党委的表彰，荣获特等功一次。

1952年，张国珍转业到潞西县人民武装部工作，任武装部长。1955年5月，他服从组织调动，带领100多名复员转业官兵来到陇川，组建陇川军垦农场，任农场党总支副书记。1956年，任中共陇川县委监委委员。

张国珍在投入屯垦戍边、保卫边疆、建设边疆的战斗中，带领战友们一手拿枪，一手拿锄，与自然环境和境外的土匪残余势力斗争，维护了农场和边境的稳定和发展。1961年3月，张国珍赴昆明开会途中，不幸因车祸负伤，造成腿部截肢，成为五级伤残军人。但他并没放弃工作，坐着轮椅，拄着拐杖与农场职工一道建设农场。1982年2月，张国珍离休。他离休，但仍关心着国家的改革发展，在1984年农场职工家庭农场经营体制改革时，他说服动员其他职工响应改革号召参与改革，为陇川农场的发展做出了贡献。

闫敬华

闫敬华（1963.2～2007.2），男，阿昌族，陇川县人。1984年8月，北京大学地球物理系本科毕业。1987年，中国气象科学研究院研究生毕业，获理学硕士。同年9月，被分配在中国气象局广州热带海洋气象研究所工作。1993年，破格晋升为副研究员，并担任数值天气预报研究室主任。1996年，晋升为研究员。

闫敬华是陇川阿昌族第一个研究员，第一个国家级气象科学家。他在中国国家气象局广州气象研究所工作期间，多次获得省部级科技奖励。他领导的科研团队被广州省委、省政府授予“省先进集体”称号，他个人荣获“全国气象部门优秀青年气象工作者”称号。

闫敬华多次承担国家科技攻关项目、国家攀登项目、国家863项目、国家973项目、国家社会公益项目、国家重点开发实验项目等，其中主持省部级以上项目9项。他在数值天气预报模式技术、热带中尺度天气系统发生及演变机理等方面取得一大批研究成果，多项成果处于国内领先水平，在国家《气象学报》《大气科学进展》等国内高级核心学术刊物上累计发表学术论文40多篇。

2007年2月1日，闫敬华回故乡主持母亲葬礼，不幸因车祸去世。

段月华

段月华（1929.11～2008.8），男，傈僳族，云南省怒江州泸水县鲁掌镇登埂村人。1950年8月参加工作，先后在保山民干班、成都西南民族学院学习。毕业后参加省民族工作队，历任民族工作队组长、德宏团结报社、保山新保山报社记者、编辑、编译、陇川县史志办副主任、主编，1990年12月退休。

段月华通晓傈僳、景颇载瓦、汉等民族语言，擅长傈僳文、汉文写作，被誉为“德宏傈僳文化第一人”，为《德宏团结报》傈僳文报创办人。20世纪50年代，参与《景颇族社会历史调查》《云南各族公社史》的编写，编撰了《傈僳族民歌》。他在德宏团结报社工作期间，主编出版《德宏团结报》傈僳文报505期，翻译汉文50多万字，出版书籍40余万字，许多摄影作品在《德宏团结报》《云南日报》《民族画报》发表。80年代，从事陇川地方史志工作，为编纂陇川县志到省内外查阅史料档案500多件，手工补录史料10万多字，为陇川县政协编辑出版《陇川县文史资料选辑》3集，共54.8万字，主编《陇川县商业志》第一部。退休后仍继续承担《陇川县志》主编。1993年，因身体健康状况不佳，辞去主编职责，但仍发挥余热，指导《陇川金融志》的编写，并为《陇川县傣族、傈僳族、德昂族民族风情》一书撰稿。

丁老五

丁老五（1935～2009.5），男，景颇族，出生于陇川县清平乡陇弄寨。家庭贫苦，9岁放牧，年纪稍大就帮着家里做农活，开荒种地。

1950年5月，陇川刚解放，寨里来了民族工作队，刚满15岁的他就帮着工作队做些力所能及的事情，并学到不少革命道理。1952年10月，他被选送陇川民干班学习。1959年9月，丁老五被选送到保山民干班深造。次年3月，上级在邦瓦、瓦幕寨片开辟工作，他被任命为副组长，带领工作队宣传党的民族政策，和他们谈心交朋友，感化山官头人。带领群众开荒种地、修寨路、兴修水利、架电线，与村民同吃同住同劳动，生产搞得红红火火，完成了各项工作。由于工作出色，组织上又将他调到邦瓦乡，他一个人负责6个自然村的民族工作，收集群众意见和要求，稳定山官头人的思想。通过他的工作，邦瓦的工作走上正轨。

1955年3月，他被县民族工作团任命为工作组长，带领9名工作队员到撒丁开辟工作。1955年，他加入中国共产党，是陇川县第一个景颇族党员。1956年5月，在陇川县第一次人民代表大会上，被选为陇川县政府县长，1957年，担任中共陇川县委书记。从那时起，他不停地给自己鼓气，不断学习充实自己，兢兢业业为党和人民工作。1983年后，历任德宏州人大主任、州委巡视员等职。几十年风雨路程，无论担任什么职务，始终把自己看作是人民的公仆，不摆架子，不贪图享受，全心全意为人民服务。

丁老五是陇川解放初期锻炼成长起来的第一代优秀民族干部，他为人正直，工作扎实勤奋，在他担任中共陇川县委书记期间，经常翻山越岭到偏远的山区农村开展调研。他退休以后，回到陇川，仍然关心农村的发展，他多次到龙江河谷了解开发情况，鼓励当地干部群众，希望他们做出成绩，早日奔向脱贫致富的道路。

张明亮

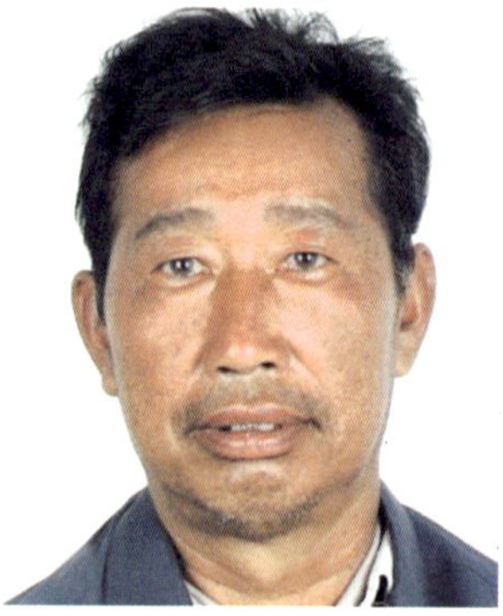

张明亮（1952～2009.11），男，汉族，原籍云南大理，1973年，从大理迁入陇川县陇把镇邦外村弄贤八队定居。

他有一定医疗知识，懂很多中草药，1976年，被选聘为邦外村赤脚医生。他常对人说："我既然被推选为赤脚医生，父老乡亲生疾有病就是我的事。"弄贤村地处边境，少药缺医，他为了解决缺药困难，常常一人翻山越岭，不辞辛劳采集中草药，为贫困村民免费治病，一干就是20多年。村民称他为贴心人。

2000年，张明亮被选为村党支部委员会副书记。他为上学的孩子修建石桥，自费到保山学习养蚕技术，把弄贤村培植成远近闻名的养蚕示范村。帮助那些想脱贫致富而又缺乏资金的农户，引进贷款发展养牛、种蔗。在他的带领下，村社干部、群众干劲十足，使该村逐步改变贫穷落后面貌。

刘永全

刘永全（1969.10～2010.8），男，汉族，云南陇川人，1988年7月参加工作。1996年11月，加入中国共产党。历任陇川县教育局纪检组长，勐约乡党委副书记、乡长、书记等职。

2004年，刘永全在任勐约乡党委副书记、乡长期间，遇龙江糖厂拖欠农民甘蔗款造成部分群众吃饭、就医、上学困难，他积极与龙江糖厂协调，成立甘蔗砍运指挥部，规范砍运秩序。用自己的工资担保，向景罕信用社贷款20万元，及时解决了蔗农的困难。因建龙江电站，勐约乡成为全县移民最多、困难最大、任务最艰巨的乡，为确保工程的如期进行，上级要求在43天的限期内搬迁安置完移民。时间紧、任务重，刘永全天天深入到村寨召开动员会，做"寨头"的思想工作，使搬迁工作如期完成。

刘永全在任章凤镇党委书记期间，充分发挥章凤镇土地、饲草、城郊、市场4大资源优势。着手发展晾晒烟产业。2010年，全镇晾晒烟产值达1728.2万元，创全县晾晒烟种植第一大乡镇。他按照新农村建设"二十字"方针，率领章凤镇党委政府一班子人马，向上级争取项目资金，共为全镇争取各类项目资金4600万元，加快了章凤地区新农村建设。

2010年，刘永全因长期工作过度劳累，病倒在工作岗位上，经抢救无效，与世长辞。

赵元礼

赵元礼（1927.12～2014.2），男，汉族，出生于云南保山。1949年12月，加入中国共产党。1951年8月，参加土改工作队。先后在云南省民族工作队第三工作队、盈江县第三区、陇川县户撒区、县林牧局、章凤公社、县政府、县人大工作。历任副区长、区委副书记、县生产合作部副部长、县林牧局局长、县委农村工作部副部长、农林科副科长、粮食局局长、财委副主任、章凤公社党委书记、县委副书记、纪委主任、副县长、县第九届人大副主任等职，1987年12月退休。

赵元礼退休后仍穿补丁衣服与群众打成一片。在农村基层工作期间，他以身作则，带头干农活，积极带领群众发展生产。他对儿女从严教导，从不利用职务之便为子女谋求利益，为人民群众树立了良好的公仆形象。

李洪通

李洪通（1921～2014.9），男，汉族，山西省新绛县人，1937年5月参加革命，加入山西国民兵军官教导团，1943年4月加入中国共产党。抗日战争时期，他参加过百团大战和无数战役战斗。解放战争时期，他参加过上党战役、淮海战役、渡江战役、广西战役、西南战役等战斗。中华人民共和国建立后，时任中国人民解放军第14军41师121团2营教导员的李洪通，受组织委派到保山分区陇川县任军政代表团团长。1950年5月6日，李洪通率中国人民解放军陆军第14军41师121团2营奉命进驻陇川，接管了国民党陇川设治局，和平解放陇川，掀开了陇川历史新的一页。

李洪通是开辟陇川革命工作的创始人之一。他带领部队进驻陇川以后，贯彻党的民族、宗教政策及对民族上层的统战政策，为稳定边疆建设、巩固边防做出贡献。1950年11月19～20日，在召开的首届陇川各族各界人民代表大会上，当选为陇川各民族行政委员会副主任。同年12月，王子树地区闹匪患，李洪通率领工作团及一个连的战士，进驻该地区对土匪进行围剿，保卫了人民群众的生命财产。1950年12月调离陇川县。

二、人物简介

（按姓氏笔画排序）

王文彬

王文彬，男，汉族，云南省昌宁县人，生于1940年5月，高级教师，是陇川县书画艺术界代表人物，其书画作品多次参加全国性大奖赛，获金奖40多次、特等奖4次，出版有专辑《王文彬书法精选》，作品入编《长征颂报国心强国梦》等，在第十届中国国际艺术节获金猴奖（终身成就奖），现退休居住在陇川县，笔耕不辍。

尹祖鸾

尹祖鸾，女，汉族，1973年出生，中共党员，大专学历，云南陇川人，勐约乡广宋村乡村医生。她致力于广宋村艾滋病的防治工作，使广宋村的艾滋病势头得到有效遏制。曾先后获得“全国三八红旗手”、英国贝利·马丁奖、全国民间组织优秀社区项目奖、云南省三八红旗手、云南省优秀乡村医生、云南省禁毒防艾先进个人、云南省第二届十大女杰、中共云南省优秀党员等多项荣誉。

邓　贤

邓贤，男，汉族，四川成都人，1953年出生，当代著名作家。1971～1978年，作为知识青年到云南省国营陇川农场插队，接受“上山下乡”再教育。回省城后于1982～1998年在云南大学中文系任助教、讲师。1988年在四川教育学院任教，先后晋升为讲师、副教授、教授。

邓贤于1982年开始文学创作，以现实小说闻名，背景以知青为题材，被誉为“知青作家”。主要作品有长篇纪实文学《大国之魂》《中国知青梦》，长篇小说《天堂之门》《邓贤文集》等。作品多次获全国文学大奖。

朵示拥汤

朵示拥汤，男，景颇族，陇川县人，1950年生。1976年毕业于云南师范大学史地系。现任中国少数民族语言学会理事，云南省少数民族语文指导工作委员会委员，德宏傣族景颇族自治州民族语文指导工作委员会主任，民族语文工作者联合会主席，副研究员。主要从事民族语文研究、管理、规范、宣传、实践、示范工作。1979年以来，发表《德宏抒怀》《目瑙纵歌的传说》《山寨正在向游人招手》《勒彪孤儿与羌退公主》《试论政论文及翻译政论文的要求和标准》《景颇史话》《景颇风情种种》《景颇饮食文化荟萃》《景颇族民居建筑·艺术》《景颇族家庭婚姻·婚礼》《景颇族史传经典古歌》《景颇族原始图物示意体系解读》《景颇族源流史话》等多部作品。编撰《汉载词典》《载汉词典》《英汉缅傣景颇载瓦语会话手册》。

刘咪换

刘咪换，女，傈僳族，1983年7月生，初中文化，云南陇川人。2005年10月，入选云南省残疾人体育代表团，参加女子轮椅篮球队，现任中国国家女子篮球队队员。

2006年，刘咪换先后随团获得女子轮椅篮球全国锦标赛第二名、女子轮椅篮球泰国邀请赛第一名、第七届全国残疾运动会女子轮椅篮球银牌等。同年3月，刘咪换被全国轮椅篮球锦标赛组委会授予“体育道德风尚奖运动员”称号。同年12月，被省政府授予二等功，并被选拔进入国家队，参加了2008年残奥会。2008年12月，被陇川县委、县政府评为“纪念改革开放三十年感动陇川”人物奖。2008年、2009年，被共青团云南省委、省青联会授予“云南青年五四奖章”。2010年6月、10月，分别荣获全国第八届残疾人运动会预赛组、全国轮椅篮球锦标赛组委会授予的“体育道德风尚奖”称号。同年11月，被德宏州残联、州文体局评为德宏州第二届残疾人运动会“体育道德风尚奖运动员”。

祁德川

祁德川，男，景颇族，1961年7月7日出生，云南陇川县人，现任云南省少数民族语文指导工作委员会办公室政策法规宣传科科长、第十一届全国政协委员、研究员。

祁德川从事民族语言文学、民族汉语文教学、民族文学社会扫盲、民族文学科普推广、民风民俗等研究和教学。主要作品有《民族文化大观》《中国少数民族大辞典景颇族卷》《云南省志·景颇族语言文学》《云南大百科全书·民族篇》《景颇族支系语言文学》《景颇风情》《景颇语文概论》《云南民汉双语教学理论与实践研究》《中国景颇族》《景颇族原始宗教文化研究》，译著《科技小常识》，与他人合译《瑶族语文》课文，主编《一个世纪的探索——景颇文创制使用一百周年论文集》。先后发表《浅谈怒族怒苏语文归属问题》《建设民族文化大省与保护拯救民族语言文字》《云南省民汉双语文教育的发展及其面临问题与对策》等54篇论文，并多次受奖。

李枝源

李枝源，男，汉族，1941年9月出生，中共党员。1955～1961年，在腾一中初38班和高中16班学习并毕业。1969年，毕业于昆明师范学院（现云南师范大学）中文系，毕业后，先后在陇川县章凤中学、陇川县第一中学任教。1979年，任教务副主任；1980年，任教务主任。1988年，被评聘为中学高级教师。1981年11月至2002年10月，任陇川县第一中学校长。从教32年，多次被评为县、州先进教师和优秀教育工作者。1992年，被评为云南省中小学优秀校长；1993年，被评为全国教育系统劳动模范并获人民教师奖章。2002年11月退休。

杨光远

杨光远，男，傣族，1952年1月出生，博士，云南陇川县人，云南民族大学教师。1994年6月起，先后任云南民族大学中国少数民族语言文学系副主任、主任、民族文化学院院长、东南亚语言文化学院院长、云南省第九届政协委员，上海师范大学、云南民族大学博士生导师，教育部高校外语教学指导委员会非通用语种（小语种）委员会委员、云南社科院东南亚学术委员会副主任委员、云南高校第六届学术委员会委员。2008年，荣获云南省政府特殊津贴。2010年，评为省级教学名师。2011年，被选为中国傣语教学研究会副会长，2011年8月至2016年8月，受聘为云南省政府参事。2013年7月，获泰国王储授予的泰语荣誉博士学位。2007～2010年，主持2个国家级教改质量工程项目。2005～2009年，两次荣获云南省优秀教学成果一等奖。

杨国林

杨国林，男，汉族，1967年9月出生，研究生学历，学士学位，主任医师，中共党员，现为陇川仁和医院（民营）党支部书记、院长。2008年，医疗、卫生体制改革，他辞职创办民营企业仁和医院，任院长。2002年，被授予陇川县首届“十大杰出青年”称号。2007年，被授予第四届“德宏州十大杰出青年”称号。2010年，被评为陇川县“首届劳动模范”。2011年9月，当选为中共德宏州第六次代表大会代表。同年，被德宏州创先办评为“先进个人”。2013年2月，当选为“德宏州第十四届人大代表”。同年4月，被评为“德宏州第四届劳动模范”。现任州人大代表、州青联委员、州工商联委员、陇川县工商联副主席等职。

何香芝

何香芝，女，景颇族，云南省陇川县王子树乡人，中共党员，王子树香芝茶厂厂长。为率先带领群众走上脱贫致富道路的女能手。2005年，带头创办全县第一个农民专业合作社。2010年，被评为“德宏州第三届拔尖农村乡土人才”。同年，被中共德宏州委评为“双学双比”先进女能手。2011年，被评为德宏州创先争优活动“百优党员”。同年被评为云南省第四届百尖农村乡土人才。

张润湘

张润湘，女，景颇族，中共党员，初中文化，1968年生，户撒乡芒海村人。2008年，投资100万元，创建陇川县阿露窝罗米业有限公司，日产50吨精装大米。2009年，成立户撒乡优质稻精米专业协会，成为“公司+协会+农户”的新型企业创始人。同年，申请注册“阿露贡米”和“阿露窝罗米”两个商标，实现年销售收入1680万元，产品畅销省内外和缅甸市场。自2008年起，先后荣获“云南省首届少数民族农民科技致富带头人”“云南省劳动模范”“全国城乡妇女岗位建功先进个人”“全国先进个体工商户”等称号。2012年，被选为中共十八大代表。

岳早念

岳早念，男，景颇族，1954年12月生，云南陇川县人，中共党员，云南民族大学副教授。曾任教学秘书、教务员、电教员、云南省民族学会景颇族发展委员会理事、副会长、中国翻译协会云南分会会员及云南民族文化艺术协会会员。主要从事教学、科研工作，出版译著有《科技小常识》《小学语文》等，编著出版教材1部，与人合编文学作品集2部。发表论文《浅论景颇族文学和图书出版业的产生与发展》《景颇族新词术语的翻译及其构成》《文化旅游资源开发利用探索》等数十篇，发表文学作品诗歌、散文及整理民间文学等数篇，参与编写云南省9所民干校使用教材（1～10册）。

金木玲

金木玲，女，景颇族，1966年6月出生，初中文化，城子镇曼冒村人。20世纪90年代后期，曼冒村村民吸毒严重，危害社会治安，金木玲主动组建由18名女子组成的护村互助队，开展禁毒防艾工作。经过几年的时间，本村村民再无吸毒人员，社会治安得到好转。

2004年，金木玲加入中国共产党。2005年，被国家授予“十大民间禁毒人士”称号。2007年，被选为中共十七大代表到北京参会，受到胡锦涛总书记、温家宝总理接见。

项老赛

项老赛，男，阿昌族，1960年生，户撒乡腊撒村人。他16岁掌握基本制刀工艺，开始锻造刀具，在长期的铁匠生涯中，制刀技艺不断提高。2006年，户撒乡举行首届刀具大赛，项老赛荣获锻制技术比赛第一名。2012年，在户撒乡第四届刀具大赛中，他创造抖崭毛巾一次削25条新纪录。“刀王”称号由此而来。

2006年，户撒刀锻制技术被列为第一批非物质文化遗产名录，项老赛成为第一批国家级非物质文化遗产代表性传承人。2013年，获德宏州“兴州人才奖”。

赵学先

赵学先，男，景颇族，1950年1月出生，陇川县王子树乡人，执教于云南民族大学，硕士生导师。1987年以来，先后发表《论民族特征的形成》《西部大开发与云南民族问题探索》《创新是民族的灵魂》《民族理论学科珍贵的宝典》《中国民族理论的创新发展》等10余篇学术论文。出版专著《世界民族问题概论》《中国国民党民族理论与政策研究》《民族理论教程》《云南少数民族地区行政制度》《云南民族地方行政制度发展与变迁》《莽林中的崛起》《景颇文化大观》《云南少数民族非物质文化遗产研究》及长篇历史小说《早乐东》等。

黄　毅

黄毅，男，景颇族，1958年8月，出生于陇川县邦瓦乡。云南农业大学园艺系茶叶专业毕业，后留校工作。1989～1996年，先后担任德宏州瑞丽县副县长、德宏傣族景颇族自治州副州长等职。1996～2016年，先后在省外经贸厅、保山市委、省政府、省委、省委统战部等重要部门任职，是新中国成立后景颇族第二位省部级领导。著有《雷多公路：穿越世纪的历史与现实》。

董保芳

董保芳，女，汉族，1977年出生，陇川县章凤镇芒拉永兴村人，“全国农村科技致富女能手”。董保芳通过创办竹筷厂，带动全村妇女共同创业，实现脱贫致富。2010年10月，被德宏州委授予“双学双比”先进女能手称号。2011年5月，被共青团陇川县委授予“陇川县农村青年创业致富带头人”称号。同年7月，被德宏州委授予创先争优活动“百优妇女”称号。2012年3月，被陇川县委授予“创业标兵”称号。2013年，被中华全国妇女联合会授予“全国农村科技致富女能手”称号。

董勒成

董勒成，男，景颇族，1968年12月生，陇川县城子镇撒定村人，景颇族企业家。1990年在瑞丽市台丽街开办景成商店，1993年成立云南景成集团有限公司，2016年公司注册资本达10.8亿元，资产总额100亿元，正式员工5000余人，名列 “2016云南企业100强”第56位。现任云南景成集团有限公司董事长、云南省工商联（商会）副会长、省工商联第十一届常委、云南省公安民警英烈基金会名誉副理事长等职。

管国芳

管国芳，女，傣族，陇川县城子镇人，1965年6月生。曾任章凤镇副镇长、陇川县副县长、德宏州政协副主席等职，当选第九届、十届、十一届全国人大代表及第十一届全国人大常委。在她任职期间争取到来自英国华侨、中国光大银行、无锡凤凰画材集团及省属多个部门捐资100多万元，援建希望小学17所和邵逸夫教学楼1栋，救助多名贫困学生。

三、人物表

（一）烈士名录（1978—2005）

表24—1

序号	姓名	性别	出生年月	籍贯	参加革命时间	是否党（团）员	牺牲时间	牺牲地点	牺牲时所在单位	牺牲时职务	曾立功绩
1	虞康林	男	1960年11月	祥云县	1978年	党员	1979年2月	中越边境	35105部队	副班长	
2	杨绍忠	男	1955年	陇川县	1977年1月	党员	1979年2月	中越边境	35549部队	战士	三等功
3	刘忠贤	男	1959年	陇川县	1977年	党员	1979年2月	中越边境	35549部队	战士	
4	李勒当	男	1958年	陇川县	1977年	不详	1979年2月	中越边境	35505部队	战士	
5	金老保	男	1960年	陇川县	1979年	团员	1980年9月	中越边境	35547部队	副班长	
6	龙荣芳	男	不详	不详	不详	不详	1982年9月	陇川	35515部队	战士	
7	李　湘	男	1963年	昆明	不详	团员	1983年1月	陇川	35515部队	战士	
8	线赖保	男	1959年9月	龙川县			1983年	陇川	赛号乡民兵	民兵	
9	周　某	男	1963年	昆明	不详	团员	1983年1月	陇川	中国人民解放军边防部队	排长	
10	杨　勇	男	1967年11月	云南昌宁	1987年10月	团员	1988年6月	文山中越边境	35105部队112团	战士	
11	赵麻成	男	1969年4月	陇川县	不详	民兵	1990年10月	陇川		边防民兵	
12	尹铭志	男	1976年6月	盈江县	1995年12月	党员	1997年8月	陇川拉影口岸	陇川边防检查站	战士	
13	石勒干	男	1978年2月	陇川县			1996年5月	陇川	勐约乡广瓦村	民兵	

注：按牺牲时间排序

（二）荣获省部级以上表彰奖励人员名录（1978—2005）（按获得时间排序）

表24—2

序号	姓名	性别	民族	籍贯	单位或地址	获奖称号	授奖单位	授奖时间
1	蒋成顺	男	汉	贵州省长顺县	陇川县	三等功	中国人民解放军陆军第十一军政治部	1979.4
						为云南边疆的解放和建设作出了贡献	云南省委、省政府	1996.1
2	段开欲	男	汉	云南省昌宁县	工业商务局	甘蔗良种示范推广一等奖	云南省政府	1981
						科技成果推广二等奖	云南省政府	1982
						甘蔗新品种推广国家科技进步三等奖	农业部	1990
						甘蔗丰收计划国家一等奖	农业部	1990
3	杨世德	男	汉	云南省梁河县	章凤镇弄门四队	“云南省农业劳动模范”	云南省政府	1983.3
4	顾仕良	男	汉	上海市崇明县	检察院	先进工作者	最高人民检察院	1985
5	戴淑萍	女	汉	云南省梁河县	陇川农场	全国农垦先进教师	国家农牧渔业部	1986.9
6	石永明	男	景颇	云南省陇川县	文体局	“全国农村体育工作积极分子”	中国农村体育协会	1988
7	黄云鹏	男	汉	江西省鄱阳县	县工业和商业局	甘蔗丰产先进奖	农业部	1989.12
8	方卫民	男	傣	云南省陇川县	县文体广电局	1990年全国农村优秀体育教师	中央电视台体育部	1990.12
9	谷彩春	女	傣	云南省陇川县	县教育局	优秀辅导员	全国红领巾读书读报奖章活动领导小组	1993.9
10	孔艳玲	女	景颇	云南省陇川县	弄安小学	国家级先进教师	教育部	1994.10
11	伍琼芬	女	汉	云南省腾冲县	县科技局	从事财会工作满30年，为社会主义建设作出贡献	财政部	1994.12
12	张受林	男	汉	云南省陇川县	城建和环境局	全国优秀工程质量监督员号	建设部	1995.2
13	张临志	男	汉	云南省巍山县	科技局	全国农村科普先进工作者	中国科学技术协会	1995.8

续表24—2

序号	姓名	性别	民族	籍贯	单位或地址	获奖称号	授奖单位	授奖时间
14	王云芳	女	汉	云南省陇川县	县统计局	全国1%人口抽样调查先进个人	全国人口抽样调查办公室	1996.8
15	宝福全	男	汉	云南省陇川县	县林业局	全国木材检查先进个人	林业部	1996
16	赵兴海	男	景颇	云南省陇川县	县法院	禁毒先进个人	云南省委、省政府	1997.12
17	彭乔和	男	阿昌	云南省陇川县	县委政研室	第二次全国各族青年团结进步模范个人	中共中央、国家民委、全国青联	1999.5
18	李仲敬	男	汉	云南省梁河县	县农业局	科技兴乡做出突出贡献奖	云南省政府	1999
19	谭少琳	女	景颇	云南省陇川县	县委统战部	云南省统一战线先进个人	云南省委	2001.4
20	排冰山	男	景颇	云南省陇川县	县委政研室	改革村级体制实行村民自治先进个人	云南省委、省政府	2001.6
21	许新书	女	汉	云南省陇川县	陇川县第二中学	全国模范教师	人事部、教育部	2001.9
22	方老二	男	傣	云南省陇川县	章凤镇拉勐村委会弄秀二组	云南省第十七届劳动模范	云南省政府	2002.4
23	朱继星	男	汉	云南省大理市	县文体广电旅游局	贯彻《学校体育工作条例》先进个人	教育部	2002.8
24	柳迎红	女	汉	云南省保山市	县计生局	“防治非典型肺炎”工作先进个人	国家人口计划生育委员会	2003.7
25	瞿生集	男	汉	云南省陇川县	县林业局	全国林业系统先进工作者	人事部、国家林业局	2003.9
26	孙正留	男	景颇	云南省陇川县	县文体广电旅游局	全国优秀社会体育指导员	国家体育总局	2003.12
27	张安刚	男	汉	云南省陇川县	县经济局	国家级先进个人	国务院第一次全国经济普查领导小组	2005.7
28	孟光明	男	汉	云南省石林县	县工业和商务局	全国乡镇企业教育先进工作个人	农业部	2005.12
29	周兆海	男	汉	云南省陇川县	王子树林业站	云南省科技兴乡贡献奖	云南省政府	2005

注：首部志书已载人物不再重载

（三）高级专业技术人员名录（1978~2005）
（排名不分先后，首部志书已载人物不再重载）

表24—3

序号	姓名	性别	民族	学历	工作单位	技术职称	备注
1	鲁大良	男	汉族	大学	章凤中学	中学高级教师	调离、退休、已故
2	张亚萍	男	汉族	大学	县文化局	群文副研究馆员	退休
3	杨学安	男	汉族	专科	县畜牧局	高级畜牧师	
4	闫信地	男	汉族	专科	县畜牧局	高级畜牧师	退休
5	李绍文	男	汉族	专科	县动物疫病预防控中心	高级兽医师	退休
6	王永和	男	汉族	中专	县农业局	高级农艺师	
7	高玉成	男	汉族	中专	县农业局	高级农艺师	
8	刘贵川	男	汉族	中专	县农业局	高级农艺师	
9	邹高成	男	汉族	本科	县农业局	高级农艺师	
10	高和平	男	汉族			高级农艺师	
11	李维青	男	汉族	专科	县农业局	高级农艺师	
12	龚春志	男	傣族	中专	县农业局	高级农艺师	退休
13	寸守正	男	汉族	本科	县扶贫办	副高级农艺师	退休
14	余文富	男	汉族	本科	县委党校	副教授	
15	杨加亮	男	汉族	专科	县委党校	副教授	

续表24—3

序号	姓名	性别	民族	学历	工作单位	技术职称	备注
16	石勒干	男	景颇族	中专	州景颇文工团	二级作曲	退休
17	赵洪琴	女	汉族	专科	州景颇文工团	二级演员	
18	何干桑	男	景颇族	本科	县人民医院	副主任医师	退休
19	徐之康	男	汉族	本科	县人民医院	副主任医师	退休
20	杨祥瑞	男	白族	本科	县人民医院	副主任医师	退休
21	赵美伟	男	汉族	本科	县人民医院	副主任医师	
22	姚留昌	男	汉族	本科	县人民医院	副主任医师	调离
23	彭腊么	男	景颇族	本科	县人民医院	副主任医师	
24	柳迎春	女	汉族	本科	县人民医院	副主任医师	
25	尹保田	男	汉族	专科	县第一中学	中学高级教师	退休
26	刘晓萌	男	汉族	本科	县第一中学	中学高级教师	退休
27	张旭光	男	汉族	专科	县第一中学	中学高级教师	退休
28	张洪铭	男	汉族	专科	县第一中学	中学高级教师	退休
29	杨　雁	女	汉族	本科	县第一中学	中学高级教师	退休
30	付成永	男	汉族	专科	县第一中学	中学高级教师	退休
31	杨自金	男	汉族	专科	县第一中学	中学高级教师	退休
32	岳太孝	男	汉族	本科	县第一中学	中学高级教师	退休

续表24—3

序号	姓名	性别	民族	学历	工作单位	技术职称	备注
33	韩海华	女	汉族	本科	县第一中学	中学高级教师	退休
34	丁初阳	女	汉族	专科	县第一中学	中学高级教师	退休
35	许新华	女	汉族	专科	县民族中学	中学高级教师	退休
36	周德慧	女	汉族	专科	县第一中学	中学高级教师	退休
37	杨发早	男	汉族	专科	县第一中学	中学高级教师	退休
38	李自瑞	男	傣族	专科	县第一中学	中学高级教师	退休
39	杨春曲	女	汉族	本科	县第一中学	中学高级教师	退休
40	高　婷	女	汉族	专科	县第一中学	中学高级教师	退休
41	叶有达	男	汉族	本科	县第一中学	中学高级教师	退休
42	孙　敏	女	汉族	专科	县第一中学	中学高级教师	退休
43	冯智波	男	汉族	本科	县第一中学	中学高级教师	
44	许元璋	男	汉族	本科	县第一中学	中学高级教师	退休
45	廖中原	男	汉族	专科	县第一中学	中学高级教师	退休
46	蒋红英	女	汉族	本科	县第一中学	中学高级教师	退休
47	夏文琴	女	汉族	本科	县第一中学	中学高级教师	退休
48	邓美河	男	汉族	专科	县第一中学	中学高级教师	退休
49	张再程	男	汉族	本科	县第一中学	中学高级教师	

续表24—3

序号	姓名	性别	民族	学历	工作单位	技术职称	备注
50	陈云兰	女	汉族	专科	县第一中学	中学高级教师	退休
51	尹兴琪	男	汉族	本科	县第一中学	中学高级教师	
52	宋庆祝	男	汉族	专科	县第一中学	中学高级教师	退休
53	易明春	男	汉族	本科	县第一中学	中学高级教师	
54	郑桂萍	女	汉族	本科	县第一中学	中学高级教师	
55	字惠新	女	回族	专科	县民族中学	中学高级教师	退休
56	李继统	男	汉族	本科	县第一中学	中学高级教师	
57	杨兰书	女	汉族	本科	县民族中学	中学高级教师	退休
58	邓孝凤	女	汉族	本科	县第二中学	中学高级教师	退休
59	杨明兴	男	汉族	专科	县第二中学	中学高级教师	
60	张国礼	男	汉族	本科	县第二中学	中学高级教师	
61	刘常定	男	汉族	本科	县第二中学	中学高级教师	
62	董保红	男	汉族	专科	县第二中学	中学高级教师	退休
63	张德勐	男	汉族	本科	县第二中学	中学高级教师	
64	郭莆国	男	汉族	专科	县第二中学	中学高级教师	退休
65	段忠炳	男	汉族	本科	县第二中学	中学高级教师	
66	周中烨	男	汉族	本科	县第三中学	中学高级教师	

续表24—3

序号	姓名	性别	民族	学历	工作单位	技术职称	备注
67	白保生	男	汉族	本科	县职业高级中学	中学高级教师	
68	杨黄韦	男	汉族	专科	县第四中学	中学高级教师	退休
69	尹兴欣	男	汉族	专科	县第四中学	中学高级教师	退休
70	段继明	男	汉族	专科	县职业高级中学	中学高级教师	退休
71	杨恩永	男	汉族	本科	县职业高级中学	中学高级教师	退休
72	赵兴宏	男	汉族	本科	县民族职业中学	中学高级教师	
73	刘安奇	男	汉族	本科	县民族职业中学	中学高级教师	
74	杨从明	男	汉族	专科	县教育科学研究中心	中学高级教师	退休
75	董保济	男	汉族	本科	县教育科学研究中心	中学高级教师	退休
76	杨恩培	男	汉族	专科	县教育科学研究中心	中学高级教师	退休
77	陈贵华	男	汉族	专科	县教育科学研究中心	中学高级教师	

附　录

LONG CHUAN XIAN ZHI

LONG CHUAN XIAN ZHI

LONG CHUAN XIAN ZHI

一、历史文献

（一）
中共陇川县委关于继续落实人民公社生产责任制和社员“小自由”政策的几点意见

（1980年9月29日）

党的十一届三中全会以来，我县各级组织认真贯彻落实党中央关于农业问题的两个文件和省委、州委的有关指示，采取了一些积极措施，调动了各民族干部、群众的积极性，农村形式越来越好。

根据党中央关于西藏工作的指导方针和省委七月县书记会议精神，为了让农民休养生息，尽快富裕起来，还必须继续解放思想，放宽政策，把农村经济搞活，加快边疆经济建设，在领导各族人民治穷致富方面做出新的努力。

从我县实际情况出发，当前主要在建立健全集体生产责任制和社员“小自由”政策方面，还落实得不够，还需要做大量艰苦的工作，现提出以下意见：

一、关于建立健全生产责任制

建立健全集体生产责任制，对于肃清极左路线流毒，克服平均主义，贯彻按劳分配原则，巩固和发展集体经济，具有重要的现实意义。从某种意义上说，这是治穷致富的一个重要关键。

建立健全生产责任制，必缎坚持生产资料集体所有制和按劳分配的原则，以稳定“三级所有，队为基础”的体制，发挥统一经营、专业分工的优越性为前提。以调动社员社会主义积极性，提高生产力，巩固发展集体经济。要从实际出发，根据生产队规模、耕地分布，居住条件，生产发展状况，群众觉悟程度，领导管理水平来决定，不能轻率地肯定一种形式，从长远的方向讲，要向专业化分工协作联产计酬的方向发展,就现实情况看，基本的形式有以下五种：

（一）“三包一奖惩”。在生产队统一核算、统一分配的原则下，按劳力、按经营项目划分作业组，联系产量计算报酬，实行包工、包产、包成本（生产费用），超产、节约成本给奖，短产要赔。这是目前要大力推广的形式，务必尽最大努力搞好一批，不断总结完善。要注意搞“小而专”的作业组，避免“小而全”的综合组；组内要实行定额记分，克服平均主义。

（二）“五定”小包工。也就是定额管理,小段包工。可以临时性作业组包工，季节性作业组包工，也可以长年固定作业组包工；可以包工到组，也可以计件到人。这种形式，干部、群众反映比较熟悉，今后要在制定合理定额和检查验收方面完善提高。

（三）统“两头”，包中间。由生产队统一安排收、种和抗御自然灾害等突击性农活，管理责任包到组、包到户、包到人，联系产量计算报酬，奖惩比例可以低一点。

（四）包交提留到组。可在多年集体生产搞得不好，群众生活很困难的个别后进队试行。按劳力划编若干作业组。土地、耕畜、农具合理搭配。联系产量规定各组向生产队包交的提留数，用于交售公余粮，社队企业补助，四属五保困难户的照顾，队干部的补贴，和部分公积金、公益金等。组内实行评工记分，除包交提留数外，组内分配。作业组要划分专业组，比如，粮食、林、牧、副业；集体财物、牲畜等，不能变相瓜分，避免滑到分队上去。

（五）包产到户、包交提留到户。这是对于居住分散、耕地分散、经济落后，群众生活困难的特殊地区采取的两种特殊办法，不能理解为普遍推广的唯一形式。这种地区在我县是极个别的，因此，实行这两种特殊办法的也是极个别的。这两种形式的不同点事：包产到户，是由生产队统一核算，统一分配，包交提留到户，只向生产队交提留数后，其余归己所有。凡是包到户的队，土地不准转让买卖、出租，不准雇工剥削，不准毁林开荒。更不能以此为借口，分掉集体财物，瓦解集体，而滑向单干。

在一个生产队内，应允许多种责任制形式存在。例如，实行三包一奖的队，水田包产到组，部分旱地作物可以包交到户，零星项目可以包到户、也可以包到人。有的项目，群众暂时还不同意包产的，可以搞定额记工，也可以评工记分。

建立健全生产责任制，都应当注意到：有利于巩固发展集体所有制；有利于贯彻按劳分配原则，调动社员积极性；有利于向专业化分工协作方向发展；有利于发挥自然优势，发展商品性生产；有利于加强团结；有利于干部实施正确而有效的领导，提高管理水平。

县委九月三干会上讨论。对现有责任制形式稳定不变，根据目前干部、群众思想状况，有必要在三秋生产中，发动群众，通过学习、总结、讨论，初步确定明年生产责任制的形式，有的在小春种植时有条件实行的就可以实行了。初步分析排队，全县现有613个生产队，拟实行三包一奖的271个队，占44.2%，五定小包工的227个队，占37%；包交提留到组的47个队，占7.7%，统两头包中间的35个队，占5.7%，包交到户、包交提留到户的33个队，占5.4%。这个考虑是比较积极可行的，但不能以此为满足。

二、关于社员“小自由”政策

在坚持巩固和发展集体经济的原则下，适当放宽社员“小自由”政策，充分发挥集体、个人的积极性，是迅速发展农业生产的一项重要措施。社员自留地、自留畜、家庭副业的存在和发队，是社会主义经济的必要补充，也是农村经济恢复和发展的标志之一。

放宽社员“小自由”政策，有利于肃清极左路线的流毒，有利于发展农业生产，有利于较快地解决群众的温饱，摆脱贫穷落后的状况。这样做，是符合广大群众本质要求的。三中全会以来，我县已落实社员自留地1427亩，饲料地2194亩，自留山1070亩，自留畜1937头，自留鱼塘1500多个，社员房前屋后的林木也大部分作了处理，深受群众欢迎。今后，我们还要加强领导，继续抓好“小自由”政策的落实。目前，除社员自留地，饲料地按已有的具体规定执行外，要认真抓好以下几个方面：

1.自留山。对山区和户撒坝，国有荒山较宽的，可以划给集体一部分，集体林较大的生产队，可按改策划给社员经营自留山；集体林较少，山地条件差的队，划自留山有困难的队，也可以少划或不划。对陇川坝区，靠近国有荒山，有条件的生产从，可以适当划给集体或社员；离国有荒山较远．集体林又少的队，原则上只划给集体造林。划给社员的自留山，每户的面积掌握在三亩以内。

2.自留畜。社员私养大牲畜，量力而行，数量不限；资金不足的，信用社可以贷款；自留畜饲养半年以上的可以在本县上市，自由交易；集体的母畜可以实行公有私养，幼畜对半分成。

3.自留塘。凡有条件的生产队，山区可划给社员一定数量的席草塘或火麻地，坝区可划给社员养鱼塘。

4.借地种。在不影响集体大小春作物种植的前提下，社员可以在集体耕地内借种粮豆蔬菜等作物一季一借，数量不限，收获后交回集体，不允许雇工耕种。

5.对已入社的社员房前屋后的果木竹棚，原则上应退还私人经营。对属于作价入社的，应分别酌情收回价款，对离家较远的成片的果木竹林，仍应由集体经营。

6.有条件的生产队，允许社员房前屋后或者自留地、饲料地内种植咖啡、砂仁、草果等经济作物，收益归社员所有。

在落实“小自由”的过程中，要教育社员遵纪守法。走集体致富、劳动致富的道路。凡是政策允许经营的项目，不准雇工剥削，不准毁林开荒，不准任意占用国家和集体自愿。

以上意见，望各地结合自己的情况，认真研究执行。在执行中要大胆领导，防止放任自流。要经常注意总结经验，推广典型。今年十二月或明年一月，县委将召开一次专门会议，以责任制为中心进一步总结完善、提高。

（二）
中共陇川县委关于实行包干到户责任制若干问题的意见

（1981年9月25日）

州委七月工作会议以来，县社两级先后召开三级干部会，在训练干部的基础上，广泛发动群众讨论生产责任制问题。经过一个多月的工作，初步确定包干到户责任制的生产队占总队数的83%。为了更好地调动集体和个人的积极性，使生产责任制真正走上正轨，日趋完善，根据州委指示精神，提出如下意见：

一、进一步提高认识，明确指导思想

我县前一段落实生产责任制的工作。发展是正常的、健康的。今年栽插以来，在省委、州委的督促下，对落实生产责任制的问题，开展了一些调查研究，并在四个大队搞了试点，通过总结对比，提高了认识。八月下旬，传达贯彻州委工作会议精神，在全县范围内，展开了认真的学习讨论，进一步统一了思想，坚定了信心，从上到下把加强和完善生产责任制当做农村工作的一项中心任务来抓。因此，进展较快，效果较好，是符合“党委领导，群众路线”原则 的。

现在，全县实行以包干到户为主的六种责任制形式，是基本符合我们陇川实际情况的。是广大干部群众在学习六中全会决议，总结历史经验的基础上，经过反复讨论选择确定的。大多数生

产队的责任制形式。比较适合当前生产力发展水平和经营管理水平，大多数社员群众满意。这是清理“左”的思想影响的一个成果，也符合现阶段党的农村经济政策。虽然在落实过程中，还有许多问题需要研究解决，但是，正如州委指出的“对于已经出现的问题，不要害怕，不要埋怨，不要后悔，也不要动摇”。

必须明确，实行包干到户，是联产计酬责任制的一种形式。这种责任制是在坚持生产队体制不变，基本生产资料公有的前提下，把农田包干到户耕作，生产工具搭配到户管理使用，生产投资由户负责，分配上实行“保证国家的，留足集体的，剩下才是自己的”目的是充分发挥集体经济的优越性，充分调动社员群众的积极性，发展农业生产，改善人民生活。包干到户责任制，一经确定，不要随意变动。群众要稳定多久，就稳定多久，时间长短，取决于群众的意愿。

在讨论落实各项具体问题时，要妥善处理好“统”与“分”的关系。坚持“实事求是”的原则，宜统则统，宜分则分。既不能统得过多，过死。压抑个人积极性，也不要全部分光，保顾一头，用单干的思想来指导来落实责任制。总之，要按照上级党委有关规定大胆领导。在实践中，不断摸索，不断总结，逐步完善。只要我们思想明确，领导重视，干部带头，经过三、五年的努力，生产责任制一定会搞得更好。

二、妥善处理具体问题，把好政策质量关

处理包干到户责任制各种具体问题，要严格按照党的政策办事。对县委已经印发的《试行办法》和16号文件《通知》，要继续贯彻执行。现再重申和强调以下几个问题。

1.土地搭配。

必须坚持在生产队统一领导下，按人口或人劳结合，以现有耕地为基础，根据土地远近、肥瘦，参照正常年景产量进行搭配。

为确保国家下达的甘蔗、小春种植计划，必须把适合种植蔗、小麦的田块，按人搭配到户。

在搭配土地时，要教育社员，一律不准认祖宗田、土改田；坚持制止向外单位索要土地的行为；对迁入的外来户，要一视同仁，不得以任何借口不搭配或少搭配土地。

2.大牲畜。

牲畜：首先要保证耕牛，可以合理折价现款卖给社员，也可以分期付款。驮牛、驮马，应积极组织牛马邦搞运输，统一经营，专业承包到组到户，山区少数队确有要求搭配或卖给社员的，也可以按耕牛办法处理。

母畜：大力提倡“公有私养，幼畜分成”的办法。可评出保护价，作为非正常死亡赔偿的依据。

公畜：主要采取“公有私养”或“集体放牧，社员关养”的办法。集体放牧户、人的报酬以及社员关养管理报酬，由集体提留中解决。但仍要评出保护价。有条件的队，也可以评膘计奖。

3.集体积累和财产。

一定要维护和巩固集体现有的积累和财产，不得以任何方式平分或损坏。卖给社员的牲畜，折价要合理。过分偏低，就是变相瓜分积累。对社员超支欠款，要订出计划，分期还清，不许“平均”找补。对集体的农机具、社房、仓库等财产，应以专业承包或专业承包的方式管理，不得一卖了之或折毁平分。

4.经济林木和经济作物。

主要实行“统一经营，专业或兼业承包 ”的管理形式，分别承包给组、户、劳，包交纯收入，坚决制止只顾个人，不顾集体，一分了事的作法。

5.粮食征购。

以各户承包的粮食产量为基础，把全队“一定五年”的征购基础和近三年超购粮平均数，分别一次下达到户。

6.集体提留。

包干到户后，社员承担着粮食、现金、工日三项提留。要分别以行政管理费、公益金、公积金三个项目计算，按各队实际需要，略有余地的原则提留。公积金一般可掌握提留总收入的3—5%，用于扩大再生产，农田水利基本建设，发展多种经营。

7.集体为社员建盖住房问题。

应经社员讨论，根据不同情况，区别对待。过去已为大多数社员盖了住房的生产队，对尚未建房的户，仍应按原规定，继续建盖，所需资金、劳力由集体提留中解决；过去只有少数户盖了房子的生产队，也可以对已盖住房合理作价，由住户负责偿还集体，绝不允许用积累来填平补齐。

8.国家对山区农业基本建设的经济扶持。

生产队下达各户的农业基建任务，如开田造地、种植经济林木等，所有权归集体，并付给社员合理报酬。经验收合格，国家发给的补助粮款，按规定付给个人，三年内不增加提留数。经济林木种植后，所有权属个人的，则不发给补助粮款。

9.公社大队干部回家帮助搞生产的问题。

包干到户后，对于家里承包了土地，又缺乏劳动力耕种的社队干部，必须妥善处理好坚持工作与家庭劳动的关系，按州委印发的《处理意见》（讨论稿）执行。即：在收、种两季的四个月内，每月轮流给假10天，（包括星期天在内）；公社大队干部，在农忙季节，要轮流值班，处理日常工作；建立干部岗位责任制，实行出勤登记，超过假期的，要扣发资金。

10.计划生育

实行包干到户责任制后，仍应继续贯彻中共中央的《公开信》，加强思想教育。在实行计划生育的生产队，对不按计划生育的超生子女，不计算为承包土地的人口；对于按计划只生一个子女的家庭，给予优待一个人口参加承包土地；今后不按计划生育的超生子女，仍按现有规定执行。

三、克服涣散软弱，切实加强领导

建立和完善生产责任制，是农村工作中政策性强，涉及面广的一件大事。根据州委指示和前一段情况，对于落实责任制的工作，在指导方针上，必须是：方向要明确，态度要积极，工作要做细，步骤要稳妥。当前最迫切的问题是，要克服涣散软弱，切实加强领导。

1.各级党组织，要认真贯彻中央30号文件精神，组织基层干部学习《人民日报》九月一日社论，联系实际，分析情况，加强思想政治工作，要注意增强民族团结。树立敢于大胆领导、敢于抑制各种歪风邪气，敢于坚持原则，理直气壮地处理好工作中碰到的具体问题，防止撒手不管，放任自流。

2.各级领导要深入实际，调查研究，亲自实践，取得经验，具体指导。防止那种置身事外，不求甚解，评头品足，指手划脚的作风。在工作方法上，应当是分清主次和轻重缓急，成熟一个队，落实一个队，成熟一批队，落实一批队，成熟一个问题，就先解决一个问题，不要简单粗糙，急于求成。另外，也可以采取王子树公社组织干部，经过培训，集体力量解决问题的做法。

3.坚持质量，讲究实效。各地落实责任制的工作，从开始到结束，应当有一个统一的标准，作为检查工作的尺度。一个生产队的责任制搞得好不好，至少要看以下四条：（1）群众发动比较充分，选定的责任制形式绝大多数社员满意；（2）各种具体问题的处理符合党的政策和州、县委的规定；（3）订立了切实可行的承包合同和队规民约；（4）调动了积极性，生产上有了新的起色。全部工作告一段落后，要逐队进行检查验收，办理报批手续，经大队审查，公社批准，报县备案后生效。对于今年大春生产的责任制形式，一律不要更动，而且在年终分配时，保证兑现。

4.落实生产责任制要密切结合当前生产。特别是当前小春和秋蔗的种植，要引起严重注意，一定要坚持在国家统一计划指导下，排除各种阻力，保证完成任务。坝区小麦种植所需籽种、化肥，由生产队统一供给，要尽快落实下去。

（三）
中共陇川县委　陇川县人民政府
关于抓紧做好划定自留山落实责任山工作安排意见（节录）

（1983年7月）

一、关于自留山。集体的宜林荒山、疏林地和灌木林地，凡是便于农户经营的都可以划作自留山，其数量不限。一般应根据本地资源情况，参照人口和劳力按户划分，劳力多，有技术，有经营能力的农户可以多划，劳力少，缺乏经营能力的农户可以少划。坝区可将集体零星宜林闲散土地，四旁空地划分给农户植树造林，谁造谁有。

过去已经划过，但面积划得少，而且有条件多划的，要根据上述精神补划。

农户在自留山上和房前屋后以及集体指定的其他地点种植的林木，永远归农户所有，允许继承。自留山一经划定，由县人民政府发给自留山使用证，长期不变。并限期植树造林，在不影响水土保持的前提下，可以林粮间作，套种药材和其他经济作物，到期不种的，集体应收回，重新分给有能力经营的农户。

自留山的山权属集体所有，山上原有的成材树木，可以折价保本归农户或实行收益分成。

二、关于落实责任山，搞好各种承包责任制。集体所有的成材林、中幼林、水源林、防护林、风景林以及不适宜划给社员作自留山的疏林、灌木林和宜林荒山都应作为责任山，分不同情况，建立以集体所有，家庭经营为主的多种形式的承包责任制。可以分户承包，联户承包，专业承包，专业队（组）承包。分别包管护、包抚育、包育苗、包造林和迹地更新。

责任山实行“三权”归队，即山权、林权归队，木材（柴）采伐权归队，出售权归队。承包者不得对所承包的山林进行买卖、转让、出租和任意采伐。

责任山实行“两分”到户，即管户、分户（联户、组），收益分成。要由集体和承包者签订承包合同，正确处理好集体和承包户的关系，明确双方的权、责、利、规定承包时间、劳动报酬和收益分配关系，使承包者得到经济实惠。要区别成材林、中幼林等具体情况，确定不同的收益分成比例。现有的成材林收益大头应归集体，原有的幼林以及承包后更新改造的林木和新造的林木，林权仍属集体，收益大头应归社员。

责任山的管理要坚持统分结合的原则，做到宜分则分，宜统则统。林业生产要统一规划，采伐要按国家计划由队统一安排，山林火灾要统一组织力量扑灭。烧牧场、轮歇地、茅草地要由社队统一组织烧荒，坚决防止引起森林火灾，毁林开荒，乱砍滥伐的现象发生。

社队林场要进一步建立完善责任制，继续办下去有困难的，可实行承包到户经营或联户经营。

三、划分自留山，落实责任山要坚决按照党和政府的政策法令办事。必须严格遵守以下几点：（1）要稳定林业“三定”划定的山权、林权，不得把国家和集体成片的成材林、中幼林划作自留山，更不得用折价找补的办法平分给社员。社队之间山地权属还有争议的地方，首先必须解决纠纷，达成协议后再落实“两山”。（2）无论划分自留山和落实责任山都不得认“根子”“认祖业”。（3）不得在划分自留山和落实责任山中，平调队有（或林有）的山林。（4）任何单位和个人不得乘机乱砍滥伐国家和集体的林木。（5）划分自留山、落实责任山必须在生产队统一安排下进行，不准任何人霸山号地。

如果发现违犯上述规定的，要查清情况，坚决处理。

四、要全面规划，统筹安排，划分自留山、落实责任山。要统一规划、合理安排农、林、牧用地。有轮歇习惯的地区，要固定必要的轮歇地，种植农作物时为农地，轮歇休闲时为牧地。能固定的牧场要固定下来，明确权属和管理范围。要根据社会经济发展的需要，对村庄、道路、全民义务种植及其他公益事业建设用地进行通盘考虑。

五、没有荒山的队，附近国有荒山较多，由生产队申请，办理借地手续，再由队划给社员作自留山，山权仍属国家所有。

六、自留山、责任山的地下矿藏属于国家所有，不得私自开发。农户在经营自留山和责任山时，必须对公路、水利工程、动力线路、电讯线路、测量标志、军事设施等严加保护，不得损害。

七、切实加强领导（略）

（四）
中共陇川县委、陇川县人民政府
关于进一步扩大改革开放、加快经济建设的决定
（1992年8月22日）

为全面贯彻中共中央和国务院有关文件和省州关于加快改革开放的政策精神，抓住实施沿边开放战略的难得机遇，进一步解放思想，用于探索，发挥优势，深化改革，扩大开放，把章凤建设成为德宏乃至云南通往东南亚、南亚的重要口岸，使陇川经济登上一个新台阶，为德宏和云南的振兴做出积极贡献。

一、按照州委、州政府对外开放一体化、全面大开放的格局要求，陇川县进一步对外开放的指导思想是：继续贯彻贸易导向的经济发展战略和指导方针，以章凤边境经济贸易开发区为龙头，拉

影边境经济贸易开发试验区为窗口，以农业综合开发为基础，以山区资源开发为纽带，以加工业发展为依托，以改革开放为动力，因地制宜，实行全方位开放，分层次实施，梯步推进，形成不同层次，各具特色的开放格局，为实现国家沿边开放战略而努力奋斗！

二、遵循重点抓近期，近期同中期同时兼顾，因地适宜科学地规范近期经济建设发展目标的原则，将全县分为三个层次来加快经济开发：一是加快章凤口岸建设步伐，以形成章凤为龙头，拉影为窗口，全面发展陇川经济的新格局。为充分发挥章凤的区位优势，资源优势，在南宛河以东划出14平方千米的土地作为边境经济贸易开发区。在开发区内进行跨国、跨地区的经济技术合作；积极借鉴引进国内外先进技术、经济和发展管理经验，发挥边境经济贸易的导向作用和联动作用，通贸兴边，建成工贸结合、技贸结合、多种经济成分并存、二、三产业发达的、功能比较齐全的内陆重要口岸。在章凤南宛河以西拉影划出6平方千米的土地作为实验区。在试验区内，以市场经济为导向，以保税区为模式，全面放开，大胆试验，扩展对外开放的范围，提高对外开放的层次，使其具有陇川民族特色的对外开放窗口。对开发区的建设和管理，县政府将制定出相适应的优惠政策规定和实施办法。二是在确保粮食稳定增长的基础上，积极发展以糖、烟、茶、瓷、加工业为主的县办工业和乡镇企业。三是大力开发山区、热区资源和矿产资源，积极大战农业、林业、牧业、热带水果和水产业，实行种养加工结合，贸工农并举的农业综合经济体系。为此，要进一步加快改革开放的步伐，下决心大力调整产业结构、产品结构，大胆引进内外资金、技术和人才，加快经济建设步伐，使全县经济登上一个新台阶。努力把陇川建设成为边疆稳定、民族团结、经济繁荣、社会进步的社会主义新边疆。

三、鼓励国内企业、事业单位、其他经济组织和个人投资开发陇川，与陇川县合资合作或独资兴办各项经济和社会事业，享受国家、省、州和陇川人民政府颁布的各项优惠政策。

四、在陇川兴办合资合作和独资企业以及其他经济和社会事业，部分国内外、全民、集体、个人，都大力支持，并简化报批手续，充分保证所办企业按时开工、经营、开展正常业务活动；凡是为陇川引进外资牵线搭桥者，通过向县人民政府申报，并产生经济成效的，将视其情况给予奖励。

五、在陇川的外商、侨胞、港、澳、台胞、国内投资企业在经营管理上享有自主权，可直接经营、承包经营、租赁经营、指定代理人经营。企业根据生产需要，自主确定机构设置与人员编制，自行依法招聘，任免辞退雇员和职工，自行制定工资标准、发放形式和奖惩制度。到陇川办企业的外商、侨胞、港、澳、台胞，视其投资额和所投资开发项目的年限，由公安部门办理居留证、暂住证和临时身份证。在边贸市场设点经营者，经工商部门确认，公安部门发给暂住证。对陇川投资办企业的侨胞、港、澳、台胞，其子女愿在县内入托或入学的，所在地教育部门、学校予以接受，并视同当地学生对待。

六、大力发展第三产业。以旅游业为重点，发展陇川县商业、房地产业、交通运输业、信息业和其它服务行业，促进市场发展。

七、积极扩大对外经济往来。凡有条件的经济部门和经济实体，可到邻国设立办事处、分支机构，独资、合资兴办各类公司、商号、企业，从事资源开发、商品贸易、工程承包、技术培训和其它事务合作，促进外向型经济的发展。

八、拉影边境经济贸易开发试验区，可参照边境开放城市的有关政策规定，进行大胆试验。除国家禁止的商品外，其它各种物品均可上市交易；拉影允许外国车辆停留使用；外商投资者可免税携带合理数量的交通工具和高档家用电器物品。其交通工具，经办理有关手续后，可在全县范围内通行。

九、欢迎国内外客商到陇川县集镇摆摊设点，有关部门只能依法管理，搞活流通，不得设关堵卡，任意刁难处罚。除批准的木材检查站外，其它关卡，一律撤除。

十、积极引进国内外高新技术和人才，鼓励人才向企业流动。支持鼓励党政机关干部、事业单位的科技人才以选派、调动、借用、带薪留职、兼职、退职等形式，到第一线去领办、承包、租赁县办工业和乡镇企业，从事科技开发、推广、咨询工作，进行各类科技承包和有偿服务；凡到县办工业、乡镇企业去领办、兴办、承包的干部、科技人员，原身份不变，工资照发，其所在单位的编制、职称、级别、住房等一律保留。并根据企业经营效益，本人业绩，贡献大小，按合同规定领取报酬。期满后可回原单位工作，也可以继续留任企业工作，并逐步办理脱勾手续。

十一、充分利用陇川县口岸优势、自然景点优势，引进资金、人才，积极开发国内外旅游事业，争取办好与邻国的一日游和陇川县全方位的旅游活动。

十二、鼓励企业建盖商品房和干部职工建盖私房。企业建盖的商品房免征投资方向调节税，土地使用费和配套设施费由企业承担，商品房按成本价出售给单位干部职工。如工作调动，由原单位有偿收回再行出售；还可以采取国家、集体、个人多方集资建盖干部职工的住房；为缓解全县干部职工住房紧张的矛盾，按规定标准划给土地建房。

十三、为稳定甘蔗生产，加快烤烟、茶叶发展，一是吸引外来投资，解决发展资金不足的困难；二是引进技术和人才；三是鼓励党政机关干部、科技人员与乡镇、村、社挂钩蹲点，实行权、责、利结合。

十四、本县干部职工因工作需要出境，可视为边民对待，有关部门凭身份证给予办理出境手续；国外客商需入境到内地从事经济活动的，经有关部门出具证明，公安部门办理有关手续。

十五、进一步深化农业和农村经济体制改革。在稳定和完善家庭联产承包责任制的基础上，建立健全农村双层经营体制和社会化服务体系，鼓励涉农部门组织好全程服务。继续加强农业基础设施建设，走优质、高产、高效的发展路子，保证农、林、牧、副、渔全面发展，为进一步对外开放提供良好的物质基础。

十六、积极推进机构改革。遵循“小政府大服务”政企职能分开，精简、统一、效能、宏观管住、微观放开的原则，切实转变党政机关工作职能。党政群机关和事业单位要进行精兵简政，提高办事效率；鼓励行政人员从机关分离出来，转向第三产业、乡镇企业或其它开发性产业；逐步将一些经济主管部门转变为各类经济实体；撤销和合并一些重叠机构；裁减部分富余人员，逐步减少财政拨款；允许全县干部在自愿的前提下，可提前办理离退手续（男55岁、女50岁）；离退休干部职工可以应聘，领取应聘工资，离退休后的待遇不变。

十七、转换企业经营机制。关键是落实企业自主权，核心是人事劳动权、工资奖金分配权、产品定价权、投资决策权、进出口经营权。完善企业承包制，积极推进以全员劳动合同制为主要内容的企业内部分配制度的改革，进一步完善社会保障制度，把企业推向市场，使企业真正成为自主经营、自负盈亏、自我发展和自我约束的商品生产者和经营者。积极创办股份公司，建立股份制企业，为推广发行股票打下基础。

十八、加紧基础设施建设，改善投资的硬环境。本着交通能源先行，科学技术关键的原则，必须加快户撒河二级电站的建设和改造；积极打通边境公路；争取上级支持，抓紧遮陇公路的修建和梁陇公路的改建工程，及早交付使用；改变通讯落后状况，加速全县程控电话建设，争取与缅甸边境一线集镇开通电话通信。

十九、各乡镇党委、政府、各级党组织、县直各部委办局，要坚定不移地贯彻党的基本路线，紧紧抓住经济建设这个中心，坚持四项基本原则，坚持改革开放，切实加强各级领导班子自身建设，更新观念，更新知识，不断提高思想素质和领导水平。要增强团结，克服困难，密切联系各民族群众，深入实际，调查研究，真抓实干。

二十、进一步解放思想，清“左”除旧。我们思想解放的程度，决定着经济建设与社会发展的速度和成效。解放思想要警惕右，但主要是防止“左”。各级干部，各族群众，特别是各级领导班子，一定要从“左”的思想束缚中解放出来，把思想统一到中央政治局全体会议和邓小平同志南巡重要谈话的精神上来。要坚持实事求是，一切从边疆民族地区的实际出发，按照“三个有利于”的要求，充分运用党的民族政策，各项改革开放的政策，在改革开放中大胆地试，大胆地闯，大胆地“冒”。允许在探索中失误，但不允许不改革开放。各职能部门要很好地把握对上负责和对下负责，对条条负责和对块块负责的一致性，自觉地服从和服务于改革开放的大局，打破地区封锁，防止互相掣肘，确实为陇川县经济建设保驾护航。

二十一、坚持“两手抓”，为改革开放创造良好的社会环境。各部门、各单位都要把“两手抓”作为领导现代化建设和改革开放事业的重要指导思想和领导方法。要一手抓物质文明建设，一手抓精神文明建设。要创造安定的政治环境，树立廉洁高效的机关作风，培育良好的道德风尚，繁荣民族文化，保证改革开放事业的顺利进行。

二十二、搞好宣传工作，造就有利于改革开放的舆论环境。县委宣传部，文化局、广播电视局，要开动一切宣传机器，运用各种宣传手段，大张旗鼓地宣传改革开放，表扬改革开放成绩突出者，传播他们的经验，歌颂他们的业绩。

二十三、全县全方位和各项改革，都应从陇川县实际出发，有利于民族经济的振兴和社会各项事业的发展，有利于各民族的大团结，有利于各民族干部的成长，鼓励民族企业家脱颖而出。我们坚信在上级党委、政府的正确领导下，经过全县各族人民和广大干部职工的努力，我们的目标一定能够实现！

（五）
章凤城市建设及口岸开发工作联席会议纪要
（1992年8月13日）

随着章凤大开发前夜的到来，口岸建设与规划已初具规模，为进一步解决目前工作中存在的问题，协调好各方面工作，确保建设与规划按总体方案实施，使口岸开发向更快、更好方向发展，于8月12日，县政府召集驻章凤办事处、城建、海关、洋八路指挥部、工商、章凤镇、弄门办事处、边防等部门负责人及有关人员开了这次联席会议。会议由邱付县长主持，县委书记李志明同志到会并讲了话，会议就邱付县长提出的目前工作中存在的问题做了讨论，一致认为要搞好口岸的开发与建设，必须做好以下几方面工作：

一、把洋八公路的修复工程作为口岸开发建设的中心任务来抓。为抓住机遇，争取时间，洋八公路年内必须贯通，工程施工计划必须按这一时间要求来编制。目前部份地段进度缓慢，要尽快组织力量确保修复工程按期完成。

二、为在竞争中赢得主动，口岸开发必须适应经济发展需要。当前当务之急是加快章凤口岸“四通一平”等基础设施建设。与此同时，县政府近期准备组织有关部门赴八莫办几件实事。

三、为适应口岸开发与形势的变化，县城迁生章凤的时机已成熟，为做好前期准备工作，总体规划要抓紧实施。规划范围要由目前的6平方公里扩大到20平方公里，以南碗河为界，西区拟建为拉影边境经济贸易开发试验区，东区拟建为章凤边境经济贸易开发区。

四、为解决目前土地资源开发过程中职责不明，权限不清的问题，使口岸的土地资源合理地开发、有效地使用，促进规划建设的健康发展，土地管理部门与城建管理部门必须协调统一起来，实行统一领导。凡是属口岸区域内的建设，规划、征地等都应以章凤城市建设规划领导小组的批示为准，各管理部门有意见可以保留，但组织上必须服从，实行一支笔审批制度，防止政出多门，各行其是。

五、为本地区的建设与发展，对外来投资要积极支持予以优惠，在征地拆迁等工作中望各级部门要做好群众工作。消除影响外来投资的人为障碍，创造良好的投资条件。对森林公园的投资要从以下几个方面给予优惠：（1）公园建成后是造福子孙的好事，是对现有森林的美化，视为土地没有改变用途，免收使用费，管理费及城市建设配套费。（2）征地过程中给老百姓的青苗补偿要合情合理，不准抬竹杠。（3）森林公园占地范围原属于国有林区，不存在土地补偿费。如需占用集体林，可以相应的国有林对调。

六、在开发口岸的同时要加强章凤、拉影的环保工作，创造一个清洁卫生的投资环境。适当增加城市建设维护费，购置一台2吨的垃圾车，增强环卫量。城镇环保工作以城建部门为主，其它相关部门积极支持，力争精神文明建设上个新台阶。

七、会议强调，在进行口岸开发时要十分注意保护现有植被。凡能保护下来的竹、木都要尽力保护，维护生态平美。会议还就土地管理工作中存在的问题展开了讨论，对问题比较突出的象农民之间、集体之间，私自买卖土地一事做了专门布置，县政府针对这一问题将召开专门会议研究、发文制止这种违法行为，会议还明确了再征地过程中青苗补偿给个人，土地补偿费留给集体。会上县委书记李志明还就县城搬迁工作谈了设想，凡是有条件的部委办局，根据具体情况可以先迁章凤，用3～5年完成县城搬迁工作，现在开始县城不再铺新摊子，做好县城搬迁的前期准备工作。

本次联席会议进一步明确了任务，统一了思想、对今后口岸开发建设将起指导和推动作用，本次会议精神要求各级部门必须认真贯彻执行。

（六）
中共陇川县委　陇川县人民政府
关于县城搬迁章凤的“九一”联席会议纪要

（1992年9月1日）

党的十一届三中全会以来，陇川县经济有了很大发展，产业结构、经济基础和设施建设等各方面都发生了巨大变化，为进一步扩大对外开放，加快经济建设的步伐，顺应历史大潮，促进经济大发展。1992年9月1日，县委、县政府在县委小招二楼组织召开了县级五套班子联席会议。会议重点讨论了县城搬迁章凤的问题。县委书记李志明、县长彭勒准、县人大主任金玉龙、县政协主席线小田和县纪委书记贺连美等县级领导25人参加了会议。

一、可行性论证分析

这次会议围绕县城搬迁章凤的有关问题，进行了认真的研究论证，在广泛讨论的基础上，形成了县城搬迁章凤的统一民主决策。认为：县城搬迁章凤是关系到陇川县各族人民及其子孙后代幸福的大事，是全县政治、经济、文化和生活中一件利益相关的选择。我们必须从全局利益出发，局部服从整体，统筹考虑，稳步进行。目前，一是抓紧有利时机，加速章凤市镇基础建设；二是有计划有步骤地加快县城搬迁章凤的历史任务。

1、县城是否有必要搬迁章凤？参加会议的同志一致认为：解放初，陇川县县城搞在城子是由当时的历史条件决定的。40多年来，经过全县各族人民的艰苦奋斗，县城建设已具一定规模，成为全县政治、经济和文化社会事业的中心，发挥了其应有的功能作用。

2、在党的十一届三中全会以来的路线方针政策指引下，在改革开放的新形势下，经济建设发展迅速。陇川县的产业结构由原来的只有农业已成为贸工农全面发展，人民的生活需求也发生了根本性的变化。同时，随着历史的发展和变化，现在的县城难以发挥县城整体功能作用；甚至越来越难以发挥政治、经济和文化中心应有的功能。如今：县城（城子）处于交通闭塞，离口岸线远，信息不灵的境地，要进一步地扩大开放和城市基础设施建设困难不少；外地客商多集中到章凤交易；城子人口流量不大，发展商品的竞争力差，难以在国家实施沿边开放战略的竞争中打开经济建设的新局面。

3、今日的章凤，经过全县各族人民的积极建设，以它独有的区位优势，正成为全县经济、边境贸易中心和处于交通枢纽地带，同时又是省级口岸所在地，其市镇建设正在起步。章凤处在瑞丽至盈江、陇川至洋人街、八莫的十字路口，全县30多家商号均在章凤营业。特别是近几年来，随着经济建设的需要，设置的党政机关有县政府驻章凤办事处（副县级）、边贸局、税务分局，还有外事办公室、章凤海关。由于国内外商人来章凤投资经商办企业的人不断增多，最近县委、县政府决定把章凤列为全县经济开发的重点，划出20平方千米的面积作为章凤边境经济贸易开发区和拉影边境经济贸易开发试验区。“章八”边境公路通车后，将进一步促进两国睦邻友好和对内对外经济交往，为扩大开放，为边境一线集镇建设注入新的活力。并且章凤已在农业、经济、交通等方面都走到了全县的前面，不仅章凤地区所提供的财政收入已占全县财政收入的一半以上；粮食生产、甘蔗生产在全县名列前茅。以章凤为中心点的经济开发区，一定会起到带动全县，辐射“四面八方”的龙头作用，章凤经济发展将达到鼎盛时期。

县城搬迁章凤是全县进一步扩大开放、加快经济建设新形势的需要，也是全县干部职工和各族人民群众的共同愿望，是历史向前发展的必然趋势，县城搬迁章凤：（1）有利于加速陇川经济的发展；（2）有利于安定人心，稳住人才，调动各方面的积极性，加快改革开放的步伐；（3）有利于集中财力、物力，加快章凤的市镇建设；（4）有利于引进资金、技术和人才；（5）有利于发挥章凤的区位优势，增强竞争力，促成其由省级口岸升为国家级口岸及沿边开放城市；（6）有利于带动和促进全县第三产业的发展；（7）有利于交通、通讯事业的发展。

鉴于上述原因和有利因素，县委、县政府做出县城搬迁章凤的决策。会议认为：搬迁县城从客观上还有一些困难，如搬迁的经费筹集，对县城原有房屋设备的充分利用，如何合理处理好各方面的关系等，一句话，搬迁县城难度很大，但不搬迁，陇川今后的发展就更难。因此，全县各族人民和各部门单位必须同心协力，艰苦奋斗，就可以克服困难，渡过难关，顺利完成搬迁县城的任务。

二、县城搬迁的方案和步骤

会议研究决定：县城搬迁按照“总体规划，分步实施，能搬则搬，协调有序”的方针，采取有领导、有步骤，大胆而稳妥的方法进行，力争在5~10年基本完成搬迁任务。

1、由县政府制定搬迁实施计划和方案，并成立县城搬迁协调领导小组。

2、搬迁的原则是：采取成熟一家搬一家，有条件的先搬，暂时没有条件的创造条件再搬的办法，不搞一刀切，齐步走。

3、目前政府两头办公，逐步过渡。先搬迁与章凤基础设施建设有关的部门和单位，如：城建、土地、旅游、工商、税务、安全部门和金融系统。

第二步搬迁县政府的其它部门和县委及其所属各部门。

4、较长时间内，不搬迁的单位是：县人大、县政协、山区办、农业局、林业局、水电局等工作量大，辐射面广的部门和单位（有经费来源的除外）。

5、除已经动工和急需建设的特殊项目，如：农贸市场的扩建、县医院门诊部、文化馆大楼外，城子不再搞大的投资项目。

三、因势利导，做好县城搬迁的动员宣传解释工作，保证县城搬迁的顺利进行

会议充分肯定，搬迁县城是利国、利县、利民的大好事，一定会得到全县广大干部职工和各族人民群众的大力支持。各级各部门各单位，要充分发挥人民群众的积极性、主动性和创造性，为搬迁县城献计献策献力。但是，我们必须看到，搬迁县城难免要影响少数单位或个人的眼前利益，必须广泛做好动员、宣传、解释工作，以取得共识，确保搬迁任务的完成。

1、统一思想、统一认识、主动宣传县城搬迁的现实性和必要性，使全县各民族人民心往一处想，劲往一处使。

2、不能以县城搬迁为理由，而忽视山区工作，不能因县城搬迁而影响山区经济的发展。不能损伤山区人民群众的经济利益。不能因县城搬迁而影响整个面上的工作。

3、县城搬迁后，城子仍然是带动山区经济发展的工业、文化、卫生、教育、旅游等社会事业的中心，在条件允许的前提下，要继续抓好城子的规划和基本建设的完善工作。

4、下大决心，排除阻力，以拼搏精神完成县城搬迁这一历史赋予的光荣任务。这是造福于子孙的明智之举，我们有着不可推卸的责任。

会议最后要求各乡镇、县直各机关、各部委办局，要把县城搬迁列为工作的议事日程，为早日完成县城搬迁任务，实现陇川经济腾飞共同努力！

（七）
陇川县人民政府关于请求搬迁县城的请示

德宏州人民政府：

党的十一届三中全会以来，政治经济体制的改革深入发展，陇川县在各级党委、政府的领导下，以改革开放为动力，以经济建设为中心，因地制宜地大力发展工农业生产和第三产业，使全县的社会经济文化事业有了较快的发展和提高，充分调动了各方面的积极性。但由于县城所处地理位置诸多不利因素的影响，严重制约了陇川县城的经济发展和市政建设，给行政管理等方面带来了极大的不便及资金的耗费。因此，县城及早搬迁，既是陇川县当前急待解决的问题，也是今后市政建设、经济建设长足发展的需要。为此，特向州人民政府报告，请求将县城由城子镇迁至章风镇。

一、陇川县概况

陇川地处东经97° 31′ —98° 17′ ，北纬24° 08′ —24° 39′ 之间，是祖国西南边疆一块富饶、美丽、神奇的地方。陇川是一个历史悠久，文化源远流长的少数民族聚居区。“陇川”一词傣语意为太阳照耀的地方。陇川历史上为封建领主、山官统治。1950年5月解放，同年成立陇川工作委员会，1951年12月21日成立陇川各民族联合政府；1958年10月同瑞丽合并；1959年9月重置陇川县、从1953年至今，隶属德宏州管辖，全县辖4镇8乡，1个国营农场，20个办事处、49个行政村，650个村民委员会、645个自然村，全县总面积1931平方公里，1995年全县总人口154846人，以傣族、景颇族、德昂族、傈僳族和汉族等民族为主体民族，少数民族占全县总人口的55.2%。国民生产总值37240万元，工农业总产值44432万元（其中：工业24667万元，农业19765万元），农村经济总收入17825万元，农村人均纯收入886元，社会消费品零售总额11110万元，国境贸易进出口总额35126万元（其中：大贸21099万元），财政收入3329.7万元，银行存款余额21448万元，银行贷款余额35237万元。陇川与缅甸山水相连，国境线长50.9公里，是古南方“丝绸之路”的重要通道。

二、搬迁理由

（一）、城子镇乃作为县城的不利因素。县城驻地城子镇，位于陇川坝子东头，界于北纬24° 21′ ，东经87° 51′ ，东靠邦瓦山梁，南连塞号、姐乌两乡，西邻户撒山梁，北接清平乡。县城海拔980至1050米，坐东向西、居高临下，后有高山，前向平坝。

历史上的城子镇，解放前为土司衙署所在地，解放后成为陇川县城，驻有县级党政军机关及其职能部门、人民团体等众多单位。解放初把县城建在城子，对于搞好民族团结、稳定边疆、巩固国防起到了积极作用，符合当时的历史条件。党的十一届三中全会以后，党的中心工作转移到经济建设上来，随着改革开放的向前推进，县城越来越不适应新的形势需要，突出的问题是：

1.交通闭塞，影响信息、物资、资金、人员的流动和周转速度，制约着全县经济和社会的发展。

目前，到陇川县城的道理有三条：一条是从瑞丽市进入章凤镇，再从章凤镇经景罕镇、塞号乡北上26公里到县城，这条道路是主干道；二是从盈江县进入户撒乡，再从户撒经陇把镇东行52公里到县城；三是从梁河县进入护国乡，再从护国经清平乡南下47公里到县城。故此，县城所在地是一个交通上的盲肠地段——死角。县城进出的物资都必须绕道章凤，调出的物资主要是粮食、农产品、调入的主要是农资、建筑材料以及工业消费品和日常生活用品，此地基本上处在一种封闭式的农村市场经济。由于县城在陇川全县的政治地位，大量的物资、资金、信息、人员又不得不往返城子镇，迂回流动周转，造成了很不必要的浪费，制约着全县经济和社会的发展。

2.不是全县经济中心，缺乏经济发展后劲。陇川工业主要分布在景罕镇、陇把镇、章凤镇。农业的大头也在这三个镇，章凤还是省级口岸，是边贸物资流通的集散地，中缅通往东南亚和南亚地区的重要通道之一。而城子镇发展经济缺少必要的条件，缺乏后劲及吸引力。

3.现在的县城驻地，地形狭窄，制约城市建设。县城现有总面积约2平方公里，主要分布在山梁子上，左右均为低洼地带，有一条长2130米的主街和2160米长的公路相接，从头至尾贯穿全城；众多的机关单位和学校、医院肩比肩地沿主街和公路一字摆开，形成一个狭长、分散而且高低不平的山城。东、南、北三个方向均为险山低洼，原城镇总体规划4.6平方公里，必将占用农田3000多亩、606户2808人将失去土地（邦瓦乡、城子镇的12个村社），这是当地少数民族群众所承受不了的。

4.政治中心和经济中心分离，导致机构设置重叠，重复建设，人员力量分散，指挥调度不灵，人力流、资金流、物资流迂回往返，效率低下。

鉴于县城位置的多方面弊端，历届县委、县政府均多次提出县城搬迁或城址下移的方案，只因种种原因未能付诸实施。现经县委、县政府等领导班子再三研究和广泛的论证，大家一致认为县城搬迁势在必行，不仅必要，而且急需，迟搬不如早搬，迟建不如早建。

（二）章凤拟建新县城的有利因素

新县城拟建在章凤镇政府所在地章凤。章凤位于陇川坝子南端，界于北纬24° 12′，东经97° 48′，海拔950咪，东南同国家一级口岸至瑞丽市接壤，北连陇把、景罕两镇，西南与缅甸联邦陆地相连，国境线长16.3公里。全镇所辖七个办事处，总人口28351人。主要有汉、傣、景颇、德昂等九中民族，当地少数民族17010人占60%。章凤傣语意为“大象吼叫的地方”。是一个土地肥沃，风光绚丽，得天独厚的风水宝地。

1.章凤地处交通要道，具有得天独厚的区位优势。

章凤处于腾（冲）瑞（丽）公路与陇川至缅甸八莫公路的交汇处，与缅甸洋人街（雷基）同在一个平坝上，无天然和认为屏障。中缅两国山水相连，两国人民历史以就同走一条路，同饮一江水，同赶一条街。中缅边境贸易历史悠久。早在两千多年前，我国古代的“西南丝绸之路”（史籍记载为“蜀身毒道”），就是由四川到滇西，经腾冲、梁河、陇川出境过缅甸通往印度的。章凤与缅甸的“洋人街”咫尺相望，洋人街是缅甸的一个边镇紧靠边界，与章凤镇的拉影行政村同为一“城”（可拟建跨国边境经济合作开发区），沿公路向西行81公里即达缅北重镇八莫。

章凤属国家二级口岸，位于滇西开放区中央，南有瑞丽，畹町两个国家一级口岸，北有盈江、腾冲、片马三个国家二级口岸，是距离缅甸北部重要港口城市八莫最近的口岸，八莫，处于伊洛瓦底江、太平江、模雷江三江汇合地，风光绮丽，是缅甸物产资源较为富饶的地区之一，同时具备交通便利，市场广阔，资源丰富三大优势。本世纪二十年代英国人就修通了缅甸八莫至我国章凤的公路。由于政治等原因，章凤口岸曾一度冷落下来。自改革开放以后，随着边境贸易的恢复发展，章凤又出现勃勃生机，特别是一九九三年四月章凤至缅甸八莫公路的修复通车，章凤口岸引起了国内外客商的广泛关注，成为外来投资的重要热点之一。

县城搬迁章凤，将有利于大力发展中缅边境贸易；有利于发展转口贸易；有利于发展利用丰富的旅游资源。同时，利用章凤至八莫公路和伊洛瓦底江“黄金水道”，章凤口岸将形成“背靠大西南、面向东南亚”的发展势态。

2.边贸的发展和口岸的开发建设，带动了工农业生产和第三产业，使章凤成为全县经济、商贸活动的中心。

1985年全州开放为边境贸易区后，特别是1988年章凤设立经济开发区以来，陇川县委、县政府充分利用章凤特殊的地理优势——口岸区位优势，加大了对章凤产业结构的调整，制订了边贸产业倾斜的政策，发展和扩大优势产业。经过几年的发展，章凤已形成全县经济中心和商贸活动中心，带动了城镇建设的全面发展。

由于章凤镇处在交通要道和其独特的区位优势，1988年元月，经德宏州人民政府批准，成立了陇川县人民政府驻章凤办事处（副县级）。1993年7月又撤销县政府驻章凤办事处，成立了章凤口岸经济开发区建设管理委员会，负责对章凤口岸（城镇）进行规划、开发、建设和管理。1988年即对章凤原1平方公里总体规划调整为5.2平方公里，并做了部分详规。

1993年4月章凤至缅甸八莫公路修复通车以后，陇川县委、县政府又立足国内国外两个市场、两个资源基地，积极内引外联，加大招商引资力度，口岸共引进协议资金2亿多元，形成不动产或固定资产2.4亿元。资金的大量引进，使章凤的基础设施建设发生了巨大变化，一大批工商边贸企业和服务行业等二、三崛起，政治经济和社会事业得到长足的发展。

三、章凤设县城已具备的条件

（一）章凤土地宽阔，新县城不占粮田

1988年陇川县委、县政府对章凤做了总体规划5.2平方公里，与章凤镇旧区相连为一个整体，可建成能容纳10万人口的中等商贸城市。新辟4平方公里全为荒山、旱地地质结构好，是一大片二台地，不占粮田，没有居民要搬迁，基本上是在白纸上描绘蓝图，是新县城理想的地址。

（二）基础设施建设初具规模

1.街道：投资近1200多万元，改造章凤街完成16800平方米柏油路工程；拓宽改直贸易大道，完成25200平方米柏油路工程；新建文化路、建设路、团结路、公园路、屯新路、开发路、青年路、环城东路等八条大道（沙石路面）全长10余公里。城镇道路网络骨架已基本形成。拉影经济试验区完成了中路、南路、北路、中缅街以及一、二、三条横路共七条街道的沙石路面建设。

2.供水：建有一个日处理供水5000立方米的章凤水库自来水厂，可供10000余人饮用水。

3.供电 ：扩建原陇川户撒河电站，现有发电量为1.15万千瓦/小时；章凤道路两旁均架设有输电线路及路灯。

4.通讯：建有7250线程控自动电话、传呼、移动电话的现代通讯网络，能够直接与国内国际联系。

5.集市：有传统的章凤街市，还新辟一个2800平方米的弄门农贸市场，建盖货棚50间，单悬式货摊60平方米，铺筑成柏油路面。

6.房地产：征用土地855000平方米，开发建设项目45个，完成房屋建筑面积320000平方米，完成投资1.2亿元。据不完全统计，自1988年以来，居民住房数量猛增，达420户，建筑和面积63000平方米，投资约1900万元。

7.文教卫体等社会事业：投资1300万元重建了章凤中学、章凤中心小学、弄门完全小学；综合体育运动中心一个，电影院二个，医院二个；有电视差转台和卫星闭路电视。

8.绿化美化：建有象征章凤的“三象塔”标志及街心花园；在章凤街、贸易大街、贸易大道等两旁栽种具有热带风光的人行道树木，有一个水库森林公园。

（三）一批管理部门设在章凤或建立了相应的机构。随着章凤口岸的建设与发展，海关、卫检、商检、动植检、边防等联检部门已设在口岸章凤。外事办、边贸局、旅游局、开发委等政府部门原来就设在章凤；中国银行、工商银行、建设银行、物资局、安全局、民委等部门已搬至章凤，生活条件也已具备；粮食局、邮电局、公安局、商业局、供销联社、县委办、县政府办、宣传部、组织部、统战部、侨联、纪委、计生委、民政局、广播电视局、乡镇企业局、林业局等单位在章凤设有办事处机构。开发委和各单位开发建设了一批住宅。

四、县城搬迁的必要性和紧迫性

（一）经济中心与政治中心的分离，严重影响对外开放的进一步发展。

章凤现已成为陇川县的经济、文化中心，两地相距26公里，给工作造成极大不便。章凤仅是一个县属镇，行政建制设置的主要力量都摆布在以政治中心的县城，章凤经济发展起来以后，金融、工商、税务、财政、邮电、安全、公安、外事、土地、城建、旅游、边贸、民委、政治等方面的工作又集中在章凤，而章凤又没有与之相适应的管理职能机构，使边境贸易和第二、三产业的发展受到极大制约。这样就势必造成机构重叠，人员分散、两头办公，指挥调度难度增大。虽然通过努力，这几年已有二十多个管理机构在章凤办公，但住房和家属大多数还在县城，有的已搬家到章凤住，但办公地点还在县城，有的天天跑章凤办公，晚上回县城，有急事时，人根本找不着，影响了工作及办事效率。在陇川办事要两头跑，有时要往返多次，外来客商觉得合作办事很不便利，人为地影响了章凤边境口岸优势的发挥和对外开放的进一步发展。

（二）历史发展的客观要求，决定了县城搬迁的必然性。

从陇川的现状看，由于人口不多，加之建设分散，难以形成规模市场，难以适应市场经济发展需要。章凤，由于口岸、边贸的崛起和发展，带动了工业以及第二、三产业和城镇基础设施建设，幢幢高楼拔地而起，南来北往的游客、商人络绎不绝，街上车水马龙，一派欣欣向荣的景象，章凤镇已逐步成为一个繁荣兴旺的边境新城；而县城所在地城子镇，由于交通闭塞，信息不灵，城镇基础设施建设缓慢，工业发展迟缓，第二、三产业十分萧条，几十年如一日变化不大，整个县城显得冷冷清清，与我国新时期的现代化建设，与改革开放的市场经济旋律极不协调。

章凤作为全县交通、经济、商贸和金融活动的中心，国内外客商前来经商、投资也都在章凤洽谈生意，确立投资项目，陇川县大型的招商引资会议、经济工作会议、各种层次的接待工作都在章凤举行，为了适应经济和社会的新形势，陇川县党政主要领导坐阵章凤办公。金融、财税、工商、边贸、旅游、土地、城建、公安、安全、政法等二十多个管理职能机关已在章凤办公。

（三）陇川县经济和社会的进一步发展，迫切需要解决县城搬迁章凤的问题。

章凤作为全县经济的中心，经济发展迅猛，地位举足轻重。1995年边境贸易进出口总额已达3.5亿，比十年前的1985年增长24.6倍，实现财政收入1331.88万元，占全县财政收入40%，现有工业企业28个，工业总产值4933.4万元，占全县工业总产值的20%；农业，章凤是全县大户，粮食产量和甘蔗、油菜等经济作物历年来均属十二个乡镇首位；邮电通讯十分发达，陇川县7250线程控自动电话、800兆移动电及中文寻呼台大楼，就建在章凤；全县十余座宾馆旅店全部在章凤，全县运输、饮食、娱乐等服务行业有65%集中在章凤。

再观县城所在地城子镇，没有口岸和通道优势、边贸空白、资金市场贫乏，流动人口极少，市场容量狭窄、劳动市场空白，总产值仅占全县的12.7%。

党的中心工作转移到经济建设上来以后，城子镇作为县城所在地已经不适应发展的需要，县城搬迁章凤已是大势所趋，顺理成章的事。

陇川经济和社会的发展得益于章凤口岸的开发和边境贸易的崛起。口岸、边贸更高层次的发展将进一步推动陇川经济和社会发展。目前，章凤口岸虽然已初具规模，但通道、货场、街道、供水、排污、绿化等基础设施还有待完善。县城搬迁章凤将大有利于边贸口岸的开发建设，使边贸口岸向城市化发展，充分利用国内国外两个市场、两个原料基地，走一条“以贸兴城，以城促贸”，贸工农相结合发展的新路子，充分发挥章凤口岸这一窗口和桥梁的作用，使之牵动全县经济和社会的全面发展。

（四）利用口岸通道的优势，把章凤新县城建设成为连接我国大西南内陆与东南亚欧非大陆相连接的新兴边境城市。

章凤处于德宏州西南部，与畹町、瑞丽构成一个三角形，紧靠着缅甸的雷基（洋人街），是德宏州主要的边境贸易区，利用贸易窗口这一优势，把陇川县城搬迁章凤，集全县政治、经济、文化、教育、交通等优势为一体，以贸兴城，以城促贸，贸工农相结合发展，加速口岸城市化建设步伐，对内发挥城市功能，带动全县经济发展；对外发挥窗口桥梁作用，参与世界的经济大循环，把章凤建设成为具有内外功能的边境城市。

五、搬迁经费

主要靠自筹和引资两种渠道解决。

六、搬迁时间

争取用三年搬迁完毕。

以上报告，如无不当，请转报省人民政府。

（八）
国家民政部关于陇川县迁移章凤的批复
（1998年4月29日）

云南省人民政府：

你省《关于请求将陇川县县城从城子镇迁移至章凤镇的请示》（云政发【1996】229号）及有关补充报告收悉。经国务院批准，同意将陇川县人民政府驻地由城子镇迁至章凤镇，搬迁所需经费由你省自行解决。

（九）
陇川县人民政府关于县城搬迁验收会议纪要
（2001年12月17日）

2001年12月12日至13日，根据省人民政府批示，省州陇川县城搬迁验收组在陇川县综合办公楼召开验收会。会议由省建设厅规划处处长韩先成主持，省建设厅副厅长冯志成、德宏州人民政府副州长杨俊忠出席了会议，省建设厅、省计委、省财政厅、省民政厅、州建设局、州计委、州财政局、州民政局、州土地局的领导，陇川县委、县人大、县政府、县政协、县城搬迁指挥部及政府办、城建局、计委局、财政局、民政局、土地局的领导出席了会议。现将会议有关事项纪要如下：

会议认为，陇川县城搬迁的决策是正确的，搬迁的效果是好的。整个搬迁工作始终严格按照新县城总体规划实施，尤其是1.4平方千米的中心片区。经过几年的建设、搬迁，新县城已基本能满足陇川县最基本的社会经济发展需要，完成了勐宛路、同心路等十多条城市道路的兴建和改造，路基工程15275.69米，路基挖填土方619265立方米，排水管24551.38米，投资5736.75万元；完成了市政综合办公楼、陇川会堂等公共设施，建筑面积109059.76平方米，投资5788.79万元；完成职工住宅683套，建筑面积66329.9平方米，投资3651.86万元；完成绿化面积6万平方米，种植树木1.7万株，投资200多万元；勐宛路南延线等在建项目中，完成建筑面积9070.8平方米，投资640万元。在县城搬迁过程中，也存在着一些问题。部分搬迁项目漏项，未列入搬迁计划，增加了投入；州、县财政困难，4000万元的配套资金仅到位935.611万元；国家开征建设用地有偿使用费，使土地征用补偿费翻了一倍；国家工程结算定额调整，增加投资的5%；商业街规划不到位；城市绿化规划不到位。存在问题的原因是多方面的，既有国家政策变化的原因，也有因工作方面或自身财力的原因，这些存在的问题，今后将切实加以解决。

会议建议，陇川县委、县政府在县城搬迁后续工作方面重点抓好几项工作：一是资金配套问题，尽快向省人民政府写一份专题报告，实事求是的说明德宏州及陇川县因边贸下滑、糖价不好等多种原因，财政十分困难，无法配套剩余的3000多万，至使部份工程无法完工，请省人民政府给予解决；二是项目漏报问题，如自来水厂，应尽快补报；三是项目预算偏低问题，如垃圾处理场，80

万元是不能达到一定档次的，最起码是250万元左右，才能达到无公害处理要求;四是未列项但属对社会经济发展有较大影响的工程，如勐宛路南延线，也要形成专题报省人民政府，争取支持；五是绿化问题，要认真研究和规划，做到管理上少花钱，又不失陇川特色，应尽量少种草皮，多种一些具有陇川特色的花木；六是商业街区问题，要认真规划，空间不宜太大；七是建筑物民族特色问题，在建项目必须要具有主体民族特色。

会议决定，通过对陇川县城搬迁项目的实地查看、查阅资料、听汇报，原则上通过陇川县城搬迁验收。

（十）
陇川县人民政府关于章八公路建设研讨会的纪要
（2004年11月18日）

2004年11月17日上午，县人民政府召开章八公路建设研讨会，参加会议的有县委书记宋雨发、县长孔勒干、县人大副主任张保健、副县长雷天四、县政协副主席们发忠，县外经贸局、交通局、外事侨务办公室等有关单位领导。会上，县长通报了赴缅签约的有关情况；县委、人大、政府、政协及部门领导都分别在会上发了言。会议由县长孔勒干主持。

会议认为，章八公路的建设是全县各族人民盼望已久的大事，公路建成后对推动陇川县的对外贸易，扩大对外开放，具有十分重要的意义。同时有利于加深和巩固中缅两国人民胞波情谊，增进友好交往，推动中缅两国经济社会发展。

会议决定，县委、政府成立章八公路建设领导小组，下设指挥部，成员从各有关部门抽调；外经贸、交通、外事部门要尽快同缅方沟通联系，对公路全程进行踏勘摸底，争取与章遮路同步开工建设；交通部门要抓紧办理章八公路建设有限公司的注册工作，公司性质为国有控股；各有关部门要加强项目申报工作，多渠道筹集资金，切实加大招商引资工作力度。

（十一）
中共陇川县委、陇川县人民政府
关于进一步扩大开放招商引资加快发展若干优惠政策的规定
（2001年2月15日）

第一章 总则

第一条 为了进一步改善投资环境，欢迎和鼓励国内、外的工商企业、事业单位、各类经济组织和社会各界人士（以下简称国内外投资者）到陇川投资，根据国家有关法律、法规和政策，结合我县实际制定本规定。

第二条 陇川县欢迎国内外投资者前来投资或与县内的企业进行各种形式的合作，所有投资者都可以享受本优惠政策，其合法权益受法律保护。

第三条　国内外投资者除执行国家、省、州人民政府有关优惠政策外，同时按本规定给予优惠。

以投资企业中的产品出口企业，先进技术企业，能源、交通、基础设施建设，资源开发和原材料生产企业、农业、牧业、林业、渔业企业给予特别优惠。

第四条　鼓励国内外投资者投资的重点领域（除国家产业政策严格禁止的外，对外来投资者，投资领域不受限制）

1、基础设施建设：公路、口岸、市政、能源、水利等；

2、农林牧业：生物技术、生物资源产业化开发、农业资源综合利用、种植和养殖业’

3、旅游业：景区景点深度开发、旅游产品加苛制造、配套旅游文化设施和宾馆酒店建设；

4、兴办各类加工企业；

5、创办商品市场和技术市场；

6、科技、教育、文化、卫生、体育；

7、进行房地产开发；

8、国有企业嫁接改造；

9、进行经济、技术、信息、人才交流；

10、服务业：国际经济、科技信息咨询、商业、外贸、旅行社等。

第五条　投资形式

1、合资、合作、独资；

2、参股、控股、联营、兼并、收购、租赁、托管或承包等；

3、项目融资和B O T方式；

4、转让经营权和收费权；

5、国际通行的其它外商投资方式。

第二章　土地使用优惠

第六条　国内外投资者投资项目可依法有偿取得土地使用权，优先安排土地使用指标。土地使用年限为：住宅用地70年，工业、仓储用地50年，教育、科技、文化、卫生、体育用地50年，商业、旅游、娱乐用地40年，综合或其它用地50年。期满后需继续使用的，可重新签约延长使用期。

依法取得土地使用权的用户，在使用期内，土地使用权地上设施可依法进行再投资、抵押、担保、出让、出租或用于其它经济活动。

第七条　对投资额达2000万元以上的工业、商业、服务业、旅游业项目所需土地，可免收土地出让金提供土地使用权；投资额在1500万元、1000万元、500万元；100万元以上的项目所需土地，政府相应按出让金总额的80%、60%、50%、40%给予优惠；对事关全县经济发展的重点项目和省级以上认定为“高新技术企业”的投资项目所需土地，免收土地出让金提供土地使用权。

对产品出口企业、先进技术企业、能源、交通、基础设施建设、资源开发、原材料生产的企业，投资额100万元以上的生产性企业，农业、牧业、林业、渔业企业，从开业年度起，免征土地使用费10至15年。

第八条 投资者兴办教育、科研、卫生、文化及其它社会公益事业的，无偿提供土地使用权，免征土地使用费。

第九条 对投资总额在100万元以上的投资者及高级职称的专家，在县城规划区内优惠提供250平方米自建住宅综合用地，并给予50%以上的出让金优惠。

第十条 签订土地使用出让合同并在当年开工建设的，若当年付清土地出让金确有困难，经土地部门批准，可先付出让金总额的60%，剩余部分按银行同期贷款利率利息，两年内付清本息。

第十一条 用于农业资源综合开发利用的项目，免交耕地开发复垦基金。

第十二条 国有企业嫁接改造项目，可以以行政划拨的方式将原企业的土地使用权转给新企业。

第三章 税收优惠

第十三条 对新办生产性投资企业，从投产之日起，3年内免征所得税，第 4 年以后根据经营情况给予优惠；土地使用税按规定3年内给予减免照顾。

产品出口企业按上述情况减免所得税期满后，出口产品产值达到当年总产值50%以上的，由企业申请，经税务机关批准，可以适当减征所得税。

第十四条 以新办、收购、兼并的生产性投资企业，从投产年度起，3年内缴纳增值税的地方25%部分的50%，由同级财政返还。

第十五条 为生产出口产品所需，进口原料和零部件，享受国家规定免征进口关税和进口环节增值税。对具备海关监管条件的，可申请设立“保税工厂”或“保税仓库”。对进口国内不能生产的样机、样品、试剂、仪器、设备等，经海关批准，免征进口环节增值税和进口关税。

第十六条 企业给职工的股份，凡再投入企业生产经营的，免征个人所得税；已分红或转让股份的，扫分红或转让金额计征个人所得税。

第十七条 外来投资者对县内亏损企业实行兼并，收购、联营、租赁、承包、合资生产高技术含量新产品或出口产品的，可享受新办企业优惠待遇，契税地方财政部分先征后返50%。

第十八条 吸纳本县下岗职工超过本企业人员总数60%以上的新办、收购、兼并企业，经县级地税机关批准免征3年企业所得税。

第十九条 新办投资企业发生年度亏损，可以用下一年度的所得弥补，下一纳税年度的秘得不足弥补的，可以逐年延续弥补，但最长不超过 5 年。

第二十条 凡在本县兴办学校、幼儿园、文化、科研、卫生等基础设施建设的企业，按规定3年内免征土地使用税。

第二十一条 上述税收优惠政策，符合多项优惠条件返回企业税收优惠政策的企业，只能按其中最优惠的一种执行，不能累加执行。

第四章　收费优惠

第二十二条　凡符合国家法律、法规、国务院及财政部、国计委及省政府、各部委明确规定的收费项目，一律按国家规定的最低标准征收。

国家和省、州明令禁止的行政事业性收费项目，已取缔的收费项目，任何单位不得以任何理由收取。县直部门自定的行政性收费项目，一律取缔。

第二十三条　对投资者统一实行《行政事业收费许可证》、“税费登记卡”、《经营性收费许可证》、“交费卡”交费及年度审验制度。

第五章　其他优惠

第二十四条　引进当地需要的县外专业人员，能工巧匠和国民教育大专以上毕业生自愿到我县企业工作的，除享受县内同类地区同类政策外，对其住房、家属落户、子女入学等给予照顾。

第二十五条　对外地到本地从事个体工商业和兴办私营企业的人员，在城镇有了经营证明及合法固定住所后，可办理城镇常住户口，同居住的直系亲属也可以随迁办理城镇常住户口。

第二十六条　经批准在小城镇落户的人员，与当地居民在入学、就业、服兵役、粮油供应、社会保障等方面享有同等权利，履行同等义务。对在城镇落户的人员，享受本县城镇居民待遇，并免收入城费用。

第二十七条　在陇川投资的国内企业人员，因商务和经济技术合作需要出境的，除国家另有规定者外，经申请由陇川县公安部门审批，办理一年内有效，可多次出境的中缅边境出入证件。

缅方投资商、华侨和边民需要到内地从事经济活动和其他事务的，经县外经贸部门出具证明，由陇川县公安局负责办理手续。

第二十八条　国内外投资企业在以下方面与当地企业和当地居民实行同等价格标准。水、电、气、通讯、交通等配套服务；金融、保险、法律、劳动用工、咨询、设计、广告宣传等社会服务；对商及其眷属和外籍员工，持有铲证件，在州内和省内的公共交通、文化娱乐、医疗卫生、子女就学、旅游服务等。

第六章　保障企业合法权益

第二十九条　凡在我县投资办企业的，申报文件有效、齐全，在7个工作日内办理完毕工商注册、税务登记等工作。

规划、土地、供水、供电、通讯、消防等部门，由县经贸委负责牵头，在5个工作日内完成审批、领证等有关手续。

对本县审批权限以外的项目，主管机关应在收齐全部文件之日起二日内转报上级主管部门审批。

第三十条　所有投资者、财产所有权和所获利润以及人身安全受国家法律保护。投资者和企业有权拒绝乱摊派、乱收费、乱罚款。其合法权益受到侵犯时，可依法向有关职能部门申请投诉。

外来投资企业违反有关规定时，行政执法部门应当先向企业提出警告，限期整改，超过限期不整改的，按有关规定给予行政处罚，坚决杜绝随意罚款。

第七章　引进资金、技术的奖励办法

第三十一条　奖励范围

1、从县辖区以外的企业、单位、个人和金融组织引进资金、技术与我县的国有、集体、个人采取多种形式进行合作或独资办企业，引进先进技术设备进行技术改造等。

2、以土地、设备、专利等作价入股的各种联合体，作价后均按外方超出投资部分。

第三十二条　奖励比例

1、引进无偿使用的资金，按引进数额的 8 %奖励引资者。

2、引进有偿无息资金的，按使用年限及数额奖励引资者；

使用一年的一次性奖励引进数额的2%；

使用两年的一次性奖励引进数额的3%；

使用三年的一次性奖励引进数额的4%；

使用四年的一次性奖励引进数额的5%；

使用五年的一次性奖励引进数额的6%；

使用五年以上的一次性奖励引进数额的7%；

3、引进有偿、低息资金的，按银行同期贷款利率测算后差额部分奖励引资者。

4、对于引进技术、设备及科技成果，对提供各类经济信息、技术咨询合理化方案，使企业获得显著经济效益的人员，可以本企业投产第一年新增的税后利润中提取10%的奖金一次性奖励给牵线搭桥的有功人员。

5、县内外单位（个人）协助县办工业、城乡集体工业等完成扩建、改建等项目并取得经济效益的，可按企业技改后投产第一年新增的税后利润中提取20%奖金一次性作为协助单位和个人的奖励。

6、在新建厂或企业技改过程中对提出合理化建议方案和改进技术、设备，减少投资的（通过技术部门鉴定，符合国家有关规定，并产生经济效益）按节约部分的20%进行一次性奖励。

7、凡牵线搭桥引进国内外投资者，直接来我县独资办企业的，给予引进人（含县内外单位及个人）按该项目投产后一年内实际缴入县财政的税收总额的10%的一次性奖励，奖励资金由县财政安排。

第三十三条　奖励资金审批程序和兑现办法

1、引进的资金必须到县经贸委招商引资部门注册，同时写出引资奖励申请报告，附件有引进资金的有关文件、合同、协议等批文及资金到位银行部门出具的证明和单位财务室出具的引资过程中所开支的费用证明，经招商引资部门批准后用资方提取奖励金给予奖励，审计、财会部门凭批件准予核销。

2、在引资过程中所开支的各种费用（含差旅费），在兑现引资资金时一次性冲抵，列为单位收入。

第八章　附则

第三十四条　本规定未列事项，按国家、省、州有关法律、法规、规章执行。

第三十五条　过去的规定与本规定不一致的，以本规定为准。

第三十六条　本规定由陇川县人民政府负责解释。

第三十七条　本规定从公布之日起执行。

二、县情增录

（一）2006～2016年新设科级机构一览（含撤并、划转、新组建单位）

序号	新组建机构	组建时间	备注
1	县政府蔗糖生产办公室	2006年3月30日	
2	县外事办	2007年5月	
3	陇川县人事局 陇川县劳动和社会保障局	2007年7月	陇川县人事劳动和社会保障局分设
4	县纪委监察局第一至第六纪工委监察分局	2009年2月11日	
5	县政务服务中心	2010年8月2日	2011年12月14日改称县政务服务管理局
6	县公共资源交易中心	2010年10月25日	
7	中共陇川农场委员会、 陇川农场管理委员会	2010年11月29日	由农垦系统改制组建
8	工业和商务局	2010年11月17日	
9	人力资源和社会保障局	2010年11月17日	
10	县住房和城乡建设局	2010年11月17日	
11	县环境保护局	2010年11月17日	
12	县卫生和人口计划生育局	2010年11月17日	
13	县文体广电旅游局	2010年11月17日	

续表

序号	新组建机构	组建时间	备注
14	县食品药品监督管理局	2010年11月17日	省垂直单位划入
15	县群众工作局	2011年8月4日	
16	非公有制经济组织和社会组织工作委员会	2012年10月19日	
17	陇川县发展生物特色产业领导小组办公室	2012年11月23日	
18	陇川新闻出版（版权）局	2012年12月11日	
19	陇川县工业园区管理委员会	2013年7月15日	
20	陇川县金融办公室	2013年8月21	
21	陇川县麻栗坝水库管理局	2013年8月21	德宏州麻栗坝水库管理局整体划转
22	陇川县预防腐败局	2013年11月16日	
23	县外事和商务局	2015年3月2日	
24	县工业和信息化局	2015年3月2日	
25	县外事和工业商务局	2015年10月27日	由外事和商务局、县工业和信息化局合并组建
26	县市场监督管理局	2015年10月28日	由县食品药品监督管理局、县工商行政管理局、县质量技术监督局合并组建
27	陇川县外事办公室、陇川县工业和商务局	2016年9月1日	由陇川县外事和工业商务局分设

（二）2006～2018年陇川县四大机关领导名录
（排名一般以任职先后为序）

1.中共陇川县委

届次（时间）	书记	副书记	常委（含增补）
第九届（2003.1—2006.6）	柳五三 宋雨发（接任）	毛勒端 许贵宋 杨跃国 王绍昆	孔勒干 向传贵 刀承祎 许毅刚 岳麻空 刘桢梅 黄德明 梁耀昌 徐成周 党宽利 王根顺 排正有
第十届（2006.6—2011.6）	杨世庄	孔勒干 刀承祎 李正环 多守辉 陈绍昌	张开家 尹银胜 排正有 何 华 谭先权 杨 杏 陈绍昌 李兴庄 张益伟 曾安祥 多守辉 董 云 肖 章 王永山

续表

届次（时间）	书记	副书记	常委（含增补）
第十一届（2011.6—2016.6）	杨世庄 李正环　（接任） 李林山　（接任）	李正环　郑洪云 何　华　寸待纯 何　方　龙　岗 张文芝　蒋一虹 闫争亮　周　远	李兴庄　王永山　李映杰　李益民 冯祖懿　肖　章　排雪梅　常枝旺 任祖荣　彭柱文　张树保　滕　杉 杨旺保
第十二届（2016.6—　）	李林山	郑洪云　寸待纯 周　远　周　劲	张树保　常枝旺　滕　杉　杨旺保 张　波　李　宏　白珊珊

2.陇川县人大常委会

届次（时间）	主任	副主任（含增补）
第十四届（2003.2—2008.1）	板岩过 许贵荣（接任）	杨小行　张保健　何勒崩　杨　杏 翟元章　李维献
第十五届（2008.1—2013.1）	刀承祎 多守辉（接任）	何勒崩　翟元章　许连昌　雷天四
第十六届（2013.1—2017.1）	多守辉 冯祖懿（接任）	谭永辉　许本学　董树保　杨海莲
第十七届（2017.1—　）	冯祖懿	许本学　董树保　排有明　孔润琴

3.陇川县人民政府

届次（时间）	县长	副县长（含增补）
第十四届（2003.2—2008.1）	毛勒端 孔勒干（接任）	孔勒干　刘　梅　管国芳　雷天四　於会荣　杨世彪 多守辉　张天明　杨　杏
第十五届（2008.1—2013.1）	李正环 郑洪云（接任）	张益伟　李兴庄　李维献　杨　刚　李益民　张福鸾 毛从祥　奎　伟　任祖荣　刘　鹏　何胜富
第十六届（2013.1—2017.1）	郑洪云	李益民　常枝旺　张福鸾　杨德恒　何胜富　刘　鹏 吴新兵　张　捷　马勋补　王江峰　李二喊过 杨加良　肖国宏　赖正张　余　虎　陈绍林
第十七届（2017.1—　）	郑洪云	常枝旺　余　虎　赖正张　杨加良　岳早扎　陈　玲 陈绍林

4.政协陇川县委员会

届次（时间）	主席	副主席（含增补）
第十二届（2003.2—2008.1）	尹以稳	刀小阮　谭木坤　们发忠　何干桑
第十三届（2008.1—2013.1）	杨　杏 陈绍昌（接任）	们发忠　何庆国　杨德恒　廖晓腊　谭永辉
第十四届（2013.1—2017.1）	陈绍昌	廖晓腊　排有明　崔学舟　徐斌黎
第十五届（2017.1—　）	陈绍昌	普　丽　崔学舟　毛永军　杨廷荣

（三）2006~2016年全县大事纪略

2006年

2月16日　云南省副省长高峰到陇川调研教育工作。

2月20日　由国家禁毒委员会副秘书长刘跃进、国务院办公厅秘书三局副处长梁竟阁等组成的禁毒督导工作组到陇川督导禁毒工作5月20日　陇川县阿昌族户撒刀锻制技艺和景颇族目瑙纵歌经国务院批准列入第一批国家级非物质文化遗产名录。项老赛等人被列为第一批国家级非物质文化遗产项目226名代表性传承人名单。

4月26日　云南省妇联参与新农村建设暨禁毒防艾工作德宏现场会陇川分会场在城子镇曼冒上寨坝村民小组妇女之家（学校）召开。全国妇联书记处书记甄砚、发展部部长崔郁，省妇联主席、副主席和省公安厅、省综治办、省教育厅、省司法厅、省扶贫办、省卫生厅、省水利厅、省农业厅、省平安创建办等相关部门领导，全省各地州市县妇联主席和州四套班子领导，州直相关部门，县四套班子领导共150多人参会。

5月20日　“景颇族目瑙纵歌”、户撒刀锻制技艺经国务院批准列入第一批国家级非物质文化遗产名录。6月17日　国家卫生部艾滋病专家委员会委员一行14人，到陇川县调研艾滋病防治工作。

6月7~9日　中国共产党陇川县第十次代表大会在章凤召开。共选出大会代表288人，代表全县283个党支部，5717名党员。实际出席会议代表271人。大会听取并审议了县委工作报告；选举产生中共陇川县第十届委员会委员25人、候补委员4人，选举生产出席德宏州首次党代会的代表53名。在十届县委第一次全体会议上，选举生产县委常委11人，选举书记1人、副书记2人，书记杨世庄，副书记 孔勒干（景颇族）、刀承祎（傣族）。

6月8日　勐约乡人民政府被省委、省人民政府评为省“十五”扶贫开发先进集体。

6月17日　卫生部艾滋病专家委员会委员有关领导、专家到陇川县调研艾滋病防治工作。

8月8日　省政府副省长孔垂柱率有关部门领导到陇川检查水库建设情况。

8月18日　陇川农场中学、中心小学及所属分场小学正式移交陇川县人民政府管理，中心小学校址迁往原陇把镇中学。中学改名为陇川第三中学，校址为农场中学原址。

8月　龙江水电站枢纽工程开工建设。龙江库区涉及陇川县的勐约乡、王子树乡移民搬迁安置30个村小组、705 户、2292人，生产安置人口454户、1834人，外县搬迁入我县的移民170户680人。移民安置由陇川县组织实施。

10月8~31日　陇川县“中晟杯”篮球联赛在县体育馆举行。来自全县的32个代表队和瑞丽市的3个代表队436名运动员参加。

10月　全州老年人桥牌邀请赛在章凤举行。州内11支桥牌队，44名运动员参加比赛。

11月30日　文化部社图司民文处副处长孙凌平、省文化厅社文处副处长蔡永辉一行到陇川县就景颇族“目瑙纵歌”和阿昌族“户撒刀”2项国家非物质文化遗产的保护和规划进行调研。

12月6日　省人大代表一行到户撒乡邦敖村民小组视察新农村建设情况，接着又到陇把镇户岛村民小组视察该村发展特色产业枇杷生产情况。

同月　云南省首条自驾车旅游环线在陇川县户撒乡休息站开工建设。

同年　陇川县将原陇川一中高中部下迁章凤，与陇川二中合并成立新的陇川一中。

2007年

1月1日　陇川县正式启动实施新型农村合作医疗制度。截至年末，全县参加新型农村合作医疗的农民12.2万人，参合率89.45%，筹集参合基金122万元。

1月5日　陇川县大型生态化城市生活垃圾处理厂开工建设。该厂距县城3千米，总投资2500多万元，占地面积97亩，绿化率达27.88%，库容量34万立方米，日处理垃圾量50吨，使用年限为20年。

1月8日　陇川糖厂3000吨技改扩建工程竣工投产。同年8月，该厂生产的“云兰”牌白砂糖产品被中国市场品牌保障中心、中国市场品牌战略管理联合会授予“中国名优产品”称号。

1月30日至2月2日　德宏州首届农民体育运动会在陇川隆重举行。本届农运会共产生47块金牌，陇川获10块。

2月6日　陇川县正式启动“农信通”服务工作，为农村构建信息致富之路。

3月1日　美国浩德国际儿童服务中心副总裁卡诺女士到陇川调研，并签署了资助陇川县受艾滋病影响儿童合作项目协议书，协议资助150名特困孤儿。

3月10~19日　陇川县举办首届“天成杯”乒乓球运动会，来自北京、大理及德宏州的71名乒乓球业余运动员参加角逐。

4月16日　陇川县姐乌沥青公路改造工程正式开工建设。该工程在老弹石路的基础上沿线改造进行，全程总长16.31千米，工程预算总投资1067万元，拟于6月底完成全部工程。

4月17日　云南省委常委、省纪委书记、省边防委主任李汉柏一行到陇川就边防、部队建设情况进行调研。

4月26日　麻栗坝水库工程拦河大坝正式封顶。

5月初　陇川林权制度改革工作全面启动，到2009年12月基本完成主体改革任务。全县集体林面积为126.99万亩，除划入瑞丽江湿地保护区的20万亩外，其余的106.99万亩全部参加林改，其中公益林21.08万亩、商品林86.59万亩。全县9个乡（镇）除勐约乡属瑞丽江湿地保护区暂不均山到户外，其余8个乡（镇）68个村委会均参加林改；737个村民小组中参加林改的548个，占74.35%；参加林改农户25732户，占全县农户总数的85.05%，参加林改人数12.4万人。

5月9日　陇川县召开全县平安创建工作会，全面启动 “平安县”创建活动。陇川县是2007年省委、省政府确定的40个创建平安重点县及州委、州政府确定的3个重点县之一。

5月17~19日　省政协副巡视员云南爱德项目办公室主任叶晓祥一行到章凤镇考察项目工作。

5月20日　陇川县青年志愿者“三下乡”暨首届国际艾滋病烛光活动在陇把镇吕良小学举行。

6月4日　全州防治艾滋病工作推进大会在陇川召开。州、县相关领导，医院及相关成员单位负责人共计100余人参会。

6月9日　中央统战部副部长胡德平一行到陇川县章凤镇拉勐村考察，详细了解当地群众的生活生产，现场听取县、乡、村关于开展禁毒和防治艾滋病工作的情况汇报。在陇川县第二小学，看望慰问了该校的艾滋遗孤。

6月17日　陇川县“7乐彩”喜中一等奖一注56万元。

7月6日　陇川县龙宝茧丝绸有限责任公司正式挂牌成立。该公司计划投资6000万元，实行“公司+基地+农户”的服务网络体系。年内，全县发展桑树300多亩，蚕农40多户，种桑示范基地40亩，第一批蚕农的蚕茧已开始交售。

7月13日　爱德基金会援助陇把镇社区发展和艾滋病防治项目正式启动，项目总投资920万元，其中爱德基金会无偿援助540万元。

7月18日　云南省委常委、省政法委书记、省公安厅厅长孟苏铁率省委、省政府督查组一行在州党政领导的陪同下，到陇川县检查禁毒防艾、兴边富民等工作。

7月20日　《陇川年鉴》创刊，年底正式出版发行。

7月　陇川降雨量达291.22毫米，导致南宛河上游、麻栗坝水库水位上涨，河堤多处决口，农作物受灾1846公顷，绝收565公顷，民房倒塌16户48间，损坏288间。受灾人口2.99万人，因灾死亡1人，伤病118人，紧急转移安置270人，直接经济损失1867万元。

8月11日　经中国驻缅使馆与缅甸政府协商，被缅甸拘押的64名中国公民从陇川县章凤口岸返回祖国，并签署移交协议书。

10月10日　中共云南省委常委、统战部部长黄毅率省民宗局、省民委、省佛教协会、省基督教三自爱国会等部门到陇川县考察民族宗教工作。

11月26日　陇川县举行民族英雄早乐东塑像开工仪式。塑像总投资93万元，将于2008年春节前完工。

11月29日　全国政协常委、民革党中央副主席朱培康到陇川调研。

同年　陇川正式启动了“门诊统筹＋住院统筹”模式的新型农村合作医疗制度，当年有12.2万农民自愿参合，参合率88.5%。

2008年

1月1日　受缅甸商务部驻雷基特派办主任吴丹温的邀请，县商务局、县外事办相关人员到缅甸雷基市与雷基市市长登梭、口岸部门负责人及驻军官员就境外替代种植、公路养护、口岸便利化通关等方面进行会谈。

1月9~12日　政协陇川县第十三届委员会第一次全会在章凤召开。本次大会应到委员175人，实到163人，特邀64名。大会听取和审议了《政协工作报告》《政府工作报告》等报告；选举产生新一届政协常务委员会委员21人，选举主席1 人副主席4人、秘书长1人。

1月13日　陇川（陇把）糖厂发生“1·13”群体性事件。陇川农场部分职工因不满陇川糖厂甘蔗收购价过低以及其他原因，于1月13日至19日聚集700余名农场职工到陇川糖厂大门，阻止糖厂车辆出入。致使陇川糖厂停榨7天，造成直接经济损失975.6万元，其中糖厂停榨损失910万元，蔗农已砍而未能入榨的甘蔗3201吨，经济损失65.6万元。

1月14~18日　陇川县第十五届人民代表大会第一次会议在章凤召开。本次大会应到代表159人，实到158人，列席146人。大会听取和审查了十四届县人民政府工作报告、第十四届县人大常务委员会工作报告、法院工作报告、检察院工作报告；审查和批准了计划执行报告和财政预算执行报告。大会选举产生县人大常委会委员16人，选举主任1人副主任4人。选举产生第十五届县人民政府县长1

人、副县长6人，县长李正环，副县长张益伟、李兴庄、李维献、杨刚、李益民、张福鸾。

1月22日　外交部边海司司长宁赋魁一行，到陇川县调研边境界务工作。

2月5~6日　公安部部长孟建柱、副部长张新枫一行到景罕镇朋生一队就禁毒防艾工作进行视察。

3月31日　国务院总理温家宝到德宏视察工作，陇川县农民代表石小崃、村医尹祖鸾作为基层代表参加座谈会。

4月13~14日　陇川县出现不同程度雷雨大风天气，全县9个乡镇受灾。造成民房倒塌、倾斜240间，受灾158户718人，因灾死亡1人，直接经济损失458万元。

5月8日　全州桥头堡建设与交通跨越式发展工作会议在陇川召开。

7月8日　中共云南省委副书记李纪恒到陇川调研“兴边富民工程”和新农村建设情况。

7月13~15日　全国政协副主席白立忱率全国政协经济委员会“加入WTO新时期对外开放发展战略”专题调研组一行25人到陇川县陇把镇邦弯村委会邦弯二队视察调研。

7月　根据《陇川县教育综合改革试点工作实施方案》《陇川县中小学人事制度改革试点实施意见》文件精神，教育局采用公开竞聘或考察两种方式重新聘任新校长，共公开招聘校（园）长11名。

9月3~4日　中央电视二台到陇川拍摄以目瑙纵歌为主的景颇族特色文化。

9月24日　陇川县召开表彰大会，表彰参加第十三届北京残奥会女子轮椅篮球比赛的运动员刘咪换。向她在残奥会上取得优异成绩表示热烈祝贺。

11月4~5日　云南省副省长孔垂柱率省农委、省政府办以及水利、农业、建设厅等领导一行8人到陇川县检查指导农业农村工作。

12月5日　全国工商联扶贫与社会服务部处长王世卫、中华红丝带基金秘书长宣国玺等到陇川考察中华红丝带基金项目。

12月16~18日　农业部副部长高鸿宾率国家兽医局副局长、中国动物疫病防控中心主任张仲秋、国家兽医局副局长张弘、国家农垦局副局长何子阳和云南省农垦总局局长杨焰平、省农业厅副厅长张泽军等，到陇川县调研农垦工作。

同年　陇川县城子镇曼冒村女子护村队队长、民间禁毒勇士景颇族妇女金木玲当选云南省改革开放30年十大感动人物。11月20日，颁奖仪式在昆明举行。

同年　开展森林资源二类调查。调查结果显示，全县林业用地面积181.86万亩，其中有林地169.68万亩、疏林地0.14万亩、灌木林地3万亩、未成林造林地4.54万亩、无立木地1.75万亩、宜林地2.75万亩、森林覆盖率61.3%。全县有商品林面积124.25万亩，公益林面积57.51万亩。

2009年

1月9日　上海民宗委民族二处处长姜东基、云南省民委经济处副处长陈新华到陇川就2008年上海对口帮扶德昂族发展项目进行调研。

2月18日　由省林业厅副厅长刘一丹带队的调研组一行，在州相关领导陪同下，到陇川县调研林业产业、林业科技和森林防火工作。

2月24~25日　在陇川县城子镇举行FXB项目受益家庭实用技术培训。FXB项目是由美国FXB慈善组织出资，陇川县妇联组织实施的全方位救助孤儿和弱势儿童的综合项目。

3月9日　云南省委常委、省委组织部部长辛桂梓到陇川调研基层党组织建设工作。

4月13日　全国人大民族工作委员会副主任牟本理一行到陇川调研民族工作情况。调研组深入章凤镇弄贯村委会滇丙村民小组，与村民座谈，察看了解村民的住房、饮水等情况。

5月9日　云南省商务厅副厅长朱晓阳到陇川县调研口岸工作。

7月29日　云南省人民政府副省长顾朝曦率队到陇川调研口岸建设和口岸出入境管理工作。

8月21日　2009年全国孤儿夏令营陇川县夏令营开营仪式在章凤体育馆举行。

9月1日　陇川县中心敬老院竣工验收投入使用。同月27日，来自全县9个乡镇的37位“五保”老人首批入院。

9月6日　陇川县举行腾冲至陇川二级公路开工庆典仪式。公路全长154.1千米，总投资11.9亿元。

11月7日　中组部党建研究所所长高永中率新疆、内蒙古、西藏、黑龙江、广西、辽宁等省、区、市组织部门领导30余人组成的边境地区党的基层组织建设调研组，到陇川县勐约乡勐约栋村民小组、章凤口岸、拉影边境检查站、章凤镇跌撒村委会南等村民小组等地走访调研。

11月19~21日　中央1台科教节目制作中心《天下大观》栏目摄制组一行3人，到陇川县户撒乡拍摄户撒刀王项老赛锻造、制作户撒刀专题片。

11月24日　国家商务部外贸司副司长文仲亮、海关总署缉通私局调研员张京、林业局国际合作司副处长夏军等一行调研组，在省、州领导陪同下，深入陇川县章凤口岸考察。

12月22日　陇川县高龄老人补助发放现场会在章凤镇户弄村弄英村民小组举行。据当年统计，全县共有80周岁以上老人1392人，其中百岁老人6人，每人每月享受200元长寿补助；90至99岁老年人158人，每人每月享受30元保健补助；80至89岁老年人1228人，每人每月享受10元保健补助。

2010年

1月1日　陇川县举行主题为“我运动、我健康、我快乐”的元旦越野赛跑活动，拉开了全民健身活动的序幕。

1月6日　云南省林业厅副厅长刘一丹率省林业厅科技教育处处长胡志林等到陇川调研集体林权制度改革、森林防火、木本油料建设、中低产林改造和林业产业等工作。

1月21日　陇川县城森林公园改造提升工程开工建设。改造提升工程投资2000多万元，规划建设景颇族民族英雄早乐东广场、晨曦广场、团结广场花园、休闲步道、拱桥以及亮化工程等，于2012年基本建成。

1月22日　外交部边海司司长宁赋魁一行陇川县调研边境界务工作。

2月4日上午　由国家民政部社会福利和慈善事业促进司司长王振耀带队的国家民政部新春慰问组一行到陇川县城子镇对32名艾滋致孤儿童、单亲儿童进行慰问，为他们送去总价值6400余元的棉被、牛奶、饼干、糖果等慰问品和慰问金。

2月10日　陇川县举行首批廉租住房配租入住仪式。首批入住36名保障对象。

2月26日　《德宏州陇川县章凤口岸经济区合作开发框架协议》签字仪式在芒市举行，县长李正环代表县人民政府与上海利峰乐置业有限公司总经理马利荣签署框架协议。

3月10日　瑞士银行家马丁·哥顿先生在陇川县景罕镇举行贝利·马丁基金会颁奖仪式，授予陇川县景罕镇广宋村村医尹祖鸾2009年度“贝利·马丁”奖。

3月11~12日　云南省水利厅副厅长、省防汛抗旱指挥部常务副指挥长谢雁琦及省防汛抗旱指挥部办公室副主任郭进贤一行，到陇川县检查指导抗旱救灾工作。

3月27~29日　陇川干旱，县气象局人工影响天气办公室在陇川境内实施人工增雨作业，截止29日12点，共实施增雨作业6次，发射增雨火箭弹18枚，作业后全县普降小到中雨。

4月9日　中共云南省委副书记李纪恒率领省委办公厅、省农业厅、省发改委、省扶贫办等相关部门负责人到陇川调研，检查抗旱救灾和春耕备耕工作以及基层党建工作，与各族干部群众共商扩大对外开放、促进兴边富民的思路、措施、办法。

4月9~13日　中央电视台少儿频道《芝麻开门》栏目摄制组一行4人，到陇川县拍摄景颇族目瑙纵歌系列（俗称东方迪斯科）专题片。

4月14日　陇川农场召开纪念湖南支边50周年暨《情撒边关》书刊出版座谈会。1959年至1960年，近900余名“三湘”儿女与来自各省市的农场职工一道融入了国营陇川农场的屯垦戍边工作。

5月7日　以国家民委政策调研室副主任王军为组长的国家民委调研组到陇川调研民族工作。

5月14日　省委常委、副省长李江到陇川调研地方中小企业发展、《劳动合同法》贯彻落实情况。

5月20日　以全国政协常委、提案委员会副主任、中共中央直属机关工委常务副书记孙淦为组长的调研组，到陇川县就“把云南建设成为我国面向西南对外开放重要桥头堡”工作进行调研。

5月28日　县委召开创先争优活动动员部署会，在全县党的基层组织和党员中深入开展创建先进基层党组织、争做优秀共产党员活动。动员会后，全县共有17个党委、43个党总支489个党支部、6582名共产党员参加创先争优活动。549个党组织和4500多名共产党员向党组织、向社会作出公开承诺。

5月　陇川县被国家民政部选为“中国儿童福利示范区项目”。

6月11日　陇川县在芒市会堂新闻发布厅召开打造“云南糖业第一强县”咨询汇报会，邀请德宏州部分相关领导及专家为陇川蔗糖产业发展出谋划策。

6月30日　中华全国供销合作总社党组书记、理事会主任李成玉到陇川视察基层供销社改革以及新农村现代流通网络工程实施情况。

7月8日　德宏州委、州政府在陇川举行章凤口岸经济区管委、云南金岸城市建设投资开发有限公司揭牌仪式。

7月14日　由国家民委、国家宗教局、国家发改委、民政部、广电总局等部门组成的国家桥头堡建设兴边富民调研组到章凤口岸调研。

7月21日　龙江水电站枢纽工程首台机组正式并网发电。

8月29日　陇川县首次公开选拔科级领导干部考试正式开考，全县264名符合考试资格的机关干部、教师参加9个科级领导岗位的考试。

9月29日　陇川县政务服务中心正式揭牌并投入使用，全县36个单位和部门进驻中心，设置18个服务窗口，实行“一站式”办公，提供“一条龙”服务。

11月1日　陇川县召开首届劳模和先进工作者表彰大会。3名劳动模范和4名先进工作者受到表彰。

12月20日　腾冲至陇川二级公路户撒隧道顺利贯通，隧道全长1599米。

同年　陇川县荣获云南省政府颁发的“2007～2009年度省级水利建设先进单位”称号。

同年　至9月25日，章凤口岸进出口货值首次突破10亿元大关，实现进出口总值10.47亿元，创历史新高，提前3个月完成全年目标任务。

2011年

1月6日　弄回水库开工建设。弄回水库是我县“十一五”规划申报实施的一项重点水源工程，集城镇供水、人畜饮水、农田灌溉为一体，总库容531万立方米，为小（一）型水库，概算总投资5300万元。

1月16日　陇川县教育局局长董保强当选“和谐中国·2010年度十大杰出人物”，到北京参加颁奖。

1月17日　农业部农垦局局长李伟国到陇川农场调研，就农垦体制改革等情况进行考察。

2月5~8日　陇川县受霜冻的影响，晾晒烟、冬玉米、马铃薯等冬季农业遭受严重灾害。据统计，全县农作物受灾10.12万亩，成灾7.34万亩。

2月12日　德宏州“兴地睦边”农田整治重大工程项目启动仪式在陇川县章凤镇拉勐村项目区举行。

3月10日　盈江平原镇发生5.8级地震，陇川县震感强烈。

3月17日　受社会上不实信息影响，全县出现食盐抢购风潮。

4月19~22日　四川知青王小川“梦回德宏”摄影作品展在陇川农场场部展厅展出。

5月22日　中共中央委员、国务院发展研究中心原主任张玉台，副主任、研究员韩俊一行到陇川县护国乡九年一贯制学校、城子镇中心卫生院、勐约栋村民小组进行考察调研。

5月　陇川县与湖北宜昌安琪公司正式签订了年产2万吨高活性干酵母项目投资协议。该项目总投资4亿元，其中固定资产投资3.2亿元，预计年产值5亿元，年创税7000万~8000万元，可提供400余个就业岗位。

6月10日　由国家发展改革委西部司巡视员费志荣率领的国家部委联合调研组，调研考察章凤口岸调研。

6月16~18日　中国共产党陇川县第十一次代表大会在章凤召开。大会应出席代表293名，实际出席287名。大会听取并审议了县委工作报告；选举出产生中共陇川县委第十一届委员会委员31人、候补委员4人。在十一届县委第一次全会上，选举产生县委常委11人，选举书记1人、副书记2人，书记杨世庄，副书记李正环、何华。

7月14日　云南省委副书记李纪恒率省委副秘书长林金宏、省住建厅厅长罗应光、省发改委副主任董继理、省民政厅副厅长杨利邦等领导到陇川县视察新农村建设及基层党组织建设工作。

7月28日　由云南省政协副主席顾伯平带队的“云南特有民族历史文化保护和利用”调研组到陇

川调研。

8月3日　由中联部副部长于洪君带队的中联部考察组一行，深入陇川县就口岸建设工作进行考察。

8月20日　中共云南省委常委、统战部部长黄毅一行调研组，到陇川广山景颇生态园、森林公园等地就民族文化产业发展工作进行调研。

9月18日　在省州相关部门负责人陪同下，住建部副处长贾四海到陇川县巡查保障性住房建设进展情况。据悉：2008年以来，全县保障性住房项目全部开工，其中新建廉租房515套2.58万平方米，新建公共租赁住房100套5000平方米，国有工矿棚户区改造新建住房104套7179平方米。

10月13日　省委常委、省委组织部部长刘维佳到陇川视察了勐约栋村民小组党建情况。

11月9日下午　来自北京、天津、上海、广州、云南的31名志愿者和来自香港的54名爱心人士，到陇川县第二小学，共同启动希望行动云南希望工程2011苗圃徒步茶马古道公益助学筹款活动“奔向翡翠之城”陇川段活动。

12月9日　由国家发展改革委西部司副司长欧晓理率领的国家发改委、国家民委、中央外办、国家商务部等国家八部委组成的《沿边地区开放开发规划》编制专题调研组到陇川就沿边地区开放开发规划开展专题调研。

12月11日　国家发改委外资司副司长李果辉一行3人，率国际金融组织贷款调研组到陇川调研。

12月19日　全国人大常委会副委员长、全国妇联主席陈至立一行到陇把镇麻达村看望慰问村妇女之家的76名成员，实地考察麻达村妇女发展循环经济项目基地（称循环金项目基地）、详细了解当地妇女的生产生活及儿童营养及健康状况。

2012年

2月8~10日　中央电视台7频道《乡村大体验》栏目记者一行3人到陇川采访拍摄2012年陇川县目瑙纵歌活动和景颇族文化。

2月9~14日　德宏州委、州政府与云南红土情文化传播公司联合制作的《太阳照亮景颇山》和《月亮歇脚景颇山》在陇川开机拍摄。

2月25日　国家旅游局党组成员、规划财务司司长吴文学到陇川县调研旅游业发展情况。

2月29日　国家口岸办常务副主任赵福地一行，在省州领导的陪同下到章凤口岸进行调研，听取口岸建设基本情况汇报。

3月8日　陇川县农村义务教育学生营养改善计划正式实施。全县66所农村义务教育阶段学校的18000多名学生可享受每生每天3元的营养膳食补足，每生每学年共补足600元。

4月13日　全国总工会服务职工工作组在全国总工会机关党委副书记范凯声、全国总工会机关工会主席蔡瑞霞带领下到陇川福斯特实业有限公司和甸川公司章凤制药厂与企业经营管理人开展“面对面、心贴心、实打实服务职工在基层”活动。

4月14~20日　中央4套中文国际频道《流行无限》栏目摄制组一行5人到陇川采访国家首批非物质文化遗产——户撒刀的锻造技艺。

4月21~22日　中共中央宣传部政策法规研究室调研三处处长高青云、副处长金君善在云南省委宣传部研究室主任邹文红、州委宣传部副部长韩启祥和省州宣传部相关人员的陪同下到陇川调研。

5月7日　全国政协常委、国家民委项目指导委员会主任、中国少数民族经济研究会会长杨健强到陇川县就“联合国——西班牙千年发展基金中国文化与发展伙伴框架项目”进行考察。

7月7日　安琪酵母（德宏）有限公司年产2万吨高活性干酵母项目开工仪式在陇川隆重进行。

8月14日　国土资源部耕地保护司检查陇川耕地保护情况。

8月22日　省委常委、省军区党委书记、政治委员杨成熙深入陇川县调研驻军部队建设及边境社民情况，并看望慰问边防一线官兵。

9月11日　中航集团直升机公司董事长王斌率中航集团调研组一行到陇川，对瑞丽国家重点开发开放试验区陇川旅游机场选址进行调研。

10月28日　副省长高树勋率省政府副秘书长、办公厅主任崔质涛及省商务、外办、海关、出入境检验检疫和公安边防总队边检处等单位相关负责人，到陇川县章凤口岸就口岸发展进行调研。

11月5日　县第十五届人大常委会召开第三十四次会议，作出《陇川县人大常委会关于县人民政府将麻栗坝水库更名为南宛湖议案的决定》。

11月16~19日　由水利部农村水利司和水利水电规划设计总院组成的专家组深入陇川对麻栗坝水库灌区规划报告进行审查。

11月29日　外交部翻译室主任姜江一行，在省州领导的陪同下到章凤调研口岸建设和管理工作。

12月1日　国家发改委西部开发司巡视员费志荣一行3人对陇川旅游机场选址工作、章凤口岸开发开放实验区建设工作进行调研。

12月18~19日　由云南省林业科学院、泰国生物多样性经济发展办公室（BEDO）共同主办的中泰竹藤多样性及可持续利用国际研讨会在陇川召开。

同年　陇川县将义务教育阶段景颇族学生纳入较少民族生活补助范围。国家补助资金从上年65.48万元增长到本年度的232.03万元，增长3.54倍。

同年　陇川县被省委、省政府评为云南省县域经济发展先进县。

2013年

1月14日　陇川县举行工业园区建设工程开工典礼仪。

1月16~19日　政协陇川县第十四届委员会第一次会议在章凤召开。大会应到委员179人，实到171人，列席107人，特邀48人。大会听取和审议（协商）通过了《政协工作报告》《政协提案工作报告》《政府工作报告》《计划执行情况报告》《财政预算执行情况报告》《法院工作报告》《检察院工作报告》等报告。大会选举产生了新一届政协常务委员会常委23人，选举主席1 人、副主席4人、秘书长1人。

1月17~20日　陇川县第十六届人民代表大会第一次会议在章凤召开。大会应到代表160人，实到159人，列席188人。大会听取和审查了陇川县第十五届人民政府工作报告、陇川县第十五届人民代表大会常务委员会工作报告、陇川县人民法院工作报告、陇川县人民检察院工作报告；审查和批准了《2012年陇川县国民经济和社会发展计划执行情况的报告及2013年陇川县国民经济和社会发展计划》《陇川县2012年地方财政预算执行情况的报告及2013年地方财政预算》（书面）。大会选举产生县人大常务委员会委员18人，选举主任1人、副主任4人；选举产生第十六届县人民政府县长1人、副县长6人。县长郑洪云，副县长李益民、常枝旺、张福鸾、杨德恒、何胜富、刘鹏。

3月14日　教育部基础教育一司政策处处长高学贵带队的调研组到陇川县就边境县义务教育阶段缅籍学生入境就读求学情况进行工作调研。

同日　云南省首批“土风计划——民族文化传承示范村”在陇川县城子镇曼崩坝村民小组正式挂牌。

3月18日　由中国教育发展基金会副秘书长石耀初带队的检查组到陇川检查中央专项彩票公益金教育助学项目“滋蕙计划”“润雨计划”落实情况。

3月26日　文化部副部长杨志玲，在省、州、县相关领导的陪同下，深入陇川开展文化调研。

3月28日　云南省发改委党组成员、省桥堡办专职副主任李金泽带领由省发改委和省交通厅组成的调研组到陇川县就章凤经缅甸八莫至仰光的境外通道建设有关问题进行调研。

5月3日　下午14点40分左右，城子镇、景罕镇境内突降冰雹，当地烤烟严重受灾，受灾面积7100多亩，估算经济损失超过2700万元。

5月21日　由国家发改委宏观经济助理研究员万海远、国家发改委物资储备局干部刘晨组成的调研组就开展社会事业发展与职能转变工作到陇川调研。

5月25日　教育部副部长刘利民在州相关领导的陪同下到陇川县调研教育工作。

6月3日　全国60多名网络媒体记者到陇川采访。

6月26~28日　由国家水利部农村水利司、长江水利委员会、水利水电规划设计总院组成的专家组对云南省陇川县麻栗坝水库灌区规划报告进行复审在北京召开。

同月　陇川县2013年普通高考实考749人，上线746人，上线率99.2%，上线人数较去年净增136人。其中本科上线408人，600分以上7人。专科上线312人，比上年净增136人。

7月8~16日　陇川县普降大雨，部分山区降雨量超过100毫米，户撒坪山坝观测点7月8日降雨量达到132.8毫米。全县9个乡镇遭受不同程度的洪涝灾害，受灾影响人口1.8万余人，农作物受灾5.6万多亩，房屋倒塌80多间，经济损失4600多万元。

7月25日　国土资源部财务司巡视员宋静波一行到陇川县实地评估“兴地睦边”农田整治重大工程项目实施情况。

8月22日　国家粮食局副局长吴子丹率国家粮食局工作调研组一行5人在州相关领导陪同下，深入陇川县就粮食仓储设施、电线线路安全、消防安全设施等工作进行调研指导。

9月3日上午　生物质发电项目签字仪式在陇川县政府三楼会议室举行，县政府常务副县长李益民代表县委、县政府和陇川鸿宇安新能源科技有限公司董事长签订协议。

9月17日　陇川县招商引资成功签约7个项目，合同引资总额14.1亿元。其中基础设施项目1个、工业项目2个、三产项目2个、农业产业化项目2个。

9月27日　台湾商人何启霖先生一行6人，到陇川县考察农业和旅游等招商引资项目。

9月29日　瑞丽至陇川高速公路进场道路开工建设。建设里程24.26千米，工程总概算近27亿元。

11月3日　中国科协书记处书记、党组成员、第八届中国科协决策咨询专门委员会副主任王春法一行调研章凤国家二级口岸。

12月23~29日　户撒阿昌族刀锻制技艺赴北京参加由国家民委、文化部主办的“2013中国少数民族非物质文化遗产展示周”活动。

2014年

1月1日　陇川县第三次全国经济普查工作正式开始。

2月5日　由民政部社会福利和慈善事业促进司儿童福利处处长武福祥为组长的调研组对陇川县中国儿童福利示范区项目推进情况进行调研。

3月27日　省政府党组成员、省移民工作领导小组组长夜礼斌率省财政、移民、发改、水利相关部门到陇川县调研麻栗坝水库干渠建设及移民安置工作。

4月8日　陇川章凤免税店顺利完成前期准备工作正式对外营业，成为继打洛、南伞、磨憨、天保、瑞丽、畹町、腾冲口岸后全省第9个陆路口岸免税店。

5月2日　陇川县境内突降冰雹，造成景罕镇和城子镇1.11万亩烤烟不同程度受灾。

5月15日　由高树勋副省长带队的省政府经济增长和安全生产专项督查组视察正在全力推进的“瑞陇”高速公路和安琪酵母（德宏）有限公司生产情况。

5月24日4时49分　盈江县发生5.6级地震，震源深度12千米，陇川全境受到波及。据统计，全县受灾户数1303户、受灾人口5263人，造成直接经济损失1492.2万元。

5月27~28日　国家质检总局派出专家组，会同云南检验检疫局对章凤口岸申报进境水果指定口岸进行考核验收。

5月　陇川县境外边民入境务工管理服务中心和陇川县境外边民入境务工职业介绍中心投入使用。

6月22日　国家质检总局进口粮食指定口岸考核专家组到章凤口岸现场考核验收进口粮食指定口岸。

6月29日　国土资源部法律中心副主任魏铁军一行到陇川县调研兴地睦边农田整治重大工程项目。

7月11日上午　由外交部部长助理刘建超带队的外交部调研组考察陇川县章凤口岸，对口岸建设、边境贸易、边界管理、界河治理等工作进行调研。

7月28日下午　由章凤绿金源植保专业合作社投资10余万元引进的八旋转翼农用无人机（TTA M8）首次在户撒乡芒炳村委会芒东小组田块进行喷药试飞成功。

8月24日　云南省科技厅党组书记、厅长龙江一行11人在州有关领导的陪同下到陇川调研德宏州党政“一把手”科技工程项目。

9月上旬　由安琪酵母（德宏）有限公司生产的1.75万公斤高活性干酵母成功出口至印度尼西亚。这是该公司投产后酵母产品首次出口国外。

9月19日　副省长刘慧晏到陇川调研甸川制药厂、安琪酵母（德宏）有限公司酵母生产线和章凤口岸建设情况。

10月下旬　陇川县2014年兴地睦边土地整治项目正式启动。项目总投资4032.82万元，项目建设规模1146.66公顷，预计新增耕地52.71公顷，受益30519人。

11月15日　中国社会科学院世界宗教研究所国情调研陇川基地在陇川县举行了揭牌仪式。

12月11日　中国宋庆龄基金会副主席井顿泉一行到陇川考察援建项目。

12月16日　陇川县召开解决拖欠农民工工资问题专题会议，就解决好全县范围内拖欠农民工工资问题进行安排部署，县委常委、副县长常枝旺作工作安排。

2015年

1月8~11日　受南支槽强对流天气影响，陇川县境内多次出现雷暴、冰雹、大风及短时强降水天气，全县9个乡镇和陇川农场不同程度受灾。造成1名企业员工遇难，受灾农户1.67万户7.51万人，房屋受灾360户1026间，倒塌1间（茅草房），经济损失216万元。

1月22日　首届“景颇好歌手”大赛决赛在陇川会堂落下帷幕，来自缅甸、昆明、德宏等31名国内外选手参加总决赛。

2月6日　国家新闻出版广电总局党组成员宋明昌、国家出版基金规划管理办公室主任祁德树一行到陇川调研。

2月7日上午　县政府在政府会议室 召开全县第二轮县志续修启动大会。下午，对各单位撰稿人员进行培训。

3月25日　水利部副总工程师庞进武到陇川县调研麻栗坝水库工程建设及大型灌区前期工作。

3月24~25日　农业部国际合作司副司长赵维宁任组长的农业部“百乡万户”调查活动组一行4人先后到陇川章凤口岸、拉影通道、拉勐通道等走访察看，详细询问了解中缅边民人员往来、经贸交流、农产品进出口、对缅农业合作等情况。

3月27日　陇川开展2015年中缅妇女联谊活动。

3月28日上午9时　中央电视台《民歌·中国》栏目组40多人来到陇川进行慰问演出。陇川歌手参演《目瑙欢歌》《大山密码》等节目。

4月11日　中国宋庆龄基金会党组书记、常务副主席齐鸣秋、基金部部长唐九红、澳门基金会资助暨合作厅厅长黄棣乐一行出行出席由中国宋庆龄基金会和澳门基金会援建的县妇幼保健院综合楼竣工仪式。

4月14日　由缅甸曼德勒省工商会第一副会长吴觉明（UKyawMin）带领的15人考察团到陇川考察。

5月6日　德宏黄金时代资本管理有限公司在陇川举行开业仪式。

5月16日　省委副书记钟勉深入陇川调研经济社会发展、沿边开放、城乡统筹和党建工作情况。

5月19日　国务院参事刘燕华一行到陇川调研。

5月23日　德宏州首届乡村学校少年宫才艺大赛在陇川会堂开幕。

6月18日　省文明办创建处曾平副调研员、州文明办创建科科长杨恩和一行，到陇川县指导检查创建省级文明县城工作。

同日　农业部经管司承包合同管理处长孙邦群到陇川县调研农村土地承包经营权确权登记颁证试点工作。

7月9~10日　陇川通用机场场址论证报告评审会在陇川召开，会议确定景罕镇广宋村为机场首选场址。

7月17日　云南省烟草专卖局（公司）对口德宏州阿昌族整乡推进整族帮扶项目在陇川县户撒乡启动。副省长尹建业主持会议，副省长张祖林出席会议并讲话。

8月9~11日　中国电影表演艺术协会副会长、中国电影协会理事、著名影视演员张丰毅先后到陇川景颇生态园、户撒、龙安温泉、南宛湖等地参观。

8月10~11日　省委常委、统战部部长黄毅到陇川县广山景颇生态园、县职业高级中学及城子镇、陇把镇、勐约乡进行走访调研指导工作。

8月12日　云南省司法厅厅长马继延一行到陇川县进行司法行政业务办公用房规范化建设专题调研。

8月13日　省工商联副秘书长、省工商联非公经济党委副书记柬嘉睿一行两人到陇川县检查指导非公企业党建工作。

8月25日　省农业厅党组成员、驻厅纪检组长王林，省农业厅机关党委专职副书记王俊秀一行到陇川县调研特色农业发展情况。

8月30日　湖北汽车配套企业考察团一行到陇川章凤口岸、陇川工业园区进行考察。

9月10日　省委副书记、省长陈豪在第31个教师节到来之际，到陇川县看望慰问边疆民族地区乡村教师。

9月14日　青岛棠尼美乐服饰有限公司董事长胡俊及部分浙商组成的考察组一行到陇川工业园区、章凤口岸进行考察。

9月29日　陇川县在政务大厅举行首张“一证一码”营业执照发放仪式，县长郑洪云出席发放仪式并作重要讲话。

9月28~30日　成都军区空军在成都组织召开陇川通用机场场址核准专家论证会。

10月3日　“爱家乡・颂德宏・唱响试验区——德宏本土歌手国庆巡回演唱会”在户撒举行。

10月4日　由云南省体育局、德宏州政府、瑞丽国家重点开发开放试验区主办的2015年中国・德宏山地自行车暨马拉松（陇川站）的比赛在户撒开幕。

10月22日　由玉溪市水利局副局长杨云华等一行6人组成的省国家水土保持重点工程交叉检查组，深入陇川县检查邦棍河流域水土流失重点治理工程情况。

10月27~28日　国家工程咨询委员会委员、全国政协常委、文史和学习委员会副主任、中央党史研究室原副主任龙新民率领中央马克思主要理论研究工程和建设工程调研组到陇川对章凤拉影国门书社、广山景颇山庄、景罕勐约栋和户撒腊撒村进行考察。

10月30日　县政府在国土资源局举行不动产登记管理局挂牌仪式。

11月3日　七彩云南全民健身运动会・2015德宏州农民篮球赛在户撒拉开序幕。

11月19日　上海市卫计委副主任王磐石率国家卫计委《中国消除疟疾行动计划（2010~2020年）》评估组对陇川县开展消除疟疾行动计划落实情况进行检查评估。

12月7日　陇川县景罕镇帮景小学在云南省戒毒管理局的援建下，教学楼、学生宿舍、食堂、餐厅等各项目工程顺利竣工并举行项目竣工仪式。

12月10日　陇川县第一家“省级妇女儿童之家”在章凤镇芒拉村委会正式授牌成立。

12月15日下午　陇川县政府举行招商引资项目签约仪式，正式签订4个投资协议，协议总投资3.51亿元。4个项目分别是：云南邦尊经贸有限公司投资建设的陇川宾馆、文蚌民族文化园项目，总投资2.8亿元；边民互市交易市场有限公司投资建设章凤边民互市交易市场项目，规划占地50亩，总投资5000万元；陇川县龙祥汽车销售有限公司投资建设的上海大众汽车4S店项目，总投资1500万元；云南鼎盛实业有限责任公司投资建设的出口仓库扩建项目，规划占地10亩，总投资600万元。

12月16日　省政府党组成员高树勋在副州长苏洪涛及有关部门领导的陪同下，到陇川县调研进出口贸易、打击走私综合治理等工作。

同年　陇川县成功申报第三批云南省“文明县城”称号。

2016年

1月12日　陇川县书画摄影展在拉影国门书社开展。本次展出书法、绘画、摄影等作品共86件，多以反映边境两岸人民的生产生活、民族风情、自然风光为主。

1月14日　由国家甘蔗产业技术体系首席科学家陈如凯带队的验收专家组一行，到陇川县就德宏综合试验站、德宏州甘科所承担的国家甘蔗产业技术体系2015年全程机械化德宏示范片进行验收，150余人参会。通过实地看点和听取相关工作汇报，验收组同意通过验收。

1月21日　省烟草专卖局（公司）在陇川县户撒乡举行“幸福阿昌 烟草同行”阿昌族在校贫困大学生捐赠仪式。户撒全乡农村户口的98名在校大学生每人每学年得到5000元的捐助。

2月2日　省委召开2015年度云南省见义勇为群体和个人表彰会。陇川县勇救落水同学，献出宝贵生命的孙小平被省委、省政府授予“云南省见义勇为英雄”荣誉称号。

2月14日　云南恒冠泰达农业发展有限公司（褚橙）高原特色高端水果种植基地项目落户陇川县勐约乡。该项目计划投资5000万元以上，采用“公司+品牌+基地”的发展模式，通过政府引导、企业运作、农户参与、实现互利互惠、共同发展。

2月24日　陇川县通用机场在景罕镇广宋村宛岗汤瓦山正式开工建设。

2月26~27日　省政府办公厅副巡视员杞昆勤、省政办机关党委专职副书记施自应、省政办机关团委书记马燕代表省政府办公厅到陇川调研扶贫攻坚工作。

2月29日上午　陇川县政府与云南黄龙集团、云南天润源实业集团正式签订陇川南宛湖温泉旅游度假区综合开发项目投资协议，该项目协议总投资30亿元。

3月2日　省禁毒办主任、禁毒局局长郭有兵一行深入陇川县调研禁毒工作。

3月6日　陇川县景颇民族文化传承中心在县城章凤镇荣昌路北侧（县委党校与县检察院之间）开工建设。

3月9日　陇川县2016年“倡导全民读书　践行社会主义核心价值观”正版图书普及惠民助学活动启动仪式在县邮政营业厅前举行。

3月11日　《中共陇川县委执政纪要》首发仪式在县公安局八楼会议室举行。

3月18日　省戒毒管理局施胜中局长率局机关相关部门一行4人，在省六所党委书记、所长柳智明等人的陪同下深入陇川县勐约乡营盘村扶贫挂钩点调研扶贫工作。

3月22日　陇川县在县政府大楼前举行禁毒重点整治千人誓师大会。

4月7日至8日　云南省委常委、统战部长黄毅深入陇川就陇川县科教文卫事业发展和口岸建设情况开展调研。

4月12日　省人大常委会副主任、省民族宗教委党组书记赵立雄到陇川对沿边3年行动计划落实情况进行实地调研。

4月13～14日　省戒毒管理局局长施胜中、省戒毒管理局副局长宋云奎一行深入勐约乡调研戒毒扶贫工作。

4月14日　“彩虹路——希望工程快乐美术教室”“云南德宏捐赠仪式”在陇川县帮景小学举行。

4月19日　省国土资源厅总规划师俞鸿鹰（兼厅低丘缓坡办主任）、省国土资源厅低丘缓坡办副主任陈蜀、省国土资源厅低丘缓坡办高级工程师李奎等组成的低丘缓坡督查组，对陇川县东部山地城镇低丘缓坡综合开发利用项目开发进度进行督查。

4月28日　景成集团与陇川县战略合作项目签约仪式在云南景颇园举行。合作项目涵盖陇川县城市政道路基础设施建设、陇川通用机场配套设施建设、陇川工业园区与高速公路连接线建设等，总项目投资6.9亿元。

5月8日　新华社、《农民日报》、云南电视台、《中国烟草》杂志社、《东方烟草报》等中央、省级行业媒体，赴陇川县户撒乡开展阿昌族整乡推进整族帮扶专题宣传报道工作。

5月9日　省住建厅副厅长赵志勇带领省纪委“五网”建设专项纪律检查组一行到陇川县检查麻栗坝水库灌溉干渠工程建设情况。

5月10日　陇川县举行章凤（中国）至八莫（缅甸）公路建设签约仪式。

5月12日　由全国政协民族和宗教委员会主任、中央统战部原常务副部长朱维群、全国政协民族和宗教委员会副主任、云南省政协原主席王学仁、全国政协民族和宗教委员会副主任、青海省政协原主席白玛等组成的调研组到陇川调研民族宗教开展情况。

5月14日　中央党校培训部副主任王炳带领新疆地厅班考察团一行40人到陇川进行调研。

5月30日　陇川县麻栗坝干渠完工试通水仪式在陇川县城子镇举行。

5月31日　西藏自治区政协副主席参木群一行6人到陇川考察景颇族历史文化,实地走访陇川县章凤口岸和云南景颇园。

6月3日　中国三峡集团对口帮扶德宏州景颇族精准脱贫攻坚项目启动会在陇川县陇把镇龙安村举行。

6月14日　全国工商联医药业商会及部分会员企业到陇川县调研。

6月13~15日　省政府督学、教育督导团办公室调研员王琳带领省政府教育督导评估专家组到陇川县进行云南省第二轮县级政府教育工作督导评估。

6月15日　全联农业产业商会及北京中农信达信息技术有限公司到陇川县考察。

6月21日　中共陇川县第十二次代表大会在陇川会堂召开。

6月27日　腾冲至陇川高速公路（以下简称腾陇高速）开工仪式在陇川县景罕镇曼胆村举行。

7月13日　省烟草专卖局局长余云东率领省局相关人员赴陇川县户撒乡检查指导阿昌族整乡推进整族帮扶建设情况。

7月19日　2016年德宏州第一届小学生“萌芽杯”青少年校园足球选拔赛在县二小足球场开幕，

来自全州的5支代表队共100余人参加开幕活动。

7月21~22日　第二届中国・中东欧国家舞蹈夏令营到陇川县开展文化艺术交流。

7月20~23日　2016年度“中华大家园”全国关爱各族少年儿童夏令营陇川分营活动在户撒阿昌族乡举办，活动主题为“关心下一代 携手奔小康”。

7月29日　由中央统战部、光彩事业中心及省委统战部、省工商联相关同志组成的考察组到勐约乡就全乡精准扶贫公益项目—种桑养蚕、高端水果种植展开实地考察。

8月4日　由中国工程院院士、华中农业大学校长邓秀新、云南恒冠泰达农业发展有限公司董事长褚一斌一行11人率领的调研组到陇川调研扶贫产业。

8月6~7日　云南省国土资源厅规划处工程师王绍春、韩宏伟、陈斌一行3人到陇川县开展通用机场、腾陇高速等重大项目实地踏勘论证工作。

8月14日　由中国教育科学研究院副院长、大理州副州长、教育部第四批挂职总队长曾天山一行5人组成的调研组到陇川县调研教育教学工作。

8月19日　中央统战部、全国工商联考察组一行在中央统战部光彩事业指导中心主任余敏安的率领下深入勐约乡考察调研扶贫公益项目。

8月22~23日　由三峡集团移民局党群工作部副处长杨红宁、移民局主办李昂、彭业华组成的调研组深入陇川调研景颇族精准脱贫攻坚项目实施情况。

8月31日　陇川边民互市交易场所建设项目在章凤口岸商贸物流园区举行开工仪式,省州驻陇单位、县直各部门、部分乡镇代表，部分项目业主和承建单位、缅方代表共300余人参加仪式。

8月　陇川县第一小学李轩同学参加中国移动2016年第十五届云南省青少年"希望之星"英语口语大赛总决赛荣获小学b组一等奖。

9月7日　省政府旅游文化产业发展督导组组长刘平一行6人到陇川县开展旅游文化督导工作。

9月7~8日　上海均瑶（集团）有限公司副总裁兼食品公司总经理许彪一行3人到陇川县开展产业帮扶考察。

9月21日　国家土地督察成都局副巡视员潘书坤一行，在省国土资源厅副巡视员李东升及州、县有关领导的陪同下，到陇川县开展国土资源政策助力精准扶贫专题调研。

9月27日　陇川县首张“五证合一”营业执照颁发仪式在陇川县市场监督管理局举行。

9月27日　由云南省法学会、德宏州法学会共同主办，陇川县委政法委、陇川县法学会共同承办的2016年云南省“青年普法志愿者法治文化基层行”活动在陇川县举行，约2000多人参加活动。

10月13日　2016年少先队建队节庆祝活动暨陇川县首届乡村学校少年宫才艺大赛在陇川县民族广场隆重举行。

10月20~21日　水利部水利水电规划设计总院在陇川县召开陇川县麻栗坝灌区工程设征地移民安置规划大纲审查会，会议审查通过《云南省陇川县麻栗坝工程建设征地移民安置规划大纲审查意见（初稿）》。

10月25日　章凤海关缉私科科长胡博在陇川县边境地区侦办一起农产品走私案件时受伤，经全力抢救无效后于10月25日10时因公牺牲，年仅36岁。

12月2日　由国务院参事室党组成员、副主任王卫民率队联合调研组到陇川县章凤口岸进行调研。

12月24日　陇川县举办以“舞出健康、舞出美丽”为主题的“大家乐”民族广场舞盟主争霸赛，来自全县23支参赛队共约280多名选手参赛。

12月29日　陇川县第一家四星级酒店“陇川酒店”奠基仪式在章凤隆重举行。

同年　根据省、州部署，陇川县全面启动公务用车改革，8月底前封存全部公务用车，于12月9日、12月14日分两批进行拍卖，共拍出标的物179辆公务用车（含省属部分单位委托代拍车辆8辆），总成交额为3952025元，较总起拍底价（评估值）1570587元，增值2381438元，平均增值2.52倍，其中增值最高的一辆达到起拍底价（评估值）的30倍。

三、续志文存

（一）
中共陇川县委、县人民政府办公室
关于进一步加快《陇川县志（1978～2005）》
（第二轮续修）编纂出版工作的通知

（2015年2月4日）

各乡（镇）党委、人民政府，县委和县级国家机关各部委办局，各人民团体，中央、省、州驻陇各单位，陇川农场：

地方志（县志）具有“存史、资政、育人”的重要作用，是一项重要的文化工程。根据国务院办公厅《关于进一步加强地方志编纂工作的通知》、云南省人民政府办公厅《关于启动我省三级地方志续修工作的通知》、德宏州人民政府办公室《关于印发〈德宏州第二轮地方志续修工作规划〉的通知》及省、州有关工作要求，经县委、县政府研究，决定再次启动《陇川县志（1978～2005）》（第二轮续修）编纂出版工作，现就有关事项通知如下，请各承编单位认真抓好落实，及时组织人员撰写部门资料，按照时间要求上报县志编委会。

一、指导思想

陇川县志续修工作以邓小平理论、“三个代表”重要思想和科学发展观为指导，以十八大精神为统领，坚持辩证唯物主义和历史唯物主义，严格执行党的路线、方针、政策和国家的法律法规，运用科学的理论、方法，全面系统地反映改革开放以来陇川经济、社会、文化发展和自然状况，为社会主义物质文明、政治文明、精神文明及和谐社会建设服务。

二、原则要求

（一）坚持正确的政治方向。在正确思想指导下，不损害党、国家、军队和领导人的形象；有利于民族团结、边防巩固、经济发展、社会稳定繁荣；符合保密要求，不违反涉外、宗教政策。

（二）坚持先进文化的发展方向。把握时代特点，紧密结合陇川的发展要求，充分发挥县志“资政、教化、存史”及科研的作用，为陇川全面建设小康社会提供地情信息支持。

（三）坚持新编地方志（县志）体例原则。处理好继承与创新的关系，力求做到思想性、科学性和资料性的统一。

（四）坚持“质量第一”的原则。树立精品意识，力求编纂的县志可信、可读、可用，把社会效益放在首位，努力实现社会效益和经济效益的统一。

（五）坚持尽量缩短编纂出版周期的原则。认真总结第一轮县志修编工作经验，吸收好的做法，从2015年起，力争2～3年全面完成县志（第二轮续修）编纂出版工作。

三、续修任务

（一）《陇川县志（1978～2005）》（第二轮续修）主要记载党的十一届三中全会以来全县改革开放的历程和巨大成就，以记载1978—2005年内容为主，篇幅控制在50—80万字以内，不分册。

（二）各乡镇（农场）、县直各部门负责收集本单位、本系统改革开放以来的原始资料，认真梳理发展历程，分析研究发展规律，形成高质量的志稿初始资料提供给编委会，确保县志编纂质量。

四、组织领导

（一）坚持“党委领导、政府主持、部门参与、统一部署”的修志体制，县委、县人民政府组建成立《陇川县志（1978～2005）》（第二轮续修）编纂委员会，对县志续修工作进度、质量、审查验收等编纂工作负总责，日常工作由县史志办公室具体组织实施，各部门负责组织编写本系统初始资料提交编委会。（编委会组成人员、编纂人员另行发文通知）

（二）第二轮县志续修实行行政首长负责制和在县志编纂委员会领导下的主编负责制，主编在编纂委员会领导下具体负责县志组织协调、编辑、汇编、审稿、出版等编纂业务。编纂人员根据实际工作需要，吸收或外聘老干部、有关方面的专家参加，也可根据工作进度抽调部分单位人员参与阶段性编纂工作，实行专兼职结合的方式加快修志进度。

（三）县人民政府与各乡镇（农场）、县直各部门签订第二轮县志续修撰稿责任书，各责任单位成立相应的编纂机构，明确主管领导、分管领导，确定1～3名撰稿人员（撰稿人员可根据各单位实际自行聘请），加强与编委会（编辑部）的沟通联系，对承编内容设置科学合理的篇目，按照志书体例撰写，确保原始资料或初稿的质量，按规定时限向编委会提交送审稿。

（四）县史志办公室作为县人民政府组织指导地方志工作的职能部门，要加强对修志工作的组织领导、跟踪督促和业务指导，强化编纂人员力量，及时开展县志续修业务指导、培训，确保各项工作的顺利开展。

（五）按照“一纳入、五到位”的要求，县人民政府把第二轮地方志续修工作纳入政府年度工作计划中，确保领导到位、机构到位、经费到位、队伍到位、条件到位。

五、经费

（一）《陇川县志（1978–2005）》编纂出版工作经费由县人民政府负责筹集，县财政根据工作进度给予适时安排。

（二）按照分级负责原则，各承编单位撰稿人员稿酬、资料收集等经费由各单位自筹解决。

（三）县史志办公室编纂志书的业务经费、日常工作经费逐年预算报县财政安排。

六、体例要求

（一）书名：《陇川县志（1978–2005）》。

（二）断限：按省、州统一要求，第二轮县志续修主要记载1978～2005年的内容，上限始于1978年，下限截止2005年底。为做到竖不断线，一些内容上、下限均可适当追溯或延伸。

（三）体例结构：坚持述、记、志、传、图、表、录、索引等志书基本体裁，以志为主。篇目设置要分类科学、归属得当、排列有序、层次分明，坚持生不立传，功绩显著或社会影响突出者，可采用一定的形式入志。

（四）文体文风：遵循《云南省第二轮地方志编纂行文规范》，一律采用规范的现代汉语语体文，文风朴实、简练，行文流畅。

（五）补遗订正：对上届县志补遗、订正，随相关内容记载或设目集置于附录中。

（六）版本形式：续修的县志采用正16开本，一级精装，封面庄重、典雅，正文用五宋横排书写，同时出版电子版的《陇川县志（1978–2005）》。

七、工作步骤

围绕利用2～3年时间全面完成第二轮县志续修任务的总目标，力争2年完成编纂出版工作，全面加快续修工作进度。

（一）制定规划方案：县志编委会要在广泛调查、深入研究的基础上，制定出科学合理、操作性强的第二轮县志续修工作规划方案。规划方案由县委、县政府下发各单位，由县志编委会和县史志办公室具体组织实施。

（二）制定篇目：根据规划工作方案，结合实际，制定科学合理的《陇川县志（1978–2005）》篇目，报州史志办备案。

（三）培训队伍：县史志办要采取多种措施，对修志人员进行多层次分专题培训，确保县志续修进度和质量。

（四）进度要求：

根据史志编修工作“初稿形成要快、修改完稿要慢、交付出版要慎”的经验，本轮县志续修工作进度安排如下，请各责任单位务必严格按照时间节点开展工作，确保进度，不拖后腿。

1. 准备（启动）阶段（2015年1月～3月）

一是研究制定《<陇川县志（1978–2005）>编纂工作规划》；二是组建《陇川县志（1978–2005）》编纂委员会；三是组建强有力的县志续修编纂写作班子，各部门同时成立1～3人的撰写小组或确定至少1名撰稿人员；三是筹备召开陇川县第二轮县志续修工作推进会；四是组织召开撰稿人员业务培训。

2. 资料征集（乡镇、农场、部门撰稿）阶段（2015年3月～10月）

召开推进会和撰稿人员业务培训会后，各部门根据签订的责任书内容，积极行动起来，强化组织领导工作，进一步配齐撰稿人员，制定工作计划，落实经费，尽快制定完成部门篇目，报县史志办公室（编辑部）指导审核；各部门的篇目确定后，正式开展资料收集和撰稿工作。初稿完成后，要在本部门组织初验工作，确保在2015年10月底前向编委会提交送审稿。期间，根据各单位工作进度适时组织专题培训，解决撰稿人员遇到的各种问题。

3. 分纂、总纂阶段（2015年8月～2016年6月）

县史志办公室组织编纂人员按照《陇川县志（1978–2005）》篇目设置，对部门报送的稿件、资料进行汇编、改编，主编、副主编、执行主编、编辑人员开展分纂、总纂工作，确保完成初稿编纂。

4. 审稿修改阶段（2016年7月～12月）

组织志书初稿送审，召开审稿会，全面完成志书复审、终审和修改定稿工作。

5. 印刷出版

力争于2017年上半年完成编辑出版工作。

（五）部门撰稿需注意的几个问题

各承编单位要以认真负责的态度把好资料质量关，所提供的初始资料要注意几个方面的问题：

1. 把好文字质量关。不能只是简单地堆集资料，或写成工作总结，文体文风、体例结构要遵循志书编写的相关规定。

2. 把好篇幅长度。对各部门提供的初始资料篇幅不作硬性规定，原则上根据各单位工作性质、工作范围、机构沿革等实际情况和资料情况而定，篇目设置务求做到分类科学、归属得当、排列有序、层次分明。已经出版过部门志的部门要进行适当提炼、精简后再提交初稿资料。

3. 把好史实关。要充分应用好文字资料、口述资料、实物资料三大类资料，认真细致地进行鉴别和考证，去粗取精、去伪存真，确保资料真实准确。

4. 把好审查关。部门初稿撰写完成后，一定要组织编写小组或有关老领导、老干部召开审稿会，根据审稿意见进行修改完善后正式报送编委会。

八、审查验收

第二轮县志续修，根据《地方志工作条例》及相关规定，坚持严格的审稿制度。

（一）县志统编稿完成后，县志编纂委员会（邀请有关专家、老领导、老干部）自审为初审；报州史志办公室组织审查为复审；报省地方志编纂委员会办公室审查验收为终审。

（二）各部门负责编写的志书初始资料完成后，也要组织本行业、本系统老领导、老干部或相关人员进行审查验收，方可正式报送编委会。

（三）有关保密、民族、宗教、涉外、统战等方面内容，严格执行相关法规和政策，送相关单位严格审查，签署审查意见并加盖公章后，方可入志。

九、印刷出版

（一）经初审、复审、终审验收后的《陇川县志（1978～2005）》，报经县人民政府批准后，方可出版印刷（包括电子版）。

（二）第二轮县志续修著作权归陇川县史志编纂委员会办公室所有，参与编纂的人员享有署名权。

（二）
德宏州史志编纂委员会办公室关于《陇川县志》（1978–2005）审稿意见

陇川县史志编纂委员会办公室：

你办送审的《陇川县志》（1978—2005）（以下简称“该志”），经州史志办有关人员审读，审稿意见如下：

一、该志指导思想、政治观点正确。该志坚持马列主义辩证唯物史观，实事求是、秉笔直书，寓观点于记述之中，生动翔实地展示了中国特色社会主义在陇川近30年取得的巨大成就。

二、该志体例完备，符合志书体例。志书述、记、志、传、图、表、录几种体裁门类齐全，各分志横排门类不缺主项，纵述历史详略得当，横排门类中做到了领属关系恰当，层次清晰；篇章体与条目体结合，整体与重点衔接自然。

三、该志特色鲜明。其增设的篇章“目瑙纵歌之乡、口岸、农垦”有很强的地域特点特色，有较高的存史价值。其鲜明特色的另一个特点是，该志收录了大量有较高存史价值的图片，图随文走，直观生动。这无疑是志书编纂中一次有益的成功尝试，增强了志书的美誉度和感染力。

四、该志文字表述符合志书的规范要求。语言文字表述基本做到了简练、朴实。

五、不足之处是：由于该志编纂与下限时间相隔13年之久，有些地方的资料收集稍显单薄，而有些地方又有突破下限的内容资料。

总体而言，该志是一部特色鲜明、质量较高的地区综合志书，已达到了志书出版的各种相关要求，待地方政府进一步审查核准后可印刷出版。

德宏州史志编纂委员会办公室

2018年11月30日

（三）

陇川县人民政府关于同意《陇川县志（1978—2005）》公开出版发行的批复

县史志办：

你办《陇川县史志编纂委员会办公室关于请求批准〈陇川县志（1978—2005）〉公开出版发行的请示》（陇史志发〔2019〕2号）已收悉，经县人民政府研究，同意公开出版发行《陇川县志（1978—2005）》。

陇川县人民政府

2019年2月13日

编纂始末

一

呈现在读者面前的《陇川县志（1978—2005）》，共110多万字，收录彩色图片700余幅，是记述和反映陇川改革开放以来28年间的一本地方志书，也是陇川在新中国成立后修编的第二部县志。

1985年，县委、县政府成立县志编纂委员会及办公室，由此，陇川第一次有了一支相对稳定的编史修志队伍。30多年来，我们的前辈们如姜德发、尚炳有、戴成柱等史志工作者，克服边疆地区历史资料缺乏、修志人才不足等种种困难，从无到有，到逐渐丰富完善，为陇川历史研究做了许多基础性工作，特别是经过近20年时间编纂出版了第一本《陇川县志》，填补了陇川有史无志的空白。在编修县志工作的带动下，有关部门相继编纂出版了人大志、政协志、财政志、军事志、交通志、公安志、国土志等一批部门志书及地情资料书籍，对地处边疆的陇川来说，这是极为难得和重要的成果。

中华人民共和国成立后，在总结第一轮志书修编经验的基础上，方志界形成了一个约定俗成的传统："一轮志书完成之日，就是新一轮志书开始之时"，这样才能使社会主义新时期方志事业连绵不断、代代相继。2000年以后，根据中国地方志指导小组统一部署，全国各地相继启动了二轮地方志的修编工作，德宏州梁河、瑞丽两县市率先完成二轮志书的编纂出版。2014年12月，县委调整充实了县史志办领导班子，新的班子在经过深入调研了解后，深感经过前几任同事的多年准备、打基础，陇川二轮县志已经具备修编条件，且必须尽快启动相关工作。2015年1月5日，县委副书记、县长、县史志编纂委员会主任郑洪云到史志办调研指导工作，通过调研了解，当即指示必须及早启动二轮陇川县志编修，尽快成书出版，同时在编纂出版经费上给予保障，给予了我们极大的信心和鼓励。

2015年2月28日，经过前期紧张筹备，县委、县政府召开了陇川县史志编纂委员会委员单位会议暨《陇川县志（1978—2005）》修编启动大会，全面加快了陇川二轮县志修编步伐。4年间，县委、县人大、县政府、县政协对修志工作给予高度重视，两任县委书记李正环、李林山，县委副书记、县长郑洪云以及县委、县政府分管领导寸待纯、常枝旺多次亲自关心指导、督促工作，县人大常委会专题听取修志工作汇报；各乡镇、县直各部门在资料提供、补充完善等方面给予了大力支持，真正体现了地方志"官修""官办""官管"和"众手成书"的特点。

二

县志修编工作启动后，由县史志办主任李正庄同志司职主编，作为修志工作新兵，我们深感自身要素不足，困难不少，经过研究并报编委会同意，分别聘请尚炳有、刀晓阮、杨恩成、杨健生、张亚萍5位县内有过修志经验的老同志参与编纂工作，尚炳有任全书总纂，其他几位根据分工担任分纂工作，县史志办编辑人员承担资料收集、文字打印、编辑、校改等工作。刚开始，我们提出全书于2017年底成书出版的目标，编修工作全面启动后，按照编纂精品佳志的目标，结合陇川实际，我们进一步确立了"初稿要快、审稿要细、出版要慎"以及"进度服从质量"的总体要求，以确保志书整体质量。整个修编工作大体经历了几个阶段：

资料征编阶段。本轮县志涉及全县130多个行业和部门，需要各部门完成资料稿编撰，原计划从启动会开始到2015年10月底全部完成这一阶段工作。但二轮县志启动时，离上一轮志书编纂已经过去10多年时间，各单位撰稿人员普遍对修志工作不熟悉，针对这些情况，我们一方面请州内专家对各单位资料稿撰稿人员进行培训，另一方面，工作启动一段时间后，主编、副主编、总纂等编纂人员主动到各乡镇和重点部门进行上门服务，交流指导撰稿事宜，还给予了几个山区乡镇编撰经费上的支持。到2016年初，除少数几家单位外，大部分单位资料稿已经收齐，所征集到的资料稿近200万字。

初稿编纂阶段。初稿编纂原计划用6个月时间完成，按先分纂、后总纂的步骤进行。实际上，在部门撰稿阶段，分纂工作就根据收稿情况提前进行。但在编纂过程中，也出现了一些难题，一方面少数单位迟迟未交稿， 一方面已经交稿的单位质量参差不齐，资料缺失严重，甚至需要重新收集资料撰写，加之部分编辑人员调离等因素，这些情况使整个初稿编纂工作几经反复，颇费周折。直到2017年3月底，通过大家不遗余力地查找、收集、编辑、校改，整部志书初稿才初见雏形，这比原计划已经晚了半年多时间。

审稿定稿阶段。志书审稿修定分初审、复审、终审等环节进行，而每一次审稿结束都面临着大量的资料补充、校改等工作，编校工作的细致与辛苦处实在难以言表，花费的时间也大大超出原计划，但我们切实遵循“进度服从质量”的总要求，通过每一轮审稿修改不断提升志稿整体水平，确保志书质量。初审我们进行了四轮：一是单位初审，总纂完成后返回各撰稿责任单位对史实、数据等进行审定；二是内部初审，组织全体编辑人员分工进行内部审稿，以尽量减少硬伤；三是专家审稿，为切实提高志稿质量，我们分别特邀省地方志办高级编审、省地方志学会专家学术委员会副主任温益群、云南年鉴研究会专家委员会主任车光杰、瑞丽史志办原主任杨进才、梁河史志办原主任孙稚泳、州史志办原副主任张建章等专家对志稿进行审阅，并在陇川和昆明两次召开审稿意见反馈座谈会，分别听取专家们的意见反馈，特邀专家认真细致的审阅反馈对提升志稿质量起到了很大作用。根据专家的反馈意见，总纂尚炳有老师再次对志稿进行统稿修改，调整篇目，统一体例，编辑人员配合搜集、补充完善有关资料。2018年4月，完成修改后的志稿交到主编手中审定，在总纂的基础上，主编李正庄花了一些时间对志稿篇章结构作了较大调整优化，增写“中国目瑙纵歌之乡”编，将专志部分由19编增加为23编，史志办编辑人员对章、节、目内容再次进行改编、修改，基本形成了最后的篇目结构框架。四是出版社审稿，2018年6月中旬，志稿交到北京方志出版社进行审稿，9月初，方志出版社完成“三审三校”工作，并将修改意见反馈我们，我们再次组织编辑人员进行校改，于11月中旬形成送审稿送县史志编纂委员会各委员单位复审，同时报上级主管部门进行终审。

2018年12月，陇川县史志编纂委员会委员单位、州史志办公室分别完成复审和终审工作，并于2018年12月2日召开审稿会。会后，通过进一步修改，完成志书最后的审定工作，形成最终的志书定稿本，于2019年1月公开出版发行。现在呈现在读者面前的志书，已是五稿、六稿，甚至是七稿、八稿，凝聚了全体参与志书修编人员的心血，是各级各部门支持和全体编辑人员通力合作的成果。

三

《陇川县志（1978—2005）》历时4年编纂完成，志书定稿本包括概述、大事记、专志、人物传、附录、编纂始末，其中专志23编98章395节，共110万字，全志突显陇川边疆民族特色，突出改革开放以来县委、县政府团结带领全县各族人民开展的重大经济社会建设事件，较系统的记述反映了1978年至2005年28年间陇川各行各业的发展变迁历史与现状，保持了与第一轮志书所记载内容的连续性，突出了志书的规范化，做到了门类齐全、体例统一、资料丰富，是一部大型地方文献资料书。

本志编纂出版是全体编辑同志共同劳动的成果，在编纂过程中，我们虽有分工，但成书的文字实已经过众家之手，是真正的“众手成书”。主要编纂人员分工如下，李正庄：统筹全书编纂工作，完成志书总体框架设计、中国目瑙纵歌之乡、编纂始末以及部分内容的精简、增删、变更等；尚炳有：总纂全书，分纂概述、政区、自然地理、人口民族宗教、农林水利、农垦、城乡建设、环境保护各编；刀晓阮：分纂中国共产党地方组织、地方人民代表大会、地方人民政府、地方人民政协、社会团体、工业乡镇企业各编；杨恩成：分纂政法、国防、商贸旅游、口岸外事各编；杨健生：分纂经济管理与监督、财政税收、金融、邮政通信各编；张亚萍：分纂教育科技、文化体育、医疗卫生、社会生活、社会保障各编。县史志办的全体同志在资料收集、文字编辑、校改、编务协作上花费了很多心血，起到了修志主力军、正规军的作用。

本志采用全彩色印刷，收录图片700余幅，在全州二轮县志编修中是唯一一家，也算是我们的亮点。在此，要特别感谢张志平、杨永明、桂金再3位陇川的摄影人，他们为志书无私提供了许多有历史价值的图片，桂金再同志还参与了后期部分图片编辑补充工作。

本轮志书编纂工作，是按照“党委领导、政府主持、部门（社会）参与”的工作机制开展的，编修工作始终得到了县委、县政府的关心和重视，县委书记李林山、县长郑洪云亲自为本书作序；德宏州史志办公室在编纂业务上给予了大力指导支持；县档案局、县统计局、县保密局、县文管所等全县各级各部门为编纂工作提供了支持；县级退休老领导李志明、邱世集、彭勒准、林德钰、杨恩跃、杨明信、李绍福、鲁大良等参与了部分志稿的审稿工作，他们中一些人已经离开了我们，未能看到志书的出版，我们深感遗憾。在此，我们对所有关心支持陇川县志编修的各级领导、有关专家、社会各界人士表示衷心感谢！

本志的编纂，我们虽力求门类齐全、纵不断线、史实准确、特色突出、力避硬伤，但志书编纂是一项系统、繁杂的工作，加之部分专志资料缺乏、收集困难，以及编纂人员水平所限，疏漏、遗漏、矛盾、重复、错误、记述不当之处在所难免，我们热情恳请史志界专家学者、社会各界人士以及广大读者给予批评指正，以便将来合适的时候进行修改、补遗。

编　者

2018年12月

主题索引

说　明

一、本索引采用主题分析方法编制。

二、本索引按主题词首字汉语拼音音序（同义词按音调）排列，若首字拼音相同时按第二字音序排列，以此类推，首字为阿拉伯数字或英文字母者，作“非音序”集中排列在本索引末。

H

J

K

L

M

N

P

Q

R

S

T

W

X

非音序